生命保険・傷害疾病定額保険契約法
実務判例集成

上

長谷川 仁彦
潘　　　阿憲
竹山　　拓
岡田　洋介
金尾　悠香
　　共著

保険毎日新聞社

はしがき

　われわれが暮らしている現代社会においては、いろいろなリスクが存在しているが、平均寿命の延伸による高齢化も一種のリスクといえる。高齢化社会において、それぞれの人生設計も従来の死亡リスクから生存リスクへの備えが主となり、保険に対する社会的なニーズが大きく変化してきている。

　また、寿命が延びる中で、大きな病気を患ったり思わぬ事故でけがをしたり、または大きな手術をしたり、入院が長引いたりすることがあり、そのための医療費について多くの人が不安に感じている（生命保険文化センター「平成25年度生活保障に関する調査」）。これらを背景事情として、傷害保険、疾病保険等のいわゆる第三分野の多種多様な保険商品が開発されてきている。

　こうした中で、近時、生命保険にかかわる判決が減少傾向にある一方、傷害・疾病保険等の支払事由を巡る訴訟が比較的に多く見受けられるようになってきている。

　その中には、法理論上重要であるのみならず、保険実務や保険訴訟にも大きな影響を及ぼす最高裁判決が多数現れている。また、平成22年に施行された保険法を適用した判決も続々と登場してきている。

　そこで、既刊の『（改訂・増補版）生命保険契約法　最新実務判例集成』（平成10年）及び『（改訂・増補版）生命保険契約法　続・最新実務判例集』（平成13年）を刷新し、保険法を踏まえた解説内容とするとともに新たな判決文を収録した『生命保険・傷害疾病定額保険契約法　実務判例集成』として一新し、刊行することとした。

　本書は、判決文を多く収録した結果、大部なものとなり、このため、上巻・中巻・下巻にて刊行することとした。上巻は、主に保険契約の概要、告知義務と解除、および保険金受取人変更等を含む保険契約の維持管理に関するものから成り、中巻は、保険金等の支払にかかわる諸問題、そして下巻は、生命保険・傷害疾病保険の免責事由、モラルリスクなどを中心として構成している。

　本書が、保険実務に携わる方々のみならず、保険法を勉強する学生諸君の参考書となれば筆者一同望外な喜びである。

　本書の刊行に当たり、保険毎日新聞社常務取締役森川正晴氏には一方ならぬご尽力を賜った。ここに記して厚く御礼申し上げる。

　平成28年4月

　　　　　　　　　　　長谷川仁彦（首都大学東京都市教養学部　非常勤講師、
　　　　　　　　　　　　　　　　　内山アンダーライティング(株)　主席研究員
　　　　　　　　　　　　　　　　　公財・生命保険文化センター　研究員）
　　　　　　　　　　　潘　　阿憲（専修大学法学部　教授）
　　　　　　　　　　　竹山　　拓（飯沼総合法律事務所　弁護士）
　　　　　　　　　　　岡田　洋介（飯沼総合法律事務所　弁護士）
　　　　　　　　　　　金尾　悠香（武蔵野大学法学部　専任講師）

［凡例］

1．掲示の判例は、1998年に刊行された『（改訂・増補版）生命保険契約法 最新実務判例集成』以降のものを中心に近時の最高裁判決等参考となるものを掲げている。
2．各参考判例とも、原則として「事案」「争点」を明示の上、判決内容を「判旨」として紹介する。判旨は原則として原文の引用によるが（ただし、語句、句読点の位置などについては一部改められているものもある）、一部は要約したものである。
3．判決文掲示の順序は判決年月日順ではなく、その内容による。
   ・判決文によっては、複数の項目に重複して掲示されているものもある。
   ・判決文は取捨選択をせず、結論の異なるものも同列に併記する。
   ・判旨中、具体的な固有名の表示は避け、置き換えをしている。
   ・同一事案につき、原則として第一審、第二審、最終審の各判決を掲げるが、ケースによっては、最終審から掲示しているにとどめるものもある。
   ・文中、一部の語句に異なる名称が用いられ（返還金・返戻金等）、一部に統一を欠く語句も見受けられるが（保険者・保険会社・普通保険約款・約款等々）、いずれも作成上の便宜によるものである。
4．事件番号と当該判例の掲載誌を示した「判決年月日別総索引」は、下巻の巻末に掲げる。
5．判例集

民集	最高裁民事判例集
民録	大審院商事判決録
裁判集民	最高裁判所裁判集民事
判時	判例時報
判タ	判例タイムズ
金判	金融・商事判例
金法	金融法務事情
事例研レポ	保険事例研究会レポート
新聞	法律新聞

   なお、公益財団法人生命保険文化センター発行の『生命保険判例集』掲載分は省略している。
6．本書の解説文においては、判例集としての性格上、脚注を省略したが、主な参考文献は次のとおりである。

   甘利公人＝福田弥夫 『ポイントレクチャー保険法』有斐閣、2011年
   大森忠夫 『保険法』有斐閣、1964年
   竹濱　修＝木下孝治＝新井修司編 『保険法改正の論点』法律文化社、2009年
   西嶋梅治＝長谷川仁彦編 『生命・傷害保険にかかわるモラル・リスク判例集』
   　　　　　　　（財）生命保険文化研究所、2000年
   西嶋梅治 『保険法(第三版)』悠々社、1998年

中西正明　『生命保険法入門』有斐閣、2006年

中西正明　『生命保険契約法講義』(財)生命保険文化研究所、1996年

日本生命　生命保険研究会編著　『生命保険の法務と実務』(社)金融財政事情研究会、2004年

萩本　修編著　『一問一答・保険法』商事法務、2009年

潘　阿憲　『保険法概論』中央経済社、2010年

山下友信＝竹濵　修＝洲崎博史＝山本哲生　『保険法(第3版)』有斐閣、2010年

山下友信＝永沢　徹編著　『論点体系　保険法2』第一法規、2014年

山下友信　『保険法』有斐閣、2005年

山下友信＝洲崎博史編　『保険法判例百選』有斐閣、2010年

山下友信＝米山高生編　『保険法解説』有斐閣、2010年

目 次

生命保険・傷害疾病定額保険契約法・実務判例集成 —上—

第1章 総 説
- Ⅰ 保険契約法の特性と法源 …………………………………………… 3
  - Ⅰ-1 保険契約法の特性 ………………………………………………… 3
    - Ⅰ-1-1 技術性に基づく特色 ……………………………………… 3
    - Ⅰ-1-2 団体性に基づく特色 ……………………………………… 3
    - Ⅰ-1-3 公共性及び社会性に基づく特色 ………………………… 4
  - Ⅰ-2 保険契約法の法源 ………………………………………………… 5
    - Ⅰ-2-1 保険法 ……………………………………………………… 5
    - Ⅰ-2-2 民法 ………………………………………………………… 8
    - Ⅰ-2-3 約款 ………………………………………………………… 9
- Ⅱ 生命保険・傷害疾病定額保険契約の概説 ……………………… 16
  - Ⅱ-1 生命保険・傷害疾病定額保険契約の意義 …………………… 16
    - Ⅱ-1-1 生命保険契約 ……………………………………………… 16
    - Ⅱ-1-2 傷害疾病定額保険契約の保険事故（高度障害保険金について） ……… 16
    - Ⅱ-1-3 傷害保険契約・疾病保険契約等 ………………………… 17
  - Ⅱ-2 生命保険・傷害疾病定額保険契約の要素 …………………… 18
  - Ⅱ-3 生命保険・傷害疾病定額保険契約の形態 …………………… 19
    - (1) 自己のためにする保険契約 ……………………………………… 19
    - (2) 第三者のためにする保険契約 …………………………………… 19
  - Ⅱ-4 生命保険・傷害疾病定額保険契約の種類 …………………… 20
  - Ⅱ-5 生命保険・傷害疾病定額保険契約の性質 …………………… 21
    - Ⅱ-5-1 有償契約性 ………………………………………………… 21
    - Ⅱ-5-2 双務契約性 ………………………………………………… 21
    - Ⅱ-5-3 諾成契約性 ………………………………………………… 22
    - Ⅱ-5-4 附合契約性 ………………………………………………… 22
    - Ⅱ-5-5 射倖契約性 ………………………………………………… 23
    - Ⅱ-5-6 善意契約性・信義則性 …………………………………… 23
    - Ⅱ-5-7 継続的契約性 ……………………………………………… 23
    - Ⅱ-5-8 不要式契約性 ……………………………………………… 23
    - Ⅱ-5-9 商行為性 …………………………………………………… 24

第2章 生命保険契約（傷害疾病定額保険契約含む）の成立
- Ⅰ 成立に関わる要点 ………………………………………………… 27
  - Ⅰ-1 生命保険契約の申込と承諾 …………………………………… 27
    - Ⅰ-1-1 生命保険契約の申込 ……………………………………… 27
    - Ⅰ-1-2 申込の撤回—クーリング・オフ制度— ………………… 28
    - Ⅰ-1-3 生命保険契約の承諾と契約成立の時期 ………………… 31
    - Ⅰ-1-4 承諾をなし得る者（承諾権者） ………………………… 31

	Ⅰ-1-5 申込の拒絶と変更承諾 ……………………………………	32
Ⅰ-2	契約者資格 ………………………………………………………………	33
	Ⅰ-2-1 保険契約者が未成年者の場合 …………………………………	37
	Ⅰ-2-2 保険契約者が成年被後見人、被保佐人、被補助人の場合 ………	38
	Ⅰ-2-3 保険契約者が法人の場合 ………………………………………	39
	（1） 法人の種類と代表者 ……………………………………	39
	（2） 法人格のない団体 ………………………………………	39
Ⅰ-3	被保険者の同意 ………………………………………………………………	40
	Ⅰ-3-1 同意の必要性 ………………………………………………………	40
	（1） 被保険者が未成年の場合の同意 ………………………………	41
	（2） 被保険者の同意を要する行為 …………………………………	41
	Ⅰ-3-2 同意の方式・時期 …………………………………………………	44
	（1） 方式 …………………………………………………………	44
	（2） 同意の時期 …………………………………………………	44
	（3） 被保険者による解除請求権 ……………………………………	45
Ⅰ-4	保険金受取人の指定 …………………………………………………………	46
Ⅰ-5	第1回保険料、第1回保険料充当金 ………………………………………	47
Ⅰ-6	責任開始期 ……………………………………………………………………	49
	Ⅰ-6-1 責任開始期とは ……………………………………………………	49
	Ⅰ-6-2 責任開始条項の目的 ………………………………………………	50
	Ⅰ-6-3 責任遡及条項 ………………………………………………………	50
	（1） 責任遡及条項の意義 ……………………………………………	50
	（2） 責任遡及条項と遡及保険（保険法9条、39条、68条）………	51
	Ⅰ-6-4 責任開始条項と保険契約申込の諾否 ………………………………	52
Ⅰ-7	保険適格性 ……………………………………………………………………	55
	Ⅰ-7-1 保険者の承諾義務 …………………………………………………	55
	Ⅰ-7-2 承諾義務の要件と保険適格性 ……………………………………	55
	（1） 保険適格性とは …………………………………………	55
	（2） 保険適格性の時期 ………………………………………	56
	（3） 保険適格性の判断基準 …………………………………	58
	（4） 保険適格性の有無についての証明責任 ………………………	58
	（5） 死亡原因が諾否に影響するか …………………………	59
	（6） 変更承諾をなすべき場合 ………………………………	60
Ⅰ-8	保険証券 ………………………………………………………………………	67
Ⅱ	危険選択と告知義務 …………………………………………………………	70
Ⅱ-1	危険選択の必要性 ……………………………………………………………	70
	（1） 被保険者の身体的危険 ……………………………………………	70
	（2） 被保険者を囲む外的危険 …………………………………………	70
	（3） 道徳的危険 …………………………………………………………	71
	（4） 保険契約者の契約継続危険（保険料危険）………………………	71
Ⅱ-2	危険選択の方法　その1－医的診査－ ……………………………………	72
	Ⅱ-2-1 診査医扱 ……………………………………………………………	72

		(1) 診査医の過失 …………………………………… 72
		(2) 契約引受け査定時の過失 ……………………… 82
		(3) 診査の範囲 ……………………………………… 84
		(4) 診査医の注意義務の程度（範囲） …………… 94
	Ⅱ-2-2	健康管理証明書扱 ………………………………………… 97
	Ⅱ-2-3	生命保険面接士扱 ………………………………………… 98

Ⅱ-3　危険選択の方法　その2－被保険者の告知－ ……………………… 103
　　Ⅱ-3-1　告知義務制度の趣旨 ………………………………………… 103
　　Ⅱ-3-2　告知義務者（含、未成年者の告知） ……………………… 104
　　Ⅱ-3-3　告知の相手方 ………………………………………………… 106
　　　　　　(1) 診査医 ……………………………………………………… 106
　　　　　　(2) 生命保険募集人の告知受領権 ………………………… 106
　　Ⅱ-3-4　告知すべき事項 ……………………………………………… 111
　　　　　　(1) 告知事項の意義 ………………………………………… 111
　　　　　　(2) 抽象的な質問事項 ……………………………………… 111
　　Ⅱ-3-5　告知の時期 …………………………………………………… 122
　　Ⅱ-3-6　告知書（質問表）の効力 ………………………………… 127
　　Ⅱ-3-7　重要な事項 …………………………………………………… 128
　　Ⅱ-3-8　告知書（写し）の交付（送付） ………………………… 135
Ⅱ-4　危険選択の方法　その3－成立前確認ほか－ ……………………… 136
　　Ⅱ-4-1　成立前確認 …………………………………………………… 136
　　Ⅱ-4-2　契約内容登録制度 …………………………………………… 137
　　　　　　(1) 導入の経緯 ……………………………………………… 137
　　　　　　(2) 契約引受時の登録内容の参考方法 …………………… 137
　　　　　　(3) 契約内容登録制度とプライバシー …………………… 138
　　Ⅱ-4-3　取扱者の報告 ………………………………………………… 138
Ⅲ　告知義務違反と契約の解除 ……………………………………………… 139
　Ⅲ-1　告知義務違反の成立要件 …………………………………………… 139
　　　　(1) 客観的要件 ……………………………………………………… 139
　　　　(2) 主観的要件 ……………………………………………………… 139
　　　　(3) 被保険者が病名を知らない場合 …………………………… 140
　　　　(4) 故意又は重大な過失の立証責任 …………………………… 140
　Ⅲ-2　告知義務違反と因果関係の不存在特則 …………………………… 209
　　　　(1) 告知義務違反による解除と保険事故 ……………………… 209
　　　　(2) 因果関係不存在特則と他保険契約の存在 ………………… 209
　　　　(3) 因果関係の不存在について ………………………………… 209
　Ⅲ-3　解除権行使とその相手方 …………………………………………… 233
　　　　Ⅲ-3-1　解除権の行使とその方法 ……………………………… 233
　　　　Ⅲ-3-2　解除通知の相手方 ……………………………………… 235
　Ⅲ-4　解除権の阻却事由（付・不告知教唆等と保険会社の責任） …… 239
　　　　(1) 改正前商法下 ………………………………………………… 239

		(2) 保険法	240
	Ⅲ-5	解除権の消滅事由	275
		Ⅲ-5-1 解除の原因を知りたる時より1ケ月を経過したとき	275
		Ⅲ-5-2 契約の時から5年を経過したとき	284
		Ⅲ-5-3 保険者が解除権を放棄したとき	286
	Ⅲ-6	保険契約解除の効果	286

第3章 生命保険契約（傷害疾病定額保険契約含む）の継続と異動

Ⅰ	生命保険料	297
Ⅰ-1	保険料の支払	297
	(1) 保険料支払債務の性格	297
	(2) 保険料払込の猶予期間と保険契約の失効	297
Ⅰ-2	営業職員による保険料の立替払	323
Ⅰ-3	保険料の払込方法（経路）と保険料の払込日	326
Ⅰ-4	保険料の前納と銀行法	336
Ⅰ-5	保険料不可分の原則	338
	(1) 保険料不可分とする趣旨	338
	(2) 保険法下の実務の変更内容	338
	(3) 保険料の不可分についての判例	338
Ⅰ-6	保険料受領権者	339
	(1) 第1回保険料充当金	340
	(2) 第2回目以降の保険料	340
Ⅰ-7	保険料の自動貸付	341
Ⅰ-8	契約の復活と復活保険料	345
Ⅰ-9	保険料払込の免除	359
Ⅱ 保険契約者の変更と地位の承継		360
Ⅱ-1	保険契約者の変更	360
	(1) 保険契約者の権利義務の移転	360
	(2) 被保険者の同意	360
	(3) 保険契約者の変更と保険者の同意	360
Ⅱ-2	保険契約者の死亡による法定承継	364
Ⅲ 契約者貸付金		366
	(1) 契約者貸付金	366
	(2) 契約者貸付の性質	367
	(3)「契約者貸付」の貸付条項	367
	(4) 債権の準占有と契約者貸付	368
Ⅳ 保険契約の解除（解約）と解約返戻金		383
Ⅳ-1	解除（解約）	383
	(1) 生命保険契約の解除（解約）とその効果	383
	(2) 解除（解約）の効力発生時期	383
Ⅳ-2	解約返戻金	395
Ⅴ 生命保険契約上の権利の処分と差押		400

- V-1 質入 ··· 400
  - (1) 質入とは ·· 400
  - (2) 生命保険契約と質権 ·· 400
  - (3) 質権設定の第三者対抗要件 ·· 401
- V-2 差押 ··· 410
  - (1) 民事執行法上の差押 ·· 410
  - (2) 差押の対象 ·· 410
  - (3) 差押の効力 ·· 411
  - (4) 差押の効力発生時期 ·· 411
  - (5) 差押による取立権 ·· 411
- V-3 破産 ··· 418
- Ⅵ 介入権－契約当事者以外の者による解除の効力等（保険法60条、89条） ······· 424

第4章　生命保険契約（傷害疾病定額保険契約含む）に基づく給付

- Ⅰ 保険金受取人 ··· 427
  - Ⅰ-1 生命保険契約の受取人 ·· 427
    - (1) 受取人の地位 ·· 427
    - (2) 保険金受取人の権利と義務 ·· 427
  - Ⅰ-2 受取人固有の権利としての保険金請求権 ·· 431
    - Ⅰ-2-1 保険金請求権と相続財産 ·· 431
      - (1) 第三者のためにする生命保険契約の場合 ··· 431
      - (2) 自己のためにする生命保険契約の場合 ··· 431
    - Ⅰ-2-2 保険金請求権と相続の限定承認・放棄 ··· 434
    - Ⅰ-2-3 受取人が有する損害賠償請求権と生命保険金 ······························· 435
    - Ⅰ-2-4 死亡保険金請求権と特別受益の持戻し及び遺留分減殺請求 ·········· 436
      - (1) 特別受益（民法903条）として持戻しの対象となるか否か ············ 436
      - (2) 死亡保険金等が民法1031条に基づく遺留分減殺の対象となるか ····· 438
  - Ⅰ-3 保険金受取人の変更 ·· 441
    - Ⅰ-3-1 保険金受取人の指定 ·· 441
    - Ⅰ-3-2 保険金受取人の変更 ·· 444
      - (1) 保険金受取人変更について ·· 445
      - (2) 保険金受取人変更の意思表示 ·· 445
    - Ⅰ-3-3 保険金受取人の変更と被保険者の同意 ··· 458
    - Ⅰ-3-4 保険契約者の意思確認 ·· 459
    - Ⅰ-3-5 遺言による受取人変更 ·· 476
      - (1) 遺言について ·· 476
      - (2) 保険者に対する対抗要件 ·· 477
    - Ⅰ-3-6 受取人変更と債権者不確知による弁済供託 ································· 488
    - Ⅰ-3-7 受取人変更と詐害行為 ·· 491
  - Ⅰ-4 受取人変更と対抗要件 ·· 493
    - (1) 対抗要件の具備 ·· 493
    - (2) 受取人変更の通知について ·· 493

- I-5 受取人変更と利益相反行為 …………………………………………………… 500
- I-6 保険金受取人が「相続人」と指定されているとき ……………………………… 506
  - (1) 保険金受取人として指定された「相続人」について ……………………… 506
  - (2) 誰の、いつの相続人が受取人となるか ……………………………………… 506
  - (3) 保険金受取人として指定された「相続人」が複数存在する場合の受取割合 …… 506
- I-7 死亡保険金受取人の死亡と保険金請求権の帰属 ……………………………… 509
  - (1) 改正前商法の規定 ………………………………………………………… 509
  - (2) 保険法の規定 …………………………………………………………… 510
  - (3) 相続人の範囲 …………………………………………………………… 510
  - (4) 理論構成 ………………………………………………………………… 511
  - (5) 相続人の権利取得の割合 ………………………………………………… 511
- I-8 同時死亡と保険金受取人 ……………………………………………………… 519
- I-9 保険金受取人による請求権の放棄、譲渡 …………………………………… 524
  - (1) 保険金請求権の放棄 ……………………………………………………… 524
  - (2) 保険金請求権の譲渡 ……………………………………………………… 525
  - (3) 保険金受取人の指定行為の無効 ………………………………………… 526
- I-10 法人契約と受取人 …………………………………………………………… 529
  - (1) 保険金請求権者 …………………………………………………………… 529
  - (2) 法人格のない団体 ………………………………………………………… 529
- I-11 保険金受取人の指定に伴う営業職員の行為 ………………………………… 531
- I-12 保険金受取人に関わるその他の諸問題 ……………………………………… 535
  - (1) 受取人の「続柄」の意味するもの ………………………………………… 535
  - (2) 受取人が複数存在する場合の請求権と請求方法について ……………… 536
  - (3) 受取人の不存在 …………………………………………………………… 537

本書に掲載した判例の索引は、このあと刊行予定の「中」「下」と合わせ「下」に掲載する予定です。

第1章 総説

Ⅰ 保険契約法の特性と法源

Ⅰ-1 保険契約法の特性

　生命保険契約等の保険契約（「共済契約」も総称する。）は、対象とする保険制度の特色を反映して、次に述べるような種々の特性に基づく特色を有している。

Ⅰ-1-1 技術性に基づく特色
　保険制度は、支払の予想される保険金など保険給付の総額及び諸費用の合計額と徴収する保険料の合計額とが均衡を保つような仕組みで運営される極めて技術的な制度である。したがって、これを律する保険契約法も、制度自体のもつこのような技術的構造（収支相等の原則、給付反対給付均等の原則等）に即して理解すべきところが少なくない。一方、保険制度を一種の技術としてみるとき、それ自体は社会倫理的に無色であるところから、それを律する法律もまた社会倫理的に無色のものが多いが、制度が不道徳な行為に悪用されることも決して少なくはない。保険契約法上、各保険契約が公序良俗違反や信義則違反の行為に悪用されないよう十分なる防止策が準備されている所以である。

●**参考判例**（大審院大正15年6月12日判決）
　　要　旨
　　　保険契約により担保せらるる危険は保険期間中随時に発生せざることを保し難きものにしてその期間中の各時期に従いこれを分割して考うべからざるものなれば、すでに保険者の責任が始まりたる後においては、たとえ保険の目的物が保険期間中に不可抗力により滅失することあるも、保険者は危険を負担せざりしものと謂うを得ざるものにして、保険料もまた如上危険を負担すべき対価に外ならざれば、すでに保険者がその損害填補の責を負うべき危険を負担したることある以上、保険者は保険期間内の全保険料を収受し得べく、保険者にしてすでにこれを受取りたるときは、保険契約者はその何等の名義を以てするを問はず、これが返還を求め得ざるは保険の性質上当然の事理に属し、目的物の滅失による損害の大小、保険料額の多寡によりてその理を異にするものにあらず（大審院大正15年6月12日判決）。（なお、本保険料不可分の原則は、保険法下では修正されている。）。

Ⅰ-1-2 団体性に基づく特色
　保険契約は、法律的にみれば保険者と保険契約者との間の個別的な契約に過ぎない。しかし、保険制度は、経済的には多数の加入者をひとつの危険団体に糾合する制度であり、技術的には各加入者の危険を平均化して危険の分散を図る制度である。したがって、各契約は各別に孤立するものではなく、危険団体を構成する一要素として、危険の平均化から要請される各種の制約に服しなければならない。それ故、保険法を合理的に解釈していくうえで制度のもつかかる団体性を無視してはならないと言えよう。判例もまた、保険のもつ危険団体的性質を看過しては保険契約法を合理的に解釈することは出来ないとしている（掲示判例参照）。したがって、それぞれの契約は各別に孤立するものではなく、その間に団体的絆が存在し、その団体の構成員の間に衡平の原則が維持されなければならない。

●**参考判例**（東京地裁昭和25年6月16日判決）
　　要　旨
　　　保険契約関係はこれを各個独立に観察するのみでは決して正しく理解することはできないのであって、各個の契約の根底に横たわる保険の危険団体的特性を前提として考慮することが肝要である。即ち、保険

は法律上は保険者と保険契約者との間の単なる債権契約に過ぎないけれども、経済的には、同一の危険の下に立つ多数人が危険団体を構成し、その中の一員の財産上の需要を他の構成員が共同して充足させるための組織的技術的方法である。勿論、かような危険団体の存在について法律は何等規定していないのであるが、法律と経済が密接な関係を有し、前者の正当な理解のためには後者を観察する必要があることは言うまでもないところであるから、保険に関する諸法律関係を合理的に解釈するためには…保険の危険団体的特性を看過できないのである。而して、かような危険団体の存在を前提として考えると各個の保険契約は相互に孤立するものではなくてその間に団体的絆が存し…その団体の構成員である保険契約者の間に衡平の原則が維持されなければならぬことは明白である（東京地裁昭和25年6月16日判決）。

●**参考判例**（最高裁昭和34年7月8日判決）
　要　旨
　　保険契約関係は、同一の危険の下に立つ多数人が団体を構成し、その構成員の何人かにつき危険の発生した場合、その損失を構成員が共同してこれを充足するという、いわゆる危険団体的性質を有するものであり、したがって、保険契約関係は、これを構成する多数の契約関係を個々独立的に観察するのみでは足りず、多数の契約関係者が、前記危険充足の関係において互いに関連性を有するいわゆる危険団体的性質を有するものであることを前提としてその法律的性質を考えなければならないのである。そしてこのことは…損害保険契約についてのみではなく…生命保険契約についても妥当するものというべきである（最高裁昭和34年7月8日判決）。

Ⅰ-1-3　公共性及び社会性に基づく特色

保険制度は多数加入者の拠出金に基礎を置く一種の社会的貯蓄制度であり、彼ら加入者の経済生活の安定に資する制度として社会経済上重要な機能を果たしているものである。したがって、制度運営の適否が国民経済や社会全般に与える影響は決して小さなものではない。このため、法は社会公共の利益保護の見地から、保険契約の一方の主体である保険者の資格に関して厳しく律する一方（保険業法3条～8条の2、以下「業法」とする。）、加入者の保護を図る上からも多くの強行規定を設け、保険約款の内容についても厳重な監督を加えている（業法5条等）。

●**参考判例**（東京地裁昭和25年6月16日判決）
　要　旨
　　（旧)業法第10条第3項は、保険料増額の点に関し、客観的に自からその限度の定まるような法律要件を規定しているものであり、同規定は…保険の特性（技術的特性）に鑑みるとき、公共の福祉に適合するものと言うを妨げない（東京地裁昭和25年6月16日判決）。

●**参考判例**（大審院昭和2年12月22日判決）
　要　旨
　　行政官庁は各保険業者の定むる普通保険約款につき、一々審査をなし、保険者および保険契約者の利益を考慮してこれが許否を決するものなれば、保険契約者は多くはその適当なるべきに信頼して契約をなすものとす（大審院昭和2年12月22日判決）。

●**参考判例**（大審院大正4年12月24日判決）
　要　旨
　　わが国において保険事業を営む者に対しては、国家が各保険事業者の定むる普通保険約款について干渉し、その約款の当否を監査してこれを許否し、もって世間一般の保険契約者を保護する所以にして…（大審院大正4年12月24日判決）。

Ⅰ-2　保険契約法の法源

　法源とは、一般的には法律が示される形式をいう。保険契約法の法源としては、その適用順に以下のものがある。

　保険法が挙げられる。平成20年に公布された保険法は、商法第二編商行為第十章保険（629条から683条まで）を保険法として単行法としたものである。

　保険法1条は、「保険に係る契約の成立、効力、履行及び終了については、他の法令に定めるもののほか、この法律の定めるところによる」とし、例えば、自動車損害賠償保障法11条から23条の3までが優先的に適用されることとなるから、これら特別法も保険契約法の法源として挙げられる。

　さらに、保険業法283条（所属保険会社等及び保険募集再委託者の賠償責任）、同309条（保険契約の申込みの撤回等）、商法、金融商品取引法、民法、消費者契約法なども保険契約法の法源と考えられる。

　なお、保険契約当事者間の法律関係については、保険契約の内容となる保険約款が全てに優先して適用される（なお、特別約款がある場合は、普通保険約款に優先して特別約款が適用される）。しかし、この事実をもって、保険約款を一種の法源とみることは困難のようである。多数説も、約款の内容が実質的には法規範としての適格性を備えているとしても、「そのことから直ちにこれ（保険約款）を実定法的な意味での法規と同視し、約款の規定自体に法源性をみとめることは困難であろう」（大森忠夫『保険法』48頁注4、有斐閣、昭和39年）としている。

　また、判例についても多数説はその法源性を認めず、判例の蓄積に対して慣習法としての法源性を認めるに止まっている。条理についても、条理に従うべしとする法規範は認めるも、条理そのものに独立した法源性を認めないとするのが通説である。

●**参考判例**（大審院昭和15年2月21日判決）
　要　旨
　　元受保険者が商法第662条によって第三者に対して取得する権利は再保険金受領の限度において再保険者に移転するが、元受保険者は、再保険者との間に右権利の行使につき受託関係があるものとして自己の名においてこれを行使し、それによって回収した金員を再保険者に交付する商慣習法が存在する。しかも右慣習法は、商法第662条により再保険者が取得した代位権の行使の方法に関するものであるから同条に抵触しないし、また、上告人主張のような「ローン・フォーム」(Loan Form Payment、貸付金形式の保険金支払方法）の慣習があるからといって、そのために右の慣習法の発生が妨げられるはずはなく、両者はそれぞれ慣習および慣習法として両立しうる（大審院昭和15年2月21日判決）。

●**参考判例**（大審院大正8年12月5日判決）
　要　旨
　　保険業者間に結核性腹膜炎の既往症あるときは契約を締結せざる慣習ありとするも、保険業者に非る者については、かかる慣習にしたがう意思ありしものと推定することを得ず（大審院大正8年12月5日判決）。

Ⅰ-2-1　保険法

　保険法は、第1章が総則（2か条）、第2章が損害保険（34か条）、第3章が生命保険（29か条）、第4章が傷害疾病定額保険（29か条）、第5章が雑則（2か条）の5章構成となっている。

　保険法は、改正前商法第2編商行為第10章保険の構成を維持し、損害保険と定額保険としての生命保険の2類型を基本としつつ、定額保険としての傷害疾病定額保険に関する規定を新設した（改正前商法では、火災保険と運送保険が損害保険としてそれぞれ独立の規定が定められているが、保険法では、それらにつき独立のグループとしては規定されていない。その構成理由については、落合誠一「新

Ⅰ-2 保険契約法の法源　Ⅰ-2-1 保険法

しい保険法の意義と展望」落合誠一＝山下典孝編・新しい保険法の理論と実務（別冊金融商事判例）5頁）。

(1) 保険法と他の法律との関係

① 商法及び民法との関係

商法（明治32年法律第48号）から独立した単行法としての保険法（平成20年法律第56号）は、保険契約に関する民事法ルールを定めた法律である。

保険法が保険契約に関する民事法ルールを定めたものとして、民法の分野に属するとの立場を採るとしても、それが民法の特別法であるとする位置づけである（萩本修一「保険法現代化の概要」落合＝山下・前掲新しい保険法の理論と実務24頁）。すなわち、保険法は、他の種類の契約にはない契約締結の際の告知義務や被保険利益の問題が存在しているため、それに則した特殊の民事法ルールが必要とされるわけである。

② 消費者契約法との関係

消費者契約法（平成13年4月1日施行）は、消費者の利益保護を図る法律であり、契約締結過程における情報提供規制（同法3条～5条）と、契約内容に関する不当条項規制（同法8条～10条）の2つの部分からなっている。

保険法の規定は、絶対的強行規定（保険法の規定を一切変更できない条項）、片面的強行規定（保険法の規定を保険契約者に不利に変更できない条項）及び任意規定に分類されるが、任意規定に基づいて制定される保険約款、または保険法に規定がない事項について定める保険約款に関しては、消費者契約法の契約内容に関する不当条項規制のうち、同法9条1号及び10条の規定が問題となる。

消費者契約法9条1号は、違約金条項等について、「当該消費者契約と同種の消費者契約の解除に伴い当該事業者に生ずべき平均的な損害額」を超える部分を無効としている。債務の不履行に関する損害賠償額の予定または違約金の定めは、契約の当事者の合意に委ねられており、裁判所もその額を減額できないのが原則であるが（民420条、ただし、民法（債権関係）改正法案（2015年3月）（以下「改正民法案」とする。）で「裁判所は、その額を増減することはできない。」の文言は削除）、高額な損害賠償額の予定により、消費者に不利益を強いることがあることから、消費者契約法9条1号はこのような過大な違約金の条項等について、平均的な損害の額を超える部分を無効とした。

また、消費者契約法10条は、民法、商法その他の法律の公の秩序に関しない規定の適用による場合に比し、消費者の権利を制限し、または消費者の義務を加重する消費者契約の条項であって、信義誠実の原則（民法1条2項）に反して消費者の利益を一方的に害するものは、無効とする。

最高裁は、保険料不払いによる生命保険契約の失効を定める約款条項について、猶予期間の設定、自動貸付制度や未納保険料の督促通知の発信により簡単に失効しないように保険契約者保護が図られていることから、失効条項が信義則に反して消費者の利益を一方的に害するものに当たらないと判示した（最判平成24年3月16日民集66巻5号2216頁）。

③ 共済契約への適用

農業協同組合法や消費生活協同組合法、中小企業等協同組合法などの各種の協同組合法に基づいて、いわゆる共済事業が行われている。同法に基づく共済契約は、保険契約と定義される要件と何ら異なるところはない。そこで、保険法は、共済契約についても、保険契約と同様の規律を及ぼすこととなった。すなわち、保険法2条1号は、保険契約の定義として、「保険契約、共済契約その他いかなる名称であるかを問わず、当事者の一方が一定の事由が生じたことを条件として財産上の給付（生命保険契約及び傷害疾病定額保険契約にあっては、金銭の支払に限る。以下「保

険給付」という）を行うことを約し、相手方がこれに対して当該一定の事由の発生の可能性に応じたものとして保険料（共済掛金を含む）を支払うことを約する契約をいう」との規定を設けた。

この定義規定に該当する契約は、その名称が共済契約であるか、その他のものであるかを問わず、「保険契約」に該当し、保険法の適用対象となるのである。

(2) 保険契約の類型

改正前商法では、損害保険契約と生命保険契約の2類型であった。保険法は、損害保険契約と生命保険契約という2つの契約類型を基本としつつ、傷害疾病定額保険契約を新たに設けて、保険契約を3類型に分類している（保険法2条6号、8号、9号）。

損害保険契約とは、保険契約のうち、保険者が一定の偶然の事故によって生ずることのある損害を填補することを約するものをいう（保険法2条6号）。

また、生命保険契約とは、保険契約のうち、保険者が人の生存または死亡に関し一定の保険給付を行うことを約するもの（傷害疾病定額保険契約に該当するものを除く）をいう（保険法2条8号）。

さらに、傷害疾病定額保険契約とは、保険契約のうち、保険者が人の傷害疾病に基づき一定の保険給付を行うことを約するものをいう（保険法2条9号）。

他方、傷害疾病保険と呼ばれるもののうち、実損填補方式の傷害疾病保険については、損害保険契約の一種（傷害疾病損害保険契約）として整理され（保険法2条7号）、人保険としての性質を考慮して、特則が設けられている（保険法34条・35条）。

なお、保険法2条1号は、保険契約の定義として、「当事者の一方が一定の事由が生じたことを条件として財産上の給付（生命保険契約及び傷害疾病定額保険契約にあっては、金銭の支払に限る。以下「保険給付」という）を行うことを約し、相手方がこれに対して当該一定の事由の発生の可能性に応じたものとして保険料（共済掛金を含む）を支払うことを約する契約」と定めている。この定義規定において、保険会社がなすべき「財産上の給付」にはカッコ書がつけられており、「生命保険契約および傷害疾病定額保険契約にあっては、金銭の支払に限る」とされている。これは、すなわち、生命保険契約及び傷害疾病定額保険契約においては、財産上の給付は金銭の支払いに限るという趣旨であり、いわゆる現物給付は認められないということである（平成25年9月9日金融審議会金融分科会報告「新しい保険商品・サービス及び募集ルールのあり方について」①財・サービスには将来の価格変動があり、適切な保険料、責任準備金等の算定が困難であること、②将来の現物価格変動時の負担を、保険会社と保険契約者等がどう負担するかについて、規律すべきか、契約に委ねるかという問題が存在すること、現物給付にかかる継続的な役務提供などの履行確保を図るための監督手法に係る検討が必要であるとされた。）。

●**参考判例**（大審院大正5年11月21日判決）
要旨

契約法は任意法たるを原則とする。故に、保険契約に関する規定も公益に関するものにあらざる限りは任意法規にして、したがって、当事者間の契約をもって（商法規定と）異なりたる定めをなすことを得るものというべし（大審院大正5年11月21日判決）。

●**参考判例**（大審院大正6年3月20日判決）
要旨

生命保険契約申込書に記載したる被保険者の年齢につき錯誤ありたる場合において、その真正なる年齢が保険契約をなす当時、保険者の保険料表に掲げたる年齢の範囲内にあらざるときは、該契約は無効と

する特約は公の秩序または善良なる風俗に反する事項を目的とする法律行為にあらざるをもって、契約自由の原則にしたがい有効なものとす（大審院大正6年3月20日判決）。

●**参考判例**（札幌地裁小樽支部昭和56年7月15日判決）
　要　旨
　　商法第641条に定める免責事由のうち、重大な過失による損害については免責としないという特約は公序良俗に違反せず有効であるとするのが学説上でも多数説であると思われる。そして、実際にも過失による事故に対して保険金を支払うことが信義則に反するとか公序良俗に反すると解される場合は極めて少ない（札幌地裁小樽支部昭和56年7月15日判決）。

Ⅰ-2-2　民法

　生命保険約款は契約当事者間の一般的標準的契約内容を定めるものであるが、通常の契約と同様、そこでの定めを欠くものについては、先の適用順位から保険法に次いで民法が適用されることとなる。
　その結果、当然のことながら民法上の一般原則（信義誠実の原則、公序良俗違反、権利の濫用、事情変更の原則等々）がひろく適用されることとなる。

(1) 信義誠実の原則
　保険契約は最大善意の契約であると言われているとおり、当事者間における信頼関係が維持されてこそはじめて契約本来の目的が全うされるものである。したがって、信義則（民法1条第2項）に反して相互の信頼関係が崩れた場合、当事者の一方はその事実をもって重大事由解除（保険法57条、86条）ができる。

●**参考判例**（大阪地裁昭和60年8月30日判決）
　要　旨
　　生命保険契約において、商法あるいは保険約款に規定がなくても、その契約本来の特質から、保険契約者が保険金の取得を意図して故意に保険事故発生を仮装するなど、生命保険契約にもとづいて信義則上要求される義務に違反し、信頼関係を裏切って保険契約関係の継続を著しく困難ならしめるような不信行為をしたような場合には、保険者は債務不履行を理由に催告を要せず生命保険契約を将来に向かって解除することができるものと解するのが相当である。このような被保険者による保険金詐取を目的とした身代わり（替玉）殺人、右犯行の発覚を決定的原因とする被保険者の自殺という一連の行為は…商法第680条第1項、第1号～第3号に匹敵する行為である。保険契約者である被保険者が身代わり殺人を犯しながら、自殺したからといって保険金を入手できるとすることは公益上好ましくなく、信義誠実の原則にも反するものと言うべきである。右一連の行為が保険契約者のものである以上、本判断は、保険金受取人が右一連の行為に関与しているかどうかによって左右されるものではない（大阪地裁昭和60年8月30日判決）。

(2) 公序良俗違反
　契約は公の秩序、善良な風俗に反するものがあってはならない。民法はこれについて「公の秩序又は善良の風俗に反する事項を目的とする法律行為は、無効とする」（民法90条）と規定する。保険契約は射倖性の強い契約であるだけに本原則がひろく要請されるところである。なお、先の信義誠実の原則は両当事者間の問題であるが、本原則はいずれか一方の法律行為が公序良俗に反するか否かである（大審院昭和9年5月1日判決・民集13巻875頁：相手方の窮迫・軽率・無経験に乗じて、著しく過当な財産的給付を約する行為は公序良俗に反する）。

●**参考判例**（東京地裁平成2年2月19日判決）
　要旨
　　保険金受取人が関与したと認められないまでも、保険金受取人、被保険者（場合によって保険契約者）の年齢、職業、収入、生活状態その他の事情を斟酌して、保険金額が著しく巨額であり保険料の額も巨額で、明らかに長期間にわたる保険料の支払の継続を予定していないと認められ、実際にも、保険契約の申込またはその締結と被保険者の死亡との間が切迫しているなどの事情があり、生命保険契約の締結が被保険者の死亡を誘発したものと認められる場合には、当該生命保険契約は不労利得のみを目的とする射倖性が極めて高いものとして公序良俗に違反し無効となると解するのが相当である（東京地裁平成2年2月19日判決）。

(3) 権利の濫用

　保険契約が継続されていく過程で、いずれの権利も過度に主張されてはならない。民法はその1条3項において「権利の濫用は、これを許さない。」と規定している。

●**参考判例**（東京地裁昭和53年8月29日判決）
　要旨
　　契約締結時に失効制度についての説明をなさず、失効直前の集金時にもこの点について警告しなかった本件の場合…被告保険会社側で失効についての警告をすることが契約者により親切であるとは言えても、その義務があるとは言えず、被告（保険会社）の主張が権利の濫用になるとすることはできない（東京地裁昭和53年8月29日判決）。

(4) 事情変更の原則

　事情変更の原則とは、一般的社会的情勢の推移変遷の結果、長期性の強い契約についてその契約内容を維持していくことが困難になった場合、契約の特性に鑑み、当事者は契約の内容を将来に向かって修正し得る（あるいは解除することができる）とする原則をいい、わが国の民法中にも本原則の現われと認められる規定が散在している（609条、610条等々）。ただし、本原則の適用にあたっては、ローマ法上に「契約締結当時の社会的事情が変更すれば、契約はその効力を失う」（Clausula Rebus Sic Stantibus）とする法諺がある一方、「契約は守らなければならない」（Pact Sunt Servanda）とする原則もあるとおり、両者間の調和が必要とされている。なお、本原則の適用を直接の争点とする保険契約上に関する判例はないが、次の参考判例は暗示的である。

●**参考判例**（大阪地裁昭和62年2月27日判決）
　要旨
　　契約…成立に瑕疵はないが、前記のごとき異常事態の発生した後にも、右保険契約につき保険金受取人をXとする契約内容に当初の約定どおりの拘束力を認めることは、著しく信義に反して不当であり、これを承認できない…（大阪地裁昭和62年2月27日判決）。

I-2-3　約款

　保険約款は、保険契約の内容をなす条項であり、普通約款と特別約款（特約）とがある。すでに述べたとおり、普通保険約款は保険関係を定めるについて先ず第一によるべき標準となる規定ではあるが、保険契約法としての法源をなすものではないとされているところから（多数説）、約款がもつ拘束力の根拠をどこに求めるかにつき、長年にわたって種々議論が展開されてきている。改正民法案548条の2以降に定型約款につき規律が予定されている。改正民法案によれば、定型約款を「ある特定の者

Ⅰ-2 保険契約法の法源　Ⅰ-2-3 約款

が不特定多数の者を相手方として行う取引であって、その内容の全部または一部が画一的であることがその双方にとって合理的なもの」（定型取引）において「契約内容とすることを目的としてその特定の者により準備された条項の総体」と定義した（改正民法案548条の2第1項）。これによれば、保険契約における約款は「定型約款」に該当することになる。

●**参考判例**（東京高裁平成7年11月29日判決）
要　旨

…保険契約は、多数の加入者の拠出金により、所定の保険事故の発生した場合、その事故に対して同一内容で備えることを目的とするものであるから、当該保険契約の加入者全員が同一条件の下に保険契約がされることが要請され、そのような実質的な公平を確保するために、保険契約にあたっては、あらかじめ作成された保険約款を使用して、これにしたがった内容を合意をする必要があるものとされている（東京高裁平成7年11月29日判決）。

(1) 約款の拘束力

　約款のもつ拘束力の根拠をどこに求めるかについては数多くの見解が林立している。判例は、以下に掲示の参考判例にも見られるとおり一貫して「意思の推定説」に立っているが（火災保険普通保険約款の解釈の判例であるが、最高裁三昭和42年10月24日判決・裁判集民88号741頁は、保険契約者が、保険会社の普通保険約款を承認のうえ保険契約を申し込む旨の文言が記載されている保険契約の申込書を作成して保険契約を締結したときは、反証のないかぎり、たとい保険契約者が盲目であつて、右約款の内容を告げられず、これを知らなかつたとしても、なお右約款による意思があつたものと推定すべきであると判示。）、意思の存在を推定する根拠については各判例が示しているとおり区々である。一方、学説としては、「契約は慣習による」という慣習法あるいは事実たる慣習がある結果、個々の契約はその約款に支配されるとする「商慣習（法）説」が有力である。すなわち、約款そのものに拘束力を認めるのではなく、「約款による」とする商慣習（法）の成立を認めようとするものである。なお、この他に、団体が自主的に制定する法規に法源性を認め、約款は当該取引圏という部分社会たる団体における自治法であるとする「自治法理論」も広く唱えられている。さらに、これらの他に、「附合契約理論」、「規範契約理論」、「指定理論」及び「制度理論」などがあるが、詳しくは専門書（米谷隆三『約款法の理論』ほか）の説くところに譲らせていただく。

　改正民法案では、定型約款を契約内容とするための要件を、①契約当事者が定型約款を契約の内容とする旨の合意をしたとき、又は、②定型約款を準備した者（定型約款準備者）があらかじめその定型約款を契約の内容とする旨を相手方に表示していたとき、と規定している（改正民法案548条の2第1項）。

　なお、定型約款に関する規定については、改正法施行前に締結されたものについても改正法が遡及的に適用されることが予定されている（改正民法案附則1条3号、33条3項）。

●**参考判例**（長野地裁伊那支部平成4年10月5日判決）
要　旨

　一般の保険契約者が特に約款によらないとの意思表示をなすことなく保険契約を締結すれば、その約款に従った契約をする意思で保険契約をしたものと解釈される。…個別の条項についての認識の有無を問うまでもなく、各約款の定めに服するというべきである（長野地裁伊那支部平成4年10月5日判決）。

●**参考判例**（大阪高裁昭和59年11月20日判決）
　要　旨

　　保険契約者に、右契約の成立前、本件保険約款の記載された小冊子が交付されており、同人は…高度障害保険約款について事前に認識し得た以上、たとえ右申込当時、よもや自己が不慮の事故により頸椎損傷による不全麻痺の損傷を負うことなど全く思いもよらず、高度障害条項の規定等について十分に検討することもなく、高度障害保険金の支払対象が8項目の障害状態に限定されることまで理解していなかったとしても、右約款の内容に拘束され、右約款を内容とする生命保険契約は成立しているものというべきである（大阪高裁昭和59年11月20日判決）。

●**参考判例**（東京地裁昭和56年4月30日判決）
　要　旨

　　附合契約である生命保険契約においては、契約者が予め保険会社から普通保険約款の大要を示すパンフレット等の交付を受けたうえ、右約款を承認して生命保険契約を申し込む旨の記載ある保険契約申込書に署名捺印して保険会社に交付した場合においては、契約者において予め保険会社からその普通保険約款の提示を受けず、その内容を知らないで右申込書を交付したものであったとしても、右当事者間において右約款の条項を内容とする生命保険契約が成立するものと解する（東京地裁昭和56年4月30日判決）。

●**参考判例**（東京地裁昭和48年12月25日判決）
　要　旨

　　少なくとも生命保険契約のような附合契約にあっては、契約者が当該内容を知っていたと否とに関わらず、またそれによって契約する意思を有してはいなかったとしても、約款によらない旨の表示のない限り、その約款全体を内容とし、かつ、これのみによる契約が有効に成立するものと解すべきである。今日において、そのような取扱をすることが長い間の積み重ねとその合理性の故に既に商慣習法として定着しているものと認められるからである。ただし、少なくとも生命保険契約にあっては、保険業法の定めるところにより事前に当該約款につき所轄官庁の認可を経ることにより、その約款内容の合理性が担保されていることを必要とする（東京地裁昭和48年12月25日判決）。

●**参考判例**（東京地裁昭和53年8月29日判決）
　要　旨

　　生命保険契約で定形的にその内容の一部になる普通保険約款については、所轄官庁の認可が必要とされており、この国の監督作用により約款の合理性は保障されるものと考えるのが相当であるから、大量画一的処理の要請の強い附合契約である生命保険契約においては、その約款の個々の条項について契約者がその存在を知っていたか否かは、その約款が当該契約においてその契約者を拘束する効力を有するか否かに拘らないものと解すべきものである（東京地裁昭和53年8月29日判決）。

●**参考判例**（東京高裁昭和63年5月19日判決）
　要　旨

　　生命保険契約はいわゆる附合契約であるから、保険契約者において約款を検討したうえ、契約締結の意思決定をするため事前に約款の提示を要求した場合等特段の事情のないかぎり、契約締結と同時に約款の交付がされなかったとしても、当該契約は約款の内容のとおり定められたものであり、約款の全部が当然に契約内容となるものと解するのが相当である（東京高裁昭和63年5月19日判決）。

●**参考判例**（大阪地裁平成8年9月26日判決）
　要　旨

　　保険契約は、保険者と多数の加入者との間において大量に締結されるもので、個別に各契約者と契約内

I-2 保険契約法の法源　　I-2-3 約款

容の細目を約定することが不便ないし不可能であるばかりでなく、保険の技術的・団体的性格からして、同一保険団体に属する契約者相互間において、その契約条件に根拠のない差を設けることは不適当であるので、保険会社は、あらかじめ詳細な標準的約款を作成し、加入者は、別段の意思表示をしない限り、当然にこれに附合することによって契約を締結し…そこ（約款）に定められた各条項は、各当事者の意思及び知・不知にかかわらず、拘束力を有するものと解される（保険契約の附合契約性）。よって、保険契約においては、契約者が約款の交付を受け、約款を承認して生命保険契約を申込む旨の記載ある保険契約の申込書に署名捺印した場合は、契約者が約款内容を知らなかったとしても、約款の条項を内容とする保険契約が成立するというべきである。…仮に、原告が無免許運転免責条項の存在を知らなかったとしても保険契約の附合契約性により同条項に拘束されることは明らかである（大阪地裁平成8年9月26日判決）。

●**参考判例**（大分地裁平成8年4月18日判決）
　要　旨

　多数の契約者が存在する生命保険契約については、契約者が約款の内容を知っていたか否かに関わらず、約款によらない旨の意思表示をしない限り、約款全体を内容とする契約が成立したとする商慣習法が定着しているものと解すべきである。

　そして、本件保険契約締結に際しても、原告が約款によらない旨の明示の意思表示をしたことを認めるに足りる証拠はないから、本件保険契約は、「普通終身保険普通保険約款」によってその契約内容が構成されていると解される。そうすると、生命保険契約においては、自殺免責約款もその契約内容を構成しているというべきである（大分地裁平成8年4月18日判決）。

(2) 約款備考欄の拘束力

　特別約款の多くは末尾に備考欄を設け、そのなかで契約の内容をより詳細に取り決めている。このような約款備考欄も、それが約款によって契約内容の一部を構成するものとされている限り、単なる備考・参考の記述に止まるものではなく、広く拘束力を有するものであることはいうまでもない。

　以上は、改正民法案において新設予定の定型約款に関する規定に照らしても同様と解される。

●**参考判例**（東京地裁昭和62年6月29日判決）
　要　旨

　本件各備考欄の諸規定はいずれも給付割合表の諸条項の文言により明確に断定されているもので…単なる会社の参考資料ではないことは文言上からも明らかであることが認められる。よって、各備考欄の諸規定は、本件各規定を含め、当事者間の合意の内容となることは明らかである。本件各規定が備考との標題の下に記載されていることの一事をもって、本件各規定の拘束力を否定すべき理由はない（東京地裁昭和62年6月29日判決）。

(3) 約款の改正と既存契約

　改正された約款内容は、原則として、すでに成立している既存の契約にその効力を及ぼすことはない。しかし、次のような場合には既存の契約にもその効力が及ぶものと考えられている。

- 既存の保険契約の当事者間において、改正約款の効力が当該既存契約にも及ぶことにつき合意がなされたとき
- 免責条項の縮小、高度障害保険金の支払範囲の拡大など契約者にとって有利な約款改正が行われた場合で、保険者が、改正の内容が保険団体に与える影響は少ないと判断し、旧約款により責任免除を主張する利益を放棄する旨の意思表示をなしたとき

なお、改正民法案548条の4に「定型約款の変更」についての規定が予定されているが、そこでは、定型約款準備者は、次のいずれかに該当するときは、定型約款の変更をすることにより変更後の定型約款の条項について合意があったものとみなし、個別に相手方と合意することなく、契約内容を変更することができる旨を規定している。

①定型約款の変更が相手方の一般の利益に適合するとき、又は
②定型約款の変更が、契約をした目的に反せず、かつ、変更の必要性、変更後の内容の相当性、定型約款に変更をすることができる旨の定めの有無及びその内容その他の変更に係る事情に照らして合理的なものであるとき

なお、約款変更の場合には、効力発生時期を定め、かつ、定型約款を変更する旨及び変更後の定型約款の内容並びにその効力発生時期をインターネットの利用その他の適切な方法により周知しなければならない、とされている（改正民法案同条）。

●参考判例（大審院大正6年12月13日判決）
　要旨
　　保険契約が一旦その契約当時の普通保険約款により有効に締結せられたる以上は、後日、保険者においてその普通保険約款を改正するも、その改正が相手方に不利益なる場合はもとより、利益となる場合といえども当然に約款改正の効力を改正前に締結せられたる保険契約に及ぼすべきものにあらず。勿論、当事者が普通保険約款改正後、その改正約款により保険契約の内容を変更する旨の合意をなすか、もしくは少なくとも改正約款が単に相手方に利益なる場合において保険者が旧約款により権利を主張する利益を放棄する旨の意思を表示したりと認むべき事実存するが如き場合においては、改正約款によりその改正前に締結せられたる保険契約の効力を判定することを得べしといえども、上告人主張の如く保険契約の当事者は契約締結当時将来普通保険約款改正の場合においては自己に利益なる場合と否とを問わず常に改正約款にしたがう意思を有するものと推定することを得るものにあらず。故に、原院が本件につき保険契約当事者は特別の意思表示なき限りは契約当時の普通保険約款により契約をなすものと認め、かつ、本件約款改正後当事者がこれによる意思を表示したる事実なきことを認定し、該改正約款は本件保険契約の効力に何等の影響なきものとし、上告人の本訴請求を排斥したるはもとより相当にして、本論旨はその理由なきものと謂はざるを得ず（大審院大正6年12月13日判決）。

●参考判例（大阪地裁平成6年1月25日判決）
　要旨
　　約款の変更により、保障範囲が拡大された場合の取扱いは、保険会社の取扱いとしては、廃疾給付金の支給すべき場合を新約款の高度障害の場合にまで拡張したものと解すべきで、保険契約者にとって有利な変更であるから、少なくとも保険請求の時点までに当事者の合意により契約内容が変更されたものとみることができる（大阪地裁平成6年1月25日判決）。

(4) ご契約のしおり

「ご契約のしおり」は、契約当事者間を法的に拘束するものではなく、約款と商品内容を分かりやすく説明しているものである。

この「ご契約のしおり」についてその作成経緯を見ておけば、まず昭和37年7月、当時の保険審議会のなした「営業職員が募集活動を行うに当たっては、常に保険約款の全文の印刷物を携行して契約者に提示するとともに、一般契約者大衆にも容易に理解しうるよう保険約款の重要部分を平明に解説し、かつ、契約者が契約締結に当たって熟知しておくべき事項を記載した基本的文書を交付せしめることが適当である…」とする答申にしたがい、各社により、約款編及び解説編の二分冊として作成されたのが最初のものであった。

Ⅰ-2 保険契約法の法源　Ⅰ-2-3 約款

そして昭和50年6月、さらに「契約者にとって保険約款が理解しやすいものとなるように、形式、内容両面における改善により、その平明化が図られることが必要である（保険約款の中の重要事項は契約のしおりで分かりやすく解説されているが、これは、全保険種類を通ずる重要事項の解説であり、個々の保険種類についての諸事項の理解は、保険約款に頼るほかないことに留意すべきであろう）。特に、従来は専門用語や法律用語の安易な使用が契約者の保険約款に対する理解を困難ならしめてきたきらいがあるので、この点の改善をも含めモデル約款の検討が行われることが必要である。…会社の定款及び約款は、契約申込後保険証券とともに契約者あて送付されているが、今後は契約のしおりと同様、契約申込時に配布すること、および、例えば契約申込書に受領確認欄を設ける等の措置によりその点を確保していくことについても検討が行われるべきである」とする審議会答申を受け、昭和52年4月、従来のものを一冊にまとめて商品別の「ご契約のしおり－定款・約款－」とし、保険契約申込の受付時に、申込書上、それを受領した旨の確認を得て事前に申込者に配布されることとされたのである。

この「ご契約のしおり」は、今日、契約の申込者に対し、保険約款の内容をひろく知らしめるものとして重要な役割を果たしている。

●**参考判例**（東京地裁平成6年5月12日判決）
　要　旨
　　変額保険の「ご契約のしおり」も「運用実績につき変動する…」と明示している。原告は、折に触れ「変額保険は大丈夫か」と尋ねている事実を考え合わせると、そのリスクについて十分に認識していたものと認められる（東京地裁平成6年5月12日判決）。

●**参考判例**（和歌山地裁田辺支部平成4年9月1日判決）
　要　旨
　　保険金に対する課税処分は生命保険契約の内容をなすものではなく、また、原告に交付された「定款と約款」と題する冊子には「税法上の特典について」という見出しの記事が掲載されており、それ以上にすすんで課税に関する事項は契約者に説明する義務は被告である保険会社にあるとは解されない（和歌山地裁田辺支部平成4年9月1日判決）。

(5) 契約概要、注意喚起情報、意向確認書

　従来、契約締結時に手交していた「契約概要」、「注意喚起情報」は、業法300条（保険契約の締結又は保険募集に関する禁止行為）の1項1号（「保険契約者又は被保険者に対して、虚偽のことを告げ、又は保険契約の契約条項のうち重要な事項を告げない行為」をしてはならない）を根拠として、保険会社向けの総合的な監督指針（以下「監督指針」という。）において規定されているものであり、同号の「重要な事項」の範囲は、契約概要等の内容をすべて包含すると整理されてきた（監督指針Ⅱ-4-2-2(3)②重要な事項を告げるにあたっては、重要な事項のうち顧客が保険商品の内容を理解するために必要な情報（以下、「契約概要」という。）と顧客に対して注意喚起すべき情報（以下、「注意喚起情報」という。）について、分類のうえ告げられているか）。

　次に、適合性原則を踏まえた保険商品の販売・勧誘のあり方（平成18年3月）諮問委員会の答申を受け、監督指針が改正され、平成19年4月より、「意向確認書面」が導入され、顧客自身が、契約締結前の段階で、推奨された保険商品と自らのニーズが合致しているかについて、最終確認を行う機会が設けられた（監督指針Ⅱ-4-2-2(5)②ア　契約の申込みを行おうとする保険商品が顧客のニーズに合致しているものかどうかを、顧客が契約締結前に最終的に確認する機会を確保するために、顧客のニーズに関して情報を収集し、保険商品が顧客のニーズに合致することを確認する書面

(以下、「意向確認書面」という。)を作成し、顧客に交付するとともに、保険会社等において保存するものとされているか。)

　平成26年に改正、公布された保険業法は、平成28年に施行予定である。それによれば、保険契約の内容等（契約概要、注意喚起情報等の項目等（保険業法施行規則（以下「保険業規」という。）227条の2第3項））についての情報提供義務（業法294条）と顧客の意向把握義務（業法294条の2）が新設され、それぞれ法定化された。

II 生命保険・傷害疾病定額保険契約の概説

II-1 生命保険・傷害疾病定額保険契約の意義

II-1-1 生命保険契約

　保険法は、保険契約について「当事者の一方が一定の事由が生じたことを条件として財産上の給付（生命保険契約及び傷害疾病定額保険契約にあっては、金銭の支払いに限る。以下「保険給付」という。）を行うことを約し、相手方がこれに対して当該一定の事由の発生の可能性に応じたものとして保険料（共済掛金を含む。以下同じ。）を支払うことを約する契約をいう。」と定義している（保険法2条1号）。

　さらに保険法は、生命保険契約につき「保険契約のうち、保険者が人の生存又は死亡に関し一定の保険給付を行うことを約するもの（傷害疾病定額保険契約に該当するものを除く。）をいう。」（保険法2条8号）、また、傷害疾病定額保険契約は「保険契約のうち、保険者が人の傷害疾病に基づき一定の保険給付を行うことを約するものをいう。」と定義している（同2条9号）。

> ●**参考判例**（大審院明治33年7月9日判決）
> 　要　旨
> 　　商法第673条にいわゆる「生死」とは、死亡と生存との二者をいうものにして出生を包含するものであらざること当然である…（大審院明治33年7月9日判決）。

> ●**参考判例**（大審院明治38年4月8日判決）
> 　要　旨
> 　　生命保険契約は、当事者の一方が被保険者の生死に関し一定の金額を支払うべきことを約するものなることは商法第673条（旧商法第427条）の規定する所なりとす。而して、その生死なるものは被保険者の生存および死亡の謂にして出生を包含するものにあらず。何となれば、生命保険契約は被保険者の生命または健康を以てその目的となすべきものにして、未だ出生せざる者の生死に関し保険契約を締結することを許さざればなり。その他被保険者の結婚または就学児童の成育のごとき、いずれも皆被保険者の生死に関する事故に非らざるが故に、これらの事故の発生を条件として一定の金額を給付する契約は生命保険契約に属せざることは自ずと明らかなり（大審院明治38年4月8日判決）。

II-1-2 傷害疾病定額保険契約の保険事故（高度障害保険金について）

　高度障害保険金については、保険約款上、概ね「被保険者が、責任開始期以降に発生した傷害または発病した疾病によって、保険期間中に…別表に定める高度障害状態に該当したときに高度障害保険金を支払う」と規定している。この高度障害保険金については、改正前商法では一般的には次のような見解、すなわち「廃疾（現・高度障害。以下同じ）給付条項を含む生命保険契約は、生命保険契約に廃疾を保険事故の一つとして加えるものであり、商法上の生命保険契約と、これとは別個の廃疾保険契約との混合したものと解することができる。ただし…廃疾給付条項の対象となる廃疾は、きわめて限定されており…契約全体の中で廃疾保険がもつ比重は比較的小さく、副次的である」（大阪高判昭和51年11月26日）とする見解が支配的であった。保険法の下では傷害疾病定額保険契約に分類される。

> ●**参考判例**（佐賀地裁昭和58年4月22日判決）
> 　要　旨
> 　　廃疾保険制度は商法の規定によるものではなく、保険会社の約款により創設されたもので、その内容は

約款により定められるものである（佐賀地裁昭和58年4月22日判決）。

●**参考判例**（大阪高裁昭和59年11月20日判決）
> [要　旨]
> 　高度障害保険金は商法第673条における保険事故ではないことから、高度障害条項は本来の生命保険契約に対する付加的要素としての性格が強く、いわば副次的で、沿革的には加入者に対するサービス条項として認識される（大阪高裁昭和59年11月20日判決）。

Ⅱ-1-3　傷害保険契約・疾病保険契約等

　傷害保険契約とは、被保険者が急激かつ偶発的な外来の事故を直接の原因として身体に傷害を受け、それによって死亡し、あるいは障害状態になった場合に所定の給付金が支払われる保険契約である。
　また、疾病保険契約とは、被保険者の疾病による入院、手術等に対して所定の給付金が支払われる保険契約である。現行の生命保険会社が取り扱っている疾病関係の諸特約（疾病特約、成人病特約等）では、入院については入院日額に入院日数を乗じた額が、また手術についてはその種類によって定められた一定割合の金額が支払われるとされている。
　これらの傷害保険契約や疾病保険契約は、人を対象とした人保険であること、また、支払われる保険金額も実損害額の大小に関係なく一定の金額であるところから定額保険であるといえ、傷害疾病定額保険契約に分類される。
　なお、損害保険ではないので、保険者の代位制度は適用されない。

●**参考判例**（最高裁昭和55年5月1日判決）
> [要　旨]
> 　生命保険契約に付加された特約に基づいて…支払われる傷害給付金または入院給付金については、商法第662条所定の保険者の代位の制度の適用はないものと解するのが相当である（最高裁昭和55年5月1日判決）。

●**参考判例**（大阪地裁平成14年3月15日判決・平成12年（ワ）第1350号）
> 事　案　駅のホームから線路に転落し電車により右腕切断
> 争　点　障害等級の該否
> [判　旨]
> 　（本件傷害特約における「身体障害の状態（別表6）」について）別表6の2級に該当する障害のうち本件で関連するものは、1上肢及び1下肢の用を全く永久に失ったものであること、他方、3級に該当する障害は、1上肢を手関節以上で失ったまたは1上肢の用もしくは1上肢の3大関節中の2関節の用を全く永久に失ったものであること、原告の障害は、右上肢欠損であることが認められ、以上の点からすれば、原告が本件事故によって受けた障害は、別表6の3級に該当すると認められる。
> 　…これに対し、原告は、障害者手帳の障害等級が2級であること、原告は、実質的に考えても、単に1上肢を失っただけではなく、右肩部分から切断したのであるから、別表6の2級に該当すると主張する。
> 　しかし、障害者手帳の障害等級とは異なる基準によって定めたものと解されるから、原告の障害者手帳の障害等級が2級であることは、前記の判断を左右するものではない。また、原告の右腕が右肩部分から切断したものであるとしても、1上肢を失ったものであるから、本件傷害特約の適用にあたっては、別表6の3級に該当するというべきである（大阪地裁平成14年3月15日判決・平成12年（ワ）第1350号）。

Ⅱ-2 生命保険・傷害疾病定額保険契約の要素

　生命保険契約が有効に存在し得るための要件としては、保険契約者、被保険者、保険金額、保険料、保険期間とされ、また、保険金受取人も保険法に定義されていることから、契約の要素の一つと認められる。なお、保険金受取人は契約の成立には関与せず、したがって、契約当事者となることはない。

(1) 契約当事者（保険者、保険契約者）

　契約当事者とは保険者（保険会社）及び保険契約者をいう。ただし、保険契約者は代理人をして保険契約を締結せしめることもできる。もっとも、契約から生ずる効果は当然に本人である保険契約者が享受し、それが代理人に及ぶものでないことはいうまでもない（民法99条1項）。

　保険法では、保険者、保険契約者などについて次の通り定義している。

- 保険者とは、保険契約の当事者のうち、保険給付を行う義務を負う者（保険法2条2号）。
- 保険契約者とは、保険契約の当事者のうち、保険料を支払う義務を負う者をいう（同2条3号）。
- 被保険者については、生命保険契約につき、その者の生存又は死亡に関し保険者が保険給付を行うこととなる者（同2条4号ロ）で、傷害疾病定額保険契約について、その者の傷害又は疾病に基づき保険者が保険給付を行うこととなる者（同ハ）とされている。

　　要するに、生命保険契約、傷害疾病定額保険契約における被保険者とは保険事故の生ずべき客体をいう。契約の当事者たる保険契約者自身が被保険者となる形態が多いが、保険契約当時者以外の者を被保険者とすることももちろん可能である（同38条「被保険者の同意」）。前者を「自己の生命の保険契約」、後者を「他人の生命の保険契約」という。

- 保険金受取人について、保険給付を受ける者として生命保険契約又は傷害疾病定額保険契約で定めるものをいう。（同2条5号）。

(2) 保険事故

　保険事故とは保険者に課せられた保険金支払の義務を具体化させる偶然の事故をいう。生命保険契約における保険事故は人（被保険者）の「生存又は死亡」であり（同2条8号）、傷害疾病定額保険においては、人（被保険者）の「傷害疾病」である（同2条9号）。

(3) 保険期間

　保険期間とは、保険者が、死亡保険契約においてはその間に被保険者が死亡した場合に、また、生存保険契約においてはその間にあって被保険者が生存していた場合に、それぞれ死亡保険金、満期保険金の支払義務を負う期間をいう。なお、制度の運営に当たっては、保障開始時期の明確化の要請に応えるため、この保険期間とは異なる「責任開始期」なる概念を導入している。

(4) 保険金額

　保険金額とは保険事故が発生した場合に保険者に支払義務のある約定の金額をいう。生命保険契約にあっては当事者間においてその額を自由に約定し得るものとされている（保険者は、免許申請書類（業法4条2項）の一つである事業方法書にて引受限度額を定めている。なお、15歳未満の未成年者を被保険者とする生命保険契約に関しては、被保険者を保護するための保険金の限度額その他引受けに関する定めを社内規則等に設けることが義務付けられている。）。

(5) 保険料

　保険法2条1号は保険契約を定義して、「相手方がこれに対して当該一定の事由の発生の可能性に応じたものとして保険料を支払う」と規定している。ここでは、危険を算定する期間（保険料期間）との関係から保険料可分または不可分につき必ずしも明らかでないことから、保険法施行後の保険約款では、その取扱いを定めている（後述）。

・付記

いまひとつ、ここでは損害保険契約の要素との比較において、被保険利益の存在が生命保険契約においても必要な要素とされるか否かが問題となる。「損害保険契約は金銭に見積もることができる利益に限り、その目的とすることができる」（保険法3条）と規定し、「損害保険契約」に必要な要素として被保険利益の存在をあげている。ところが、「生命保険契約」については、「損害保険契約のような被保険利益の有無及びその評価いかんは、契約の成立及びその効力に関して問題とならない」（大森・前掲書260頁）とみるのが大方の見解である。もっとも、判例のなかには次のような見解に立つものもある。

●参考判例（東京地裁明治34年9月19日判決、新聞56号8）

要　旨

生命保険契約も人の生死を原因とする損害賠償の契約であり、損害保険契約と全くその性質を同一にするものである。したがって被保険利益あることを要し、被保険者と法律上もしくは経済上何等の関係なき者は保険金受取人たることを得ない。よって、かかる者を保険金受取人とする生命保険契約は被保険利益なきものであり無効である（東京地裁明治34年9月19日判決、新聞56号8）。

II-3　生命保険・傷害疾病定額保険契約の形態

生命保険契約には「自己のためにする生命保険契約」と「第三者のためにする生命保険契約」の二形態がある。ともに、「自己の生命の保険契約」、「他人の生命の保険契約」と混同されることのないよう注意を要する。

(1) 自己のためにする保険契約

「自己のためにする生命保険契約」とは、自己が保険契約者兼保険金受取人となる契約で、被保険者は自己の場合も他人の場合もある。自己（契約者）が保険金受取人となり家族を被保険者とする個人契約、企業が契約者兼保険金受取人となり従業員を被保険者とする法人契約にその代表例を見ることができる。ただし、この形態の一つ、保険契約者及び被保険者と保険金受取人とを同一人とする契約については、当人が死亡して保険金の支払事由が発生した折、当該保険契約の保険金受取人は死亡した契約者の相続人となり輻輳するところから、実務上、申込があってもこれを受理しない保険者（保険会社）が多いようである。

一方、これとは逆に、保険契約者が質権設定者となり自己の契約した生命保険契約の死亡・満期保険金、解約返戻金等に質権を設定するとき、第三債務者たる保険会社は無用の紛争を避けるうえから、これを承諾し、保険契約者と同一人に死亡保険金の請求権を帰属させる実務を採用している保険者が一般的のようである。

なお、保険金受取人の指定のない契約は、保険契約者自身を受取人とする自己のためにする契約と解すべきであろう。

(2) 第三者のためにする保険契約

「第三者のためにする生命保険契約（傷害疾病定額保険契約）」とは、保険契約者が自己以外の第三者を保険金受取人とする生命保険契約をいい（保険法42条、同法71条）。その法律上の性質は、民法の定める「第三者のためにする契約」（537条）の一種であると解されている。ただし、民法上の「第三者のためにする契約」では、第三者が権利を取得するにはその者による受益の意思表示が必要とされているが（537条2項）、「第三者のためにする生命保険契約（傷害疾病定額保険契約）」では、

当該保険金受取人が受益の意思表示をなさなくとも当然に保険契約上の利益を享受できるとされている（保険法42条、同71条）。

この「第三者のためにする生命保険契約（傷害疾病定額保険契約）」には次の三形態がある。
① 契約者と被保険者が同一人物で、保険金受取人が別人の契約
② 被保険者と保険金受取人が同一人物で、契約者が別人の契約（この契約は「他人の生命の保険契約」でもある）
③ 契約者、被保険者及び保険金受取人がそれぞれ別人の契約（この契約も「他人の生命の保険契約」である）

なお、これらの形態による生命保険契約、傷害疾病定額保険契約については、保険金請求権の譲渡、保険金受取人の変更・撤回、あるいは変更権の留保等々が問題となるが、それらについては、参考判例ともども項を改めて詳しく触れることとしたい。

・付記
　損害保険契約においては、保険事故の発生により損害の填補を受ける者を被保険者という。したがって、損害保険契約では、保険契約者自身が被保険者となる契約を「自己のためにする損害保険契約」と言い、保険契約者以外の第三者を主体とする被保険利益につき、その第三者を被保険者とする契約を「第三者のためにする損害保険契約」という。生命保険契約にみる両形態と相違があるので留意すべきである。

II-4　生命保険・傷害疾病定額保険契約の種類

生命保険契約は、種々の基準にしたがい、いろいろに分類することができる。それらのうちの主たるものを見ておけば以下のとおりである。

・保険事故を基準に
　　死亡保険契約、生存保険契約（教育保険、学資保険）、生死混合保険契約（養老保険）
・保険期間を基準に
　　定期保険契約、終身保険契約
・保険金支払方法を基準に
　　資金保険契約（保険事故発生時一時金として全額を支払う保険）、年金保険契約（終身年金保険契約、有期年金保険契約、確定年金保険契約）
・一契約における被保険者の数を基準に
　　単独保険契約、連生保険契約、団体保険契約（なお、同一団体に所属する多数の個別契約につき、保険料の徴収その他諸手続を団体が便宜上一括して取り扱うものに「団体取扱」なる方式があるが、これが団体保険契約と異なるものであることにつき注意すべきである）。
・保険料支払方法を基準に
　　月掛保険契約、半年払保険契約、年払保険契約、一時払保険契約
・利益配当の有無を基準に
　　利益配当付保険契約、無配当保険契約
・保険料積立金の運用勘定を基準に
　　定額保険契約、変額保険契約（変額保険とは、保険料積立金を他の資産と分離し、特別勘定において有価証券を中心に投資・運用し、その運用実績に基づいて満期保険金額、解約返還金額が変動するいわゆるハイ・リスク、ハイ・リターン商品である。ただし、死亡保険金については資

産運用のいかんに拘らず基本保険金額が保証されており、その限りにおいて、生命保険契約の特色をなす定額性が維持されている。
- 保険料の計算方式を基準に
　　平準保険料保険契約、自然保険料保険契約
- 引受危険の程度を基準に
　　標準体保険契約、標準下体保険契約
- 加入時における診査の有無を基準に
　　診査医扱保険契約、健康管理証明書扱保険契約、告知書扱保険契約、生命保険面接士扱保険契約
- 生命保険経営の方法、範囲を基準に
　　相互保険、営利保険、旧簡易生命保険法による簡易生命保険

なお、以上のほかに、生命保険契約をひろく元受保険契約、再保険契約、再々保険契約に分類する考え方もある。再保険契約は、本来、損害保険契約の領域に属するものと理解されているが、高額保険金額等の生命保険契約につき危険の分散の観点から再保険契約を締結するものも認められる。

●参考判例（甲府地裁昭和29年9月24日判決）
　要　旨
　　生命保険契約には生存、死亡、生死混合の保険があるが、そのいずれを問わず、原則として被保険者が生存していることをその成立要件とするものと解すべく…（甲府地裁昭和29年9月24日判決）。

Ⅱ-5　生命保険・傷害疾病定額保険契約の性質

Ⅱ-5-1　有償契約性

生命保険契約は有償契約である。

生命保険契約者の負担する保険料は、保険者が保険契約者側の経済的危険を補う負担の対価としての意味を有している。すなわち、生命保険契約は、保険事故発生時に保険者が負うべき危険負担と、保険契約者がなす保険料支払とを対価的な給付・反対給付とする有償契約である（保険法2条1号）。

●参考判例（札幌地裁小樽支部昭和56年7月15日判決）
　要　旨
　　保険が有償的に危険を保険者に転嫁して、保険契約者に安心感を売ることを目的とする行為であることに鑑み…（札幌地裁小樽支部昭和56年7月15日判決）。

Ⅱ-5-2　双務契約性

生命保険契約は双務契約である。

生命保険契約は、保険者が一定の事由（保険事故）が生じたことを条件として財産上の給付を行うことを約し（保険金支払義務）、保険契約者がこれに対して当該一定の事由の発生の可能性に応じたものとして保険料を支払う義務（保険料支払義務）を負う双務契約である（保険法2条1号）。ただし、保険者の保険金支払義務は、保険事故の発生を条件とするものであるから、民法の定める双務契約における同時履行の抗弁や履行不能の効果に関する諸規定（533条以下）がそのまま保険契約に適用されることはない。

●参考判例（最高裁昭和39年9月25日判決）
　要　旨
　　生命保険契約に基づいて給付される保険金は、すでに払い込んだ保険料の対価の性質を有しもともと不法行為の原因と関係なく支払われるべきものであるから、たまたま、本件事故のように不法行為により被保険者が死亡したためにその相続人たる被上告人両名に保険金の給付がされたとしても、これを不法行為による損害賠償額から控除すべきいわれはないと解すべきである（最高裁昭和39年9月25日判決）。

Ⅱ-5-3　諾成契約性

　生命保険契約は諾成契約である。
　生命保険契約は当事者双方の意思表示、すなわち、両者間において申込みの意思表示と承諾の意思表示が合致することによって成立する諾成契約である。約款では、第一回保険料の払込みがあった時から保険者の責任は開始するとされているが、これは、保険料前払主義の要請に応えた保険者の責任開始のための要件にすぎない。
　すなわち、生命保険契約は保険料の支払を成立要件とする要物契約ではない。

●参考判例（大審院昭和8年3月8日判決）
　要　旨
　　惟うに生命保険契約はいわゆる諾成契約に属し、当事者間の相合致したる意思表示のみによりて成立するものにして、当該契約条項中に特に保険者の保険契約上の責任は、保険契約者において最初の保険料の払込みをなしたる時より始まる旨定めたるときといえども、これはただ保険者の責任開始の時期を限定する趣旨たるに止まり、あえて同払込みをもって保険契約成立の要件となしたるものにあらずと解するを相当とす（大審院昭和8年3月8日判決）。

Ⅱ-5-4　附合契約性

　生命保険契約は附合契約である。
　生命保険契約の申込人は、保険に加入するか否かの自由を持っているが、加入の意思を決めても、保険約款をそのまま承認するのでなければ保険に加入することはできない。すなわち、保険契約の申込人は個々の取引のなかで自由に契約条項を定めることはできず、契約当事者の一方である保険者の定めるところ、すなわち約款内容に従うことによってのみ契約をなし得るものであり、これを保険契約の附合契約性という。保険事業を維持し、大量取引の迅速性・安全性を図り、かつ、全ての契約について定型性・公平性を期するために定められたのが保険約款に他ならないからである。
　なお、前述のとおり改正民法案にて第2章契約　第1節　総則第5款　定型約款（548条の2～548条の4）に規律予定である。

●参考判例（東京地裁昭和56年4月30日判決）
　要　旨
　　生命保険契約が要素の錯誤によって無効である旨の原告の主張について判断するに、生命保険契約のごとき附合契約においては…当事者間に保険会社の普通保険約款による生命保険契約が成立したと認められる以上、契約者において、契約締結当時その内心において右約款と異なる内容の合意をするものと誤信していたとしても、これが全く表示されていない限り、かかる誤信は要素の錯誤に当たると言うことができないと解するのを相当とする（東京地裁昭和56年4月30日判決）。

Ⅱ-5-5 射倖契約性

生命保険契約は射倖契約である。

射倖契約とは、「一方または双方の当事者の契約上の具体的な給付義務が発生するか否かまたはその大小いかんが偶然な出来事によって左右され、従って当事者のなす具体的な給付相互間の均衡関係が偶然によって左右される契約」（大森・前掲書84頁）をいう。人の生死を保険事故とする生命保険契約において、保険者が負う保険金支払の義務は保険事故の発生という偶然の事情にかかっている。すなわち、生命保険契約は偶然の事情に依存している射倖契約である。

●参考判例（大阪地裁昭和60年8月30日判決）
　要旨
　　生命保険契約は、本質的に当事者の一方または双方の契約上の給付が偶然な事実によって決定される射倖契約であるため、第一に、偶然による不労の利得そのものを目的とする賭博的行為に悪用されたり、公序良俗違反の行為に堕する危険を有し、さらに、国民経済的に不利益を生ぜしめるような事態を加入者側が誘発させ、または放任する危険が内在しており…（大阪地裁昭和60年8月30日判決）。

Ⅱ-5-6 善意契約性・信義則性

生命保険契約は善意契約であり信義誠実性が強く要請される契約である。

生命保険契約は、先に述べたとおり、射倖契約性を深く内包しているため、契約関係者には特別の善意と信義誠実性が強く要請される契約である（1906年「英国海上保険法」はその第17条において「保険契約は最大善意にもとづく契約である」としている）。

●参考判例（大阪地裁昭和60年8月30日判決）
　要旨
　　生命保険契約は…問題となる事実の偶然性ないし不可測性により相手方のおかれた不利な地位に不当に乗じたり、自己のおかれた有利な地位を不当に利用したりする危険が存するのであって、公正ないし公益維持の原則と、信義誠実の原則の適用がことに要請されているものということができる（大阪地裁昭和60年8月30日判決）。

Ⅱ-5-7 継続的契約性

生命保険契約は継続的契約である。

生命保険契約は、契約両当事者の負う義務（保険料支払義務、保険金支払義務）が一定期間にわたって継続する継続的契約である。

●参考判例（東京地裁昭和63年5月23日判決）
　要旨
　　生命保険契約は、保険契約者の保険料支払義務と保険者の保険金支払義務とが一定期間継続する、いわゆる継続的契約であるから、契約当事者には信義則にしたがい誠実に契約の履行を継続することが要求されており、両者の信頼関係があって初めて成り立つものである（東京地裁昭和63年5月23日判決）。

Ⅱ-5-8 不要式契約性

生命保険契約は理論上は不要式契約である。

生命保険契約の申込は、保険法上なんら特別の形式を要しない不要式の行為とされている。約款もまた、申込についてはなんらその形式を定めていないところから、口頭による申込も法的には有効で

Ⅱ-5 生命保険・傷害疾病定額保険契約の性質　Ⅱ-5-9 商行為性

あり、保険者がこれに対して承諾をなせば契約は成立することとなる。しかしながら、実際上は、保険者側において申込の有無、申込の内容等を明らかにしておく必要があり、申込は保険者所定の書式によってなされるのが普通である。すなわち、保険者は、生命保険契約の重要な要素となっている各事項、保険契約者は誰か、被保険者は誰か、どのような保険事故のときに保険金が支払われ、その額はいくらなのか、また、保険料はいくらで支払期間はどうなのか等々につき、後日の紛争を防ぐため、またモラルリスク防止の意味合いからも、所定の書式（申込書）に必ず申込者・被保険者の記載・署名を求めるのが通例となっている。しかし、これらをもって生命保険契約が理論上要式契約とされるものではない（業法4条2項、保険業規8条1項5号は「保険証券、保険契約の申込書及びこれらに添付すべき書類に記載する事項」を規定しているので実務的には様式化されているといえる。）。

また、前述の目的から、契約成立後に保険証券が作成され契約者に交付することが義務化されている。それぞれ、損害保険契約の締結時の書面交付（保険法6条）、生命保険契約の締結時の書面交付（保険法40条）、傷害疾病定額保険契約の締結時の書面交付（保険法69条）を義務づけている。

●**参考判例**（大審院昭和10年5月22日判決）
　要　旨
　商法上の保険契約は当事者間の合意のみにより有効に成立し、他に証券の作成その他の方式を要するものにあらず、従って、また該契約に関し、記名式にて発行せられたる保険証券は単なる証券たるに過ぎざるものなること多言を俟たず（大審院昭和10年5月22日判決）。

Ⅱ-5-9　商行為性

生命保険契約の性質を論ずるとき、すでに述べたものに加え、その商行為性が問題とされる。通常、営利保険契約は保険者にとって営業的商行為であり（商法502条9号）、保険者は商人（商法4条1項）である。したがって、彼等の取り扱う保険契約には商法の定める商行為に関する諸規定が適用されることは当然であり、その商行為性が問題とされる余地はいささかもない。ところが、相互保険における保険関係は法形式的には商行為でなく、従来そこに、商行為一般に関する商法の規定は準用されていなかったが、平成8年の業法改正により、相互会社が行う行為についても商法504条から同522条まで（商行為）の規定が準用されることとなった（業法21条2項）。

第2章 生命保険契約(傷害疾病定額保険契約含む)の成立

I 成立に関わる要点

I-1 生命保険契約の申込と承諾

　すでに述べたとおり、生命保険契約は保険契約者（申込人）からの申込と、それに対する保険者（保険会社）の承諾によって成立する（前章Ⅱ-5-3「諾成契約性」参照）。その成立にあたっては、契約の成立に関する民法上の一般原則が適用される。

> ●**参考判例**（札幌地裁昭和56年3月31日判決）
> 　事　案　契約承諾前における保険事故
> 　争　点　保険者の責任開始期
> 　判　旨
> 　生命保険契約も、契約に関する一般理論にしたがい、申込と承諾とによって成立する性質のものであって、成立した場合には、第一回保険料相当額受領時に遡って保険者の責任が生ずることになるものであると解するのが相当である（札幌地裁昭和56年3月31日判決）。

I-1-1 　生命保険契約の申込

　生命保険契約の申込は、それが保険会社に到達したことによってその効力を生ずる（民法97条1項）。生命保険契約の申込は、保険法上なんら特別の形式を要しない不要式の行為であり、約款もまた申込の形式を定めていないことから、口頭による申込も法的には有効であることはすでに述べたとおりである。しかし、先に見たとおり、申込の有無、その内容などを明らかにしておく必要から、会社所定の申込書の提出を求めている。

　生命保険契約の申込は、通常は特に承諾期間を設けない申込とされているが（民法524条）、通常、保険会社では、申込を受けてから2ケ月間に保険診査が終了しないなど、保険契約引受可否の判断ができない状態のままであるときは申込の効力を失わせている。そして、後にあらためて申込の意思あるときは申込書を新たに作成させ、申込意思の確認を再度行っているのが通例である。

　この点についての法律構成は次のように考えられる。すなわち、承諾期間の定めがない場合の承諾適格（申込の承諾と合して契約を成立させる効力）期間については民法上に明文の規定なく、学説では商法の規定と同様に「隔地者の間において承諾の期間を定めないで契約の申込みを受けた者が相当の期間内に承諾の通知を発しなかったときは、その申込みは、その効力を失う」（民法508条1項）とされている。したがって、保険会社は相当の期間内に承諾の通知を発することを要し、保険会社がこの期間内に承諾の通知を発しなかったときは、申込は当然にその効果を失うこととなる。ここに言う相当の期間とは、取引慣行と信義誠実の原則によって決すべきものであろう。

(1) 申込は、承諾と合致することにより契約を成立させようとする意思をあらわすものであることを要し、かつ契約の要素をなす各事項（当事者・被保険者、保険事故、保険期間、保険金額及び保険料）と、この他、剰余金の支払方法（定期保険買増、相殺、積立など）も申込において定めることを要する（浦和地判昭和57年5月26日判タ477号146頁参照）。

　生命保険契約の申込みの意思表示の相手方は保険会社であるので、受領能力のある保険者の機関に到達したとき、その効力が生じることにはなる（民法97条1項）が、保険者と雇用・嘱託契約関係にあり、使用人である保険募集人に届いたとき保険者の支配圏に到着したものとみなされるので、保険募集人は保険者に代って保険契約の申込を受領する権限（申込に対して承諾する権限ではない）

Ⅰ-1 生命保険契約の申込と承諾　Ⅰ-1-2 申込の撤回－クーリング・オフ制度－

を有していると解しても実務的には余り問題も生じない。したがって、保険契約者たるべき者が生命保険募集人に申込書を手渡したときに申込の効力を生ずると解される。
(2) 保険契約の申込みと承諾について、保険法は規定していないことから、申込みの撤回について、民法・商法の一般原則に従うことになる（民法521から528条、商法507から509条）。本来、申込みはその到達によって効力を生じた後は、申込者は任意に申込みを取り消すことは、相手方の保護の点からできないこととなる（民法524条）。すなわち、生命保険契約の申込みは、承諾期間を定めていない場合が一般的であるので、隔地者に対してした申込みは、申込者は「承諾の通知を受けるのに相当なる期間」その申込みに拘束される（民法524条）。但し、クーリング・オフにより申込みを撤回することができる例外がある（後述）。
(3) 生命保険契約の申込みは、保険法上なんら特別の形式を要しない不要式の行為であり、約款もまた申込の形式を定めていないことから、その方式如何に関わらずその申込みは有効ということになるが、前述のとおり申込書の作成は、申込者の意思を表白させるものであると同時に、申込みの有無、その内容などを明らかにしておく要請から保険会社が事前作成した所定の申込書によって申込みをしている。

Ⅰ-1-2 申込の撤回－クーリング・オフ制度－

(1) 契約の申込みの撤回、解除をなし得る制度・いわゆるクーリング・オフ制度は、昭和48年の改正割賦販売法によってはじめて採用されたものであるが、直接生命保険契約に適用されるものではなかった。ところが、その翌年2月、大蔵省の生命保険に関する「保険約款改正」に関する諮問のなかでその導入が示唆され、昭和49年9月からクーリング・オフ制度が業界の自主制度として採用され、生保各社は保険業法への規定導入を待たずにクーリング・オフを約款に導入した。クーリング・オフに関する事項は、①注意喚起情報、②契約締結前交付書面、③契約のしおり及び約款、④第1回保険料充当金領収証に記載がある場合がある（当初の熟慮期間は4日間）。
　導入の趣旨は、生命保険等についての知識が乏しい申込者等が契約内容を十分理解せずに、あるいは営業職員による訪問勧誘に対して十分な検討をなさないまま申込みをなし、第1回保険料充当金の払込みをなした際に当該申込人を保護するという趣旨である。
(2) 保険業法のもとでのクーリング・オフは、契約成立前の申込みの撤回も認める点で要件面における民法・商法に対する特則となり、契約解除については保険料の返還と損害賠償の禁止の点で効果面における保険法に対する特則となるものである。
(3) 保険契約のクーリング・オフにおいては、意思表示の発信までは保険者が危険を負担し、保険契約者はその対価の日割保険料を支払うとともに、保険事故が発生した場合にはクーリング・オフを認めず保険金を支払うことにしている点で、クーリング・オフの書面発信までの期間は保険契約を有効として扱っている。
(4) 「保険契約の申込の撤回等」は、保険契約の申込みの撤回に関する事項を記載された書面を交付された場合において（多くの生命保険会社は、第1回保険料（充当金）領収証に記載している）、その交付された日と申込みをした日とのいずれか遅い日から起算して8日以内（保険会社によって10日、15日、30日等延長している場合がある）に、定められた要件のもとでの保険契約の申込みの撤回または解除をすることができる（業法309条）。
　なお、この「保険契約の申込の撤回等」の規定は、これに反する特約で申込者等に不利となるものは無効とされており強行規定である（業法309条10項）。
　そして、申込人がこれを行使するには、他の申込人（保険契約者）との公平性の観点から、申込みの撤回等の通知は書面によることを要するとしている（業法309条1項）。

書面によるとした理由は、口頭による通知は意思の明確性と客観性の点で問題があるほか、権利行使の期間である8日以内に行われたか否かを明らかにしておく趣旨であると解される。

なお、申込みを撤回する旨の書面は、実務上は郵便（はがき、手紙）によることとしている。

つぎの場合は、保険業法では、クーリング・オフの対象外とされており、申込みの撤回等はできない。

① 書面交付の日から起算してから8日を経過した場合（業法309条1項1号）
② 営業・事業のために締結された保険契約、営業・事業として締結された保険契約（同2号）、法人等の保険契約（同3号）
③ 保険期間が1年以下のとき（同4号）
④ 法令により加入が義務づけられているとき（同5号）
⑤ 申込者が募集人の営業所等で契約した場合等（同6号）

　平成19年以前は、申込者等が自発的に保険会社の営業所を訪れて保険契約の申込みをするような場合は、契約意思が明確であり、保険会社等の強引な募集ということはないから、クーリング・オフを認める必要がないとされていた。

　消費者保護の観点から問題視されており、たとえば、銀行が、保険商品に関連する話題について触れることなく別件で顧客を支店の店頭に呼び出し、その場で初めて保険商品の勧誘を行って申込みに至ったような事例において、クーリング・オフが認められないことへの問題が提起された。

　平成19年改正後の保険業法施行令（以下「保険業令」という。）では、申込者があらかじめ日を通知して営業所等を訪問し、かつ、自己の訪問が保険契約の申込みをするためであることを明らかにした場合でなければ、営業所等における申込みであってもクーリング・オフの対象とするように改められた。

⑥ 申込者等が、特定保険募集人又は保険仲立人に対し、あらかじめ日を通知してその営業所、事務所その他これらに準ずる場所を訪問し、かつ、当該通知し、又は訪問した際に自己の訪問が保険契約の申込みをするためのものであることを明らかにした上で、当該営業所等において当該保険契約の申込みをした場合（保険業令45条1号）
⑦ 申込者等が、自ら指定した場所（保険業者の営業所等及び当該申込者等の居宅を除く）において保険契約の申込みをすることを請求した場合において、当該保険契約の申込みをしたとき（同令45条2号）
⑧ 申込者等が、郵便その他の内閣府令で定める方法により保険契約の申込みをした場合（同令45条3号）
⑨ 申込者等が、保険契約に係る保険料又はこれに相当する金銭の払込みを保険業者の預金又は貯金の口座への振込みにより行った場合（当該保険契約の相手方である保険業者若しくは当該保険契約に係る保険募集を行った保険業者又はこれらの役員若しくは使用人に依頼して行った場合を除く）（同令45条4号）

　なお、平成19年改正後の保険業令により、保険料振込によるクーリング・オフ適用除外の要件について括弧内の限定を行った。

⑩ 医師の診査を必要とする保険契約の申込み後、診査を終了した場合（同令45条5号）
⑪ 保険契約がいわゆる財形貯蓄契約であるとき（同令45条6号）
⑫ 保険契約が、金銭消費貸借、賃貸借契約その他の契約にかかる債務の履行を担保するための保険契約であるとき（同令45条7号）

Ⅰ-1 生命保険契約の申込と承諾　　Ⅰ-1-2 申込の撤回－クーリング・オフ制度－

⑬　すでに締結されている保険契約の更改（保険給付の内容又は保険期間の変更にかかるものに限る）・更新・変更にかかる保険契約であるとき（同令45条8号）
(5)　保険契約におけるクーリング・オフについては、民法の規定とは異なる特有の規定がいくつかある。
①　申込みの撤回等は、その旨の書面を発信した時にその効力を生じる（業法309条4項）。
②　保険責任開始後であっても、申込撤回等の要件を満たしていればそれも可能である。
そして、保険会社は、これに伴う損害賠償等を請求することができないものとされている（同5項）。
ただし、撤回ではなく解除のときに限っては、保険契約者は責任開始日から解除日までの期間について、日割り計算で保険料を支払うことを要する（同法5項但書、保険業規242条）。
③　保険会社は、すでに受領している金銭があるときは、これを速やかに申込者に対して返還することを要する（業法309条6項）。

●**参考判例**（東京地裁平成26年4月14日判決、平成24年(ワ)32195号、保険事例研究会レポート（以下「事例研レポ」という。）第288号11頁）
　事　案　申込内容を変更条件とする契約のクーリング・オフ
　争　点　クーリング・オフ起算日は、第1回保険料払込日か内容変更に伴う保険料差額金払込み日か
　判　旨
　　Bが被告生命保険会社に対して本件転換後保険契約の申込みをした日は、本件申込書が提出された平成22年10月18日というべきであり、・・・。しかるに、本件においては、原告による業法309条1項に基づき本件転換後保険契約の申込みの撤回又は解除（クーリング・オフ）が行われたのは平成22年11月9日が最初であるから、その時点において既に同項1号所定の期間を経過していることになる。
　　この点に関し、原告は、平成22年11月2日に、Bから被告Y生命に対して本件申込書訂正請求書・変更承諾書の提出がされたことをもって、新たな契約の申込みがされたと評価すべきであり、同日をもって業法309条1項1号所定のクーリング・オフ期間の起算日とすべきである旨主張する。
　　しかしながら、前記前提事実によれば、本件申込書訂正請求書・変更承諾書によって変更された本件転換後保険契約の内容は、①主契約保険料を1000円から3785円とすること、②女性疾病入院特約を付さないこととすること、③女性疾病入院特約以外の各入院特約の保険料払込期間を80歳払済とすることの3点のみであり、これは、本件申込書による申込内容の主要部分を変更するものではないというべきであるから、本件申込書訂正請求書・変更承諾書の提出をもって、本件転換後保険契約に係る新たな契約の申込みとみることはできないものと解するのが相当であるとし、そのように解したとしても、契約申込者であるBには、本件転換後保険契約の主要部分については熟慮する期間を与えられていたものということができるから、業法309条1項を含むいわゆるクーリング・オフの制度趣旨に反することにはならないものというべきである（東京地裁平成26年4月14日判決、平成24年(ワ)32195号、保険事例研究会レポート（以下「事例研レポ」という。）第288号11頁）。

●**参考判例**（仙台地裁平成25年10月2日判決、平23年(ワ)第1518号）
　事　案　保険会社を引受保険会社とする保険契約を締結したことにつき、クーリング・オフ解除を主張して不当利得の返還を請求した事案。
　争　点　書面によるクーリング・オフの意思表示はあったか
　判　旨
　　被告Y_1は、平成19年9月21日、クーリング・オフについて記載されている「特に重要なお知らせ」を交付した上、同日、原告は本件保険契約の申込を行っているから、クーリング・オフ期間は、同日から起算して8日間であるところ（業法309条1項1号）、同期間内に原告が書面により本件保険契約の解約等を行

ったと認めるに足りる証拠はない。
　原告は、本件保険契約に関し書面を受領していないと主張するが、原告は、「特に重要なお知らせ（注意喚起情報等）」を確かに受領したと記載された欄に確認印を押印していること（前記4（4））、被告Y₁やHが、被告銀行の個人年金保険取扱事務基準（上記書面や契約申込書の交付について定めている。）に反する手続を行ったことをうかがわせる事情も見あたらないことからすれば、上記原告の主張は採用できない（仙台地裁平成25年10月2日判決、平23年(ワ)第1518号）。

I-1-3　生命保険契約の承諾と契約成立の時期

　生命保険契約は申込みに対して保険会社が承諾することにより成立する。承諾は承諾権限を有する者によってなされなければならないが、保険会社は通常の場合承諾権限を本社機構に留保しているので、隔地者間の承諾に関する民法526条1項が適用されることとなる。
　一般に保険会社は普通保険約款で「会社が保険契約の申込みを承諾した場合にはその旨を保険契約者に通知します。ただし、保険証券の交付をもって承諾の通知に代えることがあります」と規定し、保険契約締結上の実務は書面による承諾通知をすることはなく、生命保険契約締結時の書面の交付（保険法40条、69条）によっているので、保険契約の成立時期はこの書面を発送した時となる（民法526条1項。なお、改正民法案では隔地者間の契約の成立時期については到達主義とされている）。
　なお、保険会社の諾否通知の期間が問題となる。民法526条2項は「申込者の意思表示又は取引上の慣習により承諾の通知を必要としない場合には、契約は、承諾の意思表示と認めるべき事実があった時に成立する」と規定し、商法509条（業法21条2項で相互会社についても準用されている）1項は「商人が平常取引をする者からその営業の部類に属する契約の申込みを受けたときは、遅滞なく、契約の申込みに対する諾否の通知を発しなければならない。」とし、2項で「商人が前項の通知を発することを怠ったときは、その商人は、同項の申込みを承諾したものとみなす」と規定している。生命保険契約は「申込者の意思表示又は取引上の慣習により承諾の通知を必要としない場合」には該当しないから、上記の民法規定の適用はないし、又、「平常取引」にも該当しないから、上記商法規定の適用もないと解されるので、保険会社が承諾の意思表示を長期間しなかったとしても、保険契約が成立したものとみなされることはない。
　承諾しなかった場合の申込と同時に受領した第一回保険料充当金の返還については、本充当金は金銭消費寄託契約（民法666条）と解され、さらに一般に第一回保険料充当金の領収証に利息は付加しないことが印字されているので、利息は付加しないとの合意が成立しているということができる。

●参考判例
　事　案　承諾前死亡
　争　点　承諾の日はいつか
　判　旨
　　保険契約は…前示承諾の通知の発信により、そのとき成立したものというべきこと民法第97条第2項、同525条に照らして明らかである（札幌控訴院大正11年7月17日判決）。

I-1-4　承諾をなし得る者（承諾権者）

　生命保険契約の申込みにつき、それを承諾するか否かの権限は、前記のとおり、通常保険会社の本社機構に留保されていて、営業職員（生命保険募集人）には承諾権限を与えていない。
　旧募取法では生命保険募集人に承諾権限がないことを前提としていたが（2条1項「この法律において「生命保険募集人」とは、生命保険会社の委託を受けて、その保険会社のために生命保険契約の締結の媒介をなす者で、その保険会社の役員又は使用人でないものをいう。」）、平成8年4月1日施行

Ⅰ-1 生命保険契約の申込と承諾　Ⅰ-1-5 申込の拒絶と変更承諾

の保険業法では保険募集人に契約を締結する権限を与えることができることを規定した（業法2条19項の、「この法律において「生命保険募集人」とは・・・その生命保険会社のために保険契約の締結の代理又は媒介を行うものをいう」）。しかし、現在でも生命保険募集人に契約を締結する代理権を与えた生命保険会社はない。

　なお、生命保険会社は保険募集代理店にも承諾権限を与えていないが、代理店名義で仮領収証を作成交付した場合について、申込人が代理店に代理権があると信じるにつき正当な理由があったとした古い判例がある。

●**参考判例**（大審院大正5年10月21日判決）
　事　案　営業職員の権限
　争　点　契約申込の意思表示を受ける権限（承諾権）の有無
　判　旨
　　保険会社の勧誘員なる者は、保険会社のため保険契約の申込を誘引する保険会社の代理人たるに過ぎずして会社を代理し保険契約申込の意思表示を受くる権限を有せざるものと推定せらるべきものなるを以て、該権限の有無が争となれる本件において原院が…右係争事実につき何等証拠理由を示すことなく漫然勧誘員を上告会社の代理人なるか如く判示したるは所論の如く理由不備…あるを免れず…（大審院大正5年10月21日判決）。

●**参考判例**（大審院昭和10年2月28日判決）
　事　案　代理店の権限
　争　点　契約締結権の有無
　判　旨
　　本件第一回保険料払込前、代理店の業務監督の地位に在る被告保険会社の静岡出張所長某が上告人と折衝し、払込の便宜上1ケ年分の保険料の4分の1を分納せしめ、代理店名義を以て仮領収証を作成交付したる事実を窺知し得られざるに非ざるが故に、他に特殊の事情なき限り、上告人において少なくとも代理店が被告保険会社のために保険契約を締結する代理権ありと信ずるにつき正当の理由あるものと謂わざるを得ず。したがって、本件保険契約は成立し、被告保険会社に対しその効力を生じたるものと解するを妥当とする（大審院昭和10年2月28日判決）。

Ⅰ-1-5　申込の拒絶と変更承諾

　保険会社が契約の申込に対して承諾できないと判断したときは、申込人に対してその旨を通知しなければならない。申込人が、申込後に死亡したとしてもその申込の効力は失われていないので（民法97条2項）、その相続人に対して不承諾の通知をなさなければならない。なお、契約の申込に対し、保険会社がなす不承諾の意思表示は、通常、書面によってなされることは少なく、当該生命保険契約の申込を勧誘した営業職員を経由して口頭で通知されるのが通例である。

　ところで、保険会社が契約締結の承諾をなすか否かは、生命保険契約の申込書、告知書、検診書、その他例えば心電図の検査結果等々から被保険者が保険適格体であるかどうかが検討され、その結果によって判定されるのであるが、結果次第では一概に拒絶することなく、危険の程度に応じて一定の条件付で、あるいは申込内容に一部変更を加えて（保険料増し、保険金額の減額等々）、申込に応じるケースもある。このように、保険会社が申込に条件を付したり変更を加えたりしてなした承諾は、保険会社から申込人に対する、当初の申込を拒絶してなされた新たな申込であると解されている（民法528条）。したがって、保険会社が変更を加えた承諾（新たな申込）に対しては、申込人が承諾しない限り契約は成立しないこととなる。

●参考判例（名古屋地裁平成8年12月16日判決）（名古屋高裁平成9年4月18日判決）
事　案　保険金削減法特別条件付の保険契約
争　点　条件付の保険契約の申込みと承諾
判　旨
（第一審）　契約者兼被保険者は、被告（保険会社）に対し平成3年7月16日に告知書による告知を行うとともに、指定医の診察を受けた。その結果、同人は高血圧と診断されたので、被告は、原告による保険契約の申込みを拒絶し、原告に対し新たな右契約内容に特別条件を付加した契約を申し込むこととした。そこで、担当職員は、3年8月23日、本件承諾書の用紙を原告の事務所…に持参し、原告、被保険者に対し、本件特別条件の意味を説明し、原告らはこれを理解して…右用紙に押印したと主張する。
　原告と被告との間には、平成3年8月23日、これにより本件特別条件付きの生命保険契約は成立したというべきであり…（名古屋地裁平成8年12月16日判決）。
（第二審）　控訴棄却（名古屋高裁平成9年4月18日判決）。

Ⅰ-2　契約者資格

　保険契約者とは、自己の名をもって保険者と保険契約を締結する者をいう。ところが、生命保険契約の契約者が誰であるかが争われるケースがある。
　この点、預金の出捐者、預入行為者、名義人が異なる場合等において、誰が預金者であるかについて、定期預金については最高裁判所は特段の事情のない限り出捐者を預金者と認めるとしている（客観説。最判昭和53年5月1日、判時893号31頁、最判昭和57年3月30日金法992号38頁）。他方で、普通預金については①預金開設者、②預金口座名義、③預金通帳及び届出印の保管状況、④預金原資の帰属先等の諸要素を勘案したうえで預金債権の帰属を判断するとのアプローチを採用し、預金者を出捐者（預金原資に実質的な利益を有する者）としていた原判決を破棄した判例が相次いで出されている（最判平成15年2月21日民集57巻2号95頁、最判平成15年6月12日民集57巻6号563頁）。
　生命保険契約においては、保険契約者は保険契約申込書、保険証券に表示されている者に関係なく、保険料を実質的に負担した者が保険契約者としてその権利を行使しうると主張されることがある。しかし、保険契約においては、保険の引受に際し、被保険者のみならず保険契約者の個性、属性を個別具体的に審査、検討する必要があり、預金契約と同一には論じ得ない。それらを肯定した判例があるとしても保険契約の特性を考慮すれば、保険契約者として表示されている者のみを保険契約者と認めるべきであると思料される。ところで、保険契約者の資格に制限はなく、原則として自然人、法人、能力者、無能力者も保険契約者となり得る。
　ここでは、実務上その資格を巡って問題となりがちな点について触れておきたい。

●参考判例（大阪地裁平成12年1月19日判決、平成9年(ワ)第10827号）（大阪高裁平成12年12月1日判決、平成12年(ネ)第640号）
事　案　保険契約者の認定は申込書に記載された者
争　点　実質的な保険契約者
判　旨
（第一審）　（保険契約上、夫が保険契約者、参加人は被保険者である妻）原告は、保険契約に基づく保険料の負担について、右保険契約に基づく保険料を負担していたのは参加人であるとしても、昭和48年から昭和57年までの間、参加人が開業していた眼科医院において高度な技術を要する診療行為は全て原告が行い、参加人が得る診療報酬の大部分は原告の診療行為によるものとなっていたから、実質的には、右保険料は原告の出捐によって支払われたものであると主張するところ、仮に、右主張に係る事実を前提としても、直ちに、原告が右保険料の負担者であるということはできないし、右主張に係る事実を認めるに足りる証

拠もない。したがって、原告の右主張は採用することはできない。
　以上の認定判断を総合すると、・・・参加人が右各保険契約の契約者であると認められる。
　参加人は、現在も、各保険契約に係る生命保険証券を所持していることが認められるほか、原告は、昭和57年ころ以降、現在の住所地に居住するようになったにもかかわらず、名義変更請求書兼改印届には、原告の住所として、当時の参加人の住所地が記載されていることが認められる。
　以上の認定判断を総合すると、参加人及び原告が、被告との間で、前記2（一）(1)の各保険契約の契約者をAから原告に変更することを合意したことは認められず、かえって、前記(一)の前記2（一）(1)の各保険契約における契約者等の名義の変更の後も、なお、契約者は参加人であったと認められる（大阪地裁平成12年1月19日判決、平成9年（ワ）第10827号）。

（第二審）　3　本件各保険契約の真実の保険契約者は誰か
　保険契約が保険会社と誰との間に成立するかは、契約締結の動機、契約締結時の契約書の作成者、契約の名義人、保険料の実質的な出捐者、契約書・印鑑等の保管者、契約当事者の認識など諸般の事情を総合して判断されるべきところ、保険会社としては、保険料支払の実質的な負担が誰によってなされているかを明確に知り得る手だてがないところから、契約関係の処理は、契約書、名義変更請求書などの記載を基本にせざるを得ないことを考慮すると、原則として契約書に記載された保険契約者をもって真実の保険契約者と認定すべきであり、これを否定する側で、実質的契約者が名義人ではないことを主張・立証すべきであると解される。
　次に、前記のとおり、第1保険契約及び第2保険契約については、Cが名義変更の意義を関係者に伝え、目前での自署を求めるなど、関係者の意思を慎重に確認した上で第1回名義変更がなされ、補助参加人も本件各保険契約の保険契約者を全て控訴人とすることに積極的に同意していたものと認められるから、この名義変更は有効になされたものという他はなく、これにより、本件各保険契約の保険契約者は控訴人となったものと認められる。
　本件各保険契約の解約は、保険契約者である控訴人に無断でなされた無効なものというべきである（大阪高裁平成12年12月1日判決、平成12年（ネ）第640号）。

●参考判例（福岡地裁小倉支部平成12年3月22日判決、平成10年（ワ）第1369号）
　事　案　保険証書に契約者として記載され現実に支払等をなしてきた者
　争　点　保険証書に契約者として記載され保険料を現実に支出した者と、保険証書及び届出印章を保管した者とが異なる場合に、そのいずれが保険契約者としての権限を有するか
　判　旨
　本件保険契約締結の際に支払った保険料の原資は、昭和60年10月に原告が受領したCの死亡保険金であると言わざるを得ない。
　そうすると、本件保険契約を解約して解約返戻金を受領する権限を有するのは、保険料を支払った契約名義人である原告か、保険証書、届出印を保管していたD及びDから相続したBであるのかが問題となる。
　保険契約において、保険証書に契約者として記載され保険料を現実に支出した者と、保険証書、届出印章を保管した者とが異なる場合に、その双方の間でいずれが保険契約者としての権限を有するかを決すべきときは、右支払等をなしてきた者が保険証書・届出印章を保管した者の代理人等として右行為をしたものと認めうるような事情のない限り、保険契約者は、保険証書及び届出印章を保管した者ではなく、保険証書に契約者として記載され現実に右支払等をなしてきた者であると認めるのが相当である。
　これを本件に当てはめると、現実に支払をなしてきたのは原告であると言わざるを得ず、Dは、あくまでも原告の後見人として保険証書や届出印を保管していたに過ぎないと認定するのが相当である。
　よって、本件保険を解約して解約返戻金を受領する権限を有するのは原告であり、本件保険は原告の財産であると言うことができる（福岡地裁小倉支部平成12年3月22日判決、平成10年（ワ）第1369号）。

●**参考判例**（岡山地裁判平成15年2月3日判決、平成11年(ワ)第1045号）（広島高裁所岡山支部平成15年9月26日判決、平成15年(ネ)第61号）

事　案　保険契約者の認定

争　点　保険契約において、保険証書に保険契約者として記載された者と保険料を現実に支出し保険証書、届出印章を保管した者とが異なる場合に、その双方の間でいずれが保険契約者としての権限を有するか

判　旨

（第一審）　保険契約において、保険証書に契約者として記載された者と保険料を現実に支出し保険証書、届出印章を保管した者とが異なる場合に、その双方の間でいずれが保険契約者としての権限を有するかを決すべきときは、契約者として記載された者ではなく、保険料支払等をなしかつ保険証書・届出印章を保管していた者を保険契約者と認めるのが相当である。

　これを本件にあてはめると、現実に支払をなし保険証書を保管してきたのはAであるから、本件保険一の保険金受取人や契約者を変更する権限を有するのはAであり、本件保険一及び二の契約者はAで、本件保険一及び二はAの財産であると言うことができる。原告は、満期保険金受取人が原告とされていることを理由にAが本件保険一の契約者たる地位を原告に対して無償譲渡したと主張するが、保険証書や届出印をAが管理していたこと、本件保険一の契約を締結した当時AがB方で原告らと同居しており契約者や満期保険金受取人を原告とすることに自身が世話になっていることに対する感謝の念を表明する意味もあったと解されること、Aは高齢で20年後の満期日まで生存することは期待できず自身を満期保険金受取人とすると死亡時に相続税を課せられる可能性があること等に照らして採用できない。

　よって、被告Y_2生命に対する請求は、その余の争点について判断するまでもなく理由がない。また、被告Y_1に対する不法行為に基づく請求も、仮にAの意思に基づかずに本件変更契約が結ばれ本件貸付がなされたとしても、Aの相続人でない原告にはかかる行為と相当因果関係が認められる損害がないというべきであるが、念のためその余の争点についても判断する（岡山地裁判平成15年2月3日判決、平成11年(ワ)第1045号）。

（第二審）　一審と同旨（広島高裁所岡山支部平成15年9月26日判決、平成15年(ネ)第61号）。

●**参考判例**（東京地裁平成5年12月17日判決）

事　案　家族の名前を無断で使用した保険契約

争　点　保険料負担者は、保険契約者足り得るか

判　旨

　本件契約3件のうち2件の契約は、いずれも被告が申込書および告知書とも被告の息子の名義を無断で使用し、被告が保険料を出捐して申し込んだもので、被告の息子の意思に基づかない無効なもの（商法674条）であることが判明し、原告（保険会社）が保険料として収納した右各100万円は、収納すべき法律上の原因を欠き、被告に返還すべきことが判明したので、…被告に返還のため現実に支払いの提供をしたが、被告が「保険契約者として」支払いを求めて受領を拒否したので…東京法務局に弁済供託した。

　もう1件の契約は、被告の娘が名義人であるが、その者の意思に基づく有効なもので、すでに満期日が到来しているので保険契約上の満期保険金の支払い義務を原告（保険会社）が負っていたところ、被告は満期保険金の支払いを求め、かつ、娘から右満期保険金を被告に払ってほしいとする債権譲渡の申出をしたので、満期保険金額等を現実に提供したが、被告は自己を「保険契約者として」払うよう求めて受領を拒否したので、原告は東京法務局に弁済供託した。

　申込書および告知書の保険契約者名は、いずれも被告と異なる息子、娘名義であることの事実に照らして、右契約者を被告とする理由はなく、他に保険契約者が被告であることを認めるに足る証拠はない。原告保険会社の被告に対する債務不存在確認請求を認容する（東京地裁平成5年12月17日判決）。

I-2 契約者資格

●**参考判例**（大阪地裁平成3年8月27日判決）
　事　案　一時払いの出捐者と保険契約者が別人の契約
　争　点　保険契約者は、申込書に表示されている者か、保険契約者として振る舞っている者か、保険料を負担している者か
　|判　旨|

　…本件保険契約は、B名義で締結されているが、本件保険契約の保険料は、A社が出捐したものである。ところで、預金契約においては、預金契約名義人の如何を問わず、特段の事情のない限り、金銭の出捐者をもって預金契約者と解すべきである（最高裁第二小法廷昭和52年8月9日・民集31巻4号742頁）が、養老保険契約においても、この点について預金契約と別異に解すべき理由はないから、一時払いの保険料の出捐者をもって保険契約者と解すべきである（大阪地裁平成3年8月27日判決）。

●**参考判例**（札幌地裁平成8年10月31日判決）（札幌高裁平成9年8月28日判決）
　事　案　実質的な保険料負担者と保険契約者
　争　点　①保険契約者兼満期保険金受取人はいずれか
　　　　　②実質的な保険契約者による名義変更は有効か
　|判　旨|

（**第一審**）　2件の保険契約書上は、原告が保険契約者兼満期保険金受取人兼死亡保険金受取人とされていたものの、原告は保険契約締結につき何ら関与しておらず、被告Y（原告の元妻）は原告に何ら説明せず、また、了解を求めることもないまま、右保険契約を締結したものであった。

　そして、Yが2件の内の1件の保険についての保険証券は、いずれも契約締結以来、一貫してYが管理しているし、右保険契約締結に使用された印鑑もYが管理している。

　原告はYが本件の保険契約を締結するに当たっては、何ら関与しておらず、契約締結について被告から説明や了解も求められていない。すなわち、Yによる保険契約締結は、原告の意思によるものではない。

　そして、原告自身が被告（保険会社）に保険料を支払っていた事実はないこと、契約締結後、被告（保険会社）から発行された保険証券も、終始被告が管理していたことをも併せ考えるならば、被告は単に便宜上、原告の名義を借りただけに過ぎず、当該保険契約については、保険契約者及び満期保険金受取人はいずれも契約当初から、実質的にはYであったとみるのが相当である（札幌地裁平成8年10月31日判決）。

（**第二審**）　被控訴人Yは、平成6年12月27日、実質的な保険契約者として、普通保険約款の条項に則って、本件名義変更手続きをし、被控訴人（保険会社）がこれに応じた処理をしたのであるから、右の変更は有効であるというべきである。

　なお、控訴人は、被控訴人Yと同（保険会社）との間に保険契約が成立したとしても、本件保険契約においては、保険金受取人を控訴人と指定しているのであるから、他人のためにする生命保険契約と解される旨主張する…。

　認定の事実ならびに証拠によれば、①本件保険契約において、被控訴人Yが署名押印した申込用紙は、満期保険金受取人欄に「契約者」と印刷されており、その意味において、自己のためにする生命保険契約書用紙であること、②被控訴人Yは、本保険契約において、前記の申込用紙に、便宜上、保険契約者欄に控訴人の氏名を記載したため、満期保険金受取人が契約申込用紙に印刷されているとおりに「契約者」すなわち控訴人名義となったこと、③Yは、死亡保険金受取人も契約者名義に併せて控訴人の氏名を記載したことが認められるのであって、右の事実によれば、Yは、控訴人の氏名を使用して自己のためにする生命保険契約を締結したもの…と認められる。まして、前記のとおり、本件保険契約の保険契約者、満期保険金受取人等は、有効に変更されたものであるから、控訴人が本件保険契約の契約者及び保険金受取人であるということはできない（札幌高裁平成9年8月28日判決）。

I-2-1 保険契約者が未成年者の場合

民法4条は年齢20歳をもって成年とすると定めているので、未成年者が契約者となる場合には、法定代理人である親権者あるいは後見人の同意を必要とする（民法5条1項）。

未成年者は法律上は行為無能力者とされており、自分の権利について正常な判断能力を欠き、あるいは不利益な行為を行うことにより損失を受けないよう、法により保護されているのである。なお、この法定代理人に誰がなるかはその親族関係により様々である。以下、その就任関係を一覧表として掲げておく。

未成年者の法定代理人就任関係一覧

親 族 関 係	法 定 代 理 人	備　　　　考
父母が婚姻関係にあり ①父、母とも生存 ②父、母の一方が死亡のとき ③父、母とも死亡のとき	親権者＝父母 親権者＝父または母 後見人	 他の親族、利害関係人が家庭裁判所に後見人選任の審判の申立をする。後見人が就職しているか否かは、戸籍、家庭裁判所の審判書にて確認できる。
父母が離婚したとき	親権者＝ 　　　父、母の一方	父母が離婚するときは、その間の協議によりあるいは家庭裁判所の審判により父、母の一方が親権者と定められ未成年者の子の戸籍に記載される。
養子縁組で ①養父母生存 ②養父母の一方が死亡のとき ③養父母ともに死亡のとき	親権者＝養父母 親権者＝ 　　養父または養母 後見人	子と養父母の戸籍に養子縁組した旨が記載される。 実親の親権が回復するのではなく、後見が開始するので注意を要する。
父と母の間に婚姻関係がないとき（非嫡出子）	親権者＝母	父が子を認知した後、母父間の協議により、あるいは家庭裁判所の審判によって父が親権者になる旨定められた場合は父が単独親権者となる。

- 連れ子がある場合、婚姻相手方とは養子縁組をしない限り親子（親族）関係は生じない。
- 未成年者であっても、婚姻しているときは成人とみなされ、その未成年者が婚姻後離婚したときは、なお20歳未満であっても成人とみなされる。

なお、わが国民法は、独立取引能力の不十分な者を定型化し、一定の画一的な基準を以て行為無能力者を定め、それら行為無能力者のなした行為を意思能力の有無にかかわらず取消し得るとしている（「行為無能力制度」）。このような画一的基準を設けることは、取引の相手方を保護する作用も含んでいる。よって、民法上、行為無能力者である未成年者のなした保険契約の申込は、法定代理人の同意の無い場合は、当然に取消の対象とされる。

（注）わが国でも未成年者が就職して働いていること（例えば高校卒業後に就職するなど）も通常のことである。これらの未成年者の保険契約の申込は親権者等の同意がなければ取消し得るであろうか。民法の一般原則からは取消し得るということになろう。それでもよいのであろうか。

わが民法は満20歳をもって成年と定める一方で、一定の場合には未成年者に財産の処分権を与え（民法

Ⅰ-2 契約者資格　Ⅰ-2-2 保険契約者が成年被後見人、被保佐人、被補助人の場合

5条3項)、営業を許された未成年者にその営業に関しては成年者と同一の行為能力を認め（同法6条）ている。さらに男は満18歳、女は満16歳になれば父母の同意を得て婚姻することができ（同法731条、737条)、婚姻者は成年に達したものと見なされる（同法753条）。また、労働基準法第59条は未成年者に独立して賃金の請求権を認めるとともに親権者又は後見人に対して未成年者の賃金を代理受領することを禁じている。さらに諸外国では成年年齢を20歳としているとは限らない（例えば18歳を成年とする国・州、アメリカ合衆国ではニューヨーク州、カリフォルニア州他、イギリス、フランス、ドイツ、イタリア等）。

　これらのことを参考にすれば、意思能力の存在が大前提であるが、親許を離れて働いている満18歳以上の未成年者の保険契約の申込は、支払保険料の額が月収の一定割合以下である等の一定条件のもとでは取消すことができない有効な申込みと解する余地もあろう。

　告知については、それは事実の告知に過ぎないので契約の申込みとは別の場面からの検討を要するが、告知義務者の項で触れることとする。

Ⅰ-2-2　保険契約者が成年被後見人、被保佐人、被補助人の場合

　成年被後見人、被保佐人も未成年者の場合と同様成年後見人あるいは保佐人の同意に基づき保険契約者になり得る。成年被後見人の場合は、後見人の同意を得て行為をしても取り消せるものと解されている（民法9条）。ただし、長期間に亘る保険契約の継続的性格から、心神喪失、心神耗弱の常況にある者が債権・債務を履行するには支障が生じることもあることから、各社とも彼等を保険契約者としては認めず、実質的に保険料を負担する者に保険契約者となるよう変更を求めている。

- （注）• 被後見人とは、家庭裁判所から後見開始の宣告を受けた者をいう。これは、精神上の障害により事理を弁識する能力が欠く常況にある者に対し、その者を保護するため、本人、配偶者、四親等内の親族等からの請求によって宣告される。
  - 被保佐人とは、家庭裁判所から保佐開始の宣告を受けた者をいう。これは、精神上の障害により事理を弁識する能力が著しく不十分である者に対し、本人、配偶者、四親等内の親族等から請求があった場合に宣告される。

　なお、心神喪失者であっても後見開始の宣告を受けていない者が多い。このような状態にある者を保険契約者としても、契約者としての意思能力がないことから契約の効力は生じない（改正民法案3条の2で明文化）。

●**参考判例**（旭川簡裁平成15年6月24日判決、平成14年(ハ)第399号）
事　案　未成年者の育英年金の請求
争　点　育英年金の請求は親権者の意思に基づくものか
判　旨
　こども保険において、保険契約者の死亡により、保険会社は、育英年金開始請求に基づき、育英年金を同請求書に記載された育英年金受取人の親権者母名義の指定口座に振り込み支払ったところ、育英年金受取人から、同請求書および本件口座は被告補助参加人（育英年金受取人の父の母）により勝手に作成、開設されたものであり、育英年金は支払われていないとして同年金の支払を求めて訴訟が提起された事案につき、親権者母は保険契約者の死亡後、事務処理について補助参加人等に任せたことがあること、本件保険の保険料は補助参加人が支払っていたこと、親権者母がおこなった再度の育英年金請求においても振込口座として本件口座が指定されていたこと、親権者母は補助参加人に実印を預けたことがあったこと、育英年金開始請求書に添付提出された印鑑登録証明書は親権者母の実印によるものであること、振り込まれた年金が分割され相当の額が親権者母の友人である銀行員を介して、育英年金受取人の口座に預金されていること等の事実から、育英年金開始請求書の作成及び親権者母名義の口座の開設が同人の意思に基づかないものであると認めることはできないとして、原告の育英年金請求が棄却された（旭川簡裁平成15年6月24日判決、平成14年(ハ)第399号）。

Ⅰ-2-3 保険契約者が法人の場合

保険契約者が法人の場合、法人を代表して行為ができるのはその代表者であるので、保険契約の申込も法人の代表者による。したがって、契約申込書の契約者欄には、法人名とその代表者の署名が必要である。

(1) 法人の種類と代表者

以下、法人種類別にその代表者を整理しておく。

法　　人	代　表　者	備　　　　　　考
株式会社	代表取締役	・代表取締役が数人いてもそれぞれの代表取締役が代表権を有し単独で請求行為ができる。 　取締役会を設置している会社においては、取締役の中から代表取締役を選定しなければならない（会社362条3項）(2006年5月施行の会社法において、共同代表取締役の制度は廃止された。現会社法下においても、定款で数人で共同代表権の行使を定めること自体は可能であるが、善意の第三者には対抗することができない（会社法349条5項）。
合同会社	原則として、社員全員が会社を代表する権限を有する。	特定の社員を業務執行社員として定款に定めた場合は、その業務執行社員が合同会社（LLC）を代表することになる。 ・業務執行社員が2人以上定款に定められている場合には、業務執行社員の各自が合同会社（LLC）を代表する。 ・業務執行社員の氏名と、代表社員の氏名及び住所が登記事項となり、会社の登記事項証明書（登記簿謄本）に記載。 ・代表社員を決めず、業務執行社員の全員が会社を代表する場合は、業務執行社員全員の氏名と住所が登記される。
合資会社	無限責任社員	無限責任社員の地位は、合名会社の社員と同様であり、会社債務について会社債権者に対して直接に連帯無限の責任を負い、原則として会社の業務執行権、代表権を有する。
合名会社	無限責任社員	原則として、会社の業務を執行し会社を代表する権限を持つ（会社法590条、同591条）。
医療法人	理　事　長	・理事長に事故があるとき、または理事長が欠けたときは他の理事が代理する。1人理事でその理事が欠けたときは改めて選任する。
宗教法人	代表役員	・責任役員3人以上のうちから互選された役員。
学校法人	理　　事	・ただし、寄付行為によりその代表権が制限されている場合がある。

- 株式会社について、指名委員会等設置会社の場合には、代表執行役が代表者となる（会社法420条）。
- 合同会社について、業務執行社員が2人以上定款に定められている場合には、定款や定款の定めに基づく社員の互選によって業務執行社員の中から会社を代表する社員（代表社員）を定めることもできる。
- 無限責任社員とは
会社の債務に対し、直接無制限に責任を負わなければならない構成員のことで、経営に関与する権利がある出資者のこと。
- 有限責任社員とは
会社の債務に対し、出資額までの責任を負う構成員のことで、原則として経営に関与する権利がない出資者のこと。

(2) 法人格のない団体

ここでは「法人格のない団体」が問題となる。個人経営の商店、病院、協同組合、労働組合等で法人格を持たず、あたかも代表権を有しているかのごとく院長、理事長、組合長等の名称が使用さ

れていても法律上代表権を持っているとは認められない場合がある。このような団体は、本来、権利能力を持たず保険契約の当事者足り得ないもので保険契約者としての資格はないと考えられる。

しかしながら、「権利能力なき社団」といえるほどの要件を備えている団体については、法人と同一に扱おうとする学説がある。すなわち、法律上の人格は欠くが団体としての組織を備え、代表者の選定方法、総会の運営、財産の管理等々およそ社団としての主要な点が規則として定められている団体は、社団法人と同様、社会生活の一単位として活動しているところから、社団自体がその名において権利を有し、義務を負うことができるのではないかとし、その権利能力を認めるべきであるというのである。さらに、民事訴訟法29条（権利能力なき社団に当事者能力を認めている）を根拠としてその権利の主体性を承認しようとする学説もある。

●**参考判例**（最高裁昭和39年10月15日判決、民集18巻8号1671頁）
　事　案　法人格なき社団
　争　点　法人に非ざる社団の成立要件
　判　旨
　法人に非ざる社団が成立するためには、団体としての組織を備え、多数決の原則が行われ、構成員の変更に関わらず団体が存続し、その組織において代表の方法、総会の運営、財産の管理等団体としての主要な点が確定していることを要する（最高裁昭和39年10月15日判決、民集18巻8号1671頁）。

Ⅰ-3　被保険者の同意

Ⅰ-3-1　同意の必要性

　被保険者の同意がない死亡保険契約は効力を生じない。契約者が同時に被保険者である契約は問題ないが、他人を被保険者とし、その被保険者以外の者を保険金受取人とする保険契約では、被保険者の生命に危害が加えられ、反社会的行為（賭博行為）が誘引されるなどの危険が生じる恐れがあり、このような弊害を防止する必要があること、また、人格権の尊重の観点から、生命保険契約の当事者以外の者を被保険者とする死亡保険契約では、被保険者の同意を必要としている。また、傷害疾病定額保険契約の当事者以外の者を被保険者とする傷害疾病定額保険契約においても、当該被保険者の同意がなければその効力を生じない（保険法38条、67条。これを同意主義と言う。ちなみに、明治32年までの旧商法では、保険金受取人が被保険者の親族であることを必要とする親族主義が採られていた）。これによって、その保険には反公序良俗性がないものと推認できるというのが法の趣旨であろう。

　されば、被保険者の同意は、保険契約に効力発生要件と規定され、被保険者の同意がない契約は効力を生じない（保険法38条）。

　なお、生存保険については、その性質上賭博的行為に利用される危険もないので、被保険者の同意は必要とされていないが、当該契約の申込書上は被保険者を特定する意味から被保険者の署名欄が設けられ、同欄に「本保険契約に加入することに同意します」と印字されているのが通例である。

　昭和54年、従業員を保険加入させた法人の代表者が保険金取得を目的に被保険者を殺害する事件が愛知県で発生し、世間の話題をさらった。この事件を契機として、生命保険会社では生命保険の付保目的を把握し、同時に担当営業職員も被保険者と必ず面接して契約内容、契約形態を十分に説明し、契約加入の同意を得る等事件の再発防止に努めている。

　また、平成10年、夏祭りに作ったカレーにヒ素を混入し、それを食した人が死亡する事件が発生した。その事件を調べる中で、ヒ素を混入した人物の周りで、保険に加入していることを知らない状態で生命保険契約に加入させられている事実が判明した。

これらを背景として、被保険者の同意の確認強化として、被保険者の同意確認の方法が、書面により同意する方法等によるものであることを事業方法書の審査基準とし、保険業令に規定する。また、保険会社の同意確認の強化を図る観点から、被保険者の署名・捺印による同意確認の方法等を示すとともに、被保険者の同意確認の方法の適否について、監督上の視点として監督指針に規定する（Ⅳ-1-16 他人の生命の保険契約に係る被保険者同意の確認）。

(1) 被保険者が未成年の場合の同意

　被保険者が未成年者のときの生命保険契約への同意については、保険法では特段の定めはない。

　被保険者の同意は、その生命保険契約に対する異議のないことの意思の表明であるので、その行為は準法律行為である。したがって、法律の一般原則を準用し、法定代理人の同意によってその効力は生じると見られる。

　被保険者に意思能力があると認められる15歳以上（民法797条では養子になる者が15歳未満の場合に法定代理人の代諾が要件とされている）の場合には本人の同意とともに法定代理人による同意（民法5条）によることとするが、人格権の尊重の趣旨から法定代理人による同意は人格権侵害に当たるとする見解も見られる。また、15歳未満の被保険者であるときは、幼少の子に保険を掛け保険事故招致の危険があることから、法定代理人による同意は利益相反行為にあたり、特別代理人の選任が必要であるとする（民法826条）見解も認められる。

　しかしながら、未成年者を被保険者とする死亡保険契約について、モラルリスクを防止するという観点から、これを禁止したり、保険金の額を制限したりすべきであるという指摘がされた（法制審議会保険法部会審議）が、そのような保険契約の禁止ないし制限は過剰な規制となり妥当ではないとして、保険法では規律が設けられなかった。

　「15歳未満の未成年者を被保険者とする死亡保険契約」について、保険の不正な利用の防止を図るため、業界の自主規制として、（一時払いや団体保険等を除き）1,000万円を引受上限金額とすることなどが確認され、保険会社においては保険金の引受限度額及び保険契約の引受けに関する社内規則等を定めるべきこととされた（保険業規53条の7「2　保険会社が、人の死亡に関し、一定額の保険金を支払うことを約し、保険料を収受する保険であって、被保険者が15歳未満であるもの又は被保険者本人の同意がないもの（いずれも不正な利用のおそれが少ないと認められるものを除く。以下この項において「死亡保険」という）の引受けを行う場合には、前項の社内規則等に、死亡保険の不正な利用を防止することにより被保険者を保護するための保険金の限度額その他引受けに関する定めを設けなければならない）。

(2) 被保険者の同意を要する行為

　被保険者の同意は、上に述べてきたもののほかに、次のような場合にも必要とされている。

- 死亡保険契約の保険金受取人変更は、被保険者の同意がなければ、その効力を生じない（保険法45条、74条）。
- 死亡保険契約に基づき保険給付を請求する権利の譲渡又は当該権利を目的とする質権の設定（保険事故が発生した後にされたものは除く。）は、被保険者の同意がなければその効力を生じない（保険法47条、76条）。保険金受取人としての権利が第三者に譲り渡されることにより被保険者の生命になんらかの危険が及ぶことを恐れて考慮されたものである。
- 保険契約者の地位が第三者に譲渡される場合（普通保険約款上、被保険者の同意が必要とされている。例えば、生命普通保険約款は次のとおり規定する。「保険契約者またはその承継人は、被保険者及び会社の同意を得て、保険契約上の一切の権利義務を第三者に承継させることができます」。ただし、保険契約者死亡による承継によるときは不要である）。

Ⅰ-3 被保険者の同意　　Ⅰ-3-1 同意の必要性

●**参考判例**（東京地裁平成11年10月26日判決、平成10年（ワ）第28996号）
　事　案　役員を被保険者とする事業保険
　争　点　被保険者の同意の意義
　判旨
　　商法674条1項は、他人の死亡によって保険金額が支払われることを定める保険契約の締結には、その他人の同意が必要であるとしている。これは、保険金取得目的の違法行為の誘発、被保険者の人格権の侵害等の危険性を被保険者の同意を求めることによって除去しようとする趣旨であると考えられる。そして、弁論の全趣旨によれば、一般に、従業員の生命に関する保険契約でありながら、従業員の遺族に保険金が全く支払われない保険契約には問題があることから、保険会社は、従業員を被保険者とする事業主受取保険については、従業員と事業主との間で、「この生命保険に基づき支払われる保険金の全部又はその相当部分は、退職金又は弔慰金の支払に充当するものとする。」との付保規定が設けられるよう、付保規定の定型用紙を作成した上、当該従業員が右保険契約に同意したことを確認する際、右付保規定の写しを徴取する場合が多いことが認められる。
　　会社経営の核となる役員等が死亡した場合に、会社に発生する損失の補填を目的とした生命保険契約の存在を是認した上、被保険者と会社との間で、保険金を被保険者の遺族に支払うとの合意が認定できないとしたからといって、右役員等が自ら当該会社の経営に関与する者であることを考慮すると、これにより、直ちに保険取得目的の違法行為の誘発や、被保険者の人格権の侵害等の危険性に結びつくとは解されず、商法674条1項の趣旨に反するということもできない（東京地裁平成11年10月26日判決、平成10年（ワ）第28996号）。

●**参考判例**（東京地裁平成23年11月10日判決、平成22年（ワ）第40988号）
　事　案　被保険者の同意
　争　点　被保険者の同意の有無
　判旨
　　保険法38条において、生命保険契約の当事者以外の者を被保険者とする死亡保険契約の効力発生要件として被保険者の同意を要することとされた趣旨は、被保険者の関与なしに、その者の生命に保険をかけ、被保険者以外の者を死亡保険金受取人とする保険契約を成立させることができるとすると、場合によっては殺人等の重大犯罪を誘発するおそれすら否定する。また、そのような重大な事態に陥らないとしても、被保険者が事後的に前記内容の保険契約の存在を認識した場合に、被保険者の内心の平穏を害するおそれがあること等を考慮したものであると解される。
　　このような趣旨に照らすと、被保険者が前記内容の生命保険契約の締結に同意するか否かの判断をするに当たっては、死亡保険金の額やその受取人との人的関係が重要な判断要素になるというべきであるから、保険会社の従業員が被保険者からこの点の同意を得ようとする場合には、これらの点を説明すべき義務があるというべきところ、・・・。
　　また、被保険者の同意を要件とした前記趣旨に照らせば、被保険者が前記生命保険契約の締結に同意するか否かについては、あくまでも被保険者の自由な意思に委ねるべきであ〔る〕（東京地裁平成23年11月10日判決、平成22年（ワ）第40988号）。

●**参考判例**（奈良地裁昭和35年2月12日判決）
　事　案　被保険者の同意なき契約
　争　点　契約無効
　判旨
　　家主である保険契約者は被保険者の同意を得ずして本件各保険契約を締結したこと、なおこれを聞き及んだ被保険者は知らぬうちに被保険者にされて中風で死ぬのを契約者が待っているのかと述べて憤慨していたことが認められ、これに反するがごとき契約者本人尋問の結果は採用できず、他に右認定に反する証拠はない。

そうすると本件各保険契約は被保険者の同意を得ないで締結されたものであるから、利害関係が些少であるにも関わらずみだりに他人の生命を保険に付し賭博類似の契約をなす弊害を防止する趣旨に出ずると解される簡易生命保険法8条に違反し、いずれも無効のものというべきである（奈良地裁昭和35年2月12日判決）。

●**参考判例**（東京地裁平成3年8月26日判決）
　事　案　被保険者の同意なき契約
　争　点　契約無効
　判　旨

　本件は、海外旅行傷害保険契約の契約者兼保険金受取人である原告が、その従業員である被保険者が海外旅行中に交通事故で死亡したことを理由に保険金の請求をなしたものである。…原告の代表者の証言によれば、被保険者はタイ王国に知り合いがおり、同国から餅の原材料等を輸入していた原告会社において相当の役割を担っていたことはうかがえるけれども、被保険者が原告会社に入社したのは本件事故の約半年前であったというのであり、同人が原告会社にとって欠くことのできないほどの重要な地位にあったとは認められず、その他に同人が保険金受取人を勤務先会社に指定すべき事情は見当たらないにもかかわらず、原告の代表者はこの点について合理的な説明をしていない。

　以上の点を総合勘案すると、第1回および第2回申込書の被保険者欄の署名は、同人の自署によるものであり、第3回申込書は、原告の代表者が、予め被保険者の同意を得て被保険者欄に同人名義の記名押印したものであるとの原告の代表者の証言は、たやすく採用することができない。

　そうすると、本件保険契約の被保険者となることにつき同人の同意があったことは推認することはできず、かつ、他に右同意のあったことを認めるにたる証拠はない…。

　よって、本件保険契約の効力発生要件である被保険者の同意のあったことを認めることはできない…（東京地裁平成3年8月26日判決）。

●**参考判例**（大阪地裁昭和54年2月27日判決）
　事　案　被保険者の同意なき契約
　争　点　契約無効
　判　旨

　原告が主張するように、本件団体保険契約の場合、被保険者の生命に対する犯罪発生の誘発の危険、投機ないし賭博的な悪用の弊害は一応存在しないと考えられるが、右保険は直接的には原告の企業に対する損害の発生ないしその発生の危険を事前に防止することを目的とするものであり、右保険において被保険者の死亡を保険事故とする場合は生命保険に準じて取り扱うのが相当であり…そうだとすれば、本件保険について少なくとも被保険者の死亡を保険事故とする部分については商法674条1項本文の適用があり、契約の効力発生要件として被保険者の同意を要することとなる。

　約款において「保険契約の当時、同意を得ないで他人を被保険者とする右契約を締結したときは、右契約は無効とします」旨定めて他人である被保険者の同意を保険契約の効力発生要件としている。…被保険者は生前において本件保険については何等知らされず、したがって右同意はしていないと認められる。よって、同人を被保険者とする保険契約部分は効果を生じていないといえる（大阪地裁昭和54年2月27日判決）。

●**参考判例**（名古屋地裁平成9年5月12日判決）
　事　案　被保険者の同意
　争　点　被保険者の同意によって被保険者自身が保険契約当事者に準じる地位に立ち得るか
　判　旨

　商法674条1項、2項は、他人の生命の保険のうち当該他人（被保険者）の死亡によって保険金額の支払

いをすることを定める保険契約には当該他人の同意のあることを必要としている。

　しかしながら、これら規定は、かかる保険契約は保険金取得目的の違法行為の誘発、被保険者の人格権の侵害などをもたらす危険性を蔵することから、被保険者となるべき者の同意を求めることによって、右の危険性を除去しようとする趣旨に出たものと解されるのであり、右保険契約の被保険者をして、当該保険契約の当事者またはこれに準ずる地位に立たせ、当該保険契約の効果として、権利を取得させまたは義務を負わせる規定とは解し得ない。

　原告らの主張の通り、本件保険契約と付保規定合意とは、一方が、他方を前提とする密接不可分な関係にあるが、付保規定合意自体が、保険契約の内容となるものではないから、被保険者またはその相続人が、本件保険契約それ自体によって権利義務を有するものではない（名古屋地裁平成9年5月12日判決）。

●**参考判例**（大審院明治41年6月19日判決）
　事　案　被保険者死亡後の保険金請求権と転付命令
　争　点　保険金請求権の譲渡
　判旨

　商法第428条第2項の規定（現行商法第674条）は生命保険契約に定まりたる生死の条件成就若しくは期限到来以前にかかる権利の譲渡を制限したるものにして、その条件すでに成就しまたは期限すでに到来したる場合においてはこれを適用すべき限りにあらず。蓋し同条において保険契約によりて生じたる権利の譲渡を制限したる所以は、その権利が被保険者の生死につながる場合においてその生命の安危を顧慮するの必要を認めたるがために他ならず。

　しかるに、保険契約に定めたる生死の条件成就しまたは期限到来したる場合においては、その契約によりて生じたる権利は被保険者の生命に対する安危の関係すでに全く去りて普通の債権と毫も異なることなきに至りたるものなれば、これが譲渡についても同条の規定により制限を加えたるものと解すべからず。

　本件においては、保険者たる上告人と生命保険契約をなしたる被保険者はすでに死亡したるにより、その相続人が単純に上告人より保険金を受けとるべき債権を有する場合なるを以て金銭を受けとるべき普通の債権と異なることなく、何人といえどもこれを譲り受くることを得るものにして商法第428条第2項の制限を受くるものにあらず。したがって、かくのごとき債権は転付命令により被保険者の親族以外の者にこれを移転することを妨げざるなり（大審院明治41年6月19日判決。本件は明治44年改正前の旧商法により親族主義が採られていた時期の案件であるが、理論的には同意主義によっている今日においても、なお通用すると思われる）。

I-3-2　同意の方式・時期

(1) **方式**

　同意は、相手方のある単独行為とされている。そこで、同意を与える者による単独の意思表示は、契約当事者のいずれかに到着することを要する。

　法律は、同意の様式を定めていないので、書面、口頭、明示、黙示のいずれの方式によってもよいとされているが、本人の意思の確認、後日における紛争防止等の観点から実務上は書面によっている。なお、実際は、申込書の被保険者欄に「契約内容を了知し、契約締結に同意します」との文言を記載し、同欄に被保険者の署名（捺印）を求めることにより被保険者の同意を確認しているのが通例である。

(2) **同意の時期**

　被保険者の同意の時期は、契約締結前後にかかわらないが、一般的には保険契約申込時にて同意を得ている。

　保険契約成立後の被保険者の同意の撤回は、保険契約者の地位が極めて不安定となること、各保

険契約者間での不公平な取扱いを招致すること、被保険者の生存に利益を有する保険金受取人の利益を害することになるなどの理由からできないとするのが通説である。

(3) 被保険者による解除請求権

　生命保険契約は長期にわたり継続するので契約締結当時に被保険者が同意した事情状況とそれ以降の状況が著しく変化したため同意の撤回を認めたほうが被保険者の意思に合致する場合も考えられる。保険法38条で被保険者の同意を要求する理由の一つとして、保険金取得目的で被保険者を殺害するなどの行為が行われる危険を防止するためであるとされる。保険契約締結当時に同意したが、その後に、保険契約者または保険金受取人による被保険者の生命に対する危険が感じられるようになった場合等、同意をした理由が損なわれたときや、被保険者が契約成立後に契約に拘束される合理的理由が認められない事由が生じたときは、被保険者は保険契約成立後でも撤回できると解するのが適当であると思われる。そして、その事由は、被保険者に対する殺人未遂などの違法行為が生じたときの他、婚姻関係の解消の場合なども同意を撤回する正当な事由になり得る。

　かかる事情を考えた場合、契約締結後であっても「一定の事由」が発生したときは、「同意」の撤回を認めるのが被保険者の意思に合致するであろうと思われる。かかる背景から保険法の下で「被保険者による解除請求」（同58条、87条）が新設された。

●参考判例（福井地裁平成5年9月6日判決）
　事　案　被保険者の同意なき契約
　争　点　被保険者の同意は「包括的同意」では足りないか
　判　旨
　　被告である保険会社は、他人の生命の保険契約の場合、被保険者の同意が必要であるが、本契約については、被保険者の同意がないと主張する。これに対して原告側は、被保険者は原告である法人を契約者・受取人とするA生命及びB生命との同種の保険契約につき被保険者となることに同意していた。この様に被保険者は包括的同意をなしており、その後反対の意思表明もなかったので、本契約についても同意したことが推定できると陳述する。商法第674条第1項は、他人の死亡を保険事故とする生命保険契約を無制限に認めると、賭博的に悪用されたり、他人の死亡を期待し積極的に保険事故を招来する虞が生じるため、これを回避するために被保険者の同意を要することとしたものであり、被保険者の同意は保険契約の効力発生要件である。
　　被保険者が、本契約について同意したことを認めるに足りる証拠はなく…更に、保険会社の調査に対して、法人の代表者であるCは、本契約書の被保険者の署名は自分がなしたものであり、本件契約当時被保険者はいなかったが、本件保険に加入することは前年に被保険者の承諾をとっており、契約当時改めて被保険者の同意をとっていないことを認めている。被保険者の同意を要することとした法の趣旨からすると、被保険者の同意は、各保険契約について個別的に行われることを要し、将来締結されるすべての死亡保険について予め同意を与えるような包括的な同意は、同意を要することとした意味を無にするもので、その効力を認める事はできない。
　　以上から、本件契約は被保険者の同意を欠き、効力を生じていないから、原告の請求は理由がない（福井地裁平成5年9月6日判決）。

●参考判例（東京高裁昭和53年3月28日判決）
　事　案　被保険者欄の氏名・捺印を外務員が代行
　争　点　被保険者の同意有無をめぐって
　判　旨
　　本件契約締結の際被保険者に直接面接した郵便局外務員は1人もおらず、契約申込書の被保険者欄の指

名捺印の氏名は外務員が記載して捺印を代行し、外務員が直接なすべき被保険者本人との面接観査も省略したまま契約締結に至ったことが認められる。

被保険者は、自宅にて診査を受けて、既往症等を告知しているのであるから、右契約につき被保険者となることに同意していたことが認められる。

また、被保険者は、保険契約の被保険者となることにつき「お前たちが掛けられるならいくら掛けてもよい」といい、少なくとも当分の間に契約者が複数口の保険契約を締結することに包括的に同意したことと、契約者が被保険者を訪問した際被保険者は同様に同意していることが認められる。…国民に簡易に利用できる生命保険を提供することを目的とする簡易生命保険(法1条)において、また特に右認定のとおり契約申込書被保険者欄の記名捺印につき被保険者自らすることを求めず代署代印を容認するという取扱によって比較的短期間に集中して10数口に分けて締結された本件契約に就いては右認定の程度の被保険者の多少の包括性ある同意(将来締結される全ての保険についてあらかじめ同意するといった同意の空洞化を招くような広い包括的同意でなく)をもってその有効要件を充すに足ると解するのを相当とする(東京高裁昭和53年3月28日判決)。

Ⅰ-4 保険金受取人の指定

保険金受取人は契約の当事者ではないが、保険契約引受けに際しては、一定の範囲内の親族に限定して保険金受取人とすることを承諾していることからすれば、重要な要素であるともいえる。保険契約申込時に保険金受取人が指定されていないときは、保険契約者自身を保険金受取人として契約を有効に成立させることはできる。ただし、実際は、生命保険契約申込書の受取人記載欄に受取人名と続柄、住所を記入のうえ指定するのが通例である。保険実務上は、指定された保険金受取人が債権者、2親等内の親族以外については、合理的理由がない限り契約の引き受けを拒否している。その引受け基準は、生命保険契約を締結するか否かも契約自由の原則が働き有効とされている(山下友信=米山高生『保険法解説』289頁[山野嘉朗](有斐閣、2010))。

また、保険契約者には、保険事故が発生するまでは、何時でも保険金受取人の変更をする権利が留保されているとしている(保険法43条1項、同72条1項)。したがって、保険金受取人の地位は必ずしも確定的なものではなく、常に不安定な状態にあるといえよう。ちなみに、保険金受取人は損害保険と同じ意味での被保険利益を有する必要はなく、また、自然人であろうと法人であろうとその資格に制限はない。また、員数においても制限はなく、一人でもよく複数人であってもよい。

なお、民法上、第三者のためにする契約(民法537条)では、その第三者が権利を取得するには受益の意思表示をなすことが必要とされている(民法537条2項)。ただし、第三者のためにする生命保険契約、傷害疾病定額保険契約では、それが民法にいう第三者のためにする契約の一種であっても、その受取人により受益の意思表示がなされる必要はなく、指定を受ければ当然に保険契約上の利益を享受できるとされている(保険法42条、同71条)。

●**参考判例**(大審院昭和13年5月19日判決)
　事　案　保険金受取人の指定変更
　争　点　保険者への通知を規定する約款の効力(対抗要件)
　判　旨

第三者を保険金受取人とする保険契約において保険契約者に契約後保険金受取人を変更する権利を留保したる場合には、保険契約者は…保険金受取人の変更を保険者に対抗するために保険者の承認を要する旨を特約することを妨げるものに非ず。商法…が保険契約者において契約後保険金受取人を変更したるときは保険者にその変更を通知せざる限りこれを以て保険者に対抗し得ざる旨を規定したるは偏に保険者の利益を保護する趣旨に出たるものなるにより…右商法の規定の法意に背馳することなく…(大審院昭和13

年5月19日判決)。

●**参考判例**（大阪高裁平成2年1月30日判決）
事　案　保険金受取人の指定における職位の詐称
争　点　契約締結の正当性（詐欺無効）
判　旨
　本件契約締結当時、生命保険金の取得を目的とした犯罪の発生が増加していたため、これを防止する一方策として…各生命保険会社は、死亡保険金受取人が被保険者以外の第三者である契約に対しては、被保険者と死亡保険金受取人との続柄および死亡保険金受取人を第三者とする理由を必ず確認し、契約査定に当たっては取扱者から所定の報告を徴するなどして慎重に判断することおよび災害死亡保険金額を適正な金額に制限することを、従来にも増して励行することの徹底を図っていた。…いわゆる経営者保険として締結された本件保険契約には、税法上支払保険料を損金に算入できるなどの特典が与えられていることや経営者保険の趣旨からしても、控訴人らは、被保険者が被控訴人の役員または幹部職員でなければ、本件保険契約を締結する意図はなかった（大阪高裁平成2年1月30日判決）。

Ⅰ-5　第1回保険料、第1回保険料充当金

　第1回保険料（初回保険料ともいう）とは、保険契約の締結時に払い込まれる保険料のことで、契約の成立に際し、保険契約者にその払込債務が発生するものをいう。また、第1回保険料充当金とは、保険会社が契約の申込を受ける際、その承諾に先立って収受し、承諾をなしたときに第1回保険料に充当する預り金をいう。なお、契約が不承諾となった場合には保険契約は成立せず、この預り金は申込人に返還されなければならない。
　現在の生命保険契約の募集に際しては、保険会社がその申込を受けた際、あらかじめ第1回の保険料に相当する金額を第1回保険料充当金として収受し、申込を承諾したときにこれを第1回保険料に充当することが広く慣行として行われている（これによる保険者の責任開始問題については次項に詳述する）。
　この第1回保険料充当金は、契約の成立を解除条件とする消費寄託契約（民法第666条）といえよう。保険会社がこれを収受することは、申込人の保険加入意思を確たるものにし、申込が撤回されることを防ごうとするもので、この収受を条件に契約を成立させようとするものではない。

●**参考判例**（大審院昭和17年5月20日判決）
事　案　保険料の立替払
争　点　立替金の償還を巡って
判　旨
　生命保険契約においては、保険契約の申込あり第一回保険料の提供ありて始めて保険者がこれに承諾を与え、契約を成立せしむることを常例とする…（大審院昭和17年5月20日判決）。

●**参考判例**（大審院昭和8年3月8日判決）
事　案　契約の成立と保険料の払込
争　点　保険料の払込は契約成立の要件か
判　旨
　生命保険契約はいわゆる諾成契約に…して、当該契約条項中に特に保険者の保険契約上の責任は、保険契約者において最初の保険料の払込をなしたるときより始まる旨定めたるときといえども、これはただ保険者の責任開始の時期を限定する趣旨に止まり、敢えて同払込を以て保険契約成立の要件となしたるもの

I-5 第1回保険料、第1回保険料充当金

にあらずと解するを相当とす（大審院昭和8年3月8日判決）。

●参考判例（青森地裁平成2年8月9日判決）
　事　案　承諾前死亡
　争　点　第1回保険料充当金の収受は、保険の申込に対する承諾の意思表示をなすものか
　判　旨
　　原告（契約者）は、本件申込に対する金員を支払ったところ、その受取証に「第1回保険料充当金領収証」と記載されているところから、（保険者は本件契約につき）契約承諾の意思表示をしていることになると主張するも、この金員が保険料といえるかどうかについては、本契約について被告保険会社の承諾があったか否かに帰着する（青森地裁平成2年8月9日判決）。

●参考判例（東京地裁昭和62年5月25日判決）
　事　案　承諾前死亡
　争　点　第1回保険料充当金の収受は、保険の申込に対する承諾の意思表示をなすものか
　判　旨
　　契約者兼被保険者は、昭和59年10月9日、被告保険会社に対し、受取人を「いとこ」とする本件保険契約の申込をし、同日、保険料充当金相当額を支払った。その後、被告は…「いとこ」を受取人とする理由について照会したが、回答がないまま経過し…同年10月22日に契約者兼被保険者は死亡した。
　　申込から契約者兼被保険者が死亡するまでの間に、被告保険会社が承諾した旨を書面で通知し、または保険証券の交付をしたとは認められないのであるから、承諾があったことを認めることはできない。保険料充当金相当額の支払によって承諾ありとすることができないことは明らかである（東京地裁昭和62年5月25日判決）。

●参考判例（札幌地裁昭和56年3月31日判決）
　事　案　承諾前死亡
　争　点　第1回保険料充当金の収受は、保険の申込に対する承諾の意思表示をなすものか
　判　旨
　　原告は、本件生命保険契約は、第1回保険料相当額支払時に、既に、被告保険会社が被保険者につき保険可能体でないことを確認することを解除条件として、成立している旨主張する。
　　しかしながら、本件生命保険契約の約款…の全体を検討してみても、原告主張のごとく、第1回保険料相当額支払時ないし保険契約申込の段階で保険契約がすでに成立し、保険者が被保険者につき保険適格性がないことを確認しない限り契約は有効に存続するものである旨を明らかにした条項はどこも見当たらないのみならず、本件主契約の約款には、保険会社が第1回保険料相当額を受領した日をもって契約日とする旨の定めがあるが…かかる字句があるからと言って、直ちに、第1回保険料相当額受領日を契約成立の日とする旨の合意をしたものであると解するのは、第1回保険料相当額の受領証の裏面の記載に照らしても相当でなく…（札幌地裁昭和56年3月31日判決）。

●参考判例（山口地裁岩国支部平成10年2月27日・平成8年（ワ）81号判決）（広島高裁平成11年3月25日・平成10年（ネ）115号判決）
　事　案　保険料立替え約束と責任開始
　争　点　保険料立替え約束日が責任開始日か
　判　旨
　　（第一審）（約束）の内容が保険契約者が支払うべき保険料を保険外務員が一時的に立替えて支払うというものであれば、そもそも保険会社には保険料の立替払い制度など存在しない上、保険外務員は保険会社のために保険契約の締結の勧誘に従事するものであって当然には保険会社を代理する権限を有しないと解

されているのであるから、保険契約者と保険外務員との間の立替払いに関する約束は、保険会社の関知しない、全く私的な契約という他ないのであって、それが締結されたことによって直ちに保険会社への保険料入金の効果が発生するということはできない。

原告は、平成7年1月頃から舌右縁に小潰瘍が生じて次第に疼痛がひどくなり、市販の軟膏薬を塗っても軽快しないことから、同年4月21日、N市内の病院で診察を受け、悪性腫瘍の可能性が高いことから精密検査のため、N病院耳鼻科へ紹介され…4月26日舌接触痛により同院に受診し、同年5月8日同病院で偏平上皮癌と診断された。

原告は、平成7年4月24日に職場において面接士の審査を受け、当日、原告は持ち合わせがなかったため第一回保険料を支払うことができず、営業職員の申出により、第一回保険料は営業職員が立替払いすることとなった。しかし、入金の時期や方法については何も取り決めなかった。その際、営業職員は、4月末頃には原告の勤務先を訪問して立替払い保険料を集金する旨話したが、具体的日時を決めたわけではなかった。

以上の事実からすると、原告と営業職員との間では、本件保険の第一回保険料の被告に対する入金の時期や方法については何ら取り決めていなかったのであるから、これらについては営業職員の裁量に委ねられていたというべきである。

営業職員は、原告から責任開始日を早くして欲しいと依頼されたこともない旨供述しており、両者間には特別に急いで入金すべきことの共通認識はなかったのであるから、合理性を欠かない限りある程度の裁量を認めるべきである。

仮に営業職員に不法行為が成立するとしても、保険外務員が第一回保険料を立替え払いをすることは被告において一応禁止している行為であるから、職務の範囲外の行為である。

取引的不法行為の場合、外形的にみて職務の範囲内の行為であれば使用者責任を認めるべきであるが、相手方が職務の範囲外であると知っていたかあるいは重大な過失により知らなかった場合には、使用者責任を認められないと解すべきである。そうすると、保険契約者と保険外務員との間の立替払いに関する約束は、保険会社の関知しない、全く私的な契約という外ないのであるし、原告自身その本人尋問のなかで、保険料は原告自身が負担するものであり、立替払いを約束したからといって被告への保険料の入金が必要なくなるわけでないことを前提にした供述をしており、原告は、職務の範囲内ではないことと知っていたか、少なくとも知らないことにつき重大な過失があったというべきである。したがって、外形上も被告の事業の執行につきなされたとは言い難く、使用者責任は認められない（山口地裁岩国支部平成10年2月27日・平成8年(ワ)81号判決）。

(第二審) 保険外務員は保険会社のために保険契約締結の勧誘に従事するものであって、当然には保険会社を代理する権限を有しないものであるから、保険契約者と保険外務員との間の保険料立替払いに関する約束は、保険会社の関知しない、全く私的な契約というほかないのであって、したがってそれが締結されることによって保険会社との間で保険料入金の効果が発生することはないというべきである（広島高裁平成11年3月25日・平成10年(ネ)115号判決）。

I-6 責任開始期

I-6-1 責任開始期とは

生命保険約款には、保険会社が第1回保険料充当金の支払いを受けた後に保険契約の申込みを承諾したときは、保険会社は第1回保険料充当金受領の時から契約上の責任を負う旨規定されている。昭和31年3月、生命保険協会のなした「保険約款改定に関する大蔵省諮問事項についての意見集」で、「保険会社は申し込みを承諾した以上、第1回保険料相当額を受けとった時に遡って契約上の責任を負う旨の規定を盛り込むべき」ことが提唱され、昭和31年4月、各社約款にこれが「責任開始条項」（「遡及条項」ともいう）として挿入されたのである。

最近の約款は、保険者の責任の開始の問題に関して、2つの規定をしているのが通常である。

Ⅰ-6 責任開始期　Ⅰ-6-2 責任開始条項の目的

　第一は、保険者が保険契約成立前に第1回保険料相当額の支払を受けず、契約成立の時以後に第1回保険料の支払をうける場合には、保険者は第1回保険料の受領の時から契約上の責任を負う旨の規定である。以下これを「責任開始条項」という。

　第二は、保険者が保険契約成立前に第1回保険料相当額の支払を受けた後に保険契約の申込を承諾したときは、保険者は第1回保険料相当額の受領の時（告知がこれより後であるときは、告知の時。以下同じ）から契約上の責任を負う旨の規定である。保険者の責任の開始時期が保険契約成立前に遡るわけである。以下これを「責任遡及条項」という。

　一方、責任開始条項が適用されるのは、保険契約者が保険契約成立前に第1回保険料相当額を支払っていない場合である。責任開始条項によれば、保険者は保険契約成立後、第1回保険料の支払をうけた時から保険契約上の責任を負う。ここにいう保険者の責任とは、保険者が保険事故が発生すれば保険金の支払をする義務を負担している状態にあることをいう。

　責任開始条項は、第1回保険料の支払を保険契約の成立要件とするものではない。生命保険契約を第1回保険料の支払によって成立する要物契約とするものではない（大判昭和8年3月8日民集12巻340頁）。

　なお、責任開始期については初回保険料払込がいつ行われたかによって決まることが多いが、社会情勢としてキャッシュレス化が進む中、初回保険料払込においてもクレジットカード等を用いて行われることが多くなっている、その際、初回保険料払込の何時かについては各保険会社の約款によって定められている。例えば、モバイル端末等にクレジットカード等を通し、その有効性及び初回保険料が利用限度額内であることが確認できたことをもって初回保険料領収日としたり、デビットカードをモバイル端末等に通し、暗証番号を入力した後、口座から引き落としが完了した旨の電文が表示されることをもって初回保険料領収日とするいう取扱が実務的には行われている。また、申込人の利便性と保険者の業務の簡素化、要請という趣旨から、保険契約の申込み、告知の時点で責任を開始させ、その後保険料払込み方法につき銀行口座からの振替により初回保険料を払込みするものもある。

Ⅰ-6-2　責任開始条項の目的

　責任開始条項は「保険料前払の原則」の確保を目的とするものである。もし約款に責任開始条項がなく、保険契約者が被保険者の死亡後に保険料を支払った場合でも保険会社が保険金支払の義務を負うものとするならば、保険契約を締結したまま、被保険者死亡のときまで保険料の支払を見合わせる契約者が現れてこないとは限らない。これでは、保険料支払の確保は難しくなる。保険契約の場合、申込と承諾によって契約は成立するものの、保険制度の構造上、保険料の支払があるまでは「保険者の責任は開始しない」とすることが必要であり、約款の責任開始条項は、保険契約におけるかかる特殊な要請を実現させるものである。

　しかし、近時、第1回の保険料も含め保険料の払込み方法が銀行口座による振替、クレジットカードによる支払など多様化してきていることは、前述したとおりである。

Ⅰ-6-3　責任遡及条項
(1) 責任遡及条項の意義
　最近では、保険者は契約成立前に申込書とともに第1回保険料相当額の支払をうけるのが通常であり、従って、現在の保険実務の上では、保険者の責任開始の問題は、責任遡及条項による場合が大多数である。

　責任遡及条項によれば、保険者が第1回保険料相当額の支払をうけた後に保険契約の申込を承諾したときは、保険者は第1回保険料相当額の受領の時から契約上の責任を負う。従って、第1回保険料

相当額の支払の時から承諾までの間に被保険者が死亡していたときは、保険者はこの死亡について保険金の支払をしなければならない。

　責任開始条項は、保険契約の成立時期の問題について特別の変更を加えず、保険契約が成立した場合における保険者の責任開始時期（及びその他の保険契約の効果たる権利義務の発生時期）を第1回保険料相当額の受領の時までさかのぼらせる趣旨であると解釈される。保険契約において、保険者の契約上の責任を契約成立前のある時点から開始させる旨を定めている場合を遡及保険という。生命保険契約における責任遡及条項は、一種の遡及保険を定めるものである。

　責任遡及条項の目的ないし制定理由のとらえ方については諸説があるが、保険者が第1回保険料相当額の事前徴収を行うときは、保険加入者がその時から保険保護をうけられるという事実上の期待をもつことがある点を考慮するとともに、第1回保険料相当額の事前徴収が保険加入者にも一定の利益を与えるものとすることによって第1回保険料の事前徴収の円滑化をはかる趣旨で、保険者の責任開始時期を遡らせたものとみるのが比較的自然であろう。

(2) **責任遡及条項と遡及保険**（保険法9条、39条、68条）

　遡及保険とは、契約締結の前に発生した保険事故について保険金を支払うと定めた保険契約をいう。保険法では、遡及保険も原則として有効とし、例外的に遡及保険の悪用を防ぐ規定を設けている。なお、「責任遡及条項」を定めた保険契約も「遡及保険」に含まれるが、有効とされている。

　遡及保険が無効となるものは、以下の2つである。

ア．契約締結前に発生した保険事故について保険給付を行う旨が規定されている場合で、保険事故が発生していることを知りながら、保険契約者が保険契約の申込みをした場合、少額の保険料を支払って多額の保険金の支払いを受けようとすることを防ぐため、このような場合の保険契約は無効になると定めている（5条1項・39条1項・68条1項、絶対的強行規定）。

イ．申込前に発生した保険事故について保険給付を行う旨が規定されている場合で、保険契約者が保険契約を申し込んだ時点で、保険者が、保険事故が発生していないことを知っていた場合、保険者が少しでも多くの保険料を受け取ろうとすることを防ぐため、このような場合の保険契約も無効になると定めている（5条2項・39条2項・68条2項、片面的強行規定）。

●**参考判例**（札幌地裁昭和56年3月31日判決）
　事　案　承諾前死亡
　争　点　保険者の責任開始期
　判　旨
　　生命保険契約も、契約に関する一般理論に従い、申込と承諾とによって成立する性質のものであって、成立した場合には第1回保険料相当額受領時に遡って保険者の責任が生ずることになるものであると解するのが相当である（札幌地裁昭和56年3月31日判決）。

●**参考判例**（東京地裁昭和60年6月28日判決）
　事　案　承諾前死亡
　争　点　保険者の責任開始期
　判　旨
　　約款上の規定によれば、契約の申込みに対する被告会社の承諾は書面をもって通知される（ただし、保険証券を発行して承諾通知に代えることがある）とされているところ、右書面の通知などはなかったことが認められる。原告は、第1回保険料相当額の支払いをしているが、保険約款2条によれば、これは被告会社の承諾があった場合には右支払いのときに遡って保険契約上の責任を負うというに過ぎず、契約の成

立を証するものではない（東京地裁昭和60年6月28日判決）。

●**参考判例**（札幌控訴院大正11年7月17日判決）
　事　案　承諾前死亡
　争　点　保険者の責任開始期
　判　旨
　　（本）保険契約は同年（大正9年）6月10日…承諾の通知の発信によりそのとき成立したものというべきこと民法第97条2項、同第525条に照らして明らかである…。
　　本件保険証券には同年5月30日に第一回保険料を領収したと記載してあり、また証券の裏面にある保険約款第1条には被告保険会社の保険契約上の責任は保険契約者が第一回保険料を払い込んだ時に始まると規定してあるから、本件保険契約は、たとい契約成立前に被保険者が死亡した場合でもその死亡が5月30日以後であれば、被告保険会社は所定の保険金を支払うという約旨を包含せしめて締結されたものと認めるべきであり…保険金1,000円を支払うべき義務がある（札幌控訴院大正11年7月17日判決）。

Ⅰ-6-4　責任開始条項と保険契約申込の諾否

　約款に定める責任開始期の規定は、保険契約者が申込書を提出し、第1回保険料充当金の支払いがなされ、保険契約者または被保険者の診査・告知が終了し、保険者が保険契約者の申込を承諾したとき、保険者の責任は、第1回保険料充当金を受領した時（告知が遅いときは、告知の時）に遡って開始するとするものである。

　保険者が契約の申込を承諾する（締結時の書面の発送時）までの間に被保険者が死亡し、かつ、保険者が被保険者の死亡を知った場合、保険者はこの申込を拒絶することができるであろうか。生命保険契約についても当事者間に契約自由の原則があり、項末に掲げたような興味ある下級審判例も見うけられるが、その原則は、昭和37年7月の保険審議会答申が述べているとおりであろう。

　「保険契約は当事者の合意によって成立する諾成契約とされているが、何時契約が成立するかは必ずしも明らかでない。すなわち、契約者は保険契約申込と同時に第1回保険料相当額を支払い、保険会社が契約者に対し保険証券を交付することにより、当該保険契約申込に対して承諾したものと推定されているにすぎない。そのため、保険会社は契約成立以前に第1回保険料相当額を受領していることに対応し、責任開始期を第1回保険料相当額を受けとった時（被保険者の診査前に受けとったときは診査の時）に遡及せしめている。しかしながら、保険会社は、保険契約の申込を受けた場合、それを承諾するか否かを自由に決定する建て前なので、被保険者が死亡したときは、契約の申し込みを拒絶することもないとは言えない現状にある。このため、契約者が第1回保険料相当額を支払ったとき、または被保険者が診査を受けたときから保険会社の承諾があるまでの間に保険事故が発生した場合には、契約者の立場は極めて不安定であること免れ得ない。したがって、この承諾前死亡については、第1回保険料相当額受領の当時または被保険者診査の当時において、被保険者が当該条件による契約の被保険者として健康上の要件を客観的に備えていることが明らかである場合には、保険者の承諾がなされる前に被保険者が死亡しても保険会社が責任を負うと言う原則を更に徹底し、保険約款に記載されている遡及条項の実効性を確保する必要がある」。

　この見解は学説のいう「承諾義務説」であり、今日の通説とされている（これに対抗するものとして「即時成立説」があるが、これについてはその理論構成上に疑問があることを指摘するに止めておきたい）。ただし、保険会社は「健康上の要件」だけでなく、「モラルリスク」も承諾可否の要件としているので、これも「健康上の要件」と同様に考えるべきであろう。

Ⅰ-6 責任開始期　Ⅰ-6-4 責任開始条項と保険契約申込の諾否

●**参考判例**（名古屋地裁平成9年1月23日判決）
事　案　承諾前死亡
争　点　責任開始期と遡及条項
判　旨

　本件新契約については、被告は、保険契約の申込みを承諾した後に第一回保険料を受け取った場合には、第一回保険料を受け取った時から、被告所定の領収証をもって第一回保険料充当金を受け取った後に保険契約の申込みを承諾した場合には、第一回保険料充当金を受け取った時（被保険者に関する告知の前に受け取ったときはその告知の時）から、保険契約上の責任を負うとの条項（責任遡及条項）が定められており、その趣旨の一は、保険者が第一回保険料の事前徴収をすることに対応して、その時から保険の効果を受けられると考える申込者の期待を保護することにあるものと解される。

　かかる責任遡及条項及びその趣旨と、保険契約の申込みをした者は、各個の被保険者となるべき者が身体的、道徳的危険の多寡を客観的に異にするのでない限り、平等に取り扱われてしかるべきものであることとを合わせ考えると、右のような責任遡及条項を定める死亡保険契約について、その申込みの後、承諾される前に、被保険者となるべき者が死亡した場合においては、当該責任遡及条項により保険者が責任を負うこととなるべき時（すなわち、保険者所定の領収証をもって第一回保険料充当金を受け取った時、被保険者に関する告知の前に受け取ったときはその告知の時）に被保険者となるべき者が被保険者となるのに適する身体的、道徳的危険の状況にあったときには、保険者は、信義則上右申込みに対する承諾の意思表示をすべき義務を負うものと解するのが相当である（名古屋地裁平成9年1月23日判決）。

●**参考判例**（新潟地裁平成7年6月5日判決）（東京高裁平成7年11月29日判決）
事　案　承諾前死亡
争　点　責任開始遡及条項
判　旨

（**第一審**）　生命保険契約は、通常、契約相手方が保険者の用意した保険契約申込書に必要事項を記入し…その後、保険者は被保険者となるべき者に医師の診察を受けさせるなどの方法で諾否決定（危険選択）の資料を集め、申込が保険者の基準を満たしておれば、承諾の意思表示（通常、保険証券の送付がこれに当たる。）をして契約を成立させる。そして、生命保険の場合、契約申込がなされてから保険者の承諾までに日数を要することから、約款上、保険者が第一回保険料相当額を受取った後に契約の申込を承諾したときは、生命保険契約に基づく保険者の責任は…いずれか遅いときに遡って開始する旨定めている（責任遡及条項）。保険者は、約款上、承諾した場合という条件付きであるが、申込者の期待を保護するために、被保険者の承諾前死亡について責任を負う建て前になっている。

　ところで、保険会社が承諾する前に、被保険者となるべき者が死亡したことをたまたま知った場合、無条件に承諾を拒絶することができるとすると…当然に保険利益を享受できると期待していた申込者の期待を著しく損なうことになり、責任遡及条項の規定が実質的に失われることになる。…保険契約の申込を承諾するか否かは、本来保険者の自由であることから…当然に承諾がなされるべき事案であること、すなわち、被保険者が死亡したこと以外に、何等承諾を拒絶すべき合理的な理由が存しないことを立証する必要があると解すべきである（新潟地裁平成7年6月5日判決）。

（**第二審**）　被保険者が、本件申込みの約1年前の平成5年2月に胃潰瘍と診断され、その後同年4月末まで治療を受けたが、本件申込に際し右の事実を被控訴人（保険会社）に告知しなかった…。被控訴人が右の事実を知っていたとすれば、右申込の条件のままではこれを承諾しなかったものと認められ、右の判断は、生命保険契約の性質に鑑み合理的であるというべきである。

　被保険者が胃潰瘍の治療を受けていた事実が被控訴人に判明したのは…本件訴訟提起後の平成6年12月、被控訴人代理人が治療先病院に照会した結果である。しかしながら、生命保険契約の申込を承諾するか否かは、保険者の自由であり、承諾前に被保険者たるべきものが死亡した場合には、本来、生命保険契約は成立していないと解されるにも拘らず、信義則上右の場合においても、保険者に承諾すべき義務のある場合とするものであるから、右承諾義務の有無の判断に当たっては、右契約の申込みの当時、保険者が

I-6 責任開始期　I-6-4 責任開始条項と保険契約申込の諾否

知っていた事情のみに止まらず、客観的に存在した事情をも考慮することができると解するのが、保険制度の趣旨目的に照らして合理的であるというべきである。

保険者は、被保険者の申込について諾否を決定するに当たっては、被保険者の身体的状況などを調査して、第一回保険料相当額を受けとった日または被保険者が健康状態などについて告知した日において、被保険者が当該条件による保険契約の被保険者として健康上の要件を客観的に備えているか否かを判断するのであるから、その諾否を1ケ月と一律に決めることはできないのみならず、第一回保険料充当金領収証の裏面に記載ある「1ケ月以上経過しても保険証券が届かない時又は不審な点がありました場合は、…主たる店舗までご照会ください。」との記載があるが、これは照会時期の一応の目安を記載したにすぎないものである。

以上の通り、被保険者には本件保険契約の申込み以前に胃潰瘍の治療した事実があり、…右申込の条件による契約の被保険者としての健康上の要件を客観的に備えておらず…承諾を拒絶すべき合理的理由があったものというべきであり、被控訴人に信義則上の承諾義務があったものと認めることはできない（東京高裁平成7年11月29日判決）。

●**参考判例**（盛岡地裁平成4年9月28日判決）
　事　案　承諾前の被保険者死亡
　争　点　契約自由の原則に基づき、承諾前死亡案件を不承諾となしうるか
　判　旨

原告の主張は責任開始遡及条項はその承諾前に被保険者が死亡した場合…特に正当なる承諾拒否理由がない限り、契約拒否できないと信義則上解すべきであるとするも、契約の約款は…契約の当事者がその約款を契約の内容とする旨の合意をし、その旨の契約が成立した後に、契約として効力を有するに至るも、約款それ自体法律上の効力を有するものではない。原告主張のように、いかに信義則を強調しても考えることはできない。また、被告保険会社は、契約自由の原則上、本件契約の申込を承諾するか否かについての自由を有しており…原告（受取人）の主観的期待感を信義則の基礎として保険金を支払う義務を認定することは、被告保険会社の自由を否定するものであり…（盛岡地裁平成4年9月28日判決）。

●**参考判例**（大阪地裁平成7年11月30日判決）
　事　案　告知（診査）未了時点での承諾前死亡
　争　点　承諾義務が生じる要件
　判　旨

原告（受取人）は、信義則により、被告（保険会社）の承諾義務が認められるべき場合であると主張する。

しかしながら、仮に、右のいわゆる承諾前死亡の場合に、信義則上、保険者に承諾義務が認められる場合があるとしても、そのためには少なくとも、①生命保険契約の申込がなされていること、②第一回保険料相当額の払い込みが済んでいること、③保険者に対して告知がなされていること、④医的診査が終了していること、⑤被保険者が保険契約成立時に保険適格体であって、被保険者となるべきものが死亡した以外に何等承諾を拒絶すべき合理的な理由が存在しないことが認められることが必要であるというべきである。

しかし、本件において、被保険者につき、本件生命保険契約の申込みに当たり、告知（診査）がされていないので、被告の承諾義務が認められる場合には当たらない（なお、被保険者につき、告知（診査）が未了であることに関し、保険者である被告に不手際があったとの事実を認める証拠はない）（大阪地裁平成7年11月30日判決）。

Ⅰ-7　保険適格性

前項とも関連して、被保険者たるべきものが保険適格性を有する場合には、たとえ「承諾前死亡」の場合といえども保険会社は申込を承諾して保険契約を成立させ、保険金を支払う義務を負う。

保険会社が承諾の義務を免れるためには、被保険者が保険適格性を有していなかったことを保険会社側が自ら証明しなければならないと解するのが一般的である。

Ⅰ-7-1　保険者の承諾義務

承諾義務を否定する見解も認められるが、適切ではない。なぜなら、この見解によれば、責任の遡及ということが実質的な意味をもつ承諾前死亡の場合には、保険者が被保険者の死亡の事実を知らず承諾した場合のほかは保険者が承諾することは原則としてなく、責任の遡及が生ずることも原則としてない、という結果になり、約款の規定が形骸化される可能性がある。従って、被保険者たるべき者が保険適格性を有する場合には、保険者は申込を承諾して保険契約を成立させる義務があると解すべきである。

Ⅰ-7-2　承諾義務の要件と保険適格性

(1)　保険適格性とは

保険適格性とは、申込にかかる保険契約の被保険者となり得るに適正な被保険者の健康状態・環境等をいい、これを有する状態を「保険適格体」あるいは「保険可能体」という。そして、保険適格性有無の判断は、保険契約申込の当時及び診査または告知のときを基準として保険会社が契約の諾否を決定するに当たり、基準としている査定基準（道徳危険に関する基準も含む）によってなされるのが妥当である。判断の基となる資料には、会社が被保険者の死亡を知った時までに入手していたものの他に、その後に実施した事実の確認によって入手し得るものも含めなければならない。

保険者の承諾義務が問題となるのは、被保険者が責任遡及条項による保険者の責任開始時期以後に死亡した場合である。

最近の約款の責任遡及条項が定めている保険者の責任開始時期は、「保険者が第1回保険料相当額を受取った時（告知前に受取った場合には、告知の時）」である。そして、医師扱いの保険の場合の告知は身体検査（診査）の際に行われるのが通常である。従って、医師扱いの保険の場合に保険者の承諾義務が認められるためには、通常は、被保険者死亡の当時、保険契約申込書の作成の交付、第1回保険料相当額の支払、診査及び告知のすべてが終了していることが必要である。

●参考判例（大阪地裁昭和50年5月28日判決、昭和47年(ワ)第567号、生命保険判例百選62頁）
　事　案　診査未了状態での死亡
　争　点　手続き未了時点での死亡
　|判旨|
　　保険契約者（兼被保険者）が生命保険契約の申込をし、第1回保険料相当額を支払ったが、被保険者が保険者の要求する身体検査をうけず、そのため保険者が「申込取消契約不成立の処理」をした日から約20日後に被保険者が死亡した場合に関するものである。裁判所は、保険者は保険金の支払を要しないと判示している（大阪地裁昭和50年5月28日判決、昭和47年(ワ)第567号、生命保険判例百選62頁）。

Ⅰ-7 保険適格性　Ⅰ-7-2 承諾義務の要件と保険適格性

●参考判例（東京地裁昭和61年10月30日判決）
　事　案　再診査実施後保険料増の特別条件による承諾通知が契約者に伝達される間の被保険者の死亡
　争　点　契約成立の有無
　判　旨
　　契約者（被保険者）は昭和58年1月31日に申込書を提出、診査を受け第一回保険料充当金の支払いをなした。これに対し、保険会社は検診書等の内容から心電図による再検査の決定をなし、2月25日に再検査を終了するも3月31日に被保険者は死亡した。
　　原告は、「保険会社は、契約者の申込に対し、明示または黙示の承諾をなしている。あるいは、第一回保険料充当金領収証の条項により、保険会社は申込を承諾している。あるいは診査時点で健康状態に何等異常なく、保険会社は第一回保険料充当金を受け取ったのであるから、信義則上、会社は承諾したものと解されるべきである」と主張する。
　　しかし、保険会社は、承諾したときは保険証券を発行するが、本件については保険証券を発行していない。また、通常の承諾方法と異なる方法で、保険会社が即時に承諾したものと認めるべき特段の事情もない。また、心電図の検査で被保険者の異常が発見され、保険会社はより高額の保険料による保険契約の締結の申込をなそうとしたが、契約者側の都合で面会できなかったもので、保険会社は異議なく放置していたものではなく、（これが）黙示の承諾に当たるものではない。また、第一回保険料充当金領収証の条項は、保険会社の承諾の趣旨の規定ではない。また、診査時に異常があったのであるから、信義則に基づく承諾があったとすることはできない（東京地裁昭和61年10月30日判決）。

●参考判例（青森地裁十和田支部平成2年8月9日判決）
　事　案　心電図検査の再診査未実施の間における被保険者の死亡
　争　点　再診査未実施を理由に不承諾となしうるか
　判　旨
　　昭和63年4月2日に生命保険契約の申込書を提出し、同月13日診査実施、被保険者は診査時に既往症として心肥大、不整脈の告知をなした。診査医は心電図の機器設備を有していたが、心電図の診査までは行わなかった。保険会社は、診査・告知の内容から心電図検査の上諾否の決定をすることとしたが、被保険者がすでに死亡していたため検査ができず、承諾できない旨の決定をなした。
　　保険会社がなした右の決定過程に不合理な点はなく、保険事故の発生を奇貨として不承諾の決定をした事情も認められない。心電図の器械を設置しながら検査をしなかったのは（これが）診査取扱規準で定められており、合理性を欠くものでもなく、信義則に反するものではない（青森地裁十和田支部平成2年8月9日判決）。

(2) 保険適格性の時期

　責任遡及条項による責任開始の当時、被保険者が保険適格体であった場合、保険者は承諾義務を負う。

　ただし、その判断の資料は、保険者がその当時入手していたものに限定されない。例えば、被保険者の死亡の通知があり、保険者が調査したところ、現症・既往症の不告知があったことが判明し、被保険者は第1回保険料相当額の支払の当時保険適格性を有しなかったとの結論になる場合には、保険者は承諾義務を負わない。

　また、保険者は被保険者の健康状態には問題がない場合でも、いわゆる道徳危険を考慮して保険契約の締結を拒絶することがある。例えば、保険契約者がその収入に比較して著しく多額の保険契約を締結する場合や、同一の被保険者について多数かつ多額の生命保険契約が短期間に集中して締結されるような場合には、保険者は道徳危険の存在をおそれて、保険契約の締結を拒絶することがありうる。

　通常におけると同様に、承諾前死亡の場合においても保険適格性の有無の判断は、かかる道徳危険

に関する事項も含めてなすべきである。すなわち、その保険契約の申込が、当該保険者の道徳危険に関する契約締結基準によれば、保険者が保険契約の締結を拒絶すべき場合に該当しているときは、その被保険者は保険適格性を有せず、従って保険者は承諾義務を負わないと解される。

●**参考判例**（東京地裁昭和62年5月25日判決（判時1274号129頁））
事 案 承諾前死亡
争 点 死亡保険金受取人の続柄は道徳危険に関する保険者の取扱基準
判 旨
　被告保険会社では、昭和59年当時、「死亡保険金受取人が被保険者の2親等以内の親族とならない契約は原則として申込を受理せず、3親等以上の親族で経済的な結びつきがある場合等にはチェックを要するが、申込を受理することもある」旨の契約取扱規定が施行されていた。保険契約者兼被保険者Aは、昭和59年10月9日に保険契約の申込をし、同日に第1回保険料充当金相当額を支払ったが、「いとこ」を保険金受取人に指定していた。被告保険会社は担当支社に対し、「いとこ」を受取人とする理由を照会したが、回答がないまま経過しているうちに、Aが同月22日に死亡した。保険金受取人の保険金請求に対し、裁判所は、保険者が承諾したことを認めるに足りる証拠はない（東京地判昭和62年5月25日（判時1274号129頁）。
　（**編者注**）判決で保険者の承諾義務の問題には触れていないが、道徳危険に関する保険者の取扱基準の例が示されており、参考になる。

●**参考判例**（東京地裁平成2年6月18日判決）（東京高裁平成3年4月22日判決）
事 案 承諾前死亡と道徳的危険
争 点 保険会社が承諾するに際し、被保険者の健康状態の他、道徳的危険も保険適格体の判断対象となるか
判 旨
（**第一審**）　被保険者は、保険金1億円、災害保険金を5千万円とする生命保険契約を申込んだ直後交通事故を起こし、高度障害状態となり、その後死亡した。
　被告保険会社は原告からの申込につき、成立前確認を行い、保険適格性がないと判断（原告の経営する会社が経営不振に陥り、支払不能の状態）。すでに高額の保険に加入しており（死亡保険金額3億3千万円）、本件契約を締結することは道徳的危険防止の観点から許されないとし、原告に対して保険事故発生後ではあるが、契約は承諾できない旨の意思表示を行っている。
　原告には、本件保険契約申込の時点において、履行期を徒過した多くの取引上の債務および国税等の滞納があり、また他の保険会社に高額の保険に加入していること、被告が本件保険の契約前確認調査を行っている間に原告が不渡りを出し、銀行取引が停止となり閉店したことが認められている。以上の事由は道徳的危険防止の観点から被告保険会社において本件契約を拒否できる事由に該当する（東京地裁平成2年6月18日判決）。
（**第二審**）　保険会社は、当該保険契約の申込に対して、第一回保険料相当額受領後であっても常に承諾義務を負うものではなく、右承諾に際しては、被保険者が保険責任開始期（通常は第一回保険料相当額受領時）において、被保険者となり得るに適当な性質、状態いわゆる保険適格性の存否を判断するに際し、被保険者の健康状態のみならず、これに加えて生命保険契約により不当な利益を取得するなど不純な動機にもとづく契約を排除するためのいわゆる道徳的危険に関する事項ないし徴憑事実を調査検討することは、生命保険契約の公平性を保持するために必要なものとして許容されるものと解するのを相当とす。
　保険会社が本件保険契約の申込を承諾しなかったのは、その諾否決定前にたまたま本件事故により被保険者となるべき者が植物人間状態になったことを奇貨として不承諾に及んだものということは出来ないから、右不承諾をもって信義則に違反するものということは出来ない（東京高裁平成3年4月22日判決）。

Ⅰ-7 保険適格性　Ⅰ-7-2 承諾義務の要件と保険適格性

(3) 保険適格性の判断基準

保険適格性の有無の判断は、各保険者の契約締結の基準によるべきか、それとも何らかの客観的基準によるべきか。客観的基準によるべきであるとする判例の立場であるが、通常の場合の生命保険契約の諾否の決定基準は、原則として各保険者が自由に決定し得ることであるから、この場合における保険適格性の基準も各保険者の基準によるとするほかはない。すなわち、この場合における被保険者の保険適格性の有無は、各保険者が契約の諾否の決定にあたり平常準拠している基準によって決するのが妥当である。

(4) 保険適格性の有無についての証明責任

保険者の保険契約締結の基準は外部に公表されているものではなく、「保険者の契約締結の基準によれば被保険者は保険適格性を有していた」ということを保険金受取人が証明するのは容易でない。

従って、保険金受取人は被保険者の保険適格性を立証することを要せず、保険者が承諾義務を免れるためには、第1回保険料相当額支払の当時に被保険者が保険適格性を有しなかったことを保険者が立証することを要すると解すべきであろう（反対、名古屋地判平成9年1月23日「被保険者となるべき者が各個の保険契約の被保険者となるのに適する身体的、道徳的危険の状況にあったというに足りる具体的事実は、当該保険契約の成立を主張する者がこれを主張立証すべきものと解すべきである。また、保険契約の締結の諾否の判断の当否に関する挙証責任は、保険者側にあると解すべきであると主張するが、いずれも独自の見解であつて、採用の限りでない。」）。

●**参考判例**（東京地裁昭和54年9月26日判決）
　事　案　承諾前死亡
　争　点　契約の諾否を巡って
　判　旨

申込の当時、被保険者には治療中の疾患（慢性湿疹）があった。原告は「責任遡及条項の付された保険契約の申込があり、かつ、保険会社がこれを承諾する前に被保険者の死亡という保険事故の発生した場合において、信義則上、被保険者の身体、健康等に契約締結を拒否すべき理由がないときは、不承諾の意思表示をなすことは許されず、保険契約は成立したものとみなされるべきものである」と主張する。

しかし、仮に保険会社において右のような信義則上の承諾義務が存するとしても、その故をもって直ちに保険会社の承諾の意思表示があったものと擬制することはできない。また、保険会社は、保険契約の申込を受けた場合には、あらかじめ定められた査定基準に照らして、各申込につき諾否を決定することにしていること、保険会社は被保険者が何等かの疾患により治療中の場合には申込を承諾しないとの一律的取扱いをしていること、および保険会社は被保険者が病気療養中であることを考慮し、査定基準に照らして申込を承諾しない旨の決定をしたこと等が認められるので、保険者が承諾しなかったことをもってそれが恣意的であるとはいえず、またそれが信義則に反することであるともいい得ない（東京地裁昭和54年9月26日判決）。

●**参考判例**（新潟地裁平成7年6月5日判決）
　事　案　承諾前死亡
　争　点　①保険会社の承諾義務の存否
　　　　　②保険適格体であることの立証責任
　判　旨

…ところで、保険会社が承諾する前に、被保険者となるべきものが死亡したことをたまたま知った場合、無条件に承諾を拒絶することができるとすると、…当然に保険利益を享受できると期待していた申込者の期待を著しく損なうことになり、責任遡及条項の規定が実質的に失われることになる。

…保険契約の申込を承諾するか否かは、本来保険者の自由であることから…当然に承諾がなされるべき事案であること、すなわち、被保険者が死亡したこと以外に、何等承諾を拒絶すべき合理的な理由が存しないことを立証する必要があると解すべきである。

本件において、被保険者は被告保険会社に対し、保険契約申込の約１年前に胃潰瘍で治療を受けていた事実を告知していなかったのであるが、保険会社がその事実を知っておれば、そのままの条件では承諾しないことは十分に考えられ、当然承諾なされるべき事案であるとは、到底認められない。

原告は…保険金請求を受けた後に、承諾拒絶の理由を捜し出したことを問題にするが、保険者に危険選択の機会を与えたとしても当然に承諾なされるべきであったか否かを判断するのに、申込当時に存在し、その後判明した事情を考慮することは許されると解すべきである（新潟地裁平成７年６月５日判決）。

(5) 死亡原因が諾否に影響するか

被保険者の死亡原因の有無にかかわらず、保険者は第１回保険料相当額支払当時における被保険者に保険適格性があるか否かによって、決すべきであろう。

●**参考判例**（札幌地裁昭和56年３月31日判決）
　事　案　診査前の承諾前死亡（交通事故死、第１回保険料充当金支払済）
　争　点　承諾義務の有無
　判　旨

（原告は）本件生命保険契約は、第１回保険料相当額支払時に、すでに、被告保険会社が被保険者につき保険可能体でないことを確認することを解除条件として成立している旨主張する。しかしながら、本件生命保険契約の約款…全体を検討してみても…その旨を明らかにした条項はどこにも見当たらないのみならず…約款の文言を暫く離れ実質的に考えるとしても、保険契約成立前に、保険会社に対して、被保険者の保険適格性の審査の機会を与えることは、保険団体の共同準備財産の確保の必要上やむをえないことと考えられ、してみると、本件生命保険契約も、契約に関する一般理論にしたがい、申込と承諾とによって成立する性質のものであって、成立した場合には第１回保険料相当額受領時に遡って保険者の責任が生ずることになるものであると解するのが相当である。

一般に、保険会社が保険契約者から保険契約の申込を受けて、第１回保険料相当額も受領したという場合に、他に右申込を拒絶すべきなんら合理的理由がないにも拘らず、保険事故の発生のみを唯一の理由として、当該申込を拒絶することは、信義則上、許されないと解する余地があるが、…本件生命保険契約は医師扱いの保険であったのにも拘らず、原告である契約者（法人）が被保険者である従業員をして被告保険会社の医的診査を受けさせないままでいたところ、被保険者が死亡してしまったものであるということ、しかも右診査を受けなかったことにつきやむをえない特段の事情が認められない本件において、保険会社が…本件生命保険契約締結の申込を承諾しなかったことはなんら信義則に反するものでなく、その諾否は、なお契約自由の範囲以内のことであるということができる（札幌地裁昭和56年３月31日判決）。

●**参考判例**（東京地裁平成８年12月19日判決）（東京高裁平成９年10月16日判決）
　事　案　承諾前死亡
　争　点　承諾義務の有無
　判　旨

(第一審)　（承諾前の）前段階の契約確認作業中に被保険者の死亡の事実が被告（保険会社）に判明したため、これに続いて行われるべき被告の事務手続き（被告本社内での契約申込承諾の手続き）に移行することはなかった…。

生命保険契約の保険者は、生命保険契約の申し込みに対し当然に承諾すべき義務を負う筋合いのものではなく、モラルリスクないし被保険者の告知義務違背を含む身体的症状などのいわゆる保険適格性の判断を調査検討し、その諾否を決定する裁量を有することは他言を要しないところである。

Ⅰ-7 保険適格性　Ⅰ-7-2 承諾義務の要件と保険適格性

本件においては、本件保険契約に関し…保険適格性についての疑問があることは、証拠上明らかである（原告の経営破綻によるもの、入院・手術の秘匿等）、本件全証拠によっても、被告が本件保険契約の申込みを承諾しなかったことに裁量の逸脱があったとの判断の下に、承諾の意思表示のないところに承諾の意思表示ありと評価し得るような特段の事情を認めることはできない（東京地裁平成8年12月19日判決）。
（第二審）　被保険者の死因は溺死であるが、所轄警察署では犯罪には起因せず、自ら入水又は河川に転落した溺死と判断していること、被保険者は、死亡当日にAに対し500万円を支払う必要があり、同人に対し、当日午後8時頃500万円を持参する旨電話で伝えて家を出たが…被保険者は、A有限会社に現れず、被保険者の使用した自動車は同有限会社の所在地と河川を挟んで対岸にある河川敷駐車場に放置されていたが、（死体の発見場所は）自動車が放置されていた場所から河川を下った地点で溺死したと考えざるを得ないことになるが、被保険者がAに対して500万円を支払う予定であり、かつ、現に支払うことが可能であったとすれば、かかる被保険者の行動は不可解であるといわざるを得ないこと、被保険者が死亡した時点において、当座預金が1997万円超の貸越しであり、借入金の残高が4口合計1374万円であることなどの事情に照らすならば、被保険者の死亡は自殺による蓋然性がかなり高いものといわざるを得ない。そして、被保険者は、平成4年9月腰部打撲等の傷害を負って、12日間にわたり通院加療を受け、また、平成5年2月1日、前立腺肥大症による経尿道的前立腺切除のために23日間手術入院したことがあったが、本件申込みに際には、その事実についての告知がなかったこと、本件の保険契約の死亡時の保険金額は6500万円というものであって、被保険者が他に加入していたこくみん共済、傷害共済、簡易保険の保険金額に比して、また、60歳という被保険者の年齢に比してかなり高額であること等の事実関係のもとにおいては、被控訴人（保険会社）が控訴人による本件の保険契約の申込みに対して承諾しなかったとしても、承諾前にたまたま被保険者の死亡したことのみを理由として承諾をしなかったものではなく、被控訴人において右承諾しなかったことが信義則に照らし許されないものということはできない（東京高裁平成9年10月16日判決）。

(6) 変更承諾をなすべき場合
　被保険者が承諾前に死亡した場合において、第1回保険料相当額支払の当時の被保険者の状況が、保険者において条件を付して変更を加えた承諾をなすべきものであるときの法律関係はどのように考えるべきか。この場合、変更を加えた承諾は保険者の申込者に対する新たな申込みとみなされることになる（民法528条）。保険者の変更を加えた承諾（新たな申込み）に対して保険契約者が承諾しても責任遡及は生じないとする見解、すなわち、保険契約者が承諾をなした時点から責任が開始するとして保険者の変更を加えた承諾をなす義務（新たな申込みをなす義務）を否定する見解が多いようである。しかし、被保険者の保険適格性の有無は第1回保険料相当額支払の当時を基準として決すべきであるという考え方によるべきであり、この場合についても責任遡及を認めるべきであるとする有力説がある。（山下友信『保険法』217頁。東京高裁平成22年6月30日判決、平成21年(ネ)第4354号、原審東京地裁平成21年7月29日判決、平成20年(ワ)第19161号は、保険契約の申込みにつき条件を付して承諾する決定をしたが、その旨通知する前に被保険者が死亡した事案につき、保険契約者が変更申込みにつき承諾がないことを理由として保険契約の成立を否定した。これについて、反対する学説（山下典孝事例研レポ253号12頁）と賛成する学説（潘阿憲事例研レポ247号1頁）が分かれている）。

●参考判例（大阪地裁昭和50年5月28日判決）
　事　案　承諾前死亡
　争　点　諾否の通知をめぐって
　|判　旨|
　被告保険会社の担当営業職員の勧誘により保険会社と生命保険契約を締結しようとするものは、保険会社の所定の生命保険申込書に記入のうえ保険会社に提出しなければならない…契約者兼被保険者である申込人は、保険会社に対し申込書を提出し、営業職員の発行する領収証（この領収証の裏面には「2．当社が

Ⅰ-7　保険適格性　Ⅰ-7-2　承諾義務の要件と保険適格性

お申込を承諾したときは、表記の金額を第1回保険料に充当し、保険証券を発行いたします。この場合、別に領収証は発行いたしません。3.もしお申込を承諾しないときは、本証と引換えに表記金額をお返しいたします」と記載されており、この記載は普通保険約款の条項の一部と合致する）を受領しているのであるから、申込人は普通保険約款を承知していたと推認される。そうすると、本件では、被告保険会社が申込人に対して保険証券を発行して契約の申込に対する承諾をしたことを受取人らが主張、立証しない限り、被告保険会社と申込人との間に受取人ら主張の生命保険契約は締結されていないとするほかない。

　申込人は…先に申し込んだ保険について医師の診査を受けたがこの保険契約は成立しなかったので…改めて本件契約の申込をしたもので…被告保険会社は再度診査を受けさせるよう担当営業職員に指示した。そこで、担当営業職員は申込人に診査を受けるよう求めたが申込人はこれに応じなかった。被告保険会社の内規では、申し込んでから2カ月の間に診査を受けないと申込が失効することになっているが、申込人は結局診査を受けなかったので、被告保険会社は2カ月経過後に申込を取り消し契約不成立の処理をした。

　以上のことが認められ…この認定事実からすると、本件契約不成立の原因は申込人が診査を受けなかったことにあり、被告保険会社には責められるべき過失は何もないことに帰着する（大阪地裁昭和50年5月28日判決）。

● **参考判例**（東京地裁平成21年7月29日判決、平成20年（ワ）19161号、事例研レポ247号、同253号）（東京高裁平成22年6月30日判決、平成21年（ネ）4354号、事例研レポ247号、同253号）

事　案　被保険者死亡後に特別条件付契約にて承諾引受決定

争　点　①被保険者の保険契約における保険適格性の有無
　　　　②保険会社の保険金受取人に対する本件変更契約の申込みの有無
　　　　③YのXに対する本件変更申込み義務の有無

判　旨

　（事実の概要）　被保険者は、同日、保険会社の担当診査医に対し、約1年半前に一過性脳虚血発作（TIA）かもしれないフラフラ感があり、以後、高血圧症で治療を受けており、降圧剤を処方され、朝夕に内服薬を服用していることを告知した。同時に、担当診査医から2回の心電図検査を受けたが、いずれも、「左脚前枝ブロック」、「ST-T異常」、「左室肥大」、「反時計回転」、「QT延長」と心電図に印字された。また、1回目の心電図検査では、「PR延長」とも心電図に印字された。

　上記2回の心電図検査の結果、具体的には、ST部分が基線上にないこと（心電図のQRS波の終わりからT波の始まりまでの間をST部分といい、通常、基線上にある）、標準肢誘導（Ⅰ）、単極胸部誘導（V3～V6）でT波が下向き（陰性、陰転）となっていること（T波は心室の再分極によって生ずる波で、健常者では標準肢誘導、単極胸部誘導ではほとんど常に上向きである）、V5誘導R波とV1誘導S波との電位差につき、1回目に3.94mV、2回目に4.12mVの数値を示したこと（電位差が3.5mV以上のときに左室肥大と診断する）が認められた。

　保険会社の担当診査医は、心電図（ECG）T波に陰転が認められたことを検診書に記載した。これを受けて、保険会社は、同年7月13日、本件保険契約について、年間保険料を538万8000円増額するとともに、死亡保険金の金額を契約日から1年以内に保険事故が発生した場合には25パーセント（5000万円）、1年超2年以内の場合には50パーセント（1億円）、2年超3年以内の場合には75パーセント（1億7500万円）とする特別条件（以下、本件特別条件という）を付せば、保険を引き受けられるとの内部的な決定をし、同月14日生命保険募集代理店に通知した。

　（第一審）　被保険者の健康状態は、現在又は将来において、高血圧症等に起因する心臓疾患を有し、又は有するに至る危険が比較的高いものと認められるから、一般的に見て、その保険契約上の危険が、本件保険契約が引き受けるものと推認される危険の範囲内にとどまるものとは認め難く、したがって、被保険者が本件保険契約の保険適格性を有するものとは認めることができない。

　保険契約者は、客観的には契約条件の変更をしなければ、当該被保険者について生命保険契約を締結することができない上、変更前の第1回保険料相当額を支払っているにすぎないから、いまだ変更後の保険契約による保険の利益を受けることについて法律上保護すべき期待があるとはいえず、保険者もその期待

I-7 保険適格性　I-7-2 承諾義務の要件と保険適格性

を保護すべき信義則上の義務を負うものとはいえないからである。
　保険者が、保険料の増額等の契約条件の加重変更をすれば、保険契約者との間で、保険金額、保険期間を変更しない新たな生命保険契約を締結できる旨を内部的に決定していたとしても、そのことのみをもって、直ちに、保険者について、被保険者の死亡後、保険契約者に対し、上記契約条件の変更をした新たな生命保険契約の申込みをする義務が生じ、保険契約者がこれを承諾すれば、新たな生命保険契約の効力が契約条件の変更前の保険契約における第１回保険料相当額の支払時にさかのぼって発生するものと解することはできない（東京地裁平成21年７月29日判決、平成20年(ワ)19161号、事例研レポ247号１頁、同253号12頁）。

(第二審)　争点１　被保険者の本件保険契約における保険適格性の有無について
　ア「一般に、責任遡及条項を含む約款が適用される生命保険契約の締結に際して、第１回保険料相当額の払込み及び重要事項の告知の後にいわゆる承諾前死亡が生じた場合、保険契約者が第１回保険料相当額の払込み及び重要事項の告知義務の履行をし、かつ、被保険者が、健康、モラルリスク等の観点から、保険者が平時用いる内部の引受け基準に照らして保険適格性を有すると認められるときには、保険者は、契約自由の原則の例外として、被保険者の死亡の事実を知った後でも、平時用いる内部の引受基準に反して承諾を拒否することはできず、信義則上、当該生命保険契約の申込みを承諾する義務を負うというべきである。
　ところで、原告は、保険者内部の引受基準は通常開示されず、保険契約者がこれを主張立証することは困難であるから、保険者内部の引受基準に照らして被保険者が保険適格性を有しないことを保険者側が主張立証すべきであり、保険契約者は、保険契約の締結前に第１回保険料相当額の払込みを受けて事務処理上の利益を受けた保険者に対し、第１回保険料相当額の支払いと重要事項の告知を終えた時から保険の利益を受ける合理的期待を有していると主張するが、いわゆる承諾前死亡の場合においても、保険契約者は、第１回保険料相当額の払込み及び重要事項の告知義務の履行をしたのみでは、いまだ保険の利益を受ける合理的期待を有するものとは認め難く、健康、モラルリスク等の観点から、保険者内部の引受基準に照らして保険者に承諾を拒否する合理的理由がない場合にはじめて、保険契約者の期待が法律上保護される合理的なものとなり、第１回保険料相当額の払込みを受けて事務処理上の利益を享受している保険者に対して、信義則上、承諾を求め得る利益を取得することになるものと解すべきである。
　もっとも、保険者内部の引受基準が開示されていないことに照らすと、保険契約者が同基準を満たしていることまでの立証をする責任を負うものと解するのは相当でなく、保険契約者において、健康、モラルリスク等の観点から、被保険者の健康状態等の保険契約上の危険が一般的に当該保険が引き受けるものと推認される危険の範囲内にとどまることを立証した場合には、保険者において内部の引受基準を満たしていないことを立証しない限り、保険者に承諾を拒否する合理的な理由がないものと認めるべきである。
　イ　これを本件について見ると、…被保険者の健康状態は、現在又は将来において、高血圧症等に起因する心臓疾患を有し、又は有するに至る危険が比較的高いものと認められるから、一般的に見て、その保険契約上の危険が、本件保険契約が引き受けるものと推認される危険の範囲内にとどまるものとは認め難く、したがって、Ａが本件保険契約の保険適格性を有するものとは認めることができない。」

争点２　保険会社の保険契約者に対する本件変更契約の申込みの有無について
　「保険会社は、平成18年７月13日、本件保険契約の申込みに対し、本件特別条件を付せば、保険を引き受けることができるとの内部決定をしたとの事実が認められ」、またこの「内部決定を保険会社の甲営業部に通知し、同営業部が本件代理店に特別条件を提示する予定であることを通知したことが認められるが、本件代理店が本件税理士ら保険契約者の関係者に」「内部決定の具体的内容を通知したことは」「これを裏付ける証拠はなく、保険契約者が本件特別条件の具体的な内容を承知していなかったことにも照らすと、容易に採用することができず」、「したがって、保険会社が保険契約者に対し本件変更契約の申込みをしたものと認めることはできない」。

争点３　保険会社の保険契約者に対する本件変更申込み義務の有無について
　「本件において、被保険者が平成18年６月30日において本件保険契約の保険適格性を有するものと認められないことは、上記引用に係る原判決認定のとおりである。控訴人は、このような場合にも、被控訴人

が本件特別条件を内部決定していることをもって、本件特別条件を控訴人が承諾する蓋然性が高いときは、同日に被保険者が本件特別条件の保険適格性を有するものとして、本件保険契約の申込みを本件特別条件付で承諾する義務を負い、責任遡及条項による責任の遡及が適用されるべきであると主張する。

しかしながら、責任遡及条項を含む約款が適用される生命保険契約の締結に際し承諾前死亡が生じた場合において、被保険者が当該生命保険契約の保険適格体であるときに、保険者が、信義則上、当該生命保険契約の申込みを承諾する義務を負うと解されるのは、このようなときには、保険者には当該生命保険契約の申込みに対する承諾を拒絶する合理的理由がないにもかかわらず、被保険者の死亡の事実を知った保険者に承諾拒絶の自由を認めることは、実質的に責任遡及条項の意味をほとんど失わせ、第1回保険料相当額を払い込んだ保険契約者の保険給付を受ける正当な期待を害することになるためである。これに対し、本件においては、Aの健康状態は、保険契約上の危険が本件保険契約を引き受けるものと推認される危険の範囲にとどまると認められないものであったことは上記原判決認定のとおりであるから、本件保険契約の申込みに対する承諾を拒絶する合理的理由があると認められるところ、特別条件を付すれば当然に当初から保険適格性を有するものとみることができるものではなく、被控訴人内部の決定をもって本件特別条件を付したことにより、本件特別条件付の保険契約における保険適格性があるものとして、本件特別条件の新たな提案として提示し、控訴人がこれを承諾してその内容で新たに保険契約の申込みがされるべきものと解すべきである。

したがって、本件保険契約の申込みをもって本件変更契約の申込みと解することはできない。また、変更後の第1回保険料相当額の支払いをしていないことからも、本件変更契約による保険の利益を受けるについて、被控訴人において控訴人の期待を保護すべき信義則上の義務を負うとはいえない。

なお、被控訴人が本件特別条件を付した生命保険契約の申込みをすることを内部決定したが、本件変更契約の申込みをする前に、被保険者が上記内部決定前の平成18年7月10日に死亡していたことを知り、上記内部決定を撤回して、本件保険契約の申込みに対する承諾を拒絶することとし、同月25日、控訴人に対して本件保険契約の第1回保険料相当額を返還したことは、Aの死因が高血圧性心肥大による急性左心不全であり、被控訴人が上記内部決定に当たって懸念した健康上の危険が現実化したものであることに照らしても、信義に反するものとはいえない。」(東京高裁平成22年6月30日判決、平成21年(ネ)4354号、事例研レポ247号1頁、同253号12頁)。

●**参考判例**(東京地裁昭和61年10月30日判決)
　事　案　保険会社の条件変更決定と、その途上における保険契約者兼被保険者の死亡
　争　点　契約成立の有無
　|判旨|

保険契約者兼被保険者は昭和58年1月31日に保険加入のため心電図検査を受けて異常が発見されたため、同年2月25日に再度心電図検査を受け、この再度の心電図検査の結果についても同様に異常が発見されたことから、被告保険会社としては…申込どおりの契約内容で契約を成立させることは困難であるが、より高額の保険料による契約であればそれを締結することも可能であるとの判定をなし、同年3月1日にその旨を契約者に伝えるべく被告保険会社の担当者が同人宅に赴いたが、契約者の事情により面会できなかったこと、その後も担当者が何度か面会を望んだが同様に面会ができなかったことが認められる。

以上の事実を総合すれば、契約者の保険契約の申込に対して、被告保険会社が異議なく放置していたものと言うことはできず、被告保険会社の黙示の承諾があったものと解することはできない(東京地裁昭和61年10月30日判決)。

●**参考判例**(東京地裁昭和43年6月14日判決)
　事　案　契約者の承諾なき特別条件付契約をめぐって
　争　点　契約成立の有無
　|判旨|

被告保険会社は、被保険者の身体等の検査の結果、無条件では承諾できないが保険料を増額する特別条

Ⅰ-7 保険適格性　　Ⅰ-7-2 承諾義務の要件と保険適格性

件付契約であれば承諾できるとし、その旨を同社職員を通じて保険契約申込人に伝達しようとしたが同人に連絡がつかず、申込人の妻に伝達を依頼するにとどまった。

　このような事情のもと、先の職員は本件申込の取扱者と共に被保険者（申込人の母親）宅を訪問し、同人の同意を得て「特別条件承諾書」を記入し被保険者の印章を押印せしめて契約者名義の承諾書を作成、被告保険会社はこれを真正なものと判断して保険契約は成立した。

　かかる事実を認定し、被告保険会社の申入れに対し、保険契約申込人がこれを承諾したかどうかについて判断するに…本申込の取扱者は先の職員が保険契約申込人に電話してその承諾を得たうえで前記のような方法で承諾書（「特別条件承諾書」）を作成したと供述しているけれども…信用できず、他に保険契約申込人本人の右承諾の事実を認めるに足る証拠はない。そうだとすれば、被告の前記特別条件付保険契約の申入れに対する保険契約申込人の承諾は、保険契約申込人の母親である被保険者によってなされたものであるが、同人に、保険契約申込人を代理する権限があったことを認めるに足る証拠はないから、右承諾は、結局、被保険者の無権代理行為によるものと言うほかない。（また）…保険契約申込人が前記無権代理行為を追認したと認めることもできない（東京地裁昭和43年6月14日判決）。

●参考判例（名古屋地裁平成9年1月23日判決）
　事　案　承諾前死亡
　争　点　①保険適格性該当事実の有無
　　　　　②保険適格体である時期
　　　　　③保険適格体であることの立証責任と判断資料
　　　　　④承諾義務の有無
　判　旨

　本件新契約は、相互保険である生命保険契約であるところ、商法683条1項、664条本文によって準用される同法673条により、相互保険である生命保険契約も、保険者が被保険者の生死に関し保険金を支払うべきことを約し、保険契約者がその報酬としての保険料を支払うことを約することによって成立する契約であるとされている。したがって、それが成立するためには、民法の規定に従って各個の保険契約に係る申込み及び承諾の意思表示のされること（又は同法526条2項に当たる事実の存在）が必要であると解される。原告らは、被保険者は本件新契約に係る第一回保険料充当金を支払ったから（本件支払）、被告が申込みを拒否するに足りる合理的な理由の存在を解除条件として本件新契約が成立すると解すべきであると主張するが、右に説示したところからして、右主張はその前提において採る余地がない（原告らは、本件新契約がその成立要件につき右各規定と異なる特別の定めを置いているとの主張をするものでもない。）。

　そうすると、保険契約者となるべき者が保険契約締結の申込みの意思表示をした場合であっても、保険者となるべき者がこれを承諾するかどうかは、原則としてその者の自由に任されているものと解される。

　その一方において、本件新契約については、被告は、保険契約の申込みを承諾した後に第一回保険料を受け取った場合には、第一回保険料を受け取った時から、被告所定の領収証をもって第一回保険料充当金を受け取った後に保険契約の申込みを承諾した場合には、第一回保険料充当金を受け取った時（被保険者に関する告知の前に受け取ったときはその告知の時）から、保険契約上の責任を負うとの条項（責任遡及条項）が定められており、その趣旨の一は、保険者が第一回保険料の事前徴収をすることに対応して、その時から保険の効果を受けられると考える申込者の期待を保護することにあるものと解される。

　かかる責任遡及条項及びその趣旨と、保険契約の申込みをした者は、各個の被保険者となるべき者が身体的、道徳的危険の多寡を客観的に異にするものでない限り、平等に取り扱われてしかるべきものであることとを併せ考えると、右のような責任遡及条項を定める死亡保険契約について、その申込みの後、承諾のされる前に、被保険者となるべき者が死亡した場合においては、当該責任遡及条項により保険者が責任を負うこととなるべき時、すなわち、保険者所定の領収証をもって第一回保険料充当金を受け取った時（被保険者に関する告知の前に受け取ったときはその告知の時）に被保険者となるべき者が被保険者となるのに適する身体的、道徳的危険の状況にあったときには、保険者は、信義則上右申込みに対する承諾の意思表示をすべき義務を負うものと解するのが相当である。そして、右義務の履行として承諾の意思表示がさ

れた場合には、保険契約が成立することとなるから、右の責任遡及条項の定めるところに従い、その所定の要件が充足される限り、右死亡について、保険者は責任を負うべきこととなる。しかしして、前示のような申込者の平等取扱いの要請の見地からすると、被保険者となるべき者が被保険者となるのに適する身体的、道徳的危険の状況にあったかどうかは、保険者が認識していた事実や保有していた資料に限らず、責任遡及条項により保険者が責任を負うこととなる時に客観的に存在していた事実によってこれを判定すべきものと解される。また、右の理は、保険者が原則的に有する保険契約締結の諾否の自由を信義則上特に制約するものであるから、被保険者となるべき者が各個の保険契約の被保険者となるのに適する身体的、道徳的危険の状況にあったというに足りる具体的事実（以下「保険適格性該当事実」という。）は、当該保険契約の成立を主張する者がこれを主張立証すべきものと解すべきである。

また、保険契約の締結の諾否の判断の当否に関する挙証責任は、保険者側にあると解すべきであると主張するが、いずれも独自の見解であって、採用の限りでない。

被告が本件申込みに対し承諾の意思表示をすべき義務を負うかどうかは、本件支払の時（平成6年6月9日）における被保険者の本件新契約に係る保険適格性該当事実が主張立証されるかどうかにかかることとなる。

しかしながら、右請求をもって、本件申込みに対する承諾の意思表示の給付を求め、併せて、その認容判決の確定を停止条件として本件新契約に基づく保険金を請求するものとみる余地がないではないとすれば、被保険者の本件新契約に係る保険適格性該当事実の存否が問題となるに至るから、以下この点についてみることとする。

本件新契約に係る保険適格性について、原告らはまず、Aは輸血性肝炎を患ったことがあるが、平成6年6月当時には特段の症状もなかったと主張するが、かえって、後記のとおり同人にはその頃胃痛、背中の痛み、食欲不振、痩せなどの症状が現れていたことが認められる。

次に、原告らは、整形外科医院における検査によって肝癌を発見することは無理であったと主張するが、Aが現実に受けた診療によって疾病が発見され得たかどうかは、同人の客観的な健康状態のいかんとは関係がなく…右は、同人の保険適格性該当事実の主張としては失当である。

原告らはまた、平成6年6月当時友人とゴルフもしていた、O胃腸科外科病院通院の事実も、同人にとっては直ちに自己の身体の異常を示すものにはならなかった、同人は、減量に努めていたので、痩せること自体を異常と考えることもなかったなどの事情をいう。しかしながら、これらの事由は、すべて同人の主観に帰着するものであって、同人が当時自己の健康状態をどのように認識していたかの徴憑となり得ることは、ともかく、それによって直ちに同人の客観的な健康状態を推し量ることができるような事柄ではないから、仮に右事由が認められるとしても、そうであるからといって、同人が保険適格性を有していたと評価されるものでははない。

以上のほか、Aの本件新契約に係る保険適格性該当事実の的確な主張立証はない。

かえって、次の事実が認められる。

Aは、平成5年2月21日、○○保健センターにおいて総合健診を受け、不定の胃痛、胃部不快感及び体重減少の自覚症状を訴えた。その際、肝機能に関するガンマ・GPTの値が83と測定され、経過観察が指示された。

Aは、平成6年1月14日、17日、19日T整形外科医院において診察を受けたところ、両側傍腰椎筋がやや緊張していること、圧痛があることがみられ、傷病名を腰椎々間骨軟骨症とされた。再び同医院において診察を受けたところ、第7胸椎部に筋硬結及び圧痛があることがみられ、傷病名を背部痛とされ…痛みが続くようなら通院すべき旨指示されるとともに、検査を受けるよう勧められた。同月30日ころ、大量の鼻出血、背部痛をみるとともに、食欲が低下し、背部及び腹部の圧迫感も出現した。

Aは、当時の勤務先に赴任中の同年6月10日腹部腫瘤、痩等を訴え、O胃腸科外科病院において診察を受けたところ、胃十二指腸潰瘍、肝脾腫瘍と診断され、直ちに入院するよう指示されたが、自宅近辺の病院への入院を希望し、N大学医学部附属病院消化器科医師宛て診療情報提供書の発行を受けた。同月2日I病院において診察を受け、特別の検査を経ることもなく、十二指腸潰瘍、B型肝炎、肝癌と診断されて治療を開始され、同月22日同病院に入院し、同年7月16日いったん退院した。入院中、外科的治療はされず、

Ⅰ-7 保険適格性　Ⅰ-7-2 承諾義務の要件と保険適格性

抗潰瘍剤、抗癌剤が用いられた。
　この認定事実によれば、Aは、本件支払の当時（同年6月9日）ころ既に肝癌に罹患しており、速やかに入院治療を必要とする状態にあったことが優に推認されるところであり、同人がこの当時生命保険契約の被保険者となるのに適した身体の状態にあったとはいうべくもないのである。
　以上によると、本件新契約が成立したということはできない。
　本件旧契約は存続しており、これに基づく死亡保険金については支払事由が発生したこととなるところ、本件旧契約においては、支払事由の生じた保険金の受取人は、被告に対し、請求書、医師の死亡診断書、被保険者の死亡の事実が記載された住民票の写し、受取人の戸籍抄本及び印鑑証明書、最終の保険料払込みを証する書類並びに保険証券といった所定の書類を提出して右保険金の請求をすべき旨の条項があり、これは、保険金請求権の発生のための手続上の要件を定めたものと解される。しかるに、原告らは、本件口頭弁論期日において予備的請求に係る訴えについて追加的変更をする旨を記載した準備書面を陳述したことが記録上明らかであり、これによって本件旧契約に基づく死亡保険金の請求をしたということができるものの、原告らにおいて右所定の書類を被告に提出した旨の主張立証はないので、右請求はその方式に欠缺があり、したがって、本件旧契約に基づく原告らの有すべき死亡保険の請求権は未だ発生していないものといわざるをえない（名古屋地裁平成9年1月23日判決）。

●**参考判例**（東京地裁平成13年8月31日判決、平成13年(ワ)第7802号）
　事　案　被保険者死亡後の承諾拒否
　争　点　①保険会社の承諾義務
　　　　　②保険適格体
　判　旨
　1　商法673条によれば、生命保険契約は、その締結の申込みに対し承諾をすることによって成立するものであり、他方、この承諾をすべきことを強制ないし義務づけた法規は存しないし、・・・被告がその約款や解説文書において申込みに対して承諾すべき義務を負うことを自ら肯認したこともない。そうすると、私的自治の原則から契約の申込みに対し承諾するか否かは保険会社の意に任されており、承諾をしていないにもかかわらず承諾したものと擬制される余地はないといわなければならない。もっとも、約款においては、責任開始の時期について第1回保険料相当額を受け取ったときとするとの定めもあるが、これは同金員を受領した後に保険契約の申込みを承諾した場合に関する規定であり、承諾がない場合についてまで定めたものではない。
　そうすると、本件においては、被告は原告からの申込みに対し承諾をしていないのであるから、本件契約が成立していないことは明らかであり、同契約に基づく保険金請求は理由がない。
　2　また、被告が承諾義務を負うとする実定法上の根拠がない・・・、申込書で被保険者とされた被保険者は、死亡する4年以上前から精神疾患により診療所に通院して治療を受け、否定型精神病と診断されていたと認められるところ、一般的にこのような内因性の精神病に罹患している者についてはその症状の発現あるいは服薬等により保険事故発生の蓋然性が高くなる傾向にあることは否み難く、被告において保険適格性がないものと判断してもあながち不合理とはいえず、同人が事故により死亡しなかったとしても承諾しなかったであろうと考えられるから、承諾すべきことが信義則上要求されることもないといわざるを得ない。
　したがって、被告による承諾の拒否が違法となるものでないことは明らかであり、不法行為に基づく損害賠償請求についても理由がない（東京地裁平成13年8月31日判決、平成13年(ワ)第7802号）。

Ⅰ-8　保険証券

　保険法40条「生命保険契約の締結時の書面交付」及び69条「傷害疾病定額保険契約の締結時の書面交付」は、改正前商法679条を受け継いだ規定である。改正前商法は、保険者は、保険契約者の請求がある場合に限り、保険契約者に対し、保険証券を交付しなければならない旨規定していた。しかし、保険証券は、保険契約者にとって契約の成立及び内容を証する手段として重要な意味を有することから、保険契約者の請求を待たずに、保険契約締結後直ちに交付すべきであるため、保険法は、保険者は契約締結後遅滞なく法定事項を記載した書面を交付しなければならないと規定した。

　なお、「保険証券」という名称は、改正前商法で用いられてきたが、その法的性質として、有価証券性は認められないこと、証券という名称を用いることによる誤解を避けるため、保険法では、「書面」という文言に改められた。しかし、保険業法施行規則では、この書面は、従前と同様、保険証券と称されており（同規則8条1項5号）、実務でいまだ保険証券という用語が用いられている。

　つぎに、保険証券（書面）は、保険契約の成立及び内容に関し、保険契約者側の証明を容易にするためのものであり、当該書面には、契約の成立及び内容に関する推定的効力が認められており、その意味で書面は、証拠証券、それが保険契約の成立を証するものであるところから「債権証書」ともいわれ、また、その所持人が他のものと併せて本人であると推認され、その者への弁済に際し（保険会社が、契約者貸付をなす場合等）、弁済者が善意・無過失であれば、後に無権利者に対して支払いをなしたことが判明しても、債権の準占有者への支払として弁済者は免責されるところから「免責証券」ともされている（民法478条に「債権の準占有者に対してした弁済は、その弁済をした者が善意であり、かつ、過失がなかったときに限り、その効力を有する。」とある）。実際は保険会社が、生命保険契約が締結された証拠としてこれを発行し、その交付をもって契約承諾の通知に代えているのが通例である（山下＝米山・前掲書225頁〔千々松愛子〕）。

●**参考判例**（東京控訴院昭和4年3月8日判決）
　事　案　－略－
　争　点　－略－
　判　旨
　　吾が商法によれば保険証券は証拠証券なるも…（東京控訴院昭和4年3月8日判決）。

●**参考判例**（大審院昭和10年5月22日判決）
　事　案　－略－
　争　点　保険証券の性質
　判　旨
　　元来保険証券上表示せられたる保険金請求権はその請求権の確定該請求権の範囲等いずれも証券以外に存する諸種の事情により左右せられるべき関係に立てるが故に、右保険契約より生じる保険者の義務はもとより不要因的債務たる性質を有せず。若し保険事故発生したりとするも保険者は被保険者に対し保険の本質若しくは保険契約に基因せる夥多の抗弁し得べきに孜むるときは保険契約に基づく保険金請求権に対し従属的性質を有せるに過ざるものと解せざるべからず。果たして然らば保険証券につき何等指図証券たりうべき旨の規定なき我が法制の下にあっては、たとえ当事者の合意により指図式にて発行せられたる場合においても、その免責証券たる性質はこれを肯認しうべしとするも、以上説示の理由により有価証券たる特性は竟にこれを帯有し得ざるものと断ずるを相当とす（大審院昭和10年5月22日判決）。

Ⅰ-8 保険証券

●**参考判例**（東京地裁昭和61年10月30日判決）
　事　案　承諾前における保険事故の発生
　争　点　保険証券の発行と承諾の意思表示
　判　旨
　　保険会社は承諾したときは保険証券を発行するが、（本件につき）保険会社は保険証券を発行していない。また、通常の承諾方法と異なる方法で、保険会社が即時に承諾したものと認めるべき特段の事情もない（東京地裁昭和61年10月30日判決）。

●**参考判例**（東京地裁昭和60年6月28日判決）
　事　案　承諾前における保険事故の発生
　争　点　保険証券の発行と承諾の意思表示
　判　旨
　　保険約款の規定によれば、契約申込に対する被告会社の承諾は書面をもって通知される（ただし、保険証券の発行をもって承諾通知に代えることがある）とされているところ、右書面の通知等はなかったことが認められる。原告は…第一回保険料相当額の支払をしているが、保険約款の規定によれば、これは被告会社の承諾があった場合には右支払のときに遡って保険契約上の責任を負うというに過ぎず、契約の成立を証するものではない（東京地裁昭和60年6月28日判決）。

●**参考判例**（東京控訴院昭和12年12月28日判決）
　事　案　保険証券と認可のない条項の記載
　争　点　保険証券に認可なき条項を掲げた場合の効力
　判　旨
　　該証券が契約後発行されているので、むしろ反証なき限り該証券に記載しあることは全部当事者の合意にでたるものと推定するを妨げず。…保険業法および同法施行規則に違背し認可なき条項を保険証券に掲げたとてその私法上の効力の発生を妨げざるものと解するを相当とす（東京控訴院昭和12年12月28日判決）。

●**参考判例**（宮崎地裁平成5年4月14日判決）
　事　案　保険証券所持者のなした契約内容の変更
　争　点　変更の効力
　判　旨
　　原告は、契約者変更後も保険証券および届出印鑑を所持管理し、本件契約に関する一切の管理権限を有していたと解されるのに対し…名義上の契約者は将来に備えたものと理解される。総合的に判断するに、本件契約を払済保険に変更したことについても、原告は契約者を代理してこれを行う権限を有していたと解するのが相当である（宮崎地裁平成5年4月14日判決）。

●**参考判例**（名古屋高裁平成4年11月18日判決）
　事　案　債権の準占有者への支払
　争　点　事情を知りながら保険証券の再発行に応じ、その証券に基づき契約者貸付を行った行為は善意・無過失といえるか
　判　旨
　　民法第478条の適用については弁済者が無過失であることを要すると解すべきであるところ、第1回目の貸付に際して、夫は保険証券も印鑑証明書も所持しなかった。これに対し、保険会社は印鑑証明書を追完するとの約束のもと便宜的に貸付を実行した。さらに、単に形式だけ整えるだけの意味しかない実印を用いて保険証券再発行の請求をさせ、以降届出印と実印を一致させ、かえって、2、3回目の手続きを簡

便にした。第1回目の貸付の際、その権限に疑惑が認められたのに、本人に対して貸付通知がなされず、2、3回目については代理権の授与について本人照会をしていない。被控訴人（保険会社）の過失は否定し難く…よって、原判決（名古屋地裁平成3年9月5日判決）は失当であり取り消す（名古屋高裁平成4年11月18日判決）。

Ⅱ 危険選択と告知義務

Ⅱ-1 危険選択の必要性

　危険選択の目的は、受益の公平性を害する契約の混入をできるだけ排除し、健全なる被保険者集団を作ることにある。この被保険者集団は、危険の公平性、均一性を満足させる集団でなければならない。なぜならば、生命保険は一定の死亡率や保険事故発生率を基礎として成り立つものであり（大数の法則）、それらに基づいて発生する被保険者の死亡あるいは一定の障害状態に至ったとき等について所定の給付をなす制度であるから、これら支払保険金と保険料とが相等であることが求められる（収支相等の原則）。もし、これらの被保険者集団に、予定の死亡率、保険事故発生率を越える人々が混入してくれば、保険金等の支払は著しく増加し、収支相等の原則が維持されなくなる。そこで、その人それぞれが有する危険の程度に応じた保険料の支払いが求められることになる（給付反対給付均等の原則）。

　通常、健康上あるいは環境上、死亡・災害危険の発生が高いと考えられている人々は、保険加入を積極的に希望する傾向がある（「逆選択」と言う）。

　保険会社が保険集団を健全なものにするためには、危険の発生率を測定して、予定の死亡率、保険事故発生率を維持することが必要となる。その要請から、保険会社は、医学的、環境的、道徳的見地から被保険者の選択をなすのである。危険の公平性、均一性を維持しつつ、より大きな被保険者集団を構成し、諸給付をとおして安全確実な保険経営を継続的に遂行していく上から、危険選択は必要不可欠である。なお、選択の対象となる主たる危険として以下のものがある。

(1) 被保険者の身体的危険

　　人の生死を保険事故とする生命保険において、被保険者の身体に関する危険（死亡、高度障害、入院等の危険）がこれに当たることは当然のことといえよう。

●**参考判例**（大審院明治40年10月4日判決）
　事　案　告知義務の対象
　争　点　告知義務となる事実について
　判　旨
　　保険者が生命保険の契約をなすに当たりては被保険者の生命に関する危険を測定することを最も必要とするが故に、商法…に重要なる事実を告げず又は重要なる事項に付、不実のことを告げたるとき云々とある事実又は事項は、専ら被保険者の生命に付き危険を測定するがために必要なる事実又は事項を指したるものとす（大審院明治40年10月4日判決）。

(2) 被保険者を囲む外的危険

　　被保険者の職業も、その種類・内容によっては職務遂行の過程において、疾病や不慮の事故による死亡、保険事故の発生する可能性の少なくないものもある。その意味で、職業も被保険者の生命、保険事故の危険測定に影響あるものといえよう。契約加入時、被保険者が危険な職種に就いているか否かが問われるゆえんである。もっとも、各社においては、ひとたび契約が成立した後は、被保険者の転職につき、契約上なんらの制約も設けていないようである。

●**参考判例**（大審院明治40年10月4日判決）
　事　案　告知義務の対象
　争　点　危険測定上の重要事項をめぐって
　判　旨
　　商法第429条（現678条第1項）は被保険者の生命に関する危険測定のため重要なる事実または事項申告の義務を保険契約者に負はしめたるものなれば、被保険者の生命に関する危険測定に関係を有せざる職業を偽りたるが如きは同条のいわゆる重要なる事実または事項に該当せざるものとす（大審院明治40年10月4日判決）。

(3) 道徳的危険

　生命保険契約における道徳的危険とは、保険契約者が故意に保険事故を招致したり、あるいは保険事故の発生を仮装するなどして不正に保険金の支払請求を行おうとするモラル上の危険をいう。保険契約者がその収入に比較して多額の保険契約を締結する場合や、同一の被保険者について多数かつ多額の生命保険契約が締結される場合に、この意図が徴憑されるとするのが近時の判例の立場である（もっとも、往時の判例大審院明治40年10月4日民録13輯939頁は、他の会社に契約の申込を為し又は保険契約者が保険料を継続して支払うべき資力を有するや否やは、告知義務の対象とはならないとする）。

●**参考判例**（東京地裁平成2年6月18日判決）（東京高裁平成3年4月22日判決）
　事　案　保険契約の拒否
　争　点　被保険者の道徳的危険も保険適格体の判断対象となるか
　判　旨
　（第一審）　原告には本件保険契約申込の時点において、履行期を徒過した多くの取引上の債務および国税等の滞納があり、また他の保険会社に高額の保険に加入していること、被告が本件保険の契約前確認調査を行っている間に原告が不渡りを出し、銀行取引が停止となり閉店したことが認められている。以上の事由は道徳的危険防止の観点から被告保険会社において本件契約を拒否できる事由に該当する（東京地裁平成2年6月18日判決）。
　（第二審）　被保険者となり得るに適当な性質、状態いわゆる保険適格性の存否の判断においては、被保険者の健康状態のみならず、これに加えて生命保険契約により不当な利益を取得するなど不純な動機にもとづく契約を排除するためのいわゆる道徳的危険に関する事項ないし徴憑事実（事実を証明すべき材料たる間接の事実、例えば、他社への申込の有無、他社契約の有無等々）を調査検討することは、生命保険契約の公平性を保持するために必要なものとして許容されるものと解するのを相当とす（東京高裁平成3年4月22日判決）。

●**参考判例**（大審院昭和2年11月2日判決）
　事　案　告知義務違反
　争　点　他社契約の事実は告知事項か
　判　旨
　　他の保険会社に保険の申込をなし、これに対する承諾ありて保険契約成立せる事実の如きは、保険契約申込の拒絶と異なり、被保険者の生命の危険測定に関係を有せざるものなるが故に…いわゆる重要なる事実に該当せざるものと解すべきなり（大審院昭和2年11月2日判決）。

(4) 保険契約者の契約継続危険（保険料危険）

　生命保険契約は長期にわたる継続契約であるところから、保険契約者に保険料を継続して支払う

Ⅱ-2 危険選択の方法　その1－医的診査－　　Ⅱ-2-1 診査医扱

資力があるか否かも引受危険を測定する上での必要な事項となる。保険契約者にその資力がないと判断された場合、保険者は契約の引受を拒否することができる。なお、保険契約者の資力に添わない過当な申込金額は道徳的危険の徴憑事実でもある。

●参考判例（大審院明治40年10月4日判決）
　事　案　生命保険契約の申込と承諾
　争　点　保険料支払能力も契約諾否の判断材料たり得るか
　判　旨
　　生命保険契約の拒絶は常に必ずしも危険測定のみに関するものに非ずして上告人所論の如く保険者において保険契約者が保険料を支払うべき資力なきものと考量したるが如き場合にも拒絶することあるべし…（大審院明治40年10月4日判決）。

Ⅱ-2 危険選択の方法　その1－医的診査－

危険選択の方法については、医師扱い診査、健康管理証明書扱い、生命保険面接士扱い、被保険者の告知、成立前確認（調査）等々があるが、ここでは医師扱い診査を中心に述べ、他のものについては、順次項を分かって詳しく触れることとしたい。

Ⅱ-2-1 診査医扱
(1) 診査医の過失

生命保険契約の締結に際し、事前に医的診査を行うものを有診査保険という。有診査保険のうち、その医的診査を診査医が行うものを診査医扱いという。

診査医は、保険会社の「機関」あるいは「代理人」として被保険者の健康状態を診査し、危険測定に必要な資料を収集する。

なお、診査医には、保険会社と雇用契約を締結している医師（社医と呼ばれており、民法623条以下が適用される）と保険会社の委託を受け、医的診査を行う医師がいる（嘱託医と呼ばれており、民法上の準委任契約関係にある。民法656条、643条以下）。

診査医の被保険者の健康状態についての知は保険会社の知了となり、また、診査医の過失による不知は、保険会社の過失不知となる（保険法55条2項1号）。

●参考判例（大阪地裁平成11年4月30日判決、平成9年（ワ）8786号）
　事　案　告知義務違反
　争　点　保険会社の注意義務の程度と検査内容
　判　旨
　　商法678条1項ただし書きおよびそれと同趣旨の主契約約款19条所定の過失がないとは、医師が診断に使用するすべての検査を尽くすことを必要とするものではなく、告知の有無およびその内容程度に従い、通常容易に告知すべき事実を発見することができる程度の注意を保険者が払えば足りると解するのが相当である。
　　本件においてこれをみるに、全身掻痒感はそもそも被保険者Aの愁訴がなければ発見し難いものであるし、腹部膨満感は視診、触診によっては単なる肥満と区別することは困難であって本人の愁訴によらなければ発見することは困難であるし、Aが告知日である平成7年3月1日にも他覚的に腹部膨満感と認められるような状態にあったこと及び蕁麻疹を発症していた事を認めるに足りる証拠はないし、被告診査医が、告知書の質問事項にしたがった質問を行ったところ、Aから再検査の必要性を窺わせるような回答が全く

得られなかった上、Aの肌着を捲くってその胸部から腹部にかけて視診、聴診、打聴診を行い、尿検査も行ったが、Aの健康状態について何らかの異状を窺わせるような事情が存在したと認める事は出来ないから、AがC型肝炎、胆石症に罹患し、胆嚢炎の疑いがあり、それらにつき通院加療を受けていた事に診査医が気がつかなかったとしても、診査医ひいては被告の過失があるということはできない。

原告は、C型肝炎等を発見するための全ての検査などを行うべき義務を負っていると主張する。

しかしながら、保険者が保険契約を締結する際に危険測定の資料について積極的に調査、収集する事とすると、保険者は多大な労力と費用を要し、最終的には、保険契約者にそれに伴う費用が転嫁されることとなり、ひいては、保険制度そのものの発展が阻害されることとなるから、危険測定の資料を容易に入手できる立場にある被保険者に告知義務を負わせ、保険者が告知を受けた事実を基礎に危険測定の資料を収集されるものとされている。

したがって、保険契約者がした告知と無関係に、保険診査医がC型肝炎、胆石症、胆嚢炎を発見するための検査等を行うことは全く想定されていないのであって、そのような検査を行うべき義務を認めることはできない（大阪地裁平成11年4月30日判決、平成9年(ワ)8786号）。

●**参考判例**（福岡地裁行橋支部平成14年8月13日判決、平成12年(ワ)157号）
事　案　告知義務違反
争　点　診査医の診査におけるてんかんの不告知と保険会社の過失不知
判　旨

Aは、左半身麻痺の障害があり、福岡県から障害等級4の2級の認定を受けていた。Aは養護学校を卒業し、障害者枠でB株式会社に就職したものであるが、言語障害があり、また、左半身麻痺により、左手の動きが悪いとか、左足をひきずるなどの障害があった。

Aは、平成9年6月28日、本件契約の締結に先だち、被告の診査医であるL医師による診査を受けた。診査は、尿検査、Aの記入した告知書に基づく問診、視診、聴診、触診、身長、体重等の測定及び血圧等の測定が行われた。その際、顔色が悪いなどの異常が認められた場合には診察をすることになっていたが、Aの場合、このような異常が認められなかったことから、診察は行われなかった。

被告が上記診査において提出した告知書の「視力・聴力・言語・そしゃく機能に障害がありますか」との質問及び「手・足・指について欠損又は機能に障害がありますか‥‥」との質問に、Aは「はい」と回答し、L医師に対し、左足と左手について可動制限があること、それが先天性疾患に基づくこと、言語障害があること、国立〇〇病院において1年に1回の検査を受けていることを告知したが、その検査の内容や同病院で投薬を受けていることは告知しなかった。また、てんかんに罹患していることや過去のてんかんの通院診療歴についても告知しなかった。さらに、告知書の、「最近3か月以内に、医師の診察・検査・治療・投薬をうけたことがありますか」との質問や、「過去5年以内に、病気やけがで、7日間以上にわたり、医師の診察・検査・治療・投薬を受けたことがありますか」との質問に、「いいえ」と回答した。

上記診査は、問診が10分程度行われたが、Aのその間の状態は、よだれを垂らすなど、てんかんを疑わせるようなことはなかった。

L医師は、左手足の障害や言語障害から、Aの脳の障害を一応疑ったが、先天的疾患という説明を受けたこと、病院で年に1回検査を受けている程度であることから、Aが、生命の危険にかかわるような疾患を有しているとは認識しなかった。

以上の事実によると、上記診査は、保険診査として一般的に必要とされる程度の診査をしていること、Aは、L医師に対し、左半身の麻痺及び言語障害がある旨を告知しただけで、しかも、それが先天的疾患に基づくとの説明をしていること、国立〇〇病院に3か月に1回通院し、投薬を得ているにもかかわらず、1年に1回検査に行っていると告知したのみであること、告知書の、最近3か月以内に投薬を受けたことがあるかという質問や、過去5年以内に7日間以上にわたり投薬を受けたことがあるかという質問に、「いいえ」と回答していること、診査の間、Aのてんかんを疑わせるような症状はなかったことが認められる。

すると、L医師、ひいては被告が、Aがてんかんに罹患していることに気付かなかったとしても、このことにつき過失があるということはできない。

Ⅱ-2 危険選択の方法　その1－医的診査－　Ⅱ-2-1 診査医扱

また、他に、被告において、上記過失があったことを認める証拠はない（福岡地裁行橋支部平成14年8月13日判決、平成12年（ワ）157号）。

●**参考判例**（大阪地裁平成15年5月15日判決、平成12年（ワ）9127号）（大阪高裁平成15年11月14日判決、平成15年（ネ）2027号）

事　案　告知義務違反
争　点　診査医の過失の有無
判　旨

（**第一審**）　診査は、被診査者の告知内容を踏まえて、診査書の診査項目12から25項までの各項目について、必要に応じて問診、視診、触診、検診等を行うものである（〔証拠略〕、弁論の全趣旨）。

本件診査書によれば、①診査項目12項の「虫垂炎以外」から17項、19ないし21項について「なし」に○印が付けられ、②12項の「虫垂炎」について○印が付けられ、さらに「参考となる事項」記載欄に、「5×2cm」、「13才時」、「虫垂切除術痕」と記載され、その位置、状態が図示され、③18項の「感覚器」についても「あり」に○印が付けられ、「参考となる事項」記載欄に、「老人性難聴」と記載され、会話が可能な程度が記載されており、Aが高齢であることを踏まえた診査が行われたことが窺える。また、本件診査書によれば、Aの尿検査にも異常がなく、脈拍も1分間に88で不整脈もなく、血圧も140／68mmHgで正常値内にあり、Aから既往症である高血圧症等について告知がなく、異常が感じられず、特段問題がなかったため、健康体と評価されたことが認められる。

もっとも、原告は、前記診査の際に尿の取替があったと説明しているが、原告本人は、Dの陳述書を読んでいて、尿の取替のことを思い出したと供述しており、いささか不自然であることや、尿の取替を否定する証人D女の証言に照らし、原告の前記説明は容易く信用することができない。

原告は、診査医には、告知の有無に関係なく各項目すべてをもれなく診査し確認する義務があり、特に本件ではAが当時75歳と高齢であったから、診査医において告知の有無にかかわらず本件告知書5項を確認するべきであり、確認することは容易であったと主張する。

しかしながら、本件生命保険契約に適用される「5年ごと利差配当付養老生命保険（H8）普通保険約款」29条には「保険契約の締結……の際、会社所定の書面で質問した事項について、保険契約者または被保険者はその書面により告知することを要します。……」と規定されており、保険契約者及び被保険者は、告知書の質問事項について告知しなければならないのであるから、診査医は、自らの診査に加えて、これらの者から告知がなくても告知すべき重要な事実を通常発見できる程度に診査すれば足り、告知書の質問事項すべてについて確認しなければならない義務を負うものではない。

そうすると、前記で認定したとおり、本件においては、Aが高齢者であることを踏まえた診査がなされており、Aの診査時の血圧も正常値の範囲内にあり、Aが高血圧症等で受診していたことを窺わせる事情もなかったのであるから、診査医が、Aに本件告知書5項について、特段確認しなければならない状況ではなかったといわざるを得ない。

しかも、後日、被告がAに対し、本件生命保険の保険証券とともに、「告知内容のご確認のお願い」と題する書面を送付し、告知書の写しを示し、太字で「万一記入内容に相違があったり告知もれがありますと、その内容によっては契約が解除となったり、保険金・給付金等のお支払いを受けられないことがあります。」と記載して、告知書の記入内容の確認と訂正を求めたところ、Aからは何らの申出もなかったことに照らすと、仮に診査当時、診査医がAに本件告知書5項について確認していたとしても、Aが既になした告知の内容を訂正したとは考え難い。

そして、他に本件告知書5項を確認しなかったことについて、診査医・被告に過失があったと認めるに足りる証拠はないから、この点に関する原告の前記主張は採用できない。

以上によれば、診査医・被告に過失がないことは明らかである（大阪地裁平成15年5月15日判決、平成12年（ワ）9127号）。

（**第二審**）　第一審と同旨（大阪高裁平成15年11月14日判決、平成15年（ネ）2027号）。

Ⅱ-2 危険選択の方法　その1−医的診査−　Ⅱ-2-1 診査医扱

●参考判例（大阪地裁平成15年11月13日判決、平成15年（ワ）3925号）
　事　案　告知義務違反
　争　点　診査医の質問及び診察方法と過失の有無
　判　旨
　　上記認定事実によれば、原告は、被告との間で本件各特約を含む本件保険契約を締結するにあたり、故意又は重大な過失により、C医師による本件告知事項についての質問に対し、いずれも「いいえ」という趣旨の回答をし、数日前にリンパ節の腫脹を訴えてB病院を受診しており、検査をして診断・治療を決めるためにA病院を紹介されていた事実を被告に告知しなかったものと認められ、原告には、被告に対し、前記約款に定める告知義務の違反があるものと認められる。
　　原告は、C医師から、「最近病院に行きましたか」と質問されたので、「数日前に体調不良でB病院を受診した」旨回答したが、C医師からは、通院に関してそれ以上の質問はなかった旨主張し、〔証拠略〕中にはこれに沿う部分がある。
　　しかしながら、本件告知書の本件告知事項については、いずれも「いいえ」の欄に丸が付されている上、証拠〔略〕によれば、被告の保険金課長がC医師に照会した回答書において、C医師は、「被保険者は、診査時に『先日、持病でアトピーを患っており、また、体調が悪いため病院に行きました。』と告知したと主張されていますが、そのような事実はございますでしょうか。」との質問に対し、「聞いていない」と回答していることが認められ、これらの諸点に照らし、原告がC医師に対し、数日前に体調不良によりB病院を受診したと述べたのにC医師からそれ以上の質問がなかったという原告の主張は採用することはできない。
　　原告は、C医師は、本件告知書の質問事項のうち「その結果、検査・治療・入院・手術をすすめられたことがありますか」との事項については、原告に問わなかったから、C医師の質問方法には過失があった旨主張する。
　　しかし、前記のとおり、原告がC医師にB病院を受診した事実を述べたとは認められないから、C医師が「その結果、検査・治療・入院・手術をすすめられたことがありますか」との点まで原告に聞く必要があったとはいえない。
　　原告は、「C医師は、検診時に原告を触診したが、腫れていることは素人でも明らかに分かる程度のものであったにもかかわらず、数日前にB病院の医師が発見した頸部、腋部の腫瘍を見落とした過失がある。」旨主張する。
　　しかしながら、証拠〔略〕によれば、C医師は、原告を診査した際、原告の頸部及び腋窩は触診しなかったことが認められる。そして、前記認定のとおり、原告は、頸部及び腋窩の腫脹については、半年ほど前にA病院を受診したことがあったものの、その後数日前までは病院を受診していなかったこと、原告の上記症状については、B病院から更に紹介されたA病院における検査を経て診断がされたことに照らすと、C医師が原告に告知義務違反があることを知らなかったことに過失があったとは認められない（大阪地裁平成15年11月13日判決、平成15年（ワ）3925号）。

●参考判例（宇都宮地裁平成15年12月16日判決、平成15年（ワ）197号）
　事　案　告知義務違反
　争　点　肝硬変について告知がなかった場合に診査医は血液検査を行う義務があるか
　判　旨
　　争いのない事実(3)のとおり、Aの本件契約時の告知は、肝硬変について告知しておらず、告知義務に違反していることは当事者間に争いがない。また、証拠（〔証拠略〕、証人E）によれば、Aは、復活時にも肝硬変について告知していないことが認められ、これまた、告知義務に違反する行為と解するのが相当である。
　　証拠（〔証拠略〕、証人E）及び弁論の全趣旨によれば、次の事実が認められる。被告の外務員であったEは、Aを生命保険契約に勧誘し、何度か、加入の内諾を得たことがあったが、いずれも、高血圧等を理由に診査を通らず、Aとの間で生命保険契約を締結するには至らなかった。Eが、平成12年1月中旬ころ、

Ⅱ-2 危険選択の方法　その1－医的診査－　Ⅱ-2-1 診査医扱

Aに対し、65歳を過ぎると保険料が高くなり、十分な保障を受けることもできないと生命保険契約を締結するよう勧誘したところ、Aは、現在、体の調子が良いから生命保険契約に加入する旨Eに言った。Eは、従前、Aが高血圧等で診査を通ることができなかったことから、診査をきちんと受ける方が良いと考え、Aに診査医の診査を受けるよう進めた。

Aは、診査医の診査を受けた。診査医による診査では、本人からの告知及びそれに基づく診察が行われたが、特に血液検査は行われなかった。診査の際、Eは、Aに対し、前年の夏に受診していた成人病予防健診結果通知書〔証拠略〕を持って行くよう指示したことはなかった。加えて、Aが、特にこれを診査医のところに持って行っている様子はなかった。

平成12年7月の復活時の告知については、告知書〔証拠略〕の氏名欄はAの自筆であるが、告知欄は、Eが、Aに一問ずつ逐一質問し、Aの答えを記載することにより作成した。

Aが、診査時に罹患していた肝硬変については、本人の告知又は現に症状が出ていない限り、最低でも血液検査を行わなければ、これを診知することは不可能とされている。

以上、契約締結時の診査に至る状況及び復活時の告知の状況に加えて、肝硬変についての診知の困難さ（Aの告知の内容からすれば、診査医が血液検査まですべき義務を負っていたと認めることはできない。）からすれば、被告に、Aの告知義務違反について過失があったと認めることはできず、これを認めるに足りる証拠はない（宇都宮地裁平成15年12月16日判決、平成15年（ワ）197号）。

●**参考判例**（大阪地裁平成16年5月13日判決、平成14年（ワ）12842号）
　事　案　告知義務違反
　争　点　下腹部の視診・触診を行わなかったため、手術痕を発見できなかったことが診査医の過失となるか

判　旨

…次に、本件契約の当時、被告においてAが悪性リンパ腫により本件手術を受けた事実及びその後通院治療を受けていた事実を知らなかったことにつき過失があるか否かについて判断する。

ところで、診査医の過失の有無については、普通の開業医が通常発見することのできる病症を不注意により看過したか否かによって判断するのが相当であるが、一般開業医における診査は、患者からの具体的な愁訴を受けて、治療目的で行われるのに対し、診査医の診査は、治療目的ではなく、被保険者の生命の危険を予測する目的で（保険者が保険契約における保険事故発生の危険率を測定し、これを受けるか否か及び保険料額を判断するため）行われるものであり、しかも、受診者の中には健康な者もいれば、そうでない者もいること、受診者が重要な事実についての告知義務を負い、その告知がされることを前提として行われるのであるから、診査医の過失の有無を判断するに当たっては、上記のような一般開業医における診査と診査医の保険診査との違いをも考慮すべきものと解される。

これを本件についてみるに、前記認定事実によれば、①本件手術痕は、下腹部正中部に恥骨上に及ぶ手術創を入れた創痕約15cm、右下腹部にドレーン留置のための切開創痕約2cmというものであり、下半身の着衣のままでは、発見することが困難な位置にあったこと、②B医師は、前記保険診査の際、Aに上半身を脱衣してもらい、上半身を裸にして座位のままで、本件検診書記載の各項目について検診を行ったが、Aから、下半身に手術を受けた旨の告知がなかったため、下半身の脱衣まで要求せずに、上半身（上腹部を含む。）の視診、触診をしたが、下腹部の視診、触診をしなかったこと、そのためB医師は、本件手術痕を発見することができなかったことが認められる。

そして、Aは、昭和47年6月26日生で、B医師の保険診査を受けた当時、28歳の会社員で、身長174cm、胸囲90cm、腹囲70cm、体重62kgであったものであり、その年齢、職業及び体格に照らすと、B医師は、Aからの告知がない限り、Aの下腹部に手術痕があることを疑うのは困難であったものと認められ、Aが悪性リンパ腫により本件手術を受けた事実を告知しなかった以上、診査医がなすべき診査を怠ったものと認めることはできない。

これに対し原告は、診査医は、受診者が下腹部に手術を受けた可能性を念頭に置くべきで、衣服を臍からわずか数cmでも下げることで多くの手術痕は発見が可能となるのであるから、下半身は着衣のままで

あっても、ベルトは緩め下腹部は恥毛上縁までみえるようにした上で、下腹部をわずかでも視診、触診すべきであり、このような診査方法は一般開業医であれば日常実施する検診方法であって、本件において、B医師が下腹部をわずかでも視診、触診していれば、臍のすぐ下の部分に位置していた本件手術痕のうち、約15cmの手術痕を発見することは容易であったというべきであるから、このような診査方法をとらなかったB医師には、本件手術痕を発見できなかったことにつき過失がある旨主張する。

たしかに医学文献の「5. 臥位の腹部の触診・打診」の項に「胸部の聴・打診が済んだならば、患者さんにベッド上で仰臥位をとってもらう。下半身は着衣のままでよいが、ベルトは緩め下腹部は恥毛上縁までみえるようにする。」との記載部分があるが（142頁）、上記記載部分は、「Ⅲ 消化器系疾患患者の診察方法（身体所見のとらえ方）」における記述の一部であり、その前後の記述内容（140頁以下）に照らすと、受診者が消化器系疾患を疑わせる自発痛、圧痛等の症状を訴え、その原因の究明や治療のため、腹部臓器の病変の有無等を調べることを目的とした診察方法を記載しているものとうかがわれるのであり、この診察方法をもって、受診者から現在の症状、手術歴、入通院歴等についての告知がない場合にまで、診査医が当然とるべき診査方法であると認めることは困難である。

また、被告作成の本件手びきの「a．診査にあたっての留意点」の「(2) 上半身脱衣等」の項（16頁）には、「①必ず、上半身を裸にして、検診を行ってください。」、「② 女性の場合も、上半身裸が原則です。」との記載があること、「検診書の各項目における留意点」の「(6) 消化器（17項）」の項（19頁）には、「生命保険の統計では、胃癌や肝臓癌、あるいは肝硬変による死亡が増えてきています。このような疾患の診断を受けた人が、その事実を告げずに契約を申し込む場合も決して少なくないので、必ず上半身を裸にして、腹部の視診・触診を行ってください。この際、事情の許すかぎり臥位にさせ、ベルトや帯を解いて診察し、異状を疑われるときは、食欲不振、倦怠感、最近の体重の変化などを尋ねながら腫瘤、圧痛、抵抗などの有無にご注意ください。（中略）なお、側腹部は見えにくいところですが、腎摘出の手術痕などを見落とさないようにお願いいたします。」との記載がある。

これらの記載に加えて、診査のためとはいえ、上腹部と比べ、羞恥部により近い下腹部を露出したり、触られることは、男性、女性を問わず、抵抗感があるものと考えられることを総合すると、本件手びきは、診査医は、必ず、受診者の上半身を裸にした上で、腹部の視診、触診を行うべきであること、その際に、受診者を臥位にさせ、ベルトや帯を解いて診察するのは望ましいが、このような診察方法をとるのは「事情の許すかぎり」であることを定めているものと認められる。

そうすると、前記のとおり、B医師が、Aの上半身を裸にして座位のままで検診を行ったが、Aから、下半身に手術を受けた旨の告知がなかったため、下半身の脱衣まで要求せずに、上半身（上腹部を含む。）の視診、触診をしたが、その際に、下腹部の視診、触診をしなかったからといって、本件手びきに反する不相当な診査方法であるということはできない。なお、本件検診書は、「虫垂炎の手術痕」の有無を独立の検診項目（12項の「特徴」の「ア．」）としているが、虫垂炎の手術痕の有無を確認するために、受診者から虫垂炎の手術を受けた旨の告知がない場合でも、必ず下半身の脱衣を求めることを定めたものと解するのは相当ではない。

さらに、原告は、衣服を臍からわずか数cmでも下げることで多くの手術痕は発見が可能となり、本件においても、B医師が下腹部をわずかでも視診、触診していれば、臍のすぐ下の部分に位置していた本件手術痕のうち、約15cmの手術痕を発見することは容易であった旨主張するが、前記認定のとおり、本件手術痕は、Aの下腹部正中部に恥骨上に及ぶ手術創を入れた創痕約15cm、右下腹部にドレーン留置のための切開創痕約2cmの2つの手術痕であるが、各手術痕の幅及び長さの計測はされておらず、その正確な位置・形状等に関する記録は残されていないこと、Aの保険診査当時の下半身の衣服の具体的な形状等は明確でないことに照らすと、ベルトを緩めたり、衣服を臍からわずか数cmでも下げることで、本件手術痕を容易に発見できたかどうか疑問である。

また、原告は、本件手びき24頁には、腹囲について、「必ず立位で、安静呼吸時に臍の高さで、水平に計ってください。なお、腹囲を測るときには、当然にベルトや帯をゆるめたり衣服を下げたりしますので、臍部周辺や側腹部の手術痕等を確かめるのに好都合です。こういう点にも十分配慮しながら、計測してください。」と記載されていることからすれば、本件手びきが、腹囲の計測を、単なる体格の計測の場面では

Ⅱ-2 危険選択の方法 その1 －医的診査－ Ⅱ-2-1 診査医扱

なく、受診者の臍部周辺や側腹部の手術痕等を発見すべき絶好の機会であると捉え、腹囲の計測にあたっては、下半身の下着を下げて、下腹部に対する視診をすることにより上記手術痕等を発見すべき注意義務を尽くすべきことを定めている旨主張する。

たしかに、本件手びき24頁には、腹囲の測定の際に、ベルトや帯をゆるめたり衣服を下げたりすることが当然である旨の記載があるが、他方で、本件検診書22項では、腹囲は、身長、胸囲及び体重とともに、体格の1項目として記載されていること、本件手びき24頁には、「この計測値によって、受診者の体格を判定するとともに、種々の医事統計を行いますので、正確に測定してください」と記載されているが、手術痕等を発見を目的とする旨の明確な記載はないこと、衣服を下げるにしても、腹囲の測定に必要な範囲で下げれば足りるのであって、広範囲に下げる必要性はないこと、下着を下げた場合と下げなかった場合との腹囲の計測値がさほど大きな差があるものとは考えられないことに照らすと、腹囲の計測は、体格計測を主な目的とするものであり、その計測の際における手術痕等の発見は副次的な結果にすぎないというべきであり、本件手びきの上記記載部分が、腹囲の計測にあたり、下半身の下着を下げて、下腹部に対する視診をすべき注意義務を定めたものとは認め難い。

したがって、本件手術痕を発見できなかったことにつきB医師に過失がある旨の原告の前記主張は、採用することができない。

その他原告が本件において縷々主張する事情を考慮しても、B医師が本件契約の当時、Aが悪性リンパ腫により本件手術を受けた事実及びその後通院治療を受けていた事実を知らなかったことにつき通常払うべき注意を欠いた過失があったものとは認められず、被告において過失があったものと認めることもできない（大阪地裁平成16年5月13日判決、平成14年(ワ)12842号）。

●**参考判例**（大阪地裁平成16年5月27日判決、平成14年(ワ)11308号）
事　案　告知義務違反
争　点　診査医が肝硬変を発見できなかったことが過失となるか
判　旨

Aが肝硬変の治療を受けていたB病院の診療録には、Aに肝腫があった旨の記載はなく、Aが同病院への通院を1年間の中断の後再開した平成11年1月以降本件診査の日に至るまでの間に、黄疸や結膜充血の症状についての記載はない。

本件診査を行ったD医師は、本件診査の当時、ほぼ毎日、5、6件から10件を超える診査を行っており、被保険者に上半身裸になってもらった上で、首のリンパ腺を触診し、胸部及び背中から聴診器で心音を聞き、腹部を触診・打診して腫れがないかをチェックし、脈拍及び血圧の測定、検尿といった手順で診査をしていた。そして、D医師は、被保険者の回答や診査の結果等を直接手控えの告知書及び診査書に記載し、それを直ちに被告に提出する告知書及び診査書に記入していた。D医師は、Aから胆石の告知を受けていたので、Aの肝機能を意識していたが、黄疸や肝腫は見られなかった。

保険診査医の診査においては、黄疸や肝腫があれば、それ以上の血液検査等をすることなく、生命保険契約は締結されないこととなるので、肝硬変に関して血液検査を行うことはほとんどない。なお、血液検査を行うかどうかは、診査書の書式上被告の依頼に基づくこととされているが、実際にはD医師の判断によってされていた。

Aは、昭和60年に原告と結婚したころから、毎日のように、帰宅前にかなり酔う程外で飲酒した後、寝付くまでビールを1リットル以上、焼酎の水割を4、5杯飲むのを習慣としていた。そして、平成11年から平成12年ころには、飲酒すると、目が黄色くなる症状が現れていた。しかし、この症状は、常時出続けているものではなかった。

以上の事実によれば、本件診査の当日、Aに黄疸の症状や肝腫といった、視診、問診、触診等により認知可能な胆石以外の肝臓疾患があることを疑うに足りる徴表があったと認められず、他にこれを認めるに足りる的確な証拠はない。したがって、上記第2、2(2)原告の主張ア記載の原告の主張は、理由がない。

また、上記第2、2(2)原告の主張イ記載の主張については、保険診査医の診査は、一般開業医が診断を下すために行うすべての検査をすることを要するものではなく、保険診査医として、告知がなくても告

知すべき重要な事実を通常発見することができる程度の検査をすれば足りるものというべきである。そして、上記(1)に認定した事実によれば、本件診査のように肝硬変が問題となる場合においては、黄疸や肝腫といった症状があれば、その時点で告知すべき重要な事実が発見されたことになるので、特段の事情のない限り、それ以上に血液検査をすべき義務が生じることは考えられない。そして、本件について、そのような特段の事情を窺わせるような事情は存しない（原告の上記第2、2(2)原告の主張イ記載のような事情は、上記特段の事情とはなり得ない。）。したがって、原告の上記主張も理由がない（大阪地裁平成16年5月27日判決、平成14年(ワ)11308号）。

● **参考判例**（大阪地裁平成9年1月22日判決、平成7年(ワ)3936号）
   事　案　告知義務違反による契約解除
   争　点　告知書に、一旦は医師の治療・投薬等を受けた旨記載したものの、診査医に病名等の具体的な説明を一切行わず、大したことはない等として回答を撤回した場合における診査医の過失の有無
   判旨
   認定事実によれば、Aは、平成6年7月20日ころにおいても、陳旧性心筋梗塞の診断の下に、N病院に通院し、治療、投薬を受けていたもので、この事実は生命保険契約を主たる内容とする本件契約を締結するに当たって、非常に重要な事実であって、Aもこれを十分認識していたというべきである。
   しかし、Aは、前記「告知書」の「最近1週間以内で体の具合の悪いところがありますか」、「最近3か月以内に、医師の診察・検査・治療・投薬を受けたことがありますか。また、その結果、検査・治療・入院・手術を勧められたことがありますか。」の各質問事項欄の「はい」に丸印を記入して該当事実がない旨の記入した。Aは、一旦は、過去3か月以内に医師の治療・投薬等を受けたことを窺わせるような回答を記載したものの、診査医であるCに対して、病名等の具体的な説明を一切行わず、かえって、大したことはない等と述べ、Cの指示に応じて右回答を撤回したもので、結局、AはCに対し、故意に、保険契約締結の際の告知義務に反して重要な事実を保険者であるYに告知せず、あるいは、虚偽の事実を告げたものと言わざるをえない（大阪地裁平成9年1月22日判決、平成7年(ワ)3936号）。

● **参考判例**（和歌山地裁田辺支部平成10年3月25日判決、平成7年(ワ)81号）（大阪高裁平成11年7月30日判決、平成10年(ネ)1131号）
   事　案　告知義務違反による解除
   争　点　診査上の過失の有無（クモ状血管腫、血液検査の異常値、告知内容があるとき）
   判旨
   （第一審）　保険者の過失について
   (1) そもそも、保険の診査医師ないし査定医師の過失が問題となるのは、申込者が告知義務に反し、事実の発見を故意に妨げまたは事実の発見に協力的でない場合であって、この点において診査医師ないし査定医師の立場は、患者から症状を告げられて積極的に診察を依頼される一般開業医のそれと異なるのであって、両者間になすべき検査の種類に差異があるのは当然である。
   そして、診査医師ないし査定医師に過失がないというためには、一般開業医が診断を下ろすために行うすべての検査をすることを要するものでなく、診査医師ないし査定医師として、告知がなくても告知をすべき重要な事実を発見することができる程度の検査をすれば足りるものと解するのが相当である（東京高等裁判所平成7年1月25日判決、判例タイムズ886号279頁）。
   診査医師は、被保険者を診査した際、脈拍、血圧、尿の各検査、視診、打診、聴診、触診により異常所見の検診を行ったところ、「一般状態」として、被保険者の前胸部にクモ状血管腫の丘疹を3個認めたが、肝臓疾患の可能性の徴憑である典型的なクモ状血管腫とは判断できず（なお、クモ状血管腫自体は、健康体にも出現する）、肝臓病の有無、既往歴をたずねて、被保険者から、「20年前に急性肝炎に罹患したことがあるが、全治しており、ここ5年間医師の診察を受けたこともない。実は、これは、アルコール性でした」の説明を受けた他、肝臓の肥大もなく、その他の異常所見も認められなかった。
   …被告（保険会社）の内規では、保険金の額からは必ずしも必要でなかったが、クモ状血管腫様の所見

II-2 危険選択の方法　その1－医的診査－　　II-2-1 診査医扱

に鑑み、被保険者の同意を得て、血液検査のために血液を採取した。

血液検査の結果には、アデノシンデアミナーゼ（ADA）、アルブミン・グロブリン比（A/G）が正常値を外れていたが…。ADAの右値は軽中等度の上昇であり、その原因には肝疾患以外の種々の疾患があり、A/G比は、それ自体で生命の危険を測定することは困難であり、補完的に用いられるものとされる。査定医は、クモ状血管腫様の丘疹の存在、20年前、急性肝炎に罹患し完治したという被保険者の告知内容及びADAの軽中等度の上昇、GPTの正常値上限などの血液検査の結果を総合して、被保険者の肝炎は、重篤な肝臓疾患の可能性は低く、軽快し、経過の長い、安定した慢性肝炎状態と推定した。

被告（保険会社）の内規（査定基準）では、一定の死亡指数のものまで、特別保険料（割増保険料）を徴収して保険を引受けるところ、引受け可能な限度を死亡指数500（超過死亡指数400、標準体の5倍の死亡率を示す）までとし、これ以上の者に対しては引き受けを拒絶している。経過の長い、安定した慢性肝炎状態の場合、被告の内規では、死亡指数250（標準体の2.5倍の死亡率を示す）であり、所定の特別保険料を徴収することで引き受け可能とされており、査定医はそのとおり査定した。これに対し、肝臓癌の場合、被告の内規では、死亡指数9200（標準体の92倍の死亡率を示す）であり、当然に引受け不可となった。

以上の認定事実を総合すれば、被告は、告知がなくとも告知すべき重要な事実を通常発見することができる程度の検査を尽くした結果、被保険者の健康状態を経過の長い、安定した慢性肝炎状態と判断したこと、被保険者から入通院の告知もなく、右状態を超えて異常を窺わせるような事情はなかったものと認められる。

したがって、被告の診査医師ないし査定医師ひいては被告が、被保険者が肝臓癌ないし重篤な肝臓疾患に気がつかなかったことに過失があるということはできない（和歌山地裁田辺支部平成10年3月25日判決、平成7年（ワ）81号）。

（第二審）　控訴人は、①仮にAに「告知義務違反があったとしても、診査時のAの前胸部の発疹は、当時の身体状況から明らかに肝臓疾患の兆候である「クモ状血管腫」であるし、一触診によりAの肝臓の腫れにも気付くべきであったから、診査医がAの重篤な肝臓疾患に気付かなかったことには過失があるなどと主張し、右主張に沿う鑑定意見書が存在する。

また、鑑定意見書に対する反論によると、Aの前胸部の発疹はその後の病状から肝臓疾患の兆候である「クモ状血管腫」であった可能性が高いが、「クモ状血管腫」は正常人の10から15パーセントに見られる症状で、慢性肝疾患の患者よりむしろ正常人に多い皮膚所見であり、また、肝臓は正常人でも触知されることもあれば、肝臓疾患の患者でも触知しない場合もあるというのである。

以上の次第であるから、控訴人の本訴請求は理由がないので本件控訴は失当として棄却する（大阪高裁平成11年7月30日判決、平成10年（ネ）1131号）。

●**参考判例**（宇都宮地裁足利支部平成10年10月27日判決、平成9年（ワ）第28号）（東京高裁平成11年3月17日判決、平成10年（ネ）5516号）

　　事　案　告知義務違反
　　争　点　検尿検査での潜血反応（＋）と診査医の過失の有無

|判　旨|

（第一審）

争点①について

商法678条1項の「重要なる事実」とは、被保険者の生命に関する危険測定のために必要なものをいうと解され、同項の重要なる事実については、告知義務者である保険契約者・被保険者に保険者側からの質問を待たずして積極的にこれを告知すべき義務が課されている。その一方で、商法は、告知の形式・方法について何らの規定を設けていない。そのため、保険の技術について、必ずしも専門的知識を有しない申込者に、ある事実が重要なる事実、すなわち、被保険者の生命に関する危険測定のために必要な事実に属するか否かの判断を期待するのは酷である。そこで、保険契約の申込書とともに、告知書を添え、これに保険者が告知義務の対象となる重要な事項を質問的に列記し、申込者をしてこれに対する回答を記入させる方法によって告知をさせることにしたものである。そして、告知書は、保険技術に通暁する保険者が作成

するものであるから、同書に掲げられた質問事項は、事実上全て重要なる事実であると推定されるものである。

したがって、本件においても、告知書の質問事項である本件1問及び本件2問は同項の「重要なる事実」に該当すると解される。

もっとも、原告は、本件1問のような抽象的質問事項では、右推定は働かない旨主張する。しかしながら、本件1問は告知書の質問の導入部分であり、それゆえ抽象的にならざるを得ない性質を有すること、そして、本件1問に「はい」と答えた場合にはより具体的な質問に至り、それにより被保険者の生命の危険を測定をすることになるから、同問は、保険者がより正確な危険測定をするための手がかりとして重要かつ有益な質問事項と認められることからすれば、原告の右主張は採用することができない。

また、原告は、保険会社の外務員は、風邪程度の症状では告知しないで欲しい旨言っており、このことは被告も十分承知していた旨主張するが、そのような事実を認めるに足りる証拠は存しない。したがって、原告の右主張も採用することはできない。

これに加え、本件においては、Aが本件1問及び本件2問について、事実を答えていれば、K診療所及びJ赤十字病院に通院していた事実が判明するから、今回のような無条件で本件保険契約を締結することにはならず、再診査となった可能性、引いては正確なAの病名が判明した可能性もあることをも考慮すれば、本件1問及び本件2問は商法678条1項の「重要なる事実」に含まれ、したがって、右各問に事実を答えなかったAは、告知義務者として重要なる事実を診査医に告げなかったこととなる。

Aは、わずかでも注意すれば、平成7年7月18日から同月31日まで4度にわたり咳、喘鳴を自覚症状としてK診療所に通院したこと及び同年8月2日、同月3日に咳、食欲低下を主訴としてJ赤十字病院に通院したことを思い浮かべることができるものと認められるから、少なくともAには重要なる事実を告げなかったことについて重過失を認めることができる。

以上によれば、Aには商法678条1項に規定する重要なる事実についての告知義務違反が存することとなる。

争点②について

同法678条1項但書は、保険者が重要なる事実について、過失により知らなかった場合には保険契約を解除することができない旨規定するが、これは、公平の見地から、保険者を保護する必要が存しない場合を規定したものである。

ところで、診査医の診査の結果は、Aの血圧は128／80であること、同人の報告によれば自覚症状はなかった上、打聴診でも異常は認められなかったこと、そして、検尿検査において、潜血反応は（＋）であったものの、蛋白は（－）であり、糖も（－）であったことが認められる。

もっとも、原告は、K診療所においては、聴診で呼気性喘鳴、後鼻痛による喘鳴、咳などの症状が認められていたのであるから、右診査医による診査の際にも、当然咳、喘鳴が認められるはずであると主張する。しかしながら、Aは、K診療所においては、自ら積極的に自覚症状を述べて診療を受けているのに対し、診査医の診査においては自覚症状すら述べておらず、診査医はAが健康体であることを前提として診査していること、原告の供述によれば、AはJ赤十字病院への通院診療の際には夜間の咳を訴えている上、1日中咳をしていたわけではなく、たまに咳が出る程度であったことが認められるから、診査医の診査の際には咳をしなかった可能性もないとはいえないこと、仮に咳をしたとしても、そのことからそれ以上の体の異常を発見できないことは、Aが健康体であることを前提として診査していることからして、致し方ない側面もあると考えられることなどからすれば、公平の見地から、診査医がAの咳、喘鳴に気付かなかったことに過失が存したということはできない（なお、本件においては、Aの咳のみを重要なる事実としているわけではなく、これに加え、咳の症状が約1か月継続したこと、食欲の低下も存したこと、これらを主訴として多数回にわたり、K診療所及びJ赤十字病院において医師の診断を受けていることの告知が問題となっており、診査医がこれらの事実について知らなかったことには、なおさら過失は認められない）。

原告は、検尿検査において、Aに潜血反応が出たのであるから、診査医としては、より進んだ検査を実施し、右潜血反応の原因を調べるべきであったにもかかわらず、それを怠った過失が存する旨主張する。しかしながら、弁論の全趣旨によれば、そもそも潜血反応については被保険者の生命の危険の見地からさ

Ⅱ-2 危険選択の方法 その1-医的診査- Ⅱ-2-1 診査医扱

ほど重要ではなく、それゆえ被告からの診査の依頼項目に含まれていないことが認められるから、その原因を調べなかったとしても、診査医に過失は存しないものである（なお、尿検査における潜血反応は尿路系からの出血であるから、Aの食道癌との関連性は認められないものである）。したがって、原告の右主張を採用することはできない。

以上によれば、Aに商法678条1項に規定されている重要なる事実についての告知義務違反があり、診査医については、右事実を知らなかったことに過失は存しないものと認められるから、被告のAの告知義務違反を理由とする本件解除は有効である。したがって、本件解除が効力を有しないことを前提とする原告の請求は、理由がない（宇都宮地裁足利支部平成10年10月27日判決、平成9年（ワ）第28号）。

（第二審）　風邪程度などは告げなくともよいと認識されていることはありえることではあるが、Aは、平成7年8月6日の診察を受ける直前である同年7月18日から同月31日までの間に、咳や喘鳴がひどいために4回にわたり近所の診療所に通院して診療を受けたが、それでも症状が治まらず悪化したため、同年8月3日にJ赤十字病院の診察を受け、引き続き通院する状態であったから、あえて告知するまでもない「風邪程度」であったということもできない。

控訴人は、尿潜血1＋以上の死亡指数が男女とも各年齢で50％前後であるから、尿潜血反応が存在することは、生命の危険の見地からみて重要であり、何らかの重大な病気を予測させるに十分であると主張するが、弁論の全趣旨によれば、死亡指数とは、特定の母集団における保険会社の予想死亡者数と実際死亡者数の比であり、尿潜血1＋の人の50％が死亡するという意味ではないから、控訴人の右主張は、死亡指数の概念を正解していないことに基づくものであり、その理由がない。

本件控訴はその理由がないから棄却する（東京高裁平成11年3月17日判決、平成10年（ネ）5516号）。

(2) 契約引受け査定時の過失

保険者の知、または過失不知について論じるとき、従来、募集時ないし診査時において過失があったか否か問題とされてきた。契約引受けするか否かの査定時において、保険者の知、または過失不知を争点の一つとした判例がある（和歌山地裁田辺支判平成10年3月25日）。

通常、査定医師は、告知書、診査報状と検診書の他、心電図検査結果、血液検査結果、成立前確認書、契約書・副申書などに基づいて、医的な面から契約の引受けが無条件で可能か、不可か、条件付きで可能かの査定を行う。事件の争点は、査定医の総合的判断として契約の申込みに対して条件を付して引き受けたことが、契約時に解除の原因を知っていたことになるのか、過失によって知らなかったのかが問題とされた。和歌山地裁田辺支判平成10年3月25日の判旨は、契約引受けの判断が、被保険者からの告知がなく、その他異常を窺わせるような事情はないとき、告知書など各種情報から被保険者の重篤な疾患に気がつかなかったことに過失は認められないとしている。

●参考判例（和歌山地裁田辺支部平成10年3月25日判決、平成7年（ワ）81号）（大阪高裁平成11年7月30日判決、平成10年（ネ）1131号）

事　案　告知義務違反による解除
争　点　引受け査定上の過失の有無（クモ状血管腫、血液検査の異常値、告知内容があるとき）

判　旨

（第一審）　保険者の過失（査定医の査定過失）について

査定医師は、本件契約に関し、診査報状と検診書の他、心電図検査結果、血液検査結果、成立前確認書、契約書・副申書などに基づいて、被告の引き受けが無条件で可能か、不可か、条件付きで可能かの査定を行った。

血液検査の結果には、アデノシンデアミナーゼ（ADA）、アルブミン・グロブリン比（A/G）が正常値を外れていたが…。ADAの右値は軽中等度の上昇であり、その原因には肝疾患以外の種々の疾患があり、A/G比は、それ自体で生命の危険を測定することは困難であり、補完的に用いられるものとされる。査定医は、クモ状血管腫様の丘疹の存在、20年前、急性肝炎に罹患し完治したという被保険者の告知内容及び

ADAの軽中等度の上昇、GPTの正常値上限などの血液検査の結果を総合して、被保険者の肝炎は、重篤な肝臓疾患の可能性は低く、軽快し、経過の長い、安定した慢性肝炎状態と推定した。

　被告（保険会社）の内規（査定基準）では、一定の死亡指数のものまで、特別保険料（割増保険料）を徴収して保険を引受けるところ、引受け可能な限度を死亡指数500（超過死亡指数400、標準体の5倍の死亡率を示す）までとし、これ以上のものに対しては引き受けを拒絶している。経過の長い、安定した慢性肝炎状態の場合、被告の内規では、死亡指数250（標準体の2.5倍の死亡率を示す）であり、所定の特別保険料を徴収することで引き受け可能とされており、査定医はそのとおり査定した。これに対し、肝臓癌の場合、被告の内規では、死亡指数9200（標準体の92倍の死亡率を示す）であり、当然に引受け不可となった。

　以上の認定事実を総合すれば、被告は、告知がなくとも告知すべき重要な事実を通常発見することができる程度の検査を尽くした結果、被保険者の健康状態を経過の長い、安定した慢性肝炎状態と判断したこと、被保険者から入通院の告知もなく、右状態を超えて異常を窺わせるような事情はなかったものと認められる。

　したがって、被告の診査医師ないし査定医師ひいては被告が、被保険者が肝臓癌ないし重篤な肝臓疾患に気がつかなかったことに過失があるということはできない（和歌山地裁田辺支部平成10年3月25日判決、平成7年（ワ）81号）。

（第二審）　診査時の被保険者の前胸部の発疹は、当時の身体状況から明らかに肝臓疾患の兆候である「クモ状血管腫」であるし、触診により被保険者の肝臓の腫れにも気付くべきであったから、診査医がAの重篤な肝臓疾患に気付かなかったことには過失があるなどと主張する。

　しかし、①原判決認定のとおり、被保険者はかねてより肝臓が悪く、平成5年4月ころから肝腫瘍ないし肝血管腫のため何度も入退院を繰り返しており、こうした事実は本件保険契約の事前診査を受けた際、被保険者自身十分に承知していたのであるから、被保険者が診査医に対し右事実を秘しその告知をしなかったことは、仮に被保険者が肝臓癌の告知を受けておらず自らの症状を重篤とは考えていなかったとしても、同人に保険契約上の告知義務違反があることは明らかである。②また、・・・被保険者の前胸部の発疹はその後の病状から肝臓疾患の兆候である「クモ状血管腫」であった可能性が高いが、「クモ状血管腫」は正常人の10～15パーセントに見られる症状で、慢性肝疾患の患者よりむしろ正常人に多い皮膚所見であり、また、肝臓は正常人でも触知されることもあれば、肝臓疾患の患者でも触知しない場合もあるというのである。そうであれば、〔証拠略〕は直ちに採用できないといわねばならない（大阪高裁平成11年7月30日判決、平成10年（ネ）1131号）。

●**参考判例**（新潟地裁平成7年6月5日判決）
　事　案　承諾前死亡
　争　点　信義則上の承諾義務の有無
　判　旨
　保険者は被保険者となるべき者に医師の診察を受けさせるなどの方法で諾否決定（危険選択）の資料を集め、申込が保険者の基準を満たしておれば、承諾の意思表示（通常、保険証券の送付がこれに当たる。）をして契約を成立させる（新潟地裁平成7年6月5日判決）。

●**参考判例**（前橋地裁平成6年9月27日判決）
　事　案　告知義務違反
　争　点　保険医は保険者の機関か
　判　旨
　商法678条1但書にいう過失は…保険者の嘱託した保険診査医は保険者のために申込者の健康状態を知るための機関であり、その悪意、過失は保険者の悪意、過失と同視すべきものである（前橋地裁平成6年9月27日判決）。

Ⅱ-2 危険選択の方法 その1－医的診査－　Ⅱ-2-1 診査医扱

●**参考判例**（大審院明治40年5月7日判決）
　事　案　告知義務違反
　争　点　保険医の知了事項は会社の知了したことになるか
　判　旨
　　保険医は、保険会社の耳目となり、換言すれば、保険契約についてその機関として使役せらるるものなり（大審院明治40年5月7日判決）。

●**参考判例**（大審院大正5年10月21日判決）
　事　案　診査医による告知事項の取捨選択
　争　点　診査医の告知受領権
　判　旨
　　保険会社の診査医は会社より雇使せらるる者なると嘱託せらるる者なるとを問はず、会社の機関として申込人の健康状態を調査する任務に従事するものがなる故に、申込人の身体状況に関し危険測定に重要なる事実の告知を受くることを得るは勿論、告知を受けたる事実が重要なるや否やを判断し、保険契約者をしてこれを保険申込書に記載せしむべきや否やを決定することを得るものといわざるべからず（大審院大正5年10月21日判決）。

●**参考判例**（福岡地裁小倉支部昭和46年12月16日判決）
　事　案　診査医の過失
　争　点　保険者の過失
　判　旨
　　保険会社の診査医は、その職務の性質上被保険者の告知を受領する代理権を与えられているものと認めるのが相当である。したがって、診査医に過失があった場合には保険会社に過失があったものと言うべきである（福岡地裁小倉支部昭和46年12月16日判決）。

●**参考判例**（大審院大正9年12月22日判決）
　事　案　診査医の過失
　争　点　保険者の過失
　判　旨
　　保険会社の検査医はその会社の機関にして申込人の健康状態を調査する任務に従事する者なるを以て生命保険契約を締結するに際し保険契約者又は被保険者が検査医に危険の測定に重要なる事項を告知したる以上は、検査医に於いてその事項と異なれる事項を告書に記載せしが為保険会社に於いて真実なる事項を知ることなくして保険契約を締結するも、保険契約者又は被保険者にその責めに帰すべき事由存せざれば、保険会社は爾後かかる事情を主張し契約を解除しその他保険契約上の義務を免がるることを得ざるものとす（大審院大正9年12月22日判決）。

(3) 診査の範囲

　診査の範囲は、保険契約締結当時における保険診査において一般的に行われている検査を標準に決定されるべきものである。

　保険診査は、保険取引上、危険測定の資料を得ることを目的とするものであるから、治療を目的とする一般の開業医の場合とは、なすべき診査の範囲において差があるのは当然であり、診査医には、被保険者が有する疾患や症状を発見すべくあらゆる検査手段・診察方法を講じる義務はない。

　また、保険診査は被保険者の告知が真実であることを前提として行われることに注意しておく必要がある。したがって、告知の有無、内容程度により危険選択上重要な事実を発見することができ

る検査をすれば足り、通常の診査において異常値が検出されても保険医学上告知内容から許容範囲であれば、さらにその原因などを発見するための精密検査は要しないと解される。

現在の診査は、ア．問診及びイ．検診が一般的である。

ア．問診
　①　目的
　　　診査医が保険会社の機関ないし代理人として受診者に対し質問し、受診者から回答（告知）を受領すると言う役割のもとで行われる。
　　　診査医は、告知内容、手術痕、その他異常所見等を医学的知見に基づき問診し、保険適格体の適否を査定するための情報を収集し、その結果を検診書に記し、契約引受け決定部門に報告する（多くの生命保険会社は、契約引受け決定を1機関に集約している）。
　②　問診の方法について
　　　告知義務者が診査前に各保険者が作成した所定の告知書の質問事項の「あり」「なし」欄のいずれかに記入し告知をする保険診査方式を採用する保険者が多いようである。
　　　それに基づき、質問事項ごとに改めて口頭で質問、確認し、告知事項に「あり」とした告知があるときは、診査医は医学的観点からその内容（発生年月日、傷病名、症状、現在の状態等）について確認する。また、保険会社の基準にしたがい、医学的見地から必要に応じてより詳細な情報を入手するため通常一般の検査に加え血液検査、心電図検査等を実施する場合がある。
　　　診査医による問診につき紛争が生じることがある。診査医の質問事項が個別具体的でなく、「最近、健康状態はどうですか」、「いままで、大病にかかったことがありますか」等概括的・総括的になされたときに、質問内容が抽象的であるとして診査医の過失の有無が問題とされる裁判例がある。
　　　診査における問診方法は、告知の聴取方法を巡って争われた裁判の判決内容を整理すると、①告知書に記載された質問項目に沿ってその有無と内容を確認すること、②受診者の回答を面前で告知書面に記入すること、③そのうえで記入した告知書を受診者の確認を得ることで注意義務を果したこととなる（大阪高判昭和53年1月25日「約款にいう書面とは診査報状を意味することが認められ、質問自体は書面によっているわけではないが、診査医が書面に基づいて記載事項について質問を発し、被質問者の面前でその回答を記入し、そのうえでその記載の確認を得ているのであるから、質問を書面によることとした約款の趣旨を実質的に充たしているということができる（むしろ単なる書面による質問よりも正確を期し得る適切な方法ということすらできる）」、神戸地判平成7年2月15日「診査医師は、告知書を作成する際、受診者と向き合い、受診者に告知書の内容を読んでもらい、間をおいて同医師が質問事項を読み上げ、受診者の答えどおりに、診査医師が有無いずれかに○をしていく方法をとっている。診査医に過失は認められない」、東京高判昭和61年11月12日「診査医は、被保険者に対し、病歴につき包括的に質問した上、告知書の質問事項に入っているものであり…重要な事実を発見するため通常払うべき注意は払ったものと認めるに足る」、東京地判昭和60年5月28日「診査医は所定の質問事項にほぼ基づいて、過去の病歴、現在の健康状態、血圧等につき質問し、被保険者の回答を診査手控えに記載している。したがって、診査医には注意義務を欠いたとはいえない」）。
　　　診査医による診査時の取扱いにつき、保険会社の過失があると認定された判決及びこれを否定した判決がある。
　　　　①診査医が、告知書欄の全項目に一旦『いいえ』に○印を記した。控訴人である受取人が「開腹手術」の告知をしていると指摘し、当該告知書欄を『はい』に○印を付け直し訂正した。このような場合、診査医は、手術後の経緯、現在の健康状態をあらためて告知項目の質問を

Ⅱ-2 危険選択の方法 その1 −医的診査− Ⅱ-2-1 診査医扱

やり直せば、各質問項目に沿ったより具体的な内容の記載・告知となった蓋然性が極めて高いものというべきであるとし、診査医には、少なくとも、再度質問確認しなかったことに過失があるとして、保険会社の解除権の行使はできないと判示した（東京高判平成11年3月10日判決）

②受診者が一旦は、過去3か月以内に医師の治療・投薬等を受けたことを窺わせるような回答を告知書に記載した。しかし、受診者は、診査医に対して病名等の具体的な説明を一切行わず、かえって、大したことはない等と述べたため、診査医は撤回を求め、受診者は診査医の指示にしたがってその回答（告知）を撤回した。受診者には、重要な事実の不告知があるので保険会社には、過失は認められないと判示した（大阪地裁平成9年1月22日判決）。

●**参考判例**（水戸地裁平成10年7月14日判決、平成9年（ワ）第237号）（東京高裁平成11年3月10日判決、平成10年（ネ）3733号）

事　案　告知義務違反
争　点　「重要な事実」不知につき保険者の過失の有無

判旨

（第一審）1．N医師は、Aから本件開腹手術の内容、経過について聴取し、経過順調、後遺症なしとの回答を得て、手術痕を確認した上、脈拍数、血圧、尿などを調べ、手術痕があったこと以外の事項については、いずれも異常がない旨を本件告知書に記載した。

原告は、本件告知書は被告の診査医がAに対する問診もせずに勝手に作成したものであると主張するが、本件告知書の性質及び記載内容に照らすと、診査医が勝手に作成できるものでないばかりか、原告本人尋問の結果に照らしても、被告の診査医であったN医師がAから手術の結果を聞いて本件告知書を作成したことが認められるから、原告の右主張は採用できない。

2．重要な事実を知らなかったことについての保険者の過失の有無について

前記認定のとおり、Aは、N医師の診査を受けた際、同医師に対し、M病院へ現在通院治療中である事実を告知せず、また、告知した本件開腹手術についても、経過は順調であり、後遺症もない旨の告知をしており、しかも、通常の検査の結果、格別の異常な所見もなかったのであるから、右不告知の事実を疑って、被告がそれ以上に精密検査をせず、あるいは本件開腹手術の経過やその後の治療状況について近隣の病院等で調査をしなかったため、Aの右通院、投薬、ひいては同人の健康状態を知らなかったからといって、被告に通常なすべき注意を欠いた過失があったということはできない。そうすると、本件各契約は、告知義務違反を理由とする被告の解除により終了したというべきである（水戸地裁平成10年7月14日判決、平成9年（ワ）第237号）。

（第二審）1．本件告知書の作成の経緯について

（1）本件告知書の本件回答欄及び本件診査医記入欄は、本件告知日当日、A宅（控訴人宅）において、すべて、診査医であるN医が記入したものであることは前記のとおりであるが、N医の証言、控訴人本人尋問の結果によれば、その際、N医が本件回答欄をほぼ記入し終わったころ、居合わせた控訴人から、Aが開腹の上胆管結石の切除手術を受けたことがあるのに、本件回答欄がすべて『いいえ』に〇印ではおかしいのではないかと指摘され、そのため、N医は、Aに確認して、その場で、3欄（ウ欄．エ欄及びオ欄）だけは、『はい』に〇印を付け直し、右3つの『いいえ』の上に一括して1個の×印を記してこれを抹消し、その後、問診・視診により、本件診査医記入欄に手術名等を記入し、さらに、裏面の身体図に手術痕を描き、手術の時期及び手術名・病名を記入したものであること、しかし、その際、N医は、本件診査医記入欄及び裏面に記入したこと以外の質問をせず、また、Aも、それ以外の本件告知直前の平成6年中における前記M病院における通院状況については何ら説明しなかったこと、Aは、面前でN医が右のように行っている本件回答欄への〇印の記入及びその訂正状況並びに本件診査医記入欄等に記入された内容を一部始終確認した上、本件告知書に告知日及び受診者欄の自己の氏名・生年月日を自署したこと、以上の手続は10分ないし15分程度で終わり、N医は、A宅を退出する際、Aが長生きしてくれることを望んでいる趣旨

の発言をしていたことが認められる。ところで、本件質問告知事項及び本件告知直前におけるAのM病院における通院治療の事実は、いずれも、生命保険会社である被控訴人が本件各契約を締結するか否かを判断する上で重要な事実というべきものであるから、右は、いずれも、商法678条1項本文に規定する『重要ナル事項』であり、また、本件約款18条に規定する『書面で告知を求めた事項』及び同19条1項に規定する『事実』に当たるものと解されるところ、右事実によれば、Aの病歴及び手術歴並びに本件告知直前のM病院における通院治療の状況に照らして、本件告知書のうち、少なくともイ欄に対する回答書の記載は、Aにおいて、事実に反することを秘匿して虚偽の事実を回答告知したことになり、また、3欄の本件回答欄の訂正に伴い行われたN医の質問に対し、本件診査医記入欄に記載された事実を回答しただけで、本件告知直前におけるM病院の右通院治療状況を秘匿して告知しなかったのであるから、これが商法678条1項本文及び本件約款18条の告知義務に違反するものであることは明らかというべきである。

　(2) そして、Aによる右の虚偽事実の告知及び事実の不告知は、前記認定の諸事情に照らして、Aの故意又は重大な過失によるものであるといわざるを得ない。

　2.診査医の悪意又は過失について
　(1) 本件告知書による告知の状況について、証人N医は、Aに対して2欄から5欄までの各事項毎に順次これを読み聞けして、その都度、Aから『いいえ』との回答を得て、本件回答欄の応当箇所に〇印を付して行き、これが終わった時点で、控訴人から、前記のような指摘を受けて、3欄は、『いいえ』から「はい」に〇印を付け直した旨証言し、他方、供述には、N医は本件質問告知事項を読み聞けすることなく、勝手に本件回答欄のすべての『いいえ』に〇印を付したので、前記指摘をして訂正させた旨の部分がある。

　ところで、本件告知直前のAのM病院における通院治療の状況については、本件告知時点において、Iを含む被控訴人内部及びN医が知っていたことを認めるに足りる証拠はなく、Aとして、本件質問告知事項のうち、イ欄については、強いてこれを秘匿して虚偽の回答をしたとしても、N医及び被控訴人に気付かれることはないと考え、N医の右事項の読み聞けに対し、あえてこれを否定する回答をし、その結果、本件回答欄のとおり記入されたものと想定する余地が全くないとはいえない。しかし、3欄（過去5年以内の健康状態）の本件質問告知事項（ウ欄、エ欄及びオ欄）は、既に前件告知書において、『はい』と回答している事項であるから、本件告知において、今更．これと正反対に『いいえ』と虚偽の回答をする余地のないものである。したがって、Aとしては、虚偽であることが直ちに判明するおそれがあり、あるいは、N医自身前件告知の内容を知った上で診査に臨んでいるかも知れないのに、あえて『いいえ』と虚偽の回答をするとは考え難い。仮に証人N医の証言どおり本件質問告知事項をN医が逐一読み聞けし、その都度．Aがこれに回答をしていたならば、3欄の本件回答欄には当初から『はい』に〇印が付されていた可能性は極めて高いというべきである。それにもかかわらず、3欄を含め本件回答欄のすべてにおいて一旦『いいえ』に〇印が付され、その後、3欄についてだけは、控訴人の指摘により、『はい』に〇印を付け直しているのである。このことからすると、N医による本件質問告知事項の読み聞け又は右事項の趣旨の口授がないままに、まず、いきなり本件回答欄の『いいえ』に〇印が付されて行ったものか、仮に読み聞けが行われたとしても、極めて形式的でお座なりなものでしかなく、Aの回答をほとんど期待しないような態様による質問と同時に、これに対するAの回答らしきものがないままに、『いいえ』に拙速に〇印を付して行ったものと考えるのが相当である。すなわち、N医としては、本件診査の当初の段階から、本件質問告知事項に対する回答として、Aから『はい』との回答がされることを予定してはいなかったものと推認される。右認定に反する証人N医のこの点に関する右証言は、採用することができない。

　(2) そして、N医としては、控訴人から指摘され、3欄の本件回答欄における回答を『いいえ』から『はい』に訂正し、本件診査医記入欄の事実を聞き出したものであるが、そうであるならば、その時点において、胆管結石による入院開腹手術の既往歴が判明したAについて、3欄以外の本件質問告知事項、殊に、イ欄（現在の健康状態）についても、果たして既に〇印を付した『いいえ』のままでよいのか否かについて、再度、事実に基づいた質問をやり直し、さらに、告知を受けるべき事実が3欄及び本件診査医記入欄に記載された事実にとどまるものか否かを質問して確認すべきであり、右の再質問等は可能であったはずである。しかるに、本件全証拠によるも、その際N医がAに対して手術退院後の予後の身体状況及び通院治療等の状況について具体的な事実に基づく回答を得るために質問した形跡は一切認められない。

もし仮にN医が右の点を質問していれば、本件開腹手術の事実さえ質問もされないのに積極的に申し述べたのであるから、Aが、それ以上に何ら秘匿する必要があるとも思えない本件告知直前のM病院における通院治療の状況を秘匿したまま明らかにしないとは到底考え難く（前掲各証拠によれば、本件各契約の締結はIの勧めによるものであって、Aとしては、本件開腹手術歴があることから、前件契約の場合と同様、契約の締結をためらっており、控訴人も本件診査によりむしろAに癌であることを知られることを恐れていたことが認められる。）、Aは、N医の質問に応じて、本件告知直前の通院治療の状況をそれなりに回答したものと認めるのが相当であり、したがって、その場で、イ欄（現在の健康状態）は、3欄（過去5年以内の健康状態）同様〇印が『はい』に付け直されることになったであろうし、本件診査医記入欄の記載も、これに沿ったより具体的な内容の記載となった蓋然性が極めて高いものというべきである。

したがって、被控訴人の診査医であるN医には、本件告知を受けるに当たり、少なくとも、右の点を質問確認しなかったことに過失があるといわざるを得ないから、被控訴人は、Aのした本件告知が虚偽の事実を告知し、又は告知すべき事実を告知しなかったことを理由に、商法678条又は本件約款19条に基づき本件各契約を解除することは許されないものといわなければならない（東京高裁平成11年3月10日判決、平成10年（ネ）3733号）。

イ．検診

診査の範囲は、保険契約締結当時における保険診査において一般的に行われている検査を標準に決定されるべきものである。

保険診査は、保険取引上、危険測定の資料を得ることを目的とするものであるから、治療を目的とする一般の開業医の場合とは、なすべき診査の範囲において差があるのは当然であり、診査医には、被保険者が有する疾患や症状を発見すべくあらゆる検査手段・診察方法を講じる義務はない（東京高判平成7年1月25日判決、886号279頁「保険診査医に過失がないというためには、一般開業医が診断を下すために行うすべての検査をすることを要するものではなく、保険診査医として、告知がなくとも告知すべき重要な事実を通常発見することができる程度の検査をすれば足りるものと解するのが相当である」、和歌山地判田辺支判平成10年3月25日「診査医ないし査定医として、告知がなくても告知をすべき重要な事項を発見することができる程度の検査をすれば足りる」）。

また、保険診査は被保険者の告知が真実であることを前提として行われることに注意しておく必要がある（大阪地判平成11年4月30日「保険者が保険契約を締結する際に危険測定の資料について積極的に調査、収集する事とすると、保険者は多大な労力と費用を要し、最終的には、保険契約者にそれに伴う費用が転嫁されることとなり、ひいては、保険制度そのものの発展が阻害されることとなるから、危険測定の資料を容易に入手できる立場にある被保険者に告知義務を負わせ、保険者が告知を受けた事実を基礎に危険測定の資料を収集されるものとされている」）。

したがって、告知の有無、内容程度により危険選択上重要な事実を発見することができる検査をすれば足り、通常の診査において異常値が検出されても保険医学上告知内容から契約引受けの許容範囲であれば、さらにその原因など発見のための精密検査は要しないと解される。

現在の診査は、問診と検診（視診（感覚器、運動器をも含む）、胸部及び胸背部の聴打診、腹部の触診、血圧及び脈拍の測定、測診（身長・体重等）、尿検査が一般的で、その他として喫煙検査をする保険者もある。そうえで、検診の結果、必要に応じて、胸部レントゲン検査、血液検査、心電図検査、眼底検査等の検査を実施している保険会社もある。

保険会社は、特別な契約申込者（高額な保険金額、高年齢等）の場合以外は血液検査や心電図検査等を実施していないが、このことは保険診査において、血液検査など実施しない一般的な取扱いであると認められるところから、保険診査の制度に照らして合理性を欠くものとは認められ

ない（同趣旨の判決、東京地判昭和61年1月28日、大阪地判昭和47年11月13日、前橋地判平成6年9月27日、京都地判平成4年7月30日）。

　検診の中で往々問題とされるのが、腹部の検診方法と羞恥部の視診検査である。診査医が、腹部の触診によって腹部の肝臓肥（腫）大、腫瘤等を触知できるかである。

　触診の方法は、坐位、背臥位（仰臥位）がある。判例は、腹部の触診は背臥位（仰臥位）で行うのが好ましいとしている（福岡地判昭和46年12月16日「腹部の触診は坐位で足りず、背臥位で行うべきもの」、大阪高判平成6年12月21日「肝臓の診査について、肝臓の腫大があれば、打診や触診により容易にこれを発見することができる。肝臓の腫大は、患者を仰臥位にしてから触診を行えば、医師にとってよりその把握が容易であり（略）」）。

　一方、保険診査において、腹部の異常所見は、告知がない限り、個人差もありその発見は困難であるとする判例もある（大阪地判平成11年4月30日「腹部膨満感は視診、触診によっては単なる肥満と区別することは困難であって本人の愁訴によらなければ発見することは困難である」）。

　次に、婦人にとって羞恥嫌悪の念を生じさせるような体部（下腹部）の診査をなす際には、被保険者からの申出その他特別の事情のない限り、問診するのみで足り、それ以上の検診は行う義務はないとする判例が確立していると考えられる（東京控判大正5年5月23日「医師をして診査を成さしめるにあたりては、その羞恥部については特に申し出ない限りはこれを検査せざるも過失にあらず。したがって、被保人が医師をしてその局部の内診を成さしめざるため子宮膣部及び尿道部癌腫の疾患を知らざりしとて過失なりと言うことを得ず」、同旨判決東京控判大正7年10月21日、東京地判大正4年1月28日、東京地判大正5年6月9日、東京控判大正6年11月21日、東京地判昭和40年3月30日等がある）。

●**参考判例**（東京地裁昭和40年3月30日判決）
　事　案　婦人診査の場合の下腹部の診査
　争　点　診査の程度
　判　旨

　保険医が過失に因って被保険者の既往症など重大な事実を知らなかったときは、結局保険者において負担するものというべきところ、証人である保険医の証言によれば「被告保険会社の保険医は、被保険者に対する診査において同人より何等既往症に関する告知を受けなかったので、婦人診査の場合の取扱上の一般慣例にしたがい、とくに羞恥嫌悪を避けるため、上半身の聴打診を行ったほか、下腹部等については単に問診にとどめた結果、同人の下腹部に存した前記両側卵巣癌の手術痕を発見できなかった」ことが認められる…。

　ところで、およそ保険医が被保険者ことに女子の場合羞恥嫌悪の念を生じさせるような体部を診査する際には、被保険者の申出その他特別の事情のない限り、問診するのみで足り、それ以上他の診察方法を行わず、そのため既往症等の重大な事実を覚知できなかったとしても、これを以て直ちに診査上の過失と言うことはできない。けだし事柄の性質上、羞恥部などの診査は、特別の事情のない限り、問診程度にとどめ、他は当事者の告知義務に期待するのを妥当とするからである。

　いま本件についてみるに、保険医が被保険者に下腹部について問診したのに対し、被保険者が何等告知しなかったことは前認定のとおりであり、他に特別の事情も認められないから、保険医が問診以外の診察方法をとらなかったため前記既往症を発見できなかったとしても、これを以て、直ちに保険医に過失ありと断ずることはできない（東京地裁昭和40年3月30日判決）。

Ⅱ-2 危険選択の方法 その1－医的診査－　　Ⅱ-2-1 診査医扱

●参考判例（福岡地裁小倉支部昭和46年12月16日判決）
　事　案　保険者の過失
　争　点　触診の方法をめぐって
　判　旨
　　診査を担当する医師が被保険者の右上腹部の腫瘤を発見できなかったことについて過失があったかの点につき最も問題となるのは、右診査のうち腹部の触診の点であるが、鑑定人Ａの鑑定結果によれば、普通一般の開業医の場合、腹部の触診は背臥位で行うのが通常であることが認められ、主治医であるＢの証言によれば、各医師が行った被保険者の腹部の触診は背臥位で行われていることが認められる。
　　保険診査の場合は、既往症のない限り被診査者を坐位のまま診査するよう（内規）に規定されている旨の証言があるが…証人Ｃの証言によれば、昭和×年×月×日にＹ生命の社医として被保険者の保険診査をした折、腹部の触診は被保険者をベッドに寝かせて背臥位で行ったことが認められる。したがって、保険診査であっても腹部の触診は坐位で足りるものではなく、背臥位で行うべきものといわねばならないから、本件診査医が被保険者の腹部の触診を坐位で行ったのは相当ではなかったものといわざるを得ない。
　　皮下脂肪が厚かったこと、体格が極めてよく、栄養状態も良いこと、更に他の保険会社の診査に際して、腹部の触診を背臥位でおこなったのに関わらず腫瘤を発見し得なかったことが認められる。これによって腫瘤を知り得たことにならない（福岡地裁小倉支部昭和46年12月16日判決）。

●参考判例（大阪地裁昭和47年11月13日判決）
　事　案　告知義務違反
　争　点　診査の範囲
　判　旨
　　保険契約締結の際の診査においては、医師が診断に使用するすべての診査を要するものではなく取引上相当と認められる注意を尽くせば足りると解せられるところ、本件診査の方法は取引上相当と認められる注意を尽くしたものと言うべきである（大阪地裁昭和47年11月13日判決）。

●参考判例（広島地裁尾道支部平成9年3月28日判決）
　事　案　告知義務違反と診査過失
　争　点　注射痕の見落としと診査過失
　争　点
　　被保険者は、昭和58年頃から慢性肝炎に罹患し、Ａ内科医院において受診し、月1、2回の生化学検査と年2、3回の腹部ＣＴ検査を受けていたが、昭和62年4月には、病状は肝硬変に移行した。そして、本件保険契約の申込みをした平成3年10月頃は、月8回位Ａ内科医院に通院し、点滴と投薬を受ける等の治療を受けていた。その後、被保険者は、肝ガンに移行し、平成5年1月肝ガンによる食道動脈瘤破裂により死亡した。
　　被告（保険会社）の保険外交員は、平成2年頃から原告宅に足繁く通い…被保険者が当時肝臓の病気でＡ内科医院に通院治療していたことを知っていたが、医師の診査さえ通れば保険金は支払われる旨被保険者や家人に説明した。
　　保険外交員は診査医のところに被保険者を同伴し、その際保険外交員は被保険者に対し、診査が通り易いよう被告所定の告知書の記載の仕方を指示し、これにしたがい被保険者は告知書に、いずれも「なし」と不実の告知をした。
　　なお、被保険者はＡ内科医院で月8回位点滴を受けていたので、右肘の内側の正中静脈付近が陥没するという注射痕があった。
　　診査医は、被保険者が診査に訪れた時間が午後0時過ぎで診療時間外であったことから、通常は加入申込者の上腕部等も視診し注射痕の有無等も確認していたが、被保険者の診査に際しては、不注意にも上腕部などの視診を怠り、被保険者の右肘内側の注射痕を発見し得なかった。
　　…診査医において注射痕を発見し、それについて質問されたならば、正直に自己の病気及び治療状況を

述べたと推認される。
　診査を担当した医師は、過失により「重要な事実」である被保険者の肝臓の病気、治療状況を知らなかったものと認められ…保険者である被告が過失により「重要な事実」を知らなかったものと判断できる（広島地裁尾道支部平成9年3月28日判決）。

●**参考判例**（東京高裁昭和61年11月12日判決）
　　事　案　－略－
　　争　点　－略－
　　判旨
　　診査医が被保険者の診察を行う場合には、診査医が質問事項を記載した書面に基づいて質問を行う旨定めており…診査医は被保険者に右告知書の質問事項につき項目ごとに質問を行うに当たり、例えば手術したとか、精密検査を受けたとか健康診断で指摘されたことがないかとか等包括的に病歴を問い質したこと、その後、右医師は身長、胸囲、腹囲、体重及び血圧を測定し又は被保険者から聞き出し、聴打診、触診、歩行状態の観察及び尿検査により、同人の一般状態、胸・腹部、精神・神経系、感覚器・運動器の異常の有無等を診断した結果、やや高血圧症気味である以外は異常はないものと診断した…（東京高裁昭和61年11月12日判決）。

●**参考判例**（東京高裁昭和63年5月18日判決）
　　事　案　告知義務違反
　　争　点　診査の範囲
　　判旨
　　本件契約の当時被控訴人である保険会社が重要な事実を知らなかつたことにつき過失があるか否かについてであるが、診査を受けた際に本件病院に入院中であることなど重要な事実を告知せず…同医師の診査からは被保険者の当時の健康状態について何らかの異常を窺わせるような事情はなかったものであるから、保険者である被控訴人がそれ以上に血糖値の検査等の精密検査をせずに、本件病院に入院していることやその病状をさらに調査せずこれを知らなかったといって、被控訴人に通常なすべき注意を欠いた過失があったということはできない（東京高裁昭和63年5月18日判決）。

●**参考判例**（東京地裁平成2年12月20日判決）
　　事　案　告知義務違反
　　争　点　診査の範囲
　　判旨
　　被告（保険会社）の診査医による前記診査内容も、治療目的でなく、危険測定の資料を取ることを目的として相当なものと認められ、もっと厳重な検査をすべきものであったことが認められず、被告会社の診査医が原告の異常を発見できなかったのは原告の前記不告知によるものとみとめられる（東京地裁平成2年12月20日判決）。

●**参考判例**（京都地裁平成4年7月30日判決）
　　事　案　告知義務違反
　　争　点　診査の範囲
　　判旨
　　被保険者が保険契約締結の際の診査の際に自己の正確な症状を告知しないこともあることに鑑みると、診査医は保険診査に当たっては開業医が保険診査のために通常要求されている所定の診察や検査を施せば足り、診査医は被保険者が有する疾患や症状を発見するためのあらゆる検査や診察方法を講じるまでの義務は負っていないというべきである（京都地裁平成4年7月30日判決）。

Ⅱ-2 危険選択の方法 その1－医的診査－　Ⅱ-2-1 診査医扱

●参考判例（京都地裁平成6年4月4日判決）
　事　案　肝臓疾患についての告知義務違反
　争　点　診査医にとって通常容易に発見可能であったものか
　判　旨
　　告知義務を履行しない被保険者に対し、各診査医らは通常行うべき診察をしており必要な注意は払ったものとみとめられる。原告らの主張する肝臓の腫大については、その時々で被保険者の状態は変化していて当時の状況は明らかでなく、被保険者から肝臓疾患の告知を受けておらず、これが念頭にない診査医らにとっては通常容易に発見可能であるとはいい難いし、飲酒量の問診や血液検査についても、肝臓疾患の告知を受けていない以上、診査医がこれらの措置を採用しなかったことが過失になるものとは認めがたい（京都地裁平成6年4月4日判決）。

●参考判例（前橋地裁平成6年9月27日判決）（東京高裁平成7年1月25日判決）（最高裁平成8年2月8日）
　事　案　告知義務違反
　争　点　診査の範囲
　判　旨
　　（第一審）　被告（保険会社）の内規では、保険金額が1億5千万円を超える場合、心電図および血液検査をすることとなっていたため、診査医は被保険者の心電図と採血をした。その結果、心電図では異常を認めなかったものの血液検査の結果では、4項目について正常値をはずれた値が出ていた。しかし、その程度の数値の場合は、被告の内規で、普通の保険料に会社が定めた特別保険料を1ランク加算したうえで契約可能と判断された。
　　保険者に商法678条1項但書ないし保険約款にいう過失なしとするには、医師が診断に使用するすべての検査を尽くすことを要するものではなく、告知の有無およびその内容程度に従い、通常容易に告知すべき事実を発見することができる程度の注意を保険者が払えば足りると解するのが相当である。血液検査の結果では、4項目について正常値をはずれた値が出ていたのであるから、仮に被保険者が通院加療の事実を告知していたとすれば、右数値の異常の程度が低くても、被告（保険会社）において、それ以上に被保険者の通院先への照会、病歴病状の調査、詳細な精密検査等をして健康状態の詳細の発見に努めることができたと思料される（前橋地裁平成6年9月27日判決）。
　　（第二審）　…保険診査医の過失が問題となるのは、申込者が告知義務に反し、事実の発見を故意に妨げまたは事実の発見に協力的でない場合であって、この点において保険診査医の立場は、患者から症状を告げられて積極的に診療を依頼される一般開業医のそれとは異なるのであって、両者の間に検査の種類に付き差異があるのは当然のことである。そして、保険診査医に過失がないというためには、一般開業医が診断を下すために行うすべての検査をすることを要するものではなく、保険診査医として、告知がなくとも告知すべき重要な事実を通常発見することができる程度の検査をすれば足りるものと解するのが相当である（なお、要求される医師の注意力の程度については、保険診査医と一般開業医との間に差異がないのはいうまでもない）。
　　被控訴人（保険会社）においては、血液検査や心電図検査は特殊な契約申込者の場合以外はしておらず、また、生体検査まではしていないが、このことは保険診査においては一般的な取扱いであることが認められるところから、このような一般的な取扱いが保険診査の制度に照らして合理性を欠くものとは認められない。（東京高裁平成7年1月25日判決）。
　　（最高裁）　上告棄却決定（平成8年2月8日）。

●参考判例（大阪高裁平成6年12月21日判決）
　事　案　保険者の過失
　争　点　触診の方法をめぐって
　判　旨
　　肝臓の腫大は、患者を仰臥位にしてから触診を行えば、医師にとってよりその把握が容易であり、平成

4年当時に発行された診査医向けの被控訴人の手引書にも、同旨の指示があるところ、A医師は本件診査においては、被保険者を座位のまま、腹部の触診を行っていることが認められるが、Y生命との保険契約を締結するにあたり、被保険者が受けた診査においては、仰臥位で腹部の触診が行われているにもかかわらず、同人の肝機能障害が看過されていること、また同人に対するY生命の診査は、座位のまま腹部の触診が行われているが、前記X生命の仰臥位で腹部の触診で発見できなかったことから、A医師の右診査方法をもって同医師に前記法条にいう過失があったということはできない（大阪高裁平成6年12月21日判決）。

● **参考判例**（大阪高裁平成7年2月1日判決）
　事　案　告知義務違反
　争　点　診査の範囲
　判　旨
　　肝硬変等と診断され、被保険者に対しては慢性肝炎である旨を告げられたが、家族には肝硬変であることが告げられた。
　　被保険者は、肝性脳症による軽い痴呆状態があったが、薬によく反応したこと、昭和60年7月には軽度の知能指数低下が認められた。
　　診査医師が被保険者に対して血液検査をせず、また、被控訴人（保険会社）に対し血液検査が必要である旨の報告をしなかったことが認められるが、それは同医師の診査時に被保険者や控訴人（受取人）が肝疾患のあることを故意に告げず、かつ同医師の診断では肝疾患を疑わせるような症状が把握できなかったためであることが認められる（大阪高裁平成7年2月1日判決）。

● **参考判例**（神戸地裁姫路支部平成7年2月15日判決）
　事　案　診査医の過失
　争　点　診査医の注意義務
　判　旨
　　本件保険は診査医の診査が必要な保険であったため、診査担当の医師は、取扱職員と同行して原告方に赴き、被保険者を診察した。
　　診査医師は、診断書作成に際し、通常診査項目のうち受診者（被保険者）の一般状態（皮膚・顔色・栄養の異常、浮腫、腺腫等）、呼吸器（肺打診異常、肺聴診異常等）、循環器、（心界拡大、心音異常、心拍不整等）、腹部（膨満、圧痛、抵抗、腫瘤・肝腫、脾腫等）、神経系（精神障害、知能障害、言語障害、振せん、麻痺等）、感覚器（視力障害、聴力障害等）、運動器（脊柱湾曲、四肢における欠損、跛行、強直等）、特徴（奇形（原因・経過）、灸痕、手術痕、はん痕、いれずみ等）、その他（右以外の特記事項）については、受診者を前にして状態を見て、次に聴診器をあて、身体をたたいて診察した（被保険者についてはいずれも「無」とされた）。
　　受診者の身長及び体重は受診者の告知により、脈搏は診査医師がそれをみ…血圧は受診者の右腕にマンセットを巻いて測定した。尿検査は受診者にコップを渡し、採尿したものに試験紙を浸して診察した。
　　診査医師は、告知書を作成する際、受診者と向き合い、受診者に告知書の内容を読んでもらい、間をおいて同医師が質問事項を読み上げ、受診者の答えどおりに、診査医師が有無いずれかに○をしていく方法をとっている。いずれの項目もについても「無」欄に○印が付けられた。そして、診査医師が作成した被保険者の関係で作成した告知書には被保険者が署名した。
　　原告は診査医が診査手続きにおいて注意義務を怠ったと主張するが、以上の事実より診査医に過失は認められない（神戸地裁姫路支部平成7年2月15日判決）。

Ⅱ-2 危険選択の方法 その1－医的診査－　Ⅱ-2-1 診査医扱

●**参考判例**（横浜地裁平成7年11月10日判決）
　事　案　告知義務違反
　争　点　診査の範囲
　判　旨
　　被保険者が被告（保険会社）からの質問に対して肯定の回答をしたとすれば、被告は、その委託した医師に被保険者を診断させ、被告の費用で肝臓の検査、血液、心電図等の検査を実施し、あるいは、過去の診察や血液検査などの結果を医療証明として取り寄せることによって、肝臓の検査数値が正常値の範囲よりかなり高い数値を示していること、…告知直前に病院に受診し、胸の痛み手足の腫れを訴えていたこと等の事実を知る可能性があるといえる。
　　検査結果の内容によっては、肝臓の障害が慢性化していることを推察できること、胸の痛みは肝臓あるいは循環器等の疾患の一つの徴表であることが認めることができるから、被告は、被保険者に対する検査結果、医療証明によって取り寄せたカルテを検討した結果によっては、本件契約を締結しなかったといえる（横浜地裁平成7年11月10日判決）。

(4) 診査医の注意義務の程度（範囲）

　診査医は、保険会社の機関あるいは代理人として告知受領権を有していることから、診査医の知または過失による不知は保険会社の知または過失による不知となる。
　改正前商法678条1項但書（保険法55条2項1号・84条2項1号）とそれと同趣旨の普通保険約款にみる保険契約を解除できない場合の規定、すなわち、「会社が、保険契約の締結、復活または復旧の際、解除の原因となる事実を知っていたとき、または過失のため知らなかったとき」の趣旨は、取引上における衡平の観点から告知義務違反があった場合でもなお保険会社を保護するのが相当でないと考えられるような保険会社の不注意がある場合を指すものと解されている。
　診査における過失が保険会社の過失となるか否かは、普通、一般の開業医が通常発見しうる病症を不注意により看過したかどうかを基準として決定すべきである（西島梅治『保険法』342頁、悠々社・1998）。

●**参考判例**（大審院明治45年5月15日判決）
　事　案　告知義務違反
　争　点　診査医の注意義務の程度
　判　旨
　　保険医の過失の有無に付いても亦保険医が被保険者の診断上普通開業医が通常発見し得べき病症を不注意に因り看過したるや否やを以て標準とすべく、保険医をして夫れより以上の注意を為すの責に任せしむることを得ず（大審院明治45年5月15日判決）。

●**参考判例**（福岡地裁小倉支部昭和46年12月16日判決）
　事　案　告知義務違反
　争　点　診査医の注意義務の範囲
　判　旨
　　保険会社の診査医は、その職務の性質上被保険者の告知を受領する代理権を与えられているものと認めるのが相当である。
　　したがって、診査医に過失があった場合には保険会社に過失があったものというべきである。そして、その過失の有無は、普通一般の開業医が通常発見しうる病症を不注意により看過したか否かによって決すべきものと解するのが相当である（福岡地裁小倉支部昭和46年12月16日判決）。

●**参考判例**（福岡地裁久留米支部昭和53年6月5日判決）
　事　案　告知義務違反
　争　点　診査医の注意義務の範囲
　判　旨
　　被告（保険会社）嘱託医が、被保険者を診査した際に同人の直腸癌の容疑を発見できなかったのは右医師の過失である旨主張するが、嘱託医が診査の際、被保険者は既往症やその他健康状態の異常につき何等告知しなかったことは前記認定の通りであり、嘱託医が直腸癌であることを発見しなかったことをもって、同医師に過失があるとは認められず…（福岡地裁久留米支部昭和53年6月5日判決）。

●**参考判例**（東京地裁昭和60年5月28日判決）
　事　案　告知義務違反
　争　点　診査医の注意義務の範囲
　判　旨
　　被保険者の告知義務違反は悪意によるものであり、診査医の質問方法が抽象的、一般的であり、血圧についての質問をしていない旨の原告主張であるが、その診査は、身長、体重、胸囲、両腕の血圧等を測定して最後に心電図を撮っている。また、右測定の間、診査医は所定の質問事項にほぼ基づいて、過去の病歴、現在の健康状態、血圧等につき質問し、被保険者の回答を診査手控えに記載している。以上より、原告の主張は認められない（東京地裁昭和60年5月28日判決）。

●**参考判例**（東京地裁昭和61年1月28日判決）
　事　案　告知義務違反
　争　点　診査医の注意義務の範囲
　判　旨
　　被告（保険会社）診査医が昭和×年×月×日被保険者を審査した際、心電図検査及び肝機能に関する血液検査をしたが、胸部レントゲン写真撮影、喀痰検査及び肺機能検査などをしなかったことに争いはない。
　　原告は、本件保険金額が高額で、被保険者は成人病多発年代にあり、右各検査は安価簡易であったから、被保険者に対して右各検査をしなかった被告（保険会社）には過失があると主張する。
　　しかしながら、商法678条1項但書にいう過失とは、保険契約者が告知義務違反をしたにも拘らず、取引上における衡平の観点からみて保険者を保護することが相当でないと考えられるような保険者の不注意を指すのであるから、保険者に過失なしとするには、医師が診断に使用するすべての検査を尽くすことを要するものではなく、告知の有無及びその内容程度に従い、通常容易に右の重要な事実を発見することができる程度の注意を保険者が払えば足りると解するのが相当である。
　　…被保険者が胸部レントゲン写真で異常が存在すること、肺に疾病が存在する可能性があること及び医師に入院を勧告されて入院予約をしたことのいずれか一つでも告知したとすれば、被告診査医は胸部レントゲン写真撮影やその他の検査方法を用いて、被保険者の生命に潜む危険の発見に努めたはずであり、被告診査医がそれをしなかったのは、被保険者が右の告知をしなかったことによるもので…診査医に注意義務違反はない…（東京地裁昭和61年1月28日判決）。

●**参考判例**（大阪地裁昭和61年9月24日判決）
　事　案　告知義務違反
　争　点　診査医の注意義務の範囲（診査医は、被保険者の身長、体重等（肥満体であった）から当然に高血圧などの疾患を想定し、血圧測定の他に、更にその有無を追及すべきか否か）
　判　旨
　　高血圧症は、測定値が正常である限り、告知がなければ容易に診断しにくいものであり、また特段の他覚症状も認められなかった。しかも、被保険者は現に血圧降下剤による治療を受けていることを自覚認識

II-2 危険選択の方法 その1－医的診査－　II-2-1 診査医扱

しながら敢えてそれを告知しなかったものである。
　以上からすると、診査医が血圧などの一応の質問に対する不告知に対し、それ以上に厳しく深く追及することなく被保険者の高血圧症で治療中の事実を知り得なかったことにつき、保険者として何等かの注意義務を怠り過失があったとはにわかにはいいがたい（大阪地裁昭和61年9月24日判決）。

●参考判例（東京高裁昭和61年11月12日判決）
　事　案　告知義務違反
　争　点　診査医の注意義務の範囲
　判旨

　控訴人（受取人）は…被保険者に対しこれを想起させるような具体的質問をすべきであるのに、これをしなかった過失がある旨主張する。
　しかし、前記認定のとおり、診査医は、被保険者に対し、病歴につき包括的に質問した上、告知書の質問事項に入っているものであり、その3項も「病気のため検査をすすめられていますか」というものであって、一般人が素直に答えようとすれば、5ケ月位前に一般開業医において入院検査を受け、さらに進んで大学病院で入院による精密検査を受けたことは容易に想起できる内容のものと認められるから、本件において、被控訴人（保険会社）に控訴人主張のような過失があるとはいい得ず、前記認定の診査の状況からすれば、本件において、被控訴人に重要な事実を発見するため通常払うべき注意は払ったものと認めるに足る（東京高裁昭和61年11月12日判決）。

●参考判例（山形地裁昭和62年4月1日判決）
　事　案　告知義務違反
　争　点　診査医の注意義務の範囲
　判旨

　両座骨神経不全麻痺の病名の告知を受け、さらに、自宅から遠距離にある整形外科に3日に1回通院しており、単なる老人性の神経痛でなくより重篤な疾患であることを自覚していたことは推認でき、重大な過失があったといわざるを得ない。
　主治医の証言によれば、本件保険契約の締結日の1ケ月前頃、被保険者はどちらかといえば右足を引き摺るような感じであったが、専門家でないと見付けられないくらいの上手な歩き方であったという。保険診査は、被保険者から治療事実の告知を受けておらず、その足の具合が悪いことに疑問も抱かなかったとが推認される。診査医が症状や治療の事実に気付かなかったことをもって、被告保険会社に過失があったとはいえない（山形地裁昭和62年4月1日判決）。

●参考判例（名古屋地裁昭和63年1月25日判決）
　事　案　告知義務違反
　争　点　診査医の注意義務の範囲
　判旨

　被告保険会社の診査医が昭和×年×月×日被保険者宅を訪問し…被保険者が各質問事項について「なし」と記載の内容の告知書を作成したうえ、同診査医において被保険者の血圧、尿、心電図等の検査および腹部等の触診を行った結果健康体であるとの診査意見を出していることが認められる。
　右認定事実からすると、右診査医は被保険者が肝硬変に罹っていることを診断し得なかったのであるが、しかし右診査は被保険者が告知書を作成したうえ行われているものであり、肝硬変の診断のための血液検査などが行われていないのであるから、同医師において被保険者が肝硬変に罹っていることを知らなかったとしても、過失があったということはできない（名古屋地裁昭和63年1月25日判決）。

●**参考判例**（京都地裁平成 4 年 7 月30日判決）
　事　案　告知義務違反
　争　点　診査医の注意義務の範囲
　判　旨
　　審査は被保険者を必ずしも全裸にすることなく行われることを勘案すると、同医師が診査をなす際の注意義務を充分果たさなかったとまで言うことはできず…（京都地裁平成 4 年 7 月30日判決）。

●**参考判例**（京都地裁平成 5 年 9 月21日判決）
　事　案　告知義務違反
　争　点　診査医の注意義務の範囲
　判　旨
　　…ところで、商法678条 1 項但書の「保険者が過失によって重要な事実を知らなかったとき」の過失とは、保険契約者が告知義務違反をしたにもかかわらず、取引上における衡平の観点からみて保険者を保護することが相当でないと考えられるような保険者の不注意をいうものと解すべきであるから、保険者に過失がないというには、医師が診断するのに使用する全ての検査を尽くすことを要するものでなく、告知がなくても通常容易に重要な事実を発見することができる程度の注意を払えば足りるというべきである。
　　原告らは、診査医は血液検査などをすべきであったのにこれを怠った旨主張するが、その前提たる肝臓疾患の疑いを抱くに至らなかった以上、血液検査等を行うべき注意義務があるとはいえない（京都地裁平成 5 年 9 月21日判決）。

●**参考判例**（京都地裁平成 6 年 4 月 4 日判決）
　事　案　告知義務違反
　争　点　診査医の注意義務の範囲
　判　旨
　　原告らは、被保険者の肝臓疾患は、右診査医らにおいて発見できたにもかかわらずこれをできなかったことに被告の過失があると主張するが、商法678条 1 項但書の保険者の過失とは、保険契約者ないし被保険者が告知義務違反をしたにもかかわらず、取引の衡平の観点から保険者を保護するのが相当でないと考えられる保険者の不注意をいうものであるから、診査医にあっては利用できるすべての検査を尽くす必要はなく、告知がなくても通常容易に重要な事実を発見できる程度の注意を払えば足り、この注意が払われていれば保険者に過失はないというべきである（京都地裁平成 6 年 4 月 4 日判決）。

Ⅱ-2-2　健康管理証明書扱

　保険申込者（被保険者）が、衛生管理や出勤管理の十分に行き届いている官公庁あるいは企業体に所属している者である場合、そこでの定期健康診断の結果や出勤状況等、当人の健康状態に関する健康管理証明者（衛生管理証明者）からの証明をもって、診査医による保険診査に代えることができる。この方式を「健康管理証明書扱（証明書扱）」という。
　この健康管理証明書扱（証明書扱）が適用されるには、被保険者の所属する企業の従業員数が一定数以上で（一般には20～30名）、毎年一回以上、全従業員に対して法令による定期健康診断が実施されていること、及び法令にいう衛生管理者が任命されていることが必要である。また、その企業と保険会社間でその適用についての協定が取り交わされていなければならないことはいうまでもない。
　なお、この健康管理証明書扱（証明書扱）の他に、企業体の事業主が契約者となり、一定以上の従業員を被保険者として一括の契約申込がある場合、保険会社が被保険者となるべき者の定期健康診断の成績や出勤状況を自ら確認することにより、先の保険診査に代える方法もある。これを「健康管理証明書扱（団体扱）」という。先の健康管理証明書扱（証明書扱）と相違するところは、被保険者が一

定数以上（一般には20名以上）の同時申込ある団体扱であること、被保険者個々の告知書や健康管理証明書の提出が必要とされないこと等々である。

さて、先の健康管理証明者（衛生管理証明者）の任務は、当該被保険者の健康診断結果中、保険加入に必要な医的情報を当人のカルテより健康管理証明書に転記することであり、告知事項の内容確認等は一切行う必要はない。したがって、告知内容との関連において、健康管理証明者の保険加入者についての知あるいは過失による不知といった問題は原則として生じない。

なお、証明する側の責任問題については、各保険会社が証明委嘱先の企業と取り結んでいる協定書中で、概ね「証明者の作成する証明書は、生命保険契約申込者の健康管理書類からその内容を転記したものであり、その転記に誤りのない限り、保険金支払等に関する責任は一切保険会社にあるものとします。したがって、証明後の健康上の変動や上記書類に記載のない事実があったとしても、健康管理証明書扱（証明書扱）の企業には何等責任ないものとします」と約定しているとおりである。ただ、転記するに際し、健康管理証明者（衛生管理証明者）の悪意または過失によりカルテに記載された内容の全部もしくは一部について誤記入があった場合、その責はいずれが負うかが問題となる。このうち、証明者の過失から生じる結果については、少なくとも保険会社が協定をとおし、その相手方に、保険申込者の健康状態についての証明を委嘱し、その内容をもって契約引受の判断材料としている以上、原則として保険会社がその責を負わざるを得ないと判断される。もっとも、健康管理証明者の悪意によるものについては、それが契約者との関係から生じたものであれば、当然に契約者がその責を負うことになる。

また、人間ドック扱などもある。人間ドック扱とは受診した「人間ドック（総合健診）」の検査成績表を被保険者の告知書と一緒に提出してもらうことにより、「医師による診査」に代える制度である。

保険会社によっては、自治体や勤務先の健康診断結果通知書を利用する「健康診断結果通知書扱」の取扱いも人間ドック扱に準じた選択方法として行われている。

●参考判例（札幌地裁昭和56年3月31日判決）
事　案　承諾前死亡
争　点　保険者の承諾義務をめぐって
判　旨
　本件「事業保険扱い」の生命保険契約の申込で、団体診査方式によることが予定されていたが、当該被保険者についての定期健康診断書が未作成であったため、これによることができず、保険者から別途健康診断書の提出が求められていた。しかし、被保険者はそれを未提出のまま死亡する。…本件生命保険契約は医師扱いの保険であったにもかかわらず、原告が被保険者をして被告保険会社の医的診査を受けさせないままでいたところ、被保険者が死亡してしまったものであること、しかも右診査を受けなかったことにつきやむをえない特段の条件が認められないところから、被告保険会社に当該申込契約を成立させる義務はない…（札幌地裁昭和56年3月31日判決）。

Ⅱ-2-3　生命保険面接士扱

生命保険面接士が被保険者に面接し、種々の確認・観察をなして提出する報告内容をもって診査医のなす保険診査に代えることができる。これを「生命保険面接士扱」という。なお、この生命保険面接士（以下「面接士」という）には保険会社は告知受領権を与えていない。

面接士の任務は、①被保険者または契約者に対する告知書記載事項の確認、②被保険者の身長、体重の確認、③被保険者の顔色、言語、歩行、外見上の特徴等の観察（望診）及び④それら結果の「面接報告書」による報告である。しかし、この過程において、診査医のなす診査とはあくまでも一線が画されねばならず、特に医師法17条（非医師の医業禁止）、同18条（非医師の医師名称使用禁止）等と

の抵触は厳に避けるべきものとされている。したがって、面接士は契約者または被保険者が記入した告知書を確認するに際し、告知が各質問事項に則してなされているかどうかを点検し、不明確・不明瞭な点があればそれを質すにとどまらなければならない。面接士には、「告知受領権」はないものとされているので、面接士が被保険者の健康状態を知っていたり、あるいは過失によってそれを知り得なかったときでも、それをもって保険会社の知、あるいは過失不知とされることはない。

なお、保険法の保険媒介者は、雇用関係にある営業職員及び委任関係にある代理店等が当たるが、業法上の募集主体でなくても、保険媒介者の定義に実質的に該当するものがあれば該当するとされる。例えば、生命保険面接士が告知妨害に該当する行為を行ったようなときは告知妨害の規定を類推適用すべきであると解される（山下＝米山・前掲書540頁［山下友信］）。

●**参考判例**（和歌山地裁平成19年1月25日判決、平成18年（ワ）第330号、事例研レポ238号1頁）
　事　案　告知義務違反
　争　点　生命保険面接士の取扱い過失の有無
　判　旨
　　被保険者が健康診断の結果について「ここは分かりません。」と答えたのであるから、これを受けた生命保険面接士は、被保険者に対して健康診断の結果を確認するように指示することは極めて容易であったし、健康診断の結果を確認するよう指示すべき注意義務があった。しかし、同面接士はこれを怠ったのであるから、保険会社に過失があったと言わなければならない。
　　生命保険面接士としては親切心から先を見通した質問をして助言したものと推察するが、当該告知事項が保険契約締結に当たって極めて重要な内容であることは保険面接士の立場からは容易に理解できるところであるから、勤務先会社における健康診断の結果を被保険者自ら再確認するよう指示・助言すべきであったと言わなければならない。その内容を勤務先会社に再確認することがそれほど煩瑣ではないことを考慮すれば、なおさらである。
　　したがって、本件で問題となっている告知事項に関する被保険者の重過失による不実告知につき、告知受領権がないとは言え保険会社の履行補助者ともいうべき保険面接士にも軽率な点があったと言わざるを得ない。そうすると、衡平の観点からみて、保険会社を保護するのが相当でないと考えられるような保険会社の不注意があったと評価できるから、本件保険約款17条所定の契約解除制限事由があると言うべきである（和歌山地裁平成19年1月25日判決、平成18年（ワ）第330号、事例研レポ238号1頁）。

●**参考判例**（東京地裁平成18年2月24日判決、平成15年（ワ）第29845号）（東京高裁平成18年8月8日判決、平成18年（ネ）第1761号）
　事　案　生命保険面接士への告知
　争　点　告知義務を果たしたことになるか
　判　旨
（**第一審**）　Aには、J組契約申込に際し、告知義務違反があったものと認めることができる。この点、原告は、営業職員に対し、被保険者のJ組契約申込み前に、被保険者が高血圧であること及び肝臓疾患のため通院していることを告げており、また、被保険者も、面接士に対し、血圧が高く投薬治療を受けている事実及び肝臓疾患を患っている事実を告げている旨主張し、これに沿う証拠…もあるが、これらの証拠には客観的裏付けがなく、また、被保険者が被告保険面接士に肝臓疾患を告げたのなら、なぜ被告保険面接士がその旨記載するよう助言しなかったのか疑問であるし、被保険者も高血圧について自筆で告知書に記載しているのに対比して、なぜ肝臓疾患については記載しなかったのか疑問であることも勘案すると、そのまま採用することはできない。また、営業職員及び被保険者の面談を行った被告保険面接士が告知受領権を有する者であると認めるに足る証拠はないから、仮に被保険者が営業職員あるいは被告保険面接士に肝臓疾患を告げていたとしても、被告に対する告知にはならないというべきである。
　3争点(3)（原告あるいは被保険者が、営業職員あるいは被告の生命保険面接士に対する、肝臓疾患を告

Ⅱ-2 危険選択の方法 その1 −医的診査−　Ⅱ-2-3 生命保険面接士扱

げた事実の有無、その事実は信義則違反の評価根拠事実となるか。）について
　上記2記載のとおり、原告主張に沿う部分は採用し得ず、その他、被保険者が、営業職員あるいは被告の生命保険面接士に対し、肝臓疾患を告げたとの事実を認めるに足る証拠はない。
　よって、原告の、信義則違反の主張には理由がなく、原告の主張が被告の過失による不知との主張であると解したとしても、営業職員及び被保険者の面談を行った被告保険面接士が告知受領権を有する者であると認めるに足る証拠はないから、原告の当該主張にも理由がない（東京地裁平成18年2月24日判決、平成15年（ワ）第29845号）。

（第二審）　平成12年9月9日に告知義務違反により、組契約を解除する意思表示をした上、被保険者又は控訴人との間で、その承諾の交渉を始めたが、被保険者の承諾を得られたとして、同年11月28日、被保険者において、被控訴人に対して、組契約の解除を了承するとともに、「今後本件に関し一切の異議申し立てをしません。」と記載された承認書を提出し、解除返戻金として、告知義務違反による解除返戻金より多額で既払込保険料に当たる30万4676円を受領した。その間、被控訴人は、控訴人の要請を受けて、同年11月24日入院給付金として140万9427円、同年12月1日特定疾病保険金等として102万7108円を交付したこと。
　以上に認定の諸事実に照らすと、原判決も説示するとおり、被保険者は、平成6年6月からC型肝炎に罹患して通院治療を受け、平成11年9月には、F病院において4回にわたり受診していたのであるから、被保険者がC型肝炎で通院していることを告知すべきことは明らかであるにもかかわらず、上記告知書において、高血圧と診断されて投薬を受けている旨を記載して申告しながら、C型肝炎に罹患していることを申告していないのであるから、このことをもって、被保険者が、組契約申込に際し、告知書に記載すべき事項を記載せず、告知義務に違反したものというほかはなく、他に被保険者において肝臓疾患について告知しなかったことをやむを得ないとする特段の事情もうかがえない。
　もっとも、控訴人は、被保険者も、控訴人も、営業職員又はH面接士に対し、被保険者が肝臓が悪いことを告げていたのであり、営業職員又はH面接士が被控訴人の履行補助者であるから、履行補助者に告知があった以上は、被控訴人は、信義則上、告知義務違反を主張し得ないと主張する。
　しかしながら、被保険者自身が、前記告知の面接に際して、高血圧症については告知しているものの、肝臓疾患に関して記載していないことは既に説示したとおりであり、H面接士が、被保険者から聴き取ったことを告知書に記載し、被保険者もその記載内容について確認していることがうかがわれることに加えて、上記告知制度が、生命保険契約の申込みに際して、その事前審査の一環として、保険契約者本人又は被保険者本人に対し、過去又は現在の病歴等に関する質問事項に回答を求めるものであって、その事柄の性質上、保険契約者本人又は被保険者本人が自ら回答し、かつ、本人の告知した内容に従って告知書が作成されることが重要であり、その記載内容が第一に重視されるべきものであることをも併せて考慮すると、控訴人の主張に沿う証拠（〔証拠略〕、証人D、控訴人）のみでは、控訴人の上記主張を認められず、他に控訴人の主張を認めるに足りる証拠はない。
　そのほか、本件全証拠によっても、告知義務違反を理由とする被控訴人による解除について、信義則に違背することをうかがわせる事情も認めるに至らない（東京高裁平成18年8月8日判決、平成18年（ネ）第1761号）。

●**参考判例**（広島地裁平成14年12月24日判決、平成14年（ワ）680号）
　事　案　告知義務違反
　争　点　生命保険面接士の義務・権限の範囲
　[判旨]
　証拠［略］によれば、被告における保険面接士の義務・権限は、被保険者が告知書の質問にありのまま正確にもれなく記入するよう助言すること、被保険者の容貌、外見などを観察した結果をありのままに報告書に記入して報告することであることが認められるところ、Dがこの義務・権限に違反したことを窺わせる事情は認められない。また、告知時における診査の範囲と程度は、被保険者からの告知が真実であることを前提として、被保険者の疾患や症状を発見するために必要なあらゆる検査方法・診察方法を講じる義務はないと解されるところ、不整脈あるいは心房粗動について被保険者から告知がなかった本件におい

ては、Dは取引上十分な注意義務を尽くしたというべきであり、被保険者の心臓疾患の可能性を認識する手がかりが被告に与えられていたとみることはできない。したがって、Dにおいて過失は認められず、その他本件全証拠によっても、被告の過失を認めるに足りない。よって、原告の再抗弁1は採用することはできない（広島地裁平成14年12月24日判決、平成14年（ワ）680号）。

●**参考判例**（岡山地裁倉敷支部平成17年1月27日判決、平成15年（ワ）276号）（広島高裁岡山支部平成17年11月11日判決、平成17年（ワ）68号）
事 案　告知義務違反
争 点　生命保険面接士の観察と保険者の知・過失不知の有無
判 旨

（第一審）　そこで、まず、本件の場合に、被告が、解除の原因となる事実（本件告知事項）を知っていたかにつき、以下検討する。この点、原告は、本件外務員は、本件告知事項を知っていた旨主張する。

しかしながら、本件外務員は、原告から本件保険金の請求がなされた後、被告において告知義務違反の成否について調査した際、亡Aについて、顔色が赤黒い人だと思うも仕事の関係だと思った、特に異常があると聞いていないなどと報告している〔証拠略〕。

また、亡Aが良く飲みに訪れていた焼鳥屋「I」の経営者である証人Jも、①亡Aは、顔が赤銅色で肝臓を患っているようであり、亡A自身、あまり飲まない方が良いと述べていたが、具体的な病状についてまでは聞いておらず、死亡するほど悪いとは思っていなかった、②同じく「I」の常連であったFは、亡Aが肝臓の病気を持っていることを知っていたと思うが、Fの妻である本件外務員が知っていたか否かは分からないと供述しているに過ぎず、同人の供述から、本件外務員が本件告知事項を知っていたものと認めることはできない。

そして、Fも、①亡Aは肝臓が悪いと言っていたが、どの程度悪いのかは聞いておらず、医者にかかったり薬を飲んだりしているとも言っていなかった、②亡Aは、仕事で日に焼けた顔色をしていたのであり、肝臓の悪い人の顔色とは違っていた、③妻である本件外務員には、亡Aに肝臓の病気があることは話していないなどと、上記原告主張事実を否定する供述をしている（証人F）。なお、平成14年7月9日にFとG弁護士が電話で話した際のメモ〔証拠略〕には、亡Aから、肝臓の病気があるが加入したいと言われて契約をした旨の記載があるが、Fは、上記のような会話をした記憶がない旨供述していること（証人F）や、上記メモに記載されたその他の会話内容などに照らすと、同メモの記載内容をもって、ただちに本件外務員が本件告知事項を知っていたものと認めることはできないし、他にこれを認めるに足りる証拠もない。

したがって、本件外務員が本件告知事項を知っていたものと認めることはできない。

また、仮に本件外務員が、本件告知事項を知っていたとしても、本件保険契約の申込書〔証拠略〕には、外務員は保険契約締結の媒介を行うものであって、保険契約締結の代理権は存在しない旨が記載されていることや、主契約約款において、会社が保険契約の締結の際、書面で告知を求めた事項については、書面により告知することを要する（ただし、会社の指定する医師が口頭で質問した事項については、その医師に口頭により告知することを要する。）ものとされ、ご契約のしおり〔証拠略〕にも、被告指定の医師以外の職員に口頭で話しただけでは告知したことにはならない旨の記載があることなどからすると、外務員には、告知受領の権限も存在しないものというべきであるから、本件外務員が本件告知事項を知っていたとしても、これをもって被告が本件告知事項を知っていたものと認めることはできない。

さらに、本件面接士は、原告から本件保険金請求がなされた後、被告において告知義務違反の成否について調査した際、面接当時の亡Aの様子につき、①面接待機時に隙間から事務所内を窺う不審な行動があった、②顔色が赤黒い人だったなどと述べている〔証拠略〕が、同事実をもって、被告が本件告知事項を知っていたものと認めることはできないし、他に被告が本件告知事項を知っていたものと認めるに足りる証拠もない。

次に、被告が本件告知事項を知らなかったことにつき過失があったかにつき検討するに、本件面接士が、面接の際に上記①のような印象をもったとしても、このことと、亡Aの既往症とは直接の関連性があるものとは言い難いし、②の点についても、亡Aが職業柄日焼けしていたとも考えられる（〔証拠略〕、証人F）

のであって、顔色が赤黒いということだけで、肝臓疾患を疑うべきとすることもできない。本件においては、本件面接士が亡Aと直接面接した上で、告知事項についての確認をしたところ、亡Aは、本件告知事項を告知せず、前記前提事実(4)記載のとおり、本件告知書に不実の記載をしたものであり、このような事情をあわせ考えると、本件面接士が、面接の際に、上記①、②のような印象をもったとしても、それだけで、直ちに被告において本件告知事項を知らなかったことにつき過失があったものと認めることはできず、他にこれを認めるに足りる証拠もない。

　以上検討したところによれば、告知義務違反を理由とする本件保険契約の解除は有効であるというべきであるから、被告には、本件保険金を支払う義務はない（岡山地裁倉敷支部平成17年1月27日判決、平成15年(ワ)276号）。

(第二審)　更に、本件面接士は、本件保険事故発生後、控訴人から告知義務違反の成否に関する調査を受けた際、本件保険契約締結前の面接時のAの様子につき、①面接待機時に隙間から事務所内を窺う不審な行動があった、②顔色が赤黒かったなどと述べているが、これは、告知義務違反の成否に関する調査の際の陳述であるから、事後的に振り返ってみると、Aの行動に不審な点があり、顔色の赤黒さが肝機能障害を示すものであったというに過ぎず、本件保険契約締結前の認識を正確に述べたものであるとは断定できない上、本件面接士は、本件保険契約締結前の平成9年11月23日にAと面接した結果を記載した報告書には、Aの顔面・顔ぼう等に異常がなかった旨記載していること、本件外務員は、本件保険契約の締結前に作成した副申書には、Aの現症・既往症・身体の障害について確認した結果気付いたことはない旨記載していること、Aの職業につき、A自身は告知書の職業欄に溶接工と記載しており、Fは原審証人尋問でAは鳶職等をしていたようであると述べていることなどに徴すると、本件保険契約締結前、Aの顔色が赤黒かったとしても、それが直ちに肝機能障害を疑わせるものであったかどうかは疑問であり、職業柄日焼けしていたとみる余地があるし、また、本件保険契約締結前の面接待機時に隙間から事務所内を窺ったというだけでは、その具体的な態様が何ら明らかでなく、直ちに不審な行動であると決め付けることはできない。

　以上のとおり、本件外務員及び本件面接士が本件告知事項を知っていたと認めることはできず、他に、被控訴人が本件告知事項を知っていたことを窺わせる証拠は存しない（広島高裁岡山支部平成17年11月11日判決、平成17年(ワ)68号）。

●**参考判例**（津地裁四日市支部平成4年10月29日判決）
　事　案　告知義務違反
　争　点　生命保険面接士の過失有無
　|判　旨|
　生命保険面接士は被保険者に面接して「報告書」を作成しているが、「報告書」の「体型・体質、顔色・顔ぼう、皮膚、姿勢、言語・知能、歩行状態、異常運動、外見上認められる身体の障害・特徴・その他」の各質問欄のすべてには「無」の箇所に〇印が付されている。…また、被告（保険会社）は告知受領当時、取引上相当と認められる注意を尽くせば足りると解されるところ…告知状況に照らすと…右面接士に告知受領権が存するか否かはさておき、右面接士は、告知受領当時、取引上相当と認められる注意を尽くしたものと考えられるから、被告に過失は存しないものといわざるを得ない（津地裁四日市支部平成4年10月29日判決）。

●**参考判例**（東京地裁昭和63年12月23日判決）
　事　案　告知義務違反
　争　点　生命保険面接士の役割
　|判　旨|
　原告は、検定調査士（現・生命保険面接士）から既往症等について「告知書」と題する印刷物の各欄によりその有無の記入を求められている。検定調査士の役割は、「告知書」に既往症等の記載を求め、外観を観察するもので…証人Aと検定調査士、営業職員の各証言および原告本人尋問結果によれば、原告は本件

契約締結当時、外見上健康体に見え、建設会社で特に欠勤することもなく普通勤務していたことが認められるが、そのことによって告知義務違反の効果を免れることはできず…（東京地裁昭和63年12月23日判決）。

II-3 危険選択の方法　その2－被保険者の告知－

II-3-1　告知義務制度の趣旨

　保険制度を健全かつ合理的に運営していくには支払保険金の総額と収入純保険料の総額とが相等化される必要があり、その間のバランスを保っていくうえから、保険者は個々の契約締結に際して保険事故発生の危険性を正しく測定しなければならない。保険会社はこの均衡を保つものでなければ保険事業を合理的に運営することができない。そのため、危険の選択を厳密にして、保険の技術的基礎を危うくしないよう被保険者を選択しなければならない。

　そこで、法は保険事業の合理的運営を図るため、危険測定上最も必要な事項は保険契約者及び被保険者が最もよく知る事項が多く、保険者が全てを調査し尽くすことは困難であるところから、保険契約者及び被保険者に協力を求め、危険測定上重要な事項または事実について彼らから告知を求めることとしたのである（保険者の側の技術的要請から情報提供義務としての告知義務を保険契約者側に課している。山下＝米山前掲書163頁〔山下友信〕）。

　すなわち、保険法37条は、「保険契約者又は被保険者になる者は、生命保険契約の締結に際し、保険事故（被保険者の死亡又は一定の時点における生存をいう。）の発生の可能性（「危険」という。）に関する重要な事項のうち保険者になる者が告知を求めたもの（55条第1項及び56条第1項において「告知事項」という。）について、事実の告知をしなければならない」と規定しており、また、66条は、「保険契約者又は被保険者になる者は、傷害疾病定額保険契約の締結に際し、給付事由（傷害疾病による治療、死亡その他の保険給付を行う要件として傷害疾病定額保険契約で定める事由をいう。）の発生の可能性（「危険」という。）に関する重要な事項のうち保険者になる者が告知を求めたもの（84条1項及び85条1項において「告知事項」という。）について、事実の告知をしなければならない」と規定している。

　なお、ここで述べた制度必要性の理由は「危険測定説」として現在の通説とされている。この通説に対し、説明が不十分であるとして、「保険契約の射倖契約性を併せ考えなければならない。保険契約者は保険事故発生の可能性の大小に影響を及ぼす事実を知っているが、保険者はこれを知らないという場合に、保険契約者がその事実を伏せたままで契約を締結するのは、公正とはいえない。保険契約者がかかる事実を知っている場合には、契約締結に先立ちてこれを保険者に開示することが信義則上とくに要請される。保険者が危険測定のために保険契約者の協力を必要とする事情があるほかに、さらに保険契約の構造自体の中に、保険契約者に告知を要求することを正当ならしめる事情が含まれている」（中西正明『生命保険入門』109頁、有斐閣2006年）とする「射倖契約説」も有力である。また、このほかにも「善意契約説」、「合意説」、「担保説」、「暗黙契約説」等々がある。

　このように、保険会社は自ら医的診査を実施するほか、告知制度をとおして危険選択をより磐石なものとしている。

●**参考判例**（東京高裁平成元年8月28日判決）
　事　案　告知義務違反
　争　点　重要なる事実は主観的なものか客観的なものか
　判　旨
　　重要なる事実とは、危険測定に関し、保険者がその事実を知ったならば保険契約の締結を拒絶したか、

Ⅱ-3 危険選択の方法 その2 -被保険者の告知- Ⅱ-3-2 告知義務者(含、未成年者の告知)

少なくとも同一条件では契約締結をしなかったであろうと考えられる事情を意味し、その判定は、保険の技術に照らして、当事者の主観にかかわりなく、客観的になすべきものと解されている（東京高裁平成元年8月28日判決）。

● **参考判例**（東京高裁平成元年8月28日判決）
事　案　告知義務違反
争　点　重要なる事実をめぐって
判　旨
　被保険者の健康状態は外見や日常の生活状況等からは必ずしも十分に把握し得ないことから、既往症の告知が重視され、既往症が商法第678条第1項にいう「重要なる事実」に該当するとされることがあるのであって、本件において被保険者の健康状態が外見上良好と判断されたとしても、そのことから既往症についての告知義務が軽減され被控訴人（保険会社）の解除権行使が制限されるものでないことはいうをまたない（東京高裁平成元年8月28日判決）。

Ⅱ-3-2 告知義務者（含、未成年者の告知）

　生命保険契約における告知義務者は、保険契約者または被保険者になる者である（保険法37条、同66条、普通保険約款）。保険契約者に加えて被保険者も告知義務者とするのは、被保険者自身が自己の健康状態や過去の病歴について詳しいはずであるからである。

　告知義務者が未成年の場合、その者に行為能力がなくても意思能力があれば告知をなし得るとされている。告知義務そのものは真正の法的義務ではなく、告知をすることによって直接権利義務が生じるものではなく、自己の健康状態について告知すれば足りるところから、行為能力はなくても意思能力（事理弁識能力）さえあればそれをなし得ると考えられている。したがって、その限りにおいて未成年者も告知義務者となる。なお、意思能力のない子供、例えば、事理弁識能力のないような幼児は除かれることとなるが、事理弁識能力の程度はそれぞれ異なる（意思能力が備わる年齢として、一般に財産行為については7歳程度、身分行為については15歳くらいがそれぞれ基準であるとされている（谷口知平＝石田喜久夫編『新版注釈民法(1)』（有斐閣、2002年）246頁〔高橋公之〕）。そこで、その基準は、告知行為の重要性から、例えば養子縁組における承諾年齢の15歳（民法797条1項）、刑事責任能力ありとされる14歳（刑法41条）によっているようである。

　告知は準法律行為（観念の通知＝事実を認識して通知することにより、法律上で定められた効果が生じるもので、当該法的効果を発生させる効果意思がないもの。）とされているので、民法の法律行為（意思表示に基づいてなされた私法上の権利義務を発生させる行為）に準じて、告知が告知受領権を有する者へと到達することによって効果が生じる（民法97条）ものとされている。このことから、告知受領権のない者に対して告知をしても、告知をしたことにならないという問題が生じることになる。

　また、告知義務者の代理人も本人に代わって告知をなすことができる。すなわち、告知行為は一身専属的な性質を持つものではないところから、代理人も本人に代わって告知をなし得るものと解されているのである。もっとも、その場合、代理人のなした告知内容によって告知義務違反の有無が判断されることとなる（民法101条1項）。

　なお、保険契約者または被保険者は重要な事実を知っていたが、代理人がこれを知らなかった場合が問題となるが、代理人が不知によってこれを告知しなかったとしても、保険契約者または被保険者は代理人の不知によってその事実に関する告知義務を免れるものではない（民法101条2項）。

Ⅱ-3 危険選択の方法 その2－被保険者の告知－　Ⅱ-3-2 告知義務者(含、未成年者の告知)

●**参考判例**（大審院昭和3年6月6日判決）
　事　案　告知義務違反
　争　点　告知義務者はだれか
　判　旨
　　保険者は保険事業の性質上危険測定に重要なる事項を知るの必要あるべく…斯る事項は保険契約者又は被保険者に於て知り又は容易に知り得べき所なるを以て、法律で是等の者に之が告知義務を負はしめたるものである（大審院昭和3年6月6日判決）。

●**参考判例**（広島高裁昭和58年6月29日判決）
　事　案　告知義務違反
　争　点　未成年者の告知能力
　判　旨
　　被保険者は17才の未成年者であった。診察に当たっては、父母の付き添いもなく一人で通院してその症状を訴え、投薬や治療上の注意を受け、自分の判断で通院するか否かを決めていた。被保険者は自己の疾患の内容・程度を十分認識していた。診査時医師からの質問事項を理解し、かつ、これに対して適宜の回答をするに十分な判断能力を備えていたものと認めるべきである。したがって、被保険者の事理弁識能力が不十分であるとする抗弁は理由がない（広島高裁昭和58年6月29日判決）。

●**参考判例**（東京地裁昭和60年5月24日判決）
　事　案　告知義務違反
　争　点　代理人の告知をめぐって
　判　旨
　　保険契約者兼被保険者は、本件契約復活請求当時、既に、尋常一様でない症状を自覚し、病院において、医師から肝障害・分泌障害の病名を告げられ、入院し治療を受けるも病状の改善をみなかったものであり、妻も、右経過事実を知っていたものと推認される。右経過事実が客観的にみて、先に説示した重要なものであることはいうまでもなく、右事実を知っていた者は、その内容からして、その重要性についても十分認識していたものというべきである。
　　契約者兼被保険者の代理人として本契約の復活手続きをした妻は、被告（保険会社）の担当者から被保険者の身体に異常がないかを質問されて「無い」旨を答え、病状の経過事実を告知しなかったものであるから、告知義務に違反したものといわなければならない（東京地裁昭和60年5月24日判決）。

●**参考判例**（秋田地裁平成2年12月26日判決）
　事　案　告知義務違反
　争　点　法人代表者の告知をめぐって
　判　旨
　　原告代表者は、被保険者となろうとする者が健康上の理由により欠勤もしくは休業していたことを知っていたものと認められるから、原告が約款所定の事実を告げなかったことになり、この意味において保険契約上の告知義務違反があったものと言うべきである（秋田地裁平成2年12月26日判決）。

●**参考判例**（東京地裁平成9年2月5日判決）
　事　案　日本語の理解が不十分な外国人の告知義務違反
　争　点　①日本語の理解能力と不告知に関する悪意又は重過失について
　　　　　②国籍が異なる場合の説明義務について
　判　旨
　　被保険者は、本件告知の際、被保険者本人が高血圧症に罹患しているとの認識を有していたこと、同人

は、日本語による日常会話に特に支障がなく、自己が通院していることや病気の内容についても概ね説明が可能な程度に日本語の会話能力を有していたことがそれぞれ認められる。

本件について、説明義務違反があったと認めるに足る確たる証拠はなく、…本件保険契約の担当社員は、被保険者が外国人であることを念頭に、相当な説明をしていることが窺われる。被保険者が本件告知に際して、被告主張の告知義務違反をしたことが認められる…（東京地裁平成9年2月5日判決）。

●**参考判例**（高松地裁平成9年4月22日判決）
事　案　告知義務違反
争　点　精神病患者の告知能力の有無
判　旨
　①被保険者が、精神病の治療のため、平成4年5月からK医科大学付属病院精神科に通院し、その後も継続して精神病院に通院し、更にその間において3回にわたり入院し、その後も通院していた、②被保険者が、入院の期間中、種々の検査を受けるとともに、治療薬の服用を継続していたこと、③被保険者が、平成6年11月30日、本件保険契約に関する告知のため、保険会社の生命保険面接士と面接し、告知書の質問事項に対して、これらの事項がない旨の回答をしたこと、④被保険者が、右告知書を作成した頃、右告知書に記載された質問事項を理解するに十分な知能を有していたことが認められ…（被保険者は）本件入通院の事実を認識しながら、故意に右事実を告知しなかったものと推認することができ、右推認の障害となる事実を認めるに足る証拠はない（高松地裁平成9年4月22日判決）。

II-3-3　告知の相手方

通常、告知をなすべき相手方は、保険者または保険者に代わって告知を受領する権限を有する者である。この点に関し、診査医と営業職員（生命保険募集人）の地位が問題となる。

(1) 診査医

普通保険約款は「告知義務」を規定するなかで、例えば、「当会社が、保険契約の締結又は復活の際、保険金の支払事由または保険料払込み免除事由の発生の可能性に関する重要な事項のうち書面で告知を求めた事項について、保険契約者または被保険者は、その書面により告知することを要します。ただし、当会社の指定する医師が口頭で質問した事項については、その医師に口頭により告知をすることを要します」とするなど、診査医が告知受領権を有することを前提としている。これにより、診査医は告知の相手方となり、診査医の知、過失不知は保険者のそれとなる。

なお、診査医が告知受領権を有する根拠としては、「診査医とは、保険契約締結に際し会社の機関と為り被保険者の健康状況を診査する地位に在るもの」とする「機関説」と「診査医は、職務の性質上、重要なる事項について告知を受領する代理権を与えられているもの」とする「告知受領代理説」が有力であるが、多くの判例は前者の見解に立っている。

(2) 生命保険募集人の告知受領権

生命保険募集人は、診査医とは異なり、一般的に、医学上の専門知識が乏しく、被保険者の健康状態について知ったことや聞いたことを正確に認識して保険者に伝えることには限界があること、自己の営業活動等の関係から決定権限を有する者に確実に伝達されることが一般的に期待し難く、健全な生命保険制度が維持できないおそれが生じることがあることを理由として保険会社から締約代理権も告知受領権も付与されていないのが一般的である。

●**参考判例**（名古屋地裁平成13年4月18日判決、平成9年（ワ）3924号・平成11年（ワ）4982号）（名古屋高裁平成14年3月29日判決、平成13年（ネ）483号）

事　案　告知義務違反
争　点　保険外務員に告知受領権が認められるか
判　旨

（第一審）　前項認定事実によれば、本件各契約は医師の審査を必要とする保険契約であり、健康管理証明者が1年以内の定期健康診断簿等の健康管理書類からその内容を転記することにより代替することができる、いわゆる証明書扱いのものであると認める。

　そして、一般的に、生命保険においては、被保険者の健康状態の審査が必要とされ、かつ、道徳的危険の調査などを含め、保険契約の締結には高度の専門的な判断が要求され、また、保険契約締結に際しての保険契約者及び被保険者からの重要事項の告知は、保険者が保険契約の締結について諾否を決定するためのものであるから、保険契約の締結について決定権を有する者に対してされなければならない。したがって、保険外務員は、保険契約締結の代理権及び重要事項の告知受領権を有しないと解するのが相当である。

　また、本件において、被告Y社がCに本件各契約につき、具体的に保険契約締結の代理権あるいは重要事項の告知受領権を与えたことを認めるに足りる証拠は何もない（名古屋地裁平成13年4月18日判決、平成9年（ワ）3924号・平成11年（ワ）4982号）。

（第二審）　控訴人らは、保険会社の外務員には被保険者の健康状態についての告知受領権があり、特に審査医の診察が不要である保険契約の締結においては、契約者又は被保険者と面接するものは外務員に限られるので、外務員には告知受領権があるというべきである旨主張する。

　しかしながら、生命保険契約の締結は、被保険者の健康状態、道徳的危険の有無等の高度の専門的な判断が求められるので、契約者又は被保険者からの重要事項の告知は契約締結権（代理権）を有する者に対してなされる必要がある。いわゆる外務員は、保険会社又は代理店の被用者で、その主な役割は契約申込みの誘因をなすことにあり、特別の授権がない限り、契約締結の代理権を有するものではない。そして、本件において、被控訴人が外務員営業職員に対し、契約締結権を授与したと認めるべき特段の事情はうかがわれない。また、保険契約の締結において、審査医の診察にかわり健康管理証明書の提出が認められ、契約者又は被保険者が直接面接する相手方が外務員に限られる場合であっても、外務員が契約締結の適否について適切な判断をなしうるものではなく、普通保険約款上、書面による告知義務を定めている趣旨に照らし、同様に解さなければならない。このことは、本件各契約の締結にあたり契約者に交付された「ご契約のしおり」にも「当社指定の医師以外の職員に口頭でお話しされただけでは、告知したことになりません。ご注意ください。」と記載されていることからも明らかである。

　よって、控訴人らの上記主張は採用できない（名古屋高裁平成14年3月29日判決、平成13年（ネ）483号）。

●**参考判例**（神戸地裁平成7年2月15日判決）

事　案　－略－
争　点　－略－
判　旨

　被告（保険会社）の指定医が被保険者の診断を行う場合には医師が質問事項を記載した書面に基づいて質問をし、契約者または被保険者は医師に対して告知したうえ、その書面に記入された内容を確認すべ（く）…診査医は、告知書を作成する際、受診者と向き合い、受診者に告知書の内容を読んでもらい、間をおいて同医師が質問事項を読み上げ、受診者の答え通りに、同医師が有無いずれかに○をしていく方法を取っている（神戸地裁平成7年2月15日判決）。

II-3 危険選択の方法 その2-被保険者の告知- II-3-3 告知の相手方

●参考判例（大審院大正5年10月21日判決）
　事　案　－略－
　争　点　診査医の告知受領権
　判　旨
　　保険会社の診査医は会社より雇使せらるる者なると嘱託せらるる者なるとを問わず会社の機関として申込人の健康状態を調査する任務に従事するものがなるが故に申込人の身体状況に関し危険測定に重要なる事実の告知を受くることを得るは勿論告知を受けたる事実が重要なるや否やを判断し保険契約者をしてこれを保険申込書に記載せしめるべきや否やを決定することを得るものといわざるべからず（大審院大正5年10月21日判決）。

●参考判例（大審院明治45年5月15日判決）
　事　案　－略－
　争　点　診査医の告知受領権
　判　旨
　　その雇使又は嘱託したる医師は…保険（業）者のために申込人の健康状態を知るの機関となり保険業者はこれを利用して業務上必要なる調査をなすものなれば医師が申込人の健康診断上においてなしたる過失は保険業者に対してその効を生じ医師が知りまたは知り得べかりし事項は本人たる保険業者が知りまたは知り得べかりし事項として保険業者その責に任ぜらるべからず（大審院明治45年5月15日判決）。

●参考判例（大審院昭和14年8月31日判決）
　事　案　－略－
　争　点　診査医の告知受領権
　判　旨
　　生命保険会社の診査医は…会社に代わり保険申込人の健康状態を診査する任務を有するものなれば申込人の身体状況に関し危険測定に必要なる事項の告知を受けたるときは即ち会社がその告知を受けたる効果を生ず（大審院昭和14年8月31日判決）。

●参考判例（和歌山地裁平成3年7月17日判決）
　事　案　告知義務違反
　争　点　営業職員の権限をめぐって
　判　旨
　　原告は、被保険者が昭和62年9月×日に胃癌の手術をしたことを、被告（保険会社）の外務員（営業職員）が知っていたものであり、被告がこの事実を知らなかったとしても、これは被告の外務員に対する選任監督に過失があり、そのため重要事項について保険者たる被告に不知が生じたものであるから、このことは本件保険契約の締結に際し、被告が告知義務違反の対象となる事項につき事実を知り又は過失によって知らなかったと同様の評価を受けるもので、商法第678条第1項但書の場合に当たるものと主張する。しかしながら、被告の外務員が、原告の主張する被保険者が胃癌の手術をしたことを知っていたと認めるにたりる証拠はないので、原告の主張はその前提を欠くものである。
　　なお、生命保険の外務員には、原告の主張するような事項に関する告知を受領する権限がないから、そもそも原告主張のような立論で、被告に商法第678条第1項但書の事由があるということになるかは疑問である（和歌山地裁平成3年7月17日判決）。

●**参考判例**（福岡地裁平成2年5月22日判決）
　事　案　告知義務違反
　争　点　営業職員の告知受領権
　判　旨

　仮令生命保険会社の外務員（営業職員）に告げたとしても、一般に外務員にはこのような告知を受領する権限なく、同外務員にその権限があるとの特別な事情については主張立証がない（福岡地裁平成2年5月22日判決）。

●**参考判例**（水戸地裁昭和61年3月28日）
　事　案　告知義務違反
　争　点　支部長の告知受領権をめぐって
　判　旨

　支部長もいわゆる外務員（営業職員）にほかならず、告知受領について特別の権限を与えられたものはないと認められる。

　支部長たるAは、被告（保険会社）から固定給を受け、昇級もあり、社宅に入居し、転勤も行われる点において、支部所属の一般職員とは異なることが認められるが、これらの事実からAの告知受領権が根拠づけられるものとはいい難い。

　…外務員から「ご契約のしおり－定款・約款」と題する冊子を交付されたことが認められ、…右冊子には、告知義務と告知義務違反についてわかりやすく説明した上で、特に目立つように枠で囲んだ太字で「当社の職員に口頭でお話されただけでは告知していただいたことにはなりませんからご注意ください」と記載されていることが認められるから、前記のような解釈をとっても、保険契約者らに酷ということはできない（水戸地裁昭和61年3月28日）。

●**参考判例**（福岡地裁小倉支部平成6年10月6日判決）
　事　案　告知書扱における告知義務違反
　争　点　保険者の過失の有無
　判　旨

　営業職員には、契約締結権、告知受領権は認められておらず、申込時に交付される小冊子「ご契約のしおり・約款」には、書面で告知を要する旨規定されているほか、「ご契約においての大切な事柄」において、告知書は契約者自身が記載すべきこと、告知書記入事項は書面で聞くことにしているなどが説明されている。外務員（営業職員）は、契約締結等の取次等の単純な事務の権限しか与えられておらず、そのことは、契約申込者にも示されているものというべきであり、告知受領権の有無は別としても、このように制度上契約締結の意思決定に何等関与しない外務員が、たまたま不実告知を知りまたは知り得たとしても、そのことから直ちに、これをもって被告（保険会社）の過失と同視すべきことはできない（福岡地裁小倉支部平成6年10月6日判決）。

●**参考判例**（東京地裁昭和53年3月31日判決）
　事　案　告知書扱における告知義務違反
　争　点　営業職員の告知受領権
　判　旨

　被告保険会社の外務員（営業職員）であるAは、本件契約締結に先立ち、被保険者に対し、本件契約内容を説明し、さらに契約申込書添付の告知書に記載された被保険者の現症および過去の健康状態等について項目毎に順次質問してその回答を右告知書に記載した上、これを被告保険会社に提出している。

　外務員であるAは、保険契約の申し込みの勧誘をする権限を有するにとどまり、保険者である被告を代理して保険契約を締結する権限はもとより、保険契約における重要事項の告知を受領する権限を有してい

Ⅱ-3 危険選択の方法　その2－被保険者の告知－　Ⅱ-3-3 告知の相手方

なかったことが認められる…。
　被告保険会社の外務員であるAが告知受領代理権を有していなかったことは前認定のとおりであるから、原則として外務員Aの知・不知・過失を保険者である被告のそれと同視すべきではないと解される（東京地裁昭和53年3月31日判決）。

●参考判例（広島地裁福山支部平成9年8月25日判決）
　事　案　告知義務違反
　争　点　営業職員に対する告知の効力
　判　旨
　原告（保険契約者兼被保険者）が告知書による被告保険会社への告知のときにほんの一週間前のX病院での子宮癌検査の件を報告しなかったことは、原告に告知義務違反があるというべきであり、本件契約解除条項および商法678条に基づきなした解除は正当であり、原告に本件保険金を支払う義務はないものというべきである。
　すなわち、告知書の名宛人又は宛先は被告となっており、原告は被告に対して自己の健康状態等につき告知書に真実を記載することにより真実を告知すべき義務があるのであり、営業職員に告知しても告知を尽くしたことにはならないのである。
　本件契約に際して原告が受領した「ご契約のしおり」に、告知義務との関係で当社指定の医師以外の職員に口頭告知しただけでは、被告への告知とはならない旨の注意書きがあるし、また、営業職員は原告に対し、原告の告知書作成に先立ち「（面接士に）正直に全部申し上げてください」と注意しているのであるから、原告は告知書を通して被告に真実を告知すべきであることは容易にかつ充分に分かるはずである。
　原告の回答ミスの原因が営業職員に対し、ガン検査を受けており未だ検査結果は出ていないと告知済みであるから、このことは被告に伝わっているはずと誤解したこと、（告知書の）質問欄の質問は二つあるのに回答欄は一つしかなく、回答の仕方を誤解し医師に検査・治療・入院・手術を勧められたことがないから「いいえ」と回答してしまったことにあるとしても、原告の回答ミスは少なくとも重過失によるものというべきであるから、原告に本件告知義務違反があるといわざるを得ない。
　営業職員の勧誘は多少強引な面は認められるが、原告は営業職員の勧誘をはっきり断ればよかったのであり、また、営業職員に健康状態を告知してもそれは保険会社に対する告知にならないとの点は常識に属する部類のものであり（もし営業職員に健康状態を告知することが同時に保険会社に対する告知になるというものであれば、保険会社宛ての告知書の作成、交付は無意味又は不要となる。）…。
　よって、原告主張の原告に有利な事情を勘案したとしても、前に認定のとおり、原告の記載ミスは少しの注意で妨げたものであるから、被告の本件解除は、信義則又は禁反言の法理に反するとまではいえず、有効であるというべきである（広島地裁福山支部平成9年8月25日判決）。

●参考判例（名古屋地裁平成9年9月30日判決）
　事　案　告知義務違反による解除
　争　点　営業職員の病歴の有無の確認の義務
　判　旨
　原告は、営業職員に対して、病歴等について被保険者に対して問い質して確かめるべき契約締結上の義務があるところ、これを漫然として怠った過失があると主張する。
　被保険者が再検査の際に尿蛋白ツープラスであって尿蛋白陽性であった事実から、直ちに営業職員が被保険者の病歴について疑問を持つべきであったとは言い難く、他に右主張の過失を基礎付ける事実を認定するに足りる的確な証拠はない。
　本件保険契約の解除は有効である（名古屋地裁平成9年9月30日判決）。

Ⅱ-3-4　告知すべき事項

(1) 告知事項の意義

　保険法では、告知事項は、「危険」に関する重要な事項のうち、保険者になる者が告知を求めたものをいう（保険法37条、66条）。

　改正前商法下における自発的申告義務から質問応答義務に転換された。そして、その告知事項は、①保険に関する知識の乏しい保険契約者等が危険測定に関する事実を十分に認識しているとはいえないこと、②告知の制度が保険契約を締結するにあたって危険を測定するために行われるものであることから、何が危険測定のために必要な事項であるかは、大量の保険契約を締結して危険測定についての情報処理能力を有する保険者が判断すべきものである。保険者が重要事項のうち「告知を求めたもの」が告知事項とされている。

　告知義務が質問応答義務に転換されたとはいえ、危険に全く関係のない事項や、危険に関係はあっても重要でない事項を告知の段階で質問したとしても、それは保険法にいう「告知事項」には該当しない。保険者が当該事項についての告知義務違反を理由に保険契約を解除することは許されない（告知義務の規定は片面的強行規定。同法7条、同法41条、同法70条）。危険に関して重要でない事項の告知を求めることにつき、情報格差是正という告知義務制度の趣旨から見て片面的強行規定に反するとする意見があるが、危険選択に使用はできないが契約締結の参考資料としてできるとする見解も認められ、直ちに片面的強行規定性に反することにはならないとする（潘阿憲『保険法概説』69頁、中央経済社2010年）。

　なお、告知義務制度は義務者に対して事実の探知義務ないし調査義務を課するものではなく、告知の時点で知っている事実についての告知を要求する制度に過ぎない（広島地判成9年3月6日判決）。ここにいう探知義務ないし調査義務は、告知義務者が医師から病名の告知を受けていないことから、病名を調査することなどである。

(2) 抽象的な質問事項

　保険法施行に伴い質問応答義務に転換されたことから、質問する告知事項につき、保険契約者等が告知すべき具体的内容を明確に理解し告知できるものとなっているかを監督指針で求められている（盛岡地判平成22年6月11日判タ1342号211頁「過去2年以内に肝臓疾患で1週間以上、医師の指示・指導」を受けたことがあるかとの質問事項につき、例示や具体的な説明もないことから、その内容は抽象的であると指摘された）。すなわち、監督指針Ⅱ-4-2-2(16)①では、「ア．保険法において、告知義務が自発的申告義務から質問応答義務となったことの趣旨を踏まえ、保険契約者等に求める告知事項は、保険契約者等が告知すべき具体的内容を明確に理解し告知できるものとなっているか。例えば、「その他、健康状態や病歴など告知すべき事項はないか。」といったような告知すべき具体的内容を保険契約者等の判断に委ねるようなものとなっていないか。イ．告知書の様式は、保険契約者等に分かりやすく、必要事項を明確にしたものとなっているか。」とされている。

　これを受け、生命保険協会の「正しい告知を受けるための対応に関するガイドライン（平成26年4月1日）」にて、「告知書がわかりにくいことからの告知対象外との誤認」は告知義務違反が生じる典型的な原因の一つとして挙げられており、生命保険業界としては「わかりやすい告知書の作成」に向けて、「必要に応じ具体的な内容を注記する等により、解釈が分かれる余地のない表現に努める」（ガイドライン18頁）としている。

II-3 危険選択の方法 その2－被保険者の告知－　II-3-4 告知すべき事項

●**参考判例**（東京地裁平成17年10月14日判決、平成16年（ワ）第2889号）
　事　案　睾丸の腫れと告知義務違反の成否
　争　点　告知義務違反の有無
　判　旨

　被保険者が、契約締結に当たり、診査医による保険診査を受けた際、自己の睾丸の腫れを認識しながら、それを保険診査担当医に告げなかったため、故意または重大な過失によって重要事実を告げなかった場合に該当するところ、被保険者は、保険診査の当時、癌に罹患していることを知らなかったから、告知しなかったことにつき故意過失がなかったと主張するが、告知が求められているのは、癌という病気に罹患していたかどうかという医師の診断結果ではなく、例えば、被保険者の最近の健康状態、睾丸の腫れといった、本人でも十分認識できる事実であり、したがって、癌に罹患していたことの認識を欠くことをもって、告知義務違反につき故意過失がなかったということはできない（東京地裁平成17年10月14日判決、平成16年（ワ）第2889号）。

●**参考判例**（広島地裁平成9年3月6日判決、平成7年（ワ）901号）（広島高裁平成10年1月28日判決、平成9年（ネ）171号）
　事　案　告知義務違反
　争　点　①告知すべき事項
　　　　　②告知すべき事項は、告知日ご責任開始期までの間に生じた事項を含むか
　　　　　③告知日から責任開始日の間の治療事実を告知しなかったことは、信義則上、告知義務違反と同視し解除できるか
　判　旨

（第一審）　①告知すべき事項
　「重要な事実」とは、保険契約者がその存在を知っている事実であることを要することにつき明文上の定めないが、告知義務制度は義務者に対して事実の探知義務ないし調査義務を課するものではなく、告知の時点で知っている事実についての告知を要求する制度に過ぎないことからすると、右のように解するのが相当である。また、右の告知義務制度の趣旨からすると、保険契約者の知らない事実はその不知が過失に基づくと否とを問わず告知義務の対象とはならないと解すべきである。
　以上の検討によれば、平成3年3月20日の人間ドックの診査結果が大動脈瘤の疑いであったことは、保険者がその事実を知ったのならば保険契約の締結を拒絶したであろう事情に当たるものの、Aは大動脈瘤の疑いがある旨の検査結果についてはその説明を受けておらずAは大動脈瘤の疑いの検査結果を知らなかったのであるから、大動脈瘤の疑いの検査結果は本件約款××条の「事実」には当たらない（広島地裁平成9年3月6日判決、平成7年（ワ）901号）。

（第二審）　告知日までにすでに発生していた事実と解するのが相当である。なぜならば、本件約款によると、「会社が求めた事項につき告知する際に事実を告げなかった」ことが解除権の発生要件と規定されていることが認められことからすると、右にいう「事実」とは告知日において告知することが可能である事実（すなわち既に発生していた事実）と解すべきことは規定の文言上明らかであり、控訴人は、告知日以降に生じた事実についても「告知すべき事実」に該当することがある旨主張するが、右主張は採用できない（なお、このことは、本件告知書で告知を求められた事項以外にも商法644条1項にいう「重要な事実」があることを否定する趣旨ではない。訴訟において、告知書に記載がない事項以外にも「重要な事実」があることが立証された場合には、保険契約者が右事実を告知しなかったことを理由に告知義務違反に問われることはあり得る。しかし、それはあくまでも告知日までに生じた事実に限定されるというべきである。）
　控訴人は、告知義務者は、約款上の告知義務違反とは別に、保険契約が成立し保険者が責任を負うことになるまでの間は、商法644条1項に規定する重要な事実につき信義則上の告知義務を負うと主張するので、これにつき検討する。
　確かに、契約法の一般法理からみて、告知義務者において、約款上の告知義務とは別に信義則上の告知義務が認められる場合があること自体は控訴人の主張するとおりである。しかし、控訴人が、約款におい

て自ら告知義務の時点を早め危険を負うことを了承して保険契約を締結したことは前示のとおりであること、更に、商法において告知義務があるとされるのは、保険契約者であって被保険者でないことからすると、信義則上、被保険者に告知義務が認められる事項は、単に商法644条1項にいう重要な事実では足りず、告知日以降に生じた事由が信義則上告知すべき事項に該当するか否かを個別に判断することを要するものと解するのが相当である（広島高裁平成10年1月28日判決、平成9年(ネ)171号）。

●**参考判例**（東京高裁平成10年10月28日判決、平成9年(ネ)5658号、原審東京地裁平成9年11月26日判決、平成6年(ワ)22732号）

事　案　特定疾病保険の解除
争　点　身体的異常は告知事項にあたるか

判　旨

（第二審）　控訴人は、本件各保険契約締結に先立つ健康診断に際し、書面（告知書）により、又は医師を通じて、「最近1週間以内で、がありますか」との問いを受け、これに対して「いいえ」と答えていることが認められる。

右問いは、直接的には、「最近1週間以内」という短期間のうちに、「からだに具合の悪いところ」というどちらかといえば頭痛、心窩部痛、発熱などの生理的に不都合な事項に限定して告知を求めるものと解される虞があり、控訴人の本件疾病のように、長期間に形成されたもので痛みを伴わないものについては、告知を求めていないと受け取られ兼ねない。しかし、本件各保険契約が三大成人病を対象としていることに照らすと、その告知すべき「具合の悪いところ」の意味はこれとの関連で考えるべきである。控訴人が被控訴人らに対し、右各契約の申込みの際、又はこれに引き続き行われた健康診断の際、右睾丸下部に異常（睾丸全体の直径が通常より長く、下部が硬くなっていること）のあることを告げていれば、被控訴人らが、控訴人に対してさらに精密な健康診断をすることなく、直ちに右各契約の締結をしたと認め難いところであり、右問いは、控訴人の本件疾病についても告知を求めていたものと解される（しかし、この告知書の記載内容が明確を欠くことは、前判示のとおりである。本件のように保険外務員の勧誘によらない保険契約が増加にあることは公知の事実であるところ、この様な場合においては、この告知義務は極めて重要な意味を持つ。各保険会社は、保険がもつモラルリスクという本質的な危険性に今一度思いをいたし、告知義務が十分に機能するよう、その内容の明確化、その違反による不利益を加入者に確知させることなどについて、十分検討して相当の措置を講ずべきものである）。

右認定の事実によれば、控訴人には本件各約款に定められた告知義務違反が認められる。被控訴人らが、書面で、控訴人に対し、本件保険契約を解除する旨の意思表示をしたことが認められる。

以上によれば、本件各保険契約は、右解除により、失効したことが明らかである（東京高裁平成10年10月28日判決、平成9年(ネ)5658号、原審東京地裁平成9年11月26日判決、平成6年(ワ)22732号）。

●**参考判例**（東京地裁平成11年3月15日判決、平成10年(ワ)18980号）

事　案　契約時の告知義務違反による契約解除
争　点　延べ7日以上にわたり医師による治療等を受ければ、7日間継続しなくとも告知事項の「7日以上にわたり」に該当するか

判　旨

Aは、平成7年3月26日から同月28日まで、同年4月6日から同月10日まで、アルコール依存性肝炎により、医療法人社団K総合病院に入院し、生化学検査、腹部CTの検査を受け、慢性肝疾患における肝機能の改善に適応とされるグルタチオン等を投与されていることが認められる。この認定事実によれば、Aは、後記認定のとおり本件告知書を作成した同年11月21日において、その項目6にいう「過去5年以内に、病気やけがで、7日間以上にわたり、医師の診察、検査、治療、投薬をうけたこと」があたることとなる。

原告は、右各入院は、いずれも継続して7日以上にはわたらないから、告知すべき事項に当たらないと主張するが、右項目は、「7日間以上にわたり」と規定するのみで、それ以上に、その問う医師の診察、検査、治療又は投薬を受けた事実を7日以上継続したものに限定するような文言を置いていない。

Ⅱ-3 危険選択の方法 その2 −被保険者の告知− Ⅱ-3-4 告知すべき事項

　　また、本件告知書の項目4は、「過去5年以内に、病気やけがで、継続して7日間以上の入院をしたこと」の有無を問うているのであって、これと右の項目6とを彼此対照すれば、項目6において告知を求められている医師の診察、検査、治療又は、投薬を受けた事実とは、過去5年以内に延べ日数7日間以上に及ぶのものであれば、これに当たり、7日間継続したものに限られないことが何人にも理解されるところというべきであって、原告の右主張は当を得ない（東京地裁平成11年3月15日判決、平成10年（ワ）18980号）。

●**参考判例**（千葉地裁昭和60年2月22日判決）
　事　案　告知義務違反
　争　点　「重要なる事実」について
　判　旨
　　重要なる事実とは、危険測定に関し、保険者がその事実を知ったならば保険契約の締結を拒否したか、少なくとも同一条件では契約を締結しなかったであろうと考えられる事実を意味し、その判定は、保険の技術に照らして、当事者の主観にかかわりなく、客観的になすべきものと解されている。
　　右見地からすると、被保険者が時折両側膝痛や歩行に円滑を欠くような症状のあったこと、契約日6ケ月前の昭和55年×月×日の朝に急に両下肢の力が抜けるということがあったということ、更には右原因解明のため大学病院での診察を受けるように勧められていたことは、それが直ちに被保険者に脊椎腫瘍等の重大な疾病のあることを意味するものでなかったにせよ、専門家たる医師の判断によれば、かかる腫瘍等という重篤な疾患の可能性もあることを一応疑わせるにたる事実であったのであるから、右事実は本件保険契約の危険測定に関し客観的にみて重要なる事実であって、告知義務の対象となるものであったと認めざるを得ない（千葉地裁昭和60年2月22日判決）。

●**参考判例**（東京地裁平成7年1月13日判決）
　事　案　告知義務違反
　争　点　「重要なる事項」について
　判　旨
　　…解除の前提となる告知すべき「事実」とは、保険事故発生の危険率算定に影響を及ぼす事実、すなわち、保険者において、保険を引き受けるか否か、引き受けるとしても保険料などをいくらに設定するかと言った判断に影響を及ぼす重要な事実であると解される（東京地裁平成7年1月13日判決）。

●**参考判例**（横浜地裁平成7年11月10日判決）
　事　案　告知義務違反
　争　点　「重要なる事項」について
　判　旨
　　検査結果の内容によっては、肝臓の障害が慢性化していることを推察できること、胸の痛みは肝臓あるいは循環器等の疾患の一つの徴表であることが認めることができるから、被告は、被保険者に対する検査結果、医療証明によって取り寄せたカルテを検討した結果によっては、本件契約を締結しなかったといえる。
　　そして、右記載の質問に対する告知から被告が保険契約の諾否を決するまでの一連の手続きや許否の判断基準は、被告固有のものでなく一般的なものであると考えられるから、客観的にみても、不告知の対象となった事実は、保険者がその事実を知っていたならば契約を締結しない可能性があると認められる事実であるといえる。
　　被保険者が長期間に亘って、通院し検査を受けていたことに鑑みると、右検査結果からただちに被保険者に生命の危険がなかったとは言えない。よって、被保険者の不告知の対象となった事実が「重要な事実」にあたらないとする原告の主張は採用できない。
　　よって、不告知の対象となった事実は、商法678条1項の「重要なる事実」にあたる。被保険者は当然、

診察、検査を受けた事実や検査結果を認識していたと考えられるから、被保険者の不告知は同人の故意または重過失によるものと言える（横浜地裁平成7年11月10日判決）。

●**参考判例**（高知地裁平成8年7月19日判決）
　事　案　告知義務違反
　争　点　「重要なる事項」について
　判　旨
　商法678条1項本文の重要な事実とは、保険者がその事実を知ったならば保険契約の締結を拒絶したか、少なくとも同一の条件では契約を締結しなかったと客観的に判断される被保険者の危険を予測する上で重要な事実をいい、当事者の主観に関わりはない（高知地裁平成8年7月19日判決）。

●**参考判例**（神戸地裁平成7年2月15日判決）
　事　案　告知義務違反
　争　点　（告知事項が重要か否かは保険契約者または被保険者の主観によって定まるものではない）
　判　旨
　ある告知事項が重要か否かは保険契約者または被保険者の主観によって定まるものではなく、保険者が当該事実を知っていれば契約を締結しないか、または条件を変更しないと契約を締結しなかったと客観的に認められるか否かによって判断されるべきものであるというのが相当であること、前記の通り高血圧はその程度、継続期間、進行具合などにより脳等に臓器障害と呼ばれる合併症を引き起こすものであること……告知書には過去2年以内に血圧の異常を指摘されたことがあるかを質問する欄が存し、被告（保険会社）としては血圧の異常それ自体が右重要な事実に該当するとの判断をなしていると推認し得る（神戸地裁平成7年2月15日判決）。

●**参考判例**（福岡地裁昭和54年4月13日判決）
　事　案　告知義務違反
　争　点　（精神疾患も告知義務の対象となる。告知義務者が正式な病名を認識している必要はない）
　判　旨
　生命保険契約において、告知の対象となる重要事実とは…身体疾患にとどまらず、精神疾患をも含め、およそ被保険者の生命の危険を測定するうえに重要な関係を有する事実を指し、この重要性の有無は、保険の技術に照らし、客観的に観察して決定される。そして既往症についての告知義務は、自覚症状とそのため治療を受けた事実を認識していれば成立し…その際、被保険者または保険契約者がその正確な病名を認識していることは必要ではない（福岡地裁昭和54年4月13日判決）。

●**参考判例**（東京地裁平成6年3月30日判決）
　事　案　告知義務違反
　争　点　（精神疾患も告知義務の対象となる。告知義務者が正式な病名を認識している必要はない）
　判　旨
　被保険者は非定型精神病に罹患し、昭和54年9回、55年8回、57年3回、60年3回病院に通院し、精神安定剤の投与などの治療を受けていた。
　更に、昭和62年5月1日及び平成3年4月18日にも通院し、抗精神薬、抗パーキンソン病薬の14日分の投薬を受けた。
　以上の事実がありながら、「風邪に因り内服治療中」とのみ告知をし…主治医は、被保険者に対して病名を告げたことはなく、また、被保険者の病状は投薬等の治療に反応し、短期間で寛解する良性のものであったことが認められるところである。しかしながら、非定型精神病を繰り返しながら、異常について家族が気付き連れてくる場合が多かったが、それを拒否せずにその指示にしたがっている。また、イライラす

Ⅱ-3 危険選択の方法 その2－被保険者の告知－ Ⅱ-3-4 告知すべき事項

るなどの愁訴をしていること、被保険者自身が精神疾患を有しているとの認識はあったと見ていることから、病名を認識していないにせよ、自らが投薬治療を要する程度の精神疾患に患っていることの認識はあったものと認めることが出来る。

以上から、当時精神疾患により通院し、投薬治療を受けており、しかも被保険者はそのことに認識があったのであるから、同人には少なくとも重過失による告知義務違反があるものと言える（東京地裁平成6年3月30日判決）。

●参考判例（東京地裁平成9年10月31日判決）
　事　案　告知義務違反
　争　点　（そううつ病の精神科医に通院と服薬の事実は重要事項）
　判　旨
　　商法678条1項にいう「重要な事実又は事項」とは、被保険者の生命に関する危険予測測定のために客観的にみて必要なものをいうと解される。
　　被保険者は、そううつ病と診断され、昭和57年11月頃より、本件各保険契約を締結したころも、その後も診察及び投薬を受けていたこと、そううつ病については、うつ期の極期には身動きさえできなくなるというように、その程度如何によっては全く社会生活を営めなくなることがある一方、患者の中には希死念慮を持って自殺するものもあること、被保険者のそううつ病の程度も決して軽度のものではなかったことが認められるのであって、これらの事実を総合すると、被保険者がうつ病と診断され、治療中であるという事実は、被告が本件各保険契約を締結するに際し、被保険者の生命に関する危険予測測定のために客観的にみて必要な事実であったことは明らかであるといわなければならない。
　　したがって、被保険者がそううつ病と診断され、治療中であるという事実は、商法678条1項にいう「重要な事実」に該当するというべきである。
　　また、被保険者がそううつ病と診断され、治療中であるという事実について、十分認識していたにも関わらず、被告に告知していなかったものと推認できるのであって、少なくとも重大な過失によって告知しなかったものというべきである（東京地裁平成9年10月31日判決）。

●参考判例（東京地裁平成7年1月13日判決）
　事　案　告知義務違反
　争　点　（断酒を目的とした入院は告知事項か）
　判　旨
　　被保険者はアルコール依存症のため入院しているが、その目的は飲酒の欲求を軽減すること、断酒、病院内の勉強会に出席して断酒の必要性を自覚させることに主眼がおかれていた。
　　そして、被保険者のアルコール依存症の程度は軽度のものであったことが認められ…自分がアルコール依存症であるという自覚を深めさせ、酒のない生活ができるようにすることが中心となる。本件入院は、単なる酒量制限の動機づけではなく、アルコール依存症の治療行為の一貫であったということができる。しかも、被告において、本件契約当時までにアルコール依存症に該当する者からの保険契約の申込みを謝絶する扱いになっていることを考慮すれば、本件入院は、商法678条1項の「重要な事実」に該当すると言う事ができる（東京地裁平成7年1月13日判決）。

●参考判例（東京地裁昭和63年7月12日判決）
　事　案　告知義務違反
　争　点　（断酒を目的とした入院は告知事項か）
　判　旨
　　前記認定した被保険者のアルコール中毒症による入院治療は、客観的にみても、被告（保険会社）において、その事実を知っていたならば、少なくとも同一条件では本件保険契約を締結しなかったであろうことが容易に推認し得る事実であるから、被保険者の生命に関する危険測定のために必要な事実（重要な事

実）に該当すると解するのが相当であり、また、被保険者のアルコール依存症ないしアルコール中毒症の治療経過に照らせば、被保険者が、告知書による告知を求められたことに対し、前記アルコール中毒による入院治療の事実を秘し、該当する回答欄の「無」に丸印を付し、右告知書を提出したことには、少なくとも、告知の対象となる「重要な事実」を告げなかった重大な過失があるといわざるを得ない（東京地裁昭和63年7月12日判決）。

●参考判例（横浜地裁平成2年12月20日判決）
　事　案　告知義務違反
　争　点　（生命・高度障害の危険測定上重要にして、その事実を知っていたならば保険契約の締結に応じられない性質のものが「重要なる事実」に当たる）
　判　旨
　　原告の前記咽頭痛、咳などの症状はその数か月前に発生して繰り返し顕われ、度重なる投薬治療を受けてもさして改善せず、継続的な通院加療を要し、診査当日も通院加療を必要としたほどのものであり、相当頑固かつ悪質な症状ないし身体の変調であって…右事実は、被保険者である原告の生命・高度障害の危険測定上重要にして客観的に見て保険者の被告がその事実を知っていたならば本件保険契約を締結しないか又は保険料等の条件を変更しなければ本件保険契約の締結に応じないと認められる性質のものであって、商法第678条第1項にいう「重要なる事実」にあたるものというべきである（横浜地裁平成2年12月20日判決）。

●参考判例（東京高裁昭和61年11月12日判決）
　事　案　告知義務違反
　争　点　（告知書（質問表）に記載の質問事項に該当しなくとも重要な事実は告知すべき義務を負う）
　判　旨
　　被保険者が前記認定のように、医師から精密検査を勧告されながら、大学病院その他の専門医療機関で診察、検査を受けて一定の診断結果を得ることをしていない以上、右勧告から約5ケ月経過したというのみでは、右勧告が前記診査当時において告知書の質問事項の一つである病気のため検査を勧められていることに該当しなくなるものではないというべきである上に、一般に告知書（質問表）に記載の質問事項に該当しなくとも重要な事実は保険契約者または被保険者において告知すべき義務を免れないものと解すべきである（東京高裁昭和61年11月12日判決）。

●参考判例（名古屋地裁昭和63年1月25日判決）
　事　案　告知義務違反
　争　点　（肝硬変は生命に危険のある重要な疾病である）
　判　旨
　　生命保険契約において告知義務がある「重要な事実」とは生命の危険測定に重要な影響を及ぼすべき事実をいうものと解され、そして肝硬変が生命に危険のある重要な疾病であることは一般公知の事実であるから、肝硬変に罹っていることは告知すべき「重要な事実」に当たるものといわなければならない（名古屋地裁昭和63年1月25日判決）。

●参考判例（大阪地裁平成3年3月27日判決）
　事　案　告知義務違反
　争　点　（病名が確診されていなくとも、診察、検査の事実は重要事項）
　判　旨
　　被保険者は契約日（昭和61年12月1日）前の昭和61年9月頃より、体がだるく食後に胃の具合が悪い旨の不調を訴え、掛り付けの医師に受診し、急性胃炎と診断された。その後も2～3回受診したが、症状に

II-3 危険選択の方法　その２−被保険者の告知−　II-3-4 告知すべき事項

変化なく、別の病院に受診し胃の諸検査を実施、すい臓の疾患の疑いがあることから更に検査を受け、その結果慢性すい炎の疑い、その可能性が伝えられ、１ケ月後に再検査することとした。そして、11月15日に受診し自覚症状を訴えた。

　…被保険者は保険診査に際し、告知事項なしと告知した。前記自覚症状ないしは病院での診察、検査受診等の事実が、本件契約締結に際しての重要なる事実に該当することは明らかであるから、被保険者の右不告知につき、悪意ないしは、仮に右認識がなかったとしても、重大な過失があるものと解するのが相当である（大阪地裁平成３年３月27日判決）。

●**参考判例**（東京地裁昭和63年12月23日判決）
　事　案　告知義務違反
　争　点　（治療中止後、肝臓疾患が増悪したものは重要事項である）
　判　旨
　被保険者は昭和56年５月以降治療を受けていないが、それは既往症が治癒ないし軽快したためではなく、治療を中止したにすぎない。
　本件保険契約は、右治療中止から３年も経っていない昭和59年３月16日に締結されている。被保険者は本件保険契約締結後の７ケ月後の昭和59年10月に本既往症と同一の肝硬変のため入院、食道静脈瘤破裂等で死亡した。
　本既往症は商法第678条第１項の「重要なる事実」に該当し、悪意または重大な過失により被告保険会社に告知しなかったものと認めざるを得ない（東京地裁昭和63年12月23日判決）。

●**参考判例**（東京地裁平成３年４月17日判決）
　事　案　告知義務違反
　争　点　（肝機能検査中、精密検査を予約していることは重要事項である）
　判　旨
　被保険者は、契約日（平成元年２月１日）前の遅くとも平成元年１月10日の時点では全身倦怠感などの症状を持っていたのみならず、肝機能検査の結果も急激に上昇しつつあり、継続して受診中の大学病院において普段とは異なる検査を受けたほか、精密検査としての意味合いを持つ肝臓の超音波検査の必要性をも医師から説明され、その予約を行っているのであるから…商法第678条所定の重要な事実を告知すべき義務に違反したものと…（東京地裁平成３年４月17日判決）。

●**参考判例**（京都地裁平成３年６月21日判決）
　事　案　告知義務違反
　争　点　（癌の場合、真の病名を知らされていなくとも、自覚症状、入通院歴の事実は重要事項である）
　判　旨
　被保険者の死亡原因は癌性腹膜炎であるところ、同人は、本件契約の３年前にも死亡原因と同種の疾病である胃癌により入院手術を受けており、右契約直前にも癌の自覚症状であると推認される腹部痛などのため通院治療を受けていたのであるから、これらの病名、自覚症状、入通院歴の事実は被保険者の生命の危険測定上重要な事実である。
　被保険者は真の病名を知らなかったものと推認されるものの、その余の事実は告知義務の対象となる（京都地裁平成３年６月21日判決）。

●**参考判例**（東京地裁昭和62年11月19日判決）（東京高裁昭和63年５月18日判決）
　事　案　告知義務違反
　争　点　（癌の場合、真の病名を知らされていなくとも、自覚症状、入通院歴の事実は重要事項である）
　判　旨
　（**第一審**）　保険契約者兼被保険者は診査医に対して、糖尿病の疑い及び右肩打撲の事実を告知したのみで、

II-3 危険選択の方法　その2－被保険者の告知－　II-3-4 告知すべき事項

　昭和59年8月25日、本件病院に入院し、同年10月1日の被告の診査医の診査を受けるまでに、左腕に著しい脱力感を覚え、握力が極度に低下し、胸部レントゲン写真撮影、気管支鏡造影、気管支鏡検査、脳CTスキャン検査、骨シンチ検査を受けた事実を知りながら、まったく告知をしておらず、当時の健康状態には異常がない旨答えていたことが認められる…。
　右認定事実によれば、被保険者は、自分の病気が肺癌などであることを知らないまでも、本件病院に入院して単なる糖尿病に関する以上の諸検査を受け、相当重大な事態であることの自覚があったことは容易に推認でき、診査医に対して、当時の健康状態について異常がない旨答えたことは、商法678条1項本文に該当するものと認めるのが相当である（東京地裁昭和62年11月19日判決）。
（**第二審**）被保険者の左腕の脱力感、しびれと握力の低下、左唇周囲の知覚減退等の自覚症状、被保険者が本件病院に入院中であること、同人につき本件病院で施行した検査の種類、内容及び同病院の医師が被保険者にした説明の内容は、肺癌等に罹患した被保険者の生命の危険を測定するについて重要な事実であり、…商法678条1項本文に規定する重要なる事実にあたるというべきである。そして、被保険者は、自己の疾患の病名が癌であることを知らないまでも、本件病院に入院し前記のような自覚症状を覚え単なる糖尿病に関する以上の諸検査を受け、医師からも説明を受け、自己の病状が相当重大な事態であることを自覚していたものと推認することができ、保険契約を締結するにあたり、…重要な事実であることを認識しまたは容易に認識することができたものとみとめるのが相当である（東京高裁昭和63年5月18日判決）。

●**参考判例**（東京地裁昭和60年5月24日判決）
　事　案　告知義務違反
　争　点　（肝障害・分泌障害の病名を告げられ、入院し治療を受けた事実は重要事項である）
　判　旨
　保険契約者兼被保険者は、本件契約復活請求当時、既に、尋常一様でない症状を自覚し、病院において、医師から肝障害・分泌障害の病名を告げられ、入院し治療を受けるも病状の改善をみなかったものであり、妻も、右経過事実を知っていたものと推認される。本事実は、重要なものである（東京地裁昭和60年5月24日判決）。

●**参考判例**（長野地裁昭和59年6月4日判決）
　事　案　告知義務違反
　争　点　（再精査を指示されている事実は重要事項である）
　判　旨
　被保険者は急性肺炎と心不全で入院、治療を受け（急性肺炎による入院の事実は告知されていた。）、更に、昭和57年6月17日胸部圧迫感を訴えて受診、血圧降下剤（14日分）の投与を受けた。また、その際2週間後に再精査を指示されている事実は商法第678条第1項所定の重要な事実、被保険者の生命の危険を測定するにつき重要な事実に該当するものと認められる（長野地裁昭和59年6月4日判決）。

●**参考判例**（福岡地裁小倉支部昭和46年12月16日判決）
　事　案　告知義務違反
　争　点　（被保険者が医師の場合、契約締結当時、上腹部に腫瘤を覚知していたことは重要事項）
　判　旨
　被保険者は内科・小児科の開業医であるが、契約締結当時上腹部に腫瘤を覚知していたものの、この点告知せず、かつ被保険者は医師であるところから、これが生命の危険を測定するために必要な重要な事項であることも自覚していたものと認められる（福岡地裁小倉支部昭和46年12月16日判決）。

Ⅱ-3 危険選択の方法　その2－被保険者の告知－　Ⅱ-3-4 告知すべき事項

●参考判例（福岡地裁久留米支部昭和53年6月5日判決）
　事　案　告知義務違反
　争　点　（病名を知らなかったとしても自覚症状があり、医師から手術の必要を告げられていた事実は重要事項にあたる）
　判　旨
　　被保険者は、診査（48年5月1日）当時は排便時出血したり等の自覚症状があり、その前の4月25日に主治医より「開腹術を必要とする直腸疾患である」旨告げられている。自分の病気が直腸癌であることを知らないまでも相当重大な事態であるとの自覚があったことは容易に推認できる。診査医の質問に対して「なし」と回答したことは告知義務違反に該当する（福岡地裁久留米支部昭和53年6月5日判決）。

●参考判例（山形地裁昭和62年4月1日判決）
　事　案　告知義務違反
　争　点　（病名を知らなかったとしても自覚症状があり、医師から手術の必要を告げられていた事実は重要事項にあたる）
　判　旨
　　契約前の受療の事実は明白であり告知義務違反に該当する。受療の事実は告知すべき「重要なる事実」であり、被保険者が素人で具体的な病名、その進展状況を予想できなければ重過失がないといえるものではない。
　　両座骨神経不全麻痺の病名の告知を受け、さらに、自宅から遠距離にある整形外科に3日に1回通院しており、単なる老人性の神経痛でなくより重篤な疾患であることを自覚していたことは推認でき、重大な過失があったといわざるを得ない（山形地裁昭和62年4月1日判決）。

●参考判例（大阪地裁昭和58年2月28日判決）
　事　案　告知義務違反
　争　点　（高血圧で降圧剤をもらい服用している事実は重要事項である）
　判　旨
　　治療に当たっていた医師は、被保険者に対して高血圧症および胸部大動脈瘤について説明しており、被保険者は、それを承知した上で降圧剤をもらい服用していたこと、および診査医による血圧測定値は、右服用のもとでのものであることが認められる。被保険者は、右既往症状を被告保険会社に対し告知すべき事項であることを知りながら、それを秘して、本件契約に至ったものと推認することができる（大阪地裁昭和58年2月28日判決）。

●参考判例（東京地裁昭和61年2月28日判決）
　事　案　告知義務違反
　争　点　（自覚症状の少ない疾病であっても、治療を受けている事実は重要事項である）
　判　旨
　　被保険者の死亡原因は脳出血であるが、同人は4年余にわたり降圧剤の投与治療を受けていた。これは、たとえ本人自ら健康体と考え業務に従事していたとしても、症状の改善もなく治療を受け続けていたことは、重要なる告知すべき事項にあたる（東京地裁昭和61年2月28日判決）。

●参考判例（東京地裁八王子支部昭和62年9月24日判決）（東京高裁昭和63年7月27日判決）
　事　案　告知義務違反
　争　点　（麻疹と下痢で連日通院し、大病院で診察を指示された事項は重要事項である）
　判　旨
　（第一審）　告知・診査日（昭和58年9月22日）前の9月5日、麻疹と下痢とのことで近隣の医師の診察を

受け、連日通院して、麻疹は治癒したこと、しかし、下痢症状は軽快せず、同医師は、胃腸部のX線検査、潜血反応検査などの結果から、被保険者がかなり進行した胃癌に罹患している疑いを持ち、同人に対し、病名を告げなかったが、難しくてよく分からないので大きな病院で診察を受けるよう指示したこと、同じ頃被保険者は通院しなくなったが、…同医に対し、本当に大きな病院で診察を受ける必要があるかと再確認にきている…。

被告の保険診査に際し、被保険者としては、現在の健康状態について、近隣の医師の診察を受け、連日通院し、大きな病院で診察を受けるよう転医を指示されたことがあることは当然の告知すべきものであったというべきであり、これを告知しなかったことにつき、被保険者には少なくとも重大な過失があったものといわざるをえない。そして、右告知があれば、精密検査がなされ、その段階で胃癌の疑いが発見し、本件契約の締結がなされなかった可能性は、これを否定できないものというべきである。

…被告のなした前記契約解除の意思表示により本件保険契約は消滅に帰したものというべきである（東京地裁八王子支部昭和62年9月24日判決）。

（第二審） 控訴人の請求を棄却した原判決は相当である（東京高裁昭和63年7月27日判決）。

●**参考判例**（大阪地裁平成9年1月31日判決）
事　案　告知義務違反
争　点　（腰痛等での通院、医師からの検査入院の勧告事実は重要事項である）
判旨

被保険者は、被告（保険会社）に告知書を提出した平成7年1月30日の時点においては、腰痛や呼吸困難の自覚症状を有していたのみならず、その直前である同月12日、23日及び26日に国立病院整形外科を、同月25日にA病院整形外科をそれぞれ受診したほか、同月27日には国立病院内科を受診し、胸水が溜まっている旨の説明を受けた上で、検査入院を指示されていたにもかかわらず、本件保険契約の告知書の…各質問事項に、いずれも「いいえ」と記載して…前記事実を告知しなかったことになる。

被保険者の診療経過によれば、同人の呼吸困難は、左肺下葉の胸水に起因するものであり、腰痛も、骨にガンが転移したことに起因するものである可能性が高いと推認でき、各総合病院における受診についても、各受診の結果、左肺下葉の胸水が溜まっていることが発見され、悪性の胸膜炎が疑われるにいたったものであり、医師による検査入院の勧告も、悪性胸膜炎の原発巣検索を目的としたものであったことに鑑みると、被保険者の自覚症状、右各受診の事実及び検査入院を勧められた事実は、いずれも、癌性胸膜炎により死亡した同人の生命の危険を測定する上に重要な関係を有する事実商法678条の「重要なる事実」に該当するというべきである。被保険者には、各事実の不告知につき悪意又は重大な過失があったものと推認するのが相当である（大阪地裁平成9年1月31日判決）。

●**参考判例**（名古屋地裁平成9年9月30日判決）
事　案　告知義務違反
争　点　（気管支喘息での入院、通院の事実は「重要事項」に当たる）
判旨

被保険者は昭和63年12月19日から本件保険契約の告知日である平成7年6月16日まで、気管支喘息及び心不全との診断のもと、A市民病院で入院、通院して、治療・投薬を受けていたにも関わらず、これを告知しなかったことが明らかである。また、被保険者は、診査の際に行われた尿検査で蛋白が検出されたため、再診査を行った。被保険者は、再検査に際しても、被告診査医の質問に対して、告知内容について変更や付け加えることがない旨回答した。したがって、被保険者は、本件保険契約に定める告知義務に違反したと認められる（名古屋地裁平成9年9月30日判決）。

Ⅱ-3 危険選択の方法　その2－被保険者の告知－　Ⅱ-3-5 告知の時期

●**参考判例**（岡山地裁平成9年11月21日判決）
　　事　案　告知義務違反
　　争　点　（ぶどう膜炎で通院、投薬の事実は「重要事項」にあたる）
　　判旨

　ぶどう膜炎は、悪性リンパ腫を含む多くの基礎疾患を原因として起こり、その原因を特定出来ない場合も多く、原因如何によっては患者の生命の危険が高く、生命の危険がない場合でも、失明の危険が高い重患であり、そのため、保険者である被告は、保険契約締結の際にこれを契約締結の可否又は契約内容決定のための判断材料としているものと認められる。又、亡・被保険者の罹患していたぶどう膜炎は、基礎疾患の悪性リンパ腫を原因とするものであって、発症後、三つの病院に頻繁に通院し、継続的にステロイド剤の投与治療を受けていたにも関わらず、逆に症状が悪化するなど、その症状は慢性かつ難治性のものであったと推認するに難しくない。そうすると、本件保険契約締結当時亡・被保険者がぶどう膜炎に罹患していた事実は、保険者である被告がその事実を知っていれば、本件保険契約を締結しなかったか、少なくとも同一条件では保険契約を締結しなかったであろうと客観的に認められる事実であるとともに、被保険者の生命に危険を測定する上で重要な事実であって、商法678条1項にいわゆる「重要なる事実」に該当するものと認めるのが相当であるから、亡・被保険者は、右の事実を被告に告知すべき義務があったものといわなければならない（岡山地裁平成9年11月21日判決）。

●**参考判例**（津地裁伊勢支部平成9年11月26日判決）
　　事　案　告知義務違反
　　争　点　（被保険者が「がん」である事実を不知であっても、体調不良及び通院の事実は重要事項に当たる）
　　判旨

　被保険者においては、自らが癌に罹患していることについては知らなかったとしても、約3ヶ月で体重が69キロから61キロに減少したうえ最近夜間咳が多いと訴えて、2日続けて診療所で診察を受けた上、医師から赤十字病院での精密検査を勧められ、翌日本件契約の診査を受けた後、その日のうちに病院にて精密検査を受けた…。
　以上の事実に照らせば、被保険者は右診査当時、自らの症状がかなり深刻なものであることを十分に認識していた事実を推認することができるから、当然に右症状などが本件契約締結に関して重要な事実であることを認識していたものと考えられる（津地裁伊勢支部平成9年11月26日判決）。

Ⅱ-3-5 告知の時期

　保険法は告知の時期については、「保険契約締結時」ではなく「保険契約締結に際し」と規定している。このように、時間的に幅のある定め方をしているので、契約申込時から保険者承諾時までの間に被保険者の健康状態に変化があった場合の追加告知が問題となるが、保険法上、告知義務を質問応答義務に変更したということから、保険者になる者が質問した時が告知の時期と解される以上、追加告知は告知義務の対象とはならない（ただし、保険者が追加的に質問を行うことは可能である）。

　これに対し、保険約款では、保険法に比して「告知を求めた際」と限定し、告知の時間的幅を放棄している。これは、保険契約者側に不利に働くものではないので有効と解される。ただ、告知した内容に関する誤りなどに気づいたときは、保険者承諾のときまでに訂正や補充をすることは可能である（潘・前掲書68頁）。

　なお、保険実務では、保険者が第1回保険料相当額を受領した後に保険契約の申込を承諾する場合には、約款の規定により保険者の契約上の責任開始時期を第1回保険料相当額の受領の時（告知が遅いときは告知の時）まで遡らせている。

　保険契約者となる者が、告知を行ったが、保険者がさらに詳しく告知を求める追加告知・告知補足を求めて当該申込みの諾否を決することがある。

その際の責任開始日は、最初の告知の時とするのが一般的な実務である。したがって、最初の告知時後における保険事故は、保険者が保険金支払い義務を負うこととなる（中西正明『保険契約の告知義務』4頁、有斐閣、2003）。

したがって、責任開始時期以降は、被保険者の発病又は病状の悪化の危険も保険者の負担に帰すると考えられる。

なお、被保険者の病状が慢性的なもので、はじめは、軽微な病状を示し、これが次第に悪化するという経過をとる場合には、初期の段階では重要事実ではなく、後の段階で重要事実であるということが生じる。このような場合には、基準となる時点における病状を確定して、それが重要事実に当たるかを判断しなければならない（中西・前掲書35頁）。

●**参考判例**（静岡地裁富士支部平成14年6月27日判決、平成12年（ワ）162号）（東京高裁平成14年11月25日判決、平成14年（ネ）4038号）

事　案　告知義務違反
争　点　書面告知の場合の告知義務の履行時期

判　旨

（**第一審**）　商法678条1項は、告知義務の履行期を「保険契約の当時」と定めるが、約款27条は、告知の方法について「保険契約の締結、復活または保険金額増額の際、会社所定の書面で質問した事項について、保険契約者または被保険者はその書面により告知することを要します。また、会社の指定する医師が口頭で質問した事項については、その医師に口頭により告知することを要します。」と規定し、さらに、約款28条1項は「保険契約者または被保険者が、前条の告知の際、故意または重大な過失により事実を告げなかったまたは事実でないことを告げた場合には、会社は、将来に向かって保険契約を解除することができ」る旨を規定している。これは、告知義務の履行期を「告知の際」にまで遡らせた規定であり、当事者間の任意の合意として有効である。

ところで、告知手続は、保険会社の指定する医師に対して口頭で行われる場合（以下、口頭告知という）と保険契約者または被保険者が告知書を作成し、これを保険会社に提出することにより書面で行われる場合（以下、書面告知という）とがある。そして、口頭告知の場合には、告知義務の履行時期（約款28条1項にいう「告知の際」）は明瞭であるが、書面告知の場合には、告知義務の履行時期をどの時点とするか、解釈の余地がある。この点について、原告は、告知書記入時であると主張し、他方、被告は、告知書が被告に到達した日か、少なくとも告知書を郵便で発送した日であると主張する。

そこで検討するに、①書面告知の場合、告知書が作成されただけでは足りず、告知書が保険会社に提出されて始めて告知の効力を生じるものであり、その意味では、告知行為は意思表示に準じるものと考えられること、②告知書は、作成後すみやかに保険会社に提出されるのが通常と考えられるが、時には告知書作成から提出までに時日が経過することもありうるところ、そのように提出が遅延するのは、保険会社の事情ではなく、もっぱら保険契約者側の事情であると考えられること、③告知書作成後、提出までの間に生じた事情の変更については、保険会社においては、これを知り得ないものであるのに対し、保険契約者においては、通常、被保険者との間に緊密な関係（親族、会社と従業員の関係など）があることから、これを知ることが容易にできるはずであり、告知書を訂正して提出することが可能かつ容易であること、④上記②、③の事情を考慮すると、告知書が保険会社に提出されるまでの間は被保険者に告知義務を課すことが公平であり、既にいったん告知書を作成済みであることを理由に、その後の事情変更を告知しなくてもよいとする解釈は適当なものとはいえないこと、⑤告知書作成後の事情変更について、被保険者において告知書の訂正が不可能な場合も考えられないわけではない（例えば、被保険者が告知書の提出遅延を知り得ず、他方、保険契約者においても事情の変更を知り得なかったような場合）が、そのような場合には、告知義務の履行が不可能であったとして違反が存在しないと考えれば特段の不都合は生じないものであり、一般的に告知義務の履行時期を告知書作成時まで遡らせる必要はないこと、⑥被告で使用している復活請求書兼告知書の用紙［証拠略］には「告知日」を記入する欄があり、この欄には告知書に記入する日

Ⅱ-3 危険選択の方法 その2－被保険者の告知－　Ⅱ-3-5 告知の時期

を記載する旨の注意書きが付されているから、この「告知日」をもって告知義務の履行時期と解釈する余地もある（被告は、大量で定型的な保険契約の迅速処理のために、告知書の「告知日」によって告知書の作成日を把握し、その時点を一応の告知義務の履行時期として、告知義務違反の有無を容易に把握することができるようにしているものと考えられる）が、約款28条1項の「告知の際」（告知義務の履行時期）の解釈は、告知書用紙の体裁や上記保険会社の運用と連動して考えるべき必然性はなく、当事者間の公平その他一切の事情を総合して行うべきであること、以上の①ないし⑥の諸点を考えると、書面告知の場合、告知義務の履行時期は、告知書が保険会社に提出された時期（遠隔地の場合、告知書を発信した後には、一般的に告知書の訂正が不可能であるから、発信時をもって告知義務の履行時期と解する）と解釈するのが相当であり、その時期までに生じた事実については、被保険者は告知義務を負うものと解するのが相当である。

　以上を前提に本件を検討するに、前記(3)に認定のとおり、本件の復活請求書兼告知書［証拠略］は、平成11年2月2日に被告D支所に到達したものであるから、原告の本店所在地と被告D支所の距離からみて、本件の復活請求書兼告知書は、前日の2月1日か、遅くとも前々日の1月31日に発信されたものと推認することができ、推認を覆すに足りる証拠はない。そして、その当時における原告の代表者はAであるから、Aは、原告が復活請求書兼告知書を被告宛に発信する時期を容易に知ることができたものであり、それまでの間、告知書の訂正をすることのできる地位にあったことは明らかである。そうだとすると、Aが1月29日に医師の診察を受け、入院を勧められたことについては、これを被告に告知すべきであり、これを告知書に記載せず、あるいは、いったん記載した告知書を訂正せずに被告宛に提出したことは、少なくとも重大な過失により、告知すべき事実を告知しなかったこととなり、告知義務違反に該当するものというべきである（のみならず、Aは、同年2月3日頃にも、Eから送り返されてきた告知書の告知日欄に訂正印を押しているから、この時点においても告知書の訂正が可能であった）（静岡地裁富士支部平成14年6月27日判決、平成12年(ワ)162号）。

（第二審）　控訴人は、告知は保険会社が本来調査すべき事項を被保険者側で例外的に協力しているにすぎず、その告知意思は告知書の作成により初めて表示されるから、告知書による告知の時期は、告知書の作成日とするのが公平であり、告知書の書式にも合致すると主張する。しかし、保険契約者または被保険者が告知義務を負う以上、保険会社が告知事実を調査すべき義務はなく、商法の規定や約款にもそれをうかがわせるものはない。また、告知があったというためには、告知事実が保険会社に伝わる必要があるから、告知書作成によって告知事実が表示されたということもできない。ただ、本件告知書の書式では、告知書を作成した日を告知日欄に記載するようになっているが、大量の事務を遺漏なく円滑迅速に処理する目的で作成される書式は、通常一般に行われる処理方式を前提にしてその内容が定められるものであるから、本件告知書についても、告知書の作成と交付が即時に行われる通常の処理を前提にして、上記のような記載方法が定められたものと推認され、告知書の作成と交付との間に日時が経過するような例外的な場合については、上記の記載方法が格別の意味を持つものと解することはできない。したがって、控訴人の上記主張は採用することができない（東京高裁平成14年11月25日判決、平成14年(ネ)4038号）。

●**参考判例**（広島地裁平成9年3月6日判決、平成7年(ワ)901号）（広島高裁平成10年1月28日判決、平成9年(ネ)171号）
　事　案　告知義務違反
　争　点　①告知すべき事項
　　　　　②告知日から責任開始日の間の治療事実を告知しなかったことは、信義則上、告知義務違反と同視し解除できるか
　　　　　③告知すべき事項は、告知日後責任開始期までの間に生じた事項を含むか
　判　旨
（第一審）　争点①について
　「重要な事実」とは、保険契約者がその存在を知っている事実であることを要することにつき明文上の定めないが、告知義務制度は義務者に対して事実の探知義務ないし調査義務を課するものではなく、告知の

時点で知っている事実についての告知を要求する制度に過ぎないことからすると、右のように解するのが相当である。また、右の告知義務制度の趣旨からすると、保険契約者の知らない事実はその不知が過失に基づくと否とを問わず告知義務の対象とはならないと解すべきである。

そして、本件約款では、商法644条1項と異なり告知義務者として被保険者も含まれていることから、本件約款××条所定の「事実」とは、保険者がその事実を知ったならば保険契約の締結を拒否したか、または、少なくとも同一条件では契約を締結しないであろうと客観的に考えられるような事実で、かつ、保険契約者又は被保険者がその事実を知っている事実を言うと解するのが相当である。

以上の検討によれば、平成3年3月20日の人間ドックの診査結果が大動脈瘤の疑いであったことは、保険者がその事実を知ったのならば保険契約の締結を拒絶したであろう事情に当たるものの、Aは大動脈瘤の疑いがある旨の検査結果についてはその説明を受けておらずAは大動脈瘤の疑いの検査結果を知らなかったのであるから、大動脈瘤の疑いの検査結果は本件約款××条の「事実」には当たらない。

Aが平成3年3月20日に精密検査の指示を受けた事実は、被告が保険引き受けに際し危険測定するための新たな情報を、Aが告知日に告知した以上に付加するものではなく、被告が右事実を知ったとしても、保険契約の締結を拒絶したか、または、少なくとも同一条件では契約を締結しなかったとまでは認めることはできない。

したがって、B医師から精密検査の指示を受けた事実は、本件約款××条の「事実」には当たらない。

争点②について

本件約款××条は、被告が、保険契約申込の承諾前に、書面で告知を求めた事項について、保険契約者または被保険者は、その書面により（又は被告の診査医に対しては口頭で）告知を要する旨規定するが、右規定は、告知義務の履行の時期について、契約時と定めた商法678条1項に対し、その履行の時期を早める特約と解される。被告が、このように特約によって告知義務の履行の時期を早めて書面による告知日を履行期としたにもかかわらず、告知日以降も契約時までは被保険者に告知義務を負わせるとするのは背理である。

履行時期を早める特約を定めた以上、履行時期を早めたことによる危険を負うことを了承していると解されるからである。したがって、被告の右主張は採用できない。

なお、被告は、告知義務違反があったかどうかの判定をする基準時は申込時ではなく契約成立時であるとする文献を引用しているが、右文献は右商法の規定の説明であって、特約のある本件は事案を異にする（広島地裁平成9年3月6日判決、平成7年(ワ)901号）。

（第二審）

争点③について

「保険契約者または被保険者が告知の際、悪意または重大な過失によって、事実を告げなかったかまたは不実のことを告げた…」と定める事実とは、保険者がその事実を知ったならば保険契約の締結を拒絶したか、または、少なくとも同一条件では契約を締結しなかったであろうと客観的に認められる事実のうち、告知日までにすでに発生していた事実と解するのが相当である。なぜならば、本件約款によると、「会社が求めた事項につき告知する際に事実を告げなかった」ことが解除権の発生要件と規定されていることが認められことからすると、右にいう「事実」とは告知日において告知することが可能である事実（すなわち既に発生していた事実）と解すべきことは規定の文言上明らかであり、控訴人（保険会社）は、自らが作成した約款により、告知義務の履行期を「契約時」（商法678条1項）より早めて、書面による（診査医に対しては口頭で）告知日を履行期と定めたものであるから、それによる危険を負担すべきことを当然了承しているものというべきだからである。

控訴人は、告知日以降に生じた事実についても「告知すべき事実」に該当することがある旨主張するが、右主張は採用できない（なお、このことは、本件告知書で告知を求められた事項以外にも商法644条1項にいう「重要な事実」があることを否定する趣旨ではない。訴訟において、告知書に記載がない事項以外にも「重要な事実」があることが立証された場合には、保険契約者が右事実を告知しなかったことを理由に告知義務違反に問われることはあり得る。しかし、それはあくまでも告知日までに生じた事実に限定されるというべきである。）（広島高裁平成10年1月28日判決、平成9年(ネ)171号）。

Ⅱ-3 危険選択の方法 その2－被保険者の告知－　Ⅱ-3-5 告知の時期

●**参考判例**（佐賀地裁平成13年1月19日判決、平成11年(ワ)91号）
　事　案　復活時の告知に契約時前の告知を再度求める必要性の有無
　争　点　復活時の告知義務について
　判　旨

復活契約時の告知義務について
　　被告は契約復活の際もこれらの事項の告知義務があると主張するが、当初の契約の時期と契約復活の時期が近いこと、両時期の間にAの症状等に変化は認められないこと、同一人が被告の契約担当者であることに照らすと、被告は当初の契約時のAについての情報は既に有していたのであって、Aに、契約復活の時点で、当初の契約時以前の情報について再度告知する義務はないと解するのが相当である（佐賀地裁平成13年1月19日判決、平成11年(ワ)91号）。

●**参考判例**（東京地裁昭和62年8月31日判決）
　事　案　告知義務違反
　争　点　診査・告知書の有効期限について
　判　旨

　　第一契約申込は…、診査が無事通った第二契約の告知書を流用してなされ得る期間内（前契約成立より2ケ月以内）…（すなわち）…第二契約成立により22日目になされたものであるから、被保険者たる亡Aは被告会社診査医の面接による診査を免除され、既に締結された本件第二契約の告知書の内容が流用されることができたので、被告本社決定課における審査は…被告の手元にある第二契約の告知書等とつき合わせるなどの書面審査の方法で行われたところ、右第一契約の申し込みは右決定課の書面審査を通り…原告と被告間に本件第一契約が成立するに至った（東京地裁昭和62年8月31日判決）。

●**参考判例**（京都地裁平成9年5月23日判決）（大阪高裁平成9年12月22日判決）
　事　案　診査終了後の告知
　争　点　保険契約の被保険者である原告が、診査医に対し、診察・治療などを受けていることを告知したか否か
　判　旨

　（第一審）　原告である被保険者は、診査医に対し、F内科で受けている検査は血液検査であり、治療としてアンブルビタミン剤等の点滴と風邪薬の投薬を受けていると回答した旨を主張する。
　　診査医は…告知書に定められた質問を順次していったが、全て「いいえ」と言う答えであった。そして、ほとんど質問が終わって帰るちょっと前に、原告が肝臓を患ったことがあると言う話をしたので、時期を尋ねると、平成元年と言うことであり…計算すると当時既に5年以上経っていることから、どの質問事項にも該当せず、問題はないと判断した。原告から血液検査や治療を受けていることは聞いていない。診査医は、原告を幼児期から小学生頃まで診察したことがあり、原告の父が死亡したことも知っており、今回原告が診察に来たときも原告の名前は忘れていなかったことが認められること、診察の終わり際に原告から肝臓を患ったことがあるとの話があり、計算すると最近5年以内には該当しないことが分かった等他の患者とは異なる特徴があったことなどから、原告の診察に関しては記憶が明確であり、供述も具体的であって、診査医の供述の信用性は高いと言うことができる（京都地裁平成9年5月23日判決）。
　（第二審）　控訴人が血液検査を受けていることまで診査医師に告げたとしても…主治医から、血液検査の結果肝障害があると告げられ、これに対する投薬治療を受けていることを告知したことはないと認められる。控訴人において、当時、自己の肝臓疾患が重篤なものではないと考えていたとしても、告知制度の趣旨からすれば、控訴人が、診査医に対し、主治医から血液検査の結果肝障害があると告げられ、それに対する投薬治療を受けていることを説明せず、「健康管理のために」血液検査を受けている（通常は、これ以上特に説明がなければ、検査結果に異常はないものと判断するはずである。）としか告げなかったことは被控訴人に対する告知義務違反に当たると解すべきである。
　　担当営業職員が、控訴人に対して、診査医の質問事項に対して、全て「いいえ」と答えるよう指示した

とはにわかに認められない。仮に、そのような指示があったとしても、担当営業職員は、控訴人が、血液検査の結果、医師から肝障害の所見が指摘され、その治療を受けていることは知らされず、控訴人から単に肝機能のチェックのために血液検査を受けていると説明されていたに過ぎないことからすると、担当職員が、控訴人に対し、血液検査を受けていることを診査医に対して告知しないよう指示したとしても、そのことから、被控訴人が、控訴人に対して本件の告知義務違反を理由とする本件保険契約の解約（解除）をすることが信義則上許されないとまではいえない（大阪高裁平成9年12月22日判決）。

●**参考判例**（広島高裁平成10年1月28日判決）
事　案　告知義務違反による契約解除
争　点　告知義務の履行期
判　旨
　「保険契約者または被保険者が告知の際、悪意または重大な過失によって、事実を告げなかったかまたは不実のことを告げた…」と定める事実とは、保険者がその事実を知ったならば保険契約の締結を拒絶したか、または、少なくとも同一条件では契約を締結しなかったであろうと客観的に認められる事実のうち、告知日までにすでに発生していた事実と解するのが相当である。なぜならば、本件約款によると、「会社が求めた事項につき告知する際に事実を告げなかった」ことが解除権の発生要件と規定されていることが認められることからすると、右にいう「事実」とは告知日において告知することが可能である事実（すなわち既に発生していた事実）と解すべきことは規定の文言上明らかであり、控訴人（保険会社）は、自らが作成した約款により、告知義務の履行期を「契約時」（商法678条1項）より早めて、書面による（診査医に対しては口頭で）告知日を履行期と定めたものであるから、それによる危険を負担すべきことを当然了承しているものというべきだからである。
　控訴人は、告知日以降に生じた事実についても「告知すべき事実」に該当することがある旨主張するが、右主張は採用できない（広島高裁平成10年1月28日判決）。

●**参考判例**（大審院昭和7年11月24日判決）
事　案　告知義務違反
争　点　診査の有効期限経過とそれを無視して承諾をした保険者の過失
判　旨
　原審の確定したる事実に依れば、保険者たる上告人（保険会社）の診査医が被保険者の診査を為したる後30余日を経過して生命保険契約を締結したるが、上告人の内規には、診査後1ケ月を経過して契約を締結せんとするときは再診査を為すべき旨定めあるに拘らず、上告人はその手続きを執らざりしものなりというに在り。然り而して、右内規の趣旨たるや最初の診査より1ケ月を経過するときはその間に被保険者たるべき者の健康状態に重大なる変動を生じ保険者として保険契約の締結を避止せざるべからざる事情を来すことなきを保し難きを以て、再診査の上相当と認むるに非らざれば契約を締結せざることは、一般に保険業者として其業務上当然に執るべき注意に外ならざることを明らかにしたるものと解すべく、したがって右内規を遵守するか否かは固より上告人の自由なりと言えども、右の場合において若し再診査をなさずして契約を締結したるときは上告人はその業務上の注意を十分に為さざりしものと言わざるべからず。
　而して、既に内規において右期間を1ケ月と定めたる以上、特設の事情の存せざる限り縦令数日といえども右期間を経過したる後契約を締結せんとするときは再診査をなすべく、之を為さざりしときは敍上業務上の注意に欠くるところありたるものと解するを相当とす（大審院昭和7年11月24日判決）。

Ⅱ-3-6　告知書（質問表）の効力

　保険法上は、質問応答義務の立場であるから、告知書に掲げられている質問事項は保険の技術に通じている保険者が作成するものであるため、危険測定の判断に重要な事項とされるべき事項が網羅されているはずであり、それ以外に「危険の可能性のある重要事項」はないこととなる。

Ⅱ-3 危険選択の方法 その2－被保険者の告知－　Ⅱ-3-7 重要な事項

　保険法の下においては、保険事故の発生の可能性に関する重要な事項のうち保険者になる者が告知を求めたものについても、保険金請求者がその重要性を否定する場合には、保険者がその重要性の証明責任を負うものと理解される。
　告知書記載の質問事項は、重要性が一応推定されるにすぎないことに変わりはない（保険法において、告知を求めた事項が重要な事実と推定される旨の規定は設けられなかった。重要な事項に該当するかどうかの判断は、専門的な知識が必要とされる。推定に関する定めを設けることで、保険契約者側が重要な事項に該当しないことの証明責任を負うことになり、保険契約者保護の観点からは相当ではないと考えられたため、とされている（法制審議会保険法部会第2回議事録・5頁））。
　また、判例で「重要性」が否定されたものとしては、扁桃腺炎（東京控判大正4.5.20新聞1023号22頁）、軽症の気管支喘息（大判昭和5.12.20新聞3216号14頁）等がある。
　なお、告知を質問する順序は、告知者が思い出し、告知を容易にするように最近1週間などの現在の健康状態から過去5年以内の既往症、医師に受診した事実など順次にしているのが一般的である。具体的には最近1週間とか3か月以内に医師の診察・検査・投薬の有無とその結果、検査・投薬・入院・手術を勧められた有無等から過去5年以内に入院・手術した事実、狭心症、心筋こうそく等告知を求めた病気で、医師の診察・検査・投薬・治療の有無を質問事項としている。

Ⅱ-3-7　重要な事項

　告知事項は、「危険」に関する重要な事項のうち保険者が告知を求めたものとされる。「危険」については、生命保険契約では保険事故発生の可能性（被保険者の死亡又は一定の時点における生存）に関する重要事項である。そして、危険に関する「重要な事項」は、保険事故発生の可能性に関する事項であって、保険者が当該事項を知ったならば保険契約の引受けを拒絶したかまたは少なくとも同一条件（保険料）では引き受けなかったであろうと認められる事実であると解される。その意味では、改正前商法における重要な事実と同様で、「生命の危険測定上の事実」である。（大判明治40年10月4日民録13輯939頁、千葉地判昭和60年2月22日文研生保判例集4巻157頁「・・・重要なる事実とは危険測定に関し、保険者がその事実を知ったならば保険契約の締結を拒絶したか、少なくとも同一条件では契約を締結しなかったであろうと考えられる事情を意味し、その判定は、保険の技術に照らして、当事者の主観に関わりなく客観的になすべきものと解される。」、岡山地判平成2年5月31日文研判例集6巻201頁「危険率を予測して、これを引受けるか否か及びその保険料などの額について判断するに際して、その合理的判断に影響を及ぼすべきことのある事実〔をいう〕。」、東京地判平成3年4月17日判タ770号254頁、文研判例集6巻341頁「『重要ナル事実』とは、保険者がその事実を知っていたならば契約を締結しないか、契約条件を変更しないと契約を締結しなかったと客観的に認められるような、被保険者の危険を予測する上で重要な事実をいうものと解すべきである。」）。
　一方、質問表に掲げられている事項はすべてが重要事項であると推定され、すべて質問表に網羅されていると推定される（東京地判平成7年1月13日「ある事実が『重要な事実』に当たるのか否かを告知義務者がすべて判断することが難しいことから、保険の技術に通じている保険者の方で、告知書に「重要な事実」に属すべき事項について質問を列記し、告知義務者にそれを回答させる方式（質問表）が多く用いられるのであって、被告（保険会社）において書面による告知を求める趣旨もここにあるということができる。したがって、被告から書面で告知を求められた事項は、右約款規定の文理（規定の体裁、趣旨）に照らして、解除の前提となる事実も含まれるものといえる上、実質的にも、その不告知が解除の原因となる重要な「事実」に該当すると推認することができる」、同旨東京地判平成3年4月17日、津地裁四日市支判平成4年10月29日、宇都宮地裁足利支判平成10年10月27日「告知書は、保険技術に通暁する保険者が作成するものであるから、同書に掲げられた質問事項は、事実上全

て重要なる事実であると推定される」）。

　なお、判例は、危険に関する「重要な事項」について、客観的基準説、あらゆる保険者に共通する客観的基準により決まる（大判大正4年6月26日民録21輯1044頁）とするが、客観的基準は存在しないことから、主観的基準説、各保険者の危険選択基準により決まるとする有力説が主張されている。

　改正前商法下における判例において、質問表に掲げられている事項は重要事項であると一応は推定し、質問表に掲げられている疾病名等は告知書の趣旨から、限定的に質問しているのではなく、例示列挙されているものであると解するのが妥当であると判示しているが、保険法下においては質問応答義務の趣旨から見て疑問である（札幌高判昭和58年6月14日の判旨は、悪性黒色腫は、告知事項の「エ、腫瘍」項の「がんないし肉腫」に含まれると考えるべきであるとした）。

　また、三大疾病保険等傷害疾病定額保険の告知事項について、身体的に異常な症状・兆候（睾丸腫瘍における「無痛性の睾丸の腫大」）は、「現在の健康状態の項『最近1週間以内で、からだにぐあいの悪いところがありますか』」に該当し、告知の対象となると判示するが、質問事項が抽象的すぎると解される（東京高裁平成10年10月23日判決）。

　なお、改正前商法時代の判例の中には、自己申告義務の立場から、質問表に記載された事項以外にも重要事項があるとして、それらについて積極的な告知を要するとしているものも認められたが、保険法下においては否定される（積極的な告知を求めたものとして、札幌高判昭和58年6月14日「単に保険者側の質問に対して消極的に応答すれば足りるものではなく、保険者に対し被保険者の生命の危険ないし健康に関わる重要な事実については自ら積極的に告知する必要があると解される…」、東京高判昭和61年11月12日「一般に告知書（質問表）に記載の質問事項に該当しなくとも重要な事実は保険契約者又は被保険者において告知すべき義務を免れないものと解すべきである」、広島高判平成10年1月28日「確かに、契約法の一般法理からみて、告知義務者において、約款上の告知義務とは別に信義則上の告知義務が認められる場合があること自体は、控訴人の主張するとおりである」）。

●**参考判例**　（東京地裁平成13年9月21日判決、平成12年（ワ）16924号）（東京高裁平成14年10月23日判決、平成13年（ネ）5691号）
　事　案　告知義務違反
　争　点　質問表に記載のない疾患の告知事項該当性（商法下の自発的申告義務）
　判　旨
　　本件保険契約の約款〔証拠略〕の30条によれば、「保険契約の締結の際、会社所定の書面で質問した事項について、保険契約者または被保険者はその書面により告知することを要します。また、会社の指定する医師が口頭で質問した事項については、その医師に口頭で告知することを要します。」とされ、「ご契約のしおり」〔証拠略〕では「告知義務違反について」として「告知していただくことがらは「告知書」に質問事項として記載してあります。これらについて故意または重大な過失によって、その事実を告知されなかったり、事実と違うことを告知されたりしますと、会社は「告知義務違反」としてご契約を解除することができます。」（22頁）との記載があることが認められるところ、これらの約款やしおりによれば、保険者の求める重要事項は基本的に質問表に網羅され、告知義務違反は質問表の記載事項に回答すれば、特段の事由がない限り、告知義務違反に問われないこととしたとみるのが相当である。生命保険においては質問表の使用が一般であるうえ、保険技術に通ずる保険者はその知識・経験からどのような事項が危険測定上重要であるか知悉しているとみられ、努力、工夫により質問表の整備が可能であるとみられるのに対し、保険知識が低い一般人において生命保険に加入する場合、質問表に誠実に回答する限り告知義務違反に問われないと理解しているのが普通と考えられるからである（逆に言えば、質問表に記載なき重要事項の不告知があった場合にも、そのような事態の招来はかかる事項を質問表に記載しておかなかった保険者自らの落度とみることが可能な場合が多いと判断される。なお、商法678条1項但し書参照）。

　　そこで、保険者の側で告知書記載の事項以外の事柄について告知義務違反を問うためには、①その事項

が商法678条にいう「重要事項」に該当すること、②その事項を「告知書」（質問表）に記載しなかったことにつき合理的理由があること、③告知義務者において悪意または重過失により当該事項の告知をしなかったこと、の3点を主張、立証しなければならない。

そこで、以下判断するに、前認定のように、本件保険契約においては告知書（質問表）が用いられ、原告X$_2$は質問表に沿って誠実に回答しているとみられる。

一方、乙3によれば、「慢性Ｃ型肝炎は、よく知られた肝細胞癌の前駆病変である。」との記載があり、乙14、15によれば、Ｃ型肝炎に罹患していればそれにかかっていない人に比べ将来肝ガンになる可能性がかなり高いこと、こうした知識はかなり一般にも普及していることが認められる。しかし、一方、甲8、9によれば、Ｃ型肝炎ウイルスの全貌が学会誌に発表されたのは1989年（平成元年）4月のことで、Ｃ型肝炎の詳細やそのガンへの移行の確率等が一般に広く知られるようになったのはごく近年のことであり、しかも、Ｃ型肝炎のすべてがガンに移行するというのではなく、病状が進む人と進まない人との区別はできず、何十年もの間慢性肝炎で止まっている人も少なくないことが認められ、甲1、乙13によれば、被告は、本件当時は告知書（質問表）にＣ型肝炎の病名のことがらを全く記載していなかったが、その後告知書の内容を一部変更し、現在の告知書においては「今までに・・・Ｂ型肝炎、Ｃ型肝炎にかかったことがありますか」の条項を加えていることが認められる。そうすると、質問表に記載がなくともＣ型肝炎に罹患していることが重要事項であったとは速断できないが、仮に重要事項に該当するとしても、被告が右事項を質問書に記載しなかったことには何ら合理的事由を見出すことができないというほかはない。換言すれば、右の事柄の不告知は、結局のところ保険者である被告の不適切な質問表の使用によるといわざるを得ない。そうすると商法678条1項本文を根拠とする被告の解除の主張も理由がないというべきである（東京地裁平成13年9月21日判決、平成12年（ワ）16924号）。

（第二審） 商法678条の重要なる事実とは、保険会社がその事実を知っていたならば契約を締結しないか、少なくとも同一の条件では契約を締結しなかったと客観的に認められるような被保険者の生命の危険を予測する上で影響のある事実（換言すれば、保険会社が当該保険契約における事故発生の危険率を測定しこれを引き受けるか否か及び保険料額を判断するに際し、その合理的判断に影響を及ぼすべき事実）をいうものと解される。本件保険契約のような主としてガン（悪性新生物）に罹患したことに関連して保険給付を行う生命保険契約の一種であるいわゆる疾病保険契約の場合、将来、ガン発症の可能性のある疾患についてそれに罹患している事実は、上記のような趣旨での重要なる事実に該当することは明らかと考えられる。

上記1(1)イのとおり、亡Aは、平成8年6月5日に慢性Ｃ型肝炎、肝硬変及び肝嚢胞と診断され、以後の定期検査を指示されていたものである。ところで、慢性Ｃ型肝炎、肝硬変及び肝嚢胞は、いずれも肝臓にガンを発症させる可能性のある疾患であり、このこと、とりわけ、慢性Ｃ型肝炎及び肝硬変については、医師等の医学専門家にとっては広く知られた事柄であった。

したがって、亡Aが慢性Ｃ型肝炎、肝硬変及び肝嚢胞に罹患していた事実は、本件保険契約の締結に関し、重要なる事実に該当するものというべきであり、この罹患の事実について亡Aが控訴人に告知しなかったことは、弁論の全趣旨から明らかであるから、亡Aには重要なる事実についての告知義務違反があったものというべきである。

被控訴人らは、本件保険契約締結後に改定された告知書によると、慢性Ｃ型肝炎について罹患の有無を問う告知事項が新たに付け加えられており、このことは、本件告知時点においては、慢性Ｃ型肝炎に罹患している事実が重要事実に当たるかどうかが不明確であったからにほかならず、本件告知時点において、告知書に記載がなく重要事実かどうか不明確な事柄について告知しなかったとしても告知義務違反にはならない旨主張する。

本件保険契約の告知書には慢性Ｃ型肝炎や肝硬変について罹患の有無を問う告知事項の記載はなく、その後に改定された告知書には、被控訴人らの主張のとおり、Ｃ型肝炎について罹患の有無を問う告知事項が新たに付け加えられている。しかしながら、このことは、本件告知時点において慢性Ｃ型肝炎や肝硬変に罹患している事実が商法678条の重要事実であることを否定するものではない。なぜならば、告知書にはその作成の時点で保険会社が重要事実と考える事項を告知事項として記載するものであるが、それはいわ

ば標準的あるいは典型的な重要事実というべきものであり、商法678条に定める重要事実のすべてを告知書に網羅することは不可能というべきだからである。したがって、告知書に記載されていない事項でもそれが商法678条の重要事実と判断される限り、当然告知義務違反の問題が生ずるものであり、上記イで判断したとおり、亡Aが慢性C型肝炎、肝硬変及び肝嚢胞に罹患していた事実は、同条の重要事実というべきであるから、これを告知しなかった亡Aには告知義務違反があるということになる（東京高裁平成14年10月23日判決、平成13年（ネ）5691号）。

●**参考判例**（松山地裁大洲支部平成16年1月19日判決、平成14年（ワ）30号）
　事　案　告知義務違反（商法下の自発的申告義務）
　争　点　告知書の質問事項に記載された事項は重要な事実にあたるか
　判旨
　ところで、商法678条における「重要なる事実」とは保険者がその事実を知っていたならば契約を締結しないか、少なくとも同一条件では契約を締結しなかったと客観的に認められるような被保険者の生命の危険を予測する上で影響のある事実をいうものと解すべきところ、告知書の質問事項に記載されている事項は一般的にこれに該当すると一応推定されるべきである。

　本件において、亡AがC病院で診察等を受けた事実は告知事項5項に該当するところ、これが告知されていれば、被告としては、同病院の担当医師から事情を聴取するなどし、診断病名にはなっていないものの、亡AがB型肝炎ウイルスに感染しており、肝機能異常も指摘されていた事実が容易に判明したはずであって、被告としては、かかる事実が判明していれば本件契約の締結に至らなかったか、少なくとも同一条件では契約を締結しなかったであろうことは明らかであり、告知事項4項オにおいて、肝機能異常と同義である肝機能障害や肝炎で医師の診察等を受けた事実の有無が問われていることから、被告がかかる事実を重要視していたこともうかがわれる。

　したがって、亡AがC病院で診察等を受けた事実は、同条の「重要なる事実」に該当し、同人がこれを告知しなかったことが商法上の告知義務に違反することは明らかである（松山地裁大洲支部平成16年1月19日判決、平成14年（ワ）30号）。

●**参考判例**（大阪地裁平成18年9月12日判決、平成17年（ワ）3304号）
　事　案　告知義務違反（商法下の自発的申告義務）
　争　点　告知書の質問事項以外の事実も告知すべき重要な事実となるか
　判旨
　保険の技術について必ずしも専門的知識をもたない保険契約者等に商法678条1項の「重要な事実」該当性を判断させるのは難しいことから設けられたという告知書の趣旨からすれば、告知書に記載された質問事項は、原則として「重要な事実」に該当すると扱われると考えることができる。もっとも、被保険者の生命、身体に関する危険性に関する情報は被保険者に偏在している上に、保険者が、あらゆる事態を想定し、告知書の質問事項として、全ての「重要な事実」即ち上記の危険性を測定するために必要な事実を、網羅的に列挙するのは困難であるから、告知書は重要事項の全てを含むとまでいうことはできない。したがって、告知書の上記効力は保険者の不告知事実の重要性の立証の負担が軽減されるという意味での効力を有するに過ぎず、商法678条1項の「重要事実」から告知書に記載されてない事実を排除する特別な効力までは認められない。

　そして、同項が悪意又は重過失を要件としつつ、保険者から告知を求められた事項といった限定を付することなく「重要な事実」という開かれた要件の下に保険契約者等に対し告知義務を課していることに鑑みると、約款等で特別の定めがあれば格別、そうでない以上ある事項が告知書に記載されていないことをもって、直ちに当該事項が「重要な事実」に当たらないと解することはできず、告知書における質問事項以外の事項であっても、同項の「重要な事実」に当たる場合があり、そのように解される限り、当該事項の不告知は、保険契約者等の悪意又は重過失の要件の下に、商法上の告知義務違反に該当する余地があると解するのが相当である（大阪地裁平成18年9月12日判決、平成17年（ワ）3304号）。

Ⅱ-3 危険選択の方法 その2－被保険者の告知－　Ⅱ-3-7 重要な事項

●**参考判例**（宇都宮地裁足利支部平成10年10月27日判決、平成9年（ワ）第28号、東京高裁平成11年3月17日判決、平成10年（ネ）5516号）
事　案　告知義務違反
争　点　告知義務違反の有無。
判　旨
（第一審）　争点①について
　商法678条1項の「重要なる事実」とは、被保険者の生命に関する危険測定のために必要なものをいうと解され、同項の重要なる事実については、告知義務者である保険契約者・被保険者に保険者側からの質問を待たずして積極的にこれを告知すべき義務が課されている。その一方で、商法は、告知の形式・方法について何らの規定を設けていない。そのため、保険の技術について、必ずしも専門的知識を有しない申込者に、ある事実が重要なる事実、すなわち、被保険者の生命に関する危険測定のために必要な事実に属するか否かの判断を期待するのは酷である。そこで、保険契約の申込書とともに、告知書を添え、これに告知義務の対象となる重要な事項を質問的に列記し、申込者をしてこれに対する回答を記入させる方法によって告知をさせることにしたものである。そして、告知書は、保険技術に通暁する保険者が作成するものであるから、同書に掲げられた質問事項は、事実上全て重要なる事実であると推定されるものである。

　したがって、本件においても、告知書の質問事項である本件1問及び本件2問は同項の「重要なる事実」に該当すると解される。

　もっとも、原告は、本件1問のような抽象的質問事項では、右推定は働かない旨主張する。しかしながら、本件1問は告知書の質問の導入部分であり、それゆえ抽象的にならざるを得ない性質を有すること、そして、本件1問に「はい」と答えた場合にはより具体的な質問に至り、それにより被保険者の生命の危険を測定をすることになるから、同問は、保険者がより正確な危険測定をするための手がかりとして重要かつ有益な質問事項と認められることからすれば、原告の右主張は採用することができない（宇都宮地裁足利支部平成10年10月27日判決、平成9年（ワ）第28号、東京高裁平成11年3月17日判決、平成10年（ネ）5516号）。

●**参考判例**（東京地裁平成7年1月13日判決）
事　案　告知義務違反
争　点　質問表の意義と告知書に掲げられた質問事項は重要事項にあたるか
判　旨
　ある事実が「重要な事実」に当たるのか否かを告知義務者がすべて判断することが難しいことから、保険の技術に通じている保険者の方で、告知書に「重要な事実」に属すべき事項について質問を列記し、告知義務者にそれを回答させる方式（質問表）が多く用いられるのであって、被告（保険会社）において書面による告知を求める趣旨もここにあるというとができる。したがって、被告から書面で告知を求められた事項は、右約款規定の文理（規定の体裁、趣旨）に照らして、解除の前提となる事実も含まれるものといえる上、実質的にも、その不告知が解除の原因となる重要な「事実」に該当すると推認することができる（東京地裁平成7年1月13日判決）。

●**参考判例**（東京地裁平成3年4月17日判決）
事　案　告知義務違反
争　点　告知書に掲げられた質問事項は重要事項にあたるか
判　旨
　契約約款上、告知は被告知者についての質問事項を記載した書面（告知書）によって行う旨の定めのあるような場合には、告知書に掲げられた事項は一般的にすべて重要な事項と一応推定されるべきものと解するのが相当である（東京地裁平成3年4月17日判決）。

Ⅱ-3 危険選択の方法 その２－被保険者の告知－　Ⅱ-3-7 重要な事項

●**参考判例**（津地裁四日市支部平成４年10月29日判決）
　事　案　告知義務違反
　争　点　告知書に掲げられた質問事項は重要事項にあたるか
　判　旨
　　商法第678条にいう「重要ナル事実」とは、被保険者の生命の危険を測定する上に重要な関係を有する事実を指称するものと解すべきところ、告知書に掲げられた事項は一般的にすべて重要事実と一応推定されるのみならず、告知書に掲げられた事項に該当しなくとも右重要事実とされることがあり得ると考えられる…訴外亡・被保険者の前記告知書の「無」の箇所に〇印を付した事項は、右重要事実に該当し、右事項の不告知は、右重要事実の不告知に該当するものというべきである（津地裁四日市支部平成４年10月29日判決）。

●**参考判例**（東京地裁平成８年８月29日判決）
　事　案　告知義務違反
　争　点　保険者が告知を求めた事項は重要事項にあたるか
　判　旨
　　保険者が保険契約締結に際して告知を求めた事項は、特段の事情がない限り、右の重要事項にあたると解されるのであり、被告から書面によって…医師の診察、検査、投薬、治療を受けたことがあるかを問われながら、被保険者が「いいえ」と答えたのは、重要事項についての不実告知にあたる（東京地裁平成８年８月29日判決）。

●**参考判例**（釧路地裁昭和57年３月５日判決）（札幌高裁昭和58年６月14日判決）
　事　案　告知義務違反を巡って
　争　点　告知書の質問事項中の疾病等は限定列挙か、例示列挙か
　判　旨
　（第一審）　本件保険契約約款×条には、本件保険契約所定の告知書の告知事項について、保険契約者または被保険者が悪意または重大な過失によりこれを告知しなかったときは、保険者は、本件保険契約を解除することができる旨定められているから、右告知書の質問事項中の疾病等は、本件保険契約上の義務として、保険契約者兼被保険者の亡・被保険者が保険者の被告に告知すべき既往症その他の重要な事実を特に告知事項として限定列挙したものと解するのを相当とす（釧路地裁昭和57年３月５日判決）。
　（第二審）　告知事項としては、「エ、腫瘍」および「コ、上記以外の病気あるいは外傷」の二項が一応考えられる。
　　しかして、右の「エ、腫瘍」の欄には、「がん、肉腫、ポリープ、白血病」の疾病の記載があるが、本件悪性黒色腫は純粋に医学的分類に従えば、がん、肉腫とは異種の疾病として分類されるのが正当であろうけれども、一般人の用いる通俗的な意味ではがんの一種と解されているものとみるのが社会常識に合致するものとみられ、保険契約申込に際して要求される本件告知書の記載においてもその目的からみて、かかる解釈を排斥すべきほどの厳格な分類が要求されているとは解されないから、本件悪性黒色腫は、「エ、腫瘍」項のがんないし肉腫に包摂されるべき疾病の一つであると解するのが相当であってがんないし肉腫に準じて「エ、腫瘍」に該当する重要な事実というべきである（札幌高裁昭和58年６月14日判決）。

●**参考判例**（福岡地裁小倉支部平成６年10月６日判決）
　事　案　告知義務違反
　争　点　告知書の質問事項中の疾病等は限定列挙か、例示列挙か
　判　旨
　　本件告知書および前記確認書（保険証券と同封のもの）には、過去５年以内の健康状態について７日以上の治療を勧められたことの有無を問う告知欄に、肝炎及び糖尿病とも例示として明記されており、一読

すれば、被告（保険会社）が右病歴を重視していることは容易に推知できるにかかわらず、被保険者はこれらの病歴を告知しなかったのであるから、故意または重大な過失があると推認するのが相当である（福岡地裁小倉支部平成 6 年10月 6 日判決）。

●**参考判例**（札幌高裁昭和58年 6 月14日判決）
　事　案　告知義務違反
　争　点　告知書の質問事項に対する告知は消極的な応答で足りるか
　判　旨
　　そもそも、本件保険契約約款××条のいわゆる告知義務は、被保険者の生命の危険ないし健康に関わる重要な事実に関し、単に保険者側の質問に対して消極的に応答すれば足りるものではなく、保険者に対し被保険者の生命の危険ないし健康に関わる重要な事実については自ら積極的に告知する必要があると解される…（札幌高裁昭和58年 6 月14日判決）。

●**参考判例**（東京高裁昭和61年11月12日判決）
　事　案　告知義務違反
　争　点　告知書（質問表）に記載のない事項も重要な事実として告知義務の対象となるか
　判　旨
　　被保険者が…医師から精密検査を勧告されながら、大学病院その他の専門医療機関で診察、検査を受けて一定の診断結果を得ることをしていない以上、右勧告から 5 ケ月を経過したというのみでは、右勧告が前記診査当時において告知書の質問事項の一つである病気のため検査を勧められていることに該当しなくなるものではないというべきである上、一般に告知書（質問表）に記載の質問事項に該当しなくとも重要な事実は保険契約者又は被保険者において告知すべき義務を免れないものと解すべきである（東京高裁昭和61年11月12日判決）。

●**参考判例**（東京地裁平成 6 年 3 月14日判決）
　事　案　告知義務違反
　争　点　告知書（質問表）に記載のない事項も重要な事項として告知義務の対象となるか
　判　旨
　　商法678条の「重要なる事実」とは、保険者がその事実を知っていたならば契約を締結しないか、契約条件を変更しないと契約を締結しなかったと客観的に認められるような、被保険者の生命の危険を測定する上で重要な事実をいうものであると解すべきところ、亡・被保険者が、肝臓薬服用の事実及び肝臓異常についての認識を告知しなかったことは、一般的に重要な事項であるからこそ掲げられている告知書記載事項に対する不告知となることはもちろんのこと、タチオン及びチオラの医療用医薬品としての性質、その服用の頻度、肝臓が身体において果たす役割とその重要性に照らすと、肝臓異常を前提とした右薬の服用の事実は亡・被保険者の生命の危険を予測する上で重要な事実であると認められる（東京地裁平成 6 年 3 月14日判決）。

●**参考判例**（大阪地裁平成 9 年 1 月31日判決）
　事　案　告知義務違反
　争　点　質問表での質問事項は重要事項に当たるか
　判　旨
　　商法678条にいう「重要なる事実」とは、被保険者の生命の危険を測定する上に重要な関係を有する事実を意味すると解すべきであり、本件のように、重要なる事実の告知の方法として、保険会社作成の告知書が利用される場合においては、告知書は、被保険者や保険契約者には右危険の判断について専門的知識を有しない者が多いことに鑑み、保険会社が被保険者の生命の危険を測定するために重要であると考える事

項を検討して作成したものであるから、告知書に掲げられた事項は、一般的にすべて重要なる事実と一応推定されるべきと考えると解するのが相当である（大阪地裁平成9年1月31日判決）。

● **参考判例**（広島高裁平成10年1月28日判決）
　事　案　告知義務違反による契約解除
　争　点　告知書記載事項以外にも重要事項の有無
　　判　旨
　　…このことは、本件告知書で告知を求められた事項以外にも商法644条1項にいう「重要な事実」があることを否定する趣旨ではない。訴訟において、告知書に記載がない事項以外にも「重要な事実」があることが立証された場合には、保険契約者が右事実を告知しなかったことを理由に告知義務違反に問われることはあり得る。しかし、それはあくまでも告知日までに生じた事実に限定されるというべきである（広島高裁平成10年1月28日判決）。

● **参考判例**（秋田地裁平成4年6月30日判決）
　事　案　告知義務違反
　争　点　告知書に記載されている質問事項で「7日以上治療」とは実治療日数をいうものか、治療期間を指しているものか
　　判　旨
　　告知書には、「過去5年以内の健康状態」の欄に、要旨「（高血圧その他の）病気、またはけがで7日以上治療、服薬、休養したり、または手術を受けもしくは受けるようにすすめられたことがありますか」という内容の質問事項が記載されている。
　　この「7日以上治療」の趣旨は、実通院日数の意味であるのかそれとも治療期間の意味であるのかは必ずしも明らかではないが、同書面の「勤務状況」の欄に、「過去1年以内に病気やけがで連続して7日以上勤務を休んだことがありますか」という質問事項が存在することとの対比からすれば、少なくとも7日以上連続して医師の治療を受けた経験の有無のみを問うているとは考えられない（秋田地裁平成4年6月30日判決）。

II-3-8　告知書（写し）の交付（送付）

現在、告知書は複写にて作成し、控えを告知者が保管している。告知内容の確認と相違がないかどうか、あるいは告知漏れをしていないか確認を求め、告知に関わる問題の発生を事前に防止するためである。
　なお、保険契約を承諾すると、「保険証券」（保険法40条、69条）と同時に保険契約申込時の「告知書」（写し）を保険契約者あるいは被保険者に送付する方法を採用している保険会社もある。

● **参考判例**（福岡地裁小倉支部平成6年10月6日判決）
　事　案　告知義務違反
　争　点　告知内容の確認をめぐって
　　判　旨
　　原告（受取人）は、申込書及び本件告知書が契約者兼被保険者の自筆でないことから本件告知書の作成に同人の関与がないと主張するが…保険会社では保険契約の締結を承認した場合には、保険証券の付属書類として契約申込書（その裏面は…告知書となっている）及び告知内容を記載した確認書を支社、支部を経由して、取扱外務員から申込者に交付させることとされており、申込者は告知書の内容が、自らの告知と異なるときは、その訂正追加を申し出ることとされている。…被告保険会社は…（これにより）…告知内容の確認をしていたものである…（福岡地裁小倉支部平成6年10月6日判決）。

Ⅱ-4 危険選択の方法 その3－成立前確認ほか－　Ⅱ-4-1 成立前確認

●**参考判例**（東京高裁平成3年7月16日判決）
事　案　告知義務違反
争　点　告知内容の確認をめぐって
判　旨
　被控訴人（保険会社）は、所定の社内手続きに従い…本件保険証券を控訴人に郵送した際、本件告知書の写しとともに、「ご契約内容のご確認について」と題する書面及び「返信用封緘はがき」を同封し、告知内容等に事実と相違する点がある場合には、その旨右封緘はがきに記載して被控訴人（保険会社）宛返送するよう求め、告知内容について重ねて確認する手続きをとったが控訴人からは返信がなかった（東京高裁平成3年7月16日判決）。

●**参考判例**（名古屋地裁平成6年3月30日判決）
事　案　告知義務違反
争　点　告知内容の確認をめぐって
判　旨
　訴外被保険者は、保険制度とりわけ告知義務につき十分に認識していたことが推認される。そうであるとするならば、本来、告知書の写しが到着した時点において、その訂正等をすることは、訴外被保険者の一方的な行為でできることも考えるならば、万が一、訴外営業職員が不告知を勧めたとしても、訴外被保険者においてその意思があれば、ただちに被告（保険会社）に対しその旨連絡したものと解され、逆に訴外被保険者が右訂正をしなかったのはその自由な判断に基づいたものと解するのが相当である（名古屋地裁平成6年3月30日判決）。

Ⅱ-4 危険選択の方法　その3－成立前確認ほか－

Ⅱ-4-1 成立前確認

　保険契約申込後、保険会社の職員または保険会社から委託された者が申込内容と告知内容について確認を行うことがある。これを「成立前確認」といい、通常、高額契約、資力・収入等から不相応な契約と思われるもの、職業内容が疑わしいもの、申込動機に不純が感じられるもの、契約関係者に作為が感じられるもの、既往症の隠蔽が感じられるもの等々について行われている。その目的は、いうまでもなく逆選択防止と加入後のトラブル防止にある。
　なお、この確認業務は、保険制度上必要なものとして社会的にも容認されているが、実務上は、保険申込者の個人情報保護の観点から申込書の誓約文言で、「貴社の照会に対し主治医が被保険者の健康状態について事実を報告しても異議ありません」とする同意を保険契約者と被保険者から得ている。

●**参考判例**（東京地裁平成2年6月18日判決）
事　案　保険契約承諾前死亡
争　点　保険契約諾否の判断材料に承諾までの間に発生した事実を参考としてもよいか
判　旨
　被告（保険会社）において生命保険契約の申込を受けた場合は、申込書が担当外務員から支社に送られ、支社から本社の契約部に送られてくる。保険金額が×××万円を越えるものについては、成立前契約確認として、資産、収入状態とか生活環境、他社への加入状況、道徳的危険がないかどうか、あるいは医学的欠陥がないかどうかを調査した上契約部長が承諾の決定をなすことになっている。
　被告（保険会社）が本件保険契約締結の諾否を決定するについて通常必要と考えられる相当な期間を費やして成立前契約確認のための調査検討を行っている間に原告が手形不渡りを出し、銀行取引停止となり閉店した事が認められ…それを理由として申込を引き受けなかったことは相当である（東京地裁平成2年

6月18日判決)。

●**参考判例** (東京地裁昭和62年11月19日判決) (東京高裁昭和63年5月18日判決)
　　事　案　告知義務違反
　　争　点　調査などによって知り得なかったことが、保険会社の過失になるか
　　判　旨
　　(第一審)　調査によって、被保険者が本件病院に入院中であることおよび被保険者の病状を確認しなかったことをもって、被告保険会社に過失があるとはいえず…(東京地裁昭和62年11月19日判決)。
　　(第二審)　本件契約の当時被控訴人である保険会社が重要な事実を知らなかつたことにつき過失があるか否かについてであるが、診査を受けた際に本件病院に入院中であることなど重要な事実を告知せず、…同医師の診査からは被保険者の当時の健康状態について何らかの異常を窺わせるような事情はなかったものであるから、保険者である被控訴人がそれ以上に血糖値の検査等の精密検査をせずに、本件病院に入院していることやその病状をさらに調査せずこれを知らなかったといって、被控訴人に通常なすべき注意を欠いた過失があったということはできない。したがって、被控訴人が控訴人等に対してした本件契約の解除の意思表示は有効である(東京高裁昭和63年5月18日判決)。

Ⅱ-4-2　契約内容登録制度

　近年、生命保険業界では業界ベースによる契約内容の登録制度が実施され危険選択の一手段として広く活用されている。すなわち、各社において生命保険契約の申込がなされた段階で当該申込契約についての契約内容(被保険者名、保険金額等)が登録され、その内容が、その後、自社のみならず他社における契約引受けに際しての判断の参考とされているのである。

(1) 導入の経緯

　　昭和50年代前半、入院給付金制度を悪用して多数の保険会社に重複加入し、高額な入院給付金日額とした上で軽微な疾患あるいは傷病を過大に愁訴して入院したり、入院を引き延ばしたりする等のモラル・リスク、アブセンティズムが多発し、このまま放置した場合、保険制度そのものを破壊し、かつ、同制度に対する社会からの信頼感が損なわれる恐れが生じてきた。
　　そこで、昭和55年10月から入院関係特約の加入状況について契約内容登録制度を実施するとともに昭和58年4月には約款を改正してその規定化を図った。
　　さらに、平成元年10月には、従来、契約成立後の契約内容登録制度であったものを保険契約の申込段階で相互に登録し、契約引受時の判断に資する制度に変更した。さらに、平成6年10月からは時代の要請に応え、主契約部分についてもその内容を登録することとし、ひろく保険契約の締結に際し、登録内容を引受けの参考とすることとした。また、保険金・入院給付金の支払にあたり登録内容を支払判断の参考とする規定も併せ導入した。

(2) 契約引受時の登録内容の参考方法

　　生命保険契約において、保険金額・入院給付金日額をいくらにするかは当事者の自由な判断に委ねられているが、登録制度によって得た情報のみをもって、契約の引受けを恣意的に一方的に拒否することは相当でない。したがって、契約引受けに当たり、登録内容をどのように参考とするかは、各社の契約引受規準に従って判断することとなる(経営の自主性)。例えば、本制度による照会・回答の結果、短期間に他の会社に集中的に加入している事実が判明した場合には、その事実を踏まえたうえで申込内容を総合的に判断し、契約引受可否の決定を行うとするのが一般的である。

(3) 契約内容登録制度とプライバシー

保険契約の申込時にデータを登録すること及び入院給付金支払時の判断にあたってそれを参考とすることについては、「ご契約のしおり・約款」で申込者に事前に知らしめ、申込時には、あらためて申込書の誓約文言上でそれらについての同意を得ている。

また、データの利用目的、保存期間等については約款に明記し、保険契約者または被保険者に登録内容を照会する権利、登録内容が事実と相違するときはそれを訂正する権利がある旨も明記してプライバシー保護に意を尽くしている。

なお、次に掲げる判例は制度内容の是非について触れるものではないが、参考のため掲示しておく。

●**参考判例**（東京高裁平成3年10月17日判決）
- 事 案　他社契約の未開示
- 争 点　契約内容登録制度で知り得る機会をめぐって

判 旨

契約者は契約内容登録制度で他の保険会社との契約関係を知り得たものというが、仮に知り得る機会があったものとしても、保険会社が錯誤に陥ったことに過失があったことを意味するに過ぎず…（東京高裁平成3年10月17日判決）。

Ⅱ-4-3　取扱者の報告

契約者（被保険者）を最もよく知っているのが取扱者である。したがって、各社とも、取扱者が彼らと「面接」する際、被保険者の健康状態（顔色、体格等）をよく観察させ、また、健康状態や職業等についても十分に質問させ（他の保険会社で申込を断られたり、特別条件付きになったことがないかどうか、具体的にどのような業務に従事しているのか、生命保険の加入状況とその保険金額・入院給付金日額、月収や資産の状況等々）、その結果を所定の報告書にて報告させている。保険契約申込の引受決定部門では、その報告に基づき、契約者、被保険者、受取人関係は順当であるかどうか、加入順位はどうか（家計の中心者よりも高額加入でないか）、月収と保険料、保険金額とのバランスはどうか等々を判断し、契約の引受査定に当たっている。

Ⅲ 告知義務違反と契約の解除

Ⅲ-1 告知義務違反の成立要件

　保険契約者または被保険者に告知義務違反があった場合、保険者はそれを理由として保険契約を解除することができる（保険法55条1項、84条1項）。ただし、告知義務違反が成立するためには、次のような、客観的及び主観的要件が存在していなければならない。そして、各要件の存在は、これを理由に契約を解除しようとする保険者の側から立証されなければならない。

(1) 客観的要件

　法はまず、告知義務違反を成立させる客観的要件として、告知事項について告げないこと、または告知事項につき不実のことを告げること、すなわち、告知を質問した事項についての不告知（黙秘）または不実告知（虚陳）の存在を必要としている（法55条1項、84条1項）。また、普通保険約款も概ね「…当会社が告知を求めた事項について、事実を告げなかったか、または事実でないことを告げた場合には…保険契約を解除することができます」と定めてこの点を強調している（ここで言われている「事実」とは、告知書の質問事項または保険の診査を担当する医師が口頭で質問した事項であって、先に述べた「重要事項」であることは言うまでもない）。

　なお、ここに「黙秘または虚陳ありとは、客観的な事実と（告知）義務者の告知における客観的な表現とが一致しないことをいい、義務者の主観的な認識と客観的な表現とが一致しないことをいうのではない。けだし、告知義務制度は保険者をして客観的な事実を知らしめることをその本旨とするものであって、義務者の心意の当否を問うことを主たる目的とする制度ではないからである」（大森・前掲書126頁）。

(2) 主観的要件

　次に、主観的要件として法は、不告知または不実告知が告知義務者の「故意又は重大な過失」によってなされることを必要としている（保険法55条1項、84条1項）。けだし、純粋に客観的立場のみから告知義務違反を定めることは、告知義務者たる者にとって酷だからである。ここでの「故意」という文言は「知っている」ということで害意の意味を含むものではない。

　ここでいう「故意」とは、ある事実の存在及びその重要性ならびにこれを告知すべきことを知りながら告知せず、または不真実の告知をすることをいい、「重大な過失」とは、①告知義務者が重要事実の存在を知りながら、ⅰ著しい不注意で告知を怠ったり（事実の存在及びその事実の重要性を知っていたが、これを告知しなかった）、ⅱ重要性の判断を誤り（その事実が重要な事実であることを知らなかった）、不告知・不実告知となった場合をいうとするのが通説・判例の立場である。すなわち、告知義務者に事実の探知義務ないし調査義務を負わせるのは酷であることなどから、告知すべき事項は、告知義務者の知っている事項に限られ、知らない事実は、その不知が過失に基づくと否とを問わず、告知義務の対象とはならないと考えられている。

　そして、「重大なる過失」は保険法のもとでは、「ほとんど故意に近い著しい注意欠如の状態」とする見解が有力である（潘・前掲書199頁）、盛岡地判平成22年6月11日判タ1342号211頁「2年以上も前の『指示・指導』を告知しなかったとしても、これをもって『ほとんど故意に近い』というまではできず、被保険者に重大な過失を認めることはできない」。なお、最判三昭和32年7月9日民集11巻7号1203頁は、「失火の責任に関する法律のただし書に規定する『重大なる過失』とは、ほとん

Ⅲ-1 告知義務違反の成立要件

ど故意に近い著しい注意欠如の状態をさすものと解すべきである。」、最判一昭和57年7月15日民集36巻6号1188頁は、「被共済者は極めて悪質重大な法令違背及び無謀操縦の行為によって自ら事故を招致したものというべきであるから、共済契約における免責事由である『重大な過失』に該当するものと解するのが相当である。」とする。

また、告知書との関係では、被保険者は、告知書で質問された事項については、告知を要する事実であることを知ったものと推定すべきであるとされる（中西・前掲書45頁）。

(3) 被保険者が病名を知らない場合

被保険者が自己の病名を知らない場合においても、病名を告知することは要しないが、告知を求めた事項として該当する項目に該当事項があれば、医師から検査や入院の必要性を説明されていた等、自身が知っていた事実は告知を要する（大判大正7年3月4日民録24輯323頁）。その後の判例もこの見解を踏襲している（東京高判昭和63年5月18日判夕693号205頁「肺癌、脳腫瘍、骨腫瘍等の病名を告知しなかったことは問題とせず、被保険者の自覚症状、病院に入院中であること、被保険者が受けた検査の種類・内容、及び医師が被保険者に対してした病状の説明の内容について告知がなかったこと。」、京都地判平成3年6月21日文研生保判例集6巻352頁「真の病名が胃癌であることを知らなかったものと推認されるものの、その余の事実（入院していた事実など）についてはなお告知義務の対象となる」等）。従って精神疾患も告知事項となる（福岡地判昭和54年4月13日「自覚症状とそのため治療を受けた事実を認識していれば成立し…その際、被保険者または保険契約者がその正確な病名を認識していることは必要ではない」、東京地判平成6年3月30日同旨）。

(4) 故意又は重大な過失の立証責任

解除の要件である主観的要件の立証責任は、解除を主張する保険者が負う（大判大正5年11月24日「不実の告知が悪意に出たることの立証を要するにおいては、これが立証の責任は保険者たる被上告会社にあり…。」）。

●**参考判例**（福岡地裁小倉支部平成11年5月31日判決、平成10年（ワ）364号）
　事　案　告知義務違反
　争　点　病名につき詳細説明がない場合における告知義務違反の成否
　判　旨
　　告知義務違反が認められるためには、いわゆる客観的要件および主観的要件の二要件の充足が必要である（商法644条1項本文、678条1項本文）。第一の客観的要件としては、告知義務者（生命保険の場合は、保険契約者及び被保険者、商法678条1項本文）が保険者に対して、重要な事実を告知せず（不告知）、または重要な事実についての不実の事を告げたことである。第二の要件である主観的要件は、右の不告知または不実告知が告知義務者の故意または重大な過失によってなされたことである。

　前記認定のとおり、被保険者Aが、被告（被告の診査医）に対し、本件保険契約締結に際して、平成7年8月10日、「最近3ヶ月以内に、医師の診察、治療、投薬を受けたことはなかった」「過去5年以内に、病気やけがで、7日間以上にわたり医師の診察・検査・治療・投薬を受けたことはなかった」旨告知した事実が認められるのであって、この事実は本件保険契約において、Aが重要な事実である肝臓疾患（慢性肝炎）の診察・検査・治療・投薬を受けていたことについて、不実の告知をし、または真の事実に対し、不告知であったと評価することができる。

　確かに原告の主張するとおり、Aは、Bクリニックにおいて、肝硬変、糖尿病の診断の下に治療を受けていたが、主治医が、肝硬変については不治の病であることから、「慢性肝炎で、少し肝臓が悪い。」とだけ説明をし、詳しい説明を行わなかったため、Aは、糖尿病の治療を受けているという認識で、肝臓疾患

に関しては、肝硬変等の重度の肝臓疾患に罹患しているとの認識はなかったと認められるが、前記Ｃ医師の供述記載、治療経緯からすれば、Ａには、肝臓が悪く（慢性肝炎）、その治療・投薬も合わせて受けているとの認識はあったと認めるのが相当であり、そうであれば、病歴や通院経過等は、本件保険契約の告知義務違反の対象となる重要な事実であるから、Ａが前記のような内容を被告に告知していなかったのはやはり告知義務に違反していると解される（福岡地裁小倉支部平成11年5月31日判決、平成10年（ワ）364号）。

●**参考判例**（福岡地裁平成11年7月29日判決、平成9年（ワ）4123号）
　事　案　告知義務違反
　争　点　軽症型うつ病による通院・治療の告知事項該当性
　判　旨
　　証拠〔略〕によれば、亡Ａは、平成8年11月20日付けで告知書を被告に提出した際、これに自身の軽症型うつ病の記載を一切せず、「最近1週間以内で、からだにぐあいの悪いところがありますか」、「過去5年以内に、病気やけがで、7日間以上にわたり、医師の診察・検査・治療・投薬をうけたことがありますか」との各質問事項に対しいずれも「いいえ」と記入していることが認められる。他方、証拠〔略〕によれば、亡Ａは、平成7年11月29日、Ｆクリニックで軽症型うつ病と診断され、以後継続して同クリニックに通院し、向精神薬による治療を受けていたものであり、診療実日数は41日、最終受診日は平成9年3月19日であることが認められる。
　　したがって、少なくとも形式的には、亡Ａは、告知に際し事実を告げなかったか事実でないことを告げたことになる。
　　そうすると、問題は、亡Ａの軽症型うつ病による受診が告知義務の対象となる事実に該当するかどうか、である。より具体的にいえば、本件保険契約の約款には明記されていないが、商法678条1項の趣旨に照らせば、告知義務の対象となる事実は重要な事実でなければならないと解されるから、亡Ａの軽症型うつ病による受診が重要な事実に当たるかどうか、が問題となる。
　　そこで検討するに、まず、証拠〔略〕によれば、一般に、うつ病は自殺と強い関連のある精神疾患であり、患者の自殺する率が高いことが認められ、したがって病名自体からして、うつ病による受診は重要な事実に当たると考えられる。
　　もっとも、亡Ａの場合、病名としては「軽症型」と診断されており、また証拠〔略〕によればＦクリニックにおいても自殺の懸念があるとは考えられていなかったことが認められるが、そもそも、この軽症型うつ病が亡Ａの飛下りの原因であったとの前提に立つならば、その症状は少なくとも告知の対象となる程度の重大なものであったとの結論を導かざるをえない。実際、1で認定したとおり、亡Ａは本件保険契約に際しての告知までに約1年にわたって継続的に治療を受けていたものであり、その症状は容易に改善するものではなかったことが明らかといえる。
　　また、原告は、亡Ａの症状はもともと軽いものであったものが死亡直前に急激に悪化したものである旨主張し、確かに、証拠〔略〕によれば、亡Ａは死亡の直前は、勤務先会社が決算期を迎えて多忙であり、強い疲労感を訴え、死亡当日は出勤をしなかったことが認められる。しかし、証拠〔略〕によれば、死亡直前の平成9年3月19日のＦクリニックでの治療の際には、特に大きな症状の変化は認められておらず、これに照らすと、亡Ａの症状はもともと軽いものであったとはにわかに認められず、やはり従前から告知の対象となる程度の重大なものであったといわざるをえない。
　　以上によれば、亡Ａが軽症型うつ病による精神障害により飛び下り死亡したとの前提に立つ限り、亡Ａが右軽症型うつ病にる〔ママ〕受診の事実を告知しなかったことは、重要な事実の不告知に当たるといわざるをえない。
　　そして、証拠〔略〕によれば、亡Ａは平成7年11月29日にはＦクリニックから病名を告げられていたことが認められ、この事実に照らすと亡Ａには右不告知について故意があったと認められる。また、仮に亡Ａが告知不要と考えたのであったとすれば重大な過失があったことになる（福岡地裁平成11年7月29日判決、平成9年（ワ）4123号）。

Ⅲ-1 告知義務違反の成立要件

●**参考判例**（大阪地裁平成11年8月27日判決、平成9年（ワ）12670号）（大阪高裁平成12年2月8日判決、平成11年（ネ）3275号）

事　案　告知義務違反

争　点　①告知事項とされている「治療」には指示・指導が含まれるか
　　　　②最近3か月以内に医師の治療（指示・指導を含む）・投薬を受けたことがあるか」との告知事項は、当該期間内に現実の指示・指導を含む治療があった場合を意味するか
　　　　③「過去3年以内に、記載された病気で、手術を受けたことまたは2週間以上にわたり医師の治療・投薬を受けたことがあるか」との告知事項は、継続した2週間以上にわたって現実の治療を受けたことを意味するか

判　旨

（第一審）　Aは、拡張型心筋症であったため、T航空衛生隊の医師から、平成3年1月16日に体育止めの指示を、同年3月5日に艦艇勤務辞退の勧告を、同年7月16日に水泳止めの指示をそれぞれ受け、平成4年8月には海上勤務不適との診断を受けたことは前記認定のとおりであるが、本件全証拠を検討しても、その後、本件告知書を記載したときまでに、これらの指示・指導が解除ないし変更されたことは窺われない。

かえって、証拠〔略〕によると、右の体育止め指示及び水泳止めの指示の期間は当分の間とされ、その終期が定められなかったこと、H医師がAに関して記載した報告書はAの転勤に伴い転勤先に送付されたことが認められるほか、前記のとおり、転勤先のI航空基地隊で平成5年11月と翌6年11月に行われた定期健康診断の結果として、Aの健康診断表の備考欄には心筋障害又は拡張型心筋症・体育止め、指示区分欄には要注意要観察と記載され、平成7年9月にもO航空基地医務室から体育止めの継続指示及び海上勤務不適の指示が出されたのである。

以上によると、Aは、医師から、平成3年1月ないし平成4年8月以降、拡張型心筋症を理由に体育止めや水泳止めなどの指示・指導を継続して受けていたものと認められるのであって、これは、本件告知事項1、2に該当する。そして、海上自衛隊の自衛官としての職務の性質上、体育、水泳、艦艇勤務などはいずれも日常的に行うものと考えられるから、Aは、医師から、拡張型心筋症を理由に体育止めや水泳止めなどの指示・指導を受けていることを日頃から意識していたはずであり、本件告知書の回答を記入するときも医師からの右のような指示・指導の存在を認識していたものと推認される。したがって、Aは、本件告知事項1、2について、「あり」と回答すべき義務があったといわなければならない。

原告らは、本件告知事項2の「2週間以上にわたり医師の治療・投薬を受けたこと」とは、2週間以上の継続的な治療・投薬、少なくとも週2ないし3回程度の治療・投薬を継続的に行っている場合を指し、「治療」とは、病気やけがを治すことを意味し、単に健康診断や精密検査を受けることではないとして、F総合病院やT航空衛生隊における診療は本件告知事項2に該当しないと主張している。

しかし、本件告知事項2を原告ら主張のように限定的な意味に解する根拠はなく、また、本件告知書の本件告知事項1の「治療」には指示・指導が含まれることが明記されているところ、本件告知書の各告知事項は、いずれも保険者が保険契約を締結するかどうか、締結するとすればその内容をどのようにすべきかを判断するのに影響を及ぼす事実を知るために用意したものと考えられるから、各告知事項の字句の意味について告知事項ごとに別異に解する理由はない。そして、証拠〔略〕によると、本件告知書の各告知事項に関する補充質問の欄が各告知事項に共通のものとして設けられていることが認められるのであり、このような本件告知書の体裁からすれば、回答しようとする者は、本件告知事項1、2のそれぞれの「治療」の意味が異なるものでないことを容易に理解することができると考えられる。したがって、本件告知事項2の「治療」にも指示・指導が含まれると解するのが相当である。

しかも、前記認定事実及び証拠〔略〕によると、拡張型心筋症は、厚生省の難病指定を受けている原因不明の疾患であり、予後は不良であって、心筋を回復させる根本的な治療法はなく、心不全に対する対症療法が中心となること、H医師は、Aに対し、トレッドミル負荷テスト、心臓超音波検査を行い、さらに、右足の鼠径部から大動脈を通って心臓にまでカテーテルを入れる心臓カテーテル検査を行った上で、Aを拡張型心筋症と診断したこと、T航空衛生隊の医師のAに対する前記の指示・指導は、右のような経過を

経た診断を踏まえて行われたものであることが認められ、これらの事実に照らすと、Aに対する体育止めなどの指示・指導は、重大な疾患である拡張型心筋症に対する治療の一環として行われたものというべきであって、単なる健康診断に類するものということはできない。原告らの右主張は採用することができない。

　前記のとおり、Aは、本件告知書を記載する時点で、自分が拡張型心筋症に罹患しており、それにより医師から体育止めや水泳止めなどの指示・指導を継続して受けていることを認識していたのであるから、本件告知事項1の文言を見れば、右疾患により医師からそのような指示・指導を継続して受けていることが本件告知事項1に該当することを容易に判断することができたものと考えられ、また、先に本件告知事項2に関して説示したところによれば、右事実が本件告知事項2に該当することも容易に理解することができたはずである。証拠〔略〕によると、Aには特に右疾患の自覚症状はなかったこと、H医師は、Aに対し、投薬はしておらず、運動制限や食事制限などの指示・指導も格別行っていなかったことが認められるが、前記認定の右疾患の性質や海上自衛官であるAに対する指示・指導の内容に照らすと、これらの事実は、前記認定判断を左右するものではない。

　そうすると、本件告知事項1、2に該当する事実が存在するにもかかわらず、Aがいずれも「ない」と回答したことには少なくとも重過失があるといわなければならない。

　以上のとおりであるから、Aには本件約款23条の告知義務違反があり、被告の補助参加人に対する本件団信保険契約のAについての部分の解除は有効である（大阪地裁平成11年8月27日判決、平成9年（ワ）12670号）。

（第二審） 控訴人らは、告知書に記載されている事項の解釈は、一般通常人を基準にして行われる必要があるとした上、本件告知事項1については、当該期間内に『現実』の指示・指導を含む治療があったか否かを問うているのである旨主張する。

　しかしながら、疾患の種類や程度によっては、投薬のないまま経過観察期間が3か月を超えることも往々あることであるから、本件告知事項1について、当該期間内に医師から現実に指示・指導を含む治療がある場合に限定することはできないといわなければならない。したがって、この点に関する控訴人らの主張は理由がない。

　また、控訴人らは、本件告知事項2について、「2週間以上にわたり医師の治療・投薬を受ける」とは、一般通常人は、継続した2週間以上にわたり、現実の治療（指示・指導を含んでもよい。）を受けたことと理解するから、少なくとも週1回程度の通院が2週間以上続いていたことがあったか否かを考えるのが普通である旨主張する。

　しかしながら、本件告知事項2について、控訴人らが主張するように限定的な意味に解する根拠はない上、疾患の種類や程度によっては、通院間隔が2週間以上に及ぶことも多々あることであるから、一般人が控訴人ら主張のように解するとは直ちにいえないといわなければならない。

　控訴人らは、Aの勤務していた自衛隊衛生隊での指示・指導は、医師による「治療」には該当しないし、Aも、本件告知書記載当時、自衛隊衛生隊での体育止め等を、医師の「治療」と解釈していなかったことは明らかである旨主張する。

　しかしながら、仮に、Aが自衛隊衛生隊での体育止め等を、医師の「治療」と解釈していなかったとしても、原判決も認定するとおり、拡張型心筋症は、厚生省の難病指定を受けている原因不明の疾患であり、予後は不良であって、心筋を回復させる根本的な治療法はなく、心不全に対する対症療法が中心となるところ、C医師は、Aに対し、トレッドミル負荷テストや心臓超音波検査を行い、更に心臓カテーテル検査を行った上で、Aを拡張型心筋症と診断したもので、〔略〕航空衛生隊の医師のAに対する体育止めなどの指示・指導は、右のような経過を経た診断を踏まえて行われたものである。したがって、これは、重大な疾患である拡張型心筋症に対する治療の一環として行われたものと認めるのが相当であり、この点に関する控訴人らの主張は理由がない（大阪高裁平成12年2月8日判決、平成11年（ネ）3275号）。

Ⅲ-1 告知義務違反の成立要件

●**参考判例**（大阪地裁平成11年12月15日判決、平成11年(ネ)3623号）
　事　案　告知義務違反
　争　点　医師による病名告知等の説明内容
　判　旨

　　Aは、腰痛等のためB病院で治療を受け、経過観察中であったが、平成9年9月6日（土曜日）、血痰が出たため肺結核を心配して同病院を受診した。診察を担当したD医師は、胸部レントゲン撮影をした結果、肺全体に1センチ2センチ大の腫瘍を多く認め、末期癌と診断した。他にも、腹部CTスキャンの結果、泌尿器系の癌が疑われたため、C泌尿器科での受診を勧めた。
　　なお、同医師は、この際は、家族等が同行していなかったため、Aに対しては直接の癌告知は避け、「肺の真菌症…肺にかびが生えている病気だから、このままほっといたら血痰がひどくなってしまうから、早急に入院を考えてください」「入院しないと血痰がひどくなってくるから、呼吸困難に陥って大変なことになる」「入院して結核と同じ位長期の治療が必要」「入院は地元で、親のおる所が良い」などと説明したが、Aは、仕事の多忙を理由に入院に積極的でなかった。
　　これを心配したD医師は、同月8日（月曜日）、Aの知人に連絡して癌であることを告げた上入院についての協力を依頼し、翌9日午後、Aの父親が来院した際にも、同人にAの症状は末期癌で早急に大きな病院での入院治療が必要である旨説明した。そのうち、A自身が、C泌尿器科の診察結果（泌尿器的には異常所見はなかった。）を持参して来院したので、本人の希望により点滴をして帰った。
　　Aは、同日午後4時20分ころ、本件保険契約をするための手続として、被告指定の診査医（E医師）の診察を受け、その際、告知書〔証拠略〕の「①最近1週間以内で体に具合の悪いところがありますか。②最近3カ月以内に医師の診察、検査、治療、投薬をうけたことがありますか。」との質問に対し、いずれも「いいえ」と回答した。
　　右認定事実によれば、Aは、前記一3の告知の時点で、少なくとも、自分が肺真菌症で、長期の入院加療の必要がある旨認識していたことが認められるから、被告主張の告知義務違反の事実があるものというべきである（大阪地裁平成11年12月15日判決、平成11年(ネ)3623号）。

●**参考判例**（大阪地裁平成12年8月31日判決、平成11年(ワ)13097号）（大阪高裁平成13年5月30日判決、平成12年(ネ)3322号）
　事　案　告知義務違反
　争　点　高血圧症による通院・投薬治療は告知すべき重要な事実に当たるか
　判　旨

　（第一審）　商法678条の「重要ナル事実」とは、保険者が、被保険者の生命の危険を測定し、保険契約締結の諾否又は条件決定の上で重要な事実を指すものと解され（必ずしも死亡の直接の原因となり、又は死の転帰をみるべき事項に限らない。）、また、本件におけるように、約款において告知は保険会社が作成した所定の書面（いわゆる告知書）をもって行うこととされており、診査医の診査の際も、これに基づいて質問がなされたような場合は、特段の事情のない限り、右告知書に記載された事項はいずれも右重要な事実に該当するものと推定される。
　　そして、本件告知書には、過去5年以内に医師の治療・投薬等を受けたことがある場合のその傷病名、治療方法が告知事項（項目5）として規定されているところ、前記認定事実に鑑みれば、少なくとも、Aが過去8か月近くにわたって高血圧症で通院し、継続的に投薬（降圧剤）・治療を受けていた点はこれに該当し、告知すべき重要な事実に当たるものと認められる。
　　そして、前記認定のとおり、Aは、右事項に関して「いいえ」と答え、その傷病名等についても何ら告知していないことが認められる以上、この点でAに故意又は重過失による告知義務違反が存することは明らかである。
　　もっとも、原告は、高血圧症はAの死亡との間に因果関係はなく、告知すべき重要な事実に当たらない旨主張するが、告知義務違反の判断は、結果的に生じた死亡との因果関係の有無に関わるものではないから、右原告の主張は失当というほかない。

また、原告は、被告がその外務員等を介してAの高血圧症を認識していたとして、本件においては告知がなされたものと評価すべき旨主張するが、仮に被告主張のとおりであるとしても、そのことは被告が告知事項について悪意か否かの判断において問題とすべき事柄であって、告知義務違反の有無の判断において被告の認識を考慮すべきではないことは明らかである（大阪地裁平成12年8月31日判決、平成11年（ワ）13097号）。

（第二審） 上記1認定の事実によれば、本件契約の約款12条において、契約締結に際し、会社指定の医師に告知するときは、口頭で告知することと規定されているところ、Aは、D医師の質問に対し、すべての項目で「いいえ」と答えており、高血圧症で通院、投薬を受けていることを全く告知しなかった。そして、Aは、少なくとも平成9年11月から平成10年10月3日まで継続して高血圧症の治療・投薬を受けているから、告知書〔証拠略〕の質問項目2又は5について、「はい」と答えるべきところ、「いいえ」と答えている上、傷病名についても告知していない。

したがって、これは、本件保険契約の約款13条に定める「故意または重大な過失により事実が告知されなかった」というべきであり、告知義務違反が認められる。

控訴人は、高血圧症とAの死亡との間に因果関係がなく、告知すべき重要な事実（商法678条1項）に当たらないと主張する。

しかし、告知すべきものとして要求される内容は、本件保険契約の約款上は「重要な」事実とはされず、単に「事実」とされているのであって、過去3か月又は5年以内の治療・投薬等があれば、その内容まで答えるべきところ、Aは、これらに答えていないのであるから、同主張は失当である。

仮に、上記「事実」を商法678条1項に定める「重要な事実」であると限定して解しても、告知書〔証拠略〕の質問項目について検討すると、すべて保険者が被保険者の生命の危険を測定し、保険契約締結の諾否又は条件決定の上で重要な事実に該当するものといえるから、高血圧症とAの死亡との間に因果関係がないことが明らかでない限り、同主張は理由がない。そして、後記3に認定・判断のとおり、両者に因果関係がないことが明らかであるとはいえない。

また、控訴人は、Gが被控訴人の営業職員であるCに対し、Aの高血圧症を告知したと主張するが、GのCに対する情報提供が本件保険契約の約款所定の方式に従っていないことは明らかであり、Cの権限について検討するまでもなく、同主張には理由がない（大阪高裁平成13年5月30日判決、平成12年（ネ）3322号）。

●**参考判例**（東京地裁平成12年11月24日判決、平成10年（ワ）4429号）
　事　案　告知義務違反
　争　点　告知書に記載された質問事項と重要性の推定
　判旨

右事実によれば、Aの本件告知の際の健康状態は、別紙（二）の告知事項5の「過去5年以内に、病気やけがで、7日間以上にわたり、医師の診察・検査・治療・投薬をうけた」場合に該当するものと認められる。

ところで、商法678条の「重要ナル事実」とは、保険者において被保険者の危険を予測し、又は評価する上でこれに影響を及ぼす重要な事実をいうものと解される。

そして、本件各契約のような生命保険契約にあっては、約款上、告知書と称され、被告知者に関する質問事項を記載した書面によって告知を行うとされることが少なくないが、このような場合には、告知書に掲げられた事項は、一般に、すべて重要なものと一応推定されると解するのが相当であり、告知事項5は、従前の受診・治療履歴に関し、告知日時までの期間及び診療等の期間の観点から限定を付し、これに該当するものを類型的に重要性があるものとして告知すべき事項と定めたものと解され、したがって、これに当てはまる事由は、告知すべき義務があるというべきである。

もっとも、具体的に告知義務を肯認するには、保険者がその事実を知っていたならば契約を締結しないか、あるいは契約条件を変更しないと契約を締結しなかったと客観的に認められる場合であることが必要と解される。

そこで、検討するに、弁論の全趣旨によれば、不安神経症は、不安を主とする内的主観的な症状を根底

Ⅲ-1 告知義務違反の成立要件

とし、身体的又は精神的な障害を強く自覚し、訴えるものの、これらの症状を発現させるような器質的変化や客観的所見に欠け、その傷害が一定の性格傾向を持つ人に心因が作用して発症したと考えられる機能的な疾患をいうとされていることが認められる。

そして、原告は、Aが平成2年に交通事故による頸椎打撲の傷害を負った後、子どもを保育園に入園させる必要上、担当医師に依頼して不安神経症の病名をつけてもらったが、その治療は受けておらず、処方を受けた薬も服用していないこと、Aは、平成3年2月22日ころは、毎月1回精神安定剤の投与を受けていたにすぎず、不安神経症の症状は軽快し、その症状はなく、これに関する診察又は治療は受けていないことを主張し、原告の陳述書（証拠略。以下「原告陳述書」という。）には、これに沿う記載があるほか、不安神経症に関する投薬自体は、平成3年以降毎年1度2、3週間又は数日分の投薬処置が講じられたにすぎないと認められる。

しかしながら、他方、証拠（略）及び弁論の全趣旨によればAは、平成元年6月20日に恐慌性障害の発作を起こし、救急車で医療機関に搬送され治療を受けたことがあったこと、平成2年5月23日に再び発作を起こし、以後B大病院において継続して投薬治療を受けていたこと、徐々に投薬量を減量したが、平成3年7月に再び発作により救急車で搬送されたことが認められる。

右の点からすると、不安神経症及び恐慌性障害は、本件告知日の5年前の日以前からの分も存するものの、その罹患期間は相当長期間にわたっており、恐慌性障害の発作も一度ではなく、単に一過性のものとはいい難い部分が残るとともに、その症状も軽度である、あるいは通常人にも起こりがちな態様のものであると推断することはできない。

また、不安神経症の治療の際、B大病院の婦人科において受診し、検査を受けていたものである（前示一4、第二の一1（三））ところ、この点について、原告は、Aには子宮に問題があるとの認識はなく、不安神経症による下腹部痛と考えており、また、婦人科における医師の診察では、いずれも異常はなく悪性疾患はないとの診断がされており、婦人科においては治療も受けていないと主張（前記第二の三1（二）（3））する。

たしかに、女性の不正出血等婦人科疾患は、その原因も多様であり、これらの疾患がしばしば生ずるものとして重視されない傾向がないともいえない。また、Aに関しても、本件告知日以前の段階において子宮頸癌との関係及びこれについてのAの認識又はその可能性を肯認すべき証拠はなく、平成3年12月13日の不正出血等があった際の同月24日付け病理細胞診申込兼報告書（証拠略）においても、異型細胞を認めるが、悪性所見はないとの診断がされ、悪性疾患なしとのコメントがされていることが認められる（証拠略、弁論の全趣旨）。

しかしながら、Aは、不安神経症の投薬を受けた日である平成5年10月12日に、子宮膣部ビラン症及び骨盤内腹膜炎の疾病名の下に診療を受け（一3（三））、その際、医師に対し、2年前から性器出血が続いていた旨、Aは、自律神経失調症によるものと認識していた旨述べたことが認められ（証拠略、弁論の全趣旨）、これらの点を考慮すると、不安神経症又はこれに関連する症状について、原告が主張するようにAがこれを単に形式的なもの、あるいは虚偽のものと認識していたとは認められず、したがって、原告の前記主張を採用するには至らない。

以上の点を勘案すると、Aの不安神経症や恐慌性障害及びこれに付随する各症状は、たとえばだれもがその体調等により一時的に罹患し、治癒後は特段の問題を残さない一過性のものである、あるいは軽微なものであると推断し、被保険者の危険の予測、評価との判断に影響を与えるものではないということはできず、したがってまた、重要性に関する推定を覆すには至らないというほかない（東京地裁平成12年11月24日判決、平成10年（ワ）4429号）。

●**参考判例**（東京地裁平成12年11月24日判決、平成10年（ワ）4429号）
　事　案　告知義務違反
　争　点　不告知について重大な過失が認められるか
　判　旨
　　Aの前記右各疾病は、本件告知日から相当期間遡った時点のことがらであり、また、Aが子宮癌でF病

院に入院した際の看護計画に関する書面（証拠略）には、Aの言葉として「今まで大きな病気なんてしたことないから、自分は健康だと思ってました。」述べた旨の記載がある。

しかしながら、右2のような経緯にかんがみると、Aは、多少の記憶喚起を試みることによって容易に右各疾病に罹患していた事実を想起し、また、その症状、治療経過等からしてこれを告知する必要性について認識することができたものと推認されるから、Aが告知事項5について、ことさら虚偽の事実を述べたことを認めるに足りる証拠はないものの、少なくとも該当する事由がないと回答したことは重大な過失によるものと認められ、他にこれを左右すべき証拠は見出されない。

もっとも、重大な疾患又はその疑いが問題になる場合においては、医師が患者にこれを知らせないことが少なくなく、平成3年12月13日の診察等の際には子宮体癌の疑いがあったことが認められる（前示一3（二））ものの、Aが不安神経症の治療過程で不正出血等についてどの程度の認識を有し、医師からどのような説明を受けていたかは判然としない。しかしながら、病名を知らずとも事実自体の告知は必要であると解されるから、不安神経症及びこれに関連する事実自体を告知すべき義務が否定されるものではないと思料する（東京地裁平成12年11月24日判決、平成10年（ワ）4429号）。

●**参考判例**（東京地裁平成13年3月13日判決、平成11年（ワ）14728号）（東京高裁平成13年8月29日判決、平成13年（ネ）2067号）

事　案　告知義務違反
争　点　不告知について故意又は重大な過失が認められるか
判旨

（第一審） 前記争点1についての一、1で認定の事実によれば、原告は、昭和63年11月16日、B病院における一日検診において、糖尿病、肥満、脂肪肝、高脂血症、肝障害等の診断を受け、その治療、指導を受け、数か月に1回くらいの割合で検査のためB病院へ通院していたこと、しかしながら、原告は担当医師から、検査結果として、血糖値が高いことを告げられ、生活、食事、運動などについて医師から指導を受けていたが、糖尿病である旨告げられたことはなく、投薬などの治療行為は行われてはいなかったこと、原告は、日頃の付き合いを通じて親しくなっていったCに対し、自分は血糖値が高いこと、数か月に1回くらいの割合でB病院へ検査のために通院していることについて話していたことが認められる。また、本件保険契約締結に先立ち、被告の検査医Dに対し、平成10年6月12日、Cに対するのと同様な話をしたため、右検査医Dは尿検査を実施したが、糖はでなかったこと、告知書〔証拠略〕に原告は署名したが、「最近の健康状態」、「過去5年以内の健康状態」、「過去2年以内の健康診断」などの回答について「いいえ」の項目が囲まれているが、原告はこれらについて質問をされたこともないし、ましてや自ら記入したこともないことが認められる。

以上を前提に検討すると、原告は、本件保険契約締結当時、糖尿病であることの認識がなかったものと言わざるを得ないものであり（Cも原告が血糖値が高いことは聞いていたが、糖尿病であることは聞いてないとする）、そのような状況の下においては、原告が糖尿病であることを告知しなかったことをもって告知義務に違反したとはいえないし、商法678条1項、本件特約の特約条項12条1項が準用する主約款18条1項に言う「故意または重大なる過失」があったということはできない（東京地裁平成13年3月13日判決、平成11年（ワ）14728号）。

（第二審） 被控訴人は、昭和63年11月当時、B病院の医師から、血糖値が高いことは聞いたものの、糖尿病に罹患しているとの診断結果を聞いていないと供述する（原審被控訴人）。生活習慣病と称せられる糖尿病に対する療養は、重篤なものでない限り、投薬よりも、日頃の生活、運動、食事等についての改善指導を通じてされ、中でも、肥満の解消が重要とされることは公知の事実である。前記のとおり、同月16日実施された1日検診の結果がB病院の内科から糖尿病外来科に通報され、被控訴人は、以後、平成10年1月まで、多いときは年5回同病院に通院し、療養、生活、運動及び食事について指導を受け、数回糖尿病眼科検査を受検し、血液検査のためにも通院し、奏功しない場合には教育入院を要する旨を告げられ、体重を99kgから80kgにまで減少させて来た。このように、被控訴人が、かくも頻繁に通院して療養について指導を受け、教育入院の必要までも助言され、約20kgの体重減少を実現したことは、頻繁な通院、血液検査

Ⅲ-1 告知義務違反の成立要件

及び眼科検査に伴う時間的、肉体的負担、大幅な体重減少に要する忍耐と努力を考慮すると、被控訴人が、糖尿病に罹患していることを告げられていたと認めるに十分である。

被控訴人は、原審において、署名及び押印をした当時、告知書にはなんらの記載がされていなかったと供述するが、〔証拠略〕及び告知書の役割に照らし、採用の限りでない。また、被控訴人は、原審において、D医師に対し、血糖値が高く、数か月に一度の割合でB病院に定期的に通院していると告げたと供述するが、この点も、告知書〔証拠略〕の記載及び〔証拠略〕に照らし、採用することができない。

被控訴人は、本件保険契約の締結に当たり、心身の状態について告知した平成10年6月から遡る5年以内に、前記のとおり、昭和63年以来、B病院に通院し、糖尿病について療養、生活、運動及び食事について指導、糖尿病眼科検査を受けていながら、D医師の前記質問に対しては、その事実がないと応答し、同旨の記載がされた告知書に署名及び押印し、後日告知書の写しが送付され、確認を求められながら、事実と異なる旨を被控訴人に通報しなかった。このことは、故意により、重要な事実を告知せず、又は不実の事実を告知した場合に該当する。もっとも、D医師の診察を受けた際、尿糖は検出されなかったが、この事実は、告知義務違反の判断にはかかわりを有しない（東京高裁平成13年8月29日判決、平成13年(ネ)2067号）。

●**参考判例**（東京地裁平成13年5月30日判決、平成12年(ワ)8230号）（東京高裁平成13年10月23日判決、平成13年(ネ)3422号）

事　案　告知義務違反
争　点　告知事項の「7日以上にわたり」の解釈
判　旨

（第一審）　本件告知書には、「過去5年以内に、病気やけがで、7日間以上にわたり、医師の診断・検査・治療・投薬をうけたことがありますか」（告知事項5）、「過去5年以内に、子宮・卵巣・乳房の病気で……7日間以上にわたり、医師の診断・検査・治療・投薬をうけたことがありますか」（告知事項9）との告知事項が記載されているところ、前項に説示したとおり、原告は、平成7年6月及び11月に、乳腺症の疑いのある右乳房の異常についてB医院を受診し、乳腺症との診断を受け、投薬を受けたものであるから、「7日間以上にわたり、医師の診断・検査・治療・投薬をうけたこと」があるというべきである。

なお、この告知事項5及び9の「7日間以上にわたり」の解釈について、原告は、継続してあるいは同一とみなすことができる期間内に、7日間以上にわたり医師の診断・検査・治療・投薬を受けたという意味に解釈すべき旨の主張をするが、保険契約締結の際の告知事項の趣旨に鑑みると、「7日間以上にわたり」と限定されているのは、医師の診断・治療等を受けた場合であっても、1週間程度で完治したような軽微な場合を除くという趣旨に理解するのが相当であり、それ以上に限定して解釈すべき特段の事情はない。

このように原告は、乳腺症の疑いのある右乳房の異常について平成7年6月及び11月にB医院の診断、投薬を受け、これを認識しながら、本件告知書の告知事項5及び9について、「いいえ」と回答していたものであるから、告知義務違反について故意又は少なくとも重大な過失があったというべきである（東京地裁平成13年5月30日判決、平成12年(ワ)8230号）。

（第二審）　控訴人は、平成7年6月及び同年11月の診察は、急性膀胱炎にかかったため受けたものであって、乳腺症との病名を告げられたことはなく、乳腺症の治療を受けたとの認識もないと主張する。しかし、B産科婦人科のカルテの傷病名欄に平成7年6月14日を開始日として乳腺症の診断名が記載され、同日欄に乳房及びその硬結部分の絵が記載されていることからすると、控訴人を診断した医師が同日控訴人が乳腺症に罹患していると診断したことは疑いの余地がない。そして、医師がそのように診断した以上、専門用語を用いるかどうかは別として、乳房に異常があることを控訴人に伝えないとは考えられない。したがって、控訴人は平成7年6月14日の時点で乳房に異常があることを認識したものというべきである。

また、同カルテには、欄外に控訴人が7月に市の癌検診を受診する予定である旨が記載され、同年11月4日の欄にも控訴人が市の癌検診を受診する予定である旨が記載されている。これらの記載によれば、11月4日の受診の際にも、乳房の異常についての診察がされ、控訴人と医師の間で乳房の異常についての会話が交わされたことが推認される。

また、控訴人は、乳腺症は大抵は月経前に現れて、月経後に消えるものであるから、平成7年6月と同年11月の治療が一連の症状により7日間以上にわたり治療を受けたことになるとはいえない旨主張する。

しかし、弁論の全趣旨によれば、控訴人が平成11年9月にA医科大学医学部附属病院で診察を受け、右乳房に直径7.3センチメートル大の腫瘍があると診断されたことが認められ、この事実と平成7年6月及び同年11月のB産科婦人科受診の際に癌検診の受診が話題に上っていたことを考え合わせると、平成7年当時の控訴人の乳房の異常が、月経前に現れて、月経後に消える程度のものであったとは到底認めることができない。

以上のとおりであって、控訴人は、平成7年6月14日には乳房の異常について認識しており、同日及び同年11月4日にその乳房の異常（専門的用語でいえば乳腺症）について診察を受けたものということができる。

控訴人が、平成10年10月の本件保険契約の申込みに当たり、それから過去5年以内である平成7年6月及び同年11月の上記診察について告知していないことは争いがない。

そうすると、控訴人は、本件保険契約の約款第19条所定の告知義務に違反したといわなければならず、告知義務違反を理由とする被控訴人の解除の抗弁は理由がある（東京高裁平成13年10月23日判決、平成13年（ネ）3422号）。

●**参考判例**（東京地裁平成13年9月21日判決、平成12年（ワ）16924号）（東京高裁平成14年10月23日判決、平成13年（ネ）5691号）

事　案　告知義務違反
争　点　告知事項の「7日以上にわたり」の解釈

判旨

（第一審）　被告は、告知書の「7日間以上にわたる医師の診察・検査・治療・投薬」とは「初診から終診まで7日以上医師の管理下にあったかどうか」を問う趣旨であり、そこで、原告X_2は平成8年5月8日初診から6月5日終診まで29日間医師の管理下にあったから、原告X_2には告知書の質問事項に関して告知義務違反があるとする。

しかし、本件告知書3項の「過去5年以内に、病気やけがで手術や7日間以上にわたる医師の診察・検査・治療・投薬・・・・をしたことがありますか。」との質問の趣旨は、普通の字義から考えて、「7日以上継続して」又は「病気の診察や治療のための一定の期間（普通は初診から最後に医師の診察等のため病院に赴いた日迄の期間）内に医師により7回以上診察・検査・治療・投薬」を受けたこと（いわゆる実通院日数）をさすとみるのが相当である。告知書3項の後段は「継続して7日間以上の入院をしたことがありますか。」となっていて7日以上の期間の継続性を明示しており、これと符合して前段も7日の継続性を示すとみるのが無理なく、一般人の理解からすれば「7日間以上にわたる」とは「7日以上継続して」または少なくとも「実通院7日以上」を意味すると解釈するのが普通と考えられるからである。

〔なお、乙18の判例解説には、高血圧の患者の生命保険契約に関し、「過去5年間に高血圧等の心臓、血圧、血管の病気により7日以上治療、服薬、休養したことがありますか」との告知書質問の意義について、それが連続する必要があるのか、実通院日数を指すのか、あるいは治療期間のことか不明確であるとし、「少なくとも7日以上連続して治療を受けた経験の有無のみを問うているとは考えられない」とした判決を紹介しつつ、告知書の「7日以上治療」の意味するところは、「高血圧等の病気治療のため実通院日数が7日以上に及ぶことであり、連続である必要はない。」との質疑応答が掲載されているが（6頁）、右のような解釈態度は当裁判所としても十分首肯し得る。〕

そうすると、本件の場合、原告X_2が本件保険契約加入前5年内に医師から受けた診察、検査等としては平成8年5月8日、同月14日、同月22日、同月24日、同年6月5日の5日の実通院に止まるというべきで、「7日間以上にわたる医師の診察・治療・投薬」には該当しないから、この点において原告X_2に告知書3項の告知義務違反があったということはできず、したがってこの点の被告主張は理由がないというべきである。

なお、被告は、本件告知書3項のような文言は、平成2年の統一告知書（生命保険会社で共通の内容）

Ⅲ-1 告知義務違反の成立要件

の見直しの際に改正されたものであり、従前は「7日以上治療、服薬、休養したり・・・」と記載されており、右「7日以上」について、通院した日数の合計が7日以上なのか、継続して7日以上なのか、定義が不明で文面から趣旨が読み取れないという問題があったことから、現在の表現に改正され、「初診から終診まで継続して7日以上医師の管理下にあったか」を問う趣旨であることが明確になったもので、被告の主張する解釈に不明確性はないという。

しかし、乙4の記事の全文（別紙2）によれば、平成2年10月に、日本保険医学会医務委員会において「統一告知書」の改正が検討され、告知に診察医が介在する「診察医扱告知書」（別紙2の361頁）とそれ以外の「告知扱告知書」（別紙2の360頁）の2種類の統一告知書が用意され、被告が本件で用いている告知書は医師が介在する「診察医扱告知書」とほぼ内容が同一であることが認められる。

そして、「診察医扱告知書」において、従前の「（過去5年以内に）病気や外傷で、7日以上の治療をうけたこと（または休養したこと）がありますか」という質問事項が、「過去5年以内に、病気やけがで、7日間以上にわたり、医師の診察・検査・治療・投薬をうけたことがありますか」と改められ、その理由は、「診察医の場合は、専門家である医師の介在により、危険選択上重要な病気について告知を受領できるので、病名列記は行わない。軽微な病気については、危険選択上告知の不要であるので、医師にかかってから、治療の終了まで「継続して7日間以上」を要した病気の有無について質問するという意味で、「7日間以上にわたり」と表現して、選択上重要な病気の告知を医師の介在のもとで得るようにした。」とされていること、そして、医師が介在しない「告知扱告知書」では「過去5年以内に、下記の病気で、医師の診察・検査・治療・投薬をうけたことがありますか」とされ、心臓、脳、肺、胃腸、肝臓、腎臓、目、耳、鼻、がんなどの項目ごとに、狭心症、脳卒中、ぜんそく、胃かいよう、肝炎、腎炎、白内障、がん、糖尿病などの病名が列記され、それを補充する形で「過去5年以内に上記にかかげる以外の病気やけがで、7日間以上にわたる医師の診察・検査・治療・投薬をうけたことがありますか」との質問事項があることが認められる。

そうすると、元来、本件告知書のような簡易な告知書は診察医が介在する場合の告知書として予定されているものであり、医師が介在しない告知書扱告知書の場合は、統一告知書では具体的な多数の病名を列記した告知書が予定されているのであって、平成2年に診察医扱用の統一告知書の文言の改正があったからとて、本件における「7日間以上にわたる」の意義が被告の主張する解釈の方向で明確になったとすることはできない（東京地裁平成13年9月21日判決、平成12年（ワ）16924号）。

（第二審） 控訴人は、告知事項③の「過去5年以内に、病気やケガで、7日間以上にわたる医師の診察・検査・治療・投薬」とは、初診から終診まで7日間以上医師の管理下にあったことを意味すると主張し、被控訴人らは、その文言からして、一般の契約者を基準に考えると、一定の期間内に7日以上継続して医師の診察・検査・治療・投薬が行われた場合を指すものと解すべきであると主張する。

本件保険契約の告知書は、生命保険会社に共通の統一告知書に準じて作成されているところ、この統一告知書のひな形を作成した日本保険医学会医務委員会は、告知事項③の「過去5年以内に、病気やケガで、7日間以上にわたる医師の診察・検査・治療・投薬」との告知事項について、保険契約を締結する上で告知を要しない7日未満で治療等を終えた軽微な病気やケガを除き、当該病気やケガの初診から終診まで7日間以上医師の管理下にあったことの有無を問う趣旨の質問であり、この統一告知書は、平成2年10月に改正されたものであるが、改正前は「7日間以上にわたる」との部分が「7日以上」とされていて、この「7日以上」が、必ずしも上記のような趣旨には読みとれず、誤解を生ずるため、その趣旨を明らかにするために「7日間以上にわたる」と改めた旨説明している〔証拠略〕。この日本保険医学会医務委員会の説明は、生命保険会社に共通のものと考えられるから、控訴人を含む生命保険会社は、告知事項③の趣旨を上記の説明と同様の趣旨のものと理解しているものと考えられる（なお、乙21の生命保険協会作成の「生命保険の診査について」と題するパンフレットにも同様の説明がされている。）。

また、告知事項③は「過去5年以内に、病気やケガで、手術や7日間以上にわたる医師の診察・検査・治療・投薬または、継続して7日間以上の入院をしたことがありますか。」と記載されていて、「7日間以上にわたる」と「継続して7日間以上」とを使い分けており、「7日間以上にわたる」が単に「継続して7日間以上」の意味ではないことを明らかにしており、これは、「わたる」という言葉の通常の意味に照らし

ても首肯されることである。
　以上のような、告知事項③についての保険会社の説明、改正の経過及び上記文言の使い分けからすると、告知事項③の趣旨は、過去5年以内に、初診から終診まで7日以上医師の管理下（観察下）にあったかどうかを問う趣旨の質問であると解するのが相当である。
　被控訴人らは、告知事項③の趣旨を、その文言からして、一般の契約者を基準に考えると、一定の期間内に7日以上継続して医師の診察・検査・治療・投薬が行われた場合を指すものと解すべきと主張するが、告知事項③の趣旨を一般の契約者が当然に被控訴人らの主張するように解するとは到底考えられない。なお、例えば、成人病などの慢性疾患の多くは、治療や検査を放置しておけば、重大な疾病をもたらす危険性のあるものが少なくないが、これらは症状が安定している場合には、年に数回程度の治療や検査で医師が経過を観察していることは稀ではない。このような疾患については、間隔をおいて年に数回しか治療等を受けていない場合であっても、それが被保険者の生命の危険を予測する上で影響のある事実として、保険契約を締結する上で考慮すべきことがあることは、生命保険契約の性質上、当然のことと考えられる。被控訴人らの主張するように告知事項③の趣旨を限定的に解するものとすれば、上記のような医師の観察下（管理下）にある病気については、通院回数が少ないとか通院が継続していないとかの理由で告知義務を免れることとなり、相当とはいえない。
　亡Aは、上記(1)イのとおり、国立N病院で、平成8年5月8日から同年6月5日まで診察、検査を受けているもので、この5月8日の初診から6月5日までの終診まで約1か月間、医師の管理下（観察下）にあったものというべきであり、本件告知時点（平成10年10月26日）において、告知事項③の「過去5年以内に、病気やケガで、7日間以上にわたる医師の診察・検査・治療・投薬」を受けた場合に該当する。亡Aは、告知事項③に対し、前提となる事実(4)イのとおり「いいえ」と事実と異なる回答をしたのであるから、これが告知義務に違反することは明らかというべきである（東京高裁平成14年10月23日判決、平成13年（ネ）5691号）。

●**参考判例**（徳島地裁阿南支部平成15年1月17日判決、平成13年（ワ）32号）
　事　案　告知義務違反
　争　点　告知事項の「7日間以上にわたり」の意義
　判　旨
　商法678条1項所定の「重要なる事実」とは、危険選択に必要な事実であり、保険者がその事実を知ったならば、保険契約の締結を拒絶したか、少なくとも、同一条件では契約を締結しなかったであろうと客観的に認められる事実のことであるから、保険会社の告知書に掲げられた事項は、一般的にすべて重要な事実と推定される。また、保険会社が告知書により告知することを求めている事項は、保険契約を締結するかどうかの判断材料として、被保険者の健康状態を知るために告知を求めているものであるから、告知書の中で、被保険者が告知すべき医師の検査、治療、投薬（以下「検査等」という。）を7日間以上にわたる場合に限定しているのは、検査等を受けた場合であっても、1週間以内に完治したような軽微な場合を除外する趣旨であると理解することが相当であり、この場合の「7日間以上にわたり」との文言は、個々の検査等が7日間以上にわたる場合を意味するのではなく、検査等の期間が7日間以上にわたる場合を意味するものと解される。
　本件では、前記1(2)、(3)のとおり、原告は、平成10年6月25日、8月3日、10月2日の各CEA検査の結果、CEA高値を指摘され、同年10月8日から29日までの22日間にわたってF医師会中央病院に検査のため通院していた事実が認められ、同人は、過去5年以内に、7日間にわたり、医師の検査を受けていたものというべきである。また、CEAは、その数値が高値の場合、悪性腫瘍等の罹患や他臓器への転移が疑われる悪性腫瘍等のマーカーであり、被告が、上記事実を知れば、本件第二契約を締結することを拒絶したか、少なくとも、同一条件では契約を締結しなかったであろうと客観的に認められ、上記の事実は、商法所定の「重要なる事実」に当たるというべきである。
　そして、証拠上、原告自身が記入したのか、被告の面接士が記入したのかは明確でないものの、前記1(5)のとおり、原告が被告に提出した平成11年7月15日付け告知書では、「過去5年以内に、病気やけがで、

Ⅲ-1 告知義務違反の成立要件

7日間以上にわたり、医師の検査・治療・投薬を受けたことがありますか」及び「過去2年以内に健康診断・人間ドックをうけて、下記の臓器や検査の異常（要再検査・要精密検査・要治療を含みます）を指摘されたことがありますか」との各質問項目について、いずれも「いいえ」の欄に丸が付けられ、同告知書に原告自身が署名押印している事実が認められる。また、告知書作成当時、原告が、前記1(3)の事実を認識していたことは明らかであるから、本件では、本件第二契約締結の際、原告は、被告に対し、故意又は重大なる過失により、商法所定の「重要なる事実」を告知しなかったことが認められる。

原告は、保険契約締結に当たり問題となるのは、検査を受けたかどうかではなく、検査の結果、異常があったか否かであり、同人については、F医師会中央病院の検査で、異常なしとの診断を受けていたのであるから、原告のCEA高値の検査結果やF医師会中央病院を受診したことを被告に告知したとしても、被告がF医師会中央病院の上記検査結果を知れば、本件第二契約を締結したであろうことが予想されるとして、本件では、原告が、F医師会中央病院の受診の事実を告知しなくても、告知義務違反は生じないことを主張する。

しかしながら、前記の告知の趣旨からすると、告知書で告知が求められるのは、医師の検査等を受けた結果ではなく、検査等を受けた事実それ自体であると解するべきであり、原告の前記主張は採用できない。

原告は、本件第二契約の締結の当時、①告知書の内容につき被告から何ら説明を受けておらず、その記載も原告ではなく被告担当者が記載したから、原告は記載内容を知らなかった、②告知書の「7日間以上にわたり」という文言の意味を、検査等を継続した期間ではなく、検査等を受けた回数と理解して、F医師会中央病院の実通院日数が6日であったため、被告にその事実を告げなかったに過ぎない、③当時、CEA検査の意味を理解しておらず、F医師会中央病院の精密検査の結果が異常なしであったため問題ないと考え、被告に上記事実を告げなかったと主張し、これらの事情を考慮すると、原告には、「重要なる事実」を告知しなかったことについて、故意及び重過失がなかった旨主張する。

しかしながら、告知書の上記文言の意味については、前記アのとおり解釈すべきであり、原告の解釈は独自の見解であって、採用できない。また、前記アのとおり、告知書の回答を原告自身が記載したのか、被告担当者が記載したのかは別にして、原告自身が署名押印の上、被告に提出していることが認められる以上、原告が告知書の内容を認識していたことが推認され、仮に、本件第二契約締結当時、原告が、CEA数値の意味を理解していなかったとしても、本件では、平成10年6月に人間ドックの検査結果を勤務先の産業医に指摘され、しばらく経過観察した後、更に数値が上昇したため、同医師の紹介により、F医師会中央病院で精密検査を受けて、その後も、定期診断の際、特別に検査を受けていたことからすると、少なくとも、上記検査結果が、設備の整った病院で精密検査を受ける必要がある程問題性の大きいものであることは認識していたはずである。そうすると、原告の主張する前記事情を考慮しても、原告には、前記1(3)の事実を告げなかったことについて、故意又は重大な過失があったものと言わざるを得ない。よって、原告の前記主張も採用できない。

以上の点から、本件では、本件第二契約を締結する際、原告には告知義務違反があった事実が認められるから、被告の行った同契約の特約を解除する旨の意思表示は有効と解される（徳島地裁阿南支部平成15年1月17日判決、平成13年(ワ)32号）。

●**参考判例**（大阪地裁平成15年2月5日判決、平成13年(ワ)13137号）
　事　案　告知義務違反
　争　点　「7日間以上にわたり」の意義
　判　旨

まず、Aが、最近3ヵ月以内に、医師の診察・検査・治療・投薬をうけたことがありますかという質問に対して、「いいえ」と回答した点については、同人が、告知日である平成12年10月18日から3ヶ月以内である同年7月26日に通院していることからして、告知を求められている事項を告知しなかったことになる。

次に、過去5年以内に、病気やけがで、7日間以上にわたり、医師の診察・検査・治療・投薬をうけたことがありますかという質問は、その文理からして、医師の診察・検査・治療・投薬を7日間受けたという趣旨ではなく、一連の傷病の治療に関して、初診から終診まで7日間以上の期間を要したことの存否を

尋ねるものと解するのが相当であるところ、Aの前記の通院経過に鑑みれば、この質問には「はい」と答えるのが正しいことになる。しかるに、Aは「いいえ」と回答しており、これは告知を求められている事項を告知しなかったことになる。

そこで、Aが、告知に際して、上記の各質問で問われている事実が存在し、かつ、これが告知事項に該当することを知っていたにもかかわらずそれを告知しなかった（故意）、又は、上記の各質問で問われている事実が存在することを知りながら、著しい不注意でそれを告知しなかった（重過失）といえるかについて検討する。

この点、前記のとおり、Aは、平成11年3月24日に1回目の疼痛発作（右足関節痛）でD病院に行き、痛風の診断を受け、その後更に1回の通院をしていること、平成12年6月14日には2回目の疼痛発作（右足関節痛）に見舞われ、再びD病院の診察を受け、同年7月26日まで合計4回通院していることに鑑みれば、Aにおいて、痛風の治療を受けていることは十分認識されていたと推認でき、既に疼痛発作も見られる状況であったことからすれば、前記の2つの質問に「はい」と回答して痛風に罹患していることを告知しなかったことには少なくとも重過失が認められる。したがって、Aには、告知義務違反が認められるというべきである（大阪地裁平成15年2月5日判決、平成13年(ワ)13137号）。

●**参考判例**（佐賀地裁平成17年7月19日判決、平成16年(ワ)90号）（福岡高裁平成18年9月27日判決、平成17年(ネ)827号）

事　案　告知義務違反
争　点　①告知書の質問事項の「7日以上にわたり」の意味
　　　　②重過失の有無

判　旨

（**第一審**）　①前記1認定の事実によれば、亡Aが平成10年4月20日から同年7月15日にかけて本件病院に通院し高血圧症及び高脂血症と告知され、治療・投薬を受けた事実は、商法678条1項の「重要ナル事実」に該当するというべきである。

また、被告所定の書面である告知書〔証拠略〕の告知事項5の「過去5年以内に、病気やけがで、7日間以上にわたり、医師の診療・検査・治療・投薬をうけたことがありますか」との質問は、同質問中の「7日間以上にわたり」との文言が、同告知書の告知事項3の「過去5年以内に、病気やけがで、継続して7日以上の入院をしたことがありますか」との質問中の「継続して7日以上」の文言と明らかに区別して用いられていることからすれば、初診から終診まで7日間以上にわたり医師の管理下（観察下）にあったかどうかを問う趣旨の質問と解される（この点、原告は告知事項5は通院回数が7日に満たなければこれに該当しないと解釈するのが自然である旨主張するが、採用できない。）。そうすると、前掲争いのない事実等(5)のとおり、亡Aが、告知事項5の質問に対して、「いいえ」と回答したことは、本件解除条項の「事実を告げなかったかまたは事実でないことを告げた場合」に該当する。

前記1認定のとおり、亡Aは、最後に平成10年7月15日に本件病院に通院した後は、同年8月11日の通院予約にもかかわらず通院せずに治療を中止していることからすると、担当医から告知された高血圧症及び高脂血症を重大なものと認識せず、そのため、前掲争いのない事実等(5)の告知書への回答の際には、同病院への通院歴を失念していた可能性も否定できない。

しかし、前記1のとおり、高血圧症及び高脂血症が動脈硬化、脳血管疾患及び心疾患を誘発するリスクファクターであることは広く社会一般に知られていることであって、現に亡Aの死因疾病については高血圧症及び高脂血症という既往症がリスクファクターであった可能性が高いとされること、亡Aは、平成10年4月20日から同年7月15日の本件病院に通院した約3か月の間、めまい等の自覚症状もあり、担当医からは減塩及びカロリー制限の食事指導や減量指導とともに降圧剤を処方されたこと、上記通院前にも検診で高血圧及び高脂血症を指摘されたことがあることからすれば、亡Aは自己の高血圧症及び高脂血症が生命にとって重要なリスクファクターであることを容易に知り得たというべきであり、その意味で、亡Aが本件病院への高脂血症及び高脂血症による通院・診療・検査・投薬の事実を、本件保険契約締結における重要事実として認識せずにこれを告知しなかったことについては、少なくとも重大な過失があるというべ

III-1 告知義務違反の成立要件

きである。

したがって、被告による商法678条1項又は本件解除条項に基づく本件解除は有効というべきである（佐賀地裁平成17年7月19日判決、平成16年(ワ)90号）。

（第二審） ①前記引用にかかる原判決第2，1(5)認定事実によれば、本件質問は、「過去5年以内に、病気やけがで、7日間以上にわたり、医師の診察・検査・治療・投薬をうけたことがありますか」というものであるところ、その趣旨は、「わたり」という言葉の通常の意味からしても、医師の診察・検査・治療・投薬を受けていた期間が7日間以上に達しているかどうか、すなわち、初診から終診まで7日間以上にわたり（診療、検査、治療又は投薬により）医師の管理下又は観察下にあったかどうかを問う趣旨であると解される。このことは、告知書の質問事項3項が、入院歴につき、「過去5年以内に、病気やけがで、継続して7日以上の入院をしたことがありますか」と記載されており〔証拠略〕、「7日間以上にわたる」病気やけが治療等の有無（本件質問）と「継続して7日以上の入院」の有無とが使い分けされて記載されていることからも明らかである。しかして、前記引用にかかる原判決第3，1認定事実によれば、亡Aは、平成10年4月20日ふらふら感やめまいなどの自覚症状を覚えて本件病院を受診し、その後同年7月15日まで約3か月間、高血圧症・高脂血症と告げられて通院し、投薬治療を受けたのであるから、初診から終診まで7日間以上にわたり医師の管理下にあったことは明らかであり、本件質問事項に該当する。しかるに、亡Aは、本件質問に対し、これを否定する回答をしたのであるから、同人は、告知義務に違反したといわざるを得ない。

これに対し、控訴人は、本件質問の「7日間以上にわたり」とあるのは、「7日以上継続して」又は「実回数が7回以上」の診察等を受けた事実の有無を尋ねる趣旨と解釈すべきであり、被控訴人主張のような趣旨で解釈されるのはその旨の説明がなされた場合に限られるから、本件事実はこれに該当しない旨主張する。

しかしながら、本件質問事項が比較的長期の治療等を意味することは明らかであり、前記説示のとおり「わたり」という言葉の通常の意味や本件告知書の他の質問との使い分けに照らしても、これが「7日以上継続して」診察等を受けたか否か、又は「実回数が7回以上」の診察を受けたか否かを尋ねる趣旨であると限定的に理解することはできない。そして、上記のとおり「7日間以上にわたり」と記載されているのであるから、その趣旨を口頭で説明すべき義務があるとは認め難く、控訴人の上記主張は採用できない。

次に、商法678条1項所定の告知義務違反の対象となる重要事実該当性について検討するに、上記重要事実は、保険者がその事実を知っていたならば保険契約を締結しないか、あるいは契約条件を変更しないと保険契約を締結しなかったと客観的に認められる事実をいうと解される。

ところで、一般に、高血圧症は、動脈硬化が起こりやすくなり、脳梗塞、心筋梗塞等による死亡に直結する病気の原因となり得るものであり、高血圧症に高脂血症が合併した場合には、動脈硬化、虚血性心疾患等の危険性は極めて高くなり、喫煙者の場合にはさらにその危険性が高まることは、広く知られた事実ということができる。

本件の場合、引用にかかる原判決第3，1認定のとおり亡Aは、本件病院に通院する前にも、健康診断において「高血圧症」と「高脂血症」を指摘されていたところ、平成10年4月20日にふらふら感やめまい等の自覚症状があったため、本件病院を受診し、その後約3か月間にわたり通院し、その間5回担当医の診察を受け、減塩及びカロリー制限の食事指導等の生活指導のほか、74日分の投薬を含む治療を受けていたのであり、引用にかかる原判決第3，1(1)認定の初診時の同年4月20日に行なわれた血圧測定における亡Aの各血圧値（1回目180/112mmHg、2回目160/120mmHg）は、WHO/ISH及び日本高血圧学会の各基準によっても、いずれも「重症高血圧」に該当する非常に高い数値であり（なお、24時間自動血圧測定の昼間156/114mmHg、同夜間142/112mmHgについては、収縮期血圧は「軽症高血圧」であるが、拡張期血圧はいずれも「重症高血圧」である。）。しかも、高脂血症であることを示す中性脂肪の数値も血液検査の結果821mg/dl（基準値50～150mg/dl）という異常に高い数値であった。さらに、亡Aは、1日40本を喫煙するという重度の喫煙者であり、1日にビール2本を飲酒していたのであるから、動脈硬化、虚血性心疾患等の危険性が極めて高かったというべきである。そして、実際にも、引用にかかる原判決第3，1(9)認定のとおり亡Aは、平成15年2月6日にいわゆる虚血性心疾患である急性心筋梗塞ないし致死性不整脈で

死亡したものであり、高血圧症がリスクファクターであった可能性が高いと判断されているから(なお、致死性不整脈により死亡したとしても、心肥大を起こす疾患として高血圧症があげられている。)、高血圧症・高脂血症という亡Aの既往症が生命保険契約の危険測定上極めて重要であったといわねばならない。このことは、引用にかかる原判決第3、1(8)認定のとおり、仮に亡Aから本件査査の際に高血圧症及び高脂血症による通院及び治療の事実(本件事実)の告知を受ければ、保険契約は、保険料月額6万3900円の標準体ではなく、保険料が2倍以上の月額12万7800円以上となる特別条件付き保険契約の締結がされることとされていたことからも明らかである。

　そうすると、本件事実は、商法678条1項所定の告知義務違反の対象となる重要事実に該当するというべきである。

　これに対し、控訴人は、亡Aの高血圧の症状が軽微である上、通院時の診療内容、医師の判断、期間の短さ等からして、少なくとも亡Aの通院歴は、生命保険会社にとって、生命危険測定を左右するレベルのものではない旨主張する。しかしながら、前記認定のとおり初診時の血圧の状態は異常に高い上、その後の通院時に血圧値は正常範囲ないし軽症高血圧の範囲となったが、依然として立ちくらみ等の自覚症状を訴えていたのであるから(引用にかかる原判決第3、1(4)、(5))、必ずしも高血圧の症状が軽微であったとは言えない。そして、前記のとおり高血圧症が脳梗塞、心筋梗塞等による死亡に直結する病気の原因となり得るものであり、更に高脂血症の合併や喫煙等のリスクファクターの増大により、動脈硬化、虚血性心疾患等の危険性はより高くなり、本件事実の告知を受けていれば、被控訴人は、本件保険契約と同一の契約条件を設定しなかったことからすれば、控訴人の指摘するところを考慮しても、生命危険測定を左右するレベルのものといわざるを得ず、控訴人の上記主張は、にわかに採用することができない。

　②前記2(1)説示のとおり、本件質問は、「過去5年以内に、7日間以上にわたり病気や怪我による治療・投薬等をうけたか」を尋ねるものであるから、一般人においてもその趣旨を誤るとは考えがたい。しかして、亡Aは、前記引用説示のとおり、平成10年4月20日から同年7月15日まで約3か月間にわたり、高血圧症等により本件病院に通院して担当医の診察を受け、食事指導を受けたほか合計74日分の投薬治療を受けたのであるから、平成13年11月22日の本件告知書の記入時点において、本件質問内容を肯定する事実を認識していたというべきである。そして、上記認定説示の亡Aの当初の自覚症状、少なくとも初診時には重症高血圧に該当する高い値の血圧値を計測したこと、約3か月間という長期間通院したこと、生活指導のほかに降圧剤による投薬治療を受けたことなどの事実に照らせば、亡Aが上記疾病により通院治療を受けたことを失念していたとはにわかに認め難いところである。そうすると、亡Aとしては、これを肯定する回答をするか、あるいは、仮にその趣旨につき何らかの疑問があれば、告知の相手方である診査医に対し、質問の趣旨を確認することは極めて容易であったと解される(告知書の記入は、診査医の面前ですることとされていた。〔証拠略〕)。しかるに、前記認定のとおり、亡Aは、上記告知書の記入に際し、本件質問について「いいえ」という虚偽の回答をしたのであるから、これは故意又は少なくとも重過失によるものというべきである。

　仮に亡Aが、担当医から告知された高血圧症及び高脂血症を重大なものと認識せず、そのため告知書への回答の際には、上記病院への通院歴を失念していたとしても、前記2認定説示のとおり、高血圧症及び高脂血症が動脈硬化、脳血管疾患及び心疾患を誘発するリスクファクターであることは広く社会一般に知られていること、亡Aは、平成10年4月20日から約3か月間通院し、その間に立ちくらみ等の自覚症状もあり、担当医からは減塩及びカロリー制限の生活指導とともに降圧剤を処方されたこと、上記通院前にも検診で高血圧及び高脂血症を指摘されたことがあることからすれば、亡Aは、自己の高血圧症及び高脂血症が生命にとって重要なリスクファクターであることを容易に知り得たというべきである。そして、本件証拠〔略〕によれば、告知書の上部には「この書面による告知は、生命保険のご契約をお引き受けするかどうかを決める重要事項ですから、ありのままを正確にもれなくご記入ください。もしこれらの事項について事実を告げなかったり、事実でないことを告げた場合には、主契約や特約が解除されたり、保険金や給付金などの支払を受けられないことがあります。」という注意書きがなされていたこと、告知日の2日前の平成13年11月20日の本件生命保険契約の申込みの際、控訴人に対し「ご契約のしおり－定款・約款」及び「特に重要なお知らせ」が交付されているところ、上記「ご契約のしおり－定款・約款」及び「特に

III-1 告知義務違反の成立要件

重要なお知らせ」においても、告知義務の対象となる事項や不告知・虚偽告知の場合の効果について詳細な説明がなされ、告知義務に関して注意喚起がなされていたことが認められる。したがって、亡Aが、本件事実（本件病院への高血圧症及び高脂血症による通院・診察・検査・投薬の事実）を、本件保険契約締結における重要事実として認識せずにこれを告知しなかったことについては、少なくとも重大な過失があるというべきである。

これに対し、控訴人は、被控訴人には信義則上、告知義務の対象を保険契約者が確実に認識できるようにするため、被控訴人主張の趣旨であることを説明すべき義務があるのに、これを行っておらず、また、亡Aの高血圧の程度は軽症で、担当医も重大視せずに本人に対し現状の危険性を指摘していなかったのであるから、亡Aが、本件事実を失念したとしても無理からぬことであり、本件事実が死の危険予測に影響を及ぼす事実であると認識するのは極めて困難であるから、重過失はない旨主張する。

しかしながら、前記説示のとおり、本件質問の趣旨は、「わたり」という言葉の通常の意味に照らしても、「医師の診療・検査・治療・投薬」を受けていた期間が7日間以上に達しているかどうかを問う趣旨であることは、わざわざ口頭で説明するまでもなく、一般人にとっても明らかであると解されるから、口頭による説明がなかったことは、被保険者の重過失を認定する上で何ら妨げにならない（上記記載のとおり、仮に亡Aにおいて本件質問の趣旨が判らなければ、診査を受けている診査医に尋ねることは容易にできたはずである。）。また、亡Aは、通院期間中、通院の動機付けのためとはいえ、長期間にわたり投薬治療も受けていたことに照らしても、高血圧の程度が軽度であったとはいえず、また、上記説示のとおり通院治療したことを失念するとは考え難いから、控訴人の上記主張は採用することができない（なお、控訴人は、投薬治療を受けたことをもって、症状の重大性を裏付けるものではない旨主張するけれども、仮に担当医が処方した薬剤（アーチスト）が高血圧治療としては弱い効果しか有しない薬剤であっても、高血圧治療のために投薬治療を長期間にわたって受けたこと自体は、亡Aの記憶に残るはずであるから、上記主張はたやすく採用できない。）。（福岡高裁平成18年9月27日判決、平成17年（ネ）827号）。

● **参考判例**（広島地裁平成13年6月19日判決、平成11年（ワ）1127号）

事　案　告知義務違反
争　点　自覚症状のないB型肝炎の通院治療及び投薬についての不告知が告知義務違反にあたるか

判旨

証拠〔略〕によれば、次の事実が認められる。

Aは、昭和50年12月ころ、急性肝炎に罹患し、50日間F病院で入院治療を受けた。Aは、その後、教員として元気に勤務していたが、平成8年11月13日、D病院で定期健康診断を受けた際、B型肝炎キャリアであると診断された。そして、同病院はAに対し、同日以降、通院治療及び投薬を続けるとともに、同年12月14日ころ、B型肝炎であることを告知した。

AのD病院における通院治療及び投薬は、次のとおりである。平成8年11月の通院日数7日、投薬14日分、同年12月の通院日数2日、投薬28日分、平成9年1月の通院日数1日、投薬14日分、同年2月の通院日数2日、投薬42日分、同年3月の通院日数2日、投薬28日分、同年5月の通院日数2日、投薬28日分、同年8月の通院日数2日、投薬28日分、同年10月の通院日数1日、投薬28日分、同年11月の通院日数1日、平成10年1月の通院日数1日、同年6月の通院日数1日、投薬28日分、同年8月の通院日数1日、投薬28日分、同年9月の通院日数1日、投薬28日分。

B型肝炎ウイルスキャリアは、約10％の割合で肝障害が発生し、自然治癒率が高率にみられる一方、同肝障害の約30％の割合で肝硬変に進展し、重篤な状態になる危険性がある。Aは、同病院から与えられた投薬を、自覚症状がなかったことから、きちんと服用していなかった。

AはY生命に対し、平成10年6月5日、告知書において、「過去5年以内に、肝臓・胆のうの病気で、医師の診療・検査・投薬をうけたことがありますか。」という問に対し、「いいえ」と返答した。また、同年7月2日、告知書において、「最近3か月以内に、医師の診療・検査・治療・投薬をうけたことがありますか。」、「過去2年以内に、健康診断・人間ドックをうけて、肝臓の異常を指摘されたことがありますか。」という問に対し、いずれも「いいえ」と返答した。

Y生命の○○営業所長・Gは、Aから、20年位前に肝臓の病気をしたことは聞かされていたが、D病院における診断結果、通院治療及び投薬の状況については聞かされていなかった。Y生命の診査医であるCも同様である。
　以上の事実によれば、Aは、D病院から、B型肝炎であることを告知され、通院治療及び投薬を受けながら、また、B型肝炎が必ずしも軽視できる病気ではないにも拘わらず、自覚症状がなかったことから、投薬の服用を怠るなどB型肝炎を軽視し、Y生命に対し同事実を否定したことは、被保険者が、故意又は重大な過失によって、重要な事実を告げなかった場合に該当すると認めるのが相当である（広島地裁平成13年6月19日判決、平成11年(ワ)1127号）。

●**参考判例**（東京地裁平成13年7月25日判決、平成12年(ワ)6633号）
　事　案　告知義務違反
　争　点　告知日2週間前に病院で受診した事実が告知事項にあたるか。不告知について重過失が認められるか。
　判　旨
　以上の事実のほか、商法678条1項が前提とする告知制度、告知義務は、保険者が契約の申込を承諾するか否か及び契約内容を判断するための資料若しくはその収集の契機の提供を求めるものであり、特に生命保険の場合においては、申込者の近時の健康状態に関する情報、資料が上記判断のために重要となることをも考慮すると、本件受診の事実は同条項に規定する「重要な事実」に該当するものといわざるをえない。
　これに対し、原告は、仮に本件受診の事実を告知していたとしても、本件契約の締結に影響をおよぼさなかったなどと主張するのであるが、Aが本件受診から1か月余りで脳腫瘍と診断されて入院していることや、本件受診時に認められた顔面の知覚異常や左下半盲については脳病変（脳に起因する症状）と疑う余地が全くないわけではないこと、Aも平成9年1月17日、約3か月前から後頭部から頚部にかけて頭痛がしていたと述べていたこと〔証拠略〕、申込者がダンピング症候群と診断されていた場合における被告会社の審査基準（前記1⑦）などをも考慮すると、本件受診の事実が被告会社の契約締結及びその内容についての判断になんらの影響を与えるものではなかったとまでは認められない。それ故、原告の上記主張は採用することができない。
　Aが告知書に記載したのは本件受診から2週間余りであることや、前記1④記載のような告知書の形式、そして、本件で問題となっている質問項目が生命保険契約締結の可否の判断にとって重要な事項であることは社会通念上容易に認識しうるところ、受診機関は大学病院であり、そこでの診断結果がダンピング症候群という一般的にはあまり馴染みのない症状であったこと、Aは平成9年1月17日に約3か月前から頭痛がしていたと述べていたことからすると、告知書の記載時点においても頭痛を伴っていたことが推測されることなどにかんがみると、原告が主張するような諸事情を考慮しても、AがHに対し本件受診の事実を告知しなかったことについては、重過失があったといわざるをえない。
　なお、原告は、Gは本件受診の事実を認識していたと主張するが、前記1③記載の事実をもってそのように認定できるのかはさておき、少なくとも申込者が記載した告知書のみで契約締結の可否を判断するのではなく、生命保険面接士による面接を経た上でこれを判断するような場合においては、募集人にすぎない保険外務員への告知をもって、保険者への告知がなされたものと同視することは相当でない。それ故、原告の上記主張も採用し得ない（東京地裁平成13年7月25日判決、平成12年(ワ)6633号）。

●**参考判例**（大阪地裁平成14年8月31日判決、平成12年(ワ)12584号）
　事　案　告知義務違反
　争　点　嘱託医に対する口頭での告知と告知義務違反の成否
　判　旨
　証拠（〔証拠略〕、原告本人）に弁論の全趣旨を総合すると、争点(1)アの事実を認めることができる（注：「争点(1)アの事実」とは、「原告は、Fの診査を受けた際、Fに対し、勤務先の健康診断で、便潜血検査において、「精密検査を要します」との指摘を受けたこと、その後に受けた便潜血検査においては陰性であっ

Ⅲ-1 告知義務違反の成立要件

たことを説明したところ、Fから、それであれば問題がないと言われ、告知書の本件質問事項に対する回答欄の「いいえ」に丸を付けた。」という原告主張の事実）。

そうすると、原告は、Fの診査を受けた際、Fに対し、勤務先の健康診断で、便潜血検査において、「精密検査を要します」との指摘を受けたことを告知したものであるから、原告にはこの点につき告知義務違反があったとはいえない（大阪地裁平成14年8月31日判決、平成12年(ワ)12584号）。

●**参考判例**（大阪地裁平成13年9月3日判決、平成12年(ワ)5537号）
　事　案　告知義務違反
　争　点　保険外務員の告知受領権の有無
　[判　旨]

　以上によれば、Aには本件契約の解除原因となる告知義務違反の事実が認められるところ、原告らは、Aが被告の外務員であるCに本件治療等の事実を告げていたとして、本件治療等の事実についての告知義務の履行を主張し、原告X₁はこれに副う供述等をする。

　しかしながら、告知の制度は、不良契約を排除して保険団体の危険率を均一に維持し、保険契約者間の衡平を図るため、保険者が被保険者の危険選択を行う前提として、危険選択の判断材料である事実を一番よく知っている契約者や被保険者に、当該判断材料あるいはその収集の契機の提供を求めるものであるところ、それらの判断材料等からの生命保険の危険選択には、被保険者に内在する疾病等の危険性を的確に把握することを要するのが通常であるから、高度の医学的専門的知識が必要である。そうであれば、通常このような知識を有しない外務員に、一般的な告知受領権を認めることは相当ではないと言わざるを得ない。

　殊に、本件においては、先に述べたように本件約款において、告知書への回答あるいは診査医の質問への回答が回答方法として規定されており、Aは現実に告知書を作成し、診査医の診察も受けているのであるから、わざわざこの機会に正確な告知をせず、外務員に対する告知をしたとして義務の履行を認めるべき事情は何ら存在しないこと、証拠（略）によると、被告は、本件契約の約款についての「ご契約のしおり」において、「被告指定の医師以外の職員に口頭でお話しされただけでは、告知したことになりません。ご注意ください」との注意書きがなされていること、さらに、被告は契約後、保険証券と共に告知書の写しを保険契約者に送付し、事実と相違ないかどうか確認を求めているところ、告知書の写しの送付書面には、告知内容が事実と相違していたり、告知漏れがあると、保険約款の定めにより主契約や特約が解除されたり、保険金や給付金などの支払を受けられないことがあるので、必ず告知内容を確認するよう、内容に相違する点があるとき、又は追加で告知する事があれば、保険証券に同封の返信用封筒で被告に連絡するようにとの記載がなされていることが認められるのであり、これらの事実に照らせば、本件契約締結に際し、被告の外務員はAからの告知受領権を有しなかったことが明らかである。

　したがって、外務員に対し告知したとの原告らの主張は、現実にAが外務員に対する告知を行ったか否かに関わりなく、失当である（大阪地裁平成13年9月3日判決、平成12年(ワ)5537号）。

●**参考判例**（和歌山地裁平成13年9月13日判決、平成12年(ワ)277号）
　事　案　告知義務違反
　争　点　病院での指摘内容と重過失の成否
　[判　旨]

　Aは、前記のとおり、平成9年2月27日にB病院での成人病予防検査で「心電図で狭心症の変化がみられる。治療して下さい。多血症の傾向がみられる。再検して下さい。」との指摘を受けたのに、平成10年2月5日になされた前記告知の際に質問事項第7項の「過去2年以内に心臓（その余は省略）の異常（要再検査・要精密検査・要治療を含む）を指摘されたか」との質問に対して、「心電図の異常を指摘されたが、内容はよく知らない。精検を受けたが、特に治療は勧められなかった。」と記載したものである。

　上記事実によれば、Aは、B病院で治療及び再検を指摘されたのに、告知書には特に治療は勧められなかった旨不実の事実を告げ、再検を指摘されたことにつき告知しなかったものである。

しかしながら、B病院での指摘が上記のとおりに止まることからすれば、Aが上記のように告知したことに重大な過失があるとまで認めることは困難である。よって、Aにはこの点について告知義務の違反を認めることができない（和歌山地裁平成13年9月13日判決、平成12年(ワ)277号）。

●**参考判例**（京都地裁平成13年10月10日判決、平成12年(ワ)2772号）
　事　案　告知義務違反
　争　点　①健康診断における脂質代謝要再検等の指摘は告知すべき重要な事実にあたるか
　　　　　②重過失の有無
　判　旨

1．保険契約は射倖契約であり、保険事故が発生した場合相対的に多額の給付がされるものであるから、条件成就の蓋然性が保険者の契約締結の重要な動機であるとともに、これに影響する事実が隠蔽されれば合理的な保険料の算定ができず保険制度の運営が阻害されることから、「重要なる事実」について告知義務が課されるものである。そうすると、ここでいう「重要なる事実」は、条件成就の蓋然性すなわち危険測定に必要な事実であり、保険者がその事実を知ったならば、保険契約の締結を拒絶したか、少なくとも当該保険料では契約を締結しなかったであろうと客観的に認められる事実をいうものと解される。

「脂質代謝要再検」「脂質代謝要精検」の具体的内容は、高脂血症の疑いがあったことによるものと解される。Aは、健康診断1においては総コレステロール値は264mg/dl、中性脂肪が665mg/dl、健康診断2においては、総コレステロール値が280mg/dl、中性脂肪569mg/dlであり〔証拠略〕、総コレステロールは200mg/dl未満、中性脂肪は150mg/dl未満が正常値であり、総コレステロールの境界域は200～219mg/dlとされていることからすると〔証拠略〕、総コレステロール値は境界域を超えており、中性脂肪に至っては正常値の数倍であり、高トリグリセライド血症の疑いが極めて強い。

高脂血症は、高血圧及び喫煙と並んで、動脈硬化を促進させる三大危険因子の1つであり、合併症としては虚血性心疾患（急性心筋梗塞や狭心症等）、脳梗塞、一過性脳虚血発作、末梢動脈閉塞症、急性膵炎などがある〔証拠略〕のであるから、これがAの死亡についての危険測定に必要な事実であることは明らかである。

原告は、虚血性心疾患を含む特定疾病については、これで死亡することが多いためにこの危険に備えるために特約がもうけられているのであって、本件事実を「重要なる事実」として解除を許容するのは本末転倒である旨主張する。

しかし、特定疾病保障定期保険特約の付加についても、上記(1)の制度趣旨は妥当し、虚血性心疾患及びこれによる死亡の蓋然性を高める事実の有無は重要な意味をもち、特定疾病保障定期保険特約条項12条1項に告知義務及び告知義務違反による解除については、主約款の告知義務および告知義務違反による解除の規定を準用する旨記載されているところである。

2．(1)本件健康診断1、2の検診票には、「総合判定　医師の指示」欄に、ゴム印で明確に「減量をすすめます。　尿要再検　脂質代謝要精検」（本件健康診断1）、「減量をすすめます。　脂質代謝要精検」（本件健康診断2）と記されている。

(2)　本件告知書の左上部には、ゴチック体で「●この書面による告知は、生命保険のご契約をお引き受けするかどうかを決める重要な事項です。●必ず被保険者ご本人が、ありのままを正確にもれなくご記入ください。●もしこれらの事項について事実をご記入にならなかったり、ご記入いただいた内容が事実と違っていた場合には、主契約や特約が解除されたり、保険金や給付金などの支払いを受けられないことがあります。」と明示され、そのすぐ右下には被保険者であるAの署名押印欄がある。

(3)　(1)により重要な事実の客観的存在についての悪意は推認され（Aが原告に「太ったな」と述べていたこと〔原告本人〕は、単に体重だけでなく「総合判定　医師の指示」欄も見ていたことをうかがわせる。）、仮にAがそれが重要な事実に当たらないと思っていたとしても、(2)により重過失があるというよりほかはない（京都地裁平成13年10月10日判決、平成12年(ワ)2772号）。

Ⅲ-1 告知義務違反の成立要件

●参考判例（大阪地裁平成13年11月1日判決、平成12年（ワ）6980号）
事　案　告知義務違反
争　点　①ヒステリーについての診察・投薬等の事実は告知すべき重要な事実にあたるか
　　　　　②重大な過失の有無

判　旨

1．保険契約において告知義務の対象となる重要な事実（商法678条1項）とは、保険取引の通念に照らし、保険者がその事実を知っていたならば契約を締結しなかったか、少なくとも同一の条件では契約を締結しなかったと客観的に認められるような、被保険者に生じる危険を予測する上で重要な事実をいうものと解するのが相当である。そして、前記前提となる事実(2)のとおり、本件保険契約においては、保険契約者又は被保険者は、保険者である被告が書面で告知を求めた事項について、その書面により告知することとされているから、このような場合には、告知書に掲げられた事項は、一般的にすべて重要な事項と一応推定されるべきものと解される。

　Aには、手指のこわばり、吐き気、流涎を伴う意識消失発作が現れることがあったため、平成8年10月22日から継続してC総合病院に通院して医師の診察・治療・投薬を受けていたものであるところ、Aにしばしばこのような発作が起きていたことは、Aの生命や身体に危険が生じる可能性に影響を及ぼす事実であると認められるから、このような症状を治療改善するために通院していた事実は、保険取引の通念上、保険者において、保険契約の締結の可否を判断する際の重要な考慮要素となる事実であると解される。

　原告は、本件保険契約の締結に際して被告がAに提出を求めた告知書には、保険契約者又は被保険者が過去3か月以内に医師の診察・検査・治療・投薬を受けた事実の有無についての質問が含まれているが（質問事項第2項）、感冒のような軽い一過性の病気で医師の診察を受けることもあるから、告知書の質問事項に記載された事項が、当然に生命保険契約の締結に当たって保険契約者又は被保険者が告知すべき重要な事項に該当すると解すべきではなく、被保険者の生命に関する危険測定のために必要な事項のみがこれに該当すると解すべき旨を主張するけれども、前記認定のとおり、本件告知前の平成9年3月ころには、Aは、発作時に受傷するなど現に生命に対する危険性をうかがわせるような病状を示していたのであるから（前記1の(1)オ）、このような症状に関して医師の診察・検査・治療・投薬を受けていたことは、Aの生命に関する危険測定のために必要な事項であったと認められ、本件と、被保険者が感冒のような軽い一過性の病気で医師の診察・検査・治療・投薬を受けたケースとは同列に論じることはできない。

　また、原告は、Aは本件告知の時点では「ヒステリー」と診断されており、ヒステリーは生命に対する危険を伴う疾病ではないから、ヒステリーについての診察等の事実は、形式的には告知書に掲げられた事項に該当するとしても、生命に対する危険の測定に関係せず、告知義務の対象となる重要な事実には当たらないと主張する。

　しかしながら、前記認定のとおり、ヒステリーとてんかんとの鑑別については、両方の因子が入り混ざって鑑別の困難な非定型例もあり（前記1の(3)ウ、エ）、保険者がヒステリー患者の生命に対する危険性を測定しようとすれば、さらに発作の状況や頻度、検査結果の推移等を把握することが必要であると考えられるから、傷病名が「ヒステリー」とされたからといって、生命に対する危険性がないと即断することはできない。

　したがって、Aが、医師から「ヒステリー」との診断を受けていたとしても、Aが手指のこわばり、吐き気、流涎を伴う意識消失発作等の症状に関して医師の診察・治療・投薬を受けていた事実は、本件保険契約を締結する際の告知義務に対象となると解される。

2．前記認定した本件告知までのAの診療の経過（前記1の(1)）に照らせば、本件告知の当時、Aは、発作時の受傷の経験などから意識消失発作等の症状の危険性を十分認識していたものと推認される。そうすると、Aは、本件保険契約の締結に際して、このような症状が自己の生命に対する危険を予測する上で、重要な事実であることを知っていたか、仮に知らなかったとすれば、知らなかったことについてAには重大な過失があったものと認められる。

　したがって、Aが告知書により告知を求められたにもかかわらず、手指のこわばり、吐き気、流涎を伴う意識消失発作等の症状に関して医師の診察・治療・投薬を受けていた事実を告知しなかったことは、悪

意又は重過失による告知義務違反に該当すると解すべきである（大阪地裁平成13年11月1日判決、平成12年(ワ)6980号）。

●**参考判例**（平成14年1月25日・平成10年(ワ)365号・静岡地裁浜松支部）（東京高裁平成14年9月24日判決、平成14年(ネ)1498号）

事　案　告知義務違反
争　点　質問書への回答及び診査医への口頭での告知内容が告知義務違反に該当するか

判　旨

（第一審）　原告は、平成2年12月19日、食欲不振、全身けんたい感を感じてA病院で診察を受けた。同月21日血液検査の結果、GOT、GPTが上昇傾向にあるため、安静目的のため入院することになり、同月25日から平成3年2月15日まで慢性肝炎、急性悪化の傷病名で同病院に入院した。その際、原告は、医師から、肝機能が悪いこと、アルコール性の肝炎、脂肪肝という話も聞いたが具体的な病名は言われなかったと記憶している。

原告は、腰が痛くて出血があったことから、平成4年8月25日、A病院で診察を受け、腰痛症、痔核で翌26日から同年9月10日まで同病院に入院した。そして、以前から痔核があったことから、同月5日に〔住所略〕所在のE病院で受診し、同月10日から同病院に転院し、同年10月5日まで同病院に入院した。同病院では、脱肛根本手術を施行し、順調に経過した。同病院のF作成の入院証明書（診断書）には、「既往症持病」欄に「H2、肝機能障害」との記載がある。

原告は、平成6年10月5日、酩酊状態にて階段から転落したとのことで、G病院で受診した後、紹介状を持参してA病院に来院し、同日から同月11日まで、頭部裂創、頸椎捻挫、腰部挫傷で同病院に入院した。

原告は、平成7年8月30日、被告に対し、本件保険契約を申し込み、同年9月2日、被告の診査医のH医師の問診を受けた。その際、原告が予め記入して同医師に渡した告知書〔証拠略〕のうち、「過去5年以内に、病気やけがで、継続して7日以上の入院をしたことがありますか」「過去5年以内に、病気やけがで、手術をうけたことがありますか」「過去5年以内に、病気やけがで、7日間以上にわたり、医師の診察・検査・治療・投薬をうけたことがありますか」の各質問に対し、いずれも「はい」に〇を付けた。そして、H医師の問診時、原告は、平成4年の入院のことを答え、また、平成2年の入院を念頭に置いて肝機能障害で入院したと伝えたつもりであったが、同医師は、ほかの病院で、肝機能障害の疑いか何かで入院したと聞き、疑いがあるでは病名としては成り立たない、診査には病気で入院した事実が必要であると考えて、同告知書の「診査医記入欄」には肝機能障害は特に記載せず、E病院の入院についてのみ記載した。また、同医師は、腰が痛いようなことも聞いていたが、同欄に腰痛も特に記載しなかった。同告知書の裏面の「診査書」には、同医師の「昭和40年虫垂炎手術」との記載がある。なお、同医師は、本件問診の際、原告から後頭部切創について告知された記憶はない。

被告は、原告に対し、本件転倒事故の翌日である平成7年10月11日から11月1日までの原告の入院に関し、同年12月5日ころ、本件付加契約に基づき災害入院給付金9万円を支払い、また、平成8年5月31日から6月20日まで、原告が頸部脊椎症、筋々膜性腰痛症で、さらにA病院に入院したことに関し、同年7月3日ころ、同様に、疾病入院給付金8万5000円を支払った(3)被告は、平成10年3月23日ころ、A病院のB医師の診療証明書（診断書）を徴求した。同診断書には、平成2年、4年、6年の原告の同病院への入院歴が記載されている。

上記(1)で認定した事実からすると平成7年9月2日のH医師の原告に対する問診時、原告の過去の入院歴や症状等について、原告の伝えたこととH医師の理解の仕方に差があり、原告が、同時点で、ことさら、過去の入院歴や治療歴を偽って伝えたとの事実を認めることは行き過ぎの感をぬぐえない。また、被告は、本件障害給付金請求まで、本件付加契約に基づいて入院給付金を支払っているが、その前にI株式会社のJにA病院を訪問させた事実が推認される（弁論の全趣旨）が、他方、本件付加契約の解除の意思表示直前にの診断書を入手している。

これらの事実および本件保険契約の約款29条、30条1項の文言および趣旨を併せ考えると、本件において、原告に、本件保険契約を解除しうるほどの告知義務違反を認めることは相当ではない。また、原告が

Ⅲ-1　告知義務違反の成立要件

平成6年の入院歴を伝えていなかったとしても、同入院の際の症状からして、告知義務違反を認めることもまた困難である（平成14年1月25日・平成10年(ワ)365号・静岡地裁浜松支部）。
（第二審）　原判決12頁4行目の「本件において、」から同7行末尾までを「被控訴人は、告知書（質問表）において控訴人が設定した質問事項（「重要な事実」に当たるものと推定される。）である「過去5年以内に、病気やけがで、継続して7日以上の入院をしたことがあるか。」、「過去5年以内に、病気やけがで、手術を受けたことがあるか。」、「過去5年以内に、病気やけがで、医師の診察・検査・治療・投薬を受けたことがあるか。」との問いに対しては、いずれにも「はい。」と記載して事実を告知していることが明らかであるし、そのほかのA医師の口頭による質問とこれに対する被控訴人の応答についても、それがどの限度において「重要な事実」に当たるかという問題を措いても、そこに被控訴人の悪意又は重大な過失による事実の不告知又は不実の告知があったものということは到底できない。
したがって、告知義務違反を理由とする本件付加契約の解除をいう控訴人の主張は、失当というほかない。」に改める（東京高裁平成14年9月24日判決、平成14年(ネ)1498号）。

●**参考判例**（那覇地裁平成14年3月25日判決、平成12年(ワ)753号）
　事　案　告知義務違反
　争　点　告知前3か月以内の検診での糖尿病（要治療）との指摘を告知しなかったことが告知義務違反に該当するか
　判　旨

　Aは、平成11年2月19日、DやEの立会のもと、本件告知を行った。なお、Gでは、被告との契約について、健康管理証明書扱いとなっており、同社において告知書裏面にある健康管理証明書を記入すれば、契約をしようとする者に対する診査が省かれることとされており、本件でも同様の取り扱いが行われている。
　Aは、本件告知に先立つ平成10年11月7日、本件健診を受け、それから間もないころ、その結果を受け取り、その内容を了知していた。
　上記認定事実に加え、前記前提となる事実を併せ考慮すると、Aは、本件健診の結果を受け取り、本件判定についても了知したうえで、それから約3か月という比較的短期間の後に、本件告知を行っているという経緯が認められる。この経緯からすれば、Aは、本件告知時において、本件健診の結果を知りまたは容易に知りうるにもかかわらず、本件告知を行ったと認めるのが相当である。
　「重要なる事実」とは、生命の危険を測定するについて影響ある素質を有する事実、換言すれば、保険者がその事実を知っていたならば契約を締結しなかったなどと客観的に認められるような、被保険者の危険を予測するうえで重要な事実をいうと解される（大審院第2民事部大正11年8月28日判決・民集1巻10号501頁、東京地方裁判所平成3年4月17日判決・判例タイムズ770号254頁等参照）。
　しかるに、本件判定に指摘された糖尿病は、膵癌の既往症として、相当因果関係が存するものであり（〔証拠略〕）、危険測定上重要な事実であるというべきであるから、これが明らかになっていれば、本件契約の締結には至らなかった可能性が大きいといわなければならない。したがって、本件判定は、「重要なる事実」に当たるというべきである。
　また、原告は、Aに悪意または重大なる過失が認められないと主張するが、前判示のとおり、Aは、本件健診の結果を知りまたは容易に知りうるにもかかわらず本件告知を行ったというべきであるから、これが認められることは明らかである。
　以上によれば、Aは、悪意または重大なる過失により、本件告知書の「過去2年以内に健康診断・人間ドックをうけて、右記の臓器や検査の異常（要再検査・要精密検査・要治療をふくみます）を指摘されたことがありますか」という質問に対し、「重要なる事実」に当たる本件判定に反して、本件告知を行い、本件契約を締結したというのが相当であるから、Aには告知義務違反が認められる。したがって、本件解除も有効である（那覇地裁平成14年3月25日判決、平成12年(ワ)753号）。

●**参考判例**（大阪地裁平成14年7月8日判決、平成13年（ワ）13637号）（大阪高裁平成15年1月31日判決、平成14年（ネ）2292号）

事　案　告知義務違反

争　点　①復活時に慢性肝炎による入院治療を告知しなかったことが告知義務違反に該当するか
　　　　②復活時に告知義務を課すことが信義則に反するか

判　旨

（第一審）　1. 前記第2の1(6)の事実及び証拠［略］によれば、本件復活請求書には告知事項を記載すべき欄が存すること、告知欄の上には「以下の告知は、ご契約の復活をお引き受けするかどうかを決める重要な事項ですので、ありのままを正確にご記入ください。もし事実を記入せず、または記入した内容が事実と違っていた場合は、契約が解除されたり、保険金・給付金などの支払いをうけられないことがあります。」との注意書があり、そのうち、「ありのままを正確にご記入ください。」の部分は赤字で記載されていることが認められる。この事実によれば、被告が原告及びBに対し、本件復活請求に当たって、本件復活請求書に記載された前記第2の1(6)の1ないし5の事項について書面で告知を求めたことは明らかである。

そして、前記第2の1(3)及び(6)の事実並びに弁論の全趣旨によれば、Bは本件復活請求前5年以内に、慢性肝炎により、同(3)のア及びイ記載のとおりそれぞれ7日以上の入院治療を受けているにもかかわらず、本件復活請求書の質問事項3に対する回答としては、平成10年秋の入院の事実のみを記載し、疾病としても糖尿病しか挙げていないこと、Bは、上記入院の際、肝炎の患者が受ける治療として著名であるインターフェロン注射を受けていること、原告は、本件復活請求書の自己の既往疾患欄に「風引」と記載していることがそれぞれ認められる。

これらの事実によれば、原告及びBは、Bが入院中に治療を受けた疾病に慢性肝炎が含まれていること及び風邪程度の疾患でも告知欄には記載すべきことを認識していたにもかかわらず、Bの慢性肝炎による入院の事実を本件復活請求書に記載しなかったものであり、慢性肝炎が慢性かつ重篤な疾患であって、風邪のように自然治療する軽微な疾病とは全く性質を異にし、保険契約締結に当たり重要な意義を有することは周知であることに鑑みれば、慢性肝炎に関する原告及びBの上記告知義務違反は、仮に故意によるものでないとしても、少なくとも重大な過失によるというべきである。

2. なお、原告は、当初告知義務を課せられなかった保険契約であるのに、その復活に際して告知義務を課すのは信義に反すると主張するが、証拠［略］によれば、本件保険契約は当初から告知義務の課せられた保険であったことが認められるから、原告の主張はその前提を欠く。また、保険契約の復活は、いったん失効した保険契約を一定の要件の下に有効なものとするための手続であるから、新規の保険契約の締結と同様の性質を有するというべきであり、前記第2の1(2)のとおり、本件約款19条が復活について被告による承諾を要件としていること及び同27条が告知義務を保険契約の締結、復活及び個人契約から家族契約への変更の時に課していることは、保険契約の復活の有する上記性質の当然の現れにすぎないから、何ら信義に反するものではない。原告は、長期間保険料を支払ってきたことを問題にするが、本件において復活手続が必要になったのは、保険料の不払という原告の責めに帰すべき事由により保険が失効したためであり、本件復活請求の際に、当初契約の際には発生していなかったリスク要素である慢性肝炎による入院という事実が原告又はBに発生していたとしても、そのことによる保険料の増加又は復活申し込みの拒絶という不利益は原告において甘受すべきである。よって、この点に関する原告の主張には理由がない。

また、保険事故につながるさまざまなリスク因子の存在について、最もよく知悉しているのは保険契約者及び被保険者の側であり、同人らが自己の認識及び経験に基づき現在及び既往の病歴や受診経過等につき正確に申告することが告知義務として要請されているのであって、それ以上に、被告がこれらリスク因子について、医師の診断を受けさせ、その疑いのある者について保険に加入させないように周知徹底させるべき義務はないから、これを行わなかったからといって、そのことが信義則に反するということもできない（大阪地裁平成14年7月8日判決、平成13年（ワ）13637号）。

（第二審）　第一審の判旨と同旨（大阪高裁平成15年1月31日判決、平成14年（ネ）2292号）。

Ⅲ-1 告知義務違反の成立要件

●参考判例（横浜地裁平成14年7月11日判決、平成13年（ワ）1541号）（東京高裁平成14年11月7日判決、平成14年（ネ）4325号）

事　案　告知義務違反
争　点　保険会社の社員が告知書を代筆した場合における告知義務違反の成否

判　旨

（第一審）　保険契約者兼被保険者原告は、被告に対し、平成11年3月18日、保険契約復活申込書（乙2）中の告知欄の最近の健康状態に関する「最近3ヶ月以内に、医師の診察・検査・治療・投薬をうけたことがありますか。また、その結果、検査・治療・入院・手術をすすめられたことがありますか。」との質問に対して、「いいえ」の欄を丸で囲み、契約日以後（5年以上経過の場合は過去5年以内）の健康状態に関する「契約日以後（5年以上経過の場合は過去5年以内）に、ア．上記2項目以外の病気やけがで、継続して7日以上にわたり、入院したり、医師の診察・検査・治療・投薬をうけたことがありますか。イ．病気やけがで手術をうけたことがありますか。」との質問に対しては「はい」の欄を丸で囲み、その詳細として「傷病名・症状名・検査名」欄に「腸閉塞」、発病年月欄に「平成8年12月頃」、入院欄に「有、17日間」、手術欄に「無」、完治年月欄に「平成9年1月」、後遺症欄に「無」、医療機関名欄に「G病院」、症状・経過欄に「禁食、点滴後完治」と記載した。

しかし、原告は、上記告知書作成直前の平成11年1月27日から2月18日まで、本件保険事故1の入院をし、その後、上記告知時点でも通院加療中であった（乙3、4）。

この入院、通院の事実は、保険事故に該当するものであるから（この事実は当事者間に争いがない）、告知義務の対象事実であることは明らかであり、原告はこの事実を告知しなかったのであるから、形式上、告知義務違反に該当する。

原告は、実質的には告知義務違反に該当しないと主張するが告知欄の記載を原告に代わって被告社員Dが行ったものであっても、原告の意を無視ないし原告からの情報の提供なしに記載しうる内容ではないこと、本件保険事故1の入院は、告知書作成のわずか1、2か月前の、しかも23日間という短くない入院期間のもので、原告がその事実を忘れてしまったとか、Dに告げるのを失念したとは到底認め難い。

また、告知欄には、本件前事故の入院の事実が記載されているから、被告が保険契約の復活に応じるか否かを判断するのに十分な事実が告知されていると主張するが、告知書の記載は、平成9年1月完治し後遺症はないとの内容であって、被告がこの復活の申込みを承諾するのに十分な事実の告知があったとは認め難い（横浜地裁平成14年7月11日判決、平成13年（ワ）1541号）。

（第二審）　第一審と同旨（東京高裁平成14年11月7日判決、平成14年（ネ）4325号）。

●参考判例（福岡地裁行橋支部平成14年8月13日判決、平成12年（ワ）157号）

事　案　告知義務違反
争　点　てんかんの不告知について重過失が認められるか

判　旨

原告は、Aが、本件契約締結当時、自己のてんかんについて、その重要性を知らなかったから、Aのてんかんについての不告知は悪意又は重過失によるものではないと主張する。

証拠〔略〕によると、Aは、3歳のころ、急性脳脊髄膜炎で国立N病院に入院し、退院したときに左半身麻痺、言語障害、よだれなどの後遺障害が残ったこと、Aは、その後も病院での通院治療を続けていたが、やがて、てんかんによる発作を起こすようになったことから、定期的に国立N病院で、検査を受けててんかんの薬を処方してもらうようになったこと、平成元年に、てんかんによるけいれん発作を起こし同病院に入院し、平成5年や平成7年にも、てんかんによるけいれん発作を起こし、同病院で緊急外来で診療を受けたこと、本件契約締結当時にも、3か月に1回は同病院に通院し、3か月分の投薬を受けていたこと、てんかんは一般に早死の傾向があり、発作時の事故死なども多いことが認められる。

すると、このように、てんかんの発作を起こし、入院したり、緊急外来で診療を受け、本件契約締結当時にも、てんかんの薬を服用していたAにおいて、てんかんの発作が、ともすれば生命の危険も伴いかねないものであるとの認識がなかったとは認め難く、そうすると、Aの上記不告知は、少なくとも重過失に

よるものというべきである（福岡地裁行橋支部平成14年8月13日判決、平成12年（ワ）157号）。

●**参考判例**（神戸地裁姫路支部平成14年9月20日判決、平成13年（ワ）757号）（大阪高裁平成15年3月5日判決、平成14年（ネ）3316号）
事　案　告知義務違反
争　点　自覚症状の有無と告知義務違反の成否
判　旨

（第一審）　Aは、平成12年5月ころから、胃痛を自覚し、同年10月ころには背部にまで痛みを感じるようになり、痛みを紛らわせるため、正露丸等の市販の薬を内服したり、飲酒をするなどしていたが、同年12月5日、痛みを我慢することができず、D病院内科において診察を受けた。Aは、診察の際、「2か月前から心窩部痛があり、たまにさしこむ。心窩部付近を押すとおかしい。両側背部も痛い。昼食を食べるときに、今までの量を取ると、胃がはる。吐き気もある。背伸びして歩けない。体重が8月から8キログラム減少した。」などと訴えた。翌6日に実施された上部消化管ファイバースコープ検査により、体中部中心にほぼ全周性にBorrmann分類Ⅲ型ないしⅣ型の胃癌がみられるとの診断がなされた。Aは、同日から同病院外科に入院し、同月19日に胃の全摘出手術を受けた。手術の結果、癌が腹腔内へ散布され、癌性腹膜炎を起こしている状態であることが明らかとなった。その後、化学療法も施されたが、治療効果が上がらず、Aは、平成13年4月19日、死亡した。

以上の事実により、Aの死亡原因である胃癌は、同病院の初診の日である平成12年12月5日の時点において既に相当程度進行していたものであり、心窩部痛、背部痛、吐き気、体重減少等の自覚症状（以下「本件自覚症状」という。）は、胃癌の結果として現れたものであると認められることからすると、Aは、遅くとも本件告知書が提出される2か月近く前から手術を受けるまでの間、本件自覚症状を有していたことは容易に推認される。

なお、Aは、平成12年10月1日から3日までの間、左手第一指切断の治療のため、同病院整形外科に入院していたが〔証拠略〕、この当時は本件自覚症状が出始めたころであった上、指の痛みが激しかったこと（証人C）から、本件自覚症状を医師に訴えなかったとしても不自然ではない。

上記認定に対し、原告は、Aが、本件告知書を提出した平成12年11月27日の直前1週間の間に、身体に具合の悪いところがあると思っていたことはないと主張し、これに沿う証拠〔証拠略〕（Aの勤務先関係者Eの陳述書）、〔証拠略〕（Cの陳述書）、証人C）もあるが、本件告知書を提出したころに本件自覚症状が全くなかったというのは、Aの胃癌の進行程度に照らせばいかにも不自然であるといわざるを得ないほか、Aが本件告知書を被告に提出した僅か8日後に本件自覚症状を主訴としてD病院において受診していること、Aが交際相手や勤務先関係者に対し自己の症状をありのままに述べていたかどうかは必ずしも明らかではないことを併せて考慮すれば、上記証拠は直ちに上記認定を左右するに足りるものであるとまではいえず、原告の主張を採用することはできない。

本件自覚症状は、一応重篤な疾患の可能性があることをうかがわせるに足りるものであり（弁論の全趣旨）、被告は、Aが本件自覚症状を有していることを知っていたならば、その症状の原因の特定を待って本件保険契約の締結を再検討していたであろうことは優に認められる。したがって、本件自覚症状は、被保険者の生命の危険測定上重要な事実であるといえるから、本件告知書のアの質問事項に該当することはいうまでもなく、商法678条1項本文の「重要ナル事実」にも該当する。

上記認定事実のとおり、Aは、本件告知書の提出時において、少なくとも2か月近く本件自覚症状を有していた上、本件告知書を被告に提出した8日後に本件自覚症状を主訴としてD病院において受診していることに鑑みれば、本件自覚症状が何らかの重篤な疾患によるものであるとの疑いを有していたものと認められ、本件自覚症状が告知事項に該当することを認識していたか、少なくとも、認識しなかったことにつき重大な過失があるものというべきである。そうすると、Aが、本件告知書の上記アの質問事項に対し、「いいえ」欄に○を付けたことは、悪意（故意）または重大な過失により、重要な事実を告げなかったものといえる（神戸地裁姫路支部平成14年9月20日判決、平成13年（ワ）757号）。

（第二審）　控訴人は、当審においても、Aが本件告知書の提出前1週間において何らの自覚症状を有して

いなかった可能性があるから、悪意又は重大な過失がないなどと主張する。

　しかし、前記1で認定及び判断したとおり、Aが平成12年12月5日の診察の際に説明した自覚症状の時期及び内容、同月6日の検査及び同月19日の手術によって判明した胃癌の進行状況等を勘案すれば、Aは、本件告知書提出前1週間において、胃癌に起因する不調を自覚していたと認めるのが相当である。したがって、本件告知書の「Ⅰ　告知事項」の「2　最近の健康状態」の「ア　最近1週間以内で、からだにぐあいの悪いところがありますか」との質問に「いいえ」と回答したことは、悪意（故意）又は重大な過失によって重要な事実を告げなかったか又は事実でないことを告げたと認めるのが相当である。

　なお、控訴人は、胃癌は自覚症状が発生しにくく、また、必ずしも継続的な痛みを生じるものではないため、胃癌であるとの認識を欠く胃癌患者も存在すると主張する。確かに、〔証拠略〕によれば、一般論としては、控訴人が主張するような事実が窺われる。しかし、前記1で認定したとおり、Aは、本件告知書の提出以前から自覚症状を有していたのであるから、控訴人の主張は、Aには当てはまらないというべきである。

　また、控訴人は、Aが本件告知書提出前に自覚症状を有していなかったが平成12年12月6日D病院で胃癌との診断を受けた心理的影響から、様々な自覚症状を説明しているに過ぎないなどと主張する。しかし、胃癌との診断を受けた心理的影響があったとはいえ、Aが自覚してもいない症状を医師に自覚症状として説明したとは考え難い（大阪高裁平成15年3月5日判決、平成14年(ネ)3316号）。

●**参考判例**（東京地裁平成14年11月28日判決、平成13年(ワ)27072号）
　事　案　告知義務違反
　争　点　健康診断を受診した事実の不告知が告知義務違反になるか
　判　旨
　Aは、平成10年11月24日、本件保険契約締結のため、被告の生命保険面接士の面接を受け、被告所定の告知書に記入して生命保険面接士に交付した。この告知書には「過去2年以内に健康診断・人間ドックをうけて、下記の臓器や検査の異常（要再検査・要精密検査・要治療を含みます）を指摘されたことがありますか」（その後、心臓・肺・胃腸等の臓器、血圧測定・尿検査・血液検査等の検査が列記されている。）との項目があり、「うけていない」「はい」「いいえ」のいずれかに〇を付けることになっていた。Aは、この項目について、「うけていない」に〇を付けた。この告知書の裏面は生命保険面接士の被告に対する報告書になっているが、生命保険面接士は、Aの体型・体質・顔色・顔ぼう、皮膚、外見上認められる身体の障害・特徴等の異常の有無につき「ない」に〇を付け、総合意見についても「ない」に〇を付けて、被告に提出した。

　以上の事実によれば、Aは、平成10年10月20日に健康診断を受診したのに、同年11月24日の被告に対する告知の際には健康診断を受けていないと答えたのであるから、事実に反する告知をしたものである。そして、Aは、この告知をした日の1か月前に健康診断を受診しており、告知の際に健康診断を受診したことを覚えていないとは通常考え難いから、事実に反する告知をしたことは、故意又は少なくとも重過失によるものと認められる。

　したがって、Aには、本件保険契約の解除原因である告知義務違反があったと認められる。原告は、Aは告知当時健康診断の結果を知らなかったと主張するが、本件の場合、健康診断を受診したのに受けていないと告知したことが告知義務違反であり、健康診断の結果は問題でない（東京地裁平成14年11月28日判決、平成13年(ワ)27072号）。

●**参考判例**（京都地裁平成14年12月20日判決、平成13年(ワ)3325号）（大阪高裁平成15年9月3日判決、平成15年(ネ)380号）
　事　案　告知義務違反
　争　点　「胃腸・すい臓の病気：胃かいよう・十二指腸かいよう・かいよう性大腸炎・すい臓炎」の治療歴等についての告知事項に対して、「はい」と回答し、その詳細として「胃炎」と記載した場合の告知義務違反の成否

III-1 告知義務違反の成立要件

判旨

(第一審) 原告が被告に提出した告知書（〔証拠略〕以下「本件告知書」という）には、「過去5年間の健康状態」欄の項目番号4（以下、「本件項目4」という）において「過去5年以内に、下記の病気で、医師の診察、検査、投薬を受けたことがありますか。」との質問と病気欄の「エ」として「胃腸・すい臓の病気：胃かいよう・十二指腸かいよう・かいよう性大腸炎・すい臓炎」が各表示されているところ、その回答欄にある「はい　いいえ」の文字のうち、「はい」が選択されている。

そして、本件告知書の右端には各項目の質問について「はい」の場合は、下方のそれぞれの詳細記入欄に詳細を記入するように指示がされていて、その欄に、「胃炎　H11年春頃2週間通院及び服薬　A医院」と記載されている。

上記の認定事実によれば、原告は、「胃腸・すい臓の病気」の有無に関する本件項目4の質問について「胃炎」と回答したものと見るのが、本件告知書の読み方としては、素直で普通のものであるといって差し支えがないかのようである。そうすると、原告は胃潰瘍であることを告知していないことになるかのごとくである。

しかし、前記の認定事実によれば、本件告知書の当該質問事項は「胃腸・すい臓の病気：胃かいよう・十二指腸かいよう・かいよう性大腸炎・すい臓炎」と記載されていて、「胃かいよう」は具体的に表示されているが「胃炎」は表示されていないものである。このように病名が明確に表示されている質問について、原告が「はい」と回答していることも、また否定しようのない事実である。この点からすると、原告は「胃かいよう」を否定していないのであるから、告知義務を尽くしていないというわけにはいかないものである。もっとも、原告が「胃かいよう・十二指腸かいよう・かいよう性大腸炎・すい臓炎」のいずれであるかについては、明確に回答をしていないこともまた明らかであるから、その点で告知義務が完全に尽くされているということにもならない。

ところが、前記の認定事実からすると、本件項目4についての回答と詳細記入欄の上記記載（胃炎）とが整合性を欠いていることは、本件告知書を一読すれば直ちに看取できることである。そして、生命保険業者である被告にとって、告知書にこのような不整合的記載がなされることは、予想できないことではないし、そのような記載を発見することも困難なことではないばかりか、その点について記載者に説明を求めたり、記載の補足的修正を要求することは、極めてたやすいことである。そうすると、被告の行為は、告知書の記載を吟味することなく契約を締結して保険料を受領しておいて、その後に保険金が請求される事態が生じなければそのままにしておき、後日に保険金が請求される事態となったときには、不整合的記載がなされている告知書をやおら持ち出してきて、その不整合的記載のうちで、自己に都合の悪い部分（本件項目4の回答）から目をそらして、自己に都合のよい部分（胃炎の記載）のみを取り上げて、告知義務が尽くされていないと主張することに帰着するというべきである。そうであれば、本件告知書を被告が主張するように読むことは、素直な読み方ではなく極めて偏った読み方であるというべきである。すなわち本件告知書は、原告が不十分で紛らわしい告知をしているけれども、そのために告知義務に反する事実を告知をしているものではないと読むのが相当である（京都地裁平成14年12月20日判決、平成13年(ワ)3325号）。

(第二審) (2) 平成12年2月8日、Bは、控訴人から検診を依頼された診査医Dに対し、過去5年以内に自分が胃潰瘍又は胃炎の診察及び治療を受けたことを告げず、かつ、告知書（乙第9号証）にもその事実を記載しなかった。

(3) 同月25日、控訴人の担当者E（以下「E」という。）が成立前訪問をした際、Bは、Eに対し、平成11年春に2ないし3週間通院して胃炎の治療を受けたことを告げたが、胃潰瘍と診断されたことは告げなかった。

(4) 上記(3)記載の成立前訪問の結果を受けて、控訴人はBに対して再度告知書の提出を求めた。同月末ころ、Bが改めて提出した本件告知書の「過去5年以内の健康状態」欄の4において、「過去5年以内に、下記の病気で、医師の診察、検査、投薬を受けたことがありますか。」との質問と病気欄の「エ」として「胃腸・すい臓の病気：胃かいよう・十二指腸かいよう・かいよう性大腸炎・すい臓炎」が各表示されているところ、その回答欄にある「はい　いいえ」の文字のうち、「はい」が選択されている。

Ⅲ-1 告知義務違反の成立要件

　これに対し、被控訴人は「本件告知書の４エにおいて「はい」と回答しているから、告知義務違反はない。」旨主張しているが、前記認定の本件告知書が作成された経過及び本件告知書の詳細記入欄中の記載等に照らすと、本件告知書中の前記回答は胃炎のみを指すものというべきであるから、被控訴人の前記主張を採用することはできない（大阪高裁平成15年９月３日判決、平成15年（ネ）380号）。

●**参考判例**（広島地裁平成14年12月24日判決、平成14年（ワ）680号）（広島高裁平成15年10月28日判決、平成15年（ネ）35号）

　事　案　告知義務違反
　争　点　高脂血症のみを告知して、定期健康診断においてPACショートランと心房粗動の所見により要医師指導の判定を受け、不整脈で通院治療をした事実を告知しなかったことが告知義務違反に当たるか

　判　旨

（第一審）　上記認定事実によれば、Aは、Dと面接した日である平成12年７月20日当時、平成10年11月17日に定期健康診断を受診した結果、PACショートランと心房粗動の所見により要医師指導の判定を受け、心電図に所見がみられたので、すぐ医師に相談するよう指摘を受けたこと、不整脈であると告げられて、平成11年１月27日から同年６月９日までC市民病院において通院治療していたことを認識していたと認められる。

　したがって、AがDから前記の各質問を受けながら、イ(エ)及びウの質問（本件告知書５項及び６項）に対して、「はい」と回答した上、あえて詳細記入欄に高脂血症（記載としては、「高脂血病」）についての詳細のみ記載して、本件告知時から２年以内である平成10年11月17日に受診した定期健康診断においてPACショートランと心房粗動の所見により要医師指導の判定を受けたこと及び本件告知時から５年以内である平成11年１月27日にC市民病院において不整脈と告げられ、同年６月９日までの間通院したことを告げなかったことは、商法678条１項本文を受けて規定された本件契約約款25条１項における、「保険契約者または被保険者が、前条の告知の際、故意または重大な過失により事実を告げなかったかまたは事実でないことを告げた場合」に該当するものと認められる。

　この点原告は、告知義務自体がない旨主張するが、被保険者が保険契約締結に当たり告知すべき「事実」とは、保険者がその事実を知っていたならば契約を締結しないか、少なくとも同一条件では契約を締結しなかったと客観的に認められるような被保険者の生命の危険を予測する上で影響のある事実をいうものと解すべきところ、Aに心房粗動の所見が認められたことあるいはAが不整脈であると診断されたことがこの事実に該当することは明らかであるから、この点の原告の主張は採用できない。

　次に、原告は、高脂血症について告知したことをもって、告知義務を果たした旨主張するが、証拠[略]によれば、高脂血症が血液に関連する病気・症状であるのに対し、不整脈・心房粗動が心臓に関係する病気・症状であることが認められ、高脂血症について告知したことをもって、告知義務を果たしたとみることはできないことは明らかであるから、この点の原告の主張は採用できない。

　さらに、原告は、仮に、Aに告知義務違反があったとしても、故意重過失がない旨主張するが、上記認定事実のとおり、Aは、定期健康診断でPACショートランと心房粗動の所見により要医師指導の判定を受け、心電図に所見がみられたので、すぐ医師に相談するよう指摘を受けたこと、不整脈であると告げられて、平成11年１月27日から同年６月９日までC市民病院において通院治療していたことを認識しながら、これを被告に告げなかったのであるから、Aの故意又は重過失が推認されるところ、本件全証拠によってもこの推認を覆すに足りないというべきであるから、この点の原告の主張は採用できない。

　なお、原告は、本件告知書６項の質問事項に対し、「はい」と回答して丸を付けたことをもって、心臓についての異常を告知したとみるべきである旨主張するが、本件告知書の詳細記入欄の記載も併せ考慮すると、本件告知書６項の質問事項に対し、「はい」と回答して丸を付けたことをもって心臓についての異常も告知したとみることができないのは明らかであるから、この点の原告の主張は採用できない。

　したがって、本件契約がAの告知義務違反を理由とする解除により終了した旨の被告の抗弁は理由がある（広島地裁平成14年12月24日判決、平成14年（ワ）680号）。

（第二審）　前記認定事実によれば、Aは、平成10年11月17日に定期健康診断を受診した結果、PACショートランと心房粗動の所見により要医師指導の判定を受け、心電図に所見がみられたので、すぐ医師に相談するよう指摘を受けており、当時本人もこれを認識していたということはできるが、PACショートラン、心房粗動などは一般的には何のことか全く理解できないもの（当審証人B）で、普通の30代の男性が心房粗動を病的な表現として理解することは、一般的にはありえないこと（前記(1)カ）、診療録にAに対する説明内容の記載がなく（当審証人B）、C病院においても、Aは心房粗動等についての十分な説明を受けていなかったものと推認できること、さらに、Aは、F面接士に対して投薬治療により高脂血症の数値が下がった旨回答しており、当時、高脂血症に対して投薬治療が行われているものと認識していたものと推認できることなどからすると、Aが、F面接士と面接した平成12年7月20日当時、心電図上異常所見があったということ以上に心房粗動を病的なものと理解した（すなわち、告知すべき事実であることを認識した）上、これをF面接士に告知することは困難であり、告知しなくともやむを得なかったというべきである。

　もっとも、B医師が診療録の記載から、D医師がAに対して「不整脈」と告げたものと推測していることや、B医師が薬を処方する際は、必ず薬の説明をしていたこと、胸部の不快感から急遽同病院を受診したことがあったことなどからすると、Aは、同病院の医師らから不整脈であること、その治療のために薬を処方することなどを告げられていた可能性は高く、治療内容についての認識が誤っていたとしても、少なくとも「不整脈」があることは認識していたものと推認することができる。

　ところで、被保険者が保険契約締結に当たり告知すべき「事実」とは、保険者がその事実を知っていたならば契約を締結しないか、少なくとも同一条件では契約を締結しなかったと客観的に認められるような被保険者の生命の危険を予測する上で影響のある事実をいうものと解されるところ、不整脈と診断され、その治療を受けていたことは、不整脈が生じる原因が心臓疾患にある場合もあること〔証拠略〕などからすると、告知すべき事実にあたるものといわなければならず、この点に関し、告知義務自体がないとする控訴人の主張は採用できない。

　また、Aは本件告知書6項（過去2年以内の健康診断に関するもの）について「はい」と回答しているが、その欄に記載された心臓以下の各臓器のどれにも丸を付けておらず、心臓に関しての特記事項もないこと、高脂血症については詳細に記載していることからすると、前記「はい」という回答は「高脂血症」を意識して記載されたものであり、心臓に関する告知をしたものとみることはできないところ、証拠〔略〕によれば、高脂血症が血液に関連する病気・症状であるのに対し、不整脈・心房粗動が心臓に関係する病気・症状であることが認められることからすれば、高脂血症について告知したことをもって、心房粗動ないし不整脈に関しても告知義務を果たしたとみることはできないのであって、同記載をもって告知義務を尽くしたとする控訴人の主張も採用できない。

　そうすると、Aは、客観的には、被保険者が保険契約締結に当たり告知すべき事実に該当するC病院で受けた不整脈の診断及び治療を被控訴人に告知しなかったことになる。

　そこで、次に、Aが被控訴人に対して不整脈に関する事実を告げなかったことについて、故意又は重過失があるかどうかについて検討する。

　まず、不整脈と同様に告知すべき事実に該当するというべき高脂血症について、Aは定期健康診断で指摘されたことも治療を受けたこともありのまま回答している（実際には投薬治療は不整脈に対するものであって高脂血症に対するものではなかったにもかかわらず）ことなどからすると、Aが、不整脈の診断を受けたことを、それが告知を要する事実であると知りつつ敢えて告知しなかったとは考えられず、故意を認めることはできない。とはいえ、Aは、胸部の不快感や動悸があることを訴えていたわけであるから、医師らから不整脈と告げられ、投薬治療も受けていたのに、投薬治療を高脂血症に対するものと誤解し、不整脈の診断を受けたことを被控訴人に告知しなかった点に過失があることは否定できない。

　しかしながら、不整脈とは、心臓の不規則な収縮のことをいい、中年以上であれば毎日1ないし2個の不整脈がみつかり、その原因も種々あって、心臓の病気だけでなく、睡眠不足、疲労などでも起こるほか、病気とは関係のない不整脈も多いこと〔証拠略〕、このように、不整脈が必ずしも病気とは結びつかず、また、原因が様々であるということは、一般にも広く知られていると考えられること、当審において、B医師も不整脈はありふれた病名であることから、緊急入院の必要があって医師が説明するような場合はとも

Ⅲ-1 告知義務違反の成立要件

かく、そうでない場合に患者がこれをどのように受け止めるかは分からない旨証言していること、Aに対し不整脈について説明した内容を記載したものはないこと（当審証人B）、前記(1)ウのとおり、Aに対する指示は、禁酒を含めた栄養指導であり、B医師も禁酒を度々指示していたこと、禁酒は、高脂血症の改善のみならず、不整脈のうち、Aに心房粗動とともに認められた心房細動に対しても、アルコールが誘因になることから有効であり、高脂血症と不整脈（心房細動）は、どちらも生活習慣病としての側面を有し、治療的にも重なる部分があったこと、前記のとおりAは高脂血症に対して投薬治療が行われていたものと誤解していたと推認できることなどからすると、Aは、不整脈についての十分な説明を受けておらず、そのため、不整脈を高脂血症と独立した別の病気であると理解し認識することができず、このようないわば誤った認識の下に不整脈を告知しなかったものと推認することができる（すなわち、Aは、いずれも別々に告知すべき事実であるとの認識がなく、高脂血症について告知すれば、被保険者として事実を告知すべき義務を果たし得るものと理解していたことが推認できる。）。Aがこのように誤った認識の下に告知しなかったことは、前記の不整脈に関する一般の理解や高脂血症と不整脈に対する治療に重なる部分があったこと（両者を区別して理解することを困難にする。）に照らせば、やむを得ないことであったというべきであり、告知しなかったことに重大な過失があったとまで認めることはできない。

したがって、Aに告知義務違反を認めることはできず、被控訴人は、控訴人に対する保険金の支払を免れることはできない（広島高裁平成15年10月28日判決、平成15年(ネ)35号）。

● **参考判例**（名古屋地裁平成15年1月21日判決、平成12年(ワ)5105号）（名古屋高裁平成16年1月28日判決、平成15年(ネ)172号）

事　案　告知義務違反

争　点　①高脂血症に関する事実は告知すべき重要な事実に当たるか
　　　　②告知を代理人でした場合に本人と代理人のいずれを基準に告知義務違反の成否を判断すべきか
　　　　③故意・重過失の有無

判　旨

（第一審）　1．本件において、高脂血症に関する事実の告知がなかったことは争いがないところ、原告は高脂血症に関する事実は告知すべき重要な事実ではないと主張するが、保険契約における「告知すべき事実」とは、商法678条1項にいう「重要な事実」、すなわち、保険者がその契約における事故発生の危険率を測定しこれを引き受けるべきか否か及びその保険料の額を判断するに際し、その合理的判断に影響を及ぼすべき事実であり、一般に告知書に記載された質問事項は重要な事実であると推定されるところ、本件においてはこの推定を覆すに足る証拠は存在しない。

かえって証拠〔略〕によれば、中性脂肪の基準値は50ないし149であり、この数値が高い場合は動脈硬化疾患の危険因子となり、250以上は精密検査ないし治療が必要であることが認められ、平成9年の1019から次第に減少していたとはいえ、Aの中性脂肪の数値が非常に高かったことは前記認定のとおりであって、Aには動脈硬化の危険性があり、現実にも死亡したAには著しい冠状動脈硬化があったことからしても、高脂血症に関する事実が前述した保険者の合理的判断に影響を及ぼすべき事実であることは明らかであって、この点に関する原告の主張は採用することができない。

2．告知義務違反につき、原告、Aのいずれを基準にすべきかについて、双方に争いがあるが、本件においては以下のとおり、原告、Aのいずれを基準としても告知義務違反があったというべきである。

原告は、本件告知書の作成につき、Bの指示にしたがって告知事項を記載したと主張し、原告は、本件告知書の質問事項に回答する際に、Aは風邪をひいたことがあるぐらいで、入院や手術をしたこともないと述べたところ、Bからすべて「いいえ」に丸印をつけるよう指示され、これにしたがったもので、本件告知書に印刷されていた文言はほとんど読んでいないと供述あるいは陳述する。

しかしながら、本件告知書の表題部分には、「この書面による告知は、生命保険のご契約をお引き受けするかどうかを決める重要な事項です。必ず被保険者ご本人が、ありのままを正確にもれなくご記入ください。もしこれらの事項について事実をご記入にならなかったり、ご記入いただいた内容が事実と違っていた場合には、主契約や特約が解除されたり、保険金や給付金などの支払いをうけられないことがあります」

と不動文字で記載されており、告知書作成につき、正確な事実を記入することが求められていたことは明らかである。

仮に原告が供述あるいは陳述するようなBの指示があったとしても（なお、Bが、質問事項に「ある」と回答すると契約が締結できないことを理由に「いいえ」と回答するよう指示したとの事実については、これを認めるに足る証拠は存在しない。）、それは、Aに異常がないことを前提としたものであったと解するのが相当であって、原告に正確な事実を告知すべきであったとの判断を左右するものではない。

そして、平成11年5月、被告が作成した保険証券を原告の住所に送付し、その際、告知事項につき再度確認し、訂正、追加があれば申し出るよう求めたが、訂正、追加の申し出がなかったことは前記のとおりであって、原告はこの告知事項の確認の際、正確な告知をすべきこと、告知を怠ると契約が解除されることがあることを知りながら、告知事項の訂正あるいは追加をしなかったものといわざるを得ない。

3. したがって、被保険者であるAに人間ドックの結果の確認もせず、結果として告知書に事実と相違する記載をし、告知事項の確認の際に訂正、追加等の措置をとらなかった原告には、Aが人間ドックで異常を指摘されたことを告知しなかったことにつき重過失があり、原告は告知義務に違反したものと認められる。

また、被告は、Aの代理人である原告に対し、告知書に記載された質問事項に回答するよう求めているから、本人であるAは、告知時から2年以内に受けた人間ドックにおいて、要治療等の異常を指摘された事実を告知すべき義務を負っていたが、Aが高脂血症を含め、人間ドックで異常を指摘された事実を告知しなかったことは争いがなく、Aに告知義務違反があったことは明らかである（名古屋地裁平成15年1月21日判決、平成12年（ワ）5105号）。

（**第二審**） 1. 商法678条1項は、「保険契約ノ当時保険契約者又ハ被保険者カ悪意又ハ重大ナル過失ニ因リ重要ナル事実ヲ告ケス又ハ重要ナル事項ニ付キ不実ノ事実ヲ告ケタルトキハ保険者ハ契約ノ解除ヲ為スコトヲ得」と定めているところ、本件契約19条1項の規定は上記商法の条文を約款に明記したものと認められる。

上記の告知を要する「重要な事実」とは、保険事故発生の危険率の測定に関する重要な事実、すなわち、保険者がその事実を知ったならば、保険契約の締結を拒絶したかまたは少なくとも同一条件（特に同一保険料）では契約を締結しなかったであろうと客観的に考えられるような事情をいうと解するのが相当である。

そして、ある事実が重要な事実に該当するか否かは、具体的なケースについて、個別的に、保険の種類、契約条件（その事実の有無により保険料が変わることを保険者が明示している事実も含む。）、当事者の契約意図などを総合して判断するのが相当である。

本件契約の場合、上記第2、2、(4)のとおり本件契約18条において、「保険契約者または被保険者は、保険契約の締結または復活の際、会社が書面で告知を求めた事項について、その書面により会社に告知することを要します。ただし、会社指定の医師が質問した事項については、その医師に口頭で告知することを要します。」との記載があり、本件告知書は、上記規定に基づく書面であると認められる。

そして、証拠〔略〕によれば、本件告知書に記載された事項は、その事実の有無により保険事故が発生する危険率を測定し、保険料の決定、保険契約の締結の諾否を決するために記載されたものと認められるから、本件告知書に記載された事項はすべて重要な事実であると推定される反面、本件告知書に記載されていない事項は重要な事実でないと推定するのが相当である。

高脂血症は、冠動脈疾患等の動脈硬化性疾患の最も大きな要因と考えられている症状であり、高脂血症の診断基準としては、血液検査の結果により得られた総コレステロール値が220mg/dl以上とされていた（平成11年当時）ところ、本件告知書には、上記のとおり「高脂血症」という文字そのものの記載はない。

しかし、上記のとおり、本件告知書の4・カは、「過去2年以内に健康診断・人間ドックをうけて、右記の臓器や検査の異常（要再検査、要精密検査、要治療を含みます）を指摘されたことがありますか」との記載があり、右記の項目には「血液検査」が記載されているから、血液検査の異常（要再検査、要治療を含む。）について指摘を受けたことは重要な事実に該当すると推定される。

そうすると、上記のとおり、Aが本件告知書作成から2年以内である平成10年7月8日に受けた人間ド

Ⅲ-1 告知義務違反の成立要件

ックで高脂血症につき要治療との診断を受けたこと、及び平成11年1月29日に受けた人間ドックで脂質について二次検査との診断を受けたことは、いずれも血液検査の異常について指摘を受けたことに該当するから、同項目について丸印を付けた上、詳細記入欄に「高脂血症」等との検査結果を記載することは、告知を要する「重要な事実」に該当すると推定される。

控訴人は、本件証明書の証明内容には、脂質検査結果は含まれていないし、本件検査結果にも高脂血症に関する検査データはなかったことからすると、高脂血症は、本件契約締結当時、告知を要する重要な事実ではなかった旨主張する。

確かに、本件証明書には脂質検査結果は含まれてなく、また、本件検査結果にはコレステロールや中性脂肪に関する欄はあるものの検査データの記載はない。

しかし、日本動脈硬化学会では平成9年に高脂血症診療ガイドラインを設定し、高コレステロール血症に対する診断基準、薬物療法適応基準、治療目標値を提言していること〔証拠略〕、平成10年労令26号による改正前の労働安全衛生規則においても、血清総コレステロール及び血清トリグリセライドの量の検査は、雇入時の健康診断の検査項目となっていたこと〔証拠略〕、本件証明書の対象は、本件告知書の告知事項の一部に関連するものであって、本件証明書の対象事項のみが重要な事実に該当するとは解しがたいこと、本件検査結果においてコレステロールや中性脂肪の検査データがないのは、A側から高脂血症についての告知がなく、専ら肝機能検査を対象に行われたものであると認められることを考慮すると、本件証明書には脂質検査結果は含まれてなく、また、本件検査結果にはコレステロールや中性脂肪に関する欄はあるものの検査データの記載はないことをもって、高脂血症が告知を要する重要な事実ではないということはできない。そして、他に上記推測を覆すに足りる証拠はない。したがって、高脂血症は、告知を要する「重要な事実」に該当すると認められる。

2．上記第2、2、(4)のとおり、本件契約19条1項は、「保険契約者または被保険者が、告知の際、故意または重大な過失により事実を告げなかったかまたは事実でないことを告げた場合には」と規定されているから、告知義務者は、保険契約者及び被保険者であるというべきである。

なお、控訴人は、被控訴人に対する告知書を作成したのはAの代理人である控訴人であるから、告知義務違反の有無は控訴人を基準に判断すべきである旨主張するが、本件契約19条1項の規定によれば、告知義務違反は、保険契約者及び被保険者を基準に判断するべきである。したがって、控訴人の主張は理由がない。

3．上記認定のとおり、Aは、平成10年7月8日に受けた人間ドックで、眼底所見につき要経過観察、高脂血症につき要治療、肝機能障害の疑いで要精密検査、高血圧症及び糖尿病については、要治療継続と診断され、また、平成11年1月29日に受けた人間ドックで、二次検査として精査を要する項目として、血圧、脂質、肝膵機能等の指摘を受け、糖尿病と診断されたものであり、Aもそのことを認識していたものと認められる。

したがって、Aには、本件告知書の告知事項の4・カの「過去2年以内に健康診断・人間ドックをうけて、右記の臓器や検査の異常（要再検査・要精密検査・要治療を含みます）を指摘されたことがありますか」という項目について、「指摘あり」に丸印をした上、詳細記入欄に検査結果等を記載して、告知すべき義務があったことになる。

告知の方法としては、保険契約者または被保険者自身が告知する方法の他に、代理人または履行補助者を利用する方法によることもできるが、後者の場合も告知義務者はあくまでも保険契約者または被保険者自身であり、代理人等の不適切な行為によって告知義務を履行することができなかった場合には、保険契約者等がその責を負うべきである。

本件の場合、上記認定のとおり、本件告知書には上記重要な事実が記載されていないが、これは、控訴人が、Aに対し人間ドックの結果を容易に確認することができたにもかかわらず、Aは健康体であると安易に考え、それを確認しなかったためである。

控訴人が、Aに対し人間ドックの結果を確認さえしていれば、Aは上記重要な事実に該当する事実については十分認識していたから、同事実について直接または控訴人を介して、容易に告知義務を履行することができたものである。

したがって、上記告知義務違反は、保険契約者または被保険者であるA側の事情により生じたものであるから、同違反は、保険契約者または被保険者であるAの重過失によるものであると認めるのが相当である。

なお、控訴人は、被控訴人の営業職員の指示に従って告知書を記入したものであるから告知義務違反はない旨主張し、控訴人本人の原審における供述及び同人作成の陳述書〔証拠略〕には、本件告知書の質問事項に回答する際に、Aは風邪をひいたことがあるくらいで、入院や手術をしたこともないと述べたところ、被控訴人の担当者であるBからすべて「いいえ」に丸印をつけるよう指示され、これに従ったものである旨の部分がある。しかし、仮に上記の事実があったとしても、控訴人はAに健康診断の結果等を確認することなく、Aは健康であると考えていたものであり、Bの指示は、Aに異常がないことを前提としたものであったと解されるから、上記判断を左右するものではない（名古屋高裁平成16年1月28日判決、平成15年(ネ)172号）。

● **参考判例**（京都地裁福知山支部平成15年3月24日判決、平成14年(ワ)16号）

事　案　告知義務違反

争　点　①保険診査時に中等度高血圧に当たる数値が出た場合において、高血圧についての通院治療歴は告知の対象となる重要な事実にあたるか
②故意・重過失の有無

判　旨

1. 生命保険契約において告知の対象となる「重要なる事実」とは、危険測定に必要な事実であり、保険者がその事実を知ったならば、保険契約の締結を拒絶したか、少なくとも同一条件では契約を締結しなかったであろうと客観的に認められる事実をいうものと解される。

これを本件についてみると、既に認定したとおり、Aの直接死因は脳出血であり、傷病経過に影響を及ぼした傷病名として高血圧が指摘されていること、証拠〔略〕によれば脳出血のほとんどが高血圧が原因で起こるものと認められること等を併せ考慮すると、Aの高血圧についての通院治療歴は、保険者である被告における危険測定に必要な事実であって、被告がこれを知っていれば、少なくとも同一条件では本件契約を締結しなかったであろうと客観的に認められる事実であるといえるから、「重要なる事実」であるというべきである。

これに対し、原告は、診査時のAの血圧は、最大162、最小108という著しい異常データであったのであるから、Aの治療歴の有無にかかわらず、また、Aから告知を受けたか否かにかかわらず、被告は本件契約の締結及び付加条件の内容を検討できたのであって、「重要なる事実」には該当しないと主張する。

確かに、証拠〔略〕によれば、Aの血圧値は、日本高血圧学会の高血圧治療ガイドライン2000では中等症高血圧に分類されることが認められる。しかし、一方で、証拠〔略〕によれば、高血圧とは、正常者の平均値よりも常に血圧が高い状態を指すこと、したがって、一度の測定だけではなく、何回か血圧を測定した後に高血圧と診断されること、血圧が正常な範囲を超えて高いままの状態が続くと、やがて動脈硬化、脳卒中、心不全、腎不全等の合併症を引き起こすが、多くの場合は高血圧による合併症が現れるまでに数年から十数年の無症状期があること、これらの合併症については、降圧薬を服用することにより血圧を長期間にわたり正常化できれば、かなり予防できること、重症高血圧の場合には生涯降圧薬を飲み続けなければならないこと、軽・中等度高血圧の場合には、一定の条件の下に薬を減量したり、一時的に中止したりすることは可能であることが認められる。これらの事実を前提とすると、1回のみの測定で中等度高血圧に該当する数値が出た場合であっても高血圧であると即断することはできず、かつ、高血圧の治療は原則として生涯を通じて長期間続けていく必要があるところ、このような場合に、過去に通院治療歴があるか否か、治療を続けているか途中で中断しているかは、危険測定にまさに必要な事実、すなわち「重要なる事実」であるというべきであって、原告の主張は採用できない。

そして、既に認定したとおり、Aは、B病院退院時から高血圧の治療を受け、その後、投薬のみを含むと6回通院し、かつ、高血圧症である旨も告知されているのに、検査や受診も怠り、その後の治療を中断していることからすれば、このようなAの通院治療歴は、「重要なる事実」に該当すると認められるところ、

Ⅲ-1 告知義務違反の成立要件

既に認定したとおり、Aはこの事実を告知しなかったというべきである。

2．原告は、本件契約締結の1年半前に高血圧の治療が終了し、その後特に問題がないと認識していたAにおいて、通院治療歴を申告しなかったことには過失がなく、仮に過失があったとしても軽過失にすぎないと主張する。

しかし、既に認定した事実によれば、Aは、既に平成10年5月ころの段階において、バイアグラの処方の相談に際して担当医師から高血圧であることの危険性を説明されていること、平成11年4月のB病院入院時にも自ら体質的素因として高血圧を申告していること、退院後すぐに担当医師から高血圧症であると説明されていること、その後、Aは予約していた心エコーの検査を受けなかったが、このような検査が必要な状態であることは認識していたとみられること、Aは通院治療を平成11年7月31日まで受けていたこと、本件診査は平成12年11月に行われていること、告知書の冒頭には告知義務違反につき比較的大きな文字でその説明が記載されていること、高血圧が直接の原因ではないとしても、5日間の入院は非日常的な体験であるのにAはこれを申告していないこと、面倒になって通院及び薬の服用を中断したとはいえ、Aは、日常生活においては青汁を飲む等、高血圧を意識していたとみられること、時期は不明であるがAはバイアグラを服用していたこと、救急搬送時のCの申告及び当法廷における供述から、同居していたCは、Aが高血圧であることの危険性を認識していたことが認められるところ、これらの事実によれば、Aは、自己の高血圧症及び通院治療歴が生命にとって重要な危険要素であることは容易に知り得たはずであり、「重要なる事実」である自らの通院治療歴を告知しなかったことにつき、少なくとも重大な過失があったものと認められる。したがって、原告の主張は採用できず、上記認定を覆すに足りる証拠もない（京都地裁福知山支部平成15年3月24日判決、平成14年(ワ)16号）。

●**参考判例**（大阪地裁平成15年5月15日判決、平成12年(ワ)9127号）（大阪高裁平成15年11月14日判決、平成15年(ネ)2027号）

事　案　告知義務違反
争　点　告知事項該当性及び故意・重過失の有無
判　旨

（**第一審**）　Aは、平成5年8月11日から平成9年9月2日までの間、合計34日間にわたって、B医師のもとで受診し、高血圧症、上室不整脈、虚血性心疾患との診断により、降圧剤等の投薬治療を受けていた（前記1(1)の認定事実、〔証拠略〕）にもかかわらず、被告と本件生命保険契約を締結するにあたり、診査を受けた際、本件告知書（平成10年7月29日付）5項の「過去5年以内に、病気やけがで、7日間以上にわたり、医師の診察・検査・治療・投薬を受けたことがありますか。」との質問に対し、「いいえ」に○印を付け回答した。

したがって、Aには、本件生命保険契約締結以前に、死因と関係のある高血圧症、上室不整脈、虚血性心疾患により受診し、投薬治療を受けていたという重要な事実を、故意又は重大な過失により、被告に告知しなかったとの告知義務違反があったといわざるを得ない。

もっとも、原告は、Aは健康管理のためにB医師のもとで受診していたのであって、病識がなかったと主張する。

しかしながら、Aは、平成2年9月21日より高血圧症、平成3年1月22日より上室不整脈の状態が続いており、B医師にしんどい、フラフラすると訴えており、高血圧であることを自覚していたこと、平成8年9月18日、血圧が204/100mmHgとなり、B医師から処方された血圧の薬を服用して、1週間後の同月25日に再受診したところ、血圧が150/90mmHgと降下していたことから、Aが血圧の薬の服用によって血圧が降下することを認識するに至ったと考えられること、同年7月3日以降は、血圧の薬に加えて、血管拡張剤で虚血性心疾患に用いられ、狭心症の発作や心筋梗塞を予防し、心臓の負担を軽くして心不全の症状を和らげるフランドルテープの処方が加わったことが認められる（前記1(1)の認定事実、〔証拠略〕）。そうすると、Aが健康診断のためではなく、高血圧等の病気を治療するために、病識をもって、B医師のもとに通院していたことは明らかである。しかも、Aは、平成6年3月ころ、生命保険契約加入のため診査を受けたが、血圧が高いとの理由で加入できなかったという（〔証拠略〕、原告本人）のであるから、高血

圧が保険加入に影響する疾病であることも十分に知っていたものと考えられる。
　したがって、この点に関する原告の前記主張は採用できず、他に前記(1)の認定を左右する証拠はない（大阪地裁平成15年5月15日判決、平成12年（ワ）9127号）。
（第二審） 高血圧の状態が続くと心臓の機能に過重な負担がかかることになり、心臓の左室肥大から心不全を起こす危険があり、また、高血圧を危険因子とする虚血性心疾患は、狭心症、心筋梗塞などを引き起こすとされているのであって、高血圧症等により投薬治療を受けていたという事実は、生命保険における危険測定にとって重要な事実であることは明らかである（大阪高裁平成15年11月14日判決、平成15年（ネ）2027号）。

●**参考判例**（岡山地裁平成15年5月16日判決、平成13年（ワ）1293号）
　事　案　告知義務違反
　争　点　不安神経症による通院治療歴が告知事項にあたるか
　判　旨
　争いのない事実(3)記載のとおり、原告が、過去5年以内の7日間以上の医師による診察・検査・治療・投薬として、これに該当する(1)ウ記載の平成6年3月以降の診察・治療・投薬を告知しなかったことは、当事者間に争いがない。
　そして、原告は、自らが病気であるという認識はなく、これを告知しなかったことに重大な過失はなかった旨を主張するので、これを検討する。
　生命保険契約において、一定の事項に関して保険契約者、被保険者に告知義務があるとされるのは、保険者をして保険事故発生の危険率を正確に認識させると同時に、特殊な射倖契約であるという生命保険契約の性質に鑑み、不公正な利益・不利益の発生を防止するという目的のためであるとするのが相当である。
　ところで、証人Eの証言によると、C病院の心療内科においては、不安神経症の患者に対して、患者の自覚症状が内科的な疾患によるものではないことを説明し、投薬やカウンセリング、自律訓練法などの精神療法で治癒するものであることを理解してもらって、患者に不安神経症と正面から向かい合ってもらうことを治療の基本方針にしていることを認めることができる。
　また、前記認定のとおり、原告の同病院における通院期間、通院日数は、断続的とはいえ多年にわたって、多数回にのぼり、その間の原告の状態の変化を、原告は、正確に医師に訴えて、診療、投薬を受けている。
　これらによると、「不安神経症」という正確な病名を原告自身が認識していたか否かはさておき、原告自身が、長期間の通院・投薬を現に受けているという自己の身体の状況について認識していたことは明らかである。
　そして、前記告知義務の求められる目的によると、当然に原告は、このことを被告らに告知すべきであり、かつ、容易に告知することができたというべきであるから、原告がこれを告知しなかったことについては重大な過失があるということができる。
　なお、原告は、Y₂生命保険株式会社の診査医には過失がある旨を主張するが、診査医に過失があるというためには、一般の医師としての注意力を前提に、診査医が、問診・触診・打診・聴診といった方法により容易に発見できる症状を看過したことが必要であるというべきである。そして、原告の傷病は不安神経症であって、患者からの申告なく判断することがきわめて困難であるというべきであるから、同被告の診査医に過失があるとすることはできない（岡山地裁平成15年5月16日判決、平成13年（ワ）1293号）。

●**参考判例**（東京地裁平成15年11月11日判決、平成15年（ワ）53号）
　事　案　告知義務違反
　争　点　急性膵炎による入院を診査医に告知したか否か
　判　旨
　そこで最初に、Bが契約申込時に平成11年の入院の事実を告知しなかったかどうかを検討する。
　告知書には、「過去5年以内に、病気やけがで、継続して7日以上の入院をしたことがありますか」「過

Ⅲ-1 告知義務違反の成立要件

去5年以内に、病気やけがで、7日間以上にわたり、医師の診察・検査・治療・投薬をうけたことがありますか」「過去5年以内に、妊娠・分娩に伴う異常で、入院したり手術をうけたことがありますか」という問いに対し「はい」の欄に「○」がつけられ、詳細記入欄には「CS H10 12/28帝王切開」などと記載され、平成10年12月28日に帝王切開を受けた旨が記載されている。その他には、Bの病気についての記載はない。

また、本件保険契約締結の際に、I医師がBを検診して作成した検診書〔証拠略〕には、CS（帝王切開）の手術痕が有ることが記載されているほかには、病気の記載はない。これらの文書は、帝王切開をCSと略称していることなどからみて、その大部分を診査医が記載したことが明らかである。

I医師がBから診査の際に平成11年に急性膵炎により入院した事実を告げられていれば、そのことを同医師が告知書や検診書に記載しないことは考えられない。告知書の記載によれば、同医師は、Bの過去5年以内の7日間以上の入院歴として分娩時の帝王切開があるだけと考えたと認められる。また、同医師は、急性膵炎の既往を聞いていれば、その原因や、現在の症状を尋ねたり、場合によっては検査をしたりするはずである。ところが、告知書や検診書にはそのような記載が一切ない。したがって、BはI医師に対して、平成11年に急性膵炎で入院した事実を告げなかったと推認される。

これに対して、原告は、Bが被告の担当者であるGに対して、被告S営業支部の応接室で、膵炎で1週間くらい入院をしたことがある旨を告げたと主張し、Aはこれに沿う証言等をする。

しかし、BはI医師に対しては入院した事実を告げなかったと推認されるのであり、Gに対してだけ入院の事実を告げるというのは不自然である。Bは当時37歳にすぎず通常は入院するような年齢ではないし、かつ病名が急性膵炎であって軽微な病気とは限らないから、GがBから入院の事実を告げられながら、これを聞き流して安易に契約申込みに応じることも考えにくい。よって、Aの証言等は採用することができない。

以上により、Bは、平成11年4月に急性膵炎によって入院した事実を告知しなかったと認められる。

Bが平成11年4月に急性膵炎によって入院した事実を本件保険契約の申込みをした平成12年1月に忘れていたとは認めがたいから、Bはこの入院の事実を認識しながら、これを告知しなかったというほかない。

また、前記(2)アのとおり、7日以上の入院の事実はまさに告知書において質問されている事項であり、かつ平成11年の入院は4月6日から12日までの7日間であることは明白であるから、Bが平成11年に入院した事実が告知すべき事項でないとはいえない。

以上のとおり、本件保険契約の被保険者であるBには告知義務違反があるというべきである（東京地裁平成15年11月11日判決、平成15年(ワ)53号）。

●**参考判例**（松山地裁大洲支部平成16年1月19日判決、平成14年(ワ)30号）
　事　案　告知義務違反
　争　点　告知事項の「7日以上にわたり、医師の診察・検査・治療・投薬をうけたことがありますか」の趣旨

判旨

（**第一審**）　同項中「7日間以上にわたり、医師の診察・検査・治療・投薬をうけたことがありますか」の趣旨は、証拠（〔証拠略〕、証人F）によれば、国内の生命保険業界において、初診から終診までの期間が7日間以上にわたった事実の有無を問う趣旨であるとされていることが認められるところ、このような解釈は、「わたり」という文言の意味からも素直な解釈であると認められる。

この点について、原告は、継続して7日間以上、医師の診察等を受けたことの有無を質問するものと解すべきである旨主張するが、そのように限定的に解釈すべき理由はないから同主張は理由がない。したがって、同項は、初診から終診までの期間が7日間以上にわたった事実の有無を問う趣旨であると解すべきである。前記のとおり、亡AはC病院で平成10年4月28日から同11年6月1日まで総胆管拡張症との診断病名で診察、検査を受けており、初診から終診までの期間が7日間以上にわたっているから、本件告知時点（平成12年12月19日）で、告知事項5項の場合に該当する事実があったにもかかわらず、これを告知しなかったものであり、これが本件約款上の告知義務に違反することは明らかである（松山地裁大洲支部平

成16年1月19日判決、平成14年(ワ)30号)。

●**参考判例**（仙台地裁平成16年4月22日、平成15年(ワ)170号）
　事　案　告知義務違反
　争　点　アルコール依存症の罹患等の不告知が告知義務違反となるか
　判　旨
　　前記糖尿病の治療中である平成11年4月26日、原告は、Gクリニックの医師であるHに対し、Aが「毎日のように浴びるように酒を飲んでいる。酒切れると震える。朝5時頃から散歩に行き、買い飲みしている」と訴えた。さらに、Aが勤務するI工業株式会社のJ医師はGクリニックのH医師に電話をし、アルコール依存症により精神科への入院が必要と思われる、との意見を伝えた。そこで、GクリニックのK医師がAに対し、酒を止めないといけない旨伝えた。
　　そのため、Aは、同月27日、同クリニックに紹介された訴外病院に1人で来院し診療を受けた。その際、Aは、訴外病院の医師に対し、朝に酒を飲んで来院したこと、禁酒してアルコール依存症を自分で治し、会社に勤めたいと思うので入院を希望する旨を伝えた。
　　前記診療の結果Aはアルコール依存症であると診断され、同日、通院精神療法を受け、同月28日、訴外病院に入院した。
　　その後、同年5月21日、原告が訴外病院に来院し、Aに対し、会社の診療所の医師からアルコール依存症の専門的治療を行うL病院でカウンセリングを受けるよう勧められた旨伝えた。そこで、訴外病院の紹介により、同月27日、AはL病院でカウンセリングを受け、退院後はL病院のアルコール外来を受診するように言われた。Aは、同年7月1日、訴外病院を退院した。
　　毎月定期預金の集金のためAの自宅を訪問していたB信用金庫の担当者Dは、同年5月ころ、原告から住宅ローンの借り換えの相談を受けたため、翌月の6月ころ、集金のために自宅を訪問した際に、新たな住宅ローン契約の内容と、その際加入が必要となる団体信用生命保険契約等について説明した。
　　しかし、その当時Aは訴外病院に入院しており、不在であったため、Dは、Aが退院した直後の同年7月2日、原告からの連絡を受けてAの自宅を訪問した。その際、Aは、本件保険申込書に自ら必要事項を記入し、署名押印した。
　　この本件保険申込書には、加入申込人記入欄に、「告知事項」という項目があり、記入者に対し、最近3か月以内に医師の治療・投薬を受けたことがあるかどうか、ある場合はその病名、治療投薬期間、入院の有無及び期間、病状経過、高血圧症の場合はその具体的内容について等を記載することが求められている。また、同時に、過去3年以内に一定の病気で手術あるいは2週間以上にわたる治療・投薬を受けたことがあるかどうかという項目を設け、既往症として多数の病名を挙げて印を付けることを求めており、この中にアルコール中毒、高血圧症、慢性気管支炎、肝炎という病名の記載があった。
　　Aは、本件保険申込書の、特定の疾患の治療、投薬歴の「あり」の欄に印を付けた上、「糖尿血糖測定」により、「平成8年8月から30日間」入院し、現在「血糖測定」の治療中で、空腹時血糖値は「133」である旨回答したが、自己が現在アルコール依存症に罹患している事実及び上記疾患のため申込日の前日である平成11年7月1日まで入院していた事実については保険申込書に記載しなかった。
　　Aは、その後、同月28日から同年8月15日まで、前記クリニックに再度糖尿病等の治療のため入院した。同月ころ、被告から本件保険の加入について受理する旨の決定があったことから、前記借り換えの手続を進めることになり、担当者が、退院直後の同月16日に原告の自宅を訪問し、Aは住宅ローン契約の申込書に署名押印をしたが、その際、保険申込書の内容に間違いがないことを確認したとして、本件保険契約の念書にも署名押印した。その後、同月27日、B信用金庫の住宅ローンの融資が実行された。
　　1(4)の事実に、Aが、訴外病院での入院時、度々アルコール摂取について言及している事実が認められる点〔証拠略〕を併せ考慮すると、Aが団体信用生命保険の加入申し込みの際、自己がアルコール依存症に罹患していた事実を認識していたものと認められる。
　　証拠〔略〕によれば、本件保険申込書には、既往症を詳しく全て記入すべきとされていることが認められるから、アルコール依存症の罹患、糖尿病治療及び平成11年4月28日から同年7月1日まで入院してい

Ⅲ-1 告知義務違反の成立要件

た事実について、Aは本件保険申込書に記入して告知すべき義務があったというべきである。

1(5)ウ、2及び3によれば、Aは、本件保険申し込みに際して、被告に対する既往症の告知義務に違反したことが認められる（本件保険申込みについて、Dがいかなる立場にあったとしても、本件告知書はA自身が作成すべきものであったから、これに記載するのを怠った以上、告知義務違反は免れないというべきである。）。

ところで、団体信用生命保険普通保険約款によれば、①保険契約者または被保険者は、保険契約の締結又は追加加入の際、保険会社が所定の書面をもって告知を求めた事項について、その書面により告知することを要するものとされ、②保険契約者又は被保険者が故意または重大な過失によって上記告知の際に事実を告げなかったか又は事実でないことを告げた場合には、保険会社は、保険契約または保険契約のその被保険者についての部分を将来に向かって解除することができるものとされていることが認められる。

被告は、Aが本件保険の加入申込みの際に、告知事項に該当する治療歴を告知しなかったとして、本件保険契約を解除したのであるから、この解除は有効というべきである。そうすると、被告が、本件保険契約に基づく保険金の支払を拒絶したことには、法律上の原因があることになる（仙台地裁平成16年4月22日、平成15年（ワ）170号）。

● **参考判例**（大阪地裁平成16年8月27日判決、平成16年（ワ）1152号）
　事　案　告知義務違反
　争　点　舌縁部白板症の疑いによる治療歴は告知事項に当たるか
　判　旨

原告は被告に対し、本件保険契約締結に先立つ同年4月23日付けの告知書を提出しているところ、告知書の告知項目のうち、最近の健康状態欄にある「ア　最近3カ月以内に、医師の診察・検査・治療・投薬をうけたことがありますか」、「イ　また、その結果、検査・治療・入院・手術をすすめられたことがありますか」及び過去5年以内の健康状態欄にある「過去5以内に、下記の病気で、医師の診察・検査・治療・投薬をうけたことがありますか　ク　がん・しゅよう（がん・肉腫・白血病・しゅよう・ポリープ）」の各質問に対して、いずれも「いいえ」欄に丸印の記載をした。

証拠〔略〕及び弁論の全趣旨によれば、次の事実が認められる。原告は、2か月くらい前から口内炎が舌右縁に認められ、ビタミン剤を飲んでいたものの改善がないとして、舌痛を主訴に、平成15年2月25日、D病院耳鼻咽喉科のE医師の診察を受けた。E医師は、診察の結果、右舌縁部に一部白苔を伴う潰瘍性病変を認めたため、口内炎（難治性）、右舌縁部白板症疑いの診断を下した上、下顎歯の接触によって発症している可能性があると考え、原告に歯科治療を勧めた。その際、E医師は原告に対し、確定診断がなされていないため舌縁部白板症であると病名を告知しなかったものの、その疑いがある旨を話した〔証拠略〕。

原告は、E医師から歯科治療を勧められたことから、同月28日、F歯科医院でG歯科医師の診察を受けたところ、G歯科医師は、右下舌根部の白板症などの診断を下した。G歯科医師は原告に対し、舌白斑部へのレーザー治療、右下大臼歯6・7部咬合調整などを施したところ、当初痛みもなく、白斑部も小さくなっていったが、同年8月末から痛みを訴えたため消炎剤を投与するようになり、治療は同年9月16日まで続いた〔証拠略〕。

原告は、F歯科医院でレーザー治療を受けていたが、病変が舌根部分へと進んだ感じがあったこと、のどと耳の痛みが生じたことから、独自の判断で耳鼻科を受診することとし、同月19日、再度D病院耳鼻咽喉科でE医師の診療を受けた。E医師は、触診の結果、悪性腫瘍の疑いがあると判断したためH成人病センター宛の紹介状を作成した。

ところで、保険契約締結に際して、保険契約者または被保険者が悪意または重大な過失によって重要な事実を告知せず、または重大な事項につき不実の事を告知した場合には、告知義務違反が成立し、保険者は契約を解除することができる（商法678条1項）。この場合の告知すべき事実は、被保険者の生命に関する危険測定のために必要なものと解すべきところ、その内容としては、保険者が当該保険契約を締結するか否か、保険内容（保険料、特別の付加条件など）の決定などに際し、その判断に資する事実をいう。そして、一般に保険者が作成した告知書の記載内容については重要事項が記載されているものと考えられる

ところである。

　本件において、原告は、罹患していた口内炎及び一般歯科の治療のためにD病院及びF歯科医院を受診したに過ぎず、また、最終的に癌が発生した場所は右舌根部裏であり、前記治療をしていた部位と異なることから、前記治療の事実を告知しなかったことは重要事項の不告知にはあたらない旨主張する。しかし、前提事実及び前記認定事実によれば、原告は、2か月前から舌縁部分に口内炎を発し、ビタミン剤を投与していたものの治らず、痛みを伴ったことから平成15年2月25日にD病院を受診していること、E医師の初診の所見によれば、舌縁部分に白苔を伴う潰瘍性病変がみられたこと、E医師は原告に対し、舌縁部白板症の疑いがあると説明した上で歯科治療を勧めたこと、F歯科医院でもG歯科医師が白板症との診断のもとに、舌部分にレーザー治療を施していること、その後原告自身病変部が進行して舌根部分に痛みを伴うようになり、同年10月17日には舌根部分に扁平上皮癌が発見されたこと（確定診断日同月29日）が認められる。これらのことからすると、原告の病状は、同年2月25日の時点で、単なる口内炎ではなく、右舌縁部白板症に罹患しており、レーザー治療を施してはいたものの完治せず、その後同年10月17日には舌根部分に扁平上皮癌が発症していたことからすれば、本件保険契約締結前の同年4月23日に告知書を作成した時点で、原告がD病院で診察を受け、舌縁部白板症の疑いがあると説明を受けた上で歯科治療を勧められ、F歯科医院で舌部分にレーザー治療などを継続的に受けていることは、被告が舌疾患を有する原告と本件保険契約を締結するか否か、その保険内容をどのようにするかを判断する上で極めて重要な事実であるといえる。

　原告は、罹患していた口内炎及び一般歯科の治療のためにD病院及びF歯科医院を受診したに過ぎないとの認識であったと主張するが、少なくとも原告自身舌縁部分に「靴擦れ」みたいなものが生じ、痛みを伴い、自らビタミン剤をとっていても治らず、レーザー治療をしていた事実自体は十分理解していたのであるから、たとえ病名自体告知を受けていなかったとしても、医師の診察を受けていた事実を思い浮かべることができない事情は何ら認められない。このことからすれば、原告が医師の診断、治療を受けている事実を告知しなかったことには、重大な過失があったと認められる。以上により、原告には商法及び約款に基づく告知義務違反が認められる（大阪地裁平成16年8月27日判決、平成16年(ワ)1152号）。

●**参考判例**（東京地裁平成16年9月1日判決、平成15年(ワ)12725号）（東京高裁平成17年2月2日判決、平成16年(ネ)4953号）

事　案　告知義務違反

争　点　肝臓疾患の疑いによる通院や人間ドックによる腹部CT検査の受診指示は告知すべき重要な事実に当たるか

判　旨

（**第一審**）　前記1で認定した事実によれば、Aは、平成11年10月5日から平成12年5月29日までの間に、膵臓疾患の疑いで合計12日間本件病院に通院し、検査又は診察を受けており、これは、本件告知書第6項の「過去5年以内に病気やけがで、7日間以上にわたり、医師の診察・検査・治療・投薬をうけたこと」にあたる。また、Aは、本件保険契約締結のための健康状態の審査を行った時点で、本件病院に通院した事実を当然認識していたといえるから、D医師の「過去5年以内に病気やけがで、7日間以上にわたり、医師の診察・検査・治療・投薬をうけたことがありますか。」という趣旨の質問に対し、否定する回答をしたことは、故意又は重大な過失によって、告知の際に事実を告げなかったことになる。

　前記1で認定した事実によれば、Aは、平成11年9月27日及び28日、人間ドックを受け、膵臓疾患が否定できないとして、腹部CT検査の受診を指示されており、客観的にみて人間ドックの結果に異常がなかったとはいえないし、また交付された人間ドックの成績表の総合判定並びに指示事項欄（乙13の5）の記載によってそのことを認識していたといえる。したがって、Aが、D医師の「人間ドックの結果、再検査や精密検査を受けるように勧められましたか」、あるいは「人間ドックの結果、異常を指摘されたことがありますか」との質問に対し、否定する回答をしたことは、約款第16条1項の「・・・被保険者が、故意または重大な過失によって、前条の告知の際に・・・事実でないことを告げた場合」に該当する（東京地裁平成16年9月1日判決、平成15年(ワ)12725号）。

Ⅲ-1 告知義務違反の成立要件

（第二審） 当裁判所も、Aには、告知義務違反があったと判断する。
　控訴人は、D医師が、Aに対し、人間ドックの結果に「異常がありましたか。」と訊いた旨主張する。
　しかし、証拠（［略］、原審におけるD医師の証言）によれば、D医師は、Aに対し、人間ドックの結果、「異常を指摘されたことがありますか。」又は「再検査や精密検査を受けるように勧められましたか。」と訊いたが、「異常がありましたか。」とは訊いていないことが認められる。
　「異常がありましたか。」との質問と「異常を指摘されたことがありますか。」との質問は、異なることが明らかである。
　そして、証拠［略］及び弁論の全趣旨によれば、Aが受領した人間ドックの結果報告書には、「CA19-9高値」、「膵臓疾患が否定できませんので、腹部CT検査を受けられて下さい。」と記載されていたこと、F医師は、Aに対し、その旨を指摘し、以後、腹部CT検査、大腸内視鏡検査、胸部CT検査、胃内視鏡検査などの各種検査を実施したが、癌などの異常を発見できなかったことが認められる。以上の事実によれば、Aは、人間ドックの結果、異常を指摘され、再検査や精密検査を受けるように勧められたのであり、D医師の上記質問に対し、「いいえ」と答えたことは、重大な過失によって、事実を告げなかったというべきである。
　以上によれば、控訴人の請求は、理由がない（東京高裁平成17年2月2日判決、平成16年（ネ）4953号）。

●**参考判例**（神戸地裁尼崎支部平成16年11月10日判決、平成15年（ワ）315号）（大阪高裁平成17年4月28日判決、平成16年（ネ）3785号）
　事　案　告知義務違反
　争　点　営業職員への告知がなされたか及び営業職員の告知受領権の有無
　判　旨

（第一審） 前記争いのない事実等、証拠（〔略〕、証人B）及び弁論の全趣旨によれば、本件各契約の普通約款上、保険契約の締結の際、会社所定の書面で質問した事項について、保険契約者または被保険者はその書面により告知することを要すること（本件契約1の普通約款27条、同2の普通約款26条、同3の普通約款28条）、告知の際、故意又は重過失により事実を告げなかったかまたは事実でないことを告げた場合には、被告は将来に向かって保険契約を解除することができること（本件契約1の普通約款28条1項、同2の普通約款27条1項、同3の普通約款29条1項）が、それぞれ規定されていること、Aが、被告との間で、平成12年2月1日、同年12月1日、平成13年3月1日に本件各契約をそれぞれ締結したこと、Aは、平成9年10月ころから、うつ病に罹患し、週1回の通院治療を受けており、本件各契約の締結当時もその治療を継続していたこと、Aは、本件各契約の締結の際、Bから告知書の記載を求められ、「1ア　最近3ケ月以内に医師の診察・検査・治療・投薬をうけたことがありますか」、「1イ　また、その結果、検査・治療・入院・手術をすすめられたことがありますか」、「4　過去5年以内に、下記の病気で、医師の診察・検査・治療・投薬をうけことがありますか　イ脳・精神・神経の病気　脳卒中…精神病・ノイローゼ…自律神経失調症…」との質問に対して、いずれも「いいえ」の欄に丸印をつけて回答していること、Aは、上記各告知書の記入に際して、Bに対して特に質問するようなことはなかったこと、の各事実がそれぞれ認められる。
　以上の事実によれば、Aは、本件各契約の締結に際して、故意または重過失により、自己がうつ病に罹患している事実を告知しなかったことが認められる。
　これに対し、原告は、Aは、上記の事実を被告の営業担当者であるBに告知していた旨主張するが、一般に保険の勧誘員には、保険申込みを勧誘する権限を有するに止まり、保険会社を代理して、保険契約の締結の諾否を決する権限までを有するものではなく、上記の諾否にかかわる事項についての告知を受領する権限まではないと言うべきであるから、上記事実の存否について検討するまでもなく、原告の主張は失当である（神戸地裁尼崎支部平成16年11月10日判決、平成15年（ワ）315号）。

（第二審） 前記認定事実によれば、Aは、平成9年11月ころにJ医師の診察を受けた際、同医師から、病名がうつ病であることを告げられており、J医師がAの勤務先宛に発行した診断書には、Aの傷病名として、「自律神経失調症（抑うつ状態）」と記載されていて、その後も1ないし2週間に1回の頻度でJ医師の診察を受け、投薬治療を受けていたのであるから、自分の病名がうつ病ないし自律神経失調症であるこ

とを知っていたのは明らかであるにもかかわらず、本件各保険契約締結の際の告知書には、自ら、「過去5年以内に、精神の病気（その例示として、精神病や自律神経失調症も挙げられている。）で、医師の診察・検査・治療・投薬をうけたことがありますか」との質問項目に対し、「いいえ」と回答しているのであるから、Aには告知義務違反があるのは明らかである。

これに対し、控訴人は、AがBにうつ病罹患の事実を伝えたにもかかわらず、同人から、保険加入には問題はない、部長の決裁を得ているので、告知書にはその旨記載しないでほしいなどと言われたため、告知書にはその旨記載しなかったにすぎないから、Aに告知義務違反はない旨主張している。

しかし、Bは、原審証人尋問において、そのような事実を全面的に否定する証言をしており、その証言内容に特段、不自然、不合理な点は見当たらない。しかも、前記認定のとおり、本件保険契約1については、Bにとって被控訴人に入社後、初めての契約案件であり、Aの勤務先を訪問する際にも、上記契約の際にも、Hが同行していたことからすると、ベテラン外務員が一人で訪問した場合などと異なり、Bが営業成績を上げるためにAに対し、控訴人主張のような発言をしたとは到底認め難い。そして、本件保険契約1の際、うつ病ないし自律神経失調症罹患について告知義務違反をした以上、本件保険契約2及び3の際も同様の行動をする可能性が高いと考えられる（本件保険契約2や同契約3の際に告知すると、本件保険契約1についても告知義務違反の有無が問題になるのは必定である。）。

控訴人は、この点に関し、FがAから、控訴人主張の上記の内容を聞いたことを根拠に挙げており、Fも、原審証人尋問（［証拠略］を含む。）において、その旨証言している。しかし、F証言は、Aの発言についてはあくまで伝聞にすぎない上、Fが自律神経失調症であるなら保険には入れないはずであると追及した際に、Aが控訴人主張のように答えたというのであるから、Fから告知義務違反の事実を追及されたAが、咄嗟にその事実を否定するために上記のような発言をした可能性も否定できないのであって、F証言によって、前記の原審証人Bの証言の信用性を否定することはできない。

また、控訴人は、告知義務違反の問題のないD生命の生命保険を被控訴人の生命保険に切り替えるのに、告知義務違反をするはずがないとも主張している。

しかし、前記認定のとおり、本件保険契約1締結当時、D生命の経営状態の悪化が問題になっており、D生命の経営が破綻すれば、保障の内容が削減されることが予想され、Aはその点について危惧を抱いていた様子がうかがえるし、本件各保険契約の方が従前のD生命の保険に比べて保障内容が手厚いのであるから、当時、自分の健康状態に不安を抱いていたAがうつ病ないし自律神経失調症罹患の事実を秘匿して、本件各保険契約を締結しようと考えたとしても、さほど不自然とは考えられず、控訴人の上記主張は採用できない（そもそも、本件においては、Aが本件保険契約1締結後、2年足らずのうちに自殺を疑われる事故により死亡したため、被控訴人により告知義務違反が問題にされているが、精神疾患の場合は、身体上の疾患に比較しても、本人が告白しない限り、発覚しにくい性質のものであるから、Aにおいて、告知義務違反をしても、契約解除が制限される2年間を無事過ごすことが可能であると考えていたとしても、あながち不自然ではない。）（大阪高裁平成17年4月28日判決、平成16年(ネ)3785号）。

●**参考判例**（大分地裁平成16年2月7日判決、平成16年(ワ)48号）
事　案　生存解除後の死亡
争　点　症状が軽快していた場合に告知義務違反が否定されるか
判旨

前記1の認定事実によると、原告は、本件保険契約申込みの際、被告から、告知書によって、治療・投薬歴等、治療・投薬歴のある者の名前、病名、治療・検査期間、高血圧症の場合の血圧値等の質問を受けていたことが指摘できる。しかしながら、原告は、4年6か月以上の間、医師から高血圧、不整脈の診断及び治療を受け、たびたび不整脈の発作を起こし、頻回の点滴を要し、その度に、医師から、不整脈及び血圧コントロールの重要性を説明されていたにもかかわらず、上記告知書による質問に対しては、治療・投薬歴等がなく、病名、治療・検査期間、血圧値等を一切答えていないのであるから、本件災害特約の内容をなす本件災害特約款25条の告知義務（告知書で質問した事項についての告知義務）に違反したことは明らかである。そして、原告は、自らの病歴は認識していたはずであるから、原告が故意または重大な

Ⅲ-1 告知義務違反の成立要件

過失（本件災害特約約款26条）によって、被告に事実を告げなかったことも明らかである。

　原告は、本件保険契約申込時、既に悪質な不整脈の治療を終え、医師からも大丈夫である旨言われていたが、将来にわたり、不整脈が発生しないように治療をしていただけであって、原告には、本件保険契約申込みの際、被告に対する告知義務が発生する病気はなく、同義務違反は生じない旨主張する。しかしながら、前記1の認定事実のとおり、被告の告知書による質問は、本件保険契約申込時の病状だけでなく、同申込みから過去3か月以内、同2年以内、同5年以内の治療・投薬歴等に対するものであるから、原告の症状が軽快していたか否かにかかわらず、告知義務違反があったことを否定することはできない。したがって、原告の主張は採用することができない（大分地裁平成16年2月7日判決、平成16年（ワ）48号）。

●**参考判例**（東京地裁平成17年3月8日判決、平成16年（ワ）13114号）
　事　案　告知義務違反
　争　点　前立腺肥大症による治験薬の服用と告知義務違反
　判　旨
　　上記認定のとおり、被告は、本件保険契約申込以前に、頻尿・排尿困難の症状を訴えてB病院泌尿器科を受診し、「前立腺肥大症」との診断を受け、3カ月間近く治験薬を服用し（承認前の治験薬の服用については、医師からの説明と治験を受ける者の同意が求められている。）、その後も内服薬の処方を受けていたが、これらのことが本件契約申込の告知書には、告知されていない。上記のとおり、被告は告知事項ア（3カ月以内の診察・検査・治療・投薬）について、「あり」としたものの、その具体的な内容については、告知せず、かえって「健康診断として」と記載し、本来の告知事項（告知書には「検査には健康診断等は含まれない」旨の注記がある。）に具体的には該当しないような告知の仕方をしている。この点に関する被告の告知は、記入した内容が事実と違っており、結局必要な事実を記載しなかったと認められる。
　　また、被告は、告知事項イ（過去5年以内の、7日以上にわたる診察・検査・治療・投薬）について、「なし」と記載したことは、必要な事実を告知していないと認められる。
　　加えて被告は、告知事項ウ（過去2年以内の、医師から経過をみるため定期的な診察・検査をうけるよう指導されたこと）及び告知事項エ（過去2年以内に健康診断等で異常を指摘されたこと）についても本来必要な事実を記入しなかったという疑いも否定できない。
　　以上によれば、被告が必要な事実の記入をしなかったことにより、本件保険契約に定められた告知義務違反が認められ、告知事項は、被告が本件契約申込の数カ月以内に自ら体験した事実に関する事柄であるから、告知義務違反について、被告に故意又は重大な過失が認められる（東京地裁平成17年3月8日判決、平成16年（ワ）13114号）。

●**参考判例**（大阪高裁平成17年3月30日、平成15年（ネ）20456号）
　事　案　告知義務違反
　争　点　検査入院の事実は告知すべき重要な事項にあたるか
　判　旨
　　原告が本件保険契約の告知の際、平成11年6月24日にD病院で医師の診察を受け、さらに同年7月13日から17日までの間、同病院に入院した事実が存在するのに、本件告知書に、これを否定する回答をしたことは前記のとおりであり、これは、本件保険約款第27条で定める告知義務に違反したものというべきである。
　　これに対し、原告は、検査入院は告知義務の対象にならないと主張する。しかし、本件保険約款第27条は、「会社所定の書面で質問した事項について、保険契約者または被保険者はその書面により告知することを要します。」と定めているところ、本件告知書には、特に検査入院の場合を除外する記載は置かれていないから、原告は、前記のD病院での医師の診察、入院についても、これを告知する義務があったというべきである。
　　また、原告は、C医師には、検査入院の事実を告知したが、C医師は、これを告知書に記載しなくともよい旨指示したので、その旨本件告知書に回答したと主張し、原告本人尋問の結果中にも、これに沿う供

述部分がある。しかし、C医師は、[証拠略]（陳述書）において、一般的に、そのような被保険者から聞いた場合は、確実にその旨を告知書の診査医記入欄や診査書に記入している旨陳述しており、この陳述は、全体の内容からして、信用に値するものと認められるから、これに反する原告の前記供述部分はたやすく採用することができず、他にこれを認めるに足りる証拠はない。

そうすると、原告は、本件保険約款に定める告知義務に違反したものというべきであるから、本件保険約款第28条に基づき、被告のした本件保険契約の解除は有効であり、原告は、本件保険契約の保険契約者たる地位にはないというべきである（大阪高裁平成17年3月30日、平成15年（ネ）20456号）。

● **参考判例**（宮崎地裁平成17年4月27日、平成15年（ワ）746号）
　事　案　告知義務違反
　争　点　①健康診断で経過観察とされた事実は、告知すべき事項である検査の異常にあたるか
　　　　　②告知すべき重要な事項は告知書の質問事項に限られるか
　　　　　③狭心症等の心疾患の自覚症状と故意・重過失の有無
　判　旨
　　①ところで、D協会の実施する健康診断において、各検査の判定及び総合判定の結果は、「異常なし」、「略正常」、「要再検」、「経過観察」、「要精密」、「要医療」及び「治療中」が、その順序で7段階により表示されていること、「異常なし」の説明は、「今回の検査では異常を認めませんでした。」というものであること、「略正常」の説明は、「今回の検査で僅かに異常を認めますが、日常生活においては心配ありません。」というものであること、「要再検」の説明は、「現状では判定しかねます。もう一度検査を受けて下さい。」というものであること、「経過観察」の説明は、「今回の検査では、基準値をはずれていますので、定期的に検査をし、経過を観察して下さい。」というものであること、「要精密」の説明は、「今回の検査で異常が認められますので、医療機関を受診し、精密検査を受けて下さい。」というものであること、「要医療」の説明は、「今回の検査で異常が認められますので、医療機関を受診し、治療を受けて下さい。」というものであること、「治療中」の説明は、「医師の指示に従い治療を継続して下さい。」というものであることが認められる。

　　そこでみるに、確かに、D協会の実施する健康診断の各検査の判定及び総合判定において、「経過観察」とは、「基準値をはずれているもの」とされ、原告の主張するように、「要再検」と「要精密」の間に位置づけられているということができるが、他方では、明確に「異常」ともされておらず、D協会も、当裁判所からの調査嘱託に対し、上記の7段階の判定の結果のうち、明らかな異常は、「要精密」、「要医療」及び「治療中」の3段階であると回答している。また、証拠[略]によれば、一般に、健康診断における検診用語としての「経過観察」とは、「日常生活に注意し、定期的に検査を受けながら経過をみていく必要があります。」という意味であるとされ、「異常なし」と「要再検」の間に位置づけられていることが認められる。これらの事実に照らしてみると、健康診断の各検査の判定及び総合判定において、「経過観察」が「異常」に当たるかどうかを一義的に断定することはできず、むしろ、告知義務違反の有無を判断するに当たっては、これらの点を踏まえて、告知書の記載内容を中心に検討すべきである。

　　そこで、さらに検討するに、前記アのとおり、生命保険契約における告知事項は通常の理解力を有する一般人が回答することを前提として作成されているところ、本件告知書[証拠略]中の本件告知事項に関する記載内容は、前提事実のとおりであって、「検査の異常」の次に「（要再検査・要精密検査・要治療を含みます）」との注意書きが付されているが、この注意書きの中に「経過観察」は含まれておらず、「経過観察」が上記にいう「検査の異常」に当たるかどうか、その記載だけで客観的・一義的に明確であるとはいえない。むしろ、証拠[略]によれば、被告以外の保険会社の告知書においては、「（要）経過観察」も「検査の異常」に含まれることを明記し、これについて被保険者に告知を求めている例もあることが認められる。

　　上記イ及びびウの事実に照らしてみると、本件告知書[証拠略]中の本件告知事項に関する記載内容につき、「検査の異常」に「経過観察」が当然に含まれると解釈することには疑問の余地があるというべきである。

Ⅲ-1 告知義務違反の成立要件

そうすると、Aが本件告知において、本件告知事項につき「いいえ」と回答したからといって、告知義務違反があったとは認められず、被告の主張は採用できない。

②原告の主張するとおり、本件告知書［証拠略］には、狭心症等の心疾患の自覚症状について被保険者に告知を求める直接の質問事項はないため、このような自覚症状が告知すべき事項といえるかどうかが問題となるところ、前記のとおり、原告は、本件告知書にこのような自覚症状について被保険者に告知を求める直接の質問事項はないから、告知すべき事項には当たらない旨主張する。

そこでみるに、保険制度を健全かつ合理的に運用するためには、保険者が個々の保険契約を締結する際、保険事故発生の危険性を正しく測定する必要があるため、その危険性の測定に必要な資料を有している保険契約者側に対し、告知義務が課せられる。そして、告知すべき事項とは、危険測定上の重要事項、すなわち、保険者がその事実を知ったならば、保険契約の締結を拒絶したか、少なくとも同一条件で保険契約を締結しないであろうと客観的に考えられるような事情をいい、重要事項に該当するかどうかは保険の技術に照らし客観的に決定するものと解される。

ところで、一般に、生命保険契約の告知の際には告知書が使用されるところ、告知書の中で保険者が質問した事項は重要事項であると推定されるが、告知書記載の質問事項に該当しなくとも、重要事項は保険契約者側において告知すべき義務を免れないと解される。

これに対し、原告は、約款によって告知すべき事項や告知の方法を定めれば、その約款の規定が商法678条に優先して契約の内容を規律し、解釈の準則となるのであり、本件約款21条は、商法678条の解釈上導かれる申告義務を答弁義務としたものであるから、本件保険契約における告知すべき事項に関する解釈の準則は、本件約款であって、商法678条ではない、したがって、Aが被告に告知すべき事項は本件告知書で告知を求められた事項に限定される旨主張する。そして、原告の援用する参考文献［証拠略］の中には、上記の主張に沿う見解を述べるものがある。しかしながら、前記(ア)で説示した保険契約における告知義務の趣旨にかんがみると、本件告知書の効力は、その記載事項が重要事項と推定されるというに止まり、それ以外の事項については、保険者である被告側でこれが重要事項に該当することを立証する必要があるに止まるものと解される。したがって、原告の上記主張を採用することはできない。

なお、原告は、通常の理解力を有する一般人が本件約款第21条を素直に読めば、保険会社に告知すべき事項は告知書で告知を求められた事項に限定されると理解するであろうし、「ご契約のしおり」［証拠略］にも、「告知していただく内容は、告知書に質問事項として記載されています。」と記載されているから、本件約款第21条にいう告知すべき事項とは、告知書に質問事項として記載されている事項に限定されると解すべきである旨主張する。確かに、本件約款第21条の文言は、前提事実のとおりであり、また、「ご契約のしおり」には、原告の指摘するとおりの記載があるが、これらの事実から、直ちに告知すべき事項の範囲が本件告知書の記載内容に限定されるものとは解されず、上記の判断が左右されるものとはいい難い。

ところで、前記(ア)の観点からすれば、狭心症等の心疾患の自覚症状は、告知すべき重要事項に当たるというべきである。すなわち、仮に、本件告知の時点において、Aに狭心症等の心疾患の自覚症状があり、保険者である被告において、その事実を知っていたとすれば、保険契約の締結を拒絶したか、少なくとも同一条件で契約を締結しなかったであろうと容易に推認できるから、狭心症等の心疾患の自覚症状は、保険引受けや保険料の決定等において重要な要素になり、危険測定上の重要事項であって、告知すべき事項に当たるというべきである。

③告知義務違反における「故意」とは、重要事項の存在自体を知り、当該事実が危険測定上の重要事実であることを知りながら、その事実を告げず、あるいは事実に反することを告げることであると解され、また、「重過失」とは、告知すべき事実の存在は知っていたが、当該事実が重要事項に該当することを知らないことに重大な過失があるか、あるいは告知すべき事実及びその重要事項該当性を知っていたが、これを告知しなかった点に重大な過失があることをいうものと解される。

ところで、前記アの事実によれば、Aは、平成12年春ころから、妻である原告に対し、数か月に1回くらいの割合で肩や背中が凝ったり、肘が痛むと言っており、また、平成13年4月ころまでの間に、2、3回、胸部痛を訴えていたものである。そして、Aは、本件告知の約半月後である平成13年4月5日にEクリニックを受診したが、その際、平成12年春ころから左肘関節部の痛みが始まり、その後、胸部圧迫感を

感じるようになったと訴え（これに対し、肩凝りや筋肉痛を訴えたことを認めるに足りる証拠はない。）、その場で心電図と胸部CR検査が行われた結果、狭心症と診断されて、検査入院が指示され、ニトログリセリンを処方されたものであり、その後同人が死亡するに至った事実経過は、前記アのとおりである。しかも、証拠〔略〕及び弁論の全趣旨によれば、Aは、自宅や勤務先の近くに内科や整形外科を診療科目とする病院があるにもかかわらず、心疾患を主な診療科目とする病院であるEクリニックを平日の木曜日に受診したことが認められる。

ところで、通常の理解力を有する一般人であれば、肩凝りや筋肉痛、左肘関節部の痛み等についてはともかく、胸部痛や胸部圧迫感については、これが狭心症等の心疾患に起因するのではないかとの疑念を抱く事情ということができるから、Aは、狭心症等の心疾患に関する自覚症状を有していたと認めるのが相当であり、したがって、告知すべき事項を知っていたということができる。

これに対し、前記のとおり、原告は、Aは本件告知をする前には、心臓疾患等の病気で医師の診察、検査等を受けたことはなく、むしろ野球チームに所属し、選手として活躍するのみならず、地元の少年野球チームのコーチとして少年たちを指導しており、健康状態に特段の問題はなかった、特に、平成11年5月13日及び平成12年5月10日に実施された健康診断において、血圧、心電図及び胸部エックス線検査を受け、いずれも「異常なし」と判定されている、ただ、平成12年ころから、妻である原告に対し、肩や背中の凝りを訴えるようになっていたが、その頻度は数か月に一回程度であり、しかも原告が肩や背中を揉んでやると数分間で治まっていたのであり、そのような症状からすると、誰が見ても野球の疲労の蓄積や筋力の年齢的な衰えからくる一般的な肩凝りや筋肉痛と考えるのが自然であるなどと主張し、その主張に沿う供述をしている〔証拠略〕。そして、証拠〔略〕によれば、Aは、平成11年5月13日及び平成12年5月10日に実施された健康診断において、血圧、心電図及び胸部エックス線検査を受け、いずれも「異常なし」と判定されていることが認められる。

しかしながら、原告自身、Aが平成12年春ころから平成13年4月ころまでの約1年間に2、3回胸部痛を訴えていたことを自認していることに照らせば、原告の上記主張は採用できない。

上記（イ）のとおり、Aは、狭心症等の心疾患に関する自覚症状を有していたと認めるのが相当であり、したがって、告知すべき事項を知っていたということができるが、このような自覚症状が危険測定上の重要事実であることを知っていたことについては、これを認めるに足りる的確な証拠はない。

しかしながら、通常の理解力を有する一般人であれば、多少の注意を払いさえすれば、狭心症等の心疾患に関する自覚症状が生命にとって重要な危険要素であることは容易に知り得たはずであるから、Aがこのような自覚症状を重要事項として認識していなかったことについては、少なくとも重大な過失があるというべきである（宮崎地裁平成17年4月27日、平成15年（ワ）746号）。

●**参考判例**（神戸簡裁平成17年10月25日・平成17年（ハ）10462号）
　事　案　告知義務違反
　争　点　C型肝炎の罹患による通院・投薬の事実の不告知が告知義務違反にあたるか
　判　旨

争いのない事実及び証拠（〔略〕、原告代表者）によると、Aは、原告が本件保険契約の申込みをした当時、C型肝炎に罹患しており、平成13年6月6日、同年7月5日、同年8月5日に、それぞれC内科に通院して投薬を受けていたにもかかわらず、同年8月28日、本件保険契約の申込みに当たり、健康状態に関する告知書の「最近3か月以内に、医師の診察・検査・治療・投薬をうけたことがありますか。」との質問に対して、この事実がない旨回答したことが認められる。

原告は、被告代理店の指示を受けて本件記載をしたと主張し、原告代表者の供述中には、本件保険契約の申込みに際し、告知書中の前記の質問に対する回答をするについて疑義があったので、Aが被告代理店に電話をかけ、「現在、月に何回か病院にかかっている。」、「C型肝炎で内服薬をもらっている。」旨を述べたところ、被告代理店において、「これは癌保険だから、普通の一般の病気は該当しない。」、「5年以上前に発症した病気は該当しない。」旨言われた旨の部分がある。

しかしながら、原告の主張は前記のとおり変遷しており、原告代表者の前記の供述部分は、告知書中の

Ⅲ-1 告知義務違反の成立要件

　５年以上前の病歴に関する質問についての説明と混同した可能性があり、原告代表者の前記の供述部分をたやすく採用することはできない。また、告知書中の前記の質問は、簡易、明確なものであって、保険代理店から説明を受けなければ回答に迷うというようなものではない。
　前記の認定、判断によると、本件保険契約の申込みに当たって、Aが前記の質問に対して前記の回答をしたことは、悪意又は重大な過失によって重要な事実を告げなかったものとして、告知義務違反になるというべきである。
　そうすると、被告がなした本件保険契約の解除は正当であって、原告の被告に対する保険金の支払請求は失当である（神戸簡裁平成17年10月25日・平成17年(ハ)10462号）。

●**参考判例**（東京地裁平成17年11月11日、平成16年(ワ)19007号）
事　案　告知義務違反
争　点　①健康診断で要経過観察とされたものの再検査や投薬治療がなされなかった場合に告知すべき重要な事実にあたるか
　　　　②自覚症状及び病名についての正確な知識がなかった場合の不告知に重過失があるか
判　旨
　①上記認定のとおり、Aは、本件病院における平成14年８月10日の定期健康診断や同年９月14日の再診の際及び平成15年７月26日の定期健康診断の際に、胸部の単純X線検査やCT検査によって肺にすりガラス状陰影等が認められ、肺の線維化の疑いがあり、経過観察を要すると診断されたのであるから、本件告知書にいう、最近３か月以内に、医師の診察を受けて、経過観察中であること、あるいは、過去２年以内に健康診断・人間ドックを受けて、肺の異常を指摘されたことに該当するというべきであり、それにもかかわらず、Aが本件告知書にその旨を記入しなかったことは、本件約款第21条に規定する告知義務の違反に当たるというべきである。
　原告は、告知義務の対象となる疾病は、契約締結時までに医師及び保険契約者、被保険者等のいずれかにおいて知っていた病名、病症に基づいて重要とされるものに限られるべきであるとした上、定期健康診断の際に認められたAの肺の異常は、既往症の炎症による陳旧性の肺の線維化にすぎず、それについて再検査、投薬その他の治療もされていなかったから、上記のような疾病には該当せず、告知義務の対象となるような重要な事実には当たらないと主張する。そして、証人Dの証言中には、平成14年８月10日付けの胸部CT検査の診断レポート（甲５）における所見と平成15年７月26日付けの胸部CT検査の診断レポート（乙３）におけるそれとの間に変化がないことを根拠として、Aの肺の異常は、陳旧性の肺の線維化にすぎないとする部分がある。
　しかし、仮に、告知義務の対象となる疾病の範囲を原告主張のように重要とされるものに限るとしても、そこにいう重要な疾病とは、保険者がその契約における被保険者の生命の危険性を測定しこれを引き受けるべきか否か及びその保険料率をどのように定めるかを判断するに際してその合理的判断に影響を及ぼすべきものをいうものと解すべきところ、肺の単純X線検査やCT検査によってすりガラス状陰影や胸膜肥厚等の異常が認められ、医師から経過観察を要すると言われたことは、肺に重大な疾患が存在する可能性を示唆するものである上、肺の線維化があることは、それが陳旧性のものであったとしても、不可逆的に肺の機能を低下させるものとして、保険者の上記合理的判断に影響を及ぼすことが明らかであり、そのような異常のあることは、告知義務の対象となる重要な事実に当たるというべきである。したがって、仮に、原告が主張するように、Aの肺の異常が陳旧性の肺の線維化であるとしても、それ自体、上記合理的判断に影響を及ぼすべき事項というべきであって、告知義務の対象となる重要な事実に当たるというべきである。
　さらに、Aが肺の異常について再検査、投薬その他の治療を受けていなかったから告知義務の対象となる疾病に当たらないとする点についても、Aの肺の異常について経過観察を要するものとされていたことは、前記認定のとおりである上、投薬その他の治療がされなかったのは、前記認定のとおり、いったん線維化した肺を投薬等によって復元することが不可能であったために経過観察にとどめざるを得なかったからにほかならず、その故に、Aの肺の異常が軽微なものであったということにはならない。以上のとおり、

平成14年8月の定期健康診断、同年9月の再診及び平成15年7月の定期健康診断の際に認められたAの肺の異常は、本件約款第21条に基づく告知義務の対象となる疾病に当たるというべきである。

②前記認定のとおり、Aは、平成14年8月の定期健康診断、同年9月の再診及び平成15年7月の定期健康診断の際、本件病院の医師から、自己の肺の異常について、胸部単純X線検査の画像を示されるなどして説明を受け、禁煙を指示されたほか、経過観察を要するものと告げられたのであるから、Aは、故意又は重過失によって、本件告知書に肺の異常を記入せず、これを被告に告知しなかったものというべきである。

原告は、Aには、肺の異常について自覚症状がなく、医師からも、症状に関する詳しい説明を受けず、再検査、投薬その他の治療の必要性について指示を受けていなかったから、これを告知しなかったことに故意又は重過失があるとはいえないと主張する。

しかし、Aは、本件病院の医師から肺の異常について説明を受け、禁煙を指示され、経過観察を要すると言われたのであるから、たとい、Aに肺の異常についての自覚症状がなくても、これを告知しなかったことに故意又は重過失があることはいうまでもない。また、Aが肺の異常の病名や病症について正確な知識を有していなかったとしても、前記認定のとおりに肺の異常について説明を受け、禁煙を指示され、経過観察を要すると言われた以上、それらの事実が保険者において生命保険契約における被保険者の生命の危険性を測定しこれを引き受けるべきか否か及びその保険料率をどのように定めるかの合理的判断に影響を及ぼすべきものであることを容易に知り得たというべきであるから、それを告知しなかったことには、少なくとも重大な過失があるというべきである。

さらに、Aが再検査、投薬その他の必要性について指示を受けていなかったとの点についても、Aが本件病院の医師から経過観察を要すると言われていたことは、前記認定のとおりである上、投薬その他の治療がされないことがAの肺の異常が軽微なものであると考える理由とならないことも前記のとおりであるから、これらの点を根拠として、Aの肺の異常の不告知に故意及び重過失がなかったということはできない（東京地裁平成17年11月11日、平成16年(ワ)19007号）。

●**参考判例**（神戸地裁姫路支部平成17年11月28日、平成16年(ワ)491号）
　事　案　告知義務違反
　争　点　①告知すべき重要な事実の該当性
　　　　　②悪意・重過失の有無
　判　旨
　告知義務の対象となる「重要なる事実」とは、「被保険者の生命に関する危険測定のために必要なもの」をいうと解され（大判明治40年10月4日大審院民録12巻939頁）、具体的には、保険者がその事実を知っていたならば、契約を締結しなかったか、少なくとも同一条件では契約を締結しなかったと、保険取引の通念上客観的に認められるような、被保険者の危険を予測する上で重要な事実をいうものと解される。

この点、原告は、「重要なる事実」とは、生命の危険測定に重大な影響を及ぼすべき性質を有する事実に限定すべきであり、具体的には、死亡に直結する事実に限られる旨主張する。しかしながら、生命保険に限らず、保険制度においては、保険事故の発生率に関する統計的な計算を基礎とし、多数の契約における危険の総合平均化によって、支払われる保険金の総額と、受けるべき保険料の総額との間に均衡を保つことが、制度の前提として必要であり、これらの均衡によって制度が成り立つものであるから、保険者としては、各契約における危険率を測定することが必要不可欠といえる。そして、その測定の前提として、生命保険の場合は、特に被保険者の身体状況に関する情報が重要であり、保険制度の効率的運用のためには、当該情報を被保険者から告知を受ける方法で取得することは合理的であるところ、保険事故発生の危険を測定するために必要な被保険者の健康状態に関する情報は、死亡に直結する事実に限られるものではなく、当該被保険者の健康状態及びこれによる危険度を総合的に判定するために必要な事実を含むものと解される。そして、保険者は、これらの情報による総合的な危険測定を通じて、保険引受の可否又は引受条件等を決定することが、保険制度の合理的かつ適正な運用に資するものというべきである。

加えて、当該情報は、被保険者の認識にかかわらず、客観的に存在すれば足りるというべきものである

Ⅲ-1 告知義務違反の成立要件

（主観的要件は、悪意又は重大な過失の有無で判断すれば足りる。）。
　これを本件についてみるに、被告主張の告知義務違反にかかる告知事項は、前記前提となる事実記載のとおりであり、いずれも、被保険者の生命に関する危険測定を総合的に判断するために必要不可欠な事実と認められるから、告知義務違反による解除の要件である「重要なる事実」に該当することは明らかである。
　②まず、悪意とは、害意や詐欺の意思を意味せず、ある事実の存在及びその重要性並びにこれを告知すべきことを知りながら黙秘又は虚偽陳述することをいうと解され、重大な過失によるとは、事実の重要性及びその告知すべき事の不知につき重大な過失があることをいい、具体的には、事実の存在は知っていたがその事実が重要な事実に属するものであることを知らないことに重過失がある場合及び事実の存在及びその重要性を知っていたがこれを告知しなかった点に重過失がある場合があると解される。
　そこで、本件において、亡Aに事実不告知に関する悪意又は重大な過失が存するかについて検討する。前記前提となる事実(5)記載の事実及び前記認定の事実によれば、以下のとおりの各事実が推定できる。
　亡Aは、本件生命保険契約を締結するまでにも、相当数の保険に加入しており、保険診査及びそれに伴う告知制度を知悉していた。本件告知書の体裁が前記認定のとおりであることから、亡Aとしても、告知書に示された注意事項を認識した上で、告知書記載の質問事項に回答を記載したはずである。上記告知日は平成14年3月16日であり、問題となる不告知事実のうち、本件質問3にかかる痛風については、亡Aは、同11年3月から治療を継続して受け、告知日の8日前の同14年3月8日にも投薬を受けていたものであり、本件質問7及び8イにかかる虚血心の疑い及び肝機能並びに脂質検査の結果については、いずれも、告知日の約10か月前に実施された訴外会社の定期健康診断によって示されたものであるところ、亡Aが自己の健康管理に相応の関心を持っていたことや、亡Aが原告に対し、健康診断でひっかかった項目があるとの話をしたことがあることからすると、亡Aは、上記健康診断の結果や判定内容を認識していたはずである。上記告知書において、本件質問8イの前提として、過去2年以内に健康診断・人間ドックを受けたことがあるかとの質問に対し、「うけた」に○を付して回答していることからすると、亡Aとしても、本件質問8イを回答するに当たっては、上記健康診断の結果を想起したと考えられる。
　これらの事実によれば、亡Aは、本件質問3、7及び8イについて、「いいえ」と回答することが、自らの認識に反して虚偽の事実を回答することは十分認識していたと認められる。
　この点、原告は、悪意又は重過失の対象である事実についても、前記「重大なる事実」に関する主張と同様に、被保険者に重過失が認められるのは、一般的に相当の死亡率となっている疾病として知られており、かつ被保険者の自覚症状もあり、被保険者が継続して医師の治療を受けている場合に限られるべき旨主張するが、告知義務の意義及び機能が、契約引受段階における危険予測のためであることは、前記2(2)で説示したところであり、このような告知義務の意義・機能に照らせば、解除原因としての事実不告知に関する悪意又は重過失を、原告主張のように限定的に解するのは相当ではなく、原告のこの点に関する主張も失当である。
　以上によれば、本件で被告が解除原因として主張する事実の不告知について、亡Aには悪意があったと認められる（神戸地裁姫路支部平成17年11月28日、平成16年(ワ)491号）。

●**参考判例**（神戸地裁平成17年9月6日判決、平成15年(ワ)第2990号）
　事　案　アルコール依存症ないしアルコール多飲に関する不告知
　争　点　アルコール多飲による疾病と告知義務違反
　[判　旨]
　　生命保険契約において告知の対象となる「重要ナル事実」（商法678条1項）とは、危険測定に必要な事実で、保険者がその事実を知ったならば、保険契約の締結を拒絶したか、少なくとも、同一条件では契約を締結しなかったであろうと客観的に認められる事実をいうと解される。
　　そして、告知は、本件生命保険契約主約款21条所定の書面（告知書）をもって行われ、同書面に記載された質問事項は一般的にすべて重要な事項と推定すべきものである。もっとも、記載されていない事項であっても、保険者が重要性を立証することで推定を覆すことは可能と解される。

…本件診査ないし本件生命保険契約の際に、被保険者はアルコール依存症ないしこれに準ずる疾病に罹患していたものと認めるのが相当である。…そうすると、具体的な病名はともかく、アルコールを数日間飲み続け、その後数日間寝込むことを繰り返していた事実、そのため病院を受診した事実、自分の力で飲酒量をコントロールできない事実、アルコールに関連して精神科を受診した事実については、危険測定のため必要な事実というべきであるから、少なくともその概要について、被保険者は、本件診査ないし本件生命保険契約の際に、診査医に対して告知すべきであったというべきである。
　…上記の告知義務違反について、被保険者に故意または重大な過失があったといえるかについて…D医師がアルコール依存症と記載したのはあくまでも紹介状であり、C医院ではアルコール多飲についての治療はなされていない。
　また、確かに被保険者はF医師からは周期性渇酒症と診断されているけれども、同医師は、飲酒の原因等について被保険者から聴取し、同人のストレス等の十分な意識化を図り、断酒することが望ましいことを説明して専門医療機関を紹介したにとどまった可能性もあり、周期性渇酒症の内容や、アルコール依存症等との異同等について説明し、被保険者がこれを正確に理解していたといえるかには疑問の余地がある（被保険者がEクリニックを受診したのは1日だけである。）。
　そうすると、被保険者が、本件診査ないし本件生命保険契約の時点で、自己がアルコール依存症ないし周期性渇酒症であることを認識し理解していたとはにわかに断定し難い。
　…症状について…被保険者はしばしばアルコール多飲に及んだが、常に寝込んでいたというわけではないし、被保険者の平成12年におけるC病院の受診は、アルコール多飲に直接関連したものではなく、肝機能についてのものが中心で、しかも、これについても特に大きな異常は認められていない。また、同年6月3日から同年11月2日までの間は、1度も受診しておらず、被保険者の健康状態にさほど問題がなかったことが推認される。そして、本件診査前3か月間（平成13年6月11日から同年9月11日まで）については、被保険者は、C医院を7回受診しているが、アルコールに関するものではなく、また、特に身体の異常が認められたわけでもない。
　そして、平成13年5月18日にアルコール多飲に及んで寝たきりとなったが、これは、本件診査から約4か月前のことである。…本件診査ないし本件生命保険契約までの時点で、被保険者は、アルコールに関連して、病院に入院したことはなく、アルコールに関する治療のため投薬や専門的なプログラムを受けたこともない。
　…本件診査の際の質問について…診査医が、本件診査の際、被保険者に対し、アルコール依存症ないしアルコール多飲に関連した質問をしたことを認めるに足りる証拠はない（乙12、13には、喫煙歴についての質問項目はあるが、飲酒歴についての質問項目はない。）。
　以上を総合すれば、前記告知義務違反について被保険者に故意または重大な過失があったことを認めるに足りない。
　以上のとおり、被保険者には「重要ナル事実」についての告知義務違反が認められるものの、故意も重大な過失も認められないので、同義務違反による解除は無効というべきである（神戸地裁平成17年9月6日判決、平成15年(ワ)第2990号）。

● **参考判例**（東京地裁平成17年12月9日判決、平成16年(ワ)1990号）
事　案　告知義務違反
争　点　①告知すべき重要な事実の該当性
　　　　　②悪意・重過失の有無
判　旨
　①商法678条1項に規定する、告知義務の対象となる重要な事実又は事項とは、保険者がその事実を知っていたならば契約を締結しないか、契約条件を変更しないと契約を締結しなかったと取引通念上客観的に認められるような、被保険者の危険を予測する上で重要な事実をいうものと解すべきところ、前記前提事実(2)のとおり、保険者は本件生命保険契約の約款において、告知は所定の書面をもって行うこととされているから、かかる書面（告知書）に掲げられた事項は、一般的にすべて重要な事項と一応推定されるもの

Ⅲ-1　告知義務違反の成立要件

と解するのが相当である。

これを本件についてみるに、前記前提事実(3)のとおり、本件告知書において、過去2年以内に健康診断・人間ドックを受けて、肝臓・尿検査等において、要精密検査、要治療などの異常を指摘されたことがあるかとの質問が掲げられているから、Aが平成13年10月27日の定期健康診断において「糖尿病要治療」、「肝障害要精検」との指摘を受けた事実(本件健康診断結果)は、まさに告知書で告知を求められた事項であって、重要な事実又は事項に該当するものと一応推定されることになる。しかも、糖尿病は合併症を伴うことが多く、場合によっては致命的にもなりうること、肝臓は人体内の新陳代謝の役割を担う、重要な臓器であり、肝障害は肝臓病の一種であることからすると(乙11、弁論の全趣旨)、被告が、Aから本件健康診断結果を告知されていたならば、Aがこれらの症状について精密検査や治療を受けていないことをも前提に危険評価を行うことになり、その結果、被告は本件生命保険契約を締結しなかったか、契約条件を変更した上でなければ本件生命保険契約を締結しなかったであろうと取引通念上客観的に認められるというべきである。

したがって、Aの平成13年10月27日の本件健康診断結果は告知すべき重要な事実に該当する。これに対し、原告は、前記のとおり、肝障害及び糖尿病とAの死因の胆管癌とは因果関係を有しないと主張するが、上記のとおり、告知義務の対象となる重要な事実か否かは、保険者がその事実を知っていたならば契約を締結しないか契約条件を変更しないと契約を締結しなかったと取引通念上客観的に認められるか否かによって判断するのが相当であるから、保険契約締結後に被保険者が死亡した場合において、その死因と告知されなかった事実との間に因果関係がある場合はもちろん、仮に事後的に因果関係がなかったことが判明したとしても、重要な事実又は事項でなかったことになるわけではないから、原告の上記主張は採用できない。

②そして、証拠によれば、Aは本件健康診断結果等が記載された健康診断個人票を自宅ないし勤務先において保管していたことが認められるから、Aはその内容を当然認識していたものというべきである。そうすると、Aが本件生命保険契約締結時にかかる事実を告知しなかったことについては、少なくとも重過失があったものということができる(東京地裁平成17年12月9日判決、平成16年(ワ)1990号)。

●**参考判例**(大阪地裁平成17年12月26日判決、平成16年(ワ)14613号)(大阪高裁平成18年5月12日判決、平成18年(ネ)158号)(最裁一小平成18年9月21日決定平成18年(オ)第1243号、平成18年(受)第1440号)

事　案　告知義務違反
争　点　①告知すべき重要な事実の該当性
　　　　②悪意・重過失の有無

判　旨

(**第一審**)　告知義務の対象となる「重要なる事実」(商法678条1項)とは、被保険者の生命の危険測定に影響を及ぼす事実、言い換えれば、保険者がその事実を知ったならば、契約を締結をしないか、また少なくとも同一の条件では契約の締結をしなかったであろうと客観的に認められるような事実をいい、かつ、保険者が保険契約締結に際して告知を求めた事項は、重要事実に当たると一応推定される。

これを本件についてみるに、上記認定のとおり、原告は、告知日の3か月前に健康診断を受け、肝機能につき再検査、脂質につき精密検査、腎機能につき要治療との検査結果が出て、今後更に精査、治療を要する旨の告知を受けていたというのである。そして、被告において、上記事実の告知を受けていれば、少なくとも原告との間で本件保険契約と同一の条件で契約を締結をすることはなかったであろうことは明らかであるから、上記事実が重要事実に当たることもまた明らかである。

そして、前記認定事実によれば、原告は、平成13年から平成15年の過去3年にわたり肝機能等の異常を指摘されてきたこと、平成15年の健康診断は告知日の3か月前であり、今後更なる精査、治療を要する旨が告げられていたことが認められるのであって、これらの事実に照らせば、原告が、本件保険契約締結に際し、肝機能等の異常があり、それらについて検査、治療を要することを告知しなかったことにつき、悪意(故意)又は少なくとも重大な過失があったというほかない。

これに対し、原告は、そもそも告知書の質問項目6を読んでいない旨を主張し、その本人尋問でこれに沿う供述をする（甲10の陳述書にも同旨の記載部分がある。）。

しかし他方、原告は、その前後の質問項目は読んだ上で回答を記入したというのであり、上記項目のみ読んでいないというのは不自然である上、後日告知書の写しが送付されているにもかかわらず、何ら異議を述べていないこと（前記認定事実及び弁論の全趣旨）などからすると、原告の上記主張は採用できない。

また、原告は、平成15年7月23日の健康診断について問診をした医師から「特に異常はない。」と言われたことが記憶にあったことから、告知日において、G医師から「悪いところがありましたか。」と聞かれたのに対し、「いいえ」と回答したものであるなどと主張し、その本人尋問でもこれに沿う供述をする（甲10の陳述書にも同旨の記載部分がある。）。

しかし、仮に原告が健康診断の担当医から上記のとおりの説明を受けたとしても、原告がそのような説明を受けたのは、健康診断の結果がまだ出ていない問診の段階であり、検査の結果を踏まえたものではないこと、原告は他方で、「健診の結果、悪いとの指摘があったことは認識している。」旨を供述していることからすると、この点に関する原告の主張も採用できない。

原告は、以上のほかにも、①G医師の告知日における診査は、本件約款27条所定の「会社所定の書面」による質問ではなく、口頭の質問にすぎない、したがって、質問自体が不明確であり、健康診断の結果について告知しなかったとしても重大な過失があったとはいえない、②被告ないしG医師が、そもそも告知義務の意義、重要性及びその効果について原告に十分な説明をしなかった、③保険契約募集時に健康状態の告知に関して保険業法違反に当たるとして、被告以外の保険会社に業務停止命令が発せられたこと（甲9の1・2，11）からすると、原告の重大な過失の有無の判断に際しても、このことは参酌されるべきである、などと主張する。

しかし、①については、G医師による診査が告知書を示しながらされたもので、これを補完する形で口頭で質問されたことを看過したものであり、その前提において誤りがあり、②については、その主張としての位置づけが不明確である上、これを認めるに足りる十分な証拠はなく、③については、原告自身、被告の保険契約募集行為（勧誘行為）自体を何ら問題にしていないものであり、原告の重大な過失の有無の判断に際し、他社に業務停止命令が発せられたことを参酌すべき合理的根拠は見出せない。したがって、原告の①ないし③の主張はいずれも採用の限りでない（大阪地裁平成17年12月26日判決、平成16年（ワ）14613号）。

（第二審） 上記認定事実によれば、控訴人は、平成13年から平成15年の過去3年にわたり肝機能等の異常を指摘されてきたこと、平成15年の健康診断は告知日の3か月前であり、今後更なる精査、治療を要する旨が告げられていたこと、にもかかわらず、控訴人は、本件質問事項6について、「いいえ」と回答したのであるから、この回答が、告知義務に違反したものであるというべきであるし、また、告知しなかったことについて、悪意（故意）又は少なくとも重大な過失があったといわざるを得ない。

これに対し、控訴人は、そもそも本件質問事項6を読んでいない旨を主張し、その本人尋問でこれに沿う供述をし、控訴人の陳述書〔証拠略〕にも同旨の記載部分がある。

しかし、上記認定のとおり、控訴人は、本件質問事項6の前後の質問事項は読んだ上で回答を記入したというのであり、そうであるとすると、本件質問事項6のみ読んでいないというのはいかにも不自然である。なお、確かに、本件質問事項6は、その質問回答形式が、やや複雑で読みにくい点のあることは否定することはできないが、読めばその内容が理解できないほど難解なものであるとはいえず、一般通常人であれば、十分理解可能なものであるといって差し支えないというべきである。

また、控訴人は、本件質問事項6に対する「いいえ」との回答は、G医師の質問に対する回答として記載したものであると主張している。しかし、本件質問事項6の回答欄に、「いいえ」と回答している以上、これは、本件質問事項6に対する回答以外ありえないというべきであり、控訴人の主張は理由がない。控訴人は、本件質問事項6に対する回答として「いいえ」と回答したのは、本件約款27条にいう「医師が口頭で質問した事項」に回答する趣旨で回答したとも主張しているが、上記認定の事実に照らすと、G医師の質問が本件質問事項6とは別の「医師が口頭でした質問」とは認め難いというべきであるし、本件約款〔証拠略〕によれば、「医師が口頭で質問した事項」については、その医師に「口頭により告知することを

Ⅲ-1 告知義務違反の成立要件

要」するとされていることを併せ考えると、G医師の口頭の質問に対する回答を、本件質問事項6に対する回答欄に記載したということは不可解というほかない。

また、控訴人は、平成15年7月23日の健康診断について問診をした医師から「特に異常はない。」と言われたことが記憶にあったことから、告知日において、G医師から「悪いところがありましたか。」と聞かれたのに対し、「いいえ」と回答したものであるなどと主張し、その本人尋問でもこれに沿う供述をし、控訴人の陳述書にも同旨の記載部分がある。

しかし、仮に、控訴人が健康診断の担当医から上記のとおりの説明を受けたとしても、控訴人がそのような説明を受けたのは、健康診断の結果がまだ出ていない問診の段階であり、検査の結果を踏まえたものではないこと、控訴人は他方で、「健診の結果、悪いとの指摘があったことは認識している。」旨を供述していることからしても、上記のような健康診断の結果で指摘された肝機能、脂質及び腎機能につき再検査・精密検査・要治療との検査結果や今後更に精査、治療を要する旨の告知を受けていることを告知すべきことは当然のことであることからすると、この点に関する控訴人の主張も採用できない。

控訴人は、以上のほかにも、①G医師の告知日における診査は、本件約款27条所定の「会社所定の書面」による質問ではなく、口頭の質問にすぎない、したがって、質問自体が不明確であり、健康診断の結果について告知しなかったとしても重大な過失があったとはいえない、②被控訴人ないしG医師が、そもそも告知義務の意義、重要性及びその効果について控訴人に十分な説明をしなかった、③保険契約募集時に健康状態の告知に関して保険業法違反に当たるとして、被控訴人以外の保険会社に業務停止命令が発せられたこと〔証拠略〕からすると、控訴人の重大な過失の有無の判断に際しても、このことは参酌されるべきである、などと主張する。

しかし、①については、上記認定のとおり、控訴人が本件質問事項6の回答欄にした「いいえ」との回答は、本件質問事項6に対する回答であり、G医師の口頭の質問による回答とはいえないのであるから、その前提において失当であり、②については、告知義務の意義及びその効果については、本件告知書や事前に受け取っていた「特に重要なお知らせ」と題する書面〔証拠略〕に記載してあり、その内容は、一読すれば理解できるものであるから、被控訴人ないしG医師が十分説明しなかったとはいえないし、③については、控訴人自身、被控訴人の保険契約募集行為(勧誘行為)自体を何ら問題にしていないものであり、控訴人の重大な過失の有無の判断に際し、他社に業務停止命令が発せられたことを参酌すべき合理的根拠は見出せない。したがって、控訴人の①ないし③の主張はいずれも採用の限りでない(大阪高裁平成18年5月12日判決、平成18年(ネ)158号)。

(**最高裁**) 上告棄却、上告不受理(最裁一小平成18年9月21日決定平成18年(オ)第1243号、平成18年(受)第1440号)。

●**参考判例**(東京地裁平成18年3月28日判決、平成17年(ワ)19856号)
　事　案　告知義務違反
　争　点　告知の有無、故意又は重大な過失の有無
　判　旨

本件対象事実は、被告が質問し、告知を求めた事柄に該当するから、保険契約者かつ被保険者である原告には被告に対する告知義務がある(本件約款第20条)。この点、原告は、直ちに治療を受けなければならない障害ではないと主張し、本件疾患等が手術を要した肝細胞ガンと直接関係がない旨主張するが、告知義務を否定することはできない。治療の有無と告知義務とは関係がないし、因果関係については、本件約款第21条第3項によれば原告に立証責任がある。なお、乙4によれば、C型肝炎、肝硬変から肝ガンへ移行したものと認められる。原告は、契約申込書裏面の健康状態に関する質問に関し、「はい」に丸印をして告知したかに陳述するが、特記事項欄には高血圧、乾せんを記載するのみであり、したがって被告からの記入漏れの指摘も高血圧についてしかなされず(乙2の2)、原告は、差し替え後の契約申込書裏面にも丸印はしたものの、特記事項には高血圧と乾せんのみを記載しているのであって、これら丸印の記載をもって本件対象事実の告知をしたとすることはできない。原告が、被告の書面による質問(契約申込書裏面)に対し、同書面で本件対象事実を告知していないことが認められる。なお、他の方法で告知した事実を認

めることもできない。前記1(2)のとおり、原告は、本件対象事実を本件契約前に認識していた事実が認められる。原告は、C型慢性肝炎、肝硬変、肝細胞ガンと病状が進行するとの知識はなかった旨主張し、これに沿う陳述やC型肝炎ウイルスの陽性反応がツベルクリン検査と同様と考えたなどと陳述をし、又、治療を受けていた疾患は告知した旨陳述するが、前記事実を知りながら告知しなかったのであるから故意に欠けることにはならない。なお、前者の主張は、その内容が特別専門的なものではないこと、C医師が説明をしていないとは考え難いことなどに照らしても信用できない。原告は、後者の主張のほか、特記事項という小さな空欄にどこまで書くのか素人判断では、病名か特別な障害程度と思うなどと弁解するが、これらは当該事実を認識していたことを認めた上で、記載する義務があるか否かの法的判断につき、被告に確認することもないまま都合の良い判断をした程度の弁解にすぎないし、また、治療の有無が区別の基準でないことは契約申込書裏面の記載から明白であり、原告に対し、C型肝炎及び肝硬変なる病名が告げられていたことは前記1のとおりである。

　原告が、本件契約時に、本件対象事実を認識しており、それにもかかわらず告知しなかったのであって、被告に対し、本件対象事実を故意に告知しなかったというべきである（東京地裁平成18年3月28日判決、平成17年(ワ)19856号）。

●**参考判例**（東京地裁平成18年5月31日判決、平成16年(ワ)15673号）
　　事　案　告知義務違反
　　争　点　告知すべき事項について告知しなかったものの、他に告知を行っていた疾病の治療の副作用であると誤解していた可能性がある場合における重過失の有無
　　判　旨

　前記イのとおり、①ないし④の事実中、亡Aが洞不全症候群に罹患していた事実及びこれに対する検査、診察及び治療を受けた事実を告知しなかったことは告知義務違反である。

　しかしながら、まず、上記告知義務違反が亡Aの故意によるものであることを認めるに足りる証拠はない。

　次に、上記告知義務違反の重過失の有無について検討するに、前記1認定事実によれば、（ア）亡AはD病院の担当医から洞不全症候群との病名を明確に告知されたか否か証拠上明らかではないばかりか、C病院の担当医は、亡Aに対し、「徐脈を悪化させるテノーミンを中止して、徐脈が回復するかを数日間観察します。徐脈が改善しなければ、ペースメーカー植え込みを考えた方がいいでしょう。」との、あたかも徐脈がテノーミンの副作用であるとの誤解を招きかねない説明を行い、かつ、現にテノーミンの服用中止によりいったんは徐脈の症状が消失していることからすれば、不動産業を営み医学的には十分な知識はないと推認される亡Aが、徐脈や洞不全症候群が高血圧の治療薬であるテノーミンの副作用であるかのごとき誤解をしていたと推認され、したがって、亡Aは、高血圧症について告知すれば告知義務を果たしたと誤解していた可能性を排除できない。さらに、（イ）上記（ア）の誤解は、担当医が亡Aに対し洞不全症候群の病名や具体的な症状について十分な説明をしなかったことに起因する可能性が否定できないばかりか、洞不全症候群の予後は、一般に、房室ブロックよりも良好とされ、5年生存率は80パーセント以上であり、亡Aの洞不全症候群も、診断当初はテノーミンの服用をわずか1日中止しただけで徐脈の症状が消失した軽微な症状であったことからすれば、亡Aが洞不全症候群の症状を深刻なものではなく単にテノーミンの服用を中止すれば治癒する症状であるとの誤解をしたことも無理からぬ点がある。加えて、（ウ）そもそも上記洞不全症候群と亡Aの死因である原発性アミロイドーシスとは全く別の疾病であり、かつ、原発性アミロイドーシスが洞不全症候群から発症することはないところ、この点に関しては、被告支払査定チームすらも、別紙3第3項のとおり、亡Aの原発性アミロイドーシスが洞不全症候群によらないとは判断できないとの誤った見解を原告らに示していることからすれば、亡Aがこれらの疾病について誤解していたとしても非難できないこと、からして、亡Aの告知義務違反には過失はあったとしてもその過失が重大とまではいえない（東京地裁平成18年5月31日判決、平成16年(ワ)15673号）。

Ⅲ-1 告知義務違反の成立要件

●**参考判例**（福岡地裁小倉支部平成18年7月7日判決、平成17年（ワ）571号）（福岡高裁平成19年11月8日判決、平成18年（ネ）第685号、事例研レポ225号9頁、事例研レポ240号1頁）

事　案　告知義務違反

争　点　①健康診断等において、「要再検査」、「要精密検査」、「要治療」、「要管理」、又は「要観察」と判定された事実はそれぞれ告知すべき重要な事実に当たるか
②健康診断で異常指摘を受けた後、告知時には体質改善が進んでいた場合における重過失の有無
③告知が真実かの調査義務の有無
④表示した以外の理由での解除の可否

判　旨
（第一審）
1　争点①について
　保険事業は給付反対給付均等原則にしたがい、個々の保険契約の危険度に応じて保険料負担を求め、また、一定以上の危険度を超える場合には保険を引き受けないという基本原理に基づいて営まれているところ、生命保険契約においては、一般に、危険度に関する情報が保険契約者側に偏在しており、保険者としては情報入手のために保険契約者側からの自発的な告知を受けることが不可欠であることから、商法及び本件約款のような保険約款は、保険契約者又は被保険者に対し、保険者に対する重要な事実の告知義務を課しているのである。このような法の趣旨に照らせば、商法678条1項本文にいう「重要なる事実」ないし本件約款にいう「事実」とは、保険者がその事実を知っていたならば保険を引き受けなかったか、少なくとも同一条件では保険を引き受けなかったと認められるような事実をいうと解すべきである。
　そこで、本件不告知事実が商法678条1項にいう「重要なる事実」ないし本件約款にいう「事実」に当たるか否かについて検討するに、前記前提事実のとおり、本件告知書の質問事項の第6項には「過去2年以内に健康診断・人間ドックを受けて・・・（中略）・・・検査の異常（要再検査・要精密検査・要治療を含みます。）を指摘されたことがありますか。」と記載されているところ、上記質問事項は保険者である被告が作成したものであり、保険契約の危険度の判断に必要な事項であることが推認されることや、健康診断等において、「要再検査」、「要精密検査」又は「要治療」と判定された場合、そのことは、被検者に生命の危険をもたらす重大な疾病の症状や、兆候が現れている可能性があることを示していることに照らすと、少なくとも、過去2年以内の健康診断等において「要再検査」、「要精密検査」又は「要治療」と指摘されたことがあることは、商法678条1項にいう「重要なる事実」又は本件約款にいう「事実」に該当するというべきである。
　そうすると、本件不告知事実のうち、Aが、平成13年健康診断においては、腎機能・泌尿器について「要精密検査」の判定を受けたこと、及び、平成14年健康診断において、糖代謝、腎機能・泌尿器、血清判定について「要精密検査」と、肥満度について「要治療」とそれぞれ判定を受けたことは、いずれも本件保険契約の締結の際に被告に対し告知すべきであった「重要なる事実」ないし「事実」に当たると認められる。
　他方、Aは、平成13年健康診断において、血圧について「要管理」、肝機能について「要観察」と、平成14年健康診断において、血圧及び脂質代謝について「要管理」と、肝機能について「要観察」との判定を受けたが、「要観察」とは、経過観察を要する程度の所見がある場合であって、これをもって直ちに異常所見とまでいうことはできず、また、「要管理」は、異常所見ではあるものの、医師による観察・指導が必要な程度の所見にとどまっており、直ちに治療や再検査を要するほどの程度のものではないこと（甲6）からすると、本件不告知事実のうち、本件各健康診断において「要観察」又は「要管理」との判定を受けたにとどまった項目については、本件保険契約締結の際に被告に対し告知すべきであった「重要なる事実」ないし「事実」には該当しないと解される。
　②前記前提事実のとおり、Aが本件各健康診断を受けたのは、本件保険契約締結の約1年前及び約2年前と、それほど時間が経っているわけではないこと、Aは、平成14年健康診断後、減量等の体質改善を図っていることに照らすと、Aは、本件保険契約の締結の際、本件各健康診断を受け、その際、異常所見があったことを認識していたことが推認される。しかし、他方で、上記認定事実のとおり、Aは、本件各健

康診断の際に判定された異常所見に起因する重大な疾病には罹患しておらず、本件各健康診断の際、異常所見があると判定されたことがあったことをあえて隠す必要があったとは考え難いこと、実際、Aは、本件告知書に記載された健康診断・人間ドックを受けたかどうかという質問事項について、「健診・ドックをうけていない」との回答欄には○を付けておらず、健康診断を受けたこと自体を隠す意図を有していたとは見られないことからすると、Aが、本件保険契約締結の際、被告に対し、本件各健康診断において異常所見があるとの判定を受けたことを、故意に告知しなかったとまでは認められない。

　また、前記前提事実、上記認定事実及び原告本人尋問の結果によれば、Aは、本件各健康診断の結果、血圧や腎機能・泌尿器等について「要精密検査」等の判定がなされた原因は、肥満にあると考えていたと認められること、Aは、そのため、減量等の体質改善に取り組んでその成果を出し、本件保険契約締結のころには、体重を標準体重にまで落とし、血圧等も正常範囲内となり、尿蛋白・尿潜血等、腎機能・泌尿器等の異常を示唆する所見も見られなくなったことからすると、Aは、本件保険契約の締結に当たっての問診等の際、肥満等の改善に伴い、本件各健康診断の際に異常所見があると判定された原因は完全に解消されたと考え、もはや上記事実の重要性は完全に失われたと考えていたことが窺われる。また、Aは歯科医師であり、医学に関する専門知識は通常人に比べて豊富にあると考えられるものの、保険の知識は通常人とさほど変わらないと考えられることからすると、Aが本件各健康診断の際に異常所見があると判定されたことの重要性は失われたと考え、本件各健康診断の際に、どの項目についてどのような判定がなされたのかを思い出すなどして、そのことを被告に告知しなかったことについて、重大な過失があるとまでは認められない（福岡地裁小倉支部平成18年7月7日判決、平成17年(ワ)571号）。

（第二審）　(1)ア本件質問事項は、保険契約の申込みをした者に対して、健康診断の結果等を尋ねるものであるが、その中で「要再検査・要精密検査・要治療を含みます」との注釈が付されていることからすれば、本件各健康診断における判定レベルのうち、「C」、「V」、「W」が本件質問事項における「異常」に該当すると解するのが相当である。同様に、本件質問事項では、対象となる臓器や検査内容を限定しているのであるから、これらの臓器や検査につき異常な結果が出た場合に限り、告知義務が生ずるものと解される。

　そして、控訴人は、被控訴人と保険契約を締結するか否か、又はその契約内容を判断するために、本件告知書への回答を要請したものであるが、健康診断等における異常は、将来の保険事故発生に対する危険因子となり得るものであるから、本件質問事項は、控訴人において、保険期間内における保険事故発生の危険性の有無・程度を適切に判断する上で必要かつ合理的な内容といえる。

　しかして、Aは、本件各健康診断において、腎機能・泌尿器（腎臓に関するもの）や、糖代謝、炎症反応及び血清判定（いずれも血液検査によるもの）に関して「W」の検査結果が出ていたにもかかわらず、そのような事実はない旨告知したのであるから、告知義務違反があったものといわざるを得ない。

　イ　また、Aは、本件各健康診断において、腎機能・泌尿器については2年続けて「W　要精密検査」とされていた上、平成14年健康診断では、これに加えて、糖代謝、炎症反応及び血清判定が「W　要精密検査」とされ、平成13年健康診断に比して該当項目が増加したのに、これらの事実がない旨告知したのであるから、上記告知義務違反の程度は決して軽いとはいえない。

　本件約款28条1項では特約部分に関する契約の一部解除についても規定されているところではあるが、上記告知義務違反の程度に照らすと、本件保険契約全体を解除されてもやむを得ないというべきである。

　(2)本件保険契約は、保険期間が終身又は10年間に及ぶものであるところ、健康診断等における検査結果の異常が、その時点では、生命に対する直接的な危険を及ぼす程度にまで達していない場合であっても、やや長期的にこれをみれば、生命に対する危険因子となることがあり得ることは明らかであるから、「生命に関する危険測定のための重要な事実」であるものというべきである。そうであれば、これを保険契約締結の当否及びその内容の判断要素とすることは合理的である。

　また、被控訴人は、Aは平成14年健康診断の後、体質改善を行い、体重を減らし、血圧を要観察のレベルにまで下げ、尿蛋白、尿潜血ともに正常化していたのであるから、これらは告知の対象としての重要性を失っていた旨主張するけれども、控訴人は、本件告知書に対する回答内容を考慮して、独自の観点から被控訴人の契約申込みに応じるか否かを選択することができるのであるから、平成14年健康診断の後に上記検査結果に改善がみられたからといって、上記(1)の判断が左右されるというものではない。

Ⅲ-1 告知義務違反の成立要件

2 争点②について
(1) Aは、本件各健康診断において2年続けて「W」の検査結果が出ており、逐次その通知を受けていたのであるから、本件申告書に記載した当時、これらの事実を失念していたとか、その重要性を認識していなかったなどということは到底考えられず、この点について悪意であったものと認めるのが相当である。
(2) この点について、被控訴人は、本件質問事項は、過去2年以内の健康診断等における検査結果という客観的事実について質問しているのであって、その検査結果や現在の健康状態に対する自己評価について質問しているわけではないから、上記主張はそれ自体失当というべきである。また、仮に、Aにおいて、既に体質改善がなされたことなどの理由により、本件各健康診断の結果を告知する必要がないものと誤信していたという趣旨の主張であると解したとしても、そうであれば、本件各健康診断の結果は結果として告知した上で、体質改善の成果についても申述すべきであるから、そもそも上記のような誤信をしたこと自体について重大な過失があるものといわなければならない。したがって、いずれにしても被控訴人の上記主張は理由がない。
3 争点③について
本件約款27条、28条1項は、控訴人において、保険契約締結の当否やその内容を判断するのに必要な情報が保険契約者又は被保険者に偏在しており、これを適切に判断するためには、保険契約者又は被保険者の自発的な告知を受けることが不可欠であることを考慮した規定であると解されるところ、かかる趣旨に照らせば、上記条項では、控訴人において、保険契約者又は被保険者の自発的な情報提供が真実であることを前提として上記判断をすることが当然に予定されているものといえる。
そして、同様の趣旨に基づく告知義務の設定は、商法678条1項においても規定されているのであるから、商法上も、保険会社において、上記の前提の下で保険契約締結の当否等の判断をすることが許容されているものと解される。
そうすると、控訴人には、本件保険契約を締結するに当たり、Aの本件質問事項に対する回答が真実に合致するものか否かを殊更に調査すべき義務はないというべきである。
4 争点④について
被控訴人は、本件訴訟において、控訴人が本件解除の際に挙げた解除原因以外の事実を主張することは許されないと主張するが、本件約款や商法上このような制限は設けられておらず、かつ、本件保険契約締結の際、このような制限を設ける旨の合意があったことを認めるに足りる証拠はない（福岡高裁平成19年11月8日判決、平成18年(ネ)第685号、事例研レポ225号9頁、事例研レポ240号1頁）。

●**参考判例**（広島地裁平成18年7月28日判決、平成17年(ワ)841号）
　事　案　告知義務違反
　争　点　健康診断における精密検査受検の指示は告知すべき重要な事実に当たるか
　判旨

本件質問の文理解釈によれば、過去1年以内に健康診断を受けた結果、要再検査、要精密検査又は要治療のいずれか1つに該当していれば、同項の「事実」に当たる。原告らは、本件質問の内容に照らせば、同条2項「事実」に当たるのは、健康診断を受けて、要再検査、要精密検査及び要治療全ての指摘を受けた場合である（と解釈する余地がある）と主張するものの、採用できない。

原告らは、本件質問の「臓器や検査の異常」という文言について、意味の解釈を伴うから、その解釈に不明瞭、不明確な部分があるという趣旨の主張をする。しかし、同文言に続いて、「（要再検査・要精密検査・要治療を含みます）」との文言が付記されているから、原告らの上記主張は採用できない。

以上のとおり、本件質問の文言を踏まえた本件約款23条2項の「事実」の解釈及び当てはめに、不明瞭、不明確な部分があるとはいえない。

本件告知書を提出した日が平成15年6月9日であること、亡Aが平成14年8月19日に健康診断を受診し、精密検査受検の指示を受けたこと、これを受けて、亡Aが、同月30日に心臓超音波検査を受検したことは、争いのない事実等(5)イ項のとおりである。以上の事実は、「過去1年以内に健康診断・人間ドックを受けて、要精密検査という臓器や検査の異常を指摘された」ことに当たるから、本件約款23条2項「事実」に

当たる。

　原告らは、上記心臓超音波検査の結果は以前の検査結果と変わらず、亡Aにも自覚症状がなく、経過観察の指示がなされただけであったこと、本件告知書による告知当時も日常生活に支障がなかったことなどを主張するものの、そのような事実があったとしても、上記判示に影響を与えるものではない（広島地裁平成18年7月28日判決、平成17年（ワ）841号）。

●**参考判例**（東京地裁平成18年2月24日判決、平成15年（ワ）29845号）（東京高裁平成18年8月8日判決、平成18年（ワ）1761号）

　事　案　告知義務違反
　争　点　①高血圧症は告知したものの肝臓疾患について告知していない場合の告知義務違反該当性
　　　　　②生命保険面接士に口頭で告げることは告知に当たるか

　判　旨

（第一審）証拠（乙5の1, 5の2, 乙4の1, 4の2）及び弁論の全趣旨によると、Aは、平成6年6月ころから、C型肝炎による投薬治療を受けており、平成11年の1年間をみても、月平均5日程度の割合で通院し、G医師の診察を受けていたこと、Aは、平成11年9月27日に被告保険面接士による立ち会いの下に記載した告知書（乙4の1）中の「過去5年以内に、下記の病気で、医師の診察・検査・治療・投薬を受けたことがありますか」との質問に対し、「オ肝臓・胆のうの病気　肝炎・肝硬変・肝機能障害・胆石・胆のう炎」の対応部分に「いいえ」と答えていること、上記告知書中、病名、受診・検査時期、治療・入院期間等を記載する欄に、自筆で高血圧と診断されて投薬を受けている旨記載していながら、肝臓疾患についてはふれていないこと、上記告知書は、J組契約の申込に際しても使用されたこと、以上の事実を認めることができ、そうすると、Aには、J組契約申込に際し、告知義務違反があったものと認めることができる。

　この点、原告は、Bに対し、AのJ組契約申し込み前に、Aが高血圧であること及び肝臓疾患のため通院していることを告げており、また、Aも、面接士に対し、血圧が高く投薬治療を受けている事実及び肝臓疾患を患っている事実を告げている旨主張し、これに沿う証拠（甲7, 9, 10, 証人D, 原告本人）もあるが、これらの証拠には客観的裏付けがなく、また、Aが被告保険面接士に肝臓疾患を告げたのなら、なぜ被告保険面接士がその旨記載するよう助言しなかったのか疑問であるし、Aも高血圧について自筆で告知書に記載しているのに対比して、なぜ肝臓疾患については記載しなかったのか疑問であることも勘案すると、そのまま採用することはできない。また、B及びAの面談を行った被告保険面接士が告知受領権を有する者であると認めるに足る証拠はないから、仮にAがBあるいは被告保険面接士に肝臓疾患を告げていたとしても、被告に対する告知にはならないというべきである（東京地裁平成18年2月24日判決、平成15年（ワ）29845号）。

（第二審）〔証拠略〕以上に認定の諸事実に照らすと、原判決も説示するとおり、Aは、平成6年6月からC型肝炎に罹患して通院治療を受け、平成11年9月には、F病院において4回にわたり受診していたのであるから、AがC型肝炎で通院していることを告知すべきことは明らかであるにもかかわらず、上記告知書において、高血圧と診断されて投薬を受けている旨を記載して申告しながら、C型肝炎に罹患していることを申告していないのであるから、このことをもって、Aが、〔番号略〕組契約申込に際し、告知書に記載すべき事項を記載せず、告知義務に違反したものというほかはなく、他にAにおいて肝臓疾患について告知しなかったことをやむを得ないとする特段の事情もうかがえない。

　もっとも、控訴人は、Aも、控訴人も、B又はH面接士に対し、Aが肝臓が悪いことを告げていたのであり、B又はH面接士が被控訴人の履行補助者であるから、履行補助者に告知があった以上は、被控訴人は、信義則上、告知義務違反を主張し得ないと主張する。

　しかしながら、A自身が、前記告知の面接に際して、高血圧症については告知しているものの、肝臓疾患に関して記載していないことは既に説示したとおりであり、H面接士が、Aから聴き取ったことを告知書に記載し、Aもその記載内容について確認していることがうかがわれることに加えて、上記告知制度が、生命保険契約の申込みに際して、その事前審査の一環として、保険契約者本人又は被保険者本人に対し、

Ⅲ-1 告知義務違反の成立要件

過去又は現在の病歴等に関する質問事項に回答を求めるものであって、その事柄の性質上、保険契約者本人又は被保険者本人が自ら回答し、かつ、本人の告知した内容に従って告知書が作成されることが重要であり、その記載内容が第一に重視されるべきものであることをも併せて考慮すると、控訴人の主張に沿う証拠（〔証拠略〕、証人D、控訴人）のみでは、控訴人の上記主張を認められず、他に控訴人の主張を認めるに足りる証拠はない。

そのほか、本件全証拠によっても、告知義務違反を理由とする被控訴人による解除について、信義則に違背することをうかがわせる事情も認めるに至らない（東京高裁平成18年8月8日判決、平成18年(ワ)1761号）。

●**参考判例**（鹿児島地裁川内支部平成18年8月24日判決、平成17年(ワ)35号）
事　案　告知義務違反
争　点　①B型肝炎の治療のため投薬を受けていた事実は告知すべき重要な事実に当たるか
　　　　②重過失の有無

判　旨
①商法678条1項は、「保険契約ノ当時保険契約者又ハ被保険者カ悪意又ハ重大ナル過失ニ因リ重要ナル事実ヲ告ケス又ハ重要ナル事項ニ付キ不実ノ事ヲ告ケタルトキハ保険者ハ契約ノ解除ヲ為スコトヲ得」と定めているところ、本件約款16条①の規定は上記商法の条文を約款に明記したものと認められる。

上記の告知を要する「重要な事実」とは、保険事故発生の危険率の測定に関する重要な事実、すなわち、保険者がその事実を知ったならば、保険契約の締結を拒絶したか又は少なくとも同一条件（特に同一保険料）では契約を締結しなかったであろうと客観的に考えられるような事情をいうと解するのが相当である。

ところで、Aが罹患していた慢性B型肝炎は、放置すると肝硬変、肝癌へ進展することがあるものであり（前記1(1)）、枢要な臓器に関する重大な疾病であるというべきである。

したがって、Aが、被告の診査医に対し、「最近1週間以内で、からだにぐあいの悪いところがありますか。」、「最近3カ月以内に、医師の診察・診査・治療・投薬をうけたことがありますか。」、「最近5年以内に、病気やけがで、7日間以上にわたり、医師の診察・検査・治療・投薬をうけたことがありますか。」との問いに、いずれも「はい」と答えた上、診査医の質問に対し（診査医は、上記問いに「はい」との回答があれば、さらにその詳細について質問していたはずである。）、Aが慢性B型肝炎の診断を受け、これに対する治療薬であるプロルモン及び小柴胡湯の投薬を継続的に受けていた事実を告げていれば、被告としては、C内科から事情を聴取する手続をとり、その結果、同内科におけるAの受診・治療・検査等の状況を知ることができ、Aの病状について正確な情報を入手した上で本件契約を締結するか否かを判断したはずであることが十分推認され、そうであるとすると、被告は本件契約の締結を拒絶していたか、少なくとも同一条件では契約を締結しなかったものと認めるのが相当である。

以上によれば、Aが慢性B型肝炎に対する治療薬であるプロルモン及び小柴胡湯の投薬を継続的に受けていた事実は、告知を要する「重要な事実」に該当するものというべきである。

②また、上記のとおり慢性B型肝炎が枢要な臓器に対する重大な疾病であることは、半ば常識に属する事柄であるし、少なくとも同疾病に罹患している者であれば当然知っているはずであるから（前記認定の治療経過に照らし、Aに病識があったことは明らかである。）、上記重要な事実を告知しなかったことにつき、Aには少なくとも重大な過失があったものと認めるのが相当である。

この点、原告は、Aは平成4年に罹患した急性B型肝炎の予後をみるためにC内科に通院していたに過ぎず、経過も良好であり、平成8年8月12日以降は通院していなかったし、診査医に対し急性B型肝炎罹患については告げている以上、Aが上記投薬の事実について本件契約締結に際して重要性の乏しいものと判断することも当然であるといえることや、慢性B型肝炎と急性B型肝炎につき一般人が明確な違いを認識しているわけではないことなどを根拠として、Aには故意又は重大な過失がなかったと主張する。しかし、①急性B型肝炎が治癒した場合、終生免疫を獲得し再びB型肝炎ウイルス（HBV）に感染することはないから（前記1(1)）、一過性の急性肝炎の「予後をみるため」というのであれば、継続的にしかも長期間にわたり医師から投薬を受ける必要などないはずであること、②Aが、平成8年3月23日のC内科の

初診時において、既に慢性Ｂ型肝炎の病名を認識していたこと、③同年６月12日における検査数値も、投薬等の治療の結果、いくらかの改善がみられるものの、データ的には肝硬変の状態であり、慢性Ｂ型肝炎そのものが治癒していることを示すものではなかったこと、④同年８月12日以降はＡ自身が医師の診察を受けていなかったものの、Ａの状態はまさに投薬治療の必要性のある慢性Ｂ型肝炎であり、Ａもそのことを認識していたからこそ、約６年間もの長きにわたりプロルモン及び小柴胡湯の服用を継続していたといえること、⑤告知時において、仮にＡが急性Ｂ型肝炎と慢性Ｂ型肝炎の違いを明確には認識していなかったとしても、約10年も前の急性Ｂ型肝炎罹患の事実をあえて告げながら、現に慢性Ｂ型肝炎に対する投薬を継続的に受けている事実を告げないというのは極めて不自然であること等に照らし、この点に関する原告の主張は採用することができない。

　また、原告は、本件契約締結当時、原告は他社との間でＡを被保険者とする生命保険契約を締結していたところ、被告の勧誘員に勧められて、従前の契約を解約して、被告との本件契約を締結することとしたものであり、仮に従前の契約をそのまま継続していれば、原告は何ら問題なく同契約による保険金を受領できたものであるから、Ａが事実を意識的に隠して本件契約を締結する必要はなかったとも主張するが（訴状７項）、そのような事情は、告知義務違反についての判断を何ら左右するものではない（鹿児島地裁川内支部平成18年８月24日判決、平成17年(ワ)35号）。

●**参考判例**（大阪地裁平成18年９月12日判決、平成17年(ワ)3304号）
　事　案　告知義務違反
　争　点　①告知書の質問事項における「現在」の意味
　　　　　②６か月前からの下痢や血便等の症状によりＳ状結腸の内視鏡検査を勧められていたという事実は告知すべき重要な事実に当たるか
　　　　　③重過失の有無

判　旨

　①被告は、原告が平成15年７月22日の診察で本件検査の受検を勧められていたにもかかわらず、平成16年２月６日、本件告知書４項の「現在、医師により診察・検査・治療・入院・手術を勧められていますか、あるいは、経過観察中ですか。」との質問に対し「いいえ」と回答したことは、不実の告知に当たると主張する。

　約款に基づく告知書は、保険について専門的知識を有しない一般の保険契約者等に、ある事実が商法678条１項の「重要な事実」、すなわち保険者をして被保険者の生命、身体に関する危険性を測定するために必要な事実であるか否かを判断させることは困難であることに鑑み、保険者が専門家として一般的に上記危険性の予測に必要な重要事実を予め類型化した質問事項を記載した告知書を作成し、保険契約者等にこれに回答させることにより、保険契約者等の告知範囲の判断の負担を軽減するとともに、保険者が被保険者の生命、身体に関する危険性を容易に測定するためのものであると考えられる。すると、告知書における個々の質問事項の意味内容については、当該質問事項の文言はもちろんのこと、さらに告知書全体の文理や構成を考慮して、保険について専門的知識を有しない通常人がどのような理解をするのが一般的であるかという観点から合理的に解釈することが相当である。

　なお、「生命保険面接士面接の手引き」は、生命保険面接士向けに作成されたものであり、保険契約者等は告知時においてその内容を知り得ないものであるから、これを告知書における質問事項の解釈の基準とすることは相当でない。

　そこで検討するに、証拠（乙３の１）によれば、本件告知書２項の質問事項は「現在を含め最近３カ月以内に、下記のような症状、または身体の変調はありますか。」というもので、「血便」が列挙事項の一つとして挙げられており、さらに同３項の質問事項は「現在を含め最近３カ月以内に、医師の診察・検査・治療・投薬を受けましたか。」と記載されていることが認められる。これらの文理によれば、本件告知書２項及び３項の質問事項における「現在」は「最近３カ月以内」に含まれることが明らかであって、「現在」という文言は「最近３カ月以内」よりも短い期間を意味していると理解するよりほかはない。そうであれば同じ告知書に示された４項の質問事項の「現在」についても同一意義に理解するのが通常の読み方であ

Ⅲ-1 告知義務違反の成立要件

ると考えられる。

このような本件告知書の文言や構成に照らすと、同4項の質問事項の「現在」との文言は、「最近3カ月以内」よりも短い期間を意味すると解釈することが相当である。

そして、原告が本件検査を勧められたのは本件告知の時点から6か月以上前である平成15年7月22日であるから、本件告知書4項の「現在」には該当せず、原告が同日に本件検査を勧められたことを告知しなかったことが本件告知書の告知義務条項に違反すると認めることはできない。

この点、被告は、もし期間のみで判断することとなれば、医師の指示に従わずに診察等を受けない者は告知義務違反を免れることになり、保険契約者間の公平を害することになると主張する。しかし、被告の主張によれば、いったん医師により検査を勧められた以上、検査を受けるまでは半永久的に「現在」医師により検査を勧められている状態が継続することになるが、このような解釈が相当であるとは到底考えることはできない。そもそも前記のとおり、本件告知書の文理・構成に従えば、一般的に、本件告知書4項の「現在」とは、最近3カ月以内よりも短い期間であると理解されるところである。告知時点より相当以前の医師による勧告も含まれるという一般の理解と異なる趣旨であるならば、その点を示すことでたやすく保険契約者の誤解を防ぐことができるが、そのような記載はない。

また、後記のとおり、一般に告知書には特別の効力が認められ、告知書に記載されている事実は、原則として商法678条の重要事項として扱われるのであるから、保険契約者の理解をおろそかにするものであってはならない。仮に被告の主張するところが本件告知書の真意であるとするならば、被告は、告知書の上記効力から生じる利益を受けつつ、誤導的ともいえる記載の仕方をしていることになるが、かかる記載によって生じる危険を保険契約者等に負担させることができないこともいうまでもない。

②商法678条1項の「重要な事実」とは、保険者が被保険者における保険事故発生の危険性を予測する上で必要な事実であって、保険者がその事実を知っていたのであれば、保険契約を締結しなかったか、少なくとも同一の条件では締結しなかったと保険取引の通念上客観的に認められるようなものをいうと解される。

これを検討するに、基礎となる事実(2)ア、イによれば、原告は、平成15年7月21日の時点で本件症状を自覚しており、B病院の医師から大腸検査を勧められてC病院を紹介され、さらに同月22日には同病院の医師により本件検査を勧められていったんは予約しながら、自己の判断により予約をキャンセルし、結局は検査を受けなかったというのである。本件症状が発現し、かつ血便の症状は大腸に関する癌等の重大な疾病があることを疑わせるに足りる性質のものである（乙9、10、25）にもかかわらず、本件保険契約の申込者が医師により勧められた検査を受けないまま放置していることは、保険契約の危険性を判断する上において、とりわけ重要な情報であるというべきである。そして、本件症状の発現が本件保険契約の申込みの時点から約6か月前という比較的近接した時期の出来事であることも斟酌するならば、上記の事情は保険者をして、本件保険契約の申込みの時点で原告が大腸に関する重大な疾病に罹患している可能性があるとの懸念を抱かせるに足りる事実に当たるということができる。

したがって、基礎となる事実(2)の事実は、保険者が被保険者における保険事故発生の危険性を予測する上で必要な事実であって、保険者がその事実を知っていたのであれば、保険契約を締結しなかったか、少なくとも同一の条件では保険契約を締結しなかったと保険取引の通念上客観的に認められるような事実に当たるということができ、商法上の重要事実に当たるということができる。

③(1)ア 基礎となる事実によれば、原告は、妻からしばしば保険への加入の話を持ちかけられたが「病気もしてないのに必要ない。」と言ってこれに応じなかったにもかかわらず平成15年7月22日に異常を感じてB病院及びC病院で受診し大腸検査を予約した直後である同月24日に被告に対し保険の見積りの依頼をしていることが明らかであって、この時間的な近接関係に照らすと、原告が本件保険契約の見積依頼をするに至った主たる動機は、本件症状を自覚し、痔ではない旨の診断を受け、本件検査を勧められたことから、痔以外の大腸に関する重大な疾病に罹患していることが疑われる状況であったためであると認めることができる。そして、基礎となる事実(3)イ以下のとおり、原告は被告に対して上記見積依頼からの継続として最終案を提示するよう求め、本件保険契約の締結に至っているのであるから、本件保険契約の締結の動機は本件症状と平成15年7月22日の受診によって生じた自らの健康に対する不安であると認めること

ができる。
　そして、上記(1)アにおいて説示したところに加え、基礎となる事実(1)アのとおり、原告は薬剤師の資格を有しており、一般人よりも豊富に医学的知識を有していると考えられることや、同(3)ア及びイのとおり、本件保険契約は、保険者の勧誘によらない自己加入であること、同イのとおり、本件保険契約には、付加することができる特約全部を限度額まで付加されていること（証拠（証人D）によれば、多くの場合は見積後すぐに連絡があるか全く連絡がないかであって、見積りの6か月後に連絡があった原告のようなケースは初めてであること、一般的には数種類の特約の中から多くても4つないし5つを選ぶ保険契約者が普通であることが認められる。）、同(7)のとおり、原告が「健康な人間が何もないのに保険なんか加入するか。」といった発言をしたことを考え合わせると、原告は、本件保険契約の申込みの際には、大腸に関する何らかの疾病に罹患しているのではないかと疑い、或いはその危険性を認識していたと認めることができる。
　その上に、原告は、本件症状に対する受診直後被告に保険見積りを依頼する一方で、その同日又は一両日中に、いったんは予約した検査をキャンセルしている。被告は、症状が治まったからキャンセルしたと供述するが「医師から特に勧められている検査を、症状が緩解したからということだけで取りやめるというのは、原告の経歴に照らしても到底納得できるものではないし、他方でほぼ同時に健康への不安から保険見積りを依頼しているという行動とは矛盾する。むしろ、本件症状に伴う受診に近接した時点で本件保険契約の申込みをした場合又は確定診断を得てしまえば、保険の引受けを得られない可能性が高くなることを慮って検査の受診を取りやめた蓋然性が高いといわざるをえない。
　以上の事情を総合するならば、原告は、本件保険契約の締結の動機となり、また上記の大腸に関する疾病に罹患しているのではないかという疑いの理由となっているところの、基礎となる事実(2)の事実が、告知すべき重要な事実であることについて認識していたか、或いはこれを認識していないとしてもそのことについて重大な過失があるというべきである（大阪地裁平成18年9月12日判決、平成17年(ワ)3304号）。

●**参考判例**（大審院大正5年11月24日判決）
　事　案　告知義務違反
　争　点　立証責任
　判　旨
　不実の告知が悪意に出たることの立証を要するにおいては、これが立証の責任は保険者たる被上告会社にあり…（大審院大正5年11月24日判決）。

●**参考判例**（大阪高裁平成8年3月14日判決）（最高裁平成8年9月27日）
　事　案　告知義務違反
　争　点　商法に定める解除の主観的要件である「悪意」の解釈
　判　旨
　（第二審）　被保険者が医師の指示に反して胃のレントゲン検査を受けなかったために、主治医は被保険者の胃の疾病につき確定的な診断を行うことができず、抗胃潰瘍薬であるオメプラゾンの投与を続けた。（被保険者に）胃潰瘍の疑いは強く、しかもその症状は簡単に消失するような軽度のものではなかった。
　平成5年6月22日の本件告知の時、被保険者について、本件質問（「最近3カ月以内の医師の診察の有無」）に対して事実として確実に認め得るのは、平成5年4月26日と6月19日に各通院して、診察を受け、投薬を受けた事実のみである。
　しかし、右事実が重要な事実に当たるかどうかは、その以前の受診、投薬の診察経緯と平成5年3月頃に医師から胃のレントゲン検査を受けるよう勧められたことも合わせて判断すべきであろう。
　…以上から、平成5年4月26日と6月19日に各通院受診投薬の事実は、告知義務を負う重要な事実というべく…告知義務に違反したものというべきである。
　告知義務違反により解除し得る主観的な要件としては、「故意または重大な過失」とされているが、「故意」（商法上「悪意」）は、その事実を告知しなかった場合について、その事実の存在を知っていることを

Ⅲ-1 告知義務違反の成立要件

意味すると解される。

…通院、診察、投薬がなかった旨の被保険者の不実の告知は「故意」または「悪意」によるものである（大阪高裁平成8年3月14日判決）。

（最高裁） 上告棄却（平成8年9月27日）。

●**参考判例**（大審院大正7年3月4日判決）
　事　案 告知義務違反
　争　点 自覚症状の不告知と悪意（または重大な過失）の推定
　判　旨

被保険者は当時生命の危険を測定するに重大なる関係を有する疾患に罹り居りたるものなるを以て、たとえ医師より前記病名の告知を受けたる事実なしとするもその重患に罹り居りたる事実自体は被保険者においてこれを自覚し居りたるものとみなすべきは当然にして、したがって、保険契約の当時これを会社に告知せざりしは他に特別なる事情なき限りは悪意または重大なる過失に基因するものと推定すべきは当然なり（大審院大正7年3月4日判決）。

●**参考判例**（名古屋地裁昭和63年1月25日判決）
　事　案 告知義務違反
　争　点 重要な事実と故意（悪意）の存在
　判　旨

生命保険契約において告知義務がある「重要な事実」とは生命の危険測定に重要な影響を及ぼすべき事実をいうものと解され、そして肝硬変が生命に危険のある重要な疾病であることは一般公知の事実であるから、肝硬変に罹っていることは告知すべき「重要な事実」にあたるものといわなければならない。

被保険者は医師から肝硬変に罹っていることを告げられ、また再三入院を勧められて、長期間治療を続けていたものであるから、当然に自己が肝硬変に罹っていること、かつ右肝硬変の病気の性質を自覚しており、従って、本件契約の際右肝硬変にかかっていることを告知すべき事実であることを知っていて、これを告知しなかったものと推認される（名古屋地裁昭和63年1月25日判決）。

●**参考判例**（東京地裁昭和63年2月26日判決）
　事　案 告知義務違反
　争　点 重要な事実の不告知が故意（悪意）または重大な過失によるものといえるか
　判　旨

少なくとも、A病院の産婦人科および内科で投薬治療やX線検査を受け、自己の症状が相当重大な事態であることについての自覚があったことは容易に推認することができるのであるから、被保険者が被告（保険会社）の嘱託医に対し右B医院への通院およびA病院での検査治療の事実を告げなかったことは、保険契約者（本件では被保険者でもある）が、保険契約の締結にあたって告知を行う際に、悪意または重大な過失によって、保険契約を締結するか否かの決定に影響する重要な事実を告げなかった場合に該当するものと認めるのが相当である（東京地裁昭和63年2月26日判決）。

●**参考判例**（東京地裁昭和63年12月23日判決）
　事　案 告知義務違反
　争　点 重要な事実の不告知が故意（悪意）または重大な過失によるものといえるか
　判　旨

①被保険者は昭和56年×月×日以降はAクリニックでは治療を受けていないが、それは本件既往症が治癒ないし軽快したためではなく、治療を中止したにすぎないこと、②本件保険契約は、右治療中止から3年も経っていない昭和59年×月×日に締結されたものであること、③被保険者は、本件契約締結後の7箇

月後である昭和59年×月×日にはB公立病院に本件既往症と同じ肝硬変（およびそれが主要な原因となったものと推測される肝癌）のため入院し、同年×月×日、食道静脈瘤破裂およびその合併症である呼吸不全、腎不全により死亡したこと、以上の事実を合わせ考えると、本件既往症は商法第678条第1項の「重要ナル事実」に該当し（本件、保険契約に適用される普通保険約款第17条で保険契約者または被保険者が保険契約締結の際被告に告知することを義務付けられ、同約款第18条第1項で悪意または重大な過失により告知しなかった場合は被告が保険契約を解除できると定められているところの「事実」にも該当することが認められる）、被保険者は本件既往症を悪意または重大な過失により被告に告知しなかったものと認めざるを得ない（東京地裁昭和63年12月23日判決）。

● 参考判例（名古屋地裁豊橋支部平成2年2月13日判決）
　事　案　告知義務違反
　争　点　重要な事実の不告知が故意（悪意）または重大な過失によるものといえるか
　判　旨
　認定の事実によると、被保険者は、昭和63年×月×日当時は、すでに病院の医師から肺線維症であることを告げられており、その治療のため14日間右病院に通院しており、更に精密検査のために検査入院を勧められていたものであり、それにもかかわらず、前記告知事項につき、いずれも「無」と記入したことは…被保険者が、「故意または重大な過失によって事実を告知しなかったか、または、不実のことを告げた場合」に該当すると認めるのが相当である（名古屋地裁豊橋支部平成2年2月13日判決）。

● 参考判例（東京地裁平成3年4月17日判決）
　事　案　告知義務違反
　争　点　重要な事実の不告知が故意（悪意）または重大な過失によるものといえるか
　判　旨
　認定事実によれば、被保険者は、遅くとも平成元年1月10日の時点では、全身倦怠感等の自覚症状をもっていたのみならず、肝機能検査の結果も急激に上昇しつつあり、継続して受診中の医大において普段とは異なる検査を行ったほか、精密検査としての意味合いをもつ肝臓の超音波検査の必要性をも医師から説明されその予約をも行っていたのであるから、本契約の告知日である同年1月17日に、前記告知書質問事項にいずれも「なし」と記載し、糖尿病罹病の事実および肝機能検査の結果、異常数値がでて継続的に検査中であり精密検査を勧められ、その予定のあることを告知しなかったのは商法678条所定の重要なる事実を告知すべき義務に違反したものであり、右認定の事情のもとにおいて右事実を告知しなかったことは、故意または重大な過失によるものと推認するのが相当である（東京地裁平成3年4月17日判決）。

● 参考判例（和歌山地裁平成3年7月17日判決）
　事　案　告知義務違反
　争　点　重要な事実の不告知が故意（悪意）または重大な過失によるものといえるか
　判　旨
　本件保険契約を締結するに当たり、被保険者は昭和62年9月2日被告（保険会社）の指定医師の診査を受けた時点で、自分の病気が胃癌であることを知らないまでも、胃部に手術を要する潰瘍のあることをすでに知り、胃に相当重大な疾患があることの認識を有していたものと認めることができる。
　したがって、このような健康状態を認識していた被保険者が、被告の指定医師に対し、自らの健康状態に関し、体の具合の悪いところがあるか否か、病気等で診察・検査・治療を受けていたか否か、病気等で診察・検査・治療・入院・手術を勧められているか否かの質問に基づいて告知を求められた事項につき、該当事由なしと告知したことは、被保険者が故意または重大な過失によって重要な事実を告知しなかった場合に該当するものと認められる（和歌山地裁平成3年7月17日判決）。

Ⅲ-1 告知義務違反の成立要件

●参考判例（東京地裁平成6年3月14日判決）
　事　案　告知義務違反
　争　点　重要な事実の不告知が故意（悪意）または重大な過失によるものといえるか
　判　旨
　　亡・被保険者は、自己の疾患が潰瘍性大腸炎であり、また、肝臓への癌の転移であることは知らないとしても、同人が医師であり、かつ、自己の判断に基づいて一般用医薬品以外の薬を長期間にわたり継続的に服用していたという事情のもとでは、身体の異常及び薬服用の事実が本件保険契約に当たり、告知すべき重要な事実であることを認識しましたは容易に認識することができたものと認められる。
　　よって、亡・被保険者が医師の診査を受け、告知書に回答する方法で告知を行った際、右タチオン及びチオラ並びにサラゾピリン服用の事実および肝臓、大腸の異常を告知しなかったことは、本件保険契約の締結に当たり悪意または重大な過失により重要事項を告げなかったものであり、同人に告知義務違反があったといわざるを得ない（東京地裁平成6年3月14日判決）。

●参考判例（高知地裁平成6年8月30日判決）
　事　案　告知義務違反
　争　点　重要な事実の不告知が故意（悪意）または重大な過失によるものといえるか
　判　旨
　　原告は被告（保険会社）に対し本件保険契約締結に際して平成5年1月23日付で「最近3ケ月以内に医師の診察・検査を受けていないし、手術を勧められたこともない」旨告知したにもかかわらず、実際は同月13日から同月18日にかけて市民病院で大腸ファイバースコープや腹部エコー等の腹部の各検査を受けるとともに、同病院の医師から腸がつまっており手術が必要であるとの説明を受けていた。したがって、原告は被告に、「悪意または重大な過失」「重要な事実を告げず、または重要な事項につき不実のことを告げた」ものというべきである（高知地裁平成6年8月30日判決）。

●参考判例（福岡地裁小倉支部平成6年10月6日判決）
　事　案　告知義務違反
　争　点　重要な事実の不告知が故意（悪意）または重大な過失によるものといえるか
　判　旨
　　被保険者は昭和61年6月2日には慢性肝炎、糖尿病の診断を受けて以降、本件保険契約締結時においてもその治療を継続していたものであるところ、本件告知書及び前記確認書には、過去5年以内の健康状態について7日以上の治療を勧められたことの有無を問う告知欄に、肝炎及び糖尿病とも例示として明記されており、一読すれば、被告が右病歴を重視していることは容易に推知できるにもかかわらず、被保険者はこれらの病歴を告知しなかったのであるから、故意または重大な過失があると推認するのが相当である（福岡地裁小倉支部平成6年10月6日判決）。

●参考判例（大阪地裁平成3年3月27日判決）
　事　案　告知義務違反
　争　点　重要な事実の不告知が重大な過失によるものといえるか
　判　旨
　　亡・被保険者の膵臓癌は、昭和62年3月6日の開腹手術の時点では広範囲に進行していて、手遅れの状態にあったものであり、その3ケ月前に過ぎない前年の11月22日前夜の時点では、右症状も、既にかなり進行していたものと推測され、前記の経過に鑑みれば、同月頃にいたっての執拗な自覚症状については、当時、本人も尋常一様なものではないことを十分、感じていたであろう事情が窺われるところである。そして、遅くとも同日迄には膵炎の病名をつげられ、右投薬も受けているところ、その直後の診査医に対する告知に際し、体の具合の悪いところの有無、病気による診察、検査、治療の有無の質問に対し、いずれ

も無しと明らかに事実と反する回答をなしているのであり、前記自覚症状ないしは病院での診察、検査等の事実が、本件保険契約締結に際しての重要なる事実に該当することは明らかであるから、亡・被保険者の右不告知につき、悪意、ないしは、仮に同人に右認識がなかったとしても、重大な過失があるものと解するのが相当である（大阪地裁平成3年3月27日判決）。

● **参考判例**（大審院大正4年6月26日判決）
　事　案　告知義務違反
　争　点　少し注意すれば思い出せた事実と重大な過失
　判旨
　たとえ告知義務者が保険契約の当時重要の事実を思い浮べざりしものとするも些少の注意を用いればこれを思い浮べ得たりし場合ならんには、重大なる過失によりて重要事実を告知せざりものとなさざるべからざるが故に、重要の事実が念頭にあらざりしとするも、ただちに以て重大なる過失なしとすべからず。これなしとするには必ずや他の事実証拠に俟たざるべからざるなり（大審院大正4年6月26日判決）。

● **参考判例**（釧路地裁昭和57年3月5日判決）（札幌高裁昭和58年6月14日判決）
　事　案　告知義務違反
　争　点　重要な事実の不告知が重大な過失によるものといえるか
　判旨
　（第一審）　亡・被保険者は、本件保険契約締結当時、自己の右足背部に生じた鶏卵大に近い黒色の腫瘍が、尋常一様の疾患ではないことを容易に知り得たものと推認されるのに、これを知るに至らなかったこと及び前記告知書所定の告知事項について回答する際、少しの注意をすれば、約4年前の昭和50年1月に前記右足背部の腫瘍切除手術を受けたことを容易に思い出しこれを告知し得たものと推認されるのに、これを告知しなかったことについて、いずれも亡・被保険者には重大な過失があったものといわなければならない（釧路地裁昭和57年3月5日判決）。
　（第二審）　亡・被保険者は、本件保険契約締結に当たり、前記告知書所定の告知事項について回答する際、自己の右足背部に鶏卵大の黒色の腫瘤が生じ、これにより昭和50年1月に約2週間入院の上、腫瘍切除手術を受けたことに思いを致し、これが自己の生命の危険ないし身体の健康状態の測定上重要な事実であることを認識の上これを被控訴人に告知することが容易であったのに敢えて「エ、腫瘍」及び「コ、上記以外の病気あるいは外傷」のいずれにも該当するとしなかったことは亡・被保険者に少なくとも重大な過失があったものといわざるを得ない（札幌高裁昭和58年6月14日判決）。

● **参考判例**（東京地裁昭和61年2月28日判決）
　事　案　告知義務違反
　争　点　重要事項についての不認識と重大な過失をめぐって
　判旨
　高血圧症と診断（昭和53年×月×日）されてから本件保険契約締結（昭和57年×月×日）まで3年半以上もの間、別紙血圧測定の結果から明らかな通り余り症状の改善もなく推移していることなどからすれば、多少の注意を払うことにより、自己の高血圧症が、生命にとって重要な危険要素であることを容易に知り得たはずであり、その意味で、亡・被保険者が、自己の高血圧症を、本件保険契約締結における重要事実あるいは事項として認識していなかったことについては、少なくとも重過失があったといわなければならない（東京地裁昭和61年2月28日判決）。

● **参考判例**（東京高裁昭和61年11月12日判決）
　事　案　告知義務違反
　争　点　重要性についての不認識と重大な過失をめぐって

Ⅲ-1 告知義務違反の成立要件

> **判旨**
> 被保険者は生来頑健でそれまでは病気に罹ったことが殆どなく、両膝脱力等といった特別な自覚症状が一時的に消失したところから、事の重要性を理解することなく、大学病院等専門医療機関による精密検査を受けることなく終わったものであることが認められるが、医学的知識の乏しい一般人といえども、両側膝痛から両膝脱力、歩行障害の症状が自覚されて、一般開業医を訪ねたところ、入院しての検査でも確たる診断がつかないので、大学病院で専門医の診察を受け、1週間程度の入院検査を勧められたとすれば、右症状に何等かの重要な疾患が潜んでいるのではないかと疑って当然であり、これを、被保険者において特別の自覚症状が一時消失したことをもって一過性のものと安易に考え、原因究明の機会を放棄した結果、前記症状等の重要性の認識に至らなかったもので、これには重大なる過失があったと認めるのが相当である。そして、前記診査に際し、被保険者にとって約5ケ月前の特異な体験というべき入院検査等の事実は同人が少し注意をすれば容易に思い出すことができた筈のものである（東京高裁昭和61年11月12日判決）。

●**参考判例**（秋田地裁平成4年6月30日判決）
　事　案　告知義務違反
　争　点　重要な事実の不告知が重大な過失によるものといえるか

> **判旨**
> 原告は、通院中の亡父の血圧測定値が概ね正常範囲であったことから、亡父には自らが高血圧で治療を受けた旨の認識がなく…告知義務違反についての悪意、重過失がなかったという趣旨の主張もしているように考えられるが、亡父が医師から高血圧であると言う事を告げられていたことは前述の通りであり、また、前掲証拠によれば、病院では通院毎に降圧剤が処方され、血圧が測定され、高血圧の治療が継続的に行われていたことが認められるのであり、このような状況を亡父は当然認識していたはずであるので、亡父に悪意がなかったとはいえ、仮に、かかる状況であるにもかかわらず、亡父が自らが高血圧での治療を受けている認識がなかったのであれば、それは、通常人であれば当然認識しているはずのことを失念していたに過ぎないのであり、重過失の評価を免れない（秋田地裁平成4年6月30日判決）。

●**参考判例**（東京地裁平成6年3月30日判決）
　事　案　告知義務違反
　争　点　重要な事実の不告知が重大な過失によるものといえるか

> **判旨**
> 被保険者は、平成3年4月18日に通院した後である同月24日、被告の診査医に対して、「現在、からだのぐあいの悪いところがあるか」「病気や外傷で診療・検査・治療を受けているか」との質問に対していずれも「有」とした上で、「風邪により内服治療中」とのみ答えていることは当事者間に争いがない。
> 　しかるところ、前記のとおり、被保険者は当時精神疾患により通院し、投薬治療を受けており、しかも被保険者にはそのことの認識があったのであるから、同人には少なくとも重過失による告知義務違反があるものといわなければならない（東京地裁平成6年3月30日判決）。

●**参考判例**（鹿児島地裁名瀬支部平成8年5月7日判決）（福岡高裁宮崎支部平成9年10月7日判決）
　事　案　告知義務違反
　争　点　要精密検査の指摘の不告知は、故意または重大な過失によるものか

> **判旨**
> （**第一審**）　被保険者が健康診断において胸部レントゲン検査の結果要精密検査の指摘を受けたという事実が、被告の約款および商法678条1項に規定される告知義務の対象となる事実に当たるかどうかであるが、被告（保険会社）は、被保険者から同事実の告知を受けた場合、そのまま契約を締結することなく、さらに精密検査を受診させて、病気または症状の存否を判明させ、その結果を前提として保険事故発生（死亡など）の危険の割合を考慮し、保険契約を締結するかどうか、保険契約の条件如何を決することとなるも

ので、このことなどに照らすと、同事実は、保険者が保険契約を締結するかどうか、契約条件を如何なるものにするかの判断を行うについて、客観的に影響を与える事実と考えられるから、右の重要な事実に当たるというべきである。

　本件について、被保険者は、告知の当時、右健康診断において胸部レントゲン検査の結果要精密検査との指摘を受けていたことを知っていたと認められることはできないと考えられる…被保険者が要精密検査との指摘を受けたことを知らない以上、これをもって被保険者に故意（悪意）または重過失があるとは考えられない。

　被保険者が、告知の当時、右要精密検査との指摘を受けたことを知っていたと認める場合について検討する。

　被保険者としては、要精密検査との指摘を受けたことを知っていたとしても、右指摘が生命に関わるかまたは入院治療を要するような、保険会社との保険契約の正否を左右するものと考えていたならば、あえてこれを秘匿してまで本件保険契約を締結する必要性はなかったことが認められ、これら一連の事情に照らすと、被保険者は、告知の当時、健康診断において胸部レントゲン検査の結果要精密検査との指摘を受けていたことを知っていたとしても、同人は、要精密検査の指摘が生命に関わるようなまたは入院治療を要するようなものと考えておらず、同指摘を受けたという事実が、死亡などの保険事故発生の危険の割合を左右し、被告が保険契約を締結するかどうか、契約条件を如何なるものとするかの判断を行うについて、影響を与えるものとは考えなかったものであり…。右の事情の下で、被保険者がそのように考えなかったことも無理なからぬところがあると考えられ、したがって、被保険者が、右胸部レントゲン検査の結果要精密検査との指摘を受けたという事実が重要な事実に当たると考えずに、これを告知しなかったことにつき、同人に故意（悪意）または重過失があるとは認められない。

　なお、確かに、右の胸部レントゲン検査の結果要精密検査との指摘を受けたという事実は、告知書の「過去2年以内の健康診断」という質問事項の問いをみれば、これを答えるよう求められていることが分かり易いところではあるが、右要精密検査との指摘を受けても何らの病気も症状も存しないことがあることなどに照らすと、被保険者が特定の疾病で治療中である事実や現在何らかの自覚症状を有する事実などの典型的な告知すべき重要事実と異なり、本件のように、場合によっては、被保険者がこれが告知すべき重要な事実に当たらないと考えるに故意（悪意）または重過失はないとみる余地があると思料する。このことは、被告が自ら実施する診査において胸部レントゲン検査を行うことなく、被保険者がたまたま同検査を受けていた場合にだけ、告知によってその情報を知り得ることとしている点、また、被告は、質問事項に対する被保険者の答え如何によっては、被保険者が健康診断で胸部レントゲン検査を受けたのかどうか分からないままに契約を締結することとなる場合がある点等を考慮すると、これらとの均衡上、被保険者側に要求されるべき義務の範囲としてみても、相当であると思われる。

　結局、この場合にも、告知義務違反を理由に契約を解除することはできない（鹿児島地裁名瀬支部平成8年5月7日判決）。

（第二審）　本件保険契約が錯誤により無効であるとの点においては、本件保険契約の締結に当たっては、被保険者がした告知事項に関する控訴人の錯誤は、契約の締結の動機に関する錯誤であるから、その動機が表示され、当事者がそれを意思表示の内容としたことを要するところ、本件保険契約においては、被保険者に故意または重大な過失により告知義務違反があったときは控訴人において本件保険契約を解除することができることを意思表示の内容としているにとどまり、告知事項についてそれ以上のことを意思表示の内容としていたとは認められないから、本件保険契約が錯誤により無効であるということはできない。本件控訴を棄却する（福岡高裁宮崎支部平成9年10月7日判決）。

●**参考判例**（岡山地裁平成9年10月28日判決）
　事　案　告知義務違反
　争　点　アルコール性軽度の肝障害と診断、経過観察中の事実は重要事項に当たる
　判　旨
　　被保険者は本件保険契約締結前の平成4年6月に目のかゆみ、くしゃみ、鼻水などの症状を訴えて病院

Ⅲ-1 告知義務違反の成立要件

で診察を受けた際に医師からアレルギー性鼻炎と診断されたほか、血液検査の結果アルコール性の軽度の肝障害と診断され、肝障害については投薬なしの禁酒による経過観察を指示され、その後肝機能の回復が見られ、血液検査数値も正常範囲内の値に戻り、本件契約当時は経過観察中であったところ、被告（保険会社）の診査医の診査を受けた際に右の事実を告知せず、同医師からの肝障害の有無、血液検査受検の有無などの質問に対し殊更「無い」との返事をしたことが認められる。

保険契約者又は被保険者は保険契約の際保険者に対し被保険者の生命について危険を測定するために必要な事項を「重要な事実」として告知すべき義務を負うところ、肝障害の病歴が右「重要な事実」に該当することは明らかであり、被保険者が診査医に対し医院における肝障害の診察経緯を告知しなかったことは右肝障害が軽度で、一旦は肝機能が回復し、血液検査数値も正常に戻っていたとしても、右事実の告知を怠ったことに異同を来すものではなく、被保険者には悪意又は重大な過失による右事実の告知義務違反があったものというべきである。

被保険者及び原告が被告保険会社の外務員 B_1、B_2 に対しては病院における診断、通院などの事実を告げ、右両名から右通院などの事実については診査医に告げなくてもよい旨の指示を受けた事情があるにしても、重要事実の性質上、これが告知義務違反上の悪意又は重過失の成否に影響を及ぼすべきものとは解されない（岡山地裁平成9年10月28日判決）。

● **参考判例**（津地裁伊勢支部平成9年11月26日判決）
　事　案　告知義務違反
　争　点　診査の際、故意または重大な過失により告知を求められた事実について告知しなかったか
　判　旨
　原告は、被保険者は、体重減少については疲労による食欲不振が原因であり、咳等も風邪からくる症状であると自己判断していたものであり…被保険者が保険会社に告知できた事実は、風邪で診察を受けたことおよび健康診断を勧められたこと程度であって、これらの事実は重要な事実に当たらない旨を主張する。

しかしながら、商法644条1項にいう「重要なる事実」とは、保険者が当該契約における保険事故発生の危険率を測定し、契約を締結するか否か、締結する場合には保険料の額をいくらかにするかを決定する際に、その合理的判断に影響を及ぼすべき事実であると解されるところ、生命保険契約において、被保険者の最近の健康状態に関する事実を知ることが、保険者が被保険者の死亡という保険事故発生危険性を判断する上で必要不可欠であるということはいうまでもない事柄であり、本件保険契約においても、被保険者が最近体調がすぐれず、前々日および前日に診療所で診察を受け、医師から精密検査を勧められた事実が、右契約の締結に応じるか否かを判断する上で極めて重要な事実であることは明白であって、このことは被保険者の主観的な判断によって左右されるものではないから、原告の主張は採用できない（津地裁伊勢支部平成9年11月26日判決）。

● **参考判例**（広島高裁平成10年1月28日判決）
　事　案　告知義務違反による契約解除
　争　点　①悪意又は重大な過失の有無
　　　　　②告知すべき事項であることを認識しなかったことの重大な過失の有無
　判　旨
　①悪意とは、告知日において、告知すべき事実の存在を知り、かつ、それが告知すべき事項に該当することを認識しながらあえて告知しないことであり、重大な過失とは、ある事実が告知すべき事項であることを知らないことに著しい義務違反があるか、または、告知すべき事項であることを認識しながら告知しなかったことに著しい義務違反がある事をいうものと解すべきである。

告知すべき事実の存在を認識しなかったことについて著しい義務違反がある場合には、告知義務制度が義務者に対して重要な事実の探知義務ないし調査義務を課するものではなく、告知の時点で知っている事実につき告知を要する制度に過ぎないことから、ここでいう重大な過失とはならないものと解するのが相当である。

②告知すべき事項であると認識しなかったことに重大な過失の有無

　本件告知日における告知は、診査医が告知義務者に質問する方法で行われたことが認められるところ、このような方法で告知が行われた場合においては、医学的な知識を欠く告知義務者とすれば、診査医の質問に自己の記憶のとおり答えれば告知者としての義務を果たすことが出来ると考えるのが通常であり、診査医が具体的質問において触れなかった事実についてまで、それが告知すべき事項に該当するとして積極的に告知しなかったとしても著しい義務違反があるとまでは認められないと解するのが相当である。

　控訴人（保険会社）は、告知義務者は、約款上の告知義務違反とは別に、保険契約が成立し保険者が責任を負うことになるまでの間は、商法644条1項に規定する重要な事実につき信義則上の告知義務を負うと主張するので、これにつき検討する。

　確かに、契約法の一般法理からみて、告知義務者において、約款上の告知義務とは別に信義則上の告知義務が認められる場合があること自体は控訴人の主張するとおりである。しかし、控訴人が、約款において自ら告知義務の時点を早め危険を負うことを了承して保険契約を締結したことは前示のとおりであること、更に、商法において告知義務があるとされるのは、保険契約者であって被保険者でないことからすると、信義則上、被保険者に告知義務が認められる事項は、単に商法644条1項にいう重要な事実では足りず、告知日以降に生じた事由が信義則上告知すべき事項に該当するか否かを個別に判断することを要するものと解するのが相当である。

　告知日以降において、重篤な病変と認識していたとまでは認められないものであるから、第1回健康診断において同様な指摘あるいは指示を受けていたことを考慮に入れても、なお、第2回健康診断の結果が被保険者において信義則上の告知すべき事項に該当するとまでは認められない（広島高裁平成10年1月28日判決）。

Ⅲ-2　告知義務違反と因果関係の不存在特則

(1) 告知義務違反による解除と保険事故

　告知義務違反による解除は将来効であるが、それまでに生じた保険事故は免責とするとされている。ただし、例外規定があり、保険事故が、不告知・不実告知された重要事実と因果関係なく発生したときは、保険者は保険金支払義務を免れないとされる（保険法59条2項1号但書、88条2項1号但書）。「因果関係不存在」の立証責任は、保険契約者・被保険者・保険金受取人にあると解さる。

　この規定の趣旨は、結果として保険者は告知義務違反による不利益をなんら被っていないためであるといわれている。しかし、このような例外を認めることについては、告知義務制度の趣旨に反し、正直に告知をした保険契約者側の衡平を害することなどから批判的な見解が多い。なお、因果関係不存在の証明の特則によって解除権が消滅するわけではない。因果関係の有無は解除権の発生には影響がない。保険者は解除できるが、保険金支払義務は免責されないという結果になる。

(2) 因果関係不存在特則と他保険契約の存在

　告知すべき重要事実に他保険契約の存在が含まれるかという点については争いのあるところであるが、他保険契約の存在は、常に因果関係不存在の証明の特則を許すことになるため（他保険契約の存在自体は、保険事故発生の可能性を高め、または、発生時期を早めるような事実ではないため）、告知事項に含まれるとしても、告知義務違反解除による免責という効果が発揮されない。そこで、重大事由による解除権の対象となるとする有力な学説がある。

(3) 因果関係の不存在について

　因果関係の不存在について、正当に告知をすれば、保険者ははじめから契約を締結しないか、あるいは、より高率の保険料で契約を締結したはずであるから、証明の程度を緩やかに解することは正直

Ⅲ-2 告知義務違反と因果関係の不存在特則

な申込者とのバランスを失することとなって相当と思われず、できる限り限定的に解すべきであり、全く因果関係のないことの証明を必要とし、少しでも因果関係のあることを窺わせる余地がある限り、同条項を適用すべきものではないとするのが判例の態度である（秋田地裁平成9年12月17日）。これに対して、これら見解に疑問を呈する見解がある（山下・前掲書318頁）。

●**参考判例**（大阪地裁平成12年2月24日判決、平成10年（ワ）11985号）（大阪高裁平成12年8月30日判決、平成12年（ネ）1143号）

事　案　生存解除後の死亡

争　点　生存解除は、死亡前に解除しているとき保険事故との因果関係の有無は問われないか

判　旨

（第一審）　告知すべき事項と死亡との因果関係の有無

　前記争いのない事実記載の約款の内容に照らせば、本件においては、生命保険金の支払事由である被保険者の死亡前に本件保険契約は解除されており、また、原告の余命が乏しいことをもって死亡と同視すべきとも言えないから、原告の主張は理由がない（大阪地裁平成12年2月24日判決、平成10年（ワ）11985号）。

（第二審）　保険契約者、被保険者又はその保険金の受取人が保険金の支払事由の発生が解除の原因となった事実によらなかったことを証明して保険金の支払を受けることができるのは、保険金の支払事由が発生した後に保険契約が解除された場合に限られると解される。

　もっとも、［証拠略］によれば、AからFに対し、リビング・ニーズ特約に基づく保険金請求の意思を告げたのは平成10年3月18日、Fがコンピューターの操作ミスにより保険内容が確認できなかったのが同日で、Fが再びAを見舞ったのが同月20日過ぎであると認められるところ、癌告知を受けたAが一刻も早く保険金の受取りを望んでいたことは当然に推認されるところであるから、仮に、Fの前記ミスがなければ、請求手続に必要な書類は1、2日のうちに準備可能であったものと推認され、そうとすれば、被控訴人が本件保険契約の解除をする前にリビング・ニーズ特約に基づく保険金請求の必要書類が被控訴人に受理された可能性は否定できない。

　これによれば、被控訴人の解除前にAからリビング・ニーズ特約に基づく保険金の支払請求がなされたものと評価する余地があるので、進んで本件保険契約約款32条3項の証明があるか否かにつき検討する。

　控訴人は、AのC病院での診断名は『肝門部胆管癌』であり、Dホスピテルの通院時の診断名は『膵炎及び脂肪肝』であって、告知すべき事由（疾病）と保険金支払事由となるべき事由（疾病）とは異なるから、Aに保険原因にかかわる重大な事実につき告知義務違反はなく、不告知と保険原因の発生との間に因果関係はない旨主張し、E医師作成の診断証明書（［証拠略］）中の「胆管炎との因果関係はないと思われます。」との記載及び［証拠略］の中のE医師の同一趣旨の発言を援用する。

　しかし、［証拠略］には、他方、調査員に対するC病院の主治医の談として、「複数疾病による入院ではない。癌は、肝臓及び他の臓器にもひろく転位、浸潤しており、・・・その状態から診て原発癌は肝門部胆管癌だと思う」との記載が、また、控訴人の談として、「C病院の先生は『これほどの状態になるまでに、Dホスピテルでいかに見つかりにくい癌であったとしても、癌の疑いをもって、検査をすべきであり、Dホスピテル医師のミスです』と言われています。」との記載があり、これらの記載によれば、Aの肝門部胆管癌は、AがDホスピテルで『膵炎』と誤診され、これに対する治療を受け、その後C病院で正当に診断された同一の病因であると認められ、これらが異なる疾病であることを認めるに足りる証拠はないから、膵炎に対する治療事実の不告知は、客観的には、当時Aが治療していた肝門部胆管癌という原因疾病に関する不告知と評価すべきことになるほか、膵炎と肝門部胆管癌との間に因果関係がないと思う旨のE医師の診断は、前記のとおりC病院では否定されているとみられるから、この間に因果関係がないとの控訴人の立証は尽くされていないといわざるを得ない（大阪高裁平成12年8月30日判決、平成12年（ネ）1143号）。

●**参考判例**（東京地裁平成16年7月26日判決、平成14年(ワ)第5325号）
　事　案　脳梗塞及び高血圧症等の不告知
　争　点　因果関係不存在規定の適用
　判　旨

　被保険者は、脳梗塞及び高血圧症等にり患していたものの症状は安定していたこと、E病院における頭部CT検査の結果、脳内出血は認められなかったこと及び死体検案書によれば、被保険者の死因は溺死であったこと前判示のとおりであり、被保険者の死因は、本件岩場から足を踏み外して海中に転落したか、又は故意に海中に転落したかのいずれかによる溺死であると認められる。

　これに対し、被告らは、溺死の外部所見として通常みられる鼻口からの泡沫が被保険者の死体から発見されていないとして、被保険者の死亡が内部疾患によるものであると主張するが、被保険者が内部疾患により死亡したとしても、その症状が現れてから海中に転落するという経過をたどったことになるところ、海中に転落した時点で被保険者が生存していれば、鼻口からの泡沫が認められるはずであるから、仮にも被告らが主張するように、鼻口からの泡沫が出ていなかったとすると、被保険者が内部疾患に起因して海中に転落するまでのわずかな時間にいわば即死したものでありその症状もこのような結果をもたらす重篤なものと考えざるを得ないが、そのような事情があったことを認めるに足りる証拠はない。そうすると、被保険者の鼻口から泡沫が発見されなかったことについては多大の疑問が残るところ、もともと、鼻口の泡沫は、他殺か否かを鑑別するために有用な方法として用いられるものであって、本件のように、他殺の疑いがないような場合にこれを用いる意味はないところから、死体の検案に当たった警察及びD医師が泡沫の有無について特に注意を払わなかった可能性があること、海水により鼻口からの泡沫が流れた可能性もあることからすれば、鼻口からの泡沫が確認できなかったことをもって、被保険者の死亡が内部疾患によるものであるということはできない。

　また、被告らは、被保険者が一過性脳虚血発作により転落した可能性を指摘するが、前判示のとおり、頭部CT検査の結果、原告に脳内出血は認められず、また、原告の平成12年3月頃の体調はある程度安定していたことからすれば、これも前記認定を左右するに足りる事情とはいえない。

　そうすると、被保険者の死亡原因は、脳梗塞、高血圧症及び高脂血症などの被保険者の持病とは無関係に、誤って岩場から足を踏み外したか又は故意によって海中に転落したかのいずれかにより、溺死したものと認められるのであるから、上記告知すべき事項と死亡との間に因果関係はないと認めることができる。

　…なお、被告らは、告知義務違反に詐欺的な悪意のある場合には、たとえ告知すべき事項と死亡との間に因果関係がなかったとしても、商法678条2項の準用する645条2項及びそれを受けた本件各約款の規定は適用されず、解除は認められると主張するが、法律及び約款の規定上は、因果関係の不存在のみが要件とされ、詐欺的な悪意がないことは要求されていないこと、そのような悪意がある場合には、詐欺による取消し又は無効の問題として対応すれば足りることから、被告らの主張は独自の見解というべきであり、採用することはできない。

　したがって、被告らの告知義務違反による本件各保険契約の解除の主張には理由がない（東京地裁平成16年7月26日判決、平成14年(ワ)第5325号）。

●**参考判例**（前橋地裁沼田支部平成17年3月28日判決、平成16年(ワ)第13号）
　事　案　飲酒後入浴し浴槽内で死亡
　争　点　糖尿病患者の入浴中の死亡と告知義務違反との因果関係
　判　旨

　入浴中の死亡例について、死因の8割以上が内因死で、6割が心血管系疾患、2割が脳疾患をそれぞれ原因とするものであるとの調査結果が存すること、虚血性心疾患（心筋梗塞）や脳血管障害は、糖尿病の合併症として代表的なものであること、被保険者の糖尿病はかなり進行したもので、合併症を発症する危険性も高かったものと推認できること、被保険者は入浴中の溺水により死亡したものであるが、湯の温度が高いほど（外気温との温度差が大きいほど）、血圧降下度が激しくなり、飲酒をして入浴すれば、なおさらそのようになる可能性が高いところ、本件は、冬の群馬県北部という極めて寒さの厳しい場所における

Ⅲ-2 告知義務違反と因果関係の不存在特則

事故であり、同人は入浴前に飲酒していたものであって、また、動脈硬化の原因となる糖尿病等の基礎疾患がある場合には、脱衣に伴う寒冷曝露時の血圧上昇時には脳出血の危険性が高くなり、入浴中の急激な血圧降下時には虚血性心疾患や脳梗塞の発作の危険性が増大するところ、同人は前記のとおり進行した糖尿病に罹患していたこと、被保険者の死亡証明書を作成した医師も、被保険者の死因について、入浴中に心筋梗塞を起こして、呼吸停止に近い状態で意識喪失して倒れ、溺死したものであると述べていることが認められ、これらの事実によれば、被保険者の解剖が行われていない以上、その死因を断定することは困難であるものの、同人は、入浴中に糖尿病の合併症である虚血性心疾患（心筋梗塞）を起こして（あるいは、脳血管障害が発生して）、意識を喪失し、溺死をした可能性が高いものと認めるのが相当であり、したがって、保険事故たる被保険者の死亡は、前記不告知に係る糖尿病と因果関係なしに発生したものであると認めることはできない（前橋地裁沼田支部平成17年3月28日判決、平成16年（ワ）第13号）。

●**参考判例**（大阪地裁平成12年8月31日判決、平成11年（ワ）13097号）（大阪高裁平成13年5月30日判決、平成12年（ネ）3322号）

事 案　告知義務違反
争 点　高血圧症と脳動脈瘤破裂の間に因果関係が不存在といえるか

判 旨

（第一審）　商法678条2項、645条2項但書によれば、告知義務違反を理由とする解除が認められた場合であっても、保険事故が不告知の事実に基づかなかったことが証明されたときには、保険者は保険金支払義務を免れない旨定められているところ、右但書が適用されるためには、不告知の事実と保険事故との間に全く因果関係がないと認められることを要するものと解される。

そして、Aの直接死因となったくも膜下出血が脳動脈瘤破裂に基づくものであることは原告主張のとおりであるとしても、前記認定の事実に照らせば、Aの高血圧症は必ずしも軽微なものとはいえず、また、脳動脈瘤の形成及び破裂の原因については高血圧の寄与を指摘する説も有力に唱えられていることからして、高血圧症が、脳動脈瘤破裂の直接の原因とまではいえないまでも、脳動脈瘤の形成等に対して加重的な要因として作用した可能性も否定できないことに鑑みれば、本件において、高血圧とAの死亡との間に全く因果関係がなかったとの証明がなされたものとはいえないから、右但し書は適用されない（大阪地裁平成12年8月31日判決、平成11年（ワ）13097号）。

（第二審）　商法は、678条2項、645条2項但書において、生命保険契約において、告知義務違反を理由とする解除が認められる場合であっても、保険事故が不告知の事実に基づかなかったことが証明されたときには、保険者は、保険金支払義務を免れない旨定める。

告知義務制度は、保険者と保険契約者との間の利害を公正に調整しようとするものであるから、この条項が適用されるためには、被保険者又は保険契約者が不告知の事実と保険事故との間に全く因果関係がないことを証明することを要するものと解するのが相当である。

上記1認定の事実によれば、Aの直接死因となったくも膜下出血は、なるほど脳動脈瘤破裂に基づくものであるが、Aの高血圧症は、上記認定の数値に鑑みると必ずしも軽度のものとはいえないこと、脳動脈瘤の形成及び破裂に高血圧症が関与している可能性を指摘する説も有力であること、J病院でのAの主治医であったF医師も、高血圧症が無関係であるとは断定できないとしていることが認められ、高血圧症とAの死亡との間に因果関係がなかったとの証明がされたとはいえない。

したがって、商法645条2項但書を適用することはできない（大阪高裁平成13年5月30日判決、平成12年（ネ）3322号）。

●**参考判例**（大阪地裁平成13年9月3日判決、平成12年（ワ）5537号）

事 案　告知義務違反
争 点　商法645条2項に規定する「危険発生」の意味

判 旨

原告らは、商法678条2項等により、保険者が告知義務違反を理由として保険契約を解除したときにおい

て、解除が行われたのが保険事故の発生の後であっても、因果関係の不存在を被保険者が証明したときは、保険者は保険金支払義務を免れることができないと規定されていることから、Aの不安神経症と同人の死因となった胃癌との間には因果関係がなく、被告は保険金支払義務を免れないとして、因果関係の不存在を再抗弁として主張する。

　しかしながら、本件請求は、本件契約が存在すること自体の確認であり、本件契約に基づく保険金等支払請求権の存在確認あるいは給付請求を求める訴訟ではないから、原告らの上記主張が本件においては再抗弁となると解することには疑問がある。

　仮に、原告らの上記主張が本件における再抗弁となりうるとして検討するに、本件において被告は本件契約に基づく特定疾病保険金300万円については、告知義務違反（不安神経症に対する本件治療等）の事実と保険金支払事由（胃癌）との間に因果関係がないとして支払の意思を表示しており、原告らが問題としているのは、本件契約に基づく死亡保険金あるいは特約死亡保険金である。そして、原告らは契約解除の効果を規定する商法645条（678条2項により準用）2項の「危険発生」とは、Aの胃癌の発見であると主張する。

　しかしながら、商法645条にいう「危険」とは、保険事故のことを意味すると解するのが相当であり、本件で問題となる死亡保険金あるいは特約死亡保険金に関する保険事故は、死亡原因となった疾病の発生ではなく、死亡の事実自体であると解される。そうすると、Aが死亡したのは、本件解除後であるから、本件解除が有効である以上、告知義務違反の事実と保険金支払事由との間の因果関係の有無にかかわらず、被告にはAの死亡を原因とする保険金を支払う義務はないというべきである（大阪地裁平成13年9月3日判決、平成12年（ワ）5537号）。

●**参考判例**（福岡地裁平成14年10月24日判決、平成13年（ワ）3352号）
　事　案　告知義務違反
　争　点　浴槽内での溺死と告知義務違反（糖尿病・高脂血症の不告知）との間の因果関係の有無
　判　旨

　有配当終身保険普通保険約款〔証拠略〕第28条3項によれば、被保険者の告知義務違反があった場合にも、保険金の支払事由の発生が解除の原因となった事実によらなかったことを保険金受取人が証明したときは、被告は保険金を支払う義務がある。かかる事実の立証責任は、上記規程の文言からするに、保険金受取人である原告に存すると解される。

　しかし、原告は、Aの死因が浴槽内の溺死であり、その告知義務違反との間に因果関係はないと主張する以外に、何ら主張立証を行わない。

　また、〔証拠略〕によれば、Aの直接死因である溺死の原因として、一過性脳虚血性発作の発症の可能性が認められる。そして、一過性脳虚血性発作の原因は、脳動脈の動脈硬化により脳の動脈に血栓が一時的に詰まることや、脳動脈の動脈硬化のため健康人では影響がない血圧の降下でも脳の血液量が減少することの二つに大別できる〔証拠略〕。

　糖尿病は、血管とくに細かい血管壁に変性を来たし、内腔が細くなったり閉塞する症状を生じ、動脈硬化の進行を早める疾病である。糖尿病患者には、脳血管障害の合併が非糖尿病者より数倍程度多いことが認められる。また、高脂血症は、コレステロールが動脈に付着し、血管の硬化などの変化を起こし、動脈を狭くしたり閉塞する症状を生じ、同様に動脈硬化の一因となる〔証拠略〕。

　かかる一般的知見によると、Aが溺死するに至る経過として、Aが浴槽内で一過性脳虚血性発作を発症したこと、その発症に脳動脈の硬化、さらに脳動脈の硬化にAの罹患していた糖尿病や高脂血症が影響を及ぼしたとの可能性には一応の合理性が認められるといえる（福岡地裁平成14年10月24日判決、平成13年（ワ）3352号）。

●**参考判例**（東京地裁平成14年11月13日判決、平成13年（ワ）17101号）
　事　案　告知義務違反
　争　点　死因と不告知事由である心臓疾患との間に因果関係が認められるか

Ⅲ-2 告知義務違反と因果関係の不存在特則

判旨

　前記のとおり、Aの死体検案書（〔証拠略〕）には、同人の直接の死因について「熱傷後の嚥下性肺炎」との記載がある。

　しかし、証人Eに対する書面による尋問の回答書（以下「E回答」という。）には、Aの死因について「心肺停止後の多臓器不全が死因と考えられる。多臓器不全により肺炎を生じ、肺水腫、臥床により嚥下性肺炎像を呈しただけであり、（嚥下性肺炎は）直接死因ではないと考えられる。」との記載がある。したがって、死体検案書に「熱傷後の嚥下性肺炎」と記載があることのみから、本件事故の死因が本件不告知事由と因果関係がないことが証明されたということはできない。

　また、被告は、Aが心肺停止となったのは、心臓疾患に起因する不整脈によると主張するが、E回答によれば、Aの「心肺停止が不整脈で起こったかどうかは不明であるし、解明することは不可能とある。」との記載があることから、Aの死亡が不整脈によるものであったと断定することはできない。

　ところで、前記のとおり、Aは、平成8年10月28日から同年11月25日まで、〔中略〕所在のC病院において心不全、拡張型心筋症で入院治療を、引き続き平成12年6月30日まで同病院で通院治療を受け、その後、〔中略〕所在のD診療所に転院して治療を受けているのであり、本件事故発生の直前である平成12年12月7日にも通院治療を受けていることが認められ、前記のとおり解剖の主要所見には、心肥大541グラム、冠状動脈硬化、前下行枝90パーセントの狭窄が見られ、E回答によると、本件で不整脈による意識消失心肺停止が生じたかどうかは不明であるものの、不整脈による意識消失心肺停止が起きることもあるとの指摘もなされているなどの事情に照らせば、Aの死亡と本件不告知事由である上記既往症との因果関係がないとの疑念を払拭するまでには至っていないといわざるを得ず、本件契約の約款29条2項ただし書きにいう「その共済金の支払事由または共済掛金払込の免除事由の原因が同項の告げなかった事実または告げた事実でないことにもとづかないことを共済契約者、被共済者または死亡共済金受取人が証明した」ものということはできない。したがって、被告は、本件契約の約款に基づき、原告に対し、共済金の支払義務を負わないものである。

　なお、原告は、死亡共済金受取人に不告知事由と死亡との因果関係の不存在の証明責任を負わせたものと解すべきではないとして、共済金支払の免責を主張する組合が本件告知事由と死亡との相当因果関係の存在について証明責任を負うと解すべきと主張するが、本件契約の約款29条によれば、告知義務違反は、それ自体共済契約解除事由となり、解除により組合の共済金支払義務を免除させる効果をもつところ、例外的に、共済金受取人等において、死亡と不告知事由との因果関係が存在しないことを証明した場合には、共済金支払義務が免除されないとしているのであって、その規定の構造上からも、共済金受取人である原告が上記因果関係の不存在について証明責任を負っていることは明からというべきである。また、上記約款が前提としている告知制度が設けられている趣旨は、これにより不良契約を排除しようとすることにあるのであって、組合が、共済契約締結時に本件不告知事由をあらかじめ承知していたならば、共済契約を締結しなかったか、またはより高額の保険料で契約を締結した可能性があったといえるのであるから、本件不告知事由があること自体をもって、組合が契約解除により支払義務を免責されるとすることはそれ自体合理性があり、告知義務違反があったにもかかわらず、死亡と不告知事由との因果関係のないことが証明された場合には、例外的に、共済金の支給義務があるとするものであるから、共済金受取人において上記因果関係のないことを証明すべきであって、因果関係の存在を疑わせる余地がある限り、証明責任を果たしていないものというべきであって、このような制度趣旨に照らしても、証明責任についての原告の主張は採用できない。

　さらに、原告は、仮に、被告が主張するとおりAが不整脈または臓器障害により意識消失に陥ったとしても、熱傷という全く予想外の外因性障害を受けなければAは死亡しなかったか、またはその経営する会社の事業が苦境に立たされ、極度の精神緊張と苦悩、失望落胆と絶望の日々が継続し、不眠症とそれに伴う臓器機能の低下を来たし、その結果、突然の臓器障害により意識消失に至ったものであるから、本件不告知事由である心臓疾患と死亡との間には因果関係はないと主張する。

　しかし、熱傷については、E回答によれば、Aの顔面、側頸部、両手掌に重度熱傷があり、今後全身状態の回復が認められるのであれば、顔面の皮膚移植、両手切断の予定であったこと、熱傷により膠質成分

の消失が生じ、浸透圧の低下が生じ肺水腫等の全身浮腫の憎悪をもたらし、また高度の炎症を生じたことから死亡に影響をもたらしたと考えられるが、全身状態が良好で手術可能であれば熱傷自体で死に至るものではなかったと考えられるというのであるから、この程度の影響力では、既往症との因果関係を中断するような外因性障害とまでいうことはできない。

また、Aは、生前、その経営にかかる会社の事業について経済的苦境にあり、相応の精神的緊張、苦悩等の状況にあったものと推測されるが、上記証拠をもってしても、それらを原因とする臓器機能の低下を裏付けるに足りる証拠があるとは認められず、原告の主張は単なる推測の域を出ないものであり、仮に、それらを原因とする臓器機能の低下が認められるとしても、そのことが、不告知事由である既往症と原因において競合している可能性を直ちに否定することにならないのであるから、いずれにせよ、不告知事実と死亡との因果関係がないことを証明するに足りるものではないといわざるを得ない（東京地裁平成14年11月13日判決、平成13年(ワ)17101号)。

●**参考判例**（名古屋高裁平成16年1月28日判決、平成15年(ネ)172号）
事 案　告知義務違反
争 点　肝機能障害、高血圧、糖尿病及び高脂血症についての告知義務違反と死亡との間の因果関係
判 旨

損害保険に関する商法645条2項但書は、告知義務違反を理由に保険契約を解除できる場合であっても「保険契約者ニ於テ危険ノ発生カ其告ケ又ハ告ケサリシ事実ニ基カサルコトヲ証明シタルトキハ此限ニ在ラス」と定め、生命保険についても同条が準用されている（商法678条2項）。そして、本件契約19条3項但書の規定も商法の上記規定を約款で明記したものと解される。

上記商法645条2項但書の趣旨は、告知義務違反という不誠実な行為があるものの、保険事故が告知義務違反とは何ら関係なしに発生した場合には、保険者は結果的にみて告知義務違反により事実上なんら不利益を受けなかったことになるから、告知義務が契約当事者間の利害の公正な調整を目的とするものであることに鑑み、このような場合にまで契約の解除を認める必要はないというものであると解される。

したがって、商法645条2項但書の場合には、告知義務違反の事実と保険事故との間に因果関係がないことが必要であり、告知義務違反の事実を保険者の側において認識又は容易に認識し得るものであったか否かは、上記但書の適用において考慮する必要はないと解するのが相当である。

上記のとおり、本件において解除の原因となった告知義務違反は、肝機能障害、高血圧、糖尿病及び高脂血症であるから、本件契約19条3項但書の適用があるためには、これらのいずれもが死亡との間に因果関係がない場合であることを要するというべきである。

そうすると、Ｉ意見書によっても、肝機能障害、高血圧、糖尿病及び高脂血症という告知義務違反の事実とAの死亡との間に因果関係がないと認めることはできず、他に告知義務違反とAとの間に因果関係がないと認めるに足りる証拠はない。

なお、Ｉ意見書には、「本件被保険者の死亡については、告知しなかった中性脂肪高値や軽度の高コレステロール血症が関与した可能性が薄く、むしろ被保険者の死因である脳出血には、低コレステロール血症が関与するとされている。」との記載がある。

しかし、同意見書には、「被保険者の場合は、…アルコール性肝障害、低栄養、軽度の糖尿病と高中性脂肪血症、軽度の高血圧により、脳血管がもろくなっており」との記載もあることを考慮すると、Aの高脂血症が脳出血の大きな要因となっていたとまではいえないものの、死亡との間に因果関係がないとまでは認めることはできない（名古屋高裁平成16年1月28日判決、平成15年(ネ)172号）。

●**参考判例**（大阪地裁平成15年2月5日判決、平成13年(ワ)13137号）
事 案　告知義務違反
争 点　告知義務違反である痛風又はその背景にある高尿酸血症と死亡との間の因果関係
判 旨

この点、原告は、Aの検視終了間際における血中アルコール濃度が4.1mg/mlであったことから、同人の

Ⅲ-2 告知義務違反と因果関係の不存在特則

ピーク時の血中アルコール濃度が少なくとも4.7mg/mlはあったと推定して、Aの死因は（痛風とは無関係の）致死性のアルコール中毒であったと主張している。

確かに、一般的な酩酊度と血中アルコール濃度との関係として、血中アルコール濃度が3.5-4.5mg/mlの場合の酩酊度を「泥酔（昏睡）」と、また、その具体的内容を「意識消失、反射消失、体温低下、呼吸緩徐、瞳孔は散大傾向、この状態の継続は致死的」とし、血中アルコール濃度が4.5mg/ml以上の場合の酩酊度の具体的内容を「心臓機能不全、脳幹機能の抑制、呼吸麻痺、死亡」としている文献が存在する〔証拠略〕。

そして、Aの死亡までの血中アルコール濃度は少なくとも4.1mg/mlはあったと推認できるところ、上記の基準によれば、この程度の血中アルコール濃度が継続すると致死的とされている。

しかしながら、同文献では、酩酊度が体質的個人差、飲酒状況、年齢、栄養状態、心身の諸条件、飲酒習慣等によって必ずしも一定ではないとか、血中アルコール濃度と酩酊度の関係には個人差が大きいといった旨の指摘がなされているところ〔証拠略〕、本件において、酩酊度に影響を及ぼすこれらの要素が全く明らかになっていないことを考慮すれば、Aの検視時の血中アルコール濃度を上記の（酩酊度と血中アルコール濃度との関係についての）一般的基準を当てはめて、直ちに、Aが致死性のアルコール中毒で死亡したと結論づけることは困難であるといわざるを得ない。

ところで、Aが通院していたD病院の医師及びF医科大学膠原病リウマチ痛風センター所長のG医師は、Aの痛風が同人の死亡の直接の原因とはならないとしている〔証拠略〕。

もっとも、Aの尿酸値は、10.2mg/dl（平成11年3月24日）、9.8mg/dl（平成12年6月14日）、4.8mg/dl（平成12年7月26日）、10.2mg/dl（平成12年12月27日）と推移しているところ、平成8年2月にH代謝学会総会におけるコンセンサス・カンファレンスにおいて、投薬による尿酸下降療法の開始は、8mg/dlからという勧告が提示されたこと〔証拠略〕や現にAに頭痛発作が現れていたことからすれば、Aの高尿酸血症の程度は重かったと思われること、尿酸値が脳卒中や心筋梗塞の独立した危険因子であることを否定できないとする疫学的研究結果が報告され〔証拠略〕、痛風（高尿酸血症）で合併症がない割合は四、五パーセント程度にすぎないこと〔証拠略〕に照らせば、Aが合併症を併発していた可能性を排除できない。（この点、原告は、Aが、D病院に通院している間に合併症の診断を受けていない以上、Aは合併症を併発していなかったというべきである旨の主張しているが、D病院で合併症の存否を検査した形跡はないから、原告の前記主張から直ちにAが合併症を併発していなかったと断定することは困難である。）

以上に加え、尿酸値が8.5mg/dl以上の群は、尿酸値が5.0-6.4mg/dlの群と比べて、死亡率が1.74倍になるという疫学的研究結果が報告されている〔証拠略〕こと、前述のとおり、原告の主張する他原因（致死性のアルコール中毒）をAの死因として認めることが困難であることに鑑みると、本件において、前記の両医師が指摘するように痛風それ自体が死亡の直接の原因とはならなかったとしても、（痛風の背景にある）高尿酸血症又は痛風の合併症に起因して急性心臓死を来した可能性を排除することはできない。そうすると、本件において、告知義務違反の対象となった事実と保険事故との因果関係が不存在であると認めることはできないことになる（大阪地裁平成15年2月5日判決、平成13年（ワ）13137号）。

●**参考判例**（大阪地裁平成15年5月15日判決、平成12年（ワ）9127号）（大阪高裁平成15年11月14日判決、平成15年（ネ）2027号）

事　案　告知義務違反
争　点　入浴中の死亡における死因と告知しなかった事実との間の因果関係の有無

判　旨

（第一審）　Aは、平成2年9月21日、B医師に高血圧症と診断されてから、同医師のもとでの最後の受診日となった平成9年9月2日まで、約7年間降圧剤の投与などの治療を受けていた。成人の正常血圧は140/90mmHg未満、高血圧は160/95mmHg以上（最大、最小のいずれか一方または両方）とされており〔証拠略〕、高血圧の状態が続くと心臓の機能に過重な負担がかかることになり、心臓の左室肥大から心不全を起こす危険があり、また、高血圧を危険因子とする虚血性心疾患は、心臓の表面を取り巻く冠状動脈から血液の供給を受けて活動する心臓が、高血圧などにより血流が悪化し十分な血液が供給されなくなって働きが鈍った状態をいい、狭心症、心筋梗塞などを引き起こすとされている。

Ⅲ-2 告知義務違反と因果関係の不存在特則

　Aは、平成3年1月22日、B医師に上室性不整脈と診断され、平成5年8月11日、心臓の働きをよくし、うっ血性心不全症状に効能のある強心剤エミトロンを処方されている〔証拠略〕。その後、平成8年2月2日、Aは、B医師に虚血性心疾患と診断され、同年7月3日から、血管拡張剤で狭心症・心筋梗塞（急性期を除く）・その他の虚血性心疾患に用いられ、狭心症の発作や心筋梗塞を予防し、心臓の負担を軽くして心不全の症状を和らげるフランドルテープを処方された。しかし、Aの血圧は、降圧剤の服用によっても160/95mmHg以上であることが多く、平成8年9月18日には204/100mmHgという高い数値を示した。

　Aの症状について、B医師は、「最高血圧が200を超えていれば、いつ脳血管障害、心筋障害を起こしても不思議ではないと思います。」、「（Aの）高血圧が完治するとも思っていません。」、「あれほどの高血圧症が長期間続けば、動脈血管壁が相当圧迫刺激され、脆くなっていたのではないかと推察されます。当然、突然の脳血管あるいは心血管の損傷リスクはかなり高い状態だったと考えられます。」と述べている。

　Aは、平成9年9月2日、B医師の診察を受けたところ、血圧が156/94mmHgであり、血圧及び心臓の薬並びにフランドルテープを処方されたが、これを最後に同医師による治療を中止しており、本件全証拠によるも、その後の治療状況・健康状態は定かではない。

　もっとも、原告本人は、Aは健康であったと供述している〔（原告の陳述書）にも同趣旨の記載がある〕が、その一方で、Aの血圧値も知らず、Aが不整脈であったことやB医師からフランドルテープを処方されていたことを全く知らなかったとも供述していること（原告本人尋問調書24〜30項）、B医師が、「A氏は自分の病識に乏しく（あまり重大だとは認識していなかった）」と述べていることに照らすと、原告がAの健康状態を十分把握していたとは考えられず、原告本人の前記供述及び陳述記載はいずれも、容易く信用することができない。

　そうすると、AがB医師による治療を中止した平成9年9月2日以降、Aの高血圧症等の症状が、従前よりも改善されていたとは考え難い。

　Aは、平成11年2月9日午後11時すぎ、自宅近くの公衆浴場（E温泉）に赴き、入浴中、浴槽の中で動かなくなったところを同浴場経営者の妻に発見され、通報を受けた救急隊が同浴場に到着した翌10日午前0時38分には、既に呼吸が感じられず、脈拍も触れず、心肺停止状態であり、同救急隊によって、同日午前0時55分ころ、K警察病院に搬送され、同病院で心肺蘇生術を実施するも、心拍再開せず、同日午前2時4分、Aの死亡が確認された〔但し、同日午前2時4分は、Aの死亡時刻ではなく、死亡確認時刻である〕（〔略〕、原告本人、大阪市〇〇消防署及びK警察病院に対する調査嘱託の各結果〕）。

　そして、C医師（大阪府監察医事務所C医師）作成の死体検案書には、監察医であるC医師が、平成11年2月10日、Aを検案し、Aの「死亡したとき」（死亡時刻）を、同日午前0時30分ころ、Aの「死亡の原因」について、臨床所見も参酌のうえ、直接の死因として急性心機能不全、その原因として高血圧性心疾患とする病死と検案した旨が記載されている。

　もっとも、原告は、本件死体検案書には、検案年月日が平成11年2月10日と記載されているが、「死亡の原因」欄の記載は、後日、担当警察官からの聴取内容及び臨床所見（K警察病院の診療録、B医師に対する被告関係の調査員からの調査内容の聴取）を参酌してなされたものであり、C医師がAの死体を検案した事実に基づいて作成されたものではないから、本件死体検案書の記載内容は、にわかに採用することができないと主張する。

　しかしながら、そもそも死体検案書は、医師法19条、20条に基づき診療継続中の患者以外の者が死亡した場合、あるいは診療にかかわる疾病と関連しない原因により死亡した場合に、死体を検案した医師が作成する書類であり、かつ、死亡届の添付書類である（戸籍法86条）から、監察医であるC医師が死体を実際に検案した事実に基づかずに、本件死体検案書を作成するという事態は考え難いこと、原告が指摘する被告関係の調査員の調査は、原告が平成11年3月ころ被告に対し本件生命保険契約の死亡保険金の請求をした後になされたものであるから、本件死体検案書の発行日である同年2月24日〔証拠略〕までにC医師がその内容を聴取することは不可能であることに照らすと、原告の前記主張は採用できない。

　ところで、循環器の専門医であるF医師は、その意見書において、①平成11年2月10日、Aが救急搬送されたK警察病院のカルテには、E温泉から救急搬送された直後のAの胸部レントゲン写真による著明な心陰影の拡大と肺うっ血の所見が記載されている、②Aについて、降圧剤等の服用が定期的に行われてい

III-2 告知義務違反と因果関係の不存在特則

なかったことも合わせて考えると、心陰影の拡大の原因は、虚血性心疾患や高血圧の影響と考えられる、③Ａの死体解剖が実施されておらず、心臓エコーなどの他の検査結果がないため、心肥大と高血圧性心疾患の存在を確信できないが、高血圧治療を中断してからの経過時間から考えても、前記レントゲン写真で見られる心陰影の拡大は、おそらく左室肥大によるものと考えられる、④一般に、高血圧の治療歴がある場合に、レントゲン写真上、心陰影の拡大と肺うっ血を認めれば、左心不全（うっ血性心不全）を来したと考えることが最も妥当と思われる、⑤高血圧に左室肥大が加わった場合には、致命的な不整脈を起こしやすいという事実と、Ａが入浴中に倒れたこと、救急搬送時には既に心肺停止していたことと、レントゲン写真の結果及び救命処置に対してＡの心臓が全く反応していないこと等から、Ａが何らかの心疾患（不整脈、高血圧性心疾患）を入浴中に発症し、心停止を来したと考えるのが最も妥当と思われる旨述べている。

そうすると、Ａの既往症である高血圧症、上室性不整脈及び虚血性心疾患の存在とＡの死亡との間には因果関係があるとするのが相当である。

もっとも、原告は、Ａは熱い浴場で急に体温が上昇し、血圧が下がり、熱中症による意識障害（のぼせ）を起こし、浴槽内で倒れて溺れて死亡したと主張し、熱中症・入浴中の死亡事故に関する資料を提出している。

しかしながら、これらの資料は、一般論を論じるものか、統計資料が中心であり、その存在をもって、直ちにＡの死因が熱中症であるとすることはできない。

また、熱中症は、環境温度の上昇に基づく体温上昇のために発生する健康障害と定義され、入浴に関する熱中症は、熱い湯に長く入っていることにより体温が上昇し、血圧が下がり、意識障害を起こす（めまい、ふらつきを含む）症状をいうとされており、前記資料中には、熱中症による意識障害が発生する体温は40～42度と考えられ、高齢者の中には、高温浴での体温異常を自覚できず、熱中症とも呼べる病態で死亡している例があるのではないかと推察され、その理由としては、病院に搬送された後でも40度以上の体温を示す例が散見されるとするものがある。ところが、ＡのＫ警察病院搬送時の体温は34.7度と低温であり、搬送時にＡを診察した同病院のＧ医師が、その当時、Ａの熱中症を疑った形跡はない。

また、Ｋ警察病院Ｈ医師作成の平成13年8月9日付診断書には、Ａの病名（死因）として「溺水・心肺停止」との記載がある。同診断書の基礎となった平成11年2月10日当時の同病院外科診療録を記載したＧ医師は、病院到着時、Ａの意識状態は昏睡で、心肺停止状態であったこと、救急隊からＡが銭湯の浴槽に顔をつけた状態で沈んでいたところを発見されたとの報告を受けたこと及び原告からＡには既往症がないと聞いたことから、Ａは何らかの原因により、溺水状態となり、心肺停止状態に陥ったものと考え、「溺水の疑い」とした旨述べている。したがって、前記診断書に記載された病名（死因）は、確定診断されたものでないことは明らかである。しかも、救急隊のＥ温泉到着時には、既にＡは脱衣場に仰臥位の状態であったため、救急隊は、Ａの溺水状況について確認していない（〔証拠略〕、大阪市○○消防署に対する調査嘱託の結果）。

また、原告は、発見時の状況から、Ａが溺死であったと説明している。そして、原告は、平成11年3月9日付の被告に対する事故状況報告書では、Ａが浴槽でもたれて動かないところを発見されたと記載していたのに、その後、陳述書では、浴槽にしがみついているところを発見されたと記載し、さらに、原告本人尋問では、前記報告書の記載は勘違いによるものであり、実際には、浴槽に顔をつけた状態で発見されたと供述するに至った。しかし、原告は、浴場経営者らは発見後、Ａを浴槽から引き上げた際に、おかしいと判断して救急車を呼んだとも説明しており、原告の発見時の状況に関する説明の変遷は、いささか不自然である。したがって、Ａの発見時の状況に関する原告の説明は、容易く信用することはできない。

さらに、Ａの死因について、熱中症による溺死ではないかとするＢ医師の意見や、意識障害による溺死を否定し得ないとするＧ医師の意見が存在するが、いずれも前記一般論及び統計資料等を踏まえての推測の域を出ないものである。

そうすると、この点に関する原告の前記主張は採用できず、他に前記(2)、(3)の認定を左右する証拠はない（大阪地裁平成15年5月15日判決、平成12年(ワ)9127号）。

（第二審） 以上認定したところによれば、Ａには、高血圧症、上室性不整脈及び虚血性心疾患の既往症が

あり、同人の死亡当時これら高血圧症等の症状が改善されていたとは認め難く、死亡直後の同人の胸部レントゲン写真には虚血性心疾患や高血圧の影響と考えられる著明な心陰影の拡大と肺うっ血の所見が認められたなどというのであるから、Aの死因については、本件死体検案書記載のとおり、高血圧性心疾患による急性心機能不全と認めるのが相当である。Aが熱中症による意識障害を起こした事実についても同人が浴槽内で溺死した事実についてもこれを認めるに足りる的確な証拠はない（大阪高裁平成15年11月14日判決、平成15年（ネ）2027号）。

●**参考判例**（東京地裁平成15年11月11日判決、平成15年（ワ）53号）
　事　案　告知義務違反
　争　点　急性膵炎による入院の不告知と死亡との間の因果関係
　判　旨
　　証拠（略）によれば、Bは平成11年の入院治療を受けた後も飲酒の習慣は改まらなかったこと、Bは平成12年12月16日に腹部痛のため北九州市立Y病院に緊急入院したこと、診断名は急性膵炎、脂肪肝であり、治療を受けたが症状が悪化し、平成13年1月23日に死亡したことが認められる。
　　Bの死亡原因は、平成11年の入院の際と同様の急性膵炎を原因とするというべきであり、Bの平成11年の入院とBの死亡との間に因果関係がないとはいえない（東京地裁平成15年11月11日判決、平成15年（ワ）53号）。

●**参考判例**（大阪地裁平成16年6月21日判決、平成15年（ワ）5509号）
　事　案　告知義務違反
　争　点　気管支喘息と死亡との間の因果関係の有無
　判　旨
　　前記認定事実及び証拠（〔証拠略〕）によれば、Aは、平成9年1月ころから喘息を発病し、平成14年6月22日に死亡するまでの2年ほど前からは中程度の発作を起こしていたこと、また、本件契約締結後も1ケ月に2回位の割合でD医院で通院治療を続けており、医師から薬をもらっては服用していたこと、さらに、死亡日の3日前の同月19日にもT医師の診察を受け、喘鳴（ぜーぜー息をする）の症状を訴え、禁煙を指示されていたことが認められる。
　　また、証拠（〔証拠略〕）によれば、Aは、平成14年6月19日、中国旅行から帰国した後呼吸困難の発作を起こしたため、同月20日午前5時55分ころ、○○社会保険病院に救急入院させられ、F医師により気管支喘息等の診断のもと、投薬、人工透析による血液ろ過などが行われたが、呼吸不全による心肺停止状態に至り、一旦は心拍再開するも、同月22日に多臓器不全により死亡したこと、F医師は、Aの直接の死因を約2日間にわたる気管支喘息重積発作によること、直接には死因に関係しないが直接の死因となった気管支喘息重積発作に影響を及ぼした傷病として肺炎があったと判断したことが認められる。
　　上記認定事実によれば、Aは、投薬治療を続けていた持病の気管支喘息が直接の原因となり、呼吸不全となり、心肺停止に伴う多臓器不全に陥り死亡したものと認められる。よって、Aの死亡と気管支喘息とは因果関係があると認められ、再抗弁2は理由がない（大阪地裁平成16年6月21日判決、平成15年（ワ）5509号）。

●**参考判例**（神戸地裁尼崎支部平成16年11月10日判決、平成15年（ワ）315号）（大阪高裁平成17年4月28日判決、平成16年（ネ）3785号）
　事　案　告知義務違反
　争　点　うつ病と死亡との間の因果関係の有無
　判　旨
　（第一審）　原告は、本件事故は、①現場等の状況からして、自殺によるものと解するのは不自然であり、②友人との交流においても自殺するような兆候は見られなかったし、③うつ病の病状も重篤なものではな

III-2 告知義務違反と因果関係の不存在特則

く、Aの主治医であったJ医師も自殺ではない旨断言しているから、告知義務違反の対象となったうつ病と保険事故との間には因果関係がない旨主張する。

しかしながら、①については、原告の指摘は、およそ車で入水自殺する際には、スピードを出して岸壁を越え、海に突っ込んでいくはずであるという前提に立つものであるところ、そのような前提に限られるとは解することはできないし、本件事故の現場が、通常深夜に独りでドライブに行くのに適した場所とはいえないこと、岸壁の車止めを越えて海に転落していることからすると、単なる事故であるとまでは認めがたい。

②については、うつ病患者が、親しい友人に対しても、自殺願望等を告げないことは充分に考えられるし、発作的に自殺に至る可能性も否定できないこと（証人J）からすると、この点もAの自殺を否定する有力な根拠とはなりえないというべきである。

③Aは、平成10年3月ころから同年5月ころまでの間及び平成11年2月ころから同年12月ころまでの間にそれぞれA勤務先を休職したこと、平成12年12月ころから、三度目の休職に入り、当初は抗うつ剤の点滴投与を受けていたが、その後病状は改善傾向に向かっていたこと、J医師は、平成13年11月27日にAを診察をした際も、特に調子が悪いことはなく、Aが自殺するのではないかという危機感は感じなかったことが認められる。

しかしながら、他方で、一般に、うつ病の回復期においては、よかったり悪かったりの変動が起きやすく、不安定なときであり、現実生活の復帰を目前に、不安が強まり、不全感、挫折感を持ちやすいことから、自殺について要注意の時期であると言われているところ、Aは、同年10月、復職しようと一度出社したが、結局休職を継続することになったが、復職しないと決めたことで落ち込んだり、同月7日、外出中にパニック状態となったこと、J医師は、自殺ではなく事故だと思うとの意見は一個人としてのものであることを留保した上で述べ、これまでの経験でも、二、三年に1回くらい、自殺を予測できなかった患者がいることを認めていること、一般に、自殺する人のうち、うつ病患者の占める割合は約3分の1とも50〜70パーセントとも言われており、うつ病自体の自殺率も15パーセントなどと言われていることが認められる。これらの点も総合すると、Aのうつ病の症状が改善傾向にあったこと、J医師の意見があることを考慮しても、自殺を否定することはできないというべきである。

以上の点を総合すると、本件事故が、Aのうつ病に起因する自殺によるものである可能性を否定できないというべきであって、原告において、上記の因果関係の不存在を証明したものとはいえない（神戸地裁尼崎支部平成16年11月10日判決、平成15年（ワ）315号）。

（第二審） 因果関係の不存在については、控訴人に立証責任があるところ（商法678条2項、645条2項ただし書、本件各保険契約の普通保険約款）、これを認めるに足りる的確な証拠はない。

控訴人は、本件事故は、①現場等の状況からして、自殺によるものと解するのは不自然であり、②友人との交流等においても自殺するような兆候は見られなかったし、③うつ病の症状も重篤なものではなく、Aの主治医であったJ医師も自殺ではない旨断言しているから、告知義務違反の対象となったうつ病と保険事故との間には因果関係がない旨主張する。

しかし、①については、控訴人の指摘は、およそ車で入水自殺する際には、スピードを出して岸壁を越え、海に突っ込んでいくはずであるという前提に立つものであるところ、そのような前提に限られると解することはできないし、前記認定のとおり、Aの自動車は、大雨の深夜、岸壁の縁石を越えて海に転落していること、Aはシートベルトを装着したままの状態で死亡していたことなどからすると、自殺の可能性を否定できない。

また、②については、うつ病患者が、親しい友人に対しても、自殺願望等を告げないことは充分に考えられるし、前記認定のとおり、発作的に自殺に至る可能性も否定できないことからすると、この点もAの自殺を否定する有力な根拠とはなりえないというべきである（控訴人が主張する、大阪モーターショーの件や病院の診察日の変更についても、発作的な自殺の可能性を否定する根拠となるものではないことは明らかである。）。

さらに、③についても、確かに、J医師は、原審証人尋問において、本件事故は、Aの自殺ではなく、事故であると思うと証言しているが、決して断言しているものではないこと、前記認定のとおり、うつ病

による自殺の発生率は低いものではないし、J医師自身、自殺を予想できない患者がいること、Aが発作的に自殺した可能性も否定できないことを認めているのであるから、この点もAの自殺の可能性を否定できるものではない（大阪高裁平成17年4月28日判決、平成16年（ネ）3785号）。

● **参考判例**（東京地裁平成17年3月8日判決、平成16年（ワ）13114号）
　事　案　告知義務違反
　争　点　前立腺肥大症と前立腺癌との間の因果関係の有無
　判　旨

　　被告の告知義務違反は、「前立腺肥大症」についての診察、投薬等に関する事実を告知しなかったことについて認められ、一方被告が、本件保険契約に基づく給付金請求をしたのは、「前立腺癌」の診断確定（平成15年8月25日）等によるものであり、「給付金支払事由の発生が、解除の原因となった事実によらなかったことを保険契約者（被告）が証明した」（本件保険契約約款27条3項）といえるかが問題となる。

　　被告が主張しているように、前立腺肥大症と前立腺癌は別の病気であるというのが医学上の経験則であろうと思われる。

　　しかしながら、本件においては、本件契約申込時までに被告のPSAの検査結果が正常値を越えており、医師から定期的検査をするよう勧められていたこと、このことを告知しなかったことが告知事項ウ、エについて、必要な事実を記載しなかった疑いとなること、PSA検査が前立腺癌と無関係であることを示す証拠はないこと、被告の前立腺肥大症についての受診が、前立腺癌の検査、発見と無関係とはいえないことなどを考慮すると、上記証明があったとは認められない（東京地裁平成17年3月8日判決、平成16年（ワ）13114号）。

● **参考判例**（東京地裁平成17年11月11日判決、平成16年（ワ）19007号）
　事　案　告知義務違反
　争　点　因果関係不存在についての立証責任、肺線維症と死亡との間の因果関係の有無
　判　旨

　　前記前提となる事実によれば、告知義務違反に係る事実と保険事故発生との間に因果関係のないことについては、告知義務違反による解除の効果を争う保険契約者の側に立証責任があるというべきである。そして、前記認定のとおり、Aの死亡診断書においては、直接死因である特発性間質性肺炎の原因が不明とされていることが認められ、甲第18号証（Dの陳述書）及び証人Dの証言中には、Aの肺に存した陳旧性の線維化と上記特発性間質性肺炎との間には、因果関係がないと考えられるとする部分がある。

　　しかし、肺線維症は、ウイルスや細菌の感染、風邪の罹患等によって急激に症状が悪化することがあること、Aは、平成16年1月27日の入院直前の同月24日にゴルフをし、風邪を引いて熱があると訴えて本件病院において受診し、そのまま入院したものであり、このAの症状が肺線維症の急性転化と考えても矛盾はないこと、同入院時のAの主治医であったE内科部長は、Aの症状を「肺線維症急性増悪」と診断し、Aの肺に存した線維化とAの上記死因との間に因果関係があると判断していることからすると、甲第18号証及び証人Dの証言中の上記供述によって、上記因果関係が存在しないものと認めることはできず、他にこれを認めるに足りる証拠はない（東京地裁平成17年11月11日判決、平成16年（ワ）19007号）。

● **参考判例**（大阪地裁平成18年3月29日判決、平成16年（ワ）13456号）
　事　案　告知義務違反
　争　点　因果関係の有無
　判　旨

　　もっとも、上記告知義務違反の事実とAの死亡との間に因果関係を全く欠く場合には、被告は、告知義務違反を理由に本件保険契約を解除しても、保険金の支払義務を免れないと解されるので（商法678条2項、645条2項ただし書、本件約款12条3項ただし書、本件定期保険特約11条3項ただし書）、本件において、

III-2 告知義務違反と因果関係の不存在特則

上記の因果関係が全くないといえるか否かについて判断する(なお、告知義務の制度が、保険者に対し、事前に不良契約を排除する機会を与えようとするものであり、保険申込者が正当に告知すれば、保険者は初めから契約を締結しないか、あるいは、より高率の保険料で契約を締結していたはずであることからすると、因果関係の不存在の証明の程度を緩やかに解することは正直な保険申込者との均衡を失することになって相当でないから、全く因果関係のないことの証明を必要とし、少しでも因果関係のあることを窺わせる余地がある限り、因果関係の不存在は認められないと解するのが相当である。)。

そこで検討するに、まず、甲4によれば、Aは、平成15年12月17日午前零時30分ころ、自宅内の階段下で逆エビ状態になって死亡しているのを妻である原告によって発見されたことが認められるが、Aの遺体を検案した監察医である証人Dの証言によれば、Aの遺体には、頭蓋内出血や胸腔・腹腔出血にみられるような死斑が弱いとの所見はなく、死因につながる骨折も触知できなかったから、Aの死が外因死であると断定することはできず、他に死因を明確に特定できるような所見もなかったことが認められる。

そして、アルコール性肝炎は、他のアルコール性肝障害の病型に比べ症状が重篤で、以後禁酒ができなければ、アルコールの量によっては肝機能が急激に悪化して死亡する場合もあることが認められるところ、Aには、平成8年4月25日、全身倦怠感、頻尿等の症状を訴えてBクリニックを受診し、以後、脂肪肝等についての通院治療を続けていたところ、平成14年5月2日に「アルコール性肝炎」と診断され、同月18日に入院の必要性を説明されてC病院を紹介され、さらに、同年9月26日に前同様の症状で再度受診したときにも、再度入院加療が必要との説明を受けてC病院を紹介され、同月27日にC病院に入院し、同年11月7日に退院するまで、同病院でアルコール性肝炎の治療を受けたとの事実が認められるほか、甲5によれば、Aは、C病院に入院するまで、毎日日本酒3、4合か、500ミリリットルの缶ビール3本程度を飲み続けており、C病院への入院時には、飲酒した際の腹部周辺の痛み、心中部から腹部にかけての圧痛、食欲不振、全身倦怠感等を訴えており、黄染、頻尿等の症状もみられ、肝機能の程度を表す数値も、GOT45、GPT54、γ-GTP584と著しく高値であったことが認められ、さらに、原告本人尋問の結果によれば、Aは、退院後も毎日のように500ミリリットルの缶ビール2、3本程度を飲んでおり、死亡当日も少なくとも500ミリリットルの缶ビール2本を飲んでいたことが認められることからすれば、Aはアルコール性肝炎の悪化により死亡するに至ったものである可能性が考えられる。

これに対し、原告は、Aのアルコール性肝炎はC病院における入院治療により相当程度改善しており、Aの死亡当時のアルコール性肝炎の程度は死に至るほどに重篤な症状ではなかったのであるから、上記告知義務違反の事実とAの死亡との間には因果関係が全くない旨主張する。

しかしながら、甲5ないし7、乙7及び弁論の全趣旨によれば、Aは、入院中に頻尿の酷い症状が改善することはほとんどなかったこと、AがC病院を退院した時の肝機能の程度を表す数値はGOT19、GPT20、γ-GTP188であるが、一般的に、アルコール性肝障害は、禁酒すれば肝機能の程度を表す数値は低下するものの、これをもってアルコール性肝障害が治癒・回復したものとまではいえないこと(なお、Aの退院時のGOTとGTPは正常値の範囲内であるものの、γ-GTPは正常値の2倍を超える値である。)、C病院におけるAの主治医であるE医師も、回答書に、Aの退院時の症状について、「退院後かなりの飲酒量であれば死亡に至ることもあるのではないかとおもいます」と記述していることが認められることに照らせば、Aのアルコール性肝炎がC病院における入院治療により相当程度改善していたとまでは認め難い。さらに、前記認定のとおり、Aは、退院後も毎日のように500ミリリットルの缶ビール2、3本程度を飲んでおり、死亡当日も少なくとも500ミリリットルの缶ビール2本を飲んでいたのであり、このように退院後に少なくない量のアルコールを継続して摂取していたことからすれば、退院後にアルコール性肝炎が進行していた可能性も否定し難いところであり、これらの諸事情に照らせば、Aの死亡当時のアルコール性肝炎の程度が死に至るほどに重篤な症状ではなく、上記告知義務違反の事実とAの死亡との間には因果関係が全くない旨原告の上記主張は採用できない。

(なお、原告は、Aには、死亡直前まで、黄疸、倦怠、身体のかゆみ、吐き気や食欲不振といった肝機能が大きく低下した際に見られる症状は一切なかったから、Aが死亡した際に、生命に危険が及ぶほどに肝機能が低下していたものとは到底いえない旨主張するが、原告本人の供述以外には、原告に上記のような症状がなかったことを裏付ける証拠はない上、甲5によれば、Aは、アルコール性肝炎が悪化してC病院

に入院した際にも、倦怠感と食欲不振は訴えていたものの、黄疸、身体のかゆみ、吐き気などの症状は見られなかったことが認められることに照らせば、仮にAに上記のような症状が一切見られなかったとしても、このことから直ちに、生命に危険が及ぶほどに肝機能が低下していたものでないとまでは言い難く、原告の上記主張も採用できない。）

また、原告は、Aが歩行中に意識を消失し階段から転落して死亡したとの前提で、肝機能の大幅な低下によって立位中に意識消失するということはあり得ないから、上記告知義務違反の事実とAの死亡との間には因果関係が全くない旨主張するが、Aが階段から転落した機序については必ずしも明らかでないのであって、意識消失に至らなくとも異変が生じた状態で階段にさしかかったために転落し、そのまま死に至った可能性も考えられるから、原告の上記主張はその前提を欠くものである上、肝機能の大幅な低下によって立位中に意識消失するということがあり得ないと認めるに足りる証拠はないから（なお、証人Dは、肝機能の低下に起因して歩行中に意識消失する可能性も否定できない旨証言している。）、原告の上記主張も採用の限りでない。

以上によれば、Aの上記告知義務違反の事実とAの死亡との間に因果関係を全く欠くとはいえないから、被告は、本件解除により保険金支払義務を免れることとなる（大阪地裁平成18年3月29日判決、平成16年(ワ)13456号）。

●**参考判例**（広島地裁平成18年7月28日判決、平成17年(ワ)841号）
事　案　告知義務違反
争　点　因果関係不存在の立証責任
判　旨

不告知事実と保険事故との間の因果関係については、保険契約者が不存在の立証責任を負い、その証明の程度としては、全く因果関係がないことの証明が必要である。

原告らは、不告知事実と保険事故との間の因果関係の立証について、必ずしも立証責任が被保険者にあると考えるべきではなく、保険会社が因果関係の存在についての立証責任を負担しているものと解すべきであると主張するものの、本件約款23条3項ただし書の文理解釈、及び商法678条2項、同645条2項ただし書の趣旨に反し、採用できない。

亡Aが平成14年8月19日に健康診断を受診した結果、精密検査受検の指示を受け、その理由が心電図に下壁梗塞疑及びST-T異常の所見が存したことであったことは、争いのない事実等(5)イ項のとおりである。争いのない事実等(7)に照らせば、下壁梗塞疑及びST-T異常の所見と亡Aの死亡との間に、全く因果関係がないことを認めるに足りる的確な証拠はないという外ない（広島地裁平成18年7月28日判決、平成17年(ワ)841号）。

●**参考判例**（鹿児島地裁川内支部平成18年8月24日判決、平成17年(ワ)35号）
事　案　告知義務違反
争　点　因果関係不存在についての証明の程度
判　旨

商法678条2項が準用する同法645条2項但書は、告知義務違反を理由に保険契約を解除できる場合であっても、「保険契約者ニ於テ危険ノ発生カ其告ケ又ハ告ケサリシ事実ニ基カサルコトヲ証明シタルトキハ比限ニ在ラス」と定めており、本件約款16条③の規定も商法の上記規定を約款で明記したものと解される。

上記商法645条2項但書の趣旨は、告知義務違反という不誠実な行為があるものの、保険事故が告知義務違反とは何ら関係なしに発生した場合には、保険者は結果的にみて告知義務違反により事実上何ら不利益を受けなかったことになるから、告知義務が契約当事者間の利害の公正な調整を目的とするものであることに鑑み、このような場合にまで契約の解除を認める必要はないというものであると解される。

したがって、危険発生が告知義務違反にかかる事実に基づかないこと、すなわち因果関係不存在の「証明」とは、告知義務違反にかかる事実と危険発生との間に相当因果関係のないことの確信を得させること、すなわち、両者の間に相当因果関係があるのではないかとの合理的な疑いの余地のない程度の心証を抱か

せることをいうと解すべきである。
　これを本件についてみるに、慢性B型肝炎が進展し、肝臓の線維化が進んだ状態が肝硬変であり、さらにその状態から肝癌が発生することがあり、慢性B型肝炎、肝硬変、肝癌は一連の疾患であるといえることや（前記1(1)）、前記認定の治療経過に照らし、Aの慢性B型肝炎が、死亡原因である肝癌の大きな要因となっていたことは否定し難いというべきであって、告知義務違反にかかる事実と保険事故発生との間に相当因果関係があるのではないかとの合理的な疑いの余地がないとまでは認めることはできない（鹿児島地裁川内支部平成18年8月24日判決、平成17年(ワ)35号）。

●参考判例（大阪地裁平成11年2月23日判決、平成9年(ワ)9119号）
　事　案　告知義務違反による解除
　争　点　肝炎・肝障害と死因である肝不全との因果関係
　判　旨
　　Aの死亡と告知義務の対象事実との間に因果関係がない旨を主張するけれどもB医師の作成した死亡診断書では、Aの死亡原因につき、直接死因は肝不全、又は、直接死因は消化管出血であり、死亡原因となるその他の身体状況として肝不全があったとされており、少なくとも肝炎・肝障害とA死亡との間に因果関係の存在を肯定することが出来る（大阪地裁平成11年2月23日判決、平成9年(ワ)9119号）。

●参考判例（福島地裁平成11年7月1日判決、平成10年(ワ)第271号）
　事　案　入院給付金請求と告知義務違反
　争　点　糖尿病、高血圧及び腰部椎間関節症と入院原因である腰部椎間関節症との因果関係
　判　旨
　　原告は、告知義務違反の対象となった傷病と本件傷害による入院とは何らの因果関係は認められないと主張するが、前記認定事実によれば、原告は、平成3年5月8日、O記念病院において、腰部椎間関節症と診断され、平成5年8月20日から平成8年5月17日まで合計13日間通院し、治療・投薬を受けたことが認められ、また、入院診断書（甲5）によれば、今回の入院の原因となった傷病名である腰部椎間関節症の原因は不詳と記載されており、しかも腰部椎間関節症は一般に治癒しにくい疾患であることは医学的に顕著な事実であることからすると、告知義務違反の対象となった傷病と本件傷害の間に因果関係がないとは考えられず、この点においても、原告の主張は採用できない（福島地裁平成11年7月1日判決、平成10年(ワ)第271号）。

●参考判例（東京地裁平成11年12月7日判決、平成10年(ワ)第21027号）
　事　案　告知義務違反による契約解除
　争　点　肝硬変と死因である食道静脈瘤破裂との因果関係の有無
　判　旨
　　原告は、Aの告知義務違反は、本件健康診断を受けているにもかかわらず、これを受けていないとの虚偽の事実を告知したというものであるが、右告知義務違反の事実とAの死亡との間には因果関係がない旨主張する。
　　しかしながら、Aの告知義務違反は、単に本件健康診断を受けているにもかかわらず受けていないと回答した点のみにあるのではなく、本件健康診断において、肝機能障害について要検査または要治療との判定を受けていたにもかかわらず、そもそも本件健康診断を受けたことがないと回答することによって右判定を受けたことを否定した点にあることは前認定のとおりである。
　　そして、前記のとおりAの直接の死因は食道静脈瘤破裂であるが、食道静脈瘤破裂に罹患した原因は肝硬変にあるのであり、M市立病院の医師Oが平成9年11月10日に作成した死亡診断書によれば、Aが食道静脈瘤破裂に罹患したのは死亡の約1ヶ月前であり、肝硬変に罹患したのは死亡の約3年前であることが認められるのであるから、Aの告知義務違反に係る事実と、Aの死亡との間には因果関係があることは明

らかである。
　もっとも、同医師は、平成10年6月26日にも死亡証明書を作成しており、これによれば食道静脈瘤破裂に罹患したのは死亡の約1ヶ月前であり、肝硬変に罹患したのは死亡の約4ヶ月前と記載されている。しかしながら、Kメディカルクリニックの平成9年7月3日に実施された健康診断の総合判定結果報告書によれば、右の時点でAには肝機能障害があり、食道静脈瘤で直ちに精密検査が必要な状態であったことが認められることや、本件健康診断において肝機能障害で要治療の判定が下されていることからすれば、Aの肝機能障害は平成6年から継続していたものと認められる。
　よって、原告の主張は理由がない（東京地裁平成11年12月7日判決、平成10年（ワ）第21027号）。

●**参考判例**（大阪地裁平成12年2月24日判決、平成10年（ワ）11985号）
　事　案　生存解除後の死亡
　争　点　生存解除は、死亡前に解除しているとき保険事故との因果関係の有無は問われないか
　判　旨
　　告知すべき事項と死亡との因果関係の有無
　　前記争いのない事実記載の約款の内容に照らせば、本件においては、生命保険金の支払事由であるAの死亡前に本件保険契約は解除されており、また、原告の余命が乏しいことをもって死亡と同視すべきとも言えないから、原告の主張は理由がない（大阪地裁平成12年2月24日判決、平成10年（ワ）11985号）。

●**参考判例**（山形地裁平成12年10月4日判決、平成11年（ワ）90号）
　事　案　告知義務違反による契約解除
　争　点　高血圧と死因である敗血症ショックとの因果関係
　判　旨
　　相当因果関係の不存在について
　1．商法678条2項が準用する同法645条2項但書は、保険金の請求者の側で危険の発生が告知義務違反に係る事実又は事項に基づかないことを証明したときには、保険者は保険金支払の義務を免れない旨を規定する。右の危険発生が告知義務違反に係る事実等に基づかないことの証明とは、本件についていえば、Aの既往たる高血圧症と直接死因であることに争いのない敗血症ショックとの間に相当因果関係がないとの確信を得させること、換言すれば、両者の間に相当因果関係があるのではないかとの合理的な疑いの余地のない程度の心証を抱かせることをいう。
　2．原告の主張中には、相当因果関係の不存在を指摘するにあたって敢えて「法的評価としての相当因果関係」と述べる部分がある。しかし、医学的にみて、ある所見と別のある所見との間に因果関係の存する疑いがある場合、その疑いが希有な事例の想定等による不合理なものでない限り、相当因果関係についても、これがあるのではないかとの合理的な疑いが生じ得るのであり、原告の論述が以上と異なる見解を趣旨とするのであるならば、採用できないものといわざるを得ない。
　3．ところで、本件訴訟においては、S病院宛の調査嘱託の形式により、原被告双方の質問に対するAの主治医の回答を得た。
　右回答において、主治医は、
　(1)死亡直前の尿検査でグラム陰性菌が検出されているので、尿路感染による敗血症・敗血症ショックが直接死因であると推定する、(2)尿路感染症の罹患は、Aが長期臥床かつ失禁状態にあったことが背景（危険因子）で、尿路カテーテルの使用が直接原因と考えられる、(3)尿路カテーテルの使用は、長期臥床と神経因性膀胱機能障害が脳梗塞に付随して生じたと考えられたことから余儀なくされたもので、脳梗塞は尿路感染症の重要な原因である、(4)高血圧症は、高齢とともに脳梗塞の重要な背景（危険因子）であり、Aの高血圧症も、その脳梗塞に関与があると思われる、(5)Aは平成9年2月19日に細菌性肺炎に罹患したと考えられ、これが敗血症の原因となった可能性はあるが、証明する根拠がない（肺炎は死亡の促進因子であったと考える）、(6)高齢、長期臥床及び脳梗塞は、細菌性肺炎罹患の原因であり、このうち最も重要あるいは促進的な原因は脳梗塞であると考える、旨を述べている。

Ⅲ-2 告知義務違反と因果関係の不存在特則

　右によれば、Ａの主治医としては、高血圧症、脳梗塞の発症、尿路カテーテルの使用、尿路感染症の発症、敗血症及び敗血症ショックという各事実、並びに、脳梗塞の発症、細菌性肺炎の罹患、敗血症及び敗血症ショックという各事実の間の因果関係について、これがあるのではないかとの疑いを少なくとも有していることが明らかであり、また、右の疑いが不合理なものであると認めるに足りる主張立証はない。

　なお、右の主治医は、Ａの死後、原告に対して、高血圧症と敗血症との間に因果関係がない旨を述べたことがあると認められるが、これは、高血圧症から直ちに敗血症になるわけではないとの程度の説明と解するべきである。

　４．そうすると、Ａの高血圧症と敗血症ショックとの間に相当因果関係があると断ずることができるかどうかはともかく、右の相当因果関係がないというには、合理的な疑いの余地がある。したがって、本件に商法678条2項、645条2項但書を適用することはできず、原告の本訴請求は理由がないことに帰する（山形地裁平成12年10月4日判決、平成11年（ワ）90号）。

●**参考判例**（横浜地裁平成12年10月25日判決、平成11年（ワ）4167号）
　事　案　告知義務違反による契約解除
　争　点　ネフローゼ症候群と死因である小脳梗塞との因果関係
　判　旨

　原告は、Ａのネフローゼ症候群と小脳梗塞による死亡との間には因果関係がない旨主張し、Ａの蛋白尿の状態は、寛解期には全く陰性化しており、平成10年6月18日以降は、平成11年4月26日の検尿で＋－であった以外はすべて陰性であったこと、Ａを診察したＴ共済病院のＴ医師は、ネフローゼ症候群の発症及び治療中に小脳梗塞が発症することは極めて稀と考えられ、直接の因果関係はない旨の診断書を作成していることが認められる。

　しかしながら、証拠によれば、ネフローゼ症候群と血栓症、梗塞に関する最近の医学的所見として、ネフローゼ症候群の患者は、血液擬固冗進状態を示し、血管内皮細胞の障害や血行動態の変化を契機に血栓症を発症し、血栓症は、ネフローゼ患者の6ないし44パーセントに合併し、脳梗塞、心筋梗塞の原因になると考えられていること、Ａの死亡診断書には、直接の死因として小脳梗塞と記載されているものの、その傷病経過に影響を及ぼした傷病名等としてネフローゼ症候群と記載されていること、さらに、Ａの診療証明書には、Ａは、平成11年7月初旬感冒様症状に続いて第7回目のネフローゼ症候群の再発をきたし、同年7月5日よりプレドニンの投与を受けたが、翌6日小脳梗塞を発症、同年7月17日死亡した旨の記載があることなどがそれぞれ認められ、これらに照らすと、前記原告の主張にそう認定事実によっても、Ａのネフローゼ症候群と小脳梗塞による死亡との間に因果関係が存在しないとまで認めることはできず、他に右因果関係の不存在を認めるに足りる証拠はない。

　したがって、Ａのネフローゼ症候群と小脳梗塞による死亡との間には因果関係がないとはいえず、被告の解除権の行使につき商法678条2項、645条2項但書及び本件保険契約の約款32条3項の適用はない（横浜地裁平成12年10月25日判決、平成11年（ワ）4167号）。

●**参考判例**（大審院昭和4年12月11日判決）
　事　案　告知義務違反
　争　点　告知義務違反の事実と保険事故との因果関係の有無（黴毒性脊髄炎、尿毒症）
　判　旨

　法律が保険契約締結の際保険契約者に対しいわゆる告知義務を課せる所以は、保険者をして危険測定に必要なる知識を得せしめんとするに外ならず。故に保険契約者にたとえ告知義務違反の事実あるも現に発生せる危険即事故と該義務違反との間に全然因果関係なきときは保険者としては相手方が義務を遵守したりとするもせざりしとするも、結局同一に帰し、自己にとりては必要なる知識に何等増減せる所なかりし場合なるを以て、危険の発生せる以上、法は保険者をして尚保険金の支払を為さしむるものにして、商法第433条（現行商法第645条第2項）、第399条の3第2項但書はこの趣旨に出ずるものとす。法の趣旨かくのごとき次第なるを以て右但書を適用するには事故と告げ又は告げざりし事実との間に全然因果関係なき

ことを必要とし、若し幾分にてもその間因果の関係を窮知し得べき余地存せんには右の但書はこれを適用すべからざること論をまたず。

今本件についてみるに、原判決は保険契約者にして且被保険者たるＡの死亡は契約締結の際告げざりしところの既往症黴毒性脊髄炎と何等関係なき尿毒症によるものにして、既往症を告げざりし事実と死亡との間には因果の関係なしと判示したれどもこれが後段において黴毒性脊髄炎に罹りし者が尿毒症により死亡する場合には通常死期を早からしむる事実あることを認定せり。果して然らば該既往症はＡの死亡と未だ全然因果の関係なしと断ずべからず。けだし、生命保険の見地よりすれば、死亡という中には死期の如何をも包含して解すべければなり。

畢竟するに、原審は生命保険契約における告知義務違反と事故との間における因果関係の解釈を誤り、以て本件事案に対し商法第399条の３第２項但書（現第678条第２項・第645条第２項但書）の規定を不当に適用せる違法あるものといはざるべからず（大審院昭和４年12月11日判決）。

●**参考判例**（大阪地裁昭和58年２月28日判決）
事　案　告知義務違反
争　点　告知義務違反の事実と保険事故との因果関係の有無（高血圧と大静脈瘤）
判　旨
大動脈瘤とは、動脈硬化によって動脈の抵抗が弱くなり、動脈血がたまって袋状のものができる病気で、瘤が破裂すると致命的になる危険性があること、大動脈瘤の内科的治療としては血圧を下げるのが有効であること、高血圧が原因となって大動脈瘤ができる場合もあるなど高血圧と大動脈瘤とは密接な因果関係があることが認められ、この認定を左右するにたる証拠はない。右にみた大動脈瘤の危険性に徴するとき、右疾病に罹病していることは告知すべき重要な事実に当たることは明白である（大阪地裁昭和58年２月28日判決）。

●**参考判例**（東京地裁昭和61年１月28日判決）
事　案　告知義務違反
争　点　告知義務違反の事実と保険事故との因果関係の有無（肺腫瘍、肺癌）
判　旨
原告は、告知義務違反の事実と被保険者の死亡原因との間に因果関係がないと主張する。しかしながら、告知義務違反となるのは、既に判示したとおり、胸部レントゲン写真で異常が存在すること、肺に疾病が存在する可能性があること及び医師に入院を勧告されて入院予約をしたことを告げなかったことであり、これを告げたとすれば、被告診査医は胸部レントゲン写真の撮影等相応の検査を実施したであろうことは前述の通りであるところ、証人の証言に因れば、昭和56年４月21日撮影の胸部レントゲン写真の異常所見は、一見して肺腫瘍と推断されるほどのものであったことが認められるから、前記告知がなされたとすれば肺癌の確定診断に至ったことは確実であり、本件告知義務違反がなければ、被告が本件保険契約を締結することもなかったものといわなければならない（東京地裁昭和61年１月28日判決）。

●**参考判例**（東京地裁昭和62年８月31日判決）
事　案　告知義務違反
争　点　告知義務違反の事実と保険事故との因果関係の有無（貧血症状と白血病）
判　旨
告知時の貧血症状は、直ちに白血病に移行するとまでは予想されなかったものの白血病とは因果関係がある…（東京地裁昭和62年８月31日判決）。

Ⅲ-2 告知義務違反と因果関係の不存在特則

●**参考判例**（東京地裁昭和63年7月12日判決）
　事　案　告知義務違反
　争　点　告知義務違反の事実と保険事故との因果関係の有無（アルコール中毒症と急性心不全）
　判　旨
　　被保険者はアルコール依存症あるいはアルコール中毒症の治療があったこと、同人は10日位前からは、殆ど少量しか食事を採らずに飲酒するという生活状態であったが、死亡当日…食事を採らずに飲酒していたところ、黒いものを数回嘔吐するという状態に至ったこと、死亡時の所見によると、肌は干からびていて、脱水態にあったこと…、急性心不全で死亡したことが認められる。アルコール依存症あるいはアルコール中毒症が高じて、前記認定状態で飲酒を続けた結果、身体が衰弱し、急性心不全をおこし死亡したものと推認される。そうすると、告知義務違反の対象となったアルコール中毒症と被保険者死亡との間に因果関係がないとは言えない（東京地裁昭和63年7月12日判決）。

●**参考判例**（和歌山地裁平成3年7月17日判決）
　事　案　告知義務違反
　争　点　告知義務違反の事実と保険事故との因果関係の有無（胃の手術と肝臓ガン）
　判　旨
　　原告は、被保険者の死因は肝臓癌であるから、告知義務違反の事実との間には因果関係がないと主張する。
　　しかしながら、被保険者の死亡の直接の原因が胃癌であることは死亡診断書から明らかであり、同人に肝臓癌もあったことが認められるが、前記認定の通り、これは胃癌から転移したものにすぎないものである。そして、被保険者の胃癌で死亡したことと、本件保険契約を締結するに当たり、被保険者が胃部に手術を要する潰瘍のあることを知り、胃に相当重大な疾患があることの認識を有していたもので、この事実を被告に告知しなかったこととの間には、商法第678条2項、第645条2項但書にいう因果関係のないことを証明できるほどの証拠は本件なく、却って、一般的に医師が患者に胃潰瘍との病名を告げるときは、良性潰瘍の時にも、胃癌のような悪性潰瘍のときにも同様の表現を用いており、医師が被保険者に対して胃潰瘍と告げた診断も、悪性潰瘍の疑いをもっていたものであるから、因果関係がないとはいえないことは明らかである（和歌山地裁平成3年7月17日判決）。

●**参考判例**（大阪地裁平成7年9月20日）
　事　案　告知義務違反
　争　点　告知義務違反の事実と保険事故との因果関係の有無（胃潰瘍と胃癌）
　判　旨
　　…確かに、胃潰瘍自体はガンに変化するものではないとされていることからすれば、発見された胃癌と胃潰瘍に直接的な関連性があるとは言えず、胃癌の症状の進行経過は、固体差が大きいから、主治医の臨床診断が胃癌あるいはその前駆症状をとらえていたものか否かも明らかであるとはいえない。しかしながら、被保険者の受診の原因となった胃痛は、胃癌の症状の現れであったとみる余地も否定はできない（大阪地裁平成7年9月20日）。

●**参考判例**（仙台地裁平成3年10月22日判決）
　事　案　告知義務違反
　争　点　告知義務違反の事実と保険事故との因果関係の有無（アルコール性肝障害と肝不全）
　判　旨
　　被保険者の死亡には外傷性脳出血が相当な影響を及ぼしていることは否定できず、したがって、被保険者の直接死因を肝不全に限定することは適切な判断とはいいがたいが、その死因の一つとして肝不全があり、その原因がアルコール性肝障害であることは明かである。そうすると、被保険者の死亡という保険事

故と前記不告知の事実との間には因果関係があるものといわなければならず、本件は保険事故が不告知の事実に基づかなかったことが証明された場合には当たらず、右因果関係がないから被告は保険金の支払義務を免れないとする原告の主張は理由がない（仙台地裁平成3年10月22日判決）。

●**参考判例**（名古屋地裁平成6年3月30日判決）
　事　案　告知義務違反
　争　点　告知義務違反の事実と保険事故との因果関係の有無（うつ病と自殺）
　判　旨
　　亡・被保険者の自殺につき、A病院神経内科の担当医は、うつ病に対し髄膜炎が何等かの影響を及ぼし自殺に至ったのではないかと判断している。また、国立病院に勤務していた前記担当医は、亡・被保険者の自殺につき、前記うつ病との因果関係を否定することはできないとしている。
　　右事実によれば、亡・被保険者の自殺は、前記うつ病に起因するものと解するのが相当いうべきであり、前記髄膜炎も、自殺の一誘因となったとしても、直ちにうつ病と自殺との因果関係を否定するものではないものと解される…（名古屋地裁平成6年3月30日判決）。

●**参考判例**（東京地裁平成7年1月13日判決）
　事　案　告知義務違反
　争　点　告知義務違反の事実と保険事故との因果関係の有無（アルコール依存症と脳卒中）
　判　旨
　　被保険者の死因は、脳卒中であるが、アルコール依存症と脳卒中またはその原因疾患との間の因果関係の存否が問題となる。被保険者には、アルコールに起因すると思われる臓器障害は認められていないし、入院中の血圧についてもとくに高血圧の傾向があるとは認められない。…多量飲酒習慣は、脳出血の独立した危険因子であること、多量のアルコール摂取が脳卒中のリスクを増大していること、多量飲酒がくも膜下出血と関係していることが認められる。主治医は高血圧症を伴わない場合のアルコール依存症と脳卒中との間の因果関係に否定的な感触を持っているといいつつも、断言できないと、また他の医師は、因果関係は不詳であるが、可能性として否定できないとしている。
　　多くの場合、アルコール依存症であることは、前記のような脳血管疾患危険因子とされる多量飲酒を推認することができる。被保険者の脳卒中の原因としてアルコール依存症以外のものを積極的に主張、立証していないから、アルコール依存症と脳卒中との間の因果関係を否定することができない（東京地裁平成7年1月13日判決）。

●**参考判例**（神戸地裁姫路支部平成7年2月15日判決）
　事　案　告知義務違反
　争　点　告知義務違反の事実と保険事故との因果関係の有無（高血圧と脳内出血）
　判　旨
　　脳内出血と高血圧症とは因果関係があるものと推認するのが相当である（神戸地裁姫路支部平成7年2月15日判決）。

●**参考判例**（東京高裁平成8年10月30日判決）
　事　案　告知義務違反
　争　点　告知義務違反の事実と保険事故との因果関係の有無（エリテマトーデスと脳出血）
　判　旨
　　告知義務違反の事実と、被保険者の死亡との因果関係を全く欠く場合には、仮に告知義務違反の事実があったとしても、被控訴人（保険会社）は、本契約を解除することができないものと解される（商法678条2項、645条2項）。しかしながら、右因果関係が全く存在しないとの事実は、その性質上控訴人（受取人）

Ⅲ-2 告知義務違反と因果関係の不存在特則

においてこれを主張立証すべきものである。
　直接死因として、「脳出血」が、その原因として「肝障害（出血傾向）」と記載されるとともに、その病的経過に悪影響を与えたと思われる身体状況として、「エリテマトーデス」に罹患している事実が記載されていることが認められる。
　エリテマトーデスにより肝腫の発生があり、また腎臓等の多臓器障害により、死亡を招くことがあるとの学術研究がある旨が認められる。そして、前記入通院の経過を考慮すると、被保険者は、遅くとも本件告知手続きの頃には何らかの出血性の疾患、エリテマトーデス等の罹患していたこと、その告知なかった症状は右各疾患に由来するものであることが疑われるものである。
　被保険者の告知義務違反と死亡との間に全く因果関係がないとは到底いい得ないものである。したがって、本件保険契約は、前記解除の意思表示にもとづき解除され、被控訴人は保険金支払義務を負わないものである（東京高裁平成8年10月30日判決）。

●参考判例（東京地裁平成8年8月29日判決）
　事　案　告知義務違反
　争　点　告知義務違反の事実と保険事故との因果関係の有無（高血圧と解離性大動脈瘤）
　判　旨
　　T大学病院の医師が作成した医療証明書には、「高血圧と被保険者の死因である解離性大動脈瘤との関係については、後者の原因は大動脈の動脈硬化であり、高血圧は其の危険因子になり得るが、直接的な因果関係はないものと考える。」との記載があるが、これは、解離性大動脈破裂と高血圧とが全く無関係であるとするものでなく、両者の因果関係を病理的に明確にすることができないとの趣旨にとどまると考えられるのであり、被保険者が降圧剤により血圧をコントロールしていた事実を考慮してもなお、右証明書の記載をもって直ちに両者の因果関係を否定するものではない（東京地裁平成8年8月29日判決）。

●参考判例（東京地裁平成9年2月5日）
　事　案　告知義務違反
　争　点　告知義務違反の対象となる既往症と死因との因果関係（高血圧と脳出血）
　判　旨
　　被保険者については、その死後に解剖などされておらず、同人の死因を断定することは困難である。又、仮に、死因を死亡診断書記載の通り脳出血とすると、むしろ、同死因と高血圧症との間に因果関係が存在した可能性が高いということができる（東京地裁平成9年2月5日）。

●参考判例（高松地裁平成9年4月22日）
　事　案　告知義務違反
　争　点　死亡原因と不告知の事実との因果関係の有無（精神病）
　判　旨
　　一般に、生命保険契約における保険事故の発生後において、保険者が、保険契約者または被保険者の告知義務違反を理由として、保険契約上定められた解除権に基づき、保険契約を遡及的に解除する場合、告知義務の対象となる事実と保険事故の発生との間に因果関係がないことが明らかな場合には、右解除権の行使は、保険契約上解除が遡及効を有する旨の定めがある場合においても、遡及的な解除の効果を生じないと解するのが相当であり、かかる場合、解除が遡及的効力を有しない旨を主張する当事者が、保険事故が告知義務の対象となる事実と全く関連のない原因により発生したことについての立証責任を負うと解するのが相当である。
　　本件入通院の原因となった被保険者の精神病が、人格障害および精神分裂病であったこと、被保険者が生前、川に飛び込む、車に体当たりする、ビルの3階から飛び降りるなどの危険な行為をなしていたこと及びこれらの行為が本件入通院の原因の一つであったことが認められ、これらの事実によれば、本件入通

院の理由となった精神病と被保険者の死亡との間には何らかの因果関係が存在することが強く疑われる。
保険事故が告知されなかった事実と全く関連のない原因により発生したことが証明されたものということはできない…（高松地裁平成9年4月22日）。

●**参考判例**（東京地裁平成9年10月31日判決）
事　案　告知義務違反
争　点　告知義務違反の事実と死亡原因との因果関係の有無（催眠鎮静剤中毒と急性循環不全）
[判旨]
死因については、死体検案書には直接死因の原因として「催眠鎮静剤（イソミタール）中毒」と記載されているが、イソミタールの服用が原因となって死亡したと断定することはできないが、被保険者が死亡した当時は夏場であり被保険者は鬱病による体温調節機能及び睡眠障害のため、相当体力を消耗していたものと推認できるのであって、他の要因が見当たらない本件においては、この体力消耗によって被保険者が急性循環不全に陥り死亡するにいたった可能性は否定できないというべきである。
告知義務違反があっても、保険事故が告知義務の対象となった事実に基づかないことが証明されたときは、例外的に保険者は保険金支払の責めを免れないとされているが、本件の場合にはその証明がないというべきである（東京地裁平成9年10月31日判決）。

●**参考判例**（岡山地裁平成9年11月21日判決）
事　案　契約解除後の死亡
争　点　不告知事実と死亡原因との因果関係（ぶどう膜炎と脳腫瘍）
[判旨]
原告は、仮に、ぶどう膜炎の治療を受けていることが商法678条1項にいういわゆる「重要なる事実」に当たるとしても、ぶどう膜炎と直接の死亡原因である脳腫瘍との間には相当因果関係がない旨主張する。
しかしながら、被告の主張するように、亡・被保険者の死亡（平成6年10月26日）という保険事故発生前に被告保険契約解除（平成5年4月13日到達の書面により、解除の旨の意思表示をなした）している保険においては商法678条2項、645条2項但書及びこれを受けた普通保険約款××条は適用がなく、解除原因事実と保険事故との間の因果関係はそもそも問題とならないから、原告の右主張は採用できない（岡山地裁平成9年11月21日判決）。

●**参考判例**（秋田地裁平成9年12月17日判決）
事　案　告知義務違反による契約解除
争　点　死亡原因と告知義務違反事実との間に因果関係の有無（精神分裂病と溺死）
[判旨]
被保険者は、昭和64年1月1日以降死亡に至るまで精神分裂病に罹患していると認められ、また、同人は、平成7年11月28日当時、それを認識していたと認められる。にもかかわらず、同人は被告に対し、平成7年11月28日、過去5年以内に、精神病で、医師の診断を受けたことがない旨の告知をしているものであ（る）。
被保険者の死亡と同人の精神病の告知義務違反との間の相当因果関係のないことを立証すれば、保険者である被告は填補責任を免れ得ないものとされている（同条4項）…。
そこで、不告知の事実と保険金支払事由との間の因果関係の不存在の証明の程度について考えるのに、そもそも告知義務制度の趣旨は、保険者に対し、事前に不良契約を排除する機会を与えようとするものであり、正当に告知をすれば、保険者ははじめから契約を締結しないか、あるいは、より高率の保険料で契約を締結したはずであるから、証明の程度を緩やかに解することは正直な申込者とのバランスを失することとなって相当と思われず、できる限り限定的に解すべきであり、全く因果関係のないことの証明を必要とし、少しでも因果関係のあることを窺わせる余地がある限り、本件でいえば、被保険者の精神分裂病と本

Ⅲ-2 告知義務違反と因果関係の不存在特則

件溺死との間に因果関係のあることを窺わせる余地がある限り、同条項を適用すべきものではない。
　本件においては被保険者が、精神分裂病の影響で自殺行為に及び、その結果として溺死した可能性を完全に否定することは到底できない（秋田地裁平成9年12月17日判決）。

●**参考判例**（大審院昭和10年12月10日判決、昭和10年(オ)1022号）
　事　案　死亡原因と告知義務違反事実との因果関係
　争　点　死亡原因と告知義務違反事実との間に因果関係の有無
　判　旨
　死因と告知されなかった既往症とがまったく別系統の病患によるものでない場合に、死亡当時の病気とその既往症との間に別段関係がないと即断することはできない（大審院昭和10年12月10日判決、昭和10年(オ)1022号、裁判例9巻3頁(民)、法学5款653頁）。

●**参考判例**（大審院昭和11年2月19日判決、昭和10年(オ)1984号）
　事　案　死亡原因と告知義務違反事実との因果関係
　争　点　死亡原因と告知義務違反事実との間に因果関係の有無
　判　旨
　直接の死因たる疾病が告知されなかった既往症に基因しないからといって、漫然その因果関係の存在を否定することはできない（大審院昭和11年2月19日判決、昭和10年(オ)1984号、大判全集3輯129頁）。

●**参考判例**（東京地裁昭和26年12月19日判決、昭和24年(ワ)5289号）
　事　案　死亡原因と告知義務違反事実との因果関係
　争　点　死亡原因と告知義務違反事実との間に因果関係の有無（肺浸潤と腸結核）
　判　旨
　被保険者の腸結核による死亡と告知されなかった肺浸潤の既往症との間には因果関係がある（東京地裁昭和26年12月19日判決、昭和24年(ワ)5289号、下民2巻12号1458頁）。

●**参考判例**（東京控訴院大正6年10月12日判決、大正5年(ネ)585号）
　事　案　死亡原因と告知義務違反事実との因果関係
　争　点　死亡原因と告知義務違反事実との間に因果関係の有無
　判　旨
　被保険者の死亡と他の生命保険会社から保険契約の締結を拒絶された事実（東京控訴院大正6年10月12日判決、大正5年(ネ)585号、新聞1354号20頁）。

●**参考判例**（東京控訴院大正11年5月24日判決、大正10年(ネ)556号）
　事　案　死亡原因と告知義務違反事実との因果関係
　争　点　死亡原因と告知義務違反事実との間に因果関係の有無
　判　旨
　被保険者の脳膜性流行感冒による死亡と告知されなかった梅毒の既往症（東京控訴院大正11年5月24日判決、大正10年(ネ)556号、新聞2031号15頁）。

Ⅲ-3 解除権行使とその相手方

Ⅲ-3-1 解除権の行使とその方法

　保険契約の解除は、保険契約者などに対する意思表示によってなされる（民法第540条1項）が、その意思表示の方法については民法、商法いずれも別段規定がないところから口頭でも書面によってもよい。また、通知の内容は解除という法律用語を使用しなくても同様の趣旨を通知すれば足りるとされ、また、「いかなる保険契約を解除するかを明示すれば足り、告知義務違反の具体的事実を明示する必要はない」とされている（東京地判昭和8年9月11日・青谷和夫『保険判例集』506頁、保険者において解除権の行使をなすに当たりては、いかなる保険契約を解除せんとするかを明示するをもって足り、敢えてその解除権の発生原因たる告知義務違反の具体的事実を明示する要なきものと解するのを相当とす）。実務では、保険契約者に解除理由を明示し通知している。

　また、実務上は、解除の原因を知った時から1か月以内とする行使要件（保険法55条4項）を担保するため配達証明付郵便にて解除通知をしている。

　保険契約者が住所を変更したときは、保険約款にて保険会社に対して通知することを義務付けている。保険契約者が住所変更したにもかかわらず保険会社に対して未通知のときは、約款にて概ね［保険契約者の住所の変更］の項で「会社の知った最終の住所に発した通知は、通常到達するために要する期間を経過したときに保険契約者に到達したもの」と擬制している。

　なお、傷害疾病定額保険契約の範疇の三大疾病保障保険あるいはがん保険、生前給付型保険等では、日本における癌の告知問題とか「余命6ケ月以内」とする保険事故との関係で請求権者である被保険者が保険事故の発生を知らないこと、人道上の観点から病名などにつき被保険者に告げないこともあるという実態がある。そこで約款に三大疾病等の請求に伴い告知義務違反が判明し契約を解除する際は、予め指定されている指定代理人に当該通知の受領権限を付与する旨を規定するのが一般的である。

●**参考判例**（大阪地裁平成11年2月23日判決、平成9年(ワ)9119号）

　事　案　告知義務違反
　争　点　①解除の意思表示に解除の原因を明示する要があるか
　　　　　②保険金受取人に対してなした解除通知は、保険契約者に通知できない正当な理由に当たるか

判旨

　原告Xは、本件解除において告知義務違反の内容が明らかにされていないことを理由に本件解除の無効を主張するけれども、解除の意思表示をするに当たって解除原因を明示することを要しないと解するのが相当であるから、原告の右主張は採用することが出来ない。

　原告は、本件解除はAの相続人のうち原告に対してしかされていないから無効であると主張する…。しかしながら、約款××条は、「保険契約者又は付加している特約の解除は、保険契約者に対する通知により行います。ただし、保険契約者又はその所在が不明であるか、その他正当な理由により保険契約者に通知できない場合には、主契約の被保険者又は保険金の受取人に解除の通知をします。」と定めていること、保険契約者であるAは、平成8年6月25日に死亡し、その後、原、被告間では、Aの告知義務違反の有無に関し、Aの生前における通院・治療などの事実調査をめぐって対立する状況が生じていたことが認められ、これらによれば、被告において、Aの除籍謄本等を取り寄せた上、その相続人全員とその所在を把握することは極めて困難な状況にあったといわざるを得ないのであって、右の事情は、約款××条ただし書所定の事由に該当すると認めるのが相当である。

　そうすると、解除の通知が保険金受取人である原告に対してのみされた点において、本件解除に瑕疵はないというべきである（大阪地裁平成11年2月23日判決、平成9年(ワ)9119号）。

Ⅲ-3 解除権行使とその相手方　Ⅲ-3-1 解除権の行使とその方法

●**参考判例**（東京地裁平成11年12月7日判決、平成10年(ワ)第21027号）
　事　案　告知義務違反による契約解除
　争　点　①解除は解除原因を明らかにしなかったことによって無効となるか
　　　　　②保険解除は解除権行使の不可分性に反し無効か
　判　旨
　　本件保険契約を解除することになった旨説明するに際し、全く解除原因を述べなかったとは考え難く、少なくとも、Fの陳述書中にあるように、告知義務違反がその理由であることは伝えたものと認められる。
　　そして、右認定の事実からすれば、本件契約を解除する旨の意思表示は、原告及び妻Bに対してなされたものと認められる。
　　原告は、本件保険契約解除の確認通知書には「商法と普通保険約款にもとづいて、この契約を解除する旨」とのみ記載され、具体的な解除原因が記載されていないから無効である旨主張するが、右認定のように、Fは、原告及びBに対し、本件保険契約解除の原因はAの告知義務違反である旨告げているところ、本件保険契約の解除には右事実を告げることをもって足りるというべきである（東京地裁平成11年12月7日判決、平成10年(ワ)第21027号）。

●**参考判例**（東京高裁平成13年4月18日判決、平成12年(ネ)第6000号、原審横浜地裁平成12年10月25日判決、平成11年(ワ)4167号）
　事　案　告知義務違反による解除
　争　点　解除通知の相手方
　判　旨
　　（第二審）　当裁判所も、控訴人の本件請求は理由がないと判断する。
　　なお、右解除の意思表示は、Aの相続人の一人である控訴人に対して行われているが、共同相続人である控訴人のBもそのころ右解除の事実を知ったものと認められ、また、約款××条×項は、保険契約者又はその所在が不明であるか、その他正当な理由により保険契約者に通知できない場合には、主契約の保険金の受取人に解除の通知をする旨規定するところ、被控訴人が正当な理由により保険契約者であるAの相続人を知ることができなかったとも認められ、いずれにしても右解除は、有効である（東京高裁平成13年4月18日判決、平成12年(ネ)第6000号、原審横浜地裁平成12年10月25日判決、平成11年(ワ)4167号）。

●**参考判例**（大阪地裁大正5年12月21日判決）
　事　案　告知義務違反による契約の解除
　争　点　生命保険契約の不可分性から契約の一部を解除することができるか
　判　旨
　　凡そ生命保険契約はその性質上不可分的なものとして、被保険者死亡の事実発生したるときは、必ずや保険金の全額を支払うかまたはこれが支払いを拒否するか一途にあるものにして、保険金の一部を支払い他の一部の支払いを拒むがごとき選択的処置にいずることをゆるさず。したがって、これを解除するにあたりても契約の全部を解除することを要し、その一部を解除し他の一部を存続せしむるがごときは保険契約の性質と相容れざること勿論成り（大阪地裁大正5年12月21日判決）。

●**参考判例**（高知地裁平成6年8月30日判決）
　事　案　告知義務違反による契約の解除
　争　点　電話による解除通知は有効か
　判　旨
　　右認定事実によれば、被告保険会社の営業所長が指定代理請求人に対し平成5年4月12日に電話で本件契約の解除を伝えたことにより、被告の解除の意思表示がされたものということができる（高知地裁平成6年8月30日判決）。

●**参考判例**（東京地裁昭和8年9月11日判決）
　事　案　告知義務違反による契約の解除
　争　点　契約解除の通知は解除の原因である具体的事実の明示を要するか
　判　旨
　　保険者において解除権の行使をなすに当たりては、いかなる保険契約を解除せんとするものやを明示するをもってたり、敢えてその解除権の発生原因たる告知義務違反の具体的事実を明示するの要なきものと解するのを相当とす（東京地裁昭和8年9月11日判決）。

●**参考判例**（東京民地裁昭和15年3月14日判決）
　事　案　告知義務違反による契約の解除
　争　点　契約解除の通知は解除の原因である具体的事実の明示を要するか
　判　旨
　　保険者において右解除権を行使するに際しては如何なる保険契約を解除せんとするものなりやを明示するを以て足り、進んでその解除権の発生原因たる具体的事実を明示するの要なきものと解す（東京民地裁昭和15年3月14日判決）。

●**参考判例**（名古屋地裁昭和63年1月25日判決）
　事　案　告知義務違反による契約の解除
　争　点　契約解除の通知の受領を拒否した場合、契約解除の効果を取得できるか
　判　旨
　　被告生命保険会社が主張のように内容証明郵便で本件契約解除の意思表示をしたことは当事者間に争いがない。なお契約者が右郵便の受領を拒絶していたとしても、意思表示は到達すれば足りるのであるから、右意思表示の効力に影響がないことはいうまでもない（名古屋地裁昭和63年1月25日判決）。

Ⅲ-3-2　解除通知の相手方

　解除権行使は、それが法律行為であり形成権の行使に他ならないところから、民法の一般原則（540条）にしたがい契約の相手方たる保険契約者又はその代理人（保険契約者死亡の場合は、相続人全員又は相続財産管理人）に対する一方的意思表示によってなし、その到達によってはじめて解除の効力が生じる（民法97条1項）。

●**参考判例**（大阪地裁平成5年11月12日判決）（大阪高裁平成6年12月21日判決）（最高裁平成9年6月17日
　　　　　判決、民集51巻5号2154頁、裁時1198号3頁）
　事　案　告知義務違反による契約解除
　争　点　法人代表者不存在のときの解除通知の発信
　判　旨
　（第一審）　保険会社は解除の意思表示をしようとしたが、契約者たる法人の唯一の取締役は死亡しており、同社は代表者が不存在の状態にあった。そこで、同社に関わる債権差押及び転付命令事件についての同社特別代理人に宛てた解除の意思表示をなした。民事訴訟法56条の特別代理人は、その訴訟限りの法定代理人の性質を有するものである。本特別代理人は債権差押及び転付命令事件に限っての代理人であって、執行抗告期間経過により転付債権は確定し、特別代理人としての地位、権限は消滅したものである。したがって、右解除の意思表示を受領する権限はなかったことにより、解除の意思表示の効果は発生しなかったといわざるを得ない。
　　解除の意思表示は会社の代表者あるいは同人から受領する権限を付与された者によって受領され、ないし了知されることまでは要求されず、それらのものにとって了知可能な状態におかれること、意思表示の書面がそれらの者の勢力圏内におかれることを以て足りる（最高裁小法廷昭和36年4月20日）。

Ⅲ-3 解除権行使とその相手方　Ⅲ-3-2 解除通知の相手方

　本件については、たとえ意思表示がその勢力圏内におかれたとしても、受領者に了知し得るだけの能力がなければ到達とはならない事はいうまでもない。　仮代表取締役の選任、あるいは告知義務違反による契約解除に基づく債務不存在確認の訴えも一手法かもしれない（大阪地裁平成5年11月12日判決）。

(第二審)　解除の原因となる事実を知った日は、被保険者が受療していた病院での診療証明書（診断書）を入手したときと認めるのが相当である。

　通常、有限会社である法人の代表者を定めた上で、本件保険金請求をしてくるものであるから、その代表者宛て解除の意思表示をすれば済むことである。しかしながら、本件については、有限会社である法人の債権者である被控訴人が法人の特別代理人の選任手続きを経た上で、本件生命保険契約の保険金につき転付命令を得請求したもので、告知義務違反の事実を知った日から1カ月以内に通常の方法で解除の意思表示をなし得ない状態であった。

　除斥期間を1カ月と定めた趣旨は、保険者が解除の原因を知り、何時でも解除権を行使し得る状態が成立した後も長期に亘り解除するか否かの自由を留保したままでいると、保険契約者が長く不安定な地位におかれることから、これを回避するため短期の権利行使期間を定めて、保険契約者の保護を図る点にあるものと解されるから、この保護の面では、保険契約者は保険者が解除権を行使する意思を有すると了知できればいいのであり、保険者は保険契約者が了知できる状態を作り出せば足りる。

　本件は、契約者である法人は、告知義務違反を理由として生命保険契約を解除する意思を有していたことを了知できる状態におかれていたといえ、意思表示の到達の効力が生じないのは被控訴人である保険契約者の責に帰すべき事由によるものであることから、控訴人である保険会社は、除斥期間の定めの関係で、保険者としてなすべきことを履行したものと言える。

　簡易生命保険法41条2項（「…規定する1カ月の期間は、保険契約者もしくはその法定代理人を知ることができないとき、またはこれらの者の所在を知ることができないときは、これらの者の所在が知れたときから起算する。」）は、1カ月間で解除権が消滅する不都合を避けるために設けられた規定である。

　…保険者が、告知義務違反で解除する意思であることを、解除の原因を知ったときから1カ月以内に保険契約者が了知しうる状態を作り出したような場合には、簡易生命保険法41条2項を類推適用できると解するのが相当である。

　本件の場合、法人の住所地に解除通知が配達されたことで簡易生命保険法41条2項を類推適用し、約款の除斥期間は次のときから、すなわち、控訴人である保険会社が、法人の代表者・法定代理人が選任されたことを知ったときから進行するものと解するのが相当である（大阪高裁平成6年12月21日判決）。

(最高裁)　被上告人（保険会社）がK商店特別代理人F弁護士あて解除通知をした平成3年4月4日の時点においては、同弁護士の債権差押えおよび転付命令申立て事件についての特別代理人としての任務は終了しており、当時、同社は意思表示を受領する権限を有する者を欠く状態にあったというほかないから、同社に対する右解除通知は効力を生じないものというべきである。

　法人を保険契約者兼保険金受取人とする生命保険契約における被保険者が死亡し、かつ、右法人が意思表示を受領する権限を有する者を欠く状態にある場合において、転付命令により保険金受取人の保険会社に対する生命保険金支払請求権を取得した者があるときには、保険会社は、右転付債権者に対しても告知義務違反を理由とする生命保険契約の解除の意思表示をすることができるものと解するのが相当である。けだし、被保険者死亡後の生命保険契約における主要な未履行の債権債務は生命保険金に関する債権債務だけであるのが通常であって、この時点においては、右生命保険金債権について転付命令を取得した転付債権者が右契約の帰趨につき強い利害関係を有する者である反面、保険契約者兼保険金受取人である法人は、右契約の帰趨につきほとんど利害関係を有していないものである上、法人の基本的責務というべき取締役の選任などを怠っているのであるから、解除の意思表示を受領する機会を失ってもやむをえないと言えるからである。また、保険契約者以外の者が保険金受取人と定められている場合について、通常の保険約款および簡易生命保険法41条2項は、保険契約者の所在を知ることができないときなどは保険金受取人に対しても解除の意思表示をすることができる旨を定めるが、転付債権者も右保険金受取人に準じた地位にあるということができる。

　法人を保険契約者とする生命保険契約について、保険会社が告知義務違反による解除の原因を知った時

点において解除の意思表示の受領権限を有する者がいないときには、本件約款の定める解除権の消滅についての１ヶ月の期間は、保険会社が受領権限を有する者が現れたことを知り、または知り得べき時から進行するものと解すべきである。

けだし、解除の意思表示の受領権限を有する者がいないという事態は保険契約者である法人が後任取締役を選任しないなど法人側の責めに帰すべき事由によって発生するのが通常であるから、保険会社が解除の意思表示を相手方に到達させるのができないのにかかわらず、その解除権が解除原因を知った時から１ヶ月の経過により消滅するということは、保険会社に著しく酷な結果をもたらすものであり、また、その後に後任の取締役などを選任した法人がこの事を保険会社に通知しない場合において、保険会社が速やかに右選任の事実を知ることは困難であるからである。

被上告人（保険会社）としては転付債権者である上告人に対して解除の意思表示をするこができたのであり、したがって、解除権の消滅についての１ヶ月の期間は同日から起算すべきものと解さざるを得ないところ、被上告人は同日から起算して１ヶ月以内に上告人に対し有効な意思表示をしていない。

しかしながら、被上告人は、転付債権者に対する解除の意思表示をすることには思い至らなかったものの、告知義務違反による解除の原因を知った直後に法人の所在地に宛て解除通知を発送し、同法人を被告とする訴訟を提起した上、同社の特別代理人に送達されるべき訴状に本件解除する旨記載するなど、解除の意思表示をするために取るべき方法について非常に苦慮しながらそれなりの努力を尽くしてきたものである…。

以上によれば、法人が取締役を欠く状態にあったことを原因の一端とする解除権の消滅による不利益を一方的に被上告人に帰せしめることは、著しく不当な結果をもたらすものというべきであって、本件の事実経過は、信義則に照らし、被上告人の解除の意思表示が解除権が消滅する以前に上告人に到達したと同視することができ、被上告人は、告知義務違反による解除の効果を転付債権者である上告人に主張することができるものというべきである（最高裁平成９年６月17日判決、民集51巻５号2154頁、裁時1198号３頁）。

●**参考判例**（最三平成５年７月20日判決、平成元年（オ）第933号、損保企画№536号）
　事　案　海外旅行傷害保険の告知義務違反による契約の解除
　争　点　契約解除の意思表示は相続人全員に対して要するか
　判旨
　　亡Ａを保険契約者兼被保険者とする海外旅行保険につき、上告人のした告知義務違反を理由とする解除の意思表示は、Ａの相続人である被上告人ら全員に対してされたものでないからその効力を生じないとする原審の判断は、正当として是認できる（最三平成５年７月20日判決、平成元年（オ）第933号、損保企画№536号）。

●**参考判例**（津地裁四日市支部平成４年10月29日判決）
　事　案　告知義務違反による契約の解除
　争　点　契約解除の意思表示が到達したか否か
　判旨
　　前記約款×条×項によると、「本件契約の解除は、契約者に対する通知によって行う。ただし、正当な理由によって契約者に通知できない場合には、保険金受取人に解除の通知をする」ことになっている。訴外亡Ａは、平成元年10月当時、…Ｃ病院に入院中で、かつ、電話に出られない状況にあった。そこで、被告（保険会社）の職員訴外Ｂらが同年10月14日原告（受取人）宅を訪問し、原告に対し、「ご契約解除のご通知」と題する書面（同月４日付）を手渡したところ、原告はこれを読んだものの、受領を拒絶するに至った。右手渡した時期は、被告が訴外亡Ａの告知義務違反を知ってから１箇月以内の出来事であると推認される。

　　右の事実によれば、被告の本件契約を解除する旨の意思表示は、被告が解除原因である訴外亡Ａの告知義務違反を知った時から１箇月以内に原告に到達し（仮に、訴外亡Ａに通知する必要があったとしても、右手渡した時点で訴外亡Ａの支配圏内に置かれたものと解される－昭和11年２月14日・大審院判決－）、本

Ⅲ-3 解除権行使とその相手方　Ⅲ-3-2 解除通知の相手方

件契約は有効に解除されたものというべきである（津地裁四日市支部平成4年10月29日判決）。
　（参考　夫への郵便物の受領を内縁の妻が夫不在を理由で拒んだ場合、夫が単に不在がちというにすぎないときは、到達があったものというべきである。大審院昭和11年2月14日判決・大民集15巻158頁）。

●参考判例（大審院大正5年2月7日判決）
　事　案　告知義務違反による契約の解除
　争　点　解除の意思表示の相手方
　判　旨
　生命保険契約において第三者を以て保険金額を受け取るべき者と定めたる場合においても、なお第三者においてその利益を享受したる保険金額を受け取るべき権利及びこの権利を行使するに必要なる義務に関する部分以外の保険契約による法律関係は依然該契約の当事者たる保険者と保険契約者との間に存するものなるを以て、したがって保険契約者の保険者に対する権利義務は保険契約者死亡の場合においてはその相続人に移転すべきものにして保険金額を受け取るべき者においてこれらの権利義務を承継すべきものに非ずといわざるべからず。
　故に、保険者が商法第429条第1項に従ってなす保険契約解除の意思表示も保険契約者死亡後はこれを保険契約者の相続人に対してなすを要するものにして保険金額を受け取るべき者に対してこれをなすべきものに非ず。
　然らば如上の場合において保険者が保険金額を受け取るべき者に対してなしたる保険契約解除の意思表示は何等の効力を生ぜざるものにして無効なりとなさざるべからず。上告人は、如上の場合において保険契約者の相続人は何等承継すべき法益なき旨論ずるも、いやしくもその被相続人たる保険契約者において保険契約をなすにつき法益を有したる以上は、法律上訴の権利義務を承継すべき相続人は当然その法益を承継するものとなすべきが故に上告人の所論を理由ありというを得ず（大審院大正5年2月7日判決）。

●参考判例（東京地裁昭和53年3月31日判決）
　事　案　告知義務違反による契約の解除
　争　点　保険契約者の相続人の一人になした解除通知の効力
　判　旨
　保険契約者が死亡後、保険者が当該保険契約を解除する場合、その解除の意思表示は　受取人に対してではなく、保険契約者の相続人に対してなすべきものと解するのが相当である。
　これを本件についてみるに前記保険契約者Aの妻であるBおよび同人らの子である原告がいずれもAの相続人として本件契約の当事者の地位を承継したこと、原告がAの死亡当時未成年者であったこと、被告（保険会社）が昭和51年3月17日到達の書面で前記告知義務違反を理由として本件契約を解除する旨の意思表示をしたこと…右書面の名宛人は単に「B」と記載されていること、しかしながら、被告（保険会社）は、右書面を送付した当時、本件保険契約者であるAの相続人がB及び原告の両名であり、かつ原告は未成年者であって、その親権者がBであることを知っていたことが認められるから、右の事実によれば、右書面の名宛人に関する記載はいささか不完全であることは否定できないものの、右書面によりなされた解除の意思表示は、B及び原告（法定代理人親権者母B）に対してなされたものと認めるのが当事者の意思の合理的解釈として相当である（東京地裁昭和53年3月31日判決）。

●参考判例（京都地裁平成3年6月21日判決）
　事　案　告知義務違反による契約の解除
　争　点　保険契約者の相続人の一人になした解除通知の効力
　判　旨
　告知義務違反による解除の意思表示の相手方は保険契約者であるから、解除の当時保険契約者が死亡し、その相続人が数人いるときは、原則として民法544条1項によりその全員に対して意思表示をしなければ

ならないものと解すべきである。
　しかしながら、保険約款31条は、保険契約者が2人以上の場合は代表者一人を定めるものとし、代表者が定まっていないときは会社が保険契約者の一人に対してなした行為は他の保険契約者に対しても効力が生じているものと規定しているところ、保険契約者の死亡により保険契約者の地位が相続人に包括的に承継されたにもかかわらず、その相続人は、保険会社に対し、代表者選任の届出をしていなかったことが認められるので、本件保険契約の解除の通知を一人になしたとしても、約款の規定により有効であり、他の一人に対してもその効力を生じるものと認めるのが相当である（京都地裁平成3年6月21日判決）。

●**参考判例**（大阪控訴院大正6年1月31日判決）
　事　案　告知義務違反による契約の解除
　争　点　保険契約者の相続人が不存在のとき
　判　旨
　商法の規定においても保険者が告知義務違反を理由として契約を解除せんとする場合に、何人に対してその意思表示をなすべきやにおいては、何等別段の定めの存するなきを以て、この場合においても民法一般の原則により契約の相手方たる保険契約者若しくはその保険契約者が死亡後その相続人に対する意思表示によりてこれをなすべきものと解すべきが当然なり。
　本件においては…民法の規定によりなお家督相続人を生ず得べき場合にして、これ正しく民法第1051条にいわゆる相続人あること分明ならざるときというに該当し、相続人が欠けている規定を適用すべきものなるを以て、控訴会社は利害関係人として裁判所に請求して契約者の相続財産の管理人の選任を求めその管理人に対して保険契約解除の意思表示をなすことを得べく、控訴会社が解除の原因を知りたるときより1ケ月以内にこれらの手続きを完了することは元より可能にして…保険契約者またはその相続人対して保険契約解除の意思表示をなすに非らざれば、契約を解除することを得ず（大阪控訴院大正6年1月31日判決）。

Ⅲ-4　解除権の阻却事由（付・不告知教唆等と保険会社の責任）

(1) 改正前商法下

　生命保険募集人は、診査医とは異なり、一般的に、保険会社から締約代理権も告知受領権も与えられていない。生命保険募集人に告知受領権が付与されていない理由としては、①医学上の専門知識が乏しく、被保険者の健康状態について知ったことや聞いたことを正確に認識して保険者に伝えることには限界があり、②生命保険会社として適切な危険選択を行うためには、本社の引受部門が専門的能力に基づいて画一的に判断するのに、提供された情報の均一性が必要であると考えられていることがあげられる。
　一方で、生命保険募集人には、告知妨害、不告知教唆により保険契約を成立させるケースが見受けられる。このように、生命保険募集人は告知受領権を有していないために、生命保険募集人に告知を行っても告知の効果が生じない上に、生命保険募集人が告知義務違反の事実を知っていたり、告知妨害を行ったりした場合においても、代理権（告知受領権）の存在を前提とする民法101条1項を根拠にして、生命保険募集人の認識や態様を保険者の知了及び過失不知と同視することはできないという問題があった。
　改正前商法下においては、前述のとおり生命保険募集人は告知受領権を有していないために、直ちにその知または過失不知が保険会社の知または過失不知とは同視できないが、保険会社が自ら業務遂行の補助者として生命保険募集人を使用しているもので、その生命保険募集人の選任・監督について保険会社として使用者責任があり、生命保険募集人の知または過失不知による不法行為に対する責任あるいは信義則上保険会社の知または過失不知と同視する等で、解除権の行為を認めないとする学説、

判例があった（岡山地判平成9年10月28日、東京地判昭和53年3月31日、大阪地裁堺支判平成15年12月24日、ただし、その控訴審大阪高判平成16年12月25日では否定されている。東京地判平成10年10月23日は、保険会社による解除権の行使は信義則上許されないとする。）。

このような判例・学説の状況の中、生命保険協会が「保険金等の支払いを適切に行うための対応に関するガイドライン」（平成18年1月27日、平成23年10月24日改定）を策定した。生命保険募集人に告知受領権がないことを形式的に適用するのではなく、生命保険募集人の不告知教唆や告知妨害を挙げた上で、保険契約者側の行為と生命保険募集人の行為を総合的に判断して、公平の見地から契約者保護が相当と認められる場合には解除権が行使できないとする内容であり、判例・学説の立場を踏まえたものと考えられる。

(2) 保険法
ア．解除権阻却規定

保険法では、①保険媒介者の指揮・監督は保険者が行うことが適切であり、②保険媒介者の言動を信じて告知義務の履行を行わなかった保険契約者等の信頼を保護する必要があるとの理由から、新たに規律が設けられた。

生命保険契約の締結の時において、保険者が前項の事実を知り、又は過失によって知らなかったとき（保険者の知了・過失不知）（保険法55条2項1号）のほか、①保険媒介者が、保険契約者又は被保険者が前項の事実の告知をすることを妨げたとき（告知妨害）、②保険媒介者が、保険契約者又は被保険者に対し、前項の事実の告知をせず、又は不実の告知をすることを勧めたとき（不告知教唆）を阻却事由としている（同55条2項2号、3号）。

ただし、保険媒介者による告知妨害や不告知教唆の行為がなかったとしても保険契約者又は被保険者が告知義務違反をしたと認められるときは、前述の解除権阻却事由は適用しないと規定した（同55条3項．解除権阻却にかかる因果関係不存在の特則）。本規定は、立法過程では、保険媒介者の告知妨害等を解除権の阻却事由にした場合、保険契約者側の行為が悪質な場合においても、解除できないとする結論は妥当ではないとの意見もあることを踏まえ、かかる場合に解除権を阻却する規定は適用されないこととした規定である。

なお、告知妨害等を行う主体である「保険媒介者」とは、保険法28条2項2号で、「保険者のために保険契約の締結の媒介を行うことができる者（保険者のために保険契約の締結の代理を行うことができる者を除く。）」と定義されている。これは、主として生命保険会社で言うところの生命保険募集人を念頭に置いた定義である。

イ．片面的強行規定

これらの規定（同37条，55条1項乃至3項，59条）については片面的強行規定とされ、これらに反する特約で保険契約者や被保険者に不利なものは無効になることが明記された（同41条、65条1号・2号）。したがって、保険媒介者による告知妨害が故意の場合に限って解除権を喪失するとか、保険者の知了・過失不知の場合にも因果関係不存在特則を適用するような特約は無効になる（山下＝米山前掲書544頁）。

保険媒介者による告知妨害等が生じた場合には、それにより告知義務者の告知に関する判断がゆがめられており、そのような場合の不利益は保険者に帰すべきというのが条文の構造からみても保険法の基本的な考え方であるとされ、因果関係不存在の立証は明瞭に証明された場合に限られるとされており（山下説）、保険者側で因果関係不存在を立証するハードルは高い（条文の構造によれば、告知妨害等があれば、それが告知義務違反の原因になっていると推定したものと見ることができるという木下説も同旨。）。保険者としては、告知義務者が告知妨害等を受ける以前か

ら告知義務違反を行う意思を有していたことについて間接事実を積み重ねて立証する必要がある。

●**参考判例**（福岡地裁小倉支部平成11年5月31日判決、平成10年(ワ)364号）
　事　案　告知義務違反
　争　点　保険会社の注意義務の程度と検査内容
　判　旨
　　告知義務違反があったときは、保険者はこれを理由として保険契約を解除できるが（商法678条1項本文）、保険者が過失によって不告知もしくは不実告知の対象である事実を知らなかったときは、解除権は発生しない（商法678条1項但書）。
　　そして、診査医の知または過失による不知が保険者の知または過失による不知と評価される。診査医の過失の有無を判定する基準は、普通開業医が通常発見できる病状を不注意により看過したか否かを標準とすべきである。また、医療過誤における医師の注意義務と保険診査医の注意義務との間には違いがあるので前者の注意義務をそのまま後者に適用するわけにいかないと解される。蓋し、前者は患者が治療を目的として積極的に診察を求めるのに対して、後者は、保険加入の客の立場であり、自覚症状の無い例が通常であるため、余り精密な検査が行われがたいし、診査の時間や診査の場所からくる制約もある。又診査にコストをかけると客からとる保険料を高くせざるを得ないという保険営業上の問題もある。
　　以上の観点から本件診査医に過失があったかどうか検討すれば、Aが肝臓疾患を疑わせるような事実を告知していない以上、たとえAが糖尿病について告知していたとしても本件診査医には、肝臓疾患を疑い、その検査をすべき義務まではないものと解するのが相当であり、その理由は、被告が詳細に縷々主張しているとおりであるので、これを引用する（福岡地裁小倉支部平成11年5月31日判決、平成10年(ワ)364号）。

●**参考判例**（名古屋地裁平成11年7月8日判決、平成10年(ワ)3340号）
　事　案　告知義務違反
　争　点　保険契約者兼被保険者が営業職員及び診査医に口頭で告知事項を告げたか否か
　判　旨
　　本件契約締結に際して、Aは、告知義務に違反し、C型肝硬変症、急性膵炎に罹患していることを被告の診査医師である前B医師に告知しなかったものと認められる。この点に関し、〔証拠略〕の記載部分及び原告の供述中には、「平成3年9月12日、C病院の医師から、C型肝硬変症、急性膵炎と告知されたことはないこと、本件契約加入に際して、E及びB医師に対して、肝臓が悪くて入通院している旨告げた」との部分があるが、AとB医師及びEとの間には本件契約の締結前に、特段の人的関係はなく、Aから右のような告知を受けてもなお、B医師において虚偽の「検診書」を作成したり、Eにおいて本件契約の加入手続を進めて利益になりうる事情は認められないのであり、前掲各証拠に照らしても、前記〔証拠略〕の記載及び原告の供述を採用することはできないというべきである（名古屋地裁平成11年7月8日判決、平成10年(ワ)3340号）。

●**参考判例**（大阪地裁平成12年8月31日判決、平成11年(ワ)13097号）（大阪高裁平成13年5月30日判決、平成12年(ネ)3322号）
　事　案　告知義務違反
　争　点　保険外交員の知又は過失不知を保険会社のそれと同視できるか
　判　旨
　（第一審）　本件約款上、保険会社が告知すべき事実を知っていた場合又は過失のため知らなかった場合は、告知義務違反が存する場合でも解除できない旨記載されているところ（なお、商法678条1項但書参照）、原告は、被告の保険外交員であるCが、GからAの高血圧についての説明を受けた以上、被告はAが高血圧であったことについて認識していたものである旨主張する。

Ⅲ-4 解除権の阻却事由

　しかし、Cにおいて被告を代理して右告知を受ける権限のあったことはこれを認め得る証拠がなく、Cが重要事項を知りまたは過失によって知らなかった場合にも当然にこれが被告の知または過失による不知と同視されるものではない。そして、前記認定のとおり、同人がGからAの血圧が高いめであると聞かされたことがあることは認められるものの、その具体的な状況等について説明を受けたことを認めるに足りる証拠はない（Gは、Aが高血圧症の治療のため降圧剤を服用していた点について何度もCに話した旨証言しているが、その証言内容は極めて曖昧であるのみならず、被告職員による死亡直後の調査の際にも「最近に胃の具合が悪いとかでK病院で薬を貰って飲んではいました」と述べているだけで、降圧剤の服用等について何ら触れていないこと（乙六）に照らせば、右Gの証言はにわかに採用しがたい。）。そして、Cも証言するとおり、契約締結前に診査医による診査があり、その際に血圧測定もなされることになっていた以上（現に血圧測定がなされているが、最高140、最低76であった。乙二）、Cが、あえて被告にそのことを報告しなかったとしても、直ちに同人に過失があったとか信義則に違背するということはできないし、他に、Cの知不知又は過失の有無をもって、被告のそれと同視すべきような特段の事情を認めるに足りる証拠もない。
　そして、前記認定事実によれば、告知書には何らAが高血圧症であることを推測させる記載はなかったのであるから、被告において、Aが高血圧症で投薬・治療中であることを知ることは困難であったといわざるをえないから（なお、被告の悪意や診査医のDがCから高血圧の点を聞いたことを認めるに足りる証拠はない。）、被告が自己の不利益を防止するため取引上必要とされる注意を欠いたということもできない（大阪地裁平成12年8月31日判決、平成11年（ワ）13097号）。

　（第二審）　上記1認定の事実によれば、本件保険契約は、被控訴人指定の審査医の審査を受けるいわゆる有審査契約であること、Cは、被控訴人の営業職員であり、生命保険募集人であったが、保険契約締結の代理権及び告知義務に関する事実の告知受領権は与えられていなかったことが認められ、したがって、GがCに対し、Aが高血圧症であることを述べたとしても、直ちには被控訴人の認識となるということはできない。
　控訴人は、Cが被控訴人の営業職員であり、被控訴人の機関である以上、Cに告知受領権がないことをAや控訴人に対抗できないと主張する。しかし、一般的に、医師でない営業職員に他人の健康状態について判断する能力が十分であるということはできないから、これら営業職員に告知受領権限を与えないことが、控訴人主張の保険業法の各規定や平成8年の改正趣旨に照らしても、著しく不合理であるとまではいえないというべきであり、控訴人の上記主張には理由がない。
　そこで、次に、控訴人が主張する表見法理が本件でも妥当するかどうかについて検討する（告知受領は、契約締結と異なり意思表示とはいえない事実行為であるから、表見法理の類推適用が問題となる。）。
　上記(1)で判断したとおり、Cには告知受領権は与えられていなかったこと、しかし、上記1認定の事実によれば、Cは、保険契約の勧誘、申込みの取次ぎ、契約内容の説明、保険関係者の権利・義務の説明、契約書の説明、記載事項の説明、署名済み保険契約書の受領、第1回保険料充当金の受領及びこれらに関連・付随する事務を被控訴人のためにするべき代理権は与えられていたこと、A及びGは、本件保険契約締結までに被控訴人側の立場にいる者との交渉は、D医師を除けばCとだけしかしていないことが認められ、Cは、Aとの関係では、契約交渉段階における予定債務者（被控訴人）の履行補助者（いわゆる交渉補助者）であるということができる。
　上記1認定の事実によれば、Cは、GからAの高血圧症について告げられた際、その症状について更に詳しく聞いたことはなく、D医師にこれを伝えたこともないこと、CがAらに対し、自己に告知受領権がないことを詳しく伝えたことはうかがえないこと、契約のしおり〔証拠略〕についてその内容を詳しく説明したことも認められないこと、契約のしおりは少なくとも10頁あるもので、Aらがこれをすべて読み、理解したということは期待できないものであること、一方、Aは以前に学資付き生命保険に加入しており、生命保険加入の経験があること、D医師から示された告知書には、事実を正確に答えるよう求め、事実を告げなかったり、事実でないことを告げた場合には契約解除、保険金等の不払もあり得ることが目立つように記載されていること、Aは、現にD医師の質問を受けていること、告知書〔証拠略〕は、Cを介さずに保険者たる被控訴人に送付されていることが認められ、これらを併せ考えると、AらがCに告知受領権

がないことを知らなかったことについて、正当事由があるとまではいえない。

上記1認定によれば、Aが高血圧症であるとの情報をCにもたらしたのはGであること、その内容は、Aの血圧が高い目であるといった抽象的なものであり、高血圧の程度、治療期間、頻度、投薬の有無などといった保険契約締結の諾否又は条件決定の上で必要な具体性を欠いたものであること、Aは、存命中、周囲の者に特段の異常を訴えることもなく元気な様子で過ごしていたこと、Cは、高血圧等についてはD医師の審査によれば判明すると考えたこと、告知の受領権を与えられていないCに、自らAの高血圧症の具体的内容をGあるいはAから聞き出したり、被控訴人に報告することを義務づけることはできないことが認められる。

以上のとおり、Cは、被控訴人の営業職員であり、その法的な地位は、被控訴人の契約交渉段階における履行補助者（いわゆる交渉補助者）であると考えられ、AらがCに告知受領権がないことを知らなかったこともやむを得ないともいえる。しかし、Aらについて、告知受領権がないことを知らなかったことについて正当事由があるとまでは認められない上、告知内容として不十分としかいえないものであって、結局、控訴人の被控訴人の悪意又は有過失に関する主張は理由がない（大阪高裁平成13年5月30日判決、平成12年(ネ)3322号）。

● **参考判例**（京都地裁平成13年5月29日判決、平成12年(ワ)第2314号）
事　案　転換契約の解除
争　点　保険会社の職員の欺罔による契約締結か
|判　旨|

上記認定事実によれば、Cが本件契約締結に当たって欺罔行為を行ったこと、あるいは、Cの欺罔行為により原告が錯誤に陥って本件契約を締結したとの事情をうかがうことはできない。すなわち、仮に、原告が、本件契約締結の際、当時受けていた治療の経過によっては、今後人工透析を受ける可能性があり、その場合は特約による保険金が出ると誤解していたとしても、原告は、当時、既に腎機能低下により通院していることをCに告げていないのであるから、この点を捉えて、Cに欺罔行為があったということは到底できない。また、原告が上記のように誤解していたとしても、これをCに表示していないから、錯誤が成立する余地もない。

原告は、Cに腎炎で通院していることを告げていると主張し、その裏付けとして、録音翻訳書面を提出するのであるが、これを検討しても、その文脈上、原告が腎炎で通院していることをAが聞いたことを自認していると考えることは困難である。また、原告は、Cが告知書を原告宅に持参して、すべて「いいえ」に丸印を付けるように指導したと主張し、その旨を供述・陳述する。しかし、平成10年10月23日となっているところ、原告も、これが、記載当日の日付であることは認めているのである。そして、裏面の診査日時の記載によれば、診査を受けたのが、上記23日であることは明らかであり、当日、K₁外科の待合室で、Cが看護婦や他の患者のいる前で告知書の記載を原告に指導したとは考えにくいところである（原告は、さらに、同月23日の午前中に、Cが告知書を自宅に持参した可能性もあるかのような供述をするが、また、Cとは同日にK₁外科の前で待ち合わせをしたとも供述するのであり、記憶が不明確であるといえ、Cの証言に照らして採用することはできない。）。

むしろ、上記認定事実によれば、原告は、従来から、高血圧及び尿蛋白のために京都×病院に通院していたが、腎機能低下のために、平成10年10月16日からは、P医院に受診するようになったのに、これをCに告げず、また、告知書にも記載しなかったのであるから、約款の告知義務に違反したものというべきである。そして、被告は、原告の告知義務違反を理由として、本件契約の新災害入院特約等を解除したのであるから、旧契約が復活したことになり、被告には、上記特約に基づく保険金支払義務が発生しないこととなる。

いずれにしても、原告の本件契約の錯誤無効あるいは詐欺による取消しの主張は理由がないから、その余を判断するまでもなく、原告の請求を認めることはできない（京都地裁平成13年5月29日判決、平成12年(ワ)第2314号）。

Ⅲ-4 解除権の阻却事由

●**参考判例**（大阪地裁平成13年9月3日判決、平成12年（ワ）5537号）
　事　案　告知義務違反
　争　点　保険外務員へ告知した場合に会社の過失不知となるか
　判　旨

　原告らは、Aが外務員であるCに通院投薬の事実を伝えていたとの事実を前提として、外務員に事実を伝えていた被保険者と自ら雇用している外務員から当該事実の報告を受けなかった保険者との関係では、外務員の選任監督につき保険者に過失があったというべきであり、殊に本件においては、Cは不正な方法で保険の勧誘を行っていることから被告には、本件治療等の事実を知らなかったことにつき過失があり、本件解除は許されないと主張する。

　商法678条1項但書にいう「過失」とは、保険契約者又は被保険者が告知義務違反をしたかに関わらず、なお保険取引上における衡平の観点から見て保険者を保護するのが相当でないと考えられるような保険者の不注意を指すと解され、被告の外務員の選任監督上の過失は、当該過失が直接告知義務違反の不知につながっているような特別の場合を除き、同条の過失に該当しないと解するのが相当である。

　そうすると、原告らの主張する被告の過失は、外務員であるCが事実を知っていたのに被告に伝えなかったこと及びCが不正な方法により保険の勧誘を行ったことであるが、前者については、先に説示したとおり、本件契約について外務員には告知受領権を認めることはできないから、これと同じ結論を導くことになる、外務員の保険者への伝達義務及びこれが尽くされないことについての被告の過失はいずれも認めることができない。そして、後者については、原告らが主張する不正な方法による保険の勧誘とはCら外務員が本件契約に関する書類に外務員が用意した印鑑で自ら押印したことであるところ、仮にこれらの事実が存在したとしても、これにより被告に本件治療等の事実を知らなかったことに直接つながる外務員の選任監督上の過失があるとは認められない。

　他に、被告が本件治療等の事実を知っていたか、過失により知らなかったと認めるに足りる証拠はない（大阪地裁平成13年9月3日判決、平成12年（ワ）5537号）。

●**参考判例**（和歌山地裁平成13年9月13日判決、平成12年（ワ）277号）
　事　案　告知義務違反
　争　点　①告知義務違反解除の主張が信義則に反し、権利の濫用となるか
　　　　　　②診査医が告知の際に得た心電図等の情報により、拡張型心筋症に罹患していたことを診断し得たか（会社の過失不知が認められるか）
　判　旨

　原告は、旧契約を保険料・死亡保険金等が本件保険契約とほぼ同等の上記(1)③のとおり減額的に更新しておれば、被保険者Aに告知義務が発生しなかったのに、被告の担当者は、AやHにこれを説明せず、新たにAに告知を必要とする本件保険契約を締結させたことをもって、被告が本件保険契約においてAの告知義務違反を主張することは信義則に反し、権利の濫用であって許されないと主張する。

　しかしながら、被告担当者が虚偽の事実を述べたのではないことからすると、原告の主張するような説明をしなかったことをもって、被告に原告主張の信義則違反・権利濫用を認めることは困難である。のみならず、証拠（〔略〕証人Ⅰ）によれば、被告の担当者は、A及びHに対し、旧契約の更新による方法も説明したが、Aから旧契約の解約による前記金員が必要であるといわれ、旧契約を解約し、本件保険契約を締結したことを認めることができ、〔証拠略〕及び原告代表者の供述中のこの認定に反する部分は、上記証拠との対比から採用できず、他にこの認定に反する証拠はない。そうとすると、原告の上記主張はこれを採用することができない。

　Aは、前記のとおり、平成8年3月4日にC病院で医師Dから心電図検査により「心室性頻拍症」と診断され、その治療のため同月11日から16日まで6日間同病院に入院し、同月22日に通院して、「メキシチール」（同症の治療薬、〔証拠略〕）を投薬された。そして、「心室性頻拍症」は、Aの死因となった拡張性心筋症等を器質的心疾患とし、放置しておくと心室細動を起こして死亡することもある危険な不整脈で、できるだけ早く治療を必要とする疾病であり、〔証拠略〕によれば、上記医師は、平成8年3月4日の初診時

にA及び家族に対して上記病名を告げたことが認められる。

そして、Aが罹患していた「心室性頻拍症」が上記のとおり死の危険性のあるもので、6日間も入院治療を受けたものであることからすれば、上記医師はAやその家族に病名を告げるにあたり同症の説明をしたものと推認され、原告代表者の供述中、この認定に反する部分は採用できない。

Aが罹患した平成8年における心室性頻拍症とその治療のための6日間の入院及び2日間の通院並びに投薬は、平成10年5月5日になされた前記告知の際にAが質問された質問事項第6項の「過去5年以内に、病気により7日間以上にわたり医師の診察・検査・治療・投薬を受けたこと」に該当することは明らかである。

そして、Aが上記質問に対して「いいえ」と記載したことは、上記認定のとおりAは医師から病名を告げられ説明を受けて入通院治療を受けていたことからすれば、少なくとも重大な過失により重要な事実について告知をしなかったといわざるを得ない。したがって、Aには、この点につき告知義務違反を認めることができる。

被告が前記のとおり平成10年2月5日に本件保険契約の被保険者Aから告知をうけた際、A（昭和23年3月14日生）は前記告知書を作成して被告診査医に提出し、被告診査医（内科の開業医）は、Aを検診して検診書を作成し、心電図検査（その心電図が〔証拠略〕）、血液検査（その検査報告書が、尿検査及び血圧測定をし、検診による心音の聴音から心臓雑音がないこととAの年齢（当時40歳代）により心臓弁膜疾患はなく、尿検査からは糖尿病の疑いはなく、血圧測定からは最大124、最小80で高血圧症でなく、上記告知書の記載から最近3か月以内に薬の投与を受けていないことが判明したが、上記心電図に後記のような異常所見があったことから、被告査定医は、特段治療は要しないが、このような異常所見を示す集団は、同年齢全体に比して1.5倍の死亡率であると判断して、前記のとおり保険料割増の特別条件付で本件保険契約を引き受ける旨の査定をし、その結果、被告はその旨の本件保険契約を締結したことが認められる。

Aの上記心電図には、①QRS幅の増大、②V3におけるノッチングS波の異常、③V1における陰性P波の増大、④V4、V5、V6におけるT波の平坦化等の異常所見があり、以上を総合すると心臓筋肉に障害があることは心電図検査に携わる医師には容易に判断することができ（循環器内科医師Kは年間6000件を超える心電図を検査するが、同医師が自覚症状のない者で上記心電図と同様の異常所見を発見するのは年間1例あるかないかの希有なものであり、同医師がその者を心エコー検査すれば必ず心筋障害疾患を発見していた。）、その基礎疾患としては、上記のとおり、高血圧症ではなく、薬を施用しておらず、糖尿病の疑いがなく、心臓弁膜疾患の可能性がないことからすれば、Aの死因である拡張型心筋症に罹患していることが強く疑われること、拡張型心筋症に罹患した者は直ちに治療が必要で、その5年後の生存率は54.3パーセント、10年後のそれは36パーセントであるとの資料があることを認めることができる。

以上によれば、被告の診査医ないし査定医は、Aから「心室性頻拍症」の罹患及び治療経過を告知されなくとも、告知の際に得られた上記心電図等の医学情報から、Aが死因である拡張型心筋症に罹患していたことを診断し得たというべきであり、そうであれば被告は本件保険契約を締結しなかったと考えられるから、被告査定医が、上記のとおり、同心電図の異常所見を治療を必要としない症状であるが、死亡率が同年齢の者よりも高いと査定し、保険料割増の特別条件付で引き受ける査定をし、その結果、被告がその旨の本件保険契約を締結したことは、被告に商法678条1項ただし書所定の過失があるというべきである（〔証拠略〕中には、上記心電図の異常所見は心筋障害を疑わせるほどのものではない旨の供述記載があるが、それは個々の前記異常についてその程度が一般医学書に記載する異常値までには至ってないことを根拠とするものであるが、証人Kによれば、個々の値は上記異常値に近いものであり、それが前記のとおり4点以上存在することを総合してAの状態を判断すべきであると認められるから、上記記載部分は採用することができず、他に上記認定を左右するに足りる証拠はない。）。

よって、被告に上記過失が認められるから、被告は上記の点についての告知義務違反を理由として本件保険契約の解除をすることはできない（和歌山地裁平成13年9月13日判決、平成12年(ワ)277号）。

III-4 解除権の阻却事由

●**参考判例**（佐賀地裁平成13年9月17日判決、平成13年（ワ）14号）
　事　案　復活時の告知義務違反
　争　点　保険料の立替ができないことについて前もって知らされないまま失効した場合、保険会社が復活後契約について告知義務違反解除を主張することは信義則に反するか
　判　旨
　　被告は、本件契約を下取りにして契約の転換をした。本件転換後契約につき、Aが平成9年3月分の保険料の支払をしなかったために（保険料の立替えもその月はもはやできなかった）、同年5月1日失効したものの、同月27日の復活請求により一旦復活したが、その復活手続きの際、Aは告知義務に違反したので被告は同契約を解除した旨主張するほか、原告の保険金請求権は時効にかかっている旨主張するのに対し、原告は、被告においてAに平成9年3月分はもはや保険料の立替えはできなかった旨の告知がないから、告知義務違反による解除は信義則に違反する、消滅時効は権利濫用である旨と主張する。
　　そこで、検討するに、前記争いがない事実等のほか、証拠（〔証拠略〕、弁論の全趣旨）によれば、確かに、原告指摘のとおり、平成9年3月分の保険料については、もはや保険料の立替えができなくなっていることにつき、被告からAには前もって知らされなかったこと、そして一般に被保険者は、解約返戻金がその時々で一体いくらあるのかは分からないことが多いと思われること、もし仮に本件転換後契約が失効していなければ、同契約の復活の点はもちろん、被告の主張する上記告知義務違反の点もそもそも問題にはなり得なかったとも思われること、Aは、本件転換後契約失効後、まもなく保険料の未払分を支払って同契約を復活させていること、その他Aは本件契約後、本件転換後契約の失効まで、10年近くもの間、毎月少なからぬ保険料を支払っていたことなどの事情が認められる。しかも、保険契約の期間が長くなればなるほど、契約者／被保険者の総支払金額が相当多額になるのはもちろん、その分、年齢も重ねていくことになり、老化し病気にもなりやすくなるから、それまで長期にわたる保険料の支払をしてきたにもかかわらず、復活の際に、病気等の告知をしなかった一事をもって、復活した契約を解除するというのであれば、契約者にとって酷な場合もあり得ないではない。
　　しかしながら、被告は、Aに本件契約の際、契約約款等を交付している上に、Aは契約期間中少なくとも幾度か接触したはずである保険外交員に問い質すなどして保険制度の概要や仕組み、解約返戻金制度やその他不払の際の契約の行方等を知ることは可能であったこと、立替制度それ自体もそもそも便宜上のものにすぎず、本来毎月保険料を支払うことが契約上義務付けられていること、従って、保険料の不払等により、契約を失効させることが一般的に不当であるとまではいえないほかだけでなく、同失効後、復活手続きをする際、保険会社が契約者、被保険者に対し告知義務を課すことについても、それが一般的に不当であるとまではいえないこと、その他、保険料の支払方法は、預金口座振替の方法によっていたこと、被告は、弔慰金名下に530万9235円の支払をしたことにも照らせば、特段の事情がない限り、本件転換後契約が保険料の不払により失効した場合に、その後復活した契約を告知義務違反により解除することも許されるというべきである。そして前記事情の下では、前記特段の事情は見出しがたい。
　　もとより、前記のとおり、そもそも保険会社において、保険料の立替えができなくなることにより契約が失効してしまうことを被保険者に事前に通知することが、より望ましく、契約者に対しより親切であるとはいえ、本来毎月保険料を支払うことが契約上義務付けられており、また前記特段の事情が認められるとはいい難い本件においては、被告の同解除が信義則に違反すると断ずることはできない（佐賀地裁平成13年9月17日判決、平成13年（ワ）14号）。

●**参考判例**（大阪地裁平成13年11月1日判決、平成12年（ワ）6980号）
　事　案　告知義務違反
　争　点　ヒステリーについての現症及び既往症の有無についての質問事項がなかったことが会社の過失となるか
　判　旨
　　原告は、被告が本件保険契約の告知書に、ヒステリーないしヒステリー性人格障害の現症及び既往症の有無についての質問事項がなかったことをとらえて被告に契約締結上必要な注意を欠いた過失があった旨

を主張している。

しかしながら、本件保険契約の告知書の質問事項の第2項及び第6項は、回答者に対し、傷病名いかんによらず、医師の診察・検査・治療・投薬を受けた事実の有無、その時期、その後の経過等を告知することを求めているが、その趣旨は、第2項については、告知の時点から最近3か月以内に被保険者が医師の診察・検査・治療・投薬を受けたことがある場合には、告知の時点における自覚症状が軽微なものであったとしても、将来、重篤な疾病に発展したり、入院又は手術の必要が生じることもあり、また、第6項については、告知の時点から過去5年以内に、質問事項の第5項に掲げられた以外の病気やけがで被保険者が7日間以上にわたって医師の診察・検査・治療・投薬等を受けたことがある場合には、その原因となった疾病等が将来再発し、重篤な事態に至る可能性もあることから、保険者である被告において、このような傷病名のいかんを問わない質問事項を設けることにより、将来にわたる被保険者の危険を測定するための資料を得ようとするものであると解される。そして、Aが、ヒステリーは質問事項第5項にいう「精神病」には該当しないと判断したとしても、第2項又は第6項のいずれかの質問事項において、意識消失発作等の症状に関して医師の診察・治療・投薬等を受けていた事実を告知することは十分可能であったと考えられるから、本件保険契約の告知書の質問事項の設定に関して被告に過失があったと認めることはできない（大阪地裁平成13年11月1日判決、平成12年(ワ)6980号）。

●**参考判例**（名古屋地裁平成15年1月21日判決、平成12年(ワ)5105号）（名古屋高裁平成16年1月28日判決、平成15年(ネ)172号）

事　案　告知義務違反
争　点　保険会社の査定医の過失の有無

判旨

（第一審） Aが告知時から2年以内に受けた人間ドックで、肝機能や膵機能の障害につき精密検査あるいは高脂血症で治療を要し、高血圧や糖尿病については、治療を継続する必要があると診断されていたにもかかわらず、これらの事実につき告知がなかったことは前記のとおりである。そして、本件告知書には、人間ドックにつき何らかの指摘を受けたとの記載もなく、被告査定医であるF医師は、Aには何らの症状もないことを前提として、本件証明書及び本件検査結果に記載された数値のみを根拠として、契約締結の可否及び特別条件の付加につき判断したものであり、F医師において、Aが高脂血症であったことを知ることは不可能であり、被告にはAが高脂血症に罹患していたことを知らなかったことに過失はない。

なお、原告は、高脂血症に関する事実の告知がなくとも、本件証明書及び本件検査結果からAに重大な疾患があったことは明白であり、被告査定医に過失があるなどと主張するが、本件証明書及び本件検査結果に加え高脂血症に関する事実の告知があれば、少なくとも特別条件を付さないままでAを被保険者とする契約が締結されることはなかったもので〔証拠略〕、弁論の全趣旨）、原告の前記主張は採用することができない（名古屋地裁平成15年1月21日判決、平成12年(ワ)5105号）。

（第二審） 商法678条1項本文は、保険契約者又は被保険者に告知義務違反があった場合、保険者は契約を解除できるとした上、但書において「保険者カ其事実ヲ知リ又ハ過失ニ因リテ之ヲ知ラサリシトキハ此限ニ在ラス」と定めているところ、本件契約21条1号の規定は、商法の上記規定を約款に明記したものと認められる。

上記但書の趣旨は、保険契約者側に告知義務違反という不誠実な行為があるものの、取引上における衡平の観点からみて保険者を保護することが相当でない場合にまで保険契約の解除を認める必要はないというものであると解されるから、「過失ニ因リテ之ヲ知ラサリシトキ」とは、告知がなくとも容易に重要な事実を発見できるのが通常であるにもかかわらず、不注意により重要な事実を発見しなかった場合をいうと解するのが相当である。控訴人は、本件告知書、本件証明書及び本件検査結果から、被控訴人の査定医は、Aが肝機能障害、糖尿病及び高血圧症に罹患し、生命の危険性が高度であることを十分に判断することが可能であった旨主張するものの、高脂血症については、被控訴人が認識または容易に認識し得た旨の主張をしない。

そして、証拠〔証拠略〕によれば、被控訴人が、本件告知書、本件証明書及び本件検査結果によって、

Ⅲ-4 解除権の阻却事由

Aが高度の高脂血症に罹患していたことを認識することは容易であったとはいえないこと、Aの高脂血症は、基準値を上回るものであり、被控訴人が、Aの高脂血症の症状について認識していれば、本件契約を締結しなかったことが認められる。

したがって、仮に控訴人の主張が認められたとしても、それは肝機能障害、高血圧及び糖尿病の告知義務違反を理由とする解除をすることができないだけであって、被控訴人としては、なお高脂血症についての告知義務違反を理由とする解除をすることができる以上、争点4に関する控訴人の主張の当否を判断するまでもなく、本件契約21条1号を理由に本件契約の解除ができないとする控訴人の主張は理由がない(名古屋高裁平成16年1月28日判決、平成15年(ネ)172号)。

●**参考判例**(京都地裁福知山支部平成15年3月24日判決、平成14年(ワ)16号)
　事　案　告知義務違反
　争　点　保険診査時に中等度高血圧に該当する数値が出た場合における保険者の過失の有無
　判　旨

　原告は、Aの血圧値が重症高血圧の一歩手前の数値を示していたのであるから、通院治療歴の有無にかかわらず、その数値だけでAが高血圧症と診断できたはずであること、診査医が質問を怠り、被告が再検査等を怠ったことに過失があることから、被告は「重要なる事実」を知らなかったことにつき過失があったと主張する。

　しかし、商法678条1項但書にいう保険者の過失とは、保険契約者側が告知義務違反をしたにもかかわらず、取引上における衡平の観点からみて保険者を保護することが相当でないと考えられるような保険者の不注意を指すと解されるところ、保険診査は、保険契約を締結するにあたって危険測定の資料を得ることが目的であり、患者から症状を告げられて積極的に診療を依頼される臨床医とは注意義務の性質が異なるといえるから、保険診査医としては、臨床医が診断に使用する全ての診査を尽くすことを要するものではなく、告知がない場合においても、告知すべき重要な事実を通常発見することができる程度の注意を尽くせば足りるというべきである。これを本件についてみると、診査医に対して被告が交付している「診査の手引き」では、「測定の結果高血圧の場合には、平素の測定値や自覚症状、医療または降圧剤使用の有無を問いなおして、該当欄に記載してください。」と指導されているが、本件契約の検圧書には何ら記載のないことが認められるところ、これまでに認定した事実を併せ考慮すると、診査医がAに対して質問をしたがAが事実を答えなかった可能性も否定できないのであって、診査医としては、重要な事実を通常発見できる程度の注意は尽くしていたとみるのが相当である。また、原告が提出する証拠は、臨床医に課せられる注意義務と保険診査医に課せられる注意義務の性質の違いを考慮すると、直ちに本件において診査医に過失があったことを裏付けるものではないというべきである。

　したがって、高血圧症か否かは1回のみの測定で即断できないことを前提とすると、本件において、Aから具体的な通院治療歴(その後の治療の中断を含む。)の告知がなかった場合において、被告が「重要なる事実」を知らなかったことにつき過失があったということはできず、他にこれを認めるに足りる証拠はない。以上より、本件契約の解除を制限する事由は存在しない(京都地裁福知山支部平成15年3月24日判決、平成14年(ワ)16号)。

●**参考判例**(横浜地裁川崎支部平成15年4月4日判決、平成14年(ワ)155号)(東京高裁平成15年11月26日判決、平成15年(ネ)2482号)
　事　案　告知義務違反
　争　点　営業職員が面談して告知書の重要性について説明を行っていない場合における保険会社の過失の有無
　判　旨

　(**第一審**)　被告の終身保険約款の29条は、被告が保険契約の締結、復活、特約の保険金額等の増額又は特約の型の変更の際、解除の原因となる事実を知っていたとき、又は過失のために知らなかったときは、被告は保険契約又は付加している特約を解除できないと規定されている。

Cは本件保険契約への転換に当たり、原告と直接面接しておらず、電話やファックスでやりとりをしていたが、告知書の記載方法については「見本を見てそのまま健康状態を書いて下さい。」などと説明したことはあるが、告知書の重要性につき、きちんと説明を行っていない。また、前記のとおり、原告は、これまでにも被告の保険に加入したことがあるが、加入の際に告知書を作成するに当たっても、Cから、告知書の重要性について説明がなされたことはない。そして、原告が本件告知書において事実と異なることを告げた原因は、原告が自己の症状を軽視していたとともに、告知書の重要性の認識に欠けていたことによると認められるところ、Cが告知書の重要性についてきちんと説明を行っていれば、原告が告知義務違反を行うことはなかったと考えられる。なお、前記のとおり、本件告知書には告知の重要性について記載があるものの、告知義務違反があると契約が解除されるという告知義務の重要性に鑑みると、被告の担当者としては、上記記載に加えて、さらに告知者に対し直接その重要性を説明すべきである。したがって、本件においては、被告が原告の告知義務違反を知らなかったことにつき過失があったと認めるのが相当である。よって、被告には、本件契約の３大疾病保障定期保険特約に基づく保険金の支払義務がある（横浜地裁川崎支部平成15年４月４日判決、平成14年（ワ）155号）。

（第二審） 被控訴人は、生命保険契約の締結又は転換等に際しては、控訴人の担当者において保険契約者ないし被保険者に直接面接し、契約の内容等につき説明することが不可欠であるところ、本件保険契約への転換に際し、Cは一度も被控訴人と直接面接して説明することはなく、かつ、被控訴人に対して電話や書面等で告知書の記載方法等につき何らの説明も行っていないから、控訴人は被控訴人の告知義務違反を過失のため知らなかったもので、３大疾病保障定期保険特約を解除することはできない旨主張する。

終身保険約款29条は、控訴人が保険契約の締結、復活、特約の保険金額等増額又は特約の型の変更の際、解除の原因となる事実を知っていたとき、又は過失のため知らなかったときは、控訴人は保険契約又は付加している特約を解除することができない旨定めているところ、控訴人に同条の過失が存するか否かについてみてみると、前記認定のとおり、Cは本件保険契約への転換に際し、被控訴人とは直接面接しておらず、電話やファクシミリでのやりとりをして、告知書の記載については「見本を見てそのまま健康状態を書いて下さい。」などと説明したことはあるものの、それ以上の説明は格別していなかったことが認められる（証人C、被控訴人本人）。しかし、前記認定のとおり、控訴人は、被控訴人からの告知の受領に関し、平成11年６月28日、Y生命日比谷診査センターにおいて、医師が直接被控訴人の告知に基づいた問診を行うなどの診査をし、血液検査も実施していたこと（血糖値は基準値より高かったものの、その余の検査結果はがんの早期発見のための検査である腫瘍マーカーの検査も含め、すべて基準値の範囲内の値であった。）、Cにおいて、本件告知書に関連する被控訴人の過去の健康診断の結果や手術歴について知っていたとか、被控訴人に対し、保険契約の転換が支障なく行われるように虚偽の事実を告知したり都合の悪い事実を秘匿するように申し向けたなどの事実はうかがわれないこと、上記のとおり、電話でのやりとりであるにせよ、Cは被控訴人に対して告知書の記載について「見本を見てそのまま健康状態を書いて下さい。」と指示しているところ、告知書〔証拠略〕には「この書面による告知は、生命保険のご契約をお引き受けするがどうかを決める重要事項ですから、ありのままを正確にもれなくご記入ください。もしこれらの事項について事実を告げなかったり、事実でないことを告げた場合には、主契約や特約が解除されたり、保険金や給付金などの支払いを受けられないことがあります。」と記載されているほか、被控訴人は、株式会社の代表取締役副社長の地位にある者で生命保険契約における告知書の重要性などの一般的な社会常識は備えていたものと考えられるのみならず、本件保険契約以外にも過去に控訴人との間で生命保険契約を締結したり、団体保険の被保険者となって告知書を作成、提出していたことがあることなどから、当然告知書の重要性について認識していたか、少なくとも認識し得たものといわざるを得ない。したがって、控訴人において被控訴人の告知義務違反に係る事実を知っていたとか、上記以外に、更にCが被控訴人と直接面接して告知の重要性について説明しなければ、被控訴人の告知義務違反を知らなかったことにつき控訴人に過失があるとまでいうことはできず、結局、転換特則４条１項、２項により、控訴人は被控訴人の３大疾病保障定期保険特約に基づく保険金請求に対してその支払を拒絶することができるものというべきである（東京高裁平成15年11月26日判決、平成15年（ネ）2482号）。

Ⅲ-4 解除権の阻却事由

●参考判例（東京地裁平成15年5月13日判決、平成14年（ワ）12915号）（東京高裁平成15年9月30日判決、平成15年（ネ）3094号）

事　案　告知義務違反
争　点　保険外交員の不告知教唆の有無と保険会社の過失

判　旨

（第一審）　商法687条に関する一般論としては、原告らの前記主張（注）は是認することができる。

（注）「商法678条は、保険契約者に重要な事実の告知義務を課しているが、これは保険者が危険を引き受けるかどうかの判断をするためのものである。したがって、同条は、保険者がこれを知っている場合、保険者の責任を免れ得ないとしたものである。危険を測定するための重要な事実を知って危険を引き受けた以上、保険金の支払を拒むことは禁反言の原則に反することであり、上記規定はこのことを明らかにしているものと解される。そして、同条は、保険者が過失によって重要な事実を知らなかった場合も、この事実を知っている場合と同一の評価をすることを明らかにしている。

生命保険の外務員（募集人）は、保険契約者または被保険者が、保険会社に対して、重要な事実を告げるのを妨げ、または告げないことを勧めるなどの行為に出てはならないのであり（保険募集の取締に関する法律第16条）、保険会社は、自己の外務員がかかる行為をしないよう監督し注意する義務がある。」

原告らは、Aが「時々病院に通い、精神安定剤も飲んでいる」ことをCに告げたにもかかわらず、Cは契約を締結したいがために「無審査だから大丈夫だからお願いしたい。」などと懇願して、その場で申込用紙に署名押印させた旨、また、Cは、Aから聞いて通院の事実を知っていたにもかかわらず、「取扱者の募集報告書」において、故意に事実に反する記載をした旨、さらに、Aは、D面接士と面接した際に、健康状態についての質問に対して全部「いいえ」と答えたとしても、それは、そう答えるようにCから示唆されていたからである旨主張する。

これに対し、証人Cは、「保険契約には体況診査が必要で、面接士の診断があるということAさんに説明しました。無診査だから大丈夫だと言ったことはありません。」、「私はAさんの病気については知りませんでした。妹からもAさん本人からも聞いたことはありません。」、「Aさんの紹介でFさんの保険にも関与しましたが、保険の手続はAさんと違いはありません。」、「契約にいたるまでにはAさんには3、4回お会いしましたが、無診査というようなことを言ったことはありません」、「（取扱者の募集報告書の記載について）ここはAさんに病気について聞いた上で私がつけました。Aさんからは病気であるとか病院に通っているとかは聞いていません。」と証言している。

たしかに、Cは、被告の保険外務員として、何としてでも契約を締結したいと考える立場にあったことはうかがえる。しかし、原告ら主張の、AがCに通院治療の事実を告げたこと及びこれに対しCが「無審査だから大丈夫」と述べたことについては、Aからの伝聞ないし原告らの推測であって、これを認めるに足りる的確な証拠はないから、証人Cの上記証言を覆すには足りない。

また、上記取扱者の募集報告書の記載についても、AがCに通院治療の事実を告げたことが認められない以上、証人Cの上記証言を覆すことはできないし、Fに対する勧誘における原告ら主張の事実も、これを認めるに足りる的確な証拠はない。

そうすると、原告ら主張の、CのAに対する不告知の教唆の事実を認定することはできない。そして、Cについて不告知の教唆の事実を認定できない以上、これを前提とする原告らの主張は採用することができない（東京地裁平成15年5月13日判決、平成14年（ワ）12915号）。

（第二審）　当裁判所も、Aの告知義務違反の事実が認められるところ、Cによる不告知の教唆の事実を認めるに足りる的確な証拠はないから、控訴人らの主張は採用することができないものと判断する（東京高裁平成15年9月30日判決、平成15年（ネ）3094号）。

●参考判例（大阪地裁平成16年6月21日判決、平成15年（ワ）5509号）

事　案　告知義務違反
争　点　保険会社の調査義務と過失不知

判　旨

被告が、Aが気管支喘息に罹患している事実、その治療のために過去5年間及び最近の3か月以内に医師の診察、投薬を受けていた事実を知っていたと認めるに足りる証拠はない。

ところで、前記1での争いのない事実、証拠（〔証拠略〕，証人C）、弁論の全趣旨によれば、次の事実が認められる。

Aは、告知書において、「最近3ケ月以内に、医師の診察・検査・治療・投薬をうけたことがありますか。」との質問に対し、「はい」と回答ものの、診査医の問診に対しては、「4～5年前より」、「2～3カ月に1回血液検査をうける。体はどこも悪くないが、チェックのためしている。」「血液検査時に問題ない。」と回答したことから、告知書を受領した被告は、担当部署からCに対し、平成13年4月2日ころ、保険の引受条件（標準体，条件体，謝絶体）を決定するために、血糖値またはHbA1cの数値を含む直近の健康診断または人間ドックの検査票の提出を指示した。そのため、CはAに対し、前記書類の提出を求めたものの、Aからは最近人間ドックを受けていない旨の回答を得たため、その旨を被告に伝えた。その結果、被告はCに対し、血液検査の結果票を提出してもらうように再度指示した。

同月4日、CはAの長男が経営をしているG物産に赴き、Aに対し、血液検査の結果票を提出して欲しい旨伝えたところ、Aは、主治医でのE医師のところに最新の血液検査の結果票があるので、自分の代わりにもらってきて欲しい旨Cに依頼した。

依頼を受けたCは、その足でD医院に赴いたものの、事前連絡をしていなかったことからE医師と面会できず、Aの血液検査の結果票を受け取ることができなかった。そのため、Cは再度G物産に戻り、Aに対して事情を説明したところ、Aの机の中に数ヵ月前の血液検査の結果票があったことから、Cはこれを預かり帰社した。

ところで、原告は、CがAから承諾書をもらい、D医院に再度赴いていれば、Aの病名等について十分な調査ができたにも関わらず、そのような調査をしなかったために、気管支喘息の病名を知り得なかったことに、被告の過失がある旨主張する。しかし、以上の事実によれば、被告としては、Aから提出を受けた告知書に、3ヶ月以内に医者の診察・検査・治療・投薬を受けたことがある旨の告知と、2ないし3ヶ月に1回血液検査を受けているものの特に身体的異常はなくチェックのために行っている旨の診査医への回答が記載されていたことから判断して、保険の取引条件の審査のために必要な書類として最近の血液検査の結果票の提出を求め、最終的にはAから数ヵ月前のものではあるものの、血液検査の結果票が提出されたのであるから、それ以上に、Aの主治医であるE医師から事情を聴取する必要性は認められない。ましてや、気管支喘息を窺い知れる情報を得ていない被告にとって、Aが気管支喘息に罹患し、診察、投薬等を受けているかなどを調査する必要性は全く認められないものである。また、Cは生命保険募集員に過ぎず、保険契約者の告知内容について調査する権限や義務が与えられているものではなく（証人C）、今回もA自身がD病院に取りに行くべき血液検査の結果票を、たまたまAからの依頼により取りに行くため、D医院に赴くこととなったに過ぎないことからすれば、さらに、D病院に赴いて、Aの病名等について調査すべき義務が、Cひいては被告にあったとは認められない。

以上によれば、告知義務違反の対象となった気管支喘息についての治療、投薬等の事実について、被告が知っていたことはないし、知らなかったことについて何ら過失は認められない（大阪地裁平成16年6月21日判決、平成15年（ワ）5509号）。

● **参考判例**（神戸地裁尼崎支部平成16年11月10日判決、平成15年（ワ）315号）（大阪高裁平成17年4月28日判決、平成16年（ネ）3785号）

事　案　告知義務違反
争　点　保険会社にはうつ病罹患の事実について知らなかったことに過失があるか
判　旨

原告は、Bが、Aの勤務先に出入りし、Aや他の同僚と連絡を取りあってコンパをするなどの個人的付き合いもあったから、Aのうつ病罹患の事実について、容易に知り得たのであるから、Bないし被告には上記事実を知らなかったことに過失があり、また、Bは、平成13年2月からの休職の事実を知った際に、うつ病の事実を知ったから、その後1ヶ月以上を経過しているとして、被告は告知義務違反を理由として

Ⅲ-4 解除権の阻却事由

解除することはできないと主張する。

この点、証拠（［略］、証人B）によれば、Bは、平成11年11月に被告に入社し、1ヶ月の研修の後、被告営業部に配属となり、A勤務先の担当となったこと、同年12月初旬ころ、被告営業部のHとともにA勤務先を訪問した際、Aを紹介され、Aが加入していたD生命の経営状態に起因する保険内容への影響に不安を持っていることを聞いて、被告の生命保険を勧誘するようになり、本件契約1の締結に至ったこと、Bは、その後もA勤務先に月に2回程度訪問していたところ、本件契約1の締結から半年か1年程度経ったころ、Aやその同僚らに頼まれて、2回ほどコンパをしたことがあったが、連絡を取りあうためにメールアドレスの交換をしたことがきっかけで、Aとメール交換をするようになり、コンパの後も世間話程度のメールを交換していたこと、Bは、平成13年の初めころ、Aの同僚から、Aが休職していることを聞かされ、どうしたのだろうと思い、直接Aと連絡を取って、JR尼崎駅近くの喫茶店で会ったこと、その際、Aから、会社の人間と合わないため、生命保険会社等への転職も考えていて、I生命の面接を受ける予定であると聞かされたこと、Bは、平成13年5月ないし7月ころに、直接会ったり、メールをした際、Aから、課長にいじめられる、出社拒否をしている、電車に乗る練習をしているなどと聞かされ、Bが専門の病院を受診することを勧めると、相談には行っているなどという返事であったこと、Bは、Aが死亡してから、同人が自律神経失調症で通院していたことを初めて知ったことがそれぞれ認められる。

以上の事実によれば、Bは、本件契約1及び2の勧誘及び締結の際（平成11年12月ころ及び平成12年10月ころ）には、Aの健康状態について、問題となるような事実を何ら知らなかったものであるし、また、本件契約3の勧誘及び締結の際（平成13年2月ころ）にも、これに先立つ平成13年の始めころ、Aが休職したことを知り、同人から会社の人間と合わないので転職を考えているなどと聞かされたに止まるのであって、これらの事実のみでAのうつ病を知ることは困難であったというべきであるし、これを知らなかったことについて過失があるともいいがたい。また、同年5月以降に、Aから聞かされた事実によっても、Aのうつ病を知ったものとも言いがたく、そのころから1ヶ月以内に本件各契約を解除すべきであったとは言えない。

この点、原告は、BがAとの個人的付き合いの中で、うつ病罹患の事実を聞かされなかったはずはない旨主張するが、上記認定のとおりの交流の内容を見ても、保険外交員と顧客の関係を越えて、自己のプライバシーに関する事実を告白するほどにまで親しい関係があったとまでは認めがたく、BがAから聞かされた転職や健康状態についての事実も、世間話の域を出るものではなく、未だうつ病罹患の事実を聞かされたことを推認させるものでもない。

そうすると、Bないし被告において、Aのうつ病罹患の事実を容易に知り得たのにこれを知らなかった過失があるとも、これを知って1ヶ月以内に解除をしなかったともいえないというべきである。よって、この点に関する原告の各主張はいずれも理由がない（神戸地裁尼崎支部平成16年11月10日判決、平成15年（ワ）315号）。

（第二審） 控訴人は、Aに告知義務違反があるとしても、被控訴人がその内容を知らなかったことに過失があるとか、知ってから1か月以上経過しているとして、被控訴人による解除は許されない旨主張している。

なるほど、前記認定事実によれば、Bは、単にAと本件各保険契約を締結しただけではなく、合同コンパをしたり、メール交換をするなど、個人的な交際をしていたことが認められるが、他方、いわゆる恋人やガールフレンドのように親密に交際をしていた形跡はないのであるから（そのような関係にあれば、G電気の他の従業員から聞く前にAの休職の事実を知っていたはずである。）、Aも告知義務違反の事実を隠し続けようとするのが自然であると考えられることを考慮すると、医師でもないBがAの休職の事実や精神的に不安定な状態を知っていたことだけから、同人が本件各保険契約当時、うつ病ないし自律神経失調症に罹患していた事実を知らなかったことに過失があるとか、休職を知った時点でその事実を知ったということはできない（医学的知識のない人が他人が精神疾患に罹患しているのか、あるいは一時的に精神状態が不安定であるだけなのかについて、容易に判別できるとは考えられないし、Aが転職を考えて出社していないという弁解に疑問を持たなかったとしても、あながち不自然とも言えない。）。

したがって、本件解除制限約款アないしイに該当する事実を認めることはできず、この点に関する控訴

人の主張は採用できない（大阪高裁平成17年4月28日判決、平成16年（ネ）3785号）。

●**参考判例**（東京地裁平成16年11月15日判決、平成16年（ワ）6834号）（東京高裁平成17年3月16日判決、平成16年（ネ）6131号）（最高裁一小平成17年8月3日決定、平成17年（受）1141号）

事　案　告知義務違反

争　点　告知義務違反に係る事実と因果関係のない保険事故が発生した場合に保険者の告知義務解除の権利は制限されるか

判　旨

（**第一審**）　原告と被告との間の本件保険契約に適用される約款25条は、保険契約者又被保険者に故意又は重過失による告知義務違反があった場合には、被告は将来に向かって保険契約を解除することができる旨を規定する（1項）一方、その場合、被告は、既に保険金等の支払事由が生じている場合であっても保険金の支払義務を負わず、既に支払った保険金等の返還を請求することができる旨を規定している（2項）。これによれば、告知義務違反があった場合、保険者は保険契約を解除することができるが、その解除は将来に向かってのみ効力を生じるのが原則であり、したがって、当事者は解除がされるまでは保険契約に基づく義務を免れない場合であるが、独り保険者のみは、既に保険金等の支払事由が生じている場合であっても、保険金の支払義務を負わず、既に支払った保険金等の返還をも請求することができるものとされているのである。さらに、保険契約者あるいは被保険者において、保険金等の支払事由が保険契約の解除原因となった事実、すなわち、告知義務違反に係る事実によらなかったことを証明したときは、保険者は保険金等の支払義務を負う旨が規定されている（3項）。以上の規定は、その内容に鑑みると、告知義務に関する商法の規定（678、645条）が定めるところと基本的に同じ趣旨を規定しているものと解して差し支えないものと解される。

ところで、本件保険契約の締結に当たり、被保険者であるAは、健康診断において「要精密、肝機能」との指摘を受けていたというのであるが、がん保険という本件保険契約の目的に照らすと、この事実、ひいてはその精密検査の結果は、特段の事情のない限り、保険者において被保険者の危険を測定するに当たり考慮することを要する重要な事実に該当するものということができる。にもかかわらず、Aは、本件保険契約締結の際被告にこの事実を告知しなかったというのであり、弁論の全趣旨に照らすと、Aはこの事実を知りながら、あるいは少なくとも重大な過失により告知しなかったものと認めることができる。したがって、被告は、約款25条1項及び2項の規定により、本件保険契約を解除することができるが、Aに係る保険金支払事由である悪性黒色腫と、同人が健康診断において「要精密、肝機能」との指摘を受けていたとの事実との間には因果関係がないのであるから、被告が本件保険契約を解除するまでに生じた保険金支払事由に係る保険金等の支払義務を免れることはできない。しかしながら、被告が本件保険契約を解除した後は、原告と被告との間の契約関係が解消された以上、それ以後に生じた保険金等の支払事由について被告が支払義務を負うべきいわれはないから、原告が本件訴訟において請求している保険金等については被告は支払義務を負わない。約款及び商法の前記規定を本条の事実関係に当てはめると以上のような結論になる。

しかしながら、本件で原告が請求している入院給付金、死亡保険金等は、悪性黒色腫という病名から生じ、かつ生じることが通常予測される一連の結果の一部であるところ、疾病すなわち危険は、告知義務違反に係る肝機能の問題とは因果関係がないというのである。

一方、約款25条3項、商法678条2項、645条2項ただし書の規定によれば、保険者は告知義務違反に係る事実と因果関係のない危険については保険契約に係る義務を免れることはできないとされている。それにもかかわらず、被告が告知義務違反を理由として保険契約を解除したことによりその義務を免れるという結果となることは、約款及び商法の前記各規定の趣旨に反しているのではないかとの疑念を差し挟む余地がないとはいえない。告知義務違反に係る事実と保険金等の請求に係る事実との間の因果関係不存在の証明がされたときは、保険者は保険契約を解除することができず、解除の意思表示前はもとより、その後の保険金支払事由についても、当初の約定どおりに保険金支払義務を負うとの原告の主張も、結局この点を指摘するものと解することができる。

Ⅲ-4　解除権の阻却事由

　そこでこの点をさらに検討するに、約款（25条2項）はもとより、商法（645条2項）においても、保険者は危険が発生した後においても保険契約を解除することが認められている一方、告知義務違反に係る事実と保険金等の請求に係る事実との間の因果関係不存在の証明がされたときは保険者は保険金等の支払義務を負うとの規定（約款25条3項、商法645条2項ただし書）は、解除の効果についての特色として規定されており、告知義務違反を理由とする保険者の解除権の行使自体が制限される場合（約款26条、商法678条1項ただし書、同条2項、644条2項）としては規定されていない。すなわち、原告の主張は、約款及び商法の規定の文言とは必ずしも整合していない。

　進んで、約款および商法の規定の実質的な趣旨について検討するに、約款及び商法が、保険契約締結に際し、保険契約者又は被保険者に対して、保険者が書面で告知を求めた事項（約款24条）あるいは重要な事実（商法678条1項）について保険者に告知することを義務づけ、保険契約者等が悪意又は重過失によりこの義務に違反した場合に、保険者に契約解除権を与えたのは、保険契約の締結に際し、保険者が保険契約に伴う危険を測定するために重要な事実、具体的には、保険者がその事実を知ったならば保険契約を締結しないか、あるいは少なくとも同一の条件では契約を締結しないと客観的に思量される事情についての情報を保険契約者等から保険者に提供させることにより、保険者による危険の選択、すなわち保険団体に危険度の異なる者が加入することを防止し、あるいは他の者と同一の条件で加入することを防止することを容易ならしめることにあると理解することができる。

　そして、保険契約締結後に生じた場合には、因果関係がある場合とは異なり、これを保険により填補することを否定すべき理由はないというべきであるが、他方において、告知義務違反の事実、すなわち、保険団体に危険度の異なる者が加入しているという事実には何ら変化はないのであるから、その後の事情の変更により告知義務違反を理由として保険契約を解除することが信義則上許されなくなるなどの特段の事情のない限り、保険者が保険契約を解除して、当該保険契約者あるいは被保険者を保険団体から排除することを否定すべき理由もないといわざるをえない。すなわち、原告の主張は、約款及び商法の規定の実質的な趣旨によっても裏付けることができないと考えられる。

　また、本件における被告の主張を、保険契約が解除される前に被保険者が保険契約の対象とされている疾病に罹患し、当該疾病と告知義務違反との間に因果関係のないことが証明された場合は、その疾病から生じ、かつ生じることが通常予測される結果としての保険金支払事由については、たとえそれが告知義務違反を理由として保険契約が解除された後になって生じた場合であっても、約款25条3項及び商法678条2項、645条2項ただし書きの規定の趣旨にかんがみて、保険者は保険金の支払義務を負う旨を主張するものと解し得ないではない。しかしながら、このように解した場合に保険者が保険金の支払義務を負う事由の範囲が明確でなくなるという点はさておくとしても、そのような義務を保険者に負わせることは、その実質において告知義務違反を理由とする保険者の解除権を制限するものと変わらない結果となるところ、その相当でないことは前段において認定説示したとおりというべきである。のみならず、解除の効果を認めながら、保険者に保険金の支払義務を負わせるということは、保険料の支払なしに保険者に保険契約の継続義務を負わせるに等しい結果となってしまうのであって、その不当なことは明らかというべきである。

　以上検討したところに照らせば、約款及び商法の規定の文言の上からも、またその実質的な趣旨の観点からも、告知義務違反に係る事実と因果関係のない保険事故が発生した場合において、保険者が告知義務違反を理由として保険契約を解除することを否定する根拠はないと言うべきであるから、結局この点についての原告の主張は理由がないといわざるを得ない（東京地裁平成16年11月15日判決、平成16年(ワ)6834号）。

（**第二審**）　第一審と同旨（東京高裁平成17年3月16日判決、平成16年(ネ)6131号）。
（**最高裁**）　上告不受理決定（最高裁一小平成17年8月3日決定、平成17年(受)1141号）。

●**参考判例**（大分地裁平成16年12月7日判決、平成16年(ワ)48号）
　事　案　告知義務違反
　争　点　災害特約の解除が権利の濫用にあたるか
　判　旨

原告は、被告の本件災害特約の解除は、権利の濫用等によって無効であるとし、その根拠として縷々主張する。
　このうち、原告が強調するのは、原告の問合せにより、被告の福岡支社は、医師の診察がありうることを言いながら、実際には医師の診察をしなかったのであるから、告知義務違反で原告に責任をとらせるのは一方的であるとの主張である。しかしながら、原告の問合せや被告の福岡支社の回答の日時、担当者名、内容等は明確ではなく、又その裏付証拠もない。仮に、被告の福岡支社従業員の何らかの言動について、原告が上記主張のように受け止めたとしても、実際に被告が原告に対し、医師の質問により告知を求めた形跡はなく、本件災害特約約款25条ただし書にも該当しないから、告知義務の内容は告知書によって生じたというほかない（同約款25条本文）。そして、原告は、告知書の記載の不備から、被告から不備を是正するように告知書を送り返されており、又、生命保険証券には、告知事項にはすべて該当がない旨の記入があるが、告知もれや事実と相違していることがあれば申告してほしい旨の記載があったのであるから、被告が原告に対し、医師によってではなく、告知書によって質問をし、同質問に対して原告がなした回答を、原告の告知内容として把握していることを容易に察することができたというべきである。さらに、前記2のとおり、告知書は、本件保険契約の申込時の病状だけでなく、同申込時から過去3か月以内、同2年以内、同5年以内の治療・投薬歴等及びその内容を質問するものであり、仮に原告が医師の診断がなされると考えていたとしても、上記質問すべてについて「なし」との回答をすることは、明らかに虚偽であって許されないと考えられる。
　以上のほか、① 本件保険契約中の主契約や本件災害特約では、いずれも保険契約者に解除権が認められており、同解除権を個別に行使することに制限はないこと（乙2）、② 被告は、告知義務については、重要視し、ご契約のしおり、約款のみでなく、申込書やパンフレット〔証拠略〕にも明記しており、原告も告知義務について理解することは十分可能であったこと、③ 本件保険契約には、本件災害特約のほかに、疾病特約も付されており（甲3）、高血圧、不整脈の治療・投薬歴等は、特約付きの本件保険契約全体にとって、重要な事項であるとみられること（〔証拠略〕によると、本件災害特約と共に、疾病特約も解除されている。）、④ 原告の治療・投薬歴等も決して軽症の病歴とはいいがたいこと（平成13年4月4日測定の原告の血圧値が最高140／最低72であるから、病状が幾分軽快していた可能性もあるが、原告の病歴は長く、不整脈の発作を起こすことがたびたびあり、本件保険契約申込時前にも、多数の通院歴がみられたのであるから、全体として原告の治療・投薬歴等が軽症の病歴とはいいがたい。）など、本件保険契約及び本件災害特約の内容、性質等並びに原告の不告知の態様、性質等も考慮すると、被告の解除は、本件災害特約に基づいたやむを得ないものであって、原告の受傷・入院後に、それらとは直接には関係のない高血圧症、不整脈の治療・投薬歴等の告知義務違反を理由に、本件災害特約を解除した点で疑問が全くないとはいえないものの、権利濫用とまで断定することはできない。したがって、原告の主張は採用することができない（大分地裁平成16年12月7日判決、平成16年（ワ）48号）。

●**参考判例**　（大阪地裁堺支部平成15年12月24日判決、平成12年（ワ）第1253号）（大阪高裁平成16年12月15日判決、平成16年（ネ）第225号、事例研レポ202号1頁、事例研レポ203号14頁）

事　案　告知義務違反と営業職員の不告知教唆
争　点　①被保険者死亡の原因
　　　　②営業職員がうつ病を知得しているときの告知義務違反による本件保険契約解除の可否
　　　　③旧B生命担当者の勧誘行為が不法行為に当たるか
　　　　④虚偽につき営業職員の指示によるものでも不告知があるとき

判　旨

（第一審）　争点①について
　被保険者の死亡が、縊死によるものであって、外形的には、いわゆる自殺と疑われる状況であったこと、被保険者の死亡は、本件保険契約締結から1年以内であること、にはいずれも争いはない。したがって、問題となるのは、被保険者の死亡が、本件約款7条所定の免責事由である「自殺」に該当するのか、それとも、被保険者の躁鬱病によるものであるため、自殺とは言えないかどうかである。

Ⅲ-4 解除権の阻却事由

争点②について
　原告は、被保険者の告知義務違反に関して、営業職員が被保険者の入院歴等を知っていたことや、不告知を教唆したことを捉えて、旧B生命がなした告知義務違反による本件保険契約の解除は、信義則違反ないし本件約款12条（会社が、保険契約の締結、復活または復旧の際に、解除の原因となる事実を知っていたときまたは過失によって知らなかったとき）に該当し、許されないと主張する。
　これに対し、被告は、そもそも、保険外務員に過ぎない営業職員に告知受領権はなく、また、営業職員の不告知の示唆よりも、被保険者の不告知の違法性の方が重大であるとして、旧B生命による告知義務違反による解除が有効であると主張する。

　イ　この点、本件約款10条においては、告知の方法として、告知書で質問した事項について、告知書によって告知すべきこと、会社指定の医師が口頭で質問した事項については、その医師に口頭で告知するべきことが定められており、同条は、保険契約者や被保険者に対し、告知義務の範囲や告知方法を明確化、限定化したものというべきであるから、原則として、告知の方法としては、同条所定の方法に従って行えば足り、かつ、上記方法を予定されているものと解するのが相当である。したがって、単なる保険外務員は、当然には告知受領権を有するものとはいえない。

　ウ　そして、本件においては、原告ないし被保険者は、保険外務員に過ぎない営業職員に口頭で被保険者の入院歴や病歴を告知したにすぎないのであって、告知書による告知及び旧B生命指定の医師に対する口頭での告知においては、故意により事実を告げなかったものであり、告知義務を果たしたものとはいえない。

　エ　しかしながら、もともと被保険者はJ生命の死亡保険金合計2億円の生命保険に加入していたところ、営業職員は、旧B生命において他社証券の見直し月間と称する営業活動を推進していた当時、被保険者がJ生命の死亡保険金合計2億円の生命保険に加入済みであることを知り、かつ原告から被保険者の躁鬱病による入院歴について聞かされながら、原告に対し、被告の保険商品の説明を行ってJ生命の保険からの乗り換えを執拗に勧めて、診査医の検診及び告知書に、被保険者の病歴や入通院歴について虚偽の返答、記載をするように示唆した上、自らも保険契約申込書裏面に、病歴や健康状態について知っていることがあるか等の被保険者についての確認事項の「無」欄に○を記載して旧B生命に報告し、さらには、原告がJ生命の保険を解約するのに同行までしている。

　そうして、営業職員は、被保険者が告知書等で告知しなかった入院歴や病歴について、原告から聞いて知っていたところ、営業職員は、旧B生命の従業員として、本件保険契約締結の業務の補助者であったというべきであるから、上記営業職員の知情は、信義則上、旧B生命のそれと同視すべきである。そうすると、本件約款12条の関係で、旧B生命は、上記不告知にかかる事実を知っていたものと扱うべきである。

　また、営業職員の前記行為は不当なものであり、旧B生命は、他の保険会社の保険契約者に対する営業活動を推進するに際して、保険外務員が営業成績を上げるために上記のような不当な勧誘行為を行い、新規に保険に加入するに適しない者に保険契約を締結させ、あるいは保険契約を締結しようとする者に対して不当な不利益を与えたりすることのないよう、被保険者となるべき者について正確な情報を報告するよう保険外務員を指導、監督すべき注意義務があったのに、何ら具体的な選任監督上の注意義務を果たしたことを窺わせる証拠もない。したがって、旧B生命が保険契約締結の際に、被保険者ないし原告の告知義務違反を知らなかったとしても、上記選任監督上の注意義務違反の過失によって知らなかったものといえる。

　よって、旧B生命は、本件約款12条により、本件保険契約を解除することはできない。

争点③について
（1）原告は、予備的請求原因として、営業職員の言動が原告ないし被保険者に対する不法行為を構成するとして、旧B生命を承継した被告に使用者責任が成立することを主張する。
（2）不法行為による損害について
　前記2のとおり、本件保険契約の解除が認められず、これにより原告は、本件保険契約による保険金2億円の受領権を失ったとは言えない。そうすると原告は、営業職員の言動によりJ生命の生命保険が解約され、これにより2億円の保険金を受領し得る地位を喪失したとはいえ、その代わりに本件保険契約によ

り同額の保険金を受領し得る地位を得ているものであり、上記営業職員の言動により、上記Ｊ生命の保険金２億円相当の損害が生じたとは認められない（大阪地裁堺支部平成15年12月24日判決、平成12年（ワ）第1253号）。

（第二審） 争点②について

（1）・・・病歴に関する被保険者の虚偽告知は、営業職員の指示によるものであり、営業職員は、被控訴人から、被保険者がそううつ病にり患し、これにより入院したことや通院中であることを知らされていたことが認められる。

しかしながら、生命保険募集人である営業職員には、告知書記載事項の告知を受領する権限がないから、営業職員が被保険者の病歴を知らされていたとしても、控訴人である保険会社が、病歴に関する被保険者の虚偽告知の事実を知っていたとすることはできない。

次に、控訴人は、本件保険契約の締結に先立つ平成10年８月６日、被保険者に、告知書に基づいて病歴の有無を調査し、Ｅ医師に被保険者を検診させ、保険契約締結に際し通常行うべき調査を行っているのであるから、病歴に関する被保険者の虚偽告知を知らなかったことにつき、控訴人に過失があるとすることもできない。（なお、被控訴人は、控訴人の営業職員に対する選任、監督上の過失を主張するが、本件約款12条所定の控訴人の過失の有無は、控訴人が保険契約を締結するに際し通常行うべき調査を行ったか否かにより判断されるべきであるから、被控訴人の主張は失当である。）。

したがって、本件約款12条によって本件解除が許されない旨の再抗弁(2)は失当である。

（2）虚偽につき営業職員の指示によるものでも不告知があるとき

また、病歴に関する被保険者の虚偽告知が営業職員の指示によるものであったとしても、被保険者が、控訴人代理人として告知受領権限が与えられたＥ医師に対し、故意に、病歴に関する虚偽の事実を告げた事実は動かせないのであるから、本件解除が信義則に反するとまで断定するのは行き過ぎであ［る］。

3　以上のとおりであって、本件解除が許されない理由は見当たらないから、被控訴人は、本件保険契約に基づいて控訴人に保険金の支払を求めることはできず、主位的請求はその余の点について判断するまでもなく理由がない。

争点④について

（1）別保険の解約に至る経緯

被保険者は、自己を被保険者、被控訴人を保険金受取人として、Ｊ生命との間で、医院開業の平成元年７月１日に死亡保険金１億円の生命保険契約を、平成６年８月１日に死亡保険金２億円の生命保険契約を、それぞれ締結したが、後者の保険契約については、平成９年５月15日に死亡保険金を4000万円に減額する旨の契約を締結した。この生命保険には、入院給付特約はなかった。

Ｂ生命の生命保険募集人である営業職員は、昭和60年ころから、被保険者を被控訴人や被控訴人夫婦の子供とする保険の保険料の集金のため定期的に被保険者宅を訪れていた。被控訴人は、平成10年７月26日にも、集金のため被保険者宅を訪れた営業職員に対し、被保険者がそううつ病により入院しているが、別保険には入院給付特約が付いてないため、入院給付金が出ない旨の不満を述べた。すると、営業職員は、Ｊ生命は不親切で有名だ、Ｂ生命は親切だ、などと言って、入院給付特約付きのＢ生命の保険に切り替えるよう繰り返し勧めるようになった。被控訴人は、当初、被保険者のそううつ病り患や入院等の事実を秘して保険契約を締結することはできないのではないかと思い、その旨を営業職員に告げると、営業職員は、体にメスが入っていないのだから、ばれたら検査入院だったことにすればいい、私の名刺にあるクラウンマークは、Ｂ生命の中でも特別に優秀な社員にしか許されないマークです、私が言うことはＢ生命が言うことと同じです、などと述べ、保険の切替えを執拗に勧め、診査医の検診及び告知書には、被保険者の病歴や入通院歴は何もない旨の虚偽の返答や記載をするよう指示した。被控訴人は、クラウンマークの話を聞き、営業職員の指示どおりにすれば、何の問題もなく入院給付特約付きの保険契約が締結できるものと信じ、営業職員の勧めに応じてＢ生命の保険に切り替える気持ちになり、被保険者には、営業職員に指示されたとおり病歴に関する虚偽の告知をして本件保険契約を締結すること、それに伴い別保険は解約する旨を告げた。

控訴人は、平成10年８月21日、本件保険契約締結に関する社内の決裁手続を済ませた。

本件保険契約締結が可能となったため、別保険は解約されることになり、被控訴人と営業職員とは、平成10年8月25日、J生命の○○の事務所に赴き、被控訴人が別保険の解約手続をした。被保険者は、別保険の解約に伴い、合計374万1883円の解約返戻金を受領した。

(2) 控訴人の損害賠償責任について

前記認定のとおり、営業職員は、被控訴人を介して被保険者に対し、病歴に関する虚偽告知をすれば何の問題もなく本件保険契約を締結することができる旨を告げて別保険の解約を勧め、被保険者は、営業職員の勧誘に従い、本件保険契約を締結することを予定して別保険を解約するに至ったものである。

もし、営業職員の勧誘行為がなければ、被保険者が別保険を解約することはなく、被保険者死亡に伴ってその死亡保険金合計1億4000万円が被控訴人に支払われたはずであるから、被控訴人は、営業職員の勧誘行為により、別保険の死亡保険金の支払を受けることができなくなり、同保険金相当の損害を被ったものである。

被控訴人は、本件解除によって支払を受けることができなくなった本件保険契約の死亡保険金に相当する2億円が、営業職員の行為によって生じた損害であると主張するが、営業職員の行為がなければ、被保険者はE医師に病歴を告知していたはずであり、控訴人は本件保険契約を締結しなかったものと思われるから、上記2億円は、営業職員の行為がなかったならば被控訴人が取得し得た経済的利益（得べかりし利益）と認めることが困難であり、これが営業職員の行為によって生じた損害であるとする被控訴人の主張は採用できない。

営業職員の前記勧誘行為は、保険業法300条1項2号によって禁止された勧誘手段を伴いながら、別保険の解約を勧めたというものであり、いわゆる営業「セールストーク」として許容される余地がない違法なものであり、かつ、控訴人の保険契約を募集する過程で行われたものであるから、営業職員の使用者である控訴人は、民法715条に基づき、被控訴人に生じた前記損害を賠償すべき責任を負う。

(3) 最高裁判所昭和42年11月2日判決（民集21巻9号2273頁）（使用者の取引行為がその外形からみて使用者の事業の範囲内に属すると認められる場合であつても、それが被用者の職務権限内において適法に行われたものではなく、かつその相手方が右の事情を知り、または少なくとも重大な過失によつてこれを知らないものであるときは、その相手方である被害者は、民法715条により使用者に対してその取引行為に基づく損害の賠償を請求することができない。）について

最高裁判決（同趣旨の他の最高裁判決も同じ）が、使用者責任との関係で被用者の職務権限を問題とするのは、当該被用者に一定の取引を行う職務権限があるとの外観を信じて被害者が取引に及んだが、実際には当該被用者にその職務権限がなく、正規の取引が成立していないため相手方に損害が生じたという事例において、当該損害が果たして「其事業ノ執行ニ付キ」加えられた損害と評価できるかどうかを検討する場合である。

しかしながら、前記損害は、営業職員の職務権限に関する外観を信じて控訴人との取引（本件保険契約）に及んだことによって生じたわけではなく、営業職員が別保険の解約を勧めた行為によって生じたのであるから、本件は、職務権限に関する外観を信じたことの当否を問うことにより民法715条1項所定の業務執行性の有無、ひいては使用者責任の成否を決すべき事案ではなく、控訴人の最高裁判決の引用は正当ではない。

他社保険（別保険）を自社保険〈本件保険契約〉に切り替えるよう勧めた営業職員の行為は控訴人の営業活動そのものであり、その際他社保険の解約を勧めた行為も控訴人の「事業ノ執行ニ付キ」された勧誘行為であることに疑いの余地はない。その過程で前記のとおり違法な勧誘手段が用いられたとしても、そのことから直ちに当該勧誘行為の業務執行性を否定することは、民法715条所定の使用者責任の性質に照らして相当ではない。

もっとも、最高裁判例は、民法715条1項所定の業務執行性の有無を被用者の行為の外形に照らして判断すべきとしており、この外形理論は、本件のような営業職員の行為についても当てはまるから、例えば、営業職員が用いた勧誘手段の違法の程度が著しい場合には、営業職員の行為が、外形上、もはや控訴人の業務の執行につきされたと認めることが相当ではなく、使用者責任による救済を否定すべき場合があることは否定できない。しかしながら、前記認定の営業職員の勧誘手段は、業務執行性を否定すべきほど違法

の程度が著しいとまでいうことはできず、本件は、使用者責任の成立自体は否定されず、ただ、過失相殺の法理によって損害の公平な分担を図るべき事案であるというべきである。

(4) 損益相殺及び過失相殺について

被保険者は、別保険を解約したことにより、その解約返戻金374万1883円を取得したから、この金額は、損益相殺として、前記損害額(1億4000万円)から控除すべきである。

ところで、被保険者が別保険を解約したのは、病歴に関する虚偽告知を促して保険の切換えを勧めた営業職員の勧誘行為によるものであるとはいえ、被保険者は、医師であり、病歴に関する告知義務の重要性、営業職員の勧誘手段の違法性を認識すべきであって、入院給付特約付き保険契約を締結したいばかりに営業職員の勧誘に簡単に迎合したことはその落ち度というべきである。

そこで、本件においては、民法722条2項による過失相殺をすべきであり、被保険者が平成10年7月当時そううつ病のため健康なときに比し正常な判断をすることができにくい状況にあったこと等本件に現れた一切の事情を総合勘案し、前記損害(損益相殺後のもの)については、その3割を減額するのが相当である。(大阪高裁平成16年12月15日判決、平成16年(ネ)第225号、事例研レポ202号1頁、事例研レポ203号14頁)。

●**参考判例** (岐阜地裁多治見支部平成17年6月16日判決、平成16年(ワ)13号)(名古屋高裁平成17年11月8日判決、平成17年(ネ)666号)

事案　告知義務違反
争点　営業職員への口頭告知の有無、営業職員の告知受領権の有無、診査医の過失不知の有無
判旨

(第一審) 原告は、平成7年頃から、飲酒すると頭痛がするなど、血圧の上昇を窺わせる症状が出ていたが、その後次第に、寝不足、過労など、飲酒時以外にも頭痛が起きるようになり、本件新契約締結の約3年前の平成10年7月2日には、大後頭三叉神経症候群等を訴えてG病院を受診したところ、血圧が156/100もあったため、高血圧症と診断され、平成11年10月2日まで通院を継続した(通院実日数8日間)。

その後、原告は、一旦通院中断後、平成12年12月4日から平成13年7月23日まで再度G病院に通院した。この当初原告の血圧は、195/100あり、降圧剤を服用していたが、平成13年2月9日の血圧は178/117と効果が上がらないため、他の降圧剤も併用して治療を続け、同年7月23日には、降圧剤を服用すれば144/82と一応の改善をみた。

しかし、原告の高血圧症は、根本的に完治しておらず、同年8月11日からは、Hクリニックに通院して治療を受け、本件新契約締結後の平成14年9月13日にかけて通院を継続したほか(通院実日数7日間)、平成13年10月10日の定期健康診断でも、185／127と著明な高血圧を指摘されて、医療機関の受診を指示されていた。

一方、原告は、いわゆる傭車として、B運輸株式会社でトラック運転の業務に従事していたが、平成11年DがI製紙の傘下に入ると、収入が大幅に減少してしまった。そのため、原告は、相当額の負債を抱えるようになり、平成15年8月に受領した本件旧契約の保険金1000万円(実際には、原告があらかじめ被告から借り入れていた金額を控除した残額)によって、その相当部分を清算せざるをえない状況にあった。

本件旧契約の内容は、前示第2の1(2)のとおりであって、基礎的部分をなす死亡保険金額(終身保険の部分の金額)は2000万円であり、特約保険期間内における普通死亡時には、上記を含め総額3300万円の保険金が支払われることとなっていた。

これに対して、本件新契約の内容は、前示第2の1(3)のとおりであって、特約保険期間内の普通死亡時には、総額3300万円の保険金が支払われる約定だったが、その内訳は、本件旧契約と大きく異なっており、(a)死亡保険金額(終身保険の部分の金額)が200万円と大幅に減額されたのに対し、(b)脳梗塞を含むいわゆる三大疾病の罹患時など、死亡の場合以外に支給される給付が大幅に増額されているなど、あたかも将来の死亡よりも、差し迫った疾病の発症・悪化に対応するがごとき保険設計となっていた。

したがって、上記認定事実のほか、前示(4)(5)判示の事情を併せ考慮すれば、本件では、医師の診断や定期健康診断の結果などから、持病の高血圧症の悪化を知った原告が、これによる脳梗塞や脳出血その他

重大な疾患の発症に備えて、故意に本件既往症等を秘匿したまま本件新契約を締結した可能性を排除できないというべきであって、原告に有利な前示証拠は、いずれも採用できないというのが相当である。

以上のほか、原告は、(a)仮にCが告知受領権限を有していなかったとしても、自分は、同人に本件既往症等を告げており、かつその勧めに従って本件新契約を締結したのであるから、被告が保険金の支払を拒絶するのは、禁反言の法理に照らし許されない、(b)F医師も、本件血圧測定によって原告が高血圧症なのを知っていたから、被告が本件既往症等を知らなかった点には過失があり、本件約款29条に照らし、被告の解除は認められないなどと主張しているが、前示判示の事情によれば、Cに対する本件既往症等の告知の事実を認めることはできず、また本件血圧測定の結果も格別異常なものではなかったと認められ、原告の上記主張も、いずれも採用できない（岐阜地裁多治見支部平成17年6月16日判決、平成16年(ワ)13号）。

(第二審) 第一審の判旨と同旨（名古屋高裁平成17年11月8日判決、平成17年(ネ)666号）。

●**参考判例** （佐賀地裁平成17年7月19日判決、平成16年(ワ)90号）（福岡高裁平成18年9月27日判決、平成17年(ネ)827号）

事　案　告知義務違反

争　点　保険会社が軽症高血圧にあたる血圧数値を把握していた場合において、告知書記載事項以上の質問を行う義務はあるか

判　旨

(第一審) なお、原告は、被告が平成13年11月22日の診査時点で亡Aが軽症高血圧の部類に入る血圧数値（収縮期血圧140mmHg，拡張期血圧82mmHg）であることを把握していたのであるから、過去の治療歴等を注意深く問うなどして亡Aの通院歴を知り得たとして、商法678条1項但書の保険者の過失がある旨主張するが、上記血圧数値は、WHO／ISHの診断基準（1999年）及び日本高血圧学会の高血圧治療ガイドライン（2000年）によれば軽症高血圧の最低ラインに位置する数値であって、かかる数値を把握しただけで、被告に亡Aの過去の治療歴等について告知書（〔証拠略〕）記載事項以上の質問をすべき注意義務があるとすることはできない。原告の上記主張は採用できない（佐賀地裁平成17年7月19日判決、平成16年(ワ)90号）。

(第二審) 控訴人は、本件生命保険契約の告知・診査時に行った診査において収縮期血圧140mmHgという「軽症高血圧」に該当する測定値が出たり、肥満や頻脈などが判明したのであるから、診査医としては、亡Aに対し、過去の通院歴を問い質したり再検査を行うべき注意義務があったのにこれを怠ったので、被控訴人が亡Aの通院歴等の事実を知らなかったことについて過失がある旨主張する。

ところで、被保険者に告知義務違反があった場合でも、保険者がその対象となる重要事実を過失により知らなかった場合には、保険者は解除権を行使できないものとされているが（商法678条1項但書，約款27条1号）、そもそも、保険約款において被保険者に告知義務を定めて、正しい病歴、受診歴及び入院歴等を告げることを義務づけているから、被保険者の告知内容は、被保険者の真実の病歴、受診歴及び入院歴等が告知されていることが当然の前提である。したがって、診査医は、原則として、告知が正しいことを前提に診査すれば足り、例外的に、診査結果が告知と矛盾して告知内容が虚偽であることが容易に判断できる場合や、告知内容とは無関係に容易に診断できるような疾病等があったにもかかわらず、これに気づかなかったような場合に、保険者が重要事項を知らなかったことにつき過失があるというべきであり、例えば、被保険者の高血圧に関する治療歴について告知がない場合においても、診査の時点で、血圧値が体調の変動や精神状態の変動を考慮しても説明がつかないような測定値を示していたのに、診査医が被保険者に治療歴等を問い質すことなく、これに気づかないような場合には、診査医（保険者）に過失があるということができると解される。

上記認定事実によれば、診査医は、亡Aから告知書によって本件事実（高血圧や高脂血により約3か月間投薬治療を含む治療を行い、その間医師の管理下にあったこと）を告げられなかったところ、亡Aの診査時の血圧は、収縮期血圧がWHO／ISH及び日本高血圧学会の基準における「140mmHg以上」という「軽症高血圧」の最低値に該当したが、拡張期血圧は正常血圧であった。しかしながら、軽症高血圧としての程度は、その最低の数値（正常血圧を僅かに超える程の軽度のもの）であって、この程度の血圧値は、同

人の年齢からすればさして異常ではなく、また、血圧値が体調や精神状態などにより大きく変動することを考慮すれば、その変動の範囲内と見ても何ら不自然ではなく、これをもって高血圧症と判断するような数値とは解し難く、過去の高血圧症に関する治療歴についての告知が全くない亡Aに対し、診査時点における上記血圧測定値の結果から、診査医が亡Aの高血圧症を疑い、その受診歴を疑って同人に対し、これを問い質すべき注意義務があったと解することはできない。また、肥満は、一般に高血圧症のファクターの一つと考えられているところ、亡Aの肥満度は、BMI値約26.7であり、肥満（BMI値26.5以上）の範疇にあったことは前認定のとおりである。しかしながら、肥満の程度は、ＢＭＩ値の基準における肥満のほぼ最低の値であるに過ぎないのであるから、これまで高血圧症に関する受診歴・治療歴がない場合においては、診査医が、これをもって高血圧症との関連につき疑いを持たねばならないほどの肥満とは解されない。さらに、控訴人は、亡Aが頻脈であって、ストレス状態にあることを示している旨主張するが、同人の脈拍は、1分間に84回であるから、一般的な頻脈の判断基準値（1分間に100回以上の規則的な調律が3拍以上連続して発現すること・〔証拠略〕）に照らして頻脈ということはできず、理由がない。

　以上によれば、診査医は、診査の時点において、亡Aから本件事実（高血圧症等による受診歴と約3か月間の治療歴）について告知されていなかったのであるから、原則としてこれを前提として診査すれば足りるところ、診査の際に収縮期血圧が軽症高血圧の範囲であったが、その程度は軽度であって同人が肥満であることを考慮しても、体調や精神状態などによる変動の範囲内と見ても何ら不自然ではなかったから、その診査結果が告知内容と矛盾して告知内容が虚偽であることが容易に判断できる場合には当たらないというべきであり、もとより告知内容とは無関係に容易に診断できるような疾病等に気づかなかった場合にも該当しないというべきであるから、診査医が、その診査結果に従って、受診歴等について更に詳細に問い質さなかったことにつき、過失があるとは認め難く、診査医に過失がある旨の控訴人の上記主張は、採用することができない（福岡高裁平成18年9月27日判決、平成17年(ネ)827号）。

●**参考判例**（東京地裁平成17年12月9日判決、平成16年(ワ)1990号）
　事　案　告知義務違反
　争　点　商法678条1項但書の保険会社の「過失」とは
　判　旨
　原告は、被告には、告知義務の対象となる重要事実を知らなかったことにつき過失がある旨主張するところ、商法678条1項ただし書の「過失」とは、保険契約者が告知義務違反をしたにもかかわらず、取引上における衡平の観点からみて保険者を保護することが相当でないと考えられるような保険者の不注意を指すと解される。

　これを本件についてみるに、原告主張の事情のうちア（Aへの告知書のコピーの不送付）については、被告は、告知書の回答が全て「いいえ」だった場合には「告知内容ご確認のお願い」と題する書面（乙14）を契約者に送付する取扱いをしているものであり（弁論の全趣旨）、本件において、これが送付されなかったと認めるに足りる証拠はない。イ（本件告知書の回答はＢが記載）については、前記1認定のとおり、Aが告知書の「いいえ」に丸を記載したものであるし、ウ（本件告知書の住所及び氏名欄をＢが記載）については、そのような事実があったとしても、これをもって被告の過失ということはできない。エ（告知義務違反があった場合の効果の不告知）についても、前記前提事実(2)のとおり、告知書において告知義務違反があった場合の危険性については明示されている。そして、その他被告の過失となりうる事情は本件全証拠によっても認められない（東京地裁平成17年12月9日判決、平成16年(ワ)1990号）。

●**参考判例**（広島地裁平成18年7月28日判決、平成17年(ワ)841号）
　事　案　告知義務違反
　争　点　保険会社に診断書提出を求める義務又は告知内容を確認する義務の違反による過失が認められるか
　判　旨
　補助参加人が、本件団信保険締結当時、被告からのローン借入金額が5000万円以下の場合、補助参加人

III-4 解除権の阻却事由

による健康診断の受診、又は診断書の提出を必要としない旨を定めていた。

原告らは、保険会社においては、被保険者が告知の際に認識の相違や誤解、過ち等を犯すことのありうることを前提として、取引上必要な注意が要求されるから、被保険者において診断書の提出が容易な場合は、ローン借入金額の多寡にかかわらず常に、補助参加人が診断書の提出を求める義務を負うという趣旨の主張をする。しかし、本件質問の文言を踏まえた本件約款23条2項の「事実」の解釈に不明瞭、不明確な部分があるとはいえないことは、前判示のとおりである。本件質問以外の本件告知書の内容にも不明瞭、不明確な部分がないことを認めることができる。そして、本件告知書に添付された説明文書の内容は争いのない事実等(4)のとおりであるから、通常の理解能力を有する者が本件告知書を見て記入をする場合、本件告知書による告知の趣旨ないし重要性を理解することが可能ということができる。

以上から、本件団信保険においては、通常の理解能力を有する被保険者であれば、本件告知書への記入によって正確な告知をすることは容易であり、また告知の正確性を期する必要性について理解可能ということができる。これらのことを踏まえれば、補助参加人が、被保険者の本件告知書による告知内容を信頼することとして、診断書の提出等が必要な場合をローン借入金額が一定金額以上の場合に限定する旨の定めをすることは、本件団信保険における各当事者の負担を軽減するために許されるというべきである。原告らの上記主張は採用できない。

また、原告らは、保険会社が被保険者に対して面接ないし電話によって告知内容について確認する義務がある旨を主張するものの、同様の理由で採用できない（広島地裁平成18年7月28日判決、平成17年（ワ）841号）。

●**参考判例**（鹿児島地裁川内支部平成18年8月24日判決平成17年（ワ）35号）

事　案　告知義務違反

争　点　10年前に急性B型肝炎に罹患していたことを告知していた場合の保険会社の過失不知の有無

判　旨

商法678条1項但書は、「保険者カ其事実ヲ知リ又ハ過失ニ因リテ之ヲ知ラサリシトキハ此限ニ在ラス」と定めているところ、本件約款17条の規定は上記商法の条文を約款に明記したものと認められる。

原告は、急性であるか慢性であるかはともかく、B型肝炎罹患については告知されているのであるから、実質的に被告にとって危険選択の資料としての重要事項は告知されているものと考えられると主張しており、これは、上記商法678条1項但書により告知義務違反を理由とする本件契約の解除は許されないとする趣旨であると解される。

しかしながら、被告としては、Aの上記告知義務違反の結果として、Aが約10年も前に急性B型肝炎に罹患したが、過去5年間は投薬等も受けていないとの事実しか認識しえなかったのであり、急性B型肝炎が治癒した場合、終生免疫を獲得し再びB型肝炎ウイルス（HBV）に感染することはないことから、被告としては、告知時におけるAの疾患の存在を疑うことができたとは考えられず、被告にとって危険選択の資料としての重要事項が告知されたものということはできない。

したがって、被告が告知義務違反にかかる事実を知っていたとか、これを知らなかったことにつき過失があるということはできず、この点に関する原告の主張は採用することはできない（鹿児島地裁川内支部平成18年8月24日判決平成17年（ワ）35号）。

●**参考判例**（仙台地裁平成18年9月7日判決、平成16年（ワ）153号）（仙台高裁平成19年5月30日判決、平成18年（ネ）第464号、平成19年（ネ）第71号、金法1877号48頁）

事　案　告知義務違反

争　点　団体信用生命保険の加入時において信用金庫の担当者に口頭で告知がなされた場合に保険会社の過失不知となるか

判　旨

被告職員のBは、平成12年2月25日、Aから、薬を服用している事実について告知を受けていたこと、それにもかかわらず、その薬服用の事実を本件告知書の記載に反映する措置を何らとらなかったことが認

められる。

　本件約款第23条2項ただし書きの「告知の際に被保険者が告知義務を負う事実を過失のため知らなかった場合」とは、保険者が自己の不利益を防止するため、取引上必要な注意を欠いたことを言うと解すべきところ、本件保険契約に加入させるかどうかを判断する前提として、加入申込者から必要な情報（要告知事項に関する情報）を収集することは本来保険者（本件においてはZ'生命）の危険と責任においてなされるべきことであり、本件保険契約においては、その情報の収集は、本件約款に基づいてE（現在はE'）とZ'生命との間で締結された団体信用生命保険契約協定書により、E（実際には、Eとの間で加盟契約を締結した信用金庫）に委ねられているから、その信用金庫の職員（本件においては被告職員のB）は、本件告知書に記載された要告知事項に関する情報の収集に関しては、Z'生命の履行補助者の立場にあったと解するのが相当である。

　そうすると、要告知事項に関する情報の収集に関してZ'生命の履行補助者の地位にあったBの過失は、信義則上Z'生命の過失と同視できると言うべきところ、Bには、Aから、薬を服用している事実について告知を受けていた上、その薬服用の事実を本件告知書の記載に反映する措置を何らとらなかった過失があると言うべきであるから、その過失はZ'生命自身の過失と同視され、Z'生命には、本件約款第23条2項ただし書きが規定する「告知の際に被保険者が告知義務を負う事実を過失のため知らなかった場合」に該当する事情が認められると解するのが相当である。

　したがって、Z'生命が本件告知書に不実告知があることを理由として本件保険契約のAについての部分を解除することは、本件約款第23条2項ただし書きによって許されず、本件解除は無効と言うほかない（仙台地裁平成18年9月7日判決、平成16年(ワ)153号）。

(第二審)　控訴人の職員であるBがZ'生命の代理人の立場になかったこと及びZ'生命において告知義務に関する説明義務違反が認められない・・・。

　(3) 本件保険契約におけるBの履行補助者性と告知義務違反の成否等

　ア　被控訴人らは、協定書5条1項を根拠に、控訴人の職員であるBはZ'生命の履行補助者であるとし、かかるBに口頭で服薬の事実を告げている以上、告知義務違反はないとし、また、Z'生命は被保険者が告知義務を負う事実を知っていたか又は過失のため知らなかった場合（本件約款23条2項ただし書）に該当し、本件保険契約を解除することはできない旨主張する。

　Z'生命が、服薬の事実を知っていたか又は知らなかったことについて過失があったとの主張については、原判決に説示されているとおり、告知受領権のないBに服薬の事実を告知したとしても、Z'生命に告知したことにはならないし、Z'生命がAの服薬の事実を知らなかったことにつき過失があると評価することもできない。

　イ　そもそも、生命保険契約における告知は、保険者又は保険者から告知受領権を与えられた者に対して行わなければ告知したことにならないのであって、生命保険会社に所属して生命保険契約の勧誘に従事する外務員に対する告知ですら、保険者に対する告知としての効力は生じないと解されている。これは、保険契約における重要事項の告知は、保険契約締結の諾否を決定するための重要な要素であって、契約締結の決定権限を有する者に対してしなければならず、契約締結決定権限を有しない外務員等の保険勧誘者をも告知受領者になるものと広く容認した場合には、その者が保険契約者から口頭で告知を受けたとしても、保険契約の締結の妨げとなる口頭告知の内容については、自己の営業活動等の関係から決定権限を有する者に確実に伝達されることが一般的に期待し難く、健全な生命保険制度が維持できないおそれが生じることにあり、また、告知者としても、決定権限を有する者に伝達されることを期待しているとはいい難く、したがって、保険契約で定めた以外の方法による告知が信義則上有効であると扱われるためには、告知受領権者でない者に対する告知であっても告知受領権者と同視できる者に対する告知であって、告知の内容が契約締結決定権限を有する者に正確かつ確実に伝達されることが期待でき、告知者としても伝達されることを信頼していた事情が存在する場合に限定されるものと解するのが相当である。

　控訴人の職員であるBがAから告知書を得る手続は、協定書5条1項で定められている控訴人（E）の業務の一環としてなされているものではあるが、それがZ'生命の履行補助者としての性質をも有するものと仮定しても、かかる立場はあくまでも住宅ローンの貸付けに付随する事務にすぎない上、上記利害関係か

Ⅲ-4 解除権の阻却事由

らすると、控訴人に不利益となる事項、すなわち、Z'生命が本件保険契約締結を拒否する可能性のある事項をZ'生命に伝達して、生命保険契約の締結が拒否された場合、控訴人とAとの住宅ローン貸付契約も不成立となる虞があることから、Aから口頭告知を受けた事項をZ'生命に伝達することは期待できないとみることができるのであって（それが故に、団体信用生命保険における告知は、Z'生命が定めた所定の書面への記載によってなされるべきものと定められている〔本件約款23条1項〕。）、また、Aは告知書に記入する際、自己の服薬の事実が告知事項に該当することを理解していたにもかかわらず記載せず、記載することが容易であったのに本件告知書にあえて記載しなかったのは、本件保険契約の締結、ひいては、借換えのための住宅ローン契約の障害になるものと考えていたものと推認できる上、Aの服薬の事実については、BからZ'生命に実際に伝達されていなかったことも明らかであって、Aが、告知書の記載に代え、Bを介してZ'生命に直接報告されることを特に期待していたことをうかがわせる事情もないことからすると、BをZ'生命の履行補助者と位置付けたとしても、同人に対する口頭告知をもって、Z'生命に対して告知がなされたと信義則上みることはできないというべきである（仙台高裁平成19年5月30日判決、平成18年（ネ）第464号、平成19年（ネ）第71号、金法1877号48頁）。

●**参考判例**（東京地裁平成9年1月22日判決、平7年（ワ）4079号、判タ966号252頁）
　事　案　告知義務違反
　争　点　①原告に告知義務違反の事実があったか
　　　　　　②保険契約の解除は有効か
　[判　旨]
　　前記争いのない事実等及び右認定事実（本件保険契約締結の経緯、Aの健康状態について、原告の認識及び告知）を総合すれば、原告は、本件告知書作成の時点で、Aが、平成4年7月7日から5年以内に胃かいよう等の病気で診療・検査・治療・投薬を受けていた事実について認識していたとまでは認定することができないとしても、少なくともAが本態性高血圧症のため同日から3か月以内に丙川医院において診察・検査・治療・投薬を受けたこと、また、同日から2年以内に健康診断を受けて、血圧測定により異常を指摘されたことについては、認識していたものと推認できる。そうであれば、原告は、本件告知の際、故意に右事実を告げなかったことになる。仮にそうでなかったとしても、原告は、Aに代わって本件保険契約締結の手続をし、本件告知書に記入したのであるから、当然真実を記入する義務があり、しかも、告知事項中不明確な点は容易にAに確認できたのであるから、それを怠って告知書に虚偽の記入をした点において、少なくとも重大な過失により事実を告げなかったことになる。とすれば、Aが、平成4年7月7日から3か月以内に、本態性高血圧のため1か月に1、2回丙川医院に通院し、診療・投薬等を受けていたこと、また、同日から2年以内に健康診断を受けて、血圧測定により異常を指摘されたことについては告知の対象になっていたというべきところ、原告は、右事実を知っていたのにもかかわらずこれを告知しなかった、仮にそうでないとしても、少なくとも前記のとおり、重過失によって右事実を告知しなかったのであるから、原告は、本件約款20条の告知義務違反したものといわざるを得ない。
　2　本件約款第22条は、会社が保険契約締結の際、解除の原因となる事実を過失のため知らなかったときは、告知義務違反を理由とする保険契約の解除はできない旨規定し、右規定は、商法678条1項ただし書と同旨と解されるところ、右ただし書にいう「過失ニ因リテ之ヲ知ラザリシトキ」とは、保険者が相当の注意を用いたならば、被保険者の生命の危険予測について重要な事実を知ることができたのに、注意を怠ったため知らなかった場合をいい、そして、右過失は、契約者が告知義務違反をしたにもかかわらず、衡平の観点からみて、保険者を保護するのが相当でないと考えられるような保険者の不注意を指すと解される。
　　告知義務の対象となる事実が、主に被保険者自身の健康状態に関する事実であることを考慮すると、少なくとも被保険者自身から告知を受けるのが原則であり、原告がAに代わって告知書に記入したとしても、事後にAに確認するなどすべきであって、たとえ大量の保険契約については手続の簡素化が必要であるとしてもこれにより右義務が軽減されるものではない。
　　以上の点を総合すれば、乙山は、少なくとも被保険者であるAに告知事項を確認すべき義務があったの

であり、しかも容易に確認できたにももかかわらずこれを怠り、軽率にもAの健康状態は夫の原告が知っているものと安易に決め付け、原告に保険告知書に記入させて本件保険契約を締結したものであり、過失があったものといわざるを得ない。

そうであれば、前記のとおり、原告に告知義務違反があったとしても、被告は、過失により解除の原因となる事実を知らなかったことになるから、本件約款22条に照らし、本件保険契約を解除することが出来ないこととなり、よって、被告のした本件保険契約の解除は無効であるといわなければならない（東京地裁平成9年1月22日判決、平7年（ワ）4079号、判タ966号252頁）。

●**参考判例**（大阪地裁平成9年1月22日判決、平成7年（ワ）3936号、文研レポ130号）
　事　案　告知義務違反による契約解除
　争　点　担当職員に対する告知の効力
　判　旨
　　Xは、被告Y担当外務員Bに対し、以前、心筋梗塞により、入院したことがあり、当時も陳旧性心筋梗塞の投薬治療、検査を継続中であることを告知していたこと及びAは、Bから、右事実が告知義務の対象にならないと説明を受けて、Cに対して右事実を告知しなかった旨主張するが、そもそも、被告の外務員にすぎないBは、被告を代理して右告知を受領する権限を有していたとは認められないし、また、AがBに対し告知義務の対象となる事実があることを述べたことを認めるに足る証拠もない。また、Bが、Aに対し、前記の告知義務に反するような措置を採ることを要求・示唆したなどの事情を認めるに足る証拠はなく、その他被告の解除が信義則に反することを窺わせる事実を認むべき証拠はない。してみると、本件契約は被告の前記の解除によって終了したというべきである（大阪地裁平成9年1月22日判決、平成7年（ワ）3936号、文研レポ130号）。

●**参考判例**（東京地裁平成10年10月23日判決、平成9年（ワ）16342号）
　事　案　告知義務違反と営業職員の不告知教唆
　争　点　担当営業職員が虚偽の告知を指示、告知義務違反による解除権を行使できるか
　判　旨
　　担当職員から再度の勧誘を受けた際、Aが自己の高血圧症を強く意識していたことは明らかであり、また、Aは、より有利な保険に入るために、それまで加入していたB生命の保険を解約して本件各保険契約を締結したわけではなく、友人付き合いを重視して仕方なく担当職員の勧誘に応じたものと認められるところ、このようなAの認識および加入に至る経緯に加え、Aと担当職員は同期生で上下の関係がなく、一旦は担当職員が転職間もないことなどを理由に勧誘を断るなど、Aと担当職員は何でも遠慮なくいえる間柄であったことに照らし合わせれば、Aが担当職員に対し、保険加入にあたって、将来の保険金の給付の有無を左右しかねない重要な事実で、当時強く意識していた自己の高血圧症の事実を告げなかったとは到底考えられず、担当職員は、本件保険契約締結前、Aから告げられて、同人が高血圧症であることを知っていたものと認めるのが相当である。

　また、Aが自分一人の考えで虚偽の申告するとは考え難いなどに照らせば、Aは担当職員の指示に基づいて虚偽の申告をしたものと認められる。

　右のとおり、Aは担当職員に対し、自己の高血圧症を告げていたと認められるが…本件各保険契約における健康状態の告知は、医師に対して行うべきものとされていることが認められることから、Aが担当職員に告げたことをもって、被告（保険会社）に対する適法な告知があったとみる事はできない。

　しかし、Aは、被告の従業員である担当者の積極的な働きかけにより虚偽の申告をしたもので、Aにも非難されるべき点はあるものの、右申告がなされるについては、担当職員の果たした役割のほうが格段に大きいものと認められるから、このような事情のもとでは、被告がAの告知義務違反を理由に本件保険契約を解除することは信義則上許されないというべきである（東京地裁平成10年10月23日判決、平成9年（ワ）16342号）。

III-4 解除権の阻却事由

●参考判例（岡山地裁平成10年11月30日判決、平成10年（ワ）573号、平成10年（ワ）652号）
　事　案　入院中の保険契約加入
　争　点　保険外務員の告知受領権の有無
　|判旨|

　保険外務員（営業職員）は、①保険加入の勧誘及び申込の取次をし、②保険者に代わって保険料を受領する権限を有するのみであり、保険契約の締結の諾否の決定は勿論のこと、告知の受領の権限もない。生命保険の危険選択には医学的診査などを必要とすることから、医学的素養のない保険外務員（営業職員）には告知受領権を基礎付けることは出来ないからである。

　その結果、たとえ保険契約者ないし被保険者が保険外務員に正直に告知しても、告知書に記載しない以上、告知義務違反を問われることになる（岡山地裁平成10年11月30日判決、平成10年（ワ）573号、平成10年（ワ）652号）。

●参考判例（奈良地裁平成11年2月2日判決、平成9年（ワ）285号）
　事　案　告知義務違反による解除
　争　点　営業職員である営業課長に告知をしたとき、その効力はあるか
　|判旨|

　(1) 営業職員などの告知受領権の有無等について
　告知事項は、保険契約締結における危険測定に関する極めて重要な事項であり、生命保険契約における危険測定の技術性、専門性から、少なくとも有診査契約における告知は、診査医等保険契約締結の諾否について決定権限を有し、特に告知受領代理権を与えられた者に対して行われなければならず、営業課長を含む営業職員には、告知受領権は与えられていないというべきである。したがって、本件電話申入れの際、Bが、Cに対し、Aの検査の事実を伝えたことをもって、告知義務の履行と解することはできない。

　原告は、商法43条により営業課長たるCには告知受領権がある旨主張するが、生命保険会社における営業課長には、契約申込みの勧誘、契約締結の媒介に関する包括的代理権が付与されているのみであり、契約締結代理権は付与されていないというべきである。

　(2) 営業職員などの行為に基づく被告の過失の有無について本件においては、前記のとおり、本件電話申入れの際CがBから聞いたと認めれらる内容は、Aが検査を受けた等具体性に欠けるもので、営業職員においてそれだけで契約締結における重要性を判断できるものではなく、さらに、当日には診査医による本件診査が予定されており、Aの健康状態の把握については専門家たるDに委ねたとしても相当と認められ、CがD等に対し、検査の事実を告げなかったことをもって、商法678条1項ただし書にいう保険者の過失と評価することはできない（奈良地裁平成11年2月2日判決、平成9年（ワ）285号）。

●参考判例（東京地裁平成11年3月2日判決、平成9年（ワ）11293号）
　事　案　告知義務違反
　争　点　営業職員に対する告知は有効か
　|判旨|

　被保険者亡Aは、平成8年12月31日、高血圧症によるものと考えられるくも膜下出血により死亡した。

　原告法定代理人は、Aから、Aが訴外担当者から保険勧誘を受けた際に、訴外担当者に対して血圧が高いから保険に加入できない旨話したと供述するが、その日場所などは極めてあいまいである上、訴外担当者がこれを否定している旨の証言をしていること…右供述についてはこれを直ちに採用することはできない。

　さらに、訴外担当者は被告（保険会社）の営業社員に過ぎず、契約締結権限を被告から付与されているものではないから、告知受領権を有しなかったといわざるを得ない。

　したがって、Aが、被告との間の本件保険契約を締結するに際し、告知義務に違反したものであることは明らかである（東京地裁平成11年3月2日判決、平成9年（ワ）11293号）。

●**参考判例**（盛岡地裁花巻支部平成11年6月4日判決、平成10年（ワ）23号）（仙台高裁平成12年2月15日判決、平成11年（ネ）286号）

事　案　告知義務違反による解除

争　点　①外務員が告知義務違反の事実を知っていたことをもって直ちに保険者の過失不知となるか
　　　　　②外務員の過失が商法678条1項にいう保険者の知または過失に当たるか否か

判　旨

（第一審）　原告は、訴外Aが本件契約の申込みをした際、アルコール性肝炎で通院中である旨を担当職員に告知したと主張するが、約款上、告知すべき事項については、書面により告知することを要するとされているのであるから、保険契約復活申込書において事実を告げなかった以上、告知義務違反となるといわざるを得ない。また、生命保険募集人である外務員の職務権限は、生命保険契約の締結の媒介と第一回保険料の受領に限定されており、生命保険契約締結の代理権はないこと、保険契約復活申込書にも、注意事項として、生命保険募集人には、保険契約締結の代理権はない旨が記載されていることが認められるから、担当職員には、被告Y（保険会社）の代理権はなく、本件復活に際しAが被告に告知すべき事実の告知受領の権限もないということができる、Aにおいて、担当職員に告知受領権があると信じるにつき正当な理由があるとも言えないから、表見代理の適用の余地もない。

被告は、担当職員においてAがアルコール性肝炎で通院中であることや慢性肝炎・肝硬変で通院治療を受けていたことを知っていたとしても、外務員は告知受領権はないから、保険者である被告が右事実を知り、または過失によって知らなかったということになるわけではないと主張し、同旨の解釈を採用する裁判例も見受けられない。

確かに、外務員には告知受領権がないのにもかかわらず、外務員が告知義務違反の事実を知っていたことを以って直ちに保険者の不知についての過失があると解すれば、結果的に外務員に告知受領権を認めたに等しいから、この様な解釈は妥当ではない。しかし、他方、生命保険契約締結の媒介をおこない、契約者と直接接するのは外務員であって、書面による告知を受領する権限のある者が、外務員を通じることなくして、解除の原因となる事実を知り得るといった事態は殆ど想定し難い上、外務員は保険者に対し、契約締結の媒介をした際に知った保険契約者の告知義務違反に関する事実を報告すべき義務を負い、保険者はその報告を求める立場にあるのであるから、外務員に告知受領権がないことをもって、外務員の告知義務違反の事実についての善意・悪意、過失の有無等が保険者の過失の有無の判断に全く影響しないと解することもできない。

商法678条1項但し書にいう「過失ニヨリテコレヲ知ラサリシトキ」とは、保険者が、自己が被ることであろう不利益を防止するために取引上相当の注意を用いたならば、被保険者の生命の危険測定について重要な事実を知ることができたのに、注意を怠ったためにこれを知らなかった場合をいうものであるが、契約者が告知義務違反をしたのに関わらず、衡平の観点からみて、保険者を保護するのが相当でないと考えられるような程度の保険者の不注意を指すものと解される。

そこで、外務員が告知義務違反の事実を知っていたことの外どのような事実があれば、衡平の観点からみて、保険者を保護するのが相当でないと考えるかについて検討すべきことになり、これについて明確な判断基準を設定することは困難であるが、契約者が告知義務違反をした事情や右違反の態様・程度、外務員の告知義務違反の事実についての認識と保険者のそれとの間に齟齬が生じた事情等を総合考慮し、例えば、一方において、契約者の告知義務違反が悪質なものではなく、他方において、外務員が生命保険契約の締結が保険者の不利益に明らかに反するものであることを認識しながら外務員個人の利益を図るためあえて保険契約締結の媒介を行うなど、外務員にその使用者である保険者に対する重大な契約上の義務違反行為があり、その使用者でもある保険者にもその監督についての相当な注意を怠った責任があるような場合は、衡平の観点からみて、これを保険者の過失と解するのが相当であると考えられる。

担当職員としては、訴外亡・Aの病状が生命の危険があるような深刻なものとは認識しなかったため、本件契約の復活によって保険者である被告に特に大きな不利益が生じることはないものと思い、本件契約の復活によるAの側の利益に配慮して、前記のような指示ないし示唆をしたものと推認するのが自然である。

Ⅲ-4　解除権の阻却事由

　　右推認事実からすると、衡平の観点からみて、Aの告知義務違反の事実を担当職員が知っていたことから、直ちに、保険者である被告を保護するのが相当でないとまでは言うことはできない。よって、告知義務違反の事実を被告が過失により知らなかったということはできない（盛岡地裁花巻支部平成11年6月4日判決、平成10年（ワ）23号）。

（第二審） 外務員には告知受領権がないにもかかわらず、外務員が告知義務違反の事実を知っていたことをもって直ちに保険者の不知についての過失があるとすれば、結果的に外務員に告知受領権を認めたに等しいから、このような解釈は妥当ではない。

　生命保険契約締結の媒介を行い、契約者と直接接するのは外務員であって、書面による告知を受領する権限のある者が、外務員を通じることなくして、解除の原因となる事実を知り得るといった事態はほとんど想定し難い上、外務員は保険者に対し、契約締結の媒介をした際に知った保険契約者の告知義務違反に関する事実を報告すべき義務を負い、保険者はその報告を求めるべき立場にあるのであるから、外務員に告知受領権がないことをもって、外務員の告知義務違反の事実についての善意・悪意、過失の有無等が保険者の過失の有無の判断に全く影響しないと解することも相当ではない。

　商法678条1項但書（およびそれと同旨と解される約款の規定）にいう「過失ニ因リテ之ヲ知ラサリシトキ」について、「保険者が、自己が被ることがあるであろう不利益を防止するために取引上相当の注意を用いたならば、被保険者の生命の危険予測について重要な事実を知ることができたのに、注意を怠ったためにこれを知らなかった場合をいうものであるが、契約者には告知義務違反があるのであるから、右にいう過失は、契約者が告知義務違反をしたにもかかわらず、衡平の観点からみて、保険者を保護するのが相当でないと考えられるような程度の保険者の不注意を指す」ものと解される。

　契約者が告知義務違反をした事情や右違反の態様・程度、外務員の告知義務違反の事実についての認識と保険者のそれとの間に齟齬が生じた事情等を総合考慮し、例えば、一方において、契約者の告知義務違反が悪質なものではなく、他方において、外務員が生命保険契約の締結が保険者の利益に明らかに反するものであることを認識しながら外務員個人の利益を図るためにあえて保険契約締結の媒介を行うなど、外務員にその使用者である保険者に対する重大な契約上の義務違反の行為があり、その使用者である保険者にもその監督についての相当な注意を怠った責任があるような場合は、衡平の観点からみて、これを保険者の過失とするのが相当である。

　Bとしては、Aの病状が生命の危険があるような深刻なものであるとは認識しなかったため、本件契約の復活によって保険者であるY会社に特に大きな不利益が生じることはないものと思い、本件契約の復活によるAの側の利益に配慮して、（認定事実のような）指示ないし示唆をしたものと推認するのが自然である。

　衡平の観点からみて、Aの告知義務違反の事実をBが知っていたことから、直ちに、保険者であるY会社を保護するのが相当でないとまではいうことはできない。

　よって、告知義務違反の事実を被告が過失により知らなかったということはできない（仙台高裁平成12年2月15日判決、平成11年（ネ）286号）。

●**参考判例**（神戸地裁伊丹支部平成11年7月22日判決、平成10年（ワ）172号）
　事　案　健康診断結果指摘事項の告知義務違反
　争　点　①人間ドックにおける検査結果は、重要事項に当たるか
　　　　　②営業職員に検査結果表を預けた行為および病院での指摘事項を告げた行為で、告知義務を尽くしたといえるか
　判　旨
　　被告は、確かに前記事実（平成8年2月8日、K労災病院健康センターにおいて、人間ドックコースによる健康診断を受け、消化器系、血液系及び血清検査に異常を指摘され、消化器系の異常については3ヶ月以内に精密検査を受けるよう指示された）を担当職員に告げ、その内容が原告の担当者に伝えられたことが認められる。しかし、営業職員には原告を代理する権限がないから、営業職員に対して上記事実を告げ、その内容が原告の担当者に事実上伝えられても、告知義務を尽くしたことにはならないし、被告が告

げた事実は、a．平成7年2月16日、K労災病院健康センターにおいて、人間ドックコースによる健康診断を受け、消化器系、呼吸器系及び血清検査に異常を指摘され、呼吸器系の異常については3ヶ月以内に精密検査を受けるよう指示された。b．同年3月1日、同病院において、十二指腸潰瘍の疑いを指摘され、同月15日に食道、胃及び十二指腸の内視鏡検査を受けた。c．平成8年2月8日、同病院健康センターにおいて、人間ドックコースによる健康診断を受け、消化器系、血液系及び血清検査に異常を指摘され、呼吸器系の異常については、3ヶ月以内に精密検査を受けることを指示された。d．平成8年4月1日、同病院において、十二指腸潰瘍の疑いを指摘され、同月16日に肝臓、胆嚢、膵臓、脾臓及び腎臓について超音波検査を受け、内視鏡検査も受けた。e．同年4月4日から同年5月2日まで、同病院に通院し、同年5月2日、病名を「胆嚢ポリープ、脂肪肝、胃炎、十二指腸炎」と告げられ、年1回精密検査を受ける旨を告げられた等などの事実の極一部に過ぎない。

特に、d．eの各事実は、被告が担当営業職員に告げた事実よりも更に重要な事実であると考えられるところ、これらの事実を被告が担当職員に伝えたことを認めるに足りる証拠はない（神戸地裁伊丹支部平成11年7月22日判決、平成10年(ワ)172号）。

●**参考判例**（大阪高裁平成11年11月11日判決、平成10年(ネ)936号、判時1721号147頁、原審大阪地裁平成10年2月19日判決、平成8年(ワ)5140号）
事　案　住宅ローンに際し締結された団体信用生命保険の告知義務違反による解除
争　点　個人保険の入院給付金支払の情報は、団体信用保険における会社の知となるか
判旨

（第二審）　1．補助参加人の悪意又は過失の有無について
　告知事項について補助参加人が定めた本件告知書の書式は別添のとおりであって、告知事項として、最近3か月以内に医師の治療・投薬を受けたことがあるか否かを質問して有無を回答させ、有の場合には、その傷病名、発病又は受傷の年月日、治療方法及び就業状況の記載（告知）を求めるというものである。
　そうすると、前記のAの入院、受診の経過に加えて、Aは、本件の告知日である平成5年12月30日の直前の3か月間に、F胃腸科病院に合計11回通院し、ケルナック（胃潰瘍・胃炎）、プロヘパール（慢性肝臓疾患における肝機能改善）、小柴胡湯（肝炎）（以上いずれも商品名と効用）を含む薬剤の投与を受けていたことが認められるから、告知事項としては、胃潰瘍及び肝臓病で服薬通院中であることがこれに当たるというべきである。
　最終的に補助参加人に提出された本件告知書では、治療投薬を受けた事実については丸印が付されたものの、傷病名としては「同下」（告知事項2に記載された胃潰瘍の趣旨）、発病日として「平成4年6月27日」と記載され、治療方法として「服薬中」に丸印が付され（「通院中」には付されていない。）、就業状況として「正常就業中」に丸印が付されているのみで、肝臓病に関する記載はない。
　したがって、Aとしては、告知事項について肝臓病も記載すべきであったにもかかわらず、その記載をしなかった点において、告知義務違反があったというべきである。
　そして、前記で認定したとおり、Aは、右告知時点において、自己の正確な病名が肝臓癌であることまでは知らされてはいなかったものの、平成4年6月から平成5年9月までの1年余の間に検査名目の3回を含むとはいえ、4回も入院を反復し、肝膿瘍、肝血管腫といった病名を告げられていた上、前提事実記載のとおり、①及び②の入院に際しては、「肝障害」「慢性肝炎」との記載のある診断書の交付を受けていたのであるから、自己が何らかの尋常ではない肝臓病に罹患していることを認識していたのはもとより、本件告知日の直前3か月間の通院に際して、右の肝臓病に対する投薬を受けていることをも認識していたものと推認することができる。
　平成5年9月28日のF胃腸病院での受診に際し、Aの「悪性ではないですか。」との質問に対し、主治医は「組織を探っていないのではっきりとはいえないが、肝のあるところに炎症の強い部分があり、薬でおさまっているみたいなので、悪性なものとは考えなくてよいのではないか。」と答えていることが認められるが、右事実もAが当時何らかの肝疾患のあることを認識していたことを示すものである。
　しかるに、前記で認定した経緯に照らすと、Aは、本件告知書の告知事項について、傷病名を空欄にし

Ⅲ-4 解除権の阻却事由

たままで提出したものであるところ、それが単に同欄の記載を失念したにすぎないものか、あるいは意識的に記載を避けたものかについては判然としないけれども、そのいずれであるにしても、右のAの病状認識の程度からすると、Aには、前記の告知義務違反について少なくとも重過失があったものというべきである。

2．原告らは、Aが①及び②の入院について本件個人保険の入院給付金の請求をした際に提出した診断書には肝臓病の記載があったから、その記載により補助参加人はAが肝臓病であることを知っていたか、少なくとも知り得べきであったと主張する。

しかしながら、補助参加人においては、団体信用保険に関する事務処理は、本社企業保険管理部団体信用保険課が管掌し、個人保険に関する事務処理は、本社契約部が管掌していたこと、そして、個人保険に関する事項のうち、入院給付金関係の事務処理は、契約部給付金課が担当しており、保険契約締結後2年を越えるものに関する給付金の支給は給付金課長に決定権限があったことが認められるから、Aが補助参加人に提出した前記の診断書は、右の入院給付金の支給事務を処理した契約部給付金課の担当者（課員及び課長）の目に触れたにすぎないものと推認される。

そうすると、右の契約部給付金課の担当者らは、団体信用保険に関する事務処理については何らの権限も有していないものと推認されるのであるから、右の者らが右の診断書の記載内容を知り又は知り得べきであったとしても、これをもって直ちに補助参加人の悪意又は過失と同視することはできないというべきである。

そしてまた、前記で認定した本件告知書の告知事項の傷病名欄が補充された経緯に照らすと、本件保険契約の締結事務を処理した補助参加人の担当者において、右告知書の記載に不審を抱いて契約部給付金課に問い合わせるなどの措置を講ずべきであったということもできない。したがって、原告らの右の主張は採用できない（大阪高裁平成11年11月11日判決、平成10年（ネ）936号、判時1721号147頁、原審大阪地裁平成10年2月19日判決、平成8年（ワ）5140号）。

●参考判例（東京地裁平成11年12月7日判決、平成10年（ワ）第21027号）
事　案　告知義務違反
争　点　告知義務違反事項を知らなかったことにつき保険者に過失があるか
判　旨

前記のとおり、Aは、平成5年と同6年の定期健康診断において、肝機能の異常あるいは肝機能障害を指摘されていたことからすれば、同人は、本件質問に対する本件回答をするについては、それが虚偽であることを認識しながらしたものと認めざるを得ない。

商法644条1項（678条1項同旨）は、保険契約においては保険契約者に真実を告知すべき義務を課し、保険契約者に右告知義務違反があったときは保険契約を解除することができるとする一方で、保険契約者に告知義務違反があった場合でも保険者がその事実を知っている場合または過失によってこれを知らなかった場合には、告知義務違反を理由に保険契約を解除することはできない旨定めている（644条及び678条各1項但書）。終身保険約款33条(1)、三大疾病保険約款29条(1)にも同旨の規定がある。）。

そして、保険契約においては、保険契約者または被保険者に真実を告知すべき義務があることが基本となっていることからすれば、右各規定に定める過失によって保険者がこれを知らなかったときとは、保険取引上の衡平の観点から見て、保険者を保護することが相当でないと考えられるような不注意が保険者にあった場合をいうものと解するのが相当である。

これを本件についてみるに、確かに、原告が主張するように、労働安全衛生法は事業者に1年に1回常時使用する労働者に対して健康診断を実施することを義務づけており、証券取引所一部に株式を上場するような規模の会社においてはそれが実施されていることは公知の事実といえるが、当該会社に勤務する労働者が必ず右健康診断を毎年受診していることまで公知の事実であるとは言い難い（Aは平成7年及び同8年には健康診断を受診していないことが認められる）。そして、健康診断を受診し、その結果一定の指摘を受けたか否かということは、保険契約者または被保険者にとっては容易に回答できる事柄である反面、保険者にとっていちいち右事実を確認することは容易なことではないから、保険者において右事項につい

ての保険契約者の回答を信用し、その真偽を確認しなかったからといって、それをもって保険取引上の衡平の観点からして、保険者を保護するのが相当でない不注意とは認め難い（東京地裁平成11年12月7日判決、平成10年（ワ）第21027号）。

● **参考判例**（横浜地裁平成12年10月25日判決、平成11年（ワ）4167号）（東京高裁平成13年4月18日判決、平成12年（ネ）第6000号）
事　案　告知義務違反による契約解除
争　点　営業職員に対する告知の効力
判旨

原告は、被告は、本件保険契約の際、Aがネフローゼ症候群に罹患していることを知っていたかまたは過失によってそのことを知らなかったものであるから、商法678条1項但書の適用を受け、本件保険契約を解除することができない旨主張する。そして、証拠によれば、Aは、平成10年8月ころ、保険会社の職員から保険加入の勧誘を受けたので、電話で母親のBに対しそれについて相談したが、その際、Bは、Aに対し、Aがネフローゼ症候群に罹患していることを保険会社の職員に告げるように助言し、AもこれをE承したこと、その後、BがAに対し、ネフローゼ症候群の件を告げたのかと尋ねたところ、Aは、Bに対し、「うん」と答え、「男の人が来て、癌じゃないんだろう、癌じゃないならいいよ」と言った」と答えたことが認められる。しかしながら、Aがネフローゼ症候群に罹患していたことを知らなかった旨に照らすと、AとBとの間に右のような会話があったことなどの右認定事実によっても、Aが被告の男性職員に対してネフローゼ症候群に罹患していることを告げたとまで推認することは困難であり、他にこれを認めるに足りる的確な証拠はない。

なお、原告は、A死亡後の被告職員との折衝過程において、被告職員のK₁、K₂、K₃に数々の不審な言動が見られ、これによれば、Aに対し「癌じゃないんだろう、癌じゃないならいいよ」と言った男性は、当時被告T支店に勤務していたM部長であると推測される旨主張し、証人Bの証言の中にはこれにそう部分があるが、仮に被告職員に右の不審な言動があったとしても、そのことによって直ちにAに右の言葉を告げた男性がM部長であるとまでは推認できず、他にこれを認めるに足りる証拠はない。

また、仮に右M部長等の被告の営業職員がAのネフローゼ症候群罹患を知っていたとしても、そのことをもって、商法678条1項但書にいう保険者たる被告が右事実を知っていたということには当たらないと解するのが相当である。結局、本件全証拠を検討してみても、被告がAのネフローゼ症候群罹患の事実を知っていたこと、または過失によりそのことを知らなかったことを認めるに足りる証拠はないというべきである（横浜地裁平成12年10月25日判決、平成11年（ワ）4167号）。

（第二審）　当裁判所も、控訴人の本件請求は理由がないと判断する。

なお、控訴人は、被控訴人の営業職員がAのネフローゼ症候群罹患の事実を了知しながら、Aに対して上記事実を告知する必要がない旨を述べたことを前提とした上、民法715条の趣旨により、保険者の過失による不告知に該当するから、被控訴人は本件保険契約を解除することはできない旨主張する。しかしながら、上記前提事実が認められないことは右のとおりであり、また、上記主張は控訴人の独自の見解であり、採用することはできない（東京高裁平成13年4月18日判決、平成12年（ネ）第6000号）。

● **参考判例**（大阪地裁昭和49年7月17日判決）（大阪高裁昭和51年11月26日判決）
事　案　告知義務違反と不告知教唆
争　点　不告知教唆と会社責任（その事実が重要事項でない場合はいかがか）
判旨

（第一審）　商法第678条は、保険契約者に重要な事実の告知義務を課しているが、これは保険者が危険を引き受けるかどうかの判断をするためのものである。したがって、同条は、保険者がこれを知っている場合、保険者の責任を免れ得ないとしたものである。危険を測定するための重要な事実を知って危険を引き受けた以上、保険金の支払を拒むことは禁反言の原則に反することであり、右の規定はこのことを明らかにしているものと解される。そして同条は、保険者が過失によって重要な事実を知らなかった場合も、この事

実を知っている場合と同一の評価をすることを明らかにしている。…保険者が廃疾（現、高度障害）の原因となり得る疾病の事実を知りまたは過失によって知らない場合には、契約日以前の疾病によって廃疾状態となったときでも、保険者の責任を免れ得ないというべきである。疾病の事実を知了していた営業職員に本件保険契約締結の権限または代理権があったことを認むべき証拠はないから、被告保険会社が被保険者の疾病を知って本件保険契約を締結したということは困難である。

　しかしながら、生命保険の募集人は、保険契約者または被保険者が、保険会社に対して、重要な事実を告げるのを妨げ、または告げないことを勧めるなどの行為に出てはならないものであり（「保険募集の取締に関する法律」第16条第1項2号）、保険会社は、自己の正職員である営業職員がかかる行為をしないよう監督し注意する義務があるから、同人が前記認定のような行為に出たのは、保険会社にかような義務を怠った過失があったからであるというほかはない。そしてこのために保険会社は、本件保険契約に際し、被保険者の疾病を知らなかったのであるから、結局保険会社は、被保険者の疾病を知って本件契約を締結したのと同じ評価を受けなければならない（大阪地裁昭和49年7月17日判決）。

（第二審）　認定してきたところによると、原告保険会社は本件保険契約当時に被保険者の眼の病歴を知ったとしても、それを原因として契約の締結を拒絶しなかったであろうし、反面、被保険者も被告保険会社に対し、この病歴について商法または約款による告知義務を負っていなかったものということができる（ベーチェット症候群が被保険者の生命の危険測定上重要な病気であることを認めるに足る証拠はない）。

　そうであるなら、営業職員が被保険者に対し、「眼の病歴があっても保険の加入には支障がない」と答えたり、「保険医に眼の病歴をつげなくともよい」と答えたり、「保険医に眼の病歴を告げなくてもよい」と言ったこと自体は客観的に誤りではなく、不当なことでもない。したがって、この点に関する営業職員の言動は信義則ないし禁反言の原則の適用の原因にはなり得ない。もっとも、保険募集事務を担当した営業職員が、職種について被保険者に偽造の申述をさせたことは非難されなければならないし、また、廃疾給付金の制度ついて説明をしなかったことも相当ではないが、これらの点は、本件給付金の支払義務の存否を定めるについて全く関係のない事柄である。要するに…認定した事実関係の下では、被保険者主張のような信義則ないし禁反言の原則を適用すべき余地はないし、他にこれらを適用すべき事情も認められない（大阪高裁昭和51年11月26日判決）。

●**参考判例**（水戸地裁昭和61年3月28日判決）
　事　案　告知義務違反と不告知教唆
　争　点　不告知教唆と使用者責任
　判　旨
　被保険者は、本件告知事項を取扱者である両名に告知したところ、（取扱者は）申込書の裏面の副申書に健康状態で気付いた事はない旨記載し、かつ、診査医に対して告知しないように被保険者に指示した。被保険者に重要事項の告知をしないよう指示し、原告の受けるべき保険金の増額分を受領し得なくさせたものであって、右行為は原告に対する不法行為に当たるものと認められる。その使用者たる被告保険会社は、被保険者の不法行為により原告の被むった損害を賠償すべき責任がある。

　被保険者が本件告知事項を告知したならば被告保険会社は保険契約を締結しなかったから、原告が増額分の保険金の支払いを受けることもなく原告に損害はないと主張するも、保険契約を締結しなかったと言う証拠はない。被保険者の健康状態は至って健康であったことが認められるから、本件保険契約の締結を前提として判断するのが相当である。

　被保険者自身も、右の指示に安易に従って積極的に不実を告知したと言う点で重大な過失があるというべきである。被保険者の過失は原告側の過失として斟酌するのが相当であり、その割合は、諸般の事情を考慮して5割と認める（水戸地裁昭和61年3月28日判決）。

Ⅲ-4 解除権の阻却事由

●**参考判例**（京都地裁平成 6 年 4 月 4 日判決）
事　案　告知義務違反と不告知教唆
争　点　不告知教唆と使用者責任
判旨

　原告（受取人）らの保険募集の取締に関する法律第11条第 1 項（現、保険業法条283条第 1 項）に基づく予備的請求に関し、原告本人の尋問の結果には、原告ら主張に沿い、本件契約締結交渉の際、原告は、被告の外務員に対し、被保険者が前に肝硬変の入院証明書を取って国民健康保険の傷病手当を受け取ったため保険額の引上げが認められなかったことがあり、保険には入れないといったが、外務員は、診査を受ければ入れる、そのことは聞かなかったことにする、診査の際それをいう必要はないなどといったとする部分があるが、外務員が肝硬変の病名を聞きながら敢えて保険を募集すること自体疑わしい上、原告の供述内容はこの部分を含めて不合理かつ不自然な部分が多いことに鑑みると、到底信用できないものと言うべきである。…原告らの予備的な請求も理由がない（京都地裁平成 6 年 4 月 4 日判決）。

●**参考判例**（大阪高裁昭和33年 5 月30日判決）
事　案　外務員のなした不法行為
争　点　会社責任の範囲
判旨

　保険募集取締に関する法律11条（現、保険業法第283条）の所属保険会社の賠償責任についても民法722条 2 項の過失相殺の規定を適用すべきものである。なるほど右法律11条 4 項（現、保険業法第283条第 4 項）は、民法724条の規定は 1 項の請求権についてこれを準用する旨規定しているにかかわらず、民法722条 2 項の規定を適用または準用する旨の規定は存しない。しかし、右法律11条（現、保険業法第283条）は民法715条と同様特種の不法行為についての規定であって、募集人について民法709条の要件を備える必要のあることは民法715条の場合と同様特に規定がなくても当然のことであり、右法律11条 3 項（現、保険業法第283条第 3 項）が会社から募集人等に対する求償権を定めていることからみても明らかである。したがって、不法行為の原則を定めた民法722条 2 項の過失相殺の規定は、右法律11条の損害賠償責任にこれを適用すべきものと解しなければならない（大阪高裁昭和33年 5 月30日判決）。

●**参考判例**（大阪地裁昭和47年11月13日判決）
事　案　外務員のなした不法行為
争　点　会社責任の範囲
判旨

　被保険者は外務員に治療の事実を伝え、外務員は保険契約者に対して診査医に対する告知を制止しているが、外務員は新契約の締結を勧誘しているものであって、告知受領の代理権を有していないことは明かであり、原告の主張は採用できない（大阪地裁昭和47年11月13日判決）。

●**参考判例**（東京地裁昭和62年11月19日判決）
事　案　告知義務違反と調査
争　点　調査によって告知義務違反の事実を確認できないときの保険会社責任
判旨

　調査によって、被保険者が本件病院に入院中であること、および被保険者の病状を確認しなかったことをもって、被告保険会社に過失があったものとは言えず…（東京地裁昭和62年11月19日判決）。

III-4 解除権の阻却事由

●**参考判例**（京都地裁平成9年5月23日判決）
事　案　不告知教唆と告知義務違反との因果関係
争　点　告知義務違反は不告知教唆によるものか

判旨

　原告と担当営業職員の記述はかなり食い違っているが、仮に、担当職員が原告に対して、原告から医師の診察や血液検査などを受けていることを知らされていながら診査医の質問に対してすべていいえで答えるよう指示していたとしても、原告は、本人尋問で、担当職員から診査医の質問に対してはすべていいえと答えるよう指示を受けていたが、そのことは気にせずに、診査医に対して回答したと明確に供述するところであり…担当職員からの依頼によって原告がなした診査医に対する回答との間に因果関係がないことは原告自ら認めているところである…。よって、本件特約解除は有効である（京都地裁平成9年5月23日判決）。

●**参考判例**（岡山地裁平成9年10月28日判決）
事　案　告知義務違反
争　点　営業職員による告知差し止めと保険会社の責任

判旨

　（血液検査などの結果アルコール性の軽度の肝障害と診断され、肝障害については投薬なしの禁酒による経過観察を指示され、その後肝機能の回復が見られ、血液検査数値も正常範囲内の値に戻り、本件契約当時は経過観察中であった）ことから、原告は被告Y_1、Y_2に対してこれらの事実を告げ、本当に被告会社の保険に入れるかどうかなど相談したところ、右被告らは原告に対し針治療程度なのだから右通院については診査医には黙っているようにと指示を受けた。

　被保険者及び原告は本件保険契約の月額保険料が7万円余の高額になることから長男、次男と相談のうえ右両名の生命保険を解約し、被保険者の他の保険会社との保険も全て解約することとして保険料の支払いに当てることとしたが、Y_1、Y_2の忠告に従い、右解約は診査医による診査がとおって本件保険契約が締結された後である平成5年3月中旬まで待った。

　この間、Y_1、Y_2が被保険者及び原告に対しいわゆる告知義務制度について改まって説明したことはなかった。右認定の一連の経緯からすると、Y_1、Y_2は保険外務員として本件保険契約の獲得を急ぐあまり、原告から被保険者の治療の事実を告げられたのに、右治療内容が花粉症の針治療だけで、肝障害については投薬もない禁酒による経過観察のみで、その後血液検査の数値も正常値に戻ったことなど軽く考え、被保険者が診査医に対して右通院の事実を告知することがないよう敢えて事前に指導し、結果として告知すべき重要事実の告知を妨げ、または告げないことを勧めたものと認められる。

　これによれば、被告Y_1、Y_2は被保険者について告知義務違反の対象となるべき重要事実を知っていたのに、当時の保険募集取締まりに関する法律16条1項の禁止行為（現・保険業法第300条第3項）をしたことが明らかであり、右被告らの違反行為の内容が保険勧誘の基本に関わる事柄であることに照らすと、特段の事情のない限り使用者である被告会社にその選任監督上の過失があると推定すべきものであるところ、本件においては右特段の事情を認め難いから、仮に被告会社自体は右重要事実を知らなかったとしても、知らなかったことについて自らに過失があるものというべきである。

　なお、被告らは、保険外務員の告知受領権の有無と保険会社の保険外務員に対する選任監督上の過失については告知義務違反による解除事由の不知における過失の有無とは別次元の問題であるから、保険外務員であるY_1、Y_2に告知受領権がないからといって、直ちに被告会社の前記過失がないことの証左となるべき性質のものではない。

　したがって、被告会社は被保険者の告知義務違反による本件保険契約の解除をなし得ないというべきである（岡山地裁平成9年10月28日判決）。

Ⅲ-5　解除権の消滅事由

　すでに述べてきたところにしたがい、告知義務者に告知義務違反の事実があった場合、保険者はそれを理由に契約を解除することができるが、次の場合には解除権が消滅し、契約を解除することはできない。

Ⅲ-5-1　解除の原因を知りたる時より1ケ月を経過したとき

　保険法は、「解除権は、保険者が同項の規定による解除の原因があることを知った時から1箇月間行使しないときは、消滅する」（保険法55条4項、84条4項）と定め、普通保険約款も概ね「会社が、」解除の原因となる事実を知った日の翌日からその日を含めて1ケ月を経過したとき」には解除権が消滅するとしている。この期間を除斥期間といい、この期間経過後はもはや解除の効力を争うことはできない（その意味において、この期間経過後の期間を不可争期間という）。この期間を1ケ月としている趣旨は、「告知義務違反による契約の解除について保険契約者が長い期間不安定な地位におかれることを防止するため、公平上、解除の原因を知った保険者に早急に解除権の行使の有無を決定させ」（名古屋地判平成2年8月29日）ようとするものにほかならない。なお、保険法55条4項、同84条4項は絶対的強行規定である。

　判例は、法ならび約款に定める「解除の原因を知った」とは、保険者が告知義務違反に当たる客観的事実を証拠に基づき知ったことを意味する（東京地判平成12年9月7日「具体的には、右事実の存否を判断するに足りる資料を入手した日と解され、被告においても、診断書等告知義務違反の事実を明らかにする書類を受領した日と解釈運用」）としている。

　なお、先の約款文言に見る「会社」とは解除の権限を有している機関、部門をいい、「解除の原因となる事実を知った日」とは、解除の原因が存在するのではないかという疑いを抱いただけでは足りず、解除原因の存在を確認できる書類が担当の機関、部門に到着した日をいう。また、「1ケ月間」の期間の計算起算日は、特に定めがないときは初日を算入せず翌日から起算する（民法140条）が、分かり易さの点から約款上「解除の原因を知った日の翌日から起算して」と起算時点を明定している会社も多い。

●**参考判例**（東京地裁平成12年4月28日判決、平成11年（ワ）25911号）
　事　案　告知義務違反
　争　点　告反解除の除斥期間の起算点である「解除の原因を知った時」とは
　判　旨
　　保険者が、保険契約者の告知義務違反を理由として保険契約を解除する場合、右解除権は、保険者が解除の原因を知ったときから1か月以内に行使しなければならないが（本件保険契約19条2項、商法678条2項、644条2項）、右に言う「解除の原因を知った時」とは、保険者が単に保険契約の解除原因の存在につき疑いを持ったのみでは足りず、保険者が解除権行使のために必要と認められる諸要件を確認した時と解すべきである。
　　そこで、右の点を本件につき検討するに、その前提として以下の事実が認められる。
　　原告が本件保険契約締結時に被告に提出した告知書（証拠略）においては、最近3か月以内に医師の診察・検査・治療・投薬を受けたこと、また、その結果、検査・治療・入院・手術を勧められたことはなく、過去5年以内にがん・腫瘍で医師の診察・検査・治療・投薬を受けたこともない旨記載されていた。（前認定）
　　原告が平成10年11月17日に被告に送付した訂正追加告知書（証拠略）においては、訂正・追加事項として、「副耳下腺のはれ、痛み、異常なし」、診察・検査・治療・投薬を受けた年月または期間として、「診察

Ⅲ-5 解除権の消滅事由　Ⅲ-5-1 解除の原因を知りたる時より1ケ月を経過したとき

のみ8月、検査9月、10月、」等との記載がなされていた。（前認定）

　原告が、平成10年12月1日に被告に提出した入院証明書（診断書）（証拠略）には、「傷病名左耳下腺腫瘍」、「初診平成10年8月28日」、「classⅤ」、「左耳下腺（悪性）腫瘍摘出術」等の記載がなされていた。（証拠略）

　被告は、B社に調査を依頼し、担当者Cは、平成11年1月26日、A病院において原告の担当医であったD医師に面会し、初診以降の原告の病状、治療経過、悪性耳下腺腫瘍と告知した日時等を確認し、同医師作成の診療証明書（診断書）、入・通院（外泊）状況確認表を取得した。被告は、平成11年2月2日、B社から右診療証明書（診断書）、入・通院（外泊）状況確認表の添付された請求時確認報告書を受領した。

　以上の事実によれば、前記訂正追加告知書及び入院証明書（診断書）における各記載は、被告に告知義務違反について疑いを抱かせるものとみるべきで、被告が、これらにより直ちに解除権行使のために必要と認められる諸要件を確認したということはできない。被告が調査会社からD医師作成の診療証明書（診断書）、入・通院（外泊）状況確認表の添付された請求時確認報告書を受領した平成11年2月2日をもって、解除権行使のために必要と認められる諸要件を確認した時、すなわち解除の原因となる事実を知った時と解するのが相当である。

　よって、被告のなした本件保険契約解除の意思表示は有効というべきである（東京地裁平成12年4月28日判決、平成11年（ワ）25911号）。

●**参考判例**（大阪高裁平成13年5月30日判決、平成12年（ネ）3322号）
　事　案　告知義務違反
　争　点　告反解除の除斥期間の起算点である「解除の原因を知った時」とは
　判　旨

　上記1認定の事実によれば、AがJ病院に入院した後、Aの兄弟らと控訴人及びGとの間で不和があり、被控訴人のI営業部の総務部長やCは、Aの兄弟であるHからAに高血圧症の既往があることを告げられたこと、Hは、平成10年11月5日、Aの従前の健康状態について記載した書面を被控訴人L支社に送信したこと、同書面は、同日、被控訴人M営業所を経由して、被控訴人保険金課に到達したこと、被控訴人は、これを受けて告知義務違反の事実等を調査することとし、調査機関であるN株式会社に調査を命じ、同年12月7日、K病院のE医師作成の診断書〔証拠略〕と共に報告書〔証拠略〕を受け、これらを受理したこと、この報告書及び診断書によれば、Aの高血圧症等の既往歴は、上記1(2)のとおりであったこと、この結果、被控訴人は、Aに解除の原因に当たる告知義務違反があるものとして、本件保険契約を解除することと決定し、同月19日到達の書面で、控訴人の法定代理人であるGに対し、本件保険契約解除の意思表示をしたことが認められる。

　上記事実によれば、被控訴人が、本件保険契約の解除原因となるAの告知義務違反の事実を知ったのは、被控訴人本社において、Aの告知日（平成10年6月20日）以前の病歴等が具体的に記載されたE医師作成の診療証明書〔証拠略〕及び報告書〔証拠略〕を受け取った時点、すなわち平成10年12月7日であると認められる。

　控訴人は、被控訴人のI営業部の総務部長やCらが、HからAの高血圧症を聞いたことやHが平成10年11月5日に書面を送付していることから、遅くとも同日を解除権行使の起算日とするべきであると主張する。

　しかし、本件保険契約の締結は、被控訴人本社で行っていたことから、解除権の除斥期間は、被控訴人本社が知ったときから起算されること、I営業部の総務部長及びCがHから聞かされた内容は、単に高血圧症の既往があるということだけであり、いつからであるとか、どのような治療を行っているかなどの具体的な内容ではなく、単に調査開始の端緒になったにすぎないことから、控訴人の上記主張は理由がない。控訴人は、また、被控訴人本社が告知義務違反の事実を知った時を起算点とすると、解除権行使の除斥期間の起算点を限りなく引き延ばすことにつながり、不合理であるとも主張する。

　しかし、上記認定の事実経過に照らして、被控訴人がAの告知義務違反の事実について、報告を受けるのをことさら引き延ばしたなどの事情は認められない。

Ⅲ-5 解除権の消滅事由　　Ⅲ-5-1 解除の原因を知りたる時より1ケ月を経過したとき

　以上のとおり、本件保険契約の解除は、解除権の除斥期間経過前になされたものであり、有効というべきである（大阪高裁平成13年5月30日判決、平成12年(ネ)3322号）。

●**参考判例**（広島地裁平成14年12月24日判決、平成14年(ワ)680号）
　事　案　告知義務違反
　争　点　告知義務違反による解除権の除斥期間の起算点
　判　旨
　告知義務違反による解除権の除斥期間の起算点に関し、解除の原因を知るべき「会社」とは、解除の権限を有している機関、部門をいい、「解除の原因を知った日」とは、保険者において解除の原因が存在するのではないかという疑いを抱いただけでは足りず、解除原因の存在を確認できる客観的事実と根拠が担当の機関、部門に到達した日であると解すべきところ、証拠［略］によれば、被告において解除の可否を判断する担当部署は、契約審査部保険金課であると認められるので、同課が調査会社から短期死亡確認報告書［証拠略］を受領した日である平成13年10月16日が「解除の原因を知った日」であると認められる。
　そして、被告から原告代表者に対して本件契約解除の意思表示が平成13年11月6日になされたことは前記前提事実(4)のとおりであるから、本件契約解除の意思表示は1か月の除斥期間経過前にされたものであるというべきである。この点、原告は、調査会社が解除原因を知った日である平成13年9月20日が本件契約約款26条2号に定める「解除の原因を知った日」である旨主張するが、それぞれ独立の法人格を有する調査会社（E調査会社）と保険者である被告を法律上同一視することはできないから、調査会社が本件告知義務違反の事実を知ったことをもって直ちに被告がこれを知ったものと同視することはできないというべきである。したがって、原告の再抗弁2も採用することはできない（広島地裁平成14年12月24日判決、平成14年(ワ)680号）。

●**参考判例**（東京地裁平成17年12月9日判決、平成16年(ワ)1990号）
　事　案　告知義務違反
　争　点　保険会社が解除の原因を知ったときとは
　判　旨
　商法678条2項、644条2項に規定する、保険者が解除の原因を知りたる時とは、保険者が単に保険契約の解除原因の存在につき疑いを持ったというだけでは足りず、告知義務違反の客観的事実について具体的な根拠に基づいてこれを知った時であると解するのが相当である。
　被告がHからAの告知義務違反についての上記調査報告書を受け取ったのは平成15年10月21日であり、それ以前にその内容を了知したことを窺わせる事情は本件証拠上認められないから、被告は、平成15年10月21日にAの告知義務違反の事実を知ったものというべきであり、被告が本件生命保険契約を解除した同年11月7日の時点では、被告の解除権は除斥期間の経過により消滅してはいなかったものである。
　なお、原告は、Hが最初に報告書の提出を受けた平成15年9月30日に、被告はAの告知義務違反の事実を知った旨主張するが、同社が生命保険契約等の確認業務という保険関連事業を行う被告の子会社であることは認められるものの（甲27、28、乙18）、それのみでは、それぞれ独立の法人格を有し、別個の企業活動を営む両社を法律上同一視することはできないから、HがAの告知義務違反の事実を知ったことをもって、被告も知ったものとみなすことは到底できず、原告の上記主張は採用できない（東京地裁平成17年12月9日判決、平成16年(ワ)1990号）。

●**参考判例**（東京地裁平成18年5月31日判決、平成16年(ワ)15673号）
　事　案　告知義務違反
　争　点　複数の告知義務違反が存在する場合における除斥期間経過の有無
　判　旨
　本件約款第25条は、「会社は、つぎのいずれかの場合には、前条による保険契約の解除をすることができ

III-5 解除権の消滅事由　　III-5-1 解除の原因を知りたる時より１ケ月を経過したとき

ません。」と定めており、文言上は解除権の行使を制限するものであって解除理由の主張を制限する趣旨の文言とはいえない。加えて、別個の事実につき告知義務の違反があるときは、保険者は各告知義務違反をそれぞれ理由として解除をなしうるのであって、この意味において、各解除権は他の解除権と独立するのであるから、本件約款25条(2)所定の除斥期間経過の有無も各告知義務違反毎に検討するのが相当である。

そして、前記前提事実によれば、被告が亡Aの告知義務違反と主張する事実中、C病院への入院に関する①及び②の各事実は、被告が別紙5の書面を原告X_1に交付する時に至り初めて主張されたものであると認められるものの、①及び②の各事実が本件約款25条(2)所定の除斥期間後に主張されたことを認めるに足りる証拠はない。また、③及び④の各事実については、平成16年2月20日付け書面（別紙2）による本件保険契約の解除は、まさにD病院への洞不全症候群治療のための受診を理由としてなされているのであるから、やはり、③及び④の各事実についても、本件約款25条(2)所定の除斥期間後に主張されたことを認めるに足りる証拠はない（東京地裁平成18年5月31日判決、平成16年(ワ)15673号）。

●**参考判例**（大阪地裁平成11年2月23日判決、平成9年(ワ)9119号）
　事　案　重要事項に関する告知義務違反があったといえるか
　争　点　①解除の原因を知ったときとは
　　　　　②解除の除斥期間の起算点
　判　旨

原告は、本件解除は約款××条に定める1ヶ月の行使期間経過後にされたものであって無効であると主張する。被告は、平成8年10月7日頃には、Aが同年6月19日から入院したB医師病院において胃潰瘍の薬を服用している旨申告したとの事実を把握していたこと、同年12月16日と同18日には、被告から委託されたC調査会社の従業員がDクリニックを訪れ、同病院の医師から、Aが胃炎および・肝炎・肝障害で同病院において注射・投薬の治療を受けていたとの事実を聴取したことが認められる。

しかしながら、商法678条2項、644条2項にいう「解除の原因を知りたる」、あるいは約款××にいう「解除の原因を知った」とは、保険者が告知義務違反に当たる客観的事実を具体的な根拠に基づいて現実に知ったことを意味するものであって、保険者が単に右事実の存在するのではないかとの疑いを抱いたり、右事実の存否につき保険者が調査を委託した第三者が右事実の存在を知っただけでは足りないものと解するのが相当であるところ、Aが胃潰瘍の薬を服用している旨を申告したとの事実を被告が把握したからといって、被告がAの病名や症状、入通院の時期などを具体的に知ったことにはならないし、被告から委託されたC調査会社が、Dクリニックの医師の事情聴取により、Aが胃炎および肝炎・肝障害で注射・投薬の治療を受けていたとの事実を知ったにしても、そのことをもって直ちに、被告が平成8年12月18日以前に、告知義務違反に当たる客観的事実を具体的な根拠に基づいて現実に知ったものということは出来ない（大阪地裁平成11年2月23日判決、平成9年(ワ)9119号）。

●**参考判例**（東京地裁平成11年12月7日判決、平成10年(ワ)第21027号）
　事　案　告知義務違反による契約解除
　争　点　除斥期間経過後の解除か
　判　旨

ところで、「解除の原因を知ったとき」とは、そのときが解除権消滅の排斥期間の始点であることからすれば、保険者が、単に解除原因の存在につき疑いを持った時を意味するものではなく、解除権行使のために必要な諸要件を基礎づける事実を具体的な資料に基づいて知った時を意味するものと解すべきである。

そうであるとすれば、被告が、C〔調査会社〕から前記2通の報告書を受領した平成10年2月16日の時点では、未だAが平成6年度の定期健康診断において肝機能障害により要精密検査または治療が必要であるとの指摘を受けていたことを具体的な資料に基づいて知ったとは認め難く、右事実を知ったのは、右コピーを取得した同年3月23日であると認めるのが相当である（東京地裁平成11年12月7日判決、平成10年(ワ)第21027号）。

Ⅲ-5 解除権の消滅事由　Ⅲ-5-1 解除の原因を知りたる時より１ケ月を経過したとき

●**参考判例**（東京地裁平成12年9月7日判決、平成9年（ワ）2618号）
事　案　解除の原因を了知した時点
争　点　解除の原因を知ったときとは、誰が、いつ知ったことを言うのか

判　旨

「会社が解除の原因を知った日」について

（1）保険契約においては、責任開始の日（第七条）、支払時期など重要な時期については約款上明確に定められ、これらの時期は、保険契約者等会社の相手方にとっても、客観的に明らかである。

契約の解除も、同様に重大な事項であるから、解除権行使期間の始期は明確でなければならない。

（2）解除の原因を知った日とは、会社が解除原因事実が存在すると判断した日ではなく、解除原因事実の存在を知りうべき日、具体的には、右事実の存否を判断するに足りる資料を入手した日と解され、被告においても、診断書等告知義務違反の事実を明らかにする書類を受領した日と解釈運用されていることは、被告の自認するところである。

解除の原因である告知義務違反が成立する客観的要件としては、保険契約締結時の告知に際して、告知の対象となる重要な事実すなわち「被保険者の生命に関する危険測定のために必要な事実」がすでに発生していることがあげられる。したがって、告知義務違反についての事実確認とは、告知時以前の被保険者の既往症の有無やその内容の確認ということになるが、右事実を確認する資料としては、告知対象となる疾病の存否の判断に必要な医療記録ないしこれに基づく医師の診断書や診療証明書をもって必要にして十分であるというべきである。

（3）次に、「会社」のどの部分の知をもって「会社が知った」といえるかをみる。

被告は、「会社が知った。」とは、被告内部で解除決定権限を有する部署、具体的には解除担当課である本社の保険金課が知ったことと主張し、このことは調査が被告の職員により行われた場合であると調査会社に依頼した場合であるとで変わりはない、と主張するごとくである。

①まず、被告社員が確認調査にあたる場合をみると、約款の文言からは「本店担当部署への到達」をもって「会社が知った日」にあたると解すべき理由は見当たらない。このように、約款に格別の定めがない以上、通常の場合と同様、資料の受領の事実自体については、被告から資料受領の権限を含む調査権限を付与された調査担当社員が受領したことをもって被告も交付を受けたことになり、被告の内規で定めた特定部署に到着して初めて受領の効力が生じるといえないことは明らかである。

被告は、解除決定するにあたっては、解除原因のみならず解除権の行使が制限される事由（診査医による診査過失、取扱営業職員による不告知教唆等）の存否も調査のうえ決定すべき場合があり、そのため、特に後記のごとく調査会社が資料を受領したときをもって除斥期間の始期とするのは、保険会社の熟慮期間を短縮することになって不相当であるとの見解に立つようである。

要するに、保険金課の知をもって被告の知とするとの被告見解は、被告の熟慮期間を最大にするものであるところ、法の趣意を１ヶ月の期間は被告の熟慮のためにあると解するとしても、そのことにより直ちに始期に関して被告の見解が導かれるものではない。

そうとすれば、被告の調査担当者が当該資料を入手した時点が、除斥期間の起点となるというべきである。

②次に、被告が調査会社に調査を委託した場合についてみる、。

前記認定の事実よりすれば事実確認調査事務についての両社の関係は委任契約関係にあると認められ、また、「解除の原因を知った」というべきAの受療記録の入手は、Mが平成8年9月13日、被告の解除担当課が同月19日であるのは前記のとおりである。

右事実よりすれば、被告は事実確認調査事務に関してはMに対して被告の社員と同じ地位を与えたものであって、Mは右事務処理上被告の代理人に他ならないというべきであり、また、調査の対象である契約の相手方や医療関係者等資料の提供者からすれば、調査担当者の所属により調査を受け資料を提供したとの効果が異なるべき理由はないから、調査会社社員のMが調査を担当した場合も、被告社員が担当した場合と同様、Mの受領をもって被告の受領にあたり、したがって、被告が「解除の原因を知った。」ことになるというべきである。

Ⅲ-5 解除権の消滅事由　Ⅲ-5-1 解除の原因を知りたる時より1ケ月を経過したとき

　また、被告は、診療証明書等の医療記録のみならずＤサービス作成の報告書の到着も含めて「解除の原因を知った」ことになるとも主張するようであるが、報告書は被告社員が作成する場合と同様、被告の判断を左右すべき資料とはいえず、その作成経過からすれば、必ずしも内容の正確性が担保されているものでもないから、いずれにせよ、報告書の受領をもって、解除原因事実の存否を判断しうるにいたったと解するのは相当ではない。

　（4）以上よりすれば、被告の代理人であるＤサービス（Ｍ）が解除原因の有無を判断することができるに至った時点、すなわち、平成8年9月13日をもって、「会社が解除の原因を知った日」というべきである。

　（5）付言すると、調査会社であるＤサービスの知をもって被告の知と解しても、前記認定の事実関係よりすれば、被告に格別不利益を与えるものではないと解される。

　前記のとおり、解除権行使期間の始期は「解除の原因の存在が疑われる日」ではなく「解除の原因を知った日」であって、資料の収集を含む事実確認調査は右期間進行前にすでに終了しているのであるから、定められた1ヶ月間は保険会社が調査部門や調査会社からの調査結果の送付をまち、解除を決定した場合は保険契約者や受取人に対してその旨通知することに使用することになるが、これらはいずれも事実確認調査と異なり、予想外の時日を要するものではないから、これらに充てるべき期間として1ヶ月は短期に過ぎるとはいえない。通知を受ける者が正当な理由なく受領を拒否したり、受領すべき者が存在しないなど特別な事情がある場合は、通知をなしうる状態になって一定期間は解除権行使期間が満了しないと解される余地があるからなおさらである。

　右見解に従えば、被告の従前の運用に比し、1ヶ月の除斥期間のうち調査会社が報告書を作成する期間及び被告への送付期間の分だけ保険会社の解除担当者が行使しうる期間が短縮されることになるが、従来から被告は調査会社に対し、被告到着までの調査期間を2週間程度と定めて調査を依頼する運用をしているもので、報告書作成及び送付に要する期間は自ずと予測可能であるから、除斥期間の残る期間で解除の是非を決定し、解除の場合は相手方にその旨通知するのは困難とはいえない。ちなみに本件においては、前記のとおり、Ｍが資料の収集を終了した日も含め報告書の作成と被告への送付に要した日数は合計7日間（うち3日間は休日と思われ、また、2日間は郵送期間である。）、被告が資料を受領して解除を決定するまでに費やした日数は7日間であるから、残16日間で解除の通知をすべきことになるが、昨今の郵便事情及び通信事情よりすれば、右期間内で解除交渉も含めて通知実施することが被告に難きを強いるものではないことは明らかである（東京地裁平成12年9月7日判決、平成9年（ワ）2618号）。

●**参考判例**（大阪高裁平成6年12月21日判決）
事　案　告知義務違反による解除
争　点　除斥期間の設定の趣旨
判旨

　除斥期間を1カ月と定めた趣旨は、保険者が解除の原因を知り、何時でも解除権を行使し得る状態が成立した後も長期に亘り解除するか否かの自由を留保したままでいると、保険契約者が長く不安定な地位におかれていることから、これを回避するため短期の権利行使期間を定めて、保険契約者の保護を図る点にあるものと解されるから、この保護の面では、保険契約者は保険者が解除権を行使する意思を有すると了知できればいいのであり、保険者は保険契約者が了知できる状態を作り出せば足りる。

　本件は、契約者である法人は、告知義務違反を理由として生命保険契約を解除する意思を有していたことを了知できる状態におかれていたといえ、意思表示の到達の効力が生じないのは控訴人である保険会社の責に帰すべき事由によるものであることから、控訴人である保険会社は、除斥期間の定めの関係で、保険者としてなすべきことを履行したものと言える。

　法人の住所地に解除通知が配達されたことで簡易生命保険法41条2項を類推適用し、約款の除斥期間は次のときから、すなわち、控訴人である保険会社が、法人の代表者・法定代理人が選任されたことを知ったときから進行するものと解するのが相当である（大阪高裁平成6年12月21日判決）。

Ⅲ-5 解除権の消滅事由　Ⅲ-5-1 解除の原因を知りたる時より1ケ月を経過したとき

●**参考判例**（名古屋地裁平成2年8月29日判決）
　事　案　告知義務違反による契約の解除
　争　点　①解除の徐斥期間を1ヶ月とした趣旨
　　　　　　②過失によって解除原因を知らなかったとき、徐斥期間は進行するか
　判　旨

　告知義務違反となる事実を知った日から1カ月を経過したときは解除ができない旨の約款規定は、商法678条2項の規定を受けたものと解されるが、その趣旨は、告知義務違反による契約の解除について保険契約者が長い期間不安定な地位におかれることを防止するため、公平上、解除の原因を知った保険者に早急に解除権の行使の有無を決定させるものであり、過失に因り解除の原因となる事実を知りうべかりし場合は含まないものと解せられる。

　また、契約締結の際に被告保険会社が解除の原因となる事実を「過失により知らなかった」場合について明示しているが、これに比べ、同条2項は、除斥期間の起算日を「解除の原因となる事実を知った日から」として過失ある場合を明示していない。

　1項では契約締結時に解除の原因に関する積極的な調査義務を被告保険会社負わせているものであり、契約締結後までそのような調査義務を負わせるのは相当でないから、右の区別は理由がある（名古屋地裁平成2年8月29日判決）。

●**参考判例**（大阪地裁平成5年11月12日判決）
　事　案　告知義務違反による契約の解除
　争　点　どの時点をとって、会社が解除の原因となる事実を知ったときとみるか
　判　旨

　解除の原因となる事実を知った日は、被保険者が受療していた病院での診療証明書（診断書）を入手した時と認めるのが相当である（大阪地裁平成5年11月12日判決）。

●**参考判例**（東京地裁昭和61年1月28日判決）（東京高裁昭和61年11月12日判決）
　事　案　告知義務違反による契約の解除
　争　点　解除の原因となる事実を調査会社が知ったとき、保険会社が知ったこととなるか
　判　旨
（第一審）　調査会社は、保険者の100％出資による子会社（従業員も全員親会社から出向者）である。両者間に密接な関係があるとはいえ、それぞれ独立の法人格を有し、社会的に各々別の企業活動を営んでいる両者を法律上同一視することはできないから、調査会社が告反事実を知ったことをもって直に、保険者がこれを知ったものと同視することはできないというべきである（東京地裁昭和61年1月28日判決）。
（第二審）　解除期限の問題で契約前に受療している旨記載のある医療証明書の入手をもって解除の除斥期間が進行する。原告は、「保険会社は、D〔調査会社〕に医療証明書が届いた時をもって解除権を取得し、その後1ヶ月以内に解除通知をなさなければならないにかかわらず、本件解除通知は1ヶ月以上経過しているので解除の効果は取得していない」と主張するも、保険会社とD〔調査会社〕は別法人でありその主張には理由がない（東京高裁昭和61年11月12日判決）。

●**参考判例**（福岡地裁久留米支部昭和53年6月5日判決）
　事　案　告知義務違反による契約の解除
　争　点　解除の原因となる事実を営業職員が知ったとき、保険会社が知ったこととなるか
　判　旨

　原告（受取人）の主張は、契約締結後の昭和48年7月に営業職員に直腸癌である旨を告げたから、その頃上司に伝わったはずであり…同年8月末には解除権は消滅した旨主張するが、上司に告げた旨認めるに足る証拠はない。また、営業職員に対する告知は会社に対する告知とは認められないから、その余を判断

Ⅲ-5 解除権の消滅事由　Ⅲ-5-1 解除の原因を知りたる時より1ケ月を経過したとき

するまでもなく原告の主張は理由がない（福岡地裁久留米支部昭和53年6月5日判決）。

●**参考判例**（松山地裁今治支部平成9年7月17日判決）
　事　案　告知義務違反
　争　点　外務員が解除の原因を知った時に解除の除斥期間は進行するか
　判　旨
　　平成7年4月5日受付で本件保険金の支払請求がなされたが、その際提出された死亡診断書に、初診は平成5年12月6日で、本人には平成5年12月に病名を直腸潰瘍と告げられていること、被告の保険金課が平成7年4月20日に調査機関から、被保険者は排便障害のため平成5年12月6日（契約日平成5年12月17日）に病院に受診し、医師から病名を直腸潰瘍と告げられて入院した上、同月24日直腸切除術を受けたことや、初診時から大腸癌と診断されており、肝移転があるため脳出血しやすい状態になっていたもので、死因の脳出血と大腸癌、肝移転との間には直接因果関係があることを主治医に確認した旨の内容の調査報告書を受け取り…被告が原告に対し、本件保険契約を解除する旨の意思表示をしている…。
　　ところで、被告の外務員が解除の原因を知ったことでは、商法678条2項、644条2項及び約款×条にいう「保険者（会社）が解除の原因を知った」には該当せず、また「保険者（会社）が解除の原因を知った」とは、保険者（会社）が単に保険契約の解除の原因の存在につき疑いを持ったのみでは足りず、告知義務違反の客観的事実について具体的な根拠に基づいてこれを知る事を意味すると解すべきところ、前記認定した事実によれば、被告は早くても平成7年4月20日に告知義務違反の事実を知ったものとみとめるのが相当であるから、本件保険契約の解除の意思表示は、解除の原因となる事実を知った日からその日を含めて1ヶ月以内になされたものというべきである（松山地裁今治支部平成9年7月17日判決）。

●**参考判例**（東京高裁昭和54年8月7日判決）
　事　案　告知義務違反による契約の解除
　争　点　解除の原因となる事実が推測される場合も、会社はその事実を知ったこととなるか
　判　旨
　　提出のあった死亡診断書には、被保険者の死亡原因である肝硬変症ないし慢性肝炎の発病時期に関し、肝硬変症と慢性肝炎の発病から死亡までの期間は「約2年」、「約4年」、発病年月日は「医師推定昭和46年頃」と記載されている。既往症については「入院4年前、肝炎に罹患したようであるが…」とあり、発病より初診までの症状経過については「糖尿は肝障害のため発現したもののようであり…」と記載されており、多分に推測的な記述に終始している。被保険者が本件契約締結前にその死亡の原因となった肝硬変症等の発病につき疑いを持った時期をもって、被控訴人である保険会社が解除の原因となる事実を知ったものと認めるのは相当ではない（東京高裁昭和54年8月7日判決）。

●**参考判例**（名古屋地裁昭和62年9月25日判決）
　事　案　告知義務違反による契約の解除
　争　点　解除の原因となる事実が推測される場合も、会社はその事実を知ったこととなるか
　判　旨
　　商法678条2項（同644条）および保険約款に定める「保険会社が解除の原因を知ったとき」とは保険会社が解除権行使のために必要と思われる諸要件を確認したときと解すべきである。提出された昭和60年1月17日の障害診断書上、初診日は昭和48年10月15日で病名として糖尿病性網膜症、発病日は昭和49年頃（医師推定）との記載あるも、本件契約締結以前の糖尿病についての治療経過の記載がなかった。その後の調査によって、糖尿病性網膜症の通院証明書により初めて当該被保険者は本件契約締結以前に糖尿病に罹患し、そのため糖尿病性網膜症となり失明するに至ったと判断した。被告保険会社が、この証明書を受領した時点に、告知すべき重要事項に該当すると判断するために必要と思われる諸要件を確認したものというべきである。

Ⅲ-5 解除権の消滅事由　Ⅲ-5-1 解除の原因を知りたる時より１ケ月を経過したとき

　被告保険会社が、告知義務違反に基づく解除の意思表示をしたことは、「保険会社が解除の原因を知ったときから１カ月間解除権を行使しなかった」ことに該当しない（名古屋地裁昭和62年９月25日判決）。

●参考判例（高知地裁平成６年８月30日判決）
　事　案　告知義務違反による契約の解除
　争　点　解除期限の発生日（起算日）
　判旨
　　原告は、被告である保険会社が「解除の原因を知った」のは、特定疾病についての診断書が提出され、それが少なくとも保険会社の本社に到着したときであると主張するも、１か月の除斥期間の起算日である「解除の原因を知ったとき」（商法第678条第２項、第644条第２項）とは、保険者が単に解除の原因の存在につき疑いを持っただけではたりず、告知義務違反の客観的事実について具体的な根拠に基づいてこれを確認したときをいうものと解される。提出あった診断書の記載内容は「初診日は平成５年２月１日、傷病は大腸癌、発病から初診までの経過は平成４年12月より腹痛を自覚し、近医を受診し病変を指摘される。精査治療目的にて当科に入院する。」とある。保険者が解除の除斥期間である「１か月」の起算を、このような抽象的な記述による診断書の受領をもって発生させ、しかも、これによって、告知直前に診察したとされる当の医師から聴取する等の調査を経ることなく告知義務違反の客観的事実があるものと判断し、解除の意思表示をすることは相当ではないと解される（高知地裁平成６年８月30日判決）。

●参考判例（京都地裁平成３年６月21日判決）
　事　案　告知義務違反による契約の解除
　争　点　解除期限の発生日（起算日）
　判旨
　　「解除の原因となる事実を知った」とは、保険者である被告が単に保険契約の解除の原因につき疑いを持ったのみでは足りず、告知義務違反の客観的事実について具体的な根拠に基づいてこれを知ることを要する。本件解除期限の発生は、契約日前の診療事実を証する医師発行の診療証明書が到着し、それが受理された時点と解される（京都地裁平成３年６月21日判決）。

●参考判例（大阪地裁昭和47年11月13日判決）
　事　案　告知義務違反
　争　点　解除権の徐斥期間の開始（調査結果の報告書を受領したとき）
　判旨
　　右法条（商法第678条第２項、第644条第２項）にいう保険者が解除の原因を知った時とは、保険者が単に原因の存在につき疑いを持ったのみでは足りず、告知義務違反の客観的要件を知った時と解するのが相当である。…被保険者が契約後２ヶ月余の短期間に胃癌により死亡している点から告知義務違反があったのではないかと疑いを持ち、同年11月４日頃担当者に調査を命じ、その調査結果が同年11月27日提出されて告知義務違反の客観的要件を知ったので、同年12月20日被保険者（兼契約者）の相続人である原告らに解除の意思表示したことが認められ…契約解除の原因を知った時から１ヶ月以内に解除権を行使したことが明らかである（大阪地裁昭和47年11月13日判決）。

●参考判例（福岡地裁平成２年５月22日判決）
　事　案　告知義務違反による契約の解除
　争　点　解除期限の発生日（起算日）
　判旨
　　被告保険会社が、告知義務違反の事実を知ったのは被保険者が通院していた事実の診療証明書を入手した頃と窺われるので、契約解除の意思表示がなされたときは解除の原因を知ったときから１カ月経過して

Ⅲ-5 解除権の消滅事由　Ⅲ-5-2 契約の時から5年を経過したとき

おらず、解除権は未だ消滅していない（福岡地裁平成2年5月22日判決）。

●**参考判例**（仙台地裁平成3年10月22日判決）（仙台高裁平成5年5月31日判決）
　事　案　告知義務違反による契約の解除
　争　点　①解除権行使期間の経過
　　　　　②どの時点をとって、会社が解除の原因となる事実を知ったときとみるか
　判　旨
　（第一審）　被告保険会社は、本件保険契約を告知義務違反を理由に解除することとし、右意思表示は昭和61年4月10日に原告に到着した。…しかしながら、同年3月4日頃、被告保険会社の役職員2名が、原告法人の代表者のもとを訪れ、被保険者が肝臓を患って入院しており、肝不全で死亡したから保険金は出ない旨、また払い込まれた保険料は返還する旨述べていること、右病院の医師は同年3月7日に被保険者の同病院における入院治療、既往症などの診療証明書を作成しており、右診療証明書は遅くとも同月13日までに被告保険会社の本社に届いたと認められる。これらの事実を総合すると、被告保険会社は遅くとも昭和61年3月4日までには、本件保険契約の解除の原因である告知義務違反の事実を知ったものであることを推認することができる。被告保険会社が本件保険契約の解除の意思表示をした同年4月10日には、解除権の除斥期間1カ月が経過し、解除権は消滅している（仙台地裁平成3年10月22日判決）。
　（第二審）　本件については、告知義務違反の事実確認のため、調査員による主治医調査が行われた。主治医は、昭和61年3月7日頃、被保険者に告知義務違反のあった事実を証明する診療証明書を作成して仙台支社を勤務地とする調査員に郵送した。同調査員は昭和61年3月12日頃診療証明書を受けとり、これを本社に航空便で送付した。同証明書は翌13日に本社に到達、即刻本社内にある保険金課に送達された。この場合に会社が解除の原因を知ったときは、保険金課に到達した時が解除の原因を知ったときと認められる（解除権の起算点は、本社が知ったときからであり、仙台支社が知ったときからではない）。
　したがって、同年4月10日に契約者に到達した解除の通知は有効である（仙台高裁平成5年5月31日判決）。

Ⅲ-5-2　契約の時から5年を経過したとき

　保険法は「生命保険契約の締結（傷害疾病定額保険契約の締結）の時から5年を経過したときも、同様とする」（55条4項、84条4項）としているが、普通保険約款は概ね「責任開始の日からその日を含めて2年以内に保険金、給付金の支払事由または保険料払込免除事由が生じなかったときは、解除権が消滅する」とし、この期間を2年に短縮している（なお、復活契約については、その復活のときを期間の起算日としている）。この期間を2年間に短縮している理由は、契約締結時から2年間その告反事実と因果関係ある保険事故が発生していない以上、告反事実が事故発生率に影響を及ぼさなかったものと解され、もはや告知義務履行の有無を論ずべき必要はないとの考えや、契約関係の不安定の状態をなるべく早期に解消しようとの考えによるものである。
　保険法の契約締結時から5年を経過したときは除斥期間であり、強行規定であるのでこれを短縮する約款が可能かについてであるが、保険者が自己の有する期間の利益を一部放棄し、契約者に有利に変更し、解除権を行使しないとする約款であるため有効であると解される。
　なお、疾病入院契約など傷害疾病定額保険契約が生命保険契約に付帯されることが多いが、契約締結の時から保険事故が発生しないまま2年を経過したときは、傷害疾病定額保険契約及び生命保険契約ともに告知義務違反を理由として解除をすることはできないことに異論ない。傷害疾病定額保険契約につき告知義務違反があるとき、責任開始期から2年以内に保険事故が発生したときは、2年経過後でも契約を解除することができるが、契約締結時から5年経過すれば解除権は消滅する（山下・前掲書311頁）。

●**参考判例**（東京地裁平成16年11月15日判決、平成16年(ワ)6834号）（東京高裁平成17年3月16日判決、平成16年(ネ)6131号）（最高裁第一小法廷平成17年8月3日決定、平成17年(受)1141号）

事　案　告知義務違反

争　点　告知義務違反を理由とする保険者の解除権は責任開始期から2年の除斥期間経過により消滅するか。

判　旨

（第一審）　原告は、告知義務違反を理由とする被告の解除権は除斥期間経過により消滅している旨主張するが、約款26条3項ただし書は、保険期間の始期から2年以内に保険金等の支払事由が発生し、かつ解除原因がある場合には除斥期間は適用されない旨を規定しているところ、本件においては、争いのない事実等において説示したとおり、Aは、平成14年9月11日、悪性黒色腫との診断を受け、同日入院して、同月25日に手術を受けており、保険期間の始期である平成13年1月17日から2年以内に保険金等の支払事由が発生していることが明らかであるから、原告の主張は理由がない。

なお、原告は、被告の主張によれば、同じ保険金等の支払事由という文言が、約款25条3項においては個々の保険金等支払事由を、約款25条3項ただし書においては、保険期間開始後2年以内に発生したすべての保険事故を意味することとなり、一つの約款中の同じ言葉を被告に都合のよいように場面によって意味を変えて解釈するというのはあまりに不公平かつ信義に反するとも主張するが、約款25条3項の規定の趣旨についての当裁判所の判断は前項において説示したとおりであり、他方、約款26条3項の規定は、告知義務違反があった場合であっても、除斥期間内に何らの保険金等の支払事由も発生せずに2年の除斥期間が経過した場合には、保険者において告知義務違反を理由とする解除権を行使しないこととし、当該保険契約を正当なものとして認めるという趣旨の規定と解することができるから、約款26条3項についての被告の主張は正当なものであり、この点についての原告の主張も採用することが出来ない（東京地裁平成16年11月15日判決、平成16年(ワ)6834号）。

（第二審）　第一審と同旨（東京高裁平成17年3月16日判決、平成16年(ネ)6131号）。

（最高裁）　不受理（最高裁第一小法廷平成17年8月3日決定、平成17年(受)1141号）。

●**参考判例**（神戸地裁尼崎支部平成8年4月15日判決）

事　案　多数の保険契約加入後の入院給付金請求

争　点　契約締結後2年経過した後の解除権を行使できるか

判　旨

本件保険契約（ないし特約）が責任開始期の属する日から2年を越えて有効に継続したときは、告知義務違反による解除することができない旨の特約がある…（本件契約は）2年間が継続していることが明らかであるから…判断するまでもなく理由がない（神戸地裁尼崎支部平成8年4月15日判決）。

●**参考判例**（東京地裁昭和13年2月21日判決）

事　案　（不詳）

争　点　解除権の除斥期間を約款で短縮することは有効か

判　旨

保険者が解除の原因を知りたる時より1ケ月または契約の時より5年なる除斥期間を定めたるものにして、その除斥期間を定めたる法律は、当事者間の関係を長く未確定に置く弊害を避ける目的とし、その期間をどの辺に定めるかは、統計と事業上の経験に徴したるものと解すべきものとす。故に、当該規定は、保険契約者の不利益に変更し得ざる点に於いて片面的強行規定なるも解除権の除斥期間を3ケ年に短縮することは、全く支障なきを以て、原告保険会社の約款の規定は、商法の規定に先立ちて、当事者間の法律関係を規律するものというべし（東京地裁昭和13年2月21日判決）。

Ⅲ-6　保険契約解除の効果

●**参考判例**（福岡地裁平成2年5月22日判決）
　事　案　告知義務違反による契約の解除
　争　点　除斥期間の終期
　判　旨
　　翻って考えてみるに、告知義務違反を理由とする契約解除権の除斥期間は、元来「契約のときより5年間」（商法第678条第2項、第644条第2項）と定められているのを保険者において期間の利益を一部放棄した形で普通保険約款に規定したものであるから、本件保険契約において、除斥期間の終期を定めるにあたり、普通保険約款および集団扱特約にいう「契約成立日から2年間」、すなわち昭和62年7月末日まで定め、各社・各種保険と比較して2年間という期間に多少のずれが生じたとしても、これを直ちに不合理であると断ずることは困難である（福岡地裁平成2年5月22日判決）。

Ⅲ-5-3　保険者が解除権を放棄したとき

　保険者が解除権を放棄した場合、以後においてこれを行使し得ないことはいうまでもない。放棄は明示的または黙示的に行いうるが、いかなる場合に黙示の放棄があったと解すべきかは各場合の解釈問題であるとされている。しかし、保険者が解除権を放棄した実例はないと思われる。

●**参考判例**（岡山地裁平成9年11月21日判決）
　事　案　契約解除後の死亡
　争　点　解除の効果の放棄
　判　旨
　　原告は、被告が、本件保険契約解除の意思表示後の平成5年10月4日、被保険者に対して疾病入院給付金を、被保険者死亡後に3大疾病保険金の支払いをなした（被告は、いずれも保険契約解除前の支払事由によるものであると主張した）。
　　私人間で一旦生じた契約の解除の効果を覆滅させるためには、法律上の根拠があるか、またはこれを基礎付ける合意が存在することを要する。しかしながら、商法等の法律のみならず被告の普通保険契約約款などにも右のような契約解除の効果を覆滅させることを根拠付ける規定を見出すことはできない。また、原告と被告との間に本件保険契約解除の効果を覆滅させる明示的な合意が存在しないことは明白であるし…被告が本件保険契約解除の効果を留保しつつ前記各支払いに応じていることは疑いを入れる余地がないから、原告と被告との間には前記支払いにより黙示的に本件保険契約解除の効果を覆滅させる旨の合意が成立したと認めることもできない（岡山地裁平成9年11月21日判決）。

Ⅲ-6　保険契約解除の効果

　保険法は、解除の効果について将来効とし（保険法59条1項、88条1項）、将来に向かってのみその効力を生ずるとする一方、解除の時までに発生した保険事故は免責であるとした（同59条2項、同88条2項）。
　解除権の行使は、それが法律行為であり形成権の行使にほかならないところから、民法の一般原則（民法540条）にしたがい契約の相手方たる保険契約者またはその代理人（契約者死亡の後は、相続人全員または相続財産管理人）に対する一方的意思表示により、その到達によってはじめて効力が生じる（民法97条1項）（大阪地判平成5年11月12日判時1544号124頁「解除の効果取得」を否定、大阪高判平成6年12月21日判時1544号119頁「解除の効果取得」を肯定、最三平成9年6月17日民集51巻5号2154頁A有限会社に代表者が不存在のため死亡保険金請求権についての債権差押・転付命令をえた債権者が申立てによりA社の特別代理人として選任されたCを名宛人とした解除通知は有効であるとした）。

なお、現行の各社普通保険約款は、概ね、解除に伴う返戻金として解約払戻金と同額の返還金を契約者またはその相続人に支払うとしている。

●**参考判例**（東京地裁平成11年7月27日判決、平成11年（ワ）4355号）
　事　案　告知義務違反
　争　点　告知義務違反解除と既払保険金についての相続人への不当利得返還請求
　判　旨
　　原告は主文同旨の判決及び仮執行宣言を求め、別紙のとおり請求原因を述べるとともに、〔証拠略〕を提出した。
　　被告Y_1は、原告の請求を棄却する、訴訟費用は原告の負担とする、との判決を求め、請求原因については知らない旨を述べた。〔証拠略〕によれば、請求原因一ないし六及び七の3の各事実が認められる。
　　以上の事実によれば、原告の請求はいずれも理由があるから認容し、訴訟費用の負担について民事訴訟法61条、65条1項本文を、仮執行宣言について同法259条1項を各適用して、よって、主文のとおり判決する（東京地裁平成11年7月27日判決、平成11年（ワ）4355号）。

●**参考判例**（大阪地裁平成14年7月8日判決、平成13年（ワ）13673号）（大阪高裁平成15年1月31日判決、平成14年（ネ）2290号）
　事　案　告知義務違反
　争　点　「解除の原因となった被保険者の死亡保険金、給付金の支払いを行いません。」との約款文言の解釈
　判　旨
　　（第一審）　前記第2の1(8)の事実及び第3の1の判断によれば、本件保険契約は、原告及びBの告知義務違反を理由として、被告により解除されたと認められる。
　　そこで、本件約款28条2項(1)につき判断するに、同条3項ただし書は、告知義務違反に基づく解除通知の相手方の表示として「解除の原因となった被保険者の死亡保険金受取人または給付金受取人」に解除の通知をする旨の表現を用いており、被保険者の中に告知義務違反による解除の原因となった者とそうでない者がいることを前提に、これらの被保険者を区別する趣旨で「解除の原因となった被保険者」という文言を用いていると認められる。
　　また、同条2項(1)の「解除の原因となった被保険者の死亡保険金、給付金の支払いを行いません。」という記載中の「解除の原因となった」という文言が、「死亡保険金、給付金」に係るものと解すると、日本語として意味不明となり、「解除の原因となった（告知義務違反に係る疾病により生じると認められる保険事故によって発生した）死亡保険金、給付金」というように、途中に補充のための文言を挿入する必要があるが、このような補充をすべき根拠は乏しい。
　　さらに、商法645条2項は、告知義務違反により保険者が契約を解除した場合、契約解除前に発生した保険金支払義務も遡及的に消滅し、既に保険金を支払った場合にはその返還請求をすることができるとし、ただし、例外として、保険契約者において、保険事故が不告知又は不実告知された事実と因果関係なく発生したことを証明したときは、保険者はその損害を填補する義務を免れないと規定しており、告知義務違反の場合、保険者の保険金支払義務が消滅することを原則としている。
　　したがって、以上の事実に照らせば、本件約款28条2項(1)は、解除の原因となった不告知又は不実告知の事由の存する被保険者について発生した保険事故については、当該不告知または不実告知の事由と保険事故との因果関係に関わらず、保険金の支払をしない旨を定めた規定と解すべきである。
　　そうすると、Bについて告知義務違反が存することは前記(1)のとおりであるから、被告は、Bについて発生した保険事故に係る保険金である本件保険金の支払義務を負わない。
　　本件約款28条2項(1)の解釈については前記(2)に判示したとおりであるが、証拠［略］によれば、C型肝炎、慢性肝炎及び肝癌の間には密接な因果関係があり、肝細胞癌患者の80パーセントはC型肝炎ウイル

Ⅲ-6 保険契約解除の効果

スに感染していること、C型肝炎ウイルスは持続感染し、肝細胞壊死と再生を繰り返しながら、慢性肝炎を経て、極めて緩徐に肝硬変から肝細胞癌へと進展するのであり、C型慢性肝炎患者の肝細胞癌発生率は健常者の1000倍とも言われていることが認められるから、仮に原告主張のように、本件約款28条2項(1)が、支払拒絶の要件として、不告知又は不実告知の事実と保険事故の間に因果関係が存することを保険者側で立証すべきことを定めたものであると解したとしても、本件については、Bの（C型）慢性肝炎と肝癌の間に相当因果関係が存するというべきであるから、被告が本件保険金の支払義務を負わないとの結論に変わりはない（大阪地裁平成14年7月8日判決、平成13年(ワ)13673号）。

（第二審） 第一審の判旨と同旨（大阪高裁平成15年1月31日判決、平成14年(ネ)2290号）。

●**参考判例**（大分地裁平成16年12月7日判決、平成16年(ワ)48号）
　事　案　告知義務違反
　争　点　告知義務違反解除の効果が発生する時期
　判　旨

　以上のとおりであるから、被告による本件災害特約の解除は有効であり、解除の意思表示が原告に到達した平成14年1月8日の翌日である同月9日から将来に向かって効力を有する（本件災害特約約款26条1項。なお、同条3項は、同条2項を受けているから、既に支払事由等が生じている場合の特約給付金等の支払拒否を定めた規定である。将来支払事由が生じる場合は、同条1項によるから、本件で将来の入院分については、同条3項の適用がない。）。そして、被告は、原告に対し、災害入院給付金等を平成13年11月3日から同年12月26日までの分合計54万円（1万円×54日）を支払っているが、同月27日から平成14年1月8日までの分である合計13万円（1万円×13日）については支払っていないから、支払義務がある。

　また、原告は、平成14年1月11日付けで、災害入院給付金の請求をしている（〔証拠略〕。ただし、添付されたと推認される入院証明書〔証拠略〕によると、医師が証明しているのは、原告の平成13年12月31日までの入院であるから、原告の請求意思は、同日までの請求とみることができる。）ところ、請求書の作成日付のころ被告に到達し、その5日後（本件災害特約約款18条4項）に支払時期が到来することが認められるから、同月27日から同月31日までの災害入院給付金支払債務は、遅くとも平成14年1月20日には履行遅滞となる。したがって、原告の請求する同年2月25日以後は、明らかに遅延損害金が発生している。

　一方、平成14年1月1日から同月8日までの災害入院給付金支払債務については、本件訴訟外で、原告が被告に対し、必要書類を提出して本件特約に基づく請求をしたか、したとするならその時期はいつか等の点が明らかではないので、原告の請求意思が明らかとなっている本訴状が、被告に送達された平成15年8月11日から5日が経過した同月17日から、上記支払債務が履行遅滞となったと認めることができる。したがって、上記支払債務の分については、同日以後、遅延損害金が発生している。

　なお、原告が請求する遅延損害金の利率は、本件保険契約及び本件災害特約上根拠がないので、災害入院給付金支払債務が、保険という商行為（被告が営業として本件保険契約及び本件災害特約を締結したことは明らかである。商法502条9号）によって生じたものであるから、遅延損害金の利率は商事法定利率の年6分（同法514条）である（大分地裁平成16年12月7日判決、平成16年(ワ)48号）。

●**参考判例**（横浜地裁平成17年3月30日判決、平成15年(ワ)20456号）
　事　案　告知義務違反解除
　争　点　①転換後契約について告知義務違反解除がなされた場合に、契約者の希望により被転換契約に復元することができる期限
　　　　　②告知義務違反解除に際して保険会社が早期解決のために提示した和解金について契約者が納得せず、訴訟提起をした場合における当該和解金の支払義務
　判　旨

　本件保険契約に適用される「保険契約の転換に関する特則」〔証拠略〕第4条1項(2)は、本件保険契約締結の際の告知義務違反により本件保険契約が解除された場合は、旧契約による保険契約が復元すると定めている。証拠（〔略〕、弁論の全趣旨）によれば、被告は、原告に対し、平成12年5月12日までに被転換

契約への復元を希望するか否かを回答するように求められたが、原告はこれに回答しなかったこと、そこで、被告は、原告に対し、さらに平成12年8月2日付通知書により、同月18日までに旧契約の復元を希望するか否かについて回答するよう催告したが、原告は、これについても回答しなかったことが認められる。上記認定の事実によれば、旧契約は、平成12年8月18日の経過をもって、もはや復元し得なくなったものというべきである。

これに対し、原告は、当時告知義務違反の内容を知らされず、告知義務に違反しているという明白な認識もなかったため、旧契約の復元手続を履行することが期待できない状況にあったとして、そのような場合は、旧契約復元のための手続を履行するための期間は、裁判等により本件保険契約の解除が有効と確定した時点から起算すべきであると主張する。しかし、そのような解釈は恣意的に流れやすく、たやすく採用できない上、たとえ原告が当時上記のような状況下にあったとしても、原告は、旧契約の復元手続を履行しておくことによって、旧契約の保険契約者たる地位を確保しておくことができたはずであるから、これが期待できない状況にあったとまではいえない。したがって、原告は、旧契約の保険契約者たる地位を有しないものといわなければならない。

証拠（〔略〕、弁論の全趣旨）によれば、本件保険約款第31条1項は、本件のように、保険契約が解除された場合、保険契約者は被告に対し、解約払戻金を請求することができる、その場合の解約払戻金は、保険料払込期間中の場合にはその保険料を払い込んだ年月数により、保険料払込済みの場合にはその経過した年月数により計算すると定めていること、原告の場合、その解約払戻金は85万6439円であることがそれぞれ認められる。

ところで、原告は、この解約払戻金について、上記の金額ではなく、被告が平成12年5月12日付で原告に示した書面〔証拠略〕に記載された合計202万8148円（入院給付金60万円、転換価格84万1343円、清算後保険料58万6805円）であると主張する。しかし、弁論の全趣旨によれば、この金額は、被告が原告との間の早期の紛争解決を図るため、約款で定められた解約払戻金とは別に、いわば和解金として、これを上回る金額を提示したものであるところ、結局、原告は、被告のこの提案を受け入れず、被告の提案合意に至らないままに終わったものと認められるから、この金額を基に原告の解約払戻金を算定することはできないものといわなければならない。

そうすると、本件において、被告が原告に支払うべき解約払戻金は、約款に従って計算された前記の85万6439円であり、原告は、本訴において、予備的請求の2として、この解約払戻金の請求をしているのであるから、被告は、本件訴状送達の日の翌日からこの金額について支払遅滞に陥っているものというべきである（横浜地裁平成17年3月30日判決、平成15年(ワ)20456号）。

● **参考判例**（秋田地裁平成14年3月27日判決、平成12年(ワ)313号）（仙台高裁秋田支部平成15年4月16日判決、平成14年(ネ)50号）
事　案　告知義務違反に際しての合意解除
争　点　転換契約について告知義務違反が認められた際に、保険会社と契約者間で合意解除が成立したか
判旨

（**第一審**）　終身保険契約（転換後契約）の合意解除に関しては、原告と被告間の合意の存在を示す書面として、「乙2の証」及び「乙3の証」が存在する。

そこで、これらの書面の文言を検討するに、乙2及び3号証によれば、「乙2の証」には、「上記保険契約は、商法ならびに貴社普通保険約款の規定にもとづき、解除されたことを承諾し、……。」と記載されて、保険契約の解除に同意する内容、即ち合意解除の書面であることは読みとれるものであるが、解除される保険は、保険証券番号と保険契約日のみによって特定されているため、保険契約者である原告にとって、契約中のいかなる保険契約が解除されるのかが一見して判りにくいうえ、解除原因となった事由が「商法ならびに貴社普通保険約款」のいかなる規定に基づくのかが明確ではなく、被告からの詳細な説明がなければ書面の内容を正確に理解することが極めて困難であること、また、「乙3の証」についても、記載された文言と保険契約の転換特約とを対比して読むか、被告からの詳細な説明がなされて初めて、書面の意味内容を理解できるものであることが認められる。

Ⅲ-6 保険契約解除の効果

　ところが、上記認定の事実及び証拠（〔証拠略〕、証人Ｂ、原告代表者）を総合すれば、終身保険契約（転換後契約）及び特定疾病保険契約締結の際にＡに告知義務違反があったと判断したうえ、転換後契約である終身保険契約については、新・終身保険約款第19条により契約（転換後契約）を解除し、転換特約第５条２項の扱いをするとの方針を決定した被告の意向を受けて、原告代表者に終身保険契約の合意解除を促すために、原告事務所に赴いた被告の担当職員は、通常、本件のような解除の際に、契約者との直接の折衝を担当する立場になく、その経験も全くない、当時の被告の○○第１営業支部長のＦと原告担当（当時）の被告営業職員のＢであったうえ、転換後の終身保険が解除され、元の養老保険が復元されることになるということを一応は説明したものの、終身保険契約が解除されて元の養老保険契約が復元された場合には、被保険者の死亡保険金が7479万3700円から250万円に変更されてしまい、原告にとっては極めて不利益な内容に変更されるものであり、かつ、Ｆ及びＢにおいても、その点を十分に認識して、原告代表者に終身保険契約の合意解除に素直に応じてもらえるか否かについて多大な関心を払っていたにも拘わらず、原告代表者に対する説明を担当したＦは、原告代表者を目の前にして、刺激的な言葉を避け、円満裡に合意解除を取り付けたいとの営業政策上の配慮からと称して、「告知義務違反」及び「解除」の言葉を敢えて使用しなかったこと、同席したＢも、上記のようなＦの説明について、原告代表者に対し、特に付加して説明することをしなかったこと、更には、上記のような説明の席において、Ｆ及びＢは、特定疾病保険契約に基づく1000万円の保険金が給付されることになるという件をも併せて説明したことが、それぞれ認められる。

　以上の経緯によれば、原告代表者が、契約の見直しとか、前の保険の形に戻るといった、保険契約に特に精通していない通常人にとっては理解することが極めて困難な話よりは、具体的に1000万円の給付金がもらえるというインパクトの強い話に関心が集中し、ＦとＢの訪問の目的を、主に特定疾病保険金の給付についての説明であって、「乙２の証」及び「乙３の証」は、これについての何らかの書類だと思い込んで、Ｇにこれへの記名・押印を指示したのではないかということも充分に考えられるところであり、原告代表者が、終身保険契約（転換後契約）が解除されることの認識がないまま、特定疾病保険契約の1000万円の受領のために必要な手続であると誤信して、Ｇに対して「乙２の証」及び「乙３の証」への署名・押印を指示したとする、原告の主張並びに原告代表者の本人尋問における供述及び陳述書中の陳述は、これを措信するのが相当であり、結局、原告と被告間には終身保険契約（転換後契約）の合意解除についての意思の合致がなく、解除の合意はなかったものと判断せざるを得ない。

　なお、被告は、原告代表者は、解除後、既払い保険料の一括受領、印鑑証明書の提出、保険証券の交換をしたうえ、特約による復元後の被転換契約に基づく低額の保険料を支払いつづけていたのであるから、解除についてその意味と結果を十分に理解し、納得したうえで、解除が有効であることを前提に行動してきていたものであると主張するが、この一連の事務手続きについて、実際に行動したのは、経理事務担当のＧであり、出入金の頻繁な会社の経理について、その代表者がそのすべてを認識し、意味を把握していなければならないとするのは無理があり、書類や金の授受について原告代表者がとりたてて質問や抗議をしなかったからといって、このことから、解除に対しての認識があったと認めることはできない。

　また、証人Ｂの証言によって認められる、２回目の入院の際にＡが入院給付金について問い合わせてきた時の会話内容は、Ａが解除について知っていたことを窺わせるものとはいえ、逆に、知らなかったからこそ問い合わせてきたとも推認できるから、上記認定を覆すものではない。

　そして、証拠（〔証拠略〕、証人Ｂ、原告代表者）によれば、原告代表者がＦ及びＢの二人を原告事務所から送り出す時、「保険はありがたいものだ」と礼を述べていたこと、同席したＧも、その陳述書において、特定疾病保険の給付の話だと誤解していたと述べていることが認められ、上記認定が相当であることは、これらからも推認できるところである（秋田地裁平成14年３月27日判決、平成12年(ワ)313号）。

（第二審）　Ａは、平成９年11月15日、下腹部痛を自覚したため、同月18日、Ｃ病院産婦人科の診断を受けたが、その際の超音波診断の結果、卵巣腫瘍が疑われたことから、同年12月２日、同病院に入院し、同月16日、子宮全部摘出、両側卵巣摘出等の手術を受けた。術後の病理組織診断の結果、Ａの病名は卵巣癌であることが判明したことから、主治医は、平成10年１月10日ころ、その旨の確定診断をし、同月20日、Ａとその夫Ｄら家族に対し、卵巣癌であることを告知した。Ａは、その後、同年２月１日まで同病院に入院

した。
　被控訴人は、平成10年２月18日ころ、本件終身保険契約に附帯した疾病入院特約等に基づく入院給付金等の支払を控訴人に請求した。このとき、被控訴人は、上記請求とともに本件終身保険契約の保険証券を控訴人に提出した。
　控訴人は、被控訴人から、本件終身保険契約に基づく入院給付金等の支払請求を受けたことから、その支払の可否に関する調査と検討を行った。このとき、被控訴人から請求を受けたのは本件終身保険契約に基づく入院給付金等についてのみであったが、被保険者であるＡが罹患したと申告してきた疾病名が悪性新生物であったことから、控訴人は、本件終身保険契約とは別個の保険契約であり、しかも被控訴人からの支払請求を受けていない特定疾病保険契約に基づく特定疾病保険金の支払の可否についても並行して事実確認を実施した。この調査により、控訴人は、本件終身保険契約及び特定疾病保険契約の締結時、被保険者に告知義務違反があったとの認識を持つに至った。そこで、保険金・給付金の支払可否や保険契約解除の当否の判断を担当する控訴人本社の保険金課は、告知義務違反を理由として本件終身保険契約を解除し、被控訴人から請求された本件終身保険契約に基づく入金給付金等の支払を拒絶する方針を決定し、平成10年３月20日、控訴人秋田支社に対して「給付金請求にともなう契約交渉依頼について」と題する書面〔証拠略〕、合意解除の「証」（乙２）、復元の「証」（乙３）、通院証明書写し〔証拠略〕及び平成10年３月27日付けで控訴人本社の保険金課長名で被控訴人へ発送予定の解除通知書の写し〔証拠略〕を送付した上、控訴人本社から上記解除通知書を発送する前に、できる限り交渉によって合意解除を行うよう指示を行った。なお、特定疾病保険金については、同保険金の支払事由である悪性新生物への罹患が同保険契約に係る責任開始時以降であるとの診断確定がされたこと及び悪性新生物への罹患と告知義務違反に係る更年期障害罹患との間に因果関係が認められなかったことから、控訴人は同保険金の支払を実行することとした。
　一般に、控訴人が告知義務違反を理由として保険契約の解除を行う場合には、事前の交渉により合意解約の成立に向けた努力を行う場合（合意解約が不成立となった場合には、控訴人本社から直接解除通知書を送付する。）と、事前の交渉なしに控訴人本社から解除通知書を送付する場合の二通りがあるが、解除の対象となる保険契約が転換後契約である場合や、その保険契約者等との間に解除の対象としない他の保険契約が存在している場合などには、前者の対応を執っている。その理由は、解除の対象となる保険契約が転換後契約である場合には、保険契約者は被転換契約の復元を選択することができ、その復元が選択されるかどうかによって保険契約者に支払うべき返戻金の金額に差異が生ずるほか、復元が選択された場合には、早期のうちに差額保険料の徴収や新旧保険証券の交換等に関する事務を行うことが必要であること、その保険契約者等との間に解除の対象としない他の保険契約が存在している場合には、営業対策上の観点から、他の保険契約について保険契約者側から解約の申し出がされることを避けるため、事前の折衝なしに解除通知書を送付することを差し控える対応を執ることからである。
　本件の場合、解除の対象となる保険契約が転換後契約であったことに加え、被控訴人との間には、Ａを被保険者とした本件終身保険契約のほかに、代表取締役であるＤを被保険者とする生命保険契約〔証拠略〕が存在した（同保険契約は解除の対象とはならないものであった。）ことから、控訴人としては、営業政策上同人の機嫌を損ねて同契約の解約の申し出がされることを回避する必要があったため、一方的に解除通知を送付するのではなく、被控訴人との間の事前交渉により合意解除の成立に向けた努力を行うこととしたものである。なお、本件約款上、告知義務違反による保険契約の解除は、控訴人が解除原因事実を知った日から１か月を経過するとできなくなる（本件約款21条２項）ことから、控訴人本社からは、秋田支社に対し、原契約（養老保険契約）への復元手続を要するため、大至急上記交渉を完結するようにとの特段の指示がされていた。
　控訴人本社からの上記指示を受け、控訴人○○第一営業支部長のＦ及び本件転換合意の勧誘と受理手続を行った控訴人営業職員のＢは、平成10年３月23日、被控訴人代表者との間で本件終身保険契約の合意解約の交渉を行う目的で被控訴人の事務所を訪れたが、被控訴人代表者Ｄが多忙のため、同人に直接会うことはできなかった。そこで、Ｆらは、被控訴人総務部の従業員であるＧに、本件終身保険契約を元の養老保険契約に戻す旨を説明し、被控訴人代表者への伝言を依頼した。
　ＦとＢは、翌24日にも、被控訴人代表者との間で本件終身保険契約の合意解約の交渉を行う目的で被控

Ⅲ-6　保険契約解除の効果

訴人の事務所を訪れた。Fは、被控訴人代表者の面前で、今回のAの入院により控訴人から1000万円の保険給付金が支払われることを説明するとともに、被保険者であるAが更年期障害で通院・投薬を受けていたことが判明したので、本件終身保険契約を元の養老保険契約に戻すこと、これにより、本件終身保険契約に付いている約7000万円の大きな保障が250万円に小さくなること、保険料は安くなるので過払いの保険料は返還することを、保障内容の変更見取図を手書きしながら小声で説明した。しかし、このときF及びBは、被控訴人代表者に対し、本件終身保険契約締結の際、Aに更年期障害の通院・投薬の事実について告知義務違反という契約違反があったこと、この違反により本件終身保険契約は解除せざるを得ないこと、この解除によりAが死亡したときも本件終身保険契約に基づく約7400万円の死亡保険金は支払われないことになること、この解除により、被控訴人から請求されていた本件終身保険契約に基づく入院給付金等の支払もできないこと、今回控訴人から支払われる1000万円の保険給付金は、被控訴人から請求された本件終身保険契約に基づく入院給付金等ではなく、別途契約されていた特定疾病保険契約に基づく特定疾病保険金であることの明確な説明をしなかった。そのため、被控訴人代表者は、Fから説明された1000万円の支払が、被控訴人が平成10年2月18日ころに控訴人に支払を請求した本件終身保険契約に基づく入院給付金の支払を含むものであり、控訴人がその入院給付金の支払を了解しその受給手続のために必要な書類を受け取りに来たものであると誤解して、Gに対し、Fの持参した本件合意解除の事実を証する「証」と題する書面（乙2）と養老保険契約への復元を請求することを証する「証」と題する書面（乙3）に被控訴人の記名・押印をしてFに交付するよう指示した。

　Bは、被控訴人代表者との合意解約の交渉に臨む前は、合意解約を求める理由を上手に説明しないと被控訴人代表者が立腹して交渉が揉めるのではないかと心配していたが、意外にも、被控訴人代表者は、Fの上記説明に何らの異論や質問を差し挟むことなく上記乙2の証と乙3の証への記名・押印に同意したばかりでなく、帰り際に、FとBに対し、1000万円の保険金の支払を受けられることについて感謝の言葉を述べた。

　なお、Fによる上記説明と乙2の証及び乙3の証への記名・押印は、被控訴人代表者の多忙なスケジュールの合間を縫って行われたものであった。また、被控訴人は、本件終身保険契約以外にも、Aを被保険者とする保険契約をH生命及びI生命等の複数の保険会社との間で締結していたため、これらの保険契約に基づく保険金請求手続のために同会社の従業員らが頻繁に被控訴人事務所を訪れていた時期に行われたものであった。

　控訴人は、被控訴人からその記名・押印のある乙2の証及び乙3の証の交付を受けたことから、控訴人本社からの被控訴人へ発送を予定していた解除通知書〔証拠略〕の送付を行わず、また、被控訴人から本件終身保険契約に基づく入院給付金等の請求を受けた際に被控訴人から提出された本件終身保険契約の保険証券を、被控訴人に戻すことなく本件合意解除にともなう証券の返還を受けたものとして処理した。なお、控訴人は、平成10年6月上旬ころ、被控訴人に対し、本件合意解除によって復元された養老保険の保険証券を交付した。

　上記(ア)に認定した事実によれば、被控訴人代表者は、乙2の証及び乙3の証が告知義務違反による本件合意解除を証する書類であることを認識しないまま、本件終身保険契約に基づく入院給付金等を受領するために必要な書類であると誤信し、被控訴人の社員にこれらの書類に対する記名・押印を指示したものであると認められる。そして、乙2の証には、本件終身保険契約が保険証券番号、保険契約日及び被保険者名で特定された上、「上記保険契約は、商法ならびに貴社普通保険約款の規定にもとづき、解除されたことを承諾し、これにともない頭書の金員（既払保険料相当額）を確かに受領いたしました。ついては、今後貴社に対し、本契約に関する一切の権利主張をいたしません。」と記載されていることから、被控訴人としては、乙2の証に被控訴人の記名・押印を指示した以上、本件合意解除を承諾する旨の意思表示を外部的に表示したものというべきであり、本件合意解除の成立自体は認められるといわざるを得ない。しかし、被控訴人には、その意思表示の外形に符合する効果意思が存在しなかったと認められることは上記のとおりであるから、本件合意解除について被控訴人には要素の錯誤（表示上の錯誤）があり、本件合意解除は無効というべきである（仙台高裁秋田支部平成15年4月16日判決、平成14年(ネ)50号）。

●**参考判例**（岡山地裁昭和60年2月1日判決）
　事　案　契約の解除
　争　点　解除の了解書と返戻金受領の有効性
　判　旨
　　了解書は、原告たる保険契約者から被告保険会社に宛てた、本件告知義務違反のため解除されることを諒承し、弔慰金××円を受領したこと、については今後本件に関して一切異議を述べない旨記載した昭和54年8月30日付「証」と題する書面であるが…（それが）原告会社の印章によって顕出されたことは当事者間に争いはない。右各印影は原告代表者の意思に基づいて成立したものと事実上推定される。
　　本件書面の保険契約者欄の原告会社の記名および押印部分は真正に成立したものと認定すべきである（岡山地裁昭和60年2月1日判決）。

第3章 生命保険契約（傷害疾病定額保険契約含む）の継続と異動

Ⅰ 生命保険料

Ⅰ-1 保険料の支払

　生命保険契約、傷害疾病定額保険契約における保険料は、保険者が被保険者の生死、一定の給付事由に関して財産の給付をする義務を負担したことに対する対価として、生命・傷害疾病定額保険契約の有償・双務契約性に基づき保険契約者が保険者に負担する支払債務であり（保険法2条1号）、全保険期間に対応するものとして一時払いをするものと、全保険期間を分割して保険料期間とする年払、また、その年度に対する保険料を分割払いするものとがあり、これらはいずれも前払すべきものとされている。

(1) 保険料支払債務の性格

　保険契約者は、保険契約に基づき保険料支払義務を負う。保険料は、保険者の保険金支払に対する報酬ではなく、「危険負担」に対するものとされている（通説）。

　現行の生命保険約款では、「保険料の支払方法（経路）」として次の方法が規定されており、保険契約者はそのいずれかの方法を選択することができると定められている。この約款は、昭和56年11月の国民生活審議会消費者政策部会による「消費者取引に用いられる約款の適正化について」の報告に基づき、昭和58年4月に生保業界統一で改定されたものである（吉田明・「国民生活審議会約款適正化報告に対する生保業界の約款のモデルについて（その1）」生命保険経営51巻3号34頁）。

① 保険会社の指定した金融機関等の口座振替により払い込む方法（口座振替扱い）
② 金融機関等の保険会社が指定した口座に送金することにより払い込む方法（送金扱い）
③ 所属団体または集団を通じ払い込む方法（団体扱いまたは集団扱い）
④ 本社または保険会社の指定した場所に持参して払い込む方法（店頭扱い）

　なお、保険約款改定時規定されていた「保険会社の派遣した集金人に払い込む方法（集金扱い）」の取扱いは、現行、廃止している会社が多いようである。

(2) 保険料払込の猶予期間と保険契約の失効

　保険料支払がその払込期月を経過しても約款で保険料払込の猶予期間を設け、保険料の支払いを一定期間猶予している。その内容は、保険料の支払方法によって異なり、月払のときは払込期月の翌月初日から末日まで、年払・半年払のときは、払込期月の翌月初日から翌々月の月単位の応答日まで（契約応答日が2月、6月、11月の各末日の場合には、それぞれ4月、8月、1月の各末日まで）とされている。

　生命保険契約は長期の契約であることから、保険契約者の一時的な事情によって払込期月内に保険料が払い込まれない場合、それをもってただちに契約の効力を失わせることは保険契約者にとってはあまりにも酷となる。そこで、約款は払込期月内に保険料の払い込みがない場合でも一定の保険料の支払い猶予期間を設け、この期間内に保険料の払込みがあれば契約は有効に継続することとしている。この猶予期間については、文言どおり保険料の払込期月を猶予とするものであるとする見方の他、失効の効力発生を猶予するものであるとする見方もある。なお、この猶予期間内に保険料の払込がないときは、保険契約は猶予期間満了の日の翌日から失効することとなる。

ア．失効について

　保険料支払義務がその履行期（払込期月内）に履行されない場合には、民法の債務不履行に関

I-1 保険料の支払

する規定が適用される。そして、民法の原則では、支払が遅滞した場合（履行遅滞）には相当の期間を定めて履行を催告したうえ解除すべきものとされている（民法541条）が、保険契約では多数の契約を処理するため便宜上、約款をもって、「相当の期間を定めた催告」に代えて猶予期間を設け、それを経過すれば「保険契約はその効力を失う」として契約の失効を定めている（近時、初回の保険料の支払いにつき、第2回以降の保険料と同様猶予期間の経過により効力を失うとする規定する約款も見受けられている）。

イ．無催告失効条項について

生命保険契約では約款上、催告は失効の要件とはせず、猶予期間内に保険料が払い込まれないときは当然に契約が失効することが約款で定められている。

その理由は、約款であらかじめ「相当の期間」より長い猶予期間（月払いの場合、払込期月の翌月の初日から末日まで、半年払い及び年払いの場合、払込期月の翌月の初日から翌々月の月ごとの応当日までが猶予期間とされる）が設けられており、猶予期間中は保険契約の効力が維持される。そして、猶予期間を経過しても、解約返戻金があればこれを基礎に保険料自動貸付が行われて失効が防止されること、実務上督促のはがきを郵送する取扱いが行われ、この督促はがきは催告に準じたものと考えられること、失効しても保険契約を復活できることなどから、従来から、約款規定は有効と考えられてきた（山下・保険法343頁ほか、東京地判昭和48年12月25日判タ307号244頁、東京地判平成9年12月22日判時1662号109頁、東京高判平成11年2月3日判時1704号71頁、大阪高判平成20年9月3日）。

しかし、近時、この「無催告失効条項」の効力を巡って、裁判上争われることとなった。それは、保険料の未払いにて保険契約が失効した保険契約者が、保険会社に対して保険契約の存在の確認を求めた事案つき、保険会社が、約定の期間内に保険料の払込みがないときは当然に約款の条項により保険契約は失効したと主張するのに対し、保険契約者は、本件無催告失効条項は消費者契約法10条により無効であるなどとして争われたものである。

これについて、東京高判平成21年9月30日は、消費者契約法10条に基づき無催告失効約款は無効であると判示した。それに対して、保険会社が上告したところ、最高裁平成24年3月16日判決は、本件約款に民法541条で求められる催告期間よりも長い猶予期間を定める条項及び自動貸付条項（以下、この二つの条項を併せて「本件配慮条項」という。）が定められていることに加えて、保険料払込みの督促の実務上の運用を確実にした上で本件約款を適用していることが認められるのであれば、本件失効条項は信義則に反して消費者の利益を一方的に害するものには当たらない（消費者契約法10条後段該当を否定）と判示し、原判決を棄却し、保険料払込みに対する督促の実務上確実な運営をされているか確認するよう東京高裁に差戻した（差戻審は東京高裁平成24年10月25日判決）。

本事案の原々審、原審、最高裁の判旨と差戻審の判旨を掲記する。

●**参考判例**（横浜地裁平成20年12月4日判決、平成20年（ワ）721号）
〔判旨〕
（第一審） 本件は、原告が、① 被告との間で、平成16年8月1日、別紙生命保険契約目録記載1の内容の生命保険契約（以下「本件第1契約」という。）を、平成17年3月1日、同目録記載2の内容の生命保険契約（以下「本件第2契約」といい、本件第1契約と併せて「本件各契約」という。）をそれぞれ締結したこと、② 本件各契約に適用される各約款には、保険料の払込期月後の1か月のみを払込猶予期間とし、同猶予期間内に当該保険料の払込みがない場合に、保険契約を同猶予期間満了日の翌日から失効させることを定める条項が存するところ、当該条項は、月払契約の場合の猶予期間を翌月1か月のみとしている部

分について、公序良俗、信義則に反し、又は、消費者契約法10条に該当して無効であって、原告は、払込期月の1か月と8日後に保険料を支払っていることから、いまだ本件各契約は失効していないこと、③仮に本件各契約が失効したとしても、原告は、本件各契約の復活の申込み（以下「本件復活申込み」という。）をしているのであって、これを不承諾とした被告の行為は、信義則に反し、権利の濫用であって許されず、したがって、本件各契約は、既に復活していることを主張し、被告に対し、本件各契約がいずれも存在することの確認を求める事案である。

　これに対し、被告は、月払契約の場合に猶予期間を払込期月の翌月1か月と定める約款の規定は有効であり、かつ、被告が本件復活申込みを不承諾としたことには合理的理由があって、信義則違反、権利の濫用には当たらないと主張して、原告の本件各請求をいずれも争っている。

1　争点(1)（本件各条項の有効性）について
　(1)　公序良俗違反について
　　　前記第2、1の前提となる事実をふまえ、本件各条項が公序良俗に反し無効となるかを検討すると、本件各条項は、払込期間内に支払がされず、かつ、払込期月の翌月1か月の猶予期間内に遅滞した保険料の払込みがない場合に、保険者からの催告や解除の意思表示を要することなく、保険契約を失効させることを定める（前記第2、1、(3)、イ及びウ）ものであるが、払込期月内に保険料の払込みがない場合にも直ちには保険契約を失効させず、猶予期間内に保険料が払い込まれた場合には契約を継続するとしていること、同期間は1か月であり、通常、金員の不払を理由とする契約解除のために要求される催告の場合におかなければならないと考えられる期間よりも長めに設定されていること（最高裁昭和28年(オ)第1302号同30年3月22日第三小法廷判決・民集9巻3号321頁及び最高裁昭和46年(オ)第245号同年11月18日第一小法廷判決・判タ271号169頁は、いずれも2日の期間を催告期間として不相当ではないとしている。）、本件各契約に適用される以前の約款も、「払込期日から2か月を猶予期間とする」というものであり、現在の約款が1か月の払込期月とその後1か月間の猶予期間を設けていることと実質的にさほどの違いはないことに照らすと、本件各条項により保険契約の失効という保険契約者にとって重大な不利益が生じること、本件各条項がどちらかといえば、保険者側の利益に配慮して定められたものであることなどの原告主張の事実及び本件に現れた一切の事情を考慮しても、本件各条項の規定が相当性を欠くとまでいうことはできない。
　　　よって、本件各条項が公序良俗に反し無効であるとする原告の主張は採用できない。
　(2)　消費者契約法10条の該当性について
　　　本件各条項が消費者契約法10条に該当して無効となるかについて検討する。
　　ア　前記のとおり、本件各条項は、猶予期間の経過により保険者からの催告や解除の意思表示を要することなく保険契約を失効させることを定めるものであり、「当事者の一方がその債務を履行しない場合において、相手方が相当の期間を定めてその履行の催告をし、その期間内に履行がないときは、相手方は、契約の解除をすることができる」と定める民法541条と比べ、保険契約者の権利を制限しているものと考えられるから、消費者契約法10条前段の定める「民法、商法その他の法律の公の秩序に関しない規定の適用による場合に比し、消費者の権利を制限」「する消費者契約の条項」との要件を満たすものであり、同法10条後段に規定する「民法第一条第二項に規定する基本原則に反して消費者の利益を一方的に害するもの」に該当する場合には、無効となるというべきである。
　　イ　そこで、消費者契約法10条後段の「民法第一条第二項に規定する基本原則に反して消費者の利益を一方的に害するもの」との要件を満たすかについて検討すると、①　本件各条項は、本来の払込期限である払込期月内に保険料の払込みがない場合にも直ちには保険契約を失効させず、猶予期間内に保険料が払い込まれた場合には契約を継続するとしていること、②　猶予期間は払込期月の翌月1か月であり、通常、金員の不払を理由とする契約解除についての催告の場合におかなければならないと考えられる期間よりも長めに設定されていること、③　本件各約款上は、保険料の払込みがないまま猶予期間が過ぎた場合であっても、払い込むべき保険料とその利息の合計額が、解約返戻金額を超えない間は、自動的に保険料相当額を貸し付けて保険料の払込みに充当し、保険契約を有効に継続させること（同オ）及び契約失効の日から本件第1約款では1年以内、本件第2約款で

I-1 保険料の支払

は3年以内であれば、被告の承諾により契約を復活させることができること（同カ）がそれぞれ定められており、契約を簡単には失効させずに存続させるように一定程度の配慮がされていることを考慮すると、本件各条項により保険契約の失効という保険契約者にとって重大な不利益が生じること、本件各条項がどちらかといえば、保険者側の利益に配慮して定められたものであることなどの原告主張の事実及び本件に現れた一切の事情を考慮しても、本件各条項が消費者契約法10条後段の要件を満たすとはいえないものというべきである。

　ウ　以上によれば、本件各条項が消費者契約法10条に該当し無効であるとの原告の主張は採用できない。

(3) 信義則違反について

　ア　本件各条項が信義則に反して無効となるかについて検討する。
　　そもそも、信義則違反の効果として本件各条項という規定自体が無効となり得るかについては疑義が存するが、この点を措くとしても、本件各条項は、信義則という民法1条2項に規定する基本原則に反して原告の利益を一方的に害するものではないというべきであるから、いずれにしても、本件各条項の規定が信義則に反して無効であるという原告の主張は採用できない。

　イ　なお、本件事案にかんがみ、念のため、本件各条項に基づいて、被告が原告に対し、本件各契約の失効を主張することが信義則上許されるかについても検討すると、前記(2)、イのとおりの各事情に加えて、①　原告は、本件保険料の未納に至るまで、5回にわたり本件各契約に基づく保険料の未納をし、その内、2回は、猶予期間内にも支払わずに本件各契約を失効させ、その後に復活の手続をとっており、上記各未納の際には、Aから原告に対し、保険料未納によって本件各契約が失効しても復活の手続が執れるものの、復活時には一定の健康状態でなければ契約が継続できないため、保険料未納には注意するよう伝えられており、平成18年10月又は同年11月のいずれかの未納の際、Aは、原告から直接、大腿部の一部が壊死したとの連絡を受けたため、原告に対し、本件各契約が失効した場合、復活に影響を与えるおそれがあることから、保険料未納を発生させないように特に注意する旨説明した（前記第2、1、(4)）こと、②　被告は、本件保険料の未納後でかつ本件保険料の支払についての猶予期間内である平成19年2月14日、原告に対し、同月の保険料振替え時に本件保険料も併せて振替えをすること、同月中に本件保険料の支払がない場合には本件各契約が失効することなどを記載した通知書を送付し、その上、万が一の場合に備えて原告がコンビニエンスストアから送金できるように、コンビニエンスストア払込票も併せて送付した（同(5)、イ）ことを併せ考慮すれば、被告において本件保険料がその猶予期間内に支払われなかったことを根拠として本件各契約の失効を主張することを信義則上制限すべきとはいえず、したがって、被告が本件各契約の失効を主張することが信義則上許されないものともいえない。

(4) なお、原告は、本件各条項の内、猶予期間を翌月1か月のみとし、同期間の経過によって本件各契約の失効を認めている点を特に取り上げ、本件各条項が少なくともこの点については公序良俗、信義則に反しており、又は、消費者契約法10条に該当して無効であって、猶予期間は少なくとも数か月とされるべきであると主張するが、前記のとおり、1か月という期間は、金員の不払を理由とする契約解除の前提として通常要求される催告の場合に求められる期間よりも長めといえることに照らすと、猶予期間を払込期月の翌月1か月のみとしている点についても、公序良俗に反するとも、信義則に反するとも、さらには、消費者契約法10条後段の要件に該当するともいえず、したがって、原告の上記主張は採用することができない。

(5) 以上のとおり、本件各条項が、公序良俗、信義則に反し、又は、消費者契約法10条に該当して無効であるとする原告の主張は、いずれも採用できない。」（横浜地裁平成20年12月4日判決、平成20年（ワ）721号）。

●**参考判例**（東京高裁平成21年9月30日判決、平成21(ネ)207号）

判旨

(第二審)

1 争点(1)のうち本件無催告失効条項が消費者契約法10条の規定により無効となるかどうかについて

(2) そこで、まず本件無催告失効条項が民法、商法その他の法律の公の秩序に関しない規定の適用による場合に比し、消費者の権利を制限し、又は消費者の義務を加重するものであるかどうかについて検討する。

　本件保険約款における第2回目以後の保険料の支払に関する定めは、上記前提事実（上記第2の2(3)）のとおりである。この定めによれば、ある月の保険料の払込期月は当該月の初日から末日までの間とされるが、払込期月の翌月の初日から末日までが猶予期間とされているから、保険契約者が遅滞の責任を負うこととなる「期限の到来した時」（民法412条1項）は、猶予期間の末日が経過した時であるというべきである。すなわち、保険者が保険料支払債務の強制履行（同法414条1項）を裁判所に請求することができ、未払保険料に対する遅延損害金（同法415条）の請求をすることができ、保険契約の解除（同法541条）をすることができるのは、猶予期間の末日が経過した時からである（もっとも、払込期月中又は猶予期間中に保険給付の支払事由が生じた場合には、保険給付からまだ猶予期間の末日が到来していない保険料の額を差し引くことができる旨の定めが置かれている（本件医療保険約款12条4項、16条1項、本件生命保険約款8条4項、12条1項））。そして、本件保険約款上、払込期月又は猶予期間の末日が経過した場合に保険者が保険契約者に対して保険料支払の催告ないし督促をする旨の定めは置かれておらず、保険料の支払がないまま猶予期間の末日が経過すると、本件各保険契約は、直ちに、保険者から保険契約者に対する解除の意思表示がなくても、当然に、その効力を失うこととされている。

　民法540条1項及び541条は、契約当事者の一方がその債務を履行しない場合において、相手方が相当の期間を定めてその履行を催告し、その期間内に履行がないときは、相手方は、契約の解除をすることができること、当事者の一方が解除権を有するときは、その解除は、相手方に対する意思表示によってすることを定めている。したがって、本件無催告失効条項がないとすると、民法の当該規定によれば、保険者は、猶予期間の末日までに猶予期間の前月分の保険料の支払がない場合には、相当の期間を定めてその履行の催告をし、その相当期間内に履行がないときに保険契約者に対して解除の意思表示（その相当期間内に履行がないことを停止条件として催告と同時に解除の意思表示をすることも可能である。）をすることにより、保険契約を終了させることができるのが原則であることになる。

　民法が契約を解除するにはまず相当の期間を定めた履行の催告をし、その相当期間内に履行がないときに履行をしない者に対して解除の意思表示をするとしているのは、契約の解除をするために一定の要件を課し、履行遅滞に陥った債務者の権利の保護を図る趣旨であることが明らかであり、第2回目以後の保険料の支払に関して上記のような定めを内容とする本件無催告失効条項は、保険契約者がその保険料支払債務を履行しない場合に保険者がその履行の催告をすることを要しないとしている点及び保険者が保険契約者に対して契約解除の意思表示をすることを要しないとしている点において、同法の公の秩序に関しない規定（同法540条及び541条）の適用による場合に比し、消費者である保険契約者の権利を制限しているものであることは、明らかである。

　そうすると、本件においては、本件無催告失効条項が民法1条2項に規定する基本原則に反して消費者の利益を一方的に害するものであるかどうかが問題になるので、以下この点について検討する。

(3) 本件無催告失効条項が民法1条2項に規定する基本原則に反して消費者の利益を一方的に害するものであるかどうかについて

ア(ア) 本件医療保険契約は被保険者が疾病により入院した場合に日額1万円の保険給付を行うことを内容とし、保険期間を終身とするもの、本件生命保険契約は被保険者が死亡し、又は高度障害となった場合に保険金受取人が保険金1000万円の支払を受けることを内容とし、保険期間を10年とするものであり、いずれも保険者と保険契約者との間に長期間にわたって継続的な関係が形成されるものである。そして、その契約内容は、本件医療保険契約については被保険者が疾病で入

I-1 保険料の支払

院した場合の保険契約者の負担を保険給付によって軽減し、本件生命保険契約については被保険者が死亡し、又は高度障害になった場合の保険金受取人の生活を保障することを目的とするものであり、いずれも被保険者、保険契約者又は保険金受取人にとって、本件各保険契約が保険契約者の意に反して終了することになった場合の不利益の度合いは、極めて大きいものであるということができる。このように医療保険契約や生命保険契約においては、消費者である保険契約者側にとって、それが意に反して終了することになった場合の不利益の度合いは極めて大きいものであるということができる。

(イ) そして、本件各保険契約における保険料の支払方法については、口座振替の特約が付されている。このような口座振替の方法は、今日においては原則的な保険料の支払方法になっていると認められるところ(公知の事実)、この方法による保険料の支払については、振替予定日(通常、払込期月中の一定の一日が予定される。また猶予期間中の振替についても猶予期間中の一定の一日が予定される。)当日において保険料振替口座に振替に必要な金額以上の残高を保持しておかなければならず、保険契約者のささいな不注意による残高不足から振替不能になってしまう危険があるものである(今日では、各種公共料金の支払、ローンやクレジットの返済、賃料、税金の支払等様々な支払のために口座振替が利用され、残高管理が難しくなっている状況にあることは公知の事実である。)。

しかも、口座振替に係る金融機関との間をも含めた約定によりその取り扱いは変わり得るものであるが、本件のように同一日に複数の保険契約の保険料の口座振替が予定されている場合には(今日ではそのような事例は決して少なくないと考えられる。)、仮に一の保険契約の保険料を振り替えるには十分な残高があったとしても、複数の保険契約の保険料の合計額以上の残高がなければ、全部の保険契約の保険料について振替不能となる事態が起こり得るのである。また、猶予期間中の口座振替については、2箇月分の合計保険料以上の残高がなければ振替不能となる事態が起こり得るのであり、本件のように猶予期間の末日までに複数の保険契約の保険料の支払を要する場合には、猶予期間中の振替予定日に保険料振替口座に一の保険契約の猶予中の保険料を支払うには十分な残高があったとしても、結局は全部が振替不能となり、当該保険契約を含めて全部の保険契約が失効してしまうことも起こり得るのである。このような場合にも、保険契約は猶予期間の末日の経過とともに当然に失効してしまうため、保険契約者が同日の直後に振替不能の事実に気が付いたとしても手遅れになって、保険契約者にとって酷な事態が発生する可能性があるものである。

(ウ) 上記のように、保険契約者側にとって、保険契約が意に反して終了することになった場合の不利益の度合いは極めて大きいところ、保険料の支払を口座振替の方法にした場合は、保険契約者のささいな不注意や口座振替の手続上の問題から保険契約が失効することがあり得るのである。そして、このような事態が生ずるのを防止するため、民法の原則どおりに、保険契約が終了する前に保険契約者に保険料の支払を催告するという手順を踏む必要があるのである(なお、払込期月が経過した後に更に一定の猶予期間が設けられているとしても、それは、上記事態の防止のために有効なものとはいえない。)。本件無催告失効条項により消費者である保険契約者側が被る不利益は大きいというべきである。

(エ) なお、この点に関し、被控訴人は、第8次国民生活審議会消費者政策部会報告での提言に沿って、実務上、書面による保険料払込の督促をし、その督促に当たっては保険料の支払がないまま払込猶予期間を過ぎると保険契約が失効することを明瞭に理解させるための措置を講じていることを考慮すべきであると主張する。確かに、弁論の全趣旨によれば、本件でも、保険料振替口座の残高不足により平成19年1月分の本件各保険契約の保険料の振替ができなかった後、被控訴人は、同年2月14日、控訴人に対し、同月分の保険料の振替時に同年1月分の保険料の振替も併せて行うこと、同年2月中に同年1月分の保険料の支払がない場合には本件各保険契約が失効することなどを記載した通知書を送付したことが認められる。しかしながら、本件で問題になっているのは、本件無催告失効条項自体が消費者契約法10条の規定により無効となるかどうかであって、

被控訴人が約款外の実務においてそのような措置をとっていること（なお、これは保険契約上の義務として行っているものでないことが明らかであるから、保険契約者のためには恩恵的なものにすぎない。）は、本件保険約款自体の有効性を判断する際に考慮すべきであるということはできない。
(オ) また、本件保険約款には解約返戻金の範囲内で保険料自動貸付けの制度が設けられているが、それにより保険契約の失効を防ぐためには十分な解約返戻金がなければ意味のないものであるから、上記のような保険契約者側の被る不利益を少なくする手段としては十分とはいえない。現に本件医療保険契約には解約返戻金がないし、本件生命保険契約でも経過年数2年までは解約返戻金がないのである。

また、本件保険約款には保険契約の復活の制度が設けられているが、保険契約の復活の申込みをする場合には、復活申込みの時点における被保険者の健康状態等の告知を要し（弁論の全趣旨）、例えば復活日前に発病した疾病の治療を目的とする入院については疾病入院給付金の支給が（本件医療保険約款19条4項において読み替えて準用する本件医療保険約款1条2項、2条1項の表「疾病入院給付金」の項（甲4））、復活日前に発生した傷害又は発病した疾病を直接の原因として高度障害状態になった場合には高度障害保険金の支給が（本件生命保険約款15条4項において読み替えて準用する本件生命保険約款1条2項、2条1項の表「高度障害保険金」の項）それぞれ受けられないことになる。また、復活には保険者の承諾を要することとされているところ、約款上その承諾をする基準が何ら定められていないのであり、復活が認められない場合も十分あり得るのである（現に本件では、復活が認められていない。）。したがって、保険契約が失効した場合でも、保険契約者は保険契約を復活させることができるから、保険契約者が被る不利益が小さいということは必ずしもできないものである。

イ 他方、本件無催告失効条項を無効とした場合に被る被控訴人の不利益としては、保険者である被控訴人は、多数の保険契約者を相手方としていることから、民法の原則に従って催告や解除の意思表示を要することになると、大量処理のため手間とコストがかかることが挙げられる。

しかしながら、被控訴人は、上記ア(エ)のとおり、保険料の口座振替ができないまま払込期月が経過した場合に、約款上の根拠はないものの、実務上、保険契約者に対して保険料の振替ができなかったこと及び猶予期間内の振替予定日に2箇月分の振替を行うことを通知する運用をしているのである。この運用を前提とすると、民法の原則に従って催告等することによる手間やコストの問題はさしたる問題ではないということが十分うかがえるのである。もっとも、この点に関し、保険者である被控訴人は、民法に従って催告等を要することになると、それは配達証明付き内容証明郵便であることが必要となり、しかも、現実に保険契約者に到達するまで何度も繰り返さなくてはならないとして、そのための費用の増大を懸念していることがうかがわれる。しかしながら、その点は、約款において、保険契約者に対してその住所を保険者に届け出ることを義務付け、保険者が保険契約者に対してする催告等は、その届出がされた住所にあてて発すれば足り、当該住所あてに発送された催告等は、それが通常到達すべきであった時に到達したものとみなす旨の定めを置けば、容易に回避することができるものである（なお、本件医療保険約款38条、本件生命保険約款35条には実際にその趣旨の定めがある（甲4、5）。なお、会社法126条1項及び2項等を参照）。そして、催告等に関しそのような定めを置くことには大量処理の観点等からして十分合理性があるから、催告等の方法についてそのような定めを約款に置いたからといって消費者契約法10条の規定によりその有効性に疑問が生ずるということにはならないと考えられる。

ウ 以上のような点を総合すると、本件無催告失効条項は、消費者である保険契約者側に重大な不利益を与えるおそれがあるのに対し、その条項を無効にすることによって保険者である被控訴人が被る不利益はさしたるものではないのである（現状の実務の運用に比べて手間やコストが増大するという問題は約款の規定を整備することで十分回避できる。）から、民法1条2項に規定する基本原則である信義誠実の原則に反して消費者の利益を一方的に害するものであるといわざるを得ない。

(4)ア 以上によれば、本件無催告失効条項は、消費者契約法10条の規定により無効になるというべきで

I-1 保険料の支払

あり、本件無催告失効条項によって本件各保険契約が失効することはないというべきである。
　イ　なお、被控訴人は、本件無催告失効条項が約款として主務大臣の認可を受けていること又は保険法の立案過程において本件無催告失効条項に関連する規定の制定が見送られたことを理由に、本件無催告失効条項が民法1条2項に規定する基本原則に反して消費者の利益を一方的に害するものではないと主張するが、そのような事情が本件の結論を左右するものではないことは明らかであり、その主張を採用することはできない。
　　さらに被控訴人は、司法の使命は具体的な紛争に関してその解決を図ることであるとし、抽象的に本件無催告失効条項の有効性を検討するのではなく、まずは、本件の具体的な事実関係に照らして、本件各保険契約の失効の有無を論ずるべきであるとし、〈1〉控訴人が平成17年6月分の本件各保険契約の保険料を払込期月内に支払わなかった際、被控訴人の担当者のBは、控訴人に対し、一定の健康状態でなければ保険契約の復活ができないことがあるので、保険料不払には注意するよう伝えたこと、〈2〉本件各保険契約は、保険料振替口座の残高不足により、平成17年9月1日に失効して同月15日に復活し、同年12月1日に失効して同月2日に復活したが、これらの際にも、Bは、控訴人に対し、上記〈1〉と同様の注意をしたこと、〈3〉控訴人は、平成18年10月分及び同年11月分の本件各保険契約の保険料も払込期月内に支払わなかったので、Bは、控訴人から大腿部の一部が壊死したとの連絡を受けていたこともあり、控訴人に対し、本件各保険契約が失効した場合には、復活に影響を与えるおそれがあることから、保険料不払をしないよう特に注意したこと、〈4〉控訴人が保険料振替口座の残高不足により平成19年1月分の本件各保険契約の保険料を支払わなかったので、被控訴人は、同年2月14日、控訴人に対し、同月分の保険料振替の際に同年1月分の保険料も併せて振り替えること、同年2月中に同年1月分の保険料の支払がない場合には、本件各保険契約が失効すること等を記載した通知書を送付し、その際、コンビニエンスストアからの送金もできるように、コンビニエンスストア用の払込票も併せて送付したことという本件で認められる事情の下においては、本件各保険契約は失効したとするのが相当である旨主張する。
　　しかしながら、本件で問題となるのは、本件無催告失効条項が消費者契約法10条の規定により無効であるかどうかであり、この点は、個別の当事者間における事情を捨象して、当該条項を抽象的に検討して判断すべきであるから（同上に規定する消費者契約の条項を含む消費者契約の締結について、適格消費者団体による差止請求が可能であるのも（同法12条3項及び4項）、条項を抽象的に判断することにより、当該条項の有効無効の判断が可能であるからである。）、被控訴人の主張は、その主張自体が失当である。
2　そうすると、被控訴人の抗弁は理由がないから、控訴人の請求は理由があることになる（なお、被控訴人は、抗弁として本件無催告失効条項の存在を主張するだけで、控訴人の本件各保険契約の保険料の履行遅滞を理由に催告して本件各保険契約を解除したとの主張はしていないし、保険料の履行遅滞を理由に本件各保険契約の解除の意思表示をしたとの事実も認められない（弁論の全趣旨）。そして、上記前提事実（第2の2(8)）のとおり、控訴人は、被控訴人が本件各保険契約は平成19年2月末日の経過で失効したと主張しているため、現在まで本件各保険契約の保険料を供託しているのである。）（東京高裁平成21年9月30日判決、平成21(ネ)207号）。

●**参考判例**（最高裁第二平成24年3月16日判決、平成22年(受)332号、原審判決破棄し、東京高裁に差戻、民集66巻5号2216頁、裁時1552号1頁、判時2149号135頁他）
　事　案　無催告失効条項
　争　点　消費者契約法10条により無催告失効条項は無効となるか
　|判　旨|
　2　原審の確定した事実関係の概要は、次のとおりである。
　(1)　被上告人は、上告人との間で、平成16年8月1日に原判決別紙保険契約目録記載1の医療保険契約（以下「本件医療保険契約」という。）を、平成17年3月1日に同目録記載2の生命保険契約（以下「本件生命保険契約」といい、本件医療保険契約と併せて「本件各保険契約」という。）を、それぞれ締結

した。
　　　本件各保険契約は、消費者契約法10条にいう「消費者契約」に当たる。
(2) 本件各保険契約の保険料の支払は、月払とされていたところ、本件各保険契約に適用される約款（以下「本件約款」という。）には、月払の保険料の弁済期と保険契約の失効に関して、次のような条項がある。
　ア　第2回目以後の保険料は、月単位の契約応当日の属する月の初日から末日まで（以下「払込期月」という。）の間に払い込む。
　イ(ア)　第2回目以後の保険料の払込みについては、払込期月の翌月の初日から末日までを猶予期間とする。
　　(イ)　上記猶予期間内に保険料の払込みがないときは、保険契約は、上記猶予期間満了日の翌日から効力を失う（以下、この条項を「本件失効条項」という。）。
　ウ　保険料の払込みがないまま上記猶予期間が過ぎた場合でも、払い込むべき保険料と利息の合計額（以下「保険料等の額」という。）が解約返戻金の額（当該保険料の払込みがあったものとして計算し、保険契約者に対する貸付けがある場合には、その元利金を差し引いた残額。以下同じ。）を超えないときは、自動的に上告人が保険契約者に保険料相当額を貸し付けて保険契約を有効に存続させる（以下、この条項を「本件自動貸付条項」という。）。当該貸付けは上記猶予期間満了日にされたものとし、その利息は年8％以下の上告人所定の利率で計算するものとする。
　エ　保険契約者は、保険契約が効力を失った日から起算して1年以内（本件医療保険契約の場合）又は3年以内（本件生命保険契約の場合）であれば、上告人の承諾を得て、保険契約を復活させることができる（以下、この条項を「本件復活条項」という。）。
　　　この場合における上告人の責任開始期は、復活日とする。
(3) 本件各保険契約の保険料は口座振替の方法によることとされていたところ、平成19年1月を払込期月とする同月分の本件各保険契約の保険料につき、保険料振替口座の残高不足のため、同月中に払込みがされず、同年2月中にも払込みがされなかった。
3　原審は、上記事実関係の下で、次のとおり判断し、本件失効条項は消費者契約法10条により無効であるとして、被上告人の請求を認容した。
(1) 本件各保険契約の第2回目以後の保険料の弁済期限は、本件約款に定められた猶予期間の末日であり、本件失効条項は、弁済期限の経過により直ちに本件各保険契約が失効することを定めたものである。
(2) 本件自動貸付条項及び本件復活条項は、契約の失効によって保険契約者が受ける不利益を補う手段として十分ではないし、上告人が従来から実務上保険料支払債務の不履行があった場合に契約失効前に保険契約者に対して保険料払込みの督促を行っていたか否かは、本件失効条項の効力を判断するに当たって考慮すべき事情には当たらない。
4　しかしながら、本件各保険契約の第2回目以後の保険料の弁済期限を上記猶予期間の末日であると解した上、本件失効条項が消費者契約法10条により無効であるとした原審の上記判断は、是認することができない。その理由は、次のとおりである。
(1) 前記事実関係によれば、本件約款においては、第2回目以後の保険料は払込期月の間に払い込むべき旨が明確に定められているのであって、第2回目以後の保険料の弁済期限は各払込期月の末日であることが明らかである。本件約款に定められた猶予期間は、保険料支払債務の不履行を理由とする保険契約の失効を当該払込期月の翌月の末日まで猶予する趣旨のものというべきである。そうすると、本件失効条項は、保険料が払込期月内に払い込まれず、かつ、その後1か月の猶予期間の間にも保険料支払債務の不履行が解消されない場合に、保険契約が失効する旨を定めたものと解される。
(2) 本件失効条項は、上記のように、保険料の払込みがされない場合に、その回数にかかわらず、履行の催告（民法541条）なしに保険契約が失効する旨を定めるものであるから、この点において、任意規定の適用による場合に比し、消費者である保険契約者の権利を制限するものであるというべきである。
(3) そこで、本件失効条項が信義則に反して消費者の利益を一方的に害するものに当たるか否かについ

て検討する。
　ア　民法541条の定める履行の催告は、債務者に、債務不履行があったことを気付かせ、契約が解除される前に履行の機会を与える機能を有するものである。本件各保険契約のように、保険事故が発生した場合に保険給付が受けられる契約にあっては、保険料の不払によって反対給付が停止されるようなこともないため、保険契約者が保険料支払債務の不履行があったことに気付かない事態が生ずる可能性が高く、このことを考慮すれば、上記のような機能を有する履行の催告なしに保険契約が失効する旨を定める本件失効条項によって保険契約者が受ける不利益は、決して小さなものとはいえない。
　イ　しかしながら、前記事実関係によれば、本件各保険契約においては、保険料は払込期月内に払い込むべきものとされ、それが遅滞しても直ちに保険契約が失効するものではなく、この債務不履行の状態が一定期間内に解消されない場合に初めて失効する旨が明確に定められている上、上記一定期間は、民法541条により求められる催告期間よりも長い1か月とされているのである。加えて、払い込むべき保険料等の額が解約返戻金の額を超えないときは、自動的に上告人が保険契約者に保険料相当額を貸し付けて保険契約を有効に存続させる旨の本件自動貸付条項が定められていて、長期間にわたり保険料が払い込まれてきた保険契約が1回の保険料の不払により簡単に失効しないようにされているなど、保険契約者が保険料の不払をした場合にも、その権利保護を図るために一定の配慮がされているものといえる。
　ウ　さらに、上告人は、本件失効条項は、保険料支払債務の不履行があった場合には契約失効前に保険契約者に対して保険料払込みの督促を行う実務上の運用を前提とするものである旨を主張するところ、仮に、上告人において、本件各保険契約の締結当時、保険料支払債務の不履行があった場合に契約失効前に保険契約者に対して保険料払込みの督促を行う態勢を整え、そのような実務上の運用が確実にされていたとすれば、通常、保険契約者は保険料支払債務の不履行があったことに気付くことができると考えられる。多数の保険契約者を対象とするという保険契約の特質をも踏まえると、本件約款において、保険契約者が保険料の不払をした場合にも、その権利保護を図るために一定の配慮をした上記イのような定めが置かれていることに加え、上告人において上記のような運用を確実にした上で本件約款を適用していることが認められるのであれば、本件失効条項は信義則に反して消費者の利益を一方的に害するものに当たらないものと解される。
(4)　そうすると、原審が本件約款に定められた猶予期間の解釈を誤ったものであることは明らかであり、本件約款に明確に定められている本件失効条項について、上告人が上記(3)ウのような運用を確実にしていたかなど、消費者に配慮した事情につき審理判断することなく、これを消費者契約法10条により無効であるとした原審の判断には、判決に影響を及ぼすことが明らかな法令の違反があるというべきである。
5　以上によれば、論旨は理由があり、原判決は破棄を免れない。そして、以上の見地から更に審理を尽くさせるため、本件を原審に差し戻すこととする。」
〔裁判官須藤正彦の反対意見「私は、本件約款の消費者契約法10条後段該当性の点で多数意見と見解を異にし、結論において原判決を相当と考えるので、以下に述べることとしたい。
1　消費者たる保険契約者は、保険料の不払（残高不足）がある場合に、民法541条が適用されその催告による注意喚起があれば、そのことを知らないでいるときはそれに気付くなどして、催告期間中に保険料を納付して保険契約上の債務不履行状態を解消し、保険契約の失効という事態を回避できる。保険契約者にとって、保険契約が失効することは致命的なことであるから、同上により履行の催告を受けることのできる地位は、基本的かつ重大な利益である。されば、多数意見も、本件失効条項自体については、任意規定の適用による場合に比し、消費者である保険契約者の権利を制限するものであるというべきである（消費者契約法10条前段該当）とするところである。
　しかるところ、更に多数意見は、本件約款上に民法541条で求められる催告期間よりも長い猶予期間を定める条項及び自動貸付条項（以下、この二つの条項を併せて「本件配慮条項」という。）が定められていることに加えて、保険料払込みの督促の実務上の運用を確実にした上で本件約款を適用していること

が認められるのであれば、本件失効条項は信義則に反して消費者の利益を一方的に害するものには当たらない（消費者契約法10条後段該当否定）とする。私は、この点については同調できない。

2　まず、本件配慮条項の方であるが、次のとおり、そのうちのいずれもが催告の代償措置には値しないものというべきである。

(1) 第1に、本件失効条項における1か月の猶予期間の点についていえば、我々の生活実感からすればそれは瞬く間に過ぎてしまう期間ともいえないでないし、医療保険契約や生命保険契約が失効することは保険契約者にとって死活問題ともいえることとの対比においては、保険会社は一種の継続的契約関係である保険契約関係における当事者間の信義誠実の原則としてみだりに契約関係が失効することのないよう努力すべきであり、信頼関係を破壊させる特段の事情が生じているわけではないのにわずか1か月の遅滞（2回の不払）程度でそれを失効させてしまうのは相当でないという見方も成り立ち得る。民法541条で求められる催告期間より長い1か月としたということが、債務者（保険契約者）の権利の制限（不利益）にどれだけ配慮しているのか甚だ疑わしいところである。

のみならず、上記に述べたところからも明らかなとおり、催告期間とは、債務者（保険契約者）からみれば、債務不履行状態を解消する機会として与えられた期間であるから、その前提として、債務者（保険契約者）が債務不履行に陥っていることを知って初めて意味あることである。したがって、その起算点は、債務者（保険契約者）が債務不履行に陥っていることを知った日となるべきものである。しかし、多数意見の述べるとおり、保険契約者は保険料支払債務の不履行があったことに気付かない事態が生ずる可能性が高いのであって、その場合、払込みの督促通知がそれより後れて（一定期間経過するのが通常であろう。）債務者に到達するときは、その到達した日が債務不履行に陥っていることを知った日であるから、その日がいわば起算点となって期間が進行するというべきである。単純に、民法541条により求められる催告期間と本件の失効の猶予期間の1か月とを比較するのは正しくなく、弁済期限たる払込期月末日から督促通知の到達日までの期間が1か月という期間から差し引かれた上で比較されなければならないというべきである。例えば、本件の場合、原審の確定した事実によれば、平成19年1月の払込期月の末日の後、同年2月14日に督促通知を送付したことが認められるところ、通常、同様の時期に上記通知がされるとすれば、保険契約者が債務不履行を知るであろう同月中頃から同月末日までの約2週間程度が債務不履行解消可能期間となるにすぎないから、実質的にみれば本件の失効の猶予期間は、民法541条により求められる催告期間よりもさして長いわけではなく、この面からしても配慮の意味は乏しいといわなければならない。

(2) 第2に、本件自動貸付条項も、解約返戻金が応分に発生していなければ保険契約者には貸付けがされるわけではないから意味があるものとも思えない。例えば、本件の場合においても、原審の確定した事実によれば、本件医療保険契約では解約返戻金そのものが発生しないものであり、本件生命保険契約でも契約締結後の年数経過の不足のためそれが発生していなかったというのであるから、本件自動貸付条項をもって保険契約者の権利の制限（不利益）を緩和する事由として考慮することは困難といわねばならない。

結局、本件配慮条項が消費者たる保険契約者の権利の制限（不利益）を緩和する程度は相当に低く、そうすると、消費者の利益を一方的に害するものには当たらないとする結論を導く根拠として実質的に意味があり得るのは、払込みの督促の実務の確実な運用ということに殆ど尽きるといってもよいように思われる。

3 (1) そこで、この払込みの督促の実務について検討するに、もとより、約款の条項の消費者契約法10条該当性の判断においては、約款外の実務の運用も考慮されるべきであって、なるほど、払込みの督促通知によって、保険契約者は債務不履行に陥っていることを気付かされ得る。殊に、例えば、督促通知がされるだけでなく、残高不足で振替が行われなかった場合に備えてコンビニエンス・ストアからの保険料振込の用紙をも保険契約者に送付し、それだけでなく、保険会社担当者から、保険料の連続未収の場合には保険契約が失効する旨の説明・教示もしかるべく行うというのであれば、それ自体としては、一層そのようにいえよう。そして、そのような運用が確実に行われるのであれば、保険契約者は着実に債務不履行について注意を喚起されるだろう。

I-1 保険料の支払

だが、その督促通知をすることも、その運用が確実であることも、あくまで事実上のものにしか過ぎない。払込みの督促をすべきことが約款上に規定されているわけでもないから、法的義務とはならず、法的保護の埒外にある。そもそも、督促通知の実務上の運用が確実にされているということがどのようにして確かめられるのか疑問であるが、そのことは別にしても、「確実」といわれる実務の中で、万一、保険会社が現実に督促通知を行わなかったとしても、保険契約者は、保険会社を相手としてなすすべもない。また、払込みの督促の実務上の運用は法的に何ら担保されてなく、これを廃止するのに何らの障碍もない。つまり、保険会社がコストカット（経費節減）を実施することが求められる場合、人件費等を少なからず要するとみられるそれは、経済合理性に基づいて高い優先順位でコストカットの対象となり得、容易にそれを廃止するか、そうでないとしても極めて形骸化したものにし得るといえる。

そうすると、実務上払込みの督促を行っていることにより、民法541条を適用しないことによる保険契約者の権利の制限（不利益）がカバーされるものとまではいい難い。

(2) 本件失効条項は、保険契約における保険料は少額であること、そのような保険料の支払義務が不履行の場合に催告を行うことにはコストがかかり、また、その最終的解決方法として強制履行や損害賠償という方法は非現実的であること、保険制度は多数人との保険契約の締結を前提とするのであるから、迅速に多数の保険契約関係を処理する必要性があることなどに由来するものであろう。払込みの督促の旨を本件約款上に規定すれば、それが法的義務になるわけであるが、そうしないのも同様の理由によるものであろう。効率よく保険契約関係が解消処理されることは、結果的には、保険契約者が保険料支払義務から早期に解放されるという点で、また、保険契約者集団全体の保険の原資の確保に資し、民法541条に基づく催告を要求することに基づく保険会社のコストの増大による保険契約者全体の負担の増加を防止できることになるという点で、保険契約者側にも利点もあるという側面もあるが、上記に照らせば、本件失効条項や払込みの督促の運用は、結局のところ、私企業たる保険会社が迅速かつ低コストといった経済合理性を追求することによるものであろう。

だが、保険約款の消費者契約法10条該当性を論ずる局面では、ひとり企業にとっての経済合理性等から考えられるべきではなく、たとえコスト減が制限され、それが全体の契約者等の負担にはね返るような事態になるとしても、個々の消費者としての保険契約者の目線や立場でも議論が進められるべきであろう。そもそも、その少額多数というのも保険会社側の論理であって、当該保険契約者の立場からすれば「少額」でもないし、「多数」でもないだろう。保険給付金額は、甚だ多額である。保険契約者は、保険会社にとっては無数の保険契約者のうちの１人にしか過ぎないが、当該保険契約者にとって保険会社はそうではない。保険契約が失効した場合に当該保険契約者に与える影響は致命的なもので、特に、保険契約者は、将来の健康状態の悪化による万一の事態における生活保障を得るためにこの生命保険という金融商品を取得することが多いと思われ、それが失効して保険給付が受けられなくなると、その頃に健康状態が変化しているときは新たな生命保険契約の締結が至難ということになりかねず、かくては、保険契約者の生活保障に深刻な打撃を与えるということにもなり得るのである。

しかも、肝腎なことは、保険契約者がこの本件失効条項の存在、内容を必ずしも十分に理解していないであろう事情に加えて、事業者たる保険会社と消費者たる保険契約者間の情報力・交渉力において圧倒的な格差があることよりすると、払込みの督促の実務が事実上されなくなった場合に、保険契約者には、契約の対等な当事者としてそれを復活させる交渉も期待できないし、また、そのための手立ても十分には持ち合わせていないということである。払込みの督促通知の廃止又は形骸化が生じた場合に、保険契約者が、改めて裁判所に本件失効条項の無効の主張を持ち込むことも実際上は期待し難い。

そうすると、払込みの督促の実務の運用が確実にされているとしても、それが事実上のものにとどまる限りは、やはり、事業者たる保険会社が消費者の正当な利益に配慮せず、迅速かつ低コストの事務処理という自己の利益を専ら優先させて消費者たる保険契約者の基本的かつ重大な利益を損なっているものとみるよりほかないのである。

4 (1) 以上要するに、本件配慮条項があることに加えて実務の運用で督促通知が確実に行われている事実

が認められるとしても、それらをもってしては、消費者たる保険契約者には、民法541条の催告を受けて不履行状態を解消することができるのと同等の地位が法的に担保されていないままであるといえる。結局、本件約款の下においては、事業者たる保険会社が消費者たる保険契約者の正当な利益に配慮せず、自己の利益を専ら優先させて消費者の利益を害する結果をもたらすものといわざるを得ない。したがって、本件失効条項は、信義則に反して消費者の利益を一方的に害するものに当たり、消費者契約法10条前段に加えて同条後段にも該当して無効というべきである。

(2) さすれば、本訴訟を契機に、保険会社において、契約の解除のために通常行われているような催告が至難ということであるとしても、少なくとも、督促通知を行うべきことを約款上に明記するなどこれを法的に義務付けるようにすべきである。その場合、督促通知の内容、体裁は、例えば、猶予期間を経過すれば失効する（「失効することがある」ではなく）旨を他の字より太文字で、かつ、その箇所に太い赤下線を施すなど、保険契約者の注意を喚起するに十分な記載をするような方向での取組を進めることを期待したい。外国の立法例では、催告ないしは書留郵便による督促を法的に義務付けているものもあるようであり、そのことよりすれば、上記のようなことは、保険会社に対して難きを強いるものとは到底思えないところである。」（最高裁第二平成24年3月16日判決、平成22年(受)332号、原審判決破棄し、東京高裁に差戻、民集66巻5号2216頁、裁時1552号1頁、判時2149号135頁他）。

● **参考判例**（東京高裁平成24年10月25日判決、平成24年(ネ)2459号、最高裁平成25年7月24日不受理決定）

事　案　最高裁平成24年3月16日判決の差戻審判決（東京高裁判決）

判　旨

1　争点1（本件失効条項の効力）について

(1) 前判示第2の1の各事実によると、消費者契約に当たる本件各保険契約における保険料の払込を怠った場合の契約の効力に関する定めである本件各失効条項では、第2回目以後の保険料について、各払込期月の初日から末日までの間に払い込むべきものとされているので、その弁済期は各払込期月の末日であることが明らかであるところ、本件猶予期間条項により払込期月の翌月の初日から末日までが払込猶予期間とされているから、保険料が弁済期までに支払われなかった上、その後1か月以内に債務不履行が解消されなかったときは、何らの催告を要せず、かつ、解除する旨の意思表示がなくとも、本件各保険契約は、当然に失効することになる。

一般私法の任意規定によれば、契約の当事者の一方がその債務を履行しない場合、相手方が相当の期間を定めて履行の催告をし、その期間内に履行がないときに、解除をすることができる（民法540条、541条）とされているから、これと対比すると、本件失効条項は、履行の催告を要しないこと及び解除の意思表示を要しないことの2点で解除の要件を緩和しており、消費者である保険契約者にとってはその権利を制限されることになるため、信義則に反して消費者の利益を一方的に害するものであるか否かが問題となる。

この点、保険契約は、通常は長期間にわたって保険料を払い込むことによって保険事故が発生した場合に一時に多額の保険給付を請求できる権利を確保するという性質を有するので、契約が保険契約者の意に反して中途で終了した場合の不利益は大きいということができるばかりでなく、契約期間中に不払が生ずる可能性を否定しきれない以上、中途では保険者からの反対給付がないため不払の事態を認識し難い面があることから、履行の催告の有する意義を軽視することはできないというべきである。

もっとも、前判示のとおり、本件各保険契約においては、保険料の不払により直ちに契約が失効するものではなく、本件猶予期間条項により払込期月の翌月の末日までの1か月間に債務不履行が解消されない場合に初めて当然失効すること、その猶予期間も、金銭債務の不履行について民法541条を適用する場合に通常求められる催告期間が通常は数日から1週間程度にとどまるのに対比して、1か月と長く定められていること、不払のまま上記猶予期間が経過しても、払い込むべき保険料と利息の合計額が解約返戻金を超えない場合には本件自動貸付条項により契約の存続を図るなど、保険契約者の保護のための方策が採られているのであって、一概に履行の催告を不要としている点だけを捉えて、

I-1 保険料の支払

　　　保険契約者の利益を一方的に害するとするのは相当でない。
　　　そして、履行の催告は、債務者に対して債務不履行の状態にあることを知らしめてその履行を促し、契約の存続を図る機会を与えるための制度であるから、保険契約者に対して上記のような契約の失効を防ぐための配慮をする一方、形式的には催告に当たらなくとも、その前段階である債権管理の場面で保険料の支払を怠った保険契約者に対して債務不履行の状態にあることを知らしめて契約の失効を防ぐための方策を講じていることになるので、本件失効条項をもって信義則に反するものとすることはできないと考えられる。
(2) そこで、次に、上記の観点から保険料払込督促の態勢及び実務上の運用について検討することとする。
　ア　証拠（略）及び弁論の全趣旨によれば、被控訴人における保険料収納事務及び未納保険料払込督促事務は、おおむね次のとおり運用されていることが認められる。
　　(ア)　月払の保険料の振替日が原則として毎月27日（休業日に該当する場合は翌営業日）と定められていることとの関係上、その2週間前の日である毎月13日頃、振替の対象となる保険契約をコンピュータシステム上で自動的に抽出し、これをバッチ処理することによって、振替口座単位に集約して作成された振替データ（払込期月分の振替データ及び払込猶予期間中の振替データ（以下「未納データ」という。）を統合したもの）を自動的に生成して、振替口座の開設された各金融機関に直接又は保険料収納事務委託先を経由して伝送する。
　　(イ)　振替日の翌営業日から4営業日後にかけて、振替結果のデータ（振替不能データを含む。）が各金融機関から被控訴人のコンピュータシステムに直接又は保険料収納事務委託先を経由して伝送される。
　　(ウ)　毎月13日頃に作成される振替データ中の未納データは、保険契約者ごとにまとめられた上で未納保険料払込督促事務の委託先（平成18年6月まではａ、同年7月以降はｂ）に伝送され、委託先において、翌営業日に未納通知のデータとして出力され、未納通知書が印刷される。なお、未納通知書には、払込期月の振替日において振替不能となった保険料と翌月分（払込猶予期間が払込期月となる保険料）の2か月分の保険料合計額が記載され、裏面にはコンビニエンスストア店頭での保険料払込みのための払込票が印刷されており、これを用いて、24時間いつでも未納保険料を払い込むことができる。
　　(エ)　上記委託先において未納通知書が印刷された日の翌営業日の夕方にこれを郵便局に持ち込み、翌営業日に郵便局から保険契約者宛てに発送する。
　　(オ)　被控訴人は、未納通知書の発送件数及び発送トラブルの有無を確認するため、毎月、未納保険料払込督促事務の委託先に対し、月次報告書の提出を求め、委託先との間で、双方の担当者が出席する月次報告会を開催している。
　　(カ)　上記(ウ)の未納データ作成と同日、同データに基づき、未納契約者一覧表（保険料お払込みおすすめ控えリスト）が作成され、払込期月の翌月第5営業日前後に営業担当者に送付される。営業担当者は、受領した一覧表に基づき、保険契約者に対し、払込猶予期間中の振替日までに振替口座に未払保険料に相当する預金を確保しておくように督促し、併せて残高を預金通帳に記帳して確認するよう依頼する。
　　(キ)　上記(オ)の督促にもかかわらず払込猶予期間中の振替日において保険料の振替がされなかったときは、営業担当者は、被控訴人の指示に基づき、払込猶予期間内に保険契約者から未納保険料を集金する。
　　(ク)　上記の運用は、本件各保険契約が締結された平成16年8月ないし平成17年3月当時から本件各保険契約が失効した平成19年3月1日までを通じて大きく異なるところがない。
　イ　以上に認定した事実によれば、被控訴人の未払保険料督促事務は、被控訴人のホストコンピュータと保険料の振替口座が開設された金融機関及び督促事務委託先の各コンピュータシステムを連動させた自動的な処理により、人為的過誤を排除する形で運用すべく整備されているとみることができ、月次報告書の徴収や月次報告会の開催による事後的な検証の手続を備え、また、これに加えて、

営業担当者の保険契約者に対する案内及び集金も相まって、契約の失効を防ぐシステムとして確実に運用されているといって差し支えない。

この点に関し、控訴人は、被控訴人が振替不能の事実を知ってから未納通知書発送までの日数と未納通知書到達後の振替日ないし払込猶予期間経過までの日数の不均衡を指摘し、保険契約者の権利保護に対する配慮が足りないなどと主張するところ、上記のスケジュールのうち(イ)の振替結果のデータ受領から(ウ)の未納データを含む振替データの作成及び未納通知書作成データの伝送までの間に10日を超える空白期間が存在するけれども、これは、未納データと通常の振替データを一括して処理する関係上、やむを得ず生じる空白であり、未納の公共料金を翌月に当月分と併せ請求するのと同様、既に払込期月の経過した保険料と請求月が払込期月である保険料の2か月分を一括して処理するのは、費用の点でも、当事者双方の便宜の点でも合理的であるということができ、他方、保険契約者は、毎月の保険料を支払う経済力があるとの前提で保険に加入したはずであって、未納保険料が発生した場合のこれに対する督促の態勢の整備及びその実務上の運用の確実性は、保険契約者が保険料支払債務の不履行があったことに気付くことができる程度に整えられ、かつ、確実に運用されることをもって足りると解されるから、保険料の支払督促を受けてから払込猶予期間内の振替日まで7日程度の時間的余裕がある本件において、未納通知書の送付から振替日ないし払込猶予期間満了日までの期間が不当に短いとはいえない。

また、控訴人は、①普通郵便で送付される未納通知書が保険契約者に到達したか否かを確認し、到達を確実にする態勢が執られておらず、②約款上、失効回避のためには払込期月経過後の1か月分の保険料のみを払い込めばよいはずであるのに、未納通知書及びコンビニエンスストアでの払込みに用いる払込票に記載された金額は、払込期月が経過した保険料と未経過の保険料の2か月分合計額であり、未納通知書の記載は誤解を招くものであり、払込票は金額の訂正が許されない点において不当であるし、③未納通知データの印刷及び発送業務の委託先が作成した月次報告書にトラブルの記載があることから、被控訴人における督促の実務上の運用は確実なものではないなどとも主張する。しかしながら、保険料不払の全事例について督促が到達しなければならないとするのは、催告が必要であるというのと同義となり、ここでの議論と前提を異にするばかりでなく、未納通知書到達の確実性の点については、我が国の郵便事情に徴すると、未納通知書が保険契約者に到達しない蓋然性は極めて低いと想定され（この点について、控訴人は、平成13年における衆議院第151回国会予算委員会第2分科会議事録を引用して、不着、遅延、誤配等を含めた郵便局への苦情が多いことを指摘するが、その援用する件数はあくまで苦情の件数であり、不着、遅延、誤配が現実に生じた件数を示すものではない。）、未納通知書や失効通知書が被控訴人に返送された場合は、営業担当者に通知先の解明が指示され、住所確認、通知書の再送、システム上の住所変更の手続が執られていること（乙9）に照らせば、未納通知書が保険契約者に到達したことを確認していないからといって、被控訴人が採用する督促の態勢に不備があり、あるいは、確実に運用されていないとすることはできない。

次に、払い込むべき金額についての未納通知書及び払込票の記載の点については、月払の保険契約における保険料の支払義務は月ごとに発生するものであり、払込猶予期間においては、既に払込期月の経過した保険料と払込期月にある保険料の2か月分の支払義務があることになるから、未納通知書に2か月分の金額を記載することや、払込猶予期間満了が間近に迫っている場合に用いることが予定されている払込票に記載された払込額に2か月分の保険料合計額が記載され、その訂正が許されないからといって、上記の各記載をもって消費者保護に欠けるとはいえない。

さらに、未納通知書の印刷及び発送上のトラブルについては、証拠（乙9、12、13の1ないし7）及び弁論の全趣旨によれば、月次報告書に記載された事項は、委託先から被控訴人に対する印刷物の納品あるいは納入に関するものや満期案内通知の郵便局への差出しに関するもの、あるいは被控訴人が委託先に特に指示した通常の業務の流れと異なる例外的処理の状況などであって、いずれも未納保険料の督促に関するものではなく、月次報告書の記載から直ちに督促に関する運用に支障を来す可能性を推認させるものではないばかりか、これまで、保険料払込督促の運用において問題が

(3) 以上によると、被控訴人においては、本件各保険契約締結当時、同契約の中で保険契約者が保険料の支払を怠った場合についてその権利保護のために配慮がされている上、保険料の払込みの督促を行う態勢が整えられており、かつ、その実務上の運用が確実にされていたとみることができるから、本件失効条項が信義則に反して消費者の利益を一方的に奪うものとして消費者契約法10条後段により無効であるとすることはできない。

(4) また、同様の理由により、本件失効条項が公序良俗（民法90条）又は信義則（民法1条2項）に反するものとして無効であるとすることもできない。

したがって、その余の点につき判断するまでもなく、争点2に関する控訴人の主張は、理由がない。
（東京高裁平成24年10月25日判決、平成24年（ネ）2459号、最高裁平成25年7月24日不受理決定）。

●**参考判例**（和歌山地裁平成16年6月23日判決、平成15年（ワ）第471号）（大阪高裁平成16年11月9日判決、平成16年（ネ）第2275号）

事 案 被保険者が自殺により死亡し、一定の時間が経過した後に遺体が発見された

争 点 被保険者の死亡が保険契約失効前か否か

判 旨

（第一審） 本件死体検案におけるB医師の判断等は、次のとおりである。

B医師は、気温については、直腸温測定時に気温が16度（℃）であったことを認識していたのみであり、朝晩が冷え込むという前提で死亡推定時刻を判断した。

亡Aの死体の死後硬直については、B医師の経験上、通常の秋の気温であることを前提に、死後約12ないし15時間以上1日以内と推定した。

亡Aの死体は、立木にて首を吊り、直立しているような状態であった。死斑は通常重力に従って体の下方、つまり、下肢に死斑が生じ、その程度については、一般的に急性死の場合は死斑が強く現れるものであるところ、亡Aの死体の死斑の状態は、これと矛盾しない状態であり、下肢にやや高度の死斑が出現しており、死体発見後仰向けに寝かされた状態にされても、死斑が下肢の方から背部の方へ移動するという現象は生じなかった。本件死体検案書には指圧で消えない旨記載されているが、その際、指圧により死斑が厳密に全く消えなかったのか、消えているけれども完全には消えなかったという程度のものであったか否かは不明である。

角膜の混濁につき、B医師の理解、認識によれば、前記(3)ア(ケ)については、通常角膜が明らかに混濁していると認められるのは死後約12時間であり、それまでの状態を軽度の混濁と判断し、死後12時間以上経過すると、軽度から中等度の混濁に移行するものと判断する。これを前提に、B医師は、亡Aの死体につき、生前の透明な状態から少し混濁が始まっているという状態であり、比較的混濁が少ないと考え、通常死後12時間以上経過後に生じるべき角膜混濁に至らない程度の軽度の角膜混濁であり、角膜混濁の程度のみからすれば、死後12時間前後であると判断した。

また、亡Aの死体の着衣が濡れた状態であり、しかも、屋外で立位の状態であったため、B医師は、室内で仰臥位でいるよりは直腸温の降下は早くなると考えた。さらに、B医師は、亡A又はその死体が長時間低い外気温にさらされていることも考慮した。なお、亡Aの死体が移送されたW警察署の霊安室は、当時冷蔵はされておらず、外気温と同様の気温であったものとみられる。

さらに、B医師の理解によれば、死後の直腸温の低下につき1時間ごとに1度又は0.5度の低下がみられるのは、あくまで外気温が16、17度の状態で、屋内で無風の状態といったように環境の変化が少ない条件の下で測定した場合にそのような低下の状態に近くなっていくものであるから、亡Aの死体に関しては、屋外にあったことから風の影響を考慮し、着衣が濡れていたことも併せて考慮して、死後の経過時間を判断した。

B医師は、本件死体検案時、亡Aの死体が死後12ないし15時間の状態にあると考えたところ、警察官から、亡Aの自殺の現場が神社の境内の森の繁った暗いところであり、木にロープをかけて首を吊るというようなことは暗いうちにはできないなどと説明を受けたことから、死後12時間の状態であると判断した。

そして、B医師の理解によれば、一般に死亡時刻を推定する場合、死後の経過時間が短ければ、推定した時刻と実際に死亡した時刻との誤差も比較的狭い範囲内にあると推定できるが、死後18時間経過後であるとして死亡時刻を推定したような場合には、実際の死亡時刻との誤差が3、4時間程度生じたとしても不合理ではない。

2 死体検案B医師の判断につき、特段不合理な部分は見当たらない。

亡A又はその死体は、・・・気象条件の下にあったものであり、本件死体検案におけるB医師の前記判断は、前記条件と矛盾せず、むしろこれに沿うものといえる。B医師自身、前記気象条件を知った上で、死亡推定時刻に関する判断が大幅に変わることはないと思う旨述べている。

角膜混濁については、・・・死後12時間くらい経過後に混濁を始める旨記載されている文献が存在するが、同文献には前記1(2)のとおりの記載もあり、前記1(3)ア(ケ)の混濁開始の時期が、前記1(6)のとおり、B医師のいう軽度から中等度の混濁に移行する時期と合致するものと理解でき、したがって、前記文献の内容とB医師の前記1(5)及び(6)の判断とは矛盾するものではないということができる。また、角膜混濁の要因については、前記1(2)のとおり、乾燥のみではなく、角膜や前眼房水のたんぱく変性によるものとも言われており、亡A又はその死体が、降雨のため濡れた状態にあったことが、前記1(6)の角膜混濁の程度からみても死後12時間前後経過したものであるとしたB医師の判断の合理性を否定する方向に必ずしも働くものではない。

前記1(7)によれば、亡Aは、借入金等の負債の重責を苦に自殺に至ったものと推認される。しかしながら、亡Aは、前記1(7)オのとおりの言動をしたことが認められるが、その際に直ちに自殺したものではなく、その後の言動、特に前記1(7)クのとおり、平成14年10月31日に自宅を出てからの亡Aの行動につき、不明な部分が多く、本件保険契約が失効したことを認識した上で、絶望の余り自殺に至った可能性や、自殺するか否かを悩み葛藤した挙げ句、平成14年11月1日になった後に、突発的に自殺に及んだ可能性等も否定することはできず、この自殺が本件保険契約による保険金を原告に得させる目的であったことまでを裏付けるに足りる事情は認められない。

B医師の発言についても、あくまで最終的には、亡Aの死亡推定時刻を平成14年11月1日午前零時にまで遡らせる余地がある旨を指摘するにとどまっており、この発言が、前記1(5)及び(6)の死亡推定時刻の判断を否定する趣旨のものとは解されない。

したがって、前記1及び前記(1)ないし(3)からすれば、亡Aの死体は、本件死体検案時において、死後約12ないし15時間経過した状態にあったものと推認され、これを覆すに足りる証拠はないというほかない。

そうすると、本件保険契約が、前記争いのない事実等(2)イのとおり、平成14年10月31日午後12時をもって失効した後に、亡Aは自殺したものとみられ、本件保険契約に基づく死亡保険金を原告が請求することはできないというべきである。(和歌山地裁平成16年6月23日判決、平成15年(ワ)第471号)。

(第二審) 控訴人は、平成14年11月1日午後4時45分における亡Aの直腸温が21℃であったことを根拠にして、・・・死亡推定時刻は同年10月31日午後6時45分となり、死亡推定時刻は同年10月31日午後9時29分となる旨主張する。

しかしながら、・・・③実際には、直腸温の変化は、個体差が大きく、着衣の状況、死体が置かれている外部的環境、死因等による影響を強く受けることから、死亡経過時間を推定する際には、直腸温だけではなく、死体硬直、死斑、角膜の変化等も勘案し、総合的に判断するのが一般的であるというのであるから、直腸温の変化に影響を与える諸要因を捨象し、上記各方法を機械的に当てはめて、亡Aの直腸温のみから死後経過時間を推定する控訴人主張の手法は、合理的なものであるとはいい難い。

死体検案の際、B医師は、平成14年11月1日午後4時45分における亡Aの直腸温(21℃)及び外気温(16℃)を前提にして、亡Aの死体が風雨や外気温の低下の影響を受けやすい屋外立位の状態にあり、着衣がかなり濡れていたこと等を考慮し、死体硬直、死斑、角膜混濁の程度等も勘案した上で、死後12時間から15時間が経過していると判断したものであり、③その後に判明した正確な気象情報を前提にしたとしても、本件死体検案時における亡Aの死後経過時間は12時間から15時間程度、死亡推定時刻は平成14年11月1日午前3時ころであるものと考えられ、上記死亡推定時刻が大幅に変動することはないと判断しているという

のであるから、亡Aは、平成14年11月1日午前3時ころから午前6時ころまでの間に死亡したものとみるのが相当である。

しかしながら、控訴人の指摘する神主の発言（C神社の神主が人気のある朝5時や6時に自殺するはずない旨発言したこと）は、一般人の憶測の域を出るものではないばかりか、亡Aが平成14年10月31日中に死亡したことを支える根拠となり得るようなものでないことは、その発言内容自体からも明らかというべきである。また、B医師の発言は、控訴人から、同日中の死亡でなければ死亡保険金による借金返済が不可能となる旨の説明を受けた直後になされたものである上、前記認定した事実によると、B医師が控訴人に面会した際の発言内容は、死後経過時間を最大限長くみて、死亡推定時刻を同年11月1日午前零時ころと推定する医師もいるであろうとの推測を述べるものにとどまったというのであるから、B医師の上記発言をもって、亡Aが平成14年10月31日午後12時までに死亡したと推認することはできない（大阪高裁平成16年11月9日判決、平成16年（ネ）第2275号）。

●**参考判例**（東京地裁平成17年1月14日判決、平成15年（ワ）第15712号、判タ1230号272頁）
 事　案 保険者からの通知の要否と到達擬制の約款規定の効力
 争　点 ①本件保険契約が、保険料の不払により失効したといえるかどうか
    ②D保険に係る集団扱定期保険を廃止して、本件保険契約を個人扱に変更するに際し、保険契約者である亡Aの同意ないし承諾が必要か
    ③本件保険契約の集団扱を中止する旨の通知が亡Aに到達していたといえるか
    ④②が否定された場合、本件主約款36条2項により、②の通知の発送行為の完了をもって、同通知の亡Aへの到達が擬制されるか
    ⑤被告が本件保険契約の集団扱を中止するに際し、②の通知のほかに亡Aの意思を確認しなかったことが契約上の信義則違反を構成するか

判旨

争点①について
ア　原告は、被告の一方的判断で集団扱定期保険を終了させるといった事態は本件特約の予定していないものである旨主張する。

しかしながら、前認定のとおり、本件特約1条2項には、集団扱定期保険の取扱を行うときは、集団代表者と会社との間に集団特別取扱に関する契約を締結する旨が、本件特約7条1項3号には、「集団と会社との間との間に締結された集団特別取扱に関する契約が解除されたとき。」には、本件特約は効力を失う旨がそれぞれ規定されており、本件協約においても、本件特約7条1項3号の規定に即して、被告と本件集団代表者双方は、30日前の予告をもって本件協約を解除できる旨の合意がされている。

上記の本件特約の規定振り及び認定事実によれば、本件協約は適式に解除されたものといえるから、D保険に関しては、本件特約7条1項3号により本件特約の効力は失効し、集団扱としての取扱いも終了したものと認められる。よって、原告らの上記主張は理由がない。

イ　次いで、原告は、本件集団を閉鎖し、本件保険契約について集団扱を取りやめ、個人扱とすることは、契約条件の変更に当たるから、亡Aの承諾ないし同意を要する旨主張する。

・・・本件特約を精査しても、本件協約の解除手続及びそれに伴う集団扱の取りやめに関して、集団構成員である各保険契約者の承諾ないし同意を要するとの規定は存在しない。むしろ、本件特約は、本件協約の解除により当然に失効するとの規定振りになっている（本件特約7条2項）ことからすれば、集団扱定期保険の保険契約者は、上記の理を了知したうえで集団扱定期保険契約を締結したものと解するのが相当であり、換言すれば、将来において個人扱定期保険へ移行する可能性があることについて契約締結時に包括的な同意ないし承諾を与えているものというべきである。

争点②について
ア　上記(1)のとおり、集団の閉鎖及びそれに伴う契約条件の変更に際しては、いずれも集団構成員である各保険契約者の個別の承諾ないし同意は必要でないと解されるけれども、上記の態様による契約条件の変更（本件特約7条1項3号）は、被告と集団代表者との間の集団特別取扱に係る契約が解除されるこ

とにより生じることになるから、集団扱定期保険の保険契約者は、その経過について知る機会を与えられない限り、常に保険料及びその払込経路の変更による保険料不払とそれに伴う契約失効の危険にさらされることになる。

　それゆえ、被告は、集団を閉鎖して集団扱定期保険を個人扱定期保険に変更しようとする場合には、信義則上あるいは保険契約に係る付随的義務として、集団構成員である保険契約者に対し、当該保険契約について個人扱となるため契約条件に変更が生じることを通知（なお、この通知は講学上の観念の通知に類するものと解されるから、意思表示に準じて相手方への到達を要するものというべきである。）する必要があるというべきであって、かかる通知の到達なしに上記の契約条件の変更を保険契約者に対抗することはできないと解するのが相当である。

イ　［略］

ウ　本件各通知の保険契約者への到達について

　本件第1回、第2回通知の普通郵便が配達されたとすれば、遅くとも、第1回通知については平成14年2月中に、第2回通知も同年4月中には本件マンションに配達されていたと考えられるところ、そのころには、亡Aは、胆管がんの手術のためU病院に入院しており、自宅を不在にしていたことが認められる。しかして、前認定のとおり、亡Aは、慎重かつ几帳面な性格として知られており、書類等も捨てることなくファイルして保存しておくほどであり、入院中も自宅や診療所に配達された郵便物をダイレクトメールまで含めて診療所の職員に入院先まで持ってこさせ、目を通していたことが認められ、他に同認定を覆すに足りる証拠はない。

　また、前認定のとおり、亡Aは、上記入院時において75歳と高齢に達しており、かつ、胆管がんに罹患していることを知っていたこと、平成14年3月分まで本件保険契約に係る保険料を滞りなく支払ってきていること、本件保険契約以外に生命保険契約には加入していなかったこと、・・・月額6万5000円の保険料の支払に困窮するような経済状態にはなかったことが認められる。

　かかる認定事実を前提とすれば、亡Aが本件第1回、第2回通知のいずれかでも目を通していれば、敢えて保険料の銀行口座振替手続の申込みを怠り、本件保険契約を漫然と失効させるようなことは容易に想定し難いといわなければならない。

エ　以上の検討を踏まえると、上記イの事実からすれば、本件各通知については、いずれも本件マンションあてに亡Aへ普通郵便が発送されたとの事実を認めることができるけれども、・・・被告主張のように本件マンションに同各通知が配達され、亡Aにおいてこれを了知し得る状況に置かれたとの事実については、これを認めるに合理的な疑いを差し挟む余地が残るというべきである。

　この点、被告は、通常の郵便事情に照らしてみれば、普通郵便であってもあて先に配達されない可能性は極めて低いうえ、原告は、本件第1回、第2回通知のほかに、・・・3度にわたって郵便物が不着になることなど考えられないと主張する。なるほど、本件マンションについては誤配、不配達について記録されたものはないこと（調査嘱託（S郵便局）の結果）、また、普通郵便が不着になる割合は、25万通に1通であるとの新聞報道がされていること、本件マンションには、1階エントランス内に集合郵便受けが設置されているところ、同所には管理人がいて部外者が無断で立ち入ることが困難な構造になっていること、本件各通知が亡Aあてに発送された当時、転送届が提出されてはいなかったこと［証拠略］がそれぞれ認められるのであって、これらの事情からすれば、本件各通知（被告が組織変更を行った旨の通知を含む）が本件マンションに配達されなかったとまでは断言できないとしても、上記ウの事情を斟酌すれば、本件各文書の本件マンションへの到達を認めることも困難というべきであり、他に、被告主張の事実を認めるに足りる証拠はない。

争点③について

ア　被告は、仮に本件各通知が不着であったとしても、亡Aは、同各通知が発送された当時の住居であるHの住居について被告に申告していなかったのであるから、本件主約款36条2項により、被告が了知していた本件マンションに向けた本件各通知の発送手続の完了によって、同各通知は亡Aに到達したものと擬制されると主張する。

　しかし、前認定のとおり、Hの住居は、住民票上異動の届出がされているにすぎず、実際には亡Aは

本件マンションに居住していたというのであるから、被告の上記主張は、その前提において理由がない。
イ　被告は、本件主約款36条2項の準用により、本件マンションへの本件各通知の送付行為の完了によって、同各通知の亡Aへの到達の効力は擬制されるとも主張する。

　本件主約款36条は、「保険契約者が住所（通信先を含みます。以下、本条において同じ。）を変更したときは、ただちに、会社の本社または会社が指定した場所に通知してください。」（1項）、「保険契約者が前項の通知をしなかったときは、会社が知った最終の住所あてに発した通知は、保険契約者に到達したものとみなします。」（2項）と規定しているところ〔証拠略〕、同条2項は、その文理から明らかなように、同条1項が規定する保険契約者に住所変更が生じた場合の変更先住所の告知義務を前提にして規定されたもの解される。そうすると、本件において、亡Aは、本件マンションに居住していることを被告に申告しており、その後も居住先に変更はないのであるから、同条2項の「保険契約者が前項の通知をしなかった」との要件にそもそも該当しないというほかない。また、本件主約款36条2項の趣旨は、保険契約者が住所変更届を怠った場合に、従前の住所への通知をもって保険契約者に通知が完了したものとみなすことで、種々の通知業務に係る被告の業務内容を軽減させ、円滑な業務遂行を図ろうとの目的から規定されたものと解するのが相当であって、被告が知れている保険契約者の住所あてに通知を発送した場合に、すべからくその到達を擬制する趣旨であるとは解されないし、そのような取扱いは、保険契約者の地位を著しく不安定にさせるものであって、契約当事者の合理的意思にもそぐわないものというべきである。それゆえ、本件に関しては、本件主約款36条2項の準用、類推を肯定する基礎を欠くというべきであるから、同約款の規定を根拠に本件各通知の亡Aへの到達が擬制されると解することはできない。

3　以上の検討を総合すれば、本件各通知が亡Aに到達したとの事実については、これを認めるに合理的な疑いを差し挟む余地があるといえるから、被告は、亡Aとの関係で、本件集団の閉鎖及びびそれに伴う保険料及び保険料払込経路の変更の効果を対抗することはできないと解するのが相当である（なお、仮に、本件各通知を配達証明郵便により発送することが企業経営上困難を伴うとしても、本件第2回通知に対する応答がない時点で、被告から亡Aに対して電話等により応答意思を確認することは容易なことといえるから、上記の結論が被告にとって格別の困難を強いることになるとも解されない。）。

　そうすると、本件保険契約に関しては、平成14年4月以後も亡Aにおいて本件銀行口座への残高をもって保険料の履行の提供が継続されていたといえ、同月以後の改訂保険料の不払を亡Aに帰責することはできないといえるから、同年4月分以後の改訂保険料の払込みが未了であるとしても、亡Aとの関係では、本件保険契約の失効の効果は生じないと解すべきである。そして、原告らが本件保険契約の保険金請求者としての地位にあることは前認定のとおりである。

　それゆえ、被告は、原告らに対し、本訴請求に係る各保険金額を支払う義務があるというべきである。
（東京地裁平成17年1月14日判決、平成15年(ワ)第15712号、判タ1230号272頁）。

●**参考判例**（横浜地裁平成11年3月31日判決、平成9年(ワ)2186号）
　事　案　契約失効と保険事故
　争　点　①担当職員の解約意思の受領権限の有無
　　　　　②解約放置による損害と失効責任の成否
　判　旨
1.　原告X（有限会社代表者A）は平成7年10月頃担当者B（被告Y生命保険）に電話でAを被保険者とする保険契約の解約の申出があり、これに了承した旨返答したことは証人B自身が供述していることであるし、それにも関わらず、特段の理由もないのにAが本件①②の契約の解約を保留することに同意するというのは不自然かつ不合理な経過であるというべきであるし…原告が平成7年10月Bに対し、本件①②の保険契約を解約する旨の意思表示をしたことが認められる。

　被告は、顧客に対し配布したパンフレットの中で、被告のライフプランナーは顧客と被告の保険契約締結の媒介を行う者で、保険契約の締結の代理権はないこと、したがって、保険契約は顧客からの保険契約の申込みに対して被告が承諾したときに有効に成立する旨を明言していること、以上の事実が認め

ることができる。

右認定事実によれば、被告のライフプランナーであるBが原告の本件①②の保険契約を解約する旨の意思表示を受領する権限を有していたことを認めることはでき（ない）。

2．解約放置による損害と失効責任

Bは、被告のライフプランナーとして平成7年10月頃原告及びAからAを被保険者とする①②の保険契約の解約を申込まれたのであるから、速やかに解約請求書を送付して原告の解約申込みを実現させるよう協力すべき信義則上の義務があるのに、これを怠ったのみならず、Bが原告に解約請求書を送付しなかったために本件③の保険契約の平成8年1月分および2月分の各保険料が振替不能となり、右振替不能の事実を社内通知で知ったのであるから、殊にBが原告及びAからAを被保険者とする保険契約は存続させることを告げられていたことを考慮すると、契約時から保険金支払まで契約者の契約目的達成に対する高度の支援を標榜している被告のライフプランナーとして、右振替不能について原告に連絡してその真意を確認して適切な助言をすることにより原告の契約目的達成に協力すべき信義則上の義務があるのに、これを怠ったものというべきである。

そして、被告が本件①②の保険契約の解約請求書を送付していれば右各契約を解約して本件③の保険契約の保険料振替不能が発生せず、また、被告が本件③の保険契約の保険料振替不能について原告にその真意を確認していれば本件③の保険契約の失効を回避できたものと認められるから、被告は右信義則上の義務違反により原告が被った本件③の保険契約が失効したことによる損害を賠償する責任がある。

被告の右信義則上の義務違反と相当因果関係のある原告の損害は本件③の保険契約による死亡保険金8000万円であると認めるのが相当である。

3．過失相殺について

原告はBに電話で1回本件①②の保険契約の解約を通告しただけで、解約請求書等の書類が送付されてこないのに疑問を抱かず右契約の失効を被告に確認するなどの措置を講じていないこと、保険料の支払いは契約者の基本的義務であって、その支払いの確保は契約者が自己の責任において行うのが原則であるところ、被告から2度に亘り本件③の保険契約の保険料の振替不能及び猶予期間内に支払いがなければ保険契約が失効する旨の通知を受けているにもかかわらず、格別な措置を取らないで放置していたことからすると、原告には本件③の保険契約の保険料を支払わず右契約を失効させたことについて重大な過失があるというべきであり、前記認定の諸般の事情を考慮すると、原告の過失割合を8割と認めるのが相当である．

そうすると、原告の損害額から右過失割合を控除すると、原告の損害額は1600万円となる。

4．弁護士費用について

右認容額などの本件における諸般の事情を考慮すると、被告に対し請求することのできる弁護士費用としては160万円が相当である（横浜地裁平成11年3月31日判決、平成9年（ワ）2186号）。

● 参考判例（東京地裁昭和53年8月29日判決）

事　案　保険料払込の猶予期間
争　点　保険料払込の猶予期間内における失効日についての告知の要否

判　旨

約款は保険料払込猶予期間満了までに保険料が払い込まれなければ、契約は当然に効力を失うものとしており、失効前に失効日などを契約者に告知する定めがないことは当事者間に争いがない。そして、失効の前に、契約者に失効日を告知し、あるいは払込の催告をすべき義務を保険者に課した場合のほうが、それだけ契約者、保険金受取人の保護が厚くなることは否めないが、相当の払込猶予期間がある本件各約款の場合において、その定めを欠いたからといって、著しく契約者側に不利益なものということはできない。また、普通保険約款は全体として契約者・被保険者の利益の調整が図られるよう個々の条項が定められているものであり、さらに全体として合理性を保証すべく所轄官庁で個々の条項を審査したうえ認可されているものであるから、そもそも失効について事前告知の規定があるか否かのみで、失効規定が公序良俗に反するか否かを判断すること自体相当とはいえない。

Ⅰ-1　保険料の支払

　　被告（保険会社）が本件各契約の失効を主張することが権利の濫用になるかを考えるに、たしかに契約締結時にも失効制度について説明をせず、失効直前の集金時にもこの点の警告をしなかった本件の場合において、契約者側は昭和51年3月1日以降本件各契約が失効していることを意識することなく行動していたことが推測されるが、被告側で失効についての警告をすることが契約者に対してより親切であるとはいえてもその義務があるとはいえない（東京地裁昭和53年8月29日判決）。

●参考判例（仙台地裁昭和56年6月10日判決）
　　事　案　集金扱い契約における失効
　　争　点　失効約款の拘束力
　　判　旨
　　保険料の払込場所に関し、約款では「会社の本店または会社の指定した場所に払い込んでください。ただし、保険契約者の住所が会社の定めた地域内にある場合で、便宜上会社が集金人を派遣したときは集金人に払い込んでください。」と記載されている。本約款の本文は、保険料が持参債務であって契約者が会社の本店またはその指定した場所に払い込まれなければならないことの原則を明示したものと認められ、ただし書以下は、会社が集金人を派遣した場合にこれを取立債務に変更することを定めたものではなく、本文の規定をうけ、その例外の便宜取扱として、集金人に支払えば足りる旨を定めたもので、保険料が持参債務であることに変わりがないものと解するのが相当である。「ご契約のしおり」の記載内容からみても集金人による集金が行われても取立債務でないことが窺われる。
　　…契約締結の際、このような重要事項についての説明がなされていない、また、契約失効の虞れある事態になったときは、これを知らせて注意を喚起する義務があり、これを怠ったから失効約款の効力は生じないと主張するが、生命保険のような附合契約にあっては、契約者が約款の内容を知っていたと否とに拘らず、また、約款の内容によって契約する意思を有していなかったとしても、約款によらない旨の意思表示がされない限りは、その約款の定めた内容による契約が成立し効力が生じ、当事者はこれに拘束されるものと解すべきである（仙台地裁昭和56年6月10日判決）。

●参考判例（福井地裁平成5年2月1日判決）
　　事　案　保険契約の失効
　　争　点　保険契約の失効と保険会社のなす諸通知の意義
　　判　旨
　　保険者は本件保険料の支払に関し、「保険料お払込のお勧め（お立替えご通知）」と題する書面を年2回づつ契約者に直送し、保険料を自動貸付により立替中であることを通知している。…立替金の元利合計金額を記載した「保険料お立替金現在高のお知らせ」と題する書面および「保険料お払込のご案内」と題する書面も契約者に直送し、いずれも到着している。
　　契約者はこれらにより、本件契約を失効させないためには早期に滞納保険料を支払わなければならないことを容易に認識することができたものというべきである。そうすると、被告（保険会社）側の集金行為に期待して保険料不払の状態を放置することは許されないのである。結局、契約者の保険料支払債務につき不履行責任を問われてもやむをえないものというべきである（福井地裁平成5年2月1日判決）。

●参考判例（大津地裁彦根支部昭和63年12月23日判決）
　　事　案　失効後の死亡
　　争　点　月払契約の猶予期間について営業所長が誤って説明したもので、そのことで保険料の支払い期限を猶予したものと解されるか
　　判　旨
　　当該契約は、昭和62年1月分保険料の払い込みがなく同年2月末日の経過をもって契約は失効した。その後の昭和62年3月12日に被保険者は死亡した。

なお、約款では保険料の払い込みが月払契約の場合、払込期月は契約成立日の応答日の属する月の初日から末日まで、払い込み期月の翌月の初日以降末日までの猶予期間があり、保険料払い込み期間の満了をもって契約は失効する旨定めている。

被告保険会社の営業所長が1月28日に原告の事務所を訪ね1、2月分の保険料の支払いを求め、2月中に支払いがなければ保険契約は失効すること、なお、失効しても3月中であれば簡単な手続きで復活ができることを説明した。

上記説明を聞いた原告は同年3月末日までに保険料を支払えば契約は存続すると誤解したものである（原告の請求は理由がなく棄却）（大津地裁彦根支部昭和63年12月23日判決）。

● **参考判例**（東京地裁昭和59年9月4日判決）
事　案　保険契約失効後の死亡
争　点　保険会社の責任
判　旨

原告である法人は、被告保険会社の職員に昭和55年12月5日頃、同年11月、12月分保険料を支払った。しかし、同職員が…被告保険会社に入金しなかったため、昭和56年1月23日頃原告あてに失効通知が送達された。これに対して、被告保険会社は、11月12月分保険料は入金されたものとして、昭和56年1月分以降の保険料を支払えば本契約を有効なものとして扱う旨原告に申しいれた。

しかし、その後において入金はなく、遅くとも昭和56年4月14日頃以降には、原告が1月分以降の保険料を支払われないことが原告の責めに帰すべき事由に基づかないということはできず、本件契約は昭和56年4月14日頃の経過により、その効力を失ったものといえる。よって、失効後の昭和57年5月26日に被保険者死亡した事による保険金請求は理由がない（請求棄却）（東京地裁昭和59年9月4日判決）。

● **参考判例**（さいたま地裁平成15年8月21日判決、平成14年（ワ）第1082号）
事　案　銀行口座からの保険料未振替による失効
争　点　①保険約款の拘束力
　　　　　②保険料の振替口座に、複数の保険契約の保険料の全てには満たないが、一部の保険契約の保険料に足りる預金があった場合
判　旨

争点①について

原告は、被告の普通保険約款を承認のうえ保険契約を申し込む旨の文言が記載されている保険証券及び免責事由が記載された本件保険復活請求書に記名押印しているのである。

そして、保険契約者が、保険会社の普通保険約款を承認のうえ保険契約を申し込む旨の文言が記載されている保険証券及び保険約款の具体的内容が記載された保険復活請求書に記名押印した以上、上記約款による意思があったものと推定すべきところ・・・。

争点②について

本件のように、当該預金口座に、複数の保険契約の保険料の全てには満たないが、一部の保険契約の保険料に足りる預金があった場合に、これを当該一部の保険契約の保険料の支払に充てるか（振り替えるか）否かは、本件契約者の受託者である金融機関の判断するところであって、保険者の裁量に属するものではない。

したがって、争いのない事実(4)記載のとおり、本件保険契約全てについて、平成12年10月20日に支払われるべき保険料の支払ないし履行の提供がなされなかったものであるから、本件契約1及び3を含め、本件保険契約は全て失効したものである。

したがって、本件保険契約は平成12年11月1日の経過をもって失効した後、平成12年11月24日復活の手続がなされたものであるが、被保険者であるAの自殺は復活の日から1年以内になされたものといえるから、本件死亡保険金の支払について免責事由に該当することになる（さいたま地裁平成15年8月21日判決、平成14年（ワ）第1082号）。

Ⅰ-1 保険料の支払

●**参考判例**（水戸地裁土浦支部平成15年11月7日判決、平成14年（ワ）第15号）（東京高裁平成16年4月28日判決、平成15年（ネ）6325号）
事　案　保険料未払いによる生命保険契約の失効と通知
争　点　失効は保険者の責任
判　旨
（第一審）　本件保険契約は、平成10年12月1日をもって保険料の未払いにより失効したものと認められるから、それ以後に、原告が高度障害となったとしても、被告が保険金を支払うべき理由はない。

　なお、原告は、同年10月3日に営業職員が預かった30万円を被告に入金していれば本件保険契約は失効しなかったと主張するが、上記認定のとおり、同年9月28日の時点で94万3310円を入金しなければ復活できなかったのであり、また、被告に対して94万3310円の入金をなしたと仮定しても、同年11月30日までに63万4000円を支払わなければ同年12月1日で失効したのであるから、同年10月3日に原告が支払った30万円を営業職員が被告に入金していたとしても、同年12月1日に本件保険が失効することは避けられなかったものと認められる。

　また、原告は、保険料の集金は営業職員に任せていたのであるから、本件保険契約が失効したのは、集金を怠った営業職員の責任であると主張するが、本件保険契約は、平成2年8月から平成5年9月まで及び平成8年8月には口座振替の方法により保険料が支払われ、本件保険契約失効後の復活保険料についても来社入金の方法によって支払われていたのであり、営業職員が保険料を集金したのは平成2年8月から平成10年9月までの間、僅か2回に過ぎないことからすれば、原告が主張するように営業職員が保険料を集金するという方法により保険料を支払っていた事実は認められず、営業職員は、本件保険契約者が保険料を支払わなかったことについて、何らの責任を負うものではない。仮に、原告主張のとおり、本件保険契約者であるX₂あるいは原告が、本件保険契約が失効と復活を繰り返していることを知らなかったとしても、被告は、原告住所地の本件保険契約者宛てに本件保険契約の状況についての通知を逐一送付しているのであり、原則として、保険料の支払いを管理するのは保険契約者の責務であるから、本件保険契約の失効を知らなかったことについては、これらの通知を確認しなかった原告側に責任があるといわざるを得ないし、X₂から本件保険契約の処理を任されていた原告及びCは、遅くとも平成11年1月11日に自宅でBから本件保険契約の状況について説明を受けた時点以降は、63万4000円を支払わなければ本件保険は失効したままであることを認識していたというべきであり、直ちに未払いの保険料等を支払うことも可能であったのに、結局、その支払いをしていないことからすると、原告側としても本件保険契約を復活させて契約を継続する意思がなかったものと認めるのが合理的である（水戸地裁土浦支部平成15年11月7日判決、平成14年（ワ）第15号）。

（第二審）　営業職員が、本件保険契約の維持、管理に関して、控訴人主張のような法的な注意義務を負うに至ったことについては、これに沿うかのような・・・の記載が存在するが、〔証拠略〕及び原審証人営業職員の証言に照らして採用し難く、他にこれを認めるに足りる証拠がない。

　また、営業職員が、平成10年9月28日及び同年10月3日に控訴人から金員を預かった際の状況についても、前記引用に係る原判決掲記の各証拠により原判決認定のとおり認められる。したがって、営業職員において控訴人に対する不法行為責任を負うものと認める余地はなく、・・・（東京高裁平成16年4月28日判決、平成15年（ネ）6325号）。

●**参考判例**（函館地裁平成18年1月26日判決、平成16年（ワ）第241号）（札幌高裁平成18年9月28日判決、平成18年（ネ）第42号、判時1936号131頁、判タ1223号147頁）
事　案　保険料不払いによる契約の失効を理由とする保険会社の保険金支払い拒絶
争　点　①保険会社が失効を主張することが信義則に反するか
　　　　②本件入院は本件契約の責任開始日以降に発病した疾病による入院であるか
判　旨
（第一審）　(1)ア　Aは、本件契約に基づく平成14年7月分の保険料を同月中に払い込まず、同年8月1日から同月31日までの払込猶予期間が経過したため、本件契約は、本来、約款6条②項により、同年9

月1日から失効することとされていた。しかし、被告は、同年8月19日以降の本件入院に関しAから同年9月18日に本件給付金請求がされたのを受けて、払込猶予期間中に支払事由が発生したものとして、約款6条③項により、本来支払うべき入院給付金等から未払込保険料を差し引いた残金をAに支払い、本件契約は失効せず存続するものとして取り扱うこととした。しかも、本件給付金請求は、Aが積極的に希望したものではなく、被告の生命保険募集人であるDの勧めによってなされたものであった。

このように、被告は、一旦は、本件契約は失効せず存続するものとして処理しており、しかも、このような処理がされたのは、Aが積極的に希望したというものではなく、被告の生命保険募集人であるDの発案、勧誘によるものであったにもかかわらず、その後、Aが死亡し、原告から死亡保険金の支払を請求されたのに対し、一転して、平成14年7月分の保険料の払込猶予期間中に給付金の支払事由は発生しておらず、したがって、本件契約は平成14年9月1日から失効していたと主張して、保険金の支払を拒絶するに至ったものである。

イ 被告は、本件給付金請求を受けた際に、本件契約締結前におけるAの既往症について何らの手がかりを有していなかったと主張する。

Aは本件契約の申込書を作成した同年5月13日からわずか約3か月後の同年8月19日にうつ病との病名により本件入院を開始していることが認められることからすれば、被告としては、本件告知書及び本件診断書の記載から直ちに入院給付金等の支払事由があるものと即断することなく、本件入金が本件契約の責任開始日以後に発病した疾病に基づく入院には当たらない可能性を疑う余地が十分にあったものというべきである。本件入院が本件契約の責任開始日以後に発病した疾病に基づく入院であるかどうかを調査することは容易であったといえる。

このように、本件給付金請求を受けた段階における被告において、入院給付金の支払事由があるかどうかを調査して確認することが格別困難ではなかったにもかかわらず、被告は、十分な調査・確認をしないまま本件告知書及び本件診断書の記載のみを根拠として支払事由があるものと判断して入院給付金等を支払い、本件契約が存続することを認めているのである。

ウ これによって、給付金の請求、支払、本件契約の継続という本件の一連の事態を招き、そのために、Aに本件契約が存続しているとの信頼を生じさせ、その後も保険料の支払を継続させることとなったのである。そうすると、本件の事態は、Aの告知に問題があったというよりは、むしろ、Dの軽率な行動や被告の不十分な調査といった被告側の問題によって引き起こされたものといいうる。

(4) 上記(1)ないし(3)で検討したところによれば、被告は、本件給付金請求に対し、十分な調査を尽くさないまま支払事由があるものと判断し、一旦は失効することとなっていた本件契約を存続するものとして取り扱いながら、死亡保険金の請求に対しては、一転して、支払事由がないものとして従前の立場を翻すに至ったこと、Aは本件契約が存続するとの被告の判断を信頼して保険料の支払を継続していたこと、Aは本件契約の締結に際し過去の病歴を告知せず結果としては告知義務に違反しているものの、その違法性の程度は低いこと等の諸点にかんがみれば、被告において、あらためて原告に対し、失効の原因となった2か月分の保険料の支払を催告したうえで、その支払がないことを理由にして契約の失効を主張するなどの特段の事情もないままに、単に、上記2か月分の保険料の不払いを理由として本件契約が平成14年9月1日から失効している旨主張することは、信義誠実の原則に反し許されないものというべきである（函館地裁平成18年1月26日判決、平成16年(ワ)第241号）。

(第二審) 争点(2)（本件入院は本件契約の責任開始日以後に発病した疾病による入院であるか）について

前記のとおり、Aは、平成8年ころからうつ病に罹患して、同年7月8日にE神経内科で初めて受診し、平成10年3月から平成11年1月までの間は月に2回程度の割合で、平成12年1月から同年3月までの間も月に1、2回の割合で同病院に通院していたが、その後本件契約を締結するまでの間は通院していなかったのであるが、Aのうつ病は平成12年3月に完治したわけではなく、平成12年3月から平成14年7月までは寛解していたにすぎなかったと認められ、本件入院は再燃したうつ病の治療のためのものであったというべきである。したがって、本件入院は本件契約の責任開始日以後に発病した疾病による入院であるということはできない。

I-1 保険料の支払

　被控訴人は、本件契約の無配当新型医療保険の約款10条①項にいう「発病」とは「発症」とほぼ同義に解すべき旨主張するが、一般人にとって「発病」の意味内容は十分に理解できるのであるから、被控訴人が主張するように上記約款の文言を解釈しなければならないものではない（なお、ある症状が生じた場合に、それが発病に当たるのか、あるいは従来罹患していた病気が完治しておらず、その症状が再燃したものであるかは、一般人には分からないこともあると考えられるが、医師等が前者であると判断すれば入院給付金支払の要件を満たし、後者であると判断すればその要件を満たさないということになるだけであり、約款の定める要件が一般人には理解できないということとは場面が異なるというべきである。）。

　前記のとおり、Dは、Aが本件契約締結後わずか3か月後には入院しており、しかもその病名がうつ病であったにもかかわらず、本件給付金請求までの間、Aに対し、うつ病の発病時期や、本件契約締結前のうつ病での通院の有無などの質問もせず、調査をしなかったのであるが、Dは、Aのうつ病の既往症について知らなかったのであるから、同人に本件契約締結前からうつ病が発病していたことを疑い、Aに対する質問や調査をすることを要求することは無理であるというべきである。したがって、上記事情も被控訴人主張の信義則違反を基礎づけるものということはできない。

　なお、仮に、DがAから聞きとったAの病状や入院に至る経緯を本件給付金請求の際に控訴人本社に伝えていれば、控訴人本社は入院給付金等の支払事由はないとの判断に至った可能性もなくはないが、Aのうつ病の既往症について知らなかったDにそこまで要求することはできないと考える（札幌高裁平成18年9月28日判決、平成18年(ネ)第42号、判時1936号131頁、判タ1223号147頁）。

●参考判例（東京地裁平成10年6月10日判決、平成8年(ワ)第20149号）
　事　案　契約失効
　争　点　保険料の支払を遅滞したことによる保険契約の失効の有無
　判　旨
　　本件保険契約は、平成7年10月分の保険料の引去りができず、本件保険約款に定められた猶予期間も経過したことにより、同年12月1日、失効したものと認められる。

　ところで、原告は、Oが右猶予期間内に平成7年10月分の保険料を被告に立て替えて支払った旨主張し、証人Fの証言及び原告代表者本人尋問の結果中には、これに沿う部分があり、また、右証言中には、Oが、Aの長女であるFに対し、同年12月12日あるいは13日頃、3ヵ月分の保険料を支払わないと本件保険契約が失効する旨述べたとの部分もある。しかしながら、Oは、右のようにOが保険料を立替えたとの事実を否定する供述をしているところ、右立替えの事実を明らかにする客観的な証拠はないばかりでなく、前記認定のとおり、被告においては、「未収契約連絡票」及び「未収契約訪問依頼票」を作成し、平成7年10月分の保険料の入金がないとして事務処理が進められた事実に照らしてみると、Oが平成7年10月分の保険料を立替えていたものとは認められないものといわざるを得ず、前記原告の主張は採用することができない。

　また、原告は、前記平成7年10月分の保険料については、自動振替貸付制度が適用されるべきであった旨主張する。

　しかしながら、証拠によれば、本件保険約款では、保険料の自動振替貸付制度が適用されるためには、「払込むべき月以後半年ごとの応当日の前日までの保険料とその利息の合計額が解約払戻金額を超えない間」という要件が必要とされているところ（14条1項）、本件保険契約における平成7年10月直後の半年ごとの応当日（本件保険契約の成立日である平成6年1月1日から半年ごとの日）である平成7年12月31日までの保険料は、10月分、11月分、12月分の3ヵ月分の保険料合計22万4646円であるのに対し、経過年数2年の本件保険契約の解約払戻金額は、5万1600円であるから、前記平成7年10月分の保険料については、自動振替貸付制度の要件を満たしていなかったことになる。したがって、右の点に関する原告の主張も採用することはできない。

　ところで、原告は、本件保険契約が失効しなかったと主張するにとどまり、本件保険契約が復活したことを主張をしないから、復活の効力及び被告の主張する免責条項の適用については判断するまでもなく、原告の請求は理由がないことになる（東京地裁平成10年6月10日判決、平成8年(ワ)第20149号）。

●**参考判例**（大審院昭和3年12月8日判決）
　事　案　保険料不払による失効
　争　点　保険者の過失と失効の効力
　判　旨
　　本件保険契約証券には保険料支払期間内に保険料の払込を為さざるときは保険契約は、その効力を失うべき旨の記載あるを以て反証なき限り原判示の如く該保険証券の記載は本件保険契約の内容を為すものと認め得べきも上告人（受取人の相続人）の抗弁によれば右訴外人（保険契約者）においては前記記載を以て上告人の過失により支払期間内に保険料の払込をなさざりし場合においての保険契約の失効を来すべき趣旨なりと為すことにあること勿論なるを以て…（大審院昭和3年12月8日判決）。

　なお、保険料の支払は小切手によることも認められているが、手形による支払は実務上取り扱われていない（これについての判例は、参考までに損害保険契約についてのものを掲げる）。

●**参考判例**（広島高裁昭和46年10月19日判決）
　事　案　保険料の支払
　争　点　小切手による保険料支払の効果
　判　旨
　　元来、自動車保険契約は、損害保険契約の一種であり、原則として当事者双方の意思表示のみによって成立すべきいわゆる諾成契約であることは、商法第629条の規定上明らかである。
　　保険契約者と保険者との間において、保険料の支払に関して小切手の授受があった場合には、一般に、小切手による保険料の支払が禁止されておらず、小切手を現金と同じ様に処理することの多い取引界の実情に鑑み、反対の事情の認められない限り、その小切手の不渡りを解除条件とし、現金の支払に代えて受領されたものとし、小切手の決済を待たず、保険者が小切手を受領した日をもって保険料を受領した日とし、その日から保険者の責任が始まるものと解するのを相当とすべく、本件自動車保険における保険料も、昭和42年10月2日、契約者が本件小切手を損害保険会社の代理店であるBに交付し、Bが異義なくこれ受領した以上、保険代理店から保険者に保険料の引渡がなされるまでもなく、保険会社に対する右保険料の支払いは有効になされたものと認めるべきであるから、その後発生した保険事故による損害については、本件小切手が不渡りにならない限り、保険会社に右保険契約上の責任があるといわなければならない（広島高裁昭和46年10月19日判決）。

●**参考判例**（広島地裁呉支部昭和49年6月7日判決）
　事　案　保険料の支払
　争　点　手形による保険料の支払の効果
　判　旨
　　大蔵省銀行局長から損害保険会社宛に手形による保険料領収を絶対行わないよう通知のなされている事実が認められるけれども…これは損害保険会社に対する指導であって、保険契約者に対する指導ではないと認められ、かつ手形による保険料支払を無効とする趣旨とも解されない（広島地裁呉支部昭和49年6月7日判決）。

I-2　営業職員による保険料の立替払

　保険料の立替払には営業職員がとりあえず契約者（申込人）に代わって保険料を払い込むものと、営業職員が第1回保険料（第1回保険料充当金を含む）の割戻しを行って契約者に特別の利益を提供するものとがある。前者は生命保険契約関係とは別個の約束であるが、後者の行為は法律の禁止行為

I-2 営業職員による保険料の立替払

(保険業法300条1項5号「保険契約者または被保険者に対して保険料の割引、割戻し、その他特別の利益の提供を約し、又は提供する行為」)に違反するものである。ただし、この行為によったものであったとしても、私法上は影響されないものとされている。

●**参考判例**（大審院昭和13年10月13日判決）
- **事　案**　保険料の立替払
- **争　点**　営業職員による募集取締法違反があったとしても私法上は有効か

【判　旨】
保険募集取締規則はいわゆる取締規定に外ならずして、その趣旨は、保険外交員が保険契約者の募集勧誘をなすに際し、同条（第16条）各号掲記の行為をなすことを禁止せんとするに在りて、これに違反する行為ありたるときと言えども、只単に同規則所定の制裁を課すに止まり、その行為の私法上の効果を当然無効たらしむるものにあらずと解するを相当とす（大審院昭和13年10月13日判決）。

●**参考判例**（大審院昭和17年5月20日判決）
- **事　案**　保険料の立替払
- **争　点**　営業職員による保険料の立替払行為は有効と言えるか

【判　旨】
保険契約の申込をなしたる者は特別の事情なき限り保険契約の成立を期待し居るものと認めるべきは当然として、その第1回保険料を立替支払い、これにより保険契約を成立せしめたる場合においては、保険者は一定の期間所定の保険事故に付きその責に任ずべきものなれば、保険料は保険契約者のために有益なる費用なりというべく、その立替支払をなしたるものは事務管理者としてこれが償還を請求し得るや勿論にして、被上告人が第2回以後の保険料支払につき考慮するところなかりしとするも、事務管理の成立に何等の支障あることなし（大審院昭和17年5月20日判決）。

（注）　事務管理とは、法的義務のない者が他人の事務を一方的に管理することをいう（民法第697条後段）。
民法は、当事者間の生活関係を円滑に解決するため、社会生活上是認されるべき行為としてこれを認め、本人と管理者との間に委任に近い債権関係が生ずるとしている。

●**参考判例**（東京地裁昭和59年1月24日判決）（東京高裁昭和59年8月1日判決）
- **事　案**　保険料の立替払
- **争　点**　営業職員がなした保険料立替払の約束の効力

【判　旨】
(第一審)　訴外A（原告の前妻、保険契約の締結時の代理人）は訴外B（営業職員）に対して第1回保険料をサービスするよう持ち掛けたところ…訴外Bは全額サービスする旨を約した…。
ところで、右サービスとは訴外Bが自己の負担において被告に対し原告名義で第1回保険料充当金を入金納付するものであって、前記法律や被告（保険会社）の指導に明らかに反する行為である。…訴外Aと訴外Bとの間において訴外Bが約定の第1回保険料充当金を何時までに被告に入金納付するかについては何の合意もなかったのであり、また右約定は法律で禁止された外務員としての適法な職務執行の範囲ではないことを右訴外人とも十分知っていたものであって…被保険者死亡以前に約定の入金手続きをとらなかった訴外Bの行為をとらえ義務違反ないし不法行為の責を負うべきとする原告の主張はその理由がない（東京地裁昭和59年1月24日判決）。
(第二審)　控訴棄却（東京高裁昭和59年8月1日判決）。

●**参考判例**（神戸地裁昭和58年3月16日判決）
　事　案　保険料の立替払
　争　点　営業職員がなした保険料立替払の約束の効力
　判旨

　保険契約者に対し、立替払の名のもと保険料の支払を免除する約束をした外務員が保険料の支払を中止した後に被保険者が死亡した。これに対し、保険金受取人は保険者に保険金の支払を求め、予備的に損害賠償を請求する。
　しかし、①外務員には保険者に代わって保険料の立替払、支払免除の約束をする権限はないので、外務員の約束は保険者に対して効力を生ぜず、②保険契約者は外務員にその権限がないことを認識していたので、民法110条の表見代理は成立せず、③外務員の立替払・支払免除の約束は無権限でなされたものであるので、保険者が保険契約の失効を主張することは信義則に反しない。また、保険契約が保険料不払によって失効しているので、保険金請求には理由がない。さらに、④保険契約者は外務員の立替払・支払免除の約束が違法なものであることを知っていたので、保険者は民法第715条の責に任ぜず、また、⑤募取法11条（現、保険業法第283条）によって賠償すべき損害は保険契約者が受けた損害に限るべく、原告の損害賠償請求も理由がない（神戸地裁昭和58年3月16日判決）。

●**参考判例**（大審院昭和4年2月16日判決）
　事　案　保険料の立替払
　争　点　営業職員がなした保険料立替払の償還義務
　判旨

　保険契約申込人Aは保険会社の代理店Bの勧誘により生命保険契約の申込をなし、医師の身体検査を受けたるにより、Bは便宜Aのため第1回の保険料を立替支出し、該申込書と共にこれを同会社に送付したるも、当時保険契約は成立しなかった。これにより、保険契約申込人Aの保険料支払義務発生せざるをもって、代理店Bの右立替はAと同会社間に将来保険契約成立しAに保険料支払義務の発生することを条件としてなされたものと解すべく、したがって、代理店Bの立替債権を準消費貸借に引直したることもまた保険契約申込人Aと会社間に将来保険契約成立し、Aに保険料支払義務の発生することを条件となしたるものなりと認めるのを相当とす。ところが、その後Aのなしたる該申込は撤回せられ、結局保険契約は不成立に終り、Aの保険料支払義務は発生するに至らざりしものなれば、その発生を条件とするBの立替払並びその立替債権を目的とする準消費貸借はいずれも条件の不成就によりその効力を生ぜざるに至りし旨判示したるものにして、BがAの為になしたる立替払はAの委託もしくは事後の承認なくして行われ、しかもAにとり有益なる支出とならざりしものなりというに在るか、あるいはまたBとA間にもし保険契約不成立に終りAに保険料支払い義務なき場合には、右立替はAの為になされたものにあらずとして、Bは同会社より直接これが返還を受けるべくAには請求をなさざるべき旨の別段の合意が存し、この合意のもと右の立替をなしたるものなりというのであらば、すべからくそのしかるべき理由を明示せざるべからず。しかるに、漫然Bの請求を棄却したるは失当である（大審院昭和4年2月16日判決）。

●**参考判例**（山口地裁岩国支部平成10年2月27日判決）
　事　案　第一回保険料の立替え約束と責任開始期
　争　点　保険料立替え約束日が責任開始日か
　判旨

　（約束）の内容が保険契約者が支払うべき保険料を保険外務員が一時的に立替えて支払うというものであれば、そもそも保険会社には保険料の立替払い制度など存在しない上、保険外務員は保険会社のために保険契約の締結の勧誘に従事するものであって当然には保険会社を代理する権限を有しないと解されているのであるから、保険契約者と保険外務員との間の立替払いに関する約束は、保険会社の関知しない、全く私的な契約という他ないのであって、それが締結されたことによって直ちに保険会社への保険料入金の効果が発生するということはできない。

Ⅰ-3 保険料の払込方法（経路）と保険料の払込日

　原告は、平成7年1月頃から舌右縁に小潰瘍が生じて次第に疼痛がひどくなり、市販の軟膏薬を塗っても軽快しないことから、同年4月21日、××市内の病院で診察を受け、悪性腫瘍の可能性が高いことから精密検査のため、××赤十字病院耳鼻科へ紹介され…4月26日舌接触痛により同院に受診し、同年5月8日同病院で偏平上皮癌と診断された。

　原告は、平成7年4月24日に職場において面接士の審査を受け…当日、原告は持ち合わせがなかったためこれを支払うことができず、保険外務員の申出により、第一回保険料は外務員が立替払いすることとなった。しかし、入金の時期や方法については何も取り決めなかった。その際、外務員は、4月末頃には原告の勤務先を訪問して立替払い保険料を集金する旨話したが、具体的日時を決めたわけではなかった。

　以上の事実からすると、原告と外務員との間では、本件保険の第一回保険料の被告に対する入金の時期や方法については何ら取り決めていなかったのであるから、これらについては外務員の裁量に委ねられていたというべきである。外務員は、原告から責任開始日を早くして欲しいと依頼されたこともない旨供述しており、両者間には特別に急いで入金すべきことの共通認識はなかったのであるから、合理性を欠かない限りある程度の裁量を認めるべきである。

　仮に外務員に不法行為が成立するとしても、保険外務員が第一回保険料を立替払いをすることは被告において一応禁止している行為であるから、職務の範囲外の行為である。取引的不法行為の場合、外形的にみて職務の範囲内の行為であれば使用者責任を認めるべきであるが、相手方が職務の範囲外であると知っていたかあるいは重大な過失により知らなかった場合には、使用者責任を認められないと解すべきである。そうすると、保険契約者と保険外務員との間の立替払いに関する約束は、保険会社の関知しない、全く私的な契約という他ないのであるし、原告自身その本人尋問のなかで、保険料は原告自身が負担するものであり、立替払いの約束したからといって被告への保険料の入金が必要なくなるわけでないことを前提にした供述しており、原告は、職務の範囲内ではないことと知っていたか、少なくとも知らないことにつき重大な過失があったというべきである。したがって、外形上も被告の事業の執行につきなされたとは言い難く、使用者責任は認められない（山口地裁岩国支部平成10年2月27日判決）。

Ⅰ-3　保険料の払込方法（経路）と保険料の払込日

　昭和58年4月、各社とも約款を改正し保険契約者が保険料の払込方法を選択しやすいよう規定化した旨は前述のとおりである。

　従来、集金人による保険料の収受は、集金行為がサービスとみなされ持参債務であるとされていたが、上記約款改正により、保険料払込期間中は取立債務であり、猶予期間に入ると持参債務に変更されるとされた。

　例えば、会社の指定した金融機関等の口座振替により払い込む方法（口座振替によるもの）は、保険会社からの振替依頼書によるものであるから取立債務に準じて考えられる。

　団体扱い特約条項については明定を欠き、保険契約者側から保険料を徴求し、保険会社に収納しているので、本経路による保険料債務は持参債務であると考えられる。

　つぎに、保険料の払込日については、口座振替による方法では振替日、団体月払等によるものでは団体の代表者による保険会社への払込日、集金人によるものは集金したとき、金融機関等の会社の指定した口座に送金する方法では保険会社の指定した口座に着金したときと解される。

●参考判例（長野地裁平成15年3月17日判決、平成14年(ワ)第281号）（東京高裁平成15年6月25日判決、平成15年(ネ)第2060号）
　事　案　復活後1年以内の自殺
　争　点　①払い込み期日は契約応当日か
　　　　　②保険料は取立債務か

判　旨

（第一審） 本件契約約款6条及び8条により、平成12年10月1日に一度は失効し、同月3日、本件契約約款9条により本件契約が復活し、平成13年3月4日、Aは自殺したものであるから、本件契約の復活後、1年以内の被共済者Aの故意による死亡（自殺）であるので、契約約款12条により共済金は支払われないことになる。

原告らは、本件契約書の記載内容からは払込期日の記載を欠くものとして猶予期間の経過による失効ということはあり得ないと主張するが、本件契約書を合理的意思解釈すれば、被告の主張するように毎年の契約応当日と認めるのが相当であり、また原告らは、Aは、弁当屋を営んでおり、実際の共済金の払い込み方法は被告担当者の集金等の方法で恒常的に行われていたものであるから、約款の規定に関わらず、Aの共済金の支払いについては一部取立債務になっているものと解することができるというが、そのような事実から取立債務と解釈することは相当でない。その他原告らは、…原告らの主張を前提としても、いずれも本件契約約款を変更するほどの信義則違反の主張とは到底認められない。（長野地裁平成15年3月17日判決、平成14年（ワ）第281号）。

（第二審） 共済掛金の払込みについては、払込期日の翌日から起算して2か月間の猶予期間があるが、猶予期間内に共済掛金の支払をすることなく同期間を経過したときは、共済契約はその経過した日から失効する旨定められている（東京高裁平成15年6月25日判決、平成15年（ネ）第2060号）。

●**参考判例**（長崎地裁島原支部平成13年7月10日判決、平成10年（ワ）第20号）（福岡高裁平成14年5月15日判決、平成13年（ネ）第779号）

事　案　共済契約の失効の有効性
争　点　①共済契約の失効の有効性
　　　　②数回にわたる立替払いと信義則上の義務

判　旨

（第一審） 原告主張の掛金の払い込みに関する無名契約の成否について検討する。

証拠（Eの証言、Dの証言、Bの証言）によれば、Bは、平成8年9月20日ころ、自分の借入れの件で被告営業所に行った際に、D共済業務課長に対し、Aの掛金の払い込み状態について尋ね、D共済業務課長が遅れていると答えると、Bは、口頭でD共済業務課長に対し、Aの共済が失効にならないようにしてくれと依頼し、D共済業務課長が了解するような態度をしたことが認められる。しかし、前記Bの発言内容は、その内容がはっきりせず、意思表示と言い得るのか疑問である上、もともと共済契約は約款等の定めにより定型的に権利・義務関係が定められているもので、約款等の定めによる権利・義務関係以外の権利・義務関係を設定することは、D共済業務課長の一存でできる筈はなく、被告側において承諾等の意思表示をすることが必要であることは明らかであって、本件では、前記のとおり、BとD共済業務課長との間で前記のような口頭のやり取りがなされたに過ぎず、その後、被告側において承諾等の意思表示が行われていないことは明らかであるから、仮に、Bの発言が何らかの意思表示であるとしても、それは、せいぜい申し込み程度に止まり、原告主張のような掛金の払い込みに関する無名契約を認めることはできないものと判断する。

原告は、被告が、平成8年11月分の掛金を立替払いするか、もしくは、約款貸付をして本件契約を失効させない信義則上の義務を有していたと主張するところ、上記のとおり、被告は、契約者に対し、掛金の立替処理の義務を負うものではないし、前記[一]認定の事実関係の下では、被告が平成8年11月分の掛金の立替処理をしなかったことは、特に不当とも思われず、掛金の回収の観点からすれば立替処理を控えることは合理的な措置とも言えるから、平成8年11月分の掛金の立替処理をしなかったことは信義則に反するものではないものと考える。

また、約款貸付により契約を失効させないようにすることは、契約者にとっては望ましいことではあるが、掛金の支払いは、共済契約において契約者が負う最も基本的な義務であって、それを怠った場合、失効するのはやむを得ないことであり、掛金の支払いの遅滞に備えて猶予期間の制度がもうけられていることなどを考慮すると、被告が、一般的に各契約毎に約款貸付により契約を失効させないようにする信義則

I-3 保険料の払込方法（経路）と保険料の払込日

上の義務を負うとは考え難く、また、本件契約について約款貸付により契約を失効させないようにする信義則上の義務を基礎づけるような事情も認めがたいので、原告の主張は理由がないと考える。

なお、原告の主張要旨㈤については、この主張は、被告が平成8年11月分の掛金の立替処理の義務を負うことを前提とするものであって、上述のように、被告は、平成8年11月分の掛金の立替処理の義務を負わないから、原告の主張は理由がないものと考える。（長崎地裁島原支部平成13年7月10日判決、平成10年（ワ）第20号）。

(第二審)

1　被控訴人は、本件契約の平成8年11月分の共済掛金についてそれを立替払いすることを失念したために本件契約を失効させたという債務不履行ないし不法行為責任が存する旨主位的に主張するので、以下検討する。

　同主張は、被控訴人において共済掛金を契約者Aのために立替払いすべき信義則上の義務が被控訴人に存することを前提とするところ、被控訴人には同義務が存しないというべきである。すなわち、共済契約において契約者が掛金を支払うのは契約者の義務であり、同契約自体から月々の掛金支払について被控訴人に約款貸付なり通常の立替払い等により同契約を失効させないようにする信義則上の義務が一般的に発生することはあり得ない。このことは、本件のように、契約者Aの支払状況が悪く、約6年にもわたって4か月ないし9か月もの未納分を被控訴人において立替払いしていたとの状況が存する場合であっても、その間に被控訴人において立替払いをするべき何らかの義務の発生の合意が成立したとの事実が認められない限りは同様であり、むしろ、本件契約のような継続的な契約関係にある当事者間におけるAの延納状況は、契約当事者間の信頼関係を破壊しており、被控訴人が約款貸付の余地等の救済方法を検討することなく本件契約を直ちに失効させることができるとさえ考え得るまでにAに不利な状況というべきであって、被控訴人の取ってきた温情的な事実的取り扱いをもって、これが被控訴人の義務にまで昇華されることはない。また、被控訴人において立替払いをすべき何らかの義務の発生の合意が認められない・・・。

2　控訴人は、被控訴人には、共済契約が失効した場合に契約者に対し失効・復活督促通知をなすべき義務があるのに、これを怠った過失が存する旨主張する。

　被控訴人が定めている「共済事務取扱要領」によれば、共済掛金が払込猶予期間満了日までに払い込まれなかった場合の処理として、共済契約者に対して、失効・復活督促通知書を配布して失効通知を行うとともに共済契約の復活を督促するとされていることが認められる。しかし、この定めは、被控訴人の内部の取扱要領であって、これによって被控訴人が共済契約者に失効の通知義務を負っているとすることはできず、他に同通知義務を認めるに足る証拠はない（同要領は、あくまで被控訴人の立場において契約の復活を督促するものであり、この通知をしないことが共済契約者に特に不利益をもたらすものでもない。）。

　ところで、前記認定のとおり、被控訴人はBに対しては本件契約が失効した旨を知らせているが、契約者であるAに対しては上記取扱要領に定められた手続としての失効の通知がなされていない。この点、被控訴人は、〔証拠略〕の書類によりAに対しても本件契約の失効、復活の手続が取られていた（〔証拠略〕）と主張し、原審証人E、Dは、〔証拠略〕（〔証拠略〕）は、平成9年1月17日より後に、被控訴人において、DがAの署名をして作成した〔証拠略〕（共済契約特約中途付加・特約金額増額・復活・変更申込書）をAの意思に沿うものであるかどうかをAに確認してもらってAの署名を得て作成したものであり、日付欄は、Dが誤って「平成8年9月」と書き入れたものを自ら「平成9年1月」と訂正・加筆しただけであると証言する。しかしながら、D共済業務課長により記入された日付欄の記載が二つとも「平成8年9月」に誤記されることは通常あり得ず、また、仮にその誤記載が生じたとしてもAの署名押印を得ているのであるからAの訂正印を押捺するのが通常であるのにその印のないこと、誤記載の訂正は同一日に行った（原審証人D）のに訂正前の筆記用具と訂正した筆記用具が同一のものでない疑いがあること、また、〔証拠略〕にはH連合会の押印も存しないことなどからすれば、上記各証人の説明は合理的な説明足り得ていないというほかない。そうすると、〔証拠略〕は前記のようにD共済業務課長がAの署名をしたものであり、Aがその書類作成に携わったものではないし、〔証拠略〕もAの署名こそ存する

ものの本件契約の復活手続が取られた際に作成された書面であるとはいい難く、したがって、A自身が本件契約の失効・復活手続に関与したことはなかったものとみるのが相当である。したがって、本件契約の失効復活手続については、A本人は何ら関知していないものと考えられる。
3 被控訴人の失効・復活督促の通知は、Aに対する法的義務ではないのであるから、上記のことは控訴人の主張を根拠づけるものとはなり得ない（本件契約は平成9年1月17日付けで復活しており、〔証拠略〕の通知は前記のとおり復活督促を目的とするものであるから、同日以後は〔証拠略〕の要領上も通知の必要はなくなったというべきである）。また、このことは、立替払いをしなかったことが失念の結果ではないとの前記認定を覆すまでの事情ともいえない。

ところで、控訴人は、被控訴人が上記の通知をしなかったために、Aが本件契約が失効したことを知らずに、自分が死ぬことにより控訴人が保険給付金を得ることができると考えて自殺したものと主張する。しかしながら、まずもって指摘しなければならないことは、本件契約が平成9年1月1日付けでいったん失効したことをAが知っていたら、Aは同年11月10日には自殺しなかったといい得る根拠は、控訴人の推測以外には存在しないことである。

しかも、前記認定のように、担当のMが再三掛金の払込みがない場合には本件契約が失効することがある旨をAに話していたほか、Aの返済能力に疑問を持った被控訴人がAに対する督促の担当を共済部長とし、E共済部長が、直接Aのもとに請求に行き、掛金の払込みがない場合には本件契約が失効することを伝えたこと、掛金払込のために振り出されたと考えられる額面19万0300円の小切手が平成8年12月25日に不渡りになったことが認められ、これらによると、従前被控訴人が立替払いをしていた時とは違い、E共済部長が直々失効する旨伝えてくるなどしており、Aとしても被控訴人による立替払いによる救済を受け得る状況でなくなっていることに気づくはずであり、したがって、Aは同人が掛金の支払いをしなかった以上は本件契約が失効したことを知っていたと考えるのが相当であることからしても、控訴人が主張するような、Aが本件契約の失効を知らなかったことを前提にAが保険給付金を得ることができると考えて自殺したものとの立論はなりたたない（福岡高裁平成14年5月15日判決、平成13年(ネ)第779号）。

●参考判例（東京地裁平成16年10月5日判決、平成15年(ワ)第11080号）
事　案　保険会社の保険料支払督促義務の有無
争　点　生命会社からの保険料支払督促義務の有無
判旨

原告は、本件において、被告Y_2生命は、未払保険料を支払うよう保険契約者であるAに対して通知、督促する義務があった旨主張するが、保険料の支払は保険契約者の義務であり、契約者自身の責任においてその不履行により生じる不利益を回避すべきものであるから一般的に保険会社において保険契約者に未払保険料を支払うよう督促すべき義務があるということはできず、本件において特にこれを肯定すべき格別の事情を認めるに足りる証拠はない。

なお、被告Y_2生命は、保険料の未払による契約失効を防ぐための顧客サービスとして、保険料の未払の場合に、保険契約者に対して督促の通知を発送する取扱いをしているが、本件においてもAに対して督促の通知を発送していることが窺われる。さらに、本件保険契約においては、保険料の払込がないまま猶予期間を過ぎた場合であっても、保険契約に解約返還金があるときは、その金額を上限として、被告Y_2生命が、自動的に保険料相当額を貸し付けて保険料の払込に充当し、保険契約を有効に継続させるいわゆる自動貸付という制度があるが（本件約款13条）、Aが被告Y_2生命から自動貸付を受けた金額は、本件保険契約の保険料の猶予期間の末日である平成13年5月31日現在で84万2639円（利息を含む。）に上っていたのに対し、解約返還金額は85万7442円であり、同年4月分の保険料2万5124円の支払については、もはや自動貸付を受けることができない状況にあったことが認められ（丙4ないし7）、被告Y_2生命において、原告に対してのみ、保険契約の失効を防ぐ顧客サービスの制度を不利益に運用したという事情も認められない（東京地裁平成16年10月5日判決、平成15年(ワ)第11080号）。

I-3 保険料の払込方法（経路）と保険料の払込日

●**参考判例**（神戸地裁尼崎支部昭和55年7月24日判決）
　事　案　保険料の不払と保険契約の失効
　争　点　保険料口座振替による払込方法は持参払か取立債務か
　判　旨
　　約款上保険料支払債務が持参債務であることは明らかである。約款…の規定は…その例外の場合を定めたものであって、保険料支払債務が持参払であることの原則を変更するものではなく、単に保険会社が契約者の元に集金人を派遣したときは本来の原則どおり保険料を持参して支払う必要はなく集金人にこれを支払えばたりる旨を定めているにすぎない…。
　　わが国の生命保険業界においては、保険者が保険料持参払を俟つことなく保険契約者のもとに集金人を派遣して保険料を徴収することが、広く行われていることは世上公知の事実である。しかし、右事実をのみをもってしては、未だ保険料(の)支払債務を取立債務とする事実たる慣習があると言うことはでき（ない）。
　　訴外契約者兼被保険者は、右特約（振替特約）により、A信用金庫に対し、Y生命保険会社から指示された金額を毎月27日の振替日にY信用金庫における契約者兼被保険者名義の預金口座からA信用金庫におけるY生命保険会社の預金口座に振替える機械的事務処理のみを委託したものである。かくて契約者兼被保険者は、本件振替特約に基づいて銀行預金口座自動振替制度を利用する以上、Y生命保険会社の契約先であるA信用金庫に銀行預金口座を開設すべき義務を負うのであって、それ以外の銀行を自由に選択する余地はなかったものであるから、このA信用金庫がまさに…約款にいわゆる被告保険会社の指定する場所に該当するとみるのが相当である。
　　本件月払特約には、保険料支払債務が持参債務であるか、取立債務であるかについて別段の定めをしていることを認め得る証拠はない。そうすると、本件振替特約の締結後も保険料支払債務は依然として持参債務であることに変わりはない（神戸地裁尼崎支部昭和55年7月24日判決）。
　（編者注）　持参債務と取立債務
　　民法は特定物の引渡を目的とする債務のほかは、原則として持参債務とする（民法第484条）。したがって、債務者は、催告がなくても弁済期には自己の費用で（民法第485条）債権者の住所へ行って履行しなければ、債務不履行になる（民法第412条）。民法は持参債務を原則とするから、特別の規定（例：商法第516条2項）、慣習又は特約のある場合にだけ取立債務となる。この債務では、債権者側で取立に来ない以上、弁済しなくても債務不履行にはならない。

●**参考判例**（福岡地裁平成13年1月17日判決、平成12年(ワ)第551号）（福岡高裁平成13年8月26日判決、平成13年(ネ)第213号）
　事　案　共済契約の失効
　争　点　共済掛金は集金による取立て行為か
　判　旨
　（第一審）　本件契約の共済掛金は実際には集金払いだったこと、平成10年10月以降は集金場所が被告農協には不明だったこと、Aは共済掛金の支払が遅れると共済契約自体が失効すると知っていたこと、平成10年10月分の共済掛金は約款で定められた期限を徒過してから支払われたことを認めることができる。
　　このような事実関係のもとでは、契約者であるAが平成10年10月分の共済掛金の支払期限及び支払を期限内に行わなければ本件契約が失効することを知っていたのにこれを怠ったと認定せざるを得ない。
　　したがって、本件契約は、平成10年12月1日に失効した（本件契約普通約款第11条）と判断する。本件契約普通約款第11条は、契約復活の日以後1年以内の被共済者の故意による死亡については共済金を支払わない旨規定されているが、Aの死亡は、契約復活後1年以内である（福岡地裁平成13年1月17日判決、平成12年(ワ)第551号）。
　（第二審）　控訴人は、本件契約の掛金債務が取立債務であることを理由に、被控訴人農協による催告を欠くとして本件契約の失効を争っている。
　　確かに、前記認定のとおり、本件契約の掛金は、契約上持参債務とされていたにもかかわらず、被控訴

人農協の担当者の集金により徴収されていたのであり、このことからすれば、上記掛金の支払は、実質的には、取立債務として扱われていたということができる。

しかし、被控訴人農協の担当者は、平成10年10月から翌11月にかけてもAからの掛金集金のために再三前記カラオケ店を訪れたにもかかわらず、同人が不在のため会えなかったものであり、さらに、その後Aは、平成10年10月分の掛金を被控訴人農協に持参する旨を申し出ていた上、被控訴人農協の担当者から同年11月末日までにその支払をしなければ、本件契約が失効することを知らされていたことに照らせば、Aは、少なくとも、延滞した上記掛金については、被控訴人農協に持参すべきものであり、期限までに支払わなければ本件契約が失効することを認識しながら、その支払を怠ったといわなければならない（なお、本件契約普通約款4条3項は、集金扱の場合でも、払込期月内に払込のなかった掛金は、被控訴人農協の事務所等に払い込まなければならない旨を定めている。）。そして、Aの代理人として、被控訴人農協を訪れた女性も、上記の事情を了解した上で、本件契約の復活を申し入れたものと解される。

よって、本件契約の掛金の支払が事実上取立債務として扱われていたとしても、そのことから直ちに、本件契約の失効に被控訴人農協の催告を要すると解することはできず、したがって、控訴人の前記主張は、採用することができない（福岡高裁平成13年8月26日判決、平成13年（ネ）第213号）。

● **参考判例**（和歌山地裁平成12年8月23日判決、平成10年（ワ）第465号）
　事　案　集金人による保険料の徴収は取立債務か
　争　点　①本件各契約における保険料支払債務は、いわゆる取立債務であり、保険会社からの取立て行為がない以上、本件各契約は失効していないか
　　　　　　②保険会社の協力行為
　 判　旨
争点①について

保険契約上の保険料支払債務は、商事債務であり、当事者間で他に約定がなされなければ、債権者の現時の営業所において履行するべきものである。

しかし、本件では、約款第8条1項本文、3号の規定にもとづいて、集金人が保険契約者であるA方を訪問して保険の支払いを受ける取り扱いをしていたところ、右約款の規定は、払込方法については、保険契約者の選択による旨の文言になっていること、右規定は、「保険料は会社の本社又は会社の指定した場所に払い込んで下さい。ただし、保険契約者の住所が会社の定めた地域内にある場合で、便宜、会社が集金人を派遣したときはその集金人に払い込んで下さい」という、保険料支払債務は原則持参債務であり、集金人による集金は便宜上の取り扱いであることを明らかにしていた旧約款規定について、集金等の慣行に基づく消費者（保険契約者）側の意識と約款上の規定が乖離しないようにする必要があり、保険料の払込方法については消費者が不利益を被らないように明確に規定し、消費者が自己の希望する払込方法を選択できるようにすべきであるとの国民生活審議会報告を受けて改正されたものであることなどにかんがみれば、右約款の規定にしたがって、保険契約者が集金人に払込む方法を選択し、保険会社がこれに応じた場合、保険会社と保険契約者との間で、集金人が集金場所で保険料を取り立てる旨の合意をしたものとみるのが相当である。つまり、本件各契約に基づく保険料支払債務は、取立債務であると認められる。

したがって、本件各契約の保険料支払いについては、保険料払込みに対する保険会社側からの協力行為として、取り立てに関する行為が必要であるが、その行為の態様、方法、程度等については、契約当事者間の諸般の事情を考慮し、信義則に従って決定すべきである。

争点②について

集金人のBが、Aから、原告の意思により、保険料を支払えず契約を継続できない旨聞かされており、その後3か月ほど集金人は保険契約者の元を訪問したり電話をかけたりして、保険料を支払うよう説得を重ね、失効の危険性を告げたこともあったが、・・・保険金受取人（原告）側の保険料支払いに対する被告側の協力行為としてはすでに信義則にかなった十分なものがなされたものと認められ、むしろ、原告側から、被告に対し、保険料の支払いについて問い合わせたり、保険料の支払いのための現金を準備しておくから集金に来るように告げるなどして保険料支払いの意思を伝えることが信義則上要求されていたものと

Ⅰ-3 保険料の払込方法（経路）と保険料の払込日

認めるのが相当である。

A（原告）側は、保険契約失効の危険を知りつつ、右のようなとるべき行動を何らとらずに保険料不払いを放置していたものであるから、保険料支払債務の履行遅滞の責を免れず、本件契約1は平成6年5月支払分の、本件契約2は平成6年6月支払分の各保険料を支払わなかったことによって、約款の定めに従い失効したものと認めるべきである（和歌山地裁平成12年8月23日　判決、平成10年（ワ）第465号）。

●参考判例（長野地裁平成10年9月29日判決、平成9年(ワ)第63号）
　事　案　失効後の死亡
　争　点　保険料支払債務は取立債務か持参債務か
　判　旨

被告は本件契約がAの保険料不払により失効したものとして取り扱っているが、従前から保険料の払込は集金の方法で行われていたので、本件契約における保険料支払義務は取立債務となっていたところ、被告（担当の募集人であるK）は、本件店舗に事前の連絡も取らずに漫然と赴き、所在を確認することなく、不在の場合の連絡票（集金訪問カード）を置いてくることもなかったのであり、このような状態では取立行為があったとはいえないばかりでなく、払込を中止するのか否かの意思確認も怠っているので、取立義務を尽くしていないから、保険料不払の効果は発生しない旨主張する。

本件のように保険料支払債務が取立債務となっている場合にあっては、保険契約者の右債務履行について保険者の側からの取立行為が存しなければならないことはいうまでもないが、それがどのような態様ないし方法をもって行われることを要するか、また、これに対して保険契約者の方でどの程度協力しなければならないかは、具体的な事情によって異なるのであって、一義的に定まっているわけではない。そして、両当事者に要求される協力関係は、従前の保険料徴収の方法、その具体的経過、当該支払期における両当事者の行動等の諸般の事情に基づいて、債権関係によって結合された両当事者を規律する支配原理である信義誠実の原則に照らして判断されなければならないところ、本件においては、前判示の諸点を総合して考察すれば、Kが不在時の連絡のための集金訪問カードを差し置かなかったことや、Aに対して払込中止の意思があるのか否か明確に確認することがなかったことには問題がないわけではないが、Aが本件店舗を閉店状態にしていたために同人に対して直接の督促に及ぶことができなかったことや、そもそも同人には保険料払込の意思が乏しかったということを軽視することはできず、被告の側にのみ取立の方途を尽くすべき義務を重く負わせるのは相当でないのであり、少なくともKが同年6月中に3回にわたり保険料徴収のために本件店舗を訪れたことをもって取立行為があったものといって差し支えない。むしろ、Aが真に払込の意思を有していたのであれば、本件店舗を閉めがちであった同人において被告担当者に対し集金のために訪れるべき時期を具体的に通知してしかるべきであったのであり、このような協力をすべきことが信義則上要求されていたということができる。

次に、Aが従前から被告の保険に加入していたことは前判示のとおりであるが、このことにより保険料不払による失効について他の保険契約者に比して有利に取り扱わなければならない理由はないし、また、本件約款において払込猶予期間は1か月と明定されているのであるから、この約款に基づいて保険契約を締結した当事者間で右期間を経過したことにより所定の法律効果が生ずることは当然のことであり、保険契約が長期にわたるからといって右効果の発生が信義則に反することになるわけでないことはいうまでもない。これに前判示(1)の諸点を併せ考慮すると、信義則を援用して2か月程度の不払では失効の効果が生じないと解することはできない（長野地裁平成10年9月29日判決、平成9年(ワ)第63号）。

●参考判例（名古屋地裁平成12年11月10日判決、平成10年(ワ)4941号）
　事　案　集金保険料の法的性格
　争　点　①集金扱を選択した契約は保険料支払債務を取立債務とする合意がなされているとみられるか
　　　　　②失効は信義則に反するか
　判　旨
争点①について

1．本件約款第9条の規定によれば、本件保険契約においては、保険料の払込場所は被告の本店又はその指定した場所と定められており、被告の派遣した集金人に対する払込みは、あくまで便宜上の措置、すなわち被告の顧客サービスとして行われるものであると位置づけられていることは文理上明らかである。そして、本件保険契約の締結時に株式会社Tが保険料の払込方法について集金扱いとする選択をしたことは、そのような意味での集金人に対する払込みの方法を選択する意思を表示したものと解される。これに対し、原告は、保険契約において集金扱いとされたものについては、集金人が保険契約者の住所ないし保険契約者の指定する場所で支払を受けるのが事実たる慣習となっている等と主張するが、これを認めるに足りる証拠はなく、また、原告主張の「ご契約のしおり」の記事を斟酌しても、前記認定は左右されない。したがって、本件保険契約締結の際、保険料支払債務を取立債務とする合意がされたとの事実は、認められない。

2．本件保険契約締結後、保険料支払債務を取立債務とする合意が慣行により形成されたか。

①右事実によれば、遅くとも平成5年ころ以降は、本件保険契約の保険料は被告の集金担当者が原告本店所在地でもあるA自宅に赴いて集金することが例となっていたことが認められる。しかしながら、このような事実があったからといって、本件において保険料支払場所を原告の店舗ないし原告代表者の自宅とする合意が慣行により形成されたとは認められない。なぜならば、保険料払込場所に関する本件約款の規定は前判示のとおりであるところ、保険契約はいわゆる附合契約であるから、保険契約の内容を定める保険約款の規定を変更するような合意が慣行により形成されるということは通常考えられず、また、本件保険契約のように、集金扱いが選択された以上、特定の場所で集金が反復継続して行われることはむしろ通常のことであって、それによって約款の内容に変更を来すとは考えられないからである。したがって、原、被告間で、平成7年10月ころまでに、本件保険契約の保険料支払債務を取立債務とする合意が慣行により形成されたとは認められない。

争点②について

本件においては、Aは平成7年7月1日に一旦保険契約が失効し、同年9月7日に被告の支社に赴いて本件保険契約の復活手続をしており、その際口座振替扱いによる払込みを勧奨されているのであるから、保険料の払込みの延滞の結果失効に至ることや、それを回避するために取るべき方法について十分理解していたものと推認することができる。したがって、Aに前記のような行為を期待することも、決して難きを強いるものではなく、むしろこのような方法を取らなかった点において、Aないし原告には信義則上求められる集金への協力に欠ける点があったものと言わざるを得ない（付言するに、Aとしては、再度の失効後も再度の復活手続を取ることが十分可能であり、Dもそれを勧奨していた）。

そうすると、原、被告双方の事情を勘案して、被告が保険料の集金について信義則上要求される義務を果たしていないと認めることはできないから、被告が本件保険契約の失効を主張することが信義則に反するとの原告の主張は、理由がない。

以上の次第であるから、本件保険契約は、原告が平成7年10月分の保険料を本件約款所定の払込猶予期間の末日である同年11月末日までに払い込まなかったことにより、本件約款の規定により失効したものと認められるから、同契約に基づく原告の請求は理由がない（名古屋地裁平成12年11月10日判決、平成10年（ワ）4941号）。

●**参考判例**（大阪地裁昭和63年8月30日判決）
事　案　保険料の不払と保険契約の失効
争　点　預金不足で保険料が振替えられなかった場合の保険料入金勧奨と保険会社の責任
判　旨
原告は、被告との間で保険料が預金口座から引き落とされなかった場合は、セールス担当者から連絡があり、その後にセールス担当者の指示に基づく方法で遅延保険料を支払うと言う慣行があると主張するが、前記各証拠によると、保険料が預金口座から引き落とされなかった場合、便宜右のような取扱いをしていたこともあったと認められるが、それが当事者間の慣行となっていたとまでは認められない（大阪地裁昭和63年8月30日判決）。

Ⅰ-3 保険料の払込方法（経路）と保険料の払込日

●**参考判例**（東京地裁昭和55年2月28日判決）
　事　案　保険料の不払と保険契約の失効
　争　点　保険料の集金による払込方法は持参払か取立債務か
　判旨
　　原告は、一般に生命保険の保険料については、これを取立債務とするとの商慣習法または事実たる慣習が存在する旨主張するが、本件保険料債務は持参債務であり（商法第502条第9号、第516条）、被告保険会社の本社または被告会社の指定した場所に払い込むことを要するところ、訴外会社は、約款に定める払込猶予期限までに保険料の払込がなかったことが明らかであり、失効したというべきである（東京地裁昭和55年2月28日判決）。

●**参考判例**（大阪地裁昭和47年11月13日判決）
　事　案　契約の失効と保険料の支払債務
　争　点　集金行為によって取立債務となるか
　判旨
　　契約の失効は、保険会社の保険料の取立が遅滞したもので契約の効力は失われないと主張するが、保険料は持参債務の約定で、契約者の住所が集金区域内にあるため訪問担当者が集金していたに止まるものであって、これによって取立て債務に変更されたものとは解されず、契約者支払債務不履行により旧保険契約は失効していたものと解される（大阪地裁昭和47年11月13日判決）。

●**参考判例**（東京地裁平成8年4月8日判決）
　事　案　保険料の払い込みと契約失効
　争　点　保険料支払債務はいわゆる取立債務か（昭和58年4月に約款改正後の生命保険契約）
　判旨
　　保険契約上の債務も、商事債務であり、他に約定がされなければ、債権者の現時の営業所において履行すべきもので、持参債務である。約款により定められた保険料払い込み方法は、これを前提とした上でなお、5方法を定め、本件契約においては、毎月の払込期月中に被告保険会社の集金担当者が集金する方法が選択された。
　　しかしながら、右は、大量にされる保険料の徴収を保険者、保険契約者双方により便宜にするために定められたもので、持参債務をいわゆる取立債務に変更する意図の下に定められたと解することはできない。
　　契約者が平成5年6月分の保険料を同年8月2日（7月末日は土曜日、8月1日は日曜日）までに支払わなかった本件においては、約款の定めにより保険契約は失効したものとみとめるべきである。
　　集金担当者の集金の方法には、何らの過失は見出し得ない。かえって、原告は、平成5年5月分の集金のため、数度、集金担当者の訪問を受けながら支払うことができず、猶予期限の最終日である同年6月30日、被告保険会社の支部に自ら赴いて保険料を支払ったことは明らかであり、保険料の不払いの意味するところは十分に知っていたことが明らかで…（東京地裁平成8年4月8日判決）。

●**参考判例**（仙台地裁昭和56年6月10日判決）
　事　案　保険料の不払と保険契約の失効
　争　点　保険料の集金による払込方法は持参払か取立債務か
　判旨
　　昭和54年4月6日にA（契約者兼被保険者）が死亡したことは当事者間に争いがないが、被告（保険会社）は昭和54年2月分の保険料は支払猶予期間内までに支払われなかったから、本件保険契約はAの死亡より前の同年4月1日に失効していたと主張する。一方、原告（受取人）はこれにつき、保険料は取立債務であって被告において取立をしないものであるから、本件保険契約は失効しておらず、Aの死亡により原告に保険金請求権が発生したと主張する。

約款では、保険料が持参債務であって契約者が会社の本店または会社の指定した場所に払い込まなければならないことの原則を明示しものと認められ、ただし書以下は、会社が集金人を派遣した場合にこれを取立債務に変更することを定めたものではなく、本文の規定を受け、その例外の便宜的取扱いとして会社が契約者のもとに集金人を派遣したときにその集金人に払えば足りる旨を定めたものと認められ、集金人による保険料の集金が行われても保険料が持参債務であることに変わりがないものと解するのが相当である。

　…このように、保険料が外務員によって集金されても取立債務ではなく持参債務であることに変わりないとしても、外務員による集金が長期間にわたって定例的に行われておれば、保険契約者としては引き続き今後も外務員が保険料を集金にきてくれるものと信頼してその金額を用意して外務員が訪れるのを待っているのが通例である。

　契約者の方でこのような心積もりでいるのにかかわらず、保険会社において何等の予告もなしに集金の取扱を取り止めてそのために保険契約者をして保険料支払の猶予期限を徒過せしめた場合、保険会社において保険料が持参債務であることを理由に契約者が保険料支払の猶予期限までに保険料を支払わなかったから保険契約の失効が生じたと主張することは信義則に反し許されないとものというべきであるが、本件においては、被告外務員が、A方に対し数回に亘り電話したり訪れるなどそれまで行ってきた方法でその支払を催促したのに、これが支払を受けられないままに支払猶予期限を徒過してしまったものであって、被告の方で集金の手段を取らなかったものではないから、右のような信義則違反の問題は生じないと解される（仙台地裁昭和56年6月10日判決）。

●**参考判例**（福井地裁平成5年2月1日）
　事　案　保険料の不払と保険契約の失効
　争　点　保険料集金行為への期待とその正当性
　判旨
　本件保険料支払債務は持参債務であるが…現実の保険料支払が保険者側の集金による取立によって行われた場合、契約者が保険者側の集金行為に期待した結果として保険料不払という事態が生じ、かつ、右期待が正当なものであったと認められるときには、保険者が保険料の不払を理由に契約の失効を主張することは信義則上許されないものと解するのが相当である（福井地裁平成5年2月1日）。

●**参考判例**（神戸地裁平成8年5月13日判決）
　事　案　失効後死亡
　争　点　保険会社の職員の疎漏が契約の失効に影響するか
　判旨
　原告は、猶予期間内に支払われなかったのは被告（保険会社）の責めに帰すべきものであるから、本件契約は失効していない旨主張しているが、本件約款には猶予期間内に保険料が支払われなかったとにより、猶予期間満了の日の翌日に失効したものと解するほかない…。

　…原告が10月分の保険料が入金されていないのは、原告が口座自動振替払いの扱いを止めたためであり、それを再開するつもりであるといったので、それに必要な用紙を届けることを約束した。しかし、担当者は、原告に届けることを約束した口座自動振替払いのための申請用紙を本件契約が失効するまで原告に届けなかった。

　しかしながら、仮に担当者が右約束を速やかに履行していたとしても、事務手続上、10月分の保険料を11月末までに口座自動振替の引き落とすことは不可能であったと認められるから、担当職員の右約束の不履行と本件保険契約が失効したこととの間に因果関係を認めることはできない（神戸地裁平成8年5月13日判決）。

I-4 保険料の前納と銀行法

●**参考判例**（金沢地裁小松支部平成3年8月16日判決）
　事　案　失効後死亡
　争　点　保険料払込みのための郵便振替用紙の到着の有無
　判　旨
　　原告は、保険料は保険会社から送付されてくる郵便振替用紙で支払うこととされており、振替用紙の送付は保険料払い込み義務を具体化するための条件であるが、保険会社はその送付を怠り、そのために保険料の支払がなされなかったものであると主張する。
　　被告保険会社では、振替用紙は案内送付日一覧表により作成、送付されており、還付されたときは住所調査のうえ再発送されることとなっている。本契約については、その後、復活勧奨ハガキが発信され、その文中に現在効力を失っている旨の記載がなされている。さらにその後、被告から復活申込みと保険料が入金されたが、審査の結果復活申込みが拒絶され、払い込まれた金額は返金されている。
　　以上の諸事情から、被告が発送した当時の保険料の郵便振替用紙は原告に到着しているものと推認するのが相当である。原告の請求には理由がない…（棄却）（金沢地裁小松支部平成3年8月16日判決）。

I-4　保険料の前納と銀行法

　保険料払込方法のひとつに保険料前納払がある。保険料前納払とは、将来発生が予定される保険料債務に充当するため、あらかじめ会社に2年分以上の保険料相当額を預けておくことであるが、ここでは、これが、銀行法2条2項1号あるいは「出資の受入れ、預り金、及び金利等の取締りに関する法律」（いわゆる「出資法」）2条にいう「預金」あるいは「預り金」に抵触しないかとの問題について触れていく。

　銀行法2条2項1号にいう「預金」とは、一般に、銀行を受寄者とする消費寄託（民法666条。預金者が銀行に金銭の保管を託し、銀行はその金銭を消費すること、及び預金者に同種同額の金銭を返還することを約する契約）である。また、いわゆる「出資法」2条にいう「預り金」とは、不特定かつ多数のものからの金銭の受入、預金、貯金または定期積立金の受入及び借入金など、名義の如何を問わずこれらと同様の経済的性質を有するものをいう。一方、保険料の前納は保険料の払込方法のひとつであり、預かる金額も、1回分の保険料の倍数（または一定の割引率を乗じたもの）である。そして、前納期間が満了した場合、または保険料の払込を要しなくなった場合には払い戻されるものである。

　以上から、前納された保険料は「預金」または「預り金」とは異なるものであり、未だ払込期の到来していない保険料につき、その全部または一部を取りまとめてあらかじめ払い込むことを便宜とする保険契約者のために認められた制度であることから、保険会社がかかる金員の寄託を受ける行為は、会社の目的の範囲内に属する行為として銀行法及び出資法に抵触するものではないとされている。

●**参考判例**（広島高裁昭和27年10月7日判決、民集9巻12号1896頁）（最高裁昭和30年11月29日判決、民集9巻12号1886頁）
　事　案　支部長の不正話法による預託金と会社責任
　争　点　保険会社の支部長が詐言によって預かった金員の責任は、支部長個人にあるか保険会社にその責任があるか
　判　旨
　（第二審）　被控訴人（保険会社）の如き会社の生命保険に加入しておけば将来如何様な金融措置が取られても、財産保全に有利安全である旨講演会討論会などを開催して一般に宣伝し、かつその機会に保険加入者でなくとも被控訴会社に金員を預託しておけば保険加入者と同様にこれに対処できる旨説明して金員預託を勧誘したものであるが、昭和23年3月に15万円を1ヶ月間、同月12日に8万円を期間15日…利息はい

ずれも月1割の約定で預託した。

　被控訴人は、仮にAが支部長として控訴人主張のごとく金員の預託を受けたとしても被控訴人は生命保険事業を唯一の目的とする会社であるので、右金員受託行為は被控訴会社の目的に属さず、いわば個人の行為であるから、その責に任づべきでない旨主張する…。

　しかし、問題となった行為がその会社の目的の範囲内に属するかどうかは、定款の目的自体のほか、その行為が客観的に抽象的に当該会社の目的遂行に必要又は有効でありうべきかどうかを基準にして決すべきであって、当該行為が具体的にその会社にとって必要有益でなかったことや、かかる行為をなすことが会社の内部関係において内規などによって禁じられ、あるいは会社の許諾を要するものとせられているが如きは、取引きの安全を保護し、第三者の利益を保護するためこれを問わないと解するのを相当とする（最高裁判所昭和24年（オ）64号・昭和27年2月15日小法廷判決）をもって、この観点からすれば…前記認定の本件金員受託が被控訴会社の目的自体でないことは他言を要しないところであるが、被控訴会社が右目的遂行のため時に本件程度の金員の預託を受け、これを利用することは、会社の信用維持増進、新規保険契約の獲得、諸経費の融通などの直接間接必要又は有益でありうべきことは洞察に難しくないから、本件金員受託行為は被控訴会社の目的の範囲内に属するものとなすべきである。

　Aは当時支部長として…同支部の保険契約募集事務一切を担当し、被控訴会社から右事務処理に関する事項及びこれに伴う諸経費の収支の代理権限を授与されていたことが認められるが…本件金員受託の代理権限が授与されていたことが認めるに足る証拠がない。

　また、本件預託金が保険料などの予納金でないのに、その返還確保のため振り出された右各小切手面はいずれも「予納返還金」なる記載があるが…控訴人が本件金員預託にあたりかかる事実に符合しない記載のある小切手の振出し交付を受けても、これを以って同訴外人に本件受託の代理権限ありと信じたことに過失があったとは認定できない。

　しからば、控訴人が同訴外人が金員受託に代理権限ありと信ずべき正当な理由がある場合に該当するものとなすべきである。

　してみると、被控訴人は本件金員受託につきその責めに任ずべきであると言うべきである（広島高裁昭和27年10月7日判決、民集9巻12号1896頁）。

（最高裁）　保険業法5条が、保険会社は他の事業を営むことが出来ないと規定していること、銀行法1条2項及び2条によれば、営業として預金の受け入れをなすものは銀行とみなされること、銀行は認可を受けなければこれを営むことを得ないものとされていることはいずれも所論のとおりであるけれども、これらの禁止規定は、金員の受託行為そのものに関するものでなく、金員の受託を営業としてなす場合に関するもので…保険会社が受託として、営業としてではなく、単なる寄託としてなす場合までも禁止する趣旨を含むものと解すべきではない。

　…会社は定款に定めた目的の範囲内に属するかどうかは、その行為が会社目的自体に包含されない場合であっても、目的遂行に必要な行為であるか否かによるものであり、その目的に必要なりや否やは、問題となっている行為が、会社の定款記載の目的に現実に必要であるかどうかの基準によるべきものでなく、客観的抽象的に必要でありうべきかどうかの基準に従って決すべきものであることは、既に当裁判所の判示したとおりである（昭和24年（オ）64号・昭和27年2月15日小法廷判決、昭和28年（オ）890号・同30年3月22日第三小法廷）。

　A支部長は…たまたま被上告人より本件金員の預託を受けたものであって、その受託は業とした趣旨の認定ではないと認められるので、原判決の判示は前記法律に違反したものではない。そして、生命保険事業を営むことを目的とする会社であっても、時に金員の預託を受けるがごときは、これを客観的抽象的にみて、会社目的の遂行に必要な行為となり得ると解するのが相当であるから…上告会社の現実には必要ではなかったとしても、会社の目的の範囲内に属するものと言うことを妨げない。上告理由はない…（最高裁昭和30年11月29日判決、民集9巻12号1886頁）。

I-5 保険料不可分の原則

(1) 保険料不可分とする趣旨

　　保険料不可分の原則は、通説的には、保険者は保険料の算定に当たって保険料期間を定め、この期間内に発生する危険を統計的に測定して保険料を決定しており、保険料期間は、統計の基礎となっていることから、その期間に該当する保険料を分割することは保険技術上不可能とする保険技術的観点から説明されてきた。

　　改正前商法下において明文の規定はないが、同法653条ないし655条の反対解釈などを根拠に、商法は保険料不可分の原則を当然の前提としているとされてきた。

　　ところが、中途における保険料期間の経過を無視して一律に保険料期間全部の保険料を保険者に与えることは不公平であることなどを理由に、保険料不可分の原則を採用することについて疑問が呈されていたところから、保険法においては、保険料不可分の原則を採用したことを前提とした規定は設けないこととし、同原則の採否は個々の保険契約に委ねるのが適当であることにつき提案がされた（法制審議会保険法部会第2回）。その結果、保険法においては、改正商法653条ないし655条に相当する条文は規定されなかったため、保険料不可分を原則とする根拠が失われたと言われる。

　　保険料不可分の原則について直接判示する判例として、大判大正15年6月12日民集5巻495頁があり、同判決は、火災保険の保険期間中に免責事由である地震（関東大震災）による火災を原因として保険の目的物たる家屋が消失した事案において、保険契約者からの未経過期間に対応する保険料の返還請求を斥けた。

(2) 保険法下の実務の変更内容

　　月払いを基調とし、12か月分を一括払いで年一括払い、6か月分を一括しては半年一括払いとして取り扱うこととし、保険料を可分とする実務に変更することにした保険者が多い。

① 解約返戻金の計算方法

　　解約返戻金額を月払水準に変更の上、月単位の未経過保険料を加えた金額を返還することとする。月単位の未経過保険料は、年一括払（半年一括払）保険料の月割額である。

② 給付事由発生などにより契約が終了する場合の取扱い

　　保険金等の支払いにより保険給付が履行されれば、保険契約はその目的を達成したこととなり、未経過保険料も対価性を有することとなるため、中途解約の場合と同様に考えることはできず、未経過保険料を返還する必要はない（ただし、各社の判断により返還することもできる）。

③ 免責・告知義務違反による解除・重大事由による解除

　　告知義務違反、重大事由による解除の場合は、保険法では保険料清算に関する規律はないので、保険契約者による解除と同様、未経過保険料もあわせて返還する。

(3) 保険料の不可分についての判例

　　改正前商法下における生命保険契約における保険料の可分性を巡って争われ、保険約款の規定からみて保険料不可分であるとされた下記裁判例がある。

●**参考判例**（富山地裁高岡支部平成24年4月6日判決、平23年(ワ)121号）（名古屋高裁金沢支部平成25年6月12日判決、平24(ネ)149号、事例研レポ289号）（最決平成26年5月9日決定）

　事　案　保険契約者は2個の保険契約につき、平成23年2月23日に一部ないし全部を解約したところ、解約日から同保険契約の解約部分に係る本来の保険期間である8月31日までの分の保険料について

は法律上の理由がなく保険会社が利得しており、また被告は悪意の受益者であるとして、不当利得に基づき、同保険料7万9484円及び同保険契約の解約日（同年2月23日）から支払い済みまで商事法定利率6％の割合による利息金の支払いを求めたもの

争　点　保険期間中の中途で解約した際の未経過保険料の返還の要否

判旨

（第一審）　年払の保険料は、当該保険料期間全てにおいて保障が受けられることを前提として支払うものであるところ、同期間の中途で解約・減額すれば、同解約・減額日から同期間の末日までは、未経過保険料に対応する保障が受けられなくなるのであるから、同解約・減額日から同期間の末日までの期間については保険会社がその期間に対応する保険料（未経過保険料）について利得しているものと判断せざるを得ない。この点、被告は、保険制度の技術的構造から被告には利得が発生していない旨主張するが、保険法施行後に締結された生命保険契約については未経過保険料の返金に応じていることからすると、保険制度の技術的構造をもって未経過保険料の全額が保険会社の利得にならないことの合理的な説明とするには無理があるし、仮に保険制度に技術的制約があるとしても、それが保険会社たる被告の費用としてどの程度発生しているのかを認定し、被告の利得額から控除すべき合理的な費用の額を算定することは、本件証拠上困難であるといわざるを得ない。したがって、被告の前記主張は理由がない。

期間の中途で解約・減額すれば、同解約・減額日から同期間の末日までは未経過保険料に対応する保障が受けられなくなるのであるから、同解約・減額日から同期間の末日までの期間については保険会社がその期間に対応する保険料（未経過保険料）については利得しているものと評価せざるを得ない。（富山地裁高岡支部平成24年4月6日判決、平23年（ワ）121号）。

（第二審）　保険契約が解約された場合のそれまでに支払った保険料の精算に関しては、解約払戻金に関する条項以外に規定がない。

本件各約款は払込済みの保険料の精算として解約払戻金のみを支払うことを定めていると解釈することができる。

イ．解約払戻金の算出方法からみた検討

本件各約款においては、解約払戻金の額を計算するに当たっては、・・・この「保険料を払い込んだ年月数」との定めは、保険料が納められた期間に基づき解約払戻金を算出することを定めていると解釈することができる。そして、「保険料を払い込んだ年月数」とは、年払契約の場合には年単位で、月払契約の場合には月単位で、解約払戻金を計算することを定めていると解釈することができる。

ロ．保険料不可分の原則に則った実務からみた検討

生命保険についても保険料不可分の原則の適用があると考えられてきたものであり、保険法施行前の生命保険会社の実務も同様であった。

ハ．保険法制定に至る議論において未経過保険料を返還しないことが立法論として問題となり、保険法においては未経過保険料について画一的な規制を置かないものとむしろ保険法制定以前の解釈論としては、未経過保険料は返還しないことが前提とされ、中途解約における精算は全て解約払戻金の計算の中で処理されてきたことを裏付けるものといえるのであって、本件各約款の解釈において、解約払戻金以外に未経過保険料を返還することが前提となっていたことを示すものではない。（名古屋高裁金沢支部平成25年6月12日判決、平24(ネ)149号、事例研レポ289号）。

（最高裁）　上告棄却（最決平成26年5月9日決定）。

Ⅰ-6　保険料受領権者

保険料の受領権者は、保険会社の代表者及びその代理人であるが、保険料領収証によって受領する場合は、受領者の資格の有無にかかわらず受領権者の受領と同視される。この保険料領収証用紙が紛失、盗難などにより第三者によって悪用されても、それによって支払われた金銭は保険料の受取証書の持参人に対する弁済として有効になる（民法480条）。

I-6 保険料受領権者

(1) 第1回保険料充当金
現在、営業職員は、保険申込人から申込書の提出を受けると同時に第1回保険料充当金を受領し、第1回保険料充当金領収証を作成して申込人に交付している。そのため、保険会社は営業職員に保険料充当金領収証を携帯させており、この事実から、営業職員には第1回保険料充当金を保険者に代わって（代理して）受領する権限があると解されている（第2回以降の保険料については、当然には営業職員に代理受領の権限はない）。

(2) 第2回目以降の保険料
約款が保険料の払込方法（経路）について定める「集金人」には、第2回以降の保険料を受領する代理権が付与されていることは明らかである。なお、昭和53年4月以降は、各保険会社とも一定の営業職員に第2回以降の保険料を受領し得る代理権を与えることとし、営業職員が所持する「生命保険募集人登録証」に、彼らが受領することのできる保険料の範囲（第1回保険料充当金及び第2回目以降保険料）が明記されることとなった。

なお、集金の権限が付与されていない営業職員が第2回以降の保険料を集金したとしても、保険者が、保険料を受領したことにはならない（ただし、会社所定の正規の保険料領収証でこれがなされたときは先に述べた原則による）。もっとも、この場合でも、信用上の観点から、会社がこれを保険料と認めることは差支えない。

●**参考判例**（神戸地裁昭和26年2月21日判決）
　事　案　保険料の受領
　争　点　営業職員に第1回保険料を受領する権限があるか
　判　旨
　証人等の各証言によると、保険募集人は保険の勧誘と第1回保険料の受領との権限を有するのみであることは明らかであるから…（神戸地裁昭和26年2月21日判決）。

●**参考判例**（東京控訴院大正13年11月25日判決）
　事　案　保険料の受領
　争　点　営業職員に第2回目以降の保険料を受領する権限があるか
　判　旨
　営業職員に対し第1回の保険料を支払いたる保険契約者がその後の保険料徴収についても尚第1回と同様同人に権限ありと信ずるは正当の事由あるものというべく、したがって、（第2回目以降の保険料の）支払は同会社に対しその効力を生ずるや勿論なれば、保険募集人の右金額費消は同会社の損害に帰するものというべきである（東京控訴院大正13年11月25日判決）。

●**参考判例**（東京地裁昭和25年9月6日判決）
　事　案　保険料の支払
　争　点　保険料領収証の持参人に対する保険料の支払は保険契約者の有効な弁済と見做されるか
　判　旨
　外務員が会社所定の保険料領収証と引換に保険料を領収したときは、契約者はその外務員が民法第110条（権限踰越による表見代理）の規定により保険料の領収につきその会社を代理する権限があったものと信じるにつき正当の理由があったものと見做される（東京地裁昭和25年9月6日判決）。

●**参考判例**（大審院昭和7年8月17日判決）
　事　案　保険料の支払
　争　点　保険料領収証の持参人に対する保険料の支払は保険契約者の有効な弁済と見做されるか
　判　旨
　　ある保険会社の保険料領収となすため、特に印刷して同会社代理店の保管に係る用紙に代理店の印章を押捺して作成したる保険料領収証の持参人が同会社の代理人なりと称して保険料の支払を求めたるときは、たとえその領収証は右の用紙および印章を盗用して作成したるものにして、持参人に何等の代理権なき場合といえども、保険契約者が善意無過失にて右の領収証と引換に保険料の支払いをなすにおいては、殊にその持参人がかっては代理権を有して同会社のため該保険契約者より正当に保険料の取立をなしたることあるものなるにおいては、右の支払は保険料弁済の効なきものとなすを得ず。すなわち、民法第478条、第480条、第109条、第110条、第112条等の規定によりて明らかなる民法の精神に照らすときは、かかる支払もまた弁済の効力を生ずるものと解するを相当とす（大審院昭和7年8月17日判決）。

Ⅰ-7　保険料の自動貸付

　生命保険契約は長期の契約であり、その間、契約を継続していく上で保険料払込が困難となることも少なくない。この自動貸付の制度は、契約がそのような事態に陥り保険料の払込ができないまま、猶予期間を過ぎた場合でも、当該契約に解約返戻金があるときは保険会社が解約返戻金の範囲内で保険料相当額を貸し付けて保険料の払込に充当し、保険契約を有効に継続させようとするものである。ただし、この保険料自動貸付が有効に実施されるには、①保険契約者から保険料の自動貸付を拒否する申出がないこと、②解約返戻金額が貸し付ける保険料相当額とその利息の合計額を上回っていることが必要である。
　自動貸付は金銭の授受がないことから金銭消費貸借契約には当たらないが、保険料支払債務を貸付金債務に振り替えるものであり、法律上は準消費貸借（民法588条）的性質のものとされている。なお、この名称は、会社によっては保険料立替、振替貸付、保険料貸付とも称されている。
　以下に掲示の判例は自動貸付そのものの是非について判断を示しているものではなく、本制度の有効性について判示しているものである。

●**参考判例**（岡山地裁平成18年11月16日判決、平成17年（ワ）第863号）
　事　案　共済掛金の支払催告義務と自振貸付制度の説明義務
　争　点　①共済者に準委任契約上の共済契約維持管理義務違反又は信義則上の契約保護義務違反があるか
　　　　　　②共済者に信義則上の共済掛金自動振替貸付制度についての説明、助言義務違反があるか
　判　旨
　争点①について
　㈠　本件約款中には、共済掛金の払込猶予期間において、被告が、契約者に対して支払催告や共済契約の維持のために何らかの措置を採るべきことを定めた規定はなく、亡A及び原告が、被告又は訴外組合との間で、被告又は訴外組合が払込猶予期間中に催告や本件各共済契約の維持管理のために行うべきことを合意したというような形跡は窺えないというのであるから、本件全証拠によっても、原告主張の被告と亡A及び原告との間での本件各共済契約を維持管理すべき準委任契約の成立は認める余地がない。
　㈡　被告の内部では、払込督促通知書を送付して共済掛金の払込督促を行い、その後も共済掛金が未入金の契約は払込督促を行って、払込猶予期間満了日までに契約者から共済掛金を収納するものと規定され、被告や訴外組合での共済業務の担当者の研修でも共済契約の失効と解約の防止が指導されていたものの、共済掛金の払込督促や共済契約の失効及び解約の防止への努力は、共済事業を運営する訴外組合又は被告にとっては、その事業の維持発展の観点から当然のことであって、その結果として、契約者にと

っては意図しない共済契約の失効を回避することができる利益があるとしても、それはいわば反射的な事実上の利益というべきであり、そのことをもって、被告において契約者に対して払込督促をすることや共済契約の失効を防止するための措置を採ることが、共済契約の個々の契約者に対する関係で、被告の法的義務になると解することはできない。

その上、本件においては、被告は、本件各共済契約の平成14年8月分の共済掛金の払込猶予期間中に亡A及び原告に対して払込督促通知書を送付したほか、被告の職員であるCにおいて、当該送付後に2回にわたって亡A宅に電話連絡をして、応対した原告に共済掛金の支払を督促しているというのであって、これ以上に、亡A及び原告に対して共済掛金の支払を督促したり、本件各共済契約の継続についての意思確認のための措置を行うことが被告の法的義務になるとは、たとえ信義則を根拠としても解する余地はない。

争点②について

(一) 訴外組合においては、平成3年4月1日から、共済掛金自動振替貸付制度(共済掛金の払込がないまま払込猶予期間を経過した場合に一定の範囲内で共済掛金相当額を自動的に貸し付け、これを共済掛金の払込に充当するもの)を導入していたこと、同日以前に締結された共済契約であっても、契約者の申出があれば同制度を利用することができたこと、当該貸付はその時点での返戻金の額の80%に相当する額の範囲内で行われるものであるところ、本件各共済契約については平成14年9月時点でいずれも同年8月分の共済掛金を大きく上回る返戻金額があり、仮に同制度の適用がされていたならば同月分の共済掛金の払込充当がされていたはずであることがいずれも認められる。

(二) しかし、亡A及び原告から被告に対し、本件各共済契約について、共済掛金自動振替貸付制度を適用する旨の正式な申出はもちろん、同制度の適用についての相談があったとか、同制度の説明を求めたり、これを利用したいとの事実上の意向が伝えられていたという事実も認めることはできない。また、亡A及び原告からは、平成3年4月1日以降同制度の適用を申し出ることができる状況にありながら訴外組合に対しては当該申出はなく、平成14年1月1日に被告が共済事業を承継してから平成14年9月30日に至るまでの間に、それまでと異なって、同制度の適用を必要とする客観的、具体的な事情が生じ、そのことを被告の職員においても認識していたというような事実は窺えない。そうすると、そのような事実がおよそ存しないにもかかわらず、あえて被告において、亡A及び原告に対し、同制度の利用について説明、助言をしなければならないという信義則上の法的義務があったとまではいうことができない(岡山地裁平成18年11月16日判決、平成17年(ワ)第863号)。

●**参考判例**(広島地裁福山支部平成12年7月31日判決、平成11年(ワ)第264号)(広島高裁平成13年1月17日判決、平成12年(ネ)第427号)

事 案　自動貸付の適用と保険外交員の連絡・通知義務
争 点　自動貸付制度が適用された場合には直ちにこれを保険契約者に通知、連絡するなどの具体的な義務を負うか

判旨

(第一審) 営業職員は、本件保険契約に関し、保険契約者について本件貸付のような自動貸付制度が適用された場合には直ちにこれを保険契約者に通知、連絡するなどの具体的な義務を負ったものとみるべき特段の事情を認めるに足る証拠はない(なお本件保険契約約款上も、保険会社ないし保険会社の担当者について右のような通知、連絡義務を認めることはできない。)(広島地裁福山支部平成12年7月31日判決、平成11年(ワ)第264号)。

(第二審) 「最後まで面倒をみる」と述べたとしても具体的内容がなく、誠実に対応するとの一般的な心得を述べたことには変わりはなく、他に控訴人がその主張の右条件を提示したこと及びBがこれを承諾したことのいずれの事実も認めるに足る証拠はない(広島高裁平成13年1月17日判決、平成12年(ネ)第427号)。

●**参考判例**（大阪地裁平成9年1月23日判決）
事　案　保険料自動貸付
争　点　保険料自動貸付条項の適用の有無
|判　旨|

　保険料が払い込まれない場合でも、保険契約者からあらかじめ反対の申し出がなければ、被告は、月払いの保険料を払い込むべき月から、その直後に到来する半年単位の契約応当日の前日までの保険料相当額を保険契約者に対する貸付金とし、保険料の払込みに充当して本件保険契約を有効に継続させる保険料の振替貸付の制度があること（21条1項本文）、しかし、その貸付金額と利息との合計額が、その保険料の払込みがあったものとして計算した返戻金額（既に保険契約者に対する貸付金がある場合には、その元利金を差し引いた額）を超えるときは、右振替貸付は行われないことが認められる。

　ところで、本件保険契約の解約返戻金の額は…合計15万8850円であったこと、当時原告が被告から貸し付けを受けていた金額は、元本8万1000円、利息1590円の合計8万2590円で…解約返戻金から被告の原告に対する貸付額を控除した残額は7万6260円となり、原告は、本件約款12条1項ただし書に該当する状況にあり、保険料の振替貸付は行われなかったことが認められる。（本件保険契約は、平成5年10月1日から効力を失ったものというべきである）（大阪地裁平成9年1月23日判決）。

●**参考判例**（東京高裁平成11年2月3日判決、平成9年(ネ)6021号、平成10年(ネ)1426号、判時1704号71頁、
　　　　　　原審東京地裁平成9年12月22日判決、平成7年(ワ)20027号、判時1662号109頁）
事　案　保険料立替制度と失効
争　点　自動貸付制度が利用された生命保険契約で保険料支払猶予期間経過により契約が失効した場合における、生命保険会社と契約者との間に契約が失効しないよう維持管理する旨の準委任契約や同旨の事務管理の成否
|判　旨|

（第二審）　生命保険契約の加入、継続、解約など契約の管理は、もとより（契約の失効防止も含めて）契約当事者の自己責任が原則であることは論をまたない。特に本件契約の場合、Aは自動貸付による保険料立替制度を利用しその立替金の累積額はかなりの額に達していたから、早晩立替えができずそのままにしておくと保険が失効する危険性があるということはある程度予想が出来たというべきである。しかも、Aを被保険者とする多種多額の生命保険契約に加入し、その維持に腐心していたAやその家族である被控訴人としては、近い将来にそうした生命保険契約の失効という事態が生じないよう細心の注意を払うべき立場にあった。

　ところで、前記認定の事実によれば、Cらが、Aから依頼されて保険会社たる控訴人から送られてくる郵便物の内容の点検をし一覧表を作成するなどして、本件保険を含む自動貸付制度を利用した多数の保険について立替金残高の確認や立替可能期間の予測等各保険契約の状況把握に努めていたことは認められるが、これらはもっぱら控訴人からA宛に送付されてくる郵便物の内容を確認することを中核とする補助的作業にすぎず、Cらは本件保険契約の控訴人側の契約担当者の立場を離れて個人的に契約当事者たるAの保険料の支払等に関する履行補助者的な立場において協力したに止まり、本件保険契約の失効防止を含む維持管理の主体はAにあったと認めるのが相当である。上記のようにAや被控訴人は控訴人から送られてくる各種保険関係の郵便物を未開封のまま保管しておき、一年に数回来訪した折りに一括してCらに開封させてその内容点検を通じての各種保険の整理や内容把握をしてもらっていたが、そのようなやり方では、例えば控訴人から送付された郵便物の保管ミスや紛失、あるいは内容点検のミスなどの原因によって当該郵便物の内容が正確にCらに把握されないままとなることも当然あり得ることであって、Aや被控訴人において各種保険の整理と現状把握をCらに全て一任したり、Cらがそのような趣旨で管理を引き受けていたとみることは相当ではない。

　したがって、被控訴人が主張するようにCらがAに代わって本件保険契約の維持管理を受任していたと認定することはできず、いわんや被控訴人が主張するようにCらを介してAと控訴人との間で本件保険契約を失効させないよう保険を維持管理する旨の準委任契約が成立したとは本件証拠上到底認めることはで

きない。
　そしてまた、前記認定のとおり、D及びCらがAや被控訴人のために、その依頼によって年数回の訪問の際、控訴人から送付された各種通知等の確認、整理、これらを通じての前記一覧表作成により本件保険契約を含む多数の保険の現状把握をし、そのような関係が昭和57年頃からA死亡の平成7年まで約12年間続いたとしても、これをもってDないしCら又は控訴人において、A及び被控訴人のために本件保険契約を失効させないための事務管理が行われていたと評価するには足りない。Cが控訴人K支社所属の収納保全職員Tに対してAらのため保険契約失効防止について連絡を依頼した前記認定の事実をもってしても、Cらについて事務管理の成立を認めるには足りず、いわんや控訴人がCらと共同事務管理者の立場に立った等の被控訴人の主張を認めるには到底足りないというべきである。なるほど、Cらは前記のような一覧表作成などをしてAらの保険の整理と現状把握に努めてはいるが、それは前任者であるD以来の行き掛かりやAがこれまで多数かつ多額の保険に加入してくれる重要な顧客であったため、いわゆるアフターケアないしアフターサービスの一環としてそうしたサービスに努めたものとみるべきで、その意味で控訴人の業務と全く無縁であったとまではいえないにしても、そのことからCらの行為が事務管理として行われたとか、いわんや保険会社たる控訴人の行為として行われたといえないことは明らかである。
　そうすると、Cらを介してAと控訴人との間に保険を失効させないことなどを内容とする本件保険契約の維持管理に関する準委任契約が成立していること又は同旨の事務管理が成立していることを前提としてその債務不履行をいう被控訴人の主張は採用できないというべきである（東京高裁平成11年2月3日判決、平成9年（ネ）6021号、平成10年（ネ）1426号、判時1704号71頁、原審東京地裁平成9年12月22日判決、平成7年（ワ）20027号、判時1662号109頁）。

●**参考判例**（神戸地裁尼崎支部昭和55年7月24日判決）
　事　案　保険料払込みと保険料自動貸付制度
　争　点　保険料自動貸付の適用
　判　旨
　被告（保険会社）の約款第×条によると、保険料立替払が定められている。すなわち、保険料の払込がないままで猶予期間が過ぎた場合には、保険契約の失効を防ぐため、その期日の保険料とその利息の合計額が解約返戻金額をこえないときは、その払込期日の払込保険料額を保険契約者に対する貸付金とし、保険料の払込に充当する制度である。
　…原告らは、解約返戻金に基づく立替払処置を非難するけれども、契約者は、同年×月充当保険料の預金準備をも再度怠ったため、本来失効すべきところを、立替払制度を利用することにより失効を免れたのである（神戸地裁尼崎支部昭和55年7月24日判決）。

●**参考判例**（青森地裁弘前支部平成2年11月9日判決）
　事　案　保険料払込みと保険料自動貸付制度
　争　点　保険料自動貸付の適用
　判　旨
　原告は、同年3月分の保険料を支払ったが、その後は支払を遅滞した。そのため、本件保険契約の特約に基づく自動振替貸付の制度が適用になり、同年4月分ないし6月分の保険料の払い込みに充当された。自振というのは、保険料が払込まれないままで猶予期間が過ぎた場合でも、払込むべき保険料とその利息の合計額が、この未払保険料を払込んだものとみなして計算した解約払戻金額（貸付金がある場合には、その元利金を差し引いた残額）を越えない限り、被告（保険会社）が保険契約者に貸付を行い、この貸付金をもって保険料の払込に充当し、保険契約を有効に継続させる制度である（青森地裁弘前支部平成2年11月9日判決）。

Ⅰ-8　契約の復活と復活保険料

　復活とは、所定の猶予期間が経過して契約が失効した後に、一定の要件（通常３ケ年以内）のもとでそれを復活させ、契約が失効しなかったと同様の効果を生ぜしめる制度をいう。これには、通常、失効直後の契約を対象とする簡易復活（各社とも、概ね失効した後３ケ月以内のもの）とそれ以外の通常の復活があり、前者は復活申込書と告知書（契約が失効した後の健康状態等を中心としたもの）を、後者はこれらに加えて医師による診査（含む告知）を必要とするもので、いずれもこれらの申込によって、会社が契約の復活を承諾したとき、契約者が会社の指定する日までの復活（延滞）保険料を払い込むことによって契約は復活する。なお、復活保険料とは、失効前の保険料払込方法（回数）によって、保険期間がすでに到来している保険料と復活のための保険料払込日が属する保険料期間の保険料合計額をいう（復活保険料に利息を徴求する会社と求めない会社がある）。

　本制度は、契約者の便宜を考慮したものであるが、保険会社にとっても保険団体の安定性という観点から好ましいものといえよう。

　一方、復活の法律上の性質をどうみるかについては、新契約説、単独行為説及び特殊契約説の三つがあるが、このうちでは特殊契約説が一般的である。この特殊契約説とは、復活契約を約款（契約当事者間の合意）により契約失効前の状態に回復させることを内容とする特殊な契約とみるものである。すなわち、「失効」を契約（ないしその効力）が消滅した状態と解するのではなく、失効後といえども契約は完全に消滅しているわけではなく、単にその効力を停止しているにすぎないものとし、復活は当事者間の合意によりその停止されていた保険契約の効力を回復せしめる特殊の契約であるとするのである。

　以上のことから、復活に際し、失効前契約に内在していた解除の原因も、当然復活後の契約に引き継がれるものと考えられる。

　また、復活の効果に関しては、保険契約を復活した場合、保険契約は失効前の契約内容と同一の内容となる。また、復活が承諾された後、復活時に要する保険料が払い込まれた時から責任は再開始され、「２年間の告知義務違反」、「１年以内の自殺不任責」期間の規定もそれぞれ復活の時を基準に適用される。

●**参考判例**（名古屋地裁平成16年２月18日判決、平成14年（ワ）第3558号）
　事　案　復活契約の保障開始時期
　争　点　復活手続の完了した時期はいつか
　判　旨
　　平成12年９月８日午後１時ころ、Ａは、友人とレストランで食事中に倒れ、同日午後１時50分ころ、病院に救急車で搬入された。
１．同日午後３時ころ、原告代表者から営業職員の携帯電話に連絡があり、復活の書類は書いてある、お金を用意して事務員に預けておくので取りに来て欲しい、土、日があるので今日取りに来てくれと言われた。営業職員は、Ｃ運輸の事務所に車で行ったところ、事務員から復活請求書及び30万円の小切手を受け取って営業部に帰り、復活手続をした。営業職員は、保険会社サービスセンターの復活の承認がなされておらず、本来受け取るべきでない保険料を領収証も発行せずに受け取ってしまった上、今日中に手続をしないと小切手の受け入れができなくなり、土日を挟むことになるので急いで手続をするために、本来は書類を送付して手続をするところ、同日午後３時18分にファクシミリでサービスセンターに復活請求書を送信し、手続をした。
　　保険会社サービスセンターで復活の承認が下りたので、営業職員は、同日午後５時３分に領収証を作成して、再びＣ運輸を訪問し、保険料の不足分３万3500円を事務員から受領して、営業部に帰って入金

I-8 契約の復活と復活保険料

手続を行って復活手続が終了した。保険会社での入金処理は、同日午後6時17分に行われている。

2 復活手続のなされた時期について

本件約款第13条によれば、復活手続は、必要書類を保険会社の本店または保険会社の指定した場所に提出すること、保険会社が復活を承諾したときは、保険契約者は、会社の指定した日までに、復活時までにすでに到来している保険料期間の未払込保険料とこれに対する会社所定の利率により複利で計算した利息を払い込むと規定されていることに照らせば、復活手続は、保険契約者が必要書類を提出し、保険会社の承諾がなされ、未払込保険料と利息を払い込んだことにより、手続が終了するものであるところ、前1認定のとおり、復活請求書の送信、復活の承認、保険料の受領がなされ、保険会社の受付が終了したのは、平成12年9月8日午後6時17分であるから、この時間をもって復活手続がなされたものと認められる。

したがって、本件保険事故は、同日午後1時過ぎに発生していることから、原告の本件保険事故以前に復活手続が終了したことを前提とする、債務不履行による損害賠償請求は、その余について検討するまでもなく、理由がない（名古屋地裁平成16年2月18日判決、平成14年（ワ）第3558号）。

● **参考判例**（仙台地裁平成17年10月27日判決、平成16年（ワ）第1484号）

事　案　特約保険料未納による失効解約は解約権の濫用にあたるか

争　点　①特約猶予期間と事前告知
　　　　②特約失効した旨の通知
　　　　③保険契約者の住所変更と未届

判　旨

争点①について

平成14年分の本件特約保険料の払込猶予期間は平成15年1月9日までであったから、原告が上記保険料に相当する金員を被告に送金した同年2月12日までには1か月以上の期間が経過しており（なお、本件約款によれば、上記保険料の本来の支払期限は平成14年11月末日であると認められる（当事者間に争いのない支払期限である同月9日は、本件約款の規定（利益配当付終身保険（56）普通保険約款8条1項(2)）に符合しない。）ところ、上記本来の支払期限から起算すれば、2か月以上の期間が経過していることになる。）、上記保険料が支払われなかった期間はわずかな期間とはいえない。

なお、以下においては、平成15年1月9日を本件猶予期限と、平成14年11月末日を本件支払期限と呼ぶこととする。

争点②について

原告は、平成15年2月22日の本件通知をもって被告が本件特約を解約する旨の意思表示をしたと主張するが、前記争いのない事実等によれば、本件特約は、本件猶予期限である平成15年1月9日の経過により当然に効力を失ったものと認められるから、本件通知は、既に本件特約が失効した事実を被告に知らせる内容の通知（いわゆる観念の通知）であり、本件特約を失効させる効果を有する意思表示ではないというべきである。

上記イのとおり、本件特約は、本件猶予期限である平成15年1月9日の経過により当然に効力を失ったものであるから、被告には、本件特約の失効が確定した以降、原告から本件特約保険料に相当する金員が送金されたかどうかを確認すべき義務はないというべきである。したがって、被告が、上記送金の事実を知っていたかどうか又はこれを知ることが可能であったかどうかを問わず、本件取扱を前提に本件通知を発した被告の措置が権利濫用となる余地はない。

被告は再三にわたり本件猶予期限の徒過による本件特約の当然失効を事前に告知して原告に注意を喚起しており、原告としては、上記告知によって容易に本件猶予期限の徒過によって本件特約が当然に失効してしまうことを認識・予見し、そのような事態の発生を事前に回避する機会が与えられていたということができるところ、それにもかかわらず、原告は、自己のうっかりミスにより本件猶予期限内の本件特約保険料の支払を怠ったというのである（前記争いのない事実等）から、原告に本件特約保険料の支払意思や能力があったこと、原告の失う利益が莫大であること等を理由として本件取扱が原告に過酷であるとする原

告の主張は、自己の落度を棚に上げて帰責事由の認め難い被告に対し自己に有利な特段の取り計らいを求めるものというべく、到底採用する余地はないといわざるを得ない。
争点③について

原告は、保険契約者の所在などは調べればすぐに分かるはずだと陳述するが、被告が原告宛ての通知文書として仙台市〔以下略〕に宛てて郵送していた文書は、すべて原告の住所に届いたものとして処理されていた（原告の息子が仙台市〔以下略〕のマンションの郵便受けまで取りに行き、石巻市〔以下略〕の原告まで届けていた。）のである（転居先不明で被告に戻ってくることはなかった。）から、被告にとっては、原告が転居した事実さえ知り得なかったと推認され、原告の所在の調査を開始する契機自体が存在しないといえる。また、原告は、原告の転居先である石巻市〔略〕の近くの被告W支店の社員が原告と知り合いであるから、被告は原告の住所を知り得たはずだと主張し、その旨陳述する〔証拠略〕。しかし、上記被告W支店の社員が本件保険契約の締結を担当したり、原告がその社員に本件保険契約の内容を知らせたりしていなければ（その事実はいずれもないことが窺える。その事実があれば、上記社員から速やかに被告宛てに転居通知をするよう助言がなされたはずである。甲1、6、7）、被告W支店としては、原告の現住所を被告本店に伝えようという動機が生ずる余地がない。したがって、原告の上記主張及び陳述は、いずれも不合理であって採用することができない。

また、原告は、被告が原告との意思疎通の手段を書面（郵便）のみに頼り、それのみで解約手続きを進めたことを非難する（甲8）が、多数の保険契約者を抱える保険会社が、不特定多数の支払期限の存在する保険料の払込状況を1件1件電話によって確認しなければ解約できないとすることは、非能率かつ非現実的であって採用することができない。

そして、本件全証拠及び弁論の全趣旨を総合しても、他に、本件取扱が権利濫用に該当すると認めるに足りる事情は認め難い（仙台地裁平成17年10月27日判決、平成16年（ワ）第1484号）。

●**参考判例**（名古屋地裁一宮支部平成17年11月21日判決、平成16年（ワ）第463号）
事 案　保険者の担当者が保険の維持管理をする内容の準委任契約の成否
争 点　①保険者の担当者が保険の維持管理をする内容の準委任契約の成否
　　　　②被告が本件生命保険契約の失効を主張することの可否

判 旨

争点①について

Eは、被告の営業職員として、原告宅を定期的に訪問していたこと、本件生命保険契約を含め、原告らが被告との間で締結した生命保険契約について、原告から、保険料の口座振替ができない場合に、集金してほしい旨の依頼を受けたことがあったこと、実際に、Eにおいて、本件生命保険契約の保険料を原告から集金したことがあったほか、原告らが契約した別の生命保険契約の保険料を集金したことも複数回あったこと、保険料の払込みがなされずに、失効のおそれがある保険契約を記載した紙を原告に交付したことがあったことが認められ、これらの事実を総合すると、Eは、被告の営業職員として、本件生命保険契約を含む原告らが被告との間で締結していた保険契約について、その失効防止に努めていたものと認められる。

しかし、本件生命保険契約の保険料の払込方法は口座振替が選択されており、被告において集金義務を負うものではなく、保険料の支払は契約者であるAが自己の責任におい行うべきものであるから、支払を怠った結果、保険契約が失効したとしても、原則として、契約者側の責任であるというほかない。また、口座振替による保険料の払込方法を選択した場合は、被告の集金担当者に払い込む方法を選択した場合より保険料が3パーセント安く設定されていること（証人E）、そもそも継続保険料の集金はEの職務に含まれていない上、同人が、被告のために、生命保険契約を維持管理する準委任契約を締結する権限（代理権）を有していたと認めるに足りる証拠もないことにも照らすと、Eが、原告から、口座振替ができていない保険料の集金をしてほしい旨の依頼を受け、実際に集金を行ったり、失効のおそれがある保険を知らせるなどして失効防止に努めていたとしても、契約者である原告らに対するサービスであるという以上に、Eが、被告において、原告らとの間の生命保険契約が失効しないように維持、管理をすべき法的義務を負う

ことを内容とする準委任契約を締結する意思を有していたものとは認めることはできない。したがって、また、表見代理（民法109条、110条）により、準委任契約の効果が被告に帰属することも認められない。以上から、原告主張の準委任契約締結の事実は認められない。
争点②について
　原告主張の準委任契約の締結の事実が認められないことは上記2記載のとおりであるから、被告において、本件生命保険契約の失効について何らの注意義務違反も認められない。営業職員として許されていない保険料の立替払いを行ってまで本件生命保険契約の復活手続を急いでいたことからは、本件生命保険契約の失効は同人も予測していなかった事態で、原告らの生命保険契約の失効防止に努めていた立場上、負い目を感じていたとも窺える。また、原告やAにおいても、Eが生命保険契約の失効防止に努めてくれるものとの期待があり、本件生命保険契約についてだけ保険料の滞納によって失効するとは考えてもいなかったと推認されるが、これらの事情を考慮しても、被告において本件生命保険契約の維持管理について何らの義務も負っていない以上、約款に従って本件生命保険契約が失効するのは当然の効果であり、また、失効を主張することが信義則上許されないとは認められない（名古屋地裁一宮支部平成17年11月21日判決、平成16年(ワ)第463号）。

●**参考判例**（福岡地裁平成15年2月28日判決、平成13年(ワ)第1366号）（福岡高裁平成15年8月28日判決、平成15年(ネ)第268号）（最高裁平成16年9月9日不受理決定、平成15年(オ)第1764号、(受)第1873号）
　事　案　保険料不払いによる保険契約の失効と保険契約者への通知の宛先
　争　点　失効の要件として通知を要するか
　判　旨
　　原告がAの代理人であったか否かについて検討するに、本件では、原告が、入院給付金請求書等の送付を受けたり、近親者として保険金の支払状況を問い合わせたのに回答したり、手続の説明を受けたりしたこと等が認められるが、他方、入院給付金の請求書等はAの名前で行われ、原告が代理人として手続をしているものではないこと、権利行使を伴わない書類の送付依頼等について契約者本人の補助ないし代行することと、権利行使を含めた代理人として行動することは、後者については近親者間でも利害が対立する可能性が十分あるなど質的な差異があり、本件の経緯から直ちに被告が原告を代理人として扱ったものと評価することは困難であること、Aの状況を実質的にみても、保険料の振替口座や入院給付金の払込口座の通帳はA自身が管理し、原告は、平成10年3月分以降の保険料は入金しなければ保険金が支払われなくなることは分かっていたので、Aに対して、平成10年3月分以降の保険料の支払を怠らないようAに注意していたこと（原告本人）等からみて、契約主体としてAが判断・行動することを前提として、原告が、その補助ないし代行をしていたと評価するのが相当であり、原告が本件契約についてAの代理人であったことを前提とする主張は採用できない。
　　次に、原告は、平成9年10月26日にAが入院した頃、被告に電話して入院給付金の請求書を送ってもらい、その際、本件契約についての郵便物はすべて原告方に送るよう申し出たこと、平成10年1月16日に住所変更届をしたこと、同年2月17日に、Aに保険料未払が生じた場合には、被告はAの代理人である原告に保険料支払の催告をし、かつ、契約失効についての通知を行うとの合意が成立したことを主張するので、各申出ないし合意の有無につき検討するに、原告本人の供述はこれに沿うものであるが、他方、被告側の記録では、これを窺わせる記載がないこと、前記のとおり、平成9年10月からの入院の給付金の請求手続は平成10年1月20日頃に作成された用紙で行われていること、原告が同年2月17日頃に保険料支払口座から振替できない場合を特に意識していたとすれば、その時点で口座残額が不足していることは容易に認識できるから、自ら入金したり給付金の振込先を保険料の振替口座にすることも可能であるが、そのような行為はなされていないこと等を考慮すれば、本件証拠上、原告主張の申出、合意があったと認めるには足りないものというべきである。
　　次に、原告は、信義則上、未払保険料の催告の通知が原告方になされるべきであり、あるいは、届出住所に通知するのであれば、住所変更手続を助言すべきであった旨主張するので検討するに、原告がAの代

理人とは認められないのは前記のとおりであり、また、保険契約者に対する通知は、約款上も届出住所宛になされることが定められており、多数の契約を処理する必要を考慮すれば、特段の事情がない限り、届出住所により機械的に処理することには合理性があること、さらに、Aないし原告の記載した入院給付金の請求書類でも、前記のとおり、平成10年2月3日付請求書では、書類返送先が住所と異なる場合の理由欄の記載があるが、同年3月5日付請求書では、Aの住所として、○○住所が記載され、書類返送先が住所と異なる場合についての記載はないことなどからみて、被告において、Aに対する通知は○○住所よりも原告方に郵送することがAの意思に合致すると一義的に判断すべき事情があったと評価することも困難であって、被告に原告方に通知すべき義務、あるいは住所変更を助言すべき義務があるとまでは認められない。よって、契約者に対する未払保険料の催告の通知が失効手続上の要件であるか否かを検討するまでもなく、原告の前記主張は採用できない。

また、原告は、契約継続のための信義則上の義務として、入院給付金等との相殺処理もしくはそのアドバイスをすべきであった旨主張するが、証拠（〔略〕、証人D）及び弁論の全趣旨により、差引の要件として、月の契約応答日（本件契約では15日）から末日までに保険金または給付金の支払事由が生じた場合（約款8条4項）とされており、平成10年3月14日までの入院についての給付金は、同月分の保険料との差引の要件を満たさないし、同月15日以降分については差引が考えられるが、支払限度日数との関係で1日分だけであり仮に差引しても失効を回避できないこと（なお、証人Dは同日分の支払には3月分の保険料の支払が必要である旨供述する。）が認められ、その他、本件証拠上、相殺処理を相当とする事情など被告の失効の主張を信義則違反と評価すべき事情があるとは認められない。

さらに、原告は、本件では、被告は、入院給付金について、失効していないのに失効している旨の説明をしたこと、Aの死亡後に、本件契約の特約付加についての案内文書を送付したこと等を指摘するが、その当否の問題は別として、本件契約の失効の主張を妨げる事由であるとまでは認められない。

以上から、本件契約は失効条項により失効したものと言わざるを得ず、原告の請求は理由がない（福岡地裁平成15年2月28日判決、平成13年(ワ)第1366号）。

(第二審) 一審と同旨控訴棄却（福岡高裁平成15年8月28日判決、平成15年(ネ)第268号）。

(最高裁) 上告不受理決定（最高裁平成16年9月9日不受理決定、平成15年(オ)第1764号、(受)第1873号）。

●**参考判例**（長野地裁平成15年3月17日判決、平成14年(ワ)第281号、東京高裁平成15年6月25日判決、平成15年(ネ)第2060号同旨）

事　案　復活後1年以内に被共済者が自殺

争　点　共済金の払込みは担当者の集金等の方法で恒常的に行われていたものであるから、本件契約は一部取立債務か

判　旨

本件契約は、本件契約約款6条及び8条により、平成12年10月1日に一度は失効し、同月3日、本件契約約款9条により本件契約が復活し、平成13年3月4日、A男は自殺したものであるから、本件契約の復活後、1年以内の被共済者Aの故意による死亡（自殺）であるので、契約約款12条により共済金は支払われないことになる。

原告らは、本件契約書の記載内容からは払込期日の記載を欠くものとして猶予期間の経過による失効ということはあり得ないと主張するが、本件契約書を合理的意思解釈すれば、被告の主張するように毎年の契約応当日と認めるのが相当であり、また原告らは、Aは、弁当屋を営んでおり、実際の共済金の払い込み方法は被告担当者の集金等の方法で恒常的に行われていたものであるから、約款の規定に関わらず、Aの共済金の支払いについては一部取立債務になっているものと解することができるというが、そのような事実から取立債務と解釈することは相当でない。その他原告らは、被告が本件契約の失効を主張することが信義則違反等縷々主張するが、原告らの主張を前提としても、いずれも本件契約約款を変更するほどの信義則違反の主張とは到底認められない。（長野地裁平成15年3月17日判決、平成14年(ワ)第281号、東京高裁平成15年6月25日判決、平成15年(ネ)第2060号同旨）。

Ⅰ-8 契約の復活と復活保険料

●参考判例（東京地裁平成14年10月31日判決、平成13年（ワ）第23389号、東京高裁平成15年2月26日判決、平成14年（ネ）5829号も同旨）
　事　案　保険契約者に無断になされた保険契約の復活の有効性
　争　点　①失効したか
　　　　　②有効に復活したか
　判　旨
争点①について
　Eは、Aの依頼を受け、被告に対し、平成10年4月分の本件生命保険契約の保険料8万2186円を立て替えて支払ったこと、その後、5月分と6月分の保険料の口座振替の方法による支払がなされず、同年7月1日本件生命保険契約が失効したこと、Eは、平成10年7月31日、被告に対し、5月分、6月分の保険料合計16万4372円を立替払した上、Aに無断で、同人の名で本件生命保険契約に復活請求をしたこと、しかし、7月分及び8月分の保険料の支払がなされなかったことが認められる。
争点②について
　前記復活請求は、Aに無断でなされた上、Aがこれを追認したことを認めるに足りる証拠もないのであるから、本件生命保険契約は、5月分、6月分の保険料不払により、同年7月1日失効したものというべきである。（東京地裁平成14年10月31日判決、平成13年（ワ）第23389号、東京高裁平成15年2月26日判決、平成14年（ネ）5829号も同旨）。

●参考判例（大阪地裁平成13年3月16日判決、平成12年（ワ）第6117号）
　事　案　復活後1年以内の自殺
　争　点　①契約は失効したと見られるか
　　　　　②解約返還金表の保険証券の表示は妥当か
　判　旨
争点①について
　原告が主張するように、本件契約の保険証券や本件しおりによっても、すべての事例について解約返還金額の例表が掲げられているわけではなく、本件においても、解約返還金額の具体的な算出方法が必ずしも明確ではあるとはいえない。
　しかしながら、解約返還金は、同じ種類の保険契約であっても、契約年齢、保険金額、保険料の支払方法、契約締結時の経過年数等、その計算の要素が多く、その算出方法も複雑であることに照らすと、これらすべての例表を保険約款等に記載することは現実的ではなく、また、解約返還金額の算出方法はあらかじめ定まっているもので、後に変更されるものではないことに照らすと、保険会社は、保険約款等にその算出方法によって計算した例を例表として表示することで足りると解するのが相当である。
　これを本件についてみるに、本件契約の保険証券には、主契約の解約返還金額表が記載されており、本件しおりに掲載された保険約款等にも、主契約、定期保険特約及び疾病特約ごとに例表が記載されているから、これをもって、保険約款等に解約返還金に関する事項が記載されたものと認めることができる。
　また、解約返還金額の算出に当たっては、算出する時点が被転換契約の契約締結から10年未満のときには、責任準備金額と同額である転換部分の解約返還金額から解約控除額が控除されることについても、被告が指摘する本件しおりの記載内容に照らして、格別問題であるということはできない。
争点②について
1．そこで、本件契約の平成11年2月28日現在の解約返還金額について検討すると、証拠及び弁論の全趣旨によれば、別紙記載のとおり、合計で121万9743円となる。これに対し、原告は、保険約款等の例表からその法則性を推測し、自らの解釈を基に独自に解約返還金額を算出するが、そのような解釈が是認されれば、保険者ごとに解約返還金額の算出方法が異なることになり、相当とはいえないし、前記説示のとおり、被告が行う解約返還金額の算出方法が不明確であるとはいえないから、原告の主張は採用しない。
　なお、本件に現われた各証拠を検討しても、被告の主張が信義則に反して許されないものであること

を基礎づける事実を認めることはできない。

2．そうすると、本件契約は平成11年1月31日の経過をもって失効したといわざるを得ない（大阪地裁平成13年3月16日判決、平成12年(ワ)第6117号）。

●**参考判例**（長野地裁平成10年9月29日判決、平成9年（ワ）第63号）

事　案　失効後の死亡
争　点　復活の効力が生じるとき

判　旨

　本件契約の復活について…保険契約を締結するに際して普通保険約款によらない旨の意思表示を特にしたと認めるべき事情がなければ、この約款によるとの意思をもって契約をしたと解すべきであるが、本件において右のような意思表示をしたことを窺わせる証拠は存しない。

　そこで、本件約款によれば、保険契約の復活は、保険契約者からの申込に対して保険者が承諾することによって、その効果が生ずることになる。したがって、保険契約者がその一方的な意思表示（単独行為）によって失効前の効力を回復させることができるわけではなく、保険契約者と保険者が失効前の効力を回復させることを目的とする特殊の契約をすることによってその法的効果が生ずるのであるから、保険契約者による申込及び保険者による承諾ともにそれぞれ相手方に到達してその意思表示が合致することを要するものというべきである。

　そして、前掲の各証拠及び弁論の全趣旨によれば、本件に関与した募集人Kが契約締結の権限を有していなかったことは明らかであるところ、復活についても、本来的には保険者において保険契約者の側からの申込に対して被保険者の健康状態を確認するに足りる書類等により諾否を決する権限を有しているのであり、募集人に対して特にその権限を与えたと認めるべき事情がない限り、募集人が自己の権限として復活を承諾することはあり得ないというべきである。そして、本件全証拠によっても、Kが右権限を被告から与えられたと認めることはできない。

　原告は、Kに対して未納保険料を支払うことによって復活の意思表示をしたかのような主張をするけれども、復活について承諾の権限を有しないKに対する意思表示を取り上げる意味はなく、本来的に承諾の権限を有する被告に対し書面によってなされた意思表示が使者であるKにより被告に伝達されたとみるべきである。

　被告は、前判示の未納保険料を入金処理することによって復活を承諾した旨主張するけれども、前判示のとおり本件約款においては、復活の承諾と保険料の払込とを区別して規定していること、未納保険料の領収証の裏面には、被告が復活を承諾したときに領収金額を保険料に充当し、承諾しないときには返金する旨記載されていると認められることに徴すれば、ただ単に未納保険料を入金処理しただけで復活を承諾する意思表示がされたとみることはできない。

　また、原告は、本件請求書の査定・決定欄に承諾印が押捺されていることを根拠に被告の承諾があった旨主張する。しかしながら、証拠及び弁論の全趣旨によれば、長野支社で受理された本件請求書は、同月22日承諾について決定権限のある被告〇〇総局に送達され、Aが同日死亡したことを知らないまま審査に付され、同月28日に承諾の決定がされたが、その後同人の死亡が判明したため、所定の葉書による復活承諾の通知をしていないことが認められる。復活が保険契約者からの申込に対して保険者が承諾することによって成立する契約であることは前判示のとおりであるから、両当事者の意思表示が合致して初めて成立することはいうまでもなく、したがって、本件においては承諾の意思表示が外部に向かってされておらず、相手方に到達もしていないから、復活の効果が生じないことは明らかであるといわなければならない。

　それのみならず、被告による承諾の決定は同月28日であり、そのときには既にAは死亡していたのであるが、保険契約は、その成立あるいは復活の時点で被保険者が生存していることをその要素としており、死者を被保険者とする契約の復活はこれを欠くことになるから、無効というほかなく、この点からみても、原告の主張する承諾の有効性を肯認することはできない（長野地裁平成10年9月29日判決、平成9年（ワ）第63号）。

Ⅰ-8 契約の復活と復活保険料

●参考判例（大阪地裁平成17年6月13日判決、平成16年(ワ)第10724号、事例研レポ207号8頁）
　事　案　保険料不払いによる保険契約の失効と保険会社による保険契約の復活不承諾
　争　点　①本件保険契約が失効するに際し、被告は、原告に対し、失効予告通知義務を負い、その不履行があったことが違法となり、失効の効力が失われるか否か
　　　　　　②保険契約者からの復活請求に対し、保険会社が不承諾とする事由がないのに、これを不承諾とすることは適法か

判　旨
争点①について
ア　一般に、保険契約においては、保険契約者が保険料を支払、保険事故が発生した場合に、保険会社が保険金を支払うシステムであることからすれば、保険契約者としては、保険金を受領する前提として、自己の責任において保険料の支払を行うことが求められ、保険料の未払によって保険契約が失効することによるリスクは、保険契約者において負うべきものといえるから、保険会社に、保険契約者に対する失効予告通知義務が生じることはない。

イ　ところで、原告は、本件保険契約の約款31条は、被告に失効予告通知義務を課している旨主張するが、同条は、解除原因たる告知義務違反事実につき、被告が悪意、有過失であった場合等同条各号に該当する事由があった場合に、例外的に被告の解除権が制限される旨規定しているものであり、保険料未払による失効について類推適用されるものではない。その他、本件保険契約に関し、約款で被告に失効予告通知義務を命じるものはないことから、被告が失効予告通知義務を負うことはない。

ウ　仮に、被告が失効予告通知義務を負うとしたとしても、本件においては、前記認定事実のとおり、被告は保険料の払込猶予期間を設けた上で、原告に対し、保険料の支払催促及び不払による本件保険契約の失効について、書面あるいは電話による通知を行っているので、何ら失効予告通知義務に違反することはない。

エ　よって、原告の主張は理由がない。

争点②について
ア　本件保険契約において、原告は、保険契約が失効した日からその日を含め3年以内は、被告の承諾を得て、保険契約を復活することができる（約款15条1項）ところ、原告は、この手続により、本件保険契約の復活請求を行った。

イ　保険契約の復活請求は、一旦契約が切れた保険契約者が、従前の内容と同じ内容で保険契約の継続を求める申込みであることからすれば、新規契約とは異なるものの、両当事者間の合意に基づく新たな契約であると認められ、その契約が成立するには、保険会社の承諾が必要となることはいうまでもない。

ウ　保険契約の復活請求に対して、これを承諾するか否かは、契約自由の原則からすれば、保険会社の自由な判断に基づくものといえ、特段その判断にあたり、保険会社を制約するものはない。通常は、保険契約者との従前の契約において把握した被保険者の病歴、支払給付金額や現在の被保険者の健康状態などを基礎に、保険料と保険金とのバランスを考慮して保険事故発生の危険率を予測するなどの基準に従って判断することとなる。これを本件についてみると、被告は、現在の原告の健康状態については特段調査はしていないものの、原告には前記(1)ケ(ア)ないし(ウ)の各事実が認められたことから、専門家である医師との協議を経て、保険事故発生率が高いことなどの判断をして、本件保険契約の復活請求を不承諾とした。

エ　以上のことからすれば、被告は、自己が知りえた情報を基準に、保険事故発生率等を考え、不承諾をしたのであり、その判断について、特段問題は認められない。この点、原告は、原告が10年前に罹患した病気（肝細胞ガン）に罹患していたことはその当時被告は熟知していたことであるし、この病気は既に完治しているのであるから、これを理由に復活請求を不承諾とすることは違法である旨主張し、現在健康状態に問題がないことを示す検査結果照会〔証拠略〕を証拠として挙げる。確かに、被告は、本件保険契約の復活請求の承諾、不承諾の判断に際し、現在の原告の健康状態を考慮していないが、どのような資料をもとに保険事故発生率等を検討し、承諾、不承諾の判断を下すかは、被告の自由であり、この点について保険契約者である原告が当不当をいえるものではない（大阪地裁平成17年6月13日判決、

平成16年(ワ)第10724号、事例研レポ207号8頁)。

● **参考判例**（札幌地裁平成17年9月9日判決、平成16年(ワ)第1535号、金判1226号41頁）（札幌高裁平成18年5月25日判決、平成17年(ネ)第353号）（最高裁平成19.7.13決定、平成18年(オ)第1264号、(受)第1468号）

事　案　保険契約者である夫が行方不明中に妻がなした復活の効力
争　点　第三者のなした復活は無効か

判　旨

（第一審）　本件復活請求手続は、本件約款に基づく復活請求とはいっても、その手続が簡易に行われたことなどから、未払保険料をまとめて払い、従前の保険契約を復活させる手続として行われたとみることができる。そして、本件保険契約は、Aの扶養する家族の利益のために締結されたものであることに照らせば、同居の親族である原告が本件復活請求手続を行うこともできるとみる余地があり、原告が本件復活請求手続を行ったことから直ちに、無権限者による本件保険契約の復活請求手続が行われたものということはできない。

(2) しかしながら、他方で、前記1で認定した事実によれば、本件復活請求手続においては、次のとおりの事実も認めることができる。

（ア）　保険契約における復活請求手続は、会社所定の用紙には、被保険者の健康状態について改めて告知事項を記載することになっていること、自殺免責期間の起算点は、復活の際の責任開始日となること（本件約款1条）、復活請求手続の際にも告知義務違反が問われることがあること（本件約款第17、18条）、被告に承諾するか否かの権限があることなどから、新たに契約を締結する手続と同じであると解される。本件約款は、簡易復活手続とそうでない手続を区別していない。

（イ）　原告は、本件復活請求手続の際、被告の担当者に対し、Aが約1年半前に行方不明となっていること及び警察に捜索願を提出していることを秘している。被告の担当者は、原告による本件復活請求手続における書類の代筆を認めていたが、仮に、同人において、この事実を知っていたら、本件復活請求手続は、取られなかったと考えられる。

（ウ）　原告は、本件復活請求手続時に、Aが行方不明のままであるかどうかは確信しておらず、被告に対し、これを告げる義務がないとするが、Aが当時行方不明だったとの情報は、本件復活請求手続を承諾するか否かについて被告にとって重要な判断要素であったといえる。

　そうすると、復活請求手続は、簡易復活請求手続としてなされたものであっても、新たに契約を締結する手続とその性質が同じであると言わざるを得ず、原則として、保険契約者が行うことが求められているといえる。

　さらに、本件復活請求手続は、保険契約者が約1年半前に行方不明となったことを秘して原告が行っており、保険契約者の意思が全く反映されておらず、かつ、被告においても真実を知っていれば、本件復活請求手続を承諾しなかったのだから、前記(1)で説示した点を考慮しても、本件復活請求手続は、実質的に無権限者によるものとして無効と解さざるをえない。また、Aが約1年半行方不明となったことを知らずして、被告が本件復活請求手続を承諾した点についても錯誤により無効というほかない。

　なお、原告は、被告が本件保険契約において、不払いが発生していなければ、あるいは、本件復活請求手続後にAの行方が知れその後に死亡した場合には、支払を拒むことはなかったと考えられることとの均衡を主張する。しかし、前記説示のとおり、原告がAについて約1年半の間行方不明となったことを秘して本件復活請求手続を行ったという事実経過のもとでは、本件復活請求手続は、無効と解さざるを得ないから、原告の主張は採用できない。

(3) 以上から本件復活請求手続は、無効であり、被告の本件復活請求手続に対する承諾も無効であり、本件保険契約には、効力がないというべきである（札幌地裁平成17年9月9日判決、平成16年（ワ）第1535号、金判1226号41頁）。

（第二審）

Ⅰ-8　契約の復活と復活保険料

(1)　・・・保険契約者や被保険者に代わって第三者が保険契約復活申込書の契約者欄や被保険者欄に当該氏名を記載することも許されないではないと解するのが相当である。本件復活請求手続における被控訴人の担当者がＡに代わって控訴人が本件復活請求手続の書類に記載することを認めたのも、上記のような場合があることを前提としたものと考えられる。しかし、前記認定のとおり、Ａは平成7年7月26日から行方不明となり、その後音信は途絶えたのであるから、本件保険契約の契約者であり被保険者であるＡが本件復活請求手続当時生存していたか、生存していたとして本件復活請求手続をする意思を有していたか否か全く不明というほかない。

　　控訴人によって行われた本件復活請求手続は、実質的にもその権限がない者によるものとして無効といわざるを得ない。

　　なお、本件復活請求手続の被控訴人の担当者は、控訴人が本件復活請求手続をすることを認めたことは前記認定のとおりであるが、本件保険契約の契約者兼被保険者であるＡが行方不明になっていることを知っていればそのようなことを認めるはずはなかったということが容易に推認することができるから、被控訴人の担当者の上記行為も前記認定を左右するに足りない。

　　保険契約の復活は、失効した保険契約を失効前の状態に回復することを目的とするものではあるが、新たな契約である以上、保険契約者であるＡの意思に関わらず控訴人が契約締結手続を行うことができると解することはできない。したがって、控訴人の主張は採用できない。

(4)　控訴人は、被控訴人が本件保険金の支払を拒むことは信義則に反する旨主張するが、被控訴人の担当者を含め被控訴人はＡが平成7年7月26日以降行方不明になっていることを知らなかったのであるから、被控訴人の担当者が控訴人が本件復活請求手続をすることを認めたり、被控訴人が保険料を受領したからといって、本件保険金の支払を拒むことが信義則に反するとまでいうことはできない。

(6)　控訴人は、Ａは本件保険契約が失効する前に行方不明になったのであるから、本件保険契約の復活を認めてもモラルリスクは生じない旨主張するが、本件復活請求手続の約1年半前にＡは行方不明になっていたのであり、既に死亡している可能性もあったのであるから、本件復活請求手続を有効なものとすることはモラルリスクの上でも問題であるというべきであり、控訴人の上記主張は採用できない。

(7)　以上の次第であるから、本件復活請求手続はその権限のない控訴人によってなされたものであり、本件復活は無効といわざるを得ない。したがって、その余の点について判断するまでもなく控訴人の請求は理由がない（札幌高裁平成18年5月25日判決、平成17年(ネ)第353号）。

(最高裁)　不受理決定（最高裁平成19.7.13決定、平成18年(オ)第1264号、(受)第1468号）。

●**参考判例**（福岡地裁小倉支部平成17年2月4日判決、平成15年(ワ)第392号）
　　事　案　保険料不払いによる保険契約の失効と保険契約の復活の成否
　　争　点　健康状態を理由に復活拒否の妥当性
　　[判旨]

　　保険契約者兼被保険者は、平成11年7月（原告の主張によれば7月3日、保険会社の主張によれば7月23日）本件保険契約の復活を希望し、復活請求書兼告知書に保険契約者の記載すべき事項を記載（但し、告知日の欄に関しては、保険契約者兼被保険者自身が記載したか、空白であったかについて、原告と保険会社間に争いがある。）のうえ、原告宅を訪れた外交員に対して交付し、復活請求の手続を行ったことが認められる。

　　本件保険契約の約款には、保険契約が失効した場合には、一定期間内であれば、保険会社の承諾を得て、保険契約を復活することができ、その場合には、保険契約者は、保険会社の指定した日までに未払保険料等を払い込まなくてはならない旨定められている（普通保険約款16条1項、同条3項）ことが認められる。

　　したがって、上記約款によれば、保険契約が失効した場合、その復活が認められるためには保険会社の承諾が必要であると解すべきところ、本件に提出された証拠による限り、復活についての保険会社の承認の事実が認められないから、いったん失効した本件保険契約が復活により効力を回復するに至ったと認める余地はないものといわなければならない。

(3)　原告は、保険契約者兼被保険者が所定の復活手続を了しているところ、その後、保険会社から不承諾

の連絡もなく、保険契約者兼被保険者は死亡したのであるから、保険会社は、被保険者の死亡後に不承諾を理由に保険金の支払いを拒むことはできない旨主張するが、復活が認められるためには保険会社の承諾が必要であることは上記判示のとおりであるところ、保険会社から不承諾の連絡がないことをもって黙示の承諾があったものとみなすべき特段の事情も認められないから、原告の上記主張は理由がない。

(4)・・・保険契約者兼被保険者は、本件保険契約の復活手続をするに際して、自ら記載して保険会社に提出した復活請求書兼告知書の「契約後の健康状態」欄の各質問事項に対して、①最近3か月以内に、医師の診察・検査・治療・投薬を受けたことがないこと、②病気やけがで、継続して7日以上の入院をしたことがないこと、③がん・しゅようで、医師の診察・検査・治療・投薬を受けたことがないこと、を返答していることが認められるところ、・・・保険契約者兼被保険者は、平成11年1月7日から同月13日までの7日間、腸閉塞でE病院に入院していること、平成11年6月11日に医療法人耳鼻咽喉科F医院で受診して咽喉頭ファイバースコープによる下咽頭・喉頭の診察を受けていること、平成11年7月15日にG内科で受診して胃内視鏡検査などを行なったところ食道に進行癌の病変が発見されたこと、平成11年7月16日にH医療センターで受診した結果、同月19日食道癌であることが判明し、原告は同月21日、保険契約者兼被保険者は同月28日頃、それぞれ癌の告知を受けたことが認められ、上記復活請求書兼告知書の「契約後の健康状態」欄の各質問事項に対する保険契約者兼被保険者の返答内容は、その告知日が保険会社の主張する平成11年7月23日である場合には、上記①ないし③の各質問事項に対して虚偽の申告をしたことになり、その告知日が原告の主張する平成11年7月3日であったとしても、上記①及び②の各質問事項に対して虚偽の申告をしたことになるものであり、本件保険契約の復活手続に関しては、告知義務違反により復活が認められないか、復活が認められたとしても告知義務違反を理由に本件保険契約が解除されても止むを得ないものであったということができる。

ちなみに、・・・本件保険契約の復活手続に関しては、保険契約者が必ず記載すべき復活請求書兼告知書の告知日が空白であるところに外交員において勝手に記載したか、外交員あるいは保険会社のその他の社員において告知日を「平成11年7月3日」から「平成11年7月23日」に改ざんしたかのいずれかである疑いが認められるほか、保険会社は、原告からの保険金請求に対して、当初は「復活請求書兼告知書」は提出されていないと返答したり、保険契約者兼被保険者から提出された「復活請求書兼告知書」の契約者控えを勝手に廃棄してしまうなど、不適切な対応があったことは認められるが、これらの事情が存在するとしても、これがために上記判示の結論を左右するものでないことは明らかである（福岡地裁小倉支部平成17年2月4日判決、平成15年（ワ）第392号）。

● **参考判例**（新潟地裁平成15年3月26日判決、平成14年（ワ）第336号）

事　案　契約の失効と復活拒否

争　点　①払込方法変更の合意があったか
　　　　　②復活請求を拒否は信義則に反するか

判旨

争点①について

本件保険の保険料支払のために、わざわざ口座変更した事実に照らせば、DとAとの間で、保険料支払い方法を集金の方法に変更する旨の合意が成立したとはいえず、また、Aにおいて保険料の口座引き落としができない場合にはDが集金に来ることに対する法的な保護に値する合理的な期待があったともいえない。

争点②について

約款上、本件保険は、猶予期間中に保険料が払い込まれず、かつ、その保険料の立替えが行われないときは、保険契約は猶予期間満了の日の翌日から効力を失うとされる一方（26条）、保険契約者は、保険契約が効力を失った日から起算して3年以内は、会社の承諾を得て、保険契約を復活させることができるとして復活の制度が設けられている（27条）。

このような復活の制度は、一方で保険を失効させてしまった保険契約者の便宜を図るとともに、他方では復活が保険者の利益にもつながることがあることから設けられたものであって、契約当事者の合意によ

り失効前の状態を回復させる特殊な契約であり、復活を申請するか、あるいは復活を承諾するか否かは当事者の自由な意思決定に委ねられているものである。

したがって、被保険者が、現症中であること、即ち傷病のため、あるいは傷病の疑いで、病院に通院あるいは入院していることを理由に復活の承諾をしないからといって、そのこと自体何ら信義則に反するものではない。

(2) ところで、前記前提事実のとおり、Aは、咳がひどくなったことから、平成13年1月6日、E病院で受診し、7日、F病院の検査を経て、9日、E病院に検査入院したものであって、Aの母において被告に対し復活の申請手続きをとる意思を最初に示した同月11日の時点において、Aは現症中であったと認められる。

そうすると被告において、Aの母の申出を受けて速やかに復活申請手続を進めたとしても、被告においてはAの病状を見極めた上でなければ承諾する可能性はなかったことは容易にこれを認めることができるところ、前記のとおり承諾しないこと自体が信義則に反するものではない。

したがって、原告が縷々主張する事実をもって、被告において復活手続を速やかに採らなかった、意図的に引き延ばしたとの事実が仮に認められたとしても、被告において復活を承諾することを義務付ける何らの根拠にもならないことは明らかである（新潟地裁平成15年3月26日判決、平成14年（ワ）第336号）。

●**参考判例**（大審院大正8年4月11日判決、民録25輯564頁、民抄録83巻19610頁）

事　案　復活と告知義務違反
争　点　復活時も告知義務違反を問えるか

判　旨

商法の規定（429条、現行商法678条に当たる）が保険契約の締結に関して設けられたものなることは疑いを容れざるところなるも、右規定は、一面に於いて保険の技術的性質にその基礎を有すると共に他面に於いて保険契約者または被保険者の誠意を考慮したるものにして、右規定により保険者は過渡なる責任を負担せしめらるることなきと同時に保険契約者または被保険者も正当なる利益の保護を受けることを得るべく、要するに保険契約関係者の利益を適当に衡量して設けられたる法則に外ならないものである。…保険契約復活の場合においても保険者はその復活の申込に応ずべきや否や即ち復活当時の被保険者の健康状態を以て原保険契約を復活せしめて可なりや否やに付その判断の資料を得るがため保険契約者等をして、被保険者の健康状態に関する事項を告知せしむるの要あること及びこの場合においても保険契約者または被保険者の正当なる利益は適当にこれを保護するの要あることは保険契約締結の場合と同様である。

現にわが国の保険会社に於いては契約復活の場合につき約款を以て保険契約者などに告知義務（被保険者の健康に関し証明をなさしむるなど）を課しかつ右につき重大なる違反ありたる場合の対策（契約の解除、取消等）に付き約定を設けるのを通例とすること…右のごとき約定ありたるときはこれに従うべきは勿論なるも、告知義務またはこれに違反したる場合の対策に関し別段の約定なき場合に於いても、当事者間に於いて特にこれが適用除外する意思の表れざる限り、商法429条の法意を汲みて事案を解決するは保険契約当時者双方の利益を適当に保護するところである（大審院大正8年4月11日判決、民録25輯564頁、民抄録83巻19610頁）。

●**参考判例**（大阪地裁昭和60年5月28日判決）

事　案　復活と告知義務違反
争　点　復活時も告知義務違反を問えるか

判　旨

契約の復活に際しても、契約者または被保険者に対して、契約締結の場合と同様の告知義務が課されていることは当事者間において争いがない。原告は、右告知義務につき、被告（保険会社）からの質問に対する答弁義務である旨主張する。しかし、約款規定が商法678条1項の申告義務たる告知義務につき、これを答弁義務に改めたものかどうかはさておき、重要な事実または重要な事項は、保険契約復活請求書兼告

知書の質問事項に当たることになるが、この約款があるため、口頭による質問ないし告知が許されないものとは解されないところ、本件においては、被告から口頭による質問がなされているので、右主張は、本件の告知義務違反の成否に影響を及ぼすものではない。

右営業所の担当者Cから保険契約復活請求書兼告知書の提出を求められたのでその用紙の保険契約者と被保険者の欄に、その場で記入して差し出したのであるが、…右告知欄には、何の回答もしなかった。そこでCは、「別に異常ありませんか」と尋ねたところ、ない旨の返答があったので、B（保険契約者代理人である妻）の面前で、告知書の印刷されている回答欄に「ない」の箇所に丸印をしたものである。Aの代理人として右契約の復活の手続きをしたBは、被告担当者から身体に異常がないかを質問されてない旨を答えている。（この事実は）悪意または重大な過失による告知義務違反である（大阪地裁昭和60年5月28日判決）。

●**参考判例**（大分地裁平成8年4月18日判決）
　事　案　復活後1年以内の自殺
　争　点　復活後1年以内の自殺免責約款の効力
　判　旨
　多数の契約者が存在する生命保険契約については、契約者が約款の内容を知っていたか否かに関わらず、約款によらない旨の意思表示をしない限り、約款全体を内容とする契約が成立したとする商慣習法が定着しているものと解すべきである。

そして、本件保険契約締結に際しても、原告が約款によらない旨の明示の意思表示をしたことを認めるに足りる証拠はないから、本件保険契約は、「普通終身保険普通保険約款」…によってその契約内容が構成されていると解される。そうすると、本件保険契約においては、自殺免責約款もその契約内容を構成しているというべきである（大分地裁平成8年4月18日判決）。

●**参考判例**（神戸地裁姫路支部昭和61年9月11日判決）
　事　案　復活1年以内の自殺
　争　点　保険者が復活後1年以内の自殺を免責とすることは権利の濫用か
　判　旨
　復活制度は、一旦失効した契約を一定の要件の基に旧に復するものであるが、被告（保険会社）が、保険契約者からの復活請求を承諾するについては、新規契約の時と同様に、多数契約の公平と被保険者団体の弱体化を防止する意味で、被保険者に新たな告知義務を課し、自殺目的の復活を防止するために、1年以内の自殺免責を定めている。右免責規定は、当該復活が自殺目的かどうかを判定する事は極めて困難ないしは不可能であるため、その目的如何に拘らず、一律に1年以内の自殺に限って免責とするものであって（自殺目的かどうかが容易に判定できれば、自殺目的の場合は免責とするとの定めで足りようが、こうした判定が困難であることに加え、多数契約の公平を図るためにも右の定めが相当ではないことは明らかである）、新規契約の際にも同様の定めがあることに照らし合理性があるというべく、本件について被告が免責を主張することは権利の濫用であるとする原告の主張は理由がなく失当である（神戸地裁姫路支部昭和61年9月11日判決）。

●**参考判例**（大阪地裁昭和63年8月30日判決）
　事　案　復活1年以内の自殺
　争　点　保険者が復活後1年以内の自殺を免責とすることは権利の濫用か
　判　旨
　復活制度は、一旦失効した契約を一定要件の元に旧に復するものであるが、本件約款においては、復活に際し新たに告知義務を課し、自殺目的のための復活を防止するために、復活の日より1年以内の自殺免責を定めている。右免責規定は、当該復活が自殺目的か否かを判定することは極めて困難ないしは不可能

I-8 契約の復活と復活保険料

であるから、その目的如何に拘らず、一律に右復活日から1年以内の自殺に限って免責する趣旨で定められたものと解されるのであって、十分な合理性を有するものと言える。右免責規定自体を不合理なものと言うことはできない（大阪地裁昭和63年8月30日判決）。

●参考判例（旭川地裁昭和57年11月15日判決）
　事　案　復活申し出するも手続き未了中の入院事故
　争　点　復活手続きの不知をめぐって
　　判　旨

　…「ご契約のしおり」は受け取っていないと主張するも、本件約款受領印欄に原告の押印がある。…その書類の重要性はいうまでもなく保険契約締結時に交付せず、受領印だけ貰うということは想像もできないことである。

　保険契約の内容が約款によって定められているということは社会的常識にもなっていることをも考え合わせると「ご契約のしおり」が原告に交付されたものと認められる。

　被告保険会社の職員から延滞保険料を一括して払い込めば本件保険契約が遡及して継続することになる旨言われたため、その旨誤信したと主張するが、復活の責任開始期について約款に定める給付責任開始期と異なる説明をしたとは考えられない。原告が支払った昭和56年3月分から6ヶ月分の保険料に相当する金員7万6080円については、本件保険契約が復活したことによる保険料として受領した訳でなく、保険料相当金として受領したものであることは明らかである。

　復活請求の手続きは、約款によって明定されている。契約復活について不知と主張するも過去に復活手続きしている経緯があることから認め難い。

　以上の通りであるから、被告の被傭者の担当職員に不法行為があったとは認め難い（旭川地裁昭和57年11月15日判決）。

●参考判例（大阪地裁平成9年8月21日判決）
　事　案　失効後の死亡
　争　点　失効後、復活制度についての説明義務の有無
　　判　旨

　保険契約者（兼被保険者）の母が事実上保険契約者の契約の履行を代理する立場にあり、かつ、保険契約の失効後に、被告（保険会社）が保険契約者に復活制度の説明義務を負担する場合があるとしても、本件にあっては、母が被告の外務員に契約の現況の調査を申し入れて、保険契約者が交通事故に遭遇するまで20日の間に被告が復活制度を説明しなかったことをもって信義に反するとは到底言えない。

　けだし、右復活制度自体は、保険契約者の基本的義務である保険料払込みの義務が履行されずに契約が失効した場合、一定の年限内では所定の要件の存在を前提として従前と同一条件での契約の再生を認めようとするものであって、生命保険契約の商品としての本質的部分を構成するものではなく、また、本件契約の締結動機を直接左右する制度でもないことのほか（…契約当時の契約書類には「説明事項ご確認のお願い」と題する書面が契約者に交付され、その中には、特に、保険契約の復活制度について項目を掲げて契約者の注意を喚起していることが認められる。…）、原告ないし母は自らの判断で保険料の立替えを停止して放置し、その後、本件保険契約が失効したことを知りながら、たまたま、本件契約の直接の担当者でない外務員がセールスに訪問したのを好機として本件契約の現況と解約返戻金額の調査を依頼したのみで、新たな契約の締結ないし続行を申し入れたものではないから、保険契約者が交通事故に遭遇するまでのわずかな期間に被告が契約の現況や復活制度の説明をしなかったとしても、それをもって信義に反するとは到底解し難いからである（大阪地裁平成9年8月21日判決）。

Ⅰ-9 保険料払込の免除

　約款で定められた保険料払込免除の制度では、被保険者が責任開始期以降に発生した不慮の事故による傷害を直接の原因として、約款所定の8項目の身体障害状態（1眼の視力を全く永久に失ったもの、両耳の聴力を全く永久に失ったもの、脊柱に著しい奇形または著しい運動障害を永久に残すもの等）に該当した場合、つぎに到来する保険料期間以降の保険料につきその払込が免除されることになる。

　本制度は、被保険者が約款所定の身体の障害状態になったときに実施されるものであるが、保険料の払込が免除されるその対象者は保険契約者である。生命保険契約において契約者と被保険者は同一家族の者であることが多く、被保険者の受傷は契約者にとっても医療費用等経済的負担が多くなり、保険料の払込も困難となることから、被保険者の所定の障害状態をもって契約者の保険料払込を免除しているのである。

　そして、この保険料の払込免除は民法上の債務免除（同519条）とも考えられるが、約款の「…保険料が払い込まれたものとみなします」とする定めから、保険者が保険料相当額を給付していると考えられるのが一般的である。

Ⅱ 保険契約者の変更と地位の承継

Ⅱ-1 保険契約者の変更

(1) 保険契約者の権利義務の移転

　　保険契約者の変更については、約款上、「保険契約者またはその承継人は、被保険者及び会社の同意を得て、保険契約上の一切の権利義務を第三者に承継させることができます」と定められている。これは、生命保険契約が長期間にわたり継続するものであることから、契約者側の諸事情の変化により契約者変更の必要性が生じた場合、契約者の地位の変更、いい換えれば契約者の地位の譲渡を認めることができるとするものである。

　　これにより、新保険契約者は保険契約上の一切の権利義務を引き継ぐこととなり、すでに生じている契約者貸付金、保険料自動貸付金、保険料前納金等は、新・旧契約者間で特別な合意がなされていても、保険者との関係では新契約者に移転しているものとされる。

(2) 被保険者の同意

　　保険契約者の変更において被保険者の同意を要するとされているのは、保険契約者が誰であるかについては被保険者にとって重大な関心事であることから、保険契約者の変更にあたっても被保険者に同意を求めることとしたものであろう。

(3) 保険契約者の変更と保険者の同意

　　保険会社にとっても契約者の変更は、新保険契約者が保険契約上の一切の権利義務を承継し、保険会社に対して、保険料の支払義務を負う等利害関係があることから、それについての同意を必要なものとしている。

　　生命保険契約の買取りを目的とする保険契約者名義変更の請求がなされたのに対し、保険者が同意を拒絶した事案がある。

　　なお、相互会社の場合、契約者の変更は社員の地位の交替になるので、旧保険業法48条により生命保険会社の社員の権利義務の承継として会社の承諾を要するものとされていたが、平成8年4月の保険業法改正により当然のこととの理由で削除された。

●参考判例　(東京地裁平成17年11月17日判決、平成17年(ワ)第2406号、判時1918号115頁、判タ1198号108頁)
　　　　　　(東京高裁平18年3月22日判決、平成17年(ネ)第5613号、判時1928号133頁、判タ1218号298頁)
　事　案　生命保険契約譲渡を目的とする保険契約者の名義変更請求と保険者の同意
　争　点　本件約款に基づく保険契約者変更についての保険者の同意義務の有無
　[判　旨]
　(第一審)
　(1) 本件約款に基づく同意義務について
　　……双務契約の当事者の地位の譲渡、すなわち、その契約から生じた個々の債権、債務、契約に伴う取消権や解除権等を含むすべての権利義務関係の包括的な譲渡については、通常、相手方当事者の承諾がなければ、その効力が生ずることがないものと解されており、そのことからすると、本件約款において、保険契約者が保険契約上の一切の権利・義務を第三者に承継させるには被告の同意が必要である旨規定しているのは、上記の通常の見解に従うことを確認したにすぎないものと解するのが相当である。そうすると、本件約款は、上記の承諾をするか否かの判断を、原則として、保険者の裁量に委ねており、法令の規定や

特別の約定のない限り、保険者に承諾を義務づけるものではないと解すべきである。
　しかるところ、本件保険契約者の地位の譲渡については、保険者の承諾を義務づけるような法令の規定は見当たらず、また、そのような特別な約定の存在もうかがわれない。むしろ、前記1・ウのとおり、わが国の生命保険を業とする各保険会社は、生命保険契約締結の前提として、保険契約者、被保険者、保険金受取人の間に生命保険を必要とする相当の関係があることを求めているばかりか、生命保険契約における保険契約者の地位が売買取引の対象となると、社会一般の生命保険制度に寄せる信頼を損ねる結果になると考え、いずれも、生命保険契約における保険契約者の地位が売買取引の対象とされる場合は、契約者変更を認めない取扱いをしているものとうかがわれる。
　以上によれば、被告は、本件生命保険譲渡の承諾を義務付けられることはなく、自由に同意もしくは拒否の判断をすることができるというべきである。

(2) 権利の濫用・信義則に基づく同意義務について
　ア　原告は、被告が原告の本件生命保険譲渡に対する同意請求を拒否することは権利の濫用に当たって許されず、その結果、被告は、信義則に基づき、これを同意する義務を負うと主張する。
　イ　確かに、原告は、平成5年ころから続く闘病生活により、もはや借金をする当てもなく、売却できる資産もないまま、生活が困窮していて、生活費や治療費さえ十分に捻出できない状況にあり、さらに、原告の長男の学費等に約500万円を必要としている状況にある。また、本件生命保険契約についても、リビングニーズ特約の要件に該当しないため生命保険金の事前給付を受けることはできず、契約を解約したところで解約返戻金は約28万円にしかならない。したがって、原告は、生活に困窮し、これを改善する確たる手立てがないにもかかわらず、多額の資金を切に必要としている状況にあるということができるのであって、仮に、本件生命保険譲渡に対する被告の同意が得られれば、これが有効な資金取得の方法になるものと考えられる。
　　また、本件生命保険契約における原告の被告に対する主要な債務は、保険料支払債務であるところ、本件生命保険譲渡の譲受人であるD社が、保険料支払債務を履行するための経済的能力の点において、原告より劣るものとは考え難い。
　　さらに、多くの癌患者が、生活費や多額の治療費の捻出に困難を抱え、生活の困窮に苦しんでいて、この生活の困窮から救済される方法を切望しているところ、このような患者の救済のため、生命保険契約における保険契約者の地位の売買を認めるべきであるとの意見があり、この意見は世間の注目を浴びつつある。
　　その上、米国においては、既に、有効な商取引として、生命保険契約における保険契約者の地位の売買が行われている。また、わが国においても、簡易保険契約については、約款において、保険契約者の地位の譲渡について、保険者の同意を要件としていないので、結果として、保険契約者の地位の売買が可能となっている。
　ウ　しかし、米国においても、健康状態の優れない被保険者の生命保険ほど買取会社や投資家にとって魅力的な投資対象となるのに対し、買取会社の交渉相手たる被保険者は、気力、体力、ともに衰弱した病人である場合が多く、当事者間の交渉能力に当初から格段の差が存すること、生命保険契約譲渡の対価の合理性を判定すべき客観的基準が存在しないため、生命保険契約の譲渡を自由放任とすれば、買取会社が、窮乏した契約者、高齢者、判断能力の不十分な者、死期が迫った者等から不当に廉価で生命保険契約を買い取るなどの暴利行為を招きやすいこと、詐欺的取引や、暴力団の資金源とされるなどの危険性が危惧されること等の事情が指摘されており、これらを理由として、生命保険買取事業に反対する考えも表明されている。また、フロリダ州等では、買取会社について、認可制を採用し、認可を受けていない業者については、生命保険契約の売買を認めていない。
　　わが国においても、生命保険を業とする各保険会社は、生命保険契約締結の前提として、保険契約者、被保険者、保険金受取人の間に生命保険を必要とする相当の関係があることを求めているのに加え、生命保険契約における保険契約者の地位が売買取引の対象となることは、人命が売買対象となることに等しく、ひいては社会一般の生命保険制度に寄せる信頼を損ねる結果になると考え、いずれも、生命保険契約における保険契約者の地位の売買に対しては、同意をしない取扱いをしているものとう

II-1 保険契約者の変更

かがわれる。

さらに、生命保険契約者が、生命保険契約に関して資金を得る方法としては、生命保険金支払請求権に質権を設定し、この担保に基づき融資を受ける方法が広く行われており、保険会社も、通常、これに異議を述べていないので、本件生命保険譲渡が、原告にとって、唯一の資金取得の方法だったとまではいえない。現に、D社は、原告に交付した550万円の返還請求権を被担保債権として、本件生命保険契約に基づく保険金支払請求権に対し質権を設定しており、被告もこれに同意している。

その上、本件生命保険譲渡の対価が適切であるか否かを客観的に判断するための確たる資料は存在しないものの、本件生命保険譲渡によりD社が取得し得る利益は、最少額でも約1100万円であって、保険料の負担を考えても、極めて高額であり、これが保険契約者である患者の負担によって得られるものであるから、この点についても、議論の対象になるものと考えられる。

エ　上記イのとおり、本件生命保険譲渡は、生活困窮状態にある原告にとって必要な資金を取得する手段として一定の有効性のあることは否定できず、多くの癌患者においても同様であろうと考えられ、既に米国では行われている。しかし、前記のとおり、被告は、原則として自由に同意をするかしないかの判断をすることができるところ、上記ウのとおり、本件生命保険譲渡は本件生命保険契約を利用する唯一の資金取得方法であるとはいえない上、そもそも、生命保険契約における保険契約者の地位を売買取引の対象にすることについては、米国やわが国の生命保険業界に異論があり、様々な問題が生じる危険性も否定できない。そうすると、被告が、生命保険契約における保険契約者の地位を売買取引の対象とすることの危険性を危惧し、本件生命保険譲渡に同意しないとの判断をしたことについて、これが直ちに不当であるとはいい難く、少なくとも、被告が上記同意を拒否することが、被告の有する裁量権を逸脱して権利の濫用に当たるとまでいうことはできない。

そうすると、原告の上記主張は、採用することができない（東京地裁平成17年11月17日判決、平成17年（ワ）第2406号、判時1918号115頁、判タ1198号108頁）。

（第二審）　控訴人が現在置かれている窮状に照らせば、控訴人が本件保険契約上の地位の譲渡を被控訴人に対して求める理由は理解できなくもなく、またその必要性は高いということができる。

被控訴人には上記譲渡についての同意を原則として拒否することができるのであり、その形式的理由は契約の性質から導かれるものではあるが、本件事案に鑑みれば、一般的に生命保険契約における保険契約者の地位が売買取引の対象となることによる不正の危険の増大や社会一般の生命保険制度に対する信頼の毀損が実質的な理由として存在する。

すなわち、米国においても、健康状態の優れない被保険者の生命保険ほど買取会社や投資家にとって魅力的な投資対象となるのに対し、買取会社の交渉相手たる被保険者は、気力、体力ともに衰弱した病人である場合が多く、当事者間の交渉能力に当初から格段の差が存すること、生命保険契約譲渡の対価の合理性を判定すべき客観的基準が存在しないため、生命保険契約の譲渡を自由放任とすれば、買取会社が、窮乏した契約者、高齢者、判断能力の不十分な者、死期が迫った者等から不当に廉価で生命保険契約を買い取る等の暴利行為を招きやすいこと（我が国における利息制限法3条や貸金業の規制等に関する法律14条1号等が利息と同視すべきみなし利息について厳格に規制している趣旨）を逸脱しかねないことになる。

我が国においては、生命保険買取事業を規制する法令は存在せず、生命保険を業とする生命保険会社は、生命保険契約締結の前提として、保険契約者、被保険者、保険金受取人の間に生命保険を必要とする相当の関係があることを認めているのに加え、生命保険契約における保険契約者の地位が売買取引の対象となることは、場合によっては人命が売買の対象となることに等しい事態もあり得るのであり、ひいては社会一般の生命保険制度に寄せる信頼を損ねる結果になると考え、いずれも、生命保険契約における保険契約者の地位の売買に対しては、内規に定める一定の要件が充足されなければ原則として同意をしないという取扱いをしているものと窺われる。そして、死期が切迫した余命6箇月以内の被保険者の場合についてのみリビングニーズ特約の対象として、それに該当する場合には死亡前の保険金の支払に応じている。また、簡易保険の保険契約者の任意承継については、被保険者の同意は必要とされるが、保険者の同意は必要とされていない（簡易生命保険法57条）。しかし、この点は、保険金額が民間の生命

保険の場合よりも少なく、上限も設定されていて（同法20条）、モラルリスクや公序良俗に反する場合が少ないからであるとみられる。

以上によれば、被控訴人は、控訴人からの本件保険契約上の地位の譲渡についての同意の求めに対し、単に本件個別事情に限定されずに同意を必要とする実質的理由とされるこれらの一般的事情に照らし、上記同意を拒否することができるというべきであり、したがって、被控訴人による本件同意の拒否は、権利濫用又は信義則違反に該当するとはいえない（東京高裁平18年3月22日判決、平成17年(ネ)第5613号、判時1928号133頁、判タ1218号298頁）。

●**参考判例**（東京地裁平成14年2月26日判決、平成12年(ワ)第27276号、平成13年(ワ)第22025号）
事　案　保険契約者の変更と保険者の承諾
争　点　本件保険における保険契約者変更及び保険金受取人の変更の有無
|判　旨|

本件約款37条1項によれば、保険契約者の変更には、Y_1生命の承諾が必要である。

これは、Y_1生命として、保険契約上の権利義務を引き継ぐ者につき承諾がなければ、その効力がないことになる権利を留保したものといえる。そして、保険金受取人の変更は、保険契約者からの申出があることが前提であり、当然、契約者でない者からの申出は何らの効果をもたらさないというべきである。原告らが主張するように、一方的意思表示で、本件生命保険契約者の契約者も変更しうるという主張は採用できない。

しかるところ、以上の事実及び前提事実に照らすと、本件においては、原告らに対する契約者変更につき、Y_1生命の承諾があったことを認めるには足りない。すなわち、原告らは、Y_1生命の担当者から原告らへの契約者、保険金受取人の名義変更を拒否され、質権設定の方法もある旨説明を受けたにもかかわらず、提出した書類は、Zから原告らへの名義変更合意の公正証書及び本件保険契約の保険証券のみであって、後日、再び契約者及び保険金受取人の名義変更の拒否の説明を受け、別の法人への名義変更を要求しているところからすれば、既に原告らへの名義変更の要求は、Y_1生命に承諾されることなく、撤回されたとみるほかはない。そうすると、原告ら主張のように、原告らは、Y_1生命が要求した書類を全て提出したともいえない。さらに、前記認定事実からすれば、Y_1生命が必要書類の不備を10か月近くも連絡をしなかったとはいえず（むしろ、一貫して名義変更を拒否していたのであるから、必要書類の不備は問題にならない）、承諾がなかったとは信義則上いえないとの原告らの主張も採用しがたい（東京地裁平成14年2月26日判決、平成12年(ワ)第27276号、平成13年(ワ)第22025号）。

●**参考判例**（福島地裁いわき支部平成13年3月23日判決、平成11年(ワ)第183号）（仙台高裁平成13年12月12日判決、平成13年(ネ)第179号）
事　案　保険契約者であった原告に無断で保険契約者変更手続がなされた後、変更後の保険契約者に対し契約者貸付がなされたため、契約者貸付金相当の損害を被ったとする不法行為に基づく損害賠償を求めた事例
争　点　保険契約者変更手続についての旧保険契約者による同意を得られたか
|判　旨|

（第一審）　原告は、平成8年1月10日ころ、Cに対し、本件保険契約の契約者を原告からCに変更することを承諾したこと、Cは、その承諾を受けて、本件保険契約の名義変更請求書兼改印届の手続をとったことが認められるから、本件保険契約の契約者の変更は原告の意思に基づくものというべきである。したがって、被告の行った本件保険契約の契約者変更手続は、原告に対する不法行為を構成せず、その余の点について判断するまでもなく原告の請求は理由がない（福島地裁いわき支部平成13年3月23日判決、平成11年(ワ)第183号）。

（第二審）　控訴棄却（仙台高裁平成13年12月12日判決、平成13年(ネ)第179号）。

Ⅱ-2 保険契約者の死亡による法定承継

●**参考判例**（東京地裁昭和9年7月30日判決）
　事　案　保険契約者の変更
　争　点　保険契約者の変更は保険者の承認・保険証券の裏書を必要とするか
　判　旨
　　本件のごとき生存分配金および利益配当付養老保険契約による（権利の）譲渡をなさんとするときは、被保険者の同意を得てこれを被告（保険会社）に申し込み保険証券に承認の裏書を受けることを要する旨規定がある。すなわち、保険契約による権利の譲渡をなさんとするに当たりては、まずもって被保険者の同意書を添えてこれを被告に申し込み、保険証券にその承認の裏書を得て初めて有効にこれが譲渡をなすことができる。
　　換言すれば、被告保険会社の承認の裏書きを得ずしてなしたる保険契約による権利の譲渡はその前提要件を欠缺するが故にその効力なきものと解するを相当とす…（東京地裁昭和9年7月30日判決）。

●**参考判例**（東京地裁昭和10年12月3日判決）
　事　案　保険契約者の変更
　争　点　保険契約者の変更に伴う権利の譲渡につき、その権利のなかには解約返戻金請求権も含まれるか
　判　旨
　　その保険約款をもって保険契約による権利の譲渡については被控訴会社の承認を要する旨の特約をなしたることは控訴人（契約者）の認めるところにして…右約款にいわゆる保険契約による権利とは、保険金請求権のごとき保険契約直接の効力として生ずべき債権のみならず、本件におけるがごとき保険契約の解除により被控訴会社より保険契約者に払い戻すべきいわゆる払戻金債権をも包含する趣旨にて、したがって本件払戻金債権についてもその譲渡をなすには被控訴会社の承認を要せるものと認めるを相当とす…（東京地裁昭和10年12月3日判決）。

●**参考判例**（大阪地裁平成6年10月18日判決）
　事　案　保険契約者の変更
　争　点　保険契約者変更が破産前6ケ月以内のものであれば破産法の定める否認権の対象となるか
　判　旨
　　本件契約者変更は、破産会社による訴外Aに対する本件保険契約上の契約者の地位の移転に係わる行為であるので、右は否認権の行使の対象となる破産会社の法律行為であると言うことができる（大阪地裁平成6年10月18日判決）。

　　（編者注）　否認権　否認権とは、破産者が破産宣告前になした行為につき、それが破産債権者に損害を与える場合、破産管財人がその行為を無効にする権利をいい、「破産法」160条に次の規定がある。
　　160条　次に掲げる行為（担保の供与又は債務の消滅に関する行為を除く。）は、破産手続開始後、破産財団のために否認することができる。
　　　一　（略）
　　　二　破産者が支払の停止又は破産手続開始の申立て（以下この節において「支払の停止等」という。）があった後にした破産債権者を害する行為。ただし、これによって利益を受けた者が、その行為の当時、支払の停止等があったこと及び破産債権者を害する事実を知らなかったときは、この限りでない。

Ⅱ-2　保険契約者の死亡による法定承継

　保険契約者が死亡した場合、生命保険契約も保険契約者の相続財産に含まれるので、契約者としての権利義務も民法の相続規定にしたがい、保険契約者の相続人によって包括相続され、その者に承継

される。

　保険契約者の相続人が複数人いる場合の取扱については、各社とも「保険契約者の代表者」によることとしてその内容を約款で規定している。それによれば、保険契約者が2人以上の場合には代表者を1人定めてもらうこととし、その代表者が他の保険契約者を代理するものとされている。

　また、代表者が定まらないとき、あるいはその所在が不明のときは、会社が1人に対してなした行為は、他の保険契約者に対しても効力が生じることとされている。さらに、保険契約者が複数人いる場合は、その責任を連帯するとしているが、保険契約者の義務のうち最も重要なもののひとつである保険料支払については、保険会社は保険契約者の1人に対してその支払（全額）を求めることができるとしている。

●**参考判例**（京都地裁平成3年6月21日判決）
　事　案　契約者死亡後における保険契約の解除
　争　点　契約者の相続人1人に対してなした解除通知は有効か
　判　旨
　　普通保険約款は保険契約者が2人以上の場合は代表者1人を定めるものとし、代表者が定まっていないときは会社が保険契約者の1人に対してなした行為は他の保険契約者に対しても効力を生じるものと規定しているところ、訴外Aの死亡により保険契約者の地位が原告両名に対して包括的に承継されたにもかかわらず、原告両名は、被告（保険会社）に対し、代表者選任の届出をしていなかったことが認められるのであるから、本件保険契約の解除の通知を1人にのみに行ったとしても右特約により有効であって、他の1人に対してもその効力を生じるものと認めるのが相当である（京都地裁平成3年6月21日判決）。

Ⅲ 契約者貸付金

(1) 契約者貸付金

　契約者貸付金とは、保険契約者がその契約の解約返戻金の範囲内で保険者から金銭の貸付を受ける制度で、約款上、契約者にとってはこれを受け得る権利があるものとして、保険者にとってはこれをなす義務を負うものとして規定されている。この制度は、会社によっては、保険証券貸付、証券担保貸付とも呼ばれているものであるが、契約者に金銭の必要が生じた場合、現に有効中の契約を解約させることなく、その積立金を利用してその用に充てさせようとする趣旨から導入されたものであろう。

　これによる貸付金は、約款では解約返戻金の範囲内とのみ規定されているが、通常、各社では保険種類にしたがって一定の割合で貸付を行っている。例えば、生死混合保険である養老保険の場合では、その解約返戻金の範囲内での一定率（例えば、保険会社によって異なるが解約返戻金の7～8割とする）を限度としてその範囲内での貸付を行っているようである。これは、解約返戻金の限度額を全額貸し付けると、利息算入の際に超過となり、契約が失効する恐れが高くなるからであろう（オーバーローンによる保険契約の失効）。

　なお、この貸付には返済限度額についての定めがなく、いつでも一部あるいは全額の返済をなすことができ、その精算は、会社が支払うべき保険金（給付金、減額返戻金等も含む）あるいは解約返戻金等の金額と相殺されるものとしている。また、貸付金に付される利率は会社によって定められるとされているが、金融情勢の変化その他相当の事由がある場合には毎年二回（1月及び7月）に限ってそれが見直され、期中において変更される余地も残されている。そして、貸付金には1年経過毎に上記利率による利息が付され、その利息が払い込まれない場合にはそれが元本に算入される。

●**参考判例**（東京地裁平成15年3月14日判決、平成13年(ワ)第11273号、事例研レポ190号1頁）
　事　案　契約者貸付金とオーバーローン失効
　争　点　本件保険契約が失効したか
　|判　旨|

(1) 以下、…証拠によれば、以下の事実が認められる。
　ア　保険会社は、保険契約者に対し、契約者貸付制度に基づいて、①昭和50年1月20日に42万9000円を、②昭和52年12月14日に74万3000円を貸し付けたほか、③昭和55年10月13日に94万5000円を貸し付けた。
　イ　本件契約者貸付においては、本件借用条項第3項により、保険会社と保険契約者との間で、貸付金全額の精算がなされない場合には、貸付日から1年経過毎に利息を払い込むことによって期間を延長することができるが、利息の払込みがない場合には、1年経過毎に利息を元金に組み入れて期間を延長することとする旨が合意されていた。
　ウ　また、本件借用条項第5項において、本件保険契約に対する貸付金元利合計額が本件保険契約の返還金額を超過する場合には、2ヶ月以内に超過分を払い込むものとし、不払いのままで上記期間を超過した場合には、本件保険契約の効力は失われる旨が合意されていた。
　エ　本件契約者貸付は、一度も返済がなされなかったため、本件借用条項第3項に基づき、1年経過毎に利息が元本に組み入れられて期間が延長され、平成6年10月13日以降の貸付金元金合計額は、以下のとおりとなった。
　　　①　平成6年10月13日　　259万8341円
　　　②　平成7年10月13日　　274万7746円（①の金額に平成6年10月14日から平成7年10月13日までの

年5.75％の割合による利息14万9405円を加えた。）
③　平成8年10月13日　290万5741円（②の金額に平成7年10月14日から平成8年10月13日までの年5.75％の割合による利息15万7995円を加えた。）

オ　これに対し、平成6年10月13日以降の解約返還金は、以下のとおりであった。
①　平成6年10月13日　270万9900円
②　平成7年10月13日　279万2100円
③　平成8年10月13日　286万4700円

カ　したがって、平成8年10月13日の時点において、本件契約者貸付元利金合計額が解約返還金額を超過することになった。保険会社は、保険契約者に対し、平成8年9月25日付けの書面で、本件契約者貸付元利金合計額が解約返還金額を超過するため、本件保険契約が失効するおそれがあるとして、4万2000円以上の金額の支払を促した。しかし、保険契約者は、その金額を平成8年12月13日までに支払わなかった〔証拠略〕。

(2)　以上の事実によれば、本件保険契約は、本件借用条項第5項に基づき、平成8年12月14日に失効したと認められる。

これに対し、原告は、失効という保険契約の命運に関わる事項は、約款で定めなければ無効であると主張するが、本件借用条項は、保険会社と保険契約者の合意に基づくものであり、原告の主張するように、これを無効であると解すべき法的根拠は存しない。

また、原告は、契約者である保険契約者も質権者である原告も本件保険契約を解約していない以上、解約返還金は発生していないし、本件において、解約返還金と貸付金との自動相殺について何ら合意がないにもかかわらず、保険会社において、解約返還金と貸付金とを相殺する処理をすることは許されないと主張する。しかし、契約者貸付制度や解約返還金の法的性質を論ずるまでもなく、上記認定のとおり、保険会社と保険契約者との間において、貸付金元利合計額が返還金額を超過し、2ヶ月以内に超過分の払い込みがなされなかった場合には、本件保険契約が失効する旨の合意がされているから、原告の主張は失当であり、採用できない（東京地裁平成15年3月14日判決、平成13年(ワ)第11273号、事例研レポ190号1頁）。

(2) 契約者貸付の性質

契約者貸付の法的性質については種々の見解があるが、一般的には、これを「将来、保険金請求権や解約返戻金請求権が具体化された場合に貸付金の元利金と相殺することによって弁済することを予約して行う、特殊な相殺予約付金銭消費貸借契約」であるとみるのが通説とされている。なお、通説以外の諸説としては、例えばこれを、保険金額または解約返戻金の一部払戻しとみる前払説（最高裁平成9年4月24日民集51巻4号1991頁）、契約者の保険者に対する将来の諸請求権上に権利質権を設定し、これを担保とする消費貸借とみる権利質説などがある。

(3) 「契約者貸付」の貸付条項

本制度による貸付に際し、会社は契約者の署名・捺印ある「契約者貸付申込書」の提出を求めている。なお、この「契約者貸付申込書」は第1回目の貸付時においてのみ提出を求め、以降においては反復してこれにより貸付請求ができるものとされている。これについては、当該契約が継続している限りにおいて、解約返戻金の範囲内での金銭消費貸借が締結されたものと解されている。

なお、その際の契約者貸付申込書には、その取扱いに関して、①追加貸付の取扱、②貸付金の利息、③利率の見直しと変更、④貸付金の返済、⑤利息の払込、⑥利息の繰り入れ、⑦配当金による返済、⑧貸付の限度超過による失効、⑨貸付金の精算、⑩保険契約者が破産した場合、⑪変額保険についての特別取扱、⑫「契約者貸付申込書」の有効期間、等々の条項が定められており、細部についての取扱が特約されている。

Ⅲ　契約者貸付金

(4) 債権の準占有と契約者貸付

　かつて、保険証券を携帯し契約者本人であると詐称して来店してきた者に契約者貸付金を貸し付けるというケースが発生し、貸付契約の成立をめぐり、その有効性が法廷の場で争われることとなった。裁判所は審理にあたり、事実関係を詳細に辿った後、これを民法にいう「債権の準占有者に対する弁済」を類推適用し（民法478条に「債権の準占有者に対してした弁済は、その弁済をした者が善意であり、かつ、過失がなかったときに限り、その効力を有する」とある）、その有効性を認めている。

　最一小判平成9年4月24日民集51巻4号1991頁は、民法478条の類推適用の可否について以下のとおり肯定した。

　「本件貸付けは、このようないわゆる契約者貸付制度に基づいて行われたものである。右のような貸付けは、約款上の義務の履行として行われる上、貸付金額が解約返戻金の範囲内に限定され、保険金等の支払の際に元利金が差引計算されることにかんがみれば、その経済的実質において、保険金又は解約返戻金の前払と同視することができる。そうすると、保険会社が、右のような制度に基づいて保険契約者の代理人と称する者の申し込みによる貸付を実行した場合において、右の者を保険契約者の代理人と認定するにつき相当の注意義務を尽くしたときは、保険会社は、民法478条の類推適用により、保険契約者に対し、右貸付けの効力を主張することができる」

●参考判例（和歌山地裁平成14年1月7日判決、平成12年(ワ)第703号）
　事　案　契約者貸付の有効性
　争　点　保険契約者は本件貸付の申込をしたか。すなわち、本件請求書等は保険契約者の意思に基づいて作成されたか

　判　旨

　本件請求書等の保険契約者名下の印影は保険契約者の印章によって顕出されたものと認められるから、反証のない限り、その印影は保険契約者の意思に基づいて顕出されたものと事実上推定され、更に、民事訴訟法228条4項により、本件請求書等は保険契約者の意思に基づいて作成されたものと推定されるので、保険契約者は、本件請求書等を被告に提出することにより、本件貸付の申込をしたということができる。
　これに対し、保険契約者は、本件貸付を受けたことはなく、本件請求書等は偽造であると主張しているが、保険契約者は、本人尋問では、平成4年5月当時、本件保険証券に押捺した印鑑は船主に預けており、船主は保険契約者の印鑑を勝手に使用するような人物ではないし、前記印鑑をなくしたこともない旨供述しており、これによると、保険契約者以外の者が勝手に保険契約者の印鑑を使用したとは考え難いことになるし、また、保険契約者の陳述書〔証拠略〕には、船主がBから保険を書き替えるために必要であると言われて本件保険証券を渡したことがある旨記載されているものの、その時期が明らかでない上、Bは、船主から保険証券を預かったことがあるが、それは本件保険証券とは別のものであったと証言しているので、結局、前記推定を覆すに足りる反証はなく、かえって、前記1で認定した事実にかんがみると、本件請求書等の保険契約者名下の印影は保険契約者の意思に基づいて顕出されたとの推定が裏付けられるというべきである。
　なお、保険契約者は、本件貸付金が入金された保険契約者名義の預金口座を開設したことはない旨供述しているが、Cは、保険契約者が前記口座を開設した理由について具体的に供述しており、これと対比して保険契約者の前記供述は採用し難いといわざるを得ない。また、保険契約者は、前記口座について払戻や解約の手続をしたことはない旨供述しているが、保険契約者が開設した前記口座に本件貸付金が振り込まれている以上、保険契約者が本件貸付金を受け取った事実を否定することはできない（和歌山地裁平成14年1月7日判決、平成12年(ワ)第703号）。

●**参考判例**（長崎地裁平成13年6月28日判決、平成12年（ワ）第170号）

事　案　保険契約者の婚約者が、保険契約者から委任を受けて契約者貸付けを行った後、無断で十数回にわたる契約者付けおよび配当金の引出し請求を行った事案

争　点　契約者貸付け等を行う保険会社として負担すべき相当の注意義務

判旨

Aは、平成10年2月25日から同年7月7日までの間に、いずれも、保険証券、届出印及び原告名下に届出印が押捺された委任状（その原告の氏名の筆跡は、本件契約者貸付け2の際に提出された委任状の原告の氏名の筆跡と酷似している。）を持参して、被告B支社の窓口に出向き、本件係争貸付けの申込みと本件配当引出しの請求をした。被告B支社の担当者は、別紙契約者貸付一覧表の備考欄のとおり、本件契約者貸付け3、4、6及び7については、Aの申告した電話番号（略1）に電話して原告と称する者と通話し、同9ないし15、18ないし20については、Aの来社前に原告と称する者からの電話を受け、同8、16及び21と本件配当引出し（いずれも同一日）については、Aの申告した電話番号（略2）に電話して原告と称する者と通話し、いずれも、原告の意思が確認できたとして、Aに対し、その場で、貸付金と配当金を交付した。

ところが、本件係争貸付けの申込みと本件配当引出しの請求は、Aが原告に無断で行ったものであって、委任状は同人の弟であるHが作成したものであった。そして、上記電話番号は、原告が契約してAに貸与していたPHSの番号であり、また、同じく（略2）は、Aが平成10年3月25日に契約した携帯電話の番号であった。

以上のとおり、本件係争貸付けと本件配当引出しは、Aの無権代理行為に基づいてなされたところ、被告は民法110条、112条の表見代理が成立すると主張するので、上記認定の事実に基づいて検討する。Aは本件契約者貸付け2及び5について代理権を有していたが、その代理権の消滅後、本件係争貸付け等の手続きを行ったところ、Aは、いずれの場合も、保険証券、届出印（一部）、及び本件契約者貸付け2の際に提出した委任状の原告の氏名と酷似する筆跡で原告の氏名が記載され、その原告名下に届出印が押捺された委任状を提出し、被告B支社の担当者において、原告と称する者からの電話を受け、又はAから申告のあった電話番号に電話をして、いずれも本人の意思確認の手続きをとったのであるから、上記担当者は本件係争貸付け等をする保険会社として負担すべき相当の注意義務を尽くしたというべきであって、代理権消滅につき善意無過失で、かつ、Aに本件係争貸付け等の手続きを行う代理権があると信ずべき正当の理由があったということができる。したがって、本件係争貸付け等については、民法110条と112条の競合適用による表見代理が成立し、原告に対して効力が生じる（長崎地裁平成13年6月28日判決、平成12年（ワ）第170号）。

●**参考判例**（東京地裁平成12年10月5日判決、平成11年（ワ）第13058号）（東京高裁平成13年12月4日判決、平成12年（ネ）第5271号）（最高裁平成14年（受）第254号、平成14年6月13日）

事　案　配偶者に対する契約者貸付と債権の準占有者への弁済

争　点　①契約者本人の意思による契約者貸付か
　　　　②保険者の職員が夫婦が別居している事実を知り、夫名義での契約者貸付の申込みがあったときは、保険者無過失による支払いといえるか
　　　　③契約者貸付金の支払いに民法478条の適用

判旨

（第一審）

争点①について

㈠　〔請求書類の取扱い〕いわゆる扱者経由の方法は、営業職員が、契約者と第三者との関係、特に夫婦関係につき、良く知っていることを前提とするものと解されるが、本件貸付当時、B営業職員が妻Aと原告とがすでに別居していたことを知っていた可能性が高いことは、・・・認定のとおりである。

㈡　本件貸付け申込みにつき、妻Aが原告名で原告を代行して行ったこと自体、被告において予定されているシステムを逸脱したものであるというべきである。

Ⅲ 契約者貸付金

(三) 本件貸付金請求書及び本件貸付申込書は、いずれもB（保険会社の職員）がAに対し白紙の状態で交付し、その後、請求者欄及び申込者欄に署名押印がなされた状態でAがBに提出したものである。

①平成6年9月21日、AがBに本件貸付金請求書を提出した際には、本件貸付金請求書の不動文字以外の記載事項の内、活字で打刻されたもの以外は記載されていなかったこと、②本件貸付金請求書がBに提出された際、右請求書の請求者の住所欄には、届出住所変更があるとして、「××市1」と記載されていたこと、③同年9月26日、右請求書の記載事項の内、活字で打刻された部分の記入が被告会社においてなされ、借入れ希望額につき、同日現在の貸付限度額が181万8800円であること、借入れ希望額が120万円と記入されたこと、④前記②の住所記入につき、手書きで、「住所記入あるも届出住所と同じ、誤って記入したものです」と記載されていることが認められ、右認定に反する証拠はない。

以上によると、本件貸付手続の際の住所の記載において不自然なところがあるというべきであり、また、借入れ希望額が本件貸付金請求書の請求者欄に署名した者の意思に基づくものとするについて疑問があるというべきである。

争点②について

(一) Aと原告が夫婦であり、BはAと面識があり原告の妻であることを知っていたことは前記認定のとおりである。そして、・・・Bの証言によれば、平成4年6月ころ、原告が被告との間で本件保険契約を締結した際の被告の担当者もBであり、その際Aも同席したこと、Bはその後も数回Aと電話で話したことがあり、平成6年ころ、Aからパーティに招かれAの自宅を訪れたことがあることが認められる。

(二) 原告は平成4年6月以降ほぼ別居し、同5年3月以降完全に別居するに至ったことは・・・認定のとおりである。そして、原告本人尋問の結果及び弁論の全趣旨によれば、原告は右別居の際のいずれも東京都××区××の実家で生活していたことが認められ、右認定に反する証拠はない。

他方、・・・①本件保険契約の保険契約者である原告の住所は、契約時、××市2であったが、右住所は、平成6年6月13日、××市3に変更され、同年8月29日、××市1に変更されたこと、②Bは、右の内いずれの住所変更であるかは定かでないものの、Aからの電話での申出によって1回右住所変更の手続を行ったこと、③Bは原告宛の平成5年度の年賀状を、前記東京都××区××の原告の実家を住所として出し、原告はこれを受け取ったことが認められ、右認定に反する証拠はない。

(三) 以上によれば、Bは、本件貸付が行われた平成6年9月当時、Aと原告が別居していることを知っていた可能性が高いというべきである。

(四) 本件貸付金の払込依頼口座は、保険契約者である原告名義の口座であることは前記認定のとおりであるが、他方、本件保険契約は団体扱いであり、そのため原告名義の保険金の支払口座はなく、右払込依頼口座は保険金支払口座と一致しないことは、当事者間に争いがない。

そして前記認定の事実によれば、Bは本件契約を締結した際の担当者でもあるから、当然これを知っていたことが認められる。

(五) 以上の(一)ないし(四)に認定判示したところ並びに本件貸付金の金額は120万円であり少額とはいえないことによれば、Bとしては、Aが原告名で原告を代行して本件貸付手続を行う以上、本人である原告に対してその意思を確認して貸付手続を行うべきであると解され、本件貸付手続について被告に過失がなかったということはできない（東京地裁平成12年10月5日判決、平成11年(ワ)第13058号）。

(第二審) 争点③について。

(1) 本件貸付けは前記のとおり契約者貸付制度に基づいて行われたものであるところ、契約者貸付は、約款上の義務の履行として行われる上、貸付金額が解約返戻金の範囲内に限定され、保険金又は解約返戻金の支払の際に元利金が差引計算されることにかんがみれば、その経済的実質において、保険金又は解約返戻金の前払いと同視することができる。そうすると、保険会社が、契約者貸付制度に基づいて保険契約者の代理人又は使者と称する者の申込みにより貸付けを実行した場合において、その者を保険契約者の代理人又は使者と認定するにつき相当の注意義務を尽くしたときは、保険会社は、民法478条の類推適用により、保険契約者に対し、同貸付けの効力を主張することができるものと解するのが相当である。

(2) 保険者が注意義務を果たしたか。

Aは、本件貸付けの申込みに当たり、被控訴人名の署名、押印のある本件契約者貸付申込書及び契約

者貸付金請求書を、生命保険証券とともに、控訴人の担当者に提出したものであること、本件契約者貸付申込書と契約者貸付金請求書の被控訴人名下の印影は、被控訴人の保険証券上の届出印の印影と同一であって、被控訴人の印鑑が押捺されたものであること、本件契約者貸付申込書及び契約者貸付金請求書の被控訴人の氏名記入部分は、生命保険証券上の被控訴人の署名と酷似していたこと、さらに貸付金の振込依頼口座が被控訴人名義の銀行口座であったこと（なお、本件保険契約の保険料の支払方法は団体扱いであって、団体が各構成員から給与引去り等の方法で徴収し、控訴人にまとめて払い込まれるから、控訴人が把握している被控訴人の預金口座はなかった。）、本件貸付けの申込みに先立って、控訴人の担当者は、Ａの契約者貸付けを受けたいとの申入れに対し、契約者貸付は契約者本人がその請求をしなければならない旨説明し、契約者である被控訴人にその意思があるのか尋ねたところ、被控訴人も承知しているとの回答であったので、被控訴人に署名、押印してもらうように説明して、契約者貸付手続に必要な用紙をＡに渡し、その数日後に上記のとおりＡから被控訴人名義の各書類の提出があり、控訴人担当者が被控訴人本人が記載したものか尋ねると、そのとおりである旨答え、担当者において生命保険証券上の被控訴人の署名及び届出印と本件契約者貸付申込書及び契約者貸付金請求書上のものとを照合、点検したものであることが認められるから、本件貸付けの実行に際し、控訴人において、Ａを被控訴人の使者と認定するにつき相当の注意義務を尽くしたものということができる（東京高裁平成13年12月4日判決、平成12年（ネ）第5271号）。

(上告審) 不受理決定（最高裁平成14年（受）第254号、平成14年6月13日）。

●**参考判例**（神戸地裁平成11年6月30日判決、平成10年（ワ）第1191号）（大阪高裁平成12年4月26日平成11年（ネ）第2667号、判タ1051号316頁）

　事　案 父親が節税目的で子供名義で契約を締結した後に契約者貸付を受けた事案
　争　点 本件各貸付契約は、原告らと被告との間で有効に締結されたか

　判　旨

(第一審) 本件各貸付契約は、原告らと被告との間で有効に締結されたか。

　本件各貸付はＡにより申し込まれたものと推認することができる。すなわち、Ａは、原告らを代行して本件各保険契約を締結した上、本件各保険証券を保管し、保険料を支払っていたものである。そして、本件各貸付に当たっては、本件各保険証券と記入済みの本件各借用証書が一括して被告に郵送されてきた上、本件各借用証書の原告ら名下の印影は、本件各保険証券の契約者名下の印影と同一であった。そして、貸付金は、本件各借用証書に記載されていた原告ら名義の預金口座に振り込まれ、貸付手続完了後には、保険証券の裏書事項欄に契約者貸付がされた旨及びその日付が記載されてＡの住所に返送されており、また、契約者貸付が行われたことを示す前記の各書類がＡの住所に送付されているところ、Ａは、これに対し、被告に問い合わせをしたり、苦情を述べたりしていないのである。これらの事情に照らせば、Ａが本件各貸付の申込者であり、貸付金を受領したと推認するのが相当である。

　原告らは、本件各保険契約の締結を追認し、その後の保険料支払等その継続に関する事務についてＡに代行権限を与えていたものということができる。しかし、本件各貸付は、本件各保険契約の約款（26条）に基づく契約者貸付制度によるものであり、解約返戻金額の範囲内を限度とする貸付ではあるが、本件各保険契約の締結とは別個の契約であって、借受人にその返済義務を負わせるものであることに照らせば、先にみた事情が存在するとしても、原告らが、Ａに対し、本件各貸付についてまで代行権限を与えていたものと直ちにいうことはできない（神戸地裁平成11年6月30日判決、平成10年（ワ）第1191号）。

(第二審)

1、2、3、4略。

5　本件各保険契約は、控訴人らがいずれも未成年であるときに、父親のＡが独断で締結し、その後、昭和62年ころに控訴人らがこれを知った後も、控訴人らは何も関心を示さず、Ａが従前どおり保険証券を保管し、保険料も負担し続けていたのである。また、控訴人らは、・・・その対応をＡに全面的に委ねていたのである。そして、本件各貸付は、本件各保険契約に含まれる契約者貸付制度により行われたものであり、その弁済のため控訴人らが独自に負担しなければならないものではない。以上の事実によると、

Ⅲ 契約者貸付金

　　控訴人らは、契約者貸付制度を利用することを含め、本件各保険契約関係の管理処分を全面的にAに委ねていたものであり、したがって、Aは、控訴人らのため本件各貸付契約を締結する権限を有していたものと認めるのが相当である。

　　なお、仮にAにそのような権限がなかったとしても、次のとおり、本件各貸付は控訴人らに対してもその効力が生じたというべきである。

6　控訴人らは、・・・本件各保険契約の約款26条2項に定める保険契約者の印鑑証明書、最終の保険料払込を証する書類のほか委任状も提出されていなかったし、被控訴人担当者において控訴人らの借受意思の確認をすべきであったのに、被控訴人担当者は右書類の提出も求めず、意思確認もしないで本件各貸付に応じたのであって、被控訴人には事務手続上の過失があった旨主張する。しかし、本件各貸付のために、控訴人らの実印が使用されなければならない理由はないところ、本件各保険証券の届出印と本件各借用証書の控訴人らの印影は同一と判断される。そして、最終の保険料払込を証する書類も、・・・保険料払込みがされているときには、被控訴人において右払込の有無の調査が容易であるため、右払込証明書の提出までを契約者に求めないことも相当性があるというべきである。

　　また、本件各借用証書が同一人の筆跡で作成されていたことについては、前記事実関係のもとでは、控訴人らの真正な意思を推認することに相当性があるというべきところ、右筆跡の同一性だけでは右推認を覆すに足りる事情に該当すると解することはできない。そして、契約者貸付制度による貸付が画一的で大量の事務処理を要するものであることを考慮すれば、被控訴人担当者が右程度の確認に止めることもやむを得ないというべきである。したがって、控訴人らの前記主張は採用することができない。

7　控訴人らの消滅時効の主張について

　　本件各貸付には借用証書が作成されているところ、その裏面には契約者貸付金借用条項という標題で本件各貸付に適用される契約条件が記載されていること、右契約条件によると、貸付期間は1年とし、控訴人らは所定の利息を支払うこと等が定められていることを認めることができるから、本件各貸付は、その名称のとおり、利息付き金銭消費貸借に該当すると認めるのが相当であり、貸付期間は一応1年である。しかし、・・・保険契約者は、保険契約者であることだけに基づいて、解約返還金額の範囲内で契約者貸付を受けることができ、その申込を受けた被控訴人は、これを承諾する義務があること、貸付金の返還は、保険金を支払うときに保険金から元利金を差し引き、あるいは解約返還金からこれを差し引くことによって行うものとされていること、したがって、被控訴人は、1年の期間経過後も、貸付金の返還を請求することはなく、ただ、返還期限近くに、契約者貸付金のご返済のおすすめとして、この機会に貸付金を返済するか利息を入金するようお願いするが、返済等がない場合には利息を含めた新元本を新規貸付とする方法で処理する旨を案内していること、この方法は、前記契約者貸付金借用条項自体にも明記されている。

　　なお、同様のことが、契約者貸付手続がされたときに保険契約者に送付される契約者貸付金お手続き完了のお知らせという名称の案内状にも記載されていること、本件各貸付についても被控訴人は同様の処理をしていること等の事実を認めることができる。右認定によると、本件各貸付は、前記貸付期間の定めにもかかわらず、被控訴人に保険金または解約返還金等の支払義務が発生するときまでは、被控訴人はその返還を請求することができず、その間右契約者貸付金借用条項等に明記する方法により順次利息を元本に組み入れて貸付を継続することができるにすぎないものであることが明らかである。

　　そして、本件各貸付の右のような態様は、契約者貸付制度が、もともとその実質において保険金または解約返還金の前払と同視され得るものであるというところに由来すると認められるから、被控訴人のみならず、控訴人らまたはAにおいても当然そのようなものであることを承認していたというべきであり、しかもその趣旨は前記のとおりいろいろな方法で控訴人ら側に明らかにされているのである。そうすると、前記貸付期間の定めにもかかわらず、本件各貸付について控訴人ら主張のような消滅時効が完成しているということはできないから、控訴人らの前記主張は採用することができない（大阪高裁平成12年4月26日平成11年（ネ）第2667号、判タ1051号316頁）。

●**参考判例**（青森地裁平成16年5月13日判決、平成15年（ワ）第75号）
事　案　配偶者のなした契約者貸付と無権代理行為の追認
争　点　①保険契約者は、妻に対し、本件カード契約の締結及び本件契約者貸付についての代理権を授与したか
②本件カード契約の締結及び本件契約者貸付に関する妻の無権代理行為については追認があったか

判　旨
争点①について
(1) 略
(2) 原告とBの夫婦間において、本件保険契約に関する事務については、もっぱらBが行っていたのではないかとも思われる。
　　しかしながら、夫が、専業主婦である妻に郵便物を事実上管理させること自体は、一般的に見られることであるし、本件保険契約と本件カード契約及び本件契約者貸付は、それぞれ別個の契約であるから、上記の事実のみをもって、原告がBに対し、本件カード契約及び本件契約者貸付を含めた包括的権限を授与していたとまで認めることはできない。
(3) むしろ、証拠（原告本人、証人C）によれば、保険料の払込み及び本件保険証券等の管理は、原告自ら行っていたことが認められる。
　　この認定事実に、前記1(2)の事実を総合すると、原告は、本件保険契約に関連する郵便物の受取りを除き、本件保険契約申込書の作成、保険商品に対する要望、保険料の払込み及び本件保険証券等保険契約に関する書類の管理など、本件保険契約に関する主要な事務を自ら行っていたことが認められる。
(4) 更に、本件カード契約及び本件契約者貸付は、本件保険契約の約款に基づく契約者貸付制度によるものであり、その貸付額も解約返還金額を限度とするものではあるが、形式上、本件保険契約とは別個の契約であって、実体上も、借受人に新たに返済義務を負わせるものであることに照らせば、たとえ、原告がBに対し、本件保険契約の締結当初、その事務についての権限を授与していたとしても、そのことから直ちに、本件カード契約及び本件契約者貸付を含む包括的権限までを与えていたと認めることはできない。

争点②について
認定によれば、原告は、平成11年12月頃、被告から送付された本件契約者貸付に関する書類を見て、自己が借り入れたことになっていることを認識したのに、Bから何でもない旨言われて、同人にそれ以上質問したり、被告に問い合わせたりすることもなく、また、その1年後にも、同じ書類を見て、遅くともその頃、本件カード契約及び本件契約者貸付がBによるものであることを認識したのに、その後も、Bに対して詳しい方法を追及することもなく、何ら被害の拡大を防止する措置をとることもなかったというのである。
原告は、遅くともBの失踪する平成13年12月頃までの間に、本件契約者貸付について自己がその支払義務を負うことはやむを得ないものとして、Bに対し、明示又は黙示に追認したが、その後Bが失踪し、被告からは本件契約者貸付の事実を知らせる通知が届いたことから、被告に対する苦情の申出を再開し、本訴提起に至ったものと認めるのが相当である。
上記によれば、原告は、遅くとも平成14年12月頃までに、Bに対し、本件カード契約及び本件契約者貸付に関するBの無権代理行為を追認したとの被告の主張が認められる（青森地裁平成16年5月13日判決、平成15年（ワ）第75号）。

●**参考判例**（東京地裁平成16年6月8日判決、平成15年（ワ）第2991号、判時1883号73頁、金法1725号50頁）
（東京高裁平成16年11月18日判決、平成16年（ネ）第3678号、同年（ネ）第4677号）
事　案　契約貸付条項には和議法の適用された日に生命保険契約が失効するとの約定は、民事再生手続きにおいても適用され、それと同時に保険会社が保険契約者に対して行った契約者貸付の元利金債権の弁済期も到来したとして、解約払戻金債権と契約者貸付元利金債権との相殺を主張する事案

III 契約者貸付金

争　点　①本件保険契約が解約された時期及びその原因について
②保険契約者について民事再生手続開始決定がなされた場合にも、本件契約者貸付条項が適用されるか
③解約払戻金債権と契約者貸付元利金債権とが被告の意思表示をまたず当然に相殺されたか

判　旨
（第一審）
争点①について
　本件契約者貸付条項と同趣旨の条項の下に貸付を受けた者について民事再生手続開始決定がされた時は、解約払戻金債権は相殺により消滅するとの裁判例が公刊され・・・原告は、本件契約者貸付の当事者であり、原告代表者が本件契約者貸付条項の記載のある「契約者貸付申込書」に署名、押印していることからすれば、本件契約者貸付条項の存在は、原告としても認識していた事実であり、被告による上記主張を許したとしても、原告が不測の不利益を被るとはいえない。

争点②について
ア　本件契約者貸付が行われた当時、民事再生法が制定されていなかった…。和議法は、債務者の破産を予防するために（和議法1条参照）、債権者と債務者が合意した内容で債務者の弁済と事業の継続を図る裁判上の手続である強制和議について定められた法律である。一方、民事再生法は、経済的窮境にある債務者について、その債権者の多数の同意を得て、当該債務者の事業又は経済生活の再生を図ることを目的として制定された法律（民事再生法1条参照）である。両法は、いずれもいわゆる再建型の倒産手続について定めた法律であるという点で共通する。このような和議法及び民事再生法の趣旨に加え、前記のとおり、民事再生法が成立したことに伴い和議法が廃止されたこと、和議法も民事再生法も個人、中小企業を主な対象として制定されたものであることなどからすると、民事再生法は、和議法と趣旨を同じくする法律であるということができる。

　したがって、民事再生法が制定される以前の契約について、契約当事者に和議開始決定が行われた場合に関する定めがある場合には、そうすることを不相当とする特段の事情が認められない限り、これを和議開始決定と同視されるべき民事再生手続開始決定がされた場合にも適用するというのが契約当事者の合理的意思であるというべきである。

　これに対し、原告は、和議法と民事再生法とでは、手続の開始原因や履行確保手段等について相違があることを理由に、民事再生法と和議法を同視することはできないと主張する。しかし、民事再生法が和議法の問題点を解消しつつ再建型倒産処理手続を整備することを目的として制定されたものであることにかんがみれば、これらの相違点が存在するとしても、和議開始決定が行われた場合に関する規定を民事再生手続開始決定が行われた場合にも適用することを否定すべき理由とはならない。また、仮に原告の主張するとおり、金融実務において民事再生法の制定に伴い合意書等を別途取り直しているとの事情があったとしても、これは和議法に係る条項が民事再生手続にも適用がある旨を明確にするための確認的行為にすぎないものと考えられるから、上記適用を否定する理由にはならない。

イ　…民事再生法は、和議法と趣旨を同じくする法律であるということができる。

ウ　本件契約者貸付については、上記アで述べたとおり、貸付時には民事再生法は制定されていなかったものであり、本件契約者貸付条項には原告について和議開始決定がなされた場合に関する定めがあるところ、本件の全証拠によっても、本件契約者貸付を民事再生手続開始決定がされた場合にも適用することを不相当とすべき事情はうかがえないことから、同条項は、原告に民事再生手続開始決定がなされた本件の場合にも適用されるというべきである。

　したがって、本件保険契約は、原告が本件保険契約を解約したと主張する平成14年10月10日より以前に、原告について民事再生手続開始決定がされた平成13年11月13日をもって、本件契約者貸付条項に基づき失効したと認められる。

争点③について
(1)　被告の主張は民事訴訟法157条1項により却下すべき主張であるとは認め難く、これを却下すべきとする原告の主張には理由がない。

(2) また、1(2)イ及びびウで判断したように、本件契約者貸付条項は、本件にも適用されることから、同条項に基づき、被告の原告に対する本件契約者貸付に基づく元利金債権の弁済期も、原告に対する民事再生手続開始決定がなされた平成13年11月13日に到来したものと認められる。

(3) しかし、原告に対する民事再生手続開始決定がなされた後、被告が、原告の被告に対する解約払戻金債権と、被告の原告に対する契約者貸付元利金債権とを相殺する旨の意思表示をしたことを認めるに足りる証拠はないから、本件契約者貸付条項の下で、被告による別段の意思表示をまたず、当然に上記相殺が認められるか否かが問題となる。

　本件契約者貸付条項は、原告に対する和議開始決定が保険契約の失効と契約者貸付の弁済期の到来とを同時にもたらすこと、この場合には契約者貸付に基づく債権と保険契約に基づく解約払戻金債権とを相殺して清算することを内容としているところ、「貸付元利金は、会社が支払うべき金額と相殺して清算します。」という同条項の文言によれば、本件契約者貸付条項は、和議開始決定などの一定の事由が生じた場合に、特段の意思表示を要することなく、解約払戻金と契約者貸付元利金とを相殺することを内容とした停止条件付相殺契約であると解するのが自然であると考えられる。また、契約者貸付申込書にこのような条項が加えられた趣旨について検討すると、前記第2第1項争いのない事実等欄(2)において摘示したとおり、本件契約者貸付は原告において解約払戻金がある場合にのみ受けられること、貸付金の元利金合計額が解約払戻金額を超えたときは原告は被告所定の金額を払い込むことを必要とし、その払込みがされない場合には保険契約が失効するとされていることなどからすると、本件契約者貸付は、被告において原告に対して負担する解約払戻金返還債務と相殺することにより優先的に弁済を受けられるという期待の下に行われたものであると認められる。そうすると、本件契約者貸付条項も、和議開始決定など相殺の制限を伴う倒産手続が開始された場合に、本件契約者貸付元利金債権の弁済期が到来するとともに、本件保険契約も失効するものとした上で、特段の意思表示を要することなく、原告の被告に対する解約払戻金債権と被告の原告に対する契約者貸付元利金債権とを相殺することにより、本件契約者貸付に基づく元利金債権の回収を図ることを目的とした規定であると解することが、当事者の合理的意思にも合致するものと考えられる。これらに加えて、本件契約者貸付条項においては、和議開始決定など、条件は客観的に特定されており、目的債権も個別具体的に特定かつ明示されていることから、これを以上のように解したとしても、第三者を不当に害するものとはいい難い。

　以上の諸点を総合考慮すると、本件契約者貸付条項は、和議開始決定などの一定の事由が生じた場合には、特段の意思表示を要することなく、解約払戻金債権と契約者貸付元利金債権とを相殺する趣旨の規定であると解するのが相当である。

(4) 以上によれば、本件保険契約に基づく解約払戻金債権と本件契約者貸付に基づく元利金債権とは、原告に対する民事再生手続開始決定がなされた平成13年11月13日をもって相殺適状となり、被告からの別段の相殺の意思表示なしに、本件契約者貸付条項によって、その対当額において相殺されたものと認められる（東京地裁平成16年6月8日判決、平成15年（ワ）第2991号、判時1883号73頁、金法1725号50頁）。

(第二審) 控訴人は、契約者貸付の法的性質について金銭消費貸借と理解する説（消費貸借説）を前提とした場合には、特段の意思表示もなしに当然に相殺されるということはあり得ない旨主張する。

しかしながら、本件契約者貸付条項の文言は「相殺して精算します。」となっており、例外なく相殺による差引計算をすることを確定的に表現していることからすると、意思表示を待たず当然に相殺の効力が生じることが合意されているものと認められるところ、控訴人が主張する消費貸借説を前提とした場合であっても、いわゆる相殺予約の一態様として、将来一定の事由が発生したときに、当事者間の相対立する債権につき、意思表示を待たずに当然に相殺の効力が生じる旨を合意することが許されないと解すべき理由はない。

控訴人は、相殺の効力が生じることにより解約返戻金請求権の消滅という重大な結果が生じるものである以上、保険会社の相殺の意思表示を必要とするのが公平である旨主張する。

しかし、本件契約者貸付が本件契約者貸付条項を前提として行われたことは明らかであり、控訴人は同条項が定める一定の事由により相殺の効力が生じることを当然に予想できたと認められるし、また、契約者貸付については、解約返戻金請求権又は保険金請求権との相殺により優先弁済がされることを予定して

Ⅲ 契約者貸付金

行われることは、一般に予見できるところであると考えられる。そうすると、被控訴人の相殺の意思表示を必要とすべき理由はない（東京高裁平成16年11月18日判決、平成16年（ネ）第3678号、同年（ネ）第4677号）。

●**参考判例**（横浜地裁平成17年7月5日判決、平成16年（ワ）第3676号）（東京高裁平成17年10月19日判決、平成17年（ネ）第3820号）

　事　案　法人である保険契約者の代表者の妻が行った契約貸付の有効性
　争　点　①法人の代表者の妻に代理権が付与されているか
　　　　　②法人代表者が保険会社に対し、代表者の妻が無断で契約貸付を受けたとの申し出をした後に、妻がなした契約貸付の有効性
　　　　　③解約払戻金から控除された、無効である契約貸付金に対応する相当額および遅延損害金の受領が拒絶され、保険会社が解約払戻金相当額を供託したことにより、支払債務は消滅したか

　判　旨
（第一審）
争点①について

　原告が被告から契約貸付1ないし5、8、9を受けるに当たり、原告がBに対し代理権を授与していたことが認められるものである。このことは、Bが原告代表者の妻で原告の印鑑等を入手することが容易であったことなどの事情を考慮しても、覆るものではない。原告は、Bの代理権不存在を主張するが、前記認定を覆すに足りる証拠はない。

　したがって、契約貸付は当事者間に有効に成立したものであって、その無効を前提とする原告の請求は理由がない。

争点②について

　Bは、その後、平成14年7月ころ、再度被告担当者のCに対し、保険契約者に対する契約貸付をすることを求めた。そして、これに基づき契約貸付6、7が成立した。なお、Cは、その際、原告代表者に対しBの代理権につき確認することをしなかった。

　その後、原告代表者は被告に対し、契約貸付6及び7につき苦情を述べ、これに対し被告も、既に上記のとおり平成13年8月に原告代表者からの苦情申し入れがあったことから、契約貸付時の取り扱いの不備を認め、被告はその返還を原告に申し出た。

争点③について

　保険会社は、［無効である］契約貸付の契約貸付金に対応する解約払戻金相当額を準備し、原告に対し、・・・内容証明郵便でその受領を促した。しかし、原告は、上記解約払戻金相当額の受領を拒絶した。

　そこで、保険会社は、横浜地方法務局において、上記解約払戻金相当額44万8879円（40万6392円及びこれに対する平成15年9月5日から供託日である平成17年6月2日までの年6分の割合による遅延損害金4万2487円の合計）を供託した［支払い債務は消滅］（横浜地裁平成17年7月5日判決、平成16年（ワ）第3676号）。

　（第二審）　控訴棄却（東京高裁平成17年10月19日判決、平成17年（ネ）第3820号）。

●**参考判例**（京都地裁平成17年4月28日判決、平成15年（ワ）第2269号、同第2270号）

　事　案　偽造申込書による契約者貸付
　争　点　契約貸付の成否

　判　旨
　契約貸付請求書や契約貸付申込書の契約者欄には、部外者が管理するとは考え難い原告X_1の届出印が押捺されていたこと、被告Y_3生命の担当者は、各契約貸付を実施する際に、Cに電話をかけ、同原告に対し契約貸付を受ける意思があることを確認したこと、同被告は、貸付直後のみならず、毎年、同原告に対し、契約貸付残高等を記載した書面を送付したこと、それにもかかわらず、同原告は、平成15年4月まで、同被告に本件契約貸付1・2について問い合わせたことは一度もなかったことが認められる。

　以上の事実によれば、原告X_1が主張するように、上記契約貸付請求書及び契約貸付申込書の契約者欄の同原告名義の署名が同原告の自署によるものではなく、本件X_1口座に振り込まれた貸付金が引き出され

てBの口座に移されたことなどを考慮に入れても、本件契約貸付1・2を受けることについては原告X_1の承諾があったものと認めるのが相当であり、本件契約貸付は有効に成立したというべきである（京都地裁平成17年4月28日判決、平成15年(ワ)第2269号、同第2270号）。

●**参考判例**（札幌地裁平成17年2月10日判決、平成15年(ワ)第2135号、金判1222号48頁、判時1927号66頁）
　　　　　　（札幌高裁平成17年12月9日判決、平成17年(ネ)第119号）

事　案　契約者の代理人と称する者からの契約者貸付
争　点　①代理人届による契約者貸付と保険者の注意義務と民法478条の類推適用について
　　　　②代理人としての契約者貸付をする際の注意義務

判　旨
（第一審）
争点①について
　上記認定のとおり、本件各貸付が行われた契約者貸付の制度においては、保険会社は、保険契約者である原告から契約者貸付の請求を受けたときはこれに応ずべき義務があるとされており、その貸付額は解約返戻金の範囲内に限定され、保険金又は解約返戻金の支払の際に残元利金が差引計算されることからすれば、この請求による保険者である保険会社の貸付は、法的義務の履行であって、保険金又は解約返戻金の前払と同視することができる。
　したがって、保険会社が、同制度に基づいて、保険契約者の代理人と称するBの請求により契約者貸付を実行した場合において、保険会社がBを保険契約者の代理人であると認定することにつき相当の注意義務を尽くしたときは、保険会社は、民法478条の類推適用により、保険契約者に対し、その貸付の効力を主張することができるものと解するのが相当である。

争点②について
　そこで検討するに、上記認定判断のとおり、保険会社は、Bから本件各貸付に係る各契約者貸付の請求を受けるに際し、Bが保険契約者の代理人として同貸付を請求するのに必要とされる本件保険証券、契約者貸付請求書、代理人届及び代理人届の保険契約者名下に押印された印鑑についての印鑑登録証明書の提出を受け、かつ、Bが代理人届に記載された代理人と同一人物であることを同人が提示した運転免許証によって確認したのであり、このような保険会社の行為は、Bを保険契約者の代理人であると認定することについて、相当な注意義務を尽くしたものであるということができる。
　したがって、本件各貸付は保険契約者に対して効力を有するものであるから、保険契約者は、保険会社に対して本件各貸付に係る契約者貸付金債務を負担しているというべきである。
　原告は現に保険会社のS支部においては、Bの契約者貸付請求につき、その代理権を疑ってこれを拒絶している一方、保険会社は、契約者の家族が契約者貸付の請求手続をする場合は契約者本人の意思確認をすることが容易であるのにこれを行っていないなどとして、本件各貸付については、民法478条の類推適用の余地はないと主張する。
　しかし、上記認定のとおり、契約者貸付の請求は代理人によってもこれを行い得るものであるところ、Bが保険契約者の代理人と称して行った本件各貸付に係る契約者貸付請求においては、本件保険証券等の書類が提出され、そのうちの代理人届は保険会社所定の用紙に保険契約者の氏名が手書きで記載され、その名下に印鑑登録と同一の印鑑が押印されており、しかもBから提示された運転免許証によって上記各書類に保険契約者の代理人として記載された人物とその手続を行おうとしているBとが同一人物であることが確認されるのであって、このような場合にまで、本人とされる保険契約者に対して保険会社から直接連絡をしてその意思を確認する必要があるとは考えられない。
　また、上記認定のとおり、代理人届には本人の自署が求められているが、一方では、同様に自署が求められている保険契約の申込書においても署名の代行をすることが認められており、本件保険証券に記載された保険契約者の氏名もこのような署名代行によるものであるから、代理人届における保険契約者の署名とされる記載が真正なものであるか否かは本件保険証券にされた署名と対比しても判断することができないし、印鑑登録証明書を見てもその登録印鑑がいつの時点において登録されたものであるかを判断するこ

III 契約者貸付金

ともできない。そして、上記認定のとおり、保険会社においては契約者貸付は多数行われていることを考えると、本人に対する直接の意思確認、署名が自署であることの確認あるいは印鑑登録がいつされたものであるの確認をすることを保険会社に要求することは不能を強いるものに等しく、保険会社においてこれらを行わなかったからといって、相当の注意義務を尽くしていないとすることはできない。

さらに、保険会社のS支部においては、Bからの契約者貸付の請求を拒絶した事実があるが、それは、上記認定のとおり、保険契約者の代理人と称するBから、同人が保険契約者から授権があったとすることとは矛盾する保険契約者と連絡が取れない旨の発言があったためであり、このようなBの代理権に疑問を抱かせるような出来事のない本件各貸付に係る請求について、保険会社がそれ以上の確認手段等を講じなかったからといって、それを保険会社の不注意であるとすることもできない(札幌地裁平成17年2月10日判決、平成15年(ワ)第2135号、金判1222号48頁、判時1927号66頁)。

(第二審) 本件保険契約における契約者貸付の制度は、前認定のとおり、保険契約者である控訴人から契約者貸付の請求を受けたとき、被控訴人には、これに応ずべき義務が課されており、その貸付額は解約返戻金の範囲内に限定され、保険金又は解約返戻金の支払の際に残元利金が差引計算されることからすれば、この請求による保険者である被控訴人の貸付は、法的義務の履行であって、保険金又は解約返戻金の前払と同視することができるから、民法478条の類推適用を認めるべきである。そして、契約者貸付の制度が、前認定のとおり、被控訴人の担当者の面前で本人が署名、押印することが予定されていない代理人届による貸付を認めている上、現在では、保険証券上に本人の署名は記載されていないことからすれば、本人の同一性の確認は、印鑑によって確認すれば足り、その署名が自署であるか否かを確認する必要はなく、まして、委任者本人の意思確認をする必要もないと解するのが相当である。控訴人の主張は採用できない(札幌高裁平成17年12月9日判決、平成17年(ネ)第119号)。

●参考判例(名古屋地裁平成3年9月5日判決)
　事　案　契約者貸付金の貸付
　争　点　—略—
　判　旨

契約者貸付制度は、契約者において金員を必要とするとき、その時点における保険契約解約返還金の8ないし7割の範囲内で被告(保険会社)から金員の貸付を受けることができる制度で、貸付期間は1年と定められているものの、1年を経過する毎に所定の利息を支払うことによって期間を延長することができ、また、利息を支払わないときでも1年経過毎に利息が元金に繰り入れられて期間が延長され、保険契約の終了時にその元利金と被告の支払うべき保険金あるいは給付金などとの精算がなされるが、右終了までにその元利金の額がその時点における保険契約解約返還金の額を超過したとき(は契約は)失効し、その元利金と右返還金との精算がされるものとされている…(名古屋地裁平成3年9月5日判決)。

●参考判例(大阪簡裁昭和63年2月19日判決)(大阪地裁昭和63年11月30日判決)
　事　案　契約者貸付金の貸付
　争　点　契約者貸付金の法的性質
　判　旨

(第一審)
　本件契約者貸付は新たな利息付金銭消費貸借契約の締結であって、契約者は利息支払義務を負担することになり、保険者は利息債権を取得することになる。そうすると、解約返戻金または保険金との相殺を前提とした貸付であっても、これを弁済類似行為と解するのは正当ではない…(大阪簡裁昭和63年2月19日判決。

(第二審)
　保険契約者貸付制度に基づく貸付は、保険契約者が保険会社に対し貸付の請求をなした場合に保険会社に貸付の義務が生じ、右義務の履行としてなされるもので、保険会社には、貸付をなすか否かについて裁量の余地がないこと、また保険契約が消滅して保険会社が保険金または解約返戻金を支払う場合には、こ

れから貸付金の元利金を差し引いて精算することがあらかじめ合意されていること、その貸付金額は解約返戻金の額の9割の範囲内に限られていることおよび保険契約者に貸付金返済義務が存しないことなどに照らせば、実質的には保険金または解約返戻金の前払と同視することができ、法的な義務を履行する点においても、弁済と類似するものである（大阪地裁昭和63年11月30日判決）。

●**参考判例**（大審院昭和10年10月11日判決）
事　案　債権準占有者に対する契約者貸付金の貸付
争　点　貸付契約の有効性をめぐって
判旨

偽造証書を用い、債権者本人なりと冒称せし事実ありとするも、自己のためにする意思をもって債権を行使する者たる以上は、弁済者より観察し、社会一般の取引観念に照らして、真実債権を有する者と思料するにたる外観を備うるにおいては、そのものを債権の準占有者とみなすべきものなること、当院の判例とする所なり（大審院昭和2年6月22日判決）。されば、かかる債権の準占有者に対する債務者の善意をもってなしたる債務履行につきては、債権者本人はもとより何等関与するところなしといえども、右善意の債務履行の効力は債権者本人に及ぶものといわざるべからず。けだし、債権の準占有者になしたる弁済者の善意の弁済が有効なること、民法第478条の規定するところなればなり。

今本件につきこれを観るに、上告人（保険契約者）が被上告会社（保険会社）を予約義務者として同会社と消費貸借の予約をなしたるところ、訴外某は上告人の保険証券、保険証券代理店の紹介状、偽造変造にかかる上告人の印鑑証明書ならびにこれに符合する印章を携帯して被上告会社に至り、上告人本人なりと詐称して右予約の履行を求めたるをもって、被上告会社は同人を上告人本人と誤信し、該予約義務の履行として同人に金715円を交付して本件消費貸借を成立せしめた…。

上叙の事実によれば、右訴外人は被上告会社に対し前示の請求をなすに際し、社会一般の取引観念に照らし真実の債権者たる外観を備えたるものとみなすを相当とす…（大審院昭和10年10月11日判決）。

●**参考判例**（東京地裁昭和62年10月26日判決）
事　案　債権の準占有者に対する契約者貸付金の貸付
争　点　貸付契約の有効性をめぐって
判旨

第一に、本件消費貸借契約は、生命保険契約の約款にあらかじめ定められた契約者貸付制度に基づいて保険者が保険契約者に対して貸付を行うという特殊性を有するものである。

そして、この消費貸借契約には次のような特徴がある。被告生命保険会社の契約者貸付制度において、保険契約者から要件を備えた貸付の請求がされたときは、保険者である被告保険会社には、これに応じて貸付をすべき義務がある。すなわち、通常の消費貸借契約においては貸主として契約を締結するかどうかはその者の自由に委ねられているのに対し、右契約者貸付においては、貸主となるべき保険者にその自由がないのである。したがって、右契約者貸付制度に基づく保険者による消費貸借契約の締結は、民法478条（債権の準占有者に対する弁済）の適用対象である弁済ではないものの、法的な義務を履行する行為であるという点で、これに類似するものであるということができる。

第二に、右契約者貸付制度に基づく貸付においては、保険契約が消滅して保険者が保険金または解約返戻金を支払う場合には、これから保険契約者に対する貸付の元利金を差引いて精算することがあらかじめ合意されている。また、右契約者貸付制度に基づく貸付金額は、被告Y_1生命保険会社においては解約返戻金の額の9割の範囲内、被告Y_2生命保険会社においては解約返戻金の額の範囲内とされていることが認められる。したがって、右契約者貸付制度に基づく貸付は、その経済的実質においては、保険金または解約返戻金の前払に他ならないということができる…以上検討したところによれば、右契約者貸付制度に基づく保険者による消費貸借契約の締結は、法的な義務を履行する行為である点で弁済と類似するものであり、しかも、その貸付は、経済的実質において保険金または解約返戻金の前払（すなわち弁済）に他ならないものであるから、貸付を行う保険者の取引の安全を保護する必要のあることは、民法第478条における

Ⅲ 契約者貸付金

「弁済者」の場合と異ならないということができる（東京地裁昭和62年10月26日判決）。

●**参考判例**（東京地裁平成16年11月26日判決、平成15年（ワ）第16426号、金法1735号6頁）
　事　案　盗難カードによる契約者貸付の有効性
　争　点　免責約款の適用又は民法478条の類推適用の可否
　判　旨
　ア　保険契約者以外の者が、被告が保険契約者に交付していた真正なカードを使用して、正しい暗証番号を入力してCD機により保険契約者貸付を受けた場合において、免責約款が適用され、あるいは民法478条が類推適用されるためには、貸付の際にカードと暗証番号の確認が機械的に正しく行われたというだけでなく、保険契約者による暗証番号等の管理に遺漏がないようにさせるため機械により保険契約者貸付が受けられる旨を保険契約者に明示すること等を含め、システム全体の設置管理の全体について、可能な限度で無権限者による払戻しを排除し得るよう注意義務を尽くしていたことを要するというべきである。
　イ　本件について検討するに、前記認定によれば、被告は、約款に本件カードを用いて保険契約者貸付が受けられることを明示し、さらに、本件カード利用のしおりを原告に送付して、本件カードを用いて保険契約者貸付が受けられることを明示しているし、原告自身も、本件カードを用いて据置保険金を引き出した際、CD機の画面上にも「契約者貸付」の項目が表示されていたことからしても、本件カードを用いて保険契約者貸付を受けられることを認識できた。
　　　また、前記認定によれば、原告は、自己の生まれた月日を暗証番号として本件カードを使用しており、盗難当時、生年月日が記載された自動車運転免許証を本件カードの入った財布と共に鞄に入れて車中に放置したものであり、本件カードの磁気データには、暗証番号が記録されておらず、本件カード自体から暗証番号を解読しえないことからすると、自動車運転免許証の生年月日の記載から暗証番号を推知されたものと推認されるから、本件では、暗証番号の管理についての被告の過失を論ずべきものではない。なお、前記認定によれば、被告は、本件カードの1回の利用可能額、1日の利用可能額について制限を加え、本件カードを用いて保険契約者貸付が行われた場合、2営業日以内に保険契約者に対して通知する取扱いをしており、加えて、保険契約者に対し、しおりで暗証番号の管理に注意を喚起し、本件カード盗難等の事故に備えて、CD機の利用可能時間である平日の午前8時から午後11時45分までの間連絡を受け付ける態勢をとるなどの措置も講じている。
　　　以上からすれば、被告は、可能な限度で無権限者による借入を排除する努力をしているから、免責約款の適用、あるいは、民法478条の類推適用により、被告は、原告に対し、本件保険契約者貸付の効力を主張することができる。
　ウ　これに対して、原告は、保険契約者が、第三者に推測されやすい番号を暗証番号として指定することを被告は許容すべきではなかったと主張するが、本件カードは、その用途からして銀行キャッシュカードほど頻繁に利用されるものとみられないことからすると、これを携帯することもなく管理に意を払う一方で、暗証番号は忘れることのないようなものとすることも不合理な判断とまでいえないことからしても、最終的に生年月日等第三者に推測されやすい番号を指定するかどうかは保険契約者の選択に委ねても不合理ではないから、原告の主張は採用することができない。
　　　また、原告は、被告としてはカードが不正使用されているかを検知するシステムを採用し、無権限者による借入れを可能な限度で排除すべきであったのに、異常な引出しが行われているにもかかわらず、被告はこれを漫然と放置したと主張する。なるほど、クレジットカードについては不正検知システムを採用したものもあることが認められるが、クレジットカードでは、利用者の使用頻度や購入物等の特徴があり、かつ、冒用者の購入物等の特徴もあるため、不正検知が比較的容易であるのに対し、本件カードを用いた契約者貸付では、機械を用いて多数回行われたといった事実だけからは、必ずしも本件カードの冒用を強く推認させる事情ともいうことができないため、不正使用との区別が容易ではなく、貸付時点で不正を検知するシステムを採用することは、被告の可能な限度を超えているというべきであるから、原告の主張は採用の限りではない。

さらに、原告は、第三者に暗証番号を知られると、カード名義人でなくとも、本件カードを利用することで、保険契約者貸付可能額や引出可能な配当金額など本来カード名義人本人しか知り得ない重要な情報がいとも簡単に閲覧入手できるため、極めて無防備なシステムであるとシステムの不備を指摘するが、一般的にカードを用いた取引において真正なカードと正しい暗証番号を使用することで、様々な取引を行うことができる仕組みとなっており、このことをもってシステムの不備ということはできないので、原告の主張は到底採用することができない（東京地裁平成16年11月26日判決、平成15年(ワ)第16426号、金法1735号6頁）。

●**参考判例**（横浜地裁平成16年6月18日判決、平成15年(ワ)第2601号）（東京高裁平成16年12月22日判決、平成16年(ネ)第3923号）

事　案　カードによる契約者貸付における免責特約の効力

争　点　保険契約者が自らあらかじめ届け出た暗証番号が付されたカードを使用して、ATMにおいて契約者貸付けを受ける際に、保険会社が当該カードおよび入力された暗証番号と保険契約者があらかじめ届け出た暗証番号の一致を確認のうえ取引を行った場合には、そのために生じた損害については保険会社は責任を負わない旨の免責特約が、消費者契約法10条に違反するか否かが争われた事例

判　旨

（**第一審**）　免責特約が消費者の義務を不当に加重するので消費者契約法10条に違反し無効であると主張するが、暗証番号の確認による保険会社たる被告の免責は、大量の同種取引の合理化に役立ちその社会的有用性を肯定することができ、その反面消費者たる原告が被る不利益は消費者契約法10条が内包する信義則（民法1条2項）という一般条項を発動するほど重大であるとまで評価するに足りないので、原告の前記主張は採用することができない。また、原告は、免責特約を適用するための要件として前記カードの保管者たる原告に帰責事由があることを要求する旨の法律上の主張をするが、この主張は実定法の根拠を欠くので、採用しない。以上により、原告は、免責特約によって抗弁記載の貸付の法律効果が自己に及ぶことを否定することはできないから、結局、本件債務が発生したことを承認するほかはない（横浜地裁平成16年6月18日判決、平成15年(ワ)第2601号）。

（**第二審**）　1　本件にあっては、本件取引に相当する本件カードを用いた自動取引機からの金員引出しが客観的に存在したこと、控訴人と被控訴人との保険約款に本件免責約款があることは当事者間に争いはない。

本件カードが盗難にあったとされるのは平成14年11月28日午後7時10分から同日午後8時20分の間で、場所は駐車中の控訴人車両内からというものであったこと、本件カード盗難の際、共に盗難にあった控訴人の〇〇銀行のキャッシュカードを使って、同日午後8時12分に同銀行の支払機から9万円（他に手数料106円）が引き出されたこと、本件カードが使用された本件取引は平成14年11月29日午前9時2分以降にされたこと、・・・事件取引の際、9回あった暗証番号の入力の機会に際し、番号の相違は1回もな［い］・・・。このように、本件カードを使用するに当たり、番号の入力間違いが全くなかったということは、控訴人自身又は控訴人の依頼を受けた者が本件取引をしたことを疑わせるものである。

もっとも、前記のとおり、本件免責約款が存在することから、被控訴人が予備的に主張するとおり、被控訴人は、本件免責約款に従って免責されるものと解する。

2　控訴人は、控訴人の主張等を前提にしても、控訴人には、施錠をしてあったとはいえ、実質的に現金同様の価値を持つ本件カード及びその他のキャッシュカードを車中に放置していた点、その盗難に翌日午前9時まで気が付かなかった点、被害日時．の認識も不十分であった点等において、カードの所持、管理全般についての注意の払い方に不十分なところが認められる。

他方、・・・被控訴人は、保険契約者から暗証番号の届出があると、記載された番号の上にシールを貼るなど、番号管理には意を配っていたこと、本件カードはいわゆるゼロ化がされ、カード自体には暗証番号が記録されていないこと、被控訴人は、控訴人に本件カードを発行するに際し、他の契約者に対してと同様、カードの重要性にかんがみ、諸種の注意事項を記載したパンフレット等も交付していたこと、

Ⅲ　契約者貸付金

自動取引機を用いた取引については、1回当たり及び1日当たりの取引限度額が定められ、払出手続をあえて複雑にすることにより被害の防止を図っていたこと、現に本件においても、限度額超過により手続を遅延させることには成功していること等の事実が認められる。

カード及び各所にある自動取引機を用いた契約貸付は、カードの盗難という危険性は有するものの、他面これによる便益には優れたものがある。そのような背景となる事情をも併せ考慮すると、被控訴人は、前記のとおり、カードの盗難等をも念頭においた十分な対策を採っていたといえる（東京高裁平成16年12月22日判決、平成16年（ネ）第3923号）。

Ⅳ 保険契約の解除(解約)と解約返戻金

Ⅳ-1 解除(解約)

(1) 生命保険契約の解除(解約)とその効果

　　生命保険契約は長期にわたる契約であり、保険契約者は、その間、継続して保険料を払い込まなければならない。しかし、契約後、契約を取り巻く環境の変化により、保険料を継続して支払えなくなる契約者も少なくない。そこで、保険法では、保険契約者がいつでも保険契約を解除することができる旨の規定が設けられている(保険法54条、83条)。また、その効力については、保険法59条にて、「将来に向かってのみその効力を生じる。」とされている。これを受けて、普通保険約款で「保険契約者は、いつでも将来に向かって、保険契約を解約し、解約返戻金を請求することができます」としている。なお、この権利も、保険契約者による保険金受取人の変更権と同様、保険契約者の一方的な意思表示によって行使することのできる一種の形成権であるとされている。

　　契約者はこの権利を行使することにより、解約返戻金を請求する権利を取得し(積立配当金及び保険料前納金の残額についても、それらの返金を請求し得る)、保険料の支払債務からも解放されるが、その一方で、事後に生じるやも知れない保険事故につき、その保障を受けることができなくなる。

　　保険契約者以外に、差押債権者、質権者及び債権者代位権(民法423条)の要件を満たした債権者は、生命保険契約の解約権を行使し、解約返戻金を受領できる(最判平成11年9月9日民集53巻7号1173頁は、生命保険契約を差し押さえた債権者は、これを取り立てるため、債務者の有する解約権を行使することが認められる。)。

　　なお、差押債権者などによる解約権の行使ができるかについて議論があったが、保険法で導入された介入権制度の中で、保険契約者以外の第三者による解約権を認めているので、解決されたものと理解される。

(2) 解除(解約)の効力発生時期

　　解除(解約)は、先にも述べたとおり、保険契約者の一方的な意思表示によってなされるものであるが(形成権)、その効力発生時期については、約款上特に定められていない。したがって、これについては民法の原則にしたがうべく、同法97条1項が「隔地者に対する意思表示はその通知が相手方に到達した時からその効力を生ずる」としているところから、これにより、会社で解約の意思表示を受領する権限がある機関(本社・支社など)に解約権者から解約請求する意思が認められる書類が届いた時点で、当該契約につき解約の効力が生じるものと解される。

　　解除の効力が生じた時点以降における保険事故については保障は得られない。

●**参考判例**(大阪地裁平成14年3月15日判決、平成12年(ワ)第5006号)
　事　案　保険契約者の親族によって無断でなされた保険契約の解約の効力と解約についての民法478条の準用の可否
　争　点　①代理権の有無
　　　　　②民法478条の類推適用の可否
　　　　　③保険者の書類審査の注意義務
　判　旨

Ⅳ-1 解除(解約)

争点①について

　原告名義のＥ銀行〔略〕支店の普通預金口座の普通預金口座開設申込書、普通預金口座印鑑届及び普通預金払戻請求書に記載されている原告名義の署名の筆跡は、本件証券裏面に記載された原告の署名の筆跡とは異なっており、むしろ本件契約の解約申込書に記載されたＡの筆跡と酷似していること、Ａ自身、Ａ自身の印鑑を使用し、かつ、原告の署名を偽造して口座を開設したことを認める旨の供述をしていること（証人Ａ）、原告もかかる口座を開設したことはないと供述していること（原告本人）からすると、上記原告名義の預金口座の預金通帳は、原告が開設した預金口座のものではなく、Ａが原告に無断で開設した口座の預金通帳であることが認められるから、Ａが原告名義の預金口座の預金通帳を所持していたことをもって、原告がＡに対し、本件契約を解約する代理権を授与していたことを推認することはできない。

　総合すると、原告がＡに対して本件契約を解約する代理権を授与したことはなく、Ａが原告に無断で本件契約を解約したものであることが優に認められる。

争点②について

　・・・民法478条を類推適用により本件契約は有効に解約されたと主張する。

　本件で問題となっているのは解約払戻請求権の存否ではなく、本件契約の存続の有無であり、仮に、生命保険契約の解約及び解約払戻金の支払が一括して民法478条にいうところの「弁済」に該当すると解したうえで、民法478条が適用されることにより解約払戻金の弁済が有効になされたものと扱われ得るとの見解に立つとしても、生命保険契約の消滅原因はあくまで解約であり、解約という行為が単に解約返戻金という契約当初から定まった金額の支払を受けるにとどまらず、契約の主目的である保険保護を失わせるものであることを考慮するならば、解約とそれに続く返戻金支払を一括して「弁済」とみることには疑問があり、解約払戻金が弁済されたものと扱われるからといって生命保険契約そのものも当然に消滅したものと扱われると解することはできない。

　この点に関し、定期預金の期限前払戻に民法478条が類推適用されるというのが判例であるが（最高裁昭和41年10月４日第三小法廷判決・民集20巻８号1565頁）、預金債権については、民法478条が類推適用されることによって弁済が有効であると扱われることになれば、預金債権が弁済で消滅したということになるが、同判例法理は、定期預金契約の解約を当然の前提とするものではないから、生命保険契約についても、解約払戻金が弁済されて消滅したからといって、その前提たる生命保険契約の解約までを当然の前提としているものではないというべきである。

　そして、実質的にも、無権限者を権限を有する者と信じて解約に応じたうえ、解約払戻金を支払った保険会社を保護するためには、保険会社が契約者に対し、解約支払金相当額が支払われたことを主張することができれば保険会社の保護として十分に足りると解されるのに対し、契約者は解約払戻金返還請求権を失うだけでなく、生命保険契約者としての地位をも失うということになれば、無権限者に解約払戻金を支払った保険会社を保護するために必要以上の不利益を契約者に与えることになって権衡を失する結果となり、妥当ではない。

　以上、検討したところによれば、仮に被告が、本件契約の解約払戻金の支払について478条の要件を満たしていたとしても、弁済が有効であるとされることによって本件契約が有効に解約されたことにはならないと解すべきである・・・。

争点③について

　生命保険会社が、生命保険契約の解約に際し、契約者の代理人として解約を請求してきた者が、当該生命保険契約を解約する権限を有するかどうかを確認するために採るべき手続は、請求者の権限につき疑念を抱かせる特段の不審事由が存しない限り、原則として、保険証券及び委任状の所持の確認、事故届けの有無の確認、中途解約理由の聴取、払戻請求書又は委任状と届出印鑑票各記載の住所氏名及び各押捺された印影の同一性を調査をすることをもって足り、被告が主張するような筆跡照合及び電話照会を行うことは不要であると解するのが相当である。けだし、上記の手続によって権限の有無を判断すれば、無権限者によって解約される危険性を相当程度回避することができるし、また、筆跡照合による調査確認は、技術的に相当な熟練を要するものであって保険会社の負担が大きく、電話確認についても本人が不在の場合には直ちに確認を行うことができないなど、円滑な解約手続を行うことにつき支障が生ずるおそれがあるか

らである。

　なお、原告は、本件委任状と原告の届出印の印影とが異なることを見落とした被告に過失があると主張する。

　保険会社が、解約手続を行う場合において、解約を申し出た者が権限を有する者かどうかを確認するため、届出印鑑の印影と委任状の印影とを照合するにあたっては、特段の事情がない限り、折り重ねによる照合や拡大鏡等による照合をするまでの必要はなく、肉眼によるいわゆる平面照合の方法をもってすれば足りるが、金融機関の照合担当者に対して社会通念上一般に期待されている業務上相当の注意をもって慎重に事を行うことを要し、かかる事務に習熟している担当者が相当の注意を払って熟視するならば、肉眼をもっても発見しうるような印影の相違が看過されたときは、保険会社に過失の責任があるというべきである（最高裁昭和46年6月10日第一小法廷判決・民集25巻4号492頁参照）。

　そして、・・・肉眼による平面照合を行った場合に見分けられる相違点は微妙な違いであり、押印の仕方あるいは時間の経過により生ずる可能性のある差違の範囲内であって、一方で、両印影の大きさ、字体の特徴がほぼ一致していることが認められるから、印影の照合に習熟している担当者が相当の注意を払って熟視したとしても、本件委任状に押印されている印影と原告届出印の印影とは異なる印鑑によって顕出されたものであると判断することは困難であったといいうるから、本件委任状の印影が原告届出印鑑の印影と異なることに気づかなかったことをもって被告に過失があるということはできない。

　本事案について、代理人が記載した契約者の氏名の筆跡と代理人が持参した委任状に記載された契約者の署名の筆跡が類似しており、かつ、委任状に記載された署名の筆跡が保険契約締結の際に契約者が記載した契約者の署名の筆跡と異なる点がある場合、経験則上代理人が契約者の署名を偽造して委任状を作成した疑いが強いというべきであるから、被告には、前述のとおり生命保険契約の解約手続を行うにあたって、委任状に記載された契約者の署名が契約者本人によって記載された署名かどうかを確認する義務が、原則としてなかったとしても、Bは、本件委任状に記載された原告の署名とAが本件契約の解約請求書の契約者欄に記載した原告の氏名の筆跡とが酷似していることに気づいていたのであり、また、Bは、本件証券裏面に記載されている原告の署名と本件委任状に記載された原告の署名を見比べて、似ている部分もあるし、違っている部分もあるような感じがしたというのであるから、Aが無権限者であることを疑わせるに足りる特段の事情を認識していたというべきであり、かかる場合には、契約者本人に対して、電話による意思確認を行うなどAが無権限者ではないかという疑問を払拭するに足りる確認を行うか、Aが無権限者であることの疑念が拭いきれない場合には、本人の意思確認ができるまで支払を拒絶する義務があるというべきであって、さらなる確認を行うことなく解約手続を行った場合には過失があるというべきである。

　以上によれば、本件においては、Aが本件契約を解約することについて無権限者であることを疑わせる特段の事情があり、かつ、Bは、かかる事情を認識していたのであるから、被告としては、権限の有無について上記疑念を払拭するに足りる程度の調査をさらに行うべきであったにもかかわらず、これを行うことなく解約手続を行っているから、被告には、Aが本件契約を解約する権限を有していなかったことを知らなかったことについて過失があるというべきである。そうすると、この点からしても、本件につき仮に民法478条を類推適用する余地があると解しても、被告側に上記過失がある以上、本件契約が有効に解約されたものとは認められない（大阪地裁平成14年3月15日判決、平成12年(ワ)第5006号）。

● **参考判例**（宇都宮地裁平成13年3月1日判決、平成12年(ワ)第110号）
　事　案　保険契約の解約の有効性
　争　点　保険契約者の意思による解約か
　　判　旨

　そして、前記1記載の認定事実によれば、本件契約が解約される前後の平成10年1月から3月までの3か月間、毎月22日に支払うべき2月分ないし4月分の本件契約の保険料は支払われていないところ、保険契約者において、被告会社に対して保険料の支払の申し出や問い合わせ等の行動に出た形跡は見当たらず、同人が自ら本件契約の保険料を支払っていたとか、同人に保険料を支払って契約を継続しようとする意思

があったとは認められない。また、被告営業職員には、本件契約等を保険契約者に無断で解約する動機は特段見当たらないのに対し、保険契約者は、平成8年1月以降順調に仕事に従事してきたのが、平成9年12月に体調を崩して以降仕事が減少しており、当時唯一失効していなかった本件契約について保険料の支払困難は継続すると判断して解約する合理的な動機や、それまで失効したままであった他の生命保険契約を全て解約することに対応するような事情の変更が、保険契約者にはあったといえる。そして、被告営業職員の供述のうち解約手続に関する部分は、・・・記載内容と符合し、その内容にも不合理な点はない上、証人Cの証言と相互にその信用性を補強し合っているということができる。以上を総合すると、被告営業職員の供述には一部措信し難い点があり、また、・・・被告営業職員は過去に無断転換をした経歴があることが認められるものの、これらをもって、被告営業職員の供述が全面的に採用しえないとまではいえず、前記認定を支える被告営業職員の供述部分は、これを採用することができる。原告らのその余の主張を考慮しても、前記認定判断を左右するものではない（宇都宮地裁平成13年3月1日判決、平成12年（ワ）第110号）。

●**参考判例**（東京地裁平成14年3月28日判決、平成13年（ワ）第25298号）
　事　案　保険契約者の口頭による解約の意思表示
　争　点　①解約の意思表示を書面によることの趣旨
　　　　　②本件保険契約は、会社更生手続開始前に解約されたか否か
　判　旨

　　本件保険契約の内容を定める普通保険約款には、「保険契約者は、いつでも書面で会社に申し出て、将来に向かって保険契約を解約することができます。」（第19条）との規定が存在するが、これは、仮に保険事故が発生した場合に受取人に保険金請求権が発生するか否かなどを判定するためには解約の有無及びその時期を明確にしておく必要があるところ、保険会社においては、大量の事務を迅速確実に処理する必要があるため、解約の申出に書面を要求することとして、上記解約の有無及びその時期の明確化を図ろうとする趣旨のものであると解される。

　　このような趣旨に鑑みると、本件保険契約を解約するためには、被告に対し、書面により申し出ることが必要であって、口頭による解約の申出は、被告に対する有効な解約の意思表示とは認められないものと解するべきである。

　　そして、本件において、原告が被告に対し、解約請求書を送付したのは、前記のとおり、被告について会社更生手続が開始された後であるから、本件保険契約が会社更生手続開始前に解約されたとする原告の主張には理由がない（東京地裁平成14年3月28日判決、平成13年（ワ）第25298号）。

●**参考判例**（浦和地裁平成12年10月11日判決、平成11年（ワ）736号）
　事　案　膵臓ガンに罹患していることを知らずに生命保険契約を解約（解約後死亡）
　争　点　保険契約の解約は、動機を表示した錯誤につき無効と言い得るか
　判　旨
争点1（本件解約での錯誤）について

　　弁論の全趣旨によって、Aは、長期間入院し、平成9年9月20日S病院で、同年10月9日K病院でそれぞれ手術を受けたこと、Aの体内から摘出された膵頭部には、腫瘍径4×4.5センチメートルの悪性腫瘍が確認されており、これは組織学的分類としては管状腺癌であると認められること、膵臓癌は手術が困難である上、生存率が低く、特に膵頭部癌は早い段階から遠隔転移などが生じやすく、手術後に肝転移や腹膜播種による再発が確認されることが多いこと、Aにも肝転移や腹膜への転移がみられること、Aが被告に提出した入院証明書には、膵腫瘍と記載されていたこと、Aは平成9年10月の入院以前から長女である原告Xと同居しており、特段の生活費を負担していなかったこと、遺族厚生年金として2か月毎に21万7200円の支払いを受け、平成10年5月19日当時377万0468円の定期預金を有していたことが認められる。他方、弁論の全趣旨によって、生命保険会社は、保険加入の申込みを受けた際には、保険制度の確実な運営のために、保険事故発生の時期、危険率を測定し、その契約甲込みを承諾すべきかどうか、保険料をいくらにす

るか等を判断するため、被保険者となろうとする者の健康状態を重視していることが認められる。

　しかし、解約は、保険契約者・被保険者の生命保険契約からの離脱を意味し、加入とは異なって、契約者が形成権の行使によってなし得るものであるため、生命保険会社が被保険者の健康状態に着目することばありえないといわざるをえない。しかし、原告が主張するよこ、Cが、Aに対し、本件解約を働きかけたという証拠はない。また、Aが自らの健康状態が死に至る高度の危険のある状態にはないと誤信したという証拠もない。確かに、Aが長期間による入院と4時間30分にわたる手術を受け、自宅療養中も体の不調を訴え、食欲不振に悩まされていたことが認められるが、本件解約の結果、保険料が減額されれば、死亡保険金も減額されることは通常当然に予測されることであって、これは、減額・特約解約請求書において、死亡保険金が主契約の500万円のみになることは明らかであり、Aがこれを認識していなかったという特段の事情も認められない。よって、その余の点を判断するまでもなく、錯誤の主張は理由がない。

争点2（債務不履行）について

　被保険者の健康状態等は、基本的に被保険者側の自己領域に属する個人情報であるから、被保険者が自らの健康状態を前提とした保険契約に関するアドバイスを受けたいのであれば、被保険者の側から前提とすべき自己の健康状態を説明しなければならないというべきである。保険会社は、入院給付金等の支払査定に当たり保険契約者から提出された書類を入院給付金等の支払要件の存否を判断することのみに用いるのであって、被告が年間疾病入院給付金の支払いを年間60ないし70万件も取り扱っていることからしても、右情報を、被保険者の健康状態を把握して適切な助言をすることを目的として調査・分析・管理などすることはないし、期待されてもいないと解される。そして、サービスアドバイザーとしても、被保険者から助言を求められた範囲で適切に対応すれば足り、自ら積極的に情報を収集して助言すべき義務があるということはできない（浦和地裁平成12年10月11日判決、平成11年（ワ）736号）。

●**参考判例**（東京地裁平成13年4月18日判決、平成12年（ワ）第24387号）

　事　案　債権者代位権に基づく解約権の行使
　争　点　①債権者代位権の行使の要件を満たすか
　　　　　②本件各契約の解約権及び解約返戻金請求権は、保険契約者らの一身に専属する権利か

判旨

争点①について

(1) 保険契約者らは、株式会社D他11社に対し、総額約5200万円の債務を負っており、その中にはE金庫F支店から事業会社が借り入れた3890万円の保証債務が含まれている。これに対し、預貯金等の資産はなく、所有する不動産には担保権が設定されており、余剰が出る見込みはない。さらに、破産申立てを準備中であるが、裁判所に支払う予納金が準備できないことから、申立手続を中断している。そうすれば、保険契約者は、多額の債務を負担し、債務超過の状況にあると認められる。・・・同人も多額の債務を負担し、債務超過の状況にあると認められる。これによれば、保険契約者らは、それぞれ無資力の状態にあると認められる。

争点②について

(1) 本件各契約は、その契約内容からすれば、契約者の死亡時に遺族の生活保障のために多額の保険金額が支払われる生活保障型の保険契約であると認められる。

(2) 生命保険契約において、保険契約者に保険事故が生じた場合に支払われる保険金請求権は、通常の金銭債権であり、これを差し押さえることを禁止する法律上の規定はなく、そうすれば、同保険金の支払が遺族の生活保障を目的とするからといって、これを債権者が差し押さえたり、債権者代位権によってその支払を求めることが許されないと解することはできない。

　本件各契約によれば、保険契約者は、いつでも将来に向かって保険契約を解約することができ、その場合、解約返戻金があれば、保険会社は契約者に解約返戻金を支払う旨規定されている。保険契約者が保険契約を解約したことによって取得する解約返戻金請求権は、保険金請求権と同じ金銭債権であり、差押えの対象となることから、保険契約者の債権者は、債権者代位権によって保険会社に対し、その支払を求めることができるものと解される。

IV-1 解除(解約)

　　　　債務者は、債務超過に陥ったときには、保険契約を解約して債務の支払に充てることがあることは一般的に知られていることであるが、仮に債務者が、保険契約を解約した場合、解約返戻金請求権は一般債権となることから、債権者が債権者代位権によりその支払を求めることは許されると解される。そうでないと、債務者が無資力の状態にあるにもかかわらず、債務者の意思により債務の引当にならない一般財産を作り出すことになり不都合であるからである。

(3) 契約の解約権の行使が債権者代位権の対象になることは争いがなく、そうすると生命保険契約の解約も、債権者が債権者代位権によって行うことができることになる。しかし、本件各契約のように、契約者が支払う毎月又は年間の掛金に比較して契約者の死亡時に支払われる保険金が莫大であるという遺族の生活保障を目的とする生命保険の場合、債権者の意思により保険契約の解約を許すことになれば、遺族の生活保障の手段を一方的に失わせ、遺族に著しい損失を蒙らせることとなる可能性がある。

　　　　債務者が無資力の状態にあるにもかかわらず、債権者代位権によって生命保険契約を解約することを許すと、債務者又はその遺族に著しい不利益を与えると認められる場合は、債権者の債権者代位権による保険契約の解約及び解約返戻金の取得が債権者の権利の濫用にあたるとして、これを認めないとすることもできるのであり、本件各契約が遺族の生活保障型の保険契約であるとしても、それだけで、保険契約の解約権及び解約返戻金請求権を債務者であるAらの一身に専属する権利であると認めることはできない。そして、本件においては、債権者である原告が債権者代位権により本件各契約を解約し、解約返戻金を取得することが、権利の濫用として許されないと認めるに足りる証拠はない。

(4) そうすると、本件各契約の解約権及び解約返戻金請求権の行使を、Aらの一身に専属する権利であると認めることはできないと解するのが相当である（東京地裁平成13年4月18日判決、平成12年(ワ)第24387号）。

●参考判例（札幌地裁平成13年4月27日判決、平成12年(ワ)第2457号）（札幌高裁平成14年1月22日判決、平成13年(ネ)第229号）（最高裁平成14年9月12日、平成14年(オ)第693号、平成14年(受)第716号）

事　案　生活保護と生命保険契約の解約

争　点　保険契約者が生活保護受給の申請について市の担当者と相談した上で、生命保険契約を解約したことが市の担当者の強迫によるものか

判　旨

（第一審）　保険契約者は○○市の担当者から話を聞いたうえ、生活保護を受けるためには本件生命保険契約を解約するのがよい、又は、解約すべきであると考え、自らの意思で保険会社に対する「解約請求権」に所定事項を記載し、これを保険会社に提出したと認められる。「解約請求書」の記載や作成に至る経過によれば、この文書を作成する際に、保険契約者が市の担当者の話に畏怖し、自由な意思を奪われていたとは認めることができない（札幌地裁平成13年4月27日判決、平成12年(ワ)第2457号）。

（第二審）　同旨（札幌高裁平成14年1月22日判決、平成13年(ネ)第229号）。

（上告審）　上告棄却、不受理決定（最高裁平成14年9月12日、平成14年(オ)第693号、平成14年(受)第716号）。

●参考判例（奈良地裁平成13年5月30日決定、平成13年(ル)第150号）（大阪高裁平成13年6月22日決定、平成13年(ラ)第618号、判時1763号203頁）

事　案　個人年金保険の解約返戻金請求権の差押え

争　点　①個人年金保険契約の法的性質
　　　　②個人年金保険契約の解約返戻金の差押えの可否

判　旨

（第一審）

1　本件保険契約は、個人年金保険であり、年金保険契約は、差押禁止財産として法定されていない生命保険契約と異なり、「債務者が国及び地方公共団体以外の者から生計を維持するために支給を受ける継続的給付に係る債権」であり、差押禁止債権である（民事執行法152条1項1号）。

2 しかし、解約返戻金請求権については、差押え禁止する明文がないため、差押えをすることができるかが問題となる。

　解約返戻金請求権は、保険契約者が解約権を行使することを条件として効力を生ずる権利であって、解約権を行使することは差し押さえた解約返戻金請求権を現実化させるために必要不可欠な行為である。したがって、差押命令を得た債権者が解約権を行使することができないとすれば、解約返戻金請求権の差押えを認めた実質的意味が失われる結果となる（最高裁平成11年9月9日判決参照）。

　そこで、債権者が個人年金保険契約を解約することができるか、すなわち、個人年金保険契約の解約権が一身専属的権利かどうかについて検討する。

　思うに、保険契約における解約権が一身専属的権利であるか否かについては、一律に論ずるべきではなく、当該保険契約の種類や内容によって個別的に検討すべきであり、保険金受取人の生活保障あるいは社会保障の補完的意味合いがほとんどないものについてのみ、債権者代位の対象となると解される（東京地裁昭和59年9月17日判決、大阪地裁平成5年7月16日判決、東京地裁平成6年2月28日判決参照）。

　この点、個人年金保険契約は、社会保障の補完的意味合いは薄く、むしろ貯蓄的性格を有するため、その解約権も一身専属的権利ではなく、債権者代位権の対象となりうるとする考えもある。

　しかし、本件個人年金保険は、個人年金保険普通保険約款において「老後の生活の安定を図ることを目的とした保険」と規定されていることや、差押禁止財産として法定されていない生命保険契約と異なり、個人年金保険は差押禁止債権とされている趣旨からすれば、その主な目的は、保険金受取人である老齢者の生活保障であると解される。

　したがって、この個人年金保険の性質からすれば、その解約権も、もっぱら保険契約者の意思を尊重すべき行使上の一身専属的権利であると解さざるをえない。

　したがって、債務者自身が解約した後であるならば格別、債権者が年金契約の解約権を代位行使することを前提する返戻金の差押えは、許されない（奈良地裁平成13年5月30日決定、平成13年（ル）第150号）。

（第二審）
1　抗告人は、奈良地方裁判所に対し、相手方が第三債務者との間で契約した本件年金保険契約の解約返戻金請求権の差押えを求めた。

　原決定は、本件年金保険契約の普通契約約款において、老後の生活安定を図るという目的を規定していること、個人年金保険が差押禁止債権とされていることから、本件年金保険契約が保険金受取人である老齢者の生活保障という性質を有するとした上、本件年金保険契約の解約権が保険契約者の行使上の一身専属的権利であり、抗告人が代位行使することはできないとして、本件申立てを却下した。

2　しかし、原決定の判断は、以下の理由から是認できない。
(1)　本件年金保険契約の性質
　ア　・・・保証期間中に死亡した場合には、その期間中の年金のうち、まだ支払われていない年金の現価が一時に支払われること、年金開始日前に死亡したときは、死亡給付金が支払われること、保険契約者（相手方）は、年金開始日前に限り、いつでも将来に向かって契約を解約し、解約返戻金の支払を請求することができること、第三債務者は、仮差押事件の陳述書において、解約権の代位行使による解約ができることを前提とした回答をしていること、解約返戻金は、経過した年月数により計算され、平成12年10月26日現在、本件年金保険契約の解約返戻金として783万0326円が見込まれていること、相手方は現在46歳であり、年金開始日までには13年以上あること、以上の事実を認めることができる。
　イ　民事執行法152条1項に定める継続的給付に係る債権には、生命保険会社等との私的年金契約による継続的収入も含まれるが、生計維持に必要な限度で、現に年金として支給が開始されているものに限られると解するのが相当である。けだし、差押禁止債権は、債務者の最低生活を保障するという社会政策的配慮に基づいて、その限りにおいて債権者の権利の実現を後退させて定められているものであるから、生活保障に最低限必要なもの以上に差押禁止の範囲を広げることは、一方的に債務者の責任を限定し、著しく債権者の権利を害することになるからである。

IV-1 解除（解約）

　　　そこで、本件年金保険契約の性質について検討するに、上記認定の事実によれば、本件年金保険契約は、いわゆるバブル経済の最盛期に締結されたものであり、保険料に比して高額の年金保険が給付されること、保険料も一括前納されており、保険料総額は月払契約に比べて相当程度軽減されていることが認められるのであって、本件年金保険契約の普通契約約款に「老後の生活の安定をはかることを目的とした保険」との記載があることを考慮しても、まさに貯蓄目的の保険契約であると認められる。

(2) 本件年金保険契約の解約権の性質

　　　上記認定・判断のとおり、本件年金保険契約は、貯蓄目的の保険契約であり、本来の年金保険の給付についても、そのすべてが差押禁止財産に当たるとは考えられない上、本件申立てにおいては、年金給付そのものではなく、年金開始日前の解約返戻金請求権を差押えの目的とするものである。そして、上記認定のとおり、本件年金保険契約上、解約権は年金開始日前であれば、いつでも行使することができるものであり、したがって、身分法上の権利などとは違い、解約権行使を保険契約者のみの意思にゆだねるべき事情はなく、行使上の一身専属的権利とは解されない。

　　　そうすると、抗告人は、条件付権利ではあるが、権利として特定がある本件年金保険契約の解約返戻金請求権を差押えた上、民事執行法155条の取立権に基づき解約権を行使することによって、自己の債権の満足を得ることができるというべきである。

3　以上のとおり、本件年金保険契約の解約返戻金請求権は、被差押適格を有するものであり、これと結論を異にする原決定は不相当であり、取消しを免れないものである（大阪高裁平成13年6月22日決定、平成13年（ラ）第618号、判時1763号203頁）。

●**参考判例**　（神戸地裁洲本支部平成14年3月29日判決、平成13年（ワ）第47号）（大阪高裁平成14年11月13日判決、平成14年（ネ）第1454号）

事　案　代筆により手続がなされた解約の成否

争　点　①本件解約が、契約者の意思に基づくものか
　　　　②使者による署名・捺印による解約請求書の有効性

[判旨]

（第一審）　争点①について

　　以上認定によれば、原告が、保険料の負担を減らすため、本件保険契約の解約を検討し、被告営業員から説明を受け、その際、契約者本人も説明を聞き、保険契約者も本件保険契約の解約を検討していたことが認められる。もっとも、保険契約者が解約を決定してその申し入れを原告にさせたか否かについては、これを直接認めるに足る証拠は存在せず、被告においても、保険契約者の意思確認を一切していない。しかし、営業員から原告ともに説明を聞き、契約を解約するか継続するかの判断を留保していた保険契約者が、これを放置するとは考えられず、原告においても、家計を任せ切りにされていたとはいえ、保険契約者の意思に反してまで独断で本件解約の手続をするとは考えられない。本件解約が保険料の負担を減らすという夫婦の共通の利益のためになされるものであり、本件解約を保険契約者に隠す必要がないこと、原告は、保険契約者に金の話をしにくかった旨述べるが、夫婦仲がそれ程悪かったとはみられず、保険契約者は、原告とともに、営業員からの説明を聞き、本件保険契約を解約するかどうか検討していたこと、解約手続の後、被告は、保険契約者の保険料引落し口座に解約返還金8万2055円を送金し、解約明細書〔証拠略〕を保険契約者の自宅宛送付していること、保険契約者の死亡まで保険契約者自身から苦情等は出されていないことに照らすと、本件解約は、原告と保険契約者が相談の上、決定してなされたものであることが推認できるものというべきである。

　　したがって、本件解約は、保険契約者から権限を与えられた原告がその手続を行ったものであり、契約者である保険契約者の意思に基づく有効な解約と認めるのが相当である（神戸地裁洲本支部平成14年3月29日判決、平成13年（ワ）第47号）。

（第二審）　二口の生命保険に入っていた保険契約者（夫）からその保険料（毎月合計約7万5000円）の支払を任されていた控訴人（妻）が、その支払もままならず、本件保険契約の保険料立替金残高が95万329円、

契約者貸付元金残高が133万0898円にもなったことなどから、営業職員に本件保険契約の解約の話を持ちかけ、２種類の生命保険契約の保障設計書を持参した営業職員からその説明を受けたが、その際、保険契約者も途中から同席してその説明を聞き、・・・控訴人が営業職員の用意した解約請求書に保険契約者の署名、押印をしたうえ、これを営業職員を通じて被控訴人に提出し（本件解約）、その数日後に被控訴人が保険契約者の保険料引落し口座に解約返還金を送金し、解約明細書を保険契約者宛に送付したが、これに対して保険契約者から異議の申出等はなかったというにあり、これらの事実によれば、本件解約は、保険契約者の意思に基づいてされたものと認めるのが相当であり、したがって、本件解約は、有効なものというべきである。

本件においては、控訴人は、保険契約者の了解の下に同人の使者として解約請求書に保険契約者の氏名を記入したうえ、保険契約者の届出印を押し、同書面を被控訴人に差し出したものと認められる（大阪高裁平成14年11月13日判決、平成14年（ネ）第1454号）。

●**参考判例**（名古屋地裁平成15年５月14日判決、平成13年（ワ）第1673号）（名古屋高裁平成15年11月12日判決、平成15年（ネ）第602号）（最高裁平成16年（受）第418号、平成16年４月８日）

事　案　生命保険会社が保険料負担者による解約により契約は存在しないとして証券上の契約者を提訴した事案

争　点　①保険契約の実質的な契約者について
　　　　②解約権が授与されたか

判　旨
（第一審）
争点①について
　B（養母）が従前の保険契約を本件保険契約に転換した理由が自らの高齢化（当時60才）とA（養子）が保険料を自己負担すると言ったからであること、BがAに対し当初本件保険証券及び本件印鑑を交付したこと、本件保険契約の契約者の住所が平成２年９月３日にはA夫婦の居住地であった新潟県○○市〔以下略〕となっていたこと、本件保険契約の保険料引去口座が同月４日から平成３年４月４日の間〔略〕銀行〔略〕支店普通預金口座〔略〕A様」となっていたこと、Bが本件保険契約締結当初から平成９年までの毎年８月ころAに保険料を「払っておいたからお金を送ってね。」と言っても「そのうちにね」という返事があるだけでBへ送金しなかったこと、Aが平成10年以降も同契約に基づく保険料を一度も負担しなかったこと、Bにはこの間Aのために保険料を「立て替えてやる」若しくは保険料を「やるつもり」があったこと又は「残してやれる財産はないからそれくらいはと思って掛け続け」る気持ちがあったこと、以上の各事実が認められる。以上の各事実によれば、Bが本件保険契約に基づく毎年の保険料全部を原告（生命保険会社）に対し支払い続けた行為は、同契約の実質的契約者としてではなく、Aに対する保険料相当額の資金の生前贈与又は少なくとも立替払行為としてであって、Aが本件保険契約の実質的契約者であると言うべきである。

争点②について
ア　本件保険契約は、元々契約者Bが営々と保険料を払い込んできた従前の生命保険契約を、Bの老齢化とAが婚姻届出をしたことを契機としてAのために転換する代わりに、Aをして自律的に保険料を支払わせる意図の下に締結され、かつ、そうであるからこそ、Aは、本件保険証券及び本件印鑑を所持させられるに至った。

イ　ところが、Aは、Bから保険料負担の督促を受け続けたにもかかわらず、結果としては保険料を支払う経済的余裕がなく、Bに保険料支払の肩代わりをしてもらう外はなかったため、平成２年９月に一旦は契約者の住所を自らの住所地にすると共に保険料引去口座を本件A口座に変更する手続をとりながら、平成３年ころ、改めて契約者の住所をB夫婦方に、保険料の引去口座を本件B口座へ、それぞれ変更すると共に、本件保険証券及び本件印鑑を持参のうえ、B夫婦方を訪れ、Bに対し、これらを交付し、その後、一切保険料を負担しなかった反面「金に困ったらいつでも下ろしてよい。」旨を申し伝えていた。以上の各事実によると、Aは、Bの経済的余裕の許す間の本件保険契約の存続を希望しながらも、当初

IV-1 解除（解約）

の意図に反し、自ら保険料を負担できずにBにその負担を任せるという「親子間に波風が立ちかねない」引け目を被告と共有するに至り、Bに対し平成3年の本件保険証券及び本件印鑑の交付をもって本件保険契約の管理支配を委ね、その後もBに保険料負担を余儀なくさせていたため、上記イ末尾の文言により本件保険契約の解約権を委ねたものと認めるのが相当である（名古屋地裁平成15年5月14日判決、平成13年(ワ)第1673号）。

（第二審）　本件保険契約の解約手続きについて、被控訴人自身が定めた手続準則に反した取扱いを行った被控訴人に対しては、過失の責任を取らせ、控訴人への死亡保険金支払をさせることが当然である旨主張する。

しかし、BがAから本件保険契約を解約することの代理権を授与されていたと認められることは上記のとおりであるから、仮に解約手続きが被控訴人の内部的な手続準則に反した点があったとしても、それによって代理人の行った解約行為が無効になるというものではなく、控訴人の主張は採用できない。

控訴人は被控訴人がBの銀行預金口座に送金したことについても問題にするが、上記のとおり本件保険契約の解約手続きについて適正な権限を持つBが指定した送金先口座に被控訴人は送金したにすぎないから、特に争点とすべきものとは認められない（名古屋高裁平成15年11月12日判決、平成15年(ネ)第602号）。

（上告審）　不受理決定（最高裁平成16年(受)第418号、平成16年4月8日）。

●**参考判例**（東京地裁平成16年3月23日判決、平成15年(ワ)第259号）（東京高裁平成16年9月15日判決、平成16年(ネ)第2349号）

　事　案　生命保険契約の解約の成否（本件は、保険者が、保険契約者との生命保険契約は既に解約されたとして、同契約に基づく保険者が保険契約者に対する債務が一切存在しないことを求めたもの。また、解約返戻金の支払は保険契約者の保険料振替口座に着金しており、債権の準占有者に対する弁済の法理から、本件支払も有効であると主張し、被告は、準占有者への弁済を争った事案）

　争　点　解約は保険契約者の意思によるものか

[判　旨]

（第一審）　認定事実に照らすと、本件契約1は、被告自らが本件解約請求書に自署し、本件契約2は、被告の了解の下に、Aが本件解約請求書に署名を代行して、いずれも解約請求書を作成し、被告了解の下に本件契約1及び同2が解約され、被告名義の本件口座に解約返戻金が着金したもので、被告の意思に基づいて、解約されたとすることが相当である。

ところで、本件解約請求書2通は、いずれも、CがAから渡された封筒の中に一緒に入っていたのであり、本件解約書の請求者欄の署名「Y」の文字は、被告自らが署名したと認めている・・・の各署名の文字、本件の出廷カード記載の署名と字の運び、崩し方などが一致しており、同一人が記載したと見ることが可能である。なお、被告は、解約請求書の署名の「稲」の10画目の以下が「旧」となるべきところ「日」となっており、被告自らが署名するのであれば、このようなことはないと述べ、当該署名は偽造であると言うが、慣れた字であっても、そのときの状況、姿勢、筆勢により、変わるものであり、これをもって直ちに偽造であるとは言えない（東京地裁平成16年3月23日判決、平成15年(ワ)第259号）。

（第二審）　控訴人は、同年8月当時には既に控訴人とAが家庭内離婚の状態にあり、家計のやり繰りや本件各契約の解約などについて相談し合う関係にはなかったから、本件各保険の解約手続がなされた時点においては、その解約についてAと協議するはずがなく、これを了解することもあり得ない旨主張する。確かに、控訴人とAとの夫婦関係はその当時破綻の危機に瀕しており、控訴人が離婚届用紙に署名押印をしてこれをAに渡すまでに至っていたものの、住宅ローンの支払もあって、控訴人の収入はその後もAに渡されていたことは前記認定のとおりであるから、控訴人とAとの間で家計のやり繰りなどについて協議ができない状態にあったとはいえず、控訴人の主張は採用できない（東京高裁平成16年9月15日判決、平成16年(ネ)第2349号）。

Ⅳ-1 解除(解約)

●**参考判例**(名古屋地裁豊橋支部平成2年8月10日判決)
　事　案　生命保険契約の解約
　争　点　解約の行使は契約者の意思によるものか
　判　旨

　本件保険契約解約請求書作成日頃は、契約者兼被保険者Aは意識も欠落する程の状態にあったので、仮にAの子Bに対して「書いておけ」といったことがあったとしても、そのような状態にあるAの発言が果たして同人の真意に沿うものであったかどうか多分に疑問があること、さらに、同解約請求書のA名下に押捺された印鑑は同人の実印であるが、Bにおいて容易に利用することができる状況にあったことが認められ、これら事実を総合すると、本件解約請求書は、BがAの実印を冒用して作成した蓋然性が極めて高いものというべきである(名古屋地裁豊橋支部平成2年8月10日判決)。

●**参考判例**(神戸地裁明石支部平成2年8月31日判決)
　事　案　生命保険契約の解約
　争　点　保険契約者の解約権行使に対し、保険会社は当該解約事情について調査をなす義務を負うか
　判　旨

　本件解約手続につき、(原告は)被告保険会社が形式的な書類上の手続のみで解約に応じるのではなく、亡A等に解約に至る事情を問い合わせるなど調査のうえ手続を勧める義務があったと主張するが、双務契約の当事者の一方が解約を求めるとき、当該契約当事者の一方からの解約の申入を拒み得る約定もしくはこれを拒むべき特別な事情が存在しない限り、解約が契約当事者の権利であると解するのが相当であり…被告保険会社の担当者が、亡Aの危篤状態を知りながら解約に応じた点を主張するが、右事情は解約請求を行う契約者である法人側の事情に過ぎ(ない)。…本件解約により保険金請求権を失った事実が認められるが、契約者である法人には、被保険者の生存中、自己が締結した本件契約を解約する自由を有することはもとより当然である…(神戸地裁明石支部平成2年8月31日判決)。

●**参考判例**(奈良地裁平成8年10月29日判決)
　事　案　生命保険契約の解約
　争　点　解約の有効性と効力発生時期
　判　旨

　本件解約請求手続をしたことはないと争うが、本件解約請求書の体裁から、本件解約請求書の契約者欄の記名押印が原告の意思に基づき原告代表者によって顕出されたものであることからすれば原告は、少なくとも外形的には本件解約請求書によって本件保険契約の解約請求手続をしたものといわざるを得ない。
　本件解約請求書は、遅くとも平成5年8月26日には、記入漏れ等の不備のない形で、被告においてその権限を有する本社保全課に到着したものと認められ、遅くともこの時点では本件保険契約について解約の効果を生じたことが明らかである(奈良地裁平成8年10月29日判決)。

●**参考判例**(東京地裁平成6年2月28日判決)
　事　案　保険契約に設定された質権実行のための債権者代位権行使による解約
　争　点　質権者は解約権を行使できるか(解約権が一身専属権に該当するか否か)
　判　旨

　民法423条1項但書に規定する債務者の一身に専属する権利とは、その権利を行使するかどうかを債務者の意思に任せるべき権利を言うものと解すべきであり、本件保険契約の解約権がA社の一身専属権に該当するか否かは、本件保険契約の種類、内容及びその締結の経緯などの事情を考慮して検討すべきである。
　そこで本件保険契約について検討するに、本件保険契約は、A社を保険契約者兼保険金受取人、Bを被保険者、保険金額を2口合計1億8600万円とする一時払い変額保険であり、A社は本件保険契約締結にあたり、原告(銀行)から利息年7.9パーセントの約定で借り入れた金1億0388万6580円を、被告(生命保険会社)に対して2口分の保険料として一括して支払っているものであるから、A社が保険契約を締結した

IV-1 解除（解約）

目的は、A社の代表者であるBの死亡によりA社が事業活動に支障をきたす事態に備えて、右損失を専ら経済的に補填することにあると考えられ、さらに原告から利子付きで借り入れた資金を一括して保険料支払いに当てた変額保険であることを考慮すると、節税及び資産運用目的であることが推認される。また本件保険契約の締結の経緯についても…原告とA社との間では本件貸付日である平成2年8月8日に既に、本件貸金を被担保債権として将来契約すべき本件保険契約に基づく保険金支払請求権及び解約返戻金請求権に質権を設定する合意がなされているのであり、A社が本件保険契約に加入するためには原告から支払保険料の融資を受け、本件保険契約から生じる権利に原告のため質権を設定することが必須であったことは明らかであるから、A社が原告に対して本件貸金の返済を怠る場合には、本件保険契約に基づくA社の受ける利益は右請求権に対する原告の質権に劣後するものであることを当初からA社も十分承知していたと言うべきである。

右のような本件保険契約の種類、内容及びその締結の経緯に照らすと、解約権の行使をA社のみの意思に委ねるべき事情は認められず、右解約権の行使は、債権者代位の対象とならない一身専属権に属すると解することはでき（ない）（東京地裁平成6年2月28日判決）。

●**参考判例**（東京地裁昭和59年9月17日判決）
事　案　生命保険契約の解約
争　点　解約権は保険契約者の一身専属権か
<u>判　旨</u>

保険契約の解約権が一身専属権であるか否かは一律に論ずべきではなく、当該保険契約の種類や内容によって個別に検討すべきである。なぜなら、保険契約といっても、保険金受取人の生活保障あるいは社会保障の補完的意味合いを強く持っているものもあれば、そのような意味合いがほとんどなく、専ら純粋に損害の填補だけを目的とするような性質のものもあるのであって、前者の保険契約にあっては、保険契約の継続・解約の意思表示の決定について専ら保険契約者の意思を尊重すべきであり、いかに債権者といえその容喙を許すべきでないが、後者にあっては、解約権あるいはその結果発生することのあるべき解約返戻金請求権も特に通常の財産権と別異に論ずる必要はなく、債権者代位を許して差し支えないと解される（東京地裁昭和59年9月17日判決）。

●**参考判例**（大阪地裁昭和59年5月18日判決）
事　案　生命保険契約の解約
争　点　解約権は保険契約者の一身専属権か
<u>判　旨</u>

生命保険契約を解約するか否かは保険契約者の自由意思に委ねられるべきであり、しかも、保険契約は、保険契約者の他にその配偶者、同居の親族等をも被保険者とするものであって、本件保険契約が解約されるとこれらの者の利害にも重大な影響を与えるものであるから、本件保険契約の解約権を差押債権者である被控訴人が行使することは許されない旨主張する。たしかに、生命保険制度は将来の保険事故の発生による生活の経済的不安定に対処し、その不安定の除去、軽減のための備蓄をするという趣旨を含んでいることは否定できず、したがって、保険契約の存続について保険契約者およびその被扶養者の利益を尊重することを要することはいうまでもないが、生命保険制度は、同時に、保険契約者の資産の運用のため利用される場合も多いのであり、また、生命保険契約により保険契約者や保険金受取人が取得する権利についてはその債権者の側において債権の担保として重大な利害を有するものであるから、生命保険制度を専ら保険契約者および被扶養者の保護の面から考えるのは相当でない。…これを取り立てるため、差押債権者において解約権を行使することは許されるものと解するのが相当である。けだし、解約権は保険契約者の自由意思により何時でも行使することができるものであり、しかも、その自由意思は身分法上のそれのように一身専属的なものとして格別に尊重することを要するものとも認められず…（大阪地裁昭和59年5月18日判決）。

●**参考判例**（大阪地裁昭和56年4月27日判決）
事　案　生命保険契約の解約
争　点　債権者代位権による生命保険契約の解約及び解約返還金請求権行使の正当性
判旨

　原告であるXは、訴外A会社に対し手形債権を取得していたが、A会社は倒産し、A会社の代表者も行方不明となったため、原告であるXはA会社からは、前記債権を回収できない状態になっていた。A会社は代表者を被保険者とする生命保険契約2本を昭和51年に締結していたため、その解約返還金が昭和55年当時30万円余となっていた。

　そこでXは債権者代位権を行使して、被告である保険会社に対して生命保険契約を解約し、その解約返還金をXに支払うよう請求した．被告保険会社は、Xと争う予定はなかったが、A会社の代表者も行方不明となっていたため、代表者にも既判力を及ぼすため応訴した。

　本訴請求は、代位行使された解約返戻金請求債権合計金30万7580円及び内金20万0480円に対する昭和55年10月2日以降、内金10万7100円に対する昭和56年2月24日以降いずれも完済にいたるまで年五分の割合による遅延損害金の支払いを求める限度において理由があるからこれを認容する（大阪地裁昭和56年4月27日判決）。

●**参考判例**（熊本地裁平成9年7月3日判決）
事　案　生命保険契約の解約の効力の有無
争　点　①原告の妻がなした解約手続きは有効か
　　　　　②妻がなした解約行為は日常家事行為として原告の代理行為として有効か
判旨

　原告（保険契約者）の妻は、原告に対し、保険を小さくまとめたい旨伝えていたが、それについて原告が承諾しないうちに、保険料が未納のまま保険契約が失効するのを避けるために、その解約手続きを保険会社担当者に依頼したものであり、右解約手続きは原告の意思に基づくことなく行われたものといわざるを得ない。

　被告（保険会社）は、生命保険契約の解約は、夫婦の日常家事行為に含まれる旨主張するが、生命保険は、預貯金とは異なり、保険金額が高額である上、一度解約手続きをとると、同一条件契約することができなくなることもあるため、その解約には慎重な考慮を要するものというべきであるから、夫婦の日常家事行為には含まれないと考える。

　もっとも、原告は、保険契約の解約が無効であることを主張しながら、被告に対し、保険料の提供をしていないから、本保険契約については、保険料立替え期間が経過していて、既に失効しているものというべきである。

　なお、別口の契約については、保険証券上の保険契約者は、原告の妻名義となっているが、保険会社担当者及び原告の妻の証言によれば、原告が原告の妻の名を用いて契約をし、保険料も原告が支払っており、このことは、保険会社の担当者も知っていたものと認められるから、右保険契約についても、原告が保険契約者であるというべきである。そして、右保険契約についても、原告の意思に基づくことなく解約手続きが行われたものと認められる。

　各保険契約について原告が保険契約者たる地位を有することの確認を求める限度で理由があるので、右の限度でこれを認容する（熊本地裁平成9年7月3日判決）。

Ⅳ-2　解約返戻金

　解約返戻金とは、契約が解約された場合に契約者に還付される金額のことをいい、契約者は、先にも述べたとおり、解約権を行使することによってこれを請求する権利を取得する（その額は保険種類、契約年齢、経過年数等によって異なるが、当該契約分についてのそれは保険約款と共に説明書によっ

IV-2 解約返戻金

て例示されるのが通例である)。この請求に対し、保険者は本来、保険料の中から積み立てられる貯蓄部分と将来の危険部分についての準備金(責任準備金)を返戻してもよいわけであるが、もしそうすれば、生命保険販売においては初期費用(主に新契約費)が当初の保険料に占める事業費以上にかかることから、契約が早い時期に解約されると初期費用が未償却状態のまま残されることとなり、問題が少なからず発生する。そこで、この未償却部分の負担につき、解約者と残存者とのバランスを保つうえから、解約者へも一定の経費負担を課すこととしたのが今日の解約返戻金制度である。すなわち、契約してから一定期間は責任準備金から初期費用の未償却部分あるいは残存グループの死亡危険の増加に対処するための経費等を控除したものが解約返戻金とされているのである(大阪地裁平成13年3月16日判決、平成12年(ワ)6117号「解約返還金は、その計算の要素が多く、その算出方法も複雑であることに照らすと、すべての事例についての例表を保険約款等に記載することは現実的でなく、また、解約返還金の算出方法はあらかじめ定まっているもので、後に変更されるものではないことに照らすと、保険会社は、保険約款等にその算出方法によって計算した例を例表として表示することで足りる」)。

●**参考判例**(東京地裁昭和56年4月30日判決)
　事　案　生命保険契約の解約
　争　点　解約返戻金の算定・開示と保険契約者に対する拘束力
　　判　旨
　　　小冊子中の約款の記載は…その記載の体裁において必ずしも明確にされていない点において欠陥があるといわなければならない。しかし…欠陥があるとはいえ、保険証書に添付した小冊子中に、普通保険約款に掲記されている(保険業法施行)規則第5号書式に準じた「解約払戻金額例表」がそのまま掲記されている以上、右欠陥の故をもって規則第16条、17条に違反するものとはいえないし、まして、右欠陥は、被告生命保険会社の普通保険約款による本件生命保険契約の成立を妨げるものではないと解される。
　　　また、被告生命保険会社の普通保険約款に掲記されている「解約払戻金額例表」が、これのみによっては全ての個別的事例における具体的な解約払戻金額の正確な数字の算出できないものであることは…明らかであるが、保険会社における「解約払戻金ノ計算ニ関スル事項」は、大蔵大臣の認可を受けるべき「保険料及責任準備金算出方法書」に定めるべき事項であることは規則13条に明記されているところであり、その普通保険約款に記載する解約払戻金の算出方法としては、右方法書に記載された算出方式によって計算した例を規則第5号書式に準じた例表として掲記しておけば、保険会社の解約払戻金債務等の、規則12条6号にいう「保険契約ノ…解除ノ場合ニ於イテ当事者ノ有スル権利義務」を定めたものとして充分であり、かつ、かかる約款によって生命保険契約が成立した以上、解約払戻金(右方法書に記載された計算方法によって算出されるべき解約払戻金)についての合意が当事者間に成立したものと解される。本件各生命保険契約の内容は…普通保険約款に拘束されており、解約払戻金の支払についても右約款および前記「保険料及責任準備金算出方法書」に基づいて支払われるべきものであって、被告保険会社が原告(契約者)らに対して右責任準備金を支払う義務を負うものではないと解される(東京地裁昭和56年4月30日判決)。

●**参考判例**(東京地裁平成6年2月28日判決)
　事　案　保険契約の解約
　争　点　解約返戻金の支払請求にあたって保険証券の交付を求めるべきか
　　判　旨
　　　本件保険契約の約款によって解約返戻金の支払いを受けるためには被告(保険会社)に対して保険証券を提出することが要求されている。
　　　現在原告(銀行)が質権者として本件保険証券を所持している以上、原告も約款の規定に従って権利行

使すべきであると解されるので、原告は本件請求の金員の支払いを受けるのと引き換えに、被告に対して本件保険証券を交付しなければならない（東京地裁平成6年2月28日判決）。

●**参考判例**（東京地裁平成17年12月15日判決、平成17年(ワ)第9166号）
　事　案　不在者財産管理人と生命保険契約の解約
　争　点　不在者財産管理人による解約権の行使は可能か
　判　旨

　不在者の財産管理人制度は、不在者の代理人を選任する手続であり、代理人の権限には、民法28条、103条による制限が存在する。不在者の財産管理人が選任された場合、財産管理人は、不在者の代理人として財産を管理するが、財産を処分する権限はなく財産を処分するには家庭裁判所の許可を要する。

　従って、本件において仮に不在者Bの財産管理人が選任されたと仮定して、財産管理人は、家庭裁判所の許可を得て本件保険契約を解約することができたとしても、原則として解約払戻金をそのまま保管することになる。原告が、当然に解約払戻金を取得できるものではない。不在者の財産管理人として原告あるいはCが選任されるかどうかは不明である。

　そうすると、前記争いのない事実等によれば、Bが受領する本件保険契約の解約払戻金は、保険料の自動振替貸付制度が適用されたため24万3313円に減少したことが認められるが、原告が主張する時期に不在者の財産管理人が選任され、保険料の自動振替貸付が少額のうちに本件保険契約が解約されたとしても、不在者の財産管理人が現在よりも多額の解約払戻金を保管することになるだけであり、原告が当然に解約払戻金全額を受領できるわけではないから、原告に損害が発生したとは認められない。

　原告は、Bに対する扶養請求権を被保全債権として、債権者代位権によって被告に対する解約払戻金支払請求権を行使する旨主張するが、原告がBに対して具体的にいくらの金額を支払うことを扶養請求権に基づいて請求できるかについては、家庭裁判所に対して家事審判を申し立てて金額を確定させなければ具体的に請求することはできない（家事審判法9条1項乙類8号）

　本件においては、原告のBに対する扶養請求の金額を定める家事審判はなされておらず、原告のBに対する扶養請求権は未だ抽象的なものにとどまっており、原告がBに対して具体的にいくらの金額の支払を扶養義務の履行として請求できたか明らかではない。

　かかる抽象的な段階の扶養請求権を被保全債権として債権者代位権を行使することは許されないと解する。また、かかる抽象的な段階の扶養請求権が仮に侵害されたとしても、金額が確定していない以上、損害賠償請求における損害として認めることもできない（東京地裁平成17年12月15日判決、平成17年(ワ)第9166号）。

●**参考判例**（東京地裁平成18年3月29日判決、平成17年(ワ)第1004号）
　事　案　第三者による保険契約の解約後の被保険者死亡
　争　点　解約の有効性
　判　旨

(1) 事実認定［略］
(2) 有権代理に関する判断
　ア　保険契約者兼被保険者が代表取締役を務めていた会社の管理部長であるE部長に対する個別具体的代理権の授与について
　　E部長に対して個別具体的に代理権が授与されたことを証する直接証拠はない。
　　E部長が本件保険契約の解約請求書を被告に提出したのは保険契約者Aの妻の指示であって、Aに直接には意思確認をしていないというものである。
　　E部長が従前訴外会社ないしA個人の保険の事務を担当していたこと、E部長が本件保険契約の解約請求書を被告に提出したのことのみから、個別具体的に代理権が授与されたことを推認するには足りない。かえって、Aは平成13年12月6日以降は口頭でその意思を表示することはできず、他の方法による意思表示も制限される状態であったこと、記載のとおりAは当時重篤な障害を負っていて、予後

も必ずしも楽観視できる状況ではなかったと認められるが、一般的にそのような者が生命保険契約を解約する合理性は乏しいことは、AがE部長に対して個別具体的に代理権を授与したことはないと窺せる事情である。よって、この点の被告の主張も理由がない。

　イ　保険契約者兼被保険者の妻Fに対する個別具体的代理権の授与について

　　Fに対して個別具体的に代理権が授与されたことを証する直接的な証拠はない。

　　FがE部長に本件保険契約の解約手続をすることを指示したことが窺われるが、それらの事実から、個別具体的代理権が授与されたことを推認するには足りない。

　ウ　Fに対する包括的代理権の授与について

　　被告は、Aは、平成13年7月ころから遅くとも平成14年10月ころまでの間、妻Fに預金通帳、実印及び印鑑登録証明書交付カード等を託し、預金の出し入れその他、A個人の私的事務処理一般を委ねており、妻であるFに対して、自己の私的事務処理一般に関する包括的代理権を授与していたと主張する。

　　しかし、AがFに自己の私的事務処理一般に関して包括的代理権を授与したことを直接認める証拠はない。

　　また、Fは、(a)Aの入院中、A所有の不動産に関する事務処理を行い、(b)同人の実印等を保管するなどしていたのであって、一定の範囲でAの事務処理を代行していたことが認められる。

　　しかし、(a)については、Fが行っていたAの事務は、Aの借金の返済に必要な金銭をAの銀行口座に移し替えるなどの比較的単純な事務にすぎないのであって、このことから直ちに、本件解約のような、重要事項に関する代理をも許す趣旨の包括的代理権が授与されたものと推認することはできない。また、(b)についても、FがE部長に上記実印等を預かる旨を告げた平成14年2月の直前には、Aは意識不明の状態であり、Fに対し上記実印等の保管を委任できるような状況になかったことは明らかであるから、Fがこれらを保管していたとしても、それはAの意思に基づくものではなく、同人から上記の趣旨の包括的代理権が授与された事実を推認するには足りない。更に、(a)、(b)は、夫婦の日常家事についての事務や代理権（民法761条）の範囲のものであって、この観点からも、これらの事実は、本件保険契約の解約に関する代理を許す趣旨の包括的代理権の授与を窺わせる事情とは解しがたい。

(3)　争点(2)（表見代理等）に関する判断

　ア　Fを表見代理人とする表見代理

　　(ア)　基本代理権の存在について

　　　AがFに原告が主張する私的事務一般を処理する包括的な権限を与えたとは認められない。なお、上記(2)ウ (a) の点については、そこで検討したように比較的単純な事務であって、Aが、その事務の処理をFに依頼していたとしても、それが、民法110条の基本代理権に該当するかについては疑義がある。

　　(イ)　正当事由について

　　　なお、仮に、AがFに、何らかの基本代理権を授与していたとしても、次に検討するとおり、被告には、AがFに本件解約をする権限を与えたと信頼すべき正当事由は認められない。

　　　即ち、確かに、FはAの妻であり、一定の範囲におけるAの私的事務を代行し、Aの実印等を保管し、実際に本件保険契約の解約請求書にも当該実印が押され、印鑑登録証明書が添付されていたものであって、これらの事実は被告がFの代理権の存在を信頼すべき正当事由となるかが問題となる事実ではある。

　　　しかしながら、被告の上記信頼が正当なものと認められるためには、単にFがAの上記私的事務を代行していたとの事実のみでは足りず、さらに被告においてこのような事実を本件保険契約の解約の際に認識していた事実が必要であるが、この点に関する立証はなされていない。また、‥‥FはAの妻であるから、同人の実印や印鑑登録証明書交付申請カードを持ち出し、それによって印鑑登録証明書を入手することは容易であって、解約請求書にAの実印が押印され、かつ印鑑登録証明書が添付されていたからといって、そのことから直ちに被告の上記信頼が正当なものと認めることはできない。

また、他方、被告保険会社の職員であるHは、本件解約時には、Aが長期入院中であり、訴外会社の代表取締役の地位をも退いていたことを知っていたので、Aの病状が相当程度悪化していると判断していたところ、一般的にそのような場合に生命保険契約の解約がされることは少ないと解されること、本件保険契約の受取人がFではなくAの前妻である原告であったこと、本件解約請求に際し、生命保険証書が呈示されなかったことなど、Fに本件保険契約の解約に関する代理権が授与されたことを疑うべき事情が存在していた。それにもかかわらず、被告は、本件解約に際し、単にE部長からFの指示に基づいて本件解約請求をする、保険証書は紛失した等の説明を受けたのみで、A本人はおろかFに意思確認や保険証書を紛失した経緯を尋ねるなどの基本的な調査を一切行っていない。

　そうすると、被告において、Fが本件保険契約の解約に関する代理権を有していたと信頼するにつき正当な理由があった、あるいはFの無権限につき無過失であったと認めることはできない。

　したがって、この点においても、被告の上記主張には理由がない。

イ　E部長を表見代理人とする表見代理について
（ア）　E部長を代理人とする表見代理を認めることはできない。
（イ）　E部長は、本件解約請求に際し、Fに指示された旨を告げたにすぎず、E部長がAの代理人であると一切告げていないし、被告はE部長をAの代理人として処理していた形跡は一切認められず、かえって、Fの指示に従ったものと判断していたものである。

　これらの事実からすると、本件解約に際し、被告は、E部長をAの代理人と捉えておらず、AないしFの使者と判断していたと認められる。

　そうすると、被告において、E部長が本件解約についての代理権を有していたと信頼するにつき正当な理由があり、あるいはE部長がその代理権を有していなかったことにつき無過失であったと解することはできない。

　したがって、この点からも、E部長を代理人とする表見代理は認められない。

　以上より、本件解約が有効であるとの被告の主張にはいずれも理由がない（東京地裁平成18年3月29日判決、平成17年(ワ)第1004号）。

V　生命保険契約上の権利の処分と差押

　通常、生命保険契約に基づき保険契約者や保険金受取人が有する諸権利（保険金請求権、解約返戻金請求権、配当金請求権等）は、いずれもそれが身分法上の権利ではなく、財産法上の権利であるところから、別段の規定がない限り、一般の財産上の権利と同様に処分（譲渡、質入等）の対象となり、債権者による差押の対象－民事執行法、あるいは国税徴収法に基づく滞納処分による差押の対象となり得る。

　しかし、生命保険契約上の諸権利をこれらの対象とすることが、はたして、生命保険制度の趣旨に適うものであるかどうか、立法政策上問題なしとしない。すなわち、「生命保険制度は保険契約者自身の老後やその被扶養者等のための配慮として利用されることが多く、この点にかんがみ、これらの者の権利を保護し、とくに債権者からする干渉を排除する制度が政策的には要請される。…しかし、他方では、生命保険制度が保険契約者の資産運用の方法として利用される場合も少なくないことを考えれば、保険契約上の権利に対する債権者の利益をも全然無視することはできない。これらの点をいかに調整するかは、立法政策上慎重な考慮を要する問題である」（大森忠夫『保険法』304頁、有斐閣、昭和51年）といわれてきた。

　そして、現に、国民健康保険法（67条）、労働者災害補償保険法（12条の52項）、国家公務員災害補償法（7条2項）等が保険金請求権の処分及び差押を全面的に禁止し、恩給法（11条3項）、厚生年金保険法（41条1項）、国民年金法（24条）、国家公務員共済組合法（49条）、地方公務員等共済組合法（51条）等が滞納処分等による差押等以外の処分・差押を禁止していることは注目されよう。

　以上のとおり問題点の指摘に対応して、保険法では生命保険契約、傷害疾病定額保険契約については当事者以外の者による解除権を前提とした介入権制度が創設された（保険法60条1項、89条1項）。介入権制度は項を改めて説明する。

V-1　質入

(1) 質入とは

　ここでの質入とは、債務者または第三者がその債務の担保として、自己が保有する財産上の権利に質権を設定することをいう。また、質権とは、債権者がその債権の担保として債務者または第三者から受け取った物を債務の弁済があるまで留置し、その弁済を間接的に強制するとともに、弁済のない場合には、その物から優先的に弁済を受け得ることを内容とする、当事者間の契約によって成立する約定担保物権をいう（民法342条以下）。この契約が有効に成立するためには、当事者間において質権設定についての合意がなされることの他に、目的物の引渡を要する（民法第344条）。但し、債権質については、目的物の引渡を要せず質権設定契約は成立する（民法363条）。

　質権には、動産を目的とする動産質、不動産を目的とする不動産質、債権その他の権利を目的とする権利質があるが、生命保険契約上の諸権利は、この権利質の対象となる。ただし、これら質権の目的となるものは質権設定者の所有に属するものであることを要し、譲渡性のないものについてはこれを設定することはできない。

(2) 生命保険契約と質権

　生命保険契約上の諸請求権（保険金請求権、解約返戻金請求権、配当金請求権等）が質入の対象となることについては、保険法においても保険給付請求権の譲渡、当該権利を目的とする質権設定

をすることができることを前提とした規律を規定していることから明らかである（これらの行為は被保険者の同意を要するとした。保険法47条、76条）。ただし、これらの請求権は、いずれも条件付ないし期限付の権利であり不確定要素が多く、質権の実効性からいえば必ずしも万全のものであるとはいい難い。

　質権設定者はこれら請求権の帰属者であるが、実務上はこれを保険契約者としているのが通例のようである（他人の死亡を保険事故とする場合には、その被保険者の同意を必要とする。保険法38条、67条）。また、保険契約者と保険金受取人が別人の契約、いわゆる第三者のためにする生命保険契約の場合は将来の紛争を予防するため、保険金受取人を保険契約者に変更のうえ質権設定契約の取扱をしている例が多い（もっとも、保険契約者と保険金受取人が別人である場合、保険金受取人を変更しなくとも保険契約者が質権設定者として契約を締結した場合、被担保債権の範囲内で受取人変更があったものとみるべきであるとする見解があり、また、質権者の権利を優先させ、保険金受取人は残額ある場合に残額についてのみ請求できるとする考え方もある）。

(3) 質権設定の第三者対抗要件

　質権設定の第三者対抗要件は、指名債権譲渡の場合の対抗要件（民法467条）と同様に、第三債務者に質権の設定を通知すること、または第三債務者がこれを承諾することであり、これを欠けば第三債務者その他の第三者に対抗することができないとされている（民法364条）。指名債権とは、特定人を債権者とする債権のことである。したがって、生命保険契約上の保険金請求権あるいは解約返戻金請求権等を目的とする質権の第三者対抗要件は、上記の「通知」または「承諾」ということになる。

　なお、対抗要件としての「通知」または「承諾」は、確定日付のある証書をもってしなければ、これをもって債務者以外の第三者に対抗することができないとされている（民法364条、同467条）。したがって、保険会社は承諾（証券裏書）後に、質権者をしてこの確定日付を公証人役場から受けさせている（確定日付とは、証書に対しその作成された日付について完全な証拠力を与えたものと法律上認められる日付をいう。例えば、内容証明郵便の日付、公証人の確定日付印が押印された文書等）。

　ところで、保険会社からする「承諾」については、各社とも所定の書式を準備している。それによれば、質権者は被担保債権額を越える金額についても受領できるとされているようである。また、当該契約が失効したとき、あるいは約款に規定する免責事由・解除事由に該当するときは質権者に対しても保険金の支払事由が生じない旨も明示されている（この場合、当然に第三債務者には保険金支払債務は生じないことから、質権者は弁済を受けられないことになる）。

　一方、「第三者のためにする生命保険契約」の保険契約者が質権を設定する際に、死亡保険金請求権を質権の目的とするときは、第三者のためにする契約から自己のためにする契約に変更することを要するか、または保険金受取人の同意を要するかを巡っては、裁判所の判断が分かれている。

●参考判例（大阪地裁平成18年8月30日判決、平成15年（ワ）第9356号、平成16年（ワ）第6526号）
　事　案　　質権設定契約と保険金請求権の帰属
　争　点　　保険金受取人の同意を要せず保険金請求権に質権を設定することの可否
　判　旨
　争点(4)（本件保険金に対する原告らの質権が認められるかどうか。）について
(1) 証拠（略）によれば、本件保険契約は、被保険者を亡A、死亡保険金の受取人を被告Y_1とし、保険金受取人の指定変更権が留保されていること及び保険証券が原告らに交付されたことが認められる。

V-1 質入

(2) 原告は、保険金に対する質権設定は、保険金受取人の地位に変更を加えるものではないから、質権設定に保険金受取人の同意は不要であると主張する。

確かに、保険金受取人の指定変更権が留保されている場合には、保険契約者が何時でも一方的に保険金受取人を変更することができるとはいえ、死亡保険金請求権は、指定された保険金受取人が自己の固有の権利として取得する（最高裁昭和40年2月2日第三小法廷判決・民集19巻1号1頁参照）。

また、死亡保険金請求権は、被保険者の死亡時に初めて発生するものであり、保険契約者の払い込んだ保険料と等価の関係に立つものではなく、被保険者の稼働能力に代わる給付でもないのであって、死亡保険金請求権が実質的に保険契約者又は被保険者の財産に属していたものとみることもできない（最高裁平成14年11月5日第一小法廷判決・民集56巻8号2069頁参照）。

したがって、死亡保険金請求権に質権を設定するためには、死亡保険金受取人の質権設定行為が必要であり、死亡保険金受取人の同意さえ不要であるとする原告らの主張は採用できない。

(3) 本件においては、証拠（略）によれば、本件保険金に質権を設定したのは亡Aであって、死亡保険金受取人である被告Y_1の質権設定行為がないことは明らかである。

(4) 原告らは、被告Y_1が平成12年7月24日付け保証契約書（略）において、原告らに対し、亡Aの支払義務について保証するとともに、本件保険金を担保提供することを承諾したと主張するけれども、上記保証契約書の被告Y_1名に付されている肩書は、亡Aに付されている「担保提供者及び契約者」とは異なり、「法定受人及び保証人」であるから、被告Y_1を担保提供者とするものではなく、同保証契約書による質権設定も認められないから、原告らのこの点の主張も採用できない。

(5) さらに、原告らは、被告会社が原告X_1に対し保険料を支払うかどうか通知してきたので原告らが保険料を支払ってきたことや被告会社が質権設定を確認したことなどから、信義則上原告らに対して保険金を支払うべきであると主張する。

しかし、被告会社が原告らに対して質権を有効であると述べて保険金を支払う旨を約束した証拠はない。また、原告らは、亡Aの債権者であり、被告Y_1は亡Aの相続人となることが予想されるので、本件保険契約が存続し、将来被告Y_1に保険金が支払われることについては、事実上の利害関係を有するのであるから、被告会社が原告らに対して本件保険契約の保険料立て替え払いをするかどうか確認したことは、原告らに便宜を図ったものである。原告らに便宜を図った被告会社が、そのことのゆえに原告らに対しても被告Y_1に対しても保険金を支払わなければならないことになるのは不合理である。この点の原告らの主張も採用できない。

(6) したがって、原告らには本件保険契約による保険金に対して質権を有することは認められないし、被告会社が原告らに対して保険金を支払わなければならないとする根拠も認められない（大阪地裁平成18年8月30日判決、平成15年（ワ）第9356号、平成16年（ワ）第6526号）。

●参考判例（東京地裁平成22年1月28日判決、平成19年（ワ）第1035号、金判1359号50頁）（東京高裁平成22年11月25日判決、平成22年（ネ）第1247号、金判1359号50頁）

事　案　質権設定契約と保険金請求権の帰属
争　点　第三者のためにする生命保険契約における保険契約者が設定した死亡保険金請求権につき、質権の効力が及ぶか

判　旨

（第一審）　亡Aは平成17年7月11日ころから同月20日ころまでの間に死亡し、原告からの保険金支払請求を受けて、被告Y生命は、平成18年2月17日、被告Y_1（原告が事前に相談した弁護士）に対し、第三者を死亡保険金受取人に指定した生命保険契約について、保険契約者は死亡保険金請求権を有していないから、死亡保険金請求権に質権を設定することはできない旨の見解を示した。

2　争点(1)（原告の被告Y生命に対する保険金支払請求権の存否）
(1) 本件質権の対象債権について

原告は、本件生命保険契約の死亡保険金請求権について本件質権を設定したとして、被告Y生命に対してその支払を請求するものであるところ、本件質権が設定された保険金請求権については、証拠

（甲1、4）によれば、債務弁済契約書及び本件質権設定通知書には、亡Aが、原告のために、本件生命保険契約の保険金請求権に対して質権を設定する旨の記載の外には、「保険金額　1350万円」としか記載のないことが認められる。しかしながら、他方、証拠（甲3の1、乙イ1）によれば、本件生命保険契約に基づく保険金には満期保険金と死亡保険金があって、その旨保険証券にも明記されていることが認められることに加えて、上記認定にかかる本件債務弁済契約の内容からは、原告と亡Aは、同人が上記契約に定められた弁済をすることができない場合には、本件生命保険契約に基づく保険金をもって弁済に充てることを予定していたものというほかないこと（満期保険金が支払われるのは亡Aが85才になった時であり、23年後のことになるので、これのみに質権を設定することは通常考えにくい。）からすると、原告と亡Aは、本件生命保険契約に基づくすべての保険金請求権、すなわち、満期保険金請求権のみならず、死亡保険金請求権についても本件質権の対象にする意思であったと解するのが相当である（なお、本件生命保険契約における保険金請求権には高度障害保険金請求権も含まれるものの、同保険金請求権は被保険者が責任開始期以後の傷害又は疾病を原因として、保険期間中に所定の高度障害状態になった場合に支払われる保険であり（約款第1条。甲1）、その性質にかんがみると、亡A及び原告間に、同保険金請求権に対して質権を設定する旨の合意があったとは認め難い。）。

　　したがって、本件債務弁済契約にいう「保険金請求権」は、死亡保険金請求権も含むものと解するのが相当であって、そうすると、原告と亡Aは、本件生命保険契約に基づく死亡保険金についても質権設定契約をしたものというべきである。

　　他方、同契約締結時において、本件生命保険契約の死亡保険金受取人が補助参加人に指定されていたことは上記争いのない事実等のとおりである。そこで、以下、このように保険金受取人として保険契約者以外の第三者が指定されている場合においても、保険契約者がその保険金請求権に質権を設定することができるかについて検討する。

(2) 本件生命保険契約の死亡保険金に対する質権設定の有効性について
　ア　商法675条1項は、第三者を受取人とする保険契約においては、当該第三者は、受益の意思表示（民法537条1項）を要せず保険金請求権を取得すると定めるものの、他方で保険契約者が別段の意思表示をしたときはその意思に従う旨規定する（同項ただし書）。そうすると、第三者を受取人とする保険契約が締結された場合においても、保険契約者が保険金受取人の指定又は変更権を留保して当該保険契約を締結したときは、当該保険契約に規定された保険事故が発生するまでの間は、保険金受取人である第三者の保険金請求権は変更又は消滅させることができないものではなく、むしろ、保険契約者がその処分権を有するものと解される。そして、その処分の方法から質権の設定を除外すべき根拠はないから、保険契約者が第三者を受取人とする保険金請求権に質権を設定することによって、これを処分することも可能であると解すべきである。
　イ　これを本件について見ると、亡Aと被告Y生命は、本件生命保険契約において、保険契約者である亡Aにおいて保険金受取人の指定又は変更をすることができる旨を合意したこと、原告は、保険期間満了前である平成14年6月30日、亡Aとの間で、上記保険契約に基づく死亡保険金について質権設定契約をしたこと、亡Aは、同日ころ、本件生命保険契約に係る保険契約書を原告に交付し、被告Y生命に対し、本件質権の設定通知をした（上記の死亡保険金についても本件質権の対象にする意思であったことについて判示した事情にかんがみると、質権設定通知書（甲4）の記載内容でもって被告Y生命に対する死亡保険金請求権を含む質権設定通知の要件は満たしているものというべきである。なお、質権設定通知の際、目的債権に質権が設定された旨通知すれば足り、被担保債権の内容を示すことまで要しない。）こと、その後、亡Aは平成17年7月ころに死亡したことは、上記当事者間に争いのない事実等及び上記認定にかかる事実のとおりである。そうすると、原告は、亡Aとの間で本件生命保険契約に基づく死亡保険金請求権について有効に質権設定契約を締結し、被告Y生命に対する対抗要件を備えていたところ、上記保険事故の発生により、被告Y生命に対し、本件生命保険契約に基づく死亡保険金請求権を有するに至ったものというべきである。
　ウ(ア)　これに対し、被告Y生命は、第三者を受取人とする保険契約において、保険金受取人は、自

己固有の権利として原始的に保険金請求権を取得し、保険契約者から承継取得するものではないし、そのような生命保険契約は第三者のためにする契約であって、保険契約が成立し、保険金受取人に保険金請求権が発生した後は、保険契約者がこれを変更したり消滅させることはできない（民法538条）から、保険契約者は、保険金受取人の承諾ないし自己への名義変更なく、死亡保険金請求権に質権を設定することはできない旨主張する。

(イ) この点、保険金受取人は、保険契約の効力発生と同時に同人の固有の財産として保険金請求権を取得すると考えられるけれども、当該保険契約において保険契約者が保険金受取人の指定又は変更権を留保した場合には、結局のところ、保険金受取人が取得する保険金請求権は、保険事故発生までの間に保険契約者が処分をしなかった部分に限定されたものであって、これを固有の財産として取得するに止まるのであるから、保険金受取人の保険金請求権が固有の権利であることと、これに対して保険契約者が質権を設定できることとは矛盾せず、この場合には、保険金受取人は質権の負担の付いた保険金請求権を取得するというべきである。

3 争点(2)（準占有者に対する弁済の抗弁の成否）

(1) 被告Y生命は、補助参加人に対して本件生命保険契約に基づく死亡保険金を支払ったところ、同被告は、その際、①本件質権設定通知には、死亡保険金受取人である補助参加人による質権設定についての承諾がある旨の記載がなかったし、本件生命保険契約の契約者である亡Aは、死亡保険金受取人を補助参加人から亡Aへ変更する手続を採っていなかったこと、②被告Y生命を含めて生命保険会社の多くは、保険契約者と死亡保険金受取人とが別人である本件のような他人のためにする保険契約について、保険契約者による死亡保険金請求権への質権設定を認めていないこと、及び、③本件生命保険契約のように、通常の家計保険、個人保険であり、被保険者の配偶者等が死亡保険金受取人に指定されている場合には、被保険者死亡後の生活保障の観点から、受取人に指定された者が死亡保険金を取得するべきであることから、補助参加人が死亡保険金請求権の真正な権利者であると過失なく信じたものであって、そうすると、上記支払は民法478条による有効な弁済である旨主張する。

(2) ア しかしながら、被告Y生命が上記支払をした当時、死亡保険金の受取人が契約者以外の第三者である生命保険契約において、契約者は、保険金受取人を自己に変更するか、その保険金受取人の承諾がない限り、保険金請求権に対して質権を設定することができないという見解が通説的であるとか、同被告を含む生命保険会社の多くが、契約者において、他人を死亡保険金の受取人に指定したまま、死亡保険金請求権に対して質権を設定することを認めていなかったことをうかがわせるような証拠はない。加えて、被告Y生命が、本件生命保険契約の死亡保険金を補助参加人の生活保障を考慮して同人に対して支払ったとしても、そのことから直ちに、上記支払が上記死亡保険金に対する質権者である原告に対しても効力を生ずるということはできないことは明らかである。

イ 他方、原告と亡Aは、被告Y_1を通じて被告Y生命に対して質権設定の可否について問い合わせた上、本件生命保険契約における「保険金請求権」について、原告を質権者とする質権設定契約を締結したこと、被告Y生命は、本件質権設定通知（甲4）を受領したこと、同通知には質権設定の対象について「保険金請求権」としか記載がないものの、逆にこれを満期保険金請求権に限るとの記載もなく、これは客観的には死亡保険金請求権も含まれるものと解されること、同被告は、同通知を受けて、質権設定データベース帳票に上記質権設定の旨を入力していたこと、原告は、亡Aが死亡したことから、本件質権の実行のために、同被告に対し、本件死亡保険金の支払を請求したことは、上記争いのない事実等及び上記認定にかかる事実のとおりであることからすると、被告Y生命は、原告が同被告に対して死亡保険金請求権を有していることは認識し得たものというほかない。

ウ そうであるとすると、上記①ないし③を根拠に、被告Y生命において補助参加人が死亡保険金請求権の真正な権利者であると信じたことについて過失がないということはできないし、その他に、同被告に過失がないことをうかがわせる事情は見当たらないことから、同被告による補助参加人に対する本件死亡保険金の支払が民法478条による有効な弁済であるということはできない。

(3) したがって、被告Y生命の上記主張を採用することはできない。

3 争点(5)（原告の被告Y₁に対する債務不履行に基づく損害賠償請求権の存否）

被告Y₁が、原告に対し、死亡保険金受取人を補助参加人としたままで亡Ａとの間で上記死亡保険金について質権設定契約をすることができることを前提に、本件質権設定通知及び本件債務弁済契約書の案を作成して送付したことは上記認定のとおりである。他方、亡Ａと原告が上記死亡保険金請求権について締結した質権設定契約は有効であり、原告は被告Y生命に対して死亡保険金請求権を有することは上記判断のとおりである。そうすると、被告Y₁の上記行為について、原告との間の準委任契約上の債務不履行があったということはできない（東京地裁平成22年1月28日、平成19年(ワ)第1035号、金判1359号50頁）。

（**第二審**）　一審被告Y₁は、補助参加人が死亡保険金の受取人であり、死亡保険金請求権は亡Ａの財産権に属していないから、質権を設定することができない旨主張する。しかし、本件生命保険契約では保険契約者が保険金受取人の指定又は変更権を留保しており、保険契約者である亡Ａはいつでも保険金受取人の指定を変更ないし撤回することができたのみならず、受取人の指定・変更・撤回権を含む生命保険契約上の権利を他へ譲渡することもできたのであり、保険金請求権の帰属は保険契約者である亡Ａの意思に委ねられていたことになる。そうすると、亡Ａは、本件生命保険契約に基づく保険金請求権について死亡保険金に関するものも含めて一定の処分権を有していたのであるから、保険金受取人の有していた本件生命保険契約に基づく保険金請求権も、被保険者が死亡するまではその限度で不確定なものであって、いわば期待権に止まるというべきである。すなわち、死亡保険金請求権も含めた本件生命保険契約に基づく権利全般について、亡Ａが上記処分権を有していたという意味で亡Ａの財産権に属するものであると解するのが相当である。特に本件のように当初から債権担保（質権設定）を目的として締結された生命保険契約にあっては、死亡保険金の受取人とされた補助参加人は、質権設定による制約のある死亡保険金の請求権を取得しているに止まるというべきであり、このことは、本件生命保険契約の締結、本件質権の設定通知及び亡Ａの死後の死亡保険金請求に係る一審被告Y₁の関係者の前記のような対応からも首肯できるところである。

一審被告Y₁は、死亡保険金受取人の指定・変更と質権設定とが別個のものであり、本件生命保険契約の約款には質権の設定に関する規定がないのであるから、保険契約者は第三者を受取人とする生命保険契約の死亡保険金請求権について質権を設定することができない旨主張する。しかし、保険者と保険契約者との間の生命保険契約の約款に、保険契約者とその債権者に係る質権設定に関する規定がないのは、いわば当然のことであり、本件生命保険契約の約款に質権設定の規定がないというだけで死亡保険金請求権について質権の設定が許されないと直ちに解することは相当とはいえない。すなわち、生命保険契約の約款上は明示的な定めがないものであっても、それが生命保険契約の本質的な性質に反する場合などこれを許容することが不相当とされるような特段の事情がない場合にまで一律に制限されるものではないと解するべきである。そして、死亡保険金の受取人の指定を変更するということは、それに伴い死亡保険金請求権の帰属を変更して、従前の受取人から新たに指定された受取人に変更するということにほかならないのであり、これは、保険契約者の死亡保険金請求権に係る処分の一内容となっているものである。したがって、受取人の指定を撤回、変更して死亡保険金請求権の全ての帰属を他に変更するのではなく、保険契約者の債権者が有する債権額の範囲で死亡保険金請求権を債権者に帰属させる質権の設定も、同様に保険契約者の処分権に属するといえるのであり、保険契約者は、死亡保険金の受取人として指定した者の承諾がなくとも死亡保険金請求権について質権を設定することができるものと判断すべきである（仮に、死亡保険金請求権について質権の設定を制限する必要のある事由があるというのであれば、約款にその旨を規定しておけば足りることである。）。特に本件においては、上記のとおり、当初から一審原告のために本件質権を設定する目的で本件生命保険契約が締結され、一審被告Y₁の担当者もこれを了承していたというのであるから、保険契約者である亡Ａの処分権の行使により本件質権が有効に設定されたものとみるべきであるし、原判決で認定した事実に照らしても、本件はいわゆるモラルリスクが問題となるような事案とはいえず、約款に明示的な定めがないから質権の設定を不相当とすべきであると解するほどの特段の事情は認められない。

2 本件質権の設定通知を受領していた一審被告Y_1としては、一般に生命保険といえば死亡保険金が想定されるのであるから、本件質権の対象が満期保険金及び高度障害保険金に関する請求権に限定されており、死亡保険金請求権は対象となっていないと判断したのであれば、亡Aないし一審原告に対して、死亡保険金の受取人が第三者の場合には死亡保険金請求権は質権の対象とならないことを告知し、その確認をすべきであったし、しかもそのこと自体は容易に可能であったにもかかわらず、これらの手続を全く行わないままであった。…一審被告Y_1としてはせめて死亡保険金の支払を留保しておく対応が可能であったということができるのであり、…一審被告Y_1は、・・・保険金支払請求に関与することすら難色を示していた補助参加人に対してあえて保険金請求の手続をするよう積極的に働きかけて……補助参加人に死亡保険金の支払をしたというのであり、このような一審被告Y_1の対応は不注意であるとの誹りを免れないというべきである。 したがって、一審被告Y_1において補助参加人が死亡保険金請求権の真正な権利者であると信じたことに過失がないとは到底いうことができず、補助参加人に対する本件死亡保険金の支払が民法478条による弁済(債権の準占有者に対する弁済)として有効なものと認める余地がないことは、原判決も詳細に認定説示するとおりである(東京高判平成22年11月25日、平成22年(ネ)第1247号、金判1359号50頁)。

●**参考判例**(大阪地裁平成17年8月30日判決、平成15年(ワ)第9356号、平成16年(ワ)第6526号、事例研レポ215号15頁、事例研レポ221号1頁)
  事 案 受取人の承諾のない保険金請求権への質権設定の効果
  争 点 本件保険金に対する原告らの質権が認められるかどうか
  判 旨
(1) 本件保険契約は、被保険者を亡A、死亡保険金の受取人を被告Y_1とし、保険金受取人の指定変更権が留保されていること及び保険証券が原告らに交付されたことが認められる。
(2) 原告は、保険金に対する質権設定は、保険金受取人の地位に変更を加えるものではないから、質権設定に保険金受取人の同意は不要であると主張する。
  確かに、保険金受取人の指定変更権が留保されている場合には、保険契約者が何時でも一方的に保険金受取人を変更することができるとはいえ、死亡保険金請求権は、指定された保険金受取人が自己の固有の権利として取得する(最高裁昭和40年2月2日第三小法廷判決・民集19巻1号1頁参照)。
  また、死亡保険金請求権は、被保険者の死亡時に初めて発生するものであり、保険契約者の払い込んだ保険料と等価の関係に立つものではなく、被保険者の稼働能力に代わる給付でもないのであって、死亡保険金請求権が実質的に保険契約者又は被保険者の財産に属していたものとみることもできない(最高裁平成14年11月5日第一小法廷判決・民集第56巻8号2069頁参照)。
  したがって、死亡保険金請求権に質権を設定するためには、死亡保険金受取人の質権設定行為が必要であり、死亡保険金受取人の同意さえ不要であるとする原告らの主張は採用できない。
(3) 本件においては、証拠〔略〕によれば、本件保険金に質権を設定したのは亡Aであって、死亡保険金受取人である被告Y_1の質権設定行為がないことは明らかである(大阪地裁平成17年8月30日判決、平成15年(ワ)第9356号、平成16年(ワ)第6526号、事例研レポ215号15頁、事例研レポ221号1頁)。

●**参考判例**(東京地裁平成17年8月25日判決、平成16年(ワ)第23885号)
  事 案 質権設定契約における保険金受取人の同意
  争 点 保険契約者及び被保険者が同一で、保険金受取人のみが異なる生命保険契約上の保険金の請求権を目的として質権を設定する場合における、保険金受取人による質権設定に関する同意の要否
  判 旨
  前記前提事実及び前項認定の事実を基に検討するに、保険契約当事者とは別の第三者を保険金を受け取るべき者とした保険契約は、原則として、その第三者は何らの意思表示等を行うことなく、保険契約の利益を享受することができる(商法675条1項)が、本件保険契約においては、Aは、保険金受取人指定変更権を留保していた(同項但書)から、第三者たる補助参加人の権利が確定するのは、Aが保険金を受け取

るべき者を指定又は変更する権利を行わずに死亡したときである（同条2項）。

　したがって、Aの生前である本件質権設定契約時には、Aは本件保険契約に基づく生命保険金の受取人を変更することも可能だったのであり、補助参加人は、当時生命保険金の受取人として指定されていたからといって、その権利は何ら確定していなかったものである。

　そうすると、本件保険契約に基づく死亡保険金について質権設定する本件質権設定契約において、その契約締結につき、当時生命保険金受取人としての具体的権利を有しているとはいえない補助参加人の同意を得ることが、契約が有効に成立するための要件となるとは解されず、また、保険金受取人の権利が優先すると解すべき理由はない。

　被告は、他の解釈もあり得るとして疑義を呈するが、その指摘する商法674条1項は、保険事故を他人（保険受取人を除く）の死亡とする生命保険に関し、その他人に自らの死亡によって生命保険金を受け取る者が存在してよいか否かの決定権を与え、同条2項は、この決定権を実質的に確保するため、権利の譲渡についても同意を必要とした定めと解され、保険契約者が自らの死亡を保険事故とする本件とは事案を異にし、また、保険金受取人の生命保険金請求権の取得が、承継的か原始的かとは別の問題であって、いずれにしても、類推の基礎がない。

　以上のとおり、本件質権設定契約締結に関し補助参加人の同意は必要なく、原告の請求は理由がある（東京地裁平成17年8月25日判決、平成16年(ワ)第23885号）。

●**参考判例**（東京地裁平成16年8月27日判決、平成15年(ワ)第5470号、金法1729号66頁）
　事　案　リース会社である質権者が、直接取立権を行使した事案
　争　点　①質権の目的債権に係る生命保険契約の錯誤
　　　　　②公序良俗違反等による無効の有無
　　　　　③危険性が格段に増大する事情を知りながら保険者に通知を要するか
　　　　　④債権者の取立て範囲

判旨

争点①について
(1) 被告は、本件リース契約が実態のない契約であったにもかかわらず、正常なリース契約であると信じて、そのリース料債務を担保する目的で本件保険契約を締結したから、被告の本件保険契約の意思表示は要素の錯誤によるものとして無効であ［る］旨主張する。
(2) 確かに、前記認定事実によれば、本件リース契約は多重リースであること、本件保険契約は、そのリース料債務を担保する目的で締結されたこと、被告は、その当時、本件リース契約が不正常なリース契約であることは知らなかったことが認められる。

　しかし、生命保険契約は、当事者の一方が相手方又は第三者の生死に関して一定の金額を支払うことを約し、相手方がこれに対してその報酬を支払うことを約することによってその効力を生ずる契約であって、本件リース契約の存在を前提として成立するものではないし、仮に本件リース契約が何らかの理由によって無効又は取り消されたとしても、これにより、本件保険契約が影響を受けることはないから、本件リース契約の成否は、本件保険契約の重要な内容であると解することはできない。

争点②について
　Aが本件保険契約を締結した当時、他に加入していた生命保険契約は3口、死亡保険金総額は2億1146万円であり、本件保険契約も併せると、死亡保険金総額は2億5146万円となり、これらの保険の保険料は不明な1口を除くと月額合計24万7395円であるところ、当時のAの職業や収入に照らすと、本件保険契約自体は、必ずしも不相応な契約であったということはできない。加えて、本件保険契約は、Aが自ら望んで加入したものではなく、原告から本件リース料債務の担保のために求められて加入したものであること、Aが死亡したのは、本件保険契約を締結してから1年7か月を経過した後であって、その間、保険料は約定どおり支払われていたことが窺われることも併せ考えると、本件保険契約は不労の利得を不正に得ようとして締結されたものではなく、保険金額が不相応に高額であったというわけでもなく、ただ、Aが多額の借入金債務及びリース料債務を負担していたことから保険料の負担が過負担の状態にあったというに過

ぎない。そして、この点をことさら強調して、保険事故を誘発する可能性が高く、社会的に合理的と認められる危険分散の程度を逸脱することが明白な契約であったと断定することは相当でなく、本件保険契約の締結の目的、経過、保険金額等に照らせば、保険制度の目的に著しく反するとまではいうことはできず、未だ公序良俗に違反す程の不当性はないというべきである。

争点③について

(1) 被告は、Aは、本件保険契約締結後も多額の債務を抱え、裏社会の債権者らからの借入金債務の返済圧力が増し、Aの死亡の危険性が格段に増大し、その事情を知りながら、これを保険者である被告に遅滞なく通知しなかったと主張する。

確かに、前記認定事案によれば、Aは、本件保険契約締結後も、追加の借入れをしたり、新たにリース契約を締結したり、被告と別口の生命保険契約を締結するなどしたため、債務の負担が更に増えて債務の返済に窮するようになり、平成13年4月ころから診療にも支障を来すほど深酒をするようになったことから、Aが精神的に相当に追い詰められた状態に立ち至ったことは容易に想像できるところである。

しかし、Aは、同年6月にJ弁護士に債務整理を委任していることから、同弁護士から、債務整理の方法、見通し、債務整理が失敗した場合の破産手続への移行やその効果等について十分説明を受けているはずであり、裏社会の債権者らからの借入金債務の返済圧力が増し、Aの死亡の危険性が格段に増大する状況に至ったということはできない。そして、Aが死亡した経過や死因等に関する解剖結果は、前記認定のとおりであり、これによれば、Aが自殺を図ったことが窺われるものの、直接の死因は、重篤な状態にあった心筋梗塞が自殺行為に誘発されて一気に増悪したことによるものと推認されるのであって、第三者に殺害されたことは何ら窺われない。Aが自殺を図った理由は明らかではないが、上記の事情によれば、裏社会の債権者らからの借入金債務の返済圧力が増したことが原因で、Aが自殺を図り、心筋梗塞の発症を誘発したと認めることはできない。

争点④について

その保険金債権の上に質権を設定している原告は、民法367条1、2項に基づき、自己の債権額に対する部分に限りこれを取り立てることができる（東京地裁平成16年8月27日判決、平成15年(ワ)第5470号、旬刊金融法務事情1729号66頁）。

●参考判例（宇都宮地裁平成10年2月17日判決、平成9年(ワ)428号）

事案　保険金請求権と質権

争点　①銀行取引に関連して銀行がなした質権設定において、被担保債権・債権額の表示がない場合、根質と解し銀行取引に基づく全債権を担保するものであるか
　　　②死亡保険金請求権に質権と国税の滞納処分が競合した場合に、質権が国税に優先するか

判旨

原告（銀行）が、取引先との間で継続的な融資関係を予定する銀行取引に徴する担保は、右銀行取引上のすべての債権を対象とし、取引先が締結した生命保険契約に基づく請求権に担保として質権を設定する場合にも、右銀行取引に基づく全債権を被担保債権とするいわゆる根質とするのが通例であること、証人が知っている事例もすべて右同様の根質であること、その様な銀行取引関係を既に持っていた訴外会社との間の銀行取引において原告が異なる扱いをすべき事情はなかったことが認められ、右事実によれば、本件質権設定契約は、その契約書において被担保債務及び債務額欄が空欄のまま記載されていなかったとしても、原告と訴外会社との銀行取引きに基づく全債権を被担保債権とするものであったと解するのが合理的であり、右認定を覆すに足りる証拠はない。

死亡保険金等請求権について○○税務署長から本件滞納処分がなされていることは前記のとおりであるところ、本件質権によって担保される原告の本件貸金残金が全額において本件滞納処分による国税に優先することは記載のとおりである（国税徴収法15条1項、18条1項）。

本件は、こうした調整手続きのない質権による直接取立てと滞納処分との関係を問うものであるが、質権者は民法367条1項により質権の目的たる債権を直接取立てることができるところ、この取立てが滞納処分の存在により妨げられるとの法律上の根拠はないうえ、強制執行などの手続きと異なり両者間の調整

に関する定めもないことからすれば、それぞれが所定の手続きにより取立てができることができるものと解するほかなく、このように解しても国税の徴収に関して何らの不都合や矛盾が生じないこともまた原告が主張するとおりである（宇都宮地裁平成10年2月17日判決、平成9年（ワ）428号）。

本項につき、以下に掲載する参考判例の多くは損害保険契約に関してのものである。

●**参考判例**（福岡高裁宮崎支部昭和32年8月30日判決）
  事　案　保険金請求権上の質権と物上代位権の競合
  争　点　優先順位
  判　旨
　民法第372条、第304条第1項によれば、抵当権は、債務者が抵当不動産の売却滅失等により、他人より金銭その他の物を受くべき債権に対してもこれを行うことができる旨規定し、他に何等の制限規定もないから、保険金に対しても右物上代位の法則の適用があるものと解するのが相当である。ところで、物上代位権は金銭その他の物に対する請求権が、差押前に第三者に譲渡せられたときは、もはやこれを行使することを得ないものといわざるを得ないし（昭和5年9月23日・大審院判決）、しかも、民法第304条1項但書にいわゆる払渡または引渡は債権の譲渡または質入のように、債権をそのまま処分する行為をも包含するものと解すべきであるから、保険金請求権に対する質権と物上代位権による差押をした抵当権がある場合は、その優先順位は、質権設定の第三者に対する対抗要件を具備したときと、抵当権の場合はその抵当権の登記をしたときではなく、抵当権に基づく物上代位権による差押のときとの前後により決すべきであるとみるのが相当である（福岡高裁宮崎支部昭和32年8月30日判決）。

●**参考判例**（名古屋高裁昭和37年8月10日判決）
  事　案　保険金請求権上の質権
  争　点　継続契約と旧保険契約上の質権は引き継がれるか
  判　旨
　同一の目的物件について前年度に引き続き同一内容の保険契約が締結せられた場合に、前年度の保険契約と新年度の保険契約とがいかなる関係に立つかについて考えてみる。右両個の契約が法律上は別個の契約であり、当事者間において旧年度の分と別に新規の保険契約が締結せられたものであることは、契約の性質上当然である。しかしながら、…保険会社における取扱の実際として、およそ保険契約の保険期間の満了後引き続き同一内容の契約が締結せられる場合には、次の両様の手続が存すること、すなわち、継続契約または保険契約の継続と称し、新契約について改めて保険証券の発行をせず、単に継続保険料領収証の交付を以てこれに代える方式と、更改契約または保険契約の更改と称し、新契約について改めて保険証券を発行する方式との二種の手続があること、そして、前者の手続、即ち継続契約の方式による場合には、旧保険契約に存した保険金請求権に対する質権の設定の承認、またはいわゆる抵当権者特約条項の承認は、そのまま新保険契約の上にも効力を及ぼし保険の目的物件につき保険事故が発生した際、保険金請求権につき質権を有する債権者または保険の目的の上に抵当権を有する債権者は、当然に保険金から優先弁済を受け得る地位にあることが認められる（名古屋高裁昭和37年8月10日判決）。

●**参考判例**（大阪地裁昭和38年5月24日判決）
  事　案　保険金請求権上の質権
  争　点　質権の設定と異議を留めざる承諾
  判　旨
　損害保険における保険金請求権なるものは、保険者の免責事由とされない保険事故によって被保険者に損害が発生したときに始めて権利として具体化するものであって、それまではいわば停止条件付権利であり、その条件付権利も保険期間中に保険事故によって保険目的が滅失し、その保険事故が保険者の免責事

由によって発生したものであるときはこれにより条件不成就に確定し消滅するものである。もともとそうした権利である保険金請求権の上に被保険者が設定した質権についての第三債務者の承諾は、わざわざ、免責事由が存在すれば保険金を支払わない旨を明言しなくても、当然そのことを前提としているものである。たとえ、保険事故はすでに発生しており、その事実を保険者が知っていて承諾したとしても同様である。したがって、保険者は質権設定に異議を止めずに承諾を与えても、発生した保険事故に免責事由があれば、これを主張することができ、その抗弁は質権者に対抗できるものである…（大阪地裁昭和38年5月24日判決）。

●参考判例（札幌高裁昭和59年9月27日判決）
　事　案　質権者が第三債務者である保険会社から保険金を取り立てた後に保険金支払の免責事由が判明
　争　点　第三債務者である保険会社は質権者にその返済を求め得るか
　判　旨
　　質権者が債権質権に基づいて第三債務者である保険会社から直接保険金を取り立てた後に、保険事故が被保険者の故意によって引き起こされたもので、第三債務者である保険会社に保険金支払の義務がないことが判明したときは、質権者と保険会社との間に不当利得が成立し…保険会社は質権者に対して右不当利得の返還を請求することができる…（札幌高裁昭和59年9月27日判決）。

●参考判例（大阪地裁昭和63年8月26日判決）
　事　案　質権者が第三債務者である保険会社から保険金を取り立てた後に保険金支払の免責事由が判明
　争　点　保険金領収証上の誓約文言の効力
　判　旨
　　保険金請求権の質権者が保険金受領の際、後日保険者に支払義務がないことが判明したときは一切の責任を負い保険金を返還する旨の文言の記載された領収書を交付した場合は、（その誓約文言は）保険者と質権者との間で不当利得返還義務の範囲について特約したものとして有効であるが、受領の日の翌日を起算日とする遅延損害金を支払う旨の特約まではない…（大阪地裁昭和63年8月26日判決）。

V-2　差押

　既に述べたとおり、生命保険契約に基づく満期保険金請求権、解約返戻金請求権、配当金請求権等々の諸権利は、民事執行法上、あるいは国税徴収法に基づく滞納処分による差押の対象となる。

(1) 民事執行法上の差押

　民事執行法によれば、金銭の支払等を目的とする債権に対する強制執行は、執行裁判所の差押命令により開始されることになっており（143条）、「執行裁判所は、差押命令において、債務者に対し債権の取立その他の処分を禁止し、及び第三債務者に対し債権者への弁済を禁止しなければならない」（145条）とされている。

(2) 差押の対象

　金銭に換価し得る財産は、差押禁止財産（民事執行法152条1項、2項参照）を除いて、差押当時、債務者がそれを有するかぎり、その種類のいかんを問わず全てが差押の対象となる。将来取得すべき財産も、その基礎をなす法律要件が現存し、いわゆる期待権と認められる程度にその発生が確実で特定可能なものは差押に服するとされている（民法129条参照）。したがって、生命保険契約についていえば、満期到来後の満期保険金請求権はもちろん、満期到来前の満期保険金請求権も差押の対象となる（保険事故の発生により保険金受取人が取得する保険金請求権も、保険金受取人自身の

固有の権利として、当然に保険金受取人の債権者による差押の対象となる)。また、解約返戻金請求権は契約者が解約権を行使して初めて具体的な債権となるのであるが、いまだ具体化していない解約前の解約返戻金についても、その差押は可能となる。さらに、上記各請求権に加え、形成権も差押可能とされているので、契約者の行使する解約権もその対象となる。もっとも、この解約権については単独での差押は認められず、解約返戻金請求権と共にのみ認められるとする見解もあり、学説は対立している。なお、他人の死亡を保険事故とする保険契約の場合、その差押につき被保険者の同意は必要としない。

(3) 差押の効力

債務者は、差押命令において債権の取立が禁止されるだけでなく、譲渡・質入その他一切の処分が禁止されている(民事執行法145条1項前段)。また、第三債務者は、差押の効力によって債務者への弁済が禁止されている(同法145条1項後段)。

最高裁判所判決(昭和45年6月24日民集24巻6号587頁、裁判集民99号399頁)は、第三債務者は、差押後に債務者との間で代物弁済、更改、相殺契約、債権額の減少・弁済期の延期など債務の消滅または変更を目的とする契約をすることは許されないとしている。このことから、諸権利について差押命令を受けた当該契約につき、保険者からなす任意の契約者貸付は許されないものと判断される。けだし、差押後に保険者が任意に契約者貸付をなし、これを解約返戻金から控除できるとすれば、解約返戻金請求権の差押は、実質において効力のないものとなるからである。なお、第三債務者は、差押前に取得していた債務者に対する債権と被差押債権とが、差押前に既に相殺適状にあれば、たとえ差押後であってもそれらを有効に相殺することができるとされている(判例通説)。

(4) 差押の効力発生時期

民事執行法によれば、差押の効力は差押命令が第三債務者に送達されたときに生ずるとされている(145条4項)。また、金銭の支払を目的とする債権を差し押さえた債権者は、債務者に対して差押命令が送達された日から1週間を経過したときは、その債権を取り立てることができるとされ(155条1項)、差押債権者が第三債務者から支払を受けたときは、その債権及び執行費用は支払を受けた額の限度で弁済されたものとみなされている(同法155条2項)。

(5) 差押による取立権

最判平成11年9月9日は、次のように判示し、取立権に基づく解約を認めた。
①解約返戻金請求権は、保険契約者が解約権を行使することを条件として効力を生じる権利であり、解約権を行使することは差し押さえた解約返戻金請求権を現実化させるために必要不可欠な行為である。
②差押命令を得た債権者が解約権を行使することができないと、解約返戻金請求権の差押を認めた実質的意味が失われる結果となるから、解約権の行使は解約返戻金請求権の取立てを目的とする行為というべきである。
③他方、生命保険契約は債務者の生活保障手段としての機能を有しており、その解約により債務者が高度障害保険金請求権又は入院給付金請求権等を失うなどの不利益を被ることがあるとしても、それにより民事執行法153条により差押命令が取り消され、あるいは解約権の行使が権利の濫用となる場合を除いて、差押禁止財産として法定されていない解約返戻金請求権につき預貯金債権等と異なる取扱をして取立ての対象から除外すべき理由は認められないから、解約権の行使が取立ての目的の範囲を超えるということはできない。

この最高裁判決は、差押債権者の解約権行使により保険契約が消滅し、それにより債務者側が著しく不利益を被るような場合には、解約権行使を権利濫用により封じる方法等により債務者側の利益にも考慮しつつ、債権者保護を優先したものであるといえる。

●**参考判例**（東京地裁平成10年8月26日判決、平成10年（ワ）9135号）（最高裁平成11年9月9日判決、平成10年（受）456号、民集53巻7号1173頁）

事　案　債権者による解約権の行使
争　点　①生命保険契約は差し押さえの対象となり得るか
　　　　②差押債権者は解約権の代位権の行使ができるか
　　　　③解約返戻金から自動貸付金などを控除できるか

判　旨

（第一審）　本件保険契約は、保険契約者がいつでも保険契約を解約することが出来、その場合、保険者が保険契約者に対し、所定の解約返戻金を支払う旨の特約付きである。

右によれば、本件解約返戻金支払請求権は、解約の意思表示によって自動的に額の定まる金銭の給付を目的とする財産的権利であり、しかも、民事執行法152条の差押禁止債権にも該当しないから、それが保険契約の解約によって具体的な権利として存在する場合に至った場合に差押えが許されることは言うまでもないが、保険契約の解約の前であっても、解約を条件とする条件付き権利として存在し、その差押えも許されるものというべきである。また、同法155条1項によれば、差押債権者は、債務者に対して差押命令が送達した日から1週間を経過したときは、その債権を取立てることが出来るものと規定されている。そうすると、差押債権者は、右債権の取立てのために、債務者の有する権利を、右目的の範囲内において、かつ、右権利の性質に反しない限りにおいて、行使することが出来るのであって、債権者が生命保険契約解約前の解約返戻金支払請求権を差押えてこれにつき取立権を取得したときは、この解約返戻金支払請求権を具体化して取り立てるために、保険契約者の有する解約権を行使して、保険契約を解約することが出来るものと解するのが相当である。

被告（保険会社）は、そもそも生命保険契約は被保険者および死亡保険金受取人の生活保障的機能を有するところ、債権者による一方的解約は、保険事故発生時におけるその生活保障的機能を奪うことになるから、その権利の性質上、差押債権者の取立権の対象とならない旨主張する。

そこで検討するに、確かに、一般的に、生命保険契約は、被告主張のような機能を有することが認められないではないが、他方において、保険契約者の資産の運用、貯蓄、相続税対策のためにも利用されていることも当裁判所に顕著な事実であって、保険契約者や保険金受取人の有する保険金請求権や解約返戻金支払請求権などについては、それらの債権者が債務者の一般財産に属するものとして右権利に重大な関心と利害を有していることもまた明らかというべきである。したがって、生命保険契約の生活保障的機能を一方的に強調するのは相当ではない。また、保険契約者の有する解約権は、保険契約者の自由意思により、財産的権利である一定額の金銭債権を発生させるという形成権であり、身分法上の権利とも性質を異にするから、保険契約者の一身専属的権利ということも出来ない。しかも、もし、解約返戻金支払請求権の差し押さえが許されると解しながら、他方において差押債権者の解約権の行使は許されず、保険契約者が後に解約権を行使するまでは、差押債権者は解約返戻金請求権の取り立てを待つべきであるとするのは、いかにも不徹底であり、解約返戻金支払請求権を差押禁止債権としていない現行法の建前とも合致しない。そうすると、生命保険契約に被告主張のような生活保障的機能を有する面が存在するとしても、このことゆえに、保険契約者の解約権がその性質上差押債権者の有する取立権の対象とならない権利に該当すると解することは出来ない。

ところで、原告が被告に対し、本件保険契約を解約する旨の意思表示を行い、右意思表示が平成10年2月2日被告に到達した…。そうすると、本件保険契約は原告の右解約権の行使により、右同日有効に解約されたものというべきである。

約款××条によれば、保険料の自動貸付金およびその他の契約者貸付金の元利金は、保険契約の消滅時に支払金から差し引くこととされているところ、右約款の各規定が特段不合理である旨の主張立証もされ

ていないから、被告は、本件解約返戻金から貸付金の元利金を差し引くことが出来るものと解される（東京地裁平成10年8月26日判決、平成10年(ワ)9135号）。

(最高裁) 上告受理申立て理由について

一 【要旨】生命保険契約の解約返戻金請求権を差し押さえた債権者は、これを取り立てるため、債務者の有する解約権を行使することができると解するのが相当である。その理由は、次のとおりである。

1 金銭債権を差し押さえた債権者は、民事執行法155条1項により、その債権を取り立てることができるとされているところ、その取立権の内容として、差押債権者は、自己の名で被差押債権の取立てに必要な範囲で債務者の一身専属的権利に属するものを除く一切の権利を行使することができるものと解される。

2 生命保険契約の解約権は、身分法上の権利と性質を異にし、その行使を保険契約者のみの意思に委ねるべき事情はないから、一身専属的権利ではない。

また、生命保険契約の解約返戻金請求権は、保険契約者が解約権を行使することを条件として効力を生ずる権利であって、解約権を行使することは差し押さえた解約返戻金請求権を現実化させるために必要不可欠な行為である。したがって、差押命令を得た債権者が解約権を行使することができないとすれば、解約返戻金請求権の差押えを認めた実質的な意味が失われる結果となるから、解約権の行使は解約返戻金請求権の取立てを目的とする行為というべきである。他方、生命保険契約は債務者の生活保障手段としての機能を有しており、その解約により債務者が高度障害保険金請求権又は入院給付金請求権等を失うなどの不利益を被ることがあるとしても、そのゆえに民事執行法153条により差押命令が取り消され、あるいは解約権の行使が権利の濫用となる場合は格別、差押禁止財産として法定されていない生命保険契約の解約返戻金請求権につき預貯金債権等と異なる取扱いをして取立ての対象から除外すべき理由は認められないから、解約権の行使が取立ての目的の範囲を超えるということはできない。

二 これを本件について見ると、原審が適法に確定したところによれば、㈠ 本件保険契約は、保険契約者がいつでも保険契約を解約することができ、その場合、保険者が保険契約者に対し、所定の解約返戻金を支払う旨の特約付きであった、㈡ 被上告人は、本件保険契約の解約返戻金請求権を差し押さえ、保険者である上告人に対し、本件保険契約を解約する旨の意思表示をした、というのであるから、被上告人のした本件保険契約の解約は有効というべきである。

以上と同旨に帰する原審の判断は、正当として是認することができる。原判決に所論の違法はなく、論旨は採用することができない（最高裁平成11年9月9日判決、平成10年(受)456号、民集53巻7号1173頁）。

●**参考判例**（大審院明治41年6月19日判決、明治41年(オ)200号、民録14輯756頁）

事　案　―不詳―
争　点　保険契約上の権利の移転
判　旨

生命保険契約に定めたる生死の条件成就もしくは期間到来以前に係る権利の譲渡を制限したるものにして、其条件すでに成就し又は期限すでに到来したる場合においては之（旧商法第428条第2項）を適用すべき限りにあらず…本件においては保険者たる甲会社と生命保険契約をなしたる被保険者乙はすでに死亡したるにより、其相続人が単純に甲会社より保険金を受取るべき債権を有する場合なるを以て金銭を受取るべき普通の債権と異なることなく、何人といえども之を譲受くることを得るものにして、商法第428条第2項の制限をうくるものにあらず（大審院明治41年6月19日判決、明治41年(オ)200号、民録14輯756頁）。

●**参考判例**（東京地裁八王子支部平成18年8月18日判決、平成17年(ワ)第2253号）

事　案　差押債権者が解約権の行使をする前に被保険者が死亡
争　点　生命保険契約に基づく保険契約者の支払請求権を差押えた後に被保険者が死亡した場合の解約払戻請求権の帰趨
判　旨

(1) 本件保険契約においては、被保険者が保険期間中に死亡した場合を死亡保険金の支払事由と定める一方、保険契約者による任意の解約を認め、解約請求書等保険会社所定の必要書類を提出することにより保険会社から払戻金が支払われるものと定めているところ、上記解約払戻金請求権は、保険契約者が解約権を行使することにより効力を生ずる権利と解され、同請求権と保険金請求権との関係については、保険金支払事由の発生により保険金受取人の保険金請求権が現実化する一方で、解約払戻金請求権は上記支払事由の発生により消滅するものと解される。

(2) 解約権は、保険契約者の債権者が当該保険契約における保険契約者の請求権を差し押さえ、債権者代位により同解約権を行使することも可能と解されるところ、本件において被告が保険契約者たるAの本件保険契約上の請求権を差し押え、解約権を代位行使した経緯は前記認定のとおりであり、被告が本件保険契約の解約権を行使したものと認められるのは、被告による解約請求書が原告に到達した平成17年2月16日というべきである。

(3) 一方、保険金支払事由たる被保険者Aの死亡の時期は、前記認定のとおり同年2月6日であるから、本件において被告が解約権を行使した上記時点においては、既に保険金支払事由の発生により解約払戻金請求権は消滅していたものと言わざるを得ない。

(4) 以上に対し、被告は本件差押えの通知ないし解約請求書用紙の送付依頼をしたことをもって解約権の行使があったとの趣旨の主張をするが、解約権の行使は本件保険契約の約款により解約請求書の提出をもってこれを認めるべきもので、被告主張の上記手続により解約権の行使があったものとは認められない。さらに被告は、国税徴収法及び民事執行法等の規定を挙げて、本件においてもAの死亡により手続は影響を受けないとの趣旨の主張をするが、前記判断のとおり、解約払戻金請求権が保険金支払事由の発生により消滅する権利であることを前提とすれば、本件差押え後であっても、解約権の行使前に被保険者が死亡したことによって解約払戻金請求権は消滅し、もはや被告はこれを行使することができなくなったというべきであり、上記被告の主張は採用することができない（東京地裁八王子支部平成18年8月18日判決、平成17年（ワ）第2253号）。

●**参考判例**（東京地裁平成11年8月25日判決、平成11年（レ）第117号）
事　案　解約返戻金に対する債権者代位権行使後の第三者による差押え
争　点　保険契約者の債権者が債権者代位権に基き保険契約者に代位して解約権を行使し解約返戻金を請求したが、その支払前に別の債権者による解約返戻金の差押えがあり、これにより保険会社が同差押債権者に対して解約返戻金を支払った行為は、不法行為に該当するか
判　旨
　控訴人（保険契約者の債権者）は、債権者代位権の行使後速やかに解約返戻金を支払うべきであったと主張するが、右債権者代位権の行使が有効であるかどうかは、控訴人の株式会社Bに対する債権の有無及びその内容並びに株式会社Bの資力によるところ、これらの事項は債権者代位権行使の通知の文面からは明らかではなく、他に債権者代位権行使の有効性を証明する資料は示されていなかったものと認められる。そうすると、被控訴人（保険会社）は、右債権者代位権の行使に応じるかどうかを判断するに当たっては、右に述べた債権者代位権行使の要件を控訴人が具備しているかどうかを調査する必要があり、右調査は、債務者としては当然許されるものといわなければならないし、また、右調査の終了前に供託する義務もないというべきである。したがって、本件の事情下で、被控訴人において、控訴人から債権者代位権行使の通知を受け取った後速やかに控訴人に対する支払を行わなかったことをもって、不法行為に当たるとはいえない（東京地裁平成11年8月25日判決、平成11年（レ）第117号）。

●**参考判例**（東京簡裁平成10年9月17日判決、平成10年少コ181号）
事　案　債権譲渡と債権者代位権の行使
争　点　債権者代位権行使の可否
判　旨
　原告X（消費者金融会社）は、平成9年6月16日、訴外A会社と訴外A_2を連帯保証人とする取引基本契

約を締結し、同年11月27日、訴外A会社に対し、金100万円を貸付けた。訴外会社は、平成10年1月6日、第1回の不渡り、同月7日、第2回の不渡りを出して事実上倒産し、右債務の返済をせず、本件保険契約解約返戻金以外に何ら見るべき資産はない。訴外A会社及び訴外A₂から平成10年1月20日付けの確定日付けのある内容証明郵便にて、「債権譲渡兼譲受通知書」にて、本件解約返戻金の譲渡について被告に通知した。

原告は、訴外会社および訴外人に代位して、被告（保険会社）に対し、別紙生命保険目録…記載の生命保険契約の解約権を行使し、平成10年2月9日、その旨の内容証明郵便が被告に到達した。

原告Xが、平成9年6月16日、訴外Aと訴外人を連帯保証人とする取引基本契約を締結し、同年11月27日、訴外会社に対し、金100万円を貸付けた事実、原告が、訴外会社及び訴外人に代位して、生命保険目録記載の生命保険解約権を行使した事実並びに訴外会社は2回の不渡りを出して倒産し、訴外会社と訴外人には所有不動産などの資産も存在しない事実を認めることができる。

以上の事実をもとに判断すると、原告の請求には理由がある（東京簡裁平成10年9月17日判決、平成10年少コ181号）。

●**参考判例**（東京地裁平成10年11月10日判決、平成10年（ハ）19824号）
　事　案　債権者代位権の行使の可否
　争　点　債権者代位権の行使の要件を充たしているか
　判旨

原告は、訴外A有限会社に対し、70万円を貸付けた。A有限会社は、平成10年3月2日に第1回目の不渡りを出し、その翌日第2回目の不渡りを出して、銀行取引停止処分を受け、事実上の倒産状態であるところ、右生命保険契約解約返戻金債権以外に見るべき資産を有していない。訴外A有限会社は、平成10年3月2日付け確定日付けのある「債権譲渡兼譲受通知書」にて、本件解約返戻金の譲渡について被告保険会社に通知した。

A有限会社の無資力の点を除いて、当事者間に争いがない。

A有限会社が自ら振り出した小切手の不渡りを連発し、銀行取引停止処分を受けたこと、A有限会社の代表者が行方不明であること、前記生命保険契約解約返戻金のほかに見るべき資産がないこと、がそれぞれ認められる。

これによると、A有限会社が無資力であることが認められ、これを覆すに足りる証拠はない。原告の請求は理由がある（東京地裁平成10年11月10日判決、平成10年（ハ）19824号）。

●**参考判例**（東京地裁平成10年11月25日判決、平成10年（ワ）18144号）
　事　案　債権者代位権の行使の可否
　争　点　債務履行請求権を保全するため、契約者に代位して解約権の行使ができるか
　判旨

（訴外Aは、平成6年5月1日、被保険者をA、保険者を被告Yとする生命保険契約を被告との間で締結している。そこで、原告は、Aに対する（消費貸借）契約に基づく連帯保証債務履行請求権を行使するため、平成10年7月10日、Aに代位して、被告に対し、右生命保険契約における解約権を行使し、その解約返還金の支払いを求めた。）訴外A₂会社の本店所在地の不動産は同社所有であるが、その時価合計は約2億4000万円程度であるところ、原告に優先する極度総額金3億4780万円の先順位根抵当権が複数の銀行によって設定されている上、その他にも複数の金融機関により根抵当権設定仮登記や条件付賃借設定仮登記がつけられており、さらに、東京都からの差押えもされていること、また、Aの住所地であった不動産も同人の所有であったが、平成10年2月23日付けですでに売却されていることが認められる。これらの事実に加え、A₂会社が銀行取引停止処分を受けて事実上倒産状態であること、AのA₂会社における地位などの事実を考え合わせれば、Aが無資力の状態にあることは明らかである。

以上によれば、本訴請求は理由があるから認容する（東京地裁平成10年11月25日判決、平成10年（ワ）18144号）。

V-2 差押

●参考判例（東京簡裁平成11年2月26日判決、平成10年（ハ）25186号）
　事　案　債権者代位権行使と差押との優劣
　争　点　①債権者代位権の行使によって、債権者に排他的権利が生じ、その後第三者が債権差押命令に基づき差押を行った場合にも、債権者が優先的権利を有するか否か
　　　　　②第三債務者である保険会社は、原告の債権者代位権行使に着手後、訴外法人の差押に基づく請求に応じて正当な理由なく支払いをしたもので、保険会社は故意または重大な過失によって債権者代位権を侵害したことになるか
　判　旨
　　債権者代位訴訟は、債権者が債務者に代位して債務者の権利を行使するものであるから、第三債務者は、債務者が自らその権利を行使する場合に比して不利益な地位に置かれる理由はないことは論をまたない。本件訴訟形態は、債務者が第三債務者に対し、本件保険の解約及び解約返戻金の支払いを求めて訴えを提起した場合と同様の利益状況ということが出来、その旨の被告（保険会社）の主張は正当として認められる。
　　したがって、債権者代位権の行使によって、債権者に排他的権利が生じ、第三者が債権差押え命令に基づき差押えを行った場合にも、債権者が優先的権利を有することは出来ない。
　　本件では、原告が債権者代位権行使着手後、第三者である訴外法人が解約返戻金に対し差押えを行うことは認められるので、被告は右に基づき支払いをしたもので、右支払いについて被告に故意または重大な過失があり、債権者代位権を侵害したことになる、とする原告の主張は失当といわざるを得ず、他に被告の故意または重大な過失を認めるに足りる証拠はない。
　　以上の事実を基に判断すると、被告の訴外法人に対する右支払いは有効とみなされ、他に特段の事情がない本件では、原告の請求は理由がなく、棄却を免れ得ない（東京簡裁平成11年2月26日判決、平成10年（ハ）25186号）。

●参考判例（大阪地裁平成3年11月5日判決）
　事　案　満期保険金請求権の差押
　争　点　満期保険金請求権に対する差押は保険期間変更権にまで及ぶものか
　判　旨
　　本件、差押命令により原告が差し押さえた対象は満期保険金請求権のみであり、右対象が保険契約者の有する保険期間変更権に（まで）及ぶものと認めることはできない。本件では、満期保険金請求権を有する満期保険金受取人と保険期間変更権を有する保険契約者は同一人であるが、このことによって、本件差押命令の効力が右保険期間変更権に及ぶものと認めることはできない。…また、差押債権者は、保険期間変更によってその権利の行使の時期を将来に引き伸ばされるという不利益を被るが、その余の満期保険金請求権の内容について不利益を被るものとは認められない。さらに原告には、債務者であるAの保険契約者としての諸権利を差し押えることにより右不利益を回避する手段が存する。本件満期変更行為が公序良俗に反し無効であるものとは俄かに肯認し難い（大阪地裁平成3年11月5日判決）。

●参考判例（最高裁二昭和45年2月27日判決、裁判集民98号313頁、判時588号91頁）
　事　案　生命保険金に対する差押
　争　点　保険金受取人に対する差押は有効か
　判　旨
　　保険事故が発生してすでに具体化している生命保険契約に基づく保険金受取人の保険金請求権は通常の金銭債権として、国税または地方税に関する滞納処分による差押の対象となり得るものと解するのが正当である（最高裁二昭和45年2月27日判決、裁判集民98号313頁）。

●**参考判例**（長崎地裁佐世保支部昭和45年10月26日判決）
　事　案　生命保険金に対する差押
　争　点　債権担保目的のため債権者を保険金受取人とする保険契約につき債権者に対する滞納処分による
　　　　　差押の是非
　判　旨
　　保険金受取人名義をXとした目的が債権担保のためであっても、それは単に名義上ばかりでなく、真に
　Xを保険金受取人とする意思であったものと認められるから、A（契約者兼被保険者）の死亡により保険
　金支払義務者である保険会社に対する関係では、本件各保険金請求権がXに帰属したものといわなければ
　ならない…Aは保険金を右債務の弁済に充当したうえ残額はAの相続人に返還させる趣旨であったから、
　保険契約者で被保険者であるAが本件保険金受取人の指定変更を自由になし得ることを前提として考える
　と、右は実質的には保険金請求権を信託的に譲渡して譲渡担保を設定したものと解される。
　　ところで、一般に債権担保のために財産を譲渡した場合、第三者に対する関係では、その財産を完全に
　担保債権者に移転し、右債権者の一般債権者はこれを差し押さえることができると解され、このことは国
　税等の滞納処分による差押えについても別異に解すべき理由はない（長崎地裁佐世保支部昭和45年10月26
　日判決）。

●**参考判例**（大阪地裁昭和59年5月18日判決）
　事　案　解約返戻金（返還金）請求権に対する差押
　争　点　解約返戻金請求権に対する差押と生命保険契約の取立権をめぐって
　判　旨
　　解約返戻金請求権は…一定額の金銭の給付を目的とする財産的権利であり、しかも、民事執行法第152条
　の差押禁止債権ともされていない。したがって、それが、保険契約の解約によって具体的な権利として存
　在するに至った場合に差押が許されることはいうまでもないが、保険契約の解約前においても、解約を条
　件とする条件付権利として存在し、その内容もその時々において特定しうるものであるから、その差押え
　もまた許されるものというべきである。そして、金銭の支払を目的とする債権を差し押さえた債権者は、
　債務者に対して差押命令が送達された日から1週間を経過したときは、その差し押さえた債権について取立権
　を取得し、右債権の取立てのため、債務者の有する権利を、右取立ての目的の範囲内において、かつ、右
　権利の性質に反しない限りにおいて、債権者が生命保険契約解約前の解約返戻金請求権を差押えこれにつ
　いて取立権を取得したときは、解約返戻金請求権を具体化せしめて取り立てるため解約権を行使して生命
　保険契約を解約することができるものと解すべきである（大阪地裁昭和59年5月18日判決）。

●**参考判例**（東京地裁昭和59年9月17日判決）
　事　案　解約返戻金請求権に対する差押
　争　点　解約返戻金請求権を債権者代位権で請求できるか
　判　旨
　　保険契約の解約権が一身専属権であるか否かは一律に論ずべきではなく、当該保険契約の種類や内容に
　よって個別に検討すべきである。…本件保険契約の第一次的な目的は経済的なものとするものであり、生
　活保障あるいは社会保障の補完的意味合いは殆どないものと解される。そうであれば、本件保険契約の解
　約権は債権者代位の対象にならない一身専属権であると解する理由はない（東京地裁昭和59年9月17日判
　決）。

●**参考判例**（大阪地裁平成15年1月16日判決、平成14年(ワ)第4080号）
　事　案　保険契約者の同意を得ずになされた契約者による解約は無効であるとして保険会社が解約返戻金
　　　　　相当額について不当利得返還請求権を行使した事実
　争　点　①被告の不当利得の成否（本件各保険契約の契約者）
　　　　　②悪意の受益者か

|判旨|

　本件第1保険契約及び本件第2保険契約の当初の保険契約者はAであり、本件第3保険契約の当初の保険契約者は、A又はBであったところ、第1回名義変更によって、すべてBに変更されたとして、Bの上記請求を認容する判決をし、同判決は平成13年12月20日確定したことが認められ、したがって、被告が本訴において、原告との間で、本件各保険契約者がBでなく、被告である旨主張して争うことは前訴の参加的効力に抵触して許されないと解される。

　そうすると、被告は、本件各保険契約の契約者ではなく、これらを解約して解約返戻金を受領する権限は有しないから、原告から支払を受けた本件解約返戻金については法律上の原因なくしてこれを利得したということができ、被告は、原告に対し、不当利得返還義務を負う。

　なお、原告は、被告は、Bに無断で本件解約を申し入れしているから、自己に権利がないことについて当初から悪意であったとして、平成8年6月12日の本件解約返戻金の受領日からの利息を請求しているが、被告の本件解約返戻金について法律上の原因がないことが確定したのは、上記のとおり、前訴控訴審判決が確定したときと認められるから、その日である平成13年12月20日から被告は悪意の受益者として利息支払の義務を負うと解すべきである（大阪地裁平成15年1月16日判決、平成14年(ワ)第4080号）。

●**参考判例**（大阪高裁平成14年11月13日判決、平成14年(ネ)第1454号、神戸地裁洲本支部平成14年3月20日判決、平成13年(ワ)47号）

　事　案　代筆により手続がなされた解約の成否
　争　点　本件解約がAの意思に基づくものであったかについて

|判旨|

　二口の生命保険に入っていた保険契約者からその保険料（毎月合計約7万5000円）の支払を任されていた妻が、その支払もままならず、本件保険契約の保険料立替金残高が95万0329円、契約者貸付元金残高が133万0898円にもなったことなどから、営業職員に本件保険契約の解約の話を持ちかけ、2種類の生命保険契約の保障設計書を持参した営業職員からその説明を受けたが、その際、保険契約者も途中から同席してその説明を聞き、その数日後に妻から営業職員に本件保険契約を解約する旨連絡し、その約十日後に営業職員が解約に必要な書類を持って妻の店（喫茶店）を訪れ、同所で本件保険契約の保険証券及び保険契約者の届出印を所持して待っていた控訴人が営業職員の用意した解約請求書に保険契約者の署名、押印をしたうえ、これをBを通じて被控訴人に提出し（本件解約）、その数日後に被控訴人がAの保険料引落し口座に解約返還金を送金し、解約明細書をA宛に送付したが、これに対してAから異議の申出等はなかったというにあり、これらの事実によれば、本件解約は、保険契約者の意思に基づいてされたものと認めるのが相当であり、したがって、本件解約は、有効なものというべきである（ちなみに、本件においては、控訴人は、保険契約者の了解の下に同人の使者として解約請求書に保険契約者の氏名を記入したうえ、保険契約者の届出印を押し、同書面を被控訴人に差し出したものと認められる。仮に控訴人が保険契約者のために代理人として署名押印したとしても、保険契約者は、・・・控訴人に対して本件保険契約の解約についての権限を授与していたものと認められるから、この観点からみても、本件解約は有効なものといえる。）（大阪高裁平成14年11月13日判決、平成14年(ネ)第1454号、神戸地裁洲本支部平成14年3月20日判決、平成13年(ワ)47号）。

V-3　破産

　破産とは、「ある者が経済的に破綻して、その弁済力をもっては、総債権者に対する債務を完済することができなくなった状態、またはかかる状態に対処する法律的手段として、強制的にその者の全財産を管理換価して、総債権者に公平な金銭的満足を与えることを目的とする裁判上の手続」をいう（中田淳一『破産法・和議法』（有斐閣1959年））。後半部分は裁判所の破産手続開始の決定による法律上の制度である。

保険契約において最も問題となるのは、保険契約締結後に破産手続きが開始し、その後に保険事故が生じた際の保険金請求権が、「破産者が破産手続開始決定前に生じた原因に基づいて行うことがある将来の請求権」（破産法34条2項）として、破産財団に属するか、あるいは新得財産となるかである。一般的に、保険金請求権は保険契約締結とともに、保険事故の発生を停止条件とする債権として発生しており、保険事故発生前における保険金請求権（抽象的保険金請求権）も、差押えや処分が可能であると解される。このように、抽象的保険金請求権が、差押えや処分が可能であるとされている以上、破産者の財産に対する包括的差押えの性質を有する破産手続についても別異に解する理由はなく、保険契約が締結された時点で、抽象的保険金請求権は破産手続開始決定により破産財団に属させることが可能な財産として発生しているものとみるのが合理的である。したがって、破産手続開始決定前に締結された保険契約に基づく抽象的保険金請求権は、破産法34条2項の「破産者が破産手続開始決定前に生じた原因に基づいて行うことがある将来の請求権」として、破産手続開始決定により、破産財団に属する財産になるものと解するのが相当であるとするのが一般的である（札幌地裁平成24年3月29日判決判時2152号58頁）。本理論によれば、入院等給付金請求権についても同様の取扱いとなる。一方で、第三者のためにする保険契約の受取人が有する保険金請求権は当該第三者の固有権であること、入院等給付金は入院日毎に請求権が発生するので新得財産に当たるとして否定的見解も有力である。

　なお、保険契約者について破産手続きが開始したとき、保険契約に対する契約者としての一切の権利義務の管理処分権は破産管財人に移行し、契約の処分行為（解約権の行使等）は破産管財人に帰属する。

●**参考判例**（札幌地裁平成24年3月29日判決、平成23年(ワ)第2703号、判時2152号58頁）
　事　案　破産手続き開始決定後の入院共済金の請求
　争　点　入院共済金請求権が、破産法34条2項の「破産者が破産手続開始前に生じた原因に基づいて行うことがある将来の請求権」として、破産財団に属するか否か
　判　旨
　　保険金請求権は、保険契約締結とともに、保険事故の発生を停止条件とする債権として発生しており、保険事故発生前における保険金請求権（以下、『抽象的保険金請求権』という。）も、差押えや処分が可能であると解される。このように、抽象的保険金請求権が、差押えや処分が可能な財産であるとされている以上、破産者の財産に対する包括的差押えの性質を有する破産手続開始決定についても別異に解する理由はなく、保険契約が締結された時点で、破産手続開始決定により破産財団に属させることが可能な財産として発生しているものとみるのが合理的である。したがって、破産手続開始前に締結された保険契約に基づく抽象的保険金請求権は、破産法34条2項の『破産者が破産手続開始前に生じた原因に基づいて行うことがある将来の請求権』として、破産手続開始決定により、破産財団に属する財産になるものと解するのが相当である。そして、本件共済契約も保険契約の一種であると解されるから、上述したところが本件共済契約にも当てはまるものと解すべきである。…以上によれば、本件入院共済金請求権は、破産手続開始前に締結された本件共済契約に基づき発生したものであるから、『破産者が破産手続開始前に生じた原因に基づいて行うことがある将来の請求権』として、破産財団に属する財産であると解するのが相当である（札幌地裁平成24年3月29日判決、平成23年(ワ)第2703号、判時2152号58頁）。

●**参考判例**（東京地裁平成24年8月6日決定、平成24年(フ)2749号、引渡命令申立事件）（東京高裁平成24年9月12日決定、平成24年(ラ)1817号、引渡命令に対する抗告事件、判時2172号44頁）
　事　案　保険金受取人が破産手続開始決定後に被保険者の死亡による保険金を受け取ったため、破産管財人がその引き渡しを求めた
　争　点　死亡保険金請求権の帰属先

V-3 破産

判　旨

(第一審)
　頭書事件について、当裁判所は、本件申立てを相当と認め、破産法156条1項に基づき次のとおり決定する。
　相手方は、申立人に対し、別紙財産目録記載の財産を引き渡せ。
　　（別紙）財産目録
　1　相手方が〇〇生命保険相互会社から契約番号〈省略〉の保険金の払い戻しを受け保管中の現金2000万円
　2　相手方が〇〇共済生活協同組合連合会から組合員番号〈省略〉の共済金の払い戻しを受け保管中の現金400万円
　　（東京地裁平成24年8月6日決定、平成24年（フ）2749号、引渡命令申立事件）。

(第二審)　本件保険金請求権が「破産手続開始前に生じた原因に基づいて行うことがある将来の請求権」（破産法34条2項）であると解される以上、破産手続開始決定により「破産財団に属する財産」（同法156条1項）になるのは当然のことであって、これをもって固定主義や免責主義の趣旨に反するということはできないし、被保険者であるAの意思に反するか否かを考慮する余地もない。そして、破産者の経済生活の再生の機会の確保を図ることは破産制度の目的の1つであるが、これは自由財産の拡張の決定（同法34条4項）において考慮、対応すべき事柄であり、当該財産が破産財団に帰属するか否かの判断に関わるものではない。
　したがって、抗告人の上記主張は、採用することができない。
5　よって、相手方の引渡命令の申立てを認容した原決定は相当であって、本件抗告は理由がないからこれを棄却することとして、主文のとおり決定する。
　　（東京高裁平成24年9月12日決定、平成24年（ラ）1817号、引渡命令に対する抗告事件、判時2172号44頁）。

●**参考判例**（京都地裁平成元年7月3日判決）（大阪高裁平成2年11月27日判決）
　事　案　破産宣告前の交通事故を原因とする入院給付金等の請求
　争　点　当該請求権は破産管財人に帰属するか、破産者の自由財産となるか
判　旨

(第一審)　本件交通事故は破産宣告前の昭和61年9月4日に生じていることが認められる（破産宣告日は昭和62年2月13日）。そして、原告（被保険者）は本件事故により受傷し、病院に入通院してその治療を受けたが、後遺障害を残したとして、本訴により各保険契約に基づく保険金請求を行なっていることは、その主張自体から明らかである。
　ところで、本件各保険契約は、その内容からしていずれも損害保険契約であることが明らかであるが、その有償・双務契約たる性質に鑑みれば、これらに基づく被保険者たる原告の各保険金請求権は、本件事故による受傷という保険事故の発生と同時に具体的な債権として発生し、ただ、右発生時点においては、原告および被告（保険会社）らにおいて未だその数額の全容を知ることができないというに止まるものと解するのが相当である（同様の関係は、不法行為に基づく損害賠償請求権においても認められるところである）。
　そうすると、本件各保険契約に基づく原告の各保険金請求権は、本件事故が発生した昭和61年9月4日に右のような性質の債権として発生したものであるから、前記のとおり原告が昭和62年2月13日に破産宣告を受けた以上、右宣告時において右各契約により填補することとされている損害についてその数額が未だ確定していなかったとしても、破産法第6条1項、2項により当然破産財団に属するものといわなければならない。
　原告の主張は、入通院、所得の喪失、後遺障害の残存といった事実が本件事故による受傷により生じるものであることを軽視し、右破産法の規定を著しく限定的に解釈しようとするものであって、採用できない（京都地裁平成元年7月3日判決）。

(第二審)　傷害保険、所得補償保険契約の後遺障害特約、自損事故条項、搭乗者傷害特約条項に基づく各

保険金請求権については、その保険事故である「急激かつ偶然な外来の事故による身体傷害」が本件破産宣告前にすでに発生し、右時点において停止条件付債権として発生していることになるから、少なくとも破産法第6条2項にいう「破産宣告前に生じた原因に基づき将来行なうことあるべき請求権」に当たるものといわなければならない。

つぎに、所得補償保険契約に基づく所得補償保険金請求権については、その保険事故である「被保険者の傷害のために発生した就業不能」が本件事故日である昭和61年9月4日、原告（被保険者）が入院治療を受けたことにより発生していることになり、右時点において債権として発生し、その後、約定の免責期間を経て就業不能状態が継続することにより具体的数額が確定し、その履行期が破産宣告後に到来することがあるに止まるというべきであるから、右保険金請求権もまた、少なくとも破産法第6条第2項に該当する債権と解するのが相当である。

また、高度障害保険金請求権については、同保険金請求権は「傷害により所定の高度障害状態になったことを保険事故とするものであるところ、原告の主張によると、原告は破産宣告を受けた昭和62年2月13日から一週間後に入院先を退院し、その月の24日から翌昭和63年8月10日までの間に10日通院治療を受け、併合10級の後遺障害を遺したというのであるから、右請求権が自由財産に属する旨の原告の主張を前提とする限り、原告が右訴えにつき当事者適格を有することは否定できないが、本件自損事故の傷害により所定の高度障害状態に該当していないことは明らかである（大阪高裁平成2年11月27日判決）。

●**参考判例**（最高裁昭和60年11月15日判決、民集39巻7号1487頁、判時1179号73頁）
　事　案　破産宣告を受けて解散した法人による還付金の請求（簡易保険）
　争　点　簡易保険法50条による保険金・還付金請求権の差押禁止規定と破産の場合の各請求権の帰属問題
　判　旨

法人を保険金受取人とする簡易生命保険契約において、法人が破産宣告を受けて解散した場合には、簡易生命保険法第39条の規定に基づく還付請求権は破産財団に属するものと解するのが相当である。けだし、同法50条が還付金を受け取るべき権利は差し押さえることができないとした趣旨は、これを保険金受取人の債権者の一般担保としないことによって、保険金受取人の最低生活を保障することにあると解されるところ、保険金受取人が破産宣告を受けた場合においては、それが自然人であるときは、その最低生活を保障するために破産法6条3項を適用して還付請求権を自由財産として残すことが要請されるのに対し、保険金受取人が法人であり、破産宣告を受けて解散したときは、還付金請求権を破産財団から除外して破産法人の自由な管理処分に委ねるべき合理的根拠はもはや存在しないものといわざるを得ない。また、剰余金の支払請求権については、簡易保険法第50条の適用がないことは明らかであり、これを棄却した原判決は破棄を免れ得ない（最高裁昭和60年11月15日判決、民集39巻7号1487頁、判時1179号73頁）。

●**参考判例**（福岡地裁平成8年5月7日判決、金法1464号32頁）
　事　案　保険契約の解約返戻金をめぐって（損害保険）
　争　点　破産会社が有する契約の解約返戻金と保険者が有する債権との相殺可否について
　判　旨

相殺の自働債権についてみると、被告保険会社が自働債権とする債権は、いずれも破産宣告前の原因に基づいた債権、すなわち破産債権であることが明らかであるから、相殺の自働債権としての適格に欠けることはない。

被告保険会社が、受働債権として主張する本件保険契約に基づく解約返戻金債権の性質についてみるに、本件の積立傷害保険契約は…一括して全額保険料の払い込みがされており…保険契約者は何時でも保険契約を解約することができ、その場合には、被告である保険会社は保険契約者に対し、保険約款の定めるところにより計算された解約返戻金を支払うことになっている。したがって、本件の解約返戻金債権は、解約前においても、その時々において金額が確定しており、保険契約の解約を停止条件とする条件付き債権として、破産会社の破産宣告時において、既に発生していたものであるから、破産法99条後段の条件付き債務に該当するものである。

破産法上の相殺については、破産債権者間における平等的比例弁済確保の見地から、原則として、破産宣告当時破産債権と破産者の債権とが相殺適状にあることを要求して、これを制限しているが（破産法98条、104条1項、3号）、反面、相殺債権の担保的機能を尊重し、破産債権者保護のため破産法99条以下の規定を設けて相殺権の拡張を図っている。そして、この拡張の場面では、自働債権すなわち破産債権は、期限付きでも、解除条件付きでも、債権の目的が金銭でないとか、金銭債権でも額が不確定又は外国通貨で定まっているものでもよく、また、受働債権すなわち破産債権者の債務は、期限付き、条件付き又は将来の債権であってもよいとされている（破産法99条）。さらに、破産においては、会社更生の場合と異なり（会社更生法162条）、相殺の時期の制限が定められていない。
　このような相殺に関する破産法の規定を整合的にとらえるとすれば、破産法99条後段は、破産債権者の側から、条件不成就の機会を放棄して直ちに相殺することができるのみならず、99条後段は、破産債権者の側から、条件不成就の機会を放棄して直ちに相殺することができるとするだけでなく、破産宣告後に条件が成就するのを待って、相殺することができることも規定しているものと解するのが相当である。
　これに対し、条件が成就した段階では、条件成就が破産宣告後の債務負担に該当し、破産法104条1号により相殺は許されないとする見解もあるが、このような見解に立つと、破産宣告後、破産債権者が破産宣告の事実を知らないうちに条件が成就したような場合にまで、相殺が許されないことになり、破産法99条後段の趣旨は著しく没却され、妥当ではない。
　さらに、この点に関し、原告は、破産法99条後段は、受働債権の条件や期限の利益が破産債権者の利益のためでなく、破産者側にあって、破産債権者の一方的意思表示で受働債権について相殺適状状態にできない場合には適用ができないと解すべきであり、本件援用に破産契約者の解約によらなければ履行期が到来しない債権については適用がないと主張する。
　しかしながら、右のような解釈は、特段の根拠もなく破産法99条後段にいう「停止条件付き債務」の文言を限定的に解釈し、前記の相殺権の拡張の趣旨を不当に制限するものであり（確かに、本件の解約返戻金債権は、原告が解約した時点で履行期が到来したものであるが、そもそも解約権自体、一身専属的なものではなく、解約前の段階でも、差押さえの対象となり、差押債権者は保険契約者の解約権を行使することができると解されているのであって、原告が主張するほど保険契約書の意思を重視すべき根拠は存在しないものと考えられる。）、採用できない。そして、以上のような破産法99条の解釈を前提とすると、破産法104条1号にいう「破産宣告後に債務を負担したとき」とは、債務の停止条件が破産宣告後に成就した場合のすべてを含むものではなく、破産宣告時に相殺の合理的担保的期待が存在する場合には、受働債権の停止条件が破産宣告後に成就したとしても、同号の相殺禁止に該当せず、破産法99条によって相殺が認められると解さざるをえない。なお、最高裁判所昭和47年7月13日判決（民集26巻6号1151頁）は、「株式会社の債権者が会社に対しその整理前に停止条件付き債務を負担した場合でも、整理開始後に条件が成就したときは、整理開始後に債務を負担したものとして、商法403条1項、破産法104条1号により相殺が禁止される」旨判示しているが、右は、破産法99条のような条文の存しない会社整理に関するする事案に関するものであり、しかも必ずしも破産宣告時に相殺の合理的担保的期待の存しない停止条件付き債務に関するものであるから、本件と事案を異にし、適切ではない。
　そこで、最後に、本件の相殺につき、破産宣告時に被告に合理的担保的期待があったかどうかについて判断する。
　本件のような損害保険の一種である積立保険の場合、保険事故発生率は低く、満期返戻金または解約返戻金を支払うかのどちらかが発生する蓋然性は極めて高く（そして、相殺の担保的機能が顕著な役割を果たすと考えられる事態である破産にいたれば、破産宣告後程なく、保険のほとんどすべてが破産管財人により解約に至る…）、保険会社側もそれを予測して、約款上も、自動振替貸付及び契約者貸付などの制度を設けて一種の金融的機能を果たしている上、保険契約者側も、このような保険につき一種の預金の認識を有しているのは明らかであるから、保険会社にとって、保険料の受入れは、その保障料部分を除けば銀行における預金受入行為と類似する側面が認められることは否定できず、銀行が預金の受入れにより預金返還債務を受働債権とする相殺の期待を持つのと程度の差はあれ、保険会社は保険料の受入れと同時に将来保険会社が生じる可能性のある債権との相殺を期待しており、このような期待は正当なものと考えられ

る。したがって、被告は相殺につき合理的担保的期待を有していたものというべきである。なお、本件各保険契約の場合、原告による解約の時点においては破産宣告時より解約返戻金の金額が増加しているのは明らかであるが、前記のとおり、本件各保険契約の場合は破産宣告後に破産管財人が新たに財団から保険料を払い込んだものではなく、既に、保険契約締結日に保険料が全額支払われていたものであり、したがって、その後の解約返戻金の金額は、保険約款の規定に従い自動的に算定されるもので、単に因果の流れにすぎないというべきであるから、破産宣告後解約の時点までに増加した解約返戻金部分についても、破産宣告時に被告に相殺の合理的担保的期待が存していたものと考えらる。そうすると、被告による相殺は適法であり、右相殺により原告の本訴請求債権はすべて消滅したものといわなければならない（福岡地裁平成8年5月7日判決、金法1464号32頁）。

Ⅵ 介入権－契約当事者以外の者による解除の効力等（保険法60条、89条）

　生命保険契約や傷害疾病定額保険契約において、保険契約者はそれらの契約から生じる権利、契約を解約することで解約返戻金を受領する権限などが生じ、その処分権を有する。

　保険契約者に帰属する財産的処分権が生じる権利については、保険契約者の債権者がその財産権に対して差押えをしたり、あるいは滞納処分に付されたりし、さらには保険契約者が破産すると保険契約も含め破産財団を構成し、また、質権設定契約の対象として解約返戻金も含めその対象とされることも多い。

　差押債権者などが生命保険契約の解約権を行使すると保障機能を喪失することから、保険契約者側が生命保険契約の継続を強く希望することがある。従来、当事者間の話し合いで、保険契約者の親族等が差押えられた保険契約の解約返戻金相当額を差押債権者に払い込み差押えの取下げを図ってきた。

　これらを踏まえ、保険法では、さらに一歩進め差押債権者や破産管財人等、契約当事者以外の第三者で保険契約を解約（解除）できる者（「解除権者」）が、保険契約を解除しようとした場合にあっても、一定の条件のもと、保険金受取人が保険契約を存続させることができるよう規律した（60条・89条、絶対的強行規定）。いわゆる介入権の制度である。

　それによれば、解除権者から通知を受けた日から、1か月の期間内に、①保険契約者の同意を得て、②解除権者に解約返戻金相当額を支払い、③保険者にその旨を通知することにより、保険契約を存続させることができる（60条2項・89条2項）。

　保険契約が存続すれば解除の効力は生じず、一方、解除権者は解約返戻金相当額を取得することができる。

　なお、契約当事者以外の者とは、破産管財人による保険契約の解除（破産法53条1項）、差押債権者による取立権（民事執行法155条1項）に基づく保険契約の解除、解約返戻金請求権の質権者による保険契約の解除（民法366①項）、保険契約者の債権者による保険契約者の任意解除権の代位行使（民法423条）、税務署の差押債権の取立権（国税徴収法67条（差し押えた債権の取立））、国民年金保険料の差押えによる取立（国民年金法96条（督促及び滞納処分）4項「…徴収金を納付しないときは、国税滞納処分の例によってこれを処分し、…」）がある。

第4章 生命保険契約（傷害疾病定額保険契約含む）に基づく給付

Ⅰ　保険金受取人

Ⅰ-1　生命保険契約の受取人

(1) 受取人の地位

　　生命保険契約上の一方の当事者たる保険契約者は、生命保険契約に基づく保険料の支払義務者であり、保険料を支払うことによって生命保険契約による利益を享受することができる。したがって、保険契約者みずからが保険金受取人となるのが通常の契約形態といえよう（「自己のためにする生命保険契約」）。しかし、生命保険契約は、保険契約者自身の生活設計のためになされるものの他に、遺族の生活安定を図るために利用されるものでもあるため、法は、死亡保険金を受け取るべき者を保険契約者以外の第三者とすることを認めている（保険法42条「第三者のためにする生命保険契約」、同71条「第三者のためにする傷害疾病定額保険契約」）。

　　死亡保険金受取人をだれにするかについては損害保険と異なりその者が被保険利益を有している必要はなく、そこに、格別の制限はない。したがって、保険金受取人は被保険者の親族であることを必要とせず、また、自然人に限らず法人であってもよく、員数についても一人でもよく複数人であってもよいとされている（保険法51条但書、同80条但書参照）。

(2) 保険金受取人の権利と義務

　　保険金受取人は、保険金の取得につき受益の意思表示を必要とせず当然に保険契約の利益を受けることができる（保険法42条、同71条）。しかしながら、保険事故が発生するまでの間、保険契約者は受取人の変更権を留保しているため（保険法43条1項、72条1項）、保険金受取人の地位は常に不安定な状態にある。したがって、保険事故が発生して初めてその地位は確定し、保険金請求権が具体化する。

　　なお、保険契約者が保険金受取人を特に定めていない場合には、自分自身を保険金受取人とする趣旨と考えるのが一般的であり（一部約款にて「被保険者の遺族」とするものもある）、その契約は「自己のためにする生命保険契約」となる。また、受取人が抽象的保険金請求権を放棄した場合もこれに準じ、受取人の指定のない契約、すなわち契約者が自己のためにする契約となると解される。

　　保険金受取人に指定された者は、指定されたことによって保険料支払の義務を負うことはない。けだし、保険金受取人は契約当事者ではないからである。

　　保険金受取人の義務としては、被保険者が死亡したことを知ったときにはその事実を保険契約者とともに遅滞なく保険会社に通知する義務がある（保険法50条、同79条）。この通知義務の目的は、保険者の保険金支払義務の有無の決定をするに当たっての調査機会の付与にあり、この義務の法的性質は保険契約上の債務であり、この通知義務につき保険契約における信義誠実の原則上許されない目的のもとに懈怠した場合には、保険金支払義務を免れうることも有り得る（損害保険について、改正前商法658条に関する最判昭和62年2月20日民集41巻1号159頁）。保険金受取人の義務としては、保険契約者とともに「保険者が前二項に規定する確認をするために必要な調査を行うに当たり、保険契約者、被保険者又は保険金受取人が正当な理由なく当該調査を妨げ、又はこれに応じなかった場合には、保険者は、これにより保険給付を遅延した期間について、遅滞の責任を負わない」と定められており（保険法52条3項、同81条3項）、調査協力義務を負う。このことは保険約款上の「4項及び5項に掲げる必要な事項の確認に際し、保険契約者、被保険者または保険金の受取人が、正当な理由がなく当該確認を妨げ、またはこれに応じなかったときは、これにより当該事項の確認が

I-1 生命保険契約の受取人

遅延した期間の遅滞の責任を負わず、その間は保険金を支払わない」との規定と軌を一にするものと解される。

●参考判例（東京地裁平成8年7月30日判決）
　事　案　不倫関係の相手を保険金受取人として指定
　争　点　その指定は公序良俗に反し無効か
　判　旨
　　保険契約者が、被告（不倫関係の相手方）を保険金受取人とする生命保険契約を締結したのは昭和63年4月であり、原告及び被告の夫において保険契約者と被告との関係解消に向けて必死の努力が行われている最中であった。そして、保険会社に対しては、保険契約者は、配偶者及び子供はいるが別居中であり受取人（被告）とは離婚後結婚する予定である旨説明し、保険契約者と被告との関係継続を前提とした契約であることを明言していた。
　　被告は、平成元年6月には夫の代理人弁護士立ち会いのもと今後は保険契約者とは交際せず、夫のもとに戻る旨の約束ができ被告は夫の元に戻った。…平成元年9月か10月に至り保険契約者と原告の夫婦関係は元の鞘におさまった。
　　保険契約者兼被保険者は、平成7年5月に死亡し…原告が金庫を開けてみると、本件保険証券が受取人の変更手続きをしないまま残っており、保険契約者は平成7年4月6日にT生命より名義変更請求書を取り寄せたもののその手続きをとらないまま急死してしまったことが判明…、保険契約者兼被保険者は、本件保険金受取人を原告に変更するつもりであったと推定される。
　　本件保険契約の受取人を被告としたことは、被告と保険契約者との不倫関係の継続を目的としていたものであることは明らかであり、保険契約時において、確かに保険契約者は被告との共同生活の継続を願い、保険契約者死亡後の被告の生活の安定を目的として締結されたという面も存するが…被告が夫の元に戻るという可能性は本件保険契約締結当時からあり、被告が生計を保険契約者に頼るといった状況は永続的な状況であったと認めることはできない。しかも、現実にその後の関係者の努力により不倫関係の解消といった形で解決されているのであるから、本件保険金が被告の生活を保全するという役割を果たすものではない。
　　したがって、右のような事実関係のもとでは、本件保険契約中受取人を被告と指定した部分は公序良俗に反し、民法90条により無効とすべきであり、したがって受取人は保険契約者本人と解すべきであるから、本件保険金の支払請求権は保険契約者の死亡により相続人である妻2分の1、その子がそれぞれ4分の1の権利を有すると認めるのが相当である（東京地裁平成8年7月30日判決）。

●参考判例（静岡地裁昭和56年9月17日判決）
　事　案　保険金受取人の指定
　争　点　保険契約者の保険金受取人を「第三者」とする希望に対し、保険外務員が親族を受取人とするよう説明しそのように指定させたことが不法行為に当たるか
　判　旨
　　生命保険契約については、被保険利益の存在が積極的に要求されないとはいえ、保険者としては、生命保険制度の悪用あるいは紛争回避の考慮から、被保険者と保険金受取人との関係について相当の関心を払うのも業務上やむをえない措置といえるのであって、そのような考慮のもとに保険外務員に対する指導がなされ、その指導に従い、取扱職員は保険契約者に説明したものである。本件につき、契約者より債務保証のため第三者（原告）を保険金受取人に指定する希望に保険外務員が難色を示したので、一応、後日変更する含みで受取人を長男としたが、原告から契約者に保険金受取人変更についての要請もなく、また、相当期間長期にわたり契約を継続していること等から、ただちに、保険外務員の態度を以て、原告に対する違法な権利侵害行為であるとはし得ない（静岡地裁昭和56年9月17日判決）。

●**参考判例**（大阪地裁平成12年12月28日判決、平成12年（ワ）第8560号）（大阪高裁平成13年7月26日判決、平成13年（ネ）第460号）
事　案　内縁関係にある者が保険金受取人として指定された事案
争　点　①本件保険契約締結に際し、保険金受取人の指定がなかったということができるか否か
　　　　②保険金受取人の「続柄」の意義
　　　　③保険金受取人の氏名が本名でないとき
　　　　④保険会社の受取人指定についての調査義務

判　旨

（第一審）　争点①について
　保険契約者があえて実在しない架空人を保険金受取人に指定すべき理由があったというような事情は一切窺われないばかりか、・・・保険契約者は、本件保険契約を締結した平成4年当時、フィリピン国籍の女性と内縁関係にあったこと、その後、当該女性はフィリピンに帰国したことが認められるのであって、これらの事実に鑑みれば、保険契約者が保険金受取人として指定した「B」は、当時保険契約者と内縁関係にあったフィリピン国籍の女性であって、実在した人物であると認めるのが相当である。
争点②について
　保険契約者が本件保険契約を申し込む際、申込書の保険金受取人と被保険者との続柄につき「配偶者」と記載していることから、「B」が保険契約者と婚姻して被保険者の配偶者になる限りにおいて保険金受取人とする旨の指定をしたと解すべきであると主張する。
　しかしながら、保険契約者が何びとを保険金受取人として指定したかについては、保険契約者の保険者に対する表示を合理的かつ客観的に解釈して定めるべきものであるところ、本件保険契約申込書の保険金受取人欄には、単に、「B」とのみ記載され、被保険者である保険契約者との続柄の欄に「配偶者」と記載されているに過ぎないのであるから、客観的にみて、右続柄欄の「配偶者」との表示は、当時保険契約者と内縁関係にあった「B」なる女性の特定を補助する意味を有するに過ぎず、それを超えて、「B」なる女性が保険契約者と法律上の婚姻をして配偶者となる限りにおいてその者を保険金受取人として指定する趣旨を表示したものと解することはできず・・・（大阪地裁平成12年12月28日判決、平成12年（ワ）第8560号）。
（第二審）　争点③について
　ちなみに、保険金受取人として指定された者の氏名が本名でない場合でも、同人につき、その他の情報、資料等を総合することによって現実にその特定が可能である場合には、本名でないとの一事をもって保険契約ないし受取人指定が無効となるということはできない。
争点④について
　保険者は、生命保険契約締結時において、・・・指定保険金受取人との同一性が確認できる状態にしておく義務があるというべきではあるが、本件契約の申込書において、保険契約者兼被保険者の氏名、住所（保険契約者A、東京都〇〇区と保険金受取人の氏名（B）及び被保険者との続柄（配偶者）が記載されている以上、受取人は保険契約者の配偶者で保険契約者と同居中のBであることが明らかであったといえる（受取人の氏名は必ずしも本名である必要はないし、配偶者も必ずしも法律上の配偶者である必要はない（内縁でも差し支えない。）。）ところ、モラルリスク等格別の調査を必要とする事情も窺われなかったとすれば、被控訴人に受取人についてのそれ以上の調査、確認をする義務があったと直ちにいうこともできない（大阪高裁平成13年7月26日判決、平成13年（ネ）第460号）。

●**参考判例**（最高裁昭和58年9月8日判決、民集37巻7号918頁、判時1094号109頁）
事　案　保険金受取人の指定
争　点　妻・何某とする保険金受取人指定の意味

判　旨
　保険金受取人の指定は保険契約者が保険者を相手としてする意思表示であるから、これによって保険契約者が何びとを保険金受取人として指定したかは、保険契約者の保険者に対する表示を合理的かつ客観的に解釈して定めるべきものであって、この見地に立ってみるとき…「妻」という表示は…単に氏名による

Ⅰ-1 生命保険契約の受取人

保険金受取人の指定におけるその受取人の特定を補助する意味を有するにすぎないと理解するのが合理的であり、それを越えて、保険契約者が、将来における被保険者と保険金受取人との離婚の可能性に備えて、あらかじめ妻の身分を有する限りにおいてその者を保険金受取人として指定する趣旨を表示したものと解しうるためには、単に氏名のほかにその者が被保険者の妻であることを表示しただけでは足りず、他に右の趣旨を窮知させるに足りる特段の表示がされなければならないと考えるのが相当…（最高裁昭和58年9月8日判決、民集37巻7号918頁、判時1094号109頁）。

●**参考判例**（仙台地裁昭和57年3月18日判決）
　事　案　保険金受取人を代表者の妻とする法人契約
　争　点　保険金受取人を代表者の妻と指定する行為の有効性をめぐって
　判　旨
　　本件契約の趣旨は、亡A（法人代表者）が死亡した場合に多額の保険金を原告（法人）にもたらし、経営基盤の不安定ないわゆる中小企業である原告が、代表取締役の死亡によって経営面で動揺しないようにすることを眼目とするものであることと、亡Aとしても、その点は熟知していたが、自らの病気を知ってか何等かの理由によって、高額の保険金を妻である被告に受領させることを企図し、たまたま、原告の代表取締役として、本件契約事務をおこなう立場にあったのを奇貨として、ひそかに死亡保険金受取人を被告とし、それが発覚した後も、名義変更手続を求める原告側に対し、亡Aの病状に対する配慮や、代表取締役であることの信頼等から、右名義変更手続に必要な印鑑等の引渡を左程強く求めない原告側の対応もあって、1日延ばしに引伸ばし、結局、自らの死によって本件事態を発生させるに至ったこと、被告も、亡Aの死亡する2ケ月位前から、原告側からの説明で、本件契約の趣旨が前記のものであり、また、亡Aの責任において死亡保険金受取人を原告としなければならず、被告が死亡保険金を受領し得る筋合いでないものであることを十分に承知していたにも拘らず、本件死亡保険金を受領したことが容易に推認されるところである。そして、この様な事情の下においては、被告側が、亡Aによる本件申込書の書き替えによっておこなわれた、本件死亡保険金の受取人を被告と指定する行為が、有効であることを主張することは、原告との関係においては、著しく信義則に反し、許されないものというべきであって、その意味において、原、被告間においては、本件契約における死亡保険金の受取人指定行為は効力を有しないこととなり、結局、受取人の指定のない生命保険契約と同様の効果が生じるものとして、原告（保険契約者）を受取人と解するのが相当である（仙台地裁昭和57年3月18日判決）。

●**参考判例**（東京地裁昭和61年12月25日判決）（東京高裁昭和62年4月27日判決）（最高裁昭和62年10月20日決定）
　事　案　保険金受取人の指定
　争　点　婚約中にも拘らず保険金受取人を婚姻後の姓で指定し、保険事故発生時はまだ結婚していなかった場合に、当該指定は有効か
　判　旨
（**第一審**）　保険金受取人の指定は保険契約者が保険者を相手方とする意思表示であるから、これによって保険契約者が何人を保険金受取人として指定したかは、保険契約者の保険者に対する表示を合理的かつ客観的に解釈して定めるべきものであるところである（東京地裁昭和61年12月25日判決）。
（**第二審**）　本件保険金の指定取人「A・Y」は、A（被保険者）が保険契約締結していた当時同人と婚約中であった実在の「B・Y」を指すものであることは、原判決理由中の認定事実より明らかであり、右以上に「B・Y」がAと婚姻し「A」の姓を称する限りにおいて保険金受取人とする旨の指定をしたものと解し得る特段の表示がされたことは証拠上認められないから、たとえ「B・Y」が保険事故発生時にAと婚姻し「A・Y」という氏名になっていなくても、「B・Y」が保険金受取人であることは変わりはないものというべきであって、保険金受取人が不存在であることは到底解し得ないところである（東京高裁昭和62年4月27日判決）。
（**最高裁**）　上告棄却（最高裁昭和62年10月20日決定）。

Ⅰ-2　受取人固有の権利としての保険金請求権

Ⅰ-2-1　保険金請求権と相続財産

　保険金受取人が得る保険金は、保険金請求権に基づいて得る受取人固有の財産であり、相続人として得る相続財産ではない。

(1) 第三者のためにする生命保険契約の場合

　第三者のためにする生命保険契約においては、保険契約者とは別人である保険金受取人が保険金請求権を取得する（保険法42条、71条）。この場合、保険金受取人は、指定されると同時に受取人固有の権利として条件付きの保険金請求権を取得するとされている。すなわち、保険金請求権は保険契約に基づくものであるところから、保険金受取人は自己固有の権利として原始的にそれを取得するのである。また、契約者や被保険者の相続人が保険金受取人として指定された場合でも、当該相続人は、契約者や被保険者が一旦取得した保険金を相続によって承継的に取得するのではなく、各々の相続人が受取人固有の権利として原始的に取得するものとされている。

(2) 自己のためにする生命保険契約の場合

　自己のためにする生命保険契約においては、保険契約者である保険金受取人が自己の締結した契約に基づいて保険金や請求権を有することとなる。受取人の指定がないとき、指定が不明で有効な指定とみられない場合も、それが自己のためにする生命保険契約となることについてはすでに述べたとおりである。

●**参考判例**（大阪地裁大正4年月日不詳判決）
　事　案　養老保険における保険金請求権
　争　点　死亡保険金請求権の取得
　判　旨
　保険契約者が契約満期の際なお生存するときは同人を、もし死亡したときは第三者を保険金受取人とする保険契約は、普通の契約と第三者のためにする契約を相関連せしめたるものにして、保険契約者が死亡したるときは、純然たる第三者のためにする契約となり、その第三者はそのときより保険金請求権を取得する…（大阪地裁大正4年月日不詳判決）。

●**参考判例**（最高裁昭和40年2月2日判決、民集19巻1号1頁、判時404号52頁）
　事　案　保険金受取人を「相続人」と指定した契約における保険金請求権と相続財産
　争　点　取得した保険金は相続財産か受取人固有の財産か
　判　旨
　本件養老保険契約において保険金受取人を単に「被保険者またはその死亡の場合はその相続人」と約定し、被保険者死亡の場合の受取人を特定人の氏名を挙げることなく抽象的に指定している場合でも、保険契約者の意思を合理的に推測して、保険事故発生の時において被指定者を特定し得る以上、右のごとき指定も有効であり、特段の事情のない限り、右指定は、被保険者死亡の時における、すなわち保険金請求権発生当時の相続人たるべき者個人を受取人として特に指定したいわゆる他人のための保険契約と解するのが相当であって…大審院判例（昭和11年5月23日大審院）の見解は、いまだなお、改める要を見ない。…右のごとく保険金受取人として請求権発生当時の相続人たるべき個人を特に指定した場合には、右請求権は、保険契約の効力発生と同時に右相続人の固有財産となり、被保険者（兼保険契約者）の遺産より離脱しているものといわねばならない。しからば、他に特段の事情の認められない本件において、右と同様の

見解の下に、本件保険金請求権が右相続人の固有財産に属し、その相続財産に属するものではない旨判示した原判決の判断は、正当にしてこれを肯認し得る（最高裁昭和40年2月2日判決、民集19巻1号1頁、判時404号52頁）。

●**参考判例**（最高裁昭和48年6月29日判決、民集27巻6号73頁、判時708号85頁）
　事　案　保険金請求権と相続財産
　争　点　取得した保険金は相続財産か受取人固有の財産か
　判　旨
　　右「保険金受取人の指定のないときは、保険金を被保険者の相続人に支払う。」旨の条項は、被保険者が死亡した場合において、保険金請求権の帰属を明確にするため、被保険者の相続人に保険金を取得させることを定めたものと解するのが相当であり、保険金受取人を相続人と指定したのと何等異なるところがないというべきである。そして、保険金受取人を相続人と指定した契約は、特段の事情がない限り、被保険者死亡のときにおけるその相続人たるべきもののための契約であり、その保険金請求権は、保険契約の効力発生と同時に相続人たるべき者の固有財産となり、被保険者の遺産から離脱したものと解すべきであることは、当裁判所の判例（前記、最高裁昭和40年2月2日判決）とするところであるから、本件保険契約についても、保険金請求権は、被相続人であるXらの固有財産に属するものといわなければならない。なお、本件保険契約が、団体保険として締結されたものであっても、その法理に変わりはない（最高裁昭和48年6月29日判決、民集27巻6号73頁、判時708号85頁）。

●**参考判例**（大審院昭和6年2月20日）
　事　案　保険金請求権と遺言による保険金請求権の遺贈
　争　点　保険金は遺言による遺贈の対象となるか
　判　旨
　　被上告人が保険金受取人として有する権利は、同人固有の権利にして、これに基づき保険者より受領したる金銭は同人固有の財産なるを以て、例え、被保険者にして保険契約者たるAが右のごとき遺言（Aは、右保険金の中から1,000円をXに遺贈する旨の遺言証書を残した）をなしたるとするも、被上告人に於いて承諾をなしたる非ざる限り上告人に対して金1,000円の給付をなす義務を負うべきにあらず。しこうして被上告人に於いて右のごとき承諾をなしたることは上告人の主張せざるところなるを以て、上告人はその請求の趣旨とする事由によりては被上告人に対しては請求権なきこと明かなるを以て上告人の請求は失当としてこれを棄却すべきものとす…（大審院昭和6年2月20日）。

●**参考判例**（東京高裁昭和60年9月26日判決）
　事　案　保険金受取人の権利と遺言
　争　点　保険金は遺言による遺贈の対象となるか
　判　旨
　　被相続人の締結した生命保険契約において保険金受取人として指定された特定の相続人が生命保険金請求権を取得するのは、第三者のためにする保険契約の効果としてであって、被相続人の有する保険金請求権を相続によって承継取得するものではなく、当該保険金請求権は受取人の固有の財産に属するものであって、相続財産を構成するものではないのであるから、被相続人は、特定の相続人を保険金受取人として指定した以上、これを遺贈の目的とすることはできないことはいうまでもなく、また、被相続人が受取人として指定された相続人以外の第三者に保険金請求権を遺贈する旨の遺言をしても、それだけでは受取人の変更としての効力を生じるものではない（東京高裁昭和60年9月26日判決）。

●**参考判例**（東京地裁昭和10年10月26日判決）
　事　案　保険金請求権と相続財産
　争　点　自己のためにする生命保険契約の保険金は相続財産に含まれるか
　判　旨
　　保険契約者兼保険金受取人の家督相続後被保険者が死亡したときは、家督相続人の取得した保険金請求権は相続財産を構成する。相続人が限定承認をなしたる場合に在りては、債権者は相続債務につき相続人の固有財産に対して強制執行をなすことを得ざるは勿論なりといえども、本件保険契約者は、被保険者が保険期間中に死亡したる場合の保険金受取人を自己と指定したるものを以て、本保険契約者が取得したる保険金請求権は、家督相続により順次に相続人が継承せられたるものにして、右承継したる権利に基づき、前記家督相続開始後に被保険者の死亡により、現実にその支払い請求をなすことを得るにいたると解すべきである。本件保険金請求権は家督相続における相続財産を構成するものというべし（東京地裁昭和10年10月26日判決）。

●**参考判例**（東京地裁平成5年2月26日判決）（東京高裁平成5年11月29日判決）
　事　案　保険契約者経由の保険金支払
　争　点　約款に規定する保険契約者経由払いの有効性
　判　旨
（第一審）（本件契約は事業保険特約付契約である。被告の生命保険会社Ｙの特約条項第6条では「保険金・死亡給付金その他保険金受取人または死亡給付金受取人に対する支払金は保険契約者を経由して支払います」と規定している。生命保険契約は契約者を訴外Ａ会社とし、その従業員Ｂを被保険者とし、受取人をＢの相続人としており、保険金額1,500万円であった。Ｂは平成元年4月22日死亡したので、その相続人は保険金請求権を取得した。
　　保険会社は、相続人に対して記名式小切手で配達証明書付書留でＡ会社経由相続人に支払った。その直後にＡ会社は倒産した。Ａ会社の代表取締役であったＣは勝手に銀行に相続人名義口座を開設し、支払保険金1,516万円を入金してこれをＡ会社の銀行当座預金に移し替えた。この金はＡ会社の運転資金、退職金に当てられたが、Ｂの退職金として相続人に支払われたのは300万円であった。そこでその相続人は未受領額1,200万円余は保険会社の故意または過失によって発生したものであるとし、不法行為による損害賠償を保険会社に求めてきた。）
　　事業主と被保険者が相互信頼を基盤とする雇用契約の当事者であることに鑑み、仮に両当事者間に清算を要する債権、債務があったとしても、両者を適法に確定した上で精算が行われるのが通常であり、保険契約者が保険金を一旦受領することで受取人の権利が侵害されるとする主張は通常認められない。
　　保険会社は執務基準で記名式小切手を保険契約者に送付しているが、これは保険金受取人がその名において保険金請求を為し得るものであることの証左であり、本手続きが、保険契約者経由払いに沿うものであることが認められる。よって、この執務基準は特段不合理ではない。この点で違法、不当と認めることはできない（東京地裁平成5年2月26日判決）。
（第二審）「保険契約者を経由して支払います。」の趣旨は受取人に直接交付するのではなく保険契約者に対して交付することにより支払うとするもので、これをもって保険金が相続人に直接支払われるものと解することはできない（控訴棄却）（東京高裁平成5年11月29日判決）。

●**参考判例**（名古屋地裁平成9年5月12日判決）
　事　案　保険金の債権者代位権の行使
　争　点　保険金受取人の債権者は、その者（保険金受取人）が無資力であるとき債権者代位権の行使ができるか
　判　旨
　　被告会社は、本件保険金請求権のほかにはみるべき資産を有しないものと認められ、原告らは、自己の債権である本件保険金相当額請求権を保全するため、それぞれの請求権の金額の限度において、債務者で

ある被告会社の権利を行使する必要性があるものというべきである（名古屋地裁平成9年5月12日判決）。

Ⅰ-2-2 保険金請求権と相続の限定承認・放棄

　保険金受取人が「相続人」あるいは「相続人・何某」と指定されているとき、その相続人が相続財産を限定承認し、あるいはその承継を放棄したとしても、保険金請求権は受取人固有の権利であるので、その効果は受取人の取得する保険金には及ばないとされている。

●**参考判例**（札幌地裁大正5年8月12日判決）
　事　案　保険金請求権と相続財産
　争　点　取得した保険金は相続財産か受取人固有の財産か
　判　旨
　　第三者を保険金受取人として保険契約を締結したる場合に、第三者の保険金受領の権利は民法第537条のいわゆる第三者のためにする契約により解釈すべきものにして、被保険者死亡したるとき保険金受取人の保険金請求権は前示民法の規定にいわゆる第三者の権利にして被保険者の権利を承継したるものには非ず、すなわち、保険金受取人の固有の権利にして相続財産にあらざるが故に、被保険者の債権者はもし受取人たる者が被保険者の相続人たる場合といえども限定承認をなしたるときは相続財産の限度においてのみ被相続人の債務を弁済するの責に任じ、自己の固有財産たる保険金をもってこれが弁済をなすべき義務はなき筋合いである（札幌地裁大正5年8月12日判決）。

●**参考判例**（大審院昭和10年10月14日判決）
　事　案　保険金請求権と相続財産
　争　点　取得した保険金は相続財産か受取人固有の財産か
　判　旨
　　A（契約者兼被保険者）と訴外保険会社との間になしたる保険契約により被上告人Xを受取人とする保険金債権はAの死亡により始めて被上告人のために生じたる債権なるを以て該債権は相続財産に属せずして被上告人の固有財産なりというべく、したがって、被上告人において適法に限定承認をなしたる以上、被上告人はその固有の財産たる右保険金債権を目的とし相続債権者たる上告人（Y）等よりなす弁済の請求に対してはこれを拒否し得べきこと自明なることにより、例え、限定承認前上告人等が被上告人の有する右保険金債権につき差押え及び転付命令を得るも、それを以て上告人等の債権に対し弁済の効力をもたらすものにあらず…（大審院昭和10年10月14日判決）。

●**参考判例**（大審院昭和11年5月13日判決、大民集15巻877頁）
　事　案　保険金請求権と相続財産
　争　点　取得した保険金は相続財産か受取人固有の財産か
　判　旨
　　案ずるに、生命保険契約において保険契約者が自己を被保険者兼保険金受取人と定むると同時に被保険者死亡のときは被保険者の相続人を保険金受取人たらしむべき旨漫然定めたるごとき場合において、右被保険者死亡したるときはこれに基づく保険金請求権は一旦相続財産に属すべきや否やに付いては解釈上疑義なき能わざるも、右と異なり、上記被保険者死亡のときは其の長男たる相続人某を保険金受取人たらしむべき旨特にその相続人の氏名を表示して契約したる場合にあっては、被保険者死亡と同時に前示保険金請求権は該保険契約の効力として当然右特定相続人の固有財産に属すべく、その相続財産たる性質を有すべきものに在らずと解するを相当とす。しからばこの場合、右相続人において家督相続開始の後適法に限定承認の手続を執りたる以上、其の被相続人に対する債権者において該保険金請求権を差し押えこれが転付を受くることを得ざるものといわざるを得ず（大審院昭和11年5月13日判決、大民集15巻877頁）。

Ⅰ-2 受取人固有の権利としての保険金請求権　Ⅰ-2-3 受取人が有する損害賠償請求権と生命保険金

●**参考判例**（最高裁平成 4 年 3 月13日判決、民集46巻 3 号188頁、判時1419号108頁）
　事　案　保険金受取人の地位と相続放棄
　争　点　相続放棄によって保険金受取人の地位は喪失するか
　判　旨
　　…指定受取人であるAの死亡によって、その法定相続人であるX_1、X_2およびX_3（いずれも相続を放棄）が保険金受取人としての地位を取得することになり、さらに、保険契約者兼被保険者であるX_1の死亡により、X_2およびX_3が保険金受取人となりその地位が確定したのであるから、結局、X_2およびX_3の両名が民法第427条の規定により平等の割合で保険金請求権を取得し、X_1の保険金請求権が同人の相続財産に帰属することはない（最高裁平成 4 年 3 月13日判決、民集46巻 3 号188頁、判時1419号108頁）。

●**参考判例**（東京地裁昭和60年10月25日判決）
　事　案　保険金受取人である相続人が相続放棄した事案
　争　点　当該相続人は受取人の地位を失うか
　判　旨
　　本件契約のように、保険金受取人として特定人をあげることなく抽象的に指定している場合には、保険契約者の意思を合理的に推測して被指定者を特定すべきである。通常、保険契約者兼被保険者が死亡保険金受取人を「相続人」と指定した場合には、同人が死亡した時点、すなわち保険金請求権が発生した時点において第一順位の法定相続人である配偶者及び子が生存しているときは、そのもの達に帰属させる予定であったと推認されることができ、たとえ、その配偶者及び子が後に相続放棄したとしても、それにより保険金請求権を失い、相続放棄により相続権を取得した第二順位の法定相続人が保険金請求権を取得するということまで予定はしていないというべきである（東京地裁昭和60年10月25日判決）。

●**参考判例**（横浜地裁平成元年 1 月30日判決）
　事　案　受取人である相続人が相続を放棄した事案
　争　点　当該相続人は受取人の地位を失うか
　判　旨
　　（死亡保険金受取人を「法定相続人」とする）指定が、通常どういう意味を持つかについては、一般的な保険契約者の意思を合理的に推測して、被指定者を特定すべきであり、特段の事情のない限り、保険契約者が死亡保険金受取人を「相続人」と指定する場合には、同人が死亡した時点、すなわち保険金請求権が発生した時点における法定相続人に保険金請求権を帰属させることを予定しているものであるということができ、その相続人が相続放棄をしたとしても、それによりその相続人が保険金請求権を失い、右相続放棄により相続権を取得した法定相続人が保険金請求権を取得するということまでは予定していないというべきである。すなわち、保険契約者が死亡保険金受取人を「相続人」と指定した場合には、特段の事情のない限り、被保険者死亡時（保険金請求権発生時）の相続人たるべきものを受取人として特に指定した、いわゆる他人のための保険契約と解するのが相当であり、右保険金請求権は、保険契約の効力発生と同時に相続人の固有財産となり、被保険者の財産から離脱していると解すべきである（横浜地裁平成元年 1 月30日判決）。

Ⅰ-2-3 受取人が有する損害賠償請求権と生命保険金

　保険事故が第三者の不法行為によって生じたとき、それによって支払われる生命保険金は、受取人が第三者に対して有する損害賠償の請求額から控除されるべきか否かが古くから争われた。かつては控除説をとる判例も下級審において若干見受けられていたが、近年では、判例・学説ともに非控除説の立場に立っている。

Ⅰ-2 受取人固有の権利としての保険金請求権　Ⅰ-2-4 死亡保険金請求権と特別受益の持戻し及び遺留分減殺請求

●参考判例（最高裁昭和39年9月25日判決、裁判集民75号537頁）
　事　案　生命保険金と損害賠償額
　争　点　生命保険金は損害賠償額から控除されるべきか
　判　旨
　　生命保険契約に基づいて給付される保険金は、すでに払い込んだ保険料の対価の性質を有し、もともと不法行為の原因と関係なく支払われるべきものであるから、たまたま本件事故のような不法行為により被保険者が死亡したためにその相続人たる被上告人たる両名に保険金の給付がされたとしても、これを不法行為による損害賠償額から控除すべきいわれはないと解するのが相当である（最高裁昭和39年9月25日判決、裁判集民75号537頁）。

●参考判例（最高裁平成7年1月30日判決、民集49巻1号211頁）
　事　案　傷害保険金と損害賠償額
　争　点　定額の傷害保険金は損害賠償額から控除されるべきか
　判　旨
　　甲車を被保険自動車として締結された保険契約に適用される保険約款中に、被保険自動車に搭乗中の者がその運行に起因する事故により傷害を受けて死亡したときはその相続人に定額の保険金を支払う旨の定めがあり、このような本件条項に基づく死亡保険金は、被保険者が被った損害を填補する性質を有するものではないというべきである。けだし、本件条項は、保険契約者およびその家族、知人などが被保険自動車に搭乗する機会が多いことに鑑み、右の搭乗者またはその相続人に定額の保険金を給付することによって、これらのものを保護しようとするものと解するのが相当だからである。
　　そうすると、本件条項に基づく死亡保険金を右被保険者の相続人である上告人らの損害額から控除することはできないというべきである（最高裁平成7年1月30日判決、民集49巻1号211頁）。

●参考判例（千葉地裁昭和57年12月24日判決）
　事　案　搭乗者傷害保険金と損害賠償額
　争　点　搭乗者傷害保険金は損害賠償額から控除されるべきか
　判　旨
　　搭乗者傷害保険は、主契約たる自動車保険契約の被保険者が搭乗者に対して法律上の損害賠償責任を負担すると否とに関わりなく、定額に準じる金額の保険金が支払われるので、その意味において一種の見舞金としての性質を有するものと考えられるばかりでなく、保険金が支払われた場合においても搭乗者保険の被保険者たる搭乗者またはその相続人がその傷害について第三者に対して有する損害賠償請求権は保険会社に移転しないものとされ、いわゆる保険者の代位が認められていないところなどから損益相殺の対象となるべき利得に当たらないと解すべきである（千葉地裁昭和57年12月24日判決）。

Ⅰ-2-4　死亡保険金請求権と特別受益の持戻し及び遺留分減殺請求

　保険金受取人として指定された相続人が受領した死亡保険金等を、遺産分割における具体的相続分額の算定にあたって特別受益として持戻しの対象とすべきか、死亡保険金等が民法1031条に基づく遺留分減殺の対象となるかが争われることがある。

(1) 特別受益（民法903条）として持戻しの対象となるか否か

　　学説の多くは、被相続人が保険料を支払った場合、保険金請求権は保険料の対価たる実質をもち、遺贈ないし死因贈与に準ずべき財産とみられるから、遺産分割に際して共同相続人への衡平を図るため持戻しの対象とすべきであるとする。
　　最高裁は、保険金等は特別受益として持戻しの対象となるかについて、相続人が取得する死亡保

Ⅰ-2 受取人固有の権利としての保険金請求権　Ⅰ-2-4 死亡保険金請求権と特別受益の持戻し及び遺留分減殺請求

険金請求権又はこれを行使して取得した死亡保険金は、民法903条1項に規定する遺贈又は贈与に係る財産には当たらないと判示した。もっとも、最高裁は、「保険金受取人である相続人とその他の共同相続人との間に生ずる不公平が民法903条の趣旨に照らし到底是認することができないほどに著しいものであると評価すべき特段の事情が存する場合には、同条の類推適用により、当該死亡保険金請求権は特別受益に準じて持戻しの対象となると解するのが相当である」と判示し、一定の例外を認めている。

●参考判例（最高裁第二小平成16年10月29日決定、平成16年（許）第11号、民集58巻7号1979頁、裁時1375号3頁、判時1884号41頁）
　事　案　死亡保険金請求権と特別受益
　争　点　死亡保険金請求権は特別受益に含まれるか
　判旨
(5) 相手方は、次の養老保険契約及び養老生命共済契約に係る死亡保険金等を受領した。
　ア　保険者をC生命保険相互会社、保険契約者及び被保険者をB、死亡保険金受取人を相手方とする養老保険（契約締結日平成2年3月1日）の死亡保険金500万2465円
　イ　保険者をD生命保険相互会社、保険契約者及び被保険者をB、死亡保険金受取人を相手方とする養老保険（契約締結日昭和39年10月31日）の死亡保険金73万7824円
　ウ　共済者をE農業協同組合、共済契約者をA、被共済者をB、共済金受取人をAとする養老生命共済（契約締結日昭和51年7月5日）の死亡共済金等合計219万4768円（入院共済金13万4000円、死亡共済金206万0768円）
(6) 抗告人らは、上記(5)の死亡保険金等が民法903条1項のいわゆる特別受益に該当すると主張した。
3　原審は、前記2(5)の死亡保険金等については、同項に規定する遺贈又は生計の資本としての贈与に該当しないとして、死亡保険金の額を被相続人が相続開始のときにおいて有した財産の価額に加えること（以下、この操作を「持戻し」という。）を否定した上、本件各土地を相手方の単独取得とし、相手方に対し抗告人ら各自に代償金各287万2500円の支払を命ずる旨の決定をした。
4　前記2(5)ア及びイの死亡保険金について
　被相続人が自己を保険契約者及び被保険者とし、共同相続人の1人又は一部の者を保険金受取人と指定して締結した養老保険契約に基づく死亡保険金請求権は、その保険金受取人が自らの固有の権利として取得するのであって、保険契約者又は被保険者から承継取得するものではなく、これらの者の相続財産に属するものではないというべきである（最高裁昭和36年（オ）第1028号同40年2月2日第三小法廷判決・民集19巻1号1頁参照）。
　また、死亡保険金請求権は、被保険者が死亡した時に初めて発生するものであり、保険契約者の払い込んだ保険料と等価関係に立つものではなく、被保険者の稼働能力に代わる給付でもないのであるから、実質的に保険契約者又は被保険者の財産に属していたものとみることはできない（最高裁平成11年（受）第1136号同14年11月5日第一小法廷判決・民集56巻8号2069頁参照）。したがって、上記の養老保険契約に基づき保険金受取人とされた相続人が取得する死亡保険金請求権又はこれを行使して取得した死亡保険金は、民法903条1項に規定する遺贈又は贈与に係る財産には当たらないと解するのが相当である。もっとも、上記死亡保険金請求権の取得のための費用である保険料は、被相続人が生前保険者に支払ったものであり、保険契約者である被相続人の死亡により保険金受取人である相続人に死亡保険金請求権が発生することなどにかんがみると、保険金受取人である相続人とその他の共同相続人との間に生ずる不公平が民法903条の趣旨に照らし到底是認することができないほどに著しいものであると評価すべき特段の事情が存する場合には、同条の類推適用により、当該死亡保険金請求権は特別受益に準じて持戻しの対象となると解するのが相当である。上記特段の事情の有無については、保険金の額、この額の遺産の総額に対する比率のほか、同居の有無、被相続人の介護等に対する貢献の度合いなどの保険金受取人である相続人及び他の共同相続人と被相続人との関係、各相続人の生活実態等の諸般の事情を総合考慮して判断すべきである。

これを本件についてみるに、前記2(5)ア及びイの死亡保険金については、その保険金の額、本件で遺産分割の対象となった本件各土地の評価額、前記の経緯からうかがわれるBの遺産の総額、抗告人ら及び相手方と被相続人らとの関係並びに本件に現れた抗告人ら及び相手方の生活実態等に照らすと、上記特段の事情があるとまではいえない。したがって、前記2(5)ア及びイの死亡保険金は、特別受益に準じて持戻しの対象とすべきものということはできない。

5　前記2(5)ウの死亡共済金等について

　上記死亡共済金についての養老生命共済契約は、共済金受取人をAとするものであるので、その死亡共済金等請求権又は死亡共済金等については、民法903条の類推適用について論ずる余地はない（最高裁第二小平成16年10月29日決定、平成16年(許)第11号、民集58巻7号1979頁、裁時1375号3頁、判時1884号41頁）。

●参考判例（高松高裁平成11年3月5日決定、平成10年(ラ)38号、判タ1036号180頁）
　事　案　生命保険金と遺贈
　争　点　生命保険金（保険金1072万5150円）は、その性質上民法903条1項の特別受益にあたるか
　判　旨
　　被相続人Aを保険契約者兼被保険者、妻Yを受取人とする生命保険契約によりYが受領した保険金は、民法903条1項所定の要件である被相続人からの遺贈又は贈与には該当しないから特別受益に当たらない。また、本件では、Aが、同人死亡後のYの生活保障を目的として同保険契約をしたものと認められ、その保険金額を併せ考えると、特別受益には当たらない。仮に同条項の要件に該当するとしても、Yの生活保障を目的としてなされた保険契約である以上、被相続人は同保険金につき持戻の免除の意思表示をしたことが明らかである（高松高裁平成11年3月5日決定、平成10年(ラ)38号、判タ1036号180頁）。

●参考判例（神戸家裁平成11年4月30日決定、平成4年(家)1298号、判タ1036号182頁）
　事　案　生命保険金
　争　点　生命保険金を特別受益と扱うことの可否
　判　旨
1．葬儀を実施挙行するのはあくまでも死者ではなく遺族などの死者に所縁のあるものであることからすれば、葬儀の費用は相続債務と見るべきではなく、葬儀を自己の責任と計算において手配などして挙行した者（原則として喪主）の負担となる。
2．Y_2は、甲地の所有権を被相続人Aから生前取得した後、Aと「養子縁組」し、推定相続人の地位を取得しているが、民法903条が共同相続人間の遺産分割に関する公平の理念に立脚しているものであること、及び事案の経緯から照らせば、当初から推定相続人たる地位を取得していた場合に準じて扱うのが相当である。
3．保険金請求権は、保険契約に基づき保険金受取人の固有財産として発生した財産であるから民法903条の特別受益とは性質を異にするものであるが、共同相続人間の実質的公平という観点から原則として同条の特別受益に準じて扱うべきものである。
　　ところが、Y_1が受領した保険金額は330万円余りであり、Y_1は、Aの配偶者としてAの死後自己の責任において葬儀等を執り行う立場であることを考慮すると、この程度の金額はAの死後葬儀費用や当面その他の雑費用に当てるためY_1に取得させたと見ることが衡平に適する。
　　したがって、本件生命保険金を特別受益と扱うのは相当でない（神戸家裁平成11年4月30日決定、平成4年(家)1298号、判タ1036号182頁）。

(2) 死亡保険金等が民法1031条に基づく遺留分減殺の対象となるか

　死亡保険金等が民法1031条に基づく遺留分減殺の対象となるかという点については、最一小判平成14年11月5日民集56巻8号2069頁は、とくに例外の余地に言及することなく、保険金受取人を変更する行為が民法1031条に規定する遺贈又は贈与に当たらないことを理由にこれを否定した。

Ⅰ-2 受取人固有の権利としての保険金請求権　Ⅰ-2-4 死亡保険金請求権と特別受益の持戻し及び遺留分減殺請求

●**参考判例**（福岡地裁小倉支部平成11年1月18日判決、平成9年（ワ）第1264、1371号）（福岡高裁平成11年6月30日判決、平成11年（ネ）第183号）（最高裁第一平成14年11月5日判決、平成11年（受）第1136号、民集56巻8号2069頁、裁時1327号36頁）

事　案　保険金受取人変更行為と遺留分減殺請求
争　点　受取人変更行為が遺留分減殺請求の対象となるか

判　旨

（第一審）　死亡保険金請求権は、生命保険契約により受取人に発生する固有の権利であって、遺産を構成するものではない。遺留分減殺請求権は、遺産となりうる財産を被相続人が自由に生前処分することについて、被相続人と近い関係にある相続人の生活を保障するために一定の制限を加えたものであるから、受取人変更行為によって、将来の権利である死亡保険金請求権が無償で処分される結果となるとしても、これが遺産ではなく受取人固有の権利である以上、仮に減殺を認めたとすると右請求権の主体はどうなるのかといった形式的な難点が生じるし、生命保険契約の受取人の生活保障機能という実質に照らしても減殺を認めるのは相当でない。

　したがって、本件においても受取人変更行為を遺留分減殺請求の対象とすることはできない（福岡地裁小倉支部平成11年1月18日判決、平成9年（ワ）第1264、1371号）。

（第二審）　死亡保険金請求権は、保険契約の効力発生と同時に、指定された受取人の固有財産となり、被保険者の遺産より離脱しているものと解すべきであるから、遺留分減殺請求の対象となるものではないと解するのが相当である。前示認定の本件の事実経過を検討しても、この解釈を変更する実質的理由も見出し難い。よって、控訴人らの主張は理由がない（福岡高裁平成11年6月30日判決、平成11年（ネ）第183号）。

（最高裁）　自己を被保険者とする生命保険契約の契約者が死亡保険金の受取人を変更する行為は、民法1031条に規定する遺贈又は贈与に当たるものではなく、これに準ずるものということもできないと解するのが相当である。けだし、死亡保険金請求権は、指定された保険金受取人が自己の固有の権利として取得するのであって、保険契約者又は被保険者から承継取得するものではなく、これらの者の相続財産を構成するものではないというべきであり（最高裁昭和36年（オ）第1028号同40年2月2日第三小法廷判決・民集19巻1号1頁参照）、また、死亡保険金請求権は、被保険者の死亡時に初めて発生するものであり、保険契約者の払い込んだ保険料と等価の関係に立つものではなく、被保険者の稼働能力に代わる給付でもないのであって、死亡保険金請求権が実質的に保険契約者又は被保険者の財産に属していたものとみることもできないからである。

　これと同旨の見解に基づき、上告人らの予備的請求を棄却すべきものとした原審の判断は、正当として是認することができ、原判決に所論の違法はない（最高裁第一平成14年11月5日判決、平成11年（受）第1136号、民集56巻8号2069頁、裁時1327号36頁）。

●**参考判例**（東京地裁平成9年12月25日判決、平成6年（ワ）764号）（東京高裁平成10年6月29日判決、平成10年（ネ）25号、275号、遺留分減殺請求控訴事件、判タ1004号223頁）

事　案　遺贈と遺留分減殺
争　点　①保険金受取人が単に「相続人」と指定されたときは、特段の事情がない限り、保険金請求権は、相続人の固有の財産か
　　　　②相続人が保険金受取人として生命保険金を取得した場合、それは、特別受益財産に当たるか

判　旨

（第一審）
争点（原告らの遺留分額の算定）
一　遺留分の基礎となる財産
　1　遺留分の算定の基礎となる財産の範囲は、被相続人が相続開始時に有していた財産に贈与財産を加え、これから被相続人の債務を控除したものであり、その評価の時期は相続開始時（被相続人の死亡時）であると解するのが相当である。そこで、右視点から遺留分を算定すると次のとおりである。
　　（一）　相続開始時の財産　合計11億8078万0998円

I-2 受取人固有の権利としての保険金請求権　　I-2-4 死亡保険金請求権と特別受益の持戻し及び遺留分減殺請求

　　　　　　Aは、少なくとも遺産目録記載の財産等を相続開始時に所有ないし保有していたのであり、その相続開始時の評価額は、それぞれ土地が7億2310万7501円、建物が8287万1504円、預貯金が2349万8751円、現金が2900万円、出資金が651万円、株式が90万6144円、電話加入権が30万円、動産が200万円、原告Xに対する不当利得返還請求債権（前提事実のとおり、原告Xに対する提訴はAの死後であるが、相続開始時、既に実体法上の不当利得の発生原因事実は存在したのであるから、遺留分算定の基礎となる財産である）が3億1258万7098円であると認められる。
　　㈡　贈与財産の検討
　　　⑴　D生命の保険金
　　　　　被告らは、Aが原告らを受取人として指定して締結したD生命保険契約に基づき、原告らがD生命から保険金（原告Xが774万5795円、原告X_2が1350万9661円）を取得しており、これは生前贈与ないし遺贈であるから、遺留分算定の基礎に加えるべきである旨主張する。
　　　　　しかし、右保険契約は、Aが原告らを受取人として指定した「第三者のためにする契約」であるから、原告らは固有の権利として取得したものであり、相続財産を構成しないと解するのが相当である。
　　　　　よって、被告らの右主張は採用しない。
　　　⑵　M生命の払込保険料487万6433円（Aは、昭和63年12月から平成4年8月31日にかけて、M生命に対し、原告Xが負担すべきM生命に対する支払保険料274万3804円を、原告X_2が負担すべき同生命に対する支払保険料213万2629円を支払った）
　　　　　贈与とは、広く全ての無償処分を意味するところ、Aは、被告ら主張のとおり、原告らのために原告らが負担すべきM生命の支払保険料（原告Xについて274万3804円を、原告X_2について213万2629円）を支払ったのであるから、生前贈与に該当し、特別受益であると認めるのが相当である。
　　　　　この点について、原告らは「婚姻費用の分担」にすぎない旨主張するが採用できない。
　　㈢　被相続人の債務　合計3926万5600円
　　　⑴　債務　2329万5600円
　　　　　Aは、相続開始当時、債務として右金額を負担していたことが明らかである。
　　　⑵　葬儀費用　1597万円
　　　　　葬儀費用は、民法885条の「相続財産に関する費用」として相続財産・遺産の負担になり、相続債務に準じて取り扱うのが相当であるところ、被告Yは、Aの葬儀を主催し、1597万円を負担したことが認められる（弁論の全趣旨によると、Aは、生前多数の知己、交友関係、取引先を有し、相当程度の葬儀を行う必要があったと考えられる上、金額的にもAの残した積極財産約11億円に比較して格別均衡を失することもないことを併せ考えると、全額を葬儀費用として認めるのが相当である）。
二　遺留分の算定
　1　前記一認定の事実・説示によると、Aの遺留分の算定の基礎となる財産は、相続開始時の積極財産11億8078万0998円及び生前贈与額のM生命の払込保険料487万6433円の合計11億8565万7431円から、Aの債務及び葬儀費用合計額3926万5600円を控除して算定すると、11億4639万1831円となる。
　2　原告Xは、Aの妻、原告X_2は、Aと原告Xの子であり、遺留分割合は、各自、4分の1ずつであるから、右遺留分の基礎となる財産の評価額に4分の1を乗じた上、前記の特別受益を控除すると、原告らの具体的な遺留分額は左記のとおりである（東京地裁平成9年12月25日判決、平成6年（ワ）764号）。
（第二審）　しかし、仮に右保険契約の保険金受取人が「相続人」と指定されていたとしても、生命保険契約において、被保険者死亡の場合の保険金受取人が単に「相続人」と指定されているときは、特段の事情がない限り、右契約は、被保険者死亡のときにおける相続人足るべき者を受取人と指定したいわゆる「他人のための保険契約」と解するのが相当であるところ、本件において、これと別異に解すべき特段の事情は見出し難い。

また、右保険契約は、訴外亡Aが、「相続人」すなわち原告らを受取人として指定した「第三者のためにする契約」であるから、原告らは、Aの死亡により、右契約に基づく保険金請求権を固有の権利として原始的に取得したものであり、右保険契約の締結は、文理上、民法1044条が準用する同法903条所定の遺贈又は婚姻、養子縁組のため若しくは生計の資本としての贈与に該当せず、かつ、その保険金受取人に指定された原告らが、相続に関わりなく、保険金請求権を取得することが、Aの契約意思に合致するものと解される（Aが右契約後、この保険金請求権を原告ら以外の者に取得させたいとの意思を有していたとすれば、その旨の別段の意思表示をした上、保険金受取人をその者に変更すれば事足りたはずであるが、Aは、このような手続きをしていないし、また、右契約の解約手続きもしていない。）から、原告らが受け取った右保険金は、特別受益財産にも当たらないものと解するのが相当である（東京高裁平成10年6月29日判決、平成10年(ネ)25号、275号、遺留分減殺請求控訴事件、判タ1004号223頁）。

Ⅰ-3　保険金受取人の変更

Ⅰ-3-1　保険金受取人の指定

　改正前商法では「指定・変更」とされていたが、保険法では、「指定」という概念を用いずに、「変更」のみとしている。常に保険金受取人（2条5号）が存在することを前提としているからである。
　実務上は、保険金受取人は、生命保険約款によってあらかじめ定められている場合（会社により、また契約形態によって例外はあるものの、高度障害保険金と入院等給付金については被保険者が、生存保険金については保険契約者が受取人とされている）、あるいは契約の申込書上事前に印字されている場合（養老保険においては、保険契約者が満期保険金受取人とされている例が多い）を除き、大方は契約申込時に保険契約者によって指定される。

●参考判例　（静岡地裁平成17年1月28日判決、平成14年(ワ)第649号）（東京高裁平成17年6月2日判決、平成17年(ネ)第1115号、事例研レポ219号1頁、事例研レポ221号9頁）
事　案　受取人を親族関係のない第三者に変更する意思を秘匿して締結された生命保険契約
争　点　①保険金請求権の帰属主体
　　　　②受取人を親族関係のない第三者に変更する意思を秘匿して締結された生命保険契約は普通保険約款17条に基づく詐欺無効か

判　旨
（第一審）
争点①について
　保険契約者が申込書上父Bと指定をなした平成10年3月13日には、既に訴外Bは死亡していたところ、保険契約者は、訴外B死亡の事実を知らなかったものである。
　このような場合には、保険契約者には、商法676条1項を類推適用して、死亡保険金受取人を再指定する権利が留保されていると解される。
　そして、保険契約者は、平成10年3月20日、「X殿　私に係る一切の件につき、（中略）X殿に委任し又下記内容の諸々を譲渡致します。記　①保険、受取　②相続権及遺留分」と記載された「念書」と題する書面を作成しているところ、上記記載内容を合理的に解釈すれば、保険契約者の被告に対する保険金請求権の譲渡、及び、死亡保険金受取人の再指定の趣旨と解釈するのが相当である。
　さらに、上記「念書」と題する書面の筆跡は、証人Fの証言によって保険契約者の自署と認められる生命保険契約申込書「被保険者」「保険契約者」「受取人」欄等の筆跡と酷似していることから、全文、日付、氏名のすべてを保険契約者が自署したものと認められ、押印もなされているので、保険契約者の自筆証書遺言として有効に成立していると認められる。
　よって、保険金請求権の遺贈、及び、遺言による死亡保険金受取人の再指定により、各入院特約に基づく給付金及び死亡保険金、死亡給付金の請求権の帰属主体は原告であると解される。

I-3 保険金受取人の変更　　I-3-1 保険金受取人の指定

争点②について
　原告は、保険契約者が、本件保険契約の申込みに際し、被告に対して、訴外B死亡の事実を故意に秘匿し、あたかも同人がいまだ生存中であるかのごとく装ったとの事実を否認しているところ、保険契約者が、本件保険契約申込時に、訴外Bが既に死亡している事実を知っていたことを認めるに足りる証拠はない。
　ところで、生命保険契約の申込みがあった場合、保険会社は、道徳的危険（モラルリスク）や被保険者の身体的適格性等を加味し、専門的総合的にこれを承諾するか否かを判断することになるところ、被告は、①被保険者の配偶者及び2親等以内の血族を除く続柄の者（以下「第三者」という。）を死亡保険金受取人とする契約については、モラルリスクの排除を強化するため、通常の査定を行うだけでなく、成立前契約確認を実施した上で、さらにその結果により被保険者、契約者並びに死亡保険金受取人に関する書類を求めるなど、正確な情報を確認の上、引受けの諾否を決定すること、②受取人として認めるのは2親等以内の親族であること、③死亡保険金受取人を「内縁」「その他」とする第三者受取人契約の場合は、「第三者受取人取扱報告書」の提出を求め、その内容を確認し、妥当な契約形態かどうか判断することなどを内容とする新契約申込書一次査定基準書をあらかじめ作成し、これをもとに新規の生命保険契約申込みの諾否についての判断をしていた事実が認められる。
　そして、かかる査定基準は、あくまでも被告会社内部での基準に過ぎず、これが保険契約の申込者などに広く公表されているものではないが、原告本人、証人Fによれば、本件保険契約の申込みに際し、被告の営業職員である訴外Fは、保険契約者に対し、死亡保険金受取人について「身内じゃない人は駄目なんだよ。和歌山事件があったばかりだから」などと言って、被保険者である保険契約者と親族関係にない原告を死亡保険金受取人とする保険契約の申込みは、基本的に被告が承諾しないことを説明し、保険契約者がこれを認識していた事実が認められる。
　しかしながら、本件保険契約は、保険契約者に死亡保険金受取人の変更権を留保しており（普通保険約款32条1項）、保険契約者は、その一方的意思表示によって受取人を変更することができること、上記新契約申込書一次査定基準はあくまでも新規契約の申込諾否の判断基準に過ぎず、受取人を2親等以内の親族に限る旨の法律上あるいは契約上の規定はないことなどからすると、保険契約者が、本件保険契約申込書作成後に、死亡保険金受取人を原告に変更することを、被告が介入、阻止することはできない。とすれば、被告の上記査定基準も、モラルリスクの発生防止にある程度の効果は期待できるものの、保険契約者が、保険契約申込書の死亡保険金・死亡給付金受取人欄に、いったん2親等以内の親族の名前を記入し、形式的基準を満たした場合には、他の基準、方法による審査などによって、不正又は不当に保険金を取得しようという意図をもって保険に加入しようとしているなど道徳的社会正義にもとる危険が生ずるおそれがあると判断されない限り、被告は顧客からの生命保険契約の申込みを承諾することになると思われる。
　とすれば、訴外保険契約者が、本件保険契約の申込みに際し、いったん、保険契約書申込書の死亡保険金・死亡給付金受取人欄に、実父である訴外Bの名前を記入することによって、同人を死亡保険金受取人に指定するが、後に、死亡保険金受取人の指定ないし変更する内容の「念書」と題する書面を作成することによって新規生命保険契約の諾否のための審査基準では許容されない親族以外の原告に死亡保険金・死亡給付金の受取人を変更する意思を有していながら、これを被告に秘匿していたとしても、これをもって保険契約者の欺罔行為と認めることはできず、結局、詐欺は成立しない（静岡地裁平成17年1月28日判決、平成14年(ワ)第649号）。
（第二審）
争点②について
　控訴人は、訴外Aが、本件保険契約の申込みに際し、控訴人に対して、訴外B死亡の事実を故意に秘匿し、あたかも同人がいまだ生存中であるかのごとく装った旨主張するが、訴外Aが、本件保険契約申込時に、訴外Bが既に死亡している事実を知っていたことを認めるに足りる証拠はない（かえって、平成10年3月の時点では、訴外Aは、訴外Bが死亡している事実を知らなかったことを認めることができる。）。したがって、訴外Bの死亡の点について訴外Aに欺罔行為があった旨の控訴人の主張は、採用できない。
　保険会社が許容しない親族以外の者を死亡保険金受取人に指定、変更する意思を秘匿しつつ、本件保険契約申込書の死亡保険金・死亡給付金受取人欄には控訴人の受理条件にかなう父親の氏名を記載し、あた

かも条件を満たした保険契約の申込みであるかのごとき形態を作出することによって、控訴人をしてその旨誤信させて本件保険契約の承諾の意思表示をさせた旨主張するので、以下、同主張について検討する。

　生命保険契約は、その性質上、賭博的行為に利用されたり、犯罪行為を誘発したりする危険（いわゆるモラルリスク）があることから、保険会社は、生命保険契約の申込みに対し、このような危険性についても考慮しながらこれを承諾するか否かの判断をすることになる。

　そして、生命保険金受取人が被保険者以外の第三者の場合、一般的にはその危険性が高まるところ、控訴人は、モラルリスクを排除すべく、生命保険契約の申込みを承諾するのは、死亡保険金受取人が原則として被保険者の2親等以内の親族の場合に限るとの基準を設けていたことを認めることができる。

　かかる査定基準は、あくまでも控訴人会社内部での基準に過ぎず、これが保険契約の申込者などに広く公表されているものではないが、証拠（証人F女、被控訴人本人）によれば、本件保険契約の申込みに際し、控訴人の営業職員である訴外Fは、訴外Aに対し、死亡保険金受取人について「身内じゃない人は駄目なんだよ。和歌山事件があったばかりだから」などと言って、被保険者である訴外Aと親族関係にない被控訴人を死亡保険金受取人とする保険契約の申込みは、基本的に控訴人が承諾しないことを説明し、訴外Aがこれを認識していた事実が認められる。

　上記事実によれば、控訴人にとって、死亡保険金受取人が被保険者の2親等内の親族か否かは、生命保険契約の申込みを承諾するか否かの判断に当たり重要な判断要素とされているものである。そして、訴外Aは、訴外Fから、被保険者が身内でなければならないことを伝えられ、死亡保険金受取人が被保険者の親族か否かが被控訴人にとって重要な要素であることが分かっていたはずであるから、平成10年3月13日、本件生命保険契約申込書に死亡保険金受取人を父である訴外Bと記載した後、保険契約締結前の同月20日に死亡保険金受取人を被控訴人に再指定する旨の本件念書を作成した時点で、信義則上その旨を控訴人に伝えるべき義務があったと認めるのが相当である。なお、本件念書は、前記のとおり自筆証書遺言と解されるから、死亡保険金受取人を被控訴人とする指定が効力を生じるのは、訴外Aが死亡したときであり、本件生命保険契約が締結された時点では未だ上記指定は効力を生じていなかったのであるが、そのことを考慮しても、上記認定の経緯に照らすと、上記内容の遺言をしていることを控訴人に告知すべき信義則上の義務があったというべきである。

　ところが、訴外Aは、そのことを控訴人に伝えず、その結果、控訴人は、本件生命保険契約の申込みを承諾する旨の意思表示をした。控訴人は、上記認定の審査基準に照らし、仮に本件念書の存在を知っていれば本件生命保険契約の申込みを承諾していなかった蓋然性が高いというべきであるし、訴外Aも、訴外Fから被保険者が身内でなければならないことを伝えられていたことに照らすと、本件念書の存在を控訴人に告げると本件生命保険契約の申込みを拒絶されると予期した上で、本件念書の作成の事実を控訴人に伝えなかったと認めるのが相当である。

　以上によれば、訴外Aは、死亡保険金受取人の再指定の事実について、控訴人を欺罔して本件生命保険契約の申込みを承諾させたものということができ、結局、本件生命保険契約は、保険契約者である訴外Aの詐欺の行為により締結されたものであるから普通保険約款17条により無効である（東京高裁平成17年6月2日判決、平成17年（ネ）第1115号、事例研レポ219号1頁、事例研レポ221号9頁）。

●**参考判例**（福岡地裁平成14年9月13日判決、平成12年（ワ）第1408号）
　事　案　保険金受取人指定
　争　点　保険契約者の母を保険金受取人とする指定は有効か
　判　旨

　本件申込書の被保険者欄、受取人欄の筆跡が、直ちにBによるものと推認することは困難であり、また、Aによるものか否かについては、別人の筆跡の可能性はあると言うべきであるが、対照資料が十分でなく、筆跡そのものからの断定的な判断は困難である。

　申込書等の筆跡鑑定による断定的な判断は困難であり、申込書の契約者欄、受取人欄の記載が保険契約者の直筆ではない可能性があるとしても、当該保険契約の被転換契約において母が保険金受取人に指定されているところ、保険契約者が父母と同居し一体の生計にあり、家計の管理は家族で経営する工場の営業

I-3 保険金受取人の変更　　I-3-2 保険金受取人の変更

上の経理とともに母が行い、保険契約者名義の通帳も含めて母が管理して営業上の資金の出し入れに利用していたことなどに照らせば、被転換契約の受取人を母とすることは何ら不自然ではなく、当該契約の時点でも生活状況に変化はないことなどの諸事情を考慮すれば、当該受取人指定は保険契約者の了解を得て記載された可能性が高く、保険契約者の意思に基づくものと推認するのが相当である（福岡地裁平成14年9月13日判決、平成12年（ワ）第1408号）。

●**参考判例**（東京地裁平成15年11月11日判決、平成14年（ワ）第14867号）
　事　案　保険契約者兼被保険者が、妻と離婚した後、親しい関係にあった女性の妹と養子縁組をしたうえで、保険金受取人を離婚した妻から同女性の妹に変更した事案
　争　点　①本件保険契約における死亡保険金受取人名義の離婚した妻から親しい女性の妹への変更は、公序良俗に反し無効か
　　　　　　②短期間に高額な保険契約の加入は公序良俗違反となるか
　判　旨
争点①について
　A（保険契約者）が、B（妻）との婚姻中から、Cとの間にいわゆる不倫関係を持ち、平成11年12月頃には、全ての保険金をCに取得させるとの意思を有していたことが認められる。
　しかし、前記争いのない事実等によれば、そもそも本件保険契約締結時の死亡保険金の受取人は、Cではなく、Aの子供ら（と推測される。）であるし、さらに、平成12年8月11日には、受取人名義を、わざわざ当時の妻Bに変更しているのであるから、本件保険契約の締結が、Cとの不倫関係を維持継続させるためになされたものであるとは認め難いし、Aが平成11年12月22日付け作成の遺言書に記載された意思についても、その後翻意した可能性も否定できない。
　仮に、本件保険契約における死亡保険金の受取人名義の原告への変更が、実質的には、Cに死亡保険金を取得させることを企図したものであるとしても、この手続は、平成13年6月18日、すなわちAとBが協議離婚をした平成13年5月21日より後に行われたのであり、前記変更手続当時、AとCの親しい関係が従来どおり継続していたとしても、それはもはや、いわゆる不倫関係ではなくなったといわざるを得ない。
　以上のとおりであるから、仮に、A、C及び原告が、本件保険契約における死亡保険金を最終的にはCに取得させることを企図していたとしても、それは、Aの養子であり形式的受取名義人である原告による、私有財産の自由な処分に他ならず、本件保険契約における死亡保険金の受取人名義の変更手続の効力を、何ら左右するものではない。
　ゆえに、前記受取人名義の変更手続が、AとCの不倫関係を背景とするものであり公序良俗に反して無効である旨の被告の主張は、理由がない。
争点②について
　被告は、Aが、約2年間の間に、短期集中的に保険金総額約7億円の生命保険に加入したことが公序良俗に反する旨主張するが、その論拠は何ら示されていない。
　短期間に複数の高額生命保険に加入したことのみをもって公序良俗に反するといえないことは当然であり、被告の主張は採用できない（東京地裁平成15年11月11日判決、平成14年（ワ）第14867号）。

I-3-2　保険金受取人の変更

　改正前商法においては、保険契約者は別段の意思表示により、保険金受取人の指定を変更することができる（同675条1項但書）とされていたが、保険法では、保険契約者は、保険事故が発生するまで、保険金受取人を変更することができることとされている（43条1項、72条1項）。また、保険金受取人変更に関しては、通知による保険金受取人変更（保険法43条2項、72条2項）、遺言による受取人変更（保険法44条、73条）が認められている。

(1) 保険金受取人変更について

　保険契約者は、保険事故が発生するまでは、保険金受取人を変更することができる（法43条１項、72条１項）。

　保険契約者は、保険金受取人を変更する権利を留保することとした。保険事故発生によって保険金受取人の権利は金銭債権として具体化し、保険金受取人の固有の権利として確定し、保険金受取人の変更権は消滅することとなる。保険金受取人変更権を保険契約者に留保させる理由は、生命保険契約は通常は20年、30年という長期間にわたり継続するものであって、契約当初の諸事情も変化（指定された保険金受取人の死亡、保険契約者との属人的関係の変動等）から、保険金受取人を変更する必要が生じることが多いためであるので、保険契約者に変更する権利を留保させることを原則としている。

　第三者のためにする保険契約（保険法42条、同71条）は民法でいう「第三者のためにする契約」の一種と認められている（民法537条）が、保険金受取人に指定された者は当然に保険契約の利益を享受し、保険契約者が受取人の変更権を留保し、何時でも変更権を行使することを可能とするため受益の意思表示を要せず、当然に保険契約の利益を享受する。保険契約の利益の享受、すなわち保険金請求権の取得は、保険金受取人の自己固有の権利として原始的に取得する（最判昭40年２月２日民集19巻１号１頁、最決平16年10月29日民集58巻７号1979頁）。保険金受取人は直接保険者に対して保険金を請求することができる。

(2) 保険金受取人変更の意思表示

ア．意思表示の相手方・方法

　改正前商法下においては、受取人変更の相手方、方法について定めはなく、保険金受取人の指定・変更は保険契約者のなす一方的な意思表示によってその効力が生じ、意思表示の相手方は保険者である必要はなく、新旧受取人のいずれであってもよいと解されていた（最判昭和62年10月29日、民集41巻７号1527頁）。

　保険法は、受取人変更の意思表示は、保険者を相手とする意思表示であることを明定した（法43条２項、72条２項）。保険者に対する意思表示に限定する趣旨は、保険金受取人が誰であるかは保険契約の内容をなす事項であること、また、当事者間の法的確実性の観点からである。

　上記規定は保険金受取人変更の意思表示の方式について限定していないから、口頭、電話による受取人変更の意思表示も当然に有効であるが、保険約款で所定の書式によることを定めることもまた有効であると解されている。

イ．意思表示の効力発生

　「保険金受取人変更の意思表示は、その通知が保険者に到達したときは、当該通知を発した時にさかのぼって効力を生じる」（法43条３項、72条３項）と規定し、保険金受取人の変更の意思表示は相手方に到達したときにその効力を生じる（民法97条）。

　受取人変更の意思表示は、保険契約者が受取人変更請求書の書面にその旨を記載し、発信し保険者の営業所、支店・本店の機関に到達する経過をたどる。保険者のごとき大規模な組織体においては、本店または処理権限が委譲された支店に達したときと解することに異論はない（四宮和夫『民法総則』弘文堂、190頁）。

　ところで、隔地者に対する意思表示は、その通知が相手方に到達した時からその効力を生じる趣旨は、相手方を保護する一方、到達するまでの時間的リスクは表意者が負担することとなる（民97条）（川島武宜『民法総則』（有斐閣、1965年）214頁）。この民法の規定の趣旨を考えれば、受取人の変更の意思表示は、保険者の機関が受領したとき「到達した」とみるべきである。また、

I-3 保険金受取人の変更　I-3-2 保険金受取人の変更

契約者の期待保護のためには、保険者の営業職員への交付も到達と解すべきである。
ウ．「当該通知を発した時に遡ってその効力を生ずる」
　a．保険契約の概ねの取引は隔地者間によるもので、意思表示の効力発生時期は特別な規定がある場合は別として、その意思表示が到達した時に効力が生じる（民法97条1項）。
　　保険法は、保険者への「到達」を条件に「当該通知を発した時」に効力が生じるとして、通知の到達前に生じた保険事故についても、新受取人が保険金請求権を得ることとした（なお、大審院判決昭和15年12月13日、民集19巻24号2381頁は、受取人の変更の意思表示の相手方は保険者とし、その意思表示が発信後、保険者への到達前に被保険者が死亡した事案につき、受取人の変更の効力は生じないと判示しているが、保険契約者の意思の尊重の面から批判されている）。
　　このように、保険法は、民法の特則として受取人変更の意思表示の保険者への「到達」を効力発生要件として「発信時」に遡及して受取人変更の効力が生じると規定したのである。
　b．「当該通知を発した時」
　　「当該通知を発した時」とは、「受取人変更の意思表示」が保険者に対して発信されたとき、例えば、保険金受取人の変更請求書を投函したり、本人、代理人が保険者の機関に持参したり、あるいは営業職員に手交したとき等である。
　c．保険金受取人を変更する通知の到達前の保険金の支払い
　　受取人の変更通知が保険者に到達することを条件に変更の通知を発信した時に遡って効力を生じるとするが、「ただし、その到達前に行われた保険給付の効力を妨げないものとする。」とされている（法43条3項但書、72条3項但書）。「当該通知の発信」から「到達」までの間に保険事故が発生し、旧受取人からの請求に対して保険者が保険金を支払ったときは、保険者は新受取人に対して保険金支払いの責めを負わない。
　　つぎに、「当該通知」は、保険者への「到達」を条件としている。保険者のような巨大な事務組織にあっては、処理権限ある機関が遠隔地、別部門にある等の事情で、「到達」と処理権限ある機関による「到達の認識」との間にタイムラグが生じる。
　　保険者の営業所に達することをもって「到達」したとみる結果、処理権限を有する機関に到達するまでの間になされた旧保険金受取人への弁済は、受取人変更の効力発生後のものであり、保険者に帰責事由があり有効な弁済とは認められず、債権準占有者への弁済の要件を欠き免責されない（民法478条）。
　d．保険法43条1項・72条1項は、任意規定であるとされているので、子供保険などの特別な商品について、保険契約者に受取人変更を留保させる必要がないものは約款で制限することは合理性がある。

●**参考判例**（東京地裁平成16年4月7日判決、平成14年（ワ）第14869号）（東京高裁平成16年9月29日判決、平成16年（ネ）第2593号）
事　案　自殺による保険金取得目的の保険契約締結・第三者への受取人変更と公序良俗違反
争　点　①保険金取得目的の保険契約締結と公序良俗違反
　　　　②不倫相手への受取人変更で公序良俗違反による無効となるか
判　旨
（第一審）
争点①について
　本件保険契約の目的は、その受取人が当時の妻であるBであること、本件保険契約は、遺族年金的性格を有する収入保障特約が付加されており、収入保障特約による保険金額の方が終身保険（死亡保険）金額

よりも高額であること及び本件保険契約締結の経緯に照らすと、多額の負債を抱えるAが、家族に自らの債務による経済的負担が及ばないようにするため、A自身の万一の危険に備えようとしたものであると認められる。

以上総合すると、本件においては、Aが不正リースを行っていたことをもって、本件保険契約又は原告への受取人の変更が公序良俗に反するとはいえない。

争点②について

そもそもAと原告との養子縁組及び妻Bから原告への受取人変更は、A夫婦の離婚後にされているから、AとCは、受取人変更時に不倫関係にあったとはいえない、また、前記認定のとおり、本件保険契約締結当時Aと妻Bとは、実質的には別居生活を送っていたものであり、夫婦関係は、良好とはいえないにもかかわらず、保険金の受取人をBとしたことを考慮すると、Cに保険金を受け取らせるために本件保険契約を締結したとは認め難い。これに対し、被告は、CにA夫婦の夫婦関係破綻の責任があり、本件保険金受取人変更は、実質的に不倫関係の維持を目的としたものであると主張する。

確かに、Cの存在が、Aに安心感を与え、妻Bや家族に対する執着心を一層薄れさせたことは否めず、AがBとの離婚を決断した一要因であることは否定できないが、CにAとBの夫婦関係破綻について主たる責任があるとは認められない。

以上によれば、本件保険契約や本件保険金受取人変更が不倫関係の維持目的でされたと認めることはできない（東京地裁平成16年4月7日判決、平成14年（ワ）第14869号）。

(第二審) 不倫関係維持の目的について

控訴人は、Aが、平成11年12月22日付け遺言書において、保険金の受取人をCに指定したことをもって、当時からAとCが不倫関係にあり、平成13年6月21日の本件保険契約の受取人の変更は、被控訴人をCのダミーとしてこれを顕在化させたものであり、不倫関係の維持を目的としたものであると主張する。

確かに、Aの平成11年12月22日付け遺言書には、全ての保険証書をCに託し、全ての保険金はCが受け取るものとし、Aの遺骨はCに全てお願いする旨記載されており、Aは、当時からCに対して厚い信頼を寄せていたことが認められる。また、本件保険金の受取人が、Cではなく、被控訴人に変更されたのは、受取人の変更について約款上は特に制限はないものの、控訴人が、運用として、被保険者の配偶者及び2親等以内の親族以外への変更は原則として認めていなかったからであることが認められる。

しかしながら、以上のような経緯があっても、本件保険契約の受取人が被控訴人に変更されたのは、AがBと離婚した後である平成13年6月21日であるから、仮に実質的な変更後の受取人がCであるとしても、変更の時点でのAとCとの関係が不倫関係とはいえないことが明らかである。

したがって、本件保険契約の受取人の変更が、不倫関係の維持を目的としたものとして、公序良俗違反により無効であるとすることはできない。

なお、仮に、被控訴人への受取人の変更が無効であるとしても、控訴人としては、従前の受取人であるAの元妻Bに対して保険金支払義務を負うことになるだけであり、いずれにしても保険金の支払義務を免れることはできない（東京高裁平成16年9月29日判決、平成16年（ネ）第2593号）。

●**参考判例**（岡山地裁平成16年8月5日判決、平成14年（ワ）第364号）（広島高裁岡山支部平成17年5月24日判決、平成16年（ネ）第214号、事例研レポ206号5頁）（最高裁平成17年12月9日決定、平成17年（オ）第1561号、平成17年（受）第1829号）

事　案　同居の女性への受取人変更

争　点　①本件受取人変更及び本件転換の手続が亡Aの意思によるものか否か
　　　　②同居の女性に受取人を変更することは公序良俗に反するか
　　　　③保険会社は受取人変更の妥当性につき調査義務を負うか

判　旨

(第一審)

争点①について

本件受取人変更及び本件転換の手続の際に、亡Aと補助参加人との同居期間が約10年であるとか、これ

ら両名にいずれも配偶者はいないということを前提として、被告内部の処理がされているが、この事実をもって、直ちに、本件受取人変更及び本件転換が、当然無効であるとか、亡Aの意思に基づくものでないということはできないことはいうまでもない。

争点②について

亡Aは、補助参加人から、近い将来の同居と結婚を持ちかけられたため、補助参加人との不倫関係の維持発展のために、本件受取人変更の手続をしたものであり、不法な動機によるもので公序良俗に反して無効であると主張する。

しかし、亡Aは、平成元年8月ごろには、補助参加人と同居生活を始めていたのであるから、補助参加人が、亡Aに、近い将来の同居と結婚を持ちかけたから平成7年5月の本件受取人変更の手続を亡Aがしたという原告の主張は、その前提を欠くといわざるを得ない。また、補助参加人の証言によれば、補助参加人とCとは、既に昭和57、8年ころには音信不通の状態となっていて、両者の間の夫婦関係は、平成7年5月当時は、既にその実態を失っていたものと認めることができる。そうすると、平成元年8月ごろから亡Aと補助参加人が同居生活を送り始めたことを、直ちには違法な不倫関係であるということはできず、それゆえ、亡Aが補助参加人を生命保険金受取人とした本件受取人変更の手続も、不法な動機によるものということはできないから、公序良俗に反した違法無効なものとはいえない（岡山地裁平成16年8月5日判決、平成14年（ワ）第364号）。

（第二審）

争点①について

認定事実によれば、本件受取人変更も本件転換も、いずれも亡Aの意思に基づくものであったと認めることができる。

争点②について

亡Aは、平成元年8月ころには、補助参加人と同居生活を始めていたのであるから、補助参加人が、亡Aに、近い将来の同居と結婚を持ちかけたから、亡Aが平成7年5月の本件受取人変更の手続をしたとする控訴人の主張は、その前提を欠くといわざるを得ない。また、補助参加人の証言（原審）によれば、補助参加人とCとは、既に昭和57、8年ころには音信不通の状態となっていて、両者間の夫婦関係は、平成7年5月当時は、既にその実態を失っていたものと認められる。

そうすると、亡Aと補助参加人が平成元年8月ころから同居生活を送り始めたことを、直ちには違法な不倫関係であるということはできず、したがって、亡Aが補助参加人を生命保険金受取人とした本件受取人変更の手続も、不法な動機によるものということはできないから、公序良俗に反した違法無効なものとはいえない。再抗弁は理由がない。

（4）以上によれば、控訴人の保険契約に基づく保険金請求（主位的請求）は理由がない。

争点③について

（1）まず、控訴人は、本件受取人変更が亡Aの意思に基づくものだとしても、被控訴人としては、この受取人変更が相当か否かについて調査確認すべき義務があったにもかかわらず、これを尽くさなかったことは違法であって不法行為に当たると主張するところ、これは、被控訴人が本件受取人変更の手続に際し、重婚的内縁関係であるか否かといった点や、同居期間等について、もっと慎重に調査確認手続を進めていれば、被控訴人としては、本件受取人変更や本件転換には応じなかったはずであるということを前提とする主張であると解される。

しかし、変更後の受取人が、保険契約者と重婚的内縁関係にある補助参加人であるからといって、保険契約者である亡Aの意思が、補助参加人を新しい受取人に指定することにある以上、被控訴人としては、当該受取人変更の手続を拒み得る法律上、約款上の根拠はなく、これに応じざるを得ないのであるから、本件受取人変更や本件転換の手続をとったことが、控訴人に対する関係で違法であるとはいえない。控訴人の主張は採用できない。

また、控訴人は、商法上、受取人変更の対抗要件として、変更を保険者に通知することとされており、約款によると裏書承認が必要であるところ、本件は新しい受取人が重婚的内縁関係の妻であるから、厳格な裏書承認の審査がされるべきであったにもかかわらず、厳密な審査がされた形跡がないと主張する。し

かし、裏書はあくまでも保険者である被控訴人に対する対抗要件にすぎないのであって、受取人変更の効力の発生とはそもそも無関係であるし、保険契約者である亡Aの意思が、補助参加人を新しい受取人に指定することにある以上、被控訴人としては、当該受取人変更の手続を拒み得る法律上、約款上の根拠はなく、これに応じざるを得なかったことは、上記(1)で述べたとおりである。さらに、控訴人は、本件で印鑑証明書が提出されていないことをもって、被控訴人の裏書承認の手続は杜撰であったと主張するが、弁論の全趣旨によれば、本件は届出印による受取人変更請求であったため、印鑑証明書の提出が省略されたものと認められるから、この点に関する控訴人の主張も採用できない（広島高裁岡山支部平成17年5月24日判決、平成16年(ネ)第214号、事例研レポ206号5頁）。

(最高裁) 上告棄却、不受理決定（最高裁平成17年12月9日決定、平成17年(オ)第1561号、平成17年(受)第1829号）。

●**参考判例**（名古屋地裁平成15年1月28日判決、平成13年(ワ)第4503号）（名古屋高裁平成15年9月30日判決、平成15年(ネ)第144号）
　事　案　保険金受取人変更の成否
　争　点　新受取人が名義変更請求書に保険契約者の氏名を記入した保険金受取人変更の有効性
　判　旨

(第一審) 保険契約は、保険契約者の葬式代に充てることを目的として締結されるに至ったものであり、その保険料は3人の子が分担して支払うように合意されていたところ、原告は、3人の中で保険料の支払がいち早くできなくなり、保険契約者が入院することになったにもかかわらず、全く見舞いにも訪れなかったのである。そうしてみると、保険契約者が、二男であるBを頼り、死後の葬式等に関してもBに託す意図から本件保険契約の死亡保険金の受取人をBに変更することを承諾することは自然なことと解される。したがって、上記のBの証言は信用することができるものといい得る。

　証人Dの証言によれば、生命保険契約の死亡保険金受取人を変更する際に契約者から提出を受ける名義変更請求書には契約者が自署すべきものとされているが、Dは、入院中であった保険契約者と面談して直接その意思を確認することなく、上記請求書にBが保険契約者の氏名を記入することで足りるものとしたことが認められる。この点については、Dが本件保険契約の死亡保険金の受取人を変更するための手続として、適切な処理をしたものとはいい難いといわざるを得ない。しかし、上記のとおり、本件保険契約の受取人をBに変更したことは、保険契約者の意思に基づくものであったことが認められる以上、その変更の効力が左右されることはない（名古屋地裁平成15年1月28日判決、平成13年(ワ)第4503号）。

(第二審) 同旨にて控訴棄却（名古屋高裁平成15年9月30日判決、平成15年(ネ)第144号）。

●**参考判例**（前橋地裁平成15年9月2日判決、平成14年(ワ)第173号）
　事　案　署名代行による名義変更の有効性
　争　点　本件保険の死亡保険金受取人は原告から被告補助参加人に変更されたか
　判　旨

　原告名下の印影が原告の印章によるものであることは当事者間に争いがないので、その印影は原告の意思に基づいて顕出されたものと推定されるから、乙1は特段の事情が認められない限り真正に成立したものと推定すべきものである。

　乙1によれば、被告の主張ア記載のとおり、原告は、被告に対し、平成6年9月中旬、本件保険の死亡保険金受取人を被告補助参加人に変更する旨請求したものと認められる。

　確かに、原告と保険契約者はその当時夫婦として共同生活を送っていたものの、だからといって保険契約者が原告に無断で原告の印鑑を乙1（本件請求書）に押捺したことになるわけではなく、そのようなことがあったと認めるに足りる客観的証拠もない。

　また、Fが乙1（本件請求書）の原告の署名を代行したことが認められるものの、他方、原告は自己の署名を他人に見られることを極度に嫌っており、常に署名は保険契約者やFに代行させていたことも認められるから、乙1（本件請求書）の原告の署名をFが代行したからといって、そのことだけで原告の意思

に基づかない署名であるということもできない。
　かえって、証人Z、同E、原告本人並びに弁論の全趣旨により認められる以下のような事実からすると、本件請求書は原告の承諾の下に作成されたものと認められるから、本件請求書が真正に成立したとの推定は結局のところ覆らない。
　平成6年当時、原告と保険契約者の夫婦仲は非常に悪く、諍いが絶えない状態にあった。
　そのため、平成6年9月に原告と保険契約者、被告補助参加人夫婦の外、原告らに対して影響力のあるDら親戚が集まり、原告と保険契約者との間の紛争を収めるための話合いが行われた（前橋地裁平成15年9月2日判決、平成14年（ワ）第173号）。

●**参考判例**（仙台地裁平成16年2月10日判決、平成15年（ワ）第471号）
　事　案　保険金受取人変更
　争　点　営業職員の事務懈怠によって変更手続きが遅延したものか
　判　旨
　亡保険契約者の生前において、原告が亡Aの代理人としてCに対して保険金受取人変更手続を依願していたとの原告の主張は、基本的に不自然・不合理であり、逆に、そうした依頼を受けたことはない旨の証人C供述は、基本的に信用できるものというべきである。
　本件は、基本的には、保険契約者死亡後に、原告とBとの間で生じた本件保険金請求権の帰属に関するトラブルに起因するものと考えられる。確かに、本件保険の保険料を原告が負担していたというのであれば、保険契約者の死亡保険金を離婚した元妻が受給するというのはおかしい、という原告の心情は理解できないでもない。
　しかしながら、再度繰り返すと、本件保険契約の契約者は原告ではなく、保険契約者自身なのである。その保険契約者自身が、Bと復縁できるとの幻想からであっても、本件保険金の受取人としてBを指定し、その変更手続をとらなかったのであれば、それは保険契約者自身の意思に基づくものなのであり、その当否を原告が云々するのは筋違いというべきであろう（仙台地裁平成16年2月10日判決、平成15年（ワ）第471号）。

●**参考判例**（東京地裁平成10年4月22日判決、平成6年（ワ）第21041号）（東京高裁平成11年1月18日判決、平成10年（ネ）2504号）
　事　案　保険金の支払いと受取人変更
　争　点　①本件各保険契約における保険契約者が誰であるか
　　　　　②真正な契約者より受取人変更があったと認められるか
　　　　　③被告Y_1、被告Y_2会社の不法行為責任ないし使用者責任の有無
　判　旨
（第一審）
争点①について
　本件各保険契約に基づく保険料についてB及び原告においても応分の負担をしていたものと認められることを併せ考えれば、保険証券上保険契約者がBとされている本件各保険契約について被告Y_1が右各契約の締結手続を行ったことなどをもって、被告Y_1が本件各保険契約における保険契約者の地位に立つものと解することはできないから、被告Y_1の右主張は認められない。
　以上の事実によれば、本件各保険契約に基づく保険料（215万1190円ないし215万2340円）並びに前記ダンプカーの返済金及び自動車保険料（768万4924円）の合計額は、983万6114円ないし983万6964円となり（本件口座からの支払額合計は925万9224円となる。）、これに対し、B及び原告が本件口座に入金した金額と出金した金額の差額は、832万1403円であり、同様に被告Y_1については95万3948円となる。
　そうすると、仮に、被告Y_1が供述するように、同被告においても本件各保険契約に基づく保険料の一部の支払をしていたことがあったとしても、本件口座への入金状況を考えると、B及び原告においても応分の負担をしていたことが認められるし、本件口座の預金通帳を原告が管理するようになった平成4年10月

末以降においては、B及び原告において右保険料を負担していたことは明らかである。

被告Y_1は、本件各保険契約同様に同被告を保険金受取人として、被告Y_2会社との間で、昭和62年12月16日にY_1名義の終身保険、平成元年10月1日にC名義の新個人年金保険、平成3年3月25日にD名義の終身保険を締結し、右各契約に基づく保険料についても同被告が負担していたと主張し、右各契約締結の事実及び被告Y_1が平成5年5月25日にD名義の終身保険の保険料の一部を支払ったことが認められる。しかし、右支払以外の保険料を被告Y_1が負担したことを認めるに足りる客観的証拠は存在しないし、右支払についても、Bが死亡し、本件各保険契約に基づく多額の保険金を受領した直後のものであって、右支払の事実によって直ちに他の支払についても被告Y_1によって行われたと推認することはできないから、被告Y_1の右主張も認められない。

以上により、本件各保険契約における保険契約者は、右各契約にかかる保険証券に保険契約者として記載されるとともに、自らの意思で右各契約を締結し、原告と共にその保険料についても応分の負担していたBと認められる。

争点②について（Bによる保険金受取人変更の意思表示の有無）

認定した事実を総合すれば、原告は、Bと昭和56年ころから共同生活を送っていたにもかかわらず、Bがその間のダンプカー購入資金の返済金や本件各保険契約に基づく保険料などの支払の管理を母親である被告Y_1に任せ切りにしていたことについて、平成3年秋ころにBとの入籍の予定が具体化したのを機に、右状況を解消して被告Y_1が行っていた本件口座の管理を自ら行うことにより、Bと共に同被告から経済的に独立することを強く望むようになり、その一環として、本件各保険契約における保険金受取人についても、同被告から原告に変更するよう望んで同被告に申し入れていたこと、Bは、原告が被告Y_1に対し保険金受取人の変更を申し入れていた場には同席しており、原告の申し入れに対し反対する態度を示さず、これを黙認していたのであり、さらに、遅くとも原告と入籍した後には、かかる原告の要望を実行することについて協力する意思を有しており、原告及び被告Y_1に対し、本件各保険契約における保険金受取人を同被告から原告に変更する意思表示をしていたものと認められる。

そして、右事実は、前記に認定した、Bが原告と共同生活を送る中で本件各保険契約に基づく保険料を負担していた事実及び親を保険金受取人として生命保険契約を締結した者が結婚を機に保険金受取人を配偶者に変更することは誠に自然で道理にかなったことであることからも十分首肯できるのである。

争点③について

原告は、まず、被告Y_1が本件各保険契約の保険金受取人を原告に変更するとの意思表示を受けたのに約1年半もの間ことさらこれを放置したことをもって、同被告の不法行為であると主張する。

Bは、遅くとも平成4年3月27日以降には、被告Y_1に対し本件各保険契約の保険金受取人を同被告から原告へ変更する意思表示を行っていたのであり、証拠（原告、被告Y_1）によれば、被告Y_1において右意思表示後も保険金受取人を変更する手続を行わずこれを放置していたことが認められる。

Bは、被告Y_1を差し置いて、被告Y_2会社に対し直接保険金受取人の変更手続を行うとはしていないことが認められるのであり、右事実からすれば、Bは、被告Y_1を無視して自ら受取人変更手続を行うほどの意思は有しておらず、あくまで母親である被告Y_1の承諾を得た上で円満に保険金受取人の変更を行いたいと考えていたことが認められる。このようなBの心情及び意思並びにBと被告Y_1との親子関係を考慮すると、被告Y_1において保険金受取人を変更する手続を行わずに放置した行為をもって、被告会社の契約担当者としての義務違反行為ととらえるべきではなく、Bに対する母親としての立場からの行動であって、そもそも不法行為をもって律するべき対象とはならないというべきである。

被告Y_1の不法行為は、被告会社から本件各保険契約に基づく保険金の支払を受け、そして、右保険金を原告に交付しなかった行為であると解されるところ、右不法行為が行われた平成5年5月24日の時点においては被告Y_1は既に被告Y_2会社を退職していたことは当事者間に争いがないところであり、同被告の右不法行為は被告会社の事業の執行として行われたのとは認められないから、被告会社は、被告Y_1の不法行為により原告に生じた損害を賠償する責任を負わない。

原告は、被告Y_1が被告会社の本件各保険契約担当者として速やかに受取人変更手続を行う義務を負っていたにもかかわらずこれを怠った行為についても、同被告の不法行為を構成すると主張した上で、被告

Ⅰ-3 保険金受取人の変更　Ⅰ-3-2 保険金受取人の変更

会社に対し、被告Y₁の右行為についての使用者としての責任について主張するが、前記の通り、右の点における被告Y₁の行為について不法行為を構成するとは認められないから、原告の右主張は採用できない（東京地裁平成10年4月22日判決、平成6年(ワ)第21041号）。

(第二審) Y（保険会社職員）がA（保険契約者）の保険金受取人変更の意思表示にしたがって保険会社に対する対抗力具備に必要な手続きを速やかにとらなかったことは、保険会社の契約担当者としての立場にもあるYの職務上の義務違反にあたるとはいえるが、それに止まり、受取人をYのままであっても、保険契約上の形式的受取人としてYが保険金を受領し、これをX（控訴人）に取得させることもありえることを考慮すると、Yが右時点で契約者であるAに依頼された受取人変更手続きに応じなかったことが直ちに右受取人変更の意思表示自体を無視ないし否定する態度を確定的に明確にし、Xの保険金請求権を侵害したものとまでは評価することができず、結局、Yが右手続きを履践せず放置したことを以って不法行為にあたるものということはできない。

以上の次第で、Xの本訴請求はAに対し5379万円およびこれに対する平成5年5月25日（不法行為の後の日）から支払済みまで民法所定5分の割合による遅延損害金を求める限度で理由があり、保険会社に対する請求理由はない（東京高裁平成11年1月18日判決、平成10年(ネ)2504号）。

●**参考判例**（那覇地裁平成10年10月26日判決、平成9年(ワ)981号）
　事　案　受取人変更
　争　点　保険契約者の意思に基づいてなされた名義変更か
　判　旨
1. 被告Yは、遅くとも昭和59年ころからAが死亡した平成8年11月27日までの間、A経営のそば屋「K」において同人と同居していた。Aには妻子があったが、昭和59年ころにはすでに別居していた。
2. 担当職員は、平成5年ころ、本件保険契約の担当者となって、月々の保険料の集金のため「K」に出向くなどしており、A、被告Yと顔見知りであった。
3. Aは、同人所有の土地を被告Yに対し贈与する意向を示していたが、平成5年ころ第三者に売却してしまったため、本件保険契約の受取人を被告Yに変更しようと考えるに至った。そこで、平成7年2月下旬ころ、担当職員に対し、同受取人を被告Yに変更したい旨の申し出をした。
4. 担当職員は、右申し出を受けて、同年3月8日、名義変更請求書兼改印届等を「K」に持参した。
5. Aは、右同日、被告Yの面前で、右名義変更請求書兼改印届の契約者欄に署名し、名下に実印を捺印した。その際、担当職員に対し、同年2月24日付発行の印鑑登録証明書を交付した。
6. 被告保険会社は、右5の手続をふまえて、同年5月2日、本件変更手続をした。

以上の事実によれば、本件変更手続はAの意思に基づいてなされたものであると認められ、この認定を覆すに足りる証拠はない（那覇地裁平成10年10月26日判決、平成9年(ワ)981号）。

●**参考判例**（静岡地裁平成11年12月21日判決、平成9年(ワ)第99号、平成11年(ワ)第57号）
　事　案　受取人変更
　争　点　受取人変更の効力は、保険者の営業職員への申し入れによって生じるか
　判　旨
右認定のとおり、本件一ないし三の保険は、いずれも保険契約者であるAが保険金受取人を変更する権利を留保しており、Aは、平成8年4月3日ころ、原告に対し、Aが加入している被告Y生命の総ての保険につき、保険金の受取人を被告Y₂から原告に変更する旨の意思表示をしており、しかも、原告が、Aから命じられて、被告Y生命の従業員であり、Aの担当者であるIに対し、右のとおり受取人を被告Y₂から原告に変更する旨申し入れているのであるから、受取人変更の手続がなされていなくとも、保険金受取人変更の効力は生じているものと解するのが相当である（静岡地裁平成11年12月21日判決、平成9年(ワ)第99号、平成11年(ワ)第57号）。

●**参考判例**（横浜地裁小田原支部平成13年3月28日判決、平成11年（ワ）第77号）
　事　案　受取人変更
　争　点　保険契約者は長女に対し、本件保険契約における死亡保険金受取人を原告から長女に変更する旨の意思表示をなしたが、保険金受取人変更は有効か
　判　旨

　　Aは、平成10年5月中ころ、リハビリのため神奈川県××市にあるリハビリセンターに転院し、片言の会話や筆談により長女Bや妻Cとの意思疎通を図っていた。

　　長女は、平成10年6月後半ころ、上記リハビリセンターにおいて、Aにあらかじめ委任者の署名以外の部分を記載した委任状を示し、長女が本件保険契約の死亡保険金受取人を原告から長女に変更する手続と会社名義の保険契約の契約者をK_1商事からK_2商事に変更する手続等をするための委任状である旨説明した上で、Aに当該委任状に署名してもらった。

　　長女は、Aの面前でAの名下に認め印を押印した後、実印を押し直した。さらに、長女は、営業職員からの指示どおり、会社名義の保険契約の上記手続書類の被保険者欄にはAの署名をもらったが、本件保険契約の上記手続書類については、GからAの自署が必要との指示を受けていなかったためAに署名してもらわなかった。なお、上記委任状は、縦書きで次の記載があった。

　　　「委任状
　　　　私は、住所××市　氏名　長女B　社員Oを代理人と定め次の事項を委任します。
　　　1、証券番号××（K_1商事）
　　　　　証券番号××（A）
　　　1、右生命保険契約の内容変更に関する一切の権限
　　　　　　平成10年6月1日委任者　　　　　住所××市××　氏名　A」

　　営業職員は、平成10年6月末ころ、長女から連絡を受けて同人方へ赴き、同人から上記変更手続書類及び委任状を受け取った。営業職員は、長女に対し委任状の署名がAの自署であることを確認した。また、委任状の印影が印鑑証明書の印影と一致していることを確認した。

　　Aは、平成10年8月中ころ、H市内にある市民病院に転院し、同年12月6日死亡した。

　　そうして、本件保険契約における死亡保険金受取人が原告から長女に変更する手続が行われた当時、Aはその変更手続を行う意思を有しており、新受取人である長女に対し入院中に口頭によってその旨の意思表示をなしたことが認められるから、これにより長女への受取人の変更は、原告に対する関係においてもその効力が発生し、原告は本件保険契約上の死亡保険金受取人としての地位を喪失したと認めるのが相当である。

　　原告は、被告に提出された本件保険契約の死亡保険金受取人の変更手続き書類にはAの署名押印がなく、また、長女から被告に提出されたAが作成したとされる委任状からは委任事項が判別できないにもかかわらず、保険契約者であるAの意思確認を怠ったとして、あるいは、代理人による保険金受取人の変更手続は保険業界において禁止されているとして、上記受取人変更手続に不備があった旨主張するが、保険会社との間の受取人変更手続は、保険契約者の新旧いずれかの受取人に対する意思表示によって実体的には既に受取人変更の効力が生じたことを保険会社に対抗することができるかという対抗要件の問題であって二重払いの回避という保険会社の利益のための制度であるから、たとえ被告がAの意思確認を十分になさなかったり代理人による変更手続に応じたとしても、上記認定のとおり関係証拠からAが長女に受取人変更の意思表示をなしたことが認められる以上、それによって既に発生した受取人変更の効力には何ら影響しないというべきである（横浜地裁小田原支部平成13年3月28日判決、平成11年（ワ）第77号）。

●**参考判例**（名古屋地裁岡崎支部平成12年1月25日判決、平成10年（ワ）300号）
　事　案　受取人変更
　争　点　保険契約者の面前で新受取人が新受取人欄を自署したとき、受取人変更の効力は生じるか
　判　旨

　　右認定によれば、本件変更届はAの意思に基づくものであることは明らかである。したがって、原告主

Ⅰ-3 保険金受取人の変更　Ⅰ-3-2 保険金受取人の変更

張のAの意思の欠缺ないしKらの無権限行為に基づくものであるとはいえない。

　なお、被告は保険金受取人変更手続の際、現保険契約者に受取人欄を含めて全て自署させるよう指導しているのに、本件においては受取人欄はAではなく受取人のKにしている点を論難しているが、右指導をしても実際には新受取人が署名している場合も多くあることが認められるから、右の点をもって意思の欠缺ないし錯誤の根拠の１つとすることはできない（名古屋地裁岡崎支部平成12年１月25日判決、平成10年（ワ）300号）。

●参考判例（大阪地裁平成11年11月18日判決、平成８年（ワ）第13278号　平成10年（ワ）第3222号）（大阪高裁平成12年９月26日判決、平成12年（ネ）第５号）
　事　案　新受取人の代筆による受取人変更手続の効力
　争　点　本件受取人変更が亡保険契約者の意思に基づくかどうか
　判　旨
（第一審）　保険契約者は、そのころ、前記営業所を訪れた営業職員に対し、本件各保険契約の死亡保険金の受取人を、原告（父親）から妻である被告Y₁に変更するため、そのための手続書類を持ってくるように頼んだ。その際、営業職員が、保険契約者に対し、本件各保険契約の保険証券を所持しているかどうか尋ねたところ、保険契約者は、紛失したと答えたことから、営業職員は、保険証券再発行のための書類も必要であるから持参すると告げた。また、保険契約者は、被告Y₁に対し、Y₂生命の外交員に受取人変更のための書類を社宅に持ってくるように頼むので、外交員が書類を持ってきたら書類に記入し、外交員に提出するようにと依頼した。

　営業職員は、同年８月はじめころ、前記営業所まで保険証券再発行請求書と名義変更・訂正請求書を届けに行ったところ、保険契約者が作業中で、自宅の方へ持っていくようにいわれ、保険契約者の社宅に行き、被告Y₁に手渡した。

　保険契約者と被告Y₁は、本件各保険契約の保険金の受取人の変更のために印鑑証明書の提出が必要であったことから、同年８月２日の昼休みに○○区役所の分室に赴き、保険契約者の印鑑登録をした上、印鑑登録証明書の交付を受けた。

　亡Y₁は、保険証券再発行請求書と名義変更・訂正請求書の必要事項を記入し、同年８月３日、社宅に上記各書類を取りに来た営業職員に、上記各書類と保険契約者の印鑑証明書を手渡した。

　以上のとおり認められるが、これに合致する書証等〔証拠略〕があり、その内容も不自然不合理ではない。したがって、保険契約者の意思に基づき本件受取人変更がなされた（大阪地裁平成11年11月18日判決、平成８年（ワ）第13278号　平成10年（ワ）第3222号）。

（第二審）　控訴人は、原審以来一貫して「亡Aは、平成５年７月頃沖縄に帰省した際、被控訴人Y₁を信用できないから、本件各保険契約の受取人は絶対に変更しない旨述べていた。」と主張し、当審で右主張に符号する記載あるいはこれに関連する記載のある控訴人、控訴人の親族あるいは亡Aの友人が作成した陳述書など（証拠略）を提出する。仮に、右各供述書面に記載された趣旨の会話があったとしても、いずれも本件受取人変更手続の１年以上前の話であり、夫婦の関係はその間に変遷するものであることを考慮すると、原審認定を左右しない（大阪高裁平成12年９月26日判決、平成12年（ネ）第５号）。

●参考判例（最高裁昭和62年10月29日判決、民集41巻７号1527頁）
　事　案　受取人の変更
　争　点　保険金受取人の変更の効力は何時発生するか
　判　旨
　商法675条ないし677条の規定の趣旨に照らすと、保険契約者が保険金受取人を変更する権利を留保した場合（同法675条１但書）において、保険契約者がする保険金受取人を変更する旨の意思表示は、保険契約者の一方的意思表示によってその効力を生じるものであり、また、意思表示の相手方は必ずしも保険者であることを要せず、新旧保険金受取人に対してもよく、この場合には、保険者への通知は必要とせず、右意思表示によって直ちに保険金受取人変更の効力が生ずるものと解するのが相当である。もっとも、商法

677条1項は、保険契約者が保険金受取人を変更したときは、これを保険者に通知しなければ、これをもって保険者に対抗できない旨規定するが、これは保険者が二重弁済の危険にさらされることを防止するため、右通知をもって保険者に対する対抗要件とし、これが充足されるまでは、保険者が旧保険金受取人に保険金を支払っても免責されるとした趣旨のものにすぎないというべきである（最高裁昭和62年10月29日判決、民集41巻7号1527頁）。

●**参考判例**（大阪地裁昭和60年1月29日判決）
事　案　受取人の変更
争　点　保険金受取人の変更の効力が発生するのは何時か
判　旨
　保険契約者の右保険金受取人変更の意思表示は、保険者である被告への到達を待つまでもなく、発信時にその効力を生ずるものと解される…（大阪地裁昭和60年1月29日判決）。

●**参考判例**（東京地裁平成7年8月22日判決）
事　案　受取人変更とその効力
争　点　保険金受取人変更の効力は、名義変更手続きが終了したときから生じるか
判　旨
　証人Aは、知人より契約者が保険金受取人変更をしたいと希望しているので必要な手続をしてやってほしい旨の要望を受けた。証人Aは、その手続きを援助することとし、被告保険会社の支社に立ち寄り名義変更請求書の用紙を受けとった。その足で契約者の長男宅にいる契約者に面会、その用紙を差し出したところ、契約者はその用紙の保険契約者欄、被保険者欄等に自己の氏名を署名するとともに変更後の死亡保険金の受取人欄に原告Xの氏名を記載する等して完成させた。このとき、契約者は、その心身の状況に特に異常があるようには見受けられなかった…。
　以上の事実から、本件名義変更手続きは、保険契約者の意思に基づいて行われたものといわなければならず、本件名義変更手続きが終了された時点以降の受取人は、原告Xとなったものというべきである。
　一般に、金銭債務につき債務者に不履行がある場合において、債権者がその支払い請求を弁護士に委任したときであっても、債権者がその委任に要した弁護士費用については、債務者の当該不履行が別個の不法行為を構成したり、債権者の請求に対する反社会的または反倫理的な不当行為であったりするなどの特段の事情を伴わない限り、債務者の不履行と相当因果関係のある損害とはならないものと解される。
　保険契約者の意思によって受取人変更が成されたことについて判断することができたといえるものの…死亡保険金の支払を断行するについて躊躇したのも事実確定の能力・権限に限界がある民間法人である以上いたしかたがない。本件、不法行為を構成したり反社会的または反倫理的な不当な行為であったとはいえない（東京地裁平成7年8月22日判決）。

●**参考判例**（金沢地裁七尾支部平成4年12月9日判決）
事　案　受取人の変更
争　点　保険金受取人を変更する旨のメモに記載されているときの効力
判　旨
　訴外保険契約者兼被保険者であるAは、平成4年4月9日頃、保険員Xに受取人を変更したいとの電話を入れ、Xは必要書類をAの家に届けたこと、Aは肝臓を悪くしており死亡原因は自殺であったこと、裁判所からの離婚の調停期日呼出状の封筒の裏に「生命保険Aの母のもの、AおよびAの印影」の書き置きがあり、「生命保険はAの母のもの」と読めることを考え合わせると、Aは平成4年4月9日頃までには本件保険金の受取人を原告（Aの母）に変更するとの意思表示を原告になしたものと認められる。
　ところで、被告（保険会社）の約款には受取人変更につき、「保険契約者またはその承継人は、被保険者の同意を得て、死亡保険金受取人を指定または変更することができます。2項、前項の指定または変更を

I-3 保険金受取人の変更　　I-3-2 保険金受取人の変更

するときは、保険契約者またはその承継人は、会社所定の書類を提出してください。3項、第1項の指定または変更は、保険証券に表示を受けてからでなければ、会社に対抗することができません。」と規定している。しかし、右規定は効力発生要件を規定したと言うよりも、対抗要件を規定したものと読むのが相当であり、右規定により原告の本件請求が妨げられるものではない（金沢地裁七尾支部平成4年12月9日判決）。

●**参考判例**（東京地裁平成元年3月30日判決）
　事　案　保険金受取人の指定変更
　争　点　保険金受取人の指定変更の意思表示の相手方
　判　旨
　　自己の長男を被保険者とし、自己を保険契約者兼保険金受取人とする生命保険契約を締結した母親が死亡した。相続人である長男、長女および次女が協議のうえ、被保険者である長男を契約者とすること、保険金受取人を長女および次女に変更することとし、保険会社に対する名義変更・訂正請求書等の必要書類を作成したが、その数日後に被保険者が死亡した。名義変更・訂正請求書等は被保険者死亡後に営業職員から保険会社に提出されたが、この場合、長女と次女を保険金受取人とする変更は、契約者としての長男の新受取人に対する意思表示によってなされたものであり、有効である…。
　　また、契約者兼被保険者を長男とし、母親を保険金受取人とする生命保険契約については、受取人である母親死亡後、その相続人（長男、長女、次女）による協議の結果、受取人を長女および次女に変更することとし、保険会社に対する名義変更・訂正請求書等は前記契約と同様の経過で後日保険会社に提出された。この場合も、保険金受取人の変更は契約者の新受取人に対する意思表示によってなされたものであるから有効である（東京地裁平成元年3月30日判決）。

●**参考判例**（東京高裁昭和47年7月28日判決）
　事　案　受取人の変更
　争　点　受取人変更の効力と対抗要件
　判　旨
　　…右約款の規定の趣旨は、保険契約者が保険金受取人の指定、変更権を留保した場合において、右指定、変更は、保険契約者の一方的意思表示によって有効になし得るものであり、その相手方は必ずしも保険者であることを要せず、例えば、前の保険金受取人または新たな保険金受取人となるべき者に対してなすも差支えなく、ただ保険者に対抗するためには、保険者に対する通知及びその承認の裏書きを必要とするにあると解するを相当とする。このように右約款の規定を解することによっても、保険者の二重払いの危険は優に防止することはできるものであって、右約款の規定による保険者の承認の裏書を指定変更の効力発生要件と解するとすれば、保険者をして不当に保険契約者の留保した指定、変更権に干渉せしめることとなるといわざるを得ない（東京高裁昭和47年7月28日判決）。

●**参考判例**（東京地裁平成元年3月30日判決）
　事　案　保険金受取人の変更
　争　点　保険金受取人の変更の意思表示の相手方
　判　旨
　　…認定の事実からすれば本件保険の保険金受取人は保険契約者であるAから新たな保険金受取人である被告A_1、A_2に対する意思表示により変更されたものであるから、抗弁は理由がある（東京地裁平成元年3月30日判決）。

●**参考判例**（水戸地裁土浦支部平成4年8月31日判決）
　事　案　保険金受取人の変更
　争　点　保険金受取人の変更の意思表示は明確であることを要するか
　判　旨
　　保険金受取人の変更権が保険契約者に留保されている生命保険契約における保険金受取人の変更は、保険契約者の新旧受取人のいずれかに対する意思表示によって、その効力を生ずるとされているところではあるが、同時にそれは、保険契約者の一方的な意思表示によって、保険金受取人の権利に重大な変更をもたらすものである以上、その意思表示は保険契約者の保険金受取人変更の意図が相当程度明確に表示されたものであることを要するというべきであって、これに照らしても…訴外保険契約者Aが本件生命保険の保険金受取人を被告Xに変更する意思表示をなしたものとは、いまだ認めることはできない（水戸地裁土浦支部平成4年8月31日判決）。

●**参考判例**（東京地裁昭和47年12月15日判決）
　事　案　保険金受取人の変更
　争　点　保険金受取人の変更の効力
　判　旨
　　保険契約者兼被保険者であるAは、昭和59年12月11日にY生命との間で、保険金受取人を変更する権利を留保して、死亡保険金受取人を法定相続人として、本件保険契約を締結したものであるところ、昭和63年8月11日、妻である被控訴人に対して、右保険金受取人を被控訴人に変更する旨の意思表示をし、同時に右変更の事実をY生命の外務員であるCを介して、同月12日、保険者であるY生命に通知したものである。
　　その後法定相続人のBが、Y生命のI支部に、本件保険契約の死亡保険金受取人が変更になっているか否かを問い合わせたところ、担当者から保険金受取人は法定相続人となっている旨の回答があったことが認められるけれども、…これより先同年8月16日に保険金受取人につき保険証券にY生命による承認の裏書がされ、Y生命内部において受取人の名義変更の事務は完了したことを照らせば、I支部の担当者は受取人の照会を受けた際に十分な調査確認をしなかった結果、当時既に名義変更の事務処理が完了していたことを看過して誤った内容の回答をしたものと推認される。したがって、右のような回答があった事実は何等前記認定の妨げとなるものではない…（東京地裁昭和47年12月15日判決）。

●**参考判例**（東京地裁昭和47年12月15日判決）
　事　案　結婚した際に保険金受取人を妹から妻に変更するとした契約
　争　点　受取人変更の意思表示がなされたか否か
　判　旨
　　保険契約締結後、保険契約者が保険金受取人を被告（妹）から原告（妻）に変更する旨の意思表示をしたか否かについて判断する。
　　保険契約者は、本件保険契約締結に当たり、将来自分が結婚した場合は、保険金受取人を妻に変更する意思を有していたものであり、原告と婚姻した前後頃、原告に対し保険金受取人を原告に変更する旨の意思表示をしていた事実が認められる。
　　そもそも保険金受取人の変更は、保険契約者の一方的意思表示によってなされる単独行為であり、その方式については商法上格別の制限なく、また、保険者、旧保険金受取人、新受取人のいずれの同意も要せずしてその効果を生ずる形成権であるから、右認定事実によれば、本件生命保険契約における保険金受取人は、既に被告から原告に変更されているものである。
　　しかし、保険契約者は保険金受取人変更を当該保険会社に通知していないことは原告の自認するところであるから、新受取人である原告は右保険金受取人の変更を当該保険会社に対しては対抗できないといわねばならない（商法677条）。
　　したがって、被告が当該保険会社から保険金を受け取ったことにより原告は同額の損害を被った反面、

I-3 保険金受取人の変更　　I-3-3 保険金受取人の変更と被保険者の同意

被告は法律上の原因なくして同額の利益を得ているものというべく、被告に対し訴状送達の翌日から支払い済みまで民事法定利率年5分の割合による遅延損害金の支払いを求める原告の請求は理由がある（東京地裁昭和47年12月15日判決）。

●**参考判例**（東京地裁平成9年9月30日判決）
　事　案　保険金受取人の変更とその効力
　争　点　①保険金受取人変更の効力発生時期
　　　　　②保険金受取人変更の意思表示は相手方のある意思表示か
　判　旨
　　保険金の受取人の指定は、保険契約者の一方的意思表示によってなされる単独行為である。この意思表示は、保険契約者の意思表示として確定的に成立した時点で直ちに効力を生じ、受取人として指定される相手方に対してなされることを要しない。保険契約者がする保険金受取人を変更する旨の意思表示も、同様に、保険契約者の意思表示として確定的に成立した時点で直ちに効力を生ずる。受取人の変更は、既になされた受取人の指定の取消と新たな受取人の指定の二つの要素からなる意思表示であり、旧受取人の指定の取消しの意思表示は、保険契約者の意思表示として確定的に成立した時点で直ちに効力を生じ、旧受取人を相手方としてなされる必要はない。また、新たな受取人の指定の意思表示が受取人として指定される相手方に対してなされることを要しないことは前記のとおりである。
　　保険金の受取人を変更した場合、新旧いずれかの受取人又は両受取人に通知がなされることも少なくないが、これは、受取人の変更による効果の重要性に鑑み、そのような措置が取られているに過ぎず、これらの通知も、保険金受取人の変更の効力発生要件とはいえない。
　　昭和62年10月29日の最高裁判決が「保険契約者がする保険金受取人を変更する旨の意思表示は、保険契約者の一方的意思表示によってその効力を生ずるものであり、また、意思表示の相手方は必ずしも保険者であることを要せず、右意思表示によって直ちに保険金受取人変更の効力が生ずるものと解するのが相当である」と述べているのは、当該事案の処理上、相手方のない意思表示のことを論ずる必要がなかったためと解することができ、この判決が保険金受取人変更の意思表示が相手方のある意思表示であることを前提として判断を示しているものであるとまではいえない。
　　保険金受取人変更の意思表示は、保険契約者の意思表示として確定的に成立した時点で直ちに効力を生じ、相手方に対してなされることを要しないものと解すべきである。
　　もっとも、保険金受取人変更の意思表示が保険契約者の意思表示として確定的に成立したものといえるためには、一般には、保険者に対してその旨が通知がなされ、又は新旧いずれかの受取人にその旨の意思表示が通知されるのが一般的といえる。保険契約者の日記にその旨の記載がある場合や、手紙の下書きにその旨の記載がある場合は、意思表示が確定的に成立しているとはいえず、単に受取人変更の意思を窺い知れるというに過ぎない場合には、受取人変更の意思表示があったものということはできない。
　　保険契約者の保険金受取人変更の意思表示が確定的に成立したものといえる場合に限って受取人が変更されたものと認める場合には、その意思表示が相手方に対してなされることを要しないと解しても、保険金の受取りをめぐって混乱が生ずることもないといえる（東京地裁平成9年9月30日判決）。

I-3-3　保険金受取人の変更と被保険者の同意

死亡保険契約の受取人の変更は、被保険者の同意がなければ、その効力を生じない（保険法45条、同74条）。したがって、同意のない受取人の変更は効力が生じない。

●**参考判例**（長野地裁松本支部昭和5年3月29日判決）
　事　案　保険金受取人の変更と被保険者の同意
　争　点　被保険者同意の有無
　判　旨
　　受取人名義変更請求書の被保険者同意欄のAの署名は、本人の自署ではなく、本人以外の人物の署名に

かかるものと認められるところ、右署名がAの意思に基づいて作成されたと認めるべき証拠はない。以上から、本件受取人変更は有効になされたものとはいえず、本件保険契約において、従前通りの保険金受取人Bが受取人であると認められる（長野地裁松本支部昭和5年3月29日判決）。

●**参考判例**（鹿児島地裁平成9年4月24日判決）
　事　案　保険金受取人の変更と被保険者同意
　争　点　保険金受取人の変更手続における被保険者の同意の有無
　判　旨
　　Aは自分が被保険者となっているK電気の生命保険の受取人がSに勝手に変更されるのではないかと考え、被告生命保険会社に内容証明郵便を送り、右変更手続に応じないよう要請した。
　　平成6年1月18日、Sは、本件保険契約の契約者などの代表者をAからSに変更するように請求した。その請求書の被保険者のAの署名はSが行っており、押捺されている印鑑はAの実印でも本件保険契約申込書に使用された印鑑でもなかった。
　　平成6年1月31日、Sは、本件保険契約の受取人をK電気からUに変更するよう請求した。その請求者の被保険者Aの署名はSが行っており、押捺されている印鑑は本件保険契約に使用された印鑑であった。なお、その印鑑は…K電気の事務所に保管されていたものであった。
　　その後、Aは本件保険契約の受取人が変更されてしまったことを聞き、Aは入院先の病室で、寝たままの状態、紙を張った板を妻に支えてもらいながら…右変更手続きにおいて、被保険者であるA自身は同意していない旨記載した。
　　本件保険契約の契約者などの代表者の変更請求書と受取人の変更請求書が平成5年10月頃作成されたというのに被告生命保険会社に提出されたのは平成6年1月になってからであり、その時期のずれについて合理的な説明が付されないこと、K電気の再建計画の一環として連続して作成されたと供述する右2通の請求書に使用された被保険者Aの印鑑が異なること、加えてK電気の全資産を新会社であるUに移転するのであればK電気の代表者を変更する手続は必要性がなかったのではないかと思われることなど不合理な点が多いことからすれば、前記認定の事実、証人の証言およびAの陳述書などに照らして、被告U代表者の供述は信用することができず、他に本件保険契約における被保険者Aの同意を認めるに足る証拠はない（鹿児島地裁平成9年4月24日判決）。

I-3-4　保険契約者の意思確認

　第三者のためにする生命保険契約においては、保険契約者の受取人変更の意思表示がなされたか否かが往々にして問題となる。これについては、裁判所は、保険契約者の受取人変更請求書が真意によるものかにつき、医的状況はもとより、当時の生前の言動などから、その変更の意思が合理的なものであるか否かについて推認をしている。

●**参考判例**（福島地裁相馬支部平成17年6月21日判決、平成15年(ワ)第56号）
　事　案　共済契約者が入院中の受取人変更
　争　点　受取人変更は共済契約者の意思表示によるものか
　判　旨
　　保険契約者は、病室に見舞いに訪れた訴外Bに対し、かねてからの希望に従い、本件各共済金の受取人を変更したい旨申し入れた。これを受けて、訴外Bは、平成15年2月10日、病室において、補助参加人らの同席の下、提出書類である「長期共済契約関係者変更通知書」の用紙2通を保険契約者に示し、保険契約者は、それぞれの「共済契約者または年金受取人」欄及び「被共済者の同意」欄に各自署し、その名下に保険契約者自身またはその依頼を受けた訴外Bが「〔X家名義〕」と刻された印鑑を各押印し、また、死亡共済金等の受取人の「変更後の契約」欄にそれぞれ「Z_2」または「Z_1」と自ら記入するなどし、その余の欄については、保険契約者から依頼を受けた訴外Bが必要事項を記入するなどして、本件各共済契約の

Ⅰ-3 保険金受取人の変更　Ⅰ-3-4 保険契約者の意思確認

死亡共済金受取人を保険契約者から補助参加人Z_2ないし同Z_1に変更することを内容とする、保険契約者作成名義の同日付長期共済契約関係者変更通知書2通（本件各変更通知書）を完成させ、訴外Bを通じて、被告（F支店）にこれらを提出し、同月17日付で受理された。

2 前記1において認定した事実によれば、本件各変更通知書は、保険契約者の意思に基づき作成されたものであると認めることができ、したがって、本件各変更手続は、保険契約者の意思に基づきなされたものであると認めることができる。

本件各変更手続は保険契約者の意思に基づきなされた有効なものであると認められるから、原告らには本件各共済金を受け取る権利はなく・・・（福島地裁相馬支部平成17年6月21日判決、平成15年（ワ）第56号）。

●**参考判例**（福岡地裁平成17年9月28日判決、平成17年（ワ）第413号）（福岡高裁平成18年12月21日判決、平成17年（ネ）第1040号、判タ1235号296頁、判時1964号148頁、事例研レポ第224号13頁、事例研レポ第231号1頁）

　事　案　受取人変更
　争　点　遺書により保険金受取人を長男から原告に変更する旨の意思表示をしたか
　判　旨

（第一審）
1 保険契約者は、別段の意思を表示して保険金受取人を変更する権利を留保することができ（商法675条1項ただし書）、本件保険契約の約款においても、「保険契約者またはその承継人は、被保険者の同意を得て、死亡保険金受取人を指定または変更することができます。」〔証拠略〕、「保険契約者は、被保険者の同意を得て、保険金の受取人を指定し、または変更することができます。」と規定されている。

このように、保険契約者が保険金受取人を変更する権利を留保した場合において、保険契約者がする保険金受取人を変更する旨の意思表示は、保険契約者の一方的意思表示によってその効力を生ずるものであり、また、意思表示の相手方は必ずしも保険者であることを要せず、新旧保険金受取人のいずれに対してしてもよく、この場合には、保険者への通知を必要とせず、右意思表示によって直ちに保険金受取人変更の効力が生ずるものと解するのが相当である（最高裁昭和61年（オ）第100号同62年10月29日第一小法廷判決・民集41巻7号1527頁参照）。

もっとも、商法677条1項は、保険契約者が保険金受取人を変更したときは、これを保険者に通知しなければ、これをもって保険者に対抗することができない旨規定し、さらに、本件保険契約の約款においては、保険金受取人の「変更は、保険証券に表示を受けてからでなければ、会社に対抗することができません。」、保険金受取人を「変更したときは、保険契約者はその旨を会社に通知して保険証券に裏書を受けることを要します。」と規定され、保険者に対する対抗要件が加重されている。

本件手紙においては、原告に保険金を帰属させる旨の意思表示がなされているのではなく、保険金の使途を指定してその実行を原告に委託するとともに、残余金はB家の祭祀に充てることを欲する旨の意思表示がなされているというべきである。

したがって、本件手紙において、保険金受取人をCから原告に変更する旨の意思表示があったと認めることはできない（福岡地裁平成17年9月28日判決、平成17年（ワ）第413号）。

（第二審）　控訴人をして本件保険金を受領せしめるというC夫婦及びBの意思はこの上なく明確であるが、これを、本件保険金受取人をCから控訴人に変更する旨のBの意思表示と解すべきなのか、それとも、Cの本件保険金請求権の控訴人への死因贈与の意思表示と解すべきなのかは微妙なものがある。

ただ、本件保険金の受取人であるCが本件保険金請求権を取得した上で、これを控訴人に譲渡（死因贈与）するというからには、Cが被保険者であるBよりも先に死亡してしまったのでは前提が成り立たないが、本件心中の方法が前提事実(3)のようなものである以上、CがBよりも先に死亡しないという保証はないから、上記②だとするのはいささか無理がある。

控訴人をして本件保険金を確実に受領せしめるためには、本件保険金の受取人をCから控訴人に変更しておくに如くはない。そして、本件手紙がCによってしたためられたものではあっても、それはC夫婦及びBの3人の総意に基づくものと解すべきであることは上記イのとおりであるから、本件手紙には、本件

保険金受取人をCから控訴人に変更する旨のBの意思表示が含まれていると解することもできないわけではない。
　しかし、それにしても、上記のとおり、本件保険金をもってBの不始末などを清算するべく、控訴人をして本件保険金を受領せしめるというC夫婦及びBの意思はこの上なく明確である以上、そのような意思は可能な限り酌んで然るべきである。そして、上記エで見たところに照らせば、同①と解する方がより合理性があるものと解する。

3　商法680条1項2号の免責事由の有無（争点(2)）
(1)　争点(1)についての検討の結果、本件手紙をもって、本件保険金の受取人をCから控訴人に変更する旨の保険契約者（B）の意思表示がなされたものと解すべきであるとの結論が導かれた・・・。
(2)　本件心中は、前提事実(3)のような方法で敢行されたものであり、その際にはCが運転していたこと、同人は、本件手紙の中でも「私が二人を連れて逝きます」と記載していることなどからして、同人が本件心中において主導的な役割を果たしたであろうことは十分推認されるところである。
　　しかしながら、事の発端は、Bが自ら引き起こした不始末に打ちひしがれて自殺を図ったことにあり、C夫婦も一人息子であるBの将来を悲観するとともに、自分達も生きる気力を失って、いっそ親子3人で心中して楽になろうという結論に達したものである。このように、本件心中はあくまで親子3人の総意に基づくものであるから、たまたま当該自動車を運転していたのがCであるなど、本件心中においてCが主導的な役割を果たしているからといって、同人がBを故意に死亡させたというのは当たらない。
(3)　そうすると、被控訴人らが商法680条1項2号により免責されることはないものというべきである。

4　保険金受取人の変更についての対抗要件の要否（争点(3)ア）
(1)　確かに、商法677条1項は、保険契約者が保険金受取人を変更したときは、これを保険者に通知しなければ、これをもって保険者に対抗することができない旨規定し、さらに、本件契約1及び2の各約款においては、「（保険金受取人の）変更は、保険証券に表示を受けてからでなければ、会社に対抗することができません。」、「（保険金受取人を）変更したときは、保険契約者はその旨を会社に通知して保険証券に裏書を受けることを要します。」と規定され、保険者に対する対抗要件が加重されていることが認められる。
(2)　しかしながら、本件は、上記1において指摘したとおりの特殊異例な部類に属する事案であって、本件手紙に「私達がこんな事を考えているのを皆さんにきずかれないようにするのに精一杯です」としたためられていることからしても、B及びC夫婦において、本件心中の結論に達した後は（そのような結論に到達したのは、本件手紙の文面からして、平成16年8月24日の直前であるものと認められる。）、その企図を周囲に覚られないように、ひたすら隠密に行動していたものであることは明らかである。しかも、同人らが、上記通知をしなければ保険金受取人の変更を被控訴人らに対抗することができないなどということを認識し理解していたとは到底考えられないのである（上記2(2)オ参照）。
　　そうであれば、B及びC夫婦が本件心中を決意してからこれを敢行するまでの間に、被控訴人らに対して上記のような通知をすることを求めるなどということは、およそ期待可能性がないことを強いるものにほかならない。しかも、本件の場合においては、理論上はともかくとして、被控訴人らが上記通知がないことを理由に本件保険金の支払いを拒まなければ、二重払いの危険性を生じるなどという弊害は実際にはおよそ想定し難いのである。
(3)　そうすると、本件保険金の受取人の変更について、Bからのその旨の通知がない以上、控訴人にこれを支払うことはできない旨の被控訴人らの上記主張は採用することができない。

5　本件保険金請求権の譲渡についての効力発生要件の有無及び対抗要件の要否（争点(3)イ）
(1)　争点(1)についての検討の結果に照らして、本争点についてはもはや検討する必要がない筋合いであるが、上記争点(1)についての結論が多分に微妙であること（上記2(2)オ参照）を考慮して、本争点についても念のため判断しておくこととする。
(2)　被控訴人Y_2生命は、上記第2の2(4)の被控訴人らの主張ウ(ア)のとおり主張するが、商法674条2項は、前項の規定を受けて、「権利の譲渡」には被保険者の同意があることを要する旨の規定である

Ⅰ-3 保険金受取人の変更　Ⅰ-3-4 保険契約者の意思確認

ところ、同条1項は「他人の死亡により保険金額の支払をなすべきことを定める保険契約」についての規定であるのに、本件保険契約1及び2は、Bが自らを被保険者として締結したものであるから、明らかに前提を異にする。
　　したがって、上記Y₂生命の主張はそれ自体失当である。
(3) 債権譲渡の対抗要件としての、被控訴人らに対するその旨の通知ないしは被控訴人らの承諾が必要であるとの被控訴人らの主張については、基本的に上記4(2)で述べたところがそのまま妥当するものと考えられる（福岡高裁平成18年12月21日判決、平成17年(ネ)第1040号、判タ1235号296頁、判時1964号148頁、事例研レポ第224号13頁、事例研レポ第231号1頁）。

●**参考判例**（広島地裁呉支部平成14年12月24日判決、平成14年(ワ)第22号）
　事　案　全身状態が悪化する中での保険金受取人の変更
　争　点　死亡保険金受取人は保険契約者の意思に基づいて変更されたか
　判　旨
　　保険契約者は、平成8年5月18日、保険会社に対し、死亡保険金受取人をBから原告に変更する旨の書面を提出したこと、その時点において、保険契約者は胸部骨折等のため入院治療を受けていたが、意思能力自体は充分に有していたことが認められるのであって、これらの事実によれば、本件の場合、死亡保険金受取人は保険契約者の意思に基づいて原告に変更されたものと認めることができる（広島地裁呉支部平成14年12月24日判決、平成14年(ワ)第22号）。

●**参考判例**（大阪地裁平成12年2月29日判決、平成11年(ワ)6894号）
　事　案　受取人変更
　争　点　①契約者および受取人の名義変更が有効か
　　　　　②保険契約者の意思能力の有無
　判　旨
争点①について
　　平成7年4月初めころ、Kらが老人保健施設に入所中の契約者兼受取人であるAを訪れた際、Kは今後のAの世話を補助参加人に任せる旨のことをAに伝えた上で、それに関連して本件保険契約の名義変更の意向を伝え、Aはこれに対して名義変更の承諾を与えたこと、その後、Aが補助参加人を介して本件変更手続を行ったことを認めることができる。
争点②について
(1) 原告は、Aは平成2年ころから老人性痴呆症に罹患し、平成5年にKの愛人であったCに対する損害賠償請求訴訟（大阪地方裁判所平成5年(ワ)第2232号）を提起するなどしたのに、補助参加人らから強制されてこれを取り下げてからは病状が悪化し、平成7年当時には、意思能力はなかった等と主張してこれに沿う供述をし、Aは、平成2年ころから、脳血管性痴呆症に罹患し、平成5年ころからは、時折失禁や見当識障害も生じていたことが認められる。
(2) しかしながら、
　ア　前記損害賠償請求訴訟においては、Aの訴訟能力を争う旨の答弁書が提出され、医師の診断書が書証として提出されたが、受訴裁判所において、Aの本人尋問が実施された上で、訴訟能力が認められ、訴訟が継続されたこと
　イ　原告自身、平成9年1月にはAに対し、K所有の不動産内の動産の撤去を求める内容証明郵便を発したり、本件訴訟においても、Aが平成8年1月ころ行った相続放棄の申述が有効である前提で、自らがKの財産を単独相続した旨主張するなど、右原告の主張に反する行動をとっていること
　ウ　平成8年7月14日ころ、Aは補助参加人から求められて、A名義の訴外会社の株式全部を譲渡する旨の書面に自署したが、その際の応答等に特にAの意思能力の不存在を窺わせるような状況は認められないこと等の各事実が認められ、右の各事実に照らし、(1)記載の事実によっても、平成7年当時Aに意思能力がなかったことは認めるに足りず、原告本人尋問の結果中、右認定に反する部分は採用で

きず、他に右事実を認めるに足りる証拠はない（大阪地裁平成12年2月29日判決、平成11年(ワ)6894号）。

●**参考判例**（大阪高裁平成11年7月21日判決、平成11年(ネ)第579号、原審大津地裁平成10年12月25日判決、平成10年(ワ)第129号、同第130号、同第131号）
事　案　保険金受取人変更と意思能力
争　点　本件各変更手続は、保険契約者の意思に基づかずになされた無効のものか
判　旨

保険契約者は、本件各変更手続のころ町主催のリハビリ訓練に自力で参加したり、本件各変更手続のため被控訴人Y_3生命、同Y_4生命、同Y_5生命らの担当者が変更意思の確認に訪れた時にもその言動に異常な点は見られなかっただけでなく、被控訴人Y_5生命、同Y_3生命の各担当社員が訪問した際には、変更の動機を明快に述べたりしていること等の事情を考えると、にわかに採用できない。

保険契約者は、漢字で自署できないわけではなかったが、本件各変更手続以前から、契約書等の署名は他の者に代書させることが多かったのであるから、本件各変更手続において自署しなかったことをもって不自然視するのも相当とはいえない（大阪高裁平成11年7月21日判決、平成11年(ネ)第579号、原審大津地裁平成10年12月25日判決、平成10年(ワ)第129号、同第130号、同第131号）。

●**参考判例**（大阪地裁平成12年10月30日判決、平成11年(ワ)第6937号）（大阪高裁平成13年5月29日判決、平成12年(ネ)第4025号）
事　案　保険契約者兼被保険者の入院中における保険金受取人変更手続の成否
争　点　本件変更手続が保険契約者の意思無能力により無効か否か
判　旨

(第一審)　本件変更手続の際に保険契約者が意思能力を欠いていたか否かを検討するに、B病院に入院直後の保険契約者には不穏状態が見られ、手を見ながら「何か色がついているんです」等と発言するなど、不可解な言動が見られるが、証拠（略）によれば右状況には罹患していた糖尿病等や投薬治療が影響していることが窺われる。そして、入院4日目である平成7年10月24日ころからは、看護婦との会話も正常となり、不穏状態はほぼ見られなくなっていた。その後、同年11月1日には、ヒステリー性の心因反応を起こしているが、前掲証拠によれば、右心因反応は、視力の低下による仕事への不安や、前記(一)で認定した事実及び前妻であるX_1との離婚協議などを誘因とする一時的なものであると認められ、翌2日以降本件変更手続が行われた同月10日までの間に、保険契約者の精神状態に異常があったと認めるに足りる証拠はない。これらに加え、本件変更手続は、保険契約者自身が被告Y_1生命に電話を架けて依頼し、書類の記載等も保険契約者自身が行ったこと、右手続を取り扱った営業職員は、保険契約者と会話を交わしたが、何ら異常を感じなかったこと、保険契約者が11月6日に離婚届を提出すると前妻である原告X_1から聞かされ、同月8日には、主治医から退院後の生活について計画を立てるように告げられたことからすると、その直後に保険金受取人を原告X_1から被告Y_2（保険契約者の兄）に変更する手続を取ることには合理性があること、及び保険契約者は本件手続の約2週間後である同年11月24日にはB病院を退院し、実家のある鳥取で静養した後復職し、その死亡まで公務員としての勤務を行っていたこと等の事実からすれば、本件変更手続の際に保険契約者が意思能力を欠いていたとは、到底認めることができない（大阪地裁平成12年10月30日判決、平成11年(ワ)第6937号）。

(第二審)　保険契約者としては、本件保険金が保険契約者の兄に渡ることにより、同被控訴人によって、将来、控訴人子供X_2らのために使用されることを期待していたということはできても、兄に対し、X_2らから請求があった場合に、これを引き渡すべき法的義務を負わせていたと認定するのはむずかしい（大阪高裁平成13年5月29日判決、平成12年(ネ)第4025号）。

Ⅰ-3 保険金受取人の変更　Ⅰ-3-4 保険契約者の意思確認

●参考判例（大阪地裁平成16年9月9日判決、平成15年（ワ）第5287号）
　事　案　保険金受取人変更の意思
　争　点　①本件名義変更手続が保険契約者の意思に基づくものかどうか
　　　　　②請求書の筆跡鑑定
　判　旨
争点①について
　保険契約者は、担当者（同人は、Bの担当者として、本件保険契約に基づく給付金請求手続にも関与してきた。）に対し、自ら保険金受取人の変更手続につき説明を求めた上、必要書類を届けてもらい、同人の面前で直接本件請求書の所定欄に必要事項を記入した上で署名し、あらかじめ用意していた届出印で押印したことが認められる。また、その間のBの態度にも、格別不自然な点はみられなかったというのである。加えて、Hにおいては、その場で、本件請求書に記載された内容を確認したほか、Bから同請求書と共に保険証券を預かり、後日保険証券に名義変更の裏書がされているのを確認しているところである。このような事実を総合すれば、本件名義変更手続はBの意思に基づくものと推認するのが相当である。
争点②について
　原告は、本件請求書の保険契約者の署名は、本人の筆跡によるものではないと主張し、これを裏付ける証拠として筆跡鑑定書（以下「O鑑定」）を提出する。これに対し被告は、O鑑定の疑問点を指摘する内容の筆跡鑑定書（以下「P鑑定」）を提出しているところである。
　そこで検討するに、O鑑定は、本件請求書の筆跡につき、筆圧の不足が大きく目立つ筆跡で、明らかに女性文字であり、男性文字ではあり得ないとし、96.95パーセントの確率で本人の筆跡ではないと推定している。しかしながら、同鑑定は、①二次原版から抽出した必ずしも鮮明とはいえない資料を鑑定資料としていること、②鑑定対象を本件請求書の契約者の署名欄の氏名文字群としながら、「〔保険契約者男姓名〕」の4文字中、「〔保険契約者の名〕」の2文字しか採り上げておらず、「〔保険契約者の姓〕」の2文字については検討の対象から外されていること、⑤「〔保険契約者の名の一文字〕」の字について、第1画横線が直線か上反りか、第1画中間の転折部が丸いかはみ出し運筆があるか、第1画と第2画がつながるか大きく離れるかの3点につき対象資料との異同を照合しているが、一見して筆跡特徴の出ている第2画については全く考慮していないこと、④「〔保険契約者の名の一文字〕」の字について、第6画から第7画に連続する曲線の有無と第11、12画の連続性の有無の2点を採り上げるのみで、他の部分ついては検討を加えていないこと、⑤一般に書体が違うと、運筆状態、字画形態及び字画構成が変わるとされているところ、このような書体の違いに配慮せず、丁寧な楷書体で書かれた鑑定資料（本件請求書）と行書体で書かれた部分のある対象資料とを単純に比較していること（これに対し、同じ楷書体で書かれた「〔保険契約者の姓〕」の文字について比較検討されていないことは、上記指摘のとおりである。）、⑥そもそも同鑑定の採用する鑑定手法が科学的に確立した方法といえるのか疑問があること、などの多くの疑問点を指摘することができ、その証拠価値は乏しいといわざるを得ず、採用することはできない（大阪地裁平成16年9月9日判決、平成15年（ワ）第5287号）。

●参考判例（東京地裁平成13年10月10日判決、平成12年（ワ）第18390号、平成12年（ワ）第23449号）
　事　案　保険契約者が保険金受取人を愛人に変更した2日後に死亡した事案
　争　点　①保険金受取人変更手続が保険契約者の真意に基づいてされたものであるかどうか
　　　　　②保険金受取人変更の意思表示の当時、保険契約者が意思能力を有していたかどうか
　判　旨
争点①について
　保険契約者（A）は、脳腫瘍の手術のためG医大病院に入院していた平成10年8月ころより、被告の保険外交員Dに対し、本件各保険契約あるいはそのうちの幾つかについて、保険金受取人を原告に変更したい旨を伝えていた。保険契約者は、同人の要請を受けてDがF歯科医院に持参した本件各保険契約についての4通の「名義変更訂正請求書」の「請求者・現契約者」欄に署名・押印した。これらの「名義変更訂正請求書」は、被告に対し、本件各保険契約の保険金受取人を原告に変更することを請求する内容のもので

あった。なお、上記の「請求者・現契約者」欄のAの署名・押印以外の記載事項は、すべてAから依頼を受けたDが記入した。

「第三者への死亡保険金受取人変更取扱報告書」には、保険契約者が保険金受取人を変更する理由として、「契約者（A）は昨年から入退院を繰り返し、今年、歯科医をやめる。変更後受取人（愛人）は24年間歯科医院に勤務し、経営を支えてくれたが、予定より10年も早く、突然解雇せざるをえなくなり、再就職は極めて困難。正妻とは20年前から別居し、もうすぐ離婚するので、入院中の世話も含めてよく貢献してくれた愛人への受取人変更を切望している。・・・」などの記載がある。

上記の基礎となる事実及び認定事実によれば、平成12年1月受取人変更手続は、保険契約者の自由な意思に基づいてなされたものと認めることができる。

争点②について

平成12年6月受取人変更の意思表示の当時、Aが本件内容証明郵便の記述の意味内容を理解し、その是非を判断して、これに署名することができなかったことは明らかである（東京地裁平成13年10月10日判決、平成12年（ワ）第18390号、平成12年（ワ）第23449号）。

●参考判例（大阪地裁平成13年3月21日判決、平成12年（ワ）第5928号、判タ1087号195頁）

事　案　保険契約者兼被保険者の入院中に行われた死亡保険金受取人の変更
争　点　①保険契約者の意思能力について
　　　　②保険者による保険契約者の意思能力の有無の確認
　　　　③債権準占有者への支払い

判　旨

争点①について

保険契約者は、D病院に入院していた期間、平成12年1月中及び同年2月16日以降を除いては、比較的安定した状態にあり、看護婦や面会に来ていたCらと日常的な会話は行える状況にあったこと、Eの質問に対しても、「はい」との返答をしていることからすると、本件変更手続の行われた同年2月7日には、本件保険契約上の死亡保険金の受取人を変更するとの判断を行い、これを第三者に伝達することができたようにも思われる。

しかしながら、保険契約者は、同年2月1日から同月12日にかけて、自己の氏名等が答えられないなどの症状を示し、また、看護婦が退院してもいいと告げていないにも関わらず、そのように言われたとCに告げているところ、G医師の供述によれば、保険契約者のこれらの症状は、脳梗塞により、近接記憶障害や見当識障害が起こったものであると解される。

このように保険契約者が見当識障害等を有するとしても、それにより死亡保険金受取人の変更を行うとの判断が不可能となるかについては検討を要するか、本件においては、保険契約者の治療にあたっていた脳神経外科医であるG医師が、保険契約者には、保険金受取人を変更するという判断の前提となる事実の記憶を保持する能力が無く、その状態において受取人変更の意思表示が行われたとしても、それは当該意思表示の効果を認識した正常な意思表示ではないとの趣旨の供述をしており、同医師の供述を排斥すべき理由はない。そして、本件変更手続における保険契約者の意思表示が、Eの確認的な質問に対する肯定の返答のみであったことも、保険契約者に保険金受取人の変更という判断をするに十分な意思能力が欠如していたと解することに合致する。

したがって、本件変更手続においてなされた保険契約者の意思表示は、意思無能力により無効と解さざるを得ない。

争点②について

被告は、被告担当職員が、保険契約者の意思能力を確認するためD病院に電話を架け、電話に出たF医師から、保険契約者の話は信頼できると聞いたと主張するところ、被告担当職員作成の書証には、被告の主張に沿う記載があり、被告担当職員もこれに沿う供述をする。

しかしながら、被告担当職員の供述によっても、F医師との会話は5分ないし10分程度の簡単なものであったのであり、この中で、F医師に確認を求める旨を説明し、保険契約者の意思能力についての確認を

Ⅰ-3 保険金受取人の変更　　Ⅰ-3-4 保険契約者の意思確認

得るのは困難であると思われること、F医師は、保険会社から、保険契約者と話しはできるかとの質問は受けたが、意思能力についての質問は受けていないと陳述していることが認められることからすると、被告担当職員の供述及び同人作成の文書の内容については信用性について疑問がある。

　したがって、F医師の意見を理由として、保険契約者に意思能力があったとする被告の主張は採用できない。

　本件変更手続の当時、Eは、Bが脳梗塞で入院中であり、同手続の前には意識不明の時期もあったこと、Bは書類に自署することができず、通常の状態での会話もできない状態にあることを認識していたのであるから、Bが保険金受取人変更の判断を行いうる意思能力を有しているか否かについて、Bの担当医師に問い合わせるなどして十分に確認すべき注意義務があったというべきである。

　しかしながら、Eは、被告本社契約保全課からの指示を受けて、D病院に電話を架け、Bの担当医師として応対したFに対し、Bの状態について質問したけれども、その内容は、Bの保険金受取人の変更に関する意思能力の有無の確認としては、不十分なものでしかなかったと認められる。

争点③について

　Eには、Bの意思能力を十分に確認しないまま本件変更手続を行ったとの過失があると認められ、したがって、同過失の下になされた本件変更手続により死亡保険金受取人となったCに対する本件保険金の支払についても、被告がCを債権者であると信じたことにつき過失があると言わざるを得ない。

　したがって、被告がCに対して行った本件保険金の支払は、有効な弁済とは認められない（大阪地裁平成13年3月21日判決、平成12年（ワ）第5928号、判タ1087号195頁）。

●**参考判例**（大阪地裁平成9年9月30日判決、平成9年（ワ）第3597号）
　事　案　受取人変更
　争　点　保険契約者の受取人変更の意思の有無
　判　旨

　　相続人Cに変更した。
1．保険契約者の弟であるNから平成8年7月24日被告に対し、保険契約者は、平成7年12月18日から入院していたが、その入院中、早く保険の名義変更をしなければと述べていたと説明したことが認められる。
2．しかしながら、本件記録によれば、当裁判所が、平成9年5月24日、Cに対し、訴訟告知したころ、Cは、本訴に補助参加しなかったことが明らかである。
3．また、Kは、原告が3年ほど前に別れてその後の居所は不明であると被告に説明する一方で、マンションの処分をめぐり原告に連絡を取るなどしていたことも認められる。
4．そして、それら事実に照らすと、保険契約者が入院中、早く保険の名義変更をしなければと述べていたとするNの被告会社に対する説明については、容易に信用できないといわざるを得ない。したがって、抗弁理由がない（大阪地裁平成9年9月30日判決、平成9年（ワ）第3597号）。

●**参考判例**（東京地裁平成10年2月23日判決、平成9年（ワ）667号）
　事　案　受取人変更
　争　点　保険契約者が受取人を変更する旨の意思を表示したか
　判　旨

　　原告は、保険契約者兼被保険者Aが原告に対し、内縁の夫Bの死亡後まもなく、本件保険に加入していること、保険契約者に万一のことが起こった場合原告において本件保険金を受取るように述べていたこと、保険契約者が入院した際にも、保険契約者所有の土地建物をすべて原告に贈与する旨および保険契約者死亡時には本件保険金を原告が受け取るように述べたこと、更に、保険契約者の具合が悪くなった際に、保険契約者は原告に対し同様の趣旨のことを述べたことを供述する。

　保険契約者兼被保険者の危急時遺言書が存在し、本件保険受取人を原告とする内容が記載されているが、右遺言書が真正に作成されたものか否かはともかくとして、保険契約者の相続人のうち、日本に居住して

いるのは原告だけであり、受取人と指定されていた内縁の夫Bが死亡した後、相続関係に立たないBの子供に本件保険金を受領させるよりも、自分の子供である原告を受取人とする保険契約者の気持ちは自然な感情でもあり、合理的なものと首肯できるものであるから、保険契約者が、B死亡後、原告に対し、本件保険金を原告が受け取るように申し述べていたとの原告の供述は十分信用に値するということができるし、本件全証拠によるも右供述を否定するに足る証拠は存在しない。

そうすると、原告の前記供述によれば、保険契約者は原告に対し本件保険金の死亡時の受取人を原告に変更する旨の意思を表示していたことが認められる。

原告は、被告（保険会社）に対して、何度も本件保険金受取人が原告であることを前提に本件保険金の請求をしていることが認められるから、本件受取人の変更の通知は原告から被告に対して既に行われたと認められ、受取人の変更を被告に対抗できる。

なお、被告は、保険証券の裏書について主張するが、本訴において本件保険金を請求している以上、被告に対抗するために、保険証券の裏書まで必要とは認められない（東京地裁平成10年2月23日判決、平成9年（ワ）667号）。

● **参考判例**（大阪地裁平成10年2月19日判決、平成8年（ワ）12519号）
　事　案　受取人変更
　争　点　名義変更手続は有効か
　判　旨

右認定事実によれば、名義変更請求書中の現契約者欄の「A子」名義および保険金受取人欄の「B子」名義の署名は、いずれもA子がなしたものとそれぞれ推認するのが相当である。

そうすると、名義変更請求書は真正に成立したものと認められる。また、特に、A子は担当の保険会社職員に対し、以前にも保険金の受取人を原告からB子に変更したいと言っていたことから、保険会社職員がA子から保険金の受取人を原告からB子に変更する旨の意思を確認していることを総合すると、A子は、本件保険金の受取人を原告からB子に変更したというべきである（大阪地裁平成10年2月19日判決、平成8年（ワ）12519号）。

● **参考判例**（名古屋地裁平成10年8月6日判決、平成9年（ワ）2327号）
　事　案　受取人変更
　争　点　①保険契約者の真正な意思に基づく受取人変更か
　　　　　②入院中など請求権利者変更の名義変更されたときの受取割合
　判　旨

①A（保険契約者兼被保険者）は受取人を原告Xから被告Y_1に変更するよう記載した書面をYに交付したこと、②名義変更請求書を受けた被告Y_2保険会社は、同社××営業所長をAの入院先である××県立総合病院に派遣し、同センターの病室で、直接Aに受取人変更の意思を確認したこと、その際、同所長はAに対し、前記名義変更請求書とメモを示し、「メモは自筆ですか」と尋ねたところ、Aは軽く肯いたこと、さらに、Aが「受取人を被告Y_1に変更してよろしいですか」と尋ねると、首を大きく縦に振ったこと、③Aは、平成9年1月5日からの再入院の期間中、自力歩行できなかったが、四肢を動かすことは可能であり、意識障害はなく会話も可能で、判断能力も維持していたこと、が認められる。

右認定によれば、Aは自己の意思で保険金受取人の変更手続きを行ったと認めることが出来る。

保険契約には、保険契約者は被保険者の同意を得て、死亡保険金受取人、給付金受取人を変更することが出来る旨の約款があることが認められる。

しかし、保険契約者の指定変更権は、保険事故発生前に限り行使することが出来るものであり、保険事故が発生した後は保険金受取人が特定金額の保険金を受取る権利を確定的に取得するから、指定変更権は消滅することになる。

ただし、保険事故とは、診断給付金については癌と診断確定され入院などにより癌の治療が開始したことと死亡保険金については、癌と診断確定されて、癌を直接の原因として死亡したことであって、癌と診

Ⅰ-3 保険金受取人の変更　Ⅰ-3-4 保険契約者の意思確認

断確定したことのみが、保険事故ではない。

したがって、癌と診断が確定し入院治療を開始した後においても保険金受取人を変更することは可能である。ただし、癌と診断が確定し入院治療を開始した後保険金受取人が変更された場合、旧受取人は診断給付金と名義が変更されるまでの入院期間に対応する入院給付金を受領する権利を有し、新受取人は名義変更後の入院期間に対応する入院給付金、その他名義変更後に生じた保険事故に基づく保険金を受領する権利を有することになる（名古屋地裁平成10年8月6日判決、平成9年(ワ)2327号）。

●参考判例（仙台地裁平成10年8月25日判決、平成8年(ワ)1475号）
　事　案　受取人変更
　争　点　保険金受取人の変更は、保険契約者の意思によるか
　判　旨
　事実によれば、体調の悪化した訴外A（保険契約者兼被保険者）が、平成8年4月ころ、金銭面などで援助を受けている被告補助参加人（兄）に報いるために、自らの意思で、本件保険契約の死亡保険金受取人を被告補助参加人に変更しようと決意して、名義変更請求書を作成したものと認めるのが相当であり、名義変更請求書の成立の真正が認められる。

　原告は、原告が本件保険契約の死亡保険金受取人となったのは、別れる妻を死亡保険金受取人としておくわけにも行かないので、姉である原告になってもらい、保険金を子供たちに与えてほしいと頼まれたものであり、そのようなAが、さらに死亡保険金受取人を被告補助参加人に変更するはずがないと主張するが、平成8年当時Aが本件保険契約の死亡保険金を子供たちに与えたいとの意思を有していたことをうかがわせる事実は認められず、この点によって、前記認定を左右することはできない。

　以上の事実によれば、原告の本訴請求は、理由がないからこれを棄却する（仙台地裁平成10年8月25日判決、平成8年(ワ)1475号）。

●参考判例（大津地裁平成10年12月25日判決、平成10年(ワ)第129号、平成10年(ワ)130号、平成10年(ワ)131号）
　事　案　受取人変更
　争　点　①本件各変更手続請求当時、保険契約者が意思能力を有していたか否か
　　　　　②本件各変更手続は、保険契約者に無断で行ったものか否か
　判　旨
争点①について
　亡Aが平成3年3月及び同年9月に右脳内出血により入院治療を受けたことがあり、左被殻出血により再度入院した平成5年2月8日以降、理解力、判断力を失った状態となったことは、前記争いのない事実等のとおりであるが、右事実から本件各変更手続当時（平成4年10月20日ころから同年11月7日ころの間）、Aが意思能力を有していなかった事実を推認することはできず、他にこれを認めるに足りる証拠はない。

　被告Y₁方への転居後の平成4年11月2日から平成5年2月1日までの間、Aは、右脳内出血によって不自由となった左半身のリハビリのために、自力（つえ歩行）で滋賀県〇〇町が行っていた身体機能訓練事業に参加していたこと。

　被告Y₅生命の担当者であるB証人も、被告Y₁から本件変更手続2を希望する旨の連絡を受けて、平成4年10月22日、被告Y₁方に赴き、Aと数分間面談して本件変更手続を行ったが、その際、Aは自力で歩き、普通に挨拶をし、手続は全て被告Y₁に任せている旨話しており、その行動に異常は見られなかったこと。

　被告Y₃生命の担当者であるD証人も、被告Y₁から本件変更手続1を希望する旨の連絡を受けて、平成4年11月7日、被告Y₁方に赴き、以前から顔見知りであったAと面談して本件変更手続1に関する意思確認とその手続を行ったが、その際、Aは、原告から暴力を振るわれたりしてひどい目にあったなどと普通に会話をしており、その言動に異常は見られなかったこと、以上に事実が認められ、これらの事情によれば、本件各変更手続当時、Aが意思能力を有していたものと認めることができるというべきである。

争点②について
　①原告はAの長男で、大韓民国の戸籍上S家の戸主となっており、そのためもあって、Aの経営していた焼肉店を引継ぎ、本件各保険やAが契約していた他の生命保険の受取人となっていたこと、②本件各保険について、Aが右脳内出血で2度目の入院をしたころの平成3年10月から同年11月にかけて、その受取人が被告Y_1又は被告Y_2に変更されているが、その際も、その変更手続は被告Y_1が各保険会社に連絡して行っており、その後、Aは、平成4年1月から2月にかけて、いずれも受取人を原告に戻していること、③被告Y_1は、平成4年10月22日、原告を契約者及び受取人とするE生命との間の新家族年金付生命保険についても、原告に無断で、契約者及び受取人をAに変更する手続を行っていること、④本件各変更手続の請求書は、いずれもAが自署したものではない（本件変更手続1については証人Dが代書したもの、同2、3については被告Y_1が代書したもの）ことが認められる。
　Aが被告Y_1方へ転居したのは原告との口論が契機となっており、Aが、本件各保険の受取人を原告から被告Y_1又は被告Y_2に変更したとしても不自然とはいえないこと、⑤本件各変更手続当時Aは意思能力を有しており、B証人、C証人、D証人はAと相当程度の時間会話して変更手続の意思を確認しており（特にB証人は、被告Y_5生命のS支社〇〇分室長でありながら、本件保険3について短期間のうちにたびたび変更手続がなされていたため、後に問題が生じないようにするために、部下の外交員に代わって、自ら変更手続の意思確認に赴いたものであり、明確に意思確認がなされたものと認められる。）、亡Aは、原告が酒を飲んで亡Aに乱暴するとか、今後は被告Y_1らに世話になるから受取人を被告Y_1及び被告Y_2に変更するなどと、変更手続の理由を述べていること、⑥C証人も、亡Aとあまり会話しておらず、直接明確に変更手続の意思確認をしていないものの、亡Aから手続はすべて被告Y_1に任せてある旨聞いていること、⑦亡Aは、日本語の読み書きが十分できず、自分の氏名は何とか漢字で書けたものの、契約書などの署名は他のものに代書させることが多く、本件保険1に関する書類の亡Aの署名は、従前からすべてD証人が代書していたこと、⑧平成3年10月に本件保険1の受取人が原告から被告Y_1に変更された際にも、D証人は亡Aと被告Y_1方で面談して変更意思を確認していること、⑨F生命の保険の契約者は原告となっていたものの、実際に右保険をかけていたのは亡Aであったこと、以上の事実が認められる。
　前記①ないし④の事情から本件各変更手続が亡Aに無断で行われた事実を推認することはできず、かえって、本件各変更手続は亡Aの意思に基づいて被告Y_1が変更手続を代行するなどして行われたものと認めることができるというべきである（大津地裁平成10年12月25日判決、平成10年（ワ）第129号、平成10年（ワ）130号、平成10年（ワ）131号）。

●**参考判例**（大阪地裁平成12年1月20日判決、平成10年（ワ）第7159号）
　事　案　受取人変更
　争　点　保険契約者の意思に基づく受取人変更か
　判　旨
　本件保険金受取人変更用紙の契約者欄の署名押印及び死亡保険金受取人変更欄の署名は、まさに同人（契約者）がなしたものであると認められるのであって、これは、同人に本件生命保険契約の死亡保険金受取人を変更する意思が存したことの証左である（大阪地裁平成12年1月20日判決、平成10年（ワ）第7159号）。

●**参考判例**（大阪地裁平成12年4月26日判決、平成11年（ワ）7745号）
　事　案　受取人変更
　争　点　①名義変更請求は、原告の意思に基づくものか、第三者に代理権は授与していたか
　　　　　②保険会社が名義変更したことについて民法478条（債権の準占有者への弁済）の類推適用を抗弁できるか
　判　旨
争点①について
　本件全証拠を検討しても、原告が自ら又は被告Y_2を使者として本件保険契約の保険契約者の変更請求をしたとの事実や、被告Y_2にその代理権を授与したとの事実を認めるに足りる証拠はない。かえって、原

Ⅰ-3 保険金受取人の変更　　Ⅰ-3-4 保険契約者の意思確認

告は、被告Y_2との間で、不動産の一部の名義変更についてはこれを了解していたが、本件保険契約を含む生命保険の名義変更については、被告Y_2と全く話し合ったことはないことが認められる。したがって、被告らの主張はいずれも理由がない。
争点②について
　被告Y_1会社は、民法478条が本件に類推適用されると主張している。しかし、本件保険契約における保険契約者の変更には被告会社の承諾を要するのであって（新終身保険普通保険約款31条1項）、保険契約者の変更は被告Y_1会社にとって義務の履行行為ではないから、弁済に類似するとはいえない。したがって、被告会社の主張は採用することができない（大阪地裁平成12年4月26日判決、平成11年（ワ）7745号）。

●**参考判例**（東京地裁平成14年2月22日判決、平成13年（ワ）第6411号）
　事　案　保険金受取人変更手続きと保険契約者の意思能力の有無
　争　点　受取人変更時に保険契約者の意思能力の有無
　判　旨
　　保険金受取人変更当時、保険契約者兼被保険者は末期ガンを患っており、その直前には、意識が混濁し、危険な状態にあったが、その後に意識回復し、参加人に対し、受取人を変更したい旨告げ、参加人は、急遽、保険会社に電話をし、名義書換に必要なもの等を確認したところ、入院中の受取人名義書換であることもあって、保険会社の職員が、入院中の被保険者を訪れ、本人確認、保険金等受取人の変更に関する要件であることの確認を済ませ、被保険者の健康状態が、予測よりも軽く、通常の意識状態にあるものと判断し、書類に自署し、押印するよう求めたもので、保険金受取人変更時、保険契約者兼被保険者に意思能力がないとはいえないとされた（東京地裁平成14年2月22日判決、平成13年（ワ）第6411号）。

●**参考判例**（盛岡地裁一関支部平成14年2月27日判決、平成13年（ワ）第11号）（仙台高裁平成14年9月25日判決、平成14年（ネ）第170号）（最高裁平成15年2月27日、平成15年（オ）17号、同年（受）20号）
　事　案　共済金受取人の変更
　争　点　①共済契約の共済契約者及び死亡共済金受取人が、原告からAに変更されたか
　　　　　②死亡共済金受取人となった「X子・Bと同姓同名」は、原告を指すものか
　判　旨
（第一審）
争点①について
　変更通知書に自己の押印がある経緯について合理的な説明ができていないこと、この手続が行われた昭和58年当時、変更された事項が共済証書の裏書事項欄に記載されていたが、原告Xは同証書を手許に保管していたのに、A死亡後まで何ら異議を申し出ることをしなかったこと（〔証拠略〕）に照らすと、原告の上記供述を採用することはできないものである。また、被告の側において、新規契約を勧誘する場合であれば格別、既存の共済契約者に上記のような内容の変更手続を促すような動機は考えにくいのであるから、このことも併せて考慮すると、同変更手続は、原告の指示に基づいてされたと推認するのが相当である。そして、原告の意思により同変更手続がされているのに、同変更手続がないものとして、原告が共済契約上の権利を主張することは、信義則に反し許されないというべきである。
　また、原告は、共済掛金について従前どおり原告の口座から引落しがされていたことから、原告に契約者等を変更する意思がなく、被告も認識していたと主張するけれども、共済掛金の支払方法に変更がないからといって、直ちに契約者等を変更する意思がなかったと認められる関係にあるわけではなく、その他に原告に契約者等を変更する意思がなく被告もこのことを認識していたことを認めるに足りる証拠はない。したがって、この点の原告の主張も採用することができないものである。
争点②について
　長期共済契約関係者変更通知書の変更後の契約の死亡共済金受取人欄に、「X子・Bと同姓同名（妻）」と記載した上、原告が所要の欄に押印したこと、同じ機会に前同様に、Aの兄であるEを満期共済金受取人とする共済契約の長期共済契約関係者変更通知暮の変更後の契約の満期共済金受取人欄に、「X子・Bと

同姓同名（母）」と記載した上、原告が押印したこと、DはこのときまでAの妻であった訴外Bが原告と同姓同名であることは知らなかったところ、原告の指示によって「妻」と「母」を書き分けて記載したものであったことがそれぞれ認められる。

本件共済契約の死亡保険金の受取人とされた「X子・Bと同姓同名」は、訴外Bを示すものであって、原告を指すものではないことが明らかである（盛岡地裁一関支部平成14年2月27日判決、平成13年(ワ)第11号）。

（第二審） 控訴棄却（仙台高裁平成14年9月25日判決、平成14年(ネ)第170号）。
（最高裁） 不受理決定（最高裁平成15年2月27日、平成15年(オ)17号、同年(受)20号）。

●参考判例（神戸地裁尼崎支部昭和61年6月27日判決）（大阪高裁昭和62年12月17日判決）（最高裁昭和63年7月11日決定）

事　案　事実上の配偶者による保険金受取人変更請求書の作成
争　点　受取人変更の有効性
判　旨

（第一審） 被告（新保険金受取人・保険契約者の父）らの主張によると、保険契約者（兼被保険者）は本件生命保険契約の死亡保険金受取人を最終的に原告（実娘・離婚した妻が引き取る）と指定する意思を当初から有していなかったというものであるが、そうであるならば当初原告と指定したのはなぜなのかが、被告らの主張によっても十分理解できない。…保険契約者において原告の養育費、学費を負担していたことなどを考えて、保険契約者は原告に対して少なくとも経済的には義務を十分果たしていたことが明らかである。そして、死亡保険金受取人の指定は、いわば養育費などの負担の延長線上にある問題であるから、一人娘の原告を受取人に指定することは…保険契約者の態度に符合する。

名義変更請求書の記載には、保険契約者の自筆の部分は存在しない。名義変更請求書は、本来保険契約者自身が記入すべきものとされており…一般にもかなり認識されているものと考えられる。被告らは、保険契約者の死期が近いことを知り、原告又はそれに代わる人物の立ち会いなしに変更すれば、保険契約者の真意にもとづくものかどうかが後日問題となる可能性は容易予想できたはずである。保険会社の担当者においても、保険契約者の死期が近いことを知らなかったとしても、契約締結後間もない時期に被保険者の入院中に病院で受取人を変更するという特異な状況であるのに、保険契約者の自署を強く求めなかったというのも不自然である。被告らの供述によると、保険契約締結直後から、死亡保険金受取人を変更したい旨を再三にわたり言っていたというのであるが、それほど積極的であった保険契約者が…変更請求書の記載を自分でしなかった（それができないような病状ではなかった）というのも不可解である。

保険契約者が、本契約に先立って契約していた契約の解約請求書は保険契約者の筆跡との対照及び保険会社の担当者の証言によって、同居していた女性において代署したものとみとめられ、これは保険契約者の意思に基づくものと考えられるが、右解約請求書と本件名義変更請求書とはその重要性において格段の差があるから、解約請求書を同女に代署させた事実によって、本件名義変更請求書においても保険契約者の意思によるものと推詐する余地はないというべきである（神戸地裁尼崎支部昭和61年6月27日判決）。

（第二審） 保険契約者は、保険契約申込みの手続きの際、死亡保険金受取人について、当初、既に事実上の夫婦関係にあった女性と正式に結婚予定であったため、同女を受取人とすることを希望した。同女は入籍前であることを理由に辞退していた…。

保険金受取人変更は、保険会社の担当者、同女、控訴人である新受取人である父の3人が病室に赴いた。当時、保険契約者は外見上は元気そうにみえた。

保険会社の担当者は保険契約者に対して、記入個所を説明した上で名義変更の請求書の用紙を手渡したが、保険契約者は同席していた同女に渡して代筆を依頼し、同女が被保険者、保険契約者欄に名前を記載し、死亡保険金受取人欄については、保険契約者の、父にするとの言により、父が自己の名を記入した。

最後に、保険契約者が右請求書を受け取り、同人が氏名の印鑑欄に、父が持参した自己の印鑑を押捺した。右請求書が保険契約者の意思によらず、偽造されたものであるとする被控訴人の主張は認められない（大阪高裁昭和62年12月17日判決）。

Ⅰ-3 保険金受取人の変更　　Ⅰ-3-4 保険契約者の意思確認

　(最高裁)　所論の点に関する原審の判断は、原判決挙示の証拠関係に照らし、正当と是認することができる（上告棄却）（最高裁昭和63年7月11日決定）。

●**参考判例**（浦和地裁平成3年9月18日判決）
　事　案　受取人変更
　争　点　保険契約者の意思能力の有無
　　判　旨

　保険契約者兼被保険者Aの病状が悪化し余命幾許もないと分かったAの実母は、本件生命保険契約の受取人が前妻の原告になっていることから、受取人の名義を現在の妻Yに変更することを被告保険会社に連絡した。右連絡を受けた被告保険会社は、担当者Bを同日入院先の病院に派遣した。Bは、入院先病院の病室（個室）において、ベッドに横臥しているA（当時酸素マスクを装着）に対し、「①保険契約に加入しているか。②その保険金受取人は前の妻（原告）となっているか。③受取人を現在の妻Yに変えたいか。」をこの順序で質問し、これに対し（Aは）その都度顎を下に引き頷いた。担当者Bは、Aが本件生命保険契約の保険金受取人を原告から被告Yに変更する意思を表示したものと判断したが、なお、問題が生じないようにするためには、医師の立会の元でAの意思を確かめておくほうがよいと考えた。同主治医が立会のもと同様の質問をし、主治医に大丈夫かどうか確認しながら行った。これらの質問に対しAは、いずれも顎を引いてうなずいた。

　担当者Bは、Aの保険金受取人を変更する意思が確認とれたものとして、同病室にて被告妻Yに原告の両親、弟立ち会いの元でAの代筆者として受取人を被告妻Yとする受取人変更書を書いてもらった。（これにより）Aは、右保険金受取人の変更の意味を判断するだけの意思能力を有しており、その意思にしたがって保険金受取人を原告から被告妻Yに変更する意思表示をしたものであることが認められる（浦和地裁平成3年9月18日判決）。

●**参考判例**（東京地裁平成8年6月17日判決）
　事　案　保険契約者入院中の保険金受取人変更
　争　点　保険金受取人変更の意思表示の有無
　　判　旨

　平成2年5月20日付で保険契約における死亡保険金受取人を原告からBに変更する名義変更請求書であり、同請求書の保険契約者の印影が契約時の印章によるものであることは当事者間に争いがないので、同書が保険契約者の意思に基づいて作成されたことが推定され、従って、保険契約者が本件保険契約における死亡保険金受取人を原告からBに変更した事実が推定される。Bは、保険契約者が病院に入院中で付き添いをしていたとき、保険契約者に対し、本件保険契約における死亡保険金受取人を原告からBに変更する手続をすることを希望して、保険契約者から了解を得たので、保険契約者の保険関係の事務処理をしていたAにその変更手続を委嘱した。

　同人は入院先の病院を訪れたが、保険契約者が署名できる状態ではなかったので、保険契約者の署名を代行したが、その際、保険契約者は、Aが保険金受取人変更手続きをしていることを認識していたものであり、その後、保険契約者の実印は原告側で保管していたので、原告方を訪れて、原告が保険契約者の実印を押印した旨の証言をしている。

　原告代理人の弁護士が保険契約者に面接して保険契約者からBのなした財産処理について調査を依頼されたとしていることなどを考慮すると、真実であることに疑問があるが…保険契約者に無断で本件変更手続きをした事実を認定することもできない。A証人の証言中の…当時保険契約者の実印は原告側で保管していて…原告が押印したとの部分は…平成元年7月4日に原告からBに対して保険契約者の実印が渡されていた事実が認められるので、真実ではなく同証人の記憶が誤っている可能性がある。しかし、いずれにしても、両証言は前記推定された事実に反するものではない。

　なお、本件保険契約の保険証券は、本件変更手続がなされた際、原告から保険契約者に返還されることなく原告が所持し続けており、また保険証券の再発行を求める手続きがされている事実があるが、保険証

券に自署がないことを考え合わせても、前記推定を覆すに足りるものではない。保険契約者が本件保険契約における死亡保険金受取人を原告からBに変更した事実が推定されるので、原告は本件保険契約における死亡保険金受取人ではない（東京地裁平成8年6月17日判決）。

● **参考判例**（大阪地裁平成4年12月14日判決）
　事　案　受取人変更
　争　点　保険契約者の意思能力の有無（特に郵送されたもの）
　判　旨
　　I生命関係の契約についてみれば、証人Bの証言によれば、契約者兼被保険者Aが入院前、…証人Bが当該生命保険契約の名義変更請求書用紙をAに渡していたこと、昭和63年4月18日、Aの病室（個室であって、証人、原告およびA以外に在室していなかった）で、原告（妻）が右請求書にAの代筆をして受取人名義変更手続をした際、A証人Bから意思確認されても何等異議を述べなかったこと（から）…本件保険契約の受取人については、Aの意思に基づき名義変更手続きがされたものと認定できる。
　　F生命関係については、名義変更請求書は郵送されており、Aの真意を書面からは判断できないこと、F生命が電話連絡等でAの意思確認しようと試みたにも拘わらず、原告の強硬な態度によって果たせなかったこと、その際、原告は「正式な妻である私がなぜ変更できないのか。」旨、F生命に告げていること、最終的には、Aの意思を確認せず、妻である原告を信用して名義変更請求書を受け付けたことが認められる。…右印影がAの意思に基づいて顕出されたとは認め難く、…他に、F生命関係の契約について死亡保険金受取人変更手続がAの意思に基づいてされたと認めるに足りる証拠はない（大阪地裁平成4年12月14日判決）。

● **参考判例**（大阪地裁平成6年11月28日判決）
　事　案　保険金受取人の変更
　争　点　保険契約者の意思能力の有無
　判　旨
　　原告（契約者の妻）は、亡Aは、当時癌に冒されて深刻な病状にあったところ、死期が迫ったこの時期に受取人を亡Aの両親に変更すべき必然性がない旨を主張するが、原告はかかる亡Aに対し、離婚と財産分与等を求めて紛争中であったことが認められ、これによれば、かえって、亡Aが右当時各死亡保険金受取人を原告から両親に変更すべき理由があったとさえ言う事ができる（大阪地裁平成6年11月28日判決）。

● **参考判例**（静岡地裁沼津支部平成5年3月25日判決）
　事　案　受取人変更
　争　点　保険契約者の真意による受取人変更か
　判　旨
　　契約者である夫Aは契約時に死亡保険金受取人を妻と指定したが、その後Aは入院したにもかかわらず、Aの妻や子供が全く面倒を見てくれないと姉に訴えていた。原告の（現）受取人である姉はAを伴ってAの妻宅を訪れたが、妻からはAとは縁を切りたいといわれ、…Aは姉に将来面倒をみてくれと頼み姉らも承諾した。
　　Aは、その後、妻と離婚したので、姉らに対して死亡保険金受取人を妻から姉らに変更してくれと依頼し、姉らは右依頼に基づき死亡保険金受取人を変更したものであり、その変更手続きは有効である…（静岡地裁沼津支部平成5年3月25日判決）。

Ⅰ-3 保険金受取人の変更　Ⅰ-3-4 保険契約者の意思確認

●**参考判例**（大阪高裁昭和62年12月17日判決）
　事　案　受取人変更
　争　点　保険契約者の真意によるものか否か
　判　旨
　　…認定のとおり、控訴人会社の外務員は、当時保険契約者が癌であることは知らされておらず、また、死亡保険金受取人の被控訴人名義については、申込当時から変更が予想される事情にあったため、未だ病状が悪化する前で、外見上変わったところのない契約者に対し、記入箇所を説明して名義変更請求書を手交し、契約者の意思により、B（事実上の夫婦関係にあった）が同人の氏名を代筆し、死亡保険金受取人欄にY（契約者の父）名義が記載され、契約者がこれを確認して自己の名下に印鑑を押捺したものであって、右請求書が契約者の意思によらず、偽造されたものであるとする被控訴人の主張は認められない（大阪高裁昭和62年12月17日判決）。

●**参考判例**（札幌地裁平成元年3月31日判決）
　事　案　受取人変更
　争　点　保険金受取人の変更行為は新受取人の独断によるものか否か
　判　旨
　　保険契約者から契約取扱者である営業職員に対して、その後、後妻から死亡保険金受取人変更手続きをしたい旨の申出があったが、一度は営業職員が失念、もう一度は保険契約者が出稼ぎのため変更手続きができなかった。死亡直前に保険契約者より更に手続きの督促があり、当日に保険契約者宅を訪問、受取人変更のための書類には、保険契約者の申出により同人に代わり後妻が保険契約者と営業職員の目の前で代筆し、保険契約者が印鑑を取り出してきてこれを後妻に渡し、後妻が捺印した。以上の事実から保険契約者の意思に基づいて行われたものと推認できる（札幌地裁平成元年3月31日判決）。

●**参考判例**（大阪地裁昭和6年3月23日判決）
　事　案　受取人変更
　争　点　変更効力発生の有無
　判　旨
　　契約者であるAは、被告保険会社の営業職員に対して受取人を変更したい旨を述べ請求書の持参を依頼、その直後にAは入院し、Aの法人の役員に受取人を法人に変更する旨を述べているので、保険金受取人の変更は生じていると認定される（大阪地裁昭和6年3月23日判決）。

●**参考判例**（大阪地裁平成7年5月19日判決）
　事　案　受取人変更
　争　点　受取人変更の請求書は、保険契約者の真意にもとづいて作成されたものか（受取人を個人から法人に変更しているもの）
　判　旨
　　被告保険会社Y_1に名義変更請求書が提出されたこと、同請求書には原告の実印が捺印されていることが認められる。受取人として指定されていた原告は被告法人Y_2の取締役に就任していたが、昭和53年10月に代表取締役を退任後は同法人と無関係であること、右名義変更請求は退任の直前になされていること、当時、原告と共に被告法人Y_2の代表取締役であったBは、原告の引出に保管してあった原告の実印を原告に無断で利用できる立場にあったこと、原告は右退任の後も本件保険契約の証券を保管し続けていることが認められる。
　　以上の事実と、被告法人Y_2の代表取締役を退任する直前に、原告が受取人を同被告Y_2に変更することは理由に乏しいことを総合すると、右名義変更請求書は原告の意思に基づかない偽造によるものと推認するのが相当であり、右名義変更を有効なものと認めることはできない（大阪地裁平成7年5月19日判決）。

●**参考判例**（山口地裁平成8年6月28日判決）
　事　案　受取人変更
　争　点　新受取人が記名・押印した受取人変更名義変更請求書は、保険契約者の委任によるものか
　判　旨
　　保険契約者は、本件保険金受取人であった妻と平成7年2月23日に協議離婚したため、保険契約の受取人を変更しようとの意向を持つようになったこと、…保険契約者においては同年6月、被告保険会社の営業職員に対して、その旨の連絡をなしたところ、保険契約者に対し、「本件保険金受取人の変更のことは、保険契約者の父から聞いている」旨を答えたこと、その後、保険契約者側と営業職員との間で本件保険金受取人の変更手続きなすべく約束された日に…保険契約者および原告において、営業職員の来訪を待っていたところ、急な仕事の連絡が入ったため、保険契約者において出勤せざるをえなくなったが、その際、同人は、原告（新保険金受取人）である父に対し、自分に代わって、本件保険金の受取人を原告に変更する手続きを取ってくれるように依頼し、原告の父もこれを了承したことが認められる。
　　その直後に、営業職員は、本件保険金受取人の変更手続きにおいて必要な名義変更請求書用紙を持参して訪れた。原告において、保険契約者欄に保険契約者の氏名を、死亡保険金受取人欄に自らの氏名をそれぞれ記入し…保険契約者の氏名の右横に、同人から預かっていた実印を押印したことが認められる。
　　右認定したところに照らすと、名義変更請求書用紙の保険契約者にかかる署名押印については、これが原告によりなされていたとしても、それは、原告において、保険契約者から右署名押印につき自分に代わって行うべく委託を受けたことによる正当な権限に基づくものといい得るものであり、そうすると、右名義変更手続は同人の意思によりなされたものと解すべきである。したがって、本件保険金受取人が元の妻から原告に有効に変更されたものと認められる。
　　右変更請求書に記入された保険契約者の署名が同人の直筆ではないため、元の受取人からも本件保険金の請求等を受けることを危惧し、保険会社は、原告に対し同女と協議をした上で対処してくれるよう要請し…保険金の支払を保留していたことが認められる。
　　本件保険金受取人の変更がなされていると認められる（山口地裁平成8年6月28日判決）。

●**参考判例**（甲府地裁都留支部平成7年9月29日判決）
　事　案　受取人変更
　争　点　営業職員が作成した名義変更請求書による受取人変更の有効性（妻から母親に変更）
　判　旨
　　訴外（契約者兼被保険者）は原告（債権者）に対し、平成2年8月頃、死亡したときは本件保険金で訴外被保険者の原告に対する借用金の支払いをする旨の記載文言のある委任状を作成してそれを交付していることは認められるが、右委任状なるものの作成交付が本件生命保険契約の保険金受取人そのものを当初の受取人である妻から原告に変更する旨の意思表示とは到底解し得ない。
　　訴外（契約者兼被保険者）は、平成元年5月30日、原告との間で債務弁済契約を締結したこと、そして、原告からは本件弁済契約上の債務に対する担保提供を求められたがこれを果たせなかったこと、…自己を被保険者とする生命保険契約に加入して原告を受取人とする生命保険契約そのものは締結されなかったこと、ところが、原告は、受取人を妻とする生命保険契約が締結されていることを知ったことから、原告は、訴外（契約者兼被保険者）に対して本件保険金の受領権を原告に与える旨の文言のある委任状を作成させたこと、一方、妻とは…会社の倒産の頃から必ずしも円満とはいい難い状態にあって、右入院の看護についても実姉等が主として当たっていたこと、…また、父親も会社の倒産にともなって多額の負債を負うに至ったこと、そこで、契約者兼被保険者は本件保険金受取人を母親に変更して、本件保険金をもって父親等の親族の債務の返済の資金とさせることとしたい旨を実姉に伝えていたこと、実姉は、被告保険会社の外務員を呼んで本件名義変更書作成させ、これを受けた保険会社は、本件生命保険の保険証券に平成3年5月13日付けで受取人を「母親」に変更する旨の裏書きをなしたこと、右外務員は直接に契約者兼被保険者の意思の確認をすることをしなかったこと、その後、契約者兼被保険者は、平成3年7月8日付けで本件保険契約についての平成3年5月13日付けの記載は今後変更しない旨を明らかにした書面を作成して、

I-3 保険金受取人の変更　I-3-5 遺言による受取人変更

前記受取人の変更をする意思を明確にしたことが認められる。
　以上、本件保険金受取人は母親に有効に変更されたものと認めるのが相当である。また、右受取人変更の経緯において、母親に関して原告に対する不法行為を構成するような行為は認められない（甲府地裁都留支部平成7年9月29日判決）。

●参考判例（熊本地裁平成9年12月15日判決）
　事　案　受取人変更
　争　点　本件名義変更請求書の作成が保険契約者の意思に基づくものであるか否か
　判　旨
　　本件名義変更請求書が作成された平成5年11月20日以前から保険契約者はその意識レベルを相当程度低下させており、そのような状態の保険契約者が本件生命保険契約の死亡保険金受取人を変更するという事柄の意味を理解し得たとは認め難く、加えて、子らの将来を案じていた保険契約者が将来にわたり子らを監護養育すべき参加人（離婚した妻）に対する保険金の支払いをし、しかも子らではなく原告（保険契約者の父）をその受取人にすることを望むべき合理的な動機が格別見当たらないことからすれば、本件名義変更請求書は前記認定の事実経緯のもと保険契約者の親族らによって保険契約者の意思に基づくことなく作成されたものと強く推認されるところであり、本件名義変更請求書の契約者欄の契約者名下の印影が保険契約者の印章によるものであることから直ちに右印影が保険契約者の意思に基づき顕出されたものと推定することはできないものというべきである。
　　証人Aの供述中には、Aは入院中の保険契約者を見舞った際に参加人との離婚の事実を知ったことから本件生命保険契約の死亡保険金受取人の変更を保険契約者の親族らに勧めるとともに保険契約者にもその旨を述べたところ、保険契約者も「はい。」と答え、手を挙げて分かったというような素振りをしたとする部分があるが、保険契約者自身に右保険金受取人を原告に変更することを望むべき合理的な動機が見当たらないこと及び保険契約者の病状からすれば、右部分に沿うような事実があったとしても、それが直ちに右死亡保険金受取人の変更、特に原告への変更を望む保険契約者の意思の表明とみることはできない。
　　そして、他に本件名義変更請求書が保険契約者の意思に基づき作成されたことを認めるに足りる的確な証拠はない（熊本地裁平成9年12月15日判決）。

●参考判例（大阪地裁平成10年2月19日判決）
　事　案　保険金受取人変更
　争　点　名義変更請求書は保険契約者によるものか
　判　旨
　　名義変更請求書中の現契約者欄記載のA子名義の署名筆跡は、パスポート、雇用保険受給資格者証および封筒2通の署名筆跡と同一人による筆跡と推定される。
　　名義変更請求書中の「新名義欄・保険金受取人」欄の「B子」名義の署名筆跡は、右パスポート、雇用保険受給資格者証および封筒2通の署名筆跡と同一人による筆跡と推定される。
　　右認定事実によれば、名義変更請求書中の現契約者欄の「A子」名義および保険金受取人欄の「B子」名義の署名は、いずれもA子がなしたものと…それぞれ推認するのが相当である。そうすると、名義変更請求書は真正に成立したものと認められる。また、特に、A子は担当の保険会社職員に対し、以前にも保険金の受取人を原告からB子に変更したいといっていたことから、保険会社職員がA子から保険金の受取人を原告からB子に変更する旨の意思を確認していることを総合すると、A子は、本件保険金の受取人を原告からB子に変更したというべきである（大阪地裁平成10年2月19日判決）。

I-3-5 遺言による受取人変更
(1) 遺言について
　法律上の遺言は、①相手方のない意思表示であり、②遺言者の死亡の時から効力を生じ（民法985

条1項)、③その方式（要式）は、厳格に法定された遺言書という書面によらなければならない（同法967条）が、一方、④一旦なされた遺言も、いつでも取消すことができる（同法1022～1024条）という不安定な意思表示である。

　遺言はこのような特殊な意思表示であるので、保険会社は遺言による受取人の指定変更を認めることには消極的であった。しかし、保険法は、「遺言による保険金受取人の変更」を認める規律を設けた（法44条、73条）。

ア．「遺言」によって処分できる権利

　「遺言」によって処分ができるのは、被相続人の財産（民法964条）であるから、保険契約者が有する保険契約に基づく諸権利（積立金・解約返戻金の払戻請求権、配当金請求権、保険契約者貸付請求権等）の処分権があり、これらは遺言事項の対象となる（ただし、保険約款上は、積立金、配当金などは死亡保険金と同時に保険金受取人に支払うこととしている）。

　保険契約者の相続財産に属さないとされる保険金請求権を指定された者から別人に帰属させようとするときは、保険契約者は、受取人変更権を行使する必要がある。保険法は、この変更権を「遺言」によっても行使することができるとした。

　なお、保険金受取人の変更についての遺言は、民法967条以下が準用され、例えば、方式に欠ける遺言書は無効とされる。

イ．効力発生について

　遺言の効力の発生時期は、遺言者死亡時となる（民985条1項）。そうすると遺言者で被相続人である保険契約者兼被保険者が死亡したときに保険金請求権は具体化するが、「保険事故が発生するまで」遺言による保険金受取人変更ができる（保険法43条）。

　なお、遺言書に「保険金受取人を変更する」旨の記載がある場合は、変更の意思表示があったと認めることができる（神戸地判平成15年9月4日事例研レポ193号1頁）。

　問題となるのは、遺言事項が、保険金受取人を変更するかにつき不明確な場合である。不明確な遺言事項につき、最高裁は、遺言書作成当時の事情及び遺言者の置かれていた状況などを考慮して遺言者の真意を探求し遺言事項を確定すべきものであるとする解釈原則を示している（最高裁昭和58年3月18日集民138号177頁）。

　しかし、遺言については、第三者の立場である保険者は、その間の事情については知り得ない。その解釈を巡って相続人間で厳しい対立が生じ、その紛争に巻き込まれる懸念がある。そこで、保険者は債権者不確知（民法494条後段）として保険金を供託することも可能である（遺言書の真偽をめぐり争われた事案につき保険者による共済金の供託は有効とする裁判例、①大阪地判昭和60年1月29日文研生保判例集4巻146頁、②横浜地相模原支判平成9年12月24日生保判例集9巻596頁。供託を無効とした判例、大阪地判平成2年12月14日文研生保判例集6巻278頁。）。

(2) 保険者に対する対抗要件

　「遺言による保険金受取人の変更」は、その効力は遺言者である保険契約者が死亡時に生じることとなるが、その旨を保険者へ通知して、はじめて保険金受取人であることを対抗することができる（保険法44条2項、73条2項）。

　そして、「遺言による受取人変更」における対抗要件の通知は、保険契約者の相続人による。その通知は、保険金の支払い前であれば「対抗要件」を具備できるとされている。

遺言執行者の定めがあるときは、その者による（民法1012条）。

　遺言事項による受取人変更があった旨の通知は保険者に対する対抗要件であり、迅速性から遺言者の相続人のうちの一人からの通知で足りる。

Ⅰ-3 保険金受取人の変更　Ⅰ-3-5 遺言による受取人変更

●**参考判例**（最高裁昭和40年２月２日判決、民集19巻１号１頁）
　事　案　遺言による受取人変更
　争　点　遺言で包括遺贈がなされたとき、そこに受取人変更（相続人への）も含まれるか
　判　旨
　　控訴人は、「包括受遺者は、本質的に相続人と異なるものではなく（民法第990条参照）、包括遺贈は相続人を指定する行為に他ならないから、控訴人はまさに本件保険金の受取人に指定された相続人に該当する」旨主張する。しかし、包括遺贈は遺贈の一種であって、相続でないことは勿論である。しかして現行法上相続は法定相続のみであって、遺言による相続人の指定は認められないことは異論のないところである。それ故、この点に関する控訴人の主張は、独自の見解であって採用しがたい。
　　次に控訴人は、「兄弟姉妹には遺留分がないから、これらの者が法定の遺産相続人である場合、被相続人がその全財産を第三者に対し包括遺贈したときは、兄弟姉妹の相続分は皆無となるのであって、かかる全然相続分のない者は、もはや相続人ということはいえない。…それ故、包括受遺者たる控訴人が当然保険金請求権を取得したものである」旨主張する。しかし、これがため兄弟姉妹が相続人たる地位を失うべきいわれはない。（この事は、右の場合において、例えば、包括受遺者が遺贈の放棄をした場合、当然前記兄弟姉妹が相続できる事実からみても明白である。これに反し、相続欠格者または廃除の確定裁判を受けたものにおいては、相続し得る余地は全然ない。）それ故、この点に関する控訴人の主張も採用することができない（最高裁昭和40年２月２日判決、民集19巻１号１頁）。

●**参考判例**（東京地裁平成18年３月27日判決、平成17年（ワ）第18115号）
　事　案　遺言による保険金受取人の変更
　争　点　①遺言と受取人変更
　　　　　②遺言による受取人変更の意思表示
　判　旨
(1) 本件遺言の文言自体からすれば、Aを保険契約者とする生命保険契約は２口あるのに、そのどちらかを特定することなく、本件各保険契約による死亡保険金を１つにまとめて、合計8000万円の保険金のうち、まず、諸経費や税金（相続税）を差し引き、その残金のうち5000万円を原告に、残余を被告を含む４人の兄弟に等分に与えるとの趣旨であって、Aは本件各保険契約に基づく保険金は保険契約者である自己の遺産であると考えていたことが窺われる。
　　しかし、生命保険契約において保険金受取人の指定がある場合、保険契約者の死亡により保険金請求権は保険金受取人の固有財産となり、保険契約者の遺産に属さないと解されるところ、本件各保険契約ではそれぞれ受取人が指定されているので、本件各保険契約による保険金請求権はAの遺産に属さないことは法律上、明らかである。ただし、前記のような法律的見解が、我が国の国民一般に当然の常識として広く認知されているとまでは言い難いことに鑑み、本件遺言がなされた経緯やその記載から推測されるAの合理的意思を推測して、本件遺言の趣旨を解釈するのが相当である。
(2) そして、１項で認定のAが本件遺言を作成した経緯、本件遺言にかかる遺言書の文言などを総合すれば、少なくとも、本件各保険契約につき、本件各保険契約の各死亡保険金額に応じた按分額、具体的には、本件保険契約１の死亡保険金が5000万円、本件保険契約２の死亡保険金が3000万円であるので、5000万円をこれに応じて按分した額、すなわち本件保険契約１については3125万円、本件保険契約２については1875万円の限度で、その受取人を原告に変更するという趣旨の遺言をしたものと解するのが相当である。
　　また、被告は、保険者であるBとの間で受取人変更の手続がなされていない限り、本件各保険契約における受取人の変更はあり得ないとの主張をするようであるが、確かに、保険者であるBとしては、本件各保険契約における死亡保険金の受取人変更の通知がなされるまではその変更を対抗されることはない（商法677条）というべきである。しかし、保険金受取人変更は、保険契約者の一方的意思表示によって効力が生じるというべきで、これについて常に相手方を要せず、その意思表示（効果意思の表示）が外部から明確に確認できるものである限り、単独の意思表示としてすることも許されるというべきであ

る。そして、保険契約者が遺言によって保険金受取人の指定変更権を行使したときは、その意思表示自体は生前に行われているので、死亡までにその権利を行ったものと解するのが相当であり（商法675条2項参照）、遺言の性質上、その効力は遺言者の死亡によってその効力を生じることになると解される。本件について検討すると、本件各保険契約では、保険契約者に保険金受取人の指定変更権が与えられており、遺言の方式で意思表示がなされていて、遺言の様式性に鑑みると、保険金受取人変更の意思表示は本件遺言により確定的に成立しているというべきであり、Aの死亡と同時に前記意思表示が死者の最終かつ確定的意思表示として効力を生じたというべきである。

以上によれば、本件各保険契約の死亡保険金の受取人は、本件遺言により、前記認定の受取額の限度で原告に変更されたというべきである。

そうすると、本件保険契約1の変更前の死亡保険金受取人であった被告は、本件保険契約1による死亡保険金のうち3125万円を受領する法律上の根拠がなく、また、本件保険契約2の変更前の死亡保険金受取人であるCから本件保険契約2による死亡保険金のうち1000万円を受領している点についても、これを利得する法律上の根拠がないので、結局、被告は4125万円の限度で法律上の原因なく利得をしていて、原告は同額の損失を被っていることが認められる（東京地裁平成18年3月27日判決、平成17年（ワ）第18115号）。

●**参考判例**（京都地裁平成18年7月18日判決、平成18年（ワ）第418号、金判1250号43頁）

事　案　公正証書遺言による受取人指定
争　点　①本件遺言によって、保険金の受取人を原告と指定したか否か
　　　　②公正証書遺言の解釈について

判　旨
争点①について

本件保険契約においては、保険契約者であるAは、死亡保険金受取人を指定する権利を留保し、別段の意思表示をして保険金の受取人を指定することができるところ、このような受取人の指定は、保険契約者の一方的な意思表示によって効力が生じると解される（最判昭和62年10月29日・民集41巻7号1527頁参照）。

そして、保険金受取人の指定は保険契約者の一方的意思表示であること、及び、その方式について別段の制限を定めた法令上の根拠が存しないことからすると、これについて常に相手方を要すると解さなければならない必然性はない。また、保険者は、保険金受取人の指定の通知を受けない限り、その事実がなかったものとして取り扱うことができ、二重払いの危険を負わない（商法677条1項）。これらのことからすると、少なくとも、保険金受取人の指定の意思表示が公正証書によってなされるなど、確定的な意思表示の存在やその時期が外部から確認することができる限りは、これを単独行為として行うことも許容されると解される。

争点②について

Aは、本件遺言をなすにあたって、平成12年に肺梗塞に罹患した後、原告宅においてその家族の看病のもとで療養にあたっており、原告に対する感謝の気持ちが強いこと、及び、上記イの事情を、付言事項としてあえて公正証書に記載した。

被告は昭和40年最判（昭和40年2月2日）を引用する。しかし、同判決は、保険金受取人が指定されている場合に、保険金請求権は保険契約の効力発生と同時に保険金受取人の固有財産となり、保険契約者の遺産より離脱している旨判示したにすぎず、遺言による保険受取人指定の可否について判断したものではない・・・。

遺言による保険金受取人指定の意思表示の有無が争点となる保険金請求訴訟においては、裁判所がかかる意思表示の有無を事実認定するのであるから、その意思表示の明確性まで要求しなければならない必然性は乏しく（保険者は、保険金受取人の指定がなされなかったとした場合に保険金を請求できる者に対して訴訟告知をすることにより二重払いの危険を避けることができ〔る〕。）、他方、本件のように公正証書遺言によってなされた保険契約者の最終的・確定的な意思を尊重しない結果となるのは妥当とはいえない。また、仮に意思表示の明確性を要求するとしても認定した事実からすると、Aの受取人指定の意思表示は

Ⅰ-3 保険金受取人の変更　Ⅰ-3-5 遺言による受取人変更

外部から明確に認定できるといえる・・・（京都地裁平成18年7月18日判決、平成18年（ワ）第418号、金判1250号43頁）。

●**参考判例**（盛岡地裁遠野支部平成18年10月2日判決、平成17年（ワ）第13号）
　事　案　共済金受取人変更申出公正証書作成時の意思能力の有無
　争　点　本件公正証書の作成及び本件変更手続が行われた当時、保険契約者は十分な判断能力を有しており、本件公正証書の作成及び本件変更手続を了承していたといえるか
　判　旨
　　保険契約者は、切除の不可能な胃がん及び食道がんに罹患していたため、平成16年7月初めころ、発熱、肝機能低下等の症状があり、通常の食事が不可能であったなど、その身体状況が悪かったことが認められる。
　　しかし、胃がんないし食道がんという病気が、類型的にみて患者の判断能力自体に直接影響を及ぼすものとは認められず、現に、保険契約者は、同月初めころ、看護師やBとの間で、きちんと会話をしており、保険契約者は、最初の入院（同年8月28日まで）中、一貫して意識は明瞭であり、同年7月7日ないし8日にも、公証人や被告農協の職員らの質問に対して回答していたことが認められる。
　　以上の事実からすれば、保険契約者は、同月7日から8日にかけて、身体の状態は悪かったが、十分な判断能力及び意思疎通能力を有しており、本件公正証書の作成および本件変更手続が行われた際、本件契約に係る死亡共済金の受取人を原告から被告Y₁に変更することの意味を理解していたものと認められるから、これらの手続に何ら問題はない。
　　そして、B夫婦（Bは後に原告の保佐人となっている。）と保険契約者の実家の者の関係が悪かったことから、B側も、遺産等に関して原告ないしBに有利になるように保険契約者を説得しようと試みたことが認められるものの、最終的には、保険契約者の実家側が保険契約者を説得することに成功して、本件変更手続や被告母親に有利な遺言書の作成が行われたものと推認する。
　　本件公正証書の作成及び本件変更手続が行われた際に保険契約者が十分判断能力を有しており、これらを了承していたとの認定を覆すには足りないといわざるを得ない。
　　以上のとおり、平成16年7月7日から8日かけて、保険契約者には十分な判断能力があり、同人は本件公正証書の作成及び本件変更手続を了承していたものと認められる（盛岡地裁遠野支部平成18年10月2日判決、平成17年（ワ）第13号）。

●**参考判例**（神戸地裁平成15年9月4日判決、平成14年（ワ）第2505号、事例研レポ193号1頁、事例研レポ188号15頁）
　事　案　不明確な遺言の記載内容
　争　点　遺言による保険金受取人の変更について
　判　旨
(1) 保険会社は、本件遺言による保険金受取人変更の意思表示は、その内容が著しく不明確であり、無効であると主張するところ、確かに、本件遺言の記載は、2社との間に生命保険契約があるにもかかわらず、そのどちらかを特定せず漠然と「一　死亡生命保険（H生命・G生命）の受取人を変更する。」「一　右生命保険のうち金一千万円を原告に残す。」としており、どちらの生命保険契約の受取人を変更するものか、明確でない点があることは否定できない。
　　しかし、その記載から推測される亡Aの合理的意思を推測すれば、「一　死亡生命保険（H生命・G生命）の受取人を変更する。」との記載にある生命保険とは、本件①、②の生命保険契約をさすものと解されるし、その受取人変更に関する記載は、本件①、②の生命保険契約のいずれについても死亡保険金受取人を変更するものと解され、かつ、次の「一　右生命保険のうち金一千万円を原告に残す。」との記載をも併せ考慮すると、本件①、②の生命保険の各死亡保険金額に応じた按分額（具体的には、本件①の生命保険契約の死亡保険金が1200万円、本件②の生命保険契約の死亡保険金が5000万円であるので、1000万円をこれに応じて按分すると、その按分額は、本件①の生命保険契約が193万5484円、本件②の生

命保険が806万4516円となる。）で、それぞれの保険契約につき、その受取人及び受取額を変更する趣旨の記載とみるのが相当である。そうとすれば、本件遺言の上記記載は、本件①、②の生命保険契約の死亡保険金受取人の変更につき、その内容を特定するに足る記載と認めることができ、その内容が著しく不明確で無効であるとの被告主張は採用できない。

(2) 次に被告は、保険金受取人変更の意思表示は相手方に対してする必要があり、相手方に到達したときにその効力が生じることを理由に、本件遺言による保険金受取人変更は効力を生じないと主張する。

しかし、保険金受取人の変更は、保険契約者の一方的意思表示であることからすれば、これについて常に相手方を要するとする必要はなく、その意思表示が外部から明確に確認できる限りは、これを単独行為として行うことも許容すべきである。

そうとすれば、本件遺言による保険金受取人の変更もこれが許容されるというべきである。ところで、被告は、本件遺言による保険金受取人変更の効力が生じない根拠として、保険契約者が保険金受取人の指定変更権を有する場合において、その権利を行わずに死亡したときは、保険金受取人の権利は確定する旨を定めた商法675条2項をあげるが、保険契約者が遺言によってその変更権を行使したときも、その意思表示自体は生前に行われているのであるから、死亡までにその権利を行ったものと解すべきであり、商法675条2項の規定は、遺言による受取人変更を何ら妨げるものではない。

以上のとおりで、遺言による受取人の変更は、遺言者の死亡と同時に効力を生じ、遺言のとおりに死亡保険金の受取人が変更されるものと認めるのが相当である（神戸地裁平成15年9月4日判決、平成14年(ワ)第2505号、事例研レポ193号1頁、事例研レポ188号15頁）。

●**参考判例**（東京地裁平成17年8月30日判決、平成17年(ワ)第3739号）

事　案　遺言書記載事項の解釈

争　点　本件遺言は、本件受取人を原告と指定する旨の意思表示を含むか

判　旨

本件遺言書の記載内容は、次のとおりである。

「1　全財産を換価処分の上、ガンの新薬の研究に取り組む公的団体に寄付する。

2　この遺言の遺言執行者として下記の者を指定する。

東京都××区〔略〕E法律事務所

弁護士　X

（自宅住所、東京都××区・・・）」

ところで、遺言を解釈するに当たっては、遺言書の文言を形式的に判断するだけでなく、遺言者の真意を探究すべきであり、遺言書が複数の条項から成る場合に、そのうちの特定の条項を解釈するに当たっても、単に遺言書の中から当該条項のみを他から切り離して抽出し、その文言を形式的に解釈するだけでは十分でなく、遺言書の全記載との関連、遺言書作成当時の事情及び遺言者の置かれていた状況などを考慮して、遺言者の真意を探究し、当該条項の趣旨を確定すべきであるとされている（最高裁昭和58年3月18日第二小法廷判決・裁判集民事138号277頁参照）。

上記判断基準に従って本件遺言書の全ての条項を考察しても、本件受取人については何も記述されていないのであるから、本件受取人を原告に指定する旨の意思表示がされたと解する余地はないものというべきである（東京地裁平成17年8月30日判決、平成17年(ワ)第3739号）。

●**参考判例**（名古屋地裁豊橋支部平成12年11月27日、平成11年(ワ)第359号）（名古屋高裁平成13年7月18日判決、平成12年(ネ)第1105号、事例研レポ173号8頁）

事　案　全財産遺贈する旨の遺言と保険金受取人変更

争　点　①本件保険金請求権は遺贈の対象となるか

　　　　②本件遺言により、本件保険金請求権が原告に帰属するか

判　旨

（第一審）

Ⅰ-3 保険金受取人の変更　　Ⅰ-3-5 遺言による受取人変更

争点①について
1　保険契約者が、自己を被保険者とし、相続人中の特定の者を具体的に保険金受取人と指定した場合には、指定された者は固有の権利として保険金請求権を取得する、すなわち、右請求権は、保険契約の効力発生と同時に指定された者の固有財産となり、被保険者（兼保険契約者）の遺産より離脱しているものといわなければならない（最判昭和40年2月2日民集19巻1号1頁参照）。

したがって、本件の場合も、本件保険金請求権は、本件保険契約の効力発生と同時にBの固有財産となり、Aの遺産より離脱しているものであり、Aは、本件保険金請求権を処分することはできず、したがって、本件保険金請求権を遺贈することもできない。

2　もっとも、本件保険契約では、受取人を変更する権利が留保されており（〔証拠略〕。利益配当付養老生命保険普通保険約款25条）、本件保険契約者であるAは、本件保険金受取人をBから他の者に変更することは可能である。

争点②について
本件遺言では、全財産を原告に相続人として指定する、あるいは、自己の所有に属する全部の財産を原告に遺贈する旨の記載がなされているが、これらの意思表示は、外部から明確に受取人の変更の意思表示と認められるものとは到底言い難い。

なお、前述したように、保険金受取人の変更の意思表示は、外部から明確に確認できるものでなければならないことからすると、無効行為の転換も容易に認めるべきではなく、本件では、無効行為の転換を認めることはできない。また、原告が引用する裁判例（東京高裁平成10年3月25日判タ968号129頁）は、秘密証書遺言により、保険金受取人を遺言執行者に変更する旨の意思表示がなされている場合であり、本件のように、保険金受取人の変更がなされたか否かが問題となった場合と事例を異にする。

原告は、本件保険金受取人とはならず、原告は、被告に対して、本件保険金を請求することはできない（名古屋地裁豊橋支部平成12年11月27日、平成11年（ワ）第359号）。

（第二審）　本件保険金請求権は、保険契約の効力発生と同時に保険金受取人と指定された者の固有財産となり、保険契約者の財産から離脱しているものというべきであるから、Aの遺産から離脱しており、本件遺言の「全財産」には含まれないと解さざるを得ないこと、保険金受取人の変更は、保険契約者の一方的意思表示によって保険金受取人の権利に重大な変更をもたらすものであるから、保険金受取人の変更であることが外部から明確に確認できるものでなければならないと解されるところ、本件遺言中の前記記載の各文言からは、同各記載が本件保険金の受取人変更の趣旨であることが明確であるとはいえず、Aの保険金受取人変更の意思が外部から明確に確認できるとはいえないことに鑑み、いずれも採用できない（名古屋高裁平成13年7月18日判決、平成12年（ネ）第1105号、事例研レポ173号8頁）。

●**参考判例**（名古屋地裁平成12年11月27日判決、平成11年（ワ）359号）
　事　案　遺言と保険金
　争　点　①本件保険金請求権は遺贈の対象となるか
　　　　　②全財産を原告に遺贈するという記載が遺言になされているとき、生命保険契約の受取人を変更されたことになるか

判　旨

争点①について
保険契約者が、自己を被保険者とし、相続人中の特定の者を具体的に保険金受取人と指定した場合には、指定された者は固有の権利として保険金請求権を取得する、すなわち、右請求権は、保険契約の効力発生と同時に指定された者の固有財産となり、被保険者（兼保険契約者）の遺産より離脱しているものといわなければならない（最判昭和40年2月2日民集19巻1号1頁参照）。したがって、本件の場合も、本件保険金請求権は、本件保険契約の効力発生と同時にN子の固有財産となり、Aの遺産より離脱しているものであり、Aは、本件保険金請求権を処分することはできず、したがって、本件保険金請求権を遺贈することもできない。

もっとも、本件保険契約では、受取人を変更する権利が留保されており、本件保険契約者であるAは、

本件保険金受取人をN子から他の者に変更することは可能である。そこで、本件において、本件保険金受取人の変更の意思表示がなされているといえるかが問題となる。この点については、争点２で検討する。
争点②について
(1) 保険金受取人の変更は、保険契約者の一方的意思表示によって効力が生じるものである（最判昭和62年10月29日民集41巻７号1527頁参照）。ただし、その意思表示は、保険契約者の一方的意思表示によって保険金受取人の権利に重大な変更をもたらすものであることなどからすると、保険金受取人の変更であるということが外部から明確に確認できるものでなければならない。
(2) この点、本件遺言では、全財産を原告に相続人として指定する、あるいは、自己の所有に属する全部の財産を原告に遺贈する旨の記載がなされているが、これらの意思表示は、外部から明確に受取人の変更の意思表示と認められるものとは到底言い難い。

なお、前述したように、保険金受取人の変更の意思表示は、外部から明確に確認できるものでなければならないことからすると、無効行為の転換も容易に認めるべきではなく、本件では、無効行為の転換を認めることはできない。また、原告が引用する裁判例（東京高裁平成10年３月25日判タ968号129頁）は、秘密証書遺言により、保険金受取人を遺言執行者に変更する旨の意思表示がなされている場合であり、本件のように、保険金受取人の変更がなされたか否かが問題となった場合と事例を異にする。

よって、原告は、本件保険金受取人とはならず、原告は、被告に対して、本件保険金を請求することはできない（名古屋地裁平成12年11月27日判決、平成11年(ワ)359号）。

●**参考判例**（大阪地裁昭和56年６月26日判決）
　事　案　遺言による受取人変更
　争　点　遺言に全財産を「遺贈」する旨の記載ある場合、そこに保険金受取人変更も含まれるか
　判　旨
　本件生命保険契約における保険金請求権は、保険契約者兼被保険者たるＡの財産に属するものではなく、同人がその全財産を保険金受取人たる原告以外の第三者に遺贈する旨の遺言をしたとしても、これによって保険金受取人を右第三者に変更する旨の意思表示をしたものと解することはできない（大阪地裁昭和56年６月26日判決）。

●**参考判例**（神戸地裁昭和62年10月28日判決）（大阪高裁昭和63年12月21日判決）
　事　案　遺言による受取人変更
　争　点　遺言に保険金を「遺贈」する旨の記載ある場合、そこに保険金受取人変更も含まれるか
　判　旨
（第一審）　保険契約者兼被保険者Ａは、昭和58年10月26日、本件契約に基づく保険金および所持金全部を補助参加人Ｂ（Ａの愛人）に遺贈する旨の遺言証書を作成し、かつ、同年11月始めにこれを補助参加人Ｂに示し、右行為に及んだのは、Ａの入院療養中補助参加人Ｂが物心両面に亘りＡに対する献身的な援助、働きをしたことを念頭に置いて、補助参加人Ｂが一生懸命Ａを看病してくれたからであると説明したことが認められる。

右事実によると、右公正証書を作成した後、死亡する前に、Ａは右保険金の受取人を補助参加人Ｂに変更する旨の意思表示を新受取人たる補助参加人Ｂ自身に対ししたものと解することができ、また、所持金を遺贈したのは、Ａの財産中で現金ないし現金で支払いを受くべきものは全て補助参加人Ｂに遺贈する趣旨と解されるから、前記入院給付金請求権は補助参加人に遺贈されたものと認められる（神戸地裁昭和62年10月28日判決）。

（第二審）　保険契約者（被保険者）であるＡに保険金受取人の指定、変更権が留保されていたものと認められるから、右Ａは、新保険金受取人である補助参加人Ｂに対する右変更の一方的意思表示によってこれをなすことができ、この場合には保険者ないし旧保険金受取人に通知がなくても、直ちにその効力が生じるものと解するのが相当である（昭和62年10月29日・最高裁判決）。従って、前記のようにＡから公正証書を示された時点において、補助参加人Ｂは本件死亡保険金の受取人となったというべきである。控訴人は、

Ⅰ-3 保険金受取人の変更　　Ⅰ-3-5 遺言による受取人変更

　右保険金請求権がAの相続財産に属さない等を理由として、本件公正証書の「遺贈」の記載から補助参加人Bへの保険金受取人変更の効力が否定されるべき旨主張しているが、前記のように右公正証書作成後の意思表示により右保険金受取人変更の効力が生じているものと解すべき以上、右主張はいずれも右の判断を妨げるものではない（大阪高裁昭和63年12月21日判決）。

●**参考判例**（東京高裁昭和60年9月26日判決）
　事　案　遺言による受取人変更
　争　点　遺言に保険金の一部を遺贈する旨の記載ある場合、そこに受取人変更も含まれるか
　判旨
　　…被相続人の締結した生命保険契約において保険金受取人として指定された特定の相続人が生命保険金請求権を取得するのは、第三者のためにする保険契約の効果としてであって、被相続人の有する保険金請求権を相続によって承継取得するものではなく、当該保険金請求権は受取人固有の財産に属するものであって、相続財産を構成するものではないから、被相続人は、特定の相続人を保険金受取人として指定した以上、これを遺贈の目的とすることはできないことはいうまでもなく、また、被相続人が受取人として指定された相続人以外の第三者に保険金請求権を遺贈する旨の遺言をしても、それだけでは受取人の変更としての効力を生じるものではない（商法第677条1項参照）。
　　したがって、本件遺言は、受取人を訴外Bと指定して訴外Aが締結した生命保険契約に基づく死亡保険金中300万円を被控訴人に遺贈するものとする限度において無効という他はないし、右生命保険契約に基づいて訴外Bが取得した保険金請求権または支払を受けた保険金は、相続分の算定にあたってその全部または一部を民法第903条1項所定の特別受益分として考慮すべきことは格別、同法第1029条第1項所定の遺留分算定の基礎となる財産に含まれるものではないし、遺留分減殺請求の対象となるものでもないと解するのが相当である。そして、訴外Bが本件遺言の趣旨に添って右生命保険契約に基づいて受領した保険金中300万円を被控訴人に支払ったとしても、それは訴外Aの死亡によって開始した相続または本件遺言による遺贈とは自ずから別個の法律関係を形成するものであって、遺留分減殺請求を原因とする本訴請求の成否とは何等関係がないことはいうまでもない（東京高裁昭和60年9月26日判決）。

●**参考判例**（東京地裁平成9年9月30日判決）（東京高裁平成10年3月25日判決）
　事　案　遺言による保険金受取人変更
　争　点　指定変更は遺言でも可能か
　判旨
　（第一審）　保険金受取人の変更の意思表示が遺言によってなされる場合、遺言の様式性に鑑みると、当該意思表示は遺言により確定的に成立しているものというべきである。ところで、遺言は遺言者の死亡を停止条件としてその効力を生ずるものであるため、遺言の効力が生じた時点では、保険契約上の死亡保険金請求権は変更前の受取人が受け取ることに確定したものであるといえるのではないかという問題がある。
　　しかし、遺言は、保険契約者の死亡と同時に効力を生ずるものであり、遺言で定められた遺言の内容は、死者の最終かつ確定的な意思表示として、それ以前の意思表示を変更する効力を有するのであり、このような遺言の性質を考えると、遺言により保険金受取人の変更の意思表示がなされた場合には、死亡と同時にこの意思表示が死者の最終かつ確定的な意思表示として効力を生じ、遺言のとおりに死亡保険金の受取人が変更されるものと認めるのが相当である（東京地裁平成9年9月30日判決）。
　（第二審）　保険金受取人変更は、保険契約者の一方的意思表示によって効力が生じる（最判昭和62年10月29日民集41巻7号1527頁）。この判例は、保険金受取人変更の意思表示の相手方は、保険者または新旧保険金受取人のいずれに対するものでもよいと判示しており、これを相手方ある意思表示と解しているかのようである。確かにその意思表示は保険金受取人変更の法律効果を受けるべき前示の者の何れかに対してすることが通例ではあろうが、一方的意思表示と解する限り、これについて常に相手方を要するとする必要はない。その意思表示（効果意思の表示）が外部から明確に確認できるものである限り、単独の意思表示としてすることも許容すべきである。商法675条2項は、保険契約者が、保険金受取人の指定変更権を有す

る場合において、その権利を行わずに死亡したときは、保険金受取人の権利は確定すると定めている。保険契約者が遺言によってその変更権を行使したときも、その意思表示自体は生前に行われているのであり、死亡までにその権利を行ったものと解すべきである。遺言の性質上、その効力は遺言者の死亡によって生ずることになるが、保険者としては、その通知があるまではその変更を対抗されることはなく（商法677条）、そのことによって特段の不利益を受けることはない。

なお、保険金受取人の指定がある場合には、保険契約者の死亡により保険金請求権は保険金受取人の固有財産となり、これを保険契約者が遺贈することはできない旨判示する最判昭和40年2月2日民集19巻1号1頁は、本件とは事案を異にする。すなわち、保険契約者以外の者を保険金受取人とする指定がある場合には、保険金請求権は保険契約者に帰属するものではなく、これを保険契約者が保険金受取人の変更以外の方法で処分することはできない。生前処分としてできないことを遺言によってもすることはできないのは当然である。右判例は、右の理を判示したものに過ぎず、遺言による保険金受取人の変更についてのものではない。

前記事実関係によれば、本件死亡保険金の受取人は、保険契約者が遺言で行い、かつ同人の死亡により効力が発生した保険金受取人変更の意思表示によって、被控訴人に変更されたもので、その旨の通知が右遺言の執行者である被控訴人から控訴人にされたもので、死亡保険金2500万円およびこれに対する遅延損害金の支払いを求める被控訴人の本訴請求は理由がある（東京高裁平成10年3月25日判決）。

● **参考判例**（横浜地裁平成16年12月10日判決、平成15年（ワ）第4434号）（東京高裁平成17年5月18日判決、平成17年（ネ）第215号、事例研レポ222号1頁）

事　案　遺言書の確認とその当否
争　点　①合理的な理由もなく支払請求書類を求めることができるか
　　　　②遺言による据置金の支払いの是非

判　旨

（第一審）
争点①について

「なお会社は下記以外の書類の提出を求め、または下記の書類の全部又は一部の省略を認めることがあります。」と規定しており、被告所定の請求書、印鑑証明書及び保険金据置支払証書という必要書類の他に書類の提出を求めることがあることを定めているが、これをもって被告が、合理的な理由もないのに無制限に書類等の提出あるいは提示を求め、その書類等の提出・提示がないことを理由に据置金の支払を拒否することを正当化する規定と解することはできない。被告が提出を求め、提出がないことを理由として据置金の支払をしなかったことが正当とされるか否かについては、支払請求者が権利者であるか否かについての疑義の内容・程度、当該書類等の提出・提示によりその疑義がどの程度解消されるか、代替手段の有無、提出を求められる側にとっての負担の程度、支払をしなかった期間等を総合的に考慮して判断する必要がある。なお、民法478条は、上記提出・提示を求めることができる資料を画定するための一つの基準とはなるが、当該請求に応じて支払をした場合に同条により保護されるからといって、このことからただちに同条の適用を左右しない書類等の提出・提示を求めることはできず、これを求めて提出・提示がない場合に支払を拒むことが債務不履行あるいは不法行為を構成するということはできない。

争点②について

本件では、本件債権を含む全財産を、妻である原告に対して相続させること及び原告を遺言執行者に指定する旨の公正証書遺言（本件遺言書）が作成されていて、・・・相続人（遺留分権利者）により遺言者の意思に瑕疵があるなどとして原告が権利者であることを争われる場合があり得ないではなく、被告にとっては保険金の二重払いの危険や相続人間の紛争に巻き込まれる事態を極力回避するため、請求者以外の相続人（遺留分権利者）の存在を把握するとともに、これらの者に対して、遺言書が真正に成立したものか否かについて争いがないかどうか、当該遺言以外に遺言書が存在しないか否か等につき確認を行うことを望むことは合理的な理由のあることである。そして、その方法として、相続人（遺留分権利者）全員の戸籍謄本の提出を求めても請求者（原告）にとってそれ程大きな負担を伴うわけではないし、相続人（遺留

Ⅰ-3 保険金受取人の変更　Ⅰ-3-5 遺言による受取人変更

分権利者）を探知して意見を聴取する等のために有益なことであり許されるものと解される（横浜地裁平成16年12月10日判決、平成15年（ワ）第4434号）。

（第二審）　細目4条は、まず、保険金受取人本人からの据置金請求につき、会社所定の請求書、印鑑証明書及び保険金据置支払証書の提出を求める。ところで、大量かつ定型的な払出事務の過誤を防止するために、書面によって請求の意思を明確にさせ、印鑑証明書の提出により本人の意思に基づくことを明らかにさせ、その後の二重請求、二重弁済の過誤を防止するために保険金据置支払証書の提出を求めることは合理的な措置というべきであり、被控訴人は、据置金の支払を求める保険金受取人及びその地位承継者に対しては、上記各書類の提出を要求することができるものというべきである。もっとも、上記各書類の提出を求める目的は上記のとおりであるから、当該書面の提出なしでも目的を達し得る場合には、当該書面の提出を省略する。

　4条の目的に照らして合理的な範囲での書類を請求時に提出することを求め得るとすることにとどまると解すべきである。抽象的には、請求意思、請求者が本人であること又は請求人の受領権限に疑義があればそれを払拭するために社会通念上必要とされる資料の提出を求め得るとするものであり、その必要性の判断については、疑義の内容、当該書類の内容（疑義解消のための相当性）、代替手段の有無、提出者側の負担の程度（取得の難易）等を総合的に考慮して決すべきものである（東京高裁平成17年5月18日判決、平成17年（ネ）第215号、事例研レポ222号1頁）。

●**参考判例**（東京地裁平成12年10月27日判決、平成12年（ワ）第3392号、判タ1071号241頁）（東京高裁平成13年4月25日判決、平成12年（ネ）第5847号、判タ1071号241頁、事例研レポ173号1頁）
　事　案　団体定期保険（Bグループ保険）の被保険者の遺言による保険金受取人の変更
　争　点　①本件遺言の解釈（本件遺言において、原告らが本件保険契約の死亡保険金の受取人として指定されたものと解することができるか否か）
　　　　　②本件保険契約において、被保険者が遺言によって死亡保険金受取人の指定をすることができるか否か

判　旨

（第一審）
争点①について
　本件被保険者の遺言書2項には、「Y生命保険に加入の保険金3件‥‥はBに相続させる」との記載があり、これらの3件に相当する生命保険契約の死亡保険金受取人は、当初Aや原告らの母（既に死亡）に指定されていたものであったこと、これらについて、被告は、保険金受取人がBに変更されたものとして、Bに対し死亡保険金を既に支払っていることが認められ、このような事情に照らせば、本件遺言書における右の「相続させる」との記載は、Aが死亡保険金の受取人を指定あるいは変更する意思を表したものと解するのが相当である。

争点②について
1　本件保険約款の文言について
　団体定期保険の被保険者に死亡保険金受取人の「指定」権があることについては、「総則」には規定されていながら、各則的規定が置かれている「保険契約者の変更および死亡保険金受取人の指定または変更」の章においては、その具体的な権利行使の方法や保険会社に対する対抗の問題について、直接的には規定するところがないのである。

　このように、本件保険約款は、被保険者の死亡保険金受取人の「指定」権行使の方法あるいは保険契約者の権利行使との関係について、一義的に明確な規定の仕方をしていないのであって、団体定期保険（Bグループ保険）契約において、被保険者が遺言によって死亡保険金受取人の指定をすることができるか否かを判断するに当たっては、結局のところ、団体定期保険（Bグループ保険）契約としての本件保険契約の構造、性質等を踏まえ、本件保険約款の文言を合理的に解釈することにより決するほかない。

2　死亡保険金受取人の指定変更権の所在の原則について
　商法上、保険金受取人が保険契約者以外の第三者である他人のためにする生命保険契約においては、

保険契約者が保険金受取人の指定変更権を留保することが認められているところであり（商法675条1項但書）、この場合、保険契約者は、既に保険金受取人として指定されていた者の同意を得る必要はない。その意味では、保険金受取人の指定変更は、保険契約者の本来的な権利であるということができよう。このような保険契約者の地位は、事柄の性質上、本件保険契約のような団体定期保険においても基本的には異なるところはないと解されるのであって、本件保険約款7条1項但書及び35条1項の規定は、右の保険契約者である団体の死亡保険金受取人の指定変更権を確認したものということができる。

すなわち、本件保険契約においても、保険契約者である団体、つまり甲は、被保険者であるAの同意を得て、死亡保険金受取人を指定し、又は変更することができるのである。

3　死亡保険金受取人の指定における団体定期保険（Bグループ保険）契約の実質の反映について

　　保険契約者である団体の構成員は、自らを被保険者とする当該団体保険の死亡保険金受取人が誰であるかについては、個人として保険契約者となって加入する保険と同様に、強い関心や利害関係を有するのが通常である。そうすると、死亡保険金受取人の指定については、原則的には被保険者の意思に基づいて定められることが契約の実質に即応し、適切であるということができる。このような考え方から被保険者が死亡保険金受取人指定権を有する旨を規定したのが、本件保険約款第7条1項本文であると解されるところである。

（4　略）

5　本件保険契約における被保険者の死亡保険金受取人指定権の限界について

　　本件保険約款の文言、生命保険契約における死亡保険金受取人の指定変更権の原則的所在、団体定期保険（Bグループ保険）契約の実質ないし特質を総合して検討すると、本件保険契約における被保険者は、本件保険約款上、死亡保険金受取人を指定変更する権利を認められているものの、その権利の行使は、あくまで保険契約者である団体を通じて行わなければならないものであり、被保険者が、保険契約者である団体と無関係に死亡保険金受取人の指定変更に関する意思表示を行っても、それだけでは死亡保険金の受取人に関する保険契約の内容を決定または変更する効力を生じさせることはできないものと解するのが相当である。

6　本件遺言による死亡保険金受取人指定の意思表示の効力について

　　右のところよりすれば、本件保険契約においても、被保険者たるAのする保険金受取人指定権の行使は、保険契約者である甲株式会社を通じて行わなければならないものであり、したがって、Aにおいて、本件遺言によって、本件死亡保険金の受取人の指定に関する意思表示を行ったところであるが、その遺言内容に即して死亡保険金の受取人に関する本件保険契約の内容を決定させる効力は生じなかったものといわざるを得ない。そして、本件においては、Aの死亡によって、本件保険約款36条の規定により、同条の規定するところに従って、いずれもAの兄弟姉妹である原告ら、被告補助参加人ら及びBが死亡保険金受取人として指定されていたものと取り扱われるところとなったものである（東京地裁平成12年10月27日判決、平成12年(ワ)第3392号、判タ1071号241頁）。

（第二審） このように本件保険契約における被保険者の受取人指定権は本件約款によっていわば創設的に認められたものにすぎないものというべきである。そして被保険者のする受取人の指定も本件保険約款に従って行われるべきところ、本件保険約款において被保険者から保険者（被控訴人）に対する直接の指定権行使方法が具体的に規定されていないのも、上記のとおり保険者に対する関係では受取人指定権は保険契約者である団体（甲株式会社）に帰属していることによるものであると解される。

　一般の生命保険契約における保険契約者が保険契約上死亡保険金の受取人の指定を変更する権利を留保した場合に、保険契約者がする受取人変更の意思表示は保険契約者のする一方的意思表示によって効力が生じ、その意思表示の相手方は保険者であることを要しないと解される（最高裁判所昭和62年10月29日判決・民集41巻7号1527頁等）。しかし、上記のように本件保険契約においても受取人指定権は保険契約者に帰属しているところ、被保険者であるAの本件遺言による受取人指定の意思表示は本件保険約款に従ったものとはいえず、保険契約者である甲株式会社は受取人の指定につき何らの意思表示をしていないのであるから、上記解釈によっても控訴人らが受取人として指定されているものということはできない。以上に反する控訴人らの主張はいずれも採用できない（東京高裁平成13年4月25日判決、平成12年(ネ)第5847号、

Ⅰ-3 保険金受取人の変更　Ⅰ-3-6 受取人変更と債権者不確知による弁済供託

判タ1071号241頁、事例研レポ173号1頁)。

Ⅰ-3-6 受取人変更と債権者不確知による弁済供託

　債務者が金銭等の給付を目的とする弁済をなす場合、債務者がそれを履行しようとしても債権者がその受領を拒むとか、債権者側の事情(債権者の住所不明等)によってそれができない場合がある。

　債務者がいつまでも債務の履行ができないとすると、債務者は債務の目的物を絶えず準備しておかなければならないほか、当該債務に関する利息または遅延損害金も発生する可能性がある等種々の不利益を被ることになる。そこで、民法494条では、このような場合、債務者が債務の目的物を供託することによって、債務の弁済をしたのと同様の効果を生じさせている。すなわち、同条は、その供託の原因を①債権者が弁済の受領を拒んだとき、②債権者の不在、住所不明等で債権者が弁済を受領できないとき、③弁済者の過失なくして債権者を確知できないときの3事由に限定し、これらに該当すれば供託することができるとしている。

　なお、生命保険契約の場合、受取人変更が行われたが契約者(＝被保険者)が死亡した結果、保険契約者が受取人変更の意思表示をしたか否かの有無、あるいは保険契約者の受取人変更当時の意思能力の有無等について疑義があり、新旧受取人間で争いが生じた場合には、保険会社が死亡保険金額等を「債権者を確知できない」として供託することがある。

●**参考判例**(東京地裁平成16年5月26日判決、平成15年(ワ)第15352号)(東京高裁平成16年10月20日判決、平成16年(ネ)第3575号)
　事　案　相続開始後、保険会社による満期保険金等の供託がなされた事案
　争　点　本件供託の有効性について
　判　旨
(第一審)　被相続人Aにはその全財産をBに相続させるとの遺言書が存するので、本件据置金をすべて支払えと主張したこと、同日は、本訴への訴訟参加の在り方について検討すると述べたこと、Bが一旦は訴訟代理人としてD弁護士を選任したものの、同弁護士は、平成16年1月23日に辞任したこと、Bがその後も体調不良等を理由に期日の延期を求めていたことは、いずれも当裁判所に職務上顕著である。そして、以上の事実に、Bは、Aにはその全財産をBに相続させるとの遺言書が存することを理由に、本件据置金の全部弁済を被告Y₁生命に求めていると認められ、そうであれば、被告Y₁生命が本件保険契約の債権者が確知できないものと認められる(東京地裁平成16年5月26日判決、平成15年(ワ)第15352号)。
(第二審)　供託が有効で、債務消滅の効果が生ずると認められるには、供託原因が存在し、かつ、供託した内容が本来の債権の内容と同一のものであることが必要となるというべきところ、本件供託は、債権者が確知できないことを理由にして行われていることは前記1のとおりであるから、本件では、被控訴人が、本件保険契約に基づく保険金、配当金及び利息の受取人を確知できず、しかも、そのことについて被控訴人に過失がないと認められるか否かが争点となる。
　‥‥これらの遺言書等3通の書面の成立の真否について、第三者である被控訴人において判断できるものではない。したがって、被控訴人が、平成16年2月17日時点で、本件保険金等の帰属先が明らかでないと判断し、債権者の不確知を供託原因として本件供託を行ったことはやむを得ないものというべきであり、そのことについて被控訴人に過失もないというべきである(東京高裁平成16年10月20日判決、平成16年(ネ)第3575号)。

●**参考判例**(東京地裁平成13年11月8日判決、平成13年(ワ)第17068号)
　事　案　保険金受取人の変更と弁済供託の有効性
　争　点　受取人変更が保険契約者の真意によるものか否か不明につきなした供託は有効か
　判　旨

本件の生命保険契約について、平成12年9月27日付けで、保険金受取人をBに変更する旨の名義変更請求書が被告に提出されたこと、しかし、その直後に保険契約者が死亡したため、受取人の変更が真に保険契約者の意思に基づくものであるか否かの確認ができなくなり、被告は、債権者を確知できないとして、被供託者を原告又はBとして、前記の弁済供託をしたことを認めることができる。

この事実に照らせば、被告において、正当な保険金受取人が確知できないとして供託したことは、誠にやむを得ない措置であり、弁済供託として有効であることは明らかである。したがって、被告は免責されるから、原告の本件保険金支払請求は理由がない。なお、原告は、訴状送達の日の翌日以降の遅延損害金も請求しているが、被告としては、正当な保険金受取人を確知できないのであって、かつそのような事態になったことについて被告に帰責事由はないといえるから、履行遅滞に陥ってはおらず、遅延損害金の支払義務は発生していない（東京地裁平成13年11月8日判決、平成13年（ワ）第17068号）。

●**参考判例**（大阪地裁平成2年12月14日判決）
　事　案　受取人不確知と生命保険金の供託
　争　点　供託の有効性
　判　旨

A生命保険会社との保険契約については、保険契約者が入院前、A生命担当職員に対して2口の契約をまとめて大きくしたいと語り、同職員がその名義変更請求書を保険契約者に渡していたこと、契約者が入院している病室で原告が請求書に契約者の代筆をして受取人名義変更手続をした際、契約者が担当職員から意思確認されても何等異議をのべなかった等の事情から、保険金受取人変更手続は契約者の意思にしたがってなされたものと認定できる。

本件、契約者の意思に基づく名義変更手続きがされているので、正当な死亡保険金受取人は原告である。したがって、保険会社のなした供託は供託原因を欠き無効であり、供託によって保険会社は免責されない。つぎに、B生命保険会社との契約については、名義変更請求書は郵送されており、契約者の真意を書面からは判断できない。B生命の担当職員が電話連絡等で契約者の意思確認をしようと試みたが、原告の強硬な態度によって果たせなかった。その際「正式な妻である私がなぜ変更できないのか」といっていた。最終的には契約者の意思確認をせずに妻である原告の言を信用して名義変更請求書を受付たことになる。また、印影が契約者の意思に基づいて顕出されたものとは認め難い。本件、契約者の意思に基づいて名義変更手続きがされたと認めるにたる証拠がない。…保険会社のなした供託は、過失無く受取人不確知のためなされたもので有効である（大阪地裁平成2年12月14日判決）。

●**参考判例**（大阪地裁昭和60年1月29日判決）
　事　案　受取人不確知と生命保険金の供託
　争　点　供託の有効性
　判　旨

被告（保険会社）が、大阪法務局に本件死亡保険金と供託日までの遅延損害金を供託したことについては争いがない。契約者兼被保険者Aは、昭和58年5月4日の一方的な変更の意思表示により原告Xを本件保険金の1/2につき受取人にしたものであるところ、Aはその2日後の同月6日に死亡したため、保険者である被告は、受取人変更を明確にするため本件約款に規定した名義変更請求書の提出を受けておらず、新受取人と主張する原告X及び右受取人変更を否定する従前の受取人Bの双方から保険金請求を受け、本訴が係属中であり、また、受取人変更の対抗要件を具備するまでは、従前の受取人に支払えば免責されるとはいえ、保険者が受取人変更の事実を知っていた場合には、右保険金支払いに免責的効力を認めることはできないとする見解もあることから、被告が、本件保険金の1/2に相当する500万円及びこれに対する遅延損害金につき債権者を確知することができないとしてなした前記供託は有効である（大阪地裁昭和60年1月29日判決）。

Ⅰ-3 保険金受取人の変更　Ⅰ-3-6 受取人変更と債権者不確知による弁済供託

●参考判例（高知地裁昭和59年9月27日判決）
　事　案　受取人不確知と生命保険金の供託
　争　点　供託の有効性
　判　旨
　　本件各保険契約者であるB会社より被告（保険会社）に対し、本件各保険金の受取人を亡A（B会社代表取締役）の相続人である原告らに変更したことについて取締役会の承認がなされていないことを理由に、その支払いをしないようにとの申出があったため、被告が民法第494条後段の要件に当るとして本件各保険金を供託したことにつき、右供託は右民法の法条の要件を充たす有効なものとみられる。けだし、本件各保険契約者である株式会社（B会社）の当時の代表取締役である亡Aが本件各保険金の受取人をB会社から亡Aの相続人である原告らに変更した所為は、B会社とその代表取締役である亡A間の利害の対立する事項について亡AがB会社に不利になり亡Aに有利になる行為をなしたものとみられるから、右は会社と代表取締役間の利害相反行為として商法第265条第1項により取締役会の決議を要すると解される。しかるに、本件各保険契約者であるB社から被告保険会社に対し、右保険金受取人の変更を認める取締役会の決議がなかったとして、その支払いをしないようにとの申出があった以上、右決議の存否、効力について的確な判断ができない立場にある被告としては、本件各保険金受取人を確知できず、かつ、それについて過失がないものと考えられるからである。…B会社から前示のごとき申出があったことから被告が供託するに至ったという事情に照らせば、被告の供託が原告主張のごとく信義則に反するとみる余地はない。さらに、…B会社からの申出があった以上、被告が原告に本件保険金を支払うことによってただちに免責されると断じ難いから、被告の供託の利益を失わせる理由とならない（高知地裁昭和59年9月27日判決）。

●参考判例（横浜地裁相模原支部平成9年12月24日判決）
　事　案　受取人変更と保険金供託
　争　点　①新受取人が保険会社の店舗で作成した名義変更請求書の効力
　　　　　②保険金の供託の有効性
　判　旨
　　生命保険金受取人の変更は、保険契約者の意思に基づき、いつでもこれをなし得るものであり、受取人変更は、その旨の届出により、保険会社（保険者）との関係において、直ちにその効力を生じるものと解される。
　　しかし、殊に、本件のように、保険金受取人変更届が、保険契約者本人ではなく、第三者、しかも変更後受取人となるべき者により、署名代理の方式によりなされた場合には、保険会社として、本人の意思確認のための所要の手続きを取ることになるから、これが確認未了の間に、保険契約者が死亡し、変更届出にかかる受取人から保険金の請求がなされた場合には、特別の事情のない限り、受取人（債権者）不確知を理由に、保険金を供託して保険金支払義務を消滅させることができるものと解される。
　　本件変更届け出から保険契約者の死亡までの6日間のうち、被告（保険会社）が業務を行うのは、4日間だけで…本件変更届出から保険契約者死亡に至るまでの間に、被告職員が保険契約者の保険金受取人変更についての意思確認をしなかったことを違法と断定することはできない。
　　原告らは、本件変更届出日、原告に応対した本件営業所職員が、本件変更届出書の提出により、受取人変更手続きが完了した旨説明したと主張するが…職員の説明は、精々、その手続き段階における保険契約者のなす手続きとしては要件が具備しているとの説明以上のものとは思われない。
　　そうすると、右状況において、本件保険証券には、離婚した妻を保険金受取人とした裏書きがある一方、原告両名から受取人変更を理由に保険金請求がなされた以上、被告が、受取人（債権者）不確知を理由としてなした供託は有効と認められる（横浜地裁相模原支部平成9年12月24日判決）。

●**参考判例**（大阪地裁平成12年5月29日判決、平成11年(ワ)第13989号）
　事　案　満期保険金の弁済供託と遅延利息
　争　点　弁済供託と満期保険金の支払時期
　判　旨
　　被告は、平成12年4月18日に、本契約に基づく満期保険金5000万円を大阪法務局に供託したことが認められる。よって、抗弁は理由がある。
　　しかし、本契約の満期保険金の支払時期は、請求の日の翌日より5日以内であるから、本訴状の送達日である平成12年1月20日に請求がなされたとみて、その5日後である同月25日までに支払わねばならないところ、右金5000万円の弁済供託日は同年4月18日であるから、被告は、その支払を84日間遅滞したことになる。
　　よって、被告は、原告に対し、金5000万円に対する年6分の割合による84日分の遅延損害金68万8524円の支払義務がある（大阪地裁平成12年5月29日判決、平成11年(ワ)第13989号）。

●**参考判例**（札幌地裁平成12年9月29日判決、平成12年(ワ)第1388号）
　事　案　保険金債権の供託の効果
　争　点　差押債権者の取立権に基づいた保険金債権の支払と供託
　判　旨
　　被告が本訴状の送達を受けた日が平成12年6月19日であることは一件記録から明らかなところ、被告は、同日までに別紙「差押命令等の表示」に記載のとおりの差押命令及び仮差押命令の送達を受けたので、同年8月30日、Bの被告に対する本件保険契約に基づく保険金債権の全額を義務履行地である東京法務局に供託したことが認められる。
　　以上によれば、差押債権者である原告の第三債務者である被告に対する取立権は、被告の右供託によって消滅し、以後、原告のBを債務者とする債権執行手続は、右供託に係る供託金について行われることになる（札幌地裁平成12年9月29日判決、平成12年(ワ)第1388号）。

Ⅰ-3-7　受取人変更と詐害行為

　第三者のためにする生命保険契約の場合、指定された保険金受取人が取得する保険金請求権は、保険契約者兼被保険者が一旦取得した権利を承継取得するものではなく、保険金受取人と指定されたことにより、自己固有の権利として原始的に取得するものである。したがって、保険金請求権は保険金受取人の固有の財産となるので、債務者である契約者が保険金受取人を他の者に変更したとしても債務者である契約者の責任財産を減少させるものとはならず、受取人変更が詐害行為に該当することはない。

●**参考判例**（大阪地裁平成13年2月15日判決、平成10年(ワ)第11046号、事例研レポ175号9頁）（大阪高裁平成13年11月15日判決、平成13年(ネ)第1114号、最高裁平成14年(受)第299号、平成14年9月10日不受理決定）
　事　案　詐害行為による保険契約者変更及び保険金受取人変更の取消請求
　争　点　①生命保険契約の財産性
　　　　　②詐害行為取消の効果
　判　旨
（第一審）
争点①について
　　詐害行為取消権の対象となる財産は、条件、期限付きであっても妨げないところ、保険契約は、被保険者の死亡により保険金が支給されるものであるから、いわば、不確定期限付きで支給される保険金を対象とする財産権であると考えられるから、これを右財産としてとらえることに何らの妨げはない。また、前

Ⅰ-3 保険金受取人の変更　Ⅰ-3-7 受取人変更と詐害行為

記認定事実によれば、本件保険契約では、被保険者の死亡に伴い保険金受取人が受領すべき保険金は5000万円と多額であり、B生命各保険契約分と合わせると、2億円に達するものである。それであるからこそ、参加人は、これらの保険料の合計として、毎月40万円以上もの金員を支払っていたものと考えられる。これによれば、単に解約返戻金を基準として、本件保険契約の価値を判断することは相当ではない。

被告Y_1は、保険金は、被保険者の死亡を契機とし、これによって権利として顕在化するものであるから、債権者としては、このようなものを詐害行為の対象となる財産権とみることが、そもそも許されない旨主張する。そして、生命保険金を担保とみることには、被保険者の死亡を期待するものとみられる余地もあって、倫理上は種々の考えがありうるものである。

しかしながら、これが詐害行為の対象となる債務者に帰属すべき財産権と認められるべきことは、前述のとおりである。なるほど、原告は、いったんは保険金を担保として徴求することを断念したことは、前記認定のとおりである。しかしながら、前記認定事実によれば、右は、原告が、生命保険契約にかかる権利を担保としてとることは法的には可能であるものの、あえて担保として徴求することを自制した結果であると認められる。現に、原告は、2回目の緊急融資の際には、これらを担保として徴求するとの姿勢を示している。したがって、被告Y_1の主張する右事情もまた、右結論を左右しない。

本件変更手続は、詐害行為であるから、債権者を害するものであるというべきである。したがって、原告は、詐害行為取消権に基づき、本件変更手続の取消しを求めることができる。

争点②について

本件変更手続は、原告に対する詐害行為を構成するから、原告は、詐害行為取消権行使の効果として、被告Y_2生命に対し、本件保険契約に基づく死亡保険金の残額の支払を直接請求することができる（大阪地裁平成13年2月15日判決、平成10年(ワ)第11046号、事例研レポ175号9頁）。

（第二審）

本件変更手続のうち詐害行為取消権の対象となる行為について

　ア　二つの変更行為の先後関係について

　　原告は、保険契約者の変更がなされた後、新たな保険契約者である被告により、死亡保険金受取人の変更がなされたとした上で、主位的に、B生命、参加人及び被告が本件保険契約についてした参加人から被告への保険契約者の変更行為の取消と、変更後の保険契約者である被告がした死亡保険金受取人の変更行為の取消を求め、死亡保険金受取人の変更が参加人によってなされた後、保険契約者の変更がなされたとされる場合に備えて、予備的に、参加人による死亡保険金受取人の変更行為の取消及び上記保険契約者の変更行為の取消並びにB生命から本件保険契約の業務を承継したK生命に対するこれらの通知を求めている。

　　上記証拠によると、本件変更手続に際し、参加人は、保険契約変更請求書の上端にある現契約者欄に記名押印し、Aが被保険者欄に署名押印し、その下にある変更事項の記載欄中、新契約者欄に被告が署名押印し、死亡保険金受取人欄に被告氏名が記載されていることが認められる。

　　このような形式に照らせば、本件変更手続中の保険契約者の変更を求める意思表示と死亡保険金受取人の変更を求める意思表示は、参加人によって同時に行われたといわざるを得ないところ、両者は別個の手続であると考えられるだけでなく、死亡保険金受取人の変更行為は、被保険者の同意を得る必要はあるものの、保険契約者の一方的意思表示によってなされる単独行為であるから、死亡保険金受取人の変更を求める意思表示が保険者であるB生命に到達すれば、上記変更は直ちに効力を生じると考えられるが、保険契約者の変更については、保険契約者と保険者との合意によって効力を生じるので、上記変更を求める参加人の意思表示が保険者に到達しただけでは足りず、保険者であるB生命の承諾行為が必要である。・・・B生命の承認は上記各変更を求める意思表示がなされた二日後である平成10年4月23日になされているから、本件変更手続においては、死亡保険金受取人の変更の効力が生じた後、保険契約者の変更の効力が生じたと解すべきである。

　イ　詐害行為があったか

　　本件変更手続の直後、Aが死亡し、被告やDらAの遺族が多額の死亡保険金を受領することになったため、原告が、参加人に対し、その一部を債務の弁済に回すよう交渉をし、これが不調に終わった

ことから、参加人の本件変更手続が原告を含む債権者を害する行為であるとして、本件訴訟を提起して詐害行為取消権を行使することは、前述した経緯に照らし、債権者の権利行使として何ら責められるべきものではなく、禁反言、信義誠実の原則に違反するとはいえない。

以上によると、本件変更手続中、保険契約者の変更の後、被告が死亡保険金受取人の変更を行ったということを前提とする原告の主位的請求は、その前提において理由がないからこれを棄却すべきであり、本件変更手続中、参加人が死亡保険金受取人の変更を行った後、保険契約者の変更がなされたことを前提とする予備的請求のうち、死亡保険金受取人の変更行為の取消及びその取消の通知を求める請求は理由があるからこれを認め、その余の請求は失当であるからこれを棄却すべきであるところ、これと異なる原判決を主文のとおり変更することとする（大阪高裁平成13年11月15日判決、平成13年（ネ）第1114号、最高裁平成14年（受）第299号、平成14年9月10日不受理決定）。

●**参考判例**（札幌地裁昭和57年7月22日判決）
　事　案　保険金受取人変更と詐害行為
　争　点　保険金受取人変更が契約者の責任財産の減少行為に当たるか
　判　旨
　　債務者の行為が詐害行為となるには、その行為が債務者の責任財産を減少させるものでなければならないところ、…本件生命保険契約は他人のための保険契約と認められ、この様な保険契約においては、死亡保険金受取請求権は、保険契約の効力の発生と同時に、死亡保険金受取人に指定された者の固有財産となり、被保険者（兼保険契約者）の責任財産より離脱しているものと解されるのであるから、そもそも本件生命保険契約における死亡保険金受取請求権はA（契約者兼被保険者）の責任財産を構成していたものではないものというべきである。

　　それ故、被保険者（兼保険契約者）であるAが死亡保険金受取人をB（Aの内縁関係者）からY（被告）に変更しても、それによっては、Aの責任財産は何等の変動も来さない筋合いである。そうすると、Aによる死亡保険金受取人の変更行為をもって詐害行為であるとするBの法定相続人の主張は前提を欠き理由がない（札幌地裁昭和57年7月22日判決）。

Ⅰ-4　受取人変更と対抗要件

(1) 対抗要件の具備

改正前商法は、「保険契約者が契約後保険金額を受取るべき者を指定又は変更したるときは保険者に其指定又は変更を通知するに非らざれば之を以て保険者に対抗することを得ず」（677条1項）と定め、保険契約者は、保険契約成立後保険金受取人の指定変更を保険者に通知しなければ保険者に対抗することはできないとしていた。この通知は会社のどの機関に通知されれば到達したことになるかが問題となり、判例では、保険会社の支社に保険金受取人変更請求書が届いた時点と解されていた。なお、この受取人変更の対抗要件は被保険者の死亡後であっても、死亡保険金支払い前に通知されていれば足りると解されていた。

(2) 受取人変更の通知について

保険法では、保険金受取人変更の意思表示の相手方を保険者に限定するとともに、当該通知が保険者に到達したときは、意思表示の効力が発信時に遡って生じるので、そのため対抗要件の問題は生じない。

Ⅰ-4 受取人変更と対抗要件

●**参考判例**（最高裁昭和62年10月29日判決）
　事　案　保険金受取人の変更
　争　点　保険契約者の受取人変更についての意思表示と保険者に対する対抗要件
　判　旨
　　商法第675条ないし同第677条の規定の趣旨に照らすと、保険契約者が保険金受取人を変更する権利を留保した場合（同法第675条第1項但書）において、保険契約者がする保険金受取人を変更する旨の意思表示は、保険契約者の一方的意思表示によってその効力を生ずるものであり、また、意思表示の相手方は必ずしも保険者であることを要せず、新旧保険金受取人のいずれに対してもよく、この場合には、保険者への通知を必要とせず、右意思表示によって直ちに保険金受取人変更の効力が生ずるものと解するのが相当である。
　　もっとも、商法第677条第1項は、保険契約者が保険金受取人を変更したときは、これを保険者に通知しなければ、これをもって保険者に対抗することができない旨規定するが、これは保険者が二重弁済の危険にさらされることを防止するため、右通知をもって保険者に対する対抗要件とし、これが充足されるまでは、保険者が旧保険金受取人に保険金を支払っても免責されるとした趣旨のものにすぎないというべきである。本件…の事実のもとにおいては…保険金受取人変更の効力が生じたものというべきであるから…不当利得にならないと解するのが相当である（最高裁昭和62年10月29日判決）。

●**参考判例**（東京地裁八王子支部平成17年5月20日判決、平成15年（ワ）第2636号）（東京高裁平成18年1月18日判決、平成17年（ネ）第3205号、ジュリ別冊202号150頁（保険法判例百選）、銀行法務21 669号46頁、事例研レポ208号1頁、事例研レポ209号9頁）
　事　案　保険金受取人変更の不備書類と変更の効力
　争　点　①保険金受取人の変更について対抗要件が備わったか否か
　　　　　②対抗要件が備わってないとすると、信義則上、保険会社が保険金受取人に対して死亡保険金の支払を拒絶できない事情があるか否か
　　　　　③保険会社が保険契約者に対して債務不履行に基づく損害賠償責任を負うか否か
　　　　　④保険会社が保険金受取人に対して不法行為に基づく損害賠償責任を負うか否か
　　　　　⑤保険会社の供託義務違反について
　判　旨
（第一審）
争点①について
　　本件保険契約の内容となっている約款36条3項に、本件保険契約において死亡保険金受取人の指定及び変更をするには保険契約者は被告の定める書類を提出し保険証券に裏書を受けることを要する旨の規定があることは前記のとおりであり、これは保険証券への裏書を死亡保険金受取人の指定及び変更についての対抗要件とする趣旨であると解される。
　　そして、本件受取人変更意思表示について保険証券への裏書がされてないことは前記認定のとおりである。
　　そうすると、本件受取人変更意思表示については約款所定の対抗要件が備わっていないものというほかはない。
争点②について
　　営業職員及び営業所長が保険証券再発行請求書の押印漏れ等に気付かなかった事実が認められるものの、そもそも押印等をなすべき者はAであって被告の従業員ではないこと、被告の従業員らが保険証券再発行請求書作成の場ですべての記載及び押印がなされていることを確認する法的義務を負うものとは解しがたいこと、押印漏れ等が被告の従業員らの誤った指示によるものであることを認めるに足りる証拠はないこと、営業職員は被告の本社の担当部署から押印漏れ等の指摘を受けた後すみやかにAが指示したとおりの方法でAと連絡を取るべく試みていること、押印漏れ等の不備を解消できなかった原因は原告が当初Aへの伝言を失念したこと及びAが原告から伝言を伝えられた後も被告に返電しなかったことにあること

などの事情を考え合わせると、被告の従業員らが押印漏れ等を見落としたことを理由に、保険金受取人変更の対抗要件が欠けていることを理由に死亡保険金の支払を拒絶することが信義則に反するとはいいがたい。

　以上のとおり、対抗要件が備わっていないことを理由に被告が死亡保険金の原告への支払を拒絶することが信義則に反する旨の原告の主張は理由がない。
争点③について
　保険契約者がなすべき押印等について、被告がAからこれを行う事務の委託を受けたことを認めるに足りる証拠もない。よって、被告が死亡保険金受取人変更手続を完了させなかったこと自体をもって、債務の不履行であるということはできない。

　また、被告の従業員らが保険証券再発行請求書作成の場ですべての記載及び押印がなされていることを確認する法的義務を負うものとは解しがたいこと及び営業職員は被告の本社の担当部署から押印漏れ等の指摘を受けた後すみやかにAが指示したとおりの方法でAと連絡を取るべく試みていること、被告は、書類の記載の不備の確認及びそのAへの連絡について、死亡保険金受取人変更の手続を求められた際に保険契約の当事者として保険者が負うべき義務をその本旨に従って履行しているものということができる。
争点④について
　被告の従業員らが保険証券再発行請求書の押印漏れ等に気付かなかった事実が認められることは前記のとおりである。しかし、かかる請求書が作成されたその場で押印漏れの有無をすべて確認することが不法行為法上の注意義務として要求されると解するのは社会通念上相当ではなく、請求書の押印漏れ等については、その確認が合理的な期間内になされ、かつ、その是正のための措置が合理的な期間内に取られれば、不法行為法の注意義務違反は存在しないものと解するのが相当であるところ、前記認定の事実経過によれば、Aが作成した各請求書は合理的な期間内に被告の担当部署に送付され、同部署において遅滞なく押印漏れ等の確認を行った上、発見された押印漏れ等について遅滞なく○○営業所に連絡し、○○営業所においてすみやかにAの指示に従った方法でAと連絡を取るべく原告に架電しているのであるから、その過程において不当な遅れ等はなく、押印漏れ等の確認及びその是正は合理的な期間内になされているものということができる。したがって、保険証券再発行請求書の押印漏れ等の確認について、不法行為法上の注意義務違反は存在しないものというべきである（東京地裁八王子支部平成17年5月20日判決、平成15年(ワ)第2636号）。

（第二審）
争点⑤について
　控訴人は、「Aが本件保険契約の保険金受取人変更手続を行っている途中で死亡したが、被控訴人は、営業所からのCに対する支払留保等の要請にもかかわらず、漫然とCへ死亡保険金全額（ただし契約者貸付金等の清算分を除く。）を支払った。被控訴人には、債権者不確知として供託する義務があるのにこれを怠った」旨主張するので検討する。
ア　①Aは、本件保険契約の死亡保険金受取人を控訴人とする明確な意思を被控訴人の担当者に表明していたこと、②被控訴人の担当者は、保険証券再発行請求に際し、所定箇所についてAの押印漏れ及び記入漏れについて十分な確認をせず、これらの補正をさせないまま書類を受領したこと、③Aの死期が迫り、その体力が衰えていることから○○営業所への再度の来訪が困難になりつつあることが同営業所の担当者にも十分認識し得たこと、④Aは、保険証券再発行手続及び死亡保険金受取人変更手続に必要な書類等はすべて持参していたこと、⑤上記押印漏れ部分について、Aの自筆による署名が存在し、記入漏れ部分はチェックをすることによって簡単に補正することができる軽微なものと評されること（実質的な再発行意思自体は明確なものといえる。）、以上のことがいえる。
イ　確かに、保険証券の再発行の場合に、所定の請求書に必要事項の記入と保険契約者の署名・押印を要求することは、不特定多数の保険契約者の行う手続を迅速確実かつ画一的に処理するために必要であり、所定の押印等がない場合に保険証券の再発行を拒絶することには合理的な理由があり、これによれば、保険金受取人の変更について本件保険契約の保険証券に保険金受取人変更の裏書がなされず、変更予定の保険金受取人である控訴人に本件保険金が直ちに支払われないことには正当な理由がある。しかしな

がら、Aが保険金受取人の変更を強く求め、それに伴う関係書類を不備なく持参し、保険証券の再発行手続の押印・記入漏れ部分も軽微なもの（しかも、その責任の一端は被控訴人担当者の確認ミスにあることは明らかである。）で、保険契約者兼被保険者であるAの意思が明確である場合において、従来の保険証券の記載に従って保険金受取人であるCに対し本件保険金を支払うことが許されるかは別問題である。すなわち、保険者は、保険契約者兼被保険者からの明確な意思表示を受けた場合には、保険証券の記載にかかわらず旧保険金受取人に対する支払をいずれも留保し、新旧保険金受取人間での話合い又は法的決着を待つべき義務があるというべきであり、債権者不確知として供託することも可能であったと解される。これに反して旧保険証券の記載のまま、形式的に保険金を支払った場合、保険者は支払留保義務違反として損害賠償責任を負うことがあり得るというべきである。

ウ 本件の場合、保険契約者兼被保険者であるAにおいて、保険金受取人をCから控訴人に変更したい旨強い意思表明があり、Aは被控訴人から要求された書類等はすべて持参していること、本件保険契約の保険証券再発行請求書の現在の保険契約者氏名欄の署名押印はなされており、証券複写欄の被保険者及び保険契約者欄の押印のみが失念され（署名はされている。）、かつ、証券再発行ご請求欄の事由について記載漏れがあったにすぎないことなどの事情にかんがみると、被控訴人は、保険金受取人がCであると確知することができなくなったものというべきであって、Cに対する支払について留保又は供託すべき義務があったというべきである。上記説示に反する被控訴人の主張は採用することができない。

エ 被控訴人は、「保険金受取人は、保険契約上の当事者ではなく、約款により保険契約者の保険金受取人が留保され、かつ、保険契約者の任意解約権が認められている場合、保険金受取人の有する保険金請求権は極めて不確実なものであるところ、本件の場合、控訴人が条件付権利を侵害されたとはいい難い」旨主張する。

確かに、保険金受取人は保険契約者に対する関係では影の薄い存在であるというべきである。しかし、保険契約者から保険金受取人と指定された者は、保険契約者による保険金受取人変更の手続の着手がなされた場合には、保険者に対し相応の期待権を有すると解すべきである。

確定的に保険金受取人となった者は、保険支払事由が発生した場合に保険者に対し保険金支払請求権を取得することは明らかであるが、所定の書類に不備があるなどの事由により保険金受取人となる手続が完了していない場合であっても、その保険金受取人予定者は、今後の手続完了又は保険者による支払留保等を期待し得るのであって、保険金受領について相応の期待権が発生すると解することが相当である（もちろん、保険契約者において、急きょ保険金受取人の指定を取りやめ、その手続を撤回された場合にはその期待権が消滅することもある。）。

これを本件についてみると、Aは、本件保険契約の保険金受取人をCから控訴人に変更する強い意思を有していたこと、Aによる保険金受取人変更手続について、被控訴人担当者からは保険証券再発行手続を含め一端は終了した旨告げられていることを指摘することができるのであって、控訴人には、本件保険金を受領し得る相応の期待権が発生していたというべきであり、この侵害は不法行為となる。

オ 以上によれば、被控訴人には、本件保険金についてCに対する支払を留保し、又は供託する義務が存在したのであって、同義務に違反すること、すなわち平成15年6月4日のCに対する本件保険金の支払により、控訴人の有していた本件保険金を受領する期待権を侵害されたということができる。控訴人の前記主張は、上記の限度で理由がある。

(4) 控訴人の損害額

ア 前記認定事実によれば、被控訴人はCに対し、本件保険金3000万円からAが被控訴人に負担していた契約者貸付金等の債務を控除した2936万2608円を支払ったこと、被控訴人の営業所の担当者において保険証券再発行請求書の確認漏れがなければ、これが補正され本件保険金は控訴人に支払われたがい然性が高いこと、しかし、保険証券再発行請求書における記載漏れの責任はAにも存すること、控訴人自身、営業所からAへの返電依頼を失念していたこと、Aも瑞穂営業所への連絡をしなかったことなどの事情を総合すると、被控訴人において控訴人の本件保険金の期待権侵害があるとしても、その損害額は上記支払われた保険金額の5割に留まるものと解することが相当である。上記金額の5割は1468万1304円である。

イ 控訴人は、本件に関し、Cから和解金として500万円を受領しているところ、これを損益相殺すると、控訴人の損害額は968万1304円になる。
ウ 被控訴人は、「Cからの本件和解金として500万円の支払をもって他の支払義務を免除しているが、これは絶対効と解すべきであるから、この効力は被控訴人にも及ぶ」旨主張する。しかしながら、控訴人とCとの間の本件和解には、被控訴人が利害関係人等としても参加していないことは記録上明らかであり、本件和解は、控訴人とCとの間にのみ効力を有するというべきである。本件和解において、控訴人がCに対するその余の請求を放棄したとしても、この効力が被控訴人に及ぶことはない。被控訴人の上記主張は採用できない（東京高裁平成18年1月18日判決、平成17年（ネ）第3205号、ジュリ別冊202号150頁（保険法判例百選）、銀行法務21669号46頁、事例研レポ208号1頁、事例研レポ209号9頁）。

●**参考判例**（東京地裁平成18年1月16日判決、平成16年（ワ）第23988号、平成17年（ワ）487号）
事　案　保険契約者が受取人変更手続に必要な書類を未提出のまま死亡した事案
争　点　①保険契約者は、本件生命保険契約に係る保険金受取人を原告に変更するとの意思表示をしたか、及び、保険契約者は、その後、これをBに変更するとの意思表示をしたか
②本件条項は、生命保険契約に係る保険証券に対する裏書を、保険金受取人変更の意思表示の被告に対する対抗要件とする旨定めたものにすぎないか、上記意思表示の効力要件とする旨定めたものであるか
③被告は、本件保険金の支払について遅滞の責めを負うか

判　旨
争点①について
　保険契約者が、被告に対し、遅くとも被告に対して本件名義変更請求書を提出した平成15年10月27日までに、本件生命保険契約に係る保険金受取人を原告に変更するとの意思表示をしたことが認められる。
　保険契約者は、担当者に対して、本件名義変更請求書を提出した後、同年11月13日、本件生命保険契約に係る保険金受取人をBに変更したいと電話で伝え、その必要書類の交付を求めたというのみであって、同変更に係る名義変更請求書を被告に対して提出していないのみならず、・・・保険契約者は、担当者に対して本件保険金の受取人をBに変更するための必要書類の交付を求めたというのにとどまり、被告に対して本件保険金の受取人をBに変更するとの意思表示を確定的に行ったとまでは認めるに足りない。

争点②について
(1) 一般に、保険契約者がする保険金受取人を変更するとの意思表示は、商法675条ないし677条の規定の趣旨に照らせば、原則として保険契約者の一方的な意思表示によって直ちに保険金受取人変更の効力を生ずるものと解するのが相当である。もっとも、同法677条1項は、保険契約者が保険金受取人を変更したときは、これを保険者に通知しなければ、これをもって保険者に対抗することができない旨規定するが、これは保険者が二重弁済の危険にさらされることを防止するため、上記通知をもって保険者に対する対抗要件とし、これが充足されるまでは、保険者が旧保険金受取人に保険金を支払っても免責されるとした趣旨のものというべきである（最高裁第一小法廷昭和62年10月29日判決・民集41巻7号1527頁）。以上に認定、説示したところによれば、本件条項については、前記商法の規定の趣旨及び本件保険約款の趣旨にかんがみ、本件生命保険契約の保険契約者である保険契約者の受取人変更の意思を最大限に尊重し、ただし、その保険者である被告の二重弁済の危険を回避するに必要十分な限度で、両者の調和を図る解釈がなされるべきであって、このような観点からすれば、本件条項は、保険証券に対する裏書を保険者である被告に対して保険金請求を行うための対抗要件として定めたものと解するのが相当である。

争点③について
　生命保険契約における保険金支払義務は期限の定めのない債務であるから、その履行期は、保険者が保険金の支払請求を受けたとき以降となるところ、このことは、担当者が本件名義変更請求書を一時処分したものと誤認していたことや、前記保険契約者が提出した印鑑登録証明書及び原告の戸籍謄本を紛失した

I-4 受取人変更と対抗要件

こと、その他、認定した担当者、Eらを含む被告の対応の如何によって左右されるものではない。

したがって、被告が原告に対して上記Bの保険金請求書到達の日から5日が経過した日の翌日である平成15年12月4日から支払済みまでの遅延損害金の支払義務を負うとの原告の主張は理由がない（東京地裁平成18年1月16日判決、平成16年（ワ）第23988号、平成17年（ワ）487号）。

●参考判例（大阪高裁昭和48年7月30日判決）
　事　案　保険金受取人の指定変更
　争　点　対抗要件
　判　旨
　　商法第675条、第677条に右特約および既に認定した事実を考え合わせると、本件保険契約では、保険契約者兼被保険者たるAが、保険金受取人を変更しても、保険者たるY生命保険会社に、右特約所定の変更の通知をし、保険証券に承認の裏書を得なければ、右変更をもって、保険者に対抗できず、右変更の通知をせずに死亡して保険事故発生したときは、保険者たるY生命保険会社は、変更前の保険金受取人を、保険事故発生当時の保険金受取人として、これに保険金支払をなし得るものと解するのが相当である（昭和13年5月19日大審院判決参照）。

　　X（原告・控訴人）は、Y生命保険会社は、B（契約締結時の受取人でAの妻であったが、その後離婚）に保険金を支払ったことについて、悪意ないし過失があった旨主張し、A死亡の約3日後に、Aの実兄が、Y生命保険会社K支社の営業所長に対し、保険金受取人変更等の通知をしたなどと主張するが、Y生命保険会社は、保険金受取人変更についての対抗要件が具備されていない旨主張しているのであり、前記の通りBに対する本件保険金支払は有効と解すべきものであるから、右通知により、Y生命保険会社がX主張の受取人変更の点を知ったとしても、右支払の妨げとなるものではなく、また、Bの委任状を提出するよう言ったとしても、これが過失になるわけはない。

　　また、…本件の普通保険約款第10条で死亡保険金請求手続には、保険証券、最終保険料領収証等の提出を要するが、会社は、右書類の提出の省略を認めることがあり、必要と認めた場合、他の書類の提出を求めることがある旨定めていることが認められるから、Y生命保険会社が、Bに対し、右書類の提出の省略を認め、Bから保険証券紛失届を提出させて、保険金を支払っても、過失になる訳がない（大阪高裁昭和48年7月30日判決）。

●参考判例（大阪地裁昭和60年1月29日判決）
　事　案　保険金受取人の指定変更
　争　点　保険会社が受取人変更ある事実を知りながら、対抗要件ある受取人へ支払をなせば免責とされるか
　判　旨
　　受取人変更の対抗要件を具備するまでは、従前の受取名義人に支払えば免責されるとはいえ、保険者が保険金受取人変更の事実を知っていた場合には、右保険金支払いに免責的効力を認めることはできないとする見解もあることから、被告が、本件保険金の1/2に相当する保険金とこれに対する遅延損害金につき債権者を確知することができないとして為した供託は有効である（大阪地裁昭和60年1月29日判決）。

●参考判例（大阪高裁昭和63年12月21日判決）
　事　案　保険金受取人の指定変更
　争　点　保険金受取人変更は保険事故発生後であっても対抗要件を具備できるか
　判　旨
　　保険金を請求する場合、所定の対抗手続きを経ることを要するとしても、それは請求時点に完了すれば足りるものである…（大阪高裁昭和63年12月21日判決）。

●**参考判例**（東京地裁昭和45年3月12日判決）（東京高裁昭和47年7月28日判決）
　事　案　保険金受取人の指定変更
　争　点　保険金受取人変更は被保険者死亡後であっても対抗要件を具備できるか
　判　旨
　（第一審）　被告（保険会社）の普通保険約款には「前項の指定、変更または承継は被保険者の同意を表した書面を添えて、これを会社に通知し、保険証券に会社の承認の裏書を受けてからでなければ、会社に対して効力を生じません」との定めがあることを認めることができる。
　　しかし、右約款の定めは、指定変更権という形成権を認める法の精神から考えると、変更行為につき保険会社の承認の裏書きという保険会社の意思にかからせる方式を定めてその効力要件を過重したものと解すべきではなく、保険会社の大量的な事務の明確化を期する上から、とくに約款を以て保険会社に対する対抗要件を商法第677条所定の通知より過重し保険証券の裏書きを以て保険会社に対抗要件とすることを定めたものと解することができる。
　　被告保険会社は死亡時保険金受取人指定変更の承認の裏書は被保険者死亡前になされなければその効力を生じない旨主張するが、被保険者死亡すなわち保険事故発生後には従来の受取人の権利が確定的なものとなるから、被保険者死亡後には右指定変更権を行使し得ないことは当然であるが、対抗要件としての承認の裏書きは必ずしも被保険者死亡前になされなければならないことはなく、死亡後であっても差支えないと解すべきである（東京地裁昭和45年3月12日判決）。
　（第二審）　対抗要件としての保険金受取人指定、変更の通知の保険者への到達、保険者の承認の裏書は、必ずしも被保険者（保険契約者）の死亡前でなければならないものでなく、保険者の保険金支払前であれば足りる。しこうして、控訴人（保険会社）が保険金支払前である昭和42年9月12日に同月5日付で保険証券に死亡保険金受取人を補助参加人（従前の受取人）から被控訴人に変更することを承認する旨の裏書をしたことは、控訴人も認めるところである（東京高裁昭和47年7月28日判決）。

●**参考判例**（東京地裁昭和60年5月29日判決）（東京高裁昭和61年3月24日判決）
　事　案　保険金受取人の指定変更
　争　点　保険証券再発行手続中における旧保険証券による保険金請求と対抗要件について
　判　旨
　（第一審）　被告は、保険証券を紛失した場合、保険契約者は、その再発行を求めることができ、また紛失でなくても第三者がこれを所持して返還しないときも、紛失扱いとして処理していることが認められるが、…保険証券再発行と同時に保険金受取人変更請求があった場合、保険証券が再発行されるまで審査等に3週間位を要するのが通常であることが認められるところ、右再発行前に保険金受取人から保険証券を添付して保険金の支払請求があったとき（再発行されるまでは、従前の保険証券がなお有効であると解される）、再発行請求と同時に受取人変更の手続請求がある場合でも、従前の保険金受取人の右請求に他に瑕疵がない限りは、受取人変更に対抗要件の具備がないとして、右支払請求に応じて支払いをするのが相当であると解すべきである（東京地裁昭和60年5月29日判決）。
　（第二審）　控訴棄却（東京高裁昭和61年3月24日判決）。

●**参考判例**（東京高裁昭和47年7月28日判決）
　事　案　保険金受取人の指定変更
　争　点　対抗要件は保険会社のどの機関に到達したとき対抗要件を備えるか
　判　旨
　　保険会社は「保険企業のごとき各種の大量の事務を処理する有機的組織体においては、意思表示の到達ありというためには、これが事務を処理する職務権限を有する者に対して到達しなければならないと解する。」と主張し、具体的には裏書事務の担当課に到達したとき（すなわち）9月5日を以て会社側に到達したと主張した。これに対し、支社より本社には9月4日に請求書が回送され、遅くともこの時点において右書類が控訴人（保険会社）に到達したものと言うべきである。しかし、仮に右通知の到達をもって被告

Ⅰ-5 受取人変更と利益相反行為

会社の主張のごとく解すべきとしても、表意者が通知を発した後に死亡しても意思表示はそのためにその効力を失うものではないことは民法第97条第2項に定めるところであるから、訴外Aの右保険金受取人指定変更の通知の効力は、その後の同訴外人の死亡によってその効力を妨げられることのないことは明らかである（東京高裁昭和47年7月28日判決）。

●参考判例（東京地裁平成10年2月23日判決、平成9年（ワ）667号）
事　案　受取人変更
争　点　①新受取人から保険会社に対し受取人変更の通知を行ったものとして、保険会社に対抗要件を具備したものか
　　　　②保険金請求を行えば、対抗要件としての証券への裏書きは必要ないか
判　旨
　原告は、被告（保険会社）に対して、何度も本件保険金受取人が原告であることを前提に本件保険金の請求をしていることが認められるから、本件受取人の変更の通知は原告から被告に対して既に行われたと認められ、受取人の変更を被告に対抗できる。
　なお、被告は、保険証券の裏書きについて主張するが、本訴において本件保険金を請求している以上、被告に対抗するために、保険証券の裏書きまで必要とは認められない（東京地裁平成10年2月23日判決、平成9年（ワ）667号）。

Ⅰ-5　受取人変更と利益相反行為

　法人契約において、法人の代表取締役が、その法人を代表して保険金受取人変更の意思表示をなしたとき、その内容が法人の保有していた保険金請求権を消滅させ、取締役個人（あるいは取締役個人の親族）に保険金請求権を発生させる効果を有するものである場合には、それが取締役と会社との間で利益相反する取引として会社法356条1項3号の規制を受けるか否かが問題となる。一般的には、会社法356条は、取締役と会社との利益相反取引に関して取締役会の承認を要すると規定しているところから、これに違反する取引は会社と当該取締役との間では無効となるが（仙台高判平成9年7月25日）、善意の第三者に対しては会社はその無効を対抗できないとされており、会社が第三者に対して無効を主張するには、第三者が取締役会の承認がないことにつき悪意であったことを立証しなければならないとされている（相対的無効説）。
　保険金受取人の変更行為の性質やそれが保険者にとって何等経済的損得をもたらすものでないことを考慮すると、法人代表者による受取人変更行為は、会社法356条1項3号が規制の対象として予定しているところの会社と取締役あるいは会社と第三者の「取引」とはいいがたく、また、保険者としても、保険金受取人の変更行為について取締役会の承認がないことを理由に変更を拒否するのは難しいとするものである。しかしながら、会社の出捐による保険料の対価としての条件付保険金請求権である法人の財産を減少する行為である関係からみれば保険金請求権を会社から取締役に直接移転する行為であって直接取引として扱われるべきものである。

●参考判例（仙台高裁平成9年7月25日判決、平成9年（ラ）64号・判時1626号139頁、文研レポ146号、文研レポ150号、原審盛岡地裁花巻支部平成9年6月26日判決、平成9年（モ）37号）
事　案　受取人を法人から個人に変更
争　点　保険契約者を会社から代表取締役個人に、受取人を同配偶者に変更する場合の商法265条1項（現行会社法356条、利益相反）の適用の有無（積極）
判　旨
1．保険契約者変更の手続は、旧契約者と新契約者との間で、当該保険契約上の権利義務をそのまま旧契

約者から新契約者に承継させることを内容とする合意であるとともに、新旧契約者が保険者との間でも、それぞれ同様の内容を合意することを内容とするものと解することができる。したがって、この保険契約者変更の手続は、Ｘの代表取締役としてのＡと個人としてのＡとの間の合意、Ｂ保険会社とＸの代表取締役としてのＡとの間の合意、Ｂ保険会社とＡ個人との間の合意を含む行為ということになる。そして、Ｘは、この手続により、保険金受取人の指定変更権や解約払戻金受領権等を含む保険契約者としての地位を失うことになる反面、代表取締役であるＡは、個人として保険契約者としての地位を取得し、右のようにＸが失った各権利やそれまでにＸが保険料を支払ったことによる利益を取得するのである。

したがって、右保険契約者変更の手続は、会社であるＸと取締役であったＡとの利益が相反する取引であると解すべきであり、Ｘの取締役会の承認がない以上、Ｘは、Ｙに対し、その無効を主張することができる。

2．前記保険金受取人の変更手続により、会社であるＸは、保険金受領権を失い、Ａの妻Ｙがこれを取得することになる。これは、妻が夫と社会的経済的に同一の生活実態を有していることに鑑みれば、実質的に会社であるＸと取締役であったＡとの利益が相反する行為といわざるを得ない。特に前記認定のとおり、Ａは自らＸの取締役会に出席し、本件保険契約による保険金をＸの借入金返済及び諸経費の支払に充当する旨の決議に参加していながら、その5ヵ月余り後に保険金受取人変更の手続をしているのであり、その背信性は大きい。もっとも、保険金受取人を変更する権利が留保された生命保険契約における保険金受取人を変更する旨の意思表示は、保険契約者の一方的な意思表示によって効力を生ずるものである（最高裁昭和61年（オ）第100号、同62年10月29日第1小法廷判決・民集41巻7号1527頁参照）が、商法265条1項の取引とは、必ずしも契約に限られるものではなく、右のような単独行為について、その適用あるいは類推適用を排除するものではないと解すべきである。

したがって右保険金受取人変更の手続については、代表取締役であるＡ自身の取引と同視し得るものとして、商法265条1項を類推適用することができるものと解すべきであり、ＸはＹに対し、その無効を主張することができる。

なお、前記認定の事実によれば、この保険金受取人変更の手続がＸ代表者であるＡによる行為ではなく、保険契約者変更手続によって新たに保険契約者になったＡ個人による行為であると解する余地がないではない。しかしながら、前示のとおり、保険契約者変更の手続自体が商法265条1項に違反して無効であり、Ａ個人を正当な保険契約者とすることはできないのであるから、いずれにしても保険金受取人変更の手続を有効なものと解することはできない（仙台高裁平成9年7月25日判決、平成9年（ラ）64号、判時1626号139頁、事例研レポ146号、事例研レポ150号、原審盛岡地裁花巻支部平成9年6月28日判決、平成9年（モ）37号）。

●**参考判例**（東京地裁平成16年8月25日判決、平成15年（ワ）第11184号、金法1732号63頁、銀行法務21 646号67頁）

事 案　一人会社である有限会社の代表者を被保険者として締結された生命保険契約の保険金受取人が、後に、会社から代表者の妻である同社の取締役に変更された事案

争 点　①保険金受取人の指定変更行為は有限会社法30条1項（現行会社法356条）が適用又は類推適用されるべき利益相反行為に該当するか

②保険金受取人の指定変更行為は破産法72条1号（現行破産法160条）の否認権行使の対象となるか

③破産法72条1号（現行破産法160条）の要件を具備するか

判 旨

争点①について

有限会社法30条1項の趣旨は、取締役個人と会社の利益が相反する行為を個人が行う場合には、取締役個人の利益を図り、会社の不利益な行為が行われることを防止するため当該行為をすることについて社員総会の認許にかからしめたものであるといえる。そうすると、出資者が一人でありその者が代表取締役であるときは、そもそも会社の利益はそのまま当該代表取締役個人の利益と一致するのであって、そもそも

I-5 受取人変更と利益相反行為

利益相反の虞自体観念し得ない。この点原告は、会社債権者の利益もまた同条によって保護されるべきである旨主張し、会社の利益は会社財産の保護として会社債権者の利益になるが、同条はそのような債権者の利益を直接保護することを目的とするものとはいえないから、原告の見解は採用できない。

争点②について

保険契約において保険金受取人として指定されることによって、保険金受取人は、保険事故の発生を停止条件とする保険金請求権を取得する。そしてこの停止条件付保険金請求権が財産的価値を有することは明らかである。そして、本件では、本件契約の契約者たる破産会社が、破産会社を保険金受取人として指定した後、これを被告に変更したものであり、同変更行為は、それまで保険金受取人として破産会社が有していた停止条件付保険金請求権を、契約者たる破産会社がこれを喪失せしめる行為であって、破産会社の財産の減少を伴う行為であることは明らかである。したがって、保険金受取人の変更行為が、破産法72条1号の否認権行使の対象となると解すべきである。

被告は保険金受取人の権利は保険金受取人の固有の権利であることを理由に否認の対象にならない旨主張するが、保険金受取人の権利が同受取人の固有の権利であるとしても、それが破産会社の財産を構成する以上、その減少行為が否認の対象にならないということはできないから、被告の主張は採用できない。

争点③について

ア 「破産者が破産債権者を害することを知りて為したる行為」について

これらからすると、破産会社の財政状態は極めて悪化していたことが認められ、破産会社においては、本件保険契約の保険金受取人の名義を破産会社から被告に変更することによって、破産会社の財産が減少し、そのために破産債権者が害されることを知って、保険金受取人の変更を行い、さらに保険金を受領したものと評価することができる。

イ 被告の受益について

保険金受取人の有する権利は、停止条件付保険金請求権という財産権であることは上記のとおりであり、これを取得した被告に利益があることは明らかである。

被告は、本件のような死亡保険金請求権は、被保険者が死亡して初めて具体的に発生するという不確実なそして不確定な権利であることからすると、被告が保険金受取人に指定されたからといってそれにより利益を受けたとはいえない旨主張するが、不確実であり不確定であることから直ちに受益がないということはできない。

ウ 被告の害意性について

本件保険契約は保険金受取人を破産会社としており、破産会社は後にこれを変更して被告としたこと、当時破産会社の経営状態が厳しかったことは上記のとおりであり、被告は、帳簿の記帳などの経理事務を担当していたこと、被告は、本件保険契約の保険料の支払について、平成13年4月分は破産会社による保険料支払として記帳していること、被告はその後の支払については、破産会社に対する亡Aの貸付金の返済として破産会社から支払うという処理をしたことが認められ、これらを総合すると、被告は、破産会社の経営状態が厳しい中で、破産会社が本件保険契約を締結し、破産会社が保険料の支払をしていることを認識していたものということができ、そうであれば、被告としては、本件保険契約が保険会社を契約者とし、保険金受取人を破産会社とする内容であることを認識していたものということもできる〔る〕。（東京地裁平成16年8月25日判決、平成15年(ワ)第11184号、金法1732号63頁、銀行法務21 646号67頁）。

● **参考判例**（大阪地裁平成3年8月26日判決）

事　案　保険金受取人の指定変更
争　点　保険金受取人を法人から法人代表者の妻に変更する行為は利益相反取引に当たるか

判旨

保険金受取人を会社から会社代表者の妻に変更した場合について、保険金受取人の変更行為に商法265条の規制は及ばない。

商法265条は、取締役と会社との利益相反取引に関して取締役会の承認を要する旨規定しており、これに

違反する取引は会社と当該取締役との間では無効であるが、会社は善意の第三者に対して対抗できない（会社が第三者に対して無効を主張するには、第三者が取締役会の承認がないことにつき悪意であったことを立証しなければならない）ものとされている（相対的無効説）。

ところで、保険金受取人変更の意思表示は、保険者の同意・承諾を要せずに、保険契約者の一方的な意思表示のみによって効力が生じる単独行為とされている。保険金受取人の変更行為の性質や保険者にとって何等経済的利益をもたらすものでないことから、右行為は、商法265条1項前段及び後段が規制の対象として予定するところの会社と取締役あるいは会社と第三者の「取引」とはいいがたく、また、保険者としては、保険金受取人変更行為について取締役会の承認がないことを理由に変更を拒否する余地はない…相対的無効説の考え方にも親しまない。

仮に保険金受取人変更行為に関して商法265条の適用を肯定するとしても、第三者である保険者が取締役会の承認がないことを理由に、保険金受取人の変更行為の無効を主張することは許されない（大阪地裁平成3年8月26日判決）。

● **参考判例**（東京地裁昭和63年9月26日判決）
　事　案　法人契約の受取人変更（法人から法人代表者の妻に変更）
　争　点　利益相反取引に当たるか
　判旨

有限会社法30条は、取締役と会社の利益が相反する取引について、社員総会の認許を要する旨規定しており、社員総会の認許を得ないでなした利益相反する取引は、会社取締役および右取締役と取引をした悪意の第三者、会社と取締役のため取引をした悪意の第三者との関係では相対的に無効であると解すべきである。

有限会社の代表者であるAが、保険金受取人を原告である法人から取締役個人に変更した行為は、保険金受取人たる地位の喪失という原告の不利益において、取締役個人に右地位を与えてその利益を計るものであるから、財産の譲渡に類する行為として同条1項前段に規定する利益相反行為にあたるものと解すると、原告と受取人として指定された取締役個人との間では、その認許についての原告の社員総会の適否によっては、保険金受取人変更行為を無効とする余地がある。

しかしながら、右取引に類する関係において原告の相手方となっているのは、新受取人である取締役個人であって、保険会社ではない。保険金受取人の変更は、保険会社あるいは新受取人に対する一方的意思表示をもって形成的になされ、それのみで効果を生ずるものであって、保険契約者のなす一方的な意思表示について、保険会社側は、これを受理するについて審査したり、拒否したりする裁量の余地はまったくないのであり、右行為によって保険会社は何等の経済的利益を得るものでないから、これを原告と保険会社の取引行為、あるいは原告との取引行為を前提とする新受取人である取締役個人と保険会社との取引にあたると解するのは相当ではない。したがって、有限会社法30条1項前段を適用する余地はない。保険金受取人変更行為が、同条後段の間接取引に類するものと解すかであるが、…受取人変更行為によって、保険契約者が新しい責任や負担その他の義務を負うものではない。保険会社の善意悪意を問題にし、その効力への影響を論ずべき必要性も合理性もない。原告が受取人変更行為を無効と主張する根拠はない（東京地裁昭和63年9月26日判決）。

● **参考判例**（徳島地裁昭和62年5月12日判決）
　事　案　法人契約における利益相反行為
　争　点　保険契約者兼保険金受取人を法人から個人に変更する行為は、商法260条2項1号（現行会社法356条）に定める「重要なる財産の処分」に該当するか
　判旨

原告らは、本件契約変更が商法260条2項1号の「重要なる財産の処分」に該当するのに、これにつき取締役会の議決を経ていないので無効である旨主張する。

ところで、同条は昭和56年の商法改正の趣旨は取締役会の代表取締役に対する監督権限を強化して、代

I-5 受取人変更と利益相反行為

表取締役のワンマン経営、取締役会の形骸化を排することにあると解される。本件契約変更は、訴外会社が従前の保険契約関係から離脱することによって右契約上の権利及び義務を失い、もしくは免れたものであるから、一応「財産の処分」にあたる。

そして、何が「重要なる財産」であるかは、会社の規模、営業活動の規模等と処分の対象となる財産の内容、経済的価値などとを総合勘案して個別的具体的に決する他ないが、同条2項に列挙された事項は例え定款をもってしても取締役会より下位の機関である代表取締役に委ねることはできないとされること、同条2項の他の列挙事項が「多額の債務」（2号）、「支配人その他の重要なる使用人の選任及び解任」（3号）…であることからすると、少なくとも会社の存立や運営、業務の執行に直接関わる財産であることを要すると解すべきである。

これを本件についてみると、本件契約変更の対象となった保険契約は会社の目的や業務とは直接関係のない代表取締役の死亡などを保険事故とするものであり、また、保険金額そのものは3000万円という少なくない額であるが、その給付は保険事故の発生という将来の不確実な条件に係るものであること、右地位は同時に月額2万円弱の保険料の支払義務を伴うものであることなどを考慮すると、右保険契約上の地位の処分はいまだ同条の「重要なる財産の処分」に該当しないものと解される。

…訴外会社がした本件契約変更が商法260条2項1号の「重要なる財産の処分」に該当することを前提とする原告の本訴請求は、その余の点を判断するまでもなく理由がない…（徳島地裁昭和62年5月12日判決）。

●参考判例（高知地裁昭和59年9月27日判決）
事　案　法人契約における受取人変更（法人から代表者の相続人個人に変更）
争　点　利益相反する行為に対しての保険会社の対応
判　旨

本件各保険契約者であるA会社（訴外）より被告（保険会社）に対し、本件各保険金の受取人を亡B（A会社代表取締役）の相続人である原告らに変更したことについて取締役会の承認がなされていないことを理由に、その支払をしないようにとの申出があったため、被告が民法494条後段の要件に当たるとして本件各保険金を供託したことにつき、右供託は右民法の法条の要件を充す有効なものとみられる。けだし、本件各保険契約者である株式会社（A会社）の当時の代表取締役である亡Bが本件各保険金の受取人をA会社から亡Bの相続人である原告らに変更した所為は、A会社とその代表取締役である亡B間の利害の対立する事項について亡BがA会社に不利になり亡Bに有利になる行為をなしたものとみられるから、右は会社と代表取締役間の利害相反する行為として商法第265条1項により取締役会の決議を要すると解される。

しかるに、本件各保険契約者であるA社から被告に対し、右保険金受取人の変更を認める取締役会の決議がなかったとして、その支払をしないようにとの申出があった以上、右決議の存否、効力について的確な判断ができない立場にある被告としては、本件各保険金受取人を確知できず、それについて過失がないものと考えられるからである（高知地裁昭和59年9月27日判決）。

●参考判例（名古屋地裁昭和58年9月26日判決）
事　案　法人契約における受取人変更（法人から代表者の相続人個人に変更）
争　点　利益相反行為に対する保険者の調査義務
判　旨

Y生命保険会社（被告）は、生命保険契約における保険金受取人の変更権は形成権であるから、保険会社即ち本件においてはY生命保険会社に右変更を拒否する権限はなく、したがって、B（代表取締役で被保険者であるAの妻）に対する本件保険金の支払は正当であると主張する。しかし、保険金受取人の変更が形成権の行使であるとしても、その変更が適法な形成権行使であるか否かがまず検討されなければならず、右検討の結果適法な形成権行使であると判断されたとき初めて保険会社が右変更を拒絶し得ないことになるのである。したがって、保険金受取人の変更権が形成権であることのみをもってしてはX株式会社（原告）の主張を排斥し得ない。

証拠によると、本件保険金受取人の変更についてX株式会社の取締役会の承認がなかったことが認めら

れる。ところで、右証拠によると、X株式会社は資本金100万円で設立されているが、Aが死亡した現在誰が株主か全く不明であること、X株式会社はAの個人会社的色彩が強く、本件保険契約の締結はA1人の判断でなされ、保険料の支払もAが処理していたことが認められ、右事実に照らすとY生命保険会社においてX株式会社の取締役会の承認の有無について調査しなかったとしても重大な過失があるとは認められないし、他にこれを認めるに足りる証拠もない（名古屋地裁昭和58年9月26日判決）。

●**参考判例**（前橋地裁太田支部平成7年8月8日判決）
事　案　法人契約における受取人変更と利益相反行為
争　点　①有限会社において受取人変更行為の社員決議のない場合、受取人変更の無効を主張できるか
　　　　②有限会社法26条に反するか、また、これに反するとした場合、無効となるか
　　　　③同法30条1項に該当するか、また、これに反するとした場合、無効となるか
判　旨

有限会社の代表取締役の代表行為を伴う業務執行が、有限会社法26条に反してなされる場合でも、これは内部的意思決定を欠くというに止まるものであるから、原則として有効であり、ただ当該行為の相手方の決議を経ていないことを知りまたは知り得かりしときに限って無効になるものというべきである。保険会社において、本件の変更が取締役の決議を経ていないことを知り得べかりしときに当たらない。

当該法人が保険会社との間において本件変更の有限会社法26条違反による本件変更の無効を主張することはできない。また、第三者たる被参加人に対しても、その無効を主張することは許されないものと解すべきである。

有限会社法30条1項後段は、有限会社が、取締役以外のものとの間において、会社取締役との利益相反する取引きをなす場合には、社員総会の特別決議による認許をうけることを要する旨規定している。保険契約者を法人から法人代表者個人に変更することは、保険契約者としての権利（契約の解除権、保険料の返還請求権、積み立てた金額の払戻請求権、保険金受取人の指定や変更などする権利）を失わせて、これを個人に与えるという内容を示すものであり、したがって、同法に定める会社と取締役との利益相反する取引きに該当するものというべきである。

保険会社は、被保険者である法人代表者個人の死亡した段階において、もっぱら死亡保険金受取人が誰であるかにつき利害関係を有するものであるところ、すでに、保険会社は、債権者不確知により法務局に供託しているのであるから、保険会社に対し、その取引安全保護の面から、当該法人が有限会社法30条1項による無効の主張を制限する理由はないというべきである。したがって、受取人が変更された個人に対して有限会社法30条1項による無効の主張を制限される理由はない。

当該法人は、被参加人である法人代表者個人の愛人に対して、本件受取人変更は、有限会社法30条1項による無効を主張することができると解すべきである（前橋地裁太田支部平成7年8月8日判決）。

●**参考判例**（神戸地裁明石支部平成2年8月31日判決）
事　案　法人契約における受取人変更（法人から代表者の相続人個人に変更）
争　点　利益相反類似行為に対する保険者の調査義務
判　旨

亡A（法人の代表者）が取締役会の承認を得ないで、ひそかに受取人変更手続を行っていた。そうすると、亡Aの保険金受取人変更の行為は、商法265条の利益相反する行為に該当するとは言えないとしても、C法人の損失において、自己の遺族に利得を与える行為として、利益相反類似の行為と言うべきであるから、同人は、代表取締役の職責上、取締役会の承認を得た上で、変更手続きを行うべきであったと解するのが相当であり、右承認を得ないでなした右変更は、C法人代表取締役としての著しい任務懈怠行為であり、…背任行為として、故意による不法行為を構成すると解することができる。しかしながら、被告保険会社との間において、前記保険金受取人変更は無効と言うことはできず、亡Aが死亡した場合、原告（新受取人）は有効に保険金請求権を取得することとなったと解される…（神戸地裁明石支部平成2年8月31日判決）。

Ⅰ-6 保険金受取人が「相続人」と指定されているとき

　保険契約者が保険金受取人を単に「相続人」あるいは「法定相続人」とのみ指定する契約がある（この種の契約は、保険契約締結時、保険金受取人を抽象的に指定した「第三者のためにする生命保険契約」であると解されている）。この場合、「相続人」との指定は、相続によって権利を取得させるとするものではなく、「相続人」の地位を有する者を受取人とするものである。したがって、「相続人」が取得した保険金請求権は保険契約の直接の効果として「相続人」たる受取人が取得する固有の権利であり、相続財産となるものではない。

(1) 保険金受取人として指定された「相続人」について

　保険契約者が指定した「相続人」は、その地位を有する者を受取人としたものと解されるので、相続放棄したとしても保険金受取人としての地位を失うものではないと解されている。なお、相続欠格と相続廃除の裁判が確定した場合は、相続人の地位を喪失することとなり、保険金受取人としての地位も失うこととなる（最高裁昭和40年2月2日傍論）。

(2) 誰の、いつの相続人が受取人となるか

　保険契約者の「相続人」とする考え方もあるが、被保険者の死亡と関連してなされる保険金の支払であることから、被保険者の「相続人」とみるのが最も合理的であり、かつ保険契約者の意思とも合致するものであろう。そして、その「相続人」とは被保険者死亡の時の「相続人」と解するのが一般的である。

(3) 保険金受取人として指定された「相続人」が複数存在する場合の受取割合

　民法は分割債権関係につき「数人の債権者又は債務者がある場合において、別段の意思表示がないときは、各債権者又は各債務者は、それぞれ等しい割合で権利を有し、又は義務を負う」（427条）と定めている。これに対し、保険契約者が保険金受取人を「相続人」と指定することは、ここにいう「別段の意思表示」をなすもので民法の相続割合によることの意思であったとする見解がある。
　また、保険約款で「保険金受取人が複数あるときは、受取割合は均等とする」と定めるものもあり、この場合は保険約款に従うことになる。

●参考判例（最高裁昭和40年2月2日判決）
　事　案　保険金受取人が法定相続人と指定されている場合
　争　点　法定相続人として指定されている契約において、その保険金は相続財産に含まれるか、相続人の固有の財産となるか
　判　旨
　　本件養老保険契約において保険金受取人を単に「被保険者またはその死亡の場合はその相続人」と約定し、被保険者死亡の場合の受取人として特定の氏名を挙げることなく抽象的に指定している場合でも、保険契約者の意思を合理的に推測して、保険事故発生のときにおいて被指定者を特定し得る以上、右のごとき指定も有効であり、特段の事情のない限り、右指定は、被保険者死亡のときにおける、すなわち保険金請求権発生当時の相続人たるべきもの個人を受取人として特に指定したいわゆる他人のためにする保険契約と解するのが相当である。
　　右のごとき保険金受取人としてその請求権発生当時の相続人たるべき個人を特に指定した場合には、右請求権は、保険契約の効力発生と同時に右相続人の固有財産となり、被保険者（兼保険契約者）の遺産より離脱しているものといわなばならない（最高裁昭和40年2月2日判決）。

●**参考判例**（東京地裁昭和61年4月22日判決）
　事　案　保険金受取人が法定相続人と指定されている場合
　争　点　法定相続人として指定されている契約において、その保険金は相続財産に含まれるか、相続人の固有の財産となるか
　判　旨
　　法定相続人を保険金受取人とする保険契約においては、相続人たるべき者は、保険契約の効力発生と同時に、被保険者の死亡を条件とする固有の保険金請求権を取得するものであり…（東京地裁昭和61年4月22日判決）。

●**参考判例**（東京地裁昭和60年10月25日判決）
　事　案　保険金受取人が法定相続人と指定されている場合
　争　点　①法定相続人として指定されているときは、何時の時点の相続人か
　　　　　　②法定相続人が相続放棄したときは第二順位の相続人が受取人となるか
　　　　　　③受取割合は、相続割合か均等分割か
　判　旨
　　本件保険契約のように、保険金受取人として特定人を挙げることなく抽象的に指定している場合には、保険契約者の意思を合理的に推測して、被指定者を特定すべきである。
　　通常、保険契約者（兼被保険者）が死亡保険金受取人を「法定相続人」と指定した場合には、同人が死亡した時点、すなわち保険金請求権が発生した時点において第一順位の法定相続人である同人の配偶者および子が生存しているときは、同人はとくにその配偶者および子に保険金請求権を帰属させることを予定していたことは容易に推認することができ、たとえ、その配偶者および子が相続を放棄したとしても、それにより配偶者および子が保険金請求権を失い、右相続放棄により相続権を取得した第二順位の法定相続人が保険金請求権を取得するということまでは予定していないというべきである。
　　そうすると、本件では、原告らは相続放棄したにも拘らず、なお、死亡保険金受取人と指定された「法定相続人」に該当し、被告に対する保険金請求権を有すると解すべきである。保険契約者が死亡保険金受取人を「法定相続人」と指定した場合には、特段の事情がない限り、被保険者死亡時における、すなわち保険金請求権発生当時の法定相続人たるべきもの個人を受取人としてとくに指定したいわゆる他人のための保険契約と解するのが相当であり、右請求権は、保険契約の効力発生と同時に右相続人の固有の財産となり、被保険者（兼保険契約者）の遺産から離脱していると解すべきである。
　　また、右の「法定相続人たるべき者」については、民法の相続に関する条項にしたがって特定するのが保険契約者の意思に合致するが、いかなる場合であっても民法の条項にしたがって決定するというのが保険契約者の意思であるとまではいい切れないのであって、保険契約者の意思がそれと異なると解することが相当であると認められる場合には、必ずしも常に民法の定める「相続人」と合致する必要はない。
　　死亡保険金受取人を「法定相続人」と指定したことによって受取人が複数となる場合には、保険金請求権発生時の民法の規定する法定相続分にしたがって保険金が分配されることを予定していたと推認するのが相当であるから、右保険契約者の意思にしたがって、これを定めるべきである（東京地裁昭和60年10月25日判決）。

●**参考判例**（大阪地裁昭和53年3月27日判決）
　事　案　保険金受取人が法定相続人と指定されている場合
　争　点　相続人に「内縁の配偶者」が含まれるか
　判　旨
　　保険契約において保険金受取人を「相続人」と指定した場合においては、右相続人の範囲は民法の規定により定まるものであって、内縁の配偶者はこれに含まれないものといわざるを得ない。保険契約申込書及び告知書に配偶者有りとの記載があっても、右配偶者には内縁の配偶者も含まれるもので、右記載があるからといって保険金受取人を「相続人」と指定した以上は原告（Aの内縁の妻）は保険金の受領権限有

Ⅰ-6 保険金受取人が「相続人」と指定されているとき

りとはいえない。
　前示のように亡Ａ（契約者兼被保険者）が本件保険契約の申込をするに至ったのは原告の将来をおもんばかって、原告との婚姻届出後は原告も右Ａの相続人として当然保険金受取人の一人となり得ると考えてのことと推察でき、右Ａが原告との婚姻届出の準備をしている間不慮の急病のために死亡し、右届出の手続が果たせなかった点原告に同情すべき事情があるが、前判示からすれば、被告生命保険会社が本件保険金を右Ａの相続人である先々妻Ｂとの子３人に全額支払い、原告に支払わなかった点に過失があるということはできない（大阪地裁昭和53年３月27日判決）。

●**参考判例**（最高裁平成６年７月18日判決、民集48巻５号1233頁）
　事　案　保険金受取人が「相続人」と指定されている場合
　争　点　当該相続人は相続分の割合による権利を有するや否や
　|判　旨|
　　本件契約の申込書の死亡保険金受取人欄に受取人の記入はされていなかったが、同欄には「相続人となる場合は記入不要です」との注記がされており、また、本件契約の保険証券の死亡保険金受取人欄には、「法定相続人」と記載されている（法定相続人は10名であり、上告人の法定相続分は４分の３である）。
　　右事実関係によれば、本件契約の申込書の死亡保険金受取人欄に受取人の記載はされていなかったが、同欄には前記のような注記がされていたのであるから、契約者は右注記に従って保険金受取人の記載を省略したものと推認するのが経験則上合理的であり、従って、契約者は本件契約に基く死亡保険金の受取人を「相続人」と指定したものというべきである。そうすると、前に説示したところによれば、上告人は、本件契約に基く死亡保険金につき、その法定相続分である４分の３の割合による権利を有することになる。
　　原審は、本件契約の申込書の死亡保険金受取人欄に受取人の記載がないことから、本件契約においては保険金受取人の指定がなかったものとし、仮に右の指定があったと推認されるとしても、保険金の帰属割合についてまでの指定はなかったとし、本件においては、本件契約に適用される保険約款の定めによって契約者の法定相続人が死亡保険金の受取人となり、その割合は民法427条により平等の割合になるものと判断したが、右認定判断には、経験則違背ないし保険契約者の意思解釈を誤った違法があるというべきであって、右違法が原判決の結論に影響を及ぼすことは明らかである。
　　論旨は理由があり、原判決は破棄を免れ得ない。そして、本件については、被上告人の抗弁の当否につき更に審理を尽くさせる必要があるから、これを原審に差し戻すのが相当である（最高裁平成６年７月18日判決、民集48巻５号1233頁）。
　　（なお、本判決については、参考までにその「上告理由」を以下にあげておく。
　　上告理由　傷害保険契約において、保険契約者が死亡保険金の受取人を被保険者の「相続人」と指定した場合は、特段の事情がない限り、右指定には、相続人が保険金を受けとるべき権利の割合を相続分の割合によるとする旨の指定も含まれていると解するのが相当である。
　　　けだし、保険金受取人を単に「相続人」と指定する趣旨は、保険事故発生時までに被保険者となるべき者に変動が生じる場合にも、保険金受取人の変更手続をすることなく、保険事故発生時において相続人であるものを保険金受取人と定めることにあるとともに、右指定には相続人に対してその相続分の割合により保険金を取得させる趣旨も含まれているものと解するのが、保険契約者の通常の意思に合致し、かつ、合理的であると考えられるからである。したがって、保険契約者が死亡保険金の受取人を被保険者の「相続人」と指定した場合に、数人の相続人がいるときは、特段の事情のない限り、民法427条にいう「別段の意思表示」である相続分の割合によって権利を有するという指定があったものと解すべきであるから、各保険金受取人の有する権利の割合は、相続分の割合になるものというべきである）。

●**参考判例**（大審院昭和10年10月14日判決）
　事　案　保険金受取人が「相続人」と指定されている場合
　争　点　①相続人が相続について限定承認したときの保険金受取人
　　　　　②保険金請求権の性質
　判旨

　契約者兼被保険者たるAに対する執行力ある債務名義に基づき債権を有する上告人等は、その強制執行として右保険金債権に対し、その有する債権につきいずれも被上告人（保険金受取人）を債務者の承継人、また、前記保険会社を第三債務者として債権差押、転付命令を申請し、両命令とも送達された。
　…果たして然らば、Aと訴外会社との間になされた保険契約により被上告人を受取人とせる保険金債権はAの死亡に伴い始めて被上告人のために生じたる債権を以て、該債権は相続財産に属せずして被上告人の固有財産なりというべく、したがって、被上告人はその固有財産たる右保険金債権を目的とし相続債権者たる上告人等より為す弁済の請求に対しては、これを拒否し得べきことは自明なるにより、たとえ限定承認前被上告人の有する右保険金債権に付き差押え及び転付命令を得るも、上告人等の債権に対し弁済の効力をもたらすものではない（大審院昭和10年10月14日判決）。

●**参考判例**（最高裁昭和40年2月2日）
　事　案　保険金受取人が「相続人」と指定されている場合
　争　点　相続人が相続欠格者または廃除の確定裁判を受けたとき
　判旨

　…包括受遺者たる控訴人が当然保険金請求権を取得したものである旨主張する。しかし、これがため兄弟姉妹が相続人たる地位を失うべきいわれはない。このことは、右の場合において、例えば、包括受遺者が遺贈の放棄をした場合、当然前記兄弟姉妹が相続できる事実からみても明白である。これに反し、相続欠格者または廃除の確定裁判を受けた者においては、相続し得る余地は全然ない。それ故、この点に関する控訴人の主張も採用することができない（最高裁昭和40年2月2日）。

●**参考判例**（東京地裁昭和2年12月19日判決）
　事　案　保険金受取人が「相続人」と指定されている場合
　争　点　保険契約締結当時相続人は存在していなかったときの受取人は誰か
　判旨

　契約締結当時、契約者に法律上の推定または指定の相続人なかりしに関わらず、保険契約者が保険会社との間において、保険金受取人を単に自己の相続人と定めて自己を被保険者として生命保険契約を締結したる場合においては、契約者は、保険事故発生当時の自己を指定したものと言うべく、該指定の効力は、将来において相続人が存在するに至ったときに発生するものと解すべきである（東京地裁昭和2年12月19日判決）。

Ⅰ-7　死亡保険金受取人の死亡と保険金請求権の帰属

(1) 改正前商法の規定

　第三者のためにする生命保険契約において、保険金受取人が被保険者より先に死亡した場合は、契約者が新たに保険金受取人を指定することが望ましいが、保険金受取人の指定変更がなされる前に被保険者が死亡することも間々見受けられ、その場合の受取人が問題となることがある。
　改正前商法はこのような場合を想定して、「保険金額を受取るべき者が被保険者に非ざる第三者なる場合に於てその者が死亡したるときは保険契約者は更に保険金額を受取るべき者を指定することを得、②保険契約者が前項に定めたる権利を行わずして死亡したるときは保険金額を受取るべき者の相続人を以て保険金額を受取るべき者とす」と規定していた（676条）。

I-7 死亡保険金受取人の死亡と保険金請求権の帰属

　同条は、保険契約者が保険金受取人の指定変更権を留保していない場合の規定と解されていたため、指定変更権を留保している保険契約には適用されなかった。しかし、同条2項の規定は指定変更権を留保している場合にも類推適用されると解されていた。そして、その解釈については学説上争いがあったが、通説は、同条2項を「保険契約者の再指定がないかぎり、不確定ながら最初の保険金受取人の相続人が保険金受取人の地位を有していて、保険契約者の死亡によりその権利が確定する」と解し、「保険契約者が死亡せずとも、再指定がない間に被保険者が死亡したときは、保険金受取人であった者の相続人が保険金請求権を有する」と解していた。そして、この「保険金受取人の相続人」には、保険金受取人の相続人のほか、その相続人が死亡している場合にはその相続人または順次の相続人が保険金受取人になると解されていた。

　なお、これら相続人が保険金受取人として取得する保険金請求権は、受取人固有の権利として原始的に取得するものであって、相続によって承継取得するものではないことはすでに述べたとおりである。

　また、保険金受取人の相続人が複数人存在している場合、判例では、各相続人が取得する受取割合は民法427条に基づき各人平等の割合とされている。

(2) 保険法の規定

　改正前商法においては、保険契約者が再指定をしない間に保険事故が発生した場合に、保険金請求権が誰に帰属するかは必ずしも明確ではなかったが、保険法の下では、それが死亡した保険金受取人の相続人に帰属することとなることが明らかにされた（保険法46条、75条）。
保険法と改正前商法との相違点は、

① 保険法の規律は、保険金受取人が死亡した場合に一般的に適用されるものであり、保険金受取人が死亡してから保険事故が発生するまでの間に誰が保険金受取人であるかを明確にした。

② 保険法では、保険金受取人を変更する権利が特別の意思表示により放棄されていない限り、保険契約者は、保険事故が発生するまでに自由に保険金受取人を変更することができるため（43条1項、72条1項）、保険金受取人が死亡した場合には保険契約者が原則として保険金受取人を変更（再指定）できるのは、言うまでもなく、このための特別規定はない。

③ 商法675条2項の規定（保険契約者が保険金受取人の変更権を行使しないで死亡した場合は保険金受取人の権利が確定する）の廃止により、保険契約者が死亡した場合には、その地位を承継した相続人が保険金受取人を変更することができることになっているため、保険法では、商法676条2項とは異なり、保険金受取人が死亡し、その後保険契約者が死亡した場合にも、その相続人が保険金受取人を変更することができる。

　したがって、保険金受取人が死亡した後、その相続人は保険法46条・75条により保険金受取人となるものの、それはまだ暫定的、一時的な地位に過ぎず、保険契約者が保険金受取人を変更しない間に保険事故が発生したか、保険事故の発生前に保険契約者も死亡し、その相続人が保険金受取人を変更しない間に保険事故が発生して初めて、最終的な保険金受取人となる。

(3) 相続人の範囲

　大判大正11年2月7日民集1巻1号19頁は、改正前商法676条2項にいう保険金受取人の相続人とは、保険金受取人が死亡した当時における相続順位に従い相続人となった者をいい、保険契約者が保険金受取人を再指定しないで死亡し、その以前に保険金受取人の相続人も死亡したときは、保険金受取人の相続人もしくは順次の相続人で保険契約者が死亡した当時生存するものが保険金受取人となると判示した。この判決は、保険金受取人の範囲を弾力的に解釈し、相続人の相続人も同規

定にいう相続人に含まれることを明らかにした。また、最判平成5年9月7日民集47巻7号4740頁も、改正前商法676条2項にいう「保険金額ヲ受取ルヘキ者ノ相続人」とは、保険契約者によって保険金受取人として指定された者（指定受取人）の法定相続人又はその順次の法定相続人であって被保険者の死亡時に現に生存する者をいうと判示し、大審院判決の立場を踏襲した。さらに、最判平成4年3月13日民集46巻3号188頁は、保険金受取人の死亡により保険金受取人となった保険契約者兼被保険者も死亡したときは、保険金受取人は更にその法定相続人に変更されたものとなり、死亡した保険契約者に保険金受取人としての地位が残らないとし、商法672条2項にいう保険金受取人の相続人には順次の相続人も含まれるとの解釈が確立した。

(4) 理論構成

死亡した指定受取人の相続人またはその順次の相続人であって、保険事故発生時に生存する者が保険金受取人の地位を取得するという結論を導くための理論構成として、改正前商法の下では①指定失効説、②指定非失効説が主な学説であるが、指定失効説が有力に主張されていた。

保険法では、保険金受取人が保険事故（給付事由）の発生前に死亡したときは、その相続人の全員が保険金受取人となるが（46条、75条）、これは、保険金受取人が死亡してから保険事故が発生するまでの間に、死亡した保険金受取人の相続人が保険金受取人となることを明確にしたものであり、指定非失効説の立場を前提とした規律である。

同規定の解釈としては、指定された保険金受取人が死亡したときは、同規定の適用によりその相続人が保険金受取人となり、同人が死亡したときも、保険契約者またはその相続人による再指定権（変更権）の行使がない限り、同規定の適用により、さらに同人の相続人が受取人となる。

保険法46条「その相続人の全員」とは、死亡した保険金受取人の法定相続人またはその順次の法定相続人（その法定相続人が死亡したときはさらにその順次の法定相続人）であって、被保険者の死亡時に現に生存する者の全員を指すものと解される。

なお、指定保険金受取人が保険事故発生前に死亡して、保険契約者兼被保険者が指定保険金受取人の唯一の相続人である場合には、この者が保険契約者、被保険者、保険金受取人を兼ねることになる。指定受取人の相続人または順次の相続人が不存在の場合は、相続財産となり、相続財産管理人への支払いとなる旨を判示し、指定保険金受取人の次順位の相続人への支払いを否定した裁判例がある（名古屋地判平成12年12月1日）。

(5) 相続人の権利取得の割合

死亡した保険金受取人の相続人が複数ある場合においてこれらの相続人がどのような割合で権利を取得するかについては、保険法においても明文の規定はないが、保険約款において均等割合にて取得と規定するものが多く、一部約款にて相続割合によるとする。

① 保険契約者が「相続人」を保険金受取人として指定した場合については、特段の事情のない限り、民法427条にいう別段の意思表示である相続分の割合によって権利を有するという指定があったことになり、そのような指定には、相続人に対してその相続分の割合により保険金を取得させる趣旨が含まれていると解するのが保険契約者の通常の意思に合致し、かつ合理的だと考えられるため、各保険金受取人の有する権利の割合は相続分の割合になると解するのが判例・多数説である。

なお、保険金受取人を「相続人」と指定されているときは、最高裁平成6年7月18日判決、民集48巻5号1233頁は、法定相続割合とする旨は、先に述べたとおりである。

② 保険契約者の指定によらず、法律の規定（商法676条2項）または約款の定めにより死亡した保

Ⅰ-7 死亡保険金受取人の死亡と保険金請求権の帰属

険金受取人の相続人が受取人となる場合には、民法427条の規定の適用により別段の意思表示がないときは平等の割合になると解するのが判例の立場である（最判平成4年3月13日、最判平成5年9月7日）。

●**参考判例**（大審院大正11年2月7日判決、大10(オ)898号、大民集1巻19頁）
　事　案　保険金受取人の死亡
　争　点　新たに保険金受取人となるべき相続人が死亡している場合の取扱い
　判　旨
　　商法第428条の3の第2項（改正前商法・第676条第2項）にいわゆる保険金額を受取るべき者の相続人は被相続人たる保険金受取人死亡の時における相続順位にしたがい相続人となりたる者をいうことは論をまたず。保険金受取人の相続人が右第2項に従い保険金受取人となるは原始的に受取人たるの権利を取得するものなるがため、この場合における保険金受取人の相続人はこれをＹ生命保険会社（上告人）所論の如くに受取人死亡の時を標準とせずして保険契約者死亡の時に第一相続順位に在る者と解せざるべからざるの理由は毫も存ぜざるものとす。
　　…受取人死亡したるときは保険金を受け取るべき者なきに至るべし。これ商法第428条の3の第1項（現行第676条第1項）に於いて保険金受取人死亡したるときは保険契約者は更に受取人を指定することを得る旨を定め、その第2項に於いて保険契約者が受取人指定権を行わずして死亡したるときは保険金受取人の相続人を以て受取人となす旨を定めたる所以なり…受取人の相続人もまた保険契約者が指定権を行わずして死亡したる前に死亡したるときは相続人の相続人若しくは順次の相続人にして保険契約者死亡の当時生存する者を以て受取人となす…と解せざるべからず…（大審院大正11年2月7日判決、大10(オ)898号、大民集1巻19頁）。

●**参考判例**（大阪地裁昭和61年4月28日判決）（大阪高裁昭和63年9月20日判決）（最高裁平成4年3月13日判決、民集46巻3号188頁）
　事　案　保険金受取人の死亡
　争　点　保険金受取人の相続人は保険金受取人たるの地位を相続により取得したものか、あるいは原始的に取得したものか
　判　旨
（第一審）　商法第676条第2項の趣旨は、保険金受取人が被保険者以外の第三者である場合に、その受取人が被保険者より先に死亡しても、受取人の死亡によりその指定は当然には効力を失わず、その相続人が受取人となるが…保険契約者が別人を指定せずに死亡したときは、従前の指定にかかる受取人の相続人であって保険契約者死亡の当時に生存する者を以て受取人とする旨定めたもので、その相続人は相続によって保険金請求権を取得するのではなく原始的に取得するものと解するのが相当である。…したがって、契約者兼被保険者が受取人の死亡によって右保険金の受取人たる地位を相続によって取得した旨の原告の主張は採用することができない（大阪地裁昭和61年4月28日判決）。
（第二審）　商法第676条第2項に規定があるが、約款に定めがある場合は約款の規定が商法に優先して適用される。当該約款規定は「保険金受取人の死亡時の法定相続人」を受取人とする旨明定されているところから、受取人が死亡した当時の法定相続人のＡ、Ｂ、Ｃが保険金受取人たる地位を原始的に取得する（契約者兼被保険者であるＡは、自己のためにする保険となる）とともに、民法第427条の規定により平等の割合で保険金請求権を取得したものと解すべきである。商法の規定についての解釈論をそのまま本約款規定に導入することは許されない。
　　契約者兼被保険者であるＡの死亡によってＡの保険金受取人の地位は確定し（Ａは1/3の保険金請求権を取得）、死亡保険金の請求権も相続財産に帰属し、相続人が相続放棄した結果、相続人となるべきものが存しないこととなり、1/3の請求権は相続財産法人の財産に帰属することとなる（大阪高裁昭和63年9月20日判決）。

(**最高裁**)　本件条項の趣旨は、保険金受取人と指定された者の死亡後、保険金受取人の変更のないまま保険金支払理由が発生して、右変更する余地がなくなった場合には、その当時において指定受取人の法定相続人または順次の相続人で生存する者を保険金受取人とすることにあると解するのが相当である。けだし、本件条項は、保険金の支払理由の発生前に限り保険契約者またはその承継人が保険金受取人を変更することができることを前提として、指定受取人の死亡後右変更がなされていないときには、保険金受取人が指定受取人の死亡時の法定相続人に変更されたものとすると規定しているのであるから、保険契約者またはその承継人が自らの意思で保険金受取人を変更することができる間に右法定相続人の保険金受取人としての地位が確定することはあり得ず、この間に本件条項によって保険金受取人とされた指定受取人の法定相続人が死亡したときは更にその法定相続人が保険金受取人に変更されたものとされる結果、被保険者の死亡等により保険金の支払理由が発生して保険金受取人を変更する余地がなくなったときは、その当時において生存する指定受取人の法定相続人または順次の法定相続人の保険金受取人としての地位が確定することになると解すべきであるからである。

　また、第三者を保険金受取人とする生命保険契約を締結する者の現時の一般的意識を前提とするときは、保険金受取人が指定受取人の法定相続人である保険契約者自身に変更される場合でも保険の性質が保険契約者自身のためにするものに変わるものではないと解すべきであり、本件条項の文言からもこの場合を別異に取扱うべき理由はないから、本件条項の趣旨は、保険金受取人とされた保険契約者が死亡したときは、保険金受取人は更にその法定相続人に変更されたものとすることにあると解すべきであって、死亡した保険契約者に保険金受取人としての地位が残ると解すべきではない。

　そして、このことは商法第676条2項の規定に関する判例（前掲、大正11年2月7日・大審院判決）の見解と一致するものであるから、右規定と本件条項の文言の相違をとらえて本件条項が商法の右規定と異なる趣旨を含むものと解すべきではない（最高裁平成4年3月13日判決、民集46巻3号188頁）。

●**参考判例**（最高裁平成5年9月7日、民集47巻7号4740頁、裁時1106号2頁）
　事　案　保険金受取人の死亡
　争　点　①新たに受取人となるべき相続人が死亡している場合の取扱い
　　　　　②法定相続人が保険金受取人として取得する保険金の受取割合
　判　旨

　商法第676条第2項にいう「保険金額を受取るべき者の相続人」とは、保険契約者によって保険金受取人として指定された者（以下「指定受取人」という）の法定相続人またはその順次の法定相続人であって被保険者死亡時に現に生存する者をいうと解すべきである。けだし、商法第676条第2項の規定は、保険金受取人が不存在となる事態をできる限り避けるため、保険金受取人についての指定を補充するものであり、指定受取人が死亡した場合において、その後保険契約者が死亡して同条1項の規定による保険金受取人についての再指定をする余地がなくなったときは、指定受取人の法定相続人又はその順次の法定相続人であって被保険者の死亡時に現に生存する者が保険金受取人として確定する趣旨のものと解すべきであるからである。この理は、指定受取人が複数存在し、保険契約者兼被保険者が右法定相続人の一人である場合においても同様である。

　そして、商法第676条第2項の規定の適用の結果、指定受取人の法定相続人とその順次の法定相続人とが保険金受取人として確定した場合には、各保険金受取人の権利の割合は、民法第427条の規定の適用により、平等の割合になるものと解すべきである。けだし、商法第676条第2項の規定は、指定受取人の地位の相続による承継を定めるものでも、また、複数の保険金受取人がある場合に各人の取得する保険金請求権の割合を定めるものでもなく、指定受取人の法定相続人という地位に着目して保険金受取人となるべきものを定めるものであって、保険金の支払理由の発生により原始的に保険金請求権を取得する複数の保険金受取人の間の権利の割合を決定するのは、民法第427条の規定であるからである（最高裁平成5年9月7日、民集47巻7号4740頁、裁時1106号2頁）。

I-7 死亡保険金受取人の死亡と保険金請求権の帰属

●**参考判例**（札幌地裁平成13年3月21日判決、平成12年(ワ)第2698号）
　事　案　保険金受取人の一人が死亡した後、その死亡した指定受取人の法定相続人である保険契約者が保険金受取人の再指定をしないまま死亡した事案
　争　点　受取人と保険金受取人の権利の割合
　判　旨
1　商法676条2項の規定は、保険金受取人が不存在となる事態をできる限り避けるため、保険金受取人についての指定を補充するものであり、指定受取人が死亡した場合において、その後保険契約者が死亡して同条1項の規定による保険金受取人についての再指定をする余地がなくなったときは、指定受取人の法定相続人又はその順次の法定相続人であって被保険者の死亡時に現に生存する者が保険金受取人として確定する趣旨のものと解すべきであり、この理は、指定受取人の法定相続人が複数存在し、保険契約者兼被保険者が上記法定相続人の一人である場合においても同様である（最高裁判所平成5年9月7日第三小法廷判決・民集47巻7号4740頁）。
　　本件においては、死亡保険金受取人として原告及びBが指定され、指定受取人の一人であるBが死亡したものの、保険契約者兼被保険者であるAの死亡時において、他の指定受取人である原告が生存している。しかしながら、前記のとおり、本件保険契約の締結の申込みの際、保険金受取人である原告とBの分割割合は、それぞれ5割宛と指定されていたから、本件保険契約上も、原告とBの保険金の受取割合はそれぞれ5割宛とする旨合意されたと推認される。原告とBのいずれかが死亡した場合に、この受取割合が変更され、生存する者のみが保険金全額を受け取るべきものとする旨の合意がされたことはうかがわれない。そうすると、Bの受取割合部分については、同条項又はこれと同趣旨と解される前記第2の1(4)記載の約款の規定の適用がなければ、保険金受取人の不存在という事態が生ずるといえる。
2　保険金受取人が確定した場合、各保険金受取人の権利の割合は、民法427条の規定の適用により、平等の割合になるものと解すべきである（前掲最高裁判所平成5年9月7日第三小法廷判決）。
　　本件死亡保険金のBの受取割合部分である500万円を13等分すると、38万4615.38円となり、小数点以下の額が生ずることになる。
　　このような場合、分割可能な範囲である38万4615円については、原告固有の債権として請求が可能であり、残額5円については、民法428条の規定の適用により、不可分債権として総債権者のため請求することが可能であると解すべきである。
　　そうすると、原告は、被告に対し、原告固有の債権である38万4615円と、死亡保険金受取人13名全員のための不可分債権である5円の合計38万4620円を請求することができると解される（札幌地裁平成13年3月21日判決、平成12年(ワ)第2698号）。

●**参考判例**（横浜地裁平成17年5月20日判決、平成16年(ワ)第2532号）（東京高裁平成17年9月29日判決、平成17年(ネ)第3153号、判タ1221号304頁）（最高裁平成18年2月21日、平成18年(受)第21号）
　事　案　自己のためにする簡易生命保険契約の相続人不存在のときの死亡保険金請求権
　争　点　簡易生命保険契約において、保険契約者兼被保険者が同時に保険金受取人であり、かつ相続人なくして死亡した場合、その相続財産管理人に死亡保険金請求権が帰属するか
　判　旨
（第一審）
1　簡易保険法55条の立法趣旨は、保険契約者が保険金を受け取るべき者を指定しないで被保険者が死亡した場合、直ちに民法等の一般規定により保険金を支払うとすると、保険金支払手続を複雑化し、保険支払義務者が多くの日時を要して相続人確認のための調査を尽くさなければならなくなり、またその発見が困難な場合等もあるので、同条2項に規定する遺族に対し、また、同項の遺族が数人あるときは同項に掲げる順序によりその先順位にある遺族に対し（同条5項）、保険金を支払うとすることで、遺族主義を徹底するとともに、支払手続の簡素化と支払義務者の免責を図ったものと考えられる。
　　そうすると、保険契約者が自己を被保険者兼保険受取人と指定して保険契約を締結した場合でも、一般的には自己が保険期間の満了時に保険金を受けとろうとしてのものであるから、その者が死亡して

遺族がいる場合には、直ちに民法等の一般規定により保険金を支払うというのではなく、同法55条に規定された遺族に保険金を支払うことが予定されているものと解される。
2　しかしながら、同法55条をこのように解釈するとしても、保険契約者兼保険金受取人が相続人なくして死亡した場合には、民法等の一般規定により保険金を支払うと解するのが相当であり、本件各保険金請求権は相続財産管理人に帰属するものというべきである。けだし、相続人なくして死亡した場合にまで同条の適用があるとすると、被告は本件各死亡保険金の一切の支払義務を免責され、結局はその時効消滅を待って被告の配当原資の一部となることになり、このような結果は当事者間の公平に反するというべきである（横浜地裁平成17年5月20日判決、平成16年(ワ)第2532号）。

（第二審）
1 (1)　本件各保険契約においては、いずれも被相続人が保険契約者兼被保険者であり、かつ保険金受取人となっているところ、本件各保険契約に適用される簡易生命保険法第55条1項は、終身保険、定期保険、養老保険又は財形貯蓄保険の保険契約（特約に係る部分を除く。）においては、被保険者の死亡により保険金を支払う場合について、保険契約者が保険金受取人を指定しないとき（保険契約者の指定した保険金受取人が死亡し更に保険金受取人を指定しない場合を含む。）は、被保険者の遺族を保険金受取人とするとの趣旨を定めており、同条2項は、上記の遺族について、被保険者の配偶者（届出がなくても事実上婚姻関係と同様の事情にある者を含む。）、子、父母、孫、祖父母及び兄弟姉妹並びに被保険者の死亡当時被保険者の扶助によって生計を維持していた者及び被保険者の生計を維持していた者とする旨定め、さらに、同条5項では、第2項に規定する遺族が数人あるときは、同項に掲げる順序により先順位にある者を保険金受取人とする旨定めている。
　(2)　そうすると、本件各保険契約においては、被相続人の死亡によって、簡易保険法55条1項括弧書きの「保険契約者の指定した保険金受取人が死亡し更に保険金受取人を指定しない場合」に該当することになるから、本件各保険契約に係る死亡保険金は同法55条1項2号により被保険者の遺族がその固有の権利としてこれを原始取得するものであり、上記死亡保険金が被相続人（被保険者）の相続財産を構成するものでないことは明らかである。
　　被控訴人は、保険金受取人が保険契約者自身の生命保険契約は自己のためにする保険契約であって、被相続人たる者が保険金受取人であり被保険者である場合は、その者の死亡により、それが相続財産を構成することは自明のことであると主張するが、これは簡易保険法55条1項の文言に反する独自の見解であって採用することはできない。
2　よって、原判決中、被控訴人の請求を認容した部分は失当であるからこれを取り消し、被控訴人の請求を棄却することとして、主文のとおり判決する（東京高裁平成17年9月29日判決、平成17年(ネ)第3153号、判タ1221号304頁）。

（最高裁）　不受理決定（最高裁平成18年2月21日、平成18年(受)第21号）。

●参考判例（東京地裁平成11年12月24日判決、平成9年(ワ)第16302号）
　事　案　指定受取人と被保険者の死亡先後の事案
　争　点　①被保険者死亡後の受取人死亡
　　　　　②自己のためにする生命保険契約への商法676条2項の適用の有無
　判　旨
1.　そこで、受取人Bと被保険者Aの死亡の先後関係について判断する。
　　右1及び2に認定した事実とK検死官が変死体の検死を専門とする医師であり、通常は被害者の臨終に立ち会うことはないことからすると、死亡証明書に記載されたAの死亡時刻は、Aが現実に死亡した時刻ではなく、変死体の検死作業を行ったK検死官がAの死亡を自ら確認した上、その時刻をもってAの死亡時刻として記載したものと推認でき、他に、Aの正確な死亡時刻を認めるに足りる証拠はないから、A及びBの正確な死亡時刻は、いずれも不明であるといわざるを得ない。
　　しかし、一般に心臓を貫通した銃創は直ちに重大な失血を引き起こし、ほぼ3分程度で心臓と肺の永久的機能停止をもたらすことを前提として右2において判示したFの犯行の順序及び態様を見ると、本

I-7 死亡保険金受取人の死亡と保険金請求権の帰属

件では、Aが死亡した後にBが死亡したものと推認するのが相当であり、これを覆すに足りる証拠はない。

2．BとM夫妻の親子関係について

原告は、BとM夫妻との間には真実の親子関係は存在しない旨主張するが、M夫妻の戸籍にはBがM夫妻の三男として出生した旨記載されており、本件においては、戸籍の右記載による推定を覆すに足りる証拠はないから（なお、右戸籍によると、T子は昭和2年11月15日生まれであり、Bは昭和47年10月15日生まれであるから、T子は44歳でBを出産したことになるが、右の事実のみからBとM夫妻との間に真実の親子関係が存在しないと認めることはできない。）、原告の右主張は、採用できない。

3．そうすると、本件保険契約(1)(3)(5)(6)は、保険契約者兼被保険者Aが死亡した後に保険金受取人Bが死亡した場合に当たるから、Bの相続人であるM夫妻が右各保険契約の保険金受取人の地位を相続したものというべきであり、本件保険契約(2)(4)は、保険契約者兼保険金受取人Aが死亡した後に被保険者Bが死亡した場合に当たるところ、商法676条2項にいう「保険金額ヲ受取ルヘキ者ノ相続人」とは、保険契約者によって保険金受取人として指定された者の法定相続人又はその順次の法定相続人であって被保険者の死亡時に現に生存する者をいうと解すべきであるから（最高裁平成5年9月7日判決・民集47巻7号4740頁参照）、Aの順次の法定相続人であるM夫妻が右各保険契約の保険金受取人の地位を取得したものというべきである（東京地裁平成11年12月24日判決、平成9年（ワ）第16302号）。

●**参考判例**（名古屋地裁平成12年12月1日判決、平成12年（ワ）第1976号、金判1110号51頁）

　事　案　受取人死亡と相続人不存在

　争　点　保険金受取人の死亡後に同人の唯一の相続人である保険契約者兼被保険者も死亡しその者に相続人が存在しない場合に保険金受取人の第二順位の相続人又はその順次の相続人は保険金を請求できるか

　判　旨

1　生命保険契約において、死亡保険金受取人が死亡し、指定受取人の当時の唯一の相続人が保険契約者兼被保険者であり、その保険契約者が受取人を再指定する権利を行使しないまま死亡した場合、商法676条2項の適用ないし準用により、死亡保険金受取人である亡Bの兄弟姉妹又はその子や孫である原告らに死亡保険金請求権が帰属するか（請求原因）。

(1) 本件保険契約は、保険金受取人と被保険者が異なっており、かかる生命保険契約において、保険事故発生前に保険金受取人が死亡したときは、商法676条1項により保険契約者がさらに保険金受取人を指定することができるが、保険契約者がこの保険金受取人を再指定する権利を行使しないで死亡したときは、同条2項により「保険金額を受取るべき者の相続人」をもって保険金受取人とすると定めている。そして、同条項にいう「保険金額を受取るべき者の相続人」とは、保険契約者によって保険金受取人として指定された者（指定受取人）の法定相続人（指定受取人死亡時における相続順位に従う）又はその順次の法定相続人であって、被保険者の死亡時に現に生存する者をいうと解すべきである（大審院大正11年2月7日判決・民集1巻1号19頁、最高裁平成5年9月7日判決・民集47巻7号4740頁参照）。

本件においては、指定受取人死亡時における相続順位に従った法定相続人はAであり、A又はその順次の法定相続人で被保険者（本件保険契約ではA）の死亡時に現に生存するものが、商法676条2項の保険金受取人となるべきところ、該当者が存在しない。

(2) 原告らは、前記した理由により、保険契約者が保険金受取人の唯一の相続人であり、かつ、保険契約者が死亡したときに、保険金受取人の相続人又は順次の相続人で生存しているものがいないときには、保険契約者の相続放棄の意思を推定し、相続放棄があったものとみなして、保険金受取人の死亡時に第二順位の相続人又はその順次の相続人が保険金受取人となると解すべきであると主張する。確かに、原告らが主張するように、他人のためにする生命保険契約の保険契約者の意思はできる限り尊重すべきであり、保険金受取人が指定受取人の法定相続人である保険契約者自身に変更される場合でも、直ちに保険契約者自身のためにする生命保険契約に変わるものではないといえる。しかしながら、

商法676条2項により指定受取人の相続人が保険金請求権を取得するのは、指定受取人の地位の相続の効果によるものではないこと、そもそも相続放棄については、民法938条により家庭裁判所に申述する方式を定めていることからすると、保険金受取人の唯一の法定相続人である保険契約者が保険金受取人の再指定の権利を行使せずに死亡したからといって、相続放棄の意思を当然に推定できるものではなく、相続放棄があったとみなすこともできないこと、また、保険金受取人の唯一の相続人である保険契約者が保険金受取人の再指定の権利を行使せず、かつ、保険金受取人の死亡後に婚姻や養子縁組や子をもうけたりしなかった(保険金受取人となるべく保険契約者の法定相続人を創設しなかった)こと、をもって、保険金受取人死亡時における相続順位とは異にする保険金受取人の第二順位の相続人又はその順次の法定相続人に保険金を取得させるのが、保険契約者の通常の意思であるとまではいえないこと、その他保険契約者の債権者の利益なども考慮すると、保険金受取人の死亡時に第二順位の相続人又はその順次の相続人に対しても、商法676条2項を適用ないし準用すべきであるとする原告らの主張は採用できない。
(3) そうすると、原告らは、商法676条2項にいう「保険金額を受取るべき相続人」に該当せず、また、同条項を準用すべき理由もないので、本件保険契約の死亡保険金請求権を取得したものとは認めることはできず、その余の争点を判断するまでもなく、原告らの本訴請求は理由がないことになる(名古屋地裁平成12年12月1日判決、平成12年(ワ)第1976号、金判1110号51頁)。

●**参考判例**(札幌地裁昭和61年11月4日判決)
事　案　保険金受取人の死亡
争　点　①新たに受取人となるべき相続人が死亡している場合の取扱い
　　　　②法定相続人が保険金受取人として取得する保険金の受取割合
判　旨
　保険金受取人が保険契約者に先立って死亡した後、保険契約者も保険金受取人を再指定しないまま死亡した場合には、保険金受取人の相続人(又はその相続人)が保険金請求権を取得するところ(商法第676条第2項)、右の相続人は保険金受取人の権利を相続財産として承継取得するものではなく、相続人たる地位に基づき商法第676条第2項によって原始取得するものと解するのが相当である。したがって、保険金受取人の相続人(又はその相続人)は、保険金請求権をいわば固有財産として取得するものというべきであるから、右の相続人が複数存在するときは、民法427条により各自平等の割合をもって保険金請求権を取得するものと解するのが相当である(札幌地裁昭和61年11月4日判決)。

●**参考判例**(東京地裁昭和10年10月26日判決)
事　案　自己のためにする生命保険契約における保険金受取人の死亡
争　点　受取人の地位およびその者が取得した保険金請求権は相続財産か固有の財産か
判　旨
　相続人が限定承認をなしたる場合にありては、債権者は相続債務に付相続人の固有財産に対し強制執行を為すことを得ざるは勿論なりといえども、本件保険契約者たるAは、被保険者が保険期間中に死亡したる場合の保険金受取人を自己と指定したるものを以て、右Aが右契約により取得したる保険金請求権は、家督相続により順次A₁を経て控訴人に継承せられたるものにして、控訴人は、右承継したる権利に基づき前記家督相続開始後右契約所定の保険事故の発生即被保険者Bの死亡により保険者たる被控訴会社に対し現実にその支払請求を為すことを得るにいたりたるものと解すべきを以て、本件保険金請求権は、控訴人の前記相続に於ける相続財産を構成するものというべし…(東京地裁昭和10年10月26日判決)。

I-7 死亡保険金受取人の死亡と保険金請求権の帰属

●**参考判例**（大阪地裁平成19年12月27日判決、平成18年(ワ)第11837号）
事　案　簡易生命保険における保険金受取人の先死亡
争　点　「自己のためにする生命保険契約」に変容するか

|判　旨|

1　保険契約者であるAは、指定受取人であるBに死亡保険金を取得させる意思をもって「他人のためにする生命保険契約」である本件契約を締結したが、指定受取人であるBは平成10年に死亡し、Aが、その後、新たに死亡保険金受取人を指定しなかったことにより、Aが意図した「他人のためにする生命保険契約」としての目的が達し得ないことが明白になったのであるから、本件契約は、Aの意思に基づいて、保険契約者であるA自身を死亡保険金の受取人とする「自己のためにする生命保険契約」に変容したとみるべきである旨主張する。

　　しかしながら、Aが、指定受取人であるBが平成10年に死亡した後、新たに死亡保険金受取人を指定しなかったとしても、法55条1項2号、2項により、被保険者であるAの遺族ら及び遺族に類する者らが死亡保険金の受取人となるのであるから、少なくとも、本件契約は「他人のためにする生命保険契約」としての目的を達し得なくなったとはいえない。したがって、当初、「他人のためにする生命保険契約」として締結された本件契約が、指定受取人であるBが平成10年に死亡し、その後、Aが新たに死亡保険金受取人を指定しなかったことによって、保険契約者であるA自身を死亡保険金の受取人とする「自己のためにする生命保険契約」に変容したとみるべき理由はない。

2　本件契約の被保険者であるAには、遺族らだけでなく、遺族に類する者らも存在しないため、保険契約者であるAの合理的意思は、被保険者の遺族ら及び遺族に類する者らを死亡保険金受取人とするものではないといえるから、本件には、被保険者の遺族保護を目的とする同条は適用されない旨主張する。

　　しかしながら、仮に、Bが死亡した当時、被保険者であるAに遺族ら及び遺族に類する者らが存在していなかったとしても、将来、遺族らのうちの配偶者（届出がなくても事実上婚姻関係と同様の事情にある者を含む。）、子（養子）や、遺族に類する者らとなる者が現れる可能性も否定できないのであるから、保険契約者であるAの合理的意思が、被保険者の遺族ら及び遺族に類する者らを死亡保険金受取人とするものではないとまでは言い難い。また、法55条が、保険契約者の意思を合理的に解釈して、保険契約者の意思が遺族ら及び遺族に類する者らを保護する趣旨で設けられたものであったとしても、結果として、同条は、個々の保険契約者の具体的意思によって同条の適用の有無が決まる体裁にはなっておらず、個々の保険契約者の具体的意思の如何を問わず一律に適用される体裁をとっているのであるから、個々の保険契約者の具体的意思が、上記趣旨と異なったとしても、これによって同条の適用を免れることができるものではない（なお、個々の保険契約者の具体的意思によって同条の適用の有無が決まるとするならば、その具体的意思を確実に知る術のない保険者は二重払いの危険を負わされることとなる。）。

　　なお、Aの死亡時に、Aには指定受取人も法55条の定める遺族ら及び遺族に類する者らも存在しなかったことは前記(1)のとおりであるが、すでに説示したとおり、本件契約はB死亡後も他人のためにする生命保険契約として存続していたものであるから、保険事故発生時に死亡保険金受取人が存在しなかったことは、その契約を履行不能とするにすぎず、自己のためにする生命保険契約に変容させるものではない。

3　保険契約者であるAは、死亡保険金受取人として指定していたBが平成10年に死亡した後、新たな死亡保険金受取人を指定しなかったことが認められるから、法55条1項2号、2項によれば、被保険者であるAの遺族ら及び遺族に類する者らが死亡保険金の受取人となるところ、原告は、遺族ら及び遺族に類する者らに該当しないから、原告には死亡保険金請求権は帰属しない。

　　他人のためにする生命保険契約は、指定受取人が死亡し、被保険者に遺族ら及び遺族に類する者らが存在しない場合であっても、保険契約が履行不能となるだけであり、保険契約が他人のためにする契約として無効となるものではない。また、郵政民営化前も後も、死亡保険金受取人が存在しないために保険金が支払われない場合、保険料等は法78条に基づいて養老保険の保険者分配金の配当原資になるにすぎず、国庫に帰属するわけではないことも、先に認定説示したとおりである。

　　したがって、本件契約が他人のためにする契約として無効となることや、郵政民営化前に保険料等が

国庫に帰属することを前提とする原告の主張は採用できない（大阪地裁平成19年12月27日判決、平成18年(ワ)第11837号）。

Ⅰ-8 同時死亡と保険金受取人

　死亡保険金受取人と被保険者（兼保険契約者）が同時に死亡した場合、どのような取扱がなされるのであろうか。これについては、死亡保険金受取人が死亡した後に保険契約者が新たに保険金受取人を指定しない間に被保険者が死亡したときの取扱に準じ、「保険金受取人の相続人」が保険金受取人になると解されている（最高裁第三平成21年6月2日判決、平成21年(受)226号、民集63巻5号953頁、最高裁第三平成21年6月2日判決、平成19年(受)1349号、判時2050号148頁）。

　同時死亡とは、死亡した数人のなかで、それぞれの死亡の前後が証明され得ないとき、各死亡者は同時に死亡したものと推定されることをいう（民法32条の2「同時死亡の推定」）。そして、同時死亡が推定された者同士間においては互いに相続は開始されず、各死亡者が互いの相続人になることはない（民法882条「相続開始の原因」）。したがって、保険金受取人の相続人若しくは順次の相続人が保険金受取人となり、その受取割合は各社約款の定めるところにもよるが、特段の定めがないときは、すでに述べたとおり、均等（平等）割合によるものと解される。

　なお、同時死亡による取扱は、地震、火事、航空機事故、交通事故等で家族の大半が死亡したときにしばしばなされるものである。

　（参考）　民法32条の2「数人の者が死亡した場合において、そのうちの一人が他の者の死亡後になお生存していたことが明らかでないときは、これらの者は、同時に死亡したものと推定する」、同法882条「相続は死亡によって開始する」

●参考判例　（神戸地裁平成20年3月25日判決、平成19年(ワ)第827号）（大阪高裁平成20年10月31日判決、平成20年(ネ)第1285号・平成20年(ネ)第1465号、平成20年(ネ)第1467号）（最高裁三小平成21年6月2日判決、平成21年(受)第226号、民集63巻5号953頁、裁時1484号1頁）
事　案　保険金受取人と保険契約者兼被保険者の同時死亡と保険金請求権の帰属先
争　点　本件給付金の受取人は誰か
判　旨
（第一審）　(1) 法676条2項は、保険金受取人死亡後、保険契約者が受取人の再指定をしないうちに死亡した場合に、保険金の受取人が空白になることを避けるとともに、なるべく保険契約者兼被保険者の意思を反映することを目的としたものであると考えられる。そして、同時死亡の場合であってもその保険金の受取人が空白になることを避ける必要があることは変わらないし、また保険金受取人の相続人に保険金請求権を取得させるのが保険契約者の意思に沿うものといえるから、同時死亡の場合でも商法676条2項が準用されるというべきである。
(2) そして、同項が、文言上受取人が先に死亡した場合の同条1項を前提とするものであることはそのとおりだとしても、同条2項の準用によって、死亡の先後まで同条1項のとおりであると擬制するものということはできない。すなわち、商法676条2項を準用する目的は、前記のとおり、相続人に保険金請求権を帰属させることにあり、それを超えて推定による同時死亡を覆す理由はない。676条2項の準用と、同項の「相続人」の範囲とは全く別個の問題であるというほかない。
(3) したがって、本件においては、同時死亡の推定により、AはBの相続人ではないから、原告のみが本件給付金の支払請求権を取得する（神戸地裁平成20年3月25日判決、平成19年(ワ)第827号）。
（第二審）　(1) 商法676条2項は、指定受取人が死亡した後、保険契約者が受取人の再指定をしないうちに死亡した場合に、保険金受取人が不存在となることをできる限り避けるために、保険金受取人についての指定を補充するものであると考えられる。本件のように保険契約者兼被保険者と指定受取人が同時に

I-8 同時死亡と保険金受取人

死亡したものと推定される場合であっても、保険金受取人が不存在となることを避ける必要があることに変わりはないから、上記の場合にも同項が準用されるというべきである。

そして、同項にいう「保険金額ヲ受取ルヘキ者ノ相続人」とは、指定受取人の法定相続人又はその順次の法定相続人であって被保険者の死亡時に現に生存する者をいい（最高裁平成2年(オ)第1100号同5年9月7日第三小法廷判決・民集47巻7号4740頁）、法定相続人の範囲は民法の適用によって定まるところ、本件においては、保険契約者兼被保険者であるAと指定受取人であるBが同時に死亡したものと推定され（民法32条の2）、AはBの法定相続人とはならないから（民法882条）、1審原告がBの唯一の法定相続人であり、1審原告のみが本件給付金の受取人となるというべきである。

(2) これに対し、1審被告は、保険契約者兼被保険者と指定受取人が同時に死亡したものと推定される場合には、商法676条2項が準用される結果、同条1項と同様に、指定受取人が先に死亡し、保険契約者兼被保険者が後に死亡したものと扱われ、この限りで民法32条の2の適用は排除されると主張する。

しかしながら、商法676条2項が、文言上、指定受取人が保険契約者よりも先に死亡した場合に関する同条1項を前提とするものであるからといって、保険契約者兼被保険者が指定受取人の死亡後になお生存していたことが明らかでない場合にまで、同条2項の準用によって、両者の死亡の先後が同条1項のとおりであると擬制されるものということはできない。すなわち、同条2項を準用する目的は、前記のとおり、保険金受取人が不存在となることを避け、指定受取人の法定相続人に保険金請求権を取得させることにあるところ、指定受取人の法定相続人の範囲は民法の適用によって定まるのであって、その際に民法32条の2の規定のみの適用を排除すべき明文の規定はないし、その適用を排除すべき積極的理由もない。したがって、1審被告の主張は、採用することができない（大阪高裁平成20年10月31日判決、平成20年(ネ)第1285号・平成20年(ネ)第1465号、平成20年(ネ)第1467号）。

（最高裁）

（1(1) 略）

(2) 平成13年7月20日、AとBの両名が、一方が他方の死亡後になお生存していたことが明らかではない状況で死亡した。AとBとの間には子はなく、Aの両親及びBの両親は、いずれも既に死亡していた。Aには弟であるC以外に兄弟姉妹はおらず、Bには兄である被上告人以外に兄弟姉妹はいない。

2 本件は、上記事実関係の下において、Bの兄である被上告人が、商法676条2項の規定により保険金受取人になったと主張して、保険会社である上告人に対し、保険金等の支払を求めた事案である。

所論は、保険契約者兼被保険者と保険契約者によって保険金受取人と指定された者（以下「指定受取人」という。）とが同時に死亡した場合には、商法676条2項の規定により保険金受取人を確定すべきであるが、同項の規定を適用するに当たっては、指定受取人が保険契約者兼被保険者よりも先に死亡したものと扱うべきであるから、本件においては、Bの相続人である被上告人とBの順次の相続人であるCの両名が保険金受取人となるはずであるのに、被上告人のみを保険金受取人とした原審の判断には法令解釈の誤りがあるというのである。

3 商法676条2項の規定は、保険契約者と指定受取人とが同時に死亡した場合にも類推適用されるべきものであるところ、同項にいう「保険金額ヲ受取ルヘキ者ノ相続人」とは、指定受取人の法定相続人又はその順次の法定相続人であって被保険者の死亡時に現に生存する者をいい（最高裁平成2年(オ)第1100号同5年9月7日第三小法廷判決・民集47巻7号4740頁）、ここでいう法定相続人は民法の規定に従って確定されるべきものであって、指定受取人の死亡の時点で生存していなかった者はその法定相続人になる余地はない（民法882条）。したがって、指定受取人と当該指定受取人が先に死亡したとすればその相続人となるべき者とが同時に死亡した場合において、その者又はその相続人は、同項にいう「保険金額ヲ受取ルヘキ者ノ相続人」には当たらないと解すべきである。そして、指定受取人と当該指定受取人が先に死亡したとすればその相続人となるべき者との死亡の先後が明らかでない場合に、その者が保険契約者兼被保険者であったとしても、民法32条の2の規定の適用を排除して、指定受取人がその者より先に死亡したものとみなすべき理由はない。

そうすると、前記事実関係によれば、民法32条の2の規定により、保険契約者兼被保険者であるAと指定受取人であるBは同時に死亡したものと推定され、AはBの法定相続人にはならないから、Aの相

続人であるCが保険金受取人となることはなく、本件契約における保険金受取人は、商法676条2項の規定により、Bの兄である被上告人のみとなる（最高裁三小平成21年6月2日判決、平成21年（受）第226号、民集63巻5号953頁、裁時1484号1頁）。

●**参考判例**（札幌地裁滝川支部平成18年12月13日判決、平成18年（ワ）第11号）（札幌高裁平成19年5月18日判決、平成19年（ネ）第19号、金判1271号57頁）（最高裁平成21年6月2日判決、平成19年（受）第1349号、判時2050号148頁）

事　案　死亡共済金請求
争　点　同時死亡が推定されるときの受取人先死亡と保険金請求権の帰属先

判　旨
（第一審）　1　A、B及びCの死亡の先後は明らかではないから、上記3名は同時に死亡したものと推定される。したがって、上記3名の間で相続は発生せず、AないしCがBの相続人になることはない。
2　この点、被告は、死亡給付金受取人と被共済者が同時に死亡した場合には、受取人が先に死亡した場合と同様に扱うべきであり、A及びCがBの「死亡時の法定相続人」「のうち死亡している者」であると主張する。
　しかしながら、本件約款33条3項の文言に照らせば、「死亡給付金受取人の死亡時の法定相続人」とは、その文言どおり、死亡給付金受取人の死亡により相続人となった者を指すと解するべきであり、「法定相続人のうち死亡している者があるとき」とは「法定相続人のうち、法定相続人となった後、死亡給付金の支払事由の発生時までに死亡している者があるとき」を意味すると解するべきである。
　当裁判所は、この文理を越えて、「法定相続人」の決定について、死亡給付金受取人と被共済者が同時に死亡した場合を、受取人が先に死亡した場合と同様に扱うべき理由を見出すことができない。被告の上記主張は、採用しない。
　したがって、Bの死亡により、A及びCが本件約款33条3項にいう「死亡給付金受取人の死亡時の法定相続人」になったということはできない。
3　なお、被告が援用する最高裁判所平成2年（オ）第1100号平成5年9月7日判決（最高裁判所民事判例集47巻7号4740頁）は、指定受取人の死亡により相続が開始した後に被保険者が死亡した事案であるから、本件とは事案を異にするものであり、被告の主張を支持するものではない（札幌地裁滝川支部平成18年12月13日判決、平成18年（ワ）第11号）。
（第二審）　(1)　本件のような共済（保険）契約者と被共済（保険）者が同一であり、死亡給付金受取人（指定受取人）が共済（保険）契約者の配偶者であって、その両名の子（1人）がいる場合に、これらの三者が同時に死亡した場合に当てはまる最高裁判所の判例はなく、学説においても、このような同時死亡の場合についての定説が確立しているとはいえないから、控訴人の主張には理由がない。
(2)　控訴人は、上記判断では、死亡給付金の指定受取人と被共済者が同時に死亡した場合に、指定受取人が先に死亡した場合に関する本件約款33条3項の規定を適用することができないことになるのに、これを適用しているのは矛盾であると主張する。
　しかしながら、本件約款33条3項は、「死亡給付金受取人の死亡時『以後』に、死亡給付金受取人の変更が行われていない間に死亡給付金の支払事由が発生したとき」の規定であり、本件では、死亡給付金受取人であるBが死亡した時点において、死亡給付金受取人の変更が行われていない間に、Bと同時に、Aも死亡したというのであるから、本件約款33条3項の適用が排除されるわけではなく、上記判断も、その限度で、BとAが同時に死亡したと推定されるから、BがAより先に死亡したとはいえないとしているにすぎない。そして、AとB、更には両名の子も同時に死亡したことによって、この三者間での相続の問題が生じないから、Bの死亡に関して、被控訴人のみが法定相続人となるのであって、本件約款33条3項の適用に矛盾があるとはいえない。
(3)　控訴人は、BがAより一秒でも長く生きていたことの証明がない以上、Bは死亡給付金受取人とはならないと主張するが、本件約款33条3項は、死亡給付金受取人が不存在にならないようにするための規定であり、死亡給付金受取人の死亡時「以後」と明記して、死亡給付金受取人の死亡と同時に死亡給付

金の支払事由が発生した場合の適用を排除していないから、本件約款33条3項は、本件においても適用があり、Bの法定相続人となる被控訴人が死亡給付金の受取人となるといえる（札幌高裁平成19年5月18日判決、平成19年（ネ）第19号、金判1271号57頁）。

(最高裁) 本件は、上記事実関係の下において、Bの母である被上告人が、本件条項により死亡給付金受取人になったと主張して、共済者である上告人に対し、死亡給付金等の支払を求めた事案である。

本件条項は、指定受取人と被共済者とが同時に死亡した場合にも適用されるべきものであるところ、本件条項にいう法定相続人は民法の規定に従って確定されるべきものであって、指定受取人の死亡の時点で生存していなかった者はその法定相続人になる余地はない（民法882条）。したがって、指定受取人と当該指定受取人が先に死亡したとすればその相続人となるべき者とが同時に死亡した場合において、その者は、本件条項にいう「死亡給付金受取人の死亡時の法定相続人」に当たらず、その者の相続人が、本件条項にいう「その順次の法定相続人」として、死亡給付金受取人になることはないと解すべきである。そして、指定受取人と当該指定受取人が先に死亡したとすればその相続人となるべき者との死亡の先後が明らかでない場合に、その者が共済契約者兼被共済者であったとしても、民法32条の2の規定の適用を排除して、指定受取人がその者より先に死亡したものとみなすべき理由はない。

そうすると、前記事実関係によれば、民法32条の2の規定により、被共済者であるAと指定受取人であるBとは同時に死亡したものと推定され、AはBの法定相続人にはならないから、Aの相続人であるDらが死亡給付金受取人となることはなく、また、AとCも同時に死亡したものと推定され、CもBの法定相続人にはならないから、本件契約における死亡給付金受取人は、本件条項により、Bの母である被上告人のみとなる。

これと同旨の原審の判断は、正当として是認することができる。所論引用の判例（最高裁昭和63年（オ）第1748号平成4年3月13日第二小法廷判決・民集46巻3号188頁、最高裁平成2年（オ）第1100号同5年9月7日第三小法廷判決・民集47巻7号4740頁）は、事案を異にし、本件に適切ではない。論旨は採用することができない（最高裁平成21年6月2日判決、平成19年（受）第1349号、判時2050号148頁）。

●**参考判例**（東京地裁昭和58年3月25日判決）（東京高裁昭和58年11月15日判決）
　事　案　被保険者と保険金受取人の同時死亡
　争　点　保険金受取人が死亡後再指定されない間に被保険者が死亡したときの約款規定が準用されるか
　判　旨
(第一審) 本件各保険契約は…いずれも他人のためにする生命保険契約でありA（保険金受取人）は契約成立と同時に死亡保険金請求権を取得したが、…本件各保険契約はその約款により保険契約者に受取人の指定・変更権が留保されていたことが認められ、したがってAの右権利は同人およびB（被保険者）の死亡前においては未だ確定的ではなく保険契約者が変更権を行使すれば消滅するに至るものである。ところで受取人が死亡した後、保険事故発生以前に受取人の変更がなされていない場合における死亡保険金請求権の帰属については、解釈上争いがあるが、…右約款は、…受取人死亡後その変更が行われない間に保険事故が発生した場合には、従前の受取人の相続人を保険金請求権の帰属者であるとみなし、受取人として取扱って同人に保険金を支払うことを定めたものであり、受取人の指定と同一の効力を生じさせることをその趣旨とするものと解される。したがって右の場合における保険金請求権は右約款による受取人の指定によって受取人の相続人が原始的に取得するものというべきである。

また、本件のように、保険契約者兼被保険者が受取人と同時に死亡した事案においては、保険契約者やその承継人による受取人変更権行使の余地はないが、受取人が保険事故発生当時において生存していた場合、すなわち、その保険金請求権が確定した後死亡してその権利が相続される場合と異なることは、保険事故発生前に受取人が死亡した場合と同様であり、本件のような場合においても、前記記載の場合に準じて、本件各保険契約の約款により受取人の相続人が受取人とみなされる右相続人に死亡保険金請求権が帰属するものと解される。右の通りであるから、被告らは原告主張の保険金請求権およびその受領権を原始取得したもので、それらは被告らの固有財産というべきである…（東京地裁昭和58年3月25日判決）。

(第二審) 控訴人は、本件約款は、本件のように死亡保険金受取人と被保険者とが同時に死亡した場合に

は、その適用がないと主張する。
　しかしながら、本件のような場合に、保険契約者による受取人の変更（再指定）権の行使ということを考える余地のないことは、控訴人の主張するとおりであるが、他方本件のような場合を受取人がその保険事故発生当時において生存していた場合と同視し得ないことは、原判決の理由に説示するとおりであり、むしろ、本件各約款によって表示される当事者間の意思表示の解釈としては、本件のような場合には、まず一たん死者である受取人について死亡保険金請求権を発生させ、これをその法定相続人に承継取得させるというのではなく、受取人が死亡した場合に保険契約者がさらに受取人を指定する権利を行使せずして死亡した場合に準じ、当初から受取人の法定相続人に死亡保険金請求権を取得させることを定めたものと解する方が、より合理的であって、その真意にそうものというべきである（東京高裁昭和58年11月15日判決）。

●**参考判例**（広島地裁福山支部平成2年9月18日判決）
　事　案　被保険者と保険金受取人の同時死亡
　争　点　保険金受取人が死亡後再指定されない間に被保険者が死亡したときの約款規定が準用されるか
　判　旨
　保険契約者兼被保険者Aと保険金受取人B（Aの妻）が共に同一犯人により殺害され、その死亡の順序はいずれも認定できる証拠がなく、民法32条の2により同時死亡と推定されることとなる。
　保険契約者兼被保険者Aが妻Bを受取人に指定している場合において、保険契約者兼被保険者Aとその妻が同時に死亡したときは、妻の保険金請求権は発生せず、保険金請求権が相続されることなく、再指定しないで死亡した場合として、妻の相続人である妻の母が保険金受取人となることとなる（広島地裁福山支部平成2年9月18日判決）。

●**参考判例**（水戸地裁土浦支部平成4年8月31日判決）（東京高裁平成5年5月13日判決）
　事　案　被保険者と保険金受取人の同時死亡
　争　点　保険金受取人が死亡後再指定されない間に被保険者が死亡したとき、先の約款規定が準用されるか
　判　旨
（**第一審**）　本件のように、他人のためにする生命保険契約において、保険契約者兼被保険者と保険金受取人が同時に死亡した場合の保険金請求権の帰趨については、保険契約に格別の約定があればそれによるべきであるが、約定がないときは、保険金受取人が保険金請求権を取得することなく死亡し、また保険契約者によって新たな保険金受取人となるべき者についての意思表示もなされなかった点では、保険金受取人が死亡した後、保険契約者が保険金受取人の再指定を行うことなく死亡した場合と同様であるから、この場合に準じて保険金請求権の帰属を考えるのが相当である。
　そして、本件においては、右のような場合や前記同時死亡の場合の保険金請求権の帰趨に関する約定の存在について、格別の主張はなく、したがって、商法第676条2項の定めにより、保険金受取人の法定相続人が保険金受取人となって、その固有の権利として保険金請求権を取得すると解されるのであって、訴外A（指定受取人）の法定相続人であるA$_1$およびA$_2$がこれを取得したものと認められる（水戸地裁土浦支部平成4年8月31日判決）。
（**第二審**）　同旨（東京高裁平成5年5月13日判決）。

Ⅰ-9　保険金受取人による請求権の放棄、譲渡

　保険金受取人は、保険金請求権を放棄し、あるいはそれを第三者に譲渡することができる。

(1) 保険金請求権の放棄

　保険金受取人が保険金請求権を放棄した場合、当該契約は受取人の指定がない契約となる。すなわち、保険契約者自身が保険金受取人となる自己のためにする生命保険契約となる。

　生命保険契約は、保険契約者と保険会社とが当事者であり、保険契約者は、生命保険契約に基づく主たる義務である保険料支払い義務者であり、その保険料の支払いによって生命保険契約による利益を享受できるものであり、保険契約者自らが保険金受取人となることが通常の契約形態となろう（自己のためにする生命保険契約）。

　しかし、生命保険契約は、保険契約者が自己の生活設計のためのものと自己の死後の遺族の生活安定を計るために利用されているため、死亡保険金を受け取るべき者を保険契約者以外の第三者とすることが認められている（保険法42条「第三者のためにする生命保険契約」）。

　保険金受取人に受益の意思表示を必要とせず当然に保険契約の利益を享受する（保険法42条、71条）ものとされているが、保険金受取人がこれを放棄することを妨げない。

　その場合には、保険契約者が保険金受取人を特に定めていない場合には、自己を保険金受取人とする趣旨と考えるのが通常であり、自己のためにする生命保険契約となる。したがって、この第三者が抽象的保険金請求権を放棄した場合も、これに準じて考え、受取人指定のない自己のためにする契約となるとされる。

　ところが、保険金請求権が具体化したときは、保険金受取人が保険金請求権を取得することになり、その受取人がこの請求権を放棄すれば、保険金請求権は確定的に消滅するとした裁判例がある（京都地判平成11年3月1日、大阪高判平成11年12月21日）。

●**参考判例**（京都地裁平成11年3月1日、平成10年（ワ）1125号、金判1064号40頁）（大阪高裁平成11年12月21日・平成11年（ネ）第1112号）

事　案　受取人による保険金請求権放棄
争　点　保険金受取人の請求権放棄と請求権の帰属
　判 旨

　（第一審）　被保険者が死亡すると保険契約者の保険契約に関する処分権は消滅し、保険金受取人の権利は確定的となり、具体的な金銭債権となる。

　そして、この保険金請求権は、通常の債権と変わりがないので、保険金受取人はこれを自由に処分することが可能となると解される（例えば、筑摩書房発行、西島梅治「保険法（第二版）」402頁）。したがって、被保険者であるAが死亡したことにより、保険金受取人であるBが保険金請求権を取得することになり、そのBがこの請求権を放棄すれば、保険金請求権は確定的に消滅したというほかない。

　この点原告ら（Aの相続人ら）は、保険金受取人が保険金請求権を放棄した場合、保険契約者の合理的意思を考えて保険契約者が保険金受取人となる保険契約に転化する旨主張する。

　しかし、いったん保険金受取人に帰属した請求権が、その放棄により死者に帰属する法的根拠はなく、その主張は失当というほかない。

　なお、原告らは商法680条が規定する場合を除き、保険者は保険金支払義務を免れないと主張する。しかし、同条は信義則や公益の理由により保険金が支払われない場合を列挙した規定であり、債権の消滅事由の規定を排除する趣旨ではないと解すべきであるから、その主張は失当である。

　原告らの請求は理由がないから棄却する（京都地裁平成11年3月1日、平成10年（ワ）1125号、金判1064号40頁）。

(第二審) 当裁判所も、控訴人らの本件請求は理由がないと判断する。
　よって、控訴人らの本件請求を棄却した原判決は相当であり、本件控訴は理由がないから、これを棄却する（大阪高裁平成11年12月21日・平成11年（ネ）第1112号）。

(2) 保険金請求権の譲渡

　債権は、法律上譲渡が禁止されているものを除き（改正民法案では債権譲渡制限特約に反する譲渡も原則として有効（466条））、その同一性を保ちながらこれを譲渡することができるとされている（民法466条「債権の譲渡性」）。保険金請求権は指名債権の一種であり、法律上譲渡が禁止されているものではないので、第三者に対して被保険者の同意を得て譲渡できるものとされている（保険法47条、76条）。本項では、主として保険事故が生じ具体化した保険金請求権の譲渡について触れておきたい。

　保険事故発生後、保険金請求権が第三者に譲渡された場合、譲渡人は第三債務者である保険会社に対し、下記手続にて通知をなし、それを受けた保険会社は譲受人に対して保険金を支払うことになる。なお、債権譲渡は観念的な権利の移転現象であるため法技術上かなり複雑な構造を有しているところから、民法では債権の流通性を拡大し当事者間における取引の安全性を確保する観点から具備すべき対抗要件が規定されている（民法467条1項、同条2項）。

ア．債権譲渡の対抗要件（民法467条1項）
　一般に保険金受取人（譲渡人）と第三者（譲受人）との間において債権譲渡が行われたとしても第三債務者である保険会社にこの事実が知らされていない場合には、保険会社に対して債権譲渡の主張がなされても保険会社としては困惑するだけである。そこで、民法では、譲渡人が債務者に対して債権譲渡が行われた旨通知するか、あるいは第三債務者が債権譲渡を承諾しないかぎり、譲受人は債務者その他の第三者に対し対抗することができないと定められている。

イ．取引安全の対抗要件（民法467条2項）
　前述のように債権は観念的権利であるので二重譲渡があっても外見上それと判明しない場合が多い。そこで、民法では、譲渡人の行う通知は必ず確定日付ある証書によらなければ債務者以外の第三者に対抗できないものとされている。

　確定日付ある証書の「確定日付」とは、公の機関によって、その日以前にその証書が作成されたことを証明する日付のことである。そして、この「確定日付の効力」は、あくまでも「その日以前にその証書が作成されたこと」を証明するものであって、その証書が「実際に作成された日」を証明するものではない。また、確定日付はその文書の内容とは関係なく、確定日付があるからといって、その文書が真正に作成されたもの、あるいはその内容が真実であることを証明するものではない。ただ、確定日付の効力として、二重に債権譲渡がされた場合、あるいは二重に指名債権質が設定された場合の優劣関係が、債権譲渡の通知・承諾または債権質設定の通知・承諾に「確定日付ある証書」があるか否かによって決されることとなる。したがって、仮に確定日付のない通知・承諾がなされたとしても、後日「確定日付ある証書」で通知・承諾された場合は、後の債権譲受人、質権者が優先される。

●**参考判例**（大審院明治41年6月19日判決）
　事　案　保険金請求権の譲渡
　争　点　保険金請求権の譲渡の効力（保険事故発生後の保険金請求権）
　判　旨
　　商法第428条第2項の規定（「保険契約によりて生じたる権利は被保険者の親族に限り之を譲受くること

I-9 保険金受取人による請求権の放棄、譲渡

を得」）は生命保険契約に定めたる生死の条件成就は若しくは期限到来以前に係る権利の譲渡を制限したるものにして、その条件既に成就しまたは期限既に到来したる場合においてはこれを適用すべき限りにあらず、けだし同条において保険契約によりて生じたる権利の譲渡を制限したる所以は、その権利が被保険者の生死に繋がる場合においてその生命の安危を顧慮するの必要を認めたるがために外ならず。

しかるに保険契約に定めたる生死の条件成就または期限到来したる場合においてはその契約によりて生じたる権利は被保険者の生命に対する安危の関係既に全く去りて普通の債権と毫も異なることなきに至りたるものなれば、これが譲渡についても同条の規定により制限を加えたるものと解すべからず。本件においては、保険者たる上告人と生命保険契約をなしたる被保険者は既に死亡したるにより、その相続人が単純に上告人より保険金を受け取るべき債権を有する場合なるを以て、金銭を受け取るべき普通の債権と異なることなく何人といえどもこれを譲り受くることを得るものにして…（大審院明治41年6月19日判決）。

●**参考判例**（水戸地裁土浦支部平成4年8月31日判決）
　事　案　保険金請求権の譲渡
　争　点　譲渡の効力（同時死亡により保険金請求権を取得するか）
　判　旨

訴外AおよびBとの間の譲渡担保契約に関する被告Yの主張の内容は、要するに右訴外人両名が本件生命保険契約に基づいて取得することのある条件付あるいは期限付の債権（Aにとっては高度障害保険金、満期保険金および解約返戻金の各請求権、Bにとっては死亡保険金請求権）を、被告Yに対して担保のため譲渡したというものであるところ、訴外Aについて右のような請求権が発生するような原因事実の認められない本件においては、保険金受取人としての訴外Bの有する死亡保険金請求権の譲渡が問題となる。

ところで、訴外Bによる右のような保険金請求権の譲渡を第三者である原告Xらに対抗するためには、確定日付ある証書をもって、譲渡人である訴外Bから債務者である被告保険会社に対する通知もしくは同被告保険会社からの承諾がなされる必要があるところ、本件では右のような通知、承諾の存在について何等の主張立証も存しない。

また、そもそも本件においては、前述の通り、保険契約者兼被保険者である訴外Aと、保険金受取人である訴外Bは同時に死亡したものとされるのであるが、このような場合は、保険事故発生時すなわち被保険者の死亡時に保険金受取人が生存していた場合と同様に扱うことはできないのであって、結果として保険事故発生前に保険金受取人が死亡した場合と同じこととなり、したがって、訴外Bに保険金請求権が発生することはないと解される（水戸地裁土浦支部平成4年8月31日判決）。

●**参考判例**（東京地裁昭和9年2月5日判決）
　事　案　保険金請求権の譲渡
　争　点　譲渡の効力（保険事故発生前）
　判　旨

保険契約者が保険契約において保険金受取人を自己以外の第三者と定め、しかも保険金受取人を指定変更する権利を留保したるときは、保険契約者死亡に至までは保険金受取人の権利は確定せざるものというべく、したがって、確定せざる間においては、保険金受取人は自己の保険金請求権を他に譲渡し得ざるものにしてその譲渡は当然無効なりと解するのを相当とす（東京地裁昭和9年2月5日判決）。

(3) 保険金受取人の指定行為の無効

第三者のためにする生命保険契約の保険契約者が指定した保険金受取人が、不倫な関係の維持継続を目的とするものは、要約者である保険契約者と第三者である保険金受取人との間に対価性を有するものとは認められないとされる。ただし、婚姻関係が破たん状態であるものか等の事情を十分斟酌する必要がある。

I−9　保険金受取人による請求権の放棄、譲渡

●**参考判例**（東京地裁平成11年3月11日判決、平成10年（ワ）11927号）（東京高裁平成11年9月21日判決、平成11年（ネ）2116号）

事 案　保険金受取人の指定

争 点　①保険契約者の意思により、原告（愛人）を保険金受取人に指定したか
　　　　　②保険契約者が愛人を保険金受取人に指定したことが、公序良俗に反し、無効であるか
　　　　　③第三者である受取人の続柄を虚偽記載しての契約は、詐欺による契約としての無効との規定の適用、類推適用により、本件保険契約のうち保険金受取人の指定のみが無効となるか

判 旨

（第一審）　①　保険契約の申込書の契約者欄および被保険者欄に訴外Aと署名し、死亡保険金受取人欄に「x」と署名するなどして右契約申込書を作成したのは、被告（保険会社）の外務員である原告であることが認められる。

　原告は、訴外人Aに頼まれて、本件契約申込書を作成したと供述しており、Aは平成5年3月28日に、被告の診査医の診査を受けていること、Aが月払の保険料を支払っていたことが認められ、右各事実によれば、右原告の供述は信用できる。

　したがって、Aの意思により、死亡保険金の受取人を原告と指定することも含めて本件保険契約が締結されたことが認められる。

②　原告とAは、平成3年頃知り合い、原告は、Aには妻があることを知りながら、性的交渉を持つようになった。

　Aは、平成5年3月ころ、死亡保険金受取人を原告とし、被保険者をAとする生命保険に加入すると言い出したので、原告が、契約申込書などを作成して、被告との間で、本件保険契約を締結した。Aが平成10年3月に死亡するまで、原告とA間の婚姻外性関係は、継続したが、原告とAが同居した事実はなく、原告がAからの金員に依存して生計を立てていた事実もなかった。

　本件保険契約締結時、Aが50歳、原告が52歳であって、本件保険が、25年間の養老保険であることからすれば、本件保険契約締結の目的が原告の老後の生活の保全にある可能性があり、また、原告が被告の保険外交員であることからすれば、本件保険契約締結の目的が、原告の保険外交員としての成績を上げることであった可能性もあり、本件保険契約の締結が、不倫な関係の維持継続を目的とするもの、不倫な関係の維持継続と対価性を有するものとは認めらるに足りない。

　さらに、保険料は1ヶ月2万円足らずであり、本件保険契約がAの妻など相続人の生活基盤を脅かすものであるとする事情も証拠上窺えない。

　したがって、Aが、原告を死亡保険金受取人に指定したことが、公序良俗に反すると認めるに足りない。

③　生命保険契約締結に際し、保険外交員が記載して被告に提出する「第三者受取契約チェックシート」の項目に原告は、「被保険者と受取人とは同居していますか」の項目につき、「2年同居」か「3年同居」と記載して、「第三者受取契約チェックシート」を被告に提出した。原告は、契約申込書の受取人の続柄欄に「内縁」と記載して、被告に提出した。

　被告が、平成5年4月当時、妻がいるのにもかかわらず愛人を受取人と指定する生命保険契約の締結を拒否していた事実を認めるには足りず、原告が、右事実を認識していたことも認めるに足りず、さらに、被保険者と受取人が内縁関係の場合に、被保険者あるいは受取人に戸籍上の配偶者がいるかどうかチェックする項目の記載はあるが、戸籍上の配偶者がいるにもかかわらず愛人を受取人と指定する生命保険契約の締結を拒否すべしとの記載はないから、他に被告が、平成5年4月当時、妻がいるにもかかわらず愛人を受取人と指定する生命保険契約の締結を拒否していた事実および原告が、右事実を認識していたことを認めるに足りる的確な証拠はない。

　「第三者受取契約チェックシート」に同居していると記載し、内縁とは男女が婚姻の意思を有して同居し、事実上の婚姻関係がありながら、未だ法律上の届け出をしていない状態を指すから、原告が、原告とAの関係を内縁と契約の申込書に記載することは、やや不適切であるが、原告が訴外人と同居していないと記載し、受取人の続柄に内縁以外の記載をしていたならば、被告本件保険契約を締結する意思表

示を有しなかったと認めるに足りる証拠はない。
　したがって、Aの代理人である原告の詐欺によって被告が錯誤に陥り、その錯誤によって被告が本件保険契約を締結する意思を決定したことを認めるに足りる証拠はない(東京地裁平成11年3月11日判決、平成10年(ワ)11927号)。

(第二審)　Aは被控訴人に対し金銭的援助をしていたわけではなく、被控訴人を死亡保険金の受取人に指定することが被控訴人の生活の保障を主目的として行われたと認めるに足りる事情はない。
　本件保険契約の締結が被控訴人の保険外交員としての成績向上を図る趣旨であったとも認められない。結局、先に認定したAと被控訴人の関係によれば、Aが被控訴人を本件保険契約の死亡保険金の受取人に指定したことは、不倫関係の維持継続を目的としたものであったと認めるほかはない。
　そうすると、本件の死亡保険金の受取人指定は、不倫関係の維持継続を目的とし、不倫関係の対価としてされたものであり、公序良俗に反し無効であるといわざるを得ない。

(保険外交員としての職務上の義務違反の有無)
　控訴人は、戸籍上の配偶者がない場合には内縁関係にあるものを受取人に指定する契約を認めていたが、戸籍上の配偶者がある場合の内縁関係にあるものや愛人関係にあるものを受取人に指定する契約は承諾しない取り扱いとしていた。
　平成5年3月当時、被控訴人が、Aとの関係をありのまま記載して契約申込書を提出し、また同居していない旨記載して第三者受取契約チェックシートを提出すれば、控訴人は本件保険契約の締結を承諾していなかったものと認められる。
　そうすると、被控訴人が控訴人の取扱者として、控訴人が保険契約を締結するかどうか判断する重要な部分に関し、契約申込書および取扱者として提出する書類に偽造の記載をした行為は、被控訴人の職務上の義務に違反したものであることが明らかである。このような被控訴人が本件保険契約の死亡保険金受取人と主張して控訴人に対し保険金の請求することは、信義則に反し許されないものといわねばならない。
　右のとおり、公序良俗違反および信義則違反をいう控訴人の主張はいずれも理由があり、被控訴人の請求は理由がない(東京高裁平成11年9月21日判決、平成11年(ネ)2116号)。

●**参考判例**(福島地裁郡山支部平成11年3月17日判決、平成9年(ワ)第393号、同10年(ワ)第450号)
　事　案　内縁関係にある女性を続柄欄に妻と記載して死亡保険金受取人に指定した事案
　争　点　①受取人の不確定を理由に保険金の支払を拒否できるか
　　　　　　②受取人を婚姻外の女性とする指定は無効か

判旨
　Aは、本件契約の死亡保険金の受取人指定の際、内縁関係の原告を日常生活におけると同様に妻・X子と表記したものであり、これにより原告が右受取人として指定されたことは明らかである。本件における続柄の申告・記載は受取人の確定に資するなどの便宜のためのものにすぎず、また、内縁の妻が内縁の夫の姓を名乗ることが公序良俗に反するともいえないから、右表記のゆえに、参加人M子(戸籍上の妻)が右受取人と指定されたと解することはできないし、右指定を無効ということもできない。
　なお、本件契約約款等において妻とは戸籍上の妻をいうものとされていることを認めるに足りる証拠はない。
　そこで次に、右指定が、不倫相手を指定したという理由で公序良俗に反し無効であるか否かついて判断する。
　確かに、一夫一婦制の法律尊重や家族の扶養という法的要請があり、また死亡保険金が残された家族の生活を保障し、遺贈に代替する機能をもっていることからすると、個人の契約の自由を貫徹して、不倫相手を保険金受取人とする指定をすべて有効とすることは相当といえない。
　しかしながら、諸般の事情により法律婚が破綻しつつも解消されずにいるような事態は珍しいことではなく、他方で内縁関係をその実態に即して正当に保護しようという法的要請もあるから、そのような実情や保険契約の締結目的等を考慮することなく、妻帯者が妻以外の女性を受取人に指定したというだけで直ちにこれを無効とすることもできないといわなければならない。

したがって、生命保険契約を締結した保険契約者の意思を尊重しつつも、契約締結の動機・目的、保険料支払の実情等の諸般の事情を総合して保険金受取人指定の有効・無効を決するほかないが、その際、法律婚の破綻の原因・内容・程度、保険契約者及び家族の経済状態及び扶養関係、内縁関係や不倫関係の実態やその相手方への保険金給付の必要性・相当性を重要な判断要素とすべきものと思われる。

　そして本件の場合、前記認定事実によれば、㈠ＡとＭ子の婚姻関係破綻の原因は明らかではないものの（原告の陳述書にＭ子がＡの部下と浮気した旨の記載がある。）、Ｍ子は破綻について容認的姿勢を示していたといえるから、破綻の原因がもっぱらＡの側にあったとはいえず、しかも本件契約締結当時、その破綻状態はほぼ確定していた、㈡本件契約締結当時、Ａと原告の内縁関係は既に定着・安定しており、その共同事業の収益により、その共同生活の将来の保障のため本件契約が締結された、㈢Ａは、婚姻関係破綻後も、子供らのために、Ｍ子に対し少なくない額の生活費を渡していた、以上のとおり評価するのが相当であって、Ａが、自ら不当に婚姻を破綻させながら、その妻子らの扶養も顧みずに不倫関係の維持・継続のために本件契約を締結したなどということはできない。

　したがって、本件契約における死亡保険金の受取人指定を無効ということはできず、保険契約者であるＡの意思を尊重して有効とみるのが相当であるというべきである。

　以上のとおりであるから、原告の本件保険金支払請求は理由があるが、ただ、原告が付帯請求として訴状送達の日の翌日以降の遅延損害金の支払をも求めている部分については、前記のとおり本件において保険金受取人の確定に困難を来した以上、この点が訴訟で確定されない限り、被告としては誰に保険金を支払ったらよいか分からず、したがって本件訴訟の判決が確定して初めて右支払義務の履行期が到来するというよりほかないので、それ以前の遅延損害金を請求する部分は理由がない（福島地裁郡山支部平成11年3月17日判決、平成9年(ワ)第393号、同10年(ワ)第450号）。

Ⅰ-10　法人契約と受取人

(1) 保険金請求権者

　先に述べたとおりであるが、簡単に説明する。保険金受取人を法人とする契約では、当該法人の代表者が保険金請求権を行使することとなる。株式会社では代表取締役が数人いてもそれぞれの代表取締役が代表権を有し単独で請求行為ができる。平成18年5月施行の会社法において、共同代表取締役の制度は廃止された。現会社法下においても、定款で数人で共同代表権を行使することを定めること自体は可能であるが、善意の第三者には対抗することができない（会社法349条5項）。

　その他、合同会社は、原則として、社員全員が会社を代表する権限を有する。合資会社、合名会社は無限責任社員が代表者となる。代表取締役が任期の満了または辞任によって、代表取締役が欠けた場合又は定款で定めた代表取締役の員数が欠けた場合には、従前の代表取締役は、引き続き権利義務を有し（会社法351条1項）、退任の登記はできないと解される。死亡や解任などの場合はすぐに登記される。後任の代表取締役の選任が長期間放置されれば、株主などの利害関係人が裁判所に一時代表取締役の選任を求めることができる（会社法351条2項）。

(2) 法人格のない団体

　法人格を持たない個人経営の商店、病院、あるいは協同組合、労働組合等で院長、理事長、組合長等があたかも代表権を有しているかのごとき観を呈している団体も少なくない。

　このような団体は、本来、法人としての権利能力を持たず保険契約の当事者たり得ないとも考えられるが、実際にはこの種団体を契約者とする法人契約が成立していることも少なくない。したがって、このような法人格のない団体が受取人となっている場合、その請求方法については問題が生じる。

　一口に法人格のない団体といっても実態は様々であり、具体的案件にあたっては、個別にその実

I-10 法人契約と受取人

態を確認する必要がある。団体としての組織をまったく備えておらず、個人商店にすぎない形態のものについては到底これを団体とみることはできず、そこでの保険契約は事業主個人による契約とみざるを得ない。一方、一定の目的のもとに結合した集団でありながら、営利を目的としていないため会社になれず、また未だ一般社団法人化していない町内会、学友会、懇親会のような団体については、それらが「権利能力なき団体」といえるものであればその実質から、できる限り法人に近い取扱をなすことが適当であろう。一般に「権利能力なき社団」といいうるには、団体としての組織を備え、代表者の選定方法、総会の運営、財産の管理等社団としての主要な点が規則によって定められていることが必要であるが、これらについては、法律上の代表権者を定めることはできないものの、その団体の構成員（または主要構成員）の承諾を得て代表者を定め、その者が代表者として行動することは認められていると解される。

●**参考判例**（東京高裁昭和57年4月26日判決、昭和57年（ら）第136号、金商653号18頁）
　事　案　－略－
　争　点　有限会社における取締役の代表権をめぐって
　判　旨
　　定款または社員総会の決議によって、有限会社の代表取締役が特定された場合には、法第27条1、2項の適用がなく、他の取締役は代表権を有せず、右特定代表取締役が死亡したときでも、定款の変更、社員総会の決議がない限り、他の取締役が当然に会社を代表することになるものではないというべきであるから、この場合において、必要ありと認めるときは、商法261条3項・258条2項を準用して、利害関係人は、裁判所に対し一時代表取締役の職務を行うべき者の選任を請求することができるものと解するのが相当である（東京高裁昭和57年4月26日判決）。

●**参考判例**（東京地裁八王子支部昭和44年6月24日判決）
　事　案　－略－
　争　点　有限会社における取締役の代表権をめぐって
　判　旨
　　有限会社では代表取締役たる資格が取締役から分化しておらず、数人の取締役の各自がそれぞれ取締役たる資格に於いて当然に会社代表権を有する…（東京地裁八王子支部昭和44年6月24日判決）。

●**参考判例**（東京地裁昭和62年2月6日判決）
　事　案　実在しない法人を保険金受取人と指定
　争　点　保険金受取人は誰か
　判　旨
　　Aは、将来自分の事業を法人組織で行いたいとの希望から、本件保険契約を締結するにあたり、保険金受取人を有限会社Z製作所としたが、有限会社Z製作所は法人でもなくまた権利能力なき社団でもなかったのであるから、本件保険契約締結時においては、自分自身が保険金受取人であることを十分認識していたものというべく、有限会社Z製作所が存在しなければ、あるいは将来有限会社Z製作所が設立されなければ本件保険契約は無効であると思っていたとは考えられない。…Aは、有限会社Z製作所が設立されないときは、保険金をAの相続財産に帰属させる意思を有していたものと考えられる。
　　…仮に、本件保険契約締結当時には（法人が実在していないこと）を知らなかったとしても、その後有限会社Z製作所は設立されないことを知りながらA死亡まで4年以上保険契約を継続し、Aから保険料の支払いを受けてきたことは明らかであるから、（契約は無効）とする主張は失当であり、本件保険契約においては、保険契約者も、被保険者も、保険金受取人も結局A個人であったものと認められる（東京地裁昭和62年2月6日判決）。

●**参考判例**（名古屋地裁昭和58年11月21日判決）
　事　案　法人格なき法人を受取人とする生命保険契約
　争　点　誰をもって保険金受取人とみるべきか
　判　旨
　　保険金受取人をＹ工業所とする契約であるが、Ｙ工業所は法人格を有していない。
　　原告はこれを個人事業主契約と見做し、契約者、被保険者、受取人同一人とする契約であるとし、その相続人が受取人であると主張する。
　　契約者兼被保険者であるＡは、自分が万一のことがあった場合には保険金を企業体であるＹ工業所をして受け取らせるつもりであり、これを被保険者の相続人に直接取得させるつもりでないことは明らかである。本件保険契約における保険金請求権は、被保険者であるＡ死亡時のＹ工業所の代表者個人に帰属し、Ａが代表者のまま死亡したようなときは、その後もＹ工業所なる企業体が存続する限りは、同人を引き継いでＹ工業所の経営に当たるべく新しい代表者に就任した者が受取人として保険会社に対する保険金請求権を取得する（名古屋地裁昭和58年11月21日判決）。

Ⅰ-11　保険金受取人の指定に伴う営業職員の行為

　保険者は保険契約の引受に際し、通常、保険金受取人が親族以外の第三者に指定されているときは、申込引受規準にしたがい保険金受取人を親族以外の第三者とすることの合理性を確認している。これは、保険制度が悪用されることを防ぎ、かつ、将来、受取人をめぐって起こるかもしれない紛争を事前に回避するうえから、保険者として当然に採るべき手段であるといえよう。

　ところで、保険金の支払に際し、次のような事例に遭遇することがある。すなわち、契約者は保険契約の申込時、受取人を第三者とする意向が強かったにも拘らず、営業職員から説明を受け、諸般の事情を慮ってとりあえず親族を受取人として契約を成立させたこと、後に契約者としての受取人指定変更権を行使して、受取人を本来受取人とすべきであった第三者に変更する予定であったこと、しかし、その間に保険事故が発生し、申込書上に指定した当初の受取人が自己固有の権利として保険金請求権を取得したこと、そのため当初受取人として予定されていたと主張する第三者より、営業職員の説明・取扱が不十分であったとして損害賠償請求がなされるというケースである。

　以下に、これに類似のケースにかかわる参考判例のいくつかを紹介する。

●**参考判例**（東京地裁平成15年9月26日判決、平成14年（ワ）第6536号）
　事　案　保険金受取人に対する保険会社の従業員及び調査会社の調査員の対応
　争　点　保険会社の保険金受取人に対する責任の成否
　判　旨
① （保険会社から委託を受けた調査会社の調査員であるＤに保険金受取人に対する）極めて失礼な発言、非常識な発言があったとしても、保険金受取人が、Ｄ、本件調査会社、さらには保険会社に対し…法律上の責任を問うことができる程度にまでは至っていないものと判断される。
② 保険会社は、平成12年6月29日付けの通知文で、支払拒否の理由として、「被保険者様のご死亡の原因は、普通保険約款の災害関係特約保険金のお支払をいたしかねます免責として規定されております『被保険者の故意または重大な過失』に基づくご死亡と認められます。」との記載をしたのみであり、保険会社にこのような記載をした通知をしてはならない義務があるものとは、認められない。
③ 保険会社は保険金について支払義務があるかどうかについてのみ利害関係を有するのであるから、被保険者について自殺と判断していないのであればその旨回答する義務があるとまではいえない（東京地裁平成15年9月26日判決、平成14年（ワ）第6536号）。

Ⅰ-11 保険金受取人の指定に伴う営業職員の行為

●**参考判例**（熊本地裁平成6年11月16日判決）
　事　案　保険金受取人の指定
　争　点　入籍後に保険金受取人変更を行う約束でなした契約の保険金の行方
　判　旨
　　取扱者Xは原告（契約者の内妻）と契約者が未だ内縁関係にあり、近々入籍予定であると聞かされたことから、原告に対して保険金受取人を内縁の妻にすると被告保険会社の調査が入って、契約者の職業が運転手であることが判明し（申込書上は喫茶店経営と記載）、入院給付金特約1万円が付かなくなる恐れがあると説明、当面契約者の母を保険金受取人として、入籍後に受取人変更手続きをすることで合意し、保険契約の申込に至った。
　　本件保険契約の保険金受取人は契約者の母であり、契約者が死亡するまでの間に保険金受取人変更の手続がなかったというべきである（熊本地裁平成6年11月16日判決）。

●**参考判例**（静岡地裁昭和56年9月17日判決）
　事　案　保険金受取人の指定
　争　点　入籍後に保険金受取人変更を行う約束でなした契約の保険金の行方
　判　旨
　　A（契約者兼被保険者）は、昭和52年頃、B（原告）の夫から長期間にわたり無担保の貸付を受けた結果、多額の債務を有していたが、一時に返済が困難な状況にあり、予てから担保権設定を約しながらそれさえも実行困難となったので、…将来の不測の事態に備え、Aを被保険者、原告Bを保険金受取人と指定する生命保険契約の締結を原告Bの夫に提案した。
　　取扱者は、保険金受取人となる原告Bには配偶者があるというので難色を示し、かつ、被保険者と保険金受取人との間に内縁とか妾関係にあるとしておくのが都合が良いと説明して反感を招いた…そのためAは、将来は保険金受取人を原告Bに変更する手続を取る所存で、一応Aの長男を保険金受取人と指定して、取扱者に申込書を渡した。
　　その際、Aは保険金受取人としてAの長男と指定することに釈然としない気持を抱き、将来、保険金受取人の名義を原告Bに変更するための手続をたずね、その手続のときは宜しく願いたいと要望した。原告は、保険証書をAの手元に置いたまま、Aが死亡する前月まで取扱者に保険料の支払を続けた。
　　取扱者Xは、契約締結後まもなく、Aから、将来、保険金受取人を原告に変更する意向があることを知らされたので、Aに対し変更するならば早く手続をするよう勧めたが、Aの態度は必ずしも積極的でなかったし、また、原告Bとその夫も、Aに対して積極的に保険金受取人名義の変更手続を取るよう求めなかった。
　　Aは、保険金受取人名義の変更手続を取らないまま死亡した。…保険金受取人の権利は保険契約者が変更権を行使することによって消滅するのであるから、原告が保険金受取人の権利確保を望むなら、Aを被保険者とし、原告自身が保険契約者、保険金受取人となって被告との間に生命保険契約を締結する方法がより適切であるといえる。また、Aが、一応、Aの長男を保険金受取人と指定していたとしても、当時の状況からすれば、Aに対し受取人の変更手続を求めることはさして困難ではなかったと推測される。
　　例え、取扱者が、Aに対して原告Bを保険金受取人にすることに難色を示し、そのため、Aが一応、保険金受取人をAの長男に指定したからといって、ただちに取扱者の態度を以て、原告に対する違法な権利侵害行為であるとすることはできない（静岡地裁昭和56年9月17日判決）。

●**参考判例**（大阪地裁昭和53年3月27日判決）
　事　案　保険金受取人の指定（保険会社の取扱者が申込書上の保険金受取人欄を代筆して「相続人」と記入）
　争　点　本来受取人として予定されていた者の地位
　判　旨
　　原告の主張は、保険金受取人を原告と指定して申込をしたのに拘らず、被告保険会社の取扱者が、これ

を単に「相続人」と記入したため…原告はまったく支払いを受けられなかったと主張するも、契約者兼被保険者Ａは、いまだ婚姻の届出をしていないこと、および先々妻との間に子供が３人いる旨を述べ、保険金受取人を「相続人」とする意向を示し、取扱者はその意向にしたがい生命保険申込書に保険金受取人を「相続人」と代筆したものであり（取扱者がＡの意思に反し保険金受取人を相続人と記入したとの事実を認めるにたる証拠はなく）、取扱者に違法な行為があったとは認められない（大阪地裁昭和53年３月27日判決）。

●**参考判例**（大阪地裁昭和50年１月27日判決）
　事　案　保険金受取人の指定
　争　点　本来受取人として予定されていたと主張する者の地位
　判　旨
　　契約者兼被保険者Ａ子は契約締結時に受取人を原告（内縁の夫）とせず、取扱者である姉のＣ子と指定している。これに対し、原告は、本来自分が指定される予定であったものがＣ子に改められたと主張する。
　　Ａ子と原告であるＢ男の間は必ずしも円満ではなかった…。被保険者の葬式は、原告が喪主となっているがこれを以て直ちに契約時に受取人を原告とするようＡ子が指示したとは推認されない。また、原告が受取人がだれであるかについて具体的に関心を持っていたとは考えられず、原告と被告でもある取扱者Ｃ子との間に受取人を原告に変更する旨の約束があったとも考えられない（大阪地裁昭和50年１月27日判決）。

●**参考判例**（名古屋地裁平成８年１月19日判決）
　事　案　「内縁の妻」は保険会社の内規により受取人となり得ないと誤った説明をしたことによる損害賠償請求
　争　点　①営業職員の過失の有無
　　　　　②本件誤回答等と損害との間の相当因果関係の有無
　判　旨
争点①について
　営業職員は、保険契約者の内縁の妻の申出により、同宅を訪問した際、同人から「同人は、母子手当てや、保険契約者の借金が多いことなどの事情があって、保険契約者とは戸籍上の夫婦にはなっていないが、受取人を同人（内縁の妻）に変更したい」旨の申し出があった際、当時の保険会社の内部規則によれば、家族以外の者が受取人になる契約については、見込客の段階で営業部長に相談することが義務づけられ、また内縁関係の者でも、一時的若しくは扶養関係がない場合以外であれば受取人になることが禁じられていなかったにもかかわらず、営業職員は、内縁関係の場合には、一律に受取人にはなれない取扱いになっていると誤解し、右の内部規則に違反して、即座に、内縁関係のままでは受取人変更の手続はできない旨の本件誤回答をして内縁の妻への受取人変更手続をしなかったこと及びその後本件受取人変更手続の際にも、本件誤回答を撤回していない（本件不作為）ことが認められ、本件誤回答等は、営業職員の過失行為であると認めることができる。
　保険会社は、本件受取人変更手続に営業職員が関与していなかった旨主張するが、同営業職員の証言及び内縁の妻の供述によって認められる次の事実によれば、営業職員は、本件受取人変更手続に関与し、前記回答を撤回する機会は与えられていたと認めることができる。すなわち、営業職員が、内縁の妻から、①内縁の妻が指定受取人である保険契約者の実母に代わって本件死亡保険金の請求手続をしたこと、②内縁の妻が本件銀行口座の預金通帳及び届出印を管理し、その後これらを保険契約者の姉らの請求により、引き渡したことを聞いた折、営業職員が内縁の妻に対し「最初の話と違うね。お姉さんに会ってあげようかね」と述べた。更に営業職員が、内縁の妻の役に立つと考えて、「内縁の妻」でも受取人になれる旨を記載したＹの内部規則の文書（[証拠略]）を同宅のポストに入れたことが認められる。
争点②について
　…本件誤回答等のなされた当時、内縁の妻と契約者の実母は近隣に居住し、内縁の妻が同実母の生活の

Ⅰ-11 保険金受取人の指定に伴う営業職員の行為

世話をするなどといった懇意な関係にあり、そのため、内縁の妻は営業職員の本件誤回答を受けて実母を受取人とする変更手続をしたが、その際、内縁の妻と実母の間では、契約者が死亡した場合には、実母が内縁の妻に対し本件死亡保険金を譲渡する旨の合意がなされ（内縁の妻の供述）、いわば内縁の妻自身を受取人とする変更手続の代替策として、自ら申し出て本件受取人変更手続をしたこと、営業職員においても、本件誤回答等の当時、右の内縁の妻と同様の認識を持っており、そのため契約者の死後、実母の承諾を得て、本件死亡保険金受領のために同人の印鑑を預かって実母名義の銀行口座を開設し、保険会社に対し本件死亡保険金を右口座に振り込んで欲しい旨の請求手続をし、これにより本件死亡保険金4000万円が右口座に振り込まれたこと、その後、右口座の預金通帳及び届出印の管理は、後記のとおり実母の姉らに引き渡すまでの間、専ら内縁の妻が行い、同人が本件死亡保険金をいつでも引き出しうる状態にあったこと、それにもかかわらず、契約者の姉らが内縁の妻に対し右通帳等の引渡しを要求したところ、内縁の妻は自らの判断において契約者の姉らに対し右通帳等を任意に引き渡し、右通帳等の交付を受けた契約者の姉らは、内縁の妻に対し本件死亡保険金の交付を拒んでいること、そのため内縁の妻が本件死亡保険金を引き出すことが事実上不可能となったことが認められる。

　…契約者の死亡後、契約者と実母との間で、本件死亡保険金を内縁の妻に譲渡する旨の合意が成立し、内縁の妻は自ら管理する実母名義の銀行口座からいつでも右保険金を引き出しうる状態になったにもかかわらず、契約者の姉らの右通帳等の引渡要求に対し内縁の妻が任意にこれに応じたため、内縁の妻が本件死亡保険金4000万円を受領できなくなったものと認められる。

　したがって、内縁の妻の本件損害は、契約者の姉らからの要求に応じて右通帳等を任意に交付したことによるものであり、本件損害と本件誤回答等との間には相当因果関係を認めることができない。

　以上によれば、保険契約者の従業員であった営業職員の本件誤回答等と内縁の妻の本件損害との間には因果関係がなく、営業職員の不法行為責任が認められないので、民法715条1項本文（使用者責任）に基づく本訴請求は、その余の点について判断するまでもなく理由がない（棄却）…（名古屋地裁平成8年1月19日判決）。

●**参考判例**（松江地裁益田支部平成8年9月17日判決）
　事　案　保険会社の内規により保険金受取人を契約者の希望する「内縁の妻」でなく実母と指定した事案
　争　点　保険金受取人は「内縁の妻」か申込書に指定ある実母か
　判　旨

　契約締結前からAと原告Bとは内縁関係にあった。Aが土木作業に従事しており、また車の運転もしていたため挙式を契機として、Aに事故などがあった場合に備え、営業職員及びBの実母の勧めによりAを保険契約者兼被保険者とする生命保険の加入することを決めた。…右契約の内容はBとAの希望により決定され、毎月の保険料もBとAの家計費から支出されていたことが認められる。これらの事実からAが死亡した場合の生活保障のために締結されたものであり、BもAも死亡保険金受取人についてはこれをBとすることを望んでいたものと認められる。

　しかしながら、被告保険会社では、内規により婚姻届出をしていない「内縁の配偶者」を死亡保険金受取人とすることは認められておらず、営業職員は…その旨をBとAにも伝えたこと、その結果、生命保険契約申込書の受取人欄にはAの意思に基づいて、Aの実母の氏名が記載されたこと、営業職員は保険契約締結後、B等に対して保険金受取人をAの実母からBに変更することを勧めており、これに対してBも受取人を変更する必要があることは認識していたが、Aとの婚姻届出を先に延ばさざるをえない事情があったため、右変更手続きを見合わせる旨答えていることが認められる。

　AがBを死亡保険金受取人とすることを望んでいたことは前記したとおりであるが、Aが保険契約締結に際して、Bあるいは営業職員に対し、右契約成立を条件として受取人を変更する旨の意思表示をしたとみとめられるに足る証拠は認められない。Bは保険契約締結後、営業職員から保険金受取人の変更手続きをするよう勧められ、B自身もその必要性があることを認識しつつ、右変更手続きを見合わせていたことが認められ、AもBあるいは営業職員に対して受取人を変更する旨の意思表示をしていなかったものと認められる。したがって、受取人は申込書に指定あるAの実母である。

Bの実母は、(Aが死亡した後)保険金受取人であるAの実母等に対し、死亡保険金を折半にして欲しい旨を要請していたことが認められる。しかし、保険金受取人であるAの実母が、その場において保険金額その他保険契約の内容を十分認識していたことは窺われず、Aの実母の発言内容(保険金の全部または一部を原告が取得してもよいとする発言)について合意内容が書面化された形跡もない以上、道義的にはともかく、右の程度の発言が直ちにAの実母の確定的な意思表示として法的拘束力を生じるものとみることは相当でない(松江地裁益田支部平成8年9月17日判決)。

Ⅰ-12 保険金受取人に関わるその他の諸問題

(1) 受取人の「続柄」の意味するもの

　保険金受取人として被保険者との「続柄」が氏名に併記されている場合、その「続柄」は何を意味するものであろうか。一般的には、受取人を特定する補助的意味合いをもつにすぎないと解されている。

●**参考判例** (大分地裁昭和56年2月17日判決)(福岡高裁昭和56年9月9日判決)(最高裁昭和58年9月8日判決、民集37巻7号928頁)

事　案　保険金受取人の指定・変更
争　点　「妻・何某」とした保険金受取人指定の意味
判　旨
(**第一審**)　保険契約者が保険金受取人を「妻・Y子」と記載した真意は、保険事故発生直前になお、被保険者の妻であるY子に保険金を取得せしめるとの意であったと解せられるところである。…被保険者死亡の2年程前に保険金受取人が離婚し「妻」たる地位を去った以上、約款35条所定の「保険金受取人が指定されなかった」場合に該当するものと解するのが保険制度の趣旨に沿った解釈と考えられる…(大分地裁昭和56年2月17日判決)。
(**第二審**)　保険金受取人として被保険者との続柄および氏名が併記されている場合には、その続柄の記載は保険金受取人を特定するためのものにすぎないと解するのが相当である。保険事故発生の場合の保険金受取人が誰であるかについては保険契約の締結に当たり保険金受取人を指定または変更した保険契約者の表示行為を合理的に解釈して確定すべきであって、被保険者の個別的事情によりその意思を忖度してこれを定めるべきではないことは当然であり、事情変更により保険金受取人を変更したいという場合には前記手続(約款規定による書面による通知)によって変更することが出来る。
　この変更手続をすることなしに一旦指定された保険金受取人の地位を変動することは出来ない(福岡高裁昭和56年9月9日判決)。
(**最高裁**)　生命保険契約において保険金受取人の指定につき単に被保険者の「妻・何某」と表示されているに止まる場合には、右指定は、当該氏名をもって特定された者を保険金受取人として指定した趣旨であり、それに付加されている「妻」という表示は、それだけでは、右の特定のほかに、その者が被保険者の妻である限りにおいてこれを保険金受取人として指定する意思を表示したもの等の特段の趣旨を有するものではないと解するのが相当である。けだし、保険金受取人の指定は保険契約者が保険者を相手方としてする意思表示であるから、これによって保険契約者が何人を保険金受取人として指定したかは、保険契約者の保険者に対する表示を合理的かつ客観的に解釈して定めるべきものであって、この見地に立ってみるときは、保険契約者が契約の締結に際して右のような表示をもって保険金受取人を指定したときは、客観的にみて、右「妻」という表示は、前記のように、単に氏名による保険金受取人の指定におけるその受取人の特定を補助する意味を有するにすぎないと理解するのが合理的であり、それを超えて、保険契約者が、将来における被保険者と保険金受取人との離婚の可能性に備えて、あらかじめ妻の身分を有する限りにおいてその者を保険金受取人として指定する趣旨を表示したものと解し得るためには、単に氏名のほかにその者が被保険者の妻であることを表示しただけでは足りず、他に右の趣旨を窺知させるにたりる特段の表

示がされなければならないと考えるのが相当だからである。
　それゆえ、保険契約者が、保険契約において保険金受取人を被保険者の「妻・何某」と表示して指定した後、「何某」において被保険者の妻たる地位を失ったために、主観的には当然に保険金受取人の地位を失ったものと考えても、右の地位を失わせる意思を保険契約に定めるところにしたがい保険金受取人の変更手続によって保険者に対して表示しない限り、右「妻・何某」は被保険者との離婚によって保険金受取人の地位を失うものではないといわざるをえない（最高裁昭和58年9月8日判決、民集37巻7号928頁）。

(2) 受取人が複数存在する場合の請求権と請求方法について
　保険金受取人が複数人いる場合、各社の約款は受取人につきその代表者を定めることを求め、その代表者は他の受取人の代理権を有するものとしている。本規定は、保険金の請求・支払手続の簡明さと迅速性を確保し、紛争や二重払いの危険を回避するうえから便宜的に設けられたものであるとされている。

●**参考判例**（東京地裁昭和61年4月22日判決）
　事　案　受取人が複数の場合の取り扱い
　争　点　受取人3人のうちの1人からの請求を拒み得るか
　判　旨
　　約款では、「1　保険契約につき保険契約者または保険金受取人が2人以上あるときは、各代表者を1人定めてください。この場合、その代表者は、それぞれ他の保険契約者または保険金受取人を代理するものとします」と規定されている。
　　本件のように、法定相続人を保険金受取人とする保険契約においては、相続人たるべき者は、保険契約の効力発生と同時に、被保険者の死亡を条件とする固有の保険金請求権を取得するものであり、相続人たる保険金受取人が複数ある場合においても共同してその権利を行使しなければならないものではなく、保険金受取人は、自己が正当な保険金受取人であることおよび保険金受取人が複数ある場合にはその権利の割合ないし数額を証明して、個々に保険金を請求できるものと解すべきである。
　　死亡保険金請求権について各種の書類等の提出と複数の保険金受取人がある場合にその代表者を定めるべき旨を定めた右保険約款の各規定は、保険金の請求、支払手続の簡明さと迅速性を確保し、保険会社と複数の保険金受取人間において保険金の請求、支払に関する紛争や二重払いの危険が生ずるのを回避するための便宜から定められたものに過ぎず、個々に自己の保険金請求権の存在を証明した保険金受取人に対しては、保険会社はその支払を拒むことは出来ないというべきである。けだし…本件のように、代表者を定めることにつき他の相続人の協力が得られない限り…、保険会社はいつまでも保険金の支払を拒みうるとするのは不合理であるからである。被告保険会社は原告に対し、その3分の1に当たる保険金を支払うべきである（東京地裁昭和61年4月22日判決）。

●**参考判例**（福岡地裁小倉支部平成20年3月13日判決、平成19年(ワ)693号、判タ1274号221頁）
　事　案　簡易生命保険の還付金請求権及び入院保険金請求権を相続したとして、その相続分に応じた金員の支払いを求めた事案
　争　点　相続により保険契約者及び保険金受取人が複数人存在するとき、簡易生命保険法36条1項の規定に基づいた還付金及び保険金の請求にかかる代表者の選定が行われていないときは、その支払義務が生じないか
　判　旨
　　前記前提事実によれば、亡Aには本件保険契約①ないし③に基づく本件還付金請求権、同④及び⑤に基づく本件入院保険金請求権が発生していた事実及びXが亡Aの相続人として4分の3の相続分を有する事実を認めることができる。
　　被告は、保険契約者又は保険金受取人が数人あるときに当たるとして、法36条1項を根拠に、相続人が

代表者を定めなければならない旨主張する。しかし、①郵便貯金法（昭和22年法律第144号。平成17年法律第102号により廃止。）7条1項3号が、定額郵便貯金について、分割払戻しをしない条件で預入するものと定めているのと対比すると、法36条1項が、大量処理が必要な保険金等の支払事務の簡明性・迅速性を確保するための請求手続を定めるということを超えて、還付金請求権や保険金請求権の分割行使を一切拒む規定であると解するには、規定の文言上、疑問があること、②法36条2項は、前項の代表者が定まらないとき、又はその所在が不明であるときは、保険契約者の一人に対してした行為は、他の者に対してもその効力を有する旨定めるから、例えば被告が保険契約を解除しようとする場合は、解除権の不可分の規定（民法544条）にかかわらず、保険契約者の任意の一人に対して解除の意思表示をすれば足りると解することができる上、法37条は、同一の保険契約につき保険契約者が数人あるときは、当該保険契約に関する未払保険料、貸付金その他公社に弁済すべき債務は、連帯とする旨を定めているから、相続により保険契約者が数人あることになったときには、Yは相続人の一人に対して債務の全額を請求することができると解する余地があるのに対し、相続人がYに対して相続分に応じた権利行使さえできないというのは不均衡であること、③代表者によらなければ権利行使ができないとすると、代表者を定めるのが事実上困難である場合は、時効中断をすることも困難となりかねないこと、④本件においては、戸籍関係を調査して判明した亡Aの相続人と考えられる者全て（Xを除く。）に対して訴訟告知がされているから、Yには二重払いの危険がほとんど存しないこと、⑤仮に二重払いの危険が絶無ではないとしても、それは代表者を定めた場合についても、後に相続人が判明したときには生じ得る問題であることを考慮すると、少なくとも、本件において、Xが本件還付金請求権及び本件入院保険金請求権についてその相続分に応じた各4分の3の権利をYに対して行使するに妨げはないものと解するのが相当である（福岡地裁小倉支部平成20年3月13日判決、平成19年（ワ）693号、判タ1274号221頁）。

(3) 受取人の不存在

保険金の指定受取人が実在せず、あるいは保険金受取人の指定がなされていない契約は、先にも述べたとおり、保険金受取人の指定のない「契約者が自己のためにする契約」となる。したがって、そこでは契約者自身が請求者となる。

●**参考判例**（大阪区裁大正5年11月27日判決、評論全集6巻50頁（商法））
　事　案　保険金受取人の指定がない契約
　争　点　保険金受取人となるのは保険契約者か
　判　旨
　　保険金受取人に特に保険契約者以外の第三者と定めたることの見るべからざる本件においては、保険契約者自ら保険金受取人たるべき約定と解すべきである。けだし、生命保険契約において第三者のためにする場合は、例外に属すればなり…（大阪区裁大正5年11月27日判決、評論全集6巻50頁（商法））。

●**参考判例**（東京地裁昭和2年12月4日判決）
　事　案　保険金受取人の指定がない契約
　争　点　保険契約時存在していない相続人を保険金受取人と指定した場合、受取人は誰になるか
　判　旨
　　契約締結当時、契約者に法律上の推定または指定の相続人なかりしに関わらず、保険契約者が保険会社との間において、保険金受取人を単に自己の相続人と定めて自己を被保険者として生命保険契約を締結したる場合においては、契約者は、保険事故発生当時の自己を（保険金受取人に）指定したものというべく、該指定の効力は、将来において相続人が不在するに至ったときに発生するものと解すべきである…（東京地裁昭和2年12月4日判決）。

著者略歴

●長谷川 仁彦（はせがわ よしひこ）
慶應義塾大学法学部
昭和39年第一生命保険相互会社入社（現・第一生命保険株式会社）
平成13年以降～（公財）生命保険文化センター 研究員、首都大学東京 法学系 非常勤講師
兼内山アンダーライティング(株)主席研究員

主要業績
『（改訂・増補版）生命保険契約法最新実務判例集成』（共著）保険毎日新聞社
『生命・傷害保険モラルリスク判例集』（共著）（財・生命保険文化研究所）
『続・生命保険契約法 最新実務判例集』（共著）保険毎日新聞社
「高度障害保険金と実務上の課題－責任開始期前発病の認定」生命保険経営73号1号
『保険法改正の論点』（中西正明先生喜寿記念論文集）（共著）法律文化社
『新保険法と保険契約法理の展開』（共著）ぎょうせい

●潘 阿憲（ばん あけん）
平成8年3月法政大学大学院博士課程修了、法学博士取得
横浜市立大学助教授、首都大学東京法科大学院教授を経て、
平成24年4月より専修大学法学部教授

主要業績
『保険法の論点と展望』（共著）商事法務
『保険関係訴訟』（共著）民事法研究会
『保険法解説』（共著）有斐閣
『保険法概説』（単著）中央経済社

●竹山 拓（たけやま たく）
東京大学法学部
平成5年10月29日 司法試験合格
平成8年4月1日 弁護士登録
現・飯沼総合法律事務所

主要業績
「Q&A税務調査から税務訴訟まで」（共著）税務研究会出版局
「請求権利者が複数存在するときの請求方法」保険事例研究会レポート

●岡田 洋介（おかだ ようすけ）
一橋大学法学部
中央大学大学院法務研究科
平成18年9月21日 司法試験合格
平成19年12月20日 弁護士登録
現・飯沼総合法律事務所

主要業績
「生命保険判例集」17巻、18巻、19巻（共著） 公財・生命保険文化センター
「CSのための金融実務必携－高齢者・相続・未成年・養子・外国人・離婚」（共著）一般社団法人金融財政事情研究会
「アウトライン会社法」（共著）株式会社清文社

●金尾 悠香（かなお ゆか）
慶應義塾大学法学部
平成23年9月慶應義塾大学大学院 法学研究科民事法学専攻博士課程単位取得退学
首都大学東京都市教養学部法学系・大学院社会科学研究科法曹養成専攻 助教を経て
平成25年より武蔵野大学法学部法律学科 講師

主要業績
『生命保険判例集』17巻、18巻、19巻（共著） 公財・生命保険文化センター
『企業法の法理』（共著） 慶應義塾大学出版会
「民法（債権関係）改正と保険契約概念の再考」法学研究89巻1号

生命保険・傷害疾病定額保険契約法
実 務 判 例 集 成 −上−

長谷川仁彦　潘　阿憲　竹山　拓　岡田洋介　金尾悠香　共著
2016年5月26日　発行

発行所　㈱保険毎日新聞社
〒101-0032　東京都千代田区岩本町1-4-7
電話 03-3865-1401（代）
URL http://www.homai.co.jp

発行人　　　　　真鍋幸充
編　集　　　　　森川正晴
カバーデザイン　塚原善亮

印刷・製本　　　山浦印刷株式会社

©Yoshihiko HASEGAWA, Aken BAN, Taku TAKEYAMA,
　Yosuke OKADA, Yuka KANAO (2016)
ISBN 978-4-89293-272-4
Printed in Japan

本書の内容を無断で転記、転載することを禁じます。
これらの許諾については弊社までご照会ください。
落丁・乱丁はお取り替えいたします。